복혜전서 2

복혜전서 2

초판 1쇄 발행 2020년 7월 30일

지은이 황육홍
옮긴이 김형종
펴낸이 오세정
편집 최유식
디자인 장혜원
인쇄 한영문화사

펴낸곳 서울대학교출판문화원
주소 08826 서울 관악구 관악로 1
도서주문 02-889-4424, 02-880-7995
홈페이지 www.snupress.com
페이스북 @snupress1947
인스타그램 @snupress
출판등록 제15-3호

ISBN 978-89-521-1784-7 94350
978-89-521-1782-3 (세트)

복혜전서 2

황육홍 지음 | 김형종 옮김

福惠全書

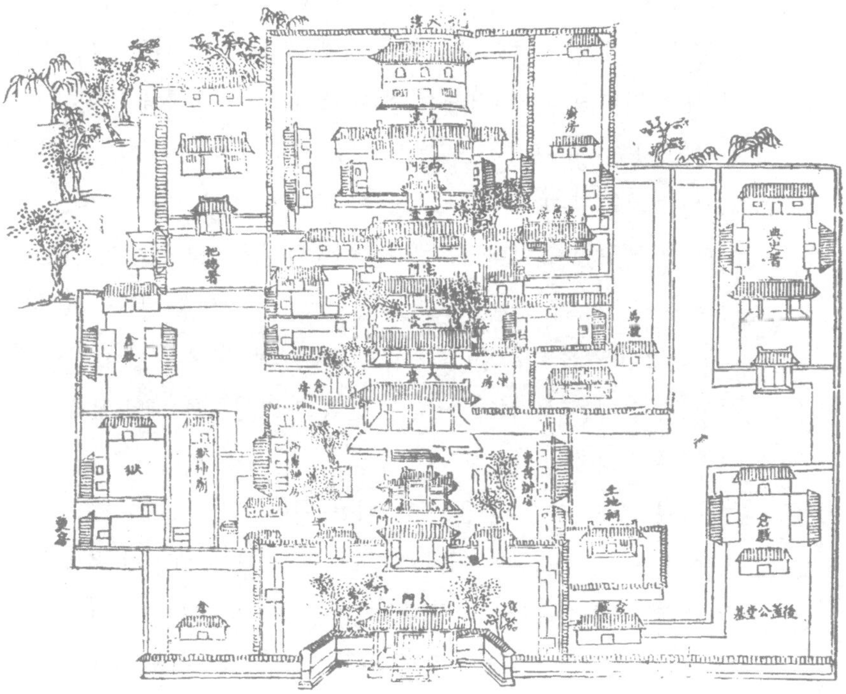

서울대학교출판문화원

머리말

『복혜전서(福惠全書)』를 처음 읽게 된 것은 벌써 15년 전의 일이었다. 서울대학교 동양사학과에서 근무하게 된 이래 명청사나 중국 근현대사를 전공하는 대학원생들과 함께 1·2주마다 한 번씩 강독회를 하다가 『청대문서(淸代文書)』·『신관문건록(新關文件錄)』·『석거여기(石渠餘記)』 등 청대사·근대사 당안(檔案)을 독해하기 위한 원전에 뒤이어 그 네 번째쯤 교재로 선택된 것이 바로 이 황육홍의 『복혜전서』였다. 물론 이를 통해 학생들의 사료를 읽는 해독 능력을 제고시키고, 동시에 청대 사회 전반에 대한 이해의 수준을 높이고자 하는 의도였다. 「역자해설」에서 소개하듯이 『복혜전서』는 충분히 그럴 만한 가치가 있는 책이었고, 이 책은 그렇지 않아도 기초적인 연구가 부족한 우리 학계에 그래도 훌륭한 고전·원전의 소개 사례를 제공할 수 있는 좋은 기회가 될 수도 있다고 여겼기 때문이다. 다만 그 분량이 얼마나 되는지는 염두에 두지 않았는데, 열두어 명 정도의 학생들과 강독을 해 나가던 중, 마침 2006년 8월 인문대학 인문학연구원에서 이러한 고전의 번역을 지원하는 2년 기한의 사업('고전 번역 사업 — 현대 사회 속에서의 "고전"의 새로운 이해 —)을 추진한다고 해서 깊은 생각 없이 일단 덜컥 지원신청을 해 보았던 것이 결국 이 책 전체를 번역하게 된 출발점이 되었다.

사실 그보다는 강독을 마친 다음 학생들과 식사를 할 수 있는 비용이라도 마련하겠다는 섣부른 욕심이 앞선 이 무모한 시도는 다음 해까지 초고를 제출해야 한다는 엄청난 부담을 짊어지는 것으로 연결되었다. 원래는 약 2,000~3,000매 정도면 될 것이라 생각했던 번역 원고는 강독에 참가한 학생들의 도움으로 원문 383쪽(2단 조판, 1면 4쪽의 東京 汲古書院 影印版)의 『복혜전서』가 2008년에 200자 원고지 약 8,665매 분량의 초벌 원고로 완성됨으로써 여하튼 연구사업의 결과 보고를 제때에 할 수 있었다(다행스럽게도 도중에 인터넷 검색을 통해 강독에 참가한 박민수 군의 도움으로 『복혜전서』의 텍스트 파일을 얻을 수 있었기 때문에 원문을 입력하는 수고가 크게 덜어질 수 있었다). 하지만 이것을 제대로 다듬어서 출판하는 사업은 또 다른 수고의 출발점이었다. 너무 분량이 많아 다른 번역서의 출간에 장애가 된다는 이유로 출판 지원이 거절당하기도 하였던 점은 어차피 원고가 완성되지 않았던 당시로서는 나중에 생각해 볼 수 있는 문제였다. 그렇지만 본문 텍스트 자체의 입력이나 그것을 우리의 표준에 맞게 변환하는 과정에서 생긴 오·탈자, 번역 원고에서의 오류나 오·탈자, 잘못된 구두점을 다시 여러 판본의 원문과 대조하면서 일일이 확인하고, 초벌 원고의 내용과 각주를 다시 전면적으로 검토하면서 가능한 한 번역의 오류를 줄이고, 나아가 일관성 있는 체제와 문장으로 다듬어 일반 독자에게도 접근하기 쉬운 글을 만드는 일은 역자 본인의 온전한 의무로 남겨졌기 때문이다.

각주만 따로 계산하면 200자 원고지로 약 4,300장이 넘고, 역자의 소개와 번역문을 포함하면 1만 1,420장 정도로 이제 겨우 완성된 모습을 갖추게 된 이 책은 그야말로 역자가 10년 동안 상당히 많은 시간을 투자하지 않을 수 없는 과제로 남아 있었다. 실제 역자의 전공시대와는 그대로 좀 거리가 있다고 할 수밖에 없는 이 번역을 하는 과정에서 다른 논문이나 번역·저술·연구과제 수행으로 이 번역 작업을 반년이나 1년씩 내팽개친 경우도 여러 번 있었고, 그 때문에 필요한 것은 역자의 능력이나 재능·열정보다는 오로지 시간, 그리고 또 시간이라고 느끼지 않을 수 없었다. 처음부터 끝까지 한 번 일독하면서 문장이나 내용, 각주를 다듬는 작업은 일상생활과 교육활동을 제외한 나머지 모든 시간을 여기에만 투입하더라도 최소한 반년은 얼추 걸리는 일이었기 때문이다. 이런 일을 세 번쯤 하다 보니 거의 15년 가까운 세월이 흘렀다.

더구나 『복혜전서』에는 이 책에서만 볼 수 있는 독특하고 생경한 용어·제도·명칭이나 난삽한 구절이 한두 가지가 아니었고, 그것을 온전히 풀이할 수 없는 필자의 제한된 능력을 여실히 실감할 수밖에 없는 시간이기도 하였다. 사전으로서 주로 이용한 『한한대사전(漢韓大辭典)』·『한어대사전(漢語大詞典)』·『한화대사전(漢和大辭典)』이란 방대한 분량의 항목 속이나 '한전(漢典: http://www.zdic.net)'이란 대표적 인터넷 한자사건 사이트에서도 용례를 찾을 수 없는 단어는 빈번히 출현하였다. 이런 단어들은 다른 분야의 인터넷 검색에서도 역시 그 뜻을 확인하기 어렵기는 마찬가지였다(이러한 사전이 물론 이 번역원고를 작성하는데 엄청난 도움이 되었다는 점은 두말할 것도 없다). 여기서 찾을 수 있지만『복혜전서』에서만 그 용례가 있는 경우도 꽤나 많은데다가 실제 본문의 내용과 어울리는 적절한 해석으로 여겨지지 않는 것도 가끔 있었다. 한편으로는 이 책의 절반 부분을 차지하는 '형명' 부분이 또한 상당한 부담을 가져다주었는데, 마침 최근 몇 년간 같은 과의 구범진 교수 주도로 시작된 '대청률례(大清律例)' 강독 모임에 참여하면서 많은 도움을 받을 수 있었다. 청대 법률·법제와 용어 및 율례의 조문에 대한 해석에서 새롭게 돌아볼 수 있는 많은 경험을 얻을 수 있었고, 부적절한 부분도 상당히 보완할 수 있었기 때문이다. 하지만 이 책 전체 번역원고의 거대한 분량이 가져오는 부담 문제 때문에 하나하나의 자구나 본문의 줄거리와 큰 관계가 없는 자질구레한 부분에 너무 많은 시간을 투입할 수도 없었다는 점을 고려한다면, 전체적으로 볼 때 그래도 여전히 상당한 부분은 어색하거나 부적절한 해석일 가능성을 배제하기 어려운 것도 사실이다. 이 점은 모두 필자의 역량 부족 때문이지만, 앞으로도 가능하면 지속적인 보완이 필요할 것이다.[1]

여하튼 이렇게 대강 완성된 이 책의 원고가 출판의 기회를 확보할 수 있게 된 것은 인문대학의 '2013년도 인문학 명저 번역·교감·주해 지원 사업'이 시작되면서 '출판 지원' 분야에 대한 지원 신청이 통과되었기 때문이다. 이 자리를 빌려 출판의 지연에도 불구하고 적극적인 도움으로 이 책이 공간될 수 있게 도와주신 인문대학과 인문학연구원의 관계자 여러분께 깊은 감사의 뜻을 전하고 싶다. 물론 이러한 과정에서 오랫동안 관심과 지원을 베풀어 준 같은 과의 여러 선생님들께도 같은 심정을 전한다. 그리고 전혀 시장성이 없는데다가 분량까지도 지나친 이 책에 대해 '학술서'라는 이유로 2014년 가을 출판을 허용해 준 서울대학교출판문화원에 대해서도 이 점은 마찬가지다. 더구나 이전 두 차례의 출판에서도 기나긴 원고 수정과 교정 작업으로 상당히 오랜 기간에 걸쳐 많은 폐를 끼친 적이 있기 때문에 여기서 다시 한 번 감사를 드린다.

1 이 책은『복혜전서』전체의 완역이지만, 황육홍이 부록으로 실은 몇 가지 문장은 생략할 수밖에 없는데, 대부분 형식적이거나 수사로 가득한 인사의 글이나 점성술 자료, 제사문 등으로 그다지 큰 의미가 없는 내용이라 생각되는 것들이다. 특히 마지막 권(또는 바로 그 앞 권)에 수록된 사륙변려체의 상사에게 보내는 인사 글은 그 대표적인 경우다.

나아가 이미 원고를 제출한 지 15년이 지나 아마도 자신이 번역한 부분이나 내용도 모두 까맣게 잊어버렸을 김도진, 김두현, 이원준, 이지영, 윤형진, 박민수, 조병식, 하주형 군 등 동양사학과의 대학원생 여러분에게도 뒤늦게나마 이 책의 출간본을 넘겨줄 수 있게 되어 매우 다행으로 생각한다. 물론 지난 10여 년 이상 이 책의 번역과 수정 작업을 최우선 과제로 삼다 보니 가정사에 대해 무관심과 무능력으로 점철할 수밖에 없었던 남편을 묵묵히 지켜 준 아내와 두 아이에게도 미안한 마음을 전달하는 것이 꼭 필요한 순서가 될 것이다. 가족이라는 버팀목이 있었기에 이 책의 원고를 완성할 수 있었다는 점에 대해서는 정말로 고맙게 생각하지 않을 수 없다.

2020년 7월 11일

옮긴이 김형종

차례

제12권

형명부 2
(刑名部)

| 복혜전서 1 |

제28권 역참부(郵政部) 1

제29권 역참부(郵政部) 2

제30권 서정부(庶政部) 1

제31권 서정부(庶政部) 2

제32권 승천부(升遷部)

일러두기

* 주·현의 지방관은 보통 지주·지현으로 표기되어야 하지만, 여기서는 편의상 대부분 지현으로 통일하여 표기하였다. 또한 관원·관부나 주현(관), 재판관(問官), 윗사람(在上者), 사목(司牧), 군자(君子) 등 지방관을 나타내는 다양한 여러 표현 역시 특별한 경우가 아니면 보통 지현이나 지방관으로 표시하여 혼동을 피하였다.
* 본문에 인용된 공문의 경우 원문에서는 황제나 조정, 또는 상관에 관련되는 것을 언급할 때 대두법(擡頭法)을 사용하여 문장을 중단하고 다음 줄에서 시작하거나, 아니면 그 글자 앞에 한두 칸씩 공란을 둔 경우가 많지만, 여기서는 모두 생략하여 번잡함을 피하였다.
* [ ]안의 부분은 역자가 본문의 이해에 필요하다고 해서 따로 추가한 부분이다. [ ]의 내용은 한자이거나 본문에 원래 들어가 있는 부분이다.
* 용어에 대한 중복 설명은 피할 수 없는 부분이기도 하다. 자주 나오는 것도 있고 가끔 나오는 것도 있어 약간의 차이가 있지만 주제별로 가능한 한 중복을 피하려고 하였다. 하지만 이 책을 처음부터 쭉 읽는다는 것을 가정하지 않았기 때문에 불규칙적으로 반복하여 출현하는 용어에 대한 중복 설명도 적지 않다.
* '、'부호를 써서 나열하는 도중 '、'이 다시 그 안에 들어가야 하는 경우 '·' 부호로 대치하였다. 즉 병렬 안에 다시 병렬이 들어갈 경우 '·' 부호를 쓴 것이다. 병렬 중에 생략부호를 겸한 경우도 마찬가지다(이를테면 보장·보정을 보장·정이라 쓴 경우를 가리킨다). '、'를 써서 나열하는 경우 일상적으로 자주 쓰이는 용어(이를테면 高低와 같은 경우)나 단음절 용어의 병렬일 경우 문맥에 따라 특별하게 구분해서 표시해야 하는 경우가 아니면 그냥 생략한 경우도 적지 않다.
* ';' 부호는 문장이 대구로 구성되거나 연속적으로 나열하는 경우에 사용되기도 하였다.
* 문장 속의 대화나 용어에 대한 규정, 짧은 인용문의 경우 앞에 ': '부호를 넣어 그것을 쉽게 구분할 수 있도록 표기하였다.
* 본문에 인용된 각종 공문서나 책자의 명칭에는 모두 「 」이나 『 』의 부호를 붙였다. 다만 한 글자로 생략되어 지칭된 경우는 모두 이 부호를 생략하였다.
* 본문마다 부록으로 공문의 다양한 양식이 추가된 경우가 있는데, 그 경우 그 양식은 원래의 형식 그대로를 보여 줄 수 없으므로, 가능한 한 원래의 형식을 유지하는 형태에서 대략적인 모습만을 보여 주는데 그쳤다. 따라서 원래의 형식은 원본의 내용을 참고해야 할 것이다.

| 제11권 |

형명부 刑名部 1

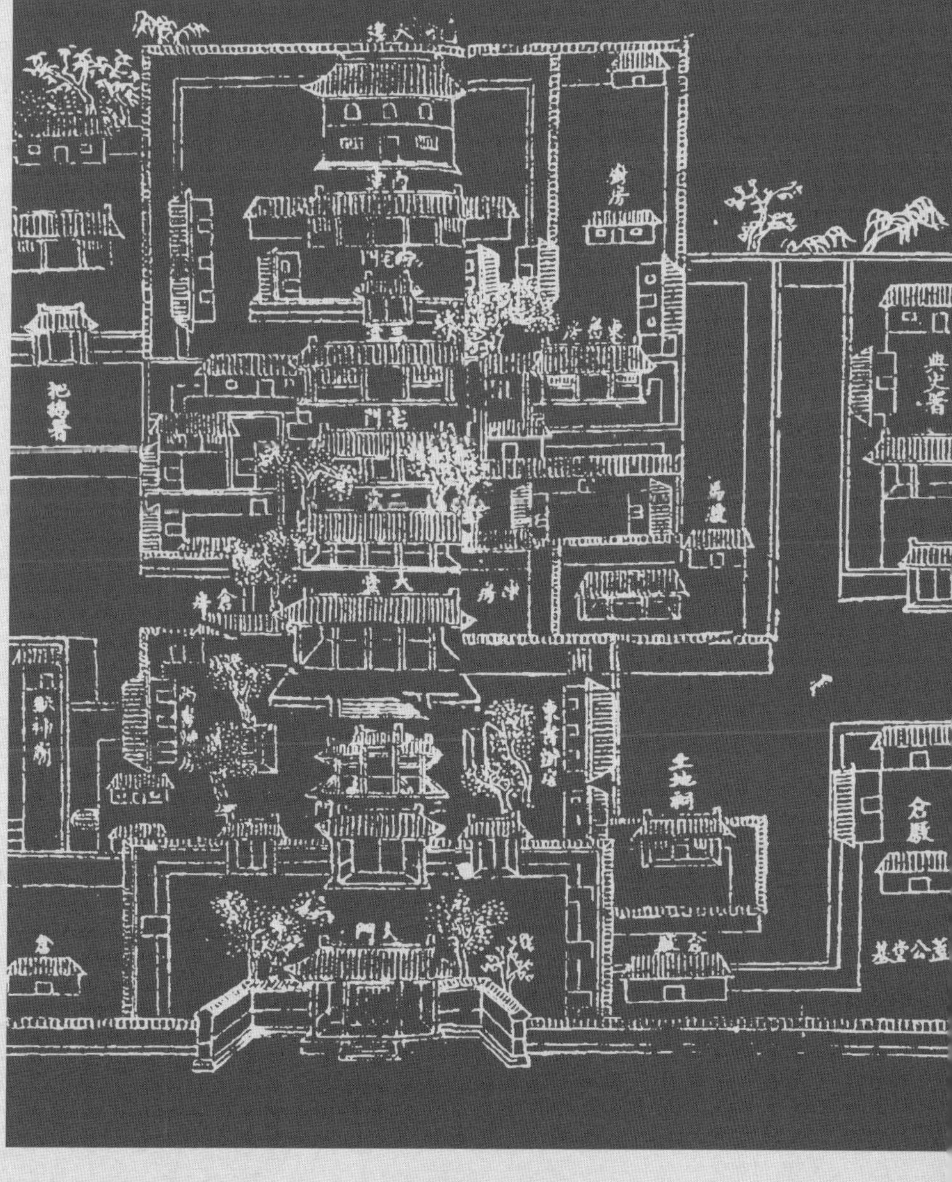

福惠全書

11-01. 총론(總論)[1]

누구나 교활하게 속이거나 숨기고 감추고자 하는데, 이것을 따지고 들어가는 것은 소송(訴訟)보다 더 어려운 것이 없다. 또한 소송에서는 살인, 강·절도, 도인(逃人), 간음 등의 [형사]사건보다 더 중요한 것이 없다. 호적이나 혼인 또는 토지 따위에 관련된 [민사]사건은 오히려 사소한 것에 지나지 않는다. 옛날 삼황오제(三皇五帝) 시대를 돌이켜 보면, 비록 다섯 가지 형벌(五刑)이 만들어졌지만 죄를 범하는 사람은 드물었으며, 그 인심과 풍속은 아직 후세의 간사하고 경박한 정도에까지 이르지 않았다. 옛적의 이야기로 우(虞)와 예(芮) 두 나라가 주 문왕(周文王)에게 시비를 가려 달라고 요청하였던 경우는 기껏 토지를 둘러싼 소송에 지나지 않았고, 「작각(雀角)」이란 시(詩)에서 보듯 시인이 노래한 것은 단지 혼사 문제에 지나지 않았다. 공자(孔子)께서도 다만 백성이 소송에 휘말리지 않기만을 바라셨으며, 그 제자 자로(子路)는 단지 몇 마디 말로 소송사건에 대한 판결을 내릴 수 있었다.

그렇지만 설사 옛적에는 성현의 훌륭한 품덕과 지혜가 뭇사람의 마음을 감복시키는 데에 충분하였다손 치더라도, 오늘날에는 약탈과 공격, 그리고 폭행과 분쟁이 어디에나 퍼져 있으며, 또한 권세 있는 사람이 약하고 어리석은 사람을 억압하고, 배반하거나 도망친 사람이 착한 양민을 해치고 모함하는 일은 온갖 속임수가 난무하면서 이루 설명할 수 없을 정도로 갖은 모습을 드러낸다. 이미 구리 30근과 화살 한 다발을 바치게 하는 옛날의 억제 조치만으로는 소송을 없앨 수 없으니, 다섯 가지 형벌과 다섯 가지 소리로 판결을 내리는 것으로 어찌 백성의 사정을 충분히 제대로 처리할 수 있겠는가?

그러므로 백성은 나날이 교활해지고, 소송은 날로 번잡해진다. 만약 이를 미리 막고 적발하지 않는다면, 사회 기풍이 순식간에 무너져 내리는 추세는 장차 끝이 없을 터이다. 이에 나 황육홍은 형명(刑名)에 관계된 것을 모아 한 부(部)를 만들었는데, 먼저 고발·구인·심문 및 판결에 관한 일을 서술하였으며, 이어서 살인과 강·절도, 도인·간음·잡법·흉악범

---

1 청대의 소송에 대한 개관으로는 김선혜, 「재판」, 吳金成 외, 『명청시대사회경제사』(이산, 2007); 그리고 후마 쓰스무(夫馬進), 「명·청대의 송사와 소송제도(明清時代の訟師と訴訟制度)」(梅原郁 編, 『中國近世の法制と社會』, 同朋舍, 1993 소수)를 참조할 것. 또한 남정원(藍鼎元) 지음, 차혜원 옮김, 『녹주공안: 청조 지방관의 재판기록』(이산, 2010)은 형명부의 내용과 관련하여 좋은 참고가 된다.

[지명수배범], 부정한 재물 취득, 모반(謀反)과 모반(謀叛) 등 여덟 가지를 서술하였다.[2] 또한 그 가운데 다시 세부 항목을 두어 나눔으로써 소송사건에서 숨겨지거나 감춰진 내용이 없고, 백성의 억울함이 쌓이지 않도록 힘써 노력하였다. 감히 성인께서 말씀하신 "소송이 없는" 경지를 바란다거나, "몇 마디 말로 판결을 내리는 것"을 모방한다고 하지는 못하겠지만, 요컨대 사건을 판결하는 데 혹시 조금이라도 도움이 되기를 바랄 뿐이다.

夫人情之詭詐、伏匿,[3] 而難於窮詰者,[4] 莫過於獄訟.[5] 夫獄訟之中, 其要者又莫過於人命[6]、盜賊[7]、逃、姦諸事.[8] 至于戶婚、田土之屬, 猶其小者也. 考昔帝王之世,[9] 五刑雖設而犯者或鮮,[10] 其人心風俗, 尙不至如後世之奸險、婾薄.[11] 故虞、芮之質成于文王,[12] 不過爭田, 雀角之見,[13] 咏于風人,[14] 僅爲婚媾.[15] 至于孔子, 直欲使民于無訟,[16] 子路遂可片言以折獄.[17] 雖聖賢之盛德、

---

2 이에 대해 이 책의 제11-20권, 즉 형명부 1-10에서 다루고 있다.

3 궤사(詭詐)는 거짓으로 남을 속인다는 뜻이고, 복익(伏匿)은 숨기고 감춘다는 뜻이다.

4 궁힐(窮詰)은 (악착같이) 따져 묻는다는 뜻이다.

5 옥송(獄訟)은 (형사·민사) 소송, 소송안건을 가리킨다.

6 인명(人命)은 사망·살인사건을 가리킨다.

7 도적(盜賊)은 강도 또는 강·절도사건을 말한다.

8 도간(逃姦)은 도인(逃人)과 간음(奸情) 두 가지 안건을 가리킨다. 도인(逃人)은 청대 초기에 중요한 사회문제의 하나였다. 청조의 군대가 만리장성을 넘어 내지(內地)로 입관(入關)한 다음 만주귀족은 권지(圈地)를 통해 화북 등지에서 대량의 토지를 약탈하고 여기에 각종 농장을 설립한 다음 현지의 한인(漢人)을 노예로 충당하였다. 지나친 수탈과 부담을 견디지 못해 이들이 도망가면서 이것이 엄중한 사회문제로 등장하였는데, 이것은 동시에 만주귀족의 이익과 직결되었으므로 청조는 이런 노예의 도망을 엄금하는 도인법을 반포하고 엄벌에 처하였다. 이에 대해서는 제19권 형명부 9 도인과 간정에서 자세하게 다루고 있다.

9 여기서 제왕(帝王)이란 군주의 범칭일 수도 있지만, 삼왕(三王)과 오제(五帝)를 가리키는 것으로 보아도 좋을 것이다. 보통 오제는 황제(黃帝)·전욱(顓頊)·제곡(帝嚳)과 요(堯)·순(舜)을, 그리고 삼왕은 하(夏)의 우왕(禹王), 상(商)의 탕왕(湯王), 주(周)의 문왕(文王) 등 삼대(三代)의 성왕(聖王)을 가리킨다.

10 오형은 고대의 묵(墨. 이마에 글자를 새기는 것)·의(劓. 코를 베는 것)·비(剕. 발을 베는 것)·궁(宮. 거세하는 것)·대벽(大辟. 사형) 등 다섯 가지 형벌을 가리킨다. 수당(隋唐) 시대 이후의 오형은 사형(死)·유배형(流)·노역형(徒), 그리고 곤장형인 장형(杖)과 태형(笞)을 가리킨다.

11 간험(奸險)은 간사하고 음험하다는 뜻이고, 유박(婾薄)은 경박하다, 들뜬다는 뜻이다.

12 우예(虞芮)는 주(周) 초기의 두 제후국으로, 양자 사이에 토지분쟁이 일어나자 주 문왕을 찾아가 해결을 요청하였다고 전해진다. 질성(質成)은 재판을 청구하여 화해를 이룬다, 남에게 시비판단을 구하여 공정한 해결을 꾀한다는 뜻이다. 이에 관한 전고는 『시경』「대아(大雅)」의 「문왕지십(文王之什) 면(緜)」에 나온다.

13 작각(雀角)이란 참새 부리가 서로 부딪치는 것으로, 말다툼이나 소송을 가리킨다.

14 풍인(風人)은 민가나 민속을 채집하여 민풍(民風)을 관찰하는 임무를 맡은 관원, 또는 시인을 가리킨다.

15 혼구(婚媾)는 혼인을 가리킨다. 『시경』「국풍(國風)」의 「소남(召南) 행로(行露)」에 있는 구절(결혼을 강박하는 데 저항하는 여성의 시)에서 비롯되었다.

16 『논어(論語)』「안연(顏淵)」편에 "공자께서 말씀하셨다. '소송사건을 처리하는 것은 나도 남과 같다. 반드시 소송이 없게 해야 할 것이다'(子曰: '聽訟, 吾猶人也. 必也, 使無訟乎!')."라는 구절이 나온다.

明智, 足以感服羣情, 然當之今日, 剽掠[18]、攻擊、毆奪、憤爭, 所在皆是,[19] 與夫豪强之欺壓愚懦,[20] 叛逃之誣害善良, 譎詐多端,[21] 狀態百出.[22] 微獨鈞金、束矢之入,[23] 未能闃其無人,[24] 卽五刑、五聲之聽,[25] 詎可盡斯民之情乎? 故民日險僞而獄訟日繁. 若無所以防禁而擿發之, 則頹波逝流, 將無有底極也.[26] 鴻今彙刑名爲部, 而先之以告理[27]、差拘[28]、審擬諸件,[29] 繼之以人命、賊盜、逃人、姦情、雜犯、款犯[30]、贓私[31]、反叛八條.[32] 又于八條之中, 分晰款項,[33] 務期獄鮮遁情,[34]

---

17 편언(片言)은 몇 마디 말이라는 뜻이고, 절옥(折獄)은 소송안건에 대한 판단을 내리는 것을 가리킨다. 공자의 제자인 자로(子路)에 관한 전고는 바로 앞서 나온 공자의 말씀 바로 앞부분에 실려 있다. 즉 『논어』 「안연(顏淵)」편에 "공자께서 말씀하셨다. '몇 마디 말을 듣고 소송판결을 내릴 수 있는 것은 아마 자로가 아닐까?'(子曰: '片言可以折獄者, 其由也與?')"라는 구절이다. 편언(片言)은 한쪽만의 일방적인 주장이라고 해석하기도 한다.

18 표략(剽掠)은 빼앗다, 약탈한다는 뜻이다.

19 소재(所在)는 여기서는 곳곳에, 도처에, 어디나라는 뜻이다.

20 여부(與夫)는 그리고 또는 그런데라는 접속사로서 이 책에서 자주 쓰인다.

21 휼사(譎詐)는 속인다, 기만한다는 뜻이고, 다단(多端)은 '다방면으로, 갖가지'라는 뜻이다.

22 백출(百出)은 끝없이 다양하게 나타난다는 뜻이다.

23 미독(微獨)은 단지, 겨우라는 뜻이다. 균금속시(鈞金束矢)는 구리 서른 근, 화살 한 다발을 말한다. 고대 소송사건에서 쌍방이 관청에 내놓는 물건으로, 구리(쇠)는 단단함을, 화살은 곧음을 상징한다. 판결이 내려지면 이긴 사람은 구리와 화살을 되찾지만, 진 사람은 몰수당한다. 이 전고는 『주례』 「추관(秋官) 사구(司寇)」에 나오는 "양쪽을 모두 불러 관청에 화살 한 다발을 내게 한 다음에야 비로소 처리를 하여 소송을 억제한다. 양쪽을 모두 불러 서른 근의 구리를 내게 하고, 사흘 후에 소환한 다음 처리함으로써 소송을 억제한다(以兩造禁民訟, 入束矢於朝, 然後聽之. 以兩劑禁民獄, 入鈞金, 三日乃致于朝, 然後聽之.)."라는 구절에서 비롯되었다.

24 격기무인(闃其無人)은 텅 비어 인기척이 없는 상태를 가리킨다.

25 오성(五聲)은 오청(五聽)을 가리킨다. 오청은 사건을 보고 판단하는 다섯 가지 방법을 가리킨다. 청(聽)은 판단한다는 뜻인데, 『주례』의 「추관(秋官) 사구(司寇)」에 "오성으로 소송을 처리하고 백성의 사정을 파악한다. 즉 말·표정·호흡·소리·눈빛 등을 보고 판단한다(以五聲聽獄訟, 求民情. 一曰: '辭聽', 二曰: '色聽', 三曰: '氣聽', 四曰: '耳聽', 五曰: '目聽'.)."라는 전고에서 나왔다.

26 퇴파(頹波)는 민풍이나 사물이 무너져 내리는 추세를 비유한다. 문서(逝流)는 흘러가는 시간을 비유한다.

27 고리(告理)는 고발하여 처리를 청구한다는 것이다.

28 차구(差拘)는 차역을 파견하여 구인해 온다는 뜻이다.

29 심의(審擬)는 심문하여 파견을 내린다는 뜻이다.

30 관범(款犯)은 제20권 형명부 10의 「20-01. 흉악범(款犯)」 부분을 참조한다.

31 장사(贓私)는 부정한 방법으로 재물을 취득하는 행위를 가리킨다. 장(贓)은 강·절도로 훔치거나 빼앗은 재물, 아니면 뇌물을 가리키므로 오늘날 우리가 쓰는 '장물'이라는 개념과는 약간 다르다. 장물과 뇌물 두 가지를 포함하므로 부정한 방법으로 취득한 재물이라는 해석이 보다 적절할 것이다.

32 모반(謀反)과 모반(謀叛), 그리고 모대역(謀大逆)을 가리킨다. 같은 뜻으로도 쓰이지만, 법률적으로는 분명한 차이가 있다. 모반(謀反)은 사직을 위태롭게 하는 일을 꾀하는 것(謀危社稷. plotting rebellion)이고, 십악(十惡) 가운데 으뜸이다). 모반(謀叛. 叛逆)은 본국·국가를 배신하고 타국이나 반란군을 따르는 것을 가리키며(謀背國從僞. plotting treason), 십악 가운데 세 번째이다. 십악의 두 번째인 모대역(謀大逆)은 황제의 가묘나 분묘, 궁궐 등의 훼손을 꾀하는 것(謀宗廟山陵及宮闕. high treason)이다.

33 분석(分晰)은 분명하게 나누다, 구분한다는 뜻이고, 관항(款項)은 항목·조목이라는 뜻이다.

34 둔정(遁情)은 숨겨진 사정이나 내막이라는 뜻이다.

民無冤累. 雖不敢云: "希聖人之無訟, 擬先賢之片言," 要亦于折獄, 或有微長耳.[35]

11-02. 소송과 소송문서(詞訟)[36]

11-02-01. 대서 선발(考代書)

이 부분은 제3권 부임부 2의「3-08. 대서 선발(攷代書)」부분을 참조할 것.[37]

11-02-02.「고발장」양식(立狀式)

대서인(代書人)을 점검하여 정하는 것은 거짓된 소송을 막기 위함이다.「고발장」의 양식이 정해져 있지 않으면, 남을 부추겨 상습적으로 소송을 걸거나 소송에 익숙한 사람이 교묘하게 허위상황을 날조하고 아울러 대서인을 속이게 된다. 혹은 대서인이 사실에 따라 쓴다고 할지라도, 문서분량과 규격을 제한하지 않으면 중요하지 않거나 쓸데없는 말이 길어져 도리어 복잡함만 뒤엉켜 늘어난다. 그러므로「고발장」은 네모난 빈칸의 형식을 갖추고 세 줄에 [한 줄마다 48자씩] 모두 144자를 쓰는 것을 기준으로 삼는다. 호적에 대한 소송은 모름지기 족장(族長)과 분묘·재산으로 증인·증거를 삼고, 혼인에 대한 소송은 모름지기 중매지니 정혼 증표로 확인하며, 토지에 대한 소송은 모름지기 계약문서나 이웃사람을 근거로 삼는다. 강도사건은 대낮에 무기를 들고 공공연히 약탈하였다는 사실, 절도사건은 몰래 드나들었다는 사실[을 기술하는 것]이 중요하며, 두 경우 모두「분실물명세서(失單)」를 덧붙여야 한다. 살인사건은 시신(피해자)의 상처와 흉기에 대한 기술이 중요하며, 이에 관련된 문서 역시「고발장」뒤에 덧붙여야 한다. 이것이「고발장」의 정해진 양식이다. 양식

35 장(長)은 아마도 도움이나 연장·장점·조장(助長)이라는 뜻으로 보인다.

36 사송(詞訟)은 소송 내지는 소송문서를 가리킨다. 장사(狀詞)도 마찬가지 뜻이다. 그리고 소송문서는「고소장(告訴狀)」이라고도 하는데, 사실 원래는「고장」과「소장」의 합칭이다. 원고가 작성하는 것을「고장(告狀. 고발장)」, 피고자 작성하는 답변을「소장(訴狀. 답변서)」이라고 하였다. 여기서는 편의상「고발장」,「답변서」라는 명칭으로 구분하였다.

37 원문 그대로임.

을 정해 두면 감히 이를 어기지 못하니 쓸데없는 말로 채울 수 없게 되며, 글자 수를 제한하면 겉치레로 과장하여 속이는 내용을 꾸미지 못한다. 만약 「고발장」 양식과 어긋나면 접수하여 처리하는 것 자체를 허용하지 않는다.

「고발장」은 정본(正狀) 외에도 반드시 부본(副狀) 하나를 더 끼워 제출해야 한다. 부본을 사용하는 이유는 무엇인가? 무릇 원고의 「고발장」을 받아들이면, 이를 형방(刑房)에 보내 처리하게 하는데, 그렇게 되면 피고는 모름지기 형방에게서 「고발장」을 베껴 가야 한다. 그런데 형방은 이 일을 아예 돈주머니로 여겨 피고를 일부러 곤란하게 만들고, 사안의 크기에 따라 요구하는 재물의 많고 적음을 결정한다. 그리고 피고는 「고발장」 내용을 베껴 손에 넣으면 소송거간꾼(訟師. 訟棍)을 불러 원래의 「고발장」에 따라 소환을 당해 심문받는 것을 갖은 방법으로 피하고, 원고의 고발에 대응하는 거짓 상황을 늘어놓아 먼저 공격한 쪽의 기세를 제압하려고 한다.

그러므로 양쪽 문서만 앞에 놓고 읽어 봐서는 도저히 시비를 판별하기 어렵다. 그래서 「고발장」 부본을 만들되, 너비와 길이는 한 자(尺)로 하고, 인쇄된 종이양식에 단지 소송사건의 제목, 피고와 증인의 성명·주소만을 써넣는데 그칠 뿐, 소송 내용 자체는 써넣지 못하게 한다. 「고발장」이 접수되면 [정본이 아닌] 이 부본을 형방에게 보내고, 형방에서 그에 따라 「구인장(差票)」을 발급하여 피고를 구인·심문하게 한다면, [정본을 받지 못해 소송의 구체적 내용을 알지 못하는] 형방은 재물을 억지로 뺏어 낼 수 없게 되고, 피고도 [고발내용을 담은 「고발장」을 보지 못하기 때문에] 대응할 수 있는 근거를 얻지 못한다. 그래서 양쪽에서 이야기하는 내용과 논조가 각기 다를 수밖에 없으니, 진실한 사정이 소송문서 위에 저절로 뚜렷하게 떠오를 수밖에 없다.

考定代書, 所以杜謊詞也.[38] 而狀式不立,[39] 傍有善唆、慣訟之人, 巧設虛局, 並瞞代書. 或代書雖據事以書, 不限定字格,[40] 枝詞、蔓語反滋纏繞.[41] 故狀刊格眼,[42] 三行以一百四十四字

---

38 황사(謊詞)는 거짓된 말을 뜻하지만, 여기서는 거짓되거나 꾸며낸 내용의 소송문서를 가리킨다. 사(詞)는 소송이나 소송문서, 또는 그 내용을 뜻한다.

39 소송문서는 원고가 제출하는 「고발장(告狀. 告詞)」과 피고가 그에 대한 반박과 답변으로 제출하는 「답변서(訴狀. 訴詞)」로 구성된다. 즉, 그 사정을 서술하면서 윗사람에게 처리를 호소하는 「고발장」과 피고가 작성하는 「답변서」를 함께 부를 경우에는 「정사(呈詞)」·「정장(呈狀)」·「사장(詞狀)」이라고 한다(여기서는 모두 소송문서로 번역한다). 장식(狀式)은 소송문서의 문서양식·규격을 가리키는데, 시기나 지역에 따라 다르지만 보통 이미 인쇄된 형태로 만들어져 배포(판매)된다.

爲率. 凡告戶籍者, 必以族長、墳産爲定.[43] 告婚姻者, 必以媒妁、聘定爲憑.[44] 告田土者, 必以契券[45]、地隣爲據.[46] 至于强盜重在明火執仗,[47] 竊盜重在出入踪跡, 俱要粘連「失單」.[48] 人命重在屍傷、兇器, 亦要狀後粘單. 此其定式也. 式定則不敢脫, 毋以全虛, 字限則不得浮詞以飾聽矣.[49] 若狀式有違, 不與准理.

其正狀之外,[50] 又須夾一副狀. 夫用副狀者, 何? 凡原告狀准發房, 被告必由房抄狀, 該房居爲奇貨,[51] 故意刁難,[52] 視事之大小爲需索之多寡. 被告抄狀入手, 乃請刀筆訟師,[53] 又照原詞多方破調,[54] 騁應敵之虛情,[55] 壓先攻之勁勢.[56] 兩牘當前, 殊難黑白. 今設副狀, 幅方一尺, 並刊印板,[57] 止塡註語及被證姓名、住址,[58] 而其詞不載焉. 准狀之後, 止發副狀落房, 出票拘審.[59] 該房無所庸其勒索, 被告無所據爲剖判.[60] 則彼此所云, 機鋒各別,[61] 其眞情自不覺躍然于紙上矣.

---

40 자격(字格)은 소송문서의 글자 수, 즉 길이나 그것을 보여 주는 네모 칸을 가리킨다.

41 지사(枝詞. 枝辭)는 중요하지 않거나 들뜬 말, 만사(蔓辭)는 쓸데없이 긴 말을 뜻한다. 전요(纏繞)는 뒤엉킴·교란을 뜻한다.

42 격안(格眼)은 표준규격의 소송문서이나 그 용지를 가리킨다. 격(格)은 원래 네모난 칸이나 그 둘레를 가리키는 뜻이 있다.

43 족장(族長)은 일족의 우두머리, 분산(墳産)은 분묘와 토지재산을 가리킨다.

44 매작(媒妁)은 중매를 가리키며, 빙정(聘定)은 정혼 증표·신물을 가리킨다.

45 계권(契券)은 계약서 등의 증명서를 말한다.

46 지린(地鄰. 地隣)은 이웃사람을 가리킨다.

47 명화집장(明火執仗)은 횃불을 밝히고 무기를 든다는 뜻으로 공개적으로 폭력을 휘두르는 것을 가리킨다.

48 점련(粘連)은 함께 첨부한다는 뜻이고, 실단(失單)은 강·절도를 당해 분실한 재물의 목록, 즉 분실물명세서를 말한다.

49 부사(浮詞)는 겉치레로 과장하는 내용이나 말을 가리킨다.

50 정장(正狀)은 원고의 「고발장」 정본을 가리킨다. 청대 관청의 규정에 따르면 소송을 한 원고는 반드시 격식에 따라 정장과 「부본(副狀)」을 각기 한 장씩 써야 하는데, 부본은 정장보다 간략하며 소송 내용에 대해서는 언급하지 않는다. 「정장」은 관청에 남겨 참고로 삼으며, 부본은 피고를 구인하는 데 사용한다.

51 거위기화(居爲奇貨)는 앞서 누차 나온 기화가거(奇貨可居)와 같은 뜻이다.

52 조난(刁難)은 일부러 트집을 잡아 곤란하게 만든다는 뜻이다.

53 도필송사(刀筆訟師)는 소송을 도맡아 처리하면서 문서를 조작하여 법을 주무르는 것을 직업으로 삼는 불법적인 존재인 소송거간꾼을 가리킨다. 멸칭으로 송곤(訟棍)·송사(訟師)라고도 한다.

54 파조(破調)는 불러서 심문하는 것(傳訊)을 면제하는 일을 가리킨다.

55 응적(應敵)은 대응하다, 맞서 싸운다는 뜻이다.

56 경세(勁勢)는 강력한 태세, 기세를 말한다.

57 인판(印板)은 인쇄용 원판이나 인쇄본, 또는 인쇄용 원판으로 인쇄한다는 뜻이다.

58 주어(註語)는 설명하고 해석하는 문자를 말한다. 여기서는 작은 글씨로 써넣은 보충설명문을 가리킨다.

59 구심(拘審)은 구포(拘捕)하여 심문(審問)한다는 뜻, 즉 잡아오거나 불러와서 심문한다는 뜻이다.

60 부판(剖判)은 구별하거나 판단한다는 뜻이다.

61 기봉(機鋒)은 원래 불교 선종(禪宗)의 용어로 신속하고 예리하면서도 깊은 뜻을 담은 문답 어구를 가리킨다. 여기서는 멋진 어구나 말재주를 뜻하는 것으로 보인다.

○ 부록: 「고발장」·「피살자 및 피해자의 상처·흉기, 범행지시 및 조력자 명단」·부본 양식

1) 「고발장」 양식 【앞의 세 줄에 [소송내용을] 줄마다 48자씩을 쓴다. 「고발장」과 「명단」·부본은 모두 연면지를 써서 인쇄한다.[62]】

고발인 모가 [다음과 같은 일로] 고발하는 바입니다.

【세 줄에 걸쳐 소송내용을 쓴다. 한 줄마다 48자다.】 이상의 내용을
본 주현의 정당노야께서 처리해 주시도록 올립니다.

첨부:
피고: 모인 [ ]촌에 사는데 현성에서 [ ] 리 떨어져 있습니다.
모인 [ ]촌에 사는데 현성에서 [ ] 리 떨어져 있습니다.
모인 [ ]촌에 사는데 현성에서 [ ] 리 떨어져 있습니다.
증인: 모인 [ ]촌에 사는데 현성에서 [ ] 리 떨어져 있습니다.
이웃: 모인 [ ]촌에 사는데 현성에서 [ ] 리 떨어져 있습니다.
지보: 모인 [ ]촌에 사는데 현성에서 [ ] 리 떨어져 있습니다.
【살인이나 절도 등의 중대사건은 지보·이웃 등의 확인이 필요하다. 기타 사소한 사건의 경우는 필요에 따른다.】

년 월 일
고발인: 나이 및 주소 【모부·현 모이·갑 소속이고 현성에서 몇 리 떨어진 주소에 사는지를 기록한다.】
대리고발인: [ ]
대서인: [ ]

62 연면지는 면연지(棉連紙)·연사지(連史紙)를 가리키는데 원래는 면연사지(綿連四紙)가 와전된 것이다. 강서·복건 등지에서 생산되며 대나무가 원료인데, 종이질이 섬세하고 흰데다가 오래되어도 변하지 않아 귀중한 서적이나 비첩(碑帖)·서화(書畵)·부채(扇面) 등에 많이 사용하였다.

1. 사면(赦免) 이전의 일이거나 아주 오래된 일은 받아들이지 않는다.[63]
2. 살인사건을 고소하는 데 「상처 및 흉기, 조력자 명단」을 첨부하지 않으면 받아들이지 않는다.
3. 혼인문제를 고발하는 데 중매자가 없으면 받아들이지 않는다.
4. 현장 간통으로 적발된 경우가 아니면, 부녀자가 연루된 고발은 받아들이지 않는다.
5. 강도의 경우 이웃의 목격증언이, 절도의 경우 출입의 흔적이 기입되지 않거나 「분실물건 명세서」가 없으면 받아들이지 않는다.
6. 뇌물의 경우 주고받는 것을 목격한 사람이 없으면 받아들이지 않는다.
7. 토지문제에 관한 고발의 경우 토지에 대한 채무나 중간보증인이 없고, 계약서를 첨부하지 않으면 받아들이지 않는다.
8. 생감 등의 하층신사나 부녀자·노약자·불구자나 병자는 대리고발인이 없으면 받아들이지 않는다.
9. 생원이 증언하게 하거나 부녀나 아동을 연루시키는 것은 받아들이지 않는다.
10. 도적이나 살인으로 고발된 것이 아니라면 피고가 세 사람이 넘는 경우는 받아들이지 않는다.
11. 소송문서에 확실한 시기(연·월·일)가 없는 것은 받아들이지 않는다.
12. 소송문서 말미에 내용을 검토한 대서인의 성명이 없으면 받아들이지 않는다.
13. 소송문서가 격식에 맞지 않거나 부본이 없으면 받아들이지 않는다.
14. 살인사건 소송문서의 첨부 명단에 시신의 상처 및 흉기, 손을 쓴 흉범에 대한 기록이 없거니, 서명이 없으면 받아들이지 않는다.
15. 인쇄된 격식의 용지를 쓰지 않는 소송문서는 받아들이지 않는다.

○ 狀式附 【前格三行, 每行四十八字, 照畵刊. 狀、單、副狀, 俱用綿連紙印刷】

○「[告]狀」式

告狀人 告爲[ ]事.

【前格三行, 每行四十八字】 上告

63 이하의 내용은 한 줄에 두 칸씩 작은 글씨로 쓴 것이지만, 편의상 본문과 같은 형식으로 하였다.

本州縣正堂老爺施行.

計開:

被告 住[ ]村 離城[ ]里 住[ ]村 離城[ ]里 住[ ]村 離城[ ] 里

干證 住[ ]村 仝前

兩隣 住[ ]村 仝前

地方 住[ ]村 仝前 【如命盜重情, 要地隣等. 其餘小事, 應有者聽】

年 月 日

告狀人 年[ ]歲 [ ]府[ ]縣[ ]里[ ]甲籍, 住[ ]村 離城[ ]里

抱告[64] 某人

代書 某人

一. 事在赦前及年遠者, 不准.

一. 告人命,「不粘連傷痕兇器謀助單」者, 不准.

一. 告婚姻, 無媒者, 不准.

一. 非現獲姦犯, 詞內牽連婦女者, 不准.

一. 告强盜, 無地見竊盜, 無出入形跡, 空粘「失單」者, 不准.

一. 告贓, 無過付見者,[65] 不准.

一. 告田土, 無地債負, 無中保及不抄粘契者, 不准.

一. 生監,[66] 及婦女、老幼、廢疾, 無抱告者, 不准.

一. 告生員, 作牽連幼女、稚童者, 不准.

一. 被告非盜命, 過三人者, 不准.

一. 狀內所告, 無眞正年月日者, 不准.

一. 狀尾, 無考定代書姓名者, 不准.

一. 狀不合式, 無副狀者, 不准.

一. 告人命粘單內, 不塡屍傷、兇器、下手兇犯及不花押者, 不准.

64 포고(抱告)는 유족이 가정(家丁)을 보내 대신 관에 고발하는 것을 이른다.
65 과부(過付)는 뇌물 등을 전달하거나 보내는 것, 건네주는 것을 말한다.
66 생감(生監)은 생원(生員)과 감생(監生), 즉 하급 학위를 지닌 신사를 말한다.

一. 凡「告狀」, 不用印格眼者, 不准.

2)「피살자 및 피해자의 상처·흉기, 범행지시 및 조력자 명단」양식【이 명단은 실제 「고발장」뒤에 붙인다.】

1. 원고 모는 피살자 모인과 [ ]관계가 있는 친족입니다.
2. 피살자 모인은 나이가 [ ]이고, 신체나 수염에 [ ] 특징이 있으며, 상처는 [ ] 물건에 의한 상처입니다.
3. 상처를 입은 피해자 모인은 나이가 [ ]이고, 신체나 수염에 [ ] 특징이 있으며, 상처는 [ ] 물건에 의한 상처입니다.
4. 흉기는 범인 모가 쓴 것으로 지금 모처에 보존하고 있으며, 이미[아직] 획득하[지 못하]였습니다.
5. 범인에게 지시를 한 모인은 모처의 사람으로 대략 [ ]세이고 신체나 수염에 [ ] 특징이 있으며, 이미[아직] 포획하[지 못하]였습니다.
6. 손을 쓴 흉범 모인은 모처에 있습니다. 등등.
7. 구타를 도운 흉범 모인은 모처에 있습니다. 등등.

이상의 보고는 사실이며, 거짓이면 달게 죄를 받겠습니다. 고발인 모 서명
【범행을 지시하거나 도운 사람이 있다면 쓰고 없으면 없다고 기입한다.】

○「人命、人痕、兇器、謀助粘單」式【此單實, 粘「告狀」後.】

一. 原告某人, 係本屍何項親屬.
一. 屍傷某人, 年歲[ ], 身面鬚[ ], 某處傷係何物傷.
一. 被傷某人, 年歲[ ], 身面鬚[ ], 某處傷係何物傷.
一. 兇器某物, 係某人犯持用, 今存某處, 已獲[未獲].
一. 謀令兇犯某人, 係某處人, 約歲, 身面鬚, 已獲[未獲].
一. 下手兇犯某人, 係某處云云.
一. 助毆兇犯某人, 係某處云云.
已上單報是實, 如虛甘罪. 原告某人 押

【謀令助毆, 有人則塡, 無則註無】

3)「고발장」 부본 양식(副狀式)

고발인 모가 모사안으로 고발하는 바입니다

피고: 모인 [ ]촌에 사는데 현성에서 [ ] 리 떨어져 있습니다.

증인: 모인 [ ]촌에 사는데 현성에서 [ ] 리 떨어져 있습니다.

이웃:

지보: 모인 [ ]촌에 사는데 현성에서 [ ] 리 떨어져 있습니다.

연 월 일 고발인: 모인

대리고발인: [ ]

대서인: [ ]

○「副狀」式

告狀人某告爲某事.

被告某 住[ ]處 離城[ ]里 住[ ]處 離城[ ]里

干證某 住[ ]處 離城[ ]里 住[ ]處 離城[ ]里

兩隣

地方 住[ ]處 離城[ ]里 住[ ]處 離城[ ]里

年月日 告狀人某

抱告 [ ]

代書 [ ]

11-02-03.「고발장」 접수(放告)[67]

「고발장」의 접수시기는 모름지기 [매달] 3·6·9일에 하도록 정해져 있다. 어떤 이는 말한다. "주현은 [사법 분야를 전담하는 성의] 안찰사 아문과 비할 바가 아니기 때문에 [소송안건을 접수하는 데] 날짜를 한정해서는 안 된다. 백성이 고통으로 울부짖는데 어찌 일각이라도 기다리게 할 수 있겠는가? 큰 강도사건이나 살인사건의 경우는 [가해자가] 도망가거나 풀려나지 않는다고 보장할 수도 없다."

하지만 나는 "그렇지 않다"고 생각한다. 백성이 소송하는 것은 부득이해야 하는 일이고, 관청에서 소송을 접수하는 일 역시 부득이해서 하는 것이니, 모두가 일이 생기는 것을 좋아하지는 않는다. 민간의 작은 분쟁은 일시적인 불만이나 다툼에서 비롯되어 달려와 고발하는 것이다. 만약 친구가 중재하거나 권한다면 고발할 수 있는 날까지 기다리는 동안 화가 이미 누그러져 술 한 잔이나 차 한 주전자로 화해할 수 있을 것이다. 이 어찌 백성의 부모인 지방관이 깊이 바라는 바가 아니겠는가? 도적이나 살인에 관련된 중대한 사안일 경우는 언제든지 소리쳐 알릴 수 있도록 허용되며, 사납고 흉악한 무리들에 대해서는 [정해진 시기에 구애받지 않고 언제든지] 원통함을 하소연할 수 있어 본래 3·6·9일이란 제한도 없다. 이렇게 「고발장」을 접수하는 날을 제한하지 않아 큰 억울함을 풀 수 있고, 「고발장」을 접수하는 날을 제한하여 작은 분쟁을 멈출 수 있으니, 어찌 일거양득이 아니겠는가?

○ 「고발장」을 접수하는 날이 되면 향민이 멀리서 현성으로 올라오니, 와서 기다리는 불편을 피하도록 응당 일찌감치 업무를 시작해야 한다. 먼저 「고발장」 접수를 시작하겠다고 알리고 난 다음에 「고발장」을 접수한다. 이때 지방관은 앞뒤로 트인 건물 안에 앉는데, 섬돌 위에 탁자를 설치하고 그 위에 문진 하나를 올려놓는다. 동쪽 쪽문으로 고발인이 한 명씩 차례로 들어오게 하되, 「고발장」을 끼워 넣기 위해 새치기하여 끼어들지 못하게 한다.

한 사람씩 순서대로 와서 「고발장」을 펼쳐 직접 탁자 위에 놓고 문진으로 눌러 놓은 다음 섬돌 아래로 물러나 무릎을 꿇는다. 그러면 [지현은] 당직 서리에게 「고발장」의 장수를 세어보고 큰소리로 몇 장인지 보고하도록 지시한다. 「고발장」마다 고발인의 이름을 불러 확인을 마치면, 고발인은 복도의 서쪽으로 가서 서쪽 쪽문을 통해 일렬로 나간다. 이름을 부를 때 답하는 사람의 이름이 틀리거나, 거동이 의심스러우면 즉시 「고발장」을 가져와 검토하면서 심문한다. 만약 남의 이름을 빌리거나 자기 이름을 숨긴 경우라면 즉시 「구인장」을 내서 붙잡고, 돈을 주고 고용하거나 이름을 숨긴 사람도 함께 처벌한다.

「고발장」 접수가 마무리되면 흰 종이로 묶고, 거기에 모두 「고발장」 몇 장이 있는지 분

---

67 방고(放告)는 관청에서 매월 정해진 시기마다 소송안건을 받아들이던 것을 가리킨다. 이 시기를 고기(告期)라고 하는데, 이를 알리는 것이 바로 방고다.

명하게 기입한다. 이것을 지현에게 올리면 붉은 먹물로 동그라미 표시를 하여 봉인하고, 문지기는 이것을 받아 문갑(文匣)에 넣어 지현이 자리를 옮길 때 문갑도 함께 내아(內衙)로 가지고 들어갈 수 있게 한다. 이렇게 하면 남 대신 고발하거나 이름을 숨기는 일이 자연히 점차 줄어들 것이며, 아역이 「고발장」을 빼내 바꿔치기하는 폐단도 피할 수 있다.

○ 큰 소리로 억울함을 하소연하면서 북을 두드리는 일은 혹은 아주 급박할 경우 가끔 나타나기도 한다. 또한 못된 무뢰배들이 시정의 건달들과 서로 짜고 향촌의 우매한 백성에게 공갈을 치거나 피해를 끼치는 경우도 있다. 이러한 일들이 있을 때면, 즉시 차역을 보내 잡아와 「고발장」을 꾸미고 구금한 다음 신속하게 시비를 가리고 공정하게 법을 집행하되, 개인적인 감정으로 일부러 죄인을 풀어 주거나 해서는 안 된다. 만약 원고의 주장이 이치에 맞지 않으면 무겁게 가중처벌을 한다. 그렇게 하면 간악한 무리들이 감히 쉽사리 함부로 시험해 보지 못할 것이며, 교활하고 못된 무리들이 거짓으로 헐뜯는 일도 자연히 사라질 것이다.

凡告期必以三、六、九日爲定. 或謂: "州縣非憲司比,[68] 不宜拘定日期,[69] 民有疾痛呼號,[70] 豈能刻待? 大盜、人命, 保無逃逸、圈和."[71] 鴻曰: "不然." 民之有訟, 出于不得已而後控. 官之聽訟, 亦出于不得已而後准, 非皆樂于有事者也. 閭閻雀角起于一時之忿爭, 因而趨告. 若得親友解勸, 延至告期, 其人怒氣已平, 杯酒、壺茗, 便可兩爲排釋,[72] 豈非爲民父母者所深願乎? 至於盜、命重情, 則有不時之喊告, 豪憝巨蠹, 則有抱牌之冤鳴,[73] 原不在三、六、九之限. 是則無定期以伸大屈, 有定期以息小爭, 不又兩得之哉?

○ 凡遇告期, 鄕民遠來城市, 免令守候, 陞堂宜早. 先爲放告, 後收投文.[74] 放告時官坐捲棚,[75] 卓置墀砌上,[76] 安放重壓紙一枚.[77] 東角門放告,[78] 狀人魚貫而進,[79] 不許投文混入其內.

---

68 헌사(憲司)는 상관(上官)이라는 뜻도 있지만, 또한 명·청대의 안찰사와 같은 송대의 관명을 가리키기도 한다. 여기서는 안찰사를 가리키는 것으로 보아도 좋을 듯하다.

69 구정(拘定)은 한정한다는 뜻이다.

70 호호(呼號)는 큰소리로 울부짖는다, 애통하게 호소한다는 뜻이다.

71 권화(圈和)는 화해(和解)·화목(和睦)이라는 뜻인데, 여기서는 피의자가 석방되는 것을 가리키는 것으로 보인다.

72 배석(排釋)은 화해를 중재한다는 뜻이다.

73 호대(豪憝)는 큰 악당 또는 악당의 우두머리다. 거두(巨蠹)는 큰 좀벌레이지만 보통 크게 간사하거나 몹쓸 사람을 가리킨다. 포패(抱牌)는 사건 수리를 허용하는 통고패를 안고라는 뜻인 것 같다. 즉 정해진 시일이 아니지만 허용을 요청한다는 뜻으로 보인다.

74 투문(投文)은 소송문서를 직접 제출하는 것을 말한다.

75 권붕(捲棚)은 양쪽에 벽이나 가림 벽이 있지만 앞뒤로는 벽 없이 트인 높은 처마의 건물을 가리킨다.

76 지체(墀砌)는 섬돌을 가리킨다.

逐名挨次, 將狀展開親壓桌上, 仍退跪堦下.

隨命直堂吏, 點明張數, 高聲報若干張, 逐張喚名. 點過, 甬道西,[80] 由西角門魚貫而出. 點名時有應名不對及擧動可疑者, 卽取狀審訊. 如係頂替匿名,[81] 立時差牌拘拿, 僱倩匿名之人,[82] 一併究懲. 收狀已完, 卽將白紙封束, 寫明內共若干張. 呈堂硃筆點封, 門子接置文匣內, 俟轉堂時連匣帶進內衙. 如此, 代告、匿名日漸自少, 衙役抽換之弊可免矣.[83]

○ 其喊禀擊鼓者, 或事關情急時亦有之. 又有棍蠹拴通市虎,[84] 恐嚇鄕愚, 索詐魚肉者. 但有此等, 卽差押補狀限拘,[85] 速理是非, 執法公斷, 不得狥情姑縱.[86] 如原告理短, 加倍重懲,[87] 則奸惡不敢輕試, 而刁徒膚愬自然斂跡.[88]

11-02-04. 「고발장」 검토(批閱)[89]

접수한 「고발장」은 당일 즉시 열람한다. 먼저 접수할 때의 봉인이 그대로인지를 확인한 다음에 비로소 봉인을 뜯는다. 「고발장」 양식에 맞지 않은 것을 조사하여 “어떤 어떤 양식에 맞지 않으므로 접수를 거부한다”고 분명히 지적한다면, 「고발장」 양식이라는 것을 허투루 정해 놓은 것이 아님을 알게 될 것이니, 고발하는 사람들은 자연히 양식을 지키는 데 주의할 것이다. 양식에 맞는 것 또한 자세히 사리를 따져, 마땅히 접수할 것만 날짜를 기입한 다음 받아들인다. 뒤이어 「고발장」 부본(副狀)에 기입된 간략한 개요와 피고·증인

---

77 중압지(重壓紙)는 진지(鎭紙)라고도 하는데 구리나 쇠·옥으로 만든 종이를 눌러 고정시키는 문구, 즉 문진을 가리킨다.

78 각문(角門)은 정문 양쪽의 작은 쪽문을 가리킨다.

79 어관(魚貫)은 하나하나씩, 또는 한 사람 한 사람씩 순서에 따라 진행하는 것을 뜻한다.

80 용도(甬道)는 지붕이 있거나, 또는 양쪽에 담장이나 가림 벽이 있는 건물 사이의 통로를 가리킨다.

81 정체(頂替)는 거짓으로 이름을 대고 대신하는 것을 가리킨다.

82 고천(僱倩)은 돈을 내어 다른 사람을 고용한다는 뜻이다.

83 추환(抽換)은 꺼내서 바꿔치기한다는 뜻이다.

84 곤두(棍蠹)는 무뢰한을 말한다. 전통(拴通)은 결탁하고, 서로 짜고라는 뜻이다. 시호(市虎)도 시정에서 횡행하는 건달, 무뢰배를 가리킨다.

85 차압(差押)은 차역을 보내 압송해 온다, 보장(補狀)은 문서를 갖춘다는 뜻이다. 한구(限拘)는 아마도 구금한다는 뜻으로 보인다.

86 고종(姑縱)은 일부러 죄인을 풀어 준다는 뜻이다.

87 이단(理短)은 이치에 닿지 않다, 조리에 어긋난다는 뜻이다.

88 조도(刁徒)는 못된 나쁜 무리라는 뜻이다. 부소(膚愬, 膚訴)는 거짓된 하소연(膚受之愬)이나 헐뜯는 말(讒言)을 가리킨다. 염적(斂迹, 斂跡)은 자취를 감추다, 숨거나 피한다, 꺼리는 바가 있어 감히 모습을 드러내지 못한다는 뜻이다.

89 비열(批閱)은 펴보고 나서 내리는 평가나 결재를 가리킨다. 즉 읽고 나서 고치거나 지시를 내리는 것을 말한다.

부분이 「고발장」 정본과 모두 일치하면 날짜를 기입한 다음 접수·처리를 승인한다. 「고발장」 말미에는 이 사건을 맡아서 처리할 이서의 이름을 기입하여, 문서수발 담당부서에서 그대로 발송할 수 있게 한다. 「고발장」 정본도 말미에 마찬가지로 맡아서 처리할 이서의 이름을 기입한다. 【원고의 고발을 맡아서 처리할 사람은 다음과 같이 뽑는다. 각 방의 정규 이서의 이름을 제비쪽지마다 적은 다음, 뚜껑이 있는 통에 담아 둔다. 그리고 「고발장」을 검토할 때마다 하나씩 뽑아 그 이름을 [「고발장」과 부본에] 기입하여 그 사건을 처리할 사람으로 정한다. 한 번 뽑아 쓴 제비는 통 안에 거꾸로 넣어 둔다. 그래서 한 통의 제비를 모두 써서 전체가 거꾸로 꽂히게 되면, 다시 원래대로 되돌려 놓고 이전처럼 뽑아 이름을 기입하는 데 쓴다. 이렇게 함으로써 공정함을 보여 주는 것이다. 만약 휴가를 얻었거나, 점호시간에 빠진 이서가 있으면 이름을 적은 제비는 빼놓는다. 휴가가 끝나 돌아온 이서의 제비는 다시 집어넣지만, 점호시간에 빠진 이서의 경우는 통에 다시 집어넣지 않고 다음번 차례를 기다려서야 다시 일을 맡을 수 있게 함으로써 부지런한 사람과 게으른 사람을 차별하여 대우한다.】

○ 황상·형부·상사아문에서 처리를 지시한 안건은 당연히 그것을 맡아서 처리하는 부서(房科)가 있으므로, 그것을 흐트러뜨려 나중에 서로 책임을 전가하는 일이 생기지 않게 해야 한다. 만약 처음에는 두 가지 사안이었으나 나중에 하나의 사안으로 합쳐진다면, 응당 중대한 사안 쪽으로 병합하여 한 사람이 맡아 완결시키도록 한다. 사소한 사안이라면 문서철을 분명하게 넘겨주는 데 그치지만, 중대한 사안이라면 시작하는 달·날짜에서 끝나는 달·날짜까지의 모든 「고발장」을 헤아려 책으로 묶고 「확인서(付子)」와 함께 넘겨주되, 수취하였다는 「영수증」을 받아 날짜를 쓰고 서명함으로써 나중에 서로 책임을 미루는 것을 막는다. 피고의 「답변서(訴詞)」 및 이후의 「반박문(稟單)」 역시 모두 해당 이서에게 넘겨 문서철에 덧붙이게 함으로써 함께 검토할 수 있게 한다.】

접수를 거부한 「고발장」은 접수 거부의 이유를 원래의 「고발장」 위에 적는데, 내아에서 「고발장」을 관할하는 사람은 이를 베껴 써서 담당 이서에게 보낸다. 아울러 접수·처리를 승인한 「고발장」은 즉시 당일로 고시를 써서 봉투에 넣은 다음 이서에게 보내는데, 이서는 다음날 아침 이 봉투를 수령하고 그 고시를 붙여서 게시한다. 거부한 이유는 모름지기 적절하고 간명하게 써야 하며, 쓸데없이 길게 써서 물의를 일으키거나 엿볼 틈을 주어서는 안 된다. 거부한 「고발장」 역시 응당 분명하게 건수를 확인하고 봉인기록을 하는데, 봉인 위에 하루 동안 받아 보관하는 모든 건수를 기입한다. 이는 「고발장」의 접수를 거부당한 사람이 이후 다른 아문에 고발할 경우 이전 「고발장」의 내용과 서로 다른지를 확인하여 반박할 수 있게 하기 위함이다.

○ 양식에 맞춘 「고발장」 외에도 원고의 「(보충)사유서(投詞)」라는 것이 있다. 「고발장」 양식은 글자 수의 제한이 있기 때문에 모름지기 이런 형식을 통해서 자세한 시말을 서술하는 것이다. 그런데 뜻밖에도 교활한 무리가 원한이 있는 사람을 모함하고자 할 때, 사소한 사건은 받아들여지지 않을까 두려워하여 크게 내용을 과장한 「고발장」을 제출함으로써 지현의 귀를 솔깃하게 하려는 경우가 있다. 만약 거기에 넘어가 이 「고발장」을 접수하게 되면, 그다음에 가서야 고발하게 된 실제 사정을 털어놓게 되는데, 앞서 고발하였던 일은 단지 한두 마디로 하는 둥 마는 둥 주워 담을 뿐이고 거기서 다시 풍파를 일으켜 여러 사람을 연루시키는 것이다. 상관이 그 원고의 「사유서」를 보더라도 이전의 「고발장」이 모두 거짓이라고 탓할 수도 없고, 나중에 올린 「사유서」를 보면 실제로는 아주 사소한 일이지만 앞의 「고발장」을 이미 속아서 접수하였기 때문에 이 또한 접수하지 않을 수 없다. 결국 조정의 목민관이 간사한 무리배가 백성을 해치는 도구 역할을 하게 되고, 지방관이 법을 집행하는 장소가 또한 이들 무리가 법을 업신여기는 장소로 바뀌게 된다.

무릇 소송이라는 것은 처음 제기된 내용만 중요하게 여기므로, 만약 원고가 「사유서」를 통해 다시 또 다른 일을 덧붙이거나 다른 사람을 연루시킨다면, 앞서의 고발은 속임수임이 분명하다. 따라서 원고의 「사유서」는 제쳐 두고 처음의 「고발장」을 검토하여 그것이 거짓임이 밝혀지면, 무고반좌(誣告反坐)의 죄에 걸어 엄중하게 처벌해야 한다. 그렇게 하면 이후에는 이러한 속임수 고발이 자연히 사라질 것이며, 원고의 「사유서」를 가지고 또 다른 복잡한 문제를 파생시키는 일도 없어질 것이다. 또한 오늘날의 못된 무리배들은 주현의 법을 가볍게 여겨 까딱하면 독무(督撫)의 아문으로 찾아가 거짓을 날조하여 소송을 제기하기도 한다. 그렇게 해서 일단 「고발장」이 접수되기라도 하면, [주현이 이미 검토한] 내막은 따지지도 않는데다가 상사의 원고라는 점에 기대어 못된 무리들과 서로 짜고 갖가지 협박과 공갈을 들이대며, 중간에서 조정을 해 줄 터이니 지현에게 원만한 내용으로 상사에게 답변을 올리라고 요구하기도 한다. 이렇게 되면 양민이 피해를 입는 일이 더욱 심해질 것이다. 지방관으로서는 운 좋게도 청렴하고 훌륭한 통찰력을 지닌 독무를 만나 그가 이런 못된 무리들을 크게 징벌하면서 용서해 주지 않는다면, 정말로 지방에 적지 않은 행복을 가져다 줄 수 있지 않을까?

收過「詞狀」, 本日卽閱. 先驗堂封未動, 方行折開. 查不合狀式者, 卽批明: "不合某式, 不准." 彼知式非套設, 則告狀者自留心於合式矣. 其合式者亦宜詳度事理, 應准者判日批准,[90] 隨將副狀閱註語、被證與正狀俱同, 亦判日批准. 紙尾註定承行吏書姓名,[91] 以便承發科照發.[92] 其正狀承行紙尾註同【其原告承行, 將各房經制吏書姓名,[93] 各置一簽, 用有蓋簽筩裝定.[94] 俟批狀時, 抽著姓名隨註承行. 將簽倒放筩內, 俟一筩簽俱倒盡, 仍順放照前抽註, 以示至公. 如告假及點卯不到者, 將名簽取出, 俟銷假再入. 惟點卯不到者, 不准復入簽, 俟下次再差, 以別勤惰. ○ 其欽·部·憲件, 自有應値房科,[95] 不可紊亂, 致生推諉. 倘始係兩事, 後合爲一, 應從重者, 併卷一人承結. 事小止將卷案交明,[96] 事大將起止月日詞案卷件數造冊出付了,[97] 取收訖「領狀」判日畫押,[98] 以杜後日互相推卸. 被告「訴詞」及後有「稟單」, 俱發該承, 附卷併審.】[99]

不准「詞狀」, 卽將不准緣由批原詞上, 內衙管「詞狀」人抄單發該吏, 幷准過「詞狀」, 卽日寫示入僉套送僉,[100] 次早領僉貼出.[101] 其批不准緣由, 務須切當簡明, 不可冗長, 致滋議論窺測. 不准之狀, 亦宜數明封記, 于封上總判一日收貯. 恐彼後在別衙門告理, 以便駁查與前狀情詞是否互異.[102]

○ 夫格狀之外, 又有「投詞」者.[103] 因格狀限字, 故須「投詞」詳敍始末耳. 不謂狡詐之徒欲陷害怨家,[104] 恐細事不准, 務張大其詞, 以聳上聽. 及其准後, 始將所告本情說出,[105] 止以一、

---

90 판일(判日)은 날짜를 기입해 넣는다는 뜻이다.

91 승행(承行)은 상부의 지시를 받아 그 업무를 처리한다는 뜻, 또는 담당 부서(房科)나 거기에 속한 서역(胥役)을 가리킨다.

92 승발과(承發科)는 '문서를 받고 보내는 업무를 담당하는 부서'라는 뜻이다.

93 경제(經制)는 원래 나라를 다스리는 제도라는 뜻이지만, 여기서는 법에 의해 규정된 제도를 가리킨다.

94 첨용(簽筩)은 작은 입구가 있는 대나무 통을 가리킨다.

95 흠건(欽件)은 흠안(欽案)과 같은 뜻으로 황제의 직접 지시를 받아 처리하는 안건을 가리킨다. 부는 중앙의 육부를 가리키며, 헌은 상관을 가리키므로 중앙정부나 상사의 처리지시를 받은 안건을 가리킨다. 방과(房科)는 아문 내부의 하급 기구 내지는 소속 인원을 가리킨다.

96 교명(交明)은 분명하게 넘겨준다는 뜻이다.

97 「부자(付子)」는 사건을 넘겨줄 때 쓰는 일종의 문서 형식이다. 이것은 보통 아문의 방과에서 서로 돌려보는 것인데, 정인관의 「부자」를 쓰는 경우도 있다.

98 수흘(收訖)은 물건을 정확하게 수령하였다는 것을 뜻한다. 흘(訖)은 완료를 의미한다. 영장(領狀)은 영수증을 가리킨다. 화압(畫押)은 서명하거나 도장을 찍는다는 뜻이다.

99 소사(訴詞)는 바로 소장(訴狀)을 가리킨다. 「품단(稟單. 禀單)」, 즉 「진술서」는 소송의 사정에 대해 추가 진술을 하면서 아문에 올리는 문서를 가리킨다.

100 첨투(僉套)는 아문에서 쓰던 봉투의 일종으로, 관장에게 결재를 받는 문서가 들어간다. 여기서 송첨(送僉)은 문서 봉투를 보낸다는 뜻으로 보인다. 송첨은 올려 보내 결재·서명을 받거나 공무를 처리하는 것을 가리키기도 한다.

101 첩출(貼出)은 게시하다. 내붙인다는 뜻이다.

102 박사(駁查)는 반박하여 검토한다는 뜻이다.

103 「투사(投詞)」는 소송문서 외에 따로 원고가 소송의 사유를 상세하게 서술한 「사유서」를 가리킨다. 「투장(投狀)」이라고도 한다.

104 불위(不謂)는 '뜻밖에도, 예상치 않게'라는 뜻이다.

二語攙入前告之事, 不粘不脫,[106] 其中又復生波牽連多人, 使上官見其「投詞」, 不得罪以前狀全虛. 據其後詞, 本屬微末, 然前狀業爲騙准, 是朝廷牧民之官竟爲奸棍害民之具, 有司執法之地又爲此輩侮法之場矣. 凡獄訟止貴初情, 若「投詞」之中, 又添一事、又牽一人, 則前告分明是誣. 除「投詞」不究外, 仍將前狀審理, 如虛反坐,[107] 嚴行重治. 則後此誣告自除, 而「投詞」亦不致節外生枝矣.[108] 今之刁棍更以州縣法輕, 每赴督撫衙門揑詞告理.[109] 一經告准, 姑無論審時虛實, 且倚上司原告, 勾串匪人,[110] 多力嚇詐, 從中又爲講處,[111] 央求問官圓融詳覆. 似此良民受害更甚. 有司安得廉明督撫大加懲創,[112] 毋爲奸猾祝網,[113] 其爲地方造福, 又豈淺鮮哉?

○ 부록: 「접수 거부이유 고시」 양식(「不准呈狀示」式)

지현이 알린다. 지금 오늘 받아들이지 않은 「고발장」을 다음과 같이 나열한다.

1건 모 사건, 원고 모인 [ ]
검토결과: [ ]한 이유로 받아들이지 않는다.
1건 모 사건, 원고 모인 [ ]
검토결과: [ ]한 이유로 받아들이지 않는다.

---

105 본정(本情)은 실제 사정, 본래의 사정을 말한다.

106 불점불탈(不粘不脫)은 붙지도 떨어지지도 않는, 즉 이도 저도 아닌 어중간하거나 모호한 모습을 표현하는 것 같다.

107 반좌(反坐)는 무고죄에 대한 형벌을 가리킨다. 즉 무고한 죄명으로 얻게 될 형벌을 도리어 무고를 한 사람에게 가하는 것을 가리킨다. 무고반좌라고도 한다.

108 절외생지(節外生枝)는 뜻밖의 사태가 발생하다, 또 다른 문제가 파생된다는 뜻이다.

109 날사(揑詞)는 멋대로 말이나 내용을 꾸민다는 뜻이다.

110 구관(勾串)은 서로 짠다는 뜻이다.

111 강처(講處)는 사정을 설명하거나 인정을 요청하면서 조정한다는 뜻이다.

112 안득(安得)은 원래 '어떻게 할 수 있느냐, 어찌 가능한가'라는 뜻이지만, 여기서는 부정보다는 긍정의 의미가 강한 것 같다.

113 축망(祝網)은 제왕이 어진 인덕을 베푼다는 것을 뜻하는데, 원래는 『사기』 권3 「은본기(殷本紀)」의 다음과 같은 기사에서 나왔다. "탕임금이 밖에 나와 보니 사방에 그물이 쳐져 있고, '천하 사방의 모든 것이 우리 그물 속에 들어오기를' 하고 빌고 있었다. 탕임금은 '아. 정말 모두 다 잡아들이는구나' 하면서도 세 방향의 그물은 거두고 '왼쪽으로 가고 싶으면 왼쪽으로 가고, 오른쪽으로 가고 싶으면 오른쪽으로 가라. 그래도 명령을 듣지 않거든 내 그물 속에 들어와라'라고 기도하게 하였다. 제후들이 이것을 듣고 말하였다. '탕의 덕은 지극하여 짐승에게도 그것이 미치는구나'(湯出, 見野張網四面, 祝曰: '自天下四方, 皆入吾網.' 湯曰: '嘻, 盡之矣!' 乃去其三面, 祝曰: '欲左, 左; 欲右, 右; 不用命, 乃入吾網.' 諸侯聞之, 曰: '湯德至矣. 及禽獸.')."

년 월 일 게시

이상의 내용을 그대로 벽에 게시한다【만약 외진 곳인 데다가 소송도 드문 곳이라면, 흰색 칠을 한 나무판에 써서 아문 앞에 매달아 내걸어도 좋다. 받아들인「고발장」의 경우는 정해진 양식에 맞추어 따로 게시한다.】

○「不准呈狀示」式附

正堂示. 今將本日不准狀詞, 開列于後.

一件 某事, 原告 某人[ ]

批 [ ] 緣由, 不准,

一件 某事, 原告 某人[ ]

批 [ ] 緣由, 不准.

年 月 日 示

實貼照墻【如地僻訟簡, 用粉白弔牌寫示, 懸掛于署前亦可. 准過「詞狀」, 照式牌示】

11-02-05. 등록(掛號)

일단 접수한「고발장」은 반드시 등록하여 나중에 참고할 수 있게 해야 한다. 따라서 부임할 때 장부 양식 하나를 새겨 인쇄하고, 이것을 장부책으로 제본해 두어야 한다. 표지에는『지현이 스스로 처리한 소송문서 등록장부(自理詞狀號簿)』라고 제목을 붙인다. 그리고 시기마다 접수한「고발장」을 등록담당 이서에게 넘기되, 붉은 먹으로 쓴 지시문이나 원고·증인의 이름, 공문 지시, 담당 차역 등의 이름을 써넣게 한 다음, 그 뒤에「고발장」을 배열하여 등록이 어떻게 마무리되는지 알기 쉽게 한다. 이것을『내아등록장부(內號)』라고 한다.『내아등록장부』에 등록을 마치면, 이어 각 부본을 봉투에 모아 넣고 승발과(承發科)로 보내 각기 맡아서 처리할 사람에게 나누어 보낸다.【원고의「사유서」나 피고의「반박문」도 모두 양식에 맞추어 등록한 다음 승발과로 맞추어 보낸다.】승발과 역시 반드시 장부에 등록한 다음 맡아서 처리할 사람에게 보내야 하는데, 이것이『외아등록장부(外號)』이다. 등록을 마친 다음에는 즉각 내보내되 이를 연기시켜 폐단을 낳는 것을 금지하며, 조사하여 발각되면, 엄중하게 처벌한다. 매일 접수되는 「고발장」 가운데 모든 공문과 「반박문」 등은 별도로 봉인하여 승발과에 보내 따로 번호를 매긴 장부를 만들어 등록시켜야 하며, 「고발장」 봉투 안에 섞이게 해서는 안 된다. 만약 사건이 번다한 지역이라 내·외 『등록장부』에 미처 다 등록할 겨를이 없을 수도 있는데, 접수문서 가운데 단지 공문과 상급기관의 「지시문서(牌票)」만 보내고 나머지 조금 여유가 있는 것은 다음날 보내도 상관이 없다.

准過「詞狀」, 必須掛號, 有所稽考.[114] 宜于到任之時, 刻一印板『號簿』格式, 裝釘成簿, 顔曰: 『自理詞狀號簿』.[115] 每期准過「呈狀」付經管掛號, 將硃語、原告·被證姓名、批語、承行差役姓名塡寫,[116] 後列前件,[117] 以便登塡如何歸結. 是爲『內號』. 內號掛訖, 隨將各副狀彙入封套, 發承發房,[118] 分發承行. 【「投詞」、「呈稟」, 俱照式掛號, 對發承發科】 承發科亦須掛號方發. 是爲『外號』. 掛號訖, 卽刻分交, 不許留延滋弊, 査出重究. 每日投文內一應公文、「稟單」, 另封發承、發科, 另立『號簿』登記, 不可混入「詞狀」封內. 倘事繁地方, 恐內·外掛號不及, 投文內止發公文、上司「牌票」,[119] 其稍緩者, 次日再發亦可.

○ 부록: 『내아등록장부』 양식, 승발과에 보내는 봉투의 양식

1) 『내아등록장부』 양식

제[ ]호 [ ]고발사건, 월 일 접수, 첨부문서
검토결과:
원고[ ]는 모부·현인으로 모처에 거주한다.

114 계고(稽考)는 조사해서 살펴본다, 검토한다는 뜻이다.

115 여기서 자리(自理)는 주현 지방관 차원에서 스스로 처리를 마무리할 수 있는 소송사무를 가리킨다. 노역형·유배형·사형 등 중대안건은 반드시 상사아문의 검토를 받아야 하기 때문에 이와 구별된다.

116 주어(硃語)는 관원(또는 지현)이 붉은 먹으로 쓴 결재·지시의 내용을 가리킨다. 비어(批語)는 공문이나 그 내용에 대한 지시를 말한다.

117 전건(前件)은 앞서 이미 다룬 사람이나 사물을 가리킨다.

118 원문은 승발방(承發房)이라고 되어 있지만, 앞뒤에서 모두 승발과(承發科)로 쓰이고 있어, 아마 승발과가 더 적절한 것 같다.

119 「패표(牌票)」는 관부에서 모종의 구체적인 목적을 위해 발행하는 고정된 격식을 갖춘 서면 명령 내지는 증명용 도구를 말한다. 차역은 명령을 집행할 때 이것을 근거로 삼는다.

피고[ ]는 모부·현인으로 모처에 거주한다.

증인[ ]

이웃[ ]

지보[ ]

모방 이서 모인, 차역 모인이 맡아서 처리하게 하였다. 모월 모일 「지시공문(票)」을 발행하였으므로 모일 내에 회수하여 파기해야 한다.

년 월 일 피고의 맞고발사건

맞고발인[ ]

피고발인[ ]

증인[ ]

당일차역[ ]

모건은 모일에 구인하여 모일에 심리(재판)를 완료하였다.

심리의견:

2) 승발과에 보내는 소송문서 봉투의 양식【길이 한 자, 너비 일곱 치. 소송문서에 모두 적용된다】

정면

모 주현의 지현이 승발과에 지시하니 열어서 건수를 확인하여 분명하게 등록하고, 지시대로 정해진 방과의 이서에게 나누어 보내도록 하라. 지연시키거나 그르칠 경우 무겁게 처벌하겠다.

후면

연 월 일 각 발송

내 소송문서·「진술서」[ ]건

【내아에서는[즉 지현은] 건수를 분명하게 헤아려 기입하고, 입구를 풀로 붙인 다음 붉은 먹으로 양쪽 부분에 '봉인'이라고 표기한 다음 내보내야 한다.】

○『內號簿』式附

第 號 告[ ]事, 月 日 准, 有·無粘單

批:

原告 某府縣人[ ], 住某處

被告 某府縣人[ ], 住某處

干證[ ]

兩隣[ ]

地方[ ]

承行某房吏某人, 差某人, 于某日發「票」, 限 [ ]日銷

年 月 日 訴爲[ ]事[120]

訴人[ ]

被訴[ ]

干證[ ]

日差[ ]

前件某日拘到, 某日審訖.

審語[121]:

○ 發承發科「呈狀」封套式 【長尺五, 濶七寸.[122] 投文通用】

正面

某州縣正堂, 仰承發科開點明件數, 掛號明白, 遵照批定房科書分發. 遲延錯悞重究.

背面

120 소(訴)는 피고의 맞고발을 가리키므로 밑의 맞고발인(訴人)은 앞의 피고, 피고발인(被訴)은 앞의 원고를 가리킨다.

121 심어(審語)는 재판결과 나오는 심리의견(판결문)을 가리키는데, 이에 대해서는 제12권 형명부 2의 「12-10. 심리의견(釋看語)」 및 「12-11. 「심리의견」·「판결의견」과 그 형식(看審贅說幷式)」을 참조한다.

122 장(長)은 길이, 활(闊. 濶)은 너비(또는 지름)를 가리킨다.

年月日刻發
內「呈狀」、「投文」[ ]件

【內侑數明件數, 寫明白, 粘口, 珠筆標'封'字于兩頭,[123] 發出】

11-02-06. 차역을 파견하는 구인(差拘. 부록: 原告自拘)

무릇 교활한 풍속이 자리 잡은 지방은 소송문제만 생기면 무뢰배나 독서인 출신 악질 소송거간꾼이 나서서 모든 것을 도맡아 처리한다. 일단 「고발장」이 지현에 의해 접수되면 바로 형방(刑房)에게 달려가 모든 일에 협조해 달라고 청탁하며, 작은 사건에는 적은 돈을, 큰 사건에는 수고료(陋規)로 바칠 액수를 흥정한다. 피고를 구인하라는 「구인장(僉票)」이 내려오면 반드시 그 심복이 이것을 가지고 양쪽과 내통하면서 못된 수작을 부리는데, 원고와 피고 측 모두를 그냥 놔두지 않는다.

또한 간악한 무리 가운데에는 다른 사람과 사이가 좋지 않은데다가 그 사람의 재산을 노릴 만하면, 성내의 건달들을 매수하고 미리 못된 불량배나 차역들과 내통한 다음 모략을 꾸며서 소송을 벌이고 허장성세를 통해 「고발장」이 접수되도록 만든다. 그런 다음 일단 「구인장」을 손에 넣으면 무리들과 짜고 마치 도적을 체포하는 것처럼 들이닥쳐 피고로 하여금 영문을 모른 채 혼비백산하게 만들고, 친구나 자제가 어쩔 수 없이 대신 나서 뇌물을 쓰며 간청하게 만든다. 이 성내 무뢰배들은 피해자를 어두운 방에 가두어 놓아 서로 간의 연락을 막은 다음, 자신들이 이들을 위해 큰 힘을 쓰는 것처럼 가장하여 몽땅 가진 돈을 털어 내게 한다. 그래도 그 큰 욕심을 채우지 못하면 대신 돈을 빌려서 융통해 주는 것처럼 하면서 고리대 증서에 서명하게 하거나 아니면 토지나 가옥을 10분의 1도 안 되는 가격으로 후려쳐 저당 잡히게 만든다. 그런 다음 가운데 서서 중재를 하여 강압적인 위세로 화해를 시킨다.

피해자는 마치 꿈에서 막 깨어난 것처럼 분명하게 사기극에 당하는 것임을 알지만 그것은 이미 함정에 빠진 뒤의 일이다. 억울함을 호소하며 고발하더라도 침상 머리맡에 모아둔 돈은 이미 다 써 버렸고 집안 재산도 이미 남은 게 거의 없으니, 어찌 빈손 맨주먹으로 이 한 무리의 사나운 호랑이 떼와 싸울 수 있겠는가? 다만 처마가 무너진 초라한 집에

123 양두(兩頭)는 원래 양쪽, 양쪽 끝이라는 뜻이다.

서 피눈물을 흘리며 슬픔과 분노에 떨게 될 따름이다. 이런 간악한 무리들이 계책을 꾸미는 것이 어찌 정말로 소송을 일으키려는 뜻이겠는가? 단지 험악한 무리의 힘에 의지하여 피해자의 재산을 몽땅 빼앗고, 가슴속 울분을 풀고자 하는 데 지나지 않는다.

그러므로 현명한 지방관은 「고발장」을 접수할 때 신중해야 할 뿐만 아니라, 제비를 뽑아 차역을 고르고 형방에 사건을 넘길 때에도 역시 마땅히 삼가야 한다. 나는 평상시의 혼인·호적에 관련된 사건 같은 경우는 각 방에 보내 제비를 뽑아 일을 맡길 차역을 고르게 하되, 선례에 따라 균등하게 차례가 돌아가도록 하였다.【승표(承票), 조쾌(皂快), 민장(民壯) 세 반(班)마다 제비통 하나씩을 각각 설치하되, 모든 사람의 이름이 적힌 제비를 하나씩 만들어 통 안에 함께 넣어 둔다. 어떤 반의 어떤 사람이 임무를 받으면 그 사람 이름이 적힌 제비를 통 안에 거꾸로 집어넣으며, 모든 제비를 다 뽑으면 다시 바로 세워서 넣는다. 만약 장기 출장이나 일이 있어 휴가를 내면 이름이 적힌 제비를 뽑아 놓아 임무를 맡기는 일이 없도록 하며, 휴가가 끝났거나 출장에서 돌아왔을 때 다시 집어넣는다. 만약 점호 때에 참석하지 못하면 제비를 뽑아 놓아 임무를 받지 못하게 하며, 다음번 차례가 되어서야 다시 통에 제비를 넣을 수 있도록 한다.】하지만 만약 살인이나 강·절도와 관련된 중대한 안건일 경우에는 마땅히 육방(六房) 삼반(三班) 가운데 노련하고 주의 깊은 사람을 미리 기억하여 사무실의 벽에 적어 놓았다가, 그때 가서 적당하게 임무를 주어 파견하였다. 이렇게 하여 무리와 결탁하여 속임수를 저지르는 일은 조금이라도 줄어들게 되기를 바랐던 것이다.

○ 나는 예전에 지현을 맡았을 때 중대한 사건을 만나게 되면 이렇게 대처하였으며, 그 밖의 소송은 모두 원고로 하여금 스스로 피고를 구인해 오도록 하였다. 그 방법은 종이 한 장에 표와 같은 문서양식을 인쇄한 「패(牌)」를 사용하는 것이었다. 이 「패」의 앞면에는 한 손에 패(牌)를 든 조예(皂隸)의 형상을 그리고, 그 위에는 "원고가 스스로 구인해 오는데, 만약 이에 반항하며 거스르면 붙잡아다 처벌할 것이다."라는 여덟 글자를 쓰게 하였다. 뒷면에는 "모현의 지현이 어떤 일로 본 원고 모인에게 「표」를 가지고 향약·지보와 더불어 다음에 나열하는 범인·증인을 현청 아문으로 구인하여 재판을 받게 한다. 만약 기한을 넘기고 참석하지 않으면, 해당 원고는 향약·지보에게 보고하여 특별히 차역을 파견하여 구인해 오게 할 것이며, [그렇게 되면] 우선 명령을 거역한 죄를 물은 다음에야 재판을 진행할 것이니, 스스로 일을 그르치지 마라. 이상. 모년 모월 모일"이라고 새긴다. 그리고 [지현이 직접] 붉은 먹으로 "원고는 모일까지 반드시 이 문서를 반납하여 말소해야 한다."라고 써넣어서 지급하였다. 처음에는 가끔가다 명령에 저항하는 사람이 있었지만, 이에 대해 반드시 처벌을 가하자 이후 점차 따르지 않는 사람이 없어졌다. 혹시 사건이 비록 미미하고 지엽적인

것이더라도 그 사건의 정상을 보아 그대로 넘어갈 수 없는 경우에는 원고의 「고발장」에 대한 내 결재내용을 해당 경승에게 넘겨 그가 「패」를 제시하면서 향장(鄕長)이나 향약·지보 등과 함께 공정하게 처리하거나 중재하도록 하였다. 아니면 「고발장」에 담긴 사정에 대해서 대략 몇 마디 평가를 덧붙여 그들로 하여금 차분하게 분쟁을 종식시키게 하였는데, 이 또한 가능한 한 백성을 위해 수고를 덜고 비용을 아껴 주려는 뜻을 다하기 위함이었다.

○ [임무를 주어 파견하는] 「차표(差票)」를 발급할 때는 따로 직사각형의 도상을 하나 파시 찍는다. 도장 위에는 "본 차역이 만약 감히 몇 푼의 돈이라도 갈취하려고 한다면 피해자는 '갈취(需索)'란 두 글자 옆에 사실대로 [액수를] 써넣어 제시할 수 있도록 허용한다. 사실을 은폐한 사람은 발각되면 [갈취하려 한 차역과] 마찬가지의 처벌을 받는다. 만약 이런 일이 없다면 '없다(無)'는 글자를 써넣는다."라고 새긴다.

○ 무릇 [원고의 「고발장(告狀)」에 맞서 제시되는] 피고의 「답변서(訴狀)」에 관련된 경우에는 반드시 원래 [「고발장」에 따라] 파견되었던 차역(原差)만을 이용하며, 원고의 「(보충)사유서(投詞)」 경우는 「차표」를 발급할 필요가 없이 단지 접수한 다음 부차적으로 심리하여 차역이 관련자를 갈취하거나 괴롭히는 일을 막아야 한다.

○ 오전 업무를 시작하면 신시(辰時. 7-9시경)에는 소송문서를 접수하고, 사시(巳時. 9-11시경)에는 이를 검토하며, 오시(午時. 11-13시경)에는 소송문서를 장부에 등록하고 승발과에 넘기도록 한다. 미시(未時. 13-15시경)에는 승발과에서 맡아서 처리할 사람에게 각기 나누어 주고, 신시(申時. 15-17시경)에는 「표」를 봉투에 넣어 지현의 사인을 받을 수 있도록 올리고, 다음날 묘시(卯時. 5-7시경)에는 지현이 「표」를 발급한다. 이러한 순서를 항구적인 원칙으로 삼음으로써 해당 경승이 처리를 미루거나 억지를 부리는 여러 폐단이나 시골사람들이 현성으로 오가면서 소식을 물어야 하는 번거로움을 피할 수 있게 한다. 소송문서를 접수하는 날짜를 정해 놓는 것은 응당 이날에는 전적으로 이 일에만 신경을 쓰기 위함이라고 생각된다.【만약 사건이 번잡하고 소송문서가 많으면 다음날에도 검토와 발송을 해야 한다.】

凡刁猾地方, 但有「詞狀」, 卽有無賴、衿棍包攬料理.[124] 一狀准出, 便爲拜浼該房,[125] 諸凡

124 금곤(衿棍)은 악질 독서인, 즉 소송거간꾼인 송곤(訟棍)을 가리킨다. 금(衿)은 원래 생원이 입는 복장을 가리키는 것에서 나아가 보통 생원으로 대표되는 하층 신사를 가리키는 용어로도 사용된다. 포람(包攬)은 대신해서 도맡아 처리한다는 뜻으로, 세금납부나 소송 등을 대신해서 처리해 주면서 이권이나 중개료를 챙기는 행위를 가리킨다. 물론 신사는 이러한 행위가 법적으로 금지되어 있으나, 현실적으로는 이에 개입하는 경우가 적지 않았다.

照應.[126] 小事零星要錢, 大事講寫規禮,[127] 「僉票」必伊心腹,[128] 串通兩處作鬼,[129] 原、被俱不放鬆.[130] 又有奸惡之徒, 與人有隙, 嫉彼貲財, 遂買託城市光棍, 預通蠹棍、虎差. 然後設謀興詞, 架虛哄准.[131] 「僉票」入手, 勾連夥黨,[132] 如捕盜賊, 使被告不知就理, 魂飛胆裂,[133] 而親朋、子弟代爲央求打點.[134] 彼市棍者業將被害鎖閉幽室, 兩不通風, 又復故爲著力,[135] 于是傾囊倒橐. 未遂鯨呑,[136] 乃假代爲揭借,[137] 重利立券, 或將田·房契押百不抵十. 然後從中處和, 勢壓講息.[138] 其被害如夢初覺, 明知局詐, 然已墮其阱中.[139] 雖欲鳴冤赴訴, 床頭之積金已盡, 家産已準算無餘, 又安能徒手空拳, 而搏結隊之猛虎乎? 惟有呑聲飮血于窮檐破屋而已.[140] 其奸徒爲計, 豈眞有意搆訟哉?[141] 不過倚藉羣梟盡彼家資, 以快胸中之憤耳. 故司牧之賢, 不惟准狀宜愼, 而籤差、落房亦宜致謹也.

愚以爲平常婚、戶, 發房簽差, 照例均輪 【承票[142]、皀快、民·壯三班, 每班各置一筩, 每名置一籤, 共貯筩中. 應差某班某人, 卽將差過名簽倒置筩中, 掣盡再起. 若有長差緣事告假, 取出名籤勿差. 俟銷假差回時再入. 如點卯不到, 取出下次再入筩】 若命、盜重案, 宜將六房、三

---

125 배매(拜浼)는 아마 방문해서 청탁을 한다는 뜻으로 보인다. 매(浼·浼)에는 청구·요구·의뢰한다는 뜻이 있다.

126 제범(諸凡)은 모두, 일체라는 뜻이고, 조응(照應)은 호응하다, 장단을 맞추다, 돌보다, 처리한다는 뜻이다.

127 규례(規禮)는 관리나 차역이 일 처리를 구실로 교묘하게 명목을 세워 갈취하는 누규(陋規)를 가리키며, 그 종류나 명목은 아주 다양하다.

128 첨표(僉票)는 공무처리나 범인 출두의 요구를 전달하기 위해 쓰는 공문·증거문서를 가리킨다. 「차표(差票)」와 사실상 같다.

129 관통(串通)은 서로 짜거나 결탁한다는 뜻이다.

130 방송(放鬆)은 통제를 느슨하게 한다, 가만히 놔둔다는 뜻이다.

131 가허(架虛)는 거짓으로 꾸며 낸다는 뜻이다.

132 과당(夥黨)은 나쁜 짓을 하는 한패, 무리를 가리킨다.

133 취리(就理)는 취리(就里)·내정(內情), 즉 속사정·영문을 뜻한다.

134 타점(打點)은 수습하다, 뇌물을 써서 다른 사람과 소통할 수 있도록 청탁한다는 뜻이다. 즉, 뇌물을 써서 유리한 방향으로 처리하려는 행위를 가리킨다.

135 저력(著力)은 진력하다, 힘을 쓴다는 뜻이다.

136 경탄(鯨呑)은 고래가 물고기를 삼키는 것처럼 몽땅 먹어치우는 것을 가리킨다.

137 게차(揭借)는 빚을 낸다는 뜻이다.

138 강식(講息)은 분쟁을 화해시켜 종결시킨다는 뜻이다.

139 정중(阱中)은 함정 속이란 뜻이다.

140 음혈(飮血)은 피눈물이 얼굴에 가득하여 입으로 들어간다는 것, 즉 극도의 비분(悲憤)한 모습을 형용하는 것이다. 궁첨(窮簷, 窮檐)은 무너진 처마나 무너진 집, 초가집을 가리킨다. 파옥(破屋)도 비슷한 뜻이다.

141 구송(搆訟)은 소송을 조성한다는 뜻이다.

142 여기서 승표(承票)는 승표차역(承票差役), 즉 「표문」이라는 증명서를 받아서 임무를 처리하기 위해 파견되는 아역을 가리키는 것 같다.

班中預擇老成小心者, 識之署壁, 臨時酌發差遣, 則勾黨局詐之事, 庶幾少免.[143]

○ 鴻昔作縣遇重案, 則如此. 其他詞皆令原告自拘. 其法用紙一方, 刊印同「票」式, 前刻一皂隸形像, 手持一牌, 上寫"原告自拘, 抗違拿究"八字. 後刻"某縣正堂, 爲某事, 仰本告某持「票」, 著同約地, 卽拘後開犯證,[144] 赴縣聽審. 如違限不到, 本告同鄕地回話,[145] 特差拘拿, 先治抗違之罪, 後方審理, 毋得自悞.[146] 速速須票. 年月日差硃判,[147] 原告限某日銷." 始雖間有抗違, 定加責懲, 自後亦無不遵者. 更或事雖微末而原情不得竟置者, 卽將「原詞」批發該承牌示,[148] 着鄕長、約地, 從公處釋. 或將詞內情形略批數語, 使彼平情息爭. 抑亦略盡爲民省事、惜費之意耳.

○ 凡「差票」另刻一長條印,[149] 上刻"本役如敢需索分文, 許被害于需索二字之傍, 據實塡註, 徇隱者査出, 與受同罪. 如無卽註一'無'字." 凡「訴狀」只用原差,[150] 「投狀」不必出「票」,[151] 止准附審,[152] 免滋需擾.

○ 早堂辰刻收狀,[153] 巳刻批閱, 午刻掛號, 對付承發.[154] 未刻承發, 分付承行, 申刻入票于僉套送僉,[155] 次日卯刻發出. 永爲定例, 庶免該承延捺、掯差諸弊,[156] 以及鄕人往來探信之煩. 蓋告有定期, 卽宜于此日, 專爲留心也. 【如事繁狀多, 次日亦須批發】

11-02-07. 구인 점검(比差)

[피고나 증인을] 구인하는 것은 일의 쉽고 어려움, 사람의 많고 적음, 길의 멀고 가까움에

---

143 서기(庶幾)는 대체로·거의·혹시·다행히 등 희망과 기원을 가리키는 뜻을 품고 있다.
144 후개(後開)는 뒤에 나열한다는 뜻이고, 범증(犯證)은 증인, 또는 증인과 범인이라는 뜻이다.
145 향지(鄕地)는 향장(鄕長)과 지보를 가리킨다.
146 자오(自悞)는 스스로를 그르치다, 스스로 일을 망친다는 뜻이다.
147 주판(硃判)은 주홍표판(硃紅標判)으로 관원이 공문을 결재할 때 붉은 먹으로 점이나 동그라미, 갈고리 등의 기호를 표시하는 것을 가리킨다.
148 비발(批發)은 검토하여 지시를 내려 처리한다는 뜻이다.
149 「차표(差票)」는 지방관이 차역을 파견하여 공무를 처리할 때 내리는 증빙문건을 가리킨다.
150 원차(原差)는 「지시공문」을 받아 사건의 피고나 증인 등을 구인(拘引)하는 임무를 띠고 가장 먼저 파견된 차역을 가리키는 것으로 보인다.
151 「투장(投狀)」은 위에 나온 원고의 사유서, 즉 「투사(投詞)」를 가리킨다.
152 부심(附審)은 더불어, 부차적으로 심리한다는 뜻이다.
153 조당(早堂)은 아침에 관청 사무실에 앉아 업무 보는 것을 가리킨다.
154 대부(對付)는 대응하다, 처치하다, 안배하다 또는 준비한다는 등의 뜻이 있다.
155 송첨(送僉)은 서명하여 발송한다는 뜻이다.
156 연날(延捺)은 질질 끌면서 내버려 둔다는 뜻이고, 긍차(掯差)는 차역에게 억지를 부리거나 억누르는 행위를 말하는 것 같다.

따라 명확하게 규정된 기한이 정해져 있어 그 기한에 맞추어 돌아와 [「차표」나 「패표」를 반납하여] 말소해야 한다.【그 기한에 대해서는 제4권 부임부 3 「4-09. 등록문서 정리(淸號件)」 부분의 내용을 볼 것】 기한을 어기면 당연히 마감이 제대로 되었는지를 점검해 보아야 하는데, 각 방의 『파견장부(差簿)』를 정기적으로 점검하여 [임무를 완수하지 못해] 마감독촉을 받는 경우에는 붉은색으로 점을 찍고 어긴 기한의 정도를 헤아려 책벌한다. 임무를 마치고 돌아와 [「지시공문(牌票)」을] 반납한 경우에는 즉각 기록하여 말소하고, 아직 임무를 마치고 돌아오지 않은 경우에는 「간략차표(小票)」를 발급하여 단지 구인해 올 뿐 처음 파견된 원차(原差)를 다른 차역을 바꿔 소란을 키울 필요는 없다. [이렇게 되면] 원차는 [뒤늦게나마] 구인을 해 오더라도 반드시 처벌한다. 무릇 구인에 항거하면서 출두하지 않아 이미 차역을 바꾸어 파견했는데도 여전히 「지시공문」에 이름이 적힌 주범이 출두하지 않는 경우는 해당 차역이 반드시 처벌받을 것임을 알면서도 많은 뇌물을 받고 소환 면제를 꾀하려는 경우가 틀림없다. 따라서 엄중하게 책벌하고 기한을 엄격히 지켜 다시 붙잡아 오도록 한다면 자연히 출두하지 않는 경우가 없을 것이다.

拘提,[157] 量事之難易、人之多寡、路之遠近, 定有確限,[158] 令其按期回銷.[159] 【限期見蒞任部淸號件條內】 違限自應摘比,[160] 宜將各房『差簿』定期比較, 在比者硃筆點到, 酌違限遠近行責. 回銷者卽與註銷.[161] 不到者出「小票」,[162] 止拿原差, 不必改差, 以滋騷擾. 原差拿到必責. 凡抗拘不到, 已改差拿, 而牌上正犯仍有不到, 必該差明知必責, 定受重賄希圖破調.[163] 必重責嚴限補拘, 自無不到.

157 구제(拘提)는 구인(拘引)한다는 뜻이다. 구(拘)는 잡다, 체포한다는 뜻이고, 제(提)는 사람이나 물건·돈을 가지고(데려) 온다, 올려 보낸다는 뜻이다.

158 확한(確限)은 명확하게 규정된 기한을 말한다.

159 회소(回銷)는 일 처리가 끝난 다음 돌아와서, 「차표(差票)」나 「패표(牌票)」 등 관련 문서를 반납하여 그 효력을 말소하고 폐기시키는 것을 말한다.

160 비(比)는 공무 처리의 마감일자를 가리킨다. 따라서 적비(摘比)는 마감하거나 마감에 임박한 업무처리를 점검하는 것을 가리킨다. 비(比)에 대해 보다 자세한 사항에 대해서는 이 책의 제7권 전곡부 2를 참조한다.

161 주소(註銷)는 원래 이미 기록되어 있는 사항을 취소한다는 뜻이다. 앞서 나온 회소(回銷)처럼 일 처리가 끝난 다음 돌아와서 완결된 것으로 처리하면서 관련기록을 말소하는 것을 말한다.

162 「소표(小票)」는 원래 발급한 「차표」나 「패표」보다 간략한 양식의 표(票)를 가리키는 것 같다.

163 파조(破調)는 불러서 심문하는 것을 면제해 준다는 뜻이다.

11-02-08. 임무 완료 보고(銷差)[164]

범인을 구인하는 데 사용한 「차표」는 재판이 끝난 다음 보증을 잡히고 석방되는 경우에는 원래의 「차표」에 표기를 하되, 원차로 하여금 데리고 나가 보증을 받고 풀어 주게 하고 사안이 종결된 다음 「차표」를 납부하여 책 뒤에 덧붙인다. 따로 다른 차역을 파견하여 보증·석방하는 일을 맡김으로써 피고가 더 많은 돈을 쓰게 할 필요는 없다. 1심에서 곧바로 판결이 나면 원차는 「차표」를 반납하여 말소시키는데, [지현은] 원래의 「차표」에 「구두진술(口供)」을 함께 끼워 『내아등록말소장부』에 붙여 넣어야 한다. 「차표」를 계속 차역에게 남겨두어 그가 대가를 얻어 내려는 생각을 품도록 해서는 안 된다.

만약 사안이 중대하거나 상사의 처리명령에 따른 것이 아닌데, 원고가 도망쳐 버린 경우가 발생하면 응당 이를 곧바로 말소하되, 그를 수배해서 체포하게 할 필요는 없다. 「차표」가 오랫동안 원차의 손안에 머물게 함으로써 그가 소송에 관련된 사람들을 협박하지 못하게 하려는 것이다. 만약 피고가 (원고 스스로 피고를 구인해 오도록 한) 「패(牌)」를 받은 다음 도망가 버리면 응당 문서철에 "원고가 「패」를 가지고 데려오려 했으나 [피고가] 도망쳐 버렸다"고 기입해야 하며, 아울러 이 「패」의 효력이 말소되었음을 고시하여, 관련 피고나 증인이 귀가할 수 있게 함으로써 이들이 피해에 연루되는 일이 없도록 한다.

凡拘提人犯「差票」, 聽審之後, 如取保者于「原票」標取,[165] 仍令原差押出取保, 俟歸結繳票附卷, 不必另差押保,[166] 致犯人多費. 其一審卽結者, 原差稟銷票, 將「原票」夾入「口供」, 收入『內衙銷號』, 粘入卷中, 不得仍留差役, 處以「牌票」未銷, 猶思索取酬謝也. 凡事非重大, 亦非上件, 若原告逃逸者, 宜徑註銷, 不必緝拏,[167] 致票久留原差之手, 嚇詐在詞之人.[168] 若係本告領牌而逃者,[169] 當于案卷註明"原告帶「牌」在逃", 仍出示註銷, 令犯、證歸農, 以省牽累.

---

164 소차(銷差)는 돌아와서 상사에게 주어진 임무를 마쳤다고 보고하는 것을 가리킨다.

165 취보(取保)는 피고에게 보증인·담보를 제공하게 하는 것을 말한다. 표취(標取)는 아마 무슨 표시나 기록을 한다는 뜻으로 보인다. 전취(傳取)와 같다는 해석도 있다.

166 압보(押保)는 보증·담보를 내놓도록 하는 것을 말하지만, 여기서는 앞서 나온 압출취보(押出取保), 즉 끌고 나가 보증을 얻게 한다는 뜻으로 보인다.

167 집나(緝拿, 緝拏)는 수색하여 체포하는 것을 말한다.

168 혁사(嚇詐)는 공갈·협박하는 것을 뜻한다.

169 여기서 본고(本告)는 피고를 가리키는 것 같다.

11-02-09. 백성에 대한 소송 중지 권장(勸民息訟)[170]

지방관이 설사 소송을 잘 다룰 수 있다손 치더라도 백성이 소송을 하지 않게 만들 수는 없으니, 가장 최선의 방법은 백성에게 소송을 멈추도록 권장하는 것이다. 소송을 멈추게 하는 데 가장 중요한 핵심은 차분하게 감정을 가라앉히는 데 있고, 그다음은 참는 데 있다. 감정을 가지고 이야기하자면 저쪽이 반드시 모두 그른 것도 아니고 내가 반드시 전부 옳은 것도 아니다. 하물며 깊은 원한이나 쌓인 원망이 없다면 멋대로 행동하면서 꼭 남을 이기고, 힘세다는 것만을 뻐기면서 자기 원하는 대로만 한다면 어찌 상대방에서 기꺼이 져주려고 하겠는가? 이렇게 생각하여 감정을 가라앉히면, 분노는 점차 시들어질 것이니 어찌 소송이 있겠는가? 참는 것을 가지고 이야기하자면, 저쪽에서 멋대로 횡포를 부린다면 옆에 있는 사람들이 당연히 공정하게 평가를 내릴 것이니 어찌 내게 손해가 있겠는가? 혹은 옆에서 충동질하는 이가 있더라도 기분을 가라앉히고 남에게 양보를 한다면 자연스럽게 내게 유리해지고 저쪽은 욕을 보게 되며, 돈도 낭비하지 않게 되지 않는가? 이렇게 생각해서 참는다면, 어찌 소송에까지 이르겠는가? 그렇지만 차분하게 감정을 가라앉히는 것은 군자(君子)나 가능한 행동이고, 남을 용인한다는 것 역시 [오늘날의] 각박한 풍속에서 쉬운 일이 아니니, 오로지 [지방관이] 위에서 의도적으로 나서 권장하는 데에만 의지할 수 있을 따름이다.

그렇지만 권장하는 길 역시 몹시 찾아내기 힘들다. 세상 풍속은 경박하고 떠들썩하게

---

170 전통적으로 중국의 지방관이나 전통적 관념은 소송 자체를 적극적으로 받아들이는 것보다는 그 이전에 당사자들 사이의 사전 조정을 알선하여 해결하는 것을 보다 나은 방안으로 간주해 왔다. 실제로 2000년에 발견된 절강성(浙江省) 황암현(黃岩縣)의 소송당안을 분석한 등건붕(鄧建鵬)의 연구(「清代州縣訟案和基層的司法運作: 以黃岩訴訟檔案爲研究中心」, 『法治研究』 2007-5를 참조)는 지현이 가능하면 방안을 강구하여 분쟁을 조정함으로써 소송을 억제하거나 아니면 당사자의 소송청구 자체를 거부하려던 경향이 뚜렷해서, 지방관은 각종 근거를 찾아내서 절대 부분의 소송을 반박하거나 거절했다고 지적하고 있다. 이러한 지현의 소송문제에 대한 적극적 간섭 의지의 부족은 방대하고도 다양한 지현 업무 때문에 비롯되었지만, 여기서 나오는 '소송 중지(息訟)'에 대한 선호(選好)라는 전통적 관념에 기인하는 바도 적지 않을 것으로 보인다. 또한 청대 각지의 지나친 호송(好訟) 내지는 건송(健訟) 풍조도 여기에 상당히 작용하였다. 이를테면 건륭 연간 호남성의 지현을 지낸 왕휘조(汪輝祖)는 방고(放告)를 한 경우 하루 200여 건의 소송문서를 접수하였으므로, 1년으로 계산하면(4-7월의 혹서기는 소송이 중지되므로 실제 방고는 8월부터 3월까지 8개월만 가능하다) 거의 1만 건에 이르렀다고 한다. 이렇게 1년에 1만 건 또는 많은 경우 2만 건의 소송장이 접수되는 일도 청대 말기에는 적지 않았던 모양이지만, 실제로 그 가운데 90%는 「소장(피고의 답변서)」이거나 소송의 독촉을 요청하는 문서였다고 하므로 새롭게 제기되는 소송의 비중은 훨씬 줄어들 것이다. 그렇다고 하더라도 이러한 소송의 풍조는 지현에게는 커다란 부담으로 작용하였을 것이다. 청대의 호송 풍조와 왕휘조(汪輝祖)의 사례에 대해서는 후마 스스무(夫馬進), 「명·청대의 송사와 소송제도(明清時代の訟師と訴訟制度)」(梅原郁 編, 『中國近世の法制と社會』, 同朋舍, 1993 所收)를 참조한다.

다투는 데 익숙해져 있기 때문이다. 삼척동자도 모두 남을 업신여기는 마음이 있고 일개 필부라 할지라도 대부분 남을 깔보는 오만한 태도를 가진 경우가 많아 자신을 비난하는 말이나 욕을 듣게 되면 곧바로 싸움을 벌이니, 타고난 성품이나 하늘이 맺어 준 관계도 순식간에 무너져 버린다. 지현이 보잘 것이 없는 자그마한 고시(告示)로나마 날마다 이끌어 주고자 힘쓰지만, 그들은 단지 상투적인 문장으로 넘겨 버릴 뿐이다.

따라서 문제의 핵심은 소송을 처리하면서 거기에 은근히 이렇게 권장하는 뜻을 담기게 하는 것뿐이다! 원고와 피고 양쪽을 앞에 두고, 무릇 바르지 못한 쪽은 항상 패배를 당하고 올바른 쪽은 항상 억울함을 펼 수 있게 해 준다면, 원고·피고가 소송에서 함부로 근거가 없는 말을 내세우지는 못하게 될 것이다. 소송거간꾼이나 악질 건달이 개입할 구멍을 엄히 단속하여 못된 수작을 부리지 못하게 막는다면, 그들은 약한 사람을 먹어치우겠다는 생각을 애초부터 품지 못할 것이다. 지현이 다스림에 있어 항상 깨끗하고 간소함을 숭상하며, 사소한 다툼은 직접 나서서 말로 깨우쳐 풀어 줌으로써 양쪽이 이전처럼 화목하게 지내도록 만들어 준다면, 백성에게서는 차분하고 겸손한 마음이 저절로 우러나올 것이다. 이렇게 되면 힘세고 포학한 사람은 마음가짐을 바꾸어 좋은 길로 들어설 것이고, 선량한 사람은 감화를 받아 더욱 인자한 마음을 일으킬 터이다. 장차 이러한 덕풍(德風)의 영향을 받아 집집마다 모두 표창을 받을 정도로 풍속이 좋아진다면, 어찌 소송이 그치지 않겠는가?

그러므로 백성을 권장하는 길은 이미 두드러진 흔적을 가지고 백성을 깨우치는 데 있는 것이 아니라, 아직 그러한 것이 두드러지기 이전에 그들을 감화시키는 데 있다. 또한 소송을 멈추게 하기 위한 바탕은 오로지 아랫사람에게서만 찾는 데 있는 것이 아니라 먼저 윗사람이 그러한 일을 꾀하는 데 있다. 『미신편(未信編)』이라는 관잠서(官箴書)에[171] 실린 장사경(章士鯨)의 「억지 소송을 금지하[고 아울러 소송거간꾼을 찾아서 체포하라]는 고시(禁刁訟[並訪拏訟棍]示)」는 자못 오늘날의 폐단을 제대로 보여 주는 것이기에, 다음에 배치하여 고시를 통해 백성에게 깨우쳐 주는 일이 전혀 쓸모가 없는 일은 아니라는 점을 보여 주고자 한다.

地方官縱能聽訟, 不能使民無訟, 莫若勸民息訟. 夫息訟之要, 貴在平情, 其次在忍. 以情而論, 在彼未必全非, 在我未必全是, 况無深仇積怨, 胡爲喜勝爭强, 我之所欲勝, 豈彼之所肯

171 관잠서(官箴書)는 관리생활을 하면서 경계하여 따라야 할 규범을 소개하는 서적을 가리킨다. 황육홍의 『복혜전서』 역시 여기에 속한다고 할 수 있다.

負乎? 以此平情其忿消矣, 而何有于訟? 以忍而言, 彼爲橫逆, 從傍自有公論, 何損于吾? 或別有挑唆,[172] 無如息氣讓人,[173] 便宜自在,[174] 彼卽受辱, 吾寧不費錢乎? 以此爲忍, 其念止矣, 而何至于訟? 雖然平情乃君子之行, 容人亦非澆俗所能,[175] 惟恃上之有以勸之耳.

然勸之道亦甚微矣. 世風媮薄,[176] 嚻競成習,[177] 三尺童子, 皆有上人之心,[178] 一介匹夫, 每多傲物之態,[179] 反唇誶語, 輒起爭端,[180] 至性天倫, 遽爲殘毁. 苟或區區文告,[181] 而日相勉導焉, 彼亦文告視之而已.

要卽, 因其訟而黙寓以勸之之意乎![182] 夫兩造當前,[183] 枉者常負, 直者常伸, 而無情之辭,[184] 不敢騁矣; 訟師惡棍, 嚴絶其竇,[185] 使奸無所施, 而弱肉之食, 不敢萌矣; 政尙淸簡, 雀角之微, 親爲諭釋, 使和好如初, 而恬讓之懷,[186] 油然動矣. 于是强暴革心而嚮道,[187] 良善感化而興仁, 將見德風所被,[188] 比閭可封,[189] 又何訟獄之不爲止息哉? 故勸民之道, 不在喩之以

---

172 도사(挑唆)는 도발하고 교사한다는 뜻이다.

173 무여(無如)는 '그렇지만, 유감스럽게도'라는 뜻이다.

174 편의(便宜)는 사리를 따져 규범에 얽매이지 않고 스스로 결단을 내려 처리한다, 또는 대가를 치르지 않고, 혹은 아주 적은 대가를 치르고 좋은 점을 얻는다는 뜻이다.

175 용인(容人)은 남에게 관대하게 대한다, 관용을 베푼다는 뜻이다. 요속(澆俗)은 요풍(澆風)과 같은 뜻으로 경박한 풍속·민풍을 말한다.

176 유박(媮薄)은 천박하다, 경박하다는 뜻이다.

177 효경(嚻競)은 시끄럽고 떠들썩하게 싸우고 다투는 것을 가리킨다.

178 상인(上人)은 도덕이 고상한 사람, 승려나 윗사람이나 군주, 또는 주인을 가리키기도 하지만, 여기서는 남을 능가한다는 뜻으로 쓰인 것 같다.

179 오물(傲物)은 교만하다, 모든 것을 멸시하고 세상의 풍속을 따르지 않는다는 뜻이다.

180 반순(反脣, 反唇)은 마음속으로 불복한다는 뜻을 표시하는 입술의 움직임, 나아가 반대나 반박을 가리킨다. 수어(誶語)는 욕설을 말한다.

181 구혹(苟或)은 가령·만일 등의 뜻이다. 구구(區區)는 작다, 보잘것없다는 뜻이고, 문고(文告)는 고시나 게시문을 말한다.

182 묵우(黙寓)는 은근한 가운데 깃들이게 한다, 암중으로 기탁한다는 뜻이다.

183 양조(兩造)는 쌍방이나 소송의 쌍방, 즉 원고와 피고를 가리킨다.

184 무정(無情)은 거짓되어 내용이 없다 또는 감정이 없다는 뜻이다.

185 두(竇)는 구멍이나 조그만 문, 물도랑 등을 가리킨다.

186 염양(恬讓)은 염담겸양(恬淡謙讓)의 준말, 즉 차분하고 겸손하다는 뜻이다.

187 혁심(革心)은 잘못된 생각을 바꾼다는 뜻이다.

188 덕풍(德風)은 군자가 정치를 행하는 덕을 가리킨다. 『논어』「안연(顔淵)」편에 "군자의 덕은 바람과 같고, 소인의 덕은 풀과 같습니다. 풀 위로 바람이 지나가면 풀은 반드시 쓰러집니다(君子之德風, 小人之德草. 草上之風, 必偃)"라고 한 데서 비롯되었다. 바람과 풀의 비유는 위정자의 솔선수범에 따른 교화를 이야기하는 것이다.

189 비려(比閭)는 향리를 가리킨다. 『주례』「지관(地官) 대사도(大司徒)」를 보면, "다섯 가구를 비로 삼아 서로 보증하게 하고, 다섯 비를 여로 삼아 서로 부탁하게 한다(令五家爲比, 使之相保, 五比爲閭, 使之相受)"고 하는데, 비와 려는 이렇게 호적편성의 기본단위라서 향리를 가리키는 뜻으로 쓰이는 것이다. 비려가봉(比閭可封)은 비옥가봉(比屋可封)과도 같은 뜻인데, 교화가 두루 미쳐 집집마다 모두 덕행을 갖추어 표창을 받을 만하였다는 비유다. 즉

跡, 而在感之于微; 息訟之本, 不在專求乎下, 而在先謀乎上也. 章獲鹿「禁刁訟[並訪拏訟棍]示」,[190] 頗切時弊, 幷列于左, 亦以見文告之未可盡廢云.

11-02-10. 장사경(章士鯨)[191]의 「억지 소송을 금지하고 아울러 소송거간꾼을 찾아서 체포하라는 고시(飭禁刁訟並訪拿訟棍示)」[192]

[본 지현은] 억지 소송을 금지하여 민생을 안정시키고자 한다. 무릇 소송이라는 일은 가장 손쉽게 가산을 탕진하고 금전을 낭비할 수 있는 방법인데, 우매한 사람들은 이를 알지 못하고 쉽사리 이를 시도해 보려 한다. 「탄원서」든 「고발장」이든 소송문서가 일단 관청에 접수되면 항상 탐욕스럽고 부패한 사람들에게 큰돈을 벌 기회를 제공해 줄 뿐만 아니라, 청렴한 관원이 공평무사하게 재판을 해 준다고 해도 관련자로 소환되어 재판을 기다리면서 머나먼 길을 힘들게 오가고 멈춰 서서 하염없이 기다려야 하는 일을 결코 피할 수 없다. 재판이 이루어지기 전에는 미리 승부를 예측할 수 없으니 대책을 마련하느라 염려하고 두려워하며, 스스로 초조하고 힘들 뿐만 아니라 일가친척 모두까지도 근심에 빠지게 만든다. 또한 재판이 시작되면 곳곳마다 다른 사람의 눈치를 보면서 모셔야 하니, 관청의 모든 아역과 조예에게 정성과 예절을 다하여 뇌물을 바치면서 도와주고 돌봐 달라고 부탁하지 않으면 안 된다. 그리고 재판의 결과가 나온 다음 다행히 운이 좋아 승소한다고 해도 그때까지 몸과 마음을 애태우고 힘들게 한데다가 재산을 낭비하고 생업을 망친 덕분에 장래 가정 형편은 반드시 궁색해질 것이 틀림없다. 만약 도리에서 밀려 [재판에서 지고] 죄를 뒤집어쓰면 집안이 무너지고 재산이 탕진될 뿐만 아니라 몸소 형벌을 받고 가문의 명예를 더럽혀 처자식을 대하기 부끄러워질 것이다. 이때 가서 비록 후회한다고 해도 이미 돌이킬

풍속이 순수하고 아름다움을 가리킨다. 비옥(比屋)은 '서로 이웃한 집들, 가가호호, 집집마다'라는 뜻이다.

190 장획록(章獲鹿)에 대해서는 바로 다음 주에 나오는 장사경(章士鯨)에 대한 설명을 참조.

191 『미신편(未新編)』에 따르면 장획록(章獲鹿)의 이름은 사경(士鯨), 호는 설섬(雪蟾)으로 절강성(浙江) 임안(臨安. 즉 杭州) 사람이다. 『미신편』에는 장사경의 원고가 10여 군데 이상 인용되고 있는데, 거인(擧人) 출신의 그는 강희 10년부터 12년 사이에는 복건성(福建省) 정화현(政和縣)의 지현으로 근무하기도 하였다.

192 조송(刁訟)은 시비·흑백을 뒤바꿔치워 남의 재산을 빼앗거나 남을 죄인으로 만드는 소송을 가리킨다. 여기에는 "출전: 『미신편(未信編)』"이라는 주가 붙어 있다. 『미신편(未信編)』은 반표찬(潘杓燦. 자는 月山)이 강희 23년 완성한 책(6권)의 제목이다. 따라서 황육홍의 『복혜전서』보다 10년 앞서 편찬된 목민서(牧民書) 또는 관잠서(官箴書)라 할 수 있는데, 『미신편』은 전곡과 형명을 같은 비중으로 다루지만 황육홍의 『복혜전서』는 형명을 더욱 중시하였다는 차이가 있다고 지적되고 있다(山根幸夫, 「福惠全書 解題」, 小畑行簡訓點, 『福惠全書』, 東京: 汲古書院, 1973 所收).

수 없으니, 정말로 불쌍하고 한스러울 뿐이다.

그렇지만 이러한 소송에 이르는 이유는 세 가지가 있다. 한 가지는 고집 센 이들이 이치를 제대로 따져 보지도 않은 채 오로지 싸워 이기는 것만을 좋아하기 때문이다. 그래서 조그마한 일만 생겨도 스스로 나서서 고발하는 것을 재능이라고 생각하며, 아문 사정에 대해 잘 아는 것을 가지고 체면이라 여기는데, 이것은 사실 성품이 비뚤어졌기 때문이다. 또 한 가지는 탐욕스러운 사람들이 남을 속여서 등쳐 먹으려는 경우다. 그래서 일이 생기면 그것을 부풀려 파문을 일으키고 사사로운 일을 들추어내거나 단점을 헐뜯으며, 고발하기 전에는 소문을 퍼뜨리거나 협박을 하고, 고발한 다음에는 무리를 시켜 [돈으로 무마하도록] 화해를 중재하는데, 마음먹은 대로 욕심을 채우지 못하면 거듭해서 고발을 한다. 이들은 그야말로 지방의 흉악한 무뢰배들이다.

나아가 또 한 가지는 바로 소송을 부추기는 소송거간꾼(訟棍)의 존재다. 이들은 호랑이나 늑대와 같은 못된 마음을 품고 있어 그 행적도 마치 귀신 같은데, 원래 아무런 직업도 없고 오로지 평범한 사람들을 부추겨 소송을 일으키게 만드는 데만 몰두한다. 그래서 일단 소송이 시작되면 즉각 글재주를 이용하여 온갖 못된 술수를 부리면서 대신하여 해결을 알선한다고 나선다. 어리석은 사람들은 뻔한 사기극에 넘어가 재산을 날리게 되는 가운데 그는 은근히 자기 몫을 챙긴다. 또한 대부분 양쪽 눈치를 보면서 행동하기 때문에 원고·피고 모두 그의 손바닥 안에서 놀아나는 먹잇감이 될 뿐이다. 심지어는 무리를 모아 공공연히 고발하거나 익명으로 게시문을 붙여 분쟁의 조정을 대신 도모한다면서 큰돈을 속여서 가로채기도 한다. 소송 내용이 허위로 판명되어 원고가 죄를 받게 되더라도, 그것은 이름을 내건 원고가 형벌을 받지 자신은 자문하게 그 밖에 벗어나 있어, 이익이 있을 뿐 아무런 피해도 없다. 이러한 교활한은 진실로 지금과 같은 태평성대에는 단 하루라도 용납해서는 안 된다.

본 지현은 날마다 백성을 고통에서 소생시키고자 노력하고 있으며, 또한 못되고 간악한 사람들을 제거하는 것을 임무로 삼고 있다. 따라서 응당 이를 금지하고 이를 군민(軍民) 모두에게 잘 알리고자 한다. 살인이나 강·절도 등의 큰 사건은 마땅히 관청에 와서 고발해야 하겠지만, 호적·토지·채무 등에 관한 모든 사건은 당사자들끼리 서로 이치를 따져 처리하되 경솔하게 고발하는 일은 없어야 한다. 일시적인 말다툼이나 사소한 분노·원한 따위는 모름지기 감정을 가라앉히고 이치를 따져서 처리함으로써 각기 생업에 안주하고 자기 자신과 가정을 지켜야 한다. 어찌 제 성질에 맡겨 억지 소송을 벌여 스스로 법망에 뛰어든다는 말인가? 어디든지 혹시라도 소송을 도맡아 처리하고 수단을 부려 시비를 날조하면서 선량한 백성을 유혹하는 이러한 악질 무뢰배가 있다면, 지보·향약 등은 언제든지 사실에 의거하여 고발함으로써 이들을 법에 따라 따끔하게 처리할 수 있게 해야 한다. [본 지현은 이들을] 상부에 보고하여 노역·유배형에 처하되 단연코 용서하지 않을 것이다. 반드시 이러한 지시를 삼가 따라야 할 것이다. 이상.

爲嚴禁刁訟, 以安民生事.[193] 照得訟告一事, 最能廢業耗財,[194] 愚人不知, 甘于輕試. 無論呈、狀, 一入公門, 每爲貪墨居奇, 卽淸官、廉吏聽斷無私, 而提解待審,[195] 道路之跋涉、居停之守候, 斷不能免. 在未審之前, 勝負難料, 憂懼謀畫,[196] 不但自己焦勞, 凡係親屬, 皆累掛念.[197] 乃臨審之際, 處處仰面事人. 凡胥、書、役、隸, 無不輸情盡禮,[198] 囑託幫襯照管.[199] 到旣審之後, 幸而偶勝, 則前此焦心勞身, 費財失業, 將來家道定就艱窘. 若理虧坐罪,[200] 則破家蕩産, 身受刑繫, 玷辱家聲, 羞對妻子, 雖悔無及, 良可憫恨.

然此致訟之由有三. 一種倔强之徒, 見理不明, 好剛鬪勝, 略有小事, 以出頭告狀爲才能, 以熟識衙門爲體面. 此由情性之乖戾也. 一種貪惡之人,[201] 意想詐人, 遇事生風, 訐私揚短.[202] 未告則放風薰嚇,[203] 已告則使黨圈和,[204] 不遂其欲, 疊告無已, 此地方之喇唬也.[205] 更有一種教唆訟棍, 心實虎狼, 跡同鬼域, 原無恒業, 專哄平人告狀. 訟端旣興,[206] 則運用筆鋒, 播弄詭

---

193 '위(爲)'와 '사(事)'는 본문의 내용을 간명하게 요약하는 역할을 하는 일종의 관용구다. 따라서 이 사이에 있는 내용은 본문을 요약한 일종의 제목과 같은 역할을 한다.

194 조득(照得)은 살펴보건대, 조사해서 얻은 바로라는 뜻이지만 하행문(行公文)이나 포고(布告) 등 공문(公文)의 맨 앞머리에 쓰는 상투어로서 그냥 문장을 시작하는 표시(發語詞)라고 보면 된다. 폐업(廢業)은 본업을 황폐하게 한다, 또는 가산을 모두 탕진한다는 뜻이다.

195 제해(提解)는 범인이나 증인, 또는 재물을 압송한다는 뜻이다. 제와 해 두 글자에 모두 사람이나 재물을 위로 옮긴다는 뜻이 있다.

196 모화(謀畫)는 모획(謀劃)으로 모략한다, 획책한다, 대책을 마련한다는 뜻이다.

197 괘념(掛念)은 괘심(掛心)처럼 생각한다, 마음을 놓지 못한다는 뜻이다.

198 수정(輸情)은 진실한 감정을 드러내다, 정성을 다한다는 뜻이다.

199 방친(幫襯)은 돕다, 베푼다는 뜻이고, 조관(照管)은 돌본다는 뜻이다.

200 이휴(理虧)는 이유가 부족하거나 도리가 결핍되어 있다는 뜻이다.

201 탐악(貪惡)은 탐욕스럽고 흉악하다는 뜻이다.

202 알사양단(訐私揚短)은 사사로운 일을 들추고 허물을 끄집어낸다는 뜻이다.

203 방풍(放風. 또는 放封)은 감옥에서 시간을 정해 놓고 범인을 풀어 주어 뇌옥 밖에서 활동하게 하는 것, 또는 소식을 흘리거나 산포한다는 뜻이다. 여기서는 후자의 뜻으로 쓰인 것 같다. 훈혁(薰嚇)은 아마 기세등등하다는 뜻의 훈혁(薰赫)과 같은 뜻으로 보인다.

204 권화(圈和)는 원래 화해(和解)·화목(和睦)이라는 뜻이다.

205 나호(喇虎. 喇唬)는 흉악한 무뢰배를 가리키는 말이다.

206 송단(訟端)은 소송의 사단·빌미를 말한다.

計, 代爲打點, 愚者落局傾財,[207] 彼則暗中分扣.[208] 又多首鼠兩端,[209] 原、被俱收掌股.[210] 甚至糾衆公擧, 匿名揭告, 謀代調停, 撞嚇大錢.[211] 迨詞虛伏法,[212] 罪坐出名之人, 而彼乃居然事外,[213] 有利無累. 此等狡黠, 眞不可一日容于盛世.

本縣日以甦卹民瘼爲心,[214] 且以剪惡除奸爲任, 合行飭禁,[215] 爲此仰軍民人等知悉. 除眞命、逃盜大案宜赴官司首告外, 凡係戶婚、田土、債負等事, 止應自相理論, 不必輕于擧詞. 若一時口角、細微忿怨, 斷該情恕理遣,[216] 各安生業, 保守身家. 何得任性使刁,[217] 自蹈法網? 至於所在地方, 或有前項棍徒, 包攬詞訟, 把持起滅,[218] 誘害良善者, 地方鄕保,[219] 不時據實首報, 以憑盡法痛處,[220] 申憲決配,[221] 斷不容貸.[222] 凜之, 凜之.[223] 須至示者.[224]

11-02-11. 농번기의 소송 중단(農忙停訟)[225]

매년 시골 농민들이 씨 뿌리는 시기가 되면 지방관은 큰 패를 내걸고 그 위에 "농번기

---

207 낙국(落局)은 사기극에 빠져든다, 또는 결국·마침내라는 뜻이다.
208 분구(分扣)는 가로채거나 나눠 먹는다, 일부를 빼돌린다는 뜻이다.
209 수서양단(首鼠兩端)은 쥐가 구멍에서 머리만 내밀고 양쪽을 엿본다는 것으로, 태도가 분명하지 않고 우유부단하거나, 우물쭈물하여 결단을 못 내린다, 기회를 엿본다는 뜻이다.
210 장고(掌股)는 손바닥과 넓적다리를 가리키는데, 아이들을 풀어놓아 놀게 하는 곳을 뜻한다. 나아가 통제하거나 조종할 수 있는 범위를 비유하기도 한다.
211 당혁(撞嚇)은 속이다, 기만한다는 뜻이다.
212 복법(伏法)은 법에 따라 처벌이나 처형을 받는다는 뜻이다.
213 거연(居然)은 '차분하게, 안정되게'라는 뜻이다.
214 소휼(甦卹)은 가엽게 여겨 완화시키거나 되살린다는 뜻이고, 민마(民瘼)은 백성의 질고·고통을 말한다.
215 합행(合行)은 응당, 또는 응당 시행되어야 한다는 뜻으로 사용되는 공문의 용어다.
216 정서(情恕)는 용서한다, 양해한다는 뜻이고, 이견(理遣)은 사리상으로 보아 너그럽게 푼다는 뜻이다.
217 사조(使刁)는 못된 거짓 수단을 부린다는 뜻이다.
218 기멸(起滅)은 원래 불교용어로 인연의 마주침에 의해 생겨나고 인연의 흩어짐에 의해 소멸한다는 것이나 때로 나타나고 때로 사라진다는 것을 뜻하기도 하지만, 여기서는 수단을 부려서 시비를 날조한다는 뜻으로 쓰이고 있다.
219 향보(鄕保)는 향약·지보를 가리킨다.
220 진법(盡法)은 완전히 법에 따라 처리한다는 뜻이고, 통처(痛處)는 따끔하게 처벌한다는 뜻이다.
221 신헌(申憲)은 법을 기준으로 처리한다, 법을 서술한다, 또는 상사에게 보고한다는 뜻이다. 결배(決配)는 태형·곤장형을 집행(決)하거나 노역형으로 처벌한다(配)는 뜻이다.
222 용대(容貸)는 관대하게 용서한다는 뜻이다.
223 늠지(凜之)는 두려워하라는 뜻이고, 두 번 쓴 것은 물론 강조하기 위해서이다.
224 수지(須至)는 공문의 말미에 쓰는 관용적 용어로 문서의 마감을 알려 준다. 따라서 '수지시자(須至示者)'를 통해 공시문이 끝났음을 알 수 있다.
225 농망(農忙)은 씨앗을 뿌리거나 수확을 하는 농사철·농번기에는 주현관이 응당 소송을 중단해야 하는 것을 가리킨다.

이니 소송을 중단한다"는 네 글자를 크게 써서 백성에게 알리는데, 이것은 농사를 짓고 누에를 치는 것을 중시하고, 나라의 근본을 부유하게 만들기 위함이다. 따라서 살인이나 강도·도인 등 중대 사건이 아니면 모두 접수를 거부하는 것이 종래의 정례다. 그러나 매번 간교한 무리는 소송 접수를 거부한다는 정례를 분명히 알고 [이를 이용하여 이 기간 동안] 술 취한 척 가장하여 재앙을 부르고 행패를 저지른다. 선량하고 나약한 사람은 그에게 괴롭힘을 당하면서도 하소연할 곳이 없다. 나아가 농사가 바야흐로 끝날 무렵이 되면 분한 마음은 이미 사라진 다음이라 단지 참는 수밖에 없다. 응당 향약·지보에게 지시하여 감히 이러한 못된 무리가 있다면 죄가 가벼우면 엄히 훈계를 하고, 무거우면 즉각 공동으로 고발하여, 무겁게 처벌하되 용서하지 않음으로써 경박한 풍속에 경고해야 한다.

每歲值鄉農播種之時, 有司懸牌大書: "農忙止訟"四字, 曉諭署前, 所以重農桑、裕邦本也. 非命、盜、逃人重情, 一槩不准, 此係從來定例. 然每有刁詐之徒, 明知不准禁例, 故粧風倚醉,[226] 惹禍行兇. 良懦受其欺凌, 無從控愬.[227] 及至農事甫畢, 氣忿已消, 只得忍耐. 宜諭約、地, 敢有前項刁徒, 輕則嚴行戒飭, 重則立時公首, 重懲不貸, 以儆媮風.[228]

11-02-12. 하절기 감형(熱審減刑)[229]

나라에서 소송사건을 심리할 때 매년 소만(小滿) 이후 입추(立秋) 이전에는 유배형(流)·노역형(徒)·태형(笞)·곤장형(杖)의 형벌을 정례에 따라 감등해 주는데, 이것은 형벌의 실행을 신중히 하고 백성의 생명을 아끼기 위함이다. 따라서 지방관은 곤장으로 처벌할 때도 역시 깎아서 감해 주는데, 열 번의 곤장을 단지 여덟 번만 실행하는 식의 비율로 줄여 주는 것이다. 하지만 큰 죽판으로 만든 곤장을 사용하여 20번이나 30번씩 때리게 하는 등 무겁게 처벌하는 경우도 아주 많은데, 8/10만 실행하는 작은 죽판의 형벌보다 이미 몇 배나 되는 처벌이다. 이것은 특히 농사 때를 중시하고 형벌을 가능하면 줄이려는 취지에 크게

226 장풍(粧風)은 아마 가장한다, 체한다는 뜻으로 보인다. 의취(倚醉)는 취기에 기대어라는 뜻이다.

227 공소(控愬)는 고발하여 하소연한다는 뜻이다.

228 유풍(媮風)은 각박한 기풍을 말한다.

229 열심(熱審)은 명·청대 혹서기를 위해 만들어진 형벌 감면 제도를 가리킨다. 강희 10(1671)년에 확실한 제도로 정립되는데, 소만(小滿) 열흘 후부터 입추(立秋) 전날까지 열리는 재판에서 장죄(杖罪) 이하의 죄는 모두 감형하여 처리하였다.

어긋난다. 응당 무더운 여름에는 살인이나 강·절도 같은 중대사건이 아니라면 멋대로 협찰(夾拶) 따위의 고문도구를 써서는 안 된다. 또한 작은 사건들은 모두 아역이 기록하고 질책하며, 넘어갈 만한 민사사건이라면 처벌을 면제해 주고, 용서해서는 안 될 경우라면 가볍게 매질을 가함으로써 관대히 처벌한다는 뜻을 보여 주어야 한다.

그런데 이러한 뜻을 좀 더 범위를 늘려서 적용한다면, 한여름에 마땅히 긍휼히 여겨야 한다면 엄동설한도 마찬가지다. 설마 이때만은 그들이 우리 백성이 아니라는 말인가? 옷을 벗고 알몸을 노출하면 추위가 심장을 공격하니, 청년이라도 조심하지 않거나 늙고 병든 사람 같은 경우 건강을 해치고 목숨을 잃지 않는다고 어찌 보장할 수 있겠는가? 일찍이 내가 동광현(東光縣)에 지현으로 근무할 때 바야흐로 한겨울에 재판을 하는데, 한 노인이 계단 아래 꿇어앉아서 몸 떠는 것을 그치지 않았다. 내가 물으니 대답하기를, "병을 앓고 난 지 얼마 되지 않아 추위를 무릅쓰니 몸이 계속 떨린다"고 하였다. 즉시 명을 내려 그를 부축하여 복도 안으로 들인 다음 뜨거운 생강차를 마시게 하였더니, 한참 지나서야 그 떨림이 멈추었다. 만약 재판이 끝나기를 기다려 그를 일으켜 세웠다면 노인의 목숨은 계단 아래서 거의 날아가지 않았을까? 따라서 백성의 부모인 지방관으로서는 응당 그들을 측은하게 여기는 마음이 없어서는 안 된다.

○ 선배 가운데 [태형이나 곤장형을] 때려서는 안 되는 경우를 모아 목록을 만든 경우가 있는데, 기억이 세밀하지 못하기 때문에 내 생각을 곁들여 약간 보태어 늘림으로써 다음에 나열하니, 나중에 어진 선비와 군자께서 바로잡아 주기를 바란다.

1. 황상이나 황태후의 생신(만수성절)에 때려서는 안 된다.
2. 황상이나 황태후의 기일에 때려서도 안 된다.
3. 명절이나 초하루·보름에는 때려서는 안 된다.
4. 큰바람이나 눈이 몰아칠 때는 때려서는 안 된다.
5. 천둥이 치거나 폭우가 쏟아질 때는 때려서는 안 된다.
6. 급하게 달려와 이제 막 도착한 사람을 때려서는 안 된다.
7. 몹시 화가 났을 때에 때려서는 안 된다.
8. 술을 마신 다음에 때려서는 안 된다.
9. 아직 심문도 제대로 하지 않았다면 때려서는 안 된다.
10. 칼을 씌우려면 때려서는 안 된다.
11. 감금시키려면 때려서는 안 된다.

12. [손가락을 조이는] 협찰 고문을 받게 되면 때려서는 안 된다.

13. 상복을 입는 기간 중에는 때려서는 안 된다.

14. 임산부를 때려서는 안 된다.

15. 연로하거나 질병이 있는 사람을 때려서는 안 된다.

16. 어린아이를 때려서는 안 된다.

17. 멀리 가야 할 일이 있는 사람을 때려서는 안 된다.

國家讞獄,[230] 每歲小滿以後, 立秋以前,[231] 流、徒、笞、杖, 例從減等, 所以愼刑獄、恤民命也. 故有司決責,[232] 亦爲折減, 每十板止責八板. 然每有用大板重責三十、二十不等,[233] 較之八折輕杖, 已屬數倍, 殊非敬時省刑之意矣. 宜于炎暑之月非命、盜重案, 不宜擅動夾拶.[234] 其一切小事, 徧役記責, 民事可恕者免之, 不可恕者薄撻,[235] 以示蒲鞭之意.[236] 推而廣之, 盛暑宜矜, 嚴冬風雪, 獨非吾民乎? 解衣露體, 寒氣攻心, 誠恐少年不戒, 以及老病孱夫,[237] 保無傷生殞命者乎? 鴻在東邑, 方隆冬聽訟, 有一老人跪堦下, 而體戰慄不止. 鴻命訊之, 對曰: "病初起, 冐寒故戰也."[238] 鴻亟令掖之至廊內, 以熱薑茶飮之, 良久戰乃止. 若待訟畢而後起, 老人之命, 不幾斃于堦下耶! 故爲民父母者, 當無所不存其惻隱也. 先輩有不可打之條格, 鴻記憶不詳, 姑以愚意而妄增之以俟. 仁人君子鑒定焉.

萬壽聖節,[239] 不可打.

國忌,[240] 不可打.

---

230 얼옥(讞獄)은 소송을 심리한다, 사건상황을 심문한다는 뜻이다. 얼(讞)은 죄를 논의한다, 죄의 경중을 정한다는 뜻이다.

231 소만(小滿)은 24절기의 하나로 대략 음력 4월 하반기 무렵이다. 입추(立秋) 역시 24절기의 하나로 대략 음력 7월 상반기 무렵이다.

232 결책(決責)은 장책(杖責), 즉 곤장형으로 처벌한다는 뜻이다.

233 청대의 경우 태형과 곤장형을 각기 소판(小板)과 대판(大板)으로 대신하면서 아울러 그 횟수를 할인하여 시행하게 하였는데, 그것을 가리킨다. 판(板)은 대나무조각으로 만든 태형의 형구를 가리킨다.

234 협찰(夾拶)은 고문 내지는 고문도구(형구)를 가리킨다. 새끼줄로 묶은 다섯 개의 작은 나무가락을 손가락 사이에 끼워 넣어 고통을 준다. 형틀(械)·족쇄(鐐)·몽둥이(棍) 및 찰(拶)과 협곤(夾棍)이 오독(五毒) 형구로 불린다.

235 박달(薄撻)은 가볍게 매질한다는 뜻이다.

236 포편(蒲鞭)은 부들(왕골) 회초리로, 관대한 처벌을 뜻한다.

237 잔부(孱夫)는 겁이 많거나 병약한 사람을 뜻한다.

238 모한(冐寒)은 추위를 무릅쓴다는 뜻이다.

239 만수(萬壽) 또는 만수성절(萬壽聖節)은 황제·황태후의 생일을 가리킨다.

年節朔望,[241] 不可打.

大風雪, 不可打.

疾雷暴雨, 不可打.

人走急方至, 不可打.

盛怒, 不可打.

酒後, 不可打.

事未問明, 不可打.

要枷, 不可打.

要監, 不可打.

要夾, 不可打.

孝服,[242] 不可打.

孕婦, 不可打.

年老廢疾,[243] 不可打.

稚童, 不可打.

人有遠行, 不可打.

11-02-13. 편민방의 설치(設便民房)

편민방은 소송문제에 관련된 사람들을 위해 설치하는 것이다. 향민이 소송 때문에 현성 안에 들어오게 되면 모름지기 '헐가'라 불리는 여관에 투숙하게 되어 있다. 이 여관은 소송을 모두 도맡아 청부받는 사람이 아니면 소송하는 사람의 돈을 후려쳐 이익을 보려는 사람이 운영한다. 내가 어떤 지방에 처음 부임했을 때 매번 공무로 출입할 때마다 현 아문 앞에 주점과 여관이 아주 많은 것을 볼 수 있었다. 요리는 풍성하고 술통이 널려 있어 나는 속으

---

240 국기(國忌)는 황제·황후의 기일(忌日)을 가리킨다.

241 연절(年節)은 24절기를 가리키는데, 24절기의 시작은 각기 1일과 15일, 즉 초하루인 삭(朔)과 보름인 망(望)이다.

242 효복(孝服)은 상중에 입는 흰 베나 마포로 된 상복을 말한다.

243 법률적으로 보면 질환에도 종류가 있다. 잔질(殘疾)은 지체가 불구가 되거나, 머리에 상처가 생겨 머리카락이 모두 빠지거나, 한쪽 눈을 실명하거나, 두 쪽 귀가 먼 경우 등이다. 그다음으로 심한 것은 폐질(廢疾)로 잔질에서 다음 단계로 넘어간 경우다. 이를테면 치매나 실명, 허리나 한쪽 다리가 부러진 것 등을 가리킨다. 이보다 심한 것은 독질(篤疾), 즉 엄중한 질환으로 두 다리가 부러지거나, 미치거나 한 경우다.

로 이 지방 사람들이 먹고 마시는 데 사치스럽다고 생각하였다. 그래서 자세히 알아보니 이것들은 세력이 있는 신사가 연 것으로, 향민들은 소송문제 때문에 현성에 오면 원고와 피고를 막론하고 모두 반드시 여기에 머물러야만 하였다. 반면 현성 안팎의 시가지 사람들은 신사의 뜻에 거슬릴까봐 두려워 감히 와서 머무는 사람이 없었다. 향민들은 더구나 이곳을 제외하면 더 이상 머물 곳을 찾을 수 없었다. 또한 이곳이 모두가 머무는 장소가 되자, 아문에 관련된 모든 일 처리에는 그때마다 아문 서역·노복이 끼어들었으며, 인정을 베풀어 달라고 청탁하는 일은 모두 주인이 큰돈을 버는 기회로 삼았다. 이 때문에 향민들도 믿고 의지하게 되어 무리를 지어 여기에 투숙하여 머물렀다.

그런데 그 술과 안주, 음식 값은 다른 곳보다 가격이 몇 배나 비쌌다. 「고발장」을 내고 접수를 기다리는 것부터 시작하여 출두하여 재판을 받고 결말이 날 때까지 걸핏하면 열흘이나 한 달이 걸리는 것이 다반사다. 그동안 먹고 마시는 데 드는 비용이 만만치 않다. 더구나 증인과 원차 등 사건관련자뿐 아니라 함께 따라온 형제·자매나 소식을 묻기 위해 방문한 친우들까지도 비용이 든다. 그리고 현 아문에 가깝다는 이유로 원차를 돕는 차역이나 우두머리 차역, 관련 업무를 맡은 승행(承行)이나 문서를 베끼는 첩사(貼寫)까지 찾아들고, 거기에다가 구실을 빌려 도와주겠다고 나서거나 권하는 건달까지 가세하면 소란스럽게 떠들며 흰소리를 하는 사람들이 하루 수십 명을 내려가지 않는다. 그래서 사건이 완결된 다음 여관비를 결산해 보면 이미 수십 금이나 되는 거액이 된다. 그 밖의 다른 비용은 여기에 포함되지도 않았다.

오호라! 가난한 시골농민이 어찌 이를 감당할 수 있겠는가? 결국 모름지기 가산을 모두 기울여 쏟아내고 아내를 전당잡히고 자식을 팔아야만 겨우 비용을 지불할 수 있을 터이다. 나는 이런 상황을 몹시 안타깝게 여겨, 조속히 이러한 행태를 몰아내어 금지시키고자 하였다. 또한 생각하였다. "억지로 금지시키는 것보다는 저절로 없어지게 만드는 것이 낫지 않을까?" 그래서 봉록을 털어서 현 아문 옆에 있는 빈 땅을 한 곳 사들여 지붕을 올린 단층집(平房) 열 채를 짓고 10호로 편성하였다. 밖은 담으로 둘러싸고 가운데 문 하나를 두었으며 그 이름을 '편민방'이라 지어 소송 때문에 현성에 온 남자들이 머물게 하였다. 담 안쪽 왼쪽 편에는 따로 한 구역을 두어서 단층집 다섯 채를 짓고 5호로 편성하였다. 밖의 담장과는 뜰 하나를 사이에 두어 서로 통하지 못하게 한 다음, 소송에 관련된 여자들이 머물게 하였다. 부엌과 온돌, 솥과 항아리, 사발과 젓가락 등이 모두 갖추어져 있었으므로 머무는 사람은 오로지 땔감과 쌀만 휴대하면 되었다.

무릇 「고발장」이 접수된 다음날 바로 고시하고 차역을 보내 사건 관련자들을 불러들이고, 그들이 도착하면 즉각 재판을 열고 재판이 끝나면 곧바로 사건을 종결시킬 경우 현성으로 왕래하는 데 며칠이면 충분할 터였다. 또한 편민방 앞에 고시를 붙여 서역이나 아무런 관련 없는 사람들이 감히 드나드는 경우나, 식당이나 여관에서 소송과 관련된 사람들에게 한 푼어치라도 먹거나 마시게 하는 경우가 있으면 몰래 살펴 엄히 잡아들여 곧바로 칼을 씌워 공개하고 무뢰배의 협잡이란 죄명으로 처벌하기로 하였다.

편민방은 해당 지역의 총갑(總甲)이 자물쇠를 맡아 관리하게 하고, 매달 봉급에서 쌀 서 말(3斗)을 [지현이] 내주되, 머무는 사람에게는 한 푼도 거두지 못하게 하였다. 그리고 어느 한 채의 집에 사람이 들어왔다가 나갈 때가 되면, 총갑이 집에 들어가 기물을 점검한 뒤 문을 자물쇠로 잠그게 하였다. 그리고 다른 집에 사람이 모두 찬 다음에야 다시 그 문을 열어 나중에 온 사람에게 내주게 하는 것이다. 기물이 파손·분실되거나 온돌이 갈라지면 총갑이 지현에게 보고를 올려 즉시 재료를 구입·수리하게 하되, 머무는 사람에게 책임을 묻지 못하게 하였다. 이후 향민들은 마른 양식과 좁쌀 포대만 싸서 가지고 오면 되었지 절대로 다른 비용은 쓰지 않게 되었다. 또한 머물고 떠나는 것을 마음대로 할 수 있어 그들을 관리하는 번거로움도 덜었다.

이렇게 하자 "요리는 풍성하고 술통이 널려 있던" 여관은 한 달을 넘기지 못하고 쌀과 소금·잡화를 파는 가게로 바뀌었다. 이후 하북성의 성도인 보정부(保定府)에 가서 직예순무 김세덕(金世德) 공을 뵈었는데, 내게 현을 다스리는 것에 물으시기에 이 일을 들어 대답하였다. 김 공께서는 웃으시며 이렇게 말씀하셨다. "관리는 백성을 사랑하는 실질을 얻고, 백성은 돈을 아끼는 혜택을 입으며, 신사는 불법적인 일에 종사하여 이익을 추구한다는 이름을 벗어나니, 일거삼득(一擧三得)이로구나. 이 방법은 마땅히 천하에 널리 행해야 하지, 어찌 한 현에서만 그렇게 하겠는가?" 나는 이와 같은 폐단이 어디에나 있다는 점을 염려하여 감히 여기에 덧붙여 기록함으로써, 자세히 살펴본 다음 채택하시는 분이 있기를 기다려 보고자 한다.

便民房者, 乃爲訟事之人而設也.[244] 鄕人訟事入城, 必投歇家.[245] 其歇家非包攬官司之

244 편민방(便民房)은 소송인에게 잠시 쉴 수 있도록 제공하는 집·공간을 말한다.

245 헐가(歇家)는 보통 여관, 즉 객상이 화물을 맡기고 휴식을 취하는 곳을 가리키지만, 여기서는 반헐(飯歇)을 가리키는 것으로 보인다. 반헐은 관방에서 설립을 허용하거나 아니면 유력 신사 등이 설립하는데, 소송사건에서 대질심문에 나가는 피고나 증인 등을 관의 위탁을 받아 수용하기 위한 영리적 목적에서 만들어졌다. 소송 때문에 현

人,[246] 卽希圖賺打官司人錢之人.[247] 鴻初到某任時, 每公事出入, 見縣前酒肆、飯館甚多. 饈餚豊列,[248] 樽榼横陳,[249] 意斯地之人侈于飮食也. 因細訪之, 乃爲有勢紳衿所開. 凡鄕人訟事至, 無論原、被, 俱必寓此. 其內外關廂,[250] 懼忤紳衿意, 竟無留止者. 鄕人舍此亦更無他駐足. 且旣爲之居停,[251] 一切衙門料理,[252] 輒有紀綱之僕,[253] 至於求情囑託, 又皆主人居奇. 以故鄕人亦因有所憑依, 而羣然投止焉.[254]

其酒殽、飯食, 値貴數倍. 自「告狀」候准、以及投到聽審、發落, 動輒浹旬累月.[255] 而所飮之、食之, 則干證、原差, 在事諸人而外, 又有隨來之子弟、探望之親友. 因其近于縣署, 則原差之幫差[256]、頭役[257]、該管之承行、貼寫,[258] 與夫藉名講勸之市閑、插身打諢之白嚼,[259] 日不下數十人. 及事完結算店帳,[260] 已纍至數十金, 而他費不與焉.

嗚呼! 畎畝窮民,[261] 何能堪此? 勢必傾家蕩産, 典妻鬻子, 以償其用矣. 余甚憫之, 欲亟驅禁之. 因又思曰: "禁之不如自絶之爲愈乎?" 乃于縣側捐俸買空地一區, 起蓋平房十間, 編爲

성에 들어오면 반드시 헐가에 투숙해야 했는데, 그 헐가는 보통 소송을 도맡아 처리해 주거나 아니면 그것을 빌미로 돈을 챙겼던 것이고, 관부나 소송대리인·서리·차역 등과 일정한 관계를 가지고 있었다. 때문에 유죄판결을 받은 피고의 보석에도 보증인 역할을 맡았다. 이른바 소송거간꾼(訟棍)의 주된 활동무대이기도 하였으므로 여기에 투숙한 사람은 보통 재산을 날리기 일쑤였다고 한다(趙曉華,『晩淸訟獄制度的社會考察』, 中國人民大學出版社, 2001, pp.121-122). 또한 김선혜, 「재판」, 吳金成 외, 『명청시대사회경제사』, 이산, 2007, pp.165-167을 참조. 또한 제8권 전곡부 3 및 잡과부의 「8-01-03. 창고 접수의 폐해(倉收陋弊)」에서도 헐가 문제가 다루어지고 있다.

246 관사(官司)는 관리나 관부·관청을 가리키기도 하지만, 나아가 관부에서 부과하는 각종 공무나 소송이라는 뜻도 있다. 여기서는 소송을 가리키며, 타관사(打官司)는 소송을 벌인다는 뜻이다.

247 잠(賺)은 돈이나 이윤을 얻는다는 뜻인데, 부정적인 의미로 쓰이는 경우도 많다. 잠타(賺打)도 따라서 돈이나 이익을 후려친다는 뜻으로 보인다.

248 수효(饈餚)는 반찬과 안주라는 뜻, 즉 음식을 가리킨다.

249 준합(樽榼)은 술 단지와 술 통을 말한다.

250 관상(關廂)은 성문 안팎의 큰 길과 부근 지역을 가리킨다. 관(關)은 성문, 상(廂)은 성곽 밖의 부근 지역을 뜻한다.

251 거정(居停)은 기거하는 장소라는 뜻이다.

252 요리(料理)는 돌본다, 안배하거나 처리한다, 정리한다는 뜻이다.

253 여기서 기강지복(紀綱之僕)은 주현의 아전, 또는 노복·하인을 가리킨다. 『좌전』 희공(僖公) 24년조의 기사에 "진백이 진에 호위로 3천 명을 보냈는데, 이들이 모두 (문지기나 朴隷 등) 노복의 일을 맡았다"는 기사에서 나왔다.

254 군연(群然)은 뭇사람들이, 많은 사람이라는 뜻이다.

255 협순(浹旬)은 열흘에 미친다는 뜻, 즉 열흘을 말한다. 누월(累月)은 여러 달에 걸친다는 뜻이다.

256 방차(幫差)는 차역을 돕는 사람, 또는 임시직으로 일을 돕거나 문서를 베껴 쓰는 인원을 가리킨다.

257 두역(頭役)은 아역 가운데 우두머리를 가리킨다.

258 첩사(貼寫)는 문서를 베껴 쓰는 임시 직원을 가리킨다.

259 시한(市閑)은 시정에서 노니는 한가한 사람들, 즉 건달이나 무뢰배를 가리킨다. 삽신(挿身)은 끼어든다, 참여한다, 타원(打諢)은 떠들썩하게 농담을 한다, 재미있는 얘기를 하면서 웃음을 터트린다는 뜻이고, 백작(白嚼)은 흰소리, 헛소리라는 뜻이다.

260 점장(店帳)은 객점, 즉 헐가에 머물면서 들어간 비용을 뜻한다.

261 견무(畎畝. 畖畝)는 전지(田地)·전야(田野)나 민간 또는 농민을 뜻한다.

十號. 外蔽以垣, 中開一門, 榜其額曰: '便民房', 使訟至男子居之. 垣內左側另闢一巷, 起蓋平房五間, 編爲五號. 與外墻稍隔一院, 而不相通, 使訟至女子居之. 其竈炕、釜甖、盂箸之類備具,[262] 居者惟攜薪米而已. 凡准詞次日, 懸示出差,[263] 投到卽審,[264] 審畢卽結. 往來在縣, 不過數日. 更張示本房前, 敢有胥役、閒襍人等, 混入便民房及飯店、酒館飲食訟人一文者, 本縣密察嚴拿, 立刻枷示, 以光棍詐騙例治罪.

其房著本地方總甲執鑰照管,[265] 每月捐俸米三斗, 不許需索住人分文. 某號住人臨去, 總甲入房點驗器物, 將房門鐍閉.[266] 待餘房住滿, 再開與後來之人, 其器物有破損, 臥炕有坍裂,[267] 該甲具稟本縣, 卽爲買補修葺, 不許問之住人. 自是鄕民乾糧小米褁持而來,[268] 絶無他費. 且去住任之, 不煩司掌.[269] 而向之所謂: '豊餚美榼'者,[270] 不逾月而改爲米鹽雜貨之店矣. 後赴上谷謁中丞金公,[271] 詢鴻所以治邑者, 余幷擧此以對. 公笑曰: "官有愛民之實, 民受省錢之惠, 紳衿無禁絶網利之名,[272] 一擧而三善備矣. 此法宜行之天下, 寧獨一邑爲然哉?" 鴻慮如此弊俗所在多有, 敢附記之, 仰祈鑒采.[273]

---

262 조항(竈炕)은 부엌과 부뚜막, 부앵(釜甖)은 솥과 병, 우저(盂箸)는 사발과 젓가락을 가리킨다.

263 출차(出差)는 임시로 밖에 파견되어 공무를 처리하는 일, 즉 출장을 말한다. 기타 밖에 나가서 임시임무를 맡는 것을 뜻하기도 한다.

264 투도(投到)는 이르다, 출두하다, 직접 보고하다, 투숙한다는 뜻이다.

265 총갑(總甲)은 원·명 이래의 직역 가운데 하나로 관부의 지시를 받아 이갑의 부세·요역을 도맡아 분배하던 직역을 가리킨다.

266 휼폐(鐍閉)는 걸쇠로 잠근다는 뜻이다.

267 담렬(坍裂)은 무너지기나 금이 간다는 뜻이다.

268 건량(乾糧)은 말 그대로 휴대용 마른 음식이고, 소미(小米)는 좁쌀 내지는 거친 곡식을 가리킨다. 척지(褁持)는 자루에 담아 소지한다는 뜻이다.

269 사장(司掌)은 관리인원·관사(管事)를 말한다.

270 풍효(豐肴. 豐餚)는 풍성한 음식, 미합(美榼)은 좋은 술을 말한다.

271 상곡(上谷)은 상곡군(上谷郡)으로 전국시대 연(燕)의 소왕(昭王) 29(B.C. 283)년에 설치되어 연 북부 강역의 서부를 이루었던 지역을 가리킨다. 연 장성(長城)의 기점이기도 하며, 당대(唐代)에 폐지되었는데 대략 오늘날의 북경 서쪽의 장가구시(張家口市) 선화구(宣化區)로 보정부의 서북 지역에 해당된다. 황육홍은 부근의 하북성 하간부 동광현에서 지현 근무를 하였으므로 아마 하북성의 보정부(保定府)를 가리키는 것 같다. 중승(中丞)은 명·청대에는 보통 순무를 가리키는 칭호였다. 하북성에서도 청초 강희 연간까지는 보정부에 직예순무가 주재하였지만(강희 8년 이후 보정부 주재), 옹정(雍正) 원년 총독(總督)으로 개설(改設)되었다. 강희 7년부터 19년 사이 직예순무는 한군(漢軍) 정황기(正黃旗) 출신의 김세덕(金世德, ?-1680)이 맡았으므로 중승 김 공은 김세덕을 가리킨다.

272 금절(禁絶)은 금지하여 두절시킨다, 철저히 금지한다는 뜻이다.

273 감채(鑑采. 鑒采)는 검토한 다음 채용한다는 뜻이다.

11-02-14. 다툼 금지(禁打架)

대저 소송에서 관원에 의한 판결을 내려지면 소송 양쪽 당사자들은 친구 가운데 못된 청년들이나 소작인, 시내의 백수건달들을 불러 모은다. 이들은 각각 작은 몽둥이나 쇠로 만든 자, 금강권(金剛圈) 등의 무기를 숨기고 아문 앞에 이르러 서로 흉악한 난투극을 벌인다. 매번 싸우다 상처를 입거나 부상이 심하면, 따로 살인사건에 대한 새로운 소송을 제기한다. 남·북방을 막론하고 어디든 이런 일이 자주 있는데 아주 못된 풍속이자 대단히 가증스러운 일이다. 주현관은 부임 초기에 이러한 일이 있는지 알아보고, 힘써 먼저 고시하여 이를 엄금해야 한다. 또한 재판을 할 때에는 비밀리에 민장·포쾌에게 순찰을 지시하여 패싸움을 하는 경우가 있으면 즉시 흉기와 함께 모두 잡아 와 보고토록 하여 그들을 처벌하고 칼을 씌워 공개함으로써 경고를 해야 한다. 그렇게만 해야 이러한 못된 풍습이 점차 수그러들기를 기대할 수 있다.

최근 강소·절강의 주현에서는 이러한 무뢰 청년들이 신사의 못된 자제들을 규합하여 향을 피우고 피를 마시면서 결의(結義) 형제가 되는 의식을 행하고, 공개적으로 교사를 청하여 주먹질과 곤봉질을 배운다. 양쪽 팔에는 갖가지 문신을 새기고 몸에는 허리를 묶는 갑옷을 두르며, 무리를 지어 몰려다니며 찻집과 술집을 드나들고 꽃을 희롱하는 나비처럼 기루에서 질펀하게 기녀들과 놀아난다. 혹시나 누구라도 이에 대해 불평을 하면 복수한다고 주장하면서 내키는 대로 강탈을 하며, 한 번 흘겨보기라도 해서 비위를 거스르면 바로 집단구타로 팔다리를 부러뜨려 놓는다. 이들을 '태세(太歲)'라고 일컬으며, 이런 무리의 집단을 '타항(打降=打行. 즉 폭력배집단)'이라고 한다. 이런데도 엄히 잡아들여 단속하지 않는다면, 이런 못된 풍습이 언제 사라지겠는가? 못된 짓을 일삼는 그 우두머리를 붙잡아 백성의 여론에 의해 처벌을 하고 곤장 아래 맞아 죽게 하든지 아니면 상사에게 보고하여 확실히 법에 의한 처단을 받게 하면서 조금도 용서하지 않는다면, 풍속이 다시 순해지고 선량한 사람들이 안심할 수 있을 것이다.

夫詞訟當官審出, 兩造邀集親友中之惡少,[274] 以及種田佃戶、街市游手. 各藏短棍、鐵尺、金剛圈等類,[275] 卽于衙門前, 互相兇毆. 每有打傷負重, 另補人命新詞者. 無論南方、北地, 往

---

274 악소(惡少)는 품행이 좋지 않은 젊은 남자를 가리킨다.

往皆然. 殊爲惡俗, 可恨之甚. 州縣官履任之初, 訪有此等, 務先出示嚴禁. 仍于審時, 密諭快·壯巡邏,[276] 遇有打架之人, 立將兇器一併拿獲, 稟官究責枷警,[277] 庶刁惡之風, 可以漸息乎! 近日吳·越州邑,[278] 有等無賴少年, 幷糾合紳衿不肖子弟, 焚香歃血, 公請敎師, 學習拳棒, 兩臂刺綉花紋, 身服齊腰短甲, 狐羣狗黨, 出入茶坊、酒肆, 蜂游蝶舞,[279] 顚狂紅粉靑樓.[280] 聞他人有不平, 便指報仇而恣搶奪, 忤伊兇于一盻, 輒爲攢毆而折股肱.[281] 號稱太歲,[282] 名曰: '打降'.[283] 似此不卽嚴拿, 嚣風何底?[284] 捕其作孽渠魁, 當與輿情共棄,[285] 或斃之于杖下, 或申報于上臺,[286] 斷從三尺之誅,[287] 莫有一成之法, 則習俗還淳, 而良善獲安.

11-02-15. 소송 심리(審訟)

무릇 차역이 인범(人犯)을 구인해서 아침에 업무를 개시할 때 모두 데려와 대기시키면, 우선 그 「명단」과 원래의 「차표」를 올리게 하여 서로 일치하는지를 확인한다. 만약 주요 범인이 출두하지 않았다면 원차가 뇌물을 받고 놓아준 것이니 엄중하게 꾸짖고 다시 기한을 정해 붙잡아 오게 한다. 즉 원래 「차표」의 출두하지 않은 범인 이름 아래에 붉은 먹으로 '불(不)'이란 글자를 써놓고, 그를 잡아 온 다음에 처벌하는 것이다. 만약 주요 범인이 이미 대기하고 있으나 증인 한두 사람이 오지 않은 경우라면 다시 붙잡아 오도록 보내서 나머지 사람 모두를 기다리게 할 필요는 없으며, 재판이 끝나기를 기다려 다시 결정을 내린다. 출두한 범인은 명단에 따라 그 이름을 불러 앞으로 나오게 하며, 만약 명단 안에 없는 사람이 섞여 들어오면 즉시 그 연유를 묻는다. 원고나 피고 속에 섞여 있다면 그것은 필시

275 철척(鐵尺)은 쇠자, 금강권(金剛圈)은 둥근 원 형태의 금속 무기를 말한다.
276 쾌장(快壯)은 포쾌(捕快)와 민장(民壯)을 말한다.
277 가경(枷警)은 목 위에 형틀인 칼(枷)을 씌워 세워 놓음으로써 경고한다는 것이다.
278 오월(吳越)은 춘추·전국시대 오(吳)·월(越)의 옛 땅, 즉 지금의 강소·절강성 또는 강남 지역을 가리킨다.
279 봉유접무(蜂游蝶舞)는 봉광접란(蜂狂蝶亂)처럼 탕아가 기생을 끼고 노는 모습, 남녀 간의 방탕한 행위를 비유한다.
280 전광(顚狂)은 미친 것으로 보이는 행동거지나, 전혀 통제되지 않는 거친 행동을 가리킨다.
281 일혜(一盻)는 한 번 흘겨본다는 뜻이고, 찬구(攢毆)는 집단구타를 가리킨다.
282 태세(太歲)는 흉악하고 사나운 사람을 비유한다.
283 타항(打降)은 타항(打行)과 마찬가지로 남을 위해 보표로 일하는 타수(打手)의 행방(行幇)을 가리킨다.
284 효풍(嚣風)은 떠들썩하고 시끌벅적한 기풍을 말한다.
285 여정(輿情)은 여론·민정과 같은 뜻이다.
286 신보(申報)는 위 사람에게 알린다, 보고한다는 뜻이다.
287 삼척(三尺)은 율법을 가리키고 주(誅)는 베다, 죽인다는 뜻이며, 단종(斷從)은 확실하게 따른다는 뜻이므로, 단종삼척지주(斷從三尺之誅)는 확실하게 법에 의한 처벌을 받는다는 뜻이다.

말재주가 좋은 사람을 덧붙여 데려온 것일 터이고, 증인 속에 섞여 있다면 모름지기 돈으로 매수당해 위증하기 위해 온 사람일 것이니, 그 이름을 기록한 다음 엄히 꾸짖고 밖으로 내쫓는다.【재판에 임하였을 때 이런 사람들이 섞여 들어와 심문을 참관하는 경우가 있으면 마찬가지로 처리한다.】 그리고 [출석자의 확인이 끝나면] 즉시 재판시기를 알리는 심패(審牌)를 내걸어 다음날 오후에 재판할 것임을 고시한다.

재판 날짜는 단연코 연기해서는 안 된다. 소송인의 재판이 임박하였을 때 친족이나 친구가 먼 데서부터 방청하러 오므로 이들을 모두 대접해야만 하는데, 만약 다시 기한을 늦춘다면 가난한 백성이 필시 돈을 더 많이 써야 하기 때문이다. 소송사건의 심리는 모름지기 오후에 해야 하며, 범인 및 증인은 배불리 식사를 한 뒤 대기하도록 한다. 등불을 켜고 밤에 심리를 해서는 안 되는데, 날이 저물게 되면 현성의 성문을 닫아 밖으로 나갈 수 없고, 초경 이후가 되면 통행금지로 다니기 어렵기 때문이다. 또한 어두운 밤에는 관련 없는 사람이 몰래 들어와 엿볼 수 있는데, 간사한 무리가 들어오더라도 당상(堂上)의 재판정은 불이 밝아 아주 잘 보이지만 당하(堂下)의 방청공간은 아주 캄캄하므로, 그런 사람들을 붙잡고자 하면 손쉽게 몸을 숨겨 달아나게 될 염려가 있다. 만약 사건의 수가 많아 일찍 해산시킬 수 없다면, 마땅히 화부(火夫)에게 지시하여 당하에 높이 횃불을 비추고 중간문(儀門)과 양쪽 쪽문을 조역(皀役)으로 하여금 엄밀히 지키면서 관련이 없는 사람이나 잡인이 멋대로 들어오지 못하도록 하며, 이를 어기면 엄히 처벌한다.

○ 재판을 알리는 심패를 이미 내걸었으면 해당 승행(담당자)은 원고의 「고발장」과 피고의 「반박문」이나 「진술서」 등 문건을 날짜별로 정리하고 서로 이어 붙여 책으로 만든다. 맨 위에 표지를 붙이고 위에는 "모 주현에서 발생한 모 사건", 왼쪽에는 연월일(年月日), 오른쪽에는 모방(某房)의 승행 모인, 아래쪽에는 원차 모인이라 쓴 다음 [지현에게] 올려 보내 점검을 받는다. 피고의 「반박문」이나 「진술서」는 모두 내아로 가져와 보관한다. 오늘 재판을 알리는 심패를 내걸었다면 해당 서리는 즉시 모모사건은 다음날 오후에 재판할 것이라는 점을 보고하여 내아에서 그 사무를 관리하는 사람이 미리 숙지할 수 있게 한다. 그렇게 해서 사건별로 문건을 이어 붙여 책을 만들되, 각 사건마다 한 묶음으로 만들어 형명(刑名)을 처리하는 곳으로 보내는데, [거기서] 미리 자세하게 검토한 다음 지현과 더불어 어떻게 심문하고 어떻게 처리할 것인지 건마다 차례차례 상의할 수 있게 하는 것이다. 그러나 재판정에서 지현이 심리하면서 던지는 질문은 또한 임기응변식 추궁도 있기 때문에 모두 다 미리 예측하여 준비할 수 있는 것은 아니다.

지현은 당일 오전 업무를 모두 마치면, 재판해야 할 사건에 대해 원고의 「고발장」에서 피고의 「반박문」까지, 원고의 「사유서」에서 피고의 「진술서」까지 차례차례 살펴보아야 한다. 먼저 원고의 「고발장」을 살펴보는데, 주된 의도가 어디에 있고, 남을 고발하고 죄를 묻는 구절이 어디 있는지, 스스로 파탄을 보이면서 허점을 드러내는 곳은 어느 구절인지 주의해서 살펴보면서, 중요한 부분은 그 구절을 따라 '△' 표시를 하고, 소송문서 내의 인명에는 '｜' 표시를, 지명에는 'ㅁ' 표시를, 날짜에는 '、'표시를 한다. 다음으로 피고의 「반박문」에서 어떻게 원고의 주장을 반박하는지, 어떻게 해명하는지, 그리고 이것이 일리가 있는지 없는지를 살핀다. 이쪽 피고의 「반박문」이 말하는 내용과 원고가 주장하는 내용을 대조해 보아 서로 맞지 않으면 어느 쪽이 진실인지 하나씩 앞에서와 같이 '△', '｜', 'ㅁ', '、' 등의 표시를 한다. 그런 다음 원고의 「사유서」와 피고의 「진술서」를 살펴보면 양쪽의 변론 가운데 어느 쪽이 진실인지 자연스럽게 차츰차츰 드러날 것이다. 재판정에서 얼굴을 맞대고 직접 심문하지 않아도 문서만으로도 원고·피고에 대해 이미 그 40-50%는 알 수 있게 되는 것이다. 심리를 할 때는 단지 이미 표시해 둔 중요부분에 대해 자세히 취조하고 여기에 양쪽 증인의 진술을 추가로 듣게 되면, 뼈마디 사이에 칼을 넣어 살코기를 쉽게 발라내듯 순조롭게 사건을 해결할 수 있을 것이다.

○ 만약 먼저 검토한 상관으로부터 결재를 받은 소송문서를 보는 경우라면, 원 문서를 승행에게 보내 베껴 와서 열람하되, 거기 쓰인 상사의 지시사항에 무언가를 덧붙여서는 안 된다. 그리고 심리가 끝난 다음 상관에게 보고를 올리면서 함께 반납한다. 본현에서 벌어진 살인·강도 사건의 경우라도 원 문서에 역시 더 이상 덧붙여서는 안 되는데, 이것은 중앙정부에 제본(題本)으로 보고해야 할 사항이 되어 나중에 상사 아문에 올려 보내야 할지도 모르기 때문이다.

○ 오시(午時)에 재판정(공당)에 오를 때에는 재판석(公座)을 권붕(捲棚), 즉 앞뒤로 벽 없이 트인 높은 처마 건물로 옮긴다. 반드시 심패(審牌)의 차례에 따라 불러 재판해야 하며, 때가 돼서 갑자기 순서를 바꾸어서는 안 된다. 심리를 받는 사람이 준비를 미처 하지 못해 불러도 오지 않으면 도리어 일 처리가 제대로 되지 않게 때문이다. 아문의 문을 연 다음 청심패(聽審牌)들을 설치하는데, 해당 반의 조예(皂隸)는 원고를 이 패를 세운 중간문 안의 동쪽 쪽문 가까이에, 피고를 중간문 안의 서쪽 쪽문 가까이에, 그리고 증인을 중간문 안쪽의 복도(甬道)에 꿇어앉게 한다.【기왕에는 중간문 밖에 꿇어앉도록 하여 멀리 떨어져서 심문 내용을 듣지 못하게 하였다. 하지만 간악한 사람들이 중간문 주위에 몰래 숨어 들어와 대신 보고 들으며 알려 주곤 하기 때문에, 차라리 중간문 안에 들어와 있게 함으로써 이러한 도움을 받지 못하게 하는 편이 낫다.】 원차는 각 범인을 모두 데리고 들어와, 모두 대문

밖에서 기다리게 한다. 원차는 사건 순서에 따라 그때마다 사람들이 들어와 앞뒤로 꿇어앉게 한 다음, 모 사건 관련자들이 모두 출두하여 심리를 기다린다고 큰 소리로 외친다. 원차의 구두지시에 따라 해당 차례의 관련자들은 자기에게 해당하는 패 앞으로 가서 꿇어앉는다. 대문을 지키는 조예는 관련 없는 사람이 대문으로 들어오게 해서는 안 되며, 양쪽 쪽문을 지키는 조예 역시 엿보는 사람이 쪽문으로 들어오게 해서는 안 된다. 만약 밖에서 엿보거나 동서로 왔다 갔다 하거나 큰 소리로 시끄럽게 하는 사람이 있으면 즉시 잡아들이고, 아울러 문을 지키던 조예도 함께 처벌한다. 형벌을 시행하는 조예는 조예방(皂隸房)에 돌아가 대기하고 있다가 형벌 시행 호출이 가면 밖으로 나온다. 재판정(堂上)의 문지기(門子) 두 명은 제비(籤)를 받들고 먹을 가는 역할을 맡는데, 모두 기둥에 기대어 멀리 서 있도록 한다. 왼쪽에는 초서(招書) 한 사람이 진술을 들으면서 「구두진술」을 기록한다.

가장 중요한 것은 재판정 상하·내외에서 정숙함을 유지하여 지현이 자세히 심문하는데 전념할 수 있게 함으로써 아랫사람들의 사정을 몸소 헤아려 볼 수 있게 하는 데 있다. 옛 사람들이 판결을 내릴 때 말하는 사람의 표정과 말을 가지고 하였다는 것은 바로 이러한 점을 이야기한 것이다. 하지만 옛날에는 인정이 순박하여 옳고 그름이 말과 표정에 나타났지만, 오늘날 사람들은 교활하여 말과 표정 속에 원통함을 꾸며 낼 수 있으니, 내가 제대로 그런 것들을 감안하여 판단하지 않고서는 옳고 그름을 도저히 알아낼 수 없다. 그런데 옳고 그름을 알아내는 요령은 일곱 가지가 있으니, 바로 떠보고(鉤), 덮치고(襲), 치고(攻), 윽박지르고(逼), 꽉 잡아 쥐고(攝), 서로 맞추고(合), 구부러지게 만드는 것(撓)이다.

'떠본다'는 것은 무엇인가? 이것은 내 생각으로 그 사람의 생각을 탐색해 보는 것이다. 그는 뱃속에 원래 있는 속마음을 감추어 두고 실토하려 하지 않으며, 단지 빈말로 하소연하거나 남을 헐뜯는 말만 하고자 한다. 하지만 나는 그의 속마음을 이미 엿보고 있으며, 다만 정확한 사정이 어떤지 잘 모를 뿐이다. 그래서 이럴 때는 잠시 은근히 한마디 말로 그를 떠보면서 어떻게 대답하는지를 살펴보는 것이다. 그다음에는 '덮친다'는 방법을 쓴다. 덮친다는 것이 무엇인가? 그 빈틈을 보일 때 잽싸게 덮쳐 파고 들어가는 것이다. 내가 이미 떠보는 방법을 사용하였음에도 불구하고 그가 미끼에 걸려들지 않으면, 앞서 했던 이야기를 계속해서 다시 늘어놓는 척하다가, 갑자기 그가 미처 예상치 못한 곳을 찾아 따져 묻는 것이다. 그러면 그는 모르는지기 무심코 대답하게 될 것이다. 그러면 다음으로는 '치고 들어가는' 방법을 사용한다. '치고 들어간다'는 것은 무엇인가? 그의 빈틈을 따라 치고 들어가는 것이다. 대답을 한 번 잘못하여 일단 빈틈이 생기면, 그 빈틈을 계속해서 치고 들어가면서 논박하는 것이다. 그는 마음속으로 이미 당황하여 더 이상 스스로를 숨기지 못하게 된다. 그러면 윽박지르는 방법을 사용한다.

'윽박지른다'는 것은 무엇인가? 막다른 길에 밀린 그가 도망가지 못하도록 계속 급하게 가로막는 것이다. 그는 속마음을 더 이상 숨길 수 없게 되었다고 생각하여, 이제 바야흐로 목구멍이 간질간질해졌는데, 그러면서도 여전히 기꺼이 실토하지는 않는다. 만약 이때 재판관이 분위기를 조금 누그러뜨리면 바야흐로 입 밖으로 나오려던 이야기가 다시 쏙 들어가 버린다. 그래서 그때 짐짓 거짓으로 크게 위엄을 부려 책상을 내려치고 화를 내면서 협곤(夾棍)을 대령하라고 겁을 주는 것이다. 양쪽에 대기하던 아역들이 큰소리로 외치며 뛰어나와 끌고 내려가면, 그는 혼비백산하여 크게 놀랄 것이니 어찌 죄를 인정하지 않고 버틸 수 있겠는가? 하지만 이런 방법은 주범을 심문할 때 쓰는 것이다. 증인들은 대부분 뇌물로 청탁을 받은 사람들이거나, 그렇지 않으면 가까운 친척이나 친구여서 또한 인정을 뿌리치기 어려운 경우다. 만약 말로써 몸을 욕되게 하거나 목숨을 바치게 한다면, 감히 그렇게 나서지는 못할 것이다. 그러나 무뢰배나 교활한 무리들은 기회를 엿보는 것을 가장 잘하니, 그들이 진술하는 내용의 허실(虛實)은 단지 상관(上官)의 완급(緩急)을 살펴서 이루어질 뿐이다.

나는 그래서 '꽉 잡아 쥐는(攝)' 방법을 사용한다. '꽉 잡아 쥔다는 것'은 무엇인가? 그 간교함을 꽉 틀어잡아 제대로 드러내지 못하게 만드는 것이다. 증인이 위증을 하기 전에 지현은 미리 눈을 부릅뜨고 성낸 얼굴로 기다리며, 만약 한마디라도 들어맞지 않으면 곧바로 형벌을 가하는 척 한다. 가장 급소가 되는 부분을 잡아내어 엄격하게 심문하면, 경솔하게 솔직한 이야기를 하다 보니 어찌 뇌물을 준 사람의 부탁대로 해 줄 수 있겠으며, 친구의 우정 때문에 나섰더라도 역시 횡설수설하지 않을 수 없다. 그때 바로 형벌을 가하도록 지시하면, 그는 자연스레 사실대로 털어놓겠다고 애걸하지 않을 수 없다. 이렇게 하면 그들은 위로는 지방관의 엄격함과 정밀함을 두려워하여 감히 꾸며서 속이지 못할 것이며, 아래로는 본인이 뇌물 청탁을 받은 것까지도 털어놓게 될 것이다. 어떤 이는 말한다. "먼저 원고와 피고를 부르고 나중에 증인을 부르면, 그는 여전히 앞 이야기를 그대로 베낄 터라서 모름지기 끊임없이 다투게 될 뿐이다." 이 말은 맞다. 작은 사건일 경우 증인은 큰 해를 입지 않을 것임을 아니, 어찌 바른 소리를 하지 않겠는가? 하지만 만약 사건이 중대할 경우 증인을 먼저 부르면 그가 어찌 경솔히 말을 한마디 꺼내어 재판을 망치려 하겠는가? 그러므로 소송사건의 재판에는 원래 정해진 방법이 없으며, 단지 때에 따라 잘 변통하는 것이 중요할 뿐이다.

이른바 '서로 맞추게 한다(合)'는 것은 무엇인가? 나누어진 사실들을 모아서 함께 맞춘다는 것을 말한다. 원고를 불러 심문한 뒤 진술을 마치면 나가도록 하고, 피고를 불러 심문한 뒤 진술을 마치면 나가도록 하며, 원고 측 증인을 불러 심문한 뒤 진술을 마치면 나가라고 하고, 피고 측 증인을 불러 심문한 뒤 진술을 마치면 나가도록 한다. 이렇게 차례대로 자세히 심문하면 원고와 피고가 진술한 것이 서로 들어맞는지 아닌지를 알 수 있으며, 원고 측 증인과 피고 측 증인이 진술한 것이 서로 들어맞는지 아닌지도 알 수 있다. 그간 진술한 것이 모두 사실이라 해도 이치에 맞지 않는 경우 당연히 이리저리 횡설수설하지 않을 수 없다. 그리고 이럴 때 바로 '구부러지게 하는(撓)' 방법을 사용한다. 이른바 '구부러지게 한다'는 것은 무엇인가? 뭇 사람의 말로 휘어서 굴복하게 만드는 것이다. 여러 사람이 진술로 확정한 다음이 되면, 자기편을 위해서 말을 바꿀 수 없게 되니 설사 자기 집 증인이라 할지라도 역시 그를 편들어 주는 발언을 할 수 없다. 뭇 증인을 앞에 두고 같은 말로 모두 확인을 해 주니 설사 거짓말하는 재주가 아주 뛰어나다고 하더라도 어찌 뭇사람 앞에서 교묘한 재주를 부려 볼 수 있겠는가? 그러므로 재판을 잘하는 사람은 소송문서를 볼 때에 먼저 마음속에 그에 대한 대책을 세워 두며, 재판에 임할 때 이 일곱 가지 기술을 가지고 나서면 자연히 모든 사정을 남김없이 밝혀낼 수 있다. 그런데 만약 일 처리에 아무런 중심을 잡지 못하거나 오로지 자기 생각만을 고집하면, 재판정에서는 조급하고 경솔하게 처리하면서 엉터리로 시비를 갈라 버리는 경우가 대부분이니, 이에 대해서 술자리에서 억울하다고 토로하지 않는 사람이 드물 것이다.

그러나 이 밖에도 또한 이른바 '끌어내는(引)' 술책이라는 게 있다. '끌어낸다'는 것은 무엇인가? 그를 깨닫도록 이끌어 내 편으로 오게 만드는 것이다. 나는 그가 죽을죄를 저질렀다고 하여도 살리고자 하며, 무거운 죄를 범하였다고 하더라도 그 죄를 가볍게 해 주고자 한다. 그는 스스로 범한 죄가 실로 무거워 사형을 받을 것임을 알고 재판정에서 솔직히 아무 거리낌 없이 진술하며, 이미 무거운 벌이나 사형을 달게 받을 마음을 가지고 있다. 그렇지만 내가 그를 살리고자 하고 그 죄를 가볍게 하려는 마음을 가지고 있는데, 그는 아직 그것을 모를 따름이다. 아직 살 수 있고 죄를 가볍게 만들 수 있는 길이 있지만 그는 알지 못하는 것이다. 그러므로 이에 따라 그를 이끌어 복심(覆審)을 하여 확정 판결을 내릴 때 그에게 말한다. "이렇게 하면 살고, 이렇게 하면 죽게 되며, 이렇게 하면 죄가 가벼워지고, 이렇게 하면 죄가 무거워진다. 그렇지만 네가 과연 무겁고 죽을죄를 범한 것이라면, 나는 너를 위해 용서해 줄 수 없다." 그렇게 되면 그는 그제서야 크게 깨닫게 되며, 결국 무거운 죄나 죽을죄를 버리고 가벼운 죄나 살 수 있는 길로 나아가지 않는 경우가 없다.

하지만 이런 일은 또한 그에게 아무런 원수가 없어야 하며, 단지 어리석은 시골사람으로 실수하여 법을 어긴 것뿐이라서 특별히 살 수 있는 길을 열어 주는 것뿐이다. 이를테면 소금 밀수를 하다 체포에 저항하여 남에게 상해를 입힌 사람은 사형에 처해지지만, 아들과 아버지가 모두 무기를 들고 싸우다 아버지가 남에게 상해를 입혔다고 한다면 그 아들의 경우는 처벌에 포함시키지 않는다. 아버지를 보호하려는 것이니 안타깝게 여길 만하기 때문이다. 강·절도를 저지르다 남에게 상해를 입힌 사람은 사형에 처해지지만, 절도를 당한 것을 알고 피해자가 추격을 하다가 넘어져서 죽어 버린 경우 그것은 비록 절도로 인한 상해로 간주되기는 하지만 격투(格鬪)로 인한 것과는 다르게 처리한다. 이런 종류의 사안들 또한 모두 [명말의 명관 주 문양공(周文襄公)] 주침(周忱)이 죄인을 위해 붓을 내려놓아 그 목숨을 구해 준 뜻과 어울리는 게 아니겠는가?

재판을 받을 때에 연로한 사람은 낭하(廊下)에 서 있도록 해야 한다. 늙은 나이에 근육과 뼈가 쇠약한데 어찌 오래 꿇어앉아 있을 수 있는가? 젊은 부녀자는 스스로 간통죄를 저지르지 않은 이상 외진 구석에서 조용히 기다리도록 해야 하지, 다른 사람들과 함께 꿇어앉아 이름을 불리는 부끄러움을 당하지 않도록 해야 한다. 혼인하지 않은 젊은 여자도 절대 경솔하게 붙잡아 와 재판을 받게 해서는 안 된다. 이미 혼처가 정해진 여자가 아문에 와 얼굴을 드러내면 시댁까지 모욕이 미칠 것이며, 아직 혼처가 정해지지 않은 여자를 곧바로 소송에 끌어들인다면 누가 그 여자에게 구혼하겠는가? 이러한 조치들 또한 풍속을 돈독하게 하고 충후함을 보존하기 위해서이다.

○ 재판마다 매번 추궁하여 「구두진술(口供)」을 얻는데, 지현은 그것을 가져오게 하여 직접 한 번 훑어보아야 한다. 중요한 말이 빠졌을까 염려되기 때문인데, [빠진 게 있으면] 그때그때 지시하여 내용을 첨가하도록 한다. 또한 일단 한 번 훑어본 다음에는 서리가 감히 이를 마음대로 고치는 부정을 저지르지 못하게 해야 한다. 재판을 마치면 여기에 날짜를 기입하고 재판문서철(審卷)에 끼워 넣어 내아로 가지고 들어와 보관하며, 응당 판결을 내려야 할 경우에 대해서는 재판 이후 지현이 작성한 「심리의견(看語)」이 나오기를 기다리게 한다. 그런 다음에 이것들을 한데 묶어 내려 보내, [지방관의 「심리의견」에 기초하여] 「사건조서[敍招]」를 작성하게 하면, 서리는 「사건조서」에 멋대로 수작을 부리지 못하게 된다.

○ [화해를 위해] 소송 철회를 요청하는 문서는 재판이 시작되었을 때 재판정에서 직접 제출하도록 해야 하며, 출두할 때 미리 내거나, 아니면 소송에 관련된 보충문서에 뒤섞어 넣게 해서는 안 된다. 사소한 일에 관련된 재판이라면 백성이 편한 대로 할 수 있게 들어준다. 그렇지만 소송 내용이 도리나 법에 관련된 것이라면, 모름지기 소송을 그만두려는 사람들 모두를 차례대로 불러서 물어보아야 한다. 그중에 혹시 유력한 신사나 힘센 무뢰배가 끼어 있어 힘으로 찍어 누르는 경우가 있다면 원고·피고를 불러 와 힐문하고, 만약 협박에 의해서 억지로 화해하려는 경우라고 판단이 된다면 소송 취하를 허락하지 않는다. 반

드시 분명하게 재판을 거쳐 사안을 결정함으로써 강자를 억누르고 약한 이를 도와주어야 하는 것이다.

凡差役拘到人犯, 于早堂帶齊,[288] 先具「報單」, 並「原票」, 呈驗相同. 如要犯不到, 原差賄縱,[289] 重責嚴限補拘. 卽于原票不到犯人名下, 硃書'不'字, 俟拿到仍責. 如要犯已齊, 一、二證連不到, 不必再拘, 致令衆人守候, 俟審後再奪. 到犯隨照單點名過堂,[290] 如單內無名混入, 卽問因由, 如係原、被內, 必添出有口辯之人, 干證內, 必買來作硬證之人,[291] 記其姓名, 重責逐出, 【臨審時, 有此等混入聽審, 問責同】 卽刻掛牌, 示次日午堂聽審.[292]

蓋審期不可緩, 訟人臨審, 親族、朋友遠來看審, 俱要款待, 若再守候, 窮民必更多費矣. 審訟必宜午堂, 使犯、證飽餐伺候. 不可點燈夜審, 入暮則城閉不能出, 起更後則夜禁難行.[293] 且黑夜閑人潛入窺探, 恐有奸詭之徒, 堂上燈燭光明彼看最眞, 堂下黑暗及至趕拿, 彼已遁身而去矣. 倘起數多,[294] 不能早散, 宜令火夫, 堂下執火高照, 儀門、兩角門,[295] 皂役嚴密把守, 不許放閑雜一人擅入, 違者重究.

○ 審牌旣掛, 該承行卽將原、訴、[296] 投、稟等件, 挨日清理, 粘連成卷. 外加頁面, 上寫"某州縣一宗爲某事", 左傍寫"某年月日", 右上寫"某房承行某人", 下寫"原差某人"送閱. 如原訴、投稟, 俱收內衙. 本日掛審牌之後, 該吏卽具稟某某件, 于次日午堂聽審, 以便內衙經管人預知, 卽將起數亦粘連成卷, 每起一束, 送至理刑名處, 先行詳看, 與本官逐件商酌, 如何審問, 如何發落. 但堂上審問口詞, 亦是相機致詰,[297] 未皆可預料.

本官是日早堂事畢, 宜將應審起數, 由原至訴, 由投至稟, 挨次看去. 先看原告詞內, 主意

---

288 대제(帶齊)는 모두 데리고 온다는 뜻이다.

289 회종(賄縱)은 뇌물을 받고 풀어 주거나 도주를 방치하는 것을 말한다.

290 과당(過堂)은 소송 당사자가 공당에 와서 심문을 받는 일이나 점검대상이 점검·심사를 받는 일을 가리킨다. 당(堂)은 정사를 의논하고 안건을 심리하는 공당(公堂, 大堂)을 가리킨다.

291 경증(硬證)은 증언을 날조하여 다른 사람을 모함하거나 거짓증거를 제공한다, 또는 그런 사람을 뜻한다.

292 청심(聽審)은 재판을 받는다, 재판에 대기한다는 뜻이다.

293 기경(起更)은 제1차 타경(打更), 즉 5경 가운데 제1경을 가리킨다. 오경(五更)은 원래 황혼에서 새벽까지 하룻밤을 갑·을·병·정·무 5단락으로 나누어 이를 오경(五更), 또는 오야(五夜)라고 하였으므로 기경은 특히 오경의 처음 즉 해진 다음의 7~9시 무렵을 가리킨다.

294 기수(起數)는 차수(次數)나 횟수를 말한다.

295 의문(儀門)은 관청 안의 두 번째 정문(第二重正門), 각문(角門)은 쪽문을 가리킨다.

296 원소(原訴)는 아마도 원고의 「고발장」과 피고의 「반박문서」를 가리키는 것으로 보인다.

297 치힐(致詰)은 심문하다, 따지다, 힐문한다는 뜻이다.

何在, 要輸他人,[298] 問他人罪, 在那一句, 自己破綻滲漏處, 在那一句, 將緊要處, 逐句'△'出, 狀內人名'丨'出, 地名'口'出, '月、日'、出. 次看「訴詞」內, 如何駁他, 如何剖說, 有理無理. 這邊訴的情事, 與原告的情事, 對與不對, 何處是眞, 逐一照前'△', '丨', '口'出. 再看投·禀內兩家辯論, 彼此眞情, 自然漸露, 不待公庭面鞫, 而紙上之原、被, 早已得其四五. 及至臨審, 止將所記緊要處硏訊, 再加兩證吐供, 則批砉導窾,[299] 自然迎刃而解矣.[300]

○ 若奉上批審「詞狀」,[301] 將「原詞」發承行,[302] 抄謄送閱, 原批詞不可動筆,[303] 審畢並詳申繳.[304] 卽本縣人命、盜案, 原詞亦不可動筆, 恐成具題欽件, 將來申送上司衙門.

○ 午時升堂, 將公座移置捲棚,[305] 必照牌次序喚審, 不可臨時更改, 恐聽審人未作准備, 傳喚不到, 反覺非體. 開門之後, 放聽審牌, 該班皂隸, 將原告跪此牌, 安置儀門內近東角門. 被告跪此牌, 安置儀門內近西角門. 干證跪此牌, 安置儀門內甬道下. 【舊例俱跪儀門外者, 以隔遠不令聽聞也. 然奸人潛匿儀門畔, 代爲觀聽指點. 不若儀門內, 使彼無從幫襯也】 原差將各犯帶齊, 俱令大門外伺候. 原差按起數, 前後進跪, 高聲禀某一起人犯到齊聽審. 隨喝令, 某起人犯, 進照牌跪. 把守大門皂隸, 不許放閒人進大門. 把守兩角門皂隸, 不許放閑人進角門. 如有在外窺探、東西混走及喧譁者, 立拿並門皂陪責.[306] 動刑皂隸俱歸皂隸房伺候, 喚刑乃出. 堂上門子二人, 供執籤磨墨,[307] 靠柱遠立. 堂左側招書一人,[308] 聽寫「口供」.

最要堂上下內外肅淸, 以便本官專心詳訊, 體測下情.[309] 古者折獄, 聽色聽辭,[310] 皆就所訟

---

298 수(輸)는 해치다, 고발하다, 승부에서 진다 는 등의 뜻이 있다. 판본에 따라 이 글자가 공백으로 된 것도 있다.

299 비획도관(批砉導窾)은 비극도관(批郤導窾) 또는 비극도관(批隙導窾)의 뜻으로 보인다. 사이의 빈 곳에 칼을 댐으로써 살코기가 자연스럽게 발라지는 것을 가리킨다. 극(郤, 隙)은 틈·사이, 관(窾)은 빈 곳, 움푹 들어간 곳이란 뜻이다. 이 성어는 핵심적인 곳부터 착수하여 순조롭게 일을 처리한다는 것을 비유하는 데 쓰인다.

300 영인이해(迎刃而解) 역시 주요한 문제를 해결하면 관련된 기타 문제도 쉽사리 해결된다는 뜻이다.

301 비심(批審)은 보고 검토한다는 뜻(批閱審核)이다.

302 「원사(原詞)」는 원래의 소송문서 전체를 가리키기도 하고, 「고발장」만을 가리키기도 하는 것 같은데 편의상 대부분 「고발장」으로 번역하였다.

303 동필(動筆)은 쓰다, 쓰기 시작한다는 뜻이다.

304 신격(申繳)은 보고하면서 반납한다는 뜻이다.

305 권붕(捲棚)은 양쪽에 벽이나 가림 벽이 있지만 앞뒤로는 벽이 없이 트인 높은 처마의 건물을 가리킨다.

306 배책(陪責)은 더불어, 함께 처벌을 받는다는 뜻이다.

307 첨(籤)은 아문에서 범인을 체포하거나 징벌할 때 쓰던 신물로 길고 뾰족한 나무방패모양의 물건, 또는 대나무 조각이나 종이 위에 문자 부호를 쓴 일종의 표지나 쪽지를 가리킨다. 처리의견을 첨가한 공문이나 공문에 처리의견을 덧붙이는 일, 둘둘 마는 서화나 책을 담는 봉투로 쓰던 상자를 가리키기도 한다. 마묵(磨墨)은 갈기 위한 먹을 말한다.

308 초서(招書)는 범인을 심문할 때 자백·진술의 기록을 맡는 인원이다.

309 체측(體測)은 살펴서 헤아린다는 뜻이다. 하정(下情)은 소송과 관련된 아랫사람, 즉 백성의 사정·상황을 가리킨다.

310 청색청사(聽色聽辭)는 사건을 보고 판단하는 다섯 가지 방법, 즉 앞서 나온 오청을 가리킨다. 청(聽)은 판단한다

言之也. 然古時人情醇朴, 曲直現于辭色之間. 今人刁詐, 冤痛反飾于詞色之際, 非我有所以折而得之, 彼曲直之情, 不我與也. 然其要有七, 曰: '鉤', 曰: '襲', 曰: '攻', 曰: '逼', 曰: '攝', 曰: '合', 曰: '撓'.

何謂: '鉤'? 以我意探彼意也. 彼腹中原有眞情, 在不肯實吐, 止將虛詞膚愬,[311] 而我已窺見眞倩. 但未知的確, 姑微以一語鉤之, 看其如何回答. 于是乎用襲. 何謂: '襲'? 乘其虛而掩之也. 我旣鉤之, 彼不受餌, 仍將前詞敷說, 我却從他意料不到之處詰問之, 彼必無心致對也. 于是乎用攻. 何謂: '攻'? 因其瑕而擊之也. 所對一有空隙,[312] 我卽從他空隙處連駁之. 彼之情已惶然, 不能自掩矣. 于是乎用逼.

何謂: '逼'? 因其窮而急阨之也. 彼情已覺難掩, 然躍躍在喉, 又不肯遽吐. 若此時問官局勢稍緩, 則躍躍者又將復隱. 其時假作威嚴, 乃拍案大怒, 命取夾棍嚇之.[313] 兩班牙爪疾呼躍出, 提摔而下, 則驚魂大怖, 寧有不輸服者乎? 然此就審正犯言之也. 至干證佐之類, 多係受賄買囑, 不則至親好友, 亦緣情誼難却. 若語以辱身殉命, 則未敢必也. 但棍徒奸狡, 最善相機, 彼之口供虛實, 只看上官緩急. 吾則用之以攝. 何謂: '攝'? 制其奸而不使逞也. 于證造前, 上官預瞋目厲容以待,[314] 若一言不合, 便欲加刑者. 因擇極肯綮處,[315] 嚴訊之. 彼若遽爾直言,[316] 何以塞賄金之命、親友之情, 彼必言辭游衍.[317] 乃卽命加刑, 彼自連聲稱吐. 如此彼上畏官長之精嚴, 不敢飾欺, 下受本人之賄託, 亦已有詞矣. 說者謂: "先喚原、被, 後喚干證, 彼將依樣葫

는 뜻인데, 『주례』의 「추관(秋官) 사구(司寇)」에 "오성으로 소송을 처리하고 백성의 사정을 파악한다. 즉 말·표정·호흡·소리·눈빛 등을 보고 판단한다(以五聲聽獄訟, 求民情. 一曰: '辭聽', 二曰: '色聽', 三曰: '氣聽', 四曰: '耳聽', 五曰: '目聽'.)"는 전고에서 나왔다.

311 부소(膚愬. 膚訴)는 거짓된 하소연(膚受之愬)이나 헐뜯는 말(讒言)을 가리킨다.

312 공극(空隙)은 빈틈을 말한다.

313 협곤(夾棍)은 명·청대 형구의 하나다. 홈을 판 나무막대 세 개를 줄로 엮은 각곤(脚棍)에 양다리를 끼우고 줄을 잡아당겨 죄어 특히 발목의 복사뼈에 고통을 가하는 형벌을 가리킨다. 즉 주리를 틀 때 사용하는 주릿대와 같은 용도로 영어로는 ankle squeezer로 번역된다. 『대청률례』에 따르면 강·절도사건이나 살인사건의 범인에게는 협곤을 사용할 수 있다(『대청률례』 권4 「명례율(名例律) 상(上) 오형(五刑)」(『律』1.01-10.2). 條例. "1.01. 凡笞、杖罪名折責, 槪用竹板, 長五尺五寸. 小竹板, 大頭闊一寸五分, 小頭闊一寸, 重不過一斤半. 大竹板, 大頭闊二寸, 小頭闊一寸五分, 重不過二斤. **其强盜、人命事件酌用來棍.** 1.02. **夾棍中梃木長三尺四寸. 兩旁木各長三尺. 上圓下方. 圓頭各闊一寸八分. 方頭各闊二寸. 從下量至六寸處. 鑿成圓窩四箇. 面方各一寸六分. 深各七分.** 拶指以五根圓木爲之. 各長七寸, 徑圓各四分五釐. **其應夾人犯不得實供, 方夾一次, 再不實供許再夾一次, 用刑官有任意多用者, 該管上司不時察參, 儻有徇隱事發, 並交部議處.**"(p.81)

314 진목여용(瞋目厲容)은 부릅뜬 눈과 사나운 얼굴모양을 말한다.

315 긍계(肯綮)는 요점·핵심·급소를 가리킨다.

316 거이(遽爾)는 '창졸간에, 쉽게'라는 뜻이다.

317 유연(游衍)은 말을 바꾸거나 횡설수설한다는 뜻이다.

蘆,[318] 必致互爭無已", 固也. 夫事小者, 干證知無大害, 何妨直言. 若情關重大, 縱先喚干證, 彼豈肯輕出一言而僨乃公事耶.[319] 故聽訟原無定法, 貴在隨時應變耳.

所謂: '合'者, 何? 以其所分而共證之也. 喚原告進問, 供畢, 令出, 喚被告進問, 供畢, 令出, 喚原告干證進問, 供畢, 令出, 喚被告干證進問, 供畢, 令出. 如此逐名詳問, 則原告與被告所供, 合與不合可知也. 原告干證與被告干證所供, 合與不合又可知也. 其間所供皆實, 惟理曲者,[320] 猶復支吾.[321] 于是乎用以撓之. 所謂: '撓'者, 何? 以其衆而撓伏之也.[322] 衆口所供旣定, 不能爲彼改移, 卽彼自家干證, 亦不能爲之左袒.[323] 造證當前, 仝詞共質, 彼雖有口如簧,[324] 又安能巧鼓于羣言之下哉! 故善聽者, 于其觀狀時, 先有成竹于胸.[325] 及其對簿,[326] 持此七術以求之, 自無遁情矣.[327] 若遇事漫無主宰, 偏持已見, 而公庭又多躁率,[328] 妄擬是非, 則嘉胏之間,[329] 其不呼覆盆者鮮矣.[330]

然此外又有所謂: '引之之術.' 引者, 何? 欲領之使悟而就于我也. 其人所犯死, 而我欲生之. 所犯重, 而我欲輕之. 在彼自知所犯實重與死, 當堂直供無諱, 已安心于重與死矣. 而我所

---

318 의양호로(依樣葫蘆)는 의양화호로(依樣畫葫蘆) 또는 의본화로로(依本畫葫蘆)를 가리키는데, 바꾸거나 창조하지 않고 단순하게 원래의 모습을 그대로 모방한다, 베낀다는 뜻이다.

319 분(僨)은 쓰러뜨리다, 망치다, 훼손한다는 뜻이다.

320 이곡(理曲)은 이유가 부족하다, 이치·도리에 맞지 않는다는 뜻이다.

321 여기서 지오(支吾. 支梧. 支捂)는 말을 더듬거나 대충 얼버무리려 한다는 뜻이다.

322 요복(撓伏)은 구부려 엎드리게 한다, 굴복시킨다는 뜻으로 보인다.

323 좌단(左袒)은 왼쪽 소매를 벗어 왼쪽 어깨를 드러내는 것이다. 한 고조(高祖) 유방의 사후 그의 아내인 여후(呂后)가 정치를 좌우하였는데, 여후가 죽자 태위(太尉) 주발(周勃)이 여씨 일족을 제거하기 위해 군중에 지시를 내려 여씨를 따르려면 오른쪽 어깨를 드러내고, 유씨를 따르려면 왼쪽 어깨를 드러내라고 하자 모두가 왼쪽 어깨를 드러냈다는 고사(『사기(史記)』의 권 9·10의 「여태후본기(呂太后本紀)」와 「효문본기(孝文本紀)」)에서 비롯되어 어느 한쪽 편을 드는 것을 가리키게 되었다.

324 여황(如簧)은 관악기인 황(簧)의 소리와 같다는 것으로 아주 교묘하고 거짓된 말을 잘하는 것을 비유한다.

325 성죽우흉(成竹于胸)은 흉유성죽(胸有成竹)과 같은 뜻으로 대나무를 그리기 이전 마음속에 이미 그 형상이 갖추어져 있다는 것을 가리킨다. 즉 일을 처리하기 전에 마음속에 이미 일찌감치 전반적으로 계산과 고려를 마쳤다는 뜻인데, 송대 소식(蘇軾)의 「문여가화운당곡언죽기(文與可畵篔簹谷偃竹記)」에 "따라서 대나무를 그리려면 반드시 먼저 가슴속에 대나무를 만들어 두어야 한다(故畫竹, 必先得成竹於胸中)"는 구절에서 비롯되었다. 줄여서 성죽(成竹)이라고도 한다.

326 대부(對簿)는 재판을 받는다는 뜻이고, 부(簿)는 공문이나 문서철을 가리킨다.

327 둔정(遁情)은 숨겨진, 감추어진 사정을 뜻한다.

328 조솔(躁率)은 조급하고 경솔하다는 뜻이다.

329 자(胏)는 뼈가 있는 살코기, 마른 고기라는 뜻이다. 가자(嘉胏)는 가지(嘉旨)나 가효(嘉肴. 嘉殽)처럼 맛있는 안주거리를 가리키는 것으로 보인다.

330 복분(覆盆)은 햇빛이 그릇 안쪽을 비추지 못한다는 뜻으로, 사회가 암흑 상태에 있거나 호소할 곳이 없는 억울함을 비유한다. 진(晋)의 갈홍(葛洪)이 쓴 『포박자(抱朴子)』「변문(辨問)」에서 "햇빛이 그릇 안쪽을 비추지 못한다고 질책하는 것이다(是責三光不照覆盆之內也)"고 한 데서 비롯되었다.

以欲生之、欲輕之之心, 彼不知也. 卽彼所以能生之、能輕之之路, 彼亦不知也. 于是因而領之, 于覆審定案時,[331] 與云: "如此則生, 如此則死, 如此則輕, 如此則重. 但汝所犯果重與死, 我不能爲爾貸也." 則其人乃大悟, 未有不舍重死, 而就輕生者矣. 然此亦因彼無仇, 乃鄕愚悞蹈三尺, 而特爲開其一線耳. 如私鹽拒捕傷人者死, 父子俱持械打仗, 父實傷人, 開其子, 因護父情有可矜. 如竊盜傷人者死, 失主知覺追擒, 跌仆殞命,[332] 開其雖爲盜傷, 非同格鬪. 諸如此類, 亦周文襄爲罪人閣筆求生之意乎?[333]

聽審時有老邁之人, 令起立廊下. 衰年筋骨疲憊, 豈能久跪? 年少婦女非身自犯姦, 亦令僻處靜待, 不可與衆人同跪點名, 養其廉恥. 至干閨女, 斷不可輕拘聽審. 已字者出身露面,[334] 辱及夫家; 未字者, 逐衆經官,[335] 誰爲求聘? 亦所以敦風化、存忠厚也.

○ 每起問過「口供」, 卽將所寫「口供」, 取來親看一遍. 恐有遺漏緊要語, 隨令增添. 且旣經寓目, 吏書此後不敢改抹作弊. 審畢判日, 夾入審卷, 帶進內衙, 應問擬者,[336] 待出審「看語」.[337] 然後仝卷發出「敍招」,[338] 則該吏亦不得于「敍招」之中, 再爲軒輊矣.[339]

---

331 복심(覆審)은 상사에 의한 심리를 다시 거친다는 뜻이다. 이를테면 노역형 이상의 중대 사안은 반드시 재차 심사 즉 상급 아문의 심사와 비준(覆審)을 받는 과정(審轉이라고 한다)을 거쳐야 하며, 이후 다시 상급으로 올려 보내지고 계절마다 성의 독무를 통해 형부에 보고되었다.

332 질부(跌仆. 跌扑. 跌撲)는 넘어진다는 뜻이다.

333 주문양(周文襄)은 주침(周忱, 1381-1453)을 가리킨다. 『명사(明史)』 권153에 그의 열전이 있다. 주침은 명대 강서성(江西省) 길수현(吉水縣) 출신으로 자를 순여(恂如), 호를 쌍애(雙崖)라고 한다. 문양은 시호(謚號)이며, 저서에 『쌍애집(雙崖集)』이 있다. 명대 영락 연간의 진사로 강남지역의 순무로 세량을 총괄하면서 평미법(平米法)을 만들어 권세가나 부호(大戶라고 한다)들 역시 일반 백성과 마찬가지로 모미(耗米)를 내게 하여 부담을 공평하게 만들었고, 양장(糧長)의 세량 징수 폐해를 개선하여 조량(漕糧) 납부를 관부가 책임지는 태운(兌運)으로 바꾸고, 지부 황종(況鍾)과 함께 상주하여 무거운 관전(官田)의 높은 세량액을 줄여 달라고 요청하는 등 뛰어난 선정을 베푼 것으로 유명하다. 그러면서도 강남에 22년 동안 근무하면서 양세(兩稅)의 미납이 없어 이재(理財)에도 뛰어나다는 평가를 받았다. 1451년 공부상서로 이임하자 백성이 그가 살아 있음에도 그를 모시는 사당을 세웠다고 할 정도다. 또한 명대 나온 풍몽룡(馮夢龍)의 『지낭(智囊)』이나 심덕부(沈德符)의 『만력야획편(萬曆野獲編)』에서도 주침의 뛰어난 지방관으로서의 업적이 소개되고 있지만, 하지만 여기에서 나오는 고사는 확인하지 못하였다. 각필(閣筆)은 붓을 멈추거나 내려놓는다는 뜻이다.

334 자(字)는 여자가 혼약을 하거나 출가하는 것을 가리킨다.

335 경관(經官)은 관청을 거쳤다는 뜻으로 소송에 관련되어 재판을 받았다는 뜻이다.

336 문의(問擬)는 죄범을 심문하여 죄형을 헤아려 정하는 것, 심문과 구형(판결), 즉 재판을 가리킨다. 이에 대해서는 다음 권을 참조.

337 「간어(看語)」는 안건을 심사하여 판단하는 지방관의 의견을 가리킨다. 즉 「감어(勘語)」·「심리의견(審單)」·「얼어(讞語)」라고도 하는데, 소송사건에 대한 초보적 판결(해당 지방관이 판단한 안건의 범죄사실·율례·형량의 경중에 대해 평론을 하고 의견을 적어 넣은 判決辭)이라 할 수 있다. 보통 판단을 내린 구절 다음에 그 사정을 설명하거나 아니면, 먼저 사정을 설명한 다음 판단을 내리는 데 반드시 앞뒤가 서로 일치해야 한다. 앞으로는 「심리의견」으로 통일하여 표기하겠다.

338 「서초(敍招. 叙招)」는 「사건조서」를 가리킨다. 먼저 구두진술(口供)을 받아 「서면진술서(供狀)」를 작성하고, 그에

○ 凡具和息,[340] 務于臨審時當堂投遞, 不得於投到時及投文內混遞. 如係細事, 聽從民便. 若所告涉于理法, 必將具息之人, 逐一喚問. 其中或有霸衿、豪棍, 倚强壓制, 仍將原、被喚來詰問, 若果挾和, 不准其息, 須審明定案, 以抑强扶懦.

11-02-16. 형구 사용(用刑)

지금의 형구(刑具. 고문도구)는[341] 고대에 비하면 아주 가벼워져서 곤장을 때릴 때는 오직 죽판(竹板)이 있을 뿐이요, 심문할 때 굴복하지 않으면 협곤(夾棍)·협찰(夾拶)로 발목과 손가락을 옥죄며, 뭇사람에게 보여 수치를 주고자 한다면 칼(枷)을 씌워 구속하고, 신체를 묶어 두고자 하면 수갑·쇠사슬로 손·팔을 묶거나 족쇄·쇠고랑으로 팔·다리를 묶을 뿐이다. 그렇지만 비록 형구를 갖추고 있다 하더라도 그것을 사용할 때에는 여러 가지 구별이 있다. 같은 형구이지만, 새것과 오래된 것, 그리고 메마른 것과 축축한 것의 차이가 있으며, [쓰기에 따라 형벌을] 가볍거나 무겁게 시행할 수 있고, [쓰기에 따라 사람을] 죽이거나 살리는 기능이 혹시 다를 수도 있으니, 위정자(爲政者)로서는 모름지기 이것을 알아 두지 않으면 안 된다.

무릇 죽판은 세 가지 종류의 크기(號)가 있다. 가장 크고 무거운 것은 표면이 거칠어 용수판(龍鬚板)이라 부르는데, 어쩌다 한 번쯤 써서 위풍당당한 토호나 탐욕스런 이역을 위협하는 데 써야지 가볍게 사용하는 물건은 아니다. 3호(號) 가운데 [이것이 제1호인데] 1호는 강·절도나 무뢰·아역, 뇌물을 받고 부정을 저지른 범인 등을 때릴 때 사용한다. 2호는 일반적인 형벌에 사용한다. 3호는 보통 전량 징수의 마감을 독촉하거나, 향촌 백성의 자질구레한 소송 따위에 사용한다. 협곤의 경우 오로지 살인·강도 등의 중범이 자백을 하지 않을 때에만 사용한다. 본래 고통을 두려워하여 진실을 말하게끔 하고자 하는 것이지 잔인하

대한 지방관의 1차적인 심리의견(看語)이 나오면 그에 기초하여 「사건조서(敍超)」가 작성되는 과정을 거친다.

339 헌지(軒輊)는 수레의 앞이 높은 것을 헌(軒), 뒤가 높은 것을 지(輊)라고 하는데, 여기서 고저(高低)나 경중(輕重), 우열(优劣)을 비유하는 뜻으로 쓰이게 되었다. 또는 칭찬하거나 깎아내리는 것, 또는 뒤집어엎는 것을 가리키기도 한다.

340 화식(和息)은 화해(和解)를 가리킨다.

341 여기에서는 피의자로부터 사실을 알아내기 위한 고문과 판결이 확정된 범인에게 가하는 형벌이 함께 섞여서 사용되고 있다는 점에 주의할 필요가 있다. 이를테면 곤장으로 치거나 칼을 씌우는 것은 형벌이지만, 찰지·협찰·협곤 따위를 쓰는 것은 고문이다.

고 악독하게 징계하기 위함이 아니며, 대저 스스로 마땅히 받아야 할 죗값은 따로 있기 때문이다. 그러므로 이런 경우가 아니면 멋대로 사용하는 것은 금해야 한다. 손가락을 옥죄는 찰지(拶指)는[342] 협곤(夾棍)보다 가벼운 형구이지만, 중범이 아니면 또한 사용해서는 안 된다.

칼(枷)을 씌우는 것은 그 사람의 죄가 기강 및 법도와 관련이 있어 한 번 때리는 데 그치지 않고 뭇사람에게 내보이고 사람들이 모이는 시장에서 모욕을 당하도록 만드는 것이다. 칼 위로 머리를 내밀게 만들어 얼굴을 숨기지 못하게 함으로써, 그 수치심을 자극하는 것이다. 그래서 잘못을 뉘우치고 스스로를 바꾸어야 함을 알게 하며, 그 죄를 가까운 곳이나 먼 곳에서도 모두 알게 하여 경계하고 반성하는 마음을 일으키고, 그런 일이 혐오의 대상이 되므로 범해서는 안 되는 것임을 알게 한다. 칼은 본래 얇고 가볍게 제작하여 목에 쓰고도 걸어다닐 수 있으며, 무겁게 만들어 벌을 주려는 용도로 쓰이는 아니다. 그러나 이 형벌은 단지 시정의 무뢰배에게만 써야 한다. 만약 조금이라도 체면이나 신분을 갖춘 사람이라면 가볍게 시도해서는 안 된다. 죽이는 것보다 그 모욕이 더 심하여, 하루 동안의 치욕이라도 평생 부끄러움으로 남기 때문이다. 백성의 윗사람으로서 한때의 분을 풀고자 남에게 평생 동안 치욕을 주어서는 안 된다!

어떤 사람은 말한다. "120근의 칼(枷)을 두고서 악질 서역을 기다리는데, 이를 써서는 안 됩니까?" 무릇 이런 칼을 두는 것은 용수판을 두는 뜻과 마찬가지다. 그것을 두는 것은 그것을 쓰지 않는 데 오히려 더 중점이 있으며, 그것을 두려워하여 감히 죄를 범하지 않게 하려는 것이다. 이것은 크게 참는 데(大忍)에 지극히 인자한 뜻(至仁)을 깃들인 것이다. 만약 정말로 흉악한 큰 죄인이라 천지가 용납하지 않을 정도이고 신(神)과 사람(人)이 모두 함께 분노할 정도라면, 가끔 이를 사용하여 극형에 처함으로써 사람들의 마음을 시원하게 해 주는 것도 좋지만, 이 경우는 죄수를 욕되게 하는 데 뜻을 둔 것이 아니다.

쇠고랑(杻)과 족쇄(鐐)는 쇠로 만든 것과 나무로 만든 것의 차이가 있다. 죄인이 힘세고 사나우면 매번 나무 수갑(木杻)으로 사람을 치기 때문에 지금은 쇠로 만든 사슬을 많이 사용한다. 족쇄는 발 한쪽에 매는 것인데, 노역형으로 복역하는 사람이 발에 매고 작업을 하게 하여 재빨리 도망가는 것을 막는다. 하지만 쇠고랑은 오직 중범에게만 사용한다. 부녀자는 비록 죽을죄를 졌다 하더라도 수갑이나 쇠사슬을 채우지 않는다. 음식을 먹거나 용변

342 앞서 나온 협찰(夾拶)을 가리키는 것 같다.

을 볼 때에 남의 도움을 받을 수 없고, 또한 다른 모욕을 막기 위해서이다. 이러한 것이 바로 형구를 두더라도 그것을 사용할 때 구별이 있다는 말이 아니겠는가?

곤장이나 협곤·찰지 등의 형구는 모두 대나무로 만든다. 새 것은 그 질이 무겁고 모서리의 각이 여전히 남아 있어 사람의 살갗이 이를 견뎌 내지 못한다. 그 곤장을 맞으면 마치 돌로 누르는 것처럼 딱딱하고 소리가 나지 않지만 아주 충격이 크며, 협곤의 경우에는 마치 호랑이가 깨무는 것과 같아 근육과 뼈가 모두 부러진다. 반면 형구가 오래된 것은 가벼운데다가 날카로움도 점차 사라져 사람의 살갗 역시 어느 정도 감당할 수 있다. 내려치는 것이 비록 무겁다 하나 [곤장의] 허리가 부드럽고 표면이 미끄러워 볼기에 부딪치면 바로 튕겨 나가고, [협곤으로] 꽉 조이더라도 줄이 느슨하고 양쪽 끝이 허술하여 복사뼈가 끼어도 마찰력이 크지 않다. 그래서 새 형구는 오래된 형구보다 훨씬 무서운 법이다.

지방관이 형구를 처마 밑이나 섬돌 옆에 어지럽게 내버려 두고 거두지 않는 경우도 자주 볼 수 있다. 바람을 맞거나 햇볕을 쪼이면 축축한 형구는 점차 건조해지고, 비나 이슬에 젖으면 메마른 형구는 점차 축축해진다. 만약 이 형구를 사용하면 축축해진 형구의 매서움은 건조한 것의 몇 배에 이르는데, 고문·형벌을 가하는 사람은 이 메마르고 축축한 형구의 차이를 전혀 고려하지 않는다. 이를테면 협곤을 사용할 때 형구를 쓰는 이가 만약 익숙하여 잘 다룰 줄 안다면 나무로 목과 손·발을 고정시켜 잘 떠받치게 하고, 고문을 받는 사람의 발을 제대로 구멍 안에 넣고 좌우의 새끼줄을 당기게 된다. 줄이 점차 조여짐에 따라 비록 고통을 참기 어려워지지만 피가 솟구치지는 않는다. 하지만 거칠거나 서툰 사람이 협곤을 다룬다면 고문을 받는 사람의 발을 집어넣자마자 새끼줄을 당김으로써 목과 손·발을 고정시키는 나무가 흔들려 복사뼈와 발이 곧바로 부서지게 된다. '죽음의 협곤'이라고 부르는 것에 다시 축축한 것이 가져다주는 매서움을 더하니, 어찌 생명을 잃지 않을 수 있겠는가? 이것은 무엇 때문인가? 메마른 형구는 마치 사람처럼 살아 움직이는 데 비해 축축한 것은 아주 둔하고 무거워 매끄럽게 움직이지 못하기 때문이다. 죽판이나 칼·찰지 등의 형구들도 역시 모두 마찬가지다. 이것이 새롭고 낡은 것, 메마르고 건조한 것의 차이가 아니겠는가? 백성의 어른으로서 응당 모든 형구는 한 칸의 방을 잡아 보관시켜야 하며, 혹은 복도 양쪽에 있는 조예방(皂隸房)에 두게 해도 좋다. 쓸 때 꺼내고, 다 쓰면 거두어 보관해야 한다. 조예의 우두머리에게 지시하여 관리를 맡기고, 아무렇게나 내놓아 햇볕이나 이슬을 맞게 해서는 안 되는 것 또한 어진 군자의 마음 씀씀이라 할 것이다.

고문[또는 형벌]을 가하는 사람이 뇌물을 받아 수작을 부리면 죄인의 생사가 그 손에 달리게 된다. 무거운 고문으로 사람을 죽일 뿐만 아니라 가벼운 고문으로도 사람을 죽일 수 있으며, 가벼운 고문으로 사람을 살릴 수 있을 뿐만 아니라 무거운 고문으로도 사람을 살릴 수 있다. 이를테면 곤장으로 칠 때 곤장을 부리는 조예가 피고의 원수에게 매수되면 먼저 은전(銀錢)을 얼마 받을 것인지 흥정해 놓고, [실제로 곤장을 가할 때 피고의] 힘줄을 끊어 놓든지 아니면 목숨을 끊어 놓든지 하는 것이다. 물론 실제 이렇게 되었음을 확인한 다음 사례금을 받는다. 그래서 짧고 무겁거나 아니면 대나무 뿌리로 만든 곤장(縮頭)으로 한 곳만 집중해서 때리니, [그 부분은] 피가 맺히고 종기가 생겨 째거나 가르는 등의 치료를 해도 제대로 낫지 않고, 결국 목숨도 잃게 된다. 만약 오로지 다리와 정강이 사이의 굽어진 곳만 때리면 힘줄이 끊어지고 뼈가 굳어져 평생 불구로 살아야 한다. 작은 곤장을 사용해도 그 곤장으로 신장(腎臟)을 조준해서 여러 번 무섭게 내려치면, 숨이 막혀 정신을 잃으니 어찌 죽지 않고 참아 낼 수 있겠는가?

이를테면 [복숭아뼈에 고통을 가하는] 협곤을 사용할 때에도 그 재료가 새것이고 모양도 짧아 조이는 부분이 단단하고 곡선으로 살짝 패인 부분도 보다 평평하면 조일 때 맺혀서 죽은 매듭을 이루니, 그것은 능히 죽음에 이를 수 있게 할 정도다. 즉 협곤용 목재를 선택할 때 오래된 재료를 고르고, 보다 길고 가늘게 제작하는 방법을 택하면 아마 형벌이 좀 더 가벼워질 수 있을 것이다. 그런데 간악한 조예들은 곡선으로 패인 부분에 몰래 자기의 파편이나 쇳가루를 넣어 두어 일단 세게 조이게 되면 그 파편과 가루가 뼛속으로 파고들게 만드니 그 아픔을 어찌 참을 수 있겠는가? 손가락을 옥죄는 찰지의 고문을 가할 때에도 이를테면 조이는 막대가 거칠고 묶는 줄이 가늘게 하는 방법이 있다. 예전의 어떤 잔혹한 관리는 이 손가락을 옥죄는 고문에 시간을 설정하여 그것이 끝난 다음에야 비로소 풀어 주는 방법을 썼다. 결국은 하루 밤낮을 다해도 풀어 주지 않은 경우가 있다면 당연히 목숨을 잃게 된다. 나아가 막대가 좀 더 가늘고 줄이 좀 더 굵으며, 심문이 끝나면 곧바로 풀어 줄 경우 그 고문은 훨씬 가벼워진다. 간악한 조예들은 손가락이 아닌 마디를 짓눌러 열 손가락을 모두 부러뜨린다는 점을 누가 알겠는가? 다행히 피해자가 죽지는 않더라도 또한 폐인을 만들어 남자는 밭을 갈지 못하고 부인은 바느질을 못하게 되니 이 어찌 참혹한 일이 아닌가?

이를테면 칼의 경우에는 지가(地枷)·입가(立枷)·연가(連枷)가 있다. 지가(地枷)는 즉 몇 자짜리 흙구덩이를 파서 사람이 칼을 쓰고 들어가는데 칼을 구덩이에 걸치게 하여 그 사람의 발이 공중에 떠 있게 만드는 것이다. 입가는 칼이 시렁 위에 매달려 있어 죄인이 [줄곧 서 있어야 하므로] 쪼그리고 앉을 수 없게 만든 것이다. 연가는 두 사람이 함께 쓰는 것으로 가고 멈추거나 대소변을 보는 일을 함께해야 한다. 모두 각박한 사람들이 만든 것으로 사람을 죽일 수도 있는 것들이다. 또한 행가(行枷)라는 것도 있는데, 그 재질이 얇고 가벼워 칼을 쓰고 다녀도 어려움이 없다. 하지만 원수나 못된 사람들이 지키는 사람을 매수하고 그를 쓰러뜨려 목이 부러지게 만들기도 한다. 이 때문에 바로 무거운 형벌이 사람을 죽이기도 하지만, 가벼운 형벌 역시 사람을 죽이기도 한다고 하는 것이다.

가벼운 형벌[·고문]을 받아 목숨을 건지는 것은 언제나 있는 일이지만, 무거운 형벌을 받고서도 목숨을 건지는 것은 어떻게 가능할까? 지현이 진노하여 큰 곤장(大板)으로 세게 내려치라고 소리치면 저 간악한 조예는 크게 외치면서 곤장을 높이 들어 내려친다. 일부러 큰 힘을 쓰는 것처럼 보이지만, 그는 사실 곤장이 둔부에 닿을 때는 오히려 가벼운 충격만 주게 수작을 부린다. 둔부 위에 평평하게 부딪치니 그 소리가 더욱 크게 울리고 살갗이 찢어지고 살이 터지지만, 뼈는 상하지 않고 기(氣)가 통해 피가 뭉치지 않으니 쉽사리 회복될 수 있는 것이다. 협곤의 경우도 지현은 알지 못하지만, 새끼줄이 새것이고 몽둥이 끝머리가 단단한 것은 아주 매서운 효과를 낸다. 그렇지만 몽둥이가 낡은 것이고 새끼줄이 새것이면 둘이 서로 맞붙지 않아 조여도 그 힘이 느슨하다. 또한 간악한 조예는 기존의 구멍을 더욱 깊게 파서 기름이나 밀랍을 채우는데, 그것들이 살갗의 열에 접촉하면 점차 녹아들어 협곤의 끝머리를 아무리 조여도 복사뼈는 다치지 않게 된다. 근래 경사(京師)에서는 형부(刑部)에서 재판을 받을 죄를 저지른 사람은 모름지기 협곤이 사용될 것임을 미리 알고 우선 연골단(軟骨丹)을 사먹는다. 이렇게 해서 아무리 조이고 풀어도 뼈는 무사하게 만드니, 이것은 기름이나 밀랍을 바르는 것보다 더욱 흔적이 남지 않는다.

칼을 씌우는 것은 아주 무거운 형벌로 원래 힘이 센 포악한 무리를 징계하기 위함이니, 한 번 씌우면 보통 한 달쯤 지난 나음에야 풀어 준다. 그런데 사실 지현은 알지 못하지만 [낮에는] 칼을 씌워 밖에 내보내지만, [밤에 감옥으로 돌아오면] 모두 칼을 벗어 놓게 해 준다. 그리고 [낮에는 밖에 있다가] 지현이 언제 지나갈지 탐문하여 그때만 길 옆에서 어깨 위로 칼을 쓰고 서 있으며, 지현이 아문에 돌아갔다는 소식이 들리면 곧바로 다시 벗어 놓는다. 칼에 엷은 면련지를 많이 발라 붙고 여기에 소주를 뿜어 놓으면 곧바로 [목 위로] 들어 올릴 수 있다. 이 또한 무거운 형벌 역시 사람을 살릴 수 있다는 사례가 아니겠는가?

이상에서 본 것처럼 형벌[또는 고문]에도 차등이 있으니 각기 구별해서 시행해야 한다. 형구에도 메마르고 축축한 차이가 있어 [그 효력이 크게 달라지므로] 삼가 신중하게 형구를 보관하는 것은 모두 지현이 조정할 수 있는 일이다. 하지만 형구를 쓸 때 무겁거나 가볍게 다루고, 그것을 통해 형벌을 받는 사람을 죽이거나 살리는 것은 모두 간악한 조예들이다. 또한 아주 못되고 사나운 무뢰배들은 재판을 받을 때가 임박하면 심복을 매수하여 조예를 사칭하여 끼어 들어가게 한 다음 고문을 가할 때 큰 힘을 쓰게 함으로써 고문을 받는 사람이 목숨을 잃게 만들기도 하는데, 이는 정말 가증스러운 일이다. 따라서 지현은 고문을 맡는 조예마다 각기 이름이 쓰인 추첨용 제비를 갖추게 해야 한다. 제비 아래쪽에는 그 나이와 용모를 적게 한다. 그래서 부득이하게 형구를 사용할 때는 제비로 뽑은 조예를 불러 형구를 사용히게 한다. 만약 나이와 용모가 제비에 쓰인 내용과 맞지 않으면 이는 바로 몰래 매수된 심복이니, 즉각 추궁하여 처벌한다. 무릇 형구를 사용할 때는 결코 다른 이가 대신하는 것을 허락해서는 안 된다. 협곤 역시 마땅히 그 사용에 익숙한 사람을 골라야 하며, 별도로 이름이 적힌 제비를 두고 나이와 용모를 적도록 하여 사용할 때가 되었을 때 뽑아서 확인한다. 그리고 평소에도 모름지기 엄격하게 이렇게 깨우쳐 주어야 한다. "형구를 사용하는 각 아역이 감히 뇌물을 받고 사람을 몰래 해쳐 목숨을 잃게 하면, 발각되었을 경우 남몰래 흉계를 꾸며 사람을 죽게 한 죄로 다스릴 것이다." 이렇게 해야 살생부가 그들 무리의 손안에 들어가지 않을 것이다.

그렇지만 지현은 재판을 할 때에는 모름지기 자세하게 힐문해야 하며, 결국 사실이 어떤지 알아내지 못하더라도 마땅히 참고 차분히 다시 생각해 보아야 한다. 다음날에 다시 물어보거나 아니면 몰래 탐방해도 무방하지만, 결코 성급히 화를 내어 멋대로 형구를 써서는 안 된다. 범인이 고문을 견디다 못해 억지로 거짓자백을 하는 경우도 많지만, 그럴 경우 고문받을 때의 「구두진술」과 형구를 벗은 다음의 그것이 달라지면 어찌 믿을 만한 재판이라고 할 수 있겠는가? 혹은 범인이 내가 형구를 쓸까 두려워 자백을 한 다음, 상사에게 보고하여 올려 보냈을 때 다시 억울하다고 온갖 말로 하소연하면 상사가 나를 어찌 볼 것인가? 관리가 무릇 엄한 고문으로 죄를 자백하게 하는 것은 명목상으로는 죄인을 압박하여 자백을 받아 냄으로써 아주 신중하게 처리하는 것이라고 하지만, 어찌 지나치게 율법을 엄격하게 적용하여 각박한 재판을 하는 것이 아니겠는가? 이런 것은 모두 마음을 비워 공정하게 일을 처리하는 방법이 아니다. 예전에 재판정에서 사건을 심리하다가 원고·피고 양쪽이 모두 시끄럽게 떠들어대서 도저히 판단을 내릴 수 없게 되자, 나는 갑자기 크게 분노를 드러내 협곤과 곤장으로 다스리게 한 적이 있었다. 그래서 두들겨 패는 소리가 재판정에 가득 차고, 원망하는 소리가 땅을 흔들 정도였다. 아! 어찌 백성의 살갗과 살과 뼈로 심문하는 관리의 어리석음과 잔혹함을 감당할 수 있겠는가? 위로는 하늘의 순리를 거스를 뿐만 아니라 아래로는 백성의 원망이 들끓게 되니, 책을 읽고 관리가 되어 하는 일이 어찌 이런 꼴이 되었는지 스스로 영문을 모를 정도였다.

○ 일찍이 주현관이 도적을 심문하는데 도적이 아주 가증스러웠다. 하지만 죄를 인정

하지 않아 바로 협곤을 사용하였는데도, 여전히 자백하지 않았다. 그래서 다시 채찍과 몽둥이를 사용하였는데, 역시 자백하지 않았다. 왜 그랬을까? 그는 마음속으로 "이왕 여기까지 와서 당할 때까지 당하였으니, 한 차례만 더 고통을 참으면 죄에서 벗어날 수 있을 지도 모른다"고 생각하였던 것이다. 모름지기 이 교활한 도적은 승행(承行)들을 매수하여 적당한 보증인을 찾아 세우거나, 아니면 곧바로 [무죄로] 석방될 수 있을 것이라고 생각하였기 때문임이 틀림없다. 그렇지 않고 선량하고 겁 많은 백성이었다면, 이러한 극형을 참아내지 못하고 자연히 거짓으로라도 자백하였을 터이다. 도적이라 할지라도 거짓 자백을 하여 한때의 고통을 벗어나고자 하는데, 어찌 죽을 지경이 되어서도 자백을 하지 않을 수 있겠는가? 이런 일은 반드시 기억해 두지 않으면 안 된다.

어떤 사람은 말한다. "협곤이 힘을 발휘하는 것은 전적으로 당기고 풀어 주는 틈 사이에 달려 있다." 이때 자백하여 강도가 되면 진짜 강도이고, 살인을 자백하면 진짜 살인자가 된다. 무릇 살인과 강도는 다르다. 살인을 저지르는 것은 혹은 복수를 위해서 혹은 한순간의 분노를 참지 못해 저지른 것이라 스스로 죄를 피할 수 없음을 알고 있으며, 또한 사후에 반드시 후회하지 않는 경우가 없다. 따라서 협곤으로 고통을 가하면 입으로 사실을 털어놓을 수밖에 없다. 그런데 강도는 별의별 궁리를 다 해 오로지 재물을 강탈하고 사람을 다치게 하며, 그 성정이 본디 흉악한 법이다. 어찌 한 번 짓누르자마자 곧바로 자백을 하겠는가? 설사 간혹 그런 경우가 있더라도, 이는 나중에 상사에게 보내졌을 때 그때 가서 억지로 떼를 쓰기 위해서이다. 이런 사실 또한 알아 두지 않으면 안 된다.

今之刑具, 較之前古甚輕. 責惟竹板.[343] 鞫訊不服, 則夾棍、拶指.[344] 辱之示衆, 則枷而拘繫.[345] 防閑, 則鎖銬、杻鐐而已.[346] 然刑雖設, 而用之則有別, 刑具雖一, 而有新舊、燥濕之不

---

343 죽판(竹板)은 비교적 넓은 대나무 판을 가리킨다.

344 찰지(拶指)는 촬지(桚指)와 같은 뜻으로 손가락 사이에 끼워 넣고 압박을 가하는 고문이나 그 도구를 뜻한다. 『대청률례』에도 그에 관한 규정이 나와 있다(『대청률례』 권4 「명례율(名例律) 상(上) 오형(五刑)」(『律』1.02). 條例. "1.02. 夾棍中梃木長三尺四寸. 兩旁木各長三尺. 上圓下方. 圓頭各闊一寸八分. 方頭各闊二寸. 從下量至六寸處. 鑿成圓窩四箇. 面方各一寸六分. 深各七分. **拶指以五根圓木爲之. 各長七寸, 徑圓各四分五釐.** 其應夾人犯不得實供, 方夾一次, 再不實供許再夾一次, 用刑官有任意多用者, 該管上司不時察參, 儻有徇隱事發, 並交部議處."(p.81)

345 구계(拘繫. 拘係)는 구금한다, 구속해 둔다는 뜻이다.

346 방한(防閑)은 막는다, 묶어 둔다는 뜻이다. 쇄고(鎖銬)는 손과 팔을 묶는 형구, 유료(杻鐐. 杻械)는 쇠고랑과 족쇄, 또는 형구 일반을 가리킨다. 쇄(鎖)는 쇠로 만든 고리를 연결하여 만든 사슬로 목에 거는 것이고, 료(鐐)는 쇄보다 큰 것으로 다리에 묶는 것이다. 완전히 일치하지는 않지만 여기서는 일단 각기 쇠사슬과 쇠고랑으로 번역하였다.

同, 輕重、死生之或異, 爲政者不可不知也.

夫竹板有三號, 最大有毛頭,[347] 謂之: '龍鬚板', 偶一設之, 所以威嚇土豪、衙蠹, 非輕用之物也. 其三號者, 頭號打强盜、惡棍、衙役犯贓私作弊者. 二號乃常刑. 三號則比較錢糧,[348] 暨鄕愚小訟之類耳. 至于夾棍, 惟人命、强盜重犯, 不招則用之. 原欲其畏痛楚而吐眞情, 非慘毒之以懲惡, 蓋自有其應得之罪在也. 舍此則擅用有禁. 其拶指, 雖輕于夾棍, 非重犯亦不可用.

枷者, 其人之罪, 有關紀綱、法度, 非一責可了, 方暴之于衆, 辱之于市. 囊其頭,[349] 使面目無可避, 所以動其羞惡之心, 令其悔過而知改. 榜其罪, 使遠邇所共聞, 所以興其儆省之念, 知其所惡而勿爲. 其制本薄而輕, 可以負戴而行, 原無取於過重. 然此刑止可施之市井無賴. 若稍有顔面、身家之人,[350] 未可輕試. 蓋辱甚于殺, 一日之辱, 終身之恥也. 爲民上者, 愼毋以人終身之辱, 取快一時之忿哉?

或曰: "乃有置百二十斤之枷, 以待蠹豪者, 則將勿用乎?" 夫置此枷, 亦猶置龍鬚板意. 置之正所以期於不用, 使其畏, 而不敢犯, 是寓至仁于大忍也. 若果奇兇大惡, 爲天地所不容, 神人所共憤者, 偶一施之, 所以示誅殛,[351] 而快人心, 又非所論于辱之而已. 杻與鐐有鐵、木之異, 因罪人强悍者, 每以木杻撞人, 今多用鐵鐐.[352] 而鐐則繫于一足, 擺站徒夫,[353] 繫以作工, 蓋防其兎脫耳. 然杻惟重犯乃用. 若婦人, 雖死罪, 例不加杻銬. 爲其飮食、便溺,[354] 不可假手于人,[355] 且以防他侮也. 此非刑雖設, 而用之有別乎?

刑杖、夾拶之具, 皆竹木爲之. 新者質重而稜角尙存, 人之皮肉, 莫與相敵, 杖之下, 有如石壓, 堅實無聲. 夾拶之收, 有如虎咬, 筋骨俱折. 舊者質輕而鋒鋩漸去, 人之皮肉, 亦與相習. 下

---

347 모두(毛頭)는 울퉁불퉁하거나 껄껄하다는 뜻인 것 같은데, 청대의 형벌기구인 모판(毛板)을 가리키는 뜻으로 보인다. 모판은 중국의 남방 산구에서 자라는 모죽(毛竹)으로 만들었는데, 키가 크고 거칠고 질긴 데다가 탄성이 풍부하여 가구·농구·어구, 종이 만들기에도 많이 쓰였다고 한다.

348 비교(比較)는 세금징수 실적의 마감기한을 정해 점검한다는 뜻이다. 제7권 전곡부 2 「7-01. 마감점검(比較)」을 참조.

349 낭(囊)은 주머니 또는 덮는다는 뜻이지만, 여기서는 아마도 (주머니에 넣어진 듯) 칼을 써서 칼 위로 목만 나오게 되는 모습을 가리키는 것 같다.

350 신가(身家)는 본인과 가족, 재산·신분이나 지위를 가리킨다.

351 주극(誅殛)은 죽이고 사형에 처한다는 뜻이다. 여기서는 극형에 처한다는 뜻으로 볼 수도 있을 것이다.

352 앞에 나온 쇄고(鎖銬)를 가리키는 것 같다.

353 파참(擺站)은 노역형(徒刑)을 받은 사람을 역참에 보내 역졸로 일하게 하는 것을 말한다. 도부(徒夫)는 바로 이렇게 복역하는 죄인을 가리킨다.

354 변익(便溺)은 용변 보는 것을 말한다.

355 가수(假手)는 다른 사람의 손을 빌려 자신의 목적을 이룬다는 뜻이다.

雖重, 腰柔膚滑, 迎臀則起. 收雖緊, 繩𦁤簫鬆,[356] 納踝而濶, 是新者之慘于舊者矣. 每見有司, 刑具多置檐堦之側, 散而不收, 受風日之曝吹,[357] 則濕者漸燥, 被雨露之淋潤, 則燥者亦濕. 倘一用之, 濕者之慘, 加于燥者數倍. 在用刑者, 亦不留心于燥與濕之有分也. 如用夾棍, 動刑之人, 若熟慣能事, 以三木扶正.[358] 令受刑者之足, 直納孔中, 左右收繩, 由漸而緊, 則痛雖難忍, 血不奔心. 若鹵莽生手,[359] 受刑者, 纔一納足, 彼便收繩, 三木動搖, 踝足立碎. 謂之曰: "死夾棍." 再加以濕者之慘, 性命有不傾殞哉? 何也. 燥者活動猶人, 而濕者呆重不靈也.[360] 卽竹板、枷拶之類, 無不皆然. 此非新舊、燥濕之不同乎? 長民者, 宜以一切刑具, 擇一閒房收貯, 或甬道兩旁, 皂隸房亦可. 用則取出, 用畢收之. 卽命皂頭經管, 不許散置暴露, 抑亦仁人君子之用心矣.

至于動刑之人, 受賄作弊, 生死在其掌握. 不惟重刑死人, 卽輕刑亦可死人, 不惟輕刑生人, 卽重刑亦可生人. 如行杖也, 皂隸爲仇家買囑, 先講銀錢, 或令斷筋, 或令殞命, 驗過受謝. 于是板用短厚, 打用縮頭,[361] 聚擊一處, 血瘀成疔,[362] 批割不愈,[363] 性命隨之. 若專責腿灣,[364] 筋斷骨痿, 終身殘瘓.[365] 及用小板, 將板點其腎子, 再加重打, 其人氣閉昏悶, 不死何待? 如用夾棍也, 材新式短, 簫緊窩平,[366] 收緊之時, 結爲死扣,[367] 其能殞命宜矣. 卽棍選舊材, 製取長瘦, 似乎輕也. 不知蠹皂于窩中暗塡磁鋒、鐵屑, 甫一緊收, 而鋒屑入于骨眼, 痛可忍乎? 如拶指, 杆則粗, 繩則細, 嘗有酷官, 封拶立限, 事完始放, 至有竟日夜不脫者, 固其死矣. 更有杆則細, 繩則粗, 訊完卽放, 宜其鬆也. 孰知奸皂不拶指而拶節, 十指骨皆碎, 苟倖不死, 亦屬廢人, 男子不能耕鋤, 婦人不能針黹, 何其慘哉! 如枷也, 有地枷, 有立枷,[368] 有連枷. 地枷則穴坎數尺,[369] 人戴枷覆坎, 而足下懸. 立枷則枷懸架上, 而人不得蹲坐. 連枷則兩人並戴, 而行止、便

---

356 소(簫)는 활의 끝 부분, 두 머리란 뜻이 있는데, 소송(簫鬆)은 이 부분이 느슨해진다는 뜻으로 보인다.
357 폭취(曝吹)는 햇볕과 바람에 노출되는 것을 말한다.
358 삼목(三木)은 범인의 목과 손, 발에 씌우는 형구를 가리킨다.
359 노망(鹵莽)은 거칠다, 우둔하다는 뜻이고, 생수(生手)는 일에 익숙하지 않고 서툰 사람을 뜻한다.
360 태중(呆重)은 민첩하지 못하고 무겁다는 뜻이다.
361 축두(縮頭)는 대나무 뿌리를 끝부분으로 삼은 곤장으로 형구의 일종이다.
362 혈어성정(血瘀成疔)은 어혈이 뭉쳐 종기가 생긴다는 뜻이다.
363 비할(批割)은 치료한다는 뜻이다. 비는 어루만지다, 가른다는 뜻이 있고, 할 역시 살을 째거나 가른다는 뜻이다.
364 퇴만(腿灣, 腿彎)은 넓적다리와 정강이 사이의 구부러진 부분을 가리킨다.
365 잔탄(殘瘓)은 불구가 되거나 마비된다는 뜻이다.
366 와(窩)는 움푹 들어가거나 패인 홈을 가리키는 것 같다.
367 사구(死扣)는 사결(死結), 즉 당겨서 풀 수 없는 죽은 매듭을 가리킨다.
368 입가(立枷)는 명·청대의 형구, 또는 그 형구(칼)를 목에 쓰고 주야로 곧바로 서 있게 하는 형벌이다.
369 혈감(穴坎)은 구덩이, 구덩이를 판다는 뜻이다.

溺與俱. 此皆刻毒者爲之, 宜乎可以死人矣. 然又有行枷, 其製薄小, 可戴負而行無難也. 孰知仇奸買免監守,[370] 傾仆其人, 頸喉斷絕. 此重刑死人, 輕刑亦可死人之謂也.

至于輕刑生人, 此其常也. 而重刑生人, 則何以說? 如上官嗔怒,[371] 喝令大板重打, 彼奸皂一片呼號, 執板高擎,[372] 故作用力之狀, 及其到臀, 而勢反輕矣. 臀上平鋪, 其聲愈響, 雖皮開肉綻,[373] 而骨不傷, 氣行血散, 易于平復也. 至于夾棍, 官府不知, 以爲繩新篇緊者爲狠. 夫棍舊繩新, 兩不相貼, 雖收亦鬆. 且奸皂于舊孔鑿深, 實以油蠟, 遇肉之熱, 漸至鎔化, 故篇雖緊而踝不受傷. 近來京師有事犯刑部者, 知其必夾, 先買軟骨丹一丸呑之, 而骨隨其鬆緊,[374] 居然無恙, 較之油蠟, 不更無跡乎? 其枷用之極重, 原以懲其豪强, 動經浹月始放,[375] 不知押出在外, 晚皆褪落.[376] 打聽官府經過,[377] 則荷校道傍,[378] 一聞退衙, 依然開卸. 蓋枷封多薄綿連刷貼,[379] 噴以燒酒, 翹然可揭.[380] 此又非重刑亦可生人之謂乎?

夫刑有差等, 分別而用, 具有濕燥, 謹其蓋藏, 皆上官之可操. 惟用有重輕, 可生可死, 則奸役之所主. 且巨憝、惡棍, 于臨審時, 買其心腹, 充作皂隸, 託名替身, 用刑著力, 送人性命, 殊堪切齒.[381] 官長宜將刑皂各置名籤, 下註年貌. 于不得已而用刑時, 掣籤喚用. 如年貌與籤不合, 卽係私買心腹, 立時究處. 凡用刑, 並不許替身代役. 至于夾棍, 亦宜選擇熟慣, 另置名籤, 註明年貌, 臨時抽認. 平日須嚴諭: "凡用刑各役, 敢有受賄暗算, 人至死者, 查出, 卽以算人之法,[382] 治之." 如此, 則生死簿不得掌于若輩之手矣.

然而有司聽審時, 須詳加詰問, 縱不得情, 宜耐心靜想, 不妨改日再問, 或爲密訪, 斷不可急躁動性, 橫加刑法. 每有犯人不能禁受, 强爲誣服, 或刑時之「口供」, 及脫刑而又改, 豈成信獄? 或彼懼我刑而服, 及申解上司, 復又滿口呼冤, 上司視我爲何如? 官夫嚴刑服罪, 名爲煆

---

370 감수(監守)는 감독하고 지키는 사람을 뜻한다.
371 진노(嗔怒)는 화낸다, 성낸다는 뜻이다.
372 고경(高擎)은 높이 쳐든다는 뜻이다.
373 피개육탄(皮開肉綻)은 살갗이 찢어지고 살이 터진다는 뜻이다.
374 송긴(鬆緊)은 느슨하거나 조이는 정도를 뜻한다.
375 동(動)은 '자칫하면, 끄떡하면, 걸핏하면'이라는 뜻이고, 협월(浹月)은 한 달 또는 두 달을 뜻한다.
376 퇴락(褪落)은 벗어놓는다는 뜻이다.
377 타청(打聽)은 탐문(探問)한다는 뜻이다.
378 하교(荷校)는 어깨로 칼을 진다, 목 위로 칼을 쓴다는 뜻이고, 교(校)는 가(枷)와 같은 뜻이다.
379 면련(綿連)은 대나무 섬유를 원료로 한 좋은 품질의 종이를 말한다. 쇄첩(刷貼)은 발라서 붙인다는 뜻으로 보인다.
380 교연(翹然)은 '특출하게, 곧바로'라는 뜻이다.
381 절치(切齒)는 아주 원통하게 생각하는 모습을 뜻한다.
382 산인(算人)은 남을 암산(暗算)하거나 모해(謀害)한다는 뜻이다.

煉而成,[383] 刻意讞獄,[384] 何莫深文爲擬?[385] 皆非虛公治事之道也.[386] 昔有當事聽訟, 兩造紛嘵, 漫無剖斷, 忽掀髯大怒,[387] 夾打盈庭, 呼冤震地. 嗟嗟! 豈以百姓之肌骨、皮肉, 以濟問官之糊塗、酷虐乎? 不惟上逆天和, 下騰人怨, 吾不知其讀書出仕, 竟作何等觀也.

○ 嘗有州縣鞫盜, 以盜爲可恨. 但不承招,[388] 卽用夾棍. 仍不招, 再加鞭杠,[389] 亦不招者. 何也? 彼其心亦曰: "法已盡于此矣, 忍苦一番, 便希出脫." 此必黠賊買通承行,[390] 非准討保,[391] 卽思釋放. 如其不然, 良懦之民, 不能受此極刑, 自然誣服. 卽令是盜, 何妨詭供以免一時之苦, 而寧至於抵死不招耶? 此不可不知也. 說者曰: "夾棍得力, 全在將收、未收之際." 此時招爲强盜, 卽是眞强盜, 招爲人命, 卽是眞人命. 夫人命與强盜不同, 人命所犯, 或出素仇, 或出一時忿激, 自知罪莫可逃, 且事後未必無悔. 故三木旋加, 而口吐直供. 若夫强盜乃處心積慮,[392] 專在劫財傷人, 性本兇惡. 豈肯一攏卽招?[393] 縱或有之, 是又欲于解上打滾者也.[394] 此亦不可不知.

---

383 하련(煆煉)은 야련(冶煉)·주조(鑄造), 또는 수련·연마 등의 뜻이 있고, 시문을 다듬어 아름답게 한다거나, 아니면 자술을 강박하는 고압적인 수단으로 죄에 빠뜨린다는 뜻도 있다.

384 각의(刻意)는 힘써 노력하여 뜻을 이룬다, 크게 주의를 기울인다는 뜻이다. 그리고 얼옥(讞獄)은 소송을 심리하고 사건의 내용을 심문한다는 뜻이다.

385 심문(深文)은 율법을 제정하거나 율법조문을 원용하면서 지나치게 세밀하고 엄격하게 적용하는 것을 말한다. 의(擬)는 판결을 내린다는 뜻이다.

386 허공(虛公)은 공정무사(公正無私)하다는 뜻이다.

387 흔염(掀髯)은 웃을 때 입이 벌어져 구레나룻이 펼쳐지는 모습, 또는 격동한 모습을 가리킨다.

388 승초(承招)는 죄를 인정하고 자백하는 것을 말한다.

389 편강(鞭杠)은 채찍과 몽둥이로 때리는 형벌을 말한다.

390 매통(買通)은 재물로 사람을 사서 부리는 것을 말한다.

391 토보(討保)는 사람을 찾아 보증인으로 세운다는 뜻이다.

392 처심적려(處心積慮)는 오랫동안 별의별 궁리를 다하다, 부심하다는 뜻이다.

393 농(攏)은 누르다, 묶는다는 뜻이다.

394 타곤(打滾)은 몸을 땅위에 두고 이리저리 구른다는 뜻이다. 여기서는 억지를 부린다는 뜻으로 쓴 것 같다.

| 제12권 |

형명부 刑名部 2

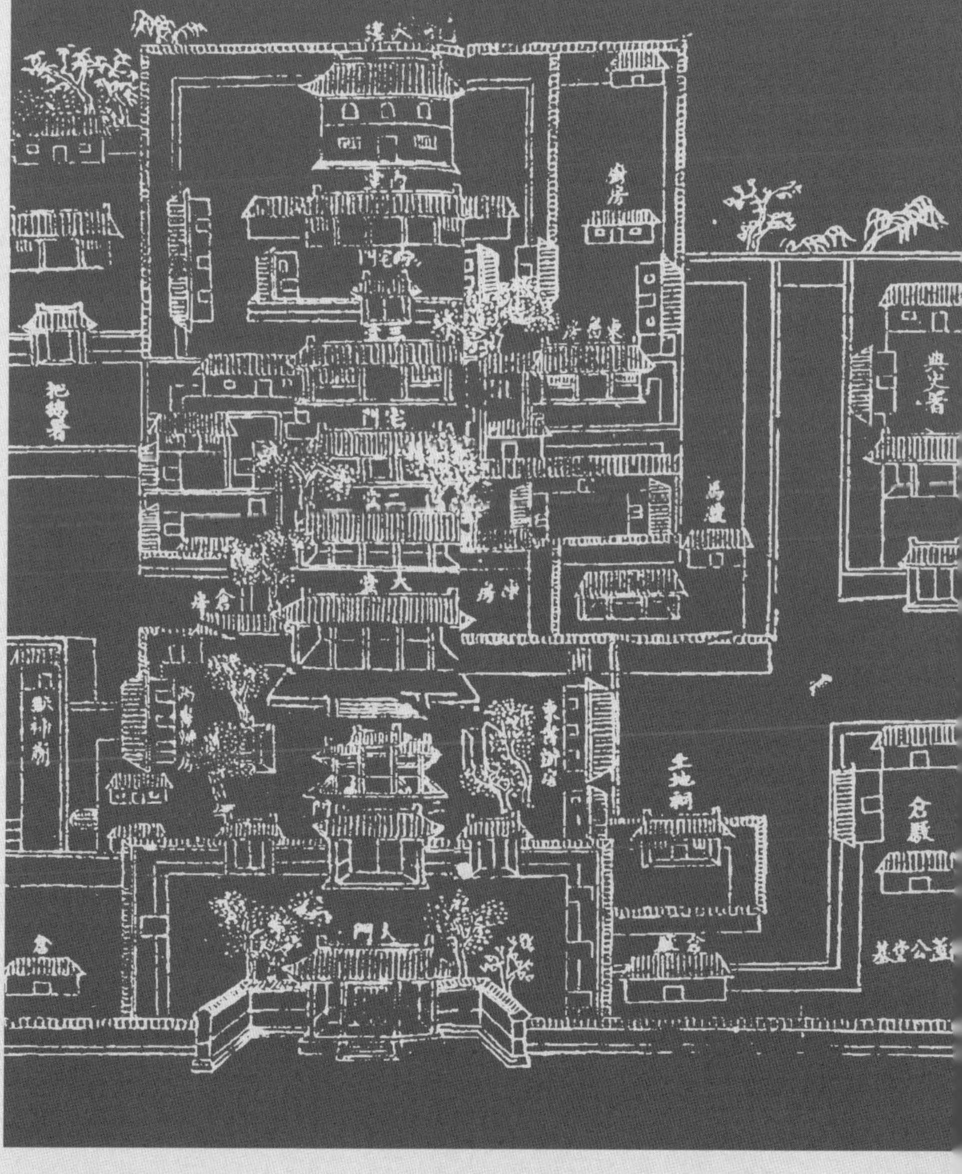

福惠全書

12-01. 심문과 판결(問擬)[1]

[범인을 심문하여 죄와 형벌을 판단하는 일, 즉 심문과 판결을 뜻하는] 문의(問擬)라는 것은 그 범죄의 이유를 묻고, 그 죄에 대한 처벌을 가늠하는 것이다. 죄를 가늠하는 기준에는 원래 일정한 율례(律例)가 있는데, 율법(律法)이란 그 시대의 제도·법령이고, 조례(條例)란 그때그때에 따라 내리는 판단이다.[2] 저지른 범죄와 율례의 조항이 서로 딱 들어맞으면, 그에 따라 죄에 대한 처벌을 가늠하여 응당 받아야 할 죄를 정하는 것이지, 재판을 맡은 사람이 제 마음대로 할 수 있는 바가 아니다. 그러므로 조례가 있으면 모름지기 조례에 따라 결정하고, 조례가 없어야 비로소 율법에 비추어 본다. 범죄에 대해 조례와 율법 모두에 관련된 정식 조항이 없다면 유추(類推)하는 방법, 즉 비조법(比照法)을 써서 응당 [비슷한 범죄를 다룬] 어떤 율법에서 끌어다 쓰고, 어떤 조례에서 끌어다 쓸 수 있는지 판단한 다음 상사에게

---

1 이하 「형명부(刑名部)」에서는 자주 『대청률례(大淸律例)』의 조문이 인용된다. 『대청률례』는 청초 이래 여러 차례 개정이 이루어지며, 가장 최초의 것은 순치(順治) 3(1646)년에 처음 반포된 『대청률집해부례(大淸律集解附例)』가 있고, 황육홍이 지방관으로 근무하던 시기의 강희(康熙) 연간에는 『현행측례(現行則例)』(강희 18년)가 그 뒤에 첨부되었다. 그리고 강희 연간에 개정이 진행·완성되었지만 옹정(雍正) 3(1723)년에 가서야 반포된 『대청률집해부례(大淸律集解附例)』(四庫未收書輯刊編纂委員會編, 『四庫未收書輯刊』 제1집 26책. 北京出版社, 1997 所收)가 있다. 하지만 여기서 인용한 『대청률례』의 조문과 권수, 쪽수는 전도(田濤)·정진(鄭秦) 표점·교열(點校), 『대청률례(大淸律例)』(北京: 法律出版社, 1999년판)에 기본적으로 의거하였다. 이것은 건륭 5년 즉 1740년의 『대청률례』 판본을 기초로 한 것인데, 현재 가장 쉽게 구할 수 있는 『대청률례』의 가장 기본적인 판본이므로, 이것을 인용의 기준으로 삼게 된 것이다. 그리고 이하 '『律』39.00' 형식으로 추가 표기된 것은 모두 『대청률례』 해당 조문을 확인하여 원문인 율법('『律』39.00'의 부분)과 조례(條例.00의 부분)를 순서대로 번호를 매겨 표기한 것이다. 『대청률례』는 기본적 조문인 '율'과 율의 규정내용을 수정·보완·세분화하는 성질의 부가조문인 '조례'로 구성되어 있으며, 이 때문에 율례라는 이름이 붙었다. 하지만 이 번호는 현재 인터넷에서 쉽게 구할 수 있는 텍스트(國學導航-'大淸律例'(http://www.guoxue123.com/shibu/0401/01dqll/index.htm)에 따른 것인데, 이것은 건륭 판본이 아닌 도광 판본의 『대청률례』에 기초한 것이라는 점을 염두에 둘 필요가 있다. 『대청률례』의 436조로 구성된 율법 부분은 건륭 연간 이후 변화가 없지만, 조례부분은 건륭 5년 판본의 1,049조에서 최후에는 1,892조(同治 9년)로 늘어나면서 편차가 있기 때문이다. 그리고 이 순서번호의 근거가 된 도광(道光) 6(1826)년판은 장영쟁(張榮錚) 등(等) 표점·교열(点校), 『대청률례(大淸律例)』(天津古籍出版社, 1995)라는 판본에서 확인할 수 있다. 이 도광 6년판 『대청률례』도 독자적인 방식으로 조례에 대해 번호를 붙이고 있지만, 조례 전체에 대한 일련번호라 여기서는 그 형식을 따르지 않고, 율례의 조문을 찾아 확인하는 데 편한 앞서의 방식을 선택하였다. 한편 명·청대의 율례에 대해서는 최근 소역공(蘇亦工), 『명청률전여조례(明淸律典與條例)』(中國政法大學出版社, 2000); 정진(鄭秦), 『청대법률제도연구(淸代法律制度硏究)』(中國法政大學出版社, 2000): 진혜형(陳惠馨), 『청대법제신탐(淸代法制新探)』(臺北: 五南圖書出版股份有限公司, 2012) 등에서 자세한 소개를 하고 있다.

2 여기서부터는 편의상 율(律. the statutes)과 예(例. the substatutes)는 합쳐 부를 경우는 율례로, 각기 나누어 부를 때는 각기 율법과 조례로 번역하고자 한다.

최종 결정을 해 달라고 요청하여, 그 비준이 떨어지기를 기다려 처리한다.【생각건대, 조례에는 황상의 지시를 받들어 시행되는 것과 형부에서 황상께 요청하여 개정한 것이 있는데, 모두 신례(新例)로 추가되어 곧장 지방 각 성에서 통용된다. 따라서 조례란 때때로 늘어나거나 바뀐다. 이에 비해 율법은 고정된 법도라는 점에서 다르다. 무릇 새로운 조례에 비추어 심문하고 죄를 가늠할 경우에는 특별히 주의해야만 어기거나 그르치는 일이 없을 것이다.[3]】

율법은 비록 정해진 조항이 아주 엄밀하지만, 옛사람들이 율법을 정한 마음에는 본래 측은해 하는 마음이 자리 잡고 있다. 왜냐하면 저지른 범죄가 비록 같다고 하나 죄를 저지르는 사정은 하나가 아니기 때문에, 그 정상(情狀)을 제대로 파악하여 같은 죄라고 할지라도 다시 나누어 다루어야 하기 때문이다. 같은 죽을죄라고 해도 즉시 집행(立決)과 집행 대기(監候)가 있고, 범인도 진범과 잡범[주범과 공범]이 다르다. 같은 태형·곤장형·노역형·유배형(笞·杖·徒·流)이란 형벌에도, 태형이나 곤장형 50대나 60대, 노역형이나 유배형 2년이나 3년 등 형량을 체감하는 차이가 있다.[4] 또한 [돈으로 대신하는 것을 허용하지 않고] 판결에서 정해진 형량 그대로 집행하거나(的決), 일정한 비율에 따라 줄여서 때리든지, 아니면 돈이나 다른 것으로 메우게 해 주는(折·贖) 구분이 있고, 돈이나 노동으로 대신해 주는 속죄(贖罪)에도 경제적·육체적 역량에 따른 구분(贖鍰有力과 贖鍰稍力), 그리고 수속(收贖)과 속죄(贖罪) 등 다양한 구분이 존재한다.[5]

오늘날 사람들이 율법을 쓰는 마음과 옛 사람들이 율법을 정한 마음에는 본래 차이가 없으니, 중요시되어야 할 점은 바로 그 정상(情狀)을 제대로 파악하여 구별하는 것이다. 그런데 율법의 의미는 아주 미묘하고, 모두 다 여기서 논의하기는 어렵다. 지금은 잠시 고금의 율법에 실려 있는 '이(以)'·'준(准)' 등의 여덟 글자와, '가(加)'·'감(減)' 등의 열여섯 글자에 대해서만 상세하게 그 의미를 해석하여 여기에 실었다. 그리하여 죄를 가늠하는 것이 대체로 여기에서 크게 벗어나지 않음을 알 수 있게 하려는 것이다. 비유하자면, 저울에는 무게 추가 있고 자에는 길이가 있듯이, 대체로 죄인을 심문하여 죄를 가늠

3 이 점에서 판결에서는 보통 율법보다는 조례가 우선한다는 점을 주의할 필요가 있다.

4 간단히 보자면 태형은 10대에서 시작하여 각기 10대(태)씩 늘어나 50대까지 다섯 등급이 있고, 곤장형은 60대에서 100대까지 다섯 등급이 있다. 노역형은 1년, 1년 반, 2년, 2년 반, 3년의 등급이 있으며(각기 곤장 60-100대가 부가된다), 유배형은 2천 리, 2천 5백 리, 3천 리(모두 곤장형 100대가 부가된다)의 등급이 있다.

5 이러한 점에 대해서는 「12-06. 여러 형벌의 차이(釋笞·杖·徒·流, 決·贖不同)」에서 좀 더 자세하게 다루고 있다.

하는 데 주된 취지·기준으로 삼게 하려는 목적이다. 『칙례(則例)』는 그 저지른 죄가 비록 가벼우나 그 정상이 아주 흉악한 경우 또는 죄는 무거우나 그 정상이 아주 가련한 경우에 대해 황상의 특별 유지를 받거나 아니면 형부의 논의를 거친 다음 편입한 것이다. 하지만 때때로 변경되는 경우가 있으므로 더욱 주의해야 한다.【오형에 대한 해석은 그 뒤에 실었다.】

問擬者, 問其所犯之由, 而擬其罪也.[6] 擬罪原有一定之律例,[7] 律乃一代之典章,[8] 例爲因時之斷制.[9] 以其所犯, 與律例之條, 恰相吻合者, 因而擬之, 以定其應得之罪, 非讞獄者所可以臆爲之也.[10] 故有例須照例, 無例方照律. 其所犯, 例與律俱無正條, 則用比照法,[11] 合應比照某律,[12] 比照某例定擬,[13] 上請定奪,[14] 俟批允發落.[15]【按: 例有奉旨所行者, 有大部請旨更定者,[16] 俱增入新例, 直省通行.[17] 故例時有增改, 非若律之爲定程也. 凡應照新例問擬者, 尤宜留心, 庶無舛錯】

律法雖有定條爲嚴密, 然古人制律之心, 原存愷惻.[18] 蓋因所犯之罪雖一, 而所犯之情不一.[19]

---

6 문의(問擬)는 정확한 번역용어를 찾기 어렵지만, 앞으로 심문(問)과 판결(擬)로 번역하겠다. 문(問)은 심문과 재판을 가리키며, 의(擬)는 동사일 경우 '가늠하다(propose penalties)'로, 명사일 경우는 '판결(judgement)'이라 번역하였다.

7 의죄(擬罪. propose penalties)는 정죄(定罪), 즉 어떤 죄에 해당하는지 판결하는 것(judgement)이다.

8 전장(典章)은 제도·법령 등을 통틀어서 일컫는 말이다.

9 단제(斷制)는 결단 내지는 판단이라는 뜻이다.

10 억(臆)은 가슴·생각·마음·회포·주관을 가리킨다.

11 비조(比照. analogy)는 범죄에 대해 적당한 율례가 존재하지 않는다면 그 죄와 유사한 다른 조항을 이끌어다가 참작하여 판결을 내리는 것이다. 즉 이미 존재하는 율례나 사례에 비추어서 판단·판결·결정을 내린다는 것으로, 안조(按照)와 같은 뜻이다.

12 합응(合應)은 '응당, 마땅히'라는 뜻이다.

13 정의(定擬)는 사건을 심사하여 죄를 결정하고 판결을 내리는 것, 또는 판결문초안을 말한다.

14 정탈(定奪)은 사정의 가부(可否)나 거취(去取)에 대해서 결정을 내리는 것. 여기서 위로 결정을 요청하는 것은 태형·곤장형 이상의 형벌에 대한 최종 판결은 주현의 지방관 차원에서 단독으로 결정(이것을 '自理'라고 한다)하지 못하고 상급 기관의 결재와 승인을 받아야 하기 때문이다. 이를테면 사형과 같은 경우 최종적으로 황제의 비준을 받아야 한다.

15 비윤(批允)은 상사의 결재와 승인이라는 뜻이다. 발락(發落)은 처리·처치한다는 뜻이다.

16 대부(大部)는 여기서는 중앙의 부서, 즉 형부(刑部)를 가리킨다.

17 직성(直省)은 중앙정부가 직접 통치하는 지방 각 성(省)을 가리킨다. 반면 동북의 만주(滿洲)는 청조에 직속된 특별 지역이었고, 몽골·신강·티베트 지역은 간접적인 통치의 대상으로 번부(藩部)라고 불린다.

18 개측(愷惻)은 누그러진 마음으로 측은하게 여긴다는 뜻이다.

19 여기서 정(情)은 범죄의 사정이나 경과, 또는 범죄가 일어난 환경이나 상황·정상을 가리킨다.

故又原其情, 而同一罪中, 更爲分別. 如同一死罪, 則有立決、[20] 監候,[21] 眞犯、襍犯之不同.[22] 同一笞、杖、徒、流, 則有五十、六十、二年、三年, 遞減之不同. 又有的決、[23] 折·贖并贖鍰有力[24]、稍力、收贖、贖罪之不同.[25] 今人用律之心, 與古人制律之心, 本無殊異, 是貴原其情, 而分別之矣. 然律之意義甚微, 難以悉論. 今姑就律中所載, '以'、'准'等八字, '加'、'減'等十六字, 詳以釋義, 著之于篇, 以知凡有所擬, 不離乎是. 譬衡之有權, 尺之有度, 庶問擬者有所指歸焉耳.[26] 至于『則例』,[27] 有因所犯, 罪雖輕而情可惡, 罪雖重而情可矜, 或奉特旨, 或經部議, 因著

---

20 입결(立決. immediate execution)은 즉시 집행, 즉 즉시 처형을 뜻한다. 중대한 사형범에 대해 공문이 도착하면 즉시 처형을 하는 집행순서이며, 추심(秋審)·조심(朝審)을 다시 거칠 필요가 없음을 뜻한다. 또한 입결에는 참입결(斬立決)과 교입결(絞立決), 즉 참수형과 교수형 두 가지가 있는데, 이 입결은 추심·조심을 다시 거쳐 집행해야 하는 감후(監候) 처분과 대비된다. 추심(秋審)은 서리가 내린 다음인 가을에 이루어지기에 붙은 이름으로 명·청대의 경우 각 성에서 4월에 사형이 집행되었지만 아직 집행되지 않은 죄수에 대해 다시 심의를 한 다음, '범행이 확실하다(情實)'·'집행을 늦출 수 있다(緩決)'·'정상참작이 가능하다(可矜)'·'의심스럽다(可疑)'는 네 종류로 분류하여 형부로 올려 보내면, 서리가 내린 다음인 8월에 삼법사(三法司)로 불리는 형부와 도찰원(都察院)·대리시(大理寺)에서 집중적으로 검토하고 의견을 제출하여 황제에게 결정을 내려 달라고 주청(奏請)하였던 것을 가리킨다. 청대에는 경사의 안건을 처리하는 것을 조심(朝審), 지방 각 성의 안건을 처리하는 것을 추심(秋審)이라 하였으며, 조심과 추심이 병행되었지만 먼저 조심을 하고 다음에 추심을 하였다.

21 감후(監候. an execution after the assizes)는 감금되어 재심을 기다린다는 것이다. 명·청대의 경우 사형 판결을 받았지만 즉시 집행되지 않고 감금되어 있으면서 추심·조심을 통한 재심사를 기다리는 것을 감후라고 하였다. 마찬가지로 참감후(斬監候)와 교감후(絞監候) 두 종류가 있었다.

22 진범(眞犯)은 진짜 범인, 주범의 뜻이다. 잡범(襍犯)은 잡범(雜犯)인데, 여기서는 주범이 아닌 공범 등을 가리키는 것으로 보인다.

23 적결(的決)은 태장·곤장형 등은 돈을 내고 형벌을 대신하는 것을 허용하는데, 그런 것이 허용되지 않는 처벌을 형량에 따라 그대로 집행하는 것을 가리킨다.

24 절속(折贖. monetary redemption)에서 절(折)은 원래 일정한 정도나 비율로 깎거나 공제·할인하면서 교환·대체하는 것을 가리킨다. 속(贖. redemption)은 돈이나 다른 것을 가지고 인신(人身)이나 혹은 다른 저당물을 대신하는 것을 가리키는데, 여기서는 벌금형(fining)이나 벌금으로 형벌을 대신하거나 면제받는 것을 뜻한다. 청대의 경우 속제(贖制)에는 세 종류가 있었는데, 첫째는 납속(納贖)으로 공무로 인해 공죄(公罪)를 지은 군·민(軍民)이나 생원(生員) 이상의 경범자에게 한정된 것으로 사실상 관원은 사형에 해당되지 않는 죄를 범한 경우 모두 돈을 내서 처벌을 면제받을 수 있었다. 둘째는 수속(收贖)으로 노유·폐질·부녀자 등의 경우가 노역형을 받은 경우에 돈을 내고 면제받는 경우로 이는 강제적인 것이었다. 셋째는 속죄(贖罪)로 관원의 정처(正妻)나 부인 가운데 재력이 있는 경우, 과실살인을 한 경우에 해당되었는데 백대의 곤장형을 받은 후 나머지 죄는 자신의 선택에 의해 돈으로 메울 수 있었다. 속환(贖鍰)은 돈을 내서 벌을 대신하거나 면제받는 것, 또는 거기에 쓰이는 돈을 가리킨다.

25 절속(折贖. 贖納)의 경우 죄수의 경제적 상황에 따라 무력(無力. 아무런 돈도 낼 능력이 없어 그냥 실형을 받는 경우)과 유력(有力. 선례에 따라 돈으로 면제받는 경우), 초유력(稍有力. 노동으로 돈을 대신하는데 한 달 노임을 은 3전으로 쳐주는 경우), 수속(收贖)과 속죄(贖罪) 및 속동(贖銅. 銀 대신 구리로 내는 경우) 등의 구분이 있어 각기 그 구분과 형벌의 경중에 따라 액수가 구체적으로 규정되었다. 이런 내용은 율이 아닌 례에만 수록되어 있었다. 이에 대해서는 심지기(沈之奇) 찬(撰), 『대청률집주(大淸律輯註)』 上(法律出版社, 2000), pp.42-48을 참조.

26 지귀(指歸)는 주지(主旨)나 의향(意向)을 뜻한다.

27 『칙례(則例)』는 성규(成規)·정례(定例)를 뜻하기도 하지만, 여기서는 청대에 『회전(會典)』에 정기적으로 새로 덧붙여지는 사례나 풀이로 구성된 행정법전을 가리킨다. 이를테면 『흠정[육부]처분칙례(欽定[六部]處分則例)』와 같은 경우가 있고 부별로 다양한 칙례집이 편찬되기도 하였다.

爲例. 然時有更改. 尤宜用心云. 【釋五刑附】

12-02. 여덟 글자의 뜻풀이(括八字義訣)[28]

'이(以)'자는 진범과 같게라는 뜻이고, '준(准)'은 그것과는 차이가 있다는 뜻이다. '개(皆)'는 주범(主犯)인지 공범(從犯)인지를 가리지 않는다는 뜻이고,[29] '각(各)'은 각기 같은 죄라는 뜻이다. '기(其)'는 앞의 그것과 다르다는 뜻이고, '급(及)'은 뒤의 것과 연결됨을 가리킨다. '즉(卽)'은 제대로 다시 밝힌다는 뜻이고, '약(若)'은 조문의 내용은 비록 다르지만 앞의 내용과 들어맞는다는 뜻이다.

'이(以[on the base of])'. 【'이(以)'자는 진범(眞犯)과[30] 같게 다룬다는 뜻이다. 이를테면 다음과 같은 경우다. "감림·주수(監臨·主守)가 관물(官物)을 사사로이 매매한다면 진도(眞盜)와 다름이 없다. 그러므로 법을 어긴 것**으로써**[과 같게] 처벌하고(以枉法論), 도적질**로써**[과 같게] 처벌한다(以盜論). 아울러 원래의 관직 명단에서 이름을 빼거나 글자 문신을 새기는데, 상황에 따라 죄가 참수형이나 교수형에 이르기도 한다."】

'준(准[as comparable to])'. 【'준(准)'자는 진범과는 서로 차이가 있다는 뜻이다. 이를테면 다음과 같은 경우다. "법을 어긴 것에 **견주어** 처벌하고(准枉法論), 도적질에 **견주어** 처벌한다(准盜論). 단지 그 죄에 **견주기만** 할 뿐, 원래의 관직 명단에서 이름을 빼거나 글자 문신을 새기는 형벌을 적용하지 않으며, 죄는 곤장 100대와 유배형 3천 리에 그친다."】

'개(皆[all])'. 【'개(皆)'자는 주범·공범을 가리지 않고 하나의 등급으로 그 형벌을 적용한다는 뜻이다. 이를테면 다음과 같은 경우다. "감림(監臨)·주수(主守)·직역(職

---

28 이 부분의 내용은 원래 『대청률례』 권1 「율목(律目)」 끝부분에 실려 있는 것이다. 건륭판본의 경우 본문의 '진범(眞犯)'이 '실범(實犯)'으로 바뀌어 있을 뿐 나머지 내용은 그대로 일치하고 있다.

29 주종(主從)은 주범과 공범을 가리킨다. 『대명률(大明律)』에서는 수종(首從)으로 쓰지만 여기서는 모두 주범과 공범이라 번역하였다.

30 진범(眞犯)은 진짜(실제) 범인이나 진짜(실제) 범죄, 또는 진짜로(실제로) 죄를 범한다는 뜻으로 해석될 수 있다.

役)이 공모하여 자기가 지켜야 하는 관물(官物)을 훔쳤고, 아울러 그 부정한 재물을 모두 합친 액수가[31] 율법에 규정된 최고 액수(滿數)에 이르면, 모두(皆) 참수형에 처한다."】

'각(各[each])'.【'각(各)'자는 범인 각자에게 이 죄를 동일하게 적용한다는 뜻이다. 이를테면 다음과 같은 경우다. "각종 장인이 뽑혀서 내부(內府)로 보내져 일을 하게 되는데, 만약 스스로 그 요역에 응하지 않고 남을 고용하여 몰래 대신하게 하였다면, 그 사람과 그 일을 대신한 사람은 각기(各) 곤장 100대에 처한다."】

'기(其[but])'.【'기(其)'자는 그 앞의 내용과는 [그 범위나 성격이 약간] 달라진다는 뜻이다. 이를테면 다음과 같은 경우다. "팔의(八議)의 범주에 해당되는 사람에 대해 논죄해야 할 경우, 먼저 황상께 이 문제를 논의할 수 있도록 재가해 달라고 주청(奏請)해야 한다. 다만(其) 십악(十惡)에 해당하는 죄를 저질렀을 때에는 이 율법을 쓰지 않는다."】

'급(及[and/or])'.【'급(及)'자는 뒤의 사정과 연결된다는 뜻이다. 이를테면 다음과 같은 경우다. "이것저것 모두 죄인이 부정한 방법으로 얻은 재물 및(及. 또는 '이거나') 마땅히 금해야 하는 물건이라면, 모두 관부에서 몰수한다."】

'즉(卽[then])'.【'즉(卽)'자는 이미 분명하게 밝혔지만 다시 확인한다는 뜻이다. 이를테면 다음과 같은 경우다. "죄를 저지르고 범죄가 발각되자 도망하였는데, 뭇 증인[의 증언]이 명백하다면, 곧(卽) 같은 죄가 성립한다."】

'약(若[if])'.【'약(若)'자는 그다음에 서술하는 문장은 비록 달라지지만, 기본적으로는 앞의 내용과 뜻이 들어맞는다는 것이다. 이를테면 다음과 같은 경우다. "범죄를 저지를 때에는 늙거나 병들지 않았는데 사건이 발각되었을 때에 이미 늙고 병들었다면, 늙고 병든 사람을 처벌하는 기준에 의해 죄를 가늠한다. 만약(若) 노역형이나 유배형 기한 내에 늙고 병들게 되면, 이 역시 마찬가지다."】

---

31 여기서 부정한 재물의 원문은 장(贓)이다. 앞서도 나왔지만 장(贓)은 도적이 훔친 물건을 가리키는 장물(贓物. stolen goods)을 가리키기도 하지만, 아울러 관리가 부정하거나 불법의 방법으로 취득한 뇌물(bribe)을 가리키기도 한다. 따라서 '장물'로 단순하게 번역하기는 곤란하므로 앞으로는 장물 또는 '부정한 재물(illegally obtained property)'이라 번역하겠다. 장(贓)의 구체적인 내용에 대해서는 제20권 형명부 10의 「20-04-01. 육장에 대하여(釋六贓)」를 참조. 여기서 부정한 재물을 모두 합친 액수는 범인 수대로 나눠서 적용하는 것이 아니라 범인 개개인이 모두 그 합친 액수를 훔친 것으로 간주하여 적용된다. 이것을 병장논죄(倂贓論罪)라고 한다.

以同眞犯, 准有間,[32] 皆無首、從,[33] 各同罪, 其變于先及連後, 卽盡復明, 若上會.

以. 【以者, 與眞犯同.[34] 謂如"監、守貿易官物,[35] 無異眞盜. 故以枉法論[36]、以盜論, 並除名、刺字,[37] 罪至斬、絞"】[38]

准. 【准者, 與眞犯有間矣.[39] 謂如"准枉法, 准盜論, 但准其罪, 不在除名、刺字之例, 罪止杖一百, 流三千里"】[40]

皆. 【皆者, 不分首、從一等科罪.[41] 謂如"監臨、主守、職役同情,[42] 盜所監守官

---

32 유간(有閒. 有間)은 구별·차이가 있다는 뜻이다.

33 수종(首·從)은 수범(首犯. 主犯)과 종범(從犯. 共犯)을 말한다.

34 왕명덕(王明德) 찬(撰), 하근화(何勤華) 등(等) 점교(點校), 『독률패휴(讀律佩觿)』(法律出版社, 2001)의 권1, p.4에서는 이에 대해 "이(以)라는 것은 진범이 아니라는 뜻이다. 진범이 아니지만 범행상황은 진범과 같으므로 진범과 똑같은 죄로 매기는 것이다. 그래서 '이'라고 한다(以者, 非眞犯也. 非眞犯, 而情與眞犯同, 一如眞犯之罪罪之, 故曰: '以'.)."라고 설명하고 있다.

35 감수(監守)는 감독하면서 지킨다는 뜻이지만, 여기서는 감림·주수(監臨·主守)의 약칭으로 보인다. 감림(監臨)은 평상시, 또는 임시로 소속 지방이나 그곳과 관련된 특수 업무를 통할하는 권한을 가진 관원(官員)만을 가리키며. 주수(主守)는 나아가 하급관리나 아역과 실제적인 구체적 담당업무를 맡은 실무인원들까지 모두 포함한다. 이에 대해서는 『대청률례』 권5의 「명례율(名例律) 하 2(下之二)」(『律』40.00) 「칭감림·주수(稱監臨、主守)」 "1. **凡[律]稱監臨者, 內外諸司統攝所屬, 有文案相關涉及[別處駐答衙門帶管兵糧水利之類], 雖非所管百姓, 但有事在手者, 卽爲監臨. 稱主守者[內外各衙門], 該管文案、典吏專主掌其事; 及守掌倉庫、獄囚、雜物之類, 官吏、庫子、斗級、欑攔、禁子, 並爲主守.** 2. **其職雖非統屬, 但臨時差遣, 管領提調者, 亦是監臨、主守.**"(p.125-126) 부분을 참조.

36 왕법(枉法)은 법을 왜곡하거나 어긴다는 뜻이다.

37 제명(除名)은 등록 장부에서 이름을 빼내서 원래의 신분을 취소한다는 뜻이다. 자자(刺字)는 육형(肉刑) 가운데 하나로 묵형(墨刑)·경형(黥刑)이라고도 한다. 사람의 얼굴 등에 글자를 새기고 흑색으로 물들이는 것이다.

38 이러한 '감수자도(監守自盜)'와 같은 범죄 관련 조항은 굉장히 많지만, 여기 나오는 조항과 정확하게 일치하는 부분은 찾지 못하였다. 이와 유사한 구절이 있는 부분은 다음과 같다. 『대청률례』 권5 「명례율(名例律) 하 2(下之二)」(『律』39.00) 「칭여동죄(稱與同罪)」. "1. 凡[律]稱與同罪者[謂: '被累人, 與正犯同罪, 其情輕'], 止坐其罪; [正犯]至死者[同罪者]減一等, 罪止杖一百、流三千里[正犯應刺, 同罪者免刺. 故曰: '不在刺字'. 絞、斬之律, 若受財故縱, 與同罪者[其情重], 全科[至死者絞]. 其故縱謀反、叛逆者, 皆依本律[斬絞]. 凡稱同罪者, 至死減一等, 稱罪同者至死不減等]. 2. 稱准枉法論、准盜論之類[事相類而情輕], 但准其罪, 亦罪止杖一百、流三千里, 並免刺字. 3. 稱以枉法論及以盜論之類[事相等而情並重], 皆與正犯同刺字, 絞、斬皆依本律科斷[然所得同者律耳. 若律外引例充軍爲民等項, 則又不得而同焉]."(pp.124-125)

39 『독률패휴』의 권1, p.5에서는 이에 대해 "준(准)이라는 것은 이것을 가지고 저것을 견준다는 뜻이다. 범죄 정상과 범죄가 같지 않으나 행적이 실로 서로 연관되므로 앞서의 범행으로 친다. 다만 그 죄를 일치시키는 것이지만, 실제 범행처럼 간주할 수는 없다. 그래서 '견준다'고 한다. 이를테면 쌀과 장작으로 베와 비단을 견준다고 할 때 다만 거기에 상당하는 가격을 취할 뿐이지 실제로는 쌀과 장작으로 베나 비단의 용도를 대신할 수 없는 것과 같다(准者, 用此准彼也. 所犯情與事不同, 而迹實相涉, 算爲前項所犯, 惟合其罪, 而不槪如其實. 如以米柴准算布帛, 惟取價值相當, 實不可以米柴代布帛之用.)."라고 설명하고 있다.

40 바로 위에서 인용한 『대청률례』 권5의 「명례율(名例律) 하 2(下之二)」(『律』39.00) 「칭여동죄(稱與同罪)」의 "2. **稱准枉法論, 准盜論之類[事相類而情輕], 但准其罪, 亦罪止杖一百、流三千里, 並免刺字.**" 부분(p.125)을 참조.

41 『독률패휴』의 권1, p.6에서는 개(皆)에 대해 "개(皆)는 모두 일괄적으로(槪)라는 뜻이다. 즉 가지런하게 하나로

物, 併贓滿數皆斬"之類】[43]

各. 【各者,[44] 彼此同科此罪. 謂如"諸色人匠, 撥赴內府工作,[45] 若不親自應役, 僱人冒名, 私自代替及替之人, 各杖一百"之類】[46]

其. 【其者,[47] 變于先意. 謂如"論八議罪犯,[48] 先奏請議, 其犯十惡,[49] 不用此

하여, 구별하지 않는다는 것이다. 사람도 같고, 범죄도 같고, 범죄 상황도 같으니 그 죄는 당연히 같아야 한다. 즉 범죄가 다르고 사람이 다르지만 범죄 상황이 같다면, 그 죄 또한 같지 않음이 없다(皆者概也, 齊而一之, 無分別也. 人同, 事同, 而情同, 其罪固同. 卽事異, 人異, 而情同, 其罪亦無弗同也.)."라고 설명하고 있다. 한편 과죄(科罪)는 종류에 따라 등급이 있는 형벌(科)에 의해 처벌을 결정한다(定罪)는 뜻이다.

42 직역(職役)은 관부에서 일반 민호에서 관의 업무(官差)를 맡기는 요역이나 이것을 맡은 사람을 가리킨다. 즉 아문의 아역·서리부터 이장이나 지보에 이르기까지 다양한 역직(役職)을 맡은 사람들을 가리키는 것이다. 동정(同情)은 여기서는 같이 모의한다, 공모한다는 뜻이다.

43 이와 유사한 구절은 다음을 참조. 『대청률례』 권11 「호율(戶律) 창고상(倉庫上)」(『律』124.00) 「부여전량사하보수(附餘錢糧私下補數)」. "1. 凡各衙門及倉庫, 但有附餘錢糧, 須要盡實報官, 明白[立案於]正收[簿內另]作數[支銷]. 若監臨、主守將增出錢糧私下銷補別項事故虧折之數, 瞞官作弊者[不分首、從], 並計贓以監守自盜論[其虧折追賠還官]."(pp.226-227) 여기서 병장(併贓)은 병장논죄(併贓論罪. 併贓治罪)를 말하는데, 이를테면 열 명이 40냥을 훔쳤을 경우 한 명당 4냥씩을 훔친 것이지만, 전체 40냥을 합산하여 한 명당 40냥을 훔친 죄로 가늠하는 것을 가리킨다.

44 『독률패휴』의 권1, p.9에서는 각(各)에 대해 "각(各)은 각기 그 부류에 따르게 한다는 것으로, 서로를 구별하는 데 그 뜻이 있다. 온갖 종류의 것들은 아주 다양하고 등급도 각기 달라 보이지만, 끼리끼리 함께 구분해서 묶어 보면 실은 거의 같은 것이 된다. 따라서 각이란 글자를 써서 구별하는 것이다. 각이라는 글자의 쓰임새는 아주 다양하다(各者, 各從其類, 義取乎別也. 萬類不齊, 流品各別, 比類而觀, 實同一致. 故用各字以別之. 各字用義多端)."라고 설명하고 있다.

45 내부(內府)는 황실의 장고를 관장하는 관명(『周禮』에 나온다)이나 황실의 창고, 또는 청대의 내무부(內務府)를 가리킨다. 여기서는 두 번째의 뜻이다. 명대의 내부는 십고(十庫)로 구성되어 있었다(박원호 등, 『명사식화지역주』, 소명출판, 2008의 「倉庫」, pp.201-207를 참조). 내무부는 청대의 독특한 기구로 직관(職官)이 3천 명이 넘어 가장 사무가 번잡한 호부(戶部)보다 열 배나 되었다고 하는데, 황실사무를 관장하는 것이 주 업무였다. 이를테면 황실의 음식·복식·창고·공사 및 농사·목축·경호 등의 광범위한 업무를 관장하였다.

46 『대청률례』 권18 「병률(兵律) 궁위(宮衛)」(『律』188.00) 「내부공작인장체역(內府工作人匠替役)」. "**凡諸色[當班]工匠[辨驗貨物各]行人, [役]差撥赴內府及內庫工作, 若不親身關牌入內, 應役雇人冒[己]名[關牌], 私自代替及替之人, 各杖一百, 雇工錢入官.**"(p.301)

47 『독률패휴』의 권1, p.11에서는 기(其)에 대해 "기(其)는 글을 쓰면서 서술의 방향이나 범위를 바꾸는 용어다. 그런데 서술이 바뀌지만 범죄나 범죄 상황은 실제 본래의 조문과 거의 다르지 않다. 그 모든 것이 분명하고 실제 증거나 여러 사람의 목격이 확실한 일에 대해, 앞의 조문을 이어받으면서도 약간 그 범위를 달리하여 본래 조문에서 미처 다 서술하지 못한 일을 마저 마치고자 할 때 이 '기'라는 글자를 써서 표현한다. 나중에 나오는 '약'자와 같은 것처럼 보이지만 실제로는 다르다(其者, 更端之詞也. 然詞雖更端, 而事與情, 實不離乎本條, 居凡明白顯然, 可爲指實共見之事, 承乎上文, 爲之更端而竟本條所未盡, 卽用其字而發揮之. 如後若字, 似同而實異.)."라고 설명하고 있다.

48 팔의(八議)는 주나라의 팔벽(八辟)에서 유래된 것으로 여덟 가지 범주에 속하는 사람들이 범죄를 저질렀을 경우에 대한 규정이다. 팔벽에서는 의친(議親: 王子의 종실)·의고(議故: 王의 오랜 친구)·의현(議賢: 유덕한 현자)·의능(議能: 큰 재능을 지닌 사람)·의귀(議貴: 작위를 가진 사람)·의근(議勤: 큰 공로를 세운 사람)·의빈(議賓: 선대의 뒤를 이어 國賓이 된 사람)을 규정하였는데, 이것이 연용되어 『당률소의(唐律疏議)』의 「명례(名例)」에서도 "八議: 一曰: 議親, 謂皇帝袒免以上親及太皇太后、皇太后緦麻以上親, 皇后小功以上親; 二曰: 議故, 謂故舊; 三

律"之類】[50]

及.【及者,[51] 事情連後. 謂如"彼此俱罪之贓,[52] 及應禁之物, 則皆沒官"之類】[53]

卽.【卽者, 意盡而復明.[54] 謂如"犯罪事發在逃者, 衆證明白, 卽同獄成"之類】[55]

曰: 議賢, 謂有大德行; 四: 曰議能, 謂有大才業; 五曰: 議功, 謂有大功勳; 六曰: 議貴, 謂職事官三品以上, 散官二品以上及爵一品者; 七曰: 議勤, 謂有大勤勞; 八曰: 議賓, 謂承先代之後爲國賓者."라고 규정하고 있다. 또한 『대청률례』에서도 마찬가지로 이를 상세하게 규정하고 있지만 내용상의 큰 변화는 없다. 『대청률례』 권4 「명례율(名例律) 상(上) 팔의(八議)」(『律』3.00). "一曰: 議親[[謂皇家袒免以上親及太皇太后、皇太后緦麻以上親, 皇后小功以上親, 皇太子妃大功以上親]. 二曰: 議故[謂皇家故舊之人, 素得侍見, 特蒙恩待日久者]. 三曰: 議功[謂能斬將奪旗, 摧鋒萬里, 或率衆來歸, 安濟一時, 或開拓疆宇有大勳勞, 銘功太常者]. 四曰: 議賢[謂有大德行之賢人君子, 其言行可以爲法則者]. 五曰: 議能[謂有大才業能, 整軍旅, 治政事, 爲帝王之良輔佐者]. 六曰: 議勤[謂有大將吏, 謹守官職, 早夜奉公, 或出使遠方, 經涉艱難, 有大勤勞者]. 七曰: 議貴[謂爵一品及文武職事官三品以上, 散官二品以上者]. 八曰: 議賓[謂承先代之後, 爲國賓者]."(pp.85-86)

49 십악(十惡)은 전통시대 중국의 형률에서 정한 열 가지 큰 죄를 말한다. 그것은 모반(謀反. 사직을 위태롭게 하는 일을 꾀하는 것[謀危社稷])·모대역(謀大逆. 종묘·산릉·궁궐을 훼손하는 것[謀宗廟山陵及宮闕])·모반(謀叛. 나라를 배신하고 다른 나라 반란군을 따르는 것[謀背國從僞])·악역(惡逆. 부모형제를 구타하거나 꾀를 써서 살해하는 것 등[毆及謀殺父母兄弟之類])·부도(不道. 일가에 속하는 죽을죄가 아닌 세 사람을 죽이거나, 사지를 자르거나 고독이나 염매 등의 방법으로 해치는 것[毆非死罪之人及支解、蠱毒、厭魅])·대불경(大不敬. 어물을 훔치거나 훼손하는 일, 군신의 예를 지키지 않는 것[盜誤御物, 無君臣之禮])·불효(不孝. 조부모나 부모를 구타하거나 욕을 하는 것[毆詈祖父母、父母之類])·불목(不睦. 가까운 친척을 해치거나 팔아 버리는 일[謀殺及賣緦麻以上親等])·불의(不義. 자신의 상관이나 스승을 살해하는 것 등[殺本屬官長、受業師長])·내란(內亂. 가까운 친척이나 부·조의 처첩을 간음하는 것[奸小功以上親、父祖妾]) 등으로 구성된다.

50 『대청률례』 권4 「명례율(名例律) 상 1(上之一)」(『律』4.00) 「응의자범죄(應議者犯罪)」. "1. 凡八議者犯罪, [開具所犯事情]實封奏聞取旨, 不許擅自勾問. 若奉旨推問者, 開具所犯[罪名]及應議之狀, 先奏請議, 議定[將議過緣由]奏聞, 取自上裁. 2. 其犯十惡者, [實封奏聞, 依律議擬], 不用此律[十惡, 或專主謀反、叛逆言非也. 蓋十惡之人, 悖倫逆天, 蔑理賊義, 乃王法所必誅, 故特表之以嚴其禁]."(pp.86-87)

51 『독률패휴』의 권1, p.12에서는 급(及)에 대해 "급(及)은 두루 미치어 이른다는 것이다. …… 친척을 모두 늘어놓는 것 때문에 급자를 쓰는 경우도 있고 …… 비슷한 종류의 물품 때문에 급자를 쓰는 경우도 있고 …… 비슷한 종류의 범죄 때문에 급자를 쓰는 경우도 있고 …… 또한 비슷한 종류의 사람 때문에 급자를 쓰는 경우가 있다 …… 대체로 사람이나 범죄에서 각기 다른 점이 있지만, 죄에서는 차이가 없는 경우에는 모두 '급'자를 써서 함께 묶어 속하게 하는 것이다(及者, 推而及之也. ……有因親以用及者……有因物以用及者……有因事以用及者……又有因人以用及者……大略凡係人與事, 各有不同, 而罪無分別者, 則皆以及字聯屬之.)."라고 설명하고 있다.

52 '장(贓)'자가 '칙(則)'자로 된 판본도 있으나 이것은 분명한 오류다.

53 『대청률례』의 권5 「명례율(名例律) 하 1(下之一)」(『律』24.00) 「급몰장물(給沒贓物)」. "1. 凡彼此俱罪之贓[謂: '犯受財枉法、不枉法, 計贓, 與受同罪者']及犯禁之物[謂: '如應禁兵器及禁書之類'], 則入官. 若取與不和, 用强生事, 逼取求索之贓, 並還主[謂: '恐嚇、詐欺、强買賣有餘利、科斂及求索之類']."(p.108)

54 『독률패휴』의 권1, p.13에서는 즉(卽)에 대해 "즉(卽)은 아주 뚜렷해서 쉽게 보이기 때문에 다시 헤아릴 것을 기다릴 필요가 없다는 뜻이다(卽者, 顯明易見, 不俟再計之意.)."라고 설명하고 있다.

55 『대청률례』 권5의 「명례율(名例律) 하 2(下之二)」(『律』31.00) 「범죄사발재도(犯罪事發在逃)」. "1. 凡二人共犯罪, 而有一人在逃, 現獲者稱逃者爲首, 更無[人]證佐, 則[但據其所稱]決其從罪. 後獲逃者稱前獲[之人]爲首, 鞫問是實, 還[將前人]依首論, 通計前[決之]罪, 以充後[問之]數. 2. 若犯罪事發而在逃者, 衆證明白[或係爲首, 或係爲從], 卽同獄成[將來照提到官, 止以原招決之], 不頁對問[仍加逃罪二等, 逃在未經到官之先者, 不坐]."(p.119) 증(證)은 경우에 따라 증인이나 아니면 증거를 뜻하기도 한다.

若.【若者, 文雖殊而會上意.[56] 謂如"犯罪未老疾, 事發時老疾, 以老疾論. 若在徒年限內老疾者, 亦如之"之類】[57]

12-03. 열여섯 글자의 뜻(釋十六字)[58]

1. '가(加)'.【'가(加)'는 규정된 한도[·액수]를 모두 채웠을 때에만 [그 위 단계의] 형벌을 적용한다는 뜻이다. 이를테면 다음과 같은 경우다. "만약 훔친 장물이 1냥이면 곤장 60대를 친다. 10냥이 되면 비로소 더하여 곤장 70대에 이르는데, 10냥에 미치지 못하면 [10대를] 더하지 않는다. 또한 이를테면 태형이 한도에 이르면 곤장형을 더하고, 곤장형이 한도에 이르면 노역형을 더하고, 노역형이 한도에 이르면 유배형을 더하고, 유배형이 한도에 이르면 참수형을 더한다. 본 조항에 죽을죄가 없다면 이러한 죽을죄까지는 더하지 않고 단지 유배형 3천 리에 그친다."】

2. '감(減)'.【'감(減)'은 가볍게 해 준다는 뜻이다. 이를테면 다음과 같은 경우다. "만약

---

56 상의(上意)는 앞(위)의 (조문에 나온) 내용을 가리킨다. 『독률패휴』의 권1, p.14에서는 약(若)에 대해 "약(若) 또한 글을 쓰면서 줄을 달리 하여 서술의 방향을 바꾸는 용어로, 그 범위를 확대하기 위해 두는 것이다. 비록 뜻은 앞 조문과 일치하지만, 범죄 행위는 아주 다양하기 때문에 말을 바꾸어 그 범위를 더욱 늘리고, 무리끼리 묶어 더욱 자세한 부분까지 미치고자 하는 경우에 부득불 이것을 써서 남김없이 표현하는 것이다. 율례의 조문 안에서는 약이란 쓰는 곳이 가장 많다(若者, 亦更端之詞, 乃設爲以廣其義, 雖意會乎上文, 而事變無窮, 欲更端而推廣之, 連類而引伸之, 卽不得不說爲以竟其義, 故用若. 律內用若字處最多.)."라고 설명하고 있다.

57 『대청률례』의 권5「명례율(名例律) 하 1(下之一)」(『律』23.00)「범죄시미노질(犯罪時未老疾)」. "**凡犯罪時雖未老疾, 而事發時老疾者, 依老疾論[謂: '如六十九以下犯罪, 年七十事發; 或無疾時犯罪, 有廢疾後事發, 得依老疾收贖. 或七十九以下犯死罪, 八十事發; 或廢疾時犯罪, 篤疾時事發, 得入上請. 八十九犯死罪, 九十事發, 得入勿論之內']; 若在徒年限內老疾, 亦如之[謂: '如六十九以下徒役三年, 役限未滿, 年入七十; 或入徒時無病, 徒役年限內成廢疾, 並聽准老疾收贖. 以徒一年三百六十日爲率. 驗該杖徒若干, 應贖銀若干, 俱照例折役收贖']**. 犯罪時幼小, 事發時長大, 依幼小論[謂: '如七歲犯死罪, 八歲事發, 勿論. 十歲殺人, 十一歲事發, 仍得上請. 十五歲時作賊, 十六歲事發, 仍以贖論']."(pp.107-108)

58 이 부분은 황육홍이 법률 용어를 설명하기 위해 율법·조례를 자주 인용하고 있지만, 중간에 생략되거나 불명확한 부분이 있어 정확한 이해가 어려운 곳도 존재한다. 각주에 인용된 『대청률례』의 본문을 보면 좀 더 용어의 뜻이 명확해지는데, 황육홍의 해석과 반드시 일치하지는 않는다. 이 부분은 반표찬(潘杓燦)의 『미신편(未信編)』에 「형명십육자의(刑名十六字義)」로 실려 있는 부분과 거의 같고 다만 '감(減)'·'좌(坐)'에 황육홍이 약간 덧붙인 것이 보인다. 이 글도 『황조경세문편(皇朝經世文編)』「형정(刑政) 2 율례(律例) 상(上)」에 부분에 실려 있는데, 바로 다음 글이 황육홍의 제12권 형명부 2에 실린 「12-08. 심문·판결 여론(問擬餘論)」이다.

모두가 종범이면 감해 준다(減).” “깨닫고 발견하지 못하였으면 감해 준다(減).” “실수로 남의 죄를 가볍거나 무겁게 판결하였다면, 감해 준다(減).” “녹봉이 없는 사람[일반인이나 하급 아역을 가리킨다]은 감해 준다(減).” 또한 이를테면 “두 가지 사형(교수형과 참수형)이나 세 가지 유배형(2천 리·2천 5백 리·3천 리 유배)을 받은 사람을 각기 동일하게 한 등급을 감해 준다”는 것과 같은 종류다. 두 가지 사형을 동일하게 감한다는 것은 “교수형·참수형을 한 등급 감하여 모두 보다 가볍게 유배형에 처한다”는 것을 말한다. 세 가지 유배형을 동일하게 한 등급 감한다는 것은 “2천 리, 2천 5백 리, 3천 리는 모두 한 등급씩 감해 모두 보다 가볍게 노역형에 처한다”는 것을 말한다.】

3. ‘계(計)’.【‘계(計)’는 [모든 액수를] 합쳐서 말하는 것을 가리킨다. 이를테면 다음과 같은 경우다. “부정한 재물을 계산한다(計贓)고 할 때는 다만 범인이 획득한 액수에만 근거하여 죄를 적용한다. 품앗이를 고용하여 준 품삯도 부정한 재물로 계산한다(計).”】

4. ‘통(通)’.【‘통(通)’은 전체를 통틀어(通) 계산하는 것(합산)을 뜻한다. 이를테면 다음과 같은 경우다. “이전에 지은 죄까지 통틀어(通) 계산하고, 이전과 이후를 아울러서 추가적인 유배형이나 곤장형을 적용한다”. 또는 “통틀어(通) 감면하거나 고려한다.”】

5. ‘좌(坐)’.【‘좌(坐)’는 [죄범이] 마땅히 얻어야 할 자리[즉 처벌]를 가리킨다. 이를테면 다음과 같은 경우다. “반역하고 도주한 사람이 자수하면 죄 두 등급을 감하여 처벌한다(坐). 가족이 함께 가담하였으면 가장을 처벌하고(坐), 부인이 죄를 범하면 남편(夫男)을 처벌한다(坐). 감추어 준 죄로 처벌하는 경우 연좌(連坐) 죄로 처벌하지 않는다(不坐).” ○ 부남(夫男)은 남편을 가리킨다.】

6. ‘청(聽)’.【‘청(聽)’은 그 뜻하는 바대로 따라 준다는 것을 뜻한다. 이를테면 다음과 같은 경우다. “범죄를 저지르고 유배형을 받은 아버지의 아들이 따라가기를 원한다면 그 뜻을 따라 준다(聽).” “처·첩이 간음죄를 저질렀지만, 그대로 머무르게 하기를 바라는 경우에는 그 뜻을 따라 준다(聽).”】

7. ‘의(依)’.【‘의(依)’는 다른 조항에 따르게 하고자 하는 경우이다. 이를테면 다음과 같은 경우다. “주술을 써서 사람을 죽이면 본래의 살인율법 조항에 따른다(依).” “[강·절도범을 잡아 관청에 넘겨주었을 경우] 일반인에게 [장물] 일체를 상으로 지급한다는 조항에 따른다(依).” “노역형을 받은 사람이 다시 노역형에 해당하는 죄를 저지른 경우에 따른다(依).” “웃어른이나 아랫사람을 죽인 것을 규정한 본래의 율법조항에 따른다(依). 노인이나 환자·어린아이의 경우를 규정한 조항에 따라(依) 처벌한다.”】

8. ‘종(從)’.【‘종(從)’은 한 가지 죄목으로 모아 처벌한다는 것이다. 이를테면 다음과 같

은 경우다. "보다 무겁게(從重) 처벌한다." "남편의 뜻에 따라 아내가 팔려 가거나 다시 결혼한 죄에 따른다(從)." "새롭게(從新) 다시 노역형에 복역시킨다." "원래의 직업·신분에 따라(從) 처리한다." "웃어른의 유언을 따른다(從)."[59]】

9. '병(並)'. 【'병(並)'은 여러 가지 일이 모두 본죄를 받아야 한다는 뜻이다. 이를테면 다음과 같은 경우다. "군대가 정벌전쟁에 나섰을 때, 기한을 어기고 식량 운반을 완료하지 못하거나 적을 맞이하여 식량이 결핍하게 하였을 때, 이동 지시를 받았지만 군대를 진군시켜 호응하지 못하였거나, 임무를 받은 하급 군인이 부대끼리 만나는 시기를 제대로 기한에 맞추어 보고하지 못하는 등의 일로 군사작전을 그르쳤다면, 이런 경우 모두(並) 참수형에 처한다."[60]】

10. '여(餘)'. 【'여(餘)'는 본죄 이외의 나머지 것을 뜻한다. 이를테면 다음과 같은 경우이다. "나머지(餘) 죄는 나중에 처리하도록 한다." "나머지(餘)는 모두 징수한다." "나머지(餘) 죄는 모두 처벌하지 않는다." "나머지(餘) 죄는 돈을 내는 등의 방법으로 대신한다." "나머지(餘)는 공범으로 처벌한다."】

11. '체(遞)'. 【'체(遞)'는 순서에 맞추어 차례대로 등급을 따르는 것을 뜻한다. 이를테면 다음과 같은 경우다. "관리가 실수로 가벼운 죄에 무거운 형벌을 판정하거나 무거운 죄에 가벼운 죄를 판정하는 등 잘못을 저지르면, 서리(胥吏)는 범인보다 1등급을 감하고, 좌이(佐貳)는 수령(首領)보다 1등급을 감하고, 정관(正官)은 좌이보다 1등급을 감하는데, 이를 일컬어 차례대로 등급을 낮추는 '체감(遞減)'이라고 한다." "만일 아랫사람·어린아이가 웃어른의 분묘에서 연기를 피워 여우·너구리를 잡다가 시신을 불태웠다면, 시마 상복을 3개월 착용해야 하는 친척인 경우는 1등급을 더하고, 소공 상복을 6개월 착용해야 하는 친척인 경우는 2등급, 대공 상복을 9개월 착용해야 하는 경우는 3등급을 더하며, 1년 동안 상복을 입어야 하는 기친(期親)의 경우는 4등급을 더한다. 이를 차례대로 등급을 올리는 '체가(遞加)'라고 한다."】

12. '중(重)'. 【'중(重)'은 모든 죄 가운데의 으뜸을 뜻한다. 이를테면 다음과 같은 경우다. "[이를테면 두 가지 죄를 저지른 경우보다] 그 죄를 무거운 쪽(重)으로 바꾸어 처벌한다." "범죄가 이미 발각되었는데, 다시 또 죄를 저지르면, 무거운 쪽(重)에 따라 처벌한다." "[이를테

---

59 여기서 인용된 '종(從)'의 사례는 뜻이 각기 약간씩 다르므로 약간 혼동이 있는 것처럼 보인다. '종중(從重)'과 '종신(從新)'은 각기 '무거운 쪽으로', '다시, 새롭게'라는 뜻이고, "웃어른의 유언에 따른다"고 할 때는 말 그대로 따른다는 뜻이라 용법·어감에 약간 차이가 있기 때문이다. 하나로 모아서 처벌한다는 설명과 그나마 부합하는 것은 "남편이 아내를 팔아서 결혼시킨 죄에 따른다"는 두 번째 경우뿐이다.

60 해당 각주를 참조하면 알 수 있지만, 여기서는 인용한 율례의 본문에서 많은 부분을 생략하고 있어, 율례 본문의 뜻을 제대로 전달하고 있는 것은 아니다.

면 두 가지 죄를 저지른 경우 보다] 무거운 것(重)으로 처벌한다."】

13. '단(但)'. 【'일단(但)'은 일의 크고 작음이나 재물의 많고 적음을 가리지 않는다는 뜻이다. 이를테면 다음과 같은 경우다. "강도질이 이미 이루어졌는데, 일단(但) 재물을 얻었다면 모두 참수형에 처한다." "자손이 조부모·부모를 고발한 경우는 [곤장 100대, 노역형 3년에 처하지만], 일단(但) 무고(誣告)하였다면 교수형에 처한다." "남녀가 혼인한 것은, [혼약 문서가 없더라도] 일단(但) 일찍이 혼례를 위한 방문(婚聘)[과 예물]을 받기만 하였으면 인정을 받는다."】

14. '역(亦)'. 【'역(亦)'은 앞의 문장의 뜻을 이어받는 경우에 쓰인다. 이를테면 다음과 같은 경우다. "어떤 사람이 노역형에 처해졌는데 늙고 병들었다면, 또한(亦) 늙고 병든 사람으로 간주하여 그 처벌을 논한다." "전체 노역형 기간은 4년을 넘을 수 없으며", "또한(亦) 각기 위 조항에 따라 죄를 감해 준다." "또한 각기 그 형량에 따라 집행한다." "부역 납부의무가 없다면 또한(亦) 곤장 80대에 처한다." "또한(亦) 죄인의 자수를 허용한다."】

15. '칭(稱)'. 【'칭(稱)'은 율법에 실린 문장을 인용할 때 쓰인다. 이를테면 다음과 같은 경우다. "아들(子)이라 칭(稱)할 경우는 남녀가 동일하고, 할아버지(祖)이라고 칭(稱)할 경우는 고조·증조도 마찬가지다." "하루라고 칭(稱)하는 것은 100각(刻)을 뜻한다." "감림(監臨)·주수(主守)라고 칭(稱)할 경우는 단지 그 일을 맡은 경우만을 가리킨다." "적모(嫡母)·종모(從母)·자모(慈母)·친모(親母)라고 칭(稱)한다."[61]】

16. '동(同)'. 【'동(同)'이라는 것은 모두에게 같은 죄를 부과한다는 뜻이다. 이를테면 다음과 같은 경우다. "같은 죄(同罪)라는 것은 곧 모두 같이 그 죄를 얻는다는 것으로, 충군(充軍)[62]이나 천사(遷徙)도[63] 모두 같지만, 죽을죄는 1등급을 감해 준다." "[만약 범죄가 발각되었지만 도망 중인 사람의 경우는] 뭇 증인의 증언이 분명하면 곧 같은 죄가 성립한다."】

一曰: '加'. 【'加'者, 數滿乃坐[64]: 如"竊盜贓物一兩, 杖六十. 至十兩, 方加至杖七十. 不及十

---

61 적모(嫡母)는 부친의 정처인 자기 어머니를 가리킨다. 종모(從母)는 사전적인 의미에서는 어머니의 언니나 동생을 가리키지만 여기서는 정처인 적모와 대비되는 부친의 첩을 가리키는 경우일 수도 있다. 자모(慈母)는 모친을 가리키지만, 자기를 낳지는 않았지만 길러 주신 서모(庶母)·계모(繼母)를 가리키는 뜻도 있다. 물론 여기서는 후자의 경우다. 친모(親母)는 자기를 낳아 주신 친어머니를 가리킨다.

62 충군(充軍)은 범인을 각종 변경의 먼 곳으로 보내 병사로 복무하게 하는 명·청대의 형벌로 유형(流刑)보다 무겁고 사형보다 가볍다. 원래는 유형의 부가형이었다가 독립적인 형벌이 되었으며, 보내지는 지역과 기한에 따라 등급이 있다.

63 천사(遷徙)는 변경 지방으로의 강제 이주를 뜻한다.

64 좌(坐)는 범죄, 또는 죄에 대한 판결을 뜻하기도 하지만, 어떤 범죄에 걸린다, 해당한다는 것을 뜻하기도 한다.

兩者, 不加也. 又如笞滿加杖, 杖滿加徒, 徒滿加流, 流滿加絞. 本條無入死者,[65] 不得加入于死罪, 止流三千里"之類.[66]】

一曰: '減'. 【'減'者, 從輕之法.[67] 如"皆爲從者, 減."[68] "失覺察者,[69] 減." "失出入人罪者,[70] 減." "無祿人,[71] 減." 又如"二死、三流,[72] 各同爲一減之類. 二死同爲一減", 謂: "絞、斬, 減一等, 俱從輕擬流." 三流同爲一減, 謂: "流二千里、二千五百里、三千里, 減一等, 俱從輕擬徒也."[73]】

---

65 본조(本條)는 본 항목, 또는 판결의 근거가 된 율례를 뜻한다.

66 이하 여기서 인용된 부분은 모두 일치하는 구절은 아니지만 같은 내용은 다음에 실려 있다.『대청률례』권5「명례율(名例律) 하 2(下之二)」(『律』36.00)「가감죄례(加減罪例)」. "凡稱'加'者, 就本罪上加重[謂: '如人犯笞四十, 加一等, 卽坐笞五十. 或犯杖一百, 加一等, 則加徒減杖. 卽坐杖六十、徒一年, 或犯杖六十、徒一年, 加一等, 卽坐杖七十、徒一年半. 或犯杖一百、 徒三年, 加一等, 卽坐杖一百、流二千里. 或犯杖一百、流二千里, 加一等, 卽坐杖一百、流二千五百里'之類]. 稱'減'者, 就本罪上減輕[謂: '如人犯笞五十, 減一等, 卽坐笞四十. 或犯杖六十、徒一年, 減一等, 卽坐杖一百. 或犯杖一百、徒三年, 減一等, 卽坐杖九十、徒二年半'之類]. 惟二死、三流, 各同爲一減[二死謂: '絞'、'斬', 三流謂: '流二千里'、'二千五百里'、'三千里', 各同爲一減. 如犯死罪減一等, 卽坐流三千里, 減二等卽坐徒三年. 犯流三千里者減一等亦坐徒三年]. 加者, 數滿乃坐. 謂: '如贓加至四十兩, 縱至三十九兩九錢九分, 雖少一分, 亦不得科四十兩罪'之類. 又加罪止於杖一百、流三千里, 不得加至於死. 本條加入死者, 依本條[加入絞者, 不加至斬]."(p.123)

67 여기서 종경(從輕)은 가벼운 쪽은 따른다, 즉 기준보다 더 가볍게 처벌한다는 뜻이다.

68 『대청률례』권4「명례율(名例律) 상 2(上之二)」(『律』11.00)「범죄득누감(犯罪得累減)」. "凡一人犯罪應減者, 若爲從減[謂: '共犯罪, 以造意者爲首, 隋從者減一等']. 自首減[謂: '犯法知人欲告, 而自首者, 聽減二等'], 故失減[謂: '吏典故出人罪放, 而還獲, 止減一等. 首領官不知情, 以失論. 失出減五等. 比吏典又減一等, 還獲, 又減一等, 通減七等']. 公罪遞減之類[謂: '同僚犯公罪, 失於入者, 吏典減三等. 若未決放又減一等, 通減四等. 首領官減五等, 佐貳官減六等, 長官減七等'之類], 並得累[減而復]減[如此之類, 俱得累減科罪]."(p.92)

69 각찰(覺察)은 발견하다, 발각하다, 경계심을 가지고 조사한다는 뜻이다.

70 『대청률례』권5「명례율(名例律) 하 1(下之一)」(『律』28.00)「동료범공죄(同僚犯公罪)」. "1. 凡同僚犯公罪者[謂: '同僚官吏連署文案, 判斷公事差錯, 而無私曲者'], 並以吏典爲首, 首領官減吏典一等, 佐貳官減首領官一等, 長官減佐貳官一等[官內如有缺員, 亦依四等遞減科罪. 本衙門所設官吏, 無四等者, 止准見設員數遞減]. 若同僚官一人有私, 自依故出入人罪[私罪]論. 其餘不知情者, 止依失出入人罪[公罪]論[謂: '如同僚連署文案官吏五人, 若一人有私, 自依故出入人罪論. 其餘四人雖連署文案, 不知有私者, 止依失出入人罪論. 仍依四等遞減科罪']."(pp.116-117) 여기 나오는 출입인죄(出入人罪)는 사법관이 착오로 법률을 적용할 경우를 말하는데, '출죄(出罪)'는 유죄를 무죄로, 아니면 중죄를 경제로 판결하는 것이고, '입죄(入罪)'는 무죄를 유죄로, 또는 경죄를 중죄로 판결하는 것을 말한다. 또한 '출입인죄'에도 과실로 인한 것(失出入人罪)과 고의로 인한 것(故出入人罪)의 차이가 있다.

71 『대청률례』권31「형률(刑律) 수장(受贓)」(『律』344.00)「관리수재(官吏受財)」. "1. 凡官吏[因枉法、 不枉法事]受財者, 計贓科斷, 無祿人各減一等. 官追奪除名, 吏罷役[贓止一兩], 俱不敍用. 2. 說事過錢者, 有祿人減受錢人一等, 無祿人減二等[如求索、科斂、嚇詐等贓及事後受財過付者, 不用此律], 罪止杖一百、徒二年[照遷徙比流, 減半科罪]. 有贓者[過錢而又受錢]計贓, 從重論[若贓重, 從本律]. 有祿人[凡月俸一石以上者], 枉法贓, 各主者通算全科[謂: '受有事人財, 而袖法處者, 受一人財, 固全科. 如受十人財, 一時事發, 通算作一處. 亦全科其罪. 若犯二事以上, 一主先發, 已經論決, 其他後發, 雖輕若等, 亦並論之']."(p.494)

72 이사(二死)는 교수형(絞)과 참수형(斬), 삼류(三流)는 2천 리·2천 5백 리·3천 리 유배형을 가리킨다.

73 이 구절과 완벽하게 일치하지는 않지만 대체로 같은 내용이 앞서 인용한『대청률례』권5「명례율(名例律) 하 2(下之二)」(律36.00)「가감죄례(加減罪例)」부분에 실려 있다.

一曰: '計'.【'計'者, 對併而言, 如"稱計贓, 乃止其所得之數科罪. 計僱工賃錢爲贓"之類.[74]】

一曰: '通'.【'通'者, 總計而言, 如"通計前罪, 先後幷擬貼徒、貼杖," "通減"、"通考"之類.[75]】

一曰: '坐'.【'坐'者, 應得之位也. 如"逃、叛自首,[76] 減罪二等, 坐之. 家人共犯, 坐家長, 婦人犯罪, 坐夫男. 以所隱之罪, 坐之, 不坐連坐"之類.[77] ○ 夫, 乃丈夫男子也.】

一曰: '聽'.【'聽'者, 由其意之所欲. 如"犯流父子, 欲隨者, 聽," "妻妾犯姦, 欲留者, 聽"之類.[78]】

---

74 『대청률례』 권5 「명례율(名例律) 하 1(下之一)」(『律』24.00) 「급몰장물(給沒贓物)」. "3. 若以贓入罪, 正贓見在者, 還官、主[謂: '官物還官, 私物還主. 又若本贓是騾, 轉易得馬, 及馬生駒, 羊生羔、畜産蕃息, 皆爲見在. 其贓']. 已費用者, 若犯人身死勿徵[別犯身死者, 亦同; 若不因贓罪而犯別罪, 亦有應追財物, 如埋葬銀兩之類]. 餘皆徵之. **若計雇工賃錢[私役弓兵、 私借官車船之類]爲贓者, [死]亦勿徵.**"(pp.108-109)

75 첩(貼)은 붙다, 보충하다, 덧붙인다는 뜻이 있다. 『대청률례』 권5의 「명례율(名例律) 하 1(下之一)」(『律』26.00) 「이죄구발이중론(二罪俱發以重論)」 "凡二罪以上俱發, 以重者論罪. 各等者從一科斷. 若一罪先發, 已經論決, 餘罪後發, 其輕若等, 勿論. 重者, 更論之. 通計前[所論決之]罪, 以充後發之數[謂: '如二次犯竊盜, 一次先發, 計贓一十兩, 已杖七十; 一次後發, 計贓四十兩, 該杖一百合, 貼杖三十. 如有祿人, 節次受人枉法贓四十兩, 內二十兩先發, 已杖六十、徒一年; 二十兩後發, 合並取前贓, 通計四十兩, 更科全罪徒三年. 不枉法贓及坐贓, 不通計全科']. 其應[贓]入官[物]、賠償、[盜]刺字、[官]罷職罪止者[罪雖勿論, 或重科, 或從一仍], 各盡本法[謂: '一人犯數罪, 如枉法、不枉法贓, 合入官; 毁傷器物, 合賠償; 竊盜, 合刺字; 職官私罪, 杖一百以上, 合罷職; 無祿人不枉法贓一百二十兩以上, 罪止杖一百、流三千里'之類, 各盡本法擬斷]"(pp.115-116)을 보면 첩사·첩장은 절도 등 같은 종류의 두 차례 범죄가 한꺼번에 밝혀지지 않고 차례대로 밝혀질 경우 나중에 추가로 덧붙여지는 처벌을 가리키는 것 같다. 즉 1차에 10냥의 뇌물을 받은 것이 발각되어 곤장 70대의 처벌을 받았는데, 다시 30냥의 뇌물을 더 받은 것이 나중에 발각되면 모두 40냥의 뇌물을 받은 것으로 쳐서 곤장 100대의 처벌을 받아야 한다. 하지만 이미 70대의 처벌을 받았으므로 나머지 곤장 30대의 처벌을 받게 되는데, 이것을 첩장이라고 한다.

76 도반(逃叛)은 이를테면 산속으로 도주하거나 본국을 배반하여 타국으로 도주한다는 뜻이다. 『대청률례』의 권4 「명례율(名例律) 하 1(下之一)」(『律』25.00) 「범죄자수(犯罪自首)」. "1. 凡犯罪未發而自首者, 免其罪[若有贓者, 其罪雖免], 猶徵正贓[謂如枉法、不枉法贓, 徵入官. 用强生事, 逼取詐欺, 科斂, 求索之類及强·竊盜贓, 徵給主]. 其輕罪雖發, 因首重罪者, 免其重罪[謂如竊盜事發, 自首又曾私鑄銅錢得免鑄錢之罪, 止科竊盜罪]. 若因問被告之事, 而別言餘罪者, 亦如上科之[止科見問罪名, 免其餘罪, 謂因犯私鹽事發被問, 不加拷訊, 又自別言曾竊盜牛, 又曾詐欺人財物, 止科私鹽之罪, 餘罪俱得免之類]. 2. 其[犯人雖不自首]遣人代首, 若於法得相容隱者[之親屬]爲[之]首及[彼此詰發互]相告言, 各聽如罪人身自首法[皆得免罪, 其遣人代首者, 謂如甲犯罪, 遣乙代首, 不限親疏, 亦同自首免罪. 若於法得相容隱者, 爲首謂同居及大功以上親, 若奴婢、雇工人爲家長首及相告言者, 皆與罪人自首同得免罪. 卑幼告言尊長, 尊長依自首律免罪, 卑幼依干犯名義律科斷]. 若自首不實及不盡者[重情首作輕情, 多贓首作少贓], 以不實不盡之罪罪之[自首贓數不者, 止計不盡之數科之]. 至死者, 聽減一等. **其知人欲告及逃[如逃避山澤之類]、叛[是叛去本國之類]而自首者, 減罪二等坐之.** 其逃叛者, 雖不自首, 能還歸本所者, 減罪二等."(pp.112-113).

77 『대청률례』의 권5 「명례율(名例律) 하 1(下之一)」(『律』30.00) 「공범죄분수종(共犯罪分首、從)」. "1. 凡共犯罪者, 以先造意一人爲首, 依律斷擬, 隨從者減一等. 2. **若一家人共犯, 止坐尊長[若尊長年八十以上及篤疾歸罪於共犯罪, 以次尊長. [如無以次尊長, 方坐卑幼. 謂: '如尊長與卑幼共犯罪, 不論造意, 獨坐尊長, 卑幼無罪. 以尊長有專制之義也.' 如尊長年八十以上及篤疾, 於例不坐罪, 卽以共犯罪次長者當罪. 又如婦人尊長與男夫卑幼同犯, 雖婦人爲首, 仍獨坐男夫]**. 侵損於人者, 以凡人首、從論[造意爲首, 隨從爲從. 侵謂: "竊盜財物," 損謂: "毆殺傷"之類. 如父子合家同犯, 依凡人首、從之法, 爲其侵損於人, 是以不獨坐尊長]. 若共犯罪而首、從本罪各別者, 各依本律首、從論[仍以一人坐以首罪, 餘人坐以從罪. 謂: '如甲引他人, 共毆親兄. 甲依弟毆兄, 杖九十、徒二年半. 他人依凡人毆論, 笞二十. 引如卑幼、引外人, 盜己家財物, 一十兩. 卑幼以私擅用財, 加二等, 笞四十. 外人依凡盜從論, 杖六十'之類]."(p.118)

78 『대청률례』 권4 「명례율(名例律) 상 2(上之二)」(『律』15.00) 「유수가속(流囚家屬)」. "**凡犯流者, 妻妾從之, 父、祖、子、孫欲**

一曰: '依'.【'依'者, 欲附諸條. 如"造魘魅殺人,[79] 依本殺法,"[80] "依常人一體充賞,"[81] "依已徒又犯徒,"[82] "依殺尊長、卑幼本律,"[83] "依老疾、幼小論"[84]之類.】

一曰: '從'.【'從'者, 歸一科斷之意.[85] 如"從重論",[86] "從夫嫁賣",[87] "從新拘役",[88] "從本色發

隨者, 聽. 遷徙安置人[隨行]家口[妻、妾、父、祖、子、孫], 亦准此. 若流徒人[正犯]身死, 家口雖經附入配所之籍, 願還鄉者放還. 軍犯亦准此. 其謀反、叛逆及造畜蠱毒, 若採生折割人, 殺一家三人會赦猶流者, 家口不在聽還之律."(p.95)

79 염매(魘魅. 魘昧)는 염마(魘魔)를 가리킨다. 염(魘)은 악몽을 뜻하지만 나아가 법술(法術)이나 주문·부적 등을 이용하여 사람을 해치는 요술(妖術) 내지는 무술(巫術)이나 그 행위를 가리킨다.

80 『대청률례』 권26「형률 인명 2(人命之二)」(『律』289.00)「조축고독살인(造畜蠱毒殺人)」. "3. **若造魘魅符書咒詛, 欲以殺人者[凡人、子孫、奴婢、雇工人、尊長、卑幼], 各以謀殺[已行未傷]論. 因而致死者, 各依本[謀]殺法.** 欲[止]令人疾苦[無殺人之心]者, 減[謀殺已行未傷]二等. 其子孫於祖父母、父母[不言妻妾於夫之祖父母、父母、子孫以見義], 奴婢、雇工人於家長者, 各不減[仍以謀殺已行, 論斬]."(pp.429-430)

81 『대청률례』 권5「명례율(名例律) 하 1(下之一)」(『律』25.00)「범죄자수(犯罪自首)」. "4. 若强、竊盜, 詐欺取人財物, 而於事主處首服及受人枉法、不枉法贓, 悔過回付還主者, 與經官司自首同, 皆得免罪. 若知人欲告, 而於財主處首還者, 亦得減罪二等. **其强、竊盜, 若能捕獲同伴解官者, 亦得免罪, 又依常人一體給賞**[强、竊盜自首免罪後再犯者, 不准首]."(p.113)

82 『대청률례』「명례율(名例律) 상 2(上之二)」(『律』16.09).「도류인우범죄(徒流人又犯罪)」條例. "**凡在京、在外已徒, 而又犯徒律, 應總徒四年, 及原犯總徒四年, 准徒五年者.** 若遇赦減等, 俱減一年. 其誣告平人死罪未決, 應杖一百、流三千里、加徒役三年者, 如徒役未滿, 遇赦減等, 減爲總徒四年. 若再遇赦, 仍准再減一年. 如已到流配所, 加徒役已滿者, 卽照尋常流犯, 減爲徒三年."(p.104)

83 『대청률례』 권25「형률 도적(盜賊) 하 1(下之一)」(『律』272.02).「친속상도(親屬相盜)」條例. "2. 若同居卑幼, 將引[若將引各居親屬同盜, 其人亦依本服降減, 又減爲從一等科之, 如卑幼自盜, 止依擅用不必加]他人盜己家財物者, 卑幼依私擅用財物論, 加二等, 罪止杖一百; 他人[兼首從言]減凡盜罪一等, 免刺. 若有殺傷者, **自依殺傷尊長卑幼本律科罪**. 他人縱不知情. 亦依强盜[得財不得財]論. 若他人殺傷人者, 卑幼縱不知情亦**依殺傷尊長卑幼本律**[仍以私擅用加罪及殺傷罪權之], 從[其]重[者]論."(p.400)

84 『대청률례』의 권5「명례율(名例律) 하 1(下之一)」(『律』23.00)「범죄시미노질(犯罪時未老疾)」. "**凡犯罪時雖未老疾, 而事發時老疾者, 依老疾論[謂: '如六丨九以下犯罪, 年七十事發; 或無疾時犯罪, 有廢疾後事發, 得依老疾收贖; 或七十九以下犯死罪, 八十事發; 或廢疾時犯罪, 篤疾時事發, 得入上請. 八十九犯死罪, 九十事發, 得入勿論之內']. 若在徒年限內老疾, 亦如之[謂: '如六丨九以下徒役三年, 役限未滿, 年入七十; 或入徒時無病, 徒役年限內成廢疾, 並聽准老疾收贖. 以徒一年三百六十日爲率. 驗該杖徒若干, 應贖銀若干, 俱照例折役收贖']. 犯罪時幼小, 事發時長大, 依幼小論[謂: '如七歲犯死罪, 八歲事發, 勿論. 十歲殺人, 十一歲事發, 仍得上請. 十五歲時作賊, 十六歲事發, 仍以贖論'].**"(pp.107-108)

85 과단(科斷)은 처벌·판결을 내린다는 뜻이다.

86 『대청률례』에서는 대부분 "**受財者, 以枉法從重論**"이나 "**受贓, 俱以枉法從重論**"이란 구절로 쓰이고 있다. 종중(從重)은 두 가지, 또는 그 이상의 죄가 한꺼번에 드러났을 때 그 가운데 가장 무거운 죄를 좇아 처벌하는 것을 뜻한다.

87 종부가매(從夫嫁賣)는 부인이 간음죄를 저질렀는데, 관원이 판단하건대 팔려 갔든 아니면 결혼은 하였든 간에 모두 그 본 남편의 뜻을 따른 것이라고 보는 경우를 가리킨다. 『대청률례』 권10「호율(戶律) 혼인 2(婚姻之二)」(『律』116.00)「출처(出妻)」. "3. 若[夫無願離之情]妻[輒]背夫在逃者, 杖一百, **從夫嫁賣**[其妻因逃而[輒自]改嫁者, 絞監候]. 其因夫[棄妻]逃亡三年之內, 不告官司而逃去者, 杖八十. 擅[自]改嫁者, 杖一百. 妾各減二等[有主婚媒人, 有財禮, 乃坐. 無主婚人, 不成婚禮者, 以和姦、刁姦論. 其妻妾仍從夫嫁賣]."(p.213).

88 구역(拘役)은 속박된다, 또는 경범죄 죄인이 단기간 내에 일정한 장소에 감금되어 자유를 빼앗기는 형벌을 가리킨다. 여기서는 '종신구역'은 다시 새롭게 복역한다는 뜻으로, 그 사례는 다음에 나와 있다. 『대청률례』 권35「형률 포망 2(捕亡之二)」(『律』390.00)「도류인도(徒流人逃)」. "1. 凡徒流遷徙充軍囚人, 已到配所, 於所役限內而逃者, 一日笞

落”,[89] “從尊長遺言”之類.[90]】

一曰: ‘並’.【‘並’者, 數事均得本罪. 如“臨軍征討, 行糧違限不完、臨敵缺乏, 承調不進兵策應,[91] 承差報告軍期違限,[92] 因而失悞軍機, 並斬”之類.[93]】

一曰: ‘餘’.【‘餘’者, 事外之意. 如“餘罪聽後發落,”[94] “餘皆徵之,”[95] “餘皆勿論,”[96] “餘罪收贖,”[97] “餘爲從論”[98]之類.】

五十, 每三日加一等, 罪止杖一百, 仍發配所. **其徒囚照依原犯[該]徒年[分]從新拘役, 役過月日, 並不准理.**”(pp.546-547)

89 본색(本色)은 본래의 직업이나 면목, 또는 실물로 징수하는 토지세(田賦)를 가리킨다. 이에 관련된 사례는 다음을 참조. 『대청률례』 권4 「명례율(名例律) 상 2(上之二)」(『律』14.00) 「제명당차(除名當差)」. “凡職[兼文武]官, 犯[私]罪罷職 不敘、[應]追奪[誥敕]除名, [削去仕籍]者, 官[階勳]爵皆除[不該追奪誥敕者, 不在此限]. 僧道犯罪, 曾經決罰者, [追收度牒]並令還俗. [職官僧道之原籍]軍民灶戶, **各從本色發還原籍當差.**”(p.94). 여기서는 본문의 ‘發落(처리한다)’이 아닌 ‘發還(돌려보낸다)’이란 용어가 쓰이고 있는데, 의미상 ‘발환’이 더 정확한 표현으로 보인다.

90 『대청률례』 권17 「예율(禮律) 상장(喪葬)」(『律』181.00) 「직관·서민삼월이장(職官·庶民三月而葬)」. “1. 凡有[尊卑]喪之家, 必須依禮[定限]安葬. 若惑於風水及託故停柩在家, 經年暴露不葬者, 杖八十[若棄毀死屍, 又有本律]. 其從尊長遺言, **將屍燒化及棄置水中者, 杖一百.** 從卑幼並減二等. 若亡歿遠方, 子孫不能歸葬而燒化者, 聽從其便.”(pp.296)

91 책응(策應)은 다른 방면에서 적에 대해 작전을 펼쳐 우군과 호응하는 것을 말한다.

92 승차(承差)는 하급 군직이나 차역을 가리킨다.

93 『대청률례』 권19 「병률(兵律) 군정(軍政)」(『律』204.00) 「실오군사(失誤軍事)」. “1. **凡臨軍征討, [有司]應合供給軍器、行糧、草料, [若有徵解]違期不完者, 當該官吏, 各杖一百. 罪坐所由[或上司移文稽遲、或下司徵解不完, 各坐所由]. 2. 若臨敵[有司違期不至而]缺乏及領兵官已承[上司]調遣[而逗遛觀望], 不依期進兵策應, 若[軍中]承差告報[會]軍[日]期而違限, 因而失誤軍者, 並斬[監候].**”(pp.311)

94 현재 동일한 구절은 찾을 수 없고 가장 유사한 부분은 도광 6년판 『대청률례』 권4 「명례율(名例律) 상 1(上之一)」(『律』1.07)에서 찾아볼 수 있다. “每年於小滿後十日起, 至立秋前一日止, 如立秋在六月內, 以七月初一日爲止, 內外問刑衙門, 除竊盜及鬪毆傷人罪, 應杖笞人犯, 不准減免, **其餘罪應杖責人犯, 各減一等, 遞行八折發落.** 笞罪寬免. 如犯案審題在熱審之先, 而發落在熱審期內者, 亦照前減免. 儻審題雖在熱審期內, 而發落已逾熱審者, 概不准其減免. 至熱審期內監禁重犯, 令管獄官量加寬恤. 其枷號人犯, 俱暫行保釋, 俟立秋後, 再行照例減等補枷, 滿日發落.” 장영쟁(張榮錚) 등(等) 표점·교열(点校), 『대청률례(大清律例)』(天津古籍出版社, 1995), pp.80-81을 참조.

95 앞서 인용한 『대청률례』 권5 「명례율(名例律) 하 1(下之一)」(『律』24.00) 「급몰장물(給沒贓物)」(pp.108-109) 조문을 참조.

96 『대청률례』 권5 「명례율(名例律) 하 1(下之一)」(『律』22.00) 「노소폐질수속(老小廢疾收贖)」. “凡年七十以上、十五以下及廢疾[瞎一目, 折一肢之類]犯流罪以下, 收贖[其犯死罪及犯謀反、叛逆緣坐應流, 若造畜蠱毒、採生折割人, 殺一家三人, 家口會赦猶流者, 不用此律. 其餘侵損於人一應罪名, 並聽收贖. 犯該充軍者, 亦照流罪收贖]. 八十以上、十歲以下及篤疾[瞎兩目, 折兩肢之類]犯殺人[謀故鬪毆], 應死[一應斬絞]者, 議擬奏聞[犯反逆者, 不用此律], 取自上裁; 盜及傷人[罪不至死]者, 亦收贖[謂: ‘旣侵損於人, 故不許全免, 亦令其收贖’], **餘皆勿論**[謂: ‘除殺人應死者, 上請, 盜及傷人者收贖之外, 其餘有犯皆不坐罪’]. 九十以上、七歲以下, 雖有死罪, 不加刑[九十以上犯反逆者, 不用此律]. 其有人教令, 坐其教令者, 若有贓應償, 受贓者償之[謂: ‘九十以上、七歲以下之人, 皆少智力. 若有教令之者, 罪坐教令之人. 或盜財物旁人受而將用, 受用者償之. 若老小自用, 還著老小之人追徵’].”(pp.106-107)

97 『대청률례』 권4 「명례율(名例律) 상 3(上之三)」(『律』18.00) 「범죄존류양친(犯罪存留養親)」. “凡犯死罪非常赦不原者, 而祖父母[高曾同], 父母老[七十以上]疾[篤廢], 應侍[或老、或疾], 家無以次成丁[十六以上]者, [即與獨子無異, 有司推問明白] 開具所犯罪名[並應侍緣由]奏聞, 取自上裁. **若犯徒、流[而祖父母、父母老疾無人侍養]者, 止杖一百, 餘罪收贖, 存留養親[軍犯准此].**”(pp.99-100)

98 『대청률례』 권25 「형률 적도(賊盜) 하 2(下之二)」(『律』278.00) 「도적와주(盜賊窩主)」 “2. 竊盜窩主造意, 身雖不

一曰: '遞'.【'遞'者, 按次循級之謂. 如"官司失出入人罪, 吏減犯人一等, 佐貳減首領一等, 正官減佐貳一等, 是曰: '遞減'[99]; 如"卑幼于尊長墳墓內, 熏孤狸燒屍者, 緦麻加凡一等, 小功加二等, 大功加三等, 期親加四等, 是曰: '遞加'"之類.[100]】

一曰: '重'.【'重'者, 諸罪之魁. 如"重者更論之, 已發又犯, 從重科斷,"[101] "以重論"之類.】

一曰: '但'.【'但'者, 不分事之大小、物之多寡也. 如"盜已行而但得財者, 皆斬,"[102] "子孫告祖父母、父母, 但誣者, 絞,"[103] "男女婚姻, 但曾受聘者"之類.[104]】

行, 但分贓者, 爲首論. 若不行, 又不分贓者, 爲從論[減一等]. 以臨時主意上盜者爲首, 其[窩主若不造意而但]爲從者, 行而不分贓及分贓而不行, [減造意一等]仍爲從論. 若不行、又不分贓, 笞四十. 3. 若本不同謀, [偶然]相遇共[爲强竊]盜, [其强盜固不分首、從. 若竊盜則] **以臨時主意上盜者爲首, 餘爲從論.**"(p.414)

99 『대청률례』 권5 「명례율(名例律) 하 1(下之一)」(『律』28.00) 「동료범공죄(同僚犯公罪)」. "1. **凡同僚犯公罪者[謂: '同僚官吏連署文案, 判斷公事差錯而無私曲者'], 並以吏典爲首, 首領官減吏典一等, 佐貳官減首領官一等, 長官減佐貳官一等[官內如有缺員, 亦依四等遞減科罪. 本衙門所設官吏無四等者, 止准見設員數遞減].** 若同僚官一人有私, 自依故出入人罪[私罪]論, 其餘不知情者, 止依失出入人罪[公罪]論[謂: '如同僚連署文案官吏五人, 若一人有私, 自依故出入人罪論, 其餘四人雖連署文案, 不知有私者, 止依失出入人罪論, 仍依四等遞減科罪']."(pp.116-117)

100 여기 나오는 시마·대공·소공은 상복(喪服)인 오복인데, 이것을 가지고 죄인과 피해자의 친소관계를 파악하는 기준으로 삼고 있다. 오복은 참최(斬衰. 3년 착용)·자최(齊衰. 3년~3개월 착용. 개최라고 읽기도 한다)·대공(大功. 9개월 착용)·소공(小功. 6개월 착용)·시마(緦麻. 3개월 착용)인데, 사망자와의 친소(親疏) 관계에 따라 옷감의 경중과 재료·모양을 달리 하고 가까운 사람은 무겁게, 먼 사람은 가볍게 만드는 것이다. 한편 기친(期親. 朞親)은 1년 동안 상복을 입어야 하는 친척을 가리킨다. 그리고 이 구절과 관련된 내용은 『대청률례』 권25 「형률 적도(賊盜) 하 2(下之二)」(『律』276.00) 「발총(發塚)」. "5. 若穿地得[無主]死屍, 不卽掩埋者, 杖八十. 若於他人墳墓[爲]熏狐狸, 因而燒棺槨者, 杖八十、徒二年. 燒屍者, 杖一百、徒三年. 若緦麻以上尊長, 各遞加一等[燒棺槨者, 各加爲杖九十、徒二年半. 燒屍者遞加爲杖一百、流二千里. 不可依服屬各遞加, 致反重於祖父母父母也]. **卑幼各[因其服]依凡人遞減一等. 若子孫於祖父母、父母及奴婢、雇工人於家長墳墓, 熏狐狸者, 杖一百. 燒棺槨者, 杖一百、徒三年. 燒屍者絞[監候].**"에 나온다.(pp.409-410)

101 '중자갱론지(重者更論之)'와 '이중론(以重論)'의 부분은 앞서 인용한 『대청률례』 권5의 「명례율(名例律) 하 1(下之一)」(『律』26.00) 「이죄구발이중론(二罪俱發以重論)」(pp.115-116)을 참조. "已發又犯, 從重科斷"은 『대청률례』 권5의 「명례율(名例律) 상 1(上之一)」(『律』21.00) 「도류인우범죄(徒流人又犯罪)」. "**犯罪已發[未論決], 又犯罪者, 從重科斷.** 已徒、已流而又犯罪者, 依律再科後犯之罪[不在從重科斷之限]. 其重犯流者三流, 並決杖一百, 於配所拘役四年. 若[徒而又]犯徒者, 依後所犯, 杖數、該徒年限[議擬明白照數]決訖, [仍令]應役, [通前]亦總不得過四年[謂: **'先犯徒三年, 已役一年, 又犯徒三年者, 止加杖一百、徒一年之類, 則總徒不得過四年. 三流雖並杖一百, 俱役四年, 若先犯徒年未滿者, 亦止總役四年'**]. 其徒流人又犯]杖罪以下[者], 亦各依[後犯笞杖]數決之. [充軍又犯罪亦准此]. 其應加杖者亦如之[謂: '天文生及婦人犯者, 亦依律科之']."(pp.103-104)부분을 참조.

102 『대청률례』 권23 「형률 적도(賊盜) 상 2(上之二)」(『律』266.00). 「강도(强盜)」 "1. **凡强盜已行而不得財者, 皆杖一百、流三千里. 但得[事主]財者, 不分首、從, 皆斬[雖不分贓, 亦坐. 其造意不行又不分贓者. 杖一百、流三千里. 夥盜不行又不分贓者, 杖一百].**"(p.377)

103 『대청률례』 권30 「형률 소송 2(訴訟之二)」(『律』337.00) 「간명범의(干名犯義)」. "1. **凡子孫告祖父母、父母、妻妾, 告夫及告夫之祖父母、父母者[雖得實亦], 杖一百、徒三年[祖父母等同自首者, 免罪]. 但誣告者[不必全誣, 但一事誣卽], 絞.** 若告期親尊長、外祖父母[及妾告妻者], 雖得實, 杖一百.[告]大功, [得實亦] 杖九十.[告]小功, [得實亦], 杖八十. [告]緦麻, [得實亦] 杖七十. 其被告期親、大功、尊長及外祖父母, 若妻之父母[及夫之正妻], 並同自首免罪小功[得實亦], 楮八十. [告]緦麻、尊長, 得減本罪三等. 若誣告罪重[於干犯本罪]者, 各加所誣罪三等[謂: '止依凡人誣告罪, 加三等. 便不失於輕矣. 加罪不入於絞. 若徒流已未決, 償費、贖產、斷付、加役, 並依誣告本律. 若被告無服尊長,

一曰: '亦'. 【'亦'者, 承接上文之意.[105] 如"人在徒, 年老疾病, 亦如老疾論",[106] "總徒不過四年,"[107] "亦各依上減罪,"[108] "亦各依數決之,"[109] "無賦役者, 亦杖八十,"[110] "亦准罪人自首"[111]之類.】

一曰: '稱'. 【'稱'者, 律所載之文也. 如"稱子者, 男女同, [稱]祖者, 高曾同,"[112] "稱日[者]以百刻,"[113] "稱監臨、主守者, 但有事在手,"[114] "稱嫡·從, 慈母、親母"[115]之類.】

減一等, 依名例律']."(pp.486-487)

104 수빙(受聘)은 여자 쪽에서 남자의 결혼예물을 받는 것을 말한다. 이 구절과 관련된 내용은 『대청률례』 권10「호율(戶律) 혼인 1(婚姻之一)」(『律』101.00)「남녀혼인(**男女婚姻**)」. "1. 凡男女定婚之初, 若[或]有殘、廢、[或]疾、[病]、老、幼、庶出、過房[同宗]、乞養[異姓]者, 務要兩家明白通知, 各從所願[不願卽止. 願者同媒妁], 寫立婚書, 依禮聘嫁. 若許嫁女已報婚書及有私約[謂: '先已知夫身殘疾、老幼、庶養之類'], 而輒悔者[女家主婚人], 笞五十. [其女歸本夫], 雖無婚書, 但曾受聘財者, 亦是."(p.203)를 참조.

105 승접(承接)은 이어받는다, 연결된다는 뜻이다.

106 앞서 인용한 『대청률례』 권5「명례율(名例律) 하 1(下之一)」(『律』23.00)「범죄시미노질(犯罪時未老疾)」(pp.107-108) 조문을 참조.

107 앞서 인용한 『대청률례』 권5「명례율(名例律) 하 1(下之一)」(『律』21.00)「도류인우범죄(徒流人又犯罪)」 조문을 참조.

108 『대청률례』 권25「형률 적도(賊盜) 하 1(下之一)」(『律』272.00)「친속상도(親屬相盜)」. "1. 凡各居本宗外姻、親屬相盜[兼後尊長、卑幼二款]財物者, 期親減凡人五等, 大功減四等, 小功減三等, 緦麻減二等, 無服之親減一等, 並免刺[若盜有首、從, 而服屬不同, 各依本服降減科斷, 爲從各又減一等]. **若行强盜者尊長, 犯卑幼亦[依强盜已行而得財不得財], 各依上減罪**. 卑幼犯尊長, 以凡人論[不在減等之限], 若有殺傷者[總承上竊强二項], 各以殺傷尊長卑幼本律, 從[其]重[者]論."(p.400)

109 바로 앞에 인용된 『대청률례』 권5의「명례율(名例律) 하 1(下之一)」(『律』21.00)「도류인우범죄(徒流人又犯罪)」 조문을 참조. 결(決)은 여기서 형벌을 집행한다는 것을 뜻한다.

110 『대청률례』 권8「호율(戶律) 호역(戶役)」(『律』75.00)「탈루호구(脫漏戶口)」. "1. 凡一[家曰]戶, 全不附籍, [若]有[田應出]賦役者, 家長杖一百. **[若係]無[田不應出]賦役者, 杖八十, [准]附籍[有賦照賦, 無賦照丁]當差**. 2. 若將他[家]人隱蔽在戶, 不[另]報[立籍]及相冒合戶附籍[他戶], 有賦役者[本戶家長], 亦杖一百, **無賦役者, 亦杖八十**. 若將[內外]另居親屬, 隱蔽在戶不報及相冒合戶附籍者, 各減二等. 所隱之人, 並與同罪, 改正立戶, 別籍當差. 其同宗伯叔姪及婿, 自來不曾分居者, 不在此[斷罪改正之]限."(p.170)

111 정확하게 일치하는 것은 아니지만, 다음을 참조할 수 있다. 『대청률례』 권5의「명례율(名例律) 하 1(下之一)」(『律』27.00)「범죄공도(犯罪共逃)」. "凡犯罪共逃亡, 其輕罪囚能捕獲重罪囚而首告及輕重罪相等, 但獲一半以上首告者, 皆免其罪[以上指自犯者言. 謂: '同犯罪事發, 或各犯罪事發, 而共逃者, 若流罪囚能捕死罪囚, 徒罪囚能捕流罪囚, 首告, 又如五人共犯罪, 在逃內一人能捕二人而首告之類, 皆得免罪. 若損傷人及姦者不免, 仍依常法']. 其因[他]人[罪犯]連累致罪, 而[正犯]罪人自死者, [連累人]聽減本罪二等[以下指因人連累而言. 謂: '因別人犯罪連累以得罪者. 如藏匿、引送、資給罪人及保勘、供證不實, 或失覺察關防、鈐束、聽使之類'. 其罪人非被刑殺, 而自死者, 又聽減罪二等]. **若罪人自首告[得免]及遇赦原免, 或蒙特恩減罪、收贖者, [連累人]亦准罪人原免減等贖罪法[謂: '因罪人連累以得罪, 若罪人在後自首告, 或遇恩赦全免, 或蒙特恩減一等、二等, 或罰贖之類, 被累人本罪, 亦各依法全免, 減等, 收贖']**."(p.116)

112 『대청률례』 권5의「명례율(名例律) 하 2(下之二)」(『律』38.00)「칭기친조부모(稱期親祖父母)」. "凡[律]稱期親及稱祖父母者, 曾高同. 稱孫者, 曾元同. 嫡孫承祖與父母同[緣坐者, 各從祖孫本法]. 其嫡母、繼母、慈母、養母[皆服三年喪有犯], 與親母[律]同[改嫁義絶及毆殺子孫, 不與親母同]. 稱子者, 男女同[緣坐者女不同]."(p.124)

113 『대청률례』 권5「명례율(名例律) 하 2(下之二)」(『律』41.00)「칭일자이백각(**稱日者以百刻**)」. "**凡[律]稱'一日'**

一曰: ‘同’. 【‘同’者, 一體科罪也. 如“同罪,[116] 則同得其罪, 充軍、遷徙皆同, 死罪減一等,[117] 衆證明白, 卽同獄成”之類.[118]】

12-04. 오형(釋五刑)[119]

오형의 종류는 다음과 같다. 【생각건대, [지금과는 달리] 고대의 오형에는 묵형(墨刑. branding on the cheek), 의형(劓刑. cutting off the nose), 비형(剕刑. cutting off the foot), 궁형(宮刑. castration), 벽형(辟刑. death)이 있었다.[120] 생각건대, 이마에 새기는 것을 묵, 코를 베는 것을 의, 발꿈치를 베는 것을 비, 생식기를 거세하는 것을 궁, 죽음에 처하는 것을 벽이라고 하였다. 오늘날의 오형과 고대의 그것은 다르며, 수(隋)·당(唐) 시대에 시작되었다.】

첫째는 태형(笞刑. whipping)이라고 한다. ‘태(笞)’는 때리는 것이고, 또한 뜻을 풀이하자면 수치스럽게 한다는 것이기도 하다. 사람에게 작은 허물이 있으면, 법으로 응당 징계해야 하는데, 때려서 수치스럽게 하는 것이다. 『상서』에서 “회초리로 때리는 것을 학교의 형벌로 삼는다”고 한 것은 바로 이를 가리킨다. 작은 가시나무 가지로 만드는데, 큰 마디를 제거한다. 큰

者, 以百刻[犯罪違律, 計數滿乃坐]. 計工者, 從朝至暮[不以百刻爲限]. 稱‘一年’者, 以三百六十日[如秋糧違限, 雖三百五十九日, 亦不得爲一年]. 稱‘人年’者, 以籍爲定[謂: ‘稱人年紀, 以附籍年甲爲准’]. 稱‘衆’者, 三人以上. 稱‘謀’者, 二人以上[謀狀顯跡].”(p.126)

114 앞서 인용한 『대청률례』 권5의 「명례율(名例律) 하 2(下之二)」(『律』40.00) 「칭감림·주수(稱監臨、主守)」(pp.125-126) 조문을 참조.

115 바로 앞에 인용한 『대청률례』 권5 「명례율(名例律) 하 2(下之二)」(『律』38.00) 「칭기친조모(稱期親祖父母)」 조문을 참조.

116 『대청률례』 권5의 「명례율(名例律) 하 2(下之二)」(『律』39.00) 「칭여동죄(稱與同罪)」. “1. 凡[律]稱‘與同罪’者[謂: ‘被累人, 與正犯同罪, 其情輕’], 止坐其罪. [正犯]至死者, [同罪者]減一等, 罪止杖一百、流三千里. [正犯應刺, 同罪者免刺, 故曰]不在刺字、絞、斬之律, 若受財故縱與同罪者[其情重]全科, [至死者絞]. 其故縱謀反、叛逆者, 皆依本律[斬絞]. **凡稱‘同罪’者, 至死減一等. 稱‘罪同’者, 至死不減等**].”(pp.124-125)

117 바로 앞의 조문을 참조.

118 앞서 인용한 『대청률례』 권5 「명례율(名例律) 하 2(下之二)」(『律』31.00) 「범죄사발재도(犯罪事發在逃)」(p.119) 조문을 참조. 동옥(同獄)은 동일한 범죄사건이라는 뜻이다.

119 이하에서는 범죄 관련 용어의 이해를 돕기 위해 역자가 각 용어의 영어 설명을 추가하였다.

120 오형은 각기 branding on the cheek, cutting off the nose, cutting off the foot, castration, death에 해당된다.

쪽 끝머리의 지름은 2푼 7리,[121] 작은 쪽 지름은 1푼 7리이고, 길이는 세 자[122] 다섯 치다. 10대에서 50대까지를 다섯 등급으로 나누는데, 매 10대를 한 등급으로 하여 등급을 올려 간다. 오늘날에는 단지 죄를 가늠하는 데만 쓸 뿐, 사람을 벌주기 위해서 쓰지는 않는다.

두 번째는 곤장형(杖刑. flogging)이라고 한다. 곤장은 잡는 것이다. 즉 이것을 잡고 쳐서 경계심을 갖게 만드는 것이다. 『상서』에서 "채찍(鞭)으로 때리는 것을 관원에 대한 형벌로 삼는다"고 한 것이 바로 이것이다. 큰 가시나무 가지로 만드는데, 큰 쪽 끝머리의 지름은 3푼 2리, 작은 쪽의 지름은 2푼 2리, 길이는 세 자 다섯 치이다. 60대에서 100대까지 다섯 등급으로 나누는데, 매 10대를 한 등급으로 하여 더하거나 줄인다. 오늘날에는 단지 대나무 판(竹板)으로 만들 뿐, 사람에게 형벌을 줄 때 가시나무를 쓰지는 않는다.

세 번째는 노역형(徒刑. penal servitude)이라고 한다. 도(徒)라는 것은 노예를 말한다. 이를테면 "사람에게 죄가 있을 때 노역(奴役)을 맡게 하는 것으로, 곧 성벽을 쌓는 일(城旦[남자의 경우])이나 절구질(舂功[여자의 경우])에 동원하는 것이다." [지금은] 관청에 수감되어 있으면서 소금을 졸이거나 철광석을 제련하거나 역참의 역졸로 일하는데, 고통스러운 일에 힘을 쓰도록 처벌하는 것이다. 노역형 1년 더하기 곤장 60대에서 3년에 곤장 100대까지 다섯 등급으로 구분된다. 곤장 10대와 노역형 반년을 한 등급으로 하여 더하거나 줄이는 것이다. ○ 오늘날에는 역참(驛站)에서 복역하는 경우가 대부분이다.

네 번째는 유배형(流刑. exile)이다. 이것은 차마 형벌로 죽이지 못하고 용서하여 멀리 보내는 것으로, 이 고향을 떠나게 하여 평생 돌아오지 못하게 하는 것이다. 마치 흘러가는 물처럼 한번 흘러 내려가면 끝내 다시는 원래의 자리로 되돌아오지 못하는 것과 같다. 유배형은 2천 리에서부터 3천 리까지 세 등급으로 나누는데, 5백 리를 한 등급으로 하여 더하거나 줄인다. 곤장은 100대를 [최대한으로] 정해진 수로 한다. 【요·순이 다스리던 태평성세에는 사방의 변경지대로 보내거나 해외로 내보내었는데, 보낸 거리는 상세하지 않다.】

다섯 번째는 사형(死刑. death)이다. 사형에는 오로지 두 가지가 있는데, 바로 교수형(絞首刑. strangulation)과 참수형(斬首刑. decapitation)이다. 참수형은 몸과 머리가 떨어지게 만드는 것이고, 교수형은 목을 조르되 신체를 온전하게 해 주는 것이다. 【참수형은 황제(黃帝) 헌원씨(軒轅氏) 때부터, 교수형은 주대(周代)에 시작되었으며, 곧 고대의 벽형(辟刑)은 바로

121 푼(分)은 촌(寸. 한 치)의 1/10을 말하며, 리(釐)는 1푼의 1/10을 말한다.
122 자(尺)는 열 치(10寸) 길이이다.

이것들을 가리킨다. 능지처사(凌遲處死. lingering death)는 형벌 중 가장 극단적인 것으로 오형의 범위 안에 포함되지 않는다.**】**[123]

五刑 【古之五刑, 墨、劓、剕、宮、辟也. 按: 刻顙曰[124]: '墨', 割鼻曰: '劓', 刖足曰: '剕', 刑淫曰: '宮', 死刑曰: '辟', 今之五刑與古異, 始于隋、唐】

一曰: '笞'. 笞者, 擊也, 又恥也. 人有小愆, 法宜懲戒, 擊以恥之. 『書』曰: "朴作教刑", 是也.[125] 以小荊條爲之,[126] 削去節, 大頭徑二分七釐, 小頭徑一分七釐, 長三尺五寸. 自一十至五十爲五等, 每十下爲一等加等.[127] 今只用以擬罪, 不以刑人.

一曰: '杖'. 杖者. 持也. 言持此以擊戒之. 『書』曰: "鞭作官刑", 是也.[128] 以大荊條爲之, 大頭徑三分二釐, 小頭徑二分二釐, 長三尺五寸. 自六十至一百爲五等, 每十下爲一等加減. 今止以竹爲板. 刑人不用荊條.

一曰: '徒'. 徒者, 奴也. 謂: "人有罪戾,[129] 當任以奴役, 卽城旦、舂也."[130] 拘收在官,[131] 煎鹽、炒鐵[132]、擺站,[133] 責以用力辛苦之事, 自一年、杖六十, 至三年、杖一百爲五等. 每杖十下,

---

123 『대청률례』 권4 「명례율(名例律) 상(上) 오형(五刑)」에 관한 주(註)는 판본에 따라 다른데, 건륭·도광 판본에는 들어 있지 않지만, 설윤승(薛允升) 찬(撰), 『독례존의(讀例存疑)』(光緒三十一年 京師刊本) 卷1 001. 「오형(五刑)」에는 "무릇 율법 가운데 감후·입결이란 글자가 기재되어 있지 않은 경우는 모두 입결이다. 무릇 조례 가운데 감후·입결이란 글자가 기재되어 있지 않은 경우는 모두 감후가 된다."라는 구절이 들어 있다("死刑. 二[**凡律中不註監候、立決字樣者, 皆爲立決. 凡例中不註監候、立決字樣者, 皆爲監候**]. 絞. 斬[內外死罪人犯, 除應決不待時外, 餘俱監固, 候秋審、朝審, 分別情實、緩決、矜疑, 奏請定奪.]). 한편 『독례존의(讀例存疑)』는 일본(日本) 교토 대학(京都大學) 테라다(寺田浩明) 교수가 정리하여 공개한 『독례존의전자판(讀例存疑電子版)』을 참고하였다((http://www.terada.law.kyoto-u.ac.jp/dlcy/index.htm).

124 상(顙)은 이마 또는 빰을 가리킨나.

125 『상서』의 「순전(舜典)」에 나오는 구절이다. "다섯 가지 형벌을 기물에 새겨서 보여 주고, 유형으로 다섯 가지 형벌을 대체하여 관용을 보여 주고, 채찍으로 때리는 것을 관원에 대한 형벌로, 나뭇가지(회초리)로 때리는 것을 학교의 형벌로 삼고, 구리를 내는 것으로 속죄(贖罪)의 형벌로 삼았다. 실수로 죄를 지은 사람은 풀어 주되, 뉘우치지 않고 다시 죄를 저지르는 사람에게는 형벌을 가하니, 삼가고, 삼가라. 형벌의 사용은 반드시 신중해야 한다(象以典刑, 流宥五刑, 鞭作官刑, 扑作教刑, 金作贖刑, 眚災肆赦, 怙終賊刑. 欽哉欽哉, 惟刑之恤哉.)."

126 형(荊)은 모형나무 또는 가시나무라고 한다. 형조(荊條)는 형장(荊杖)으로 바로 곤장을 말한다.

127 하(下)는 여기서 내려치는 것을 세는 양사(量詞)로 보인다.

128 바로 앞서 나온 『상서』 「순전(舜典)」편의 구절을 참조.

129 죄려(罪戾)는 죄악을 말한다.

130 성단(城旦)은 노역형에 처해진 죄수에게 4-6년간 축성(筑城)의 노역에 종사하게 하는 진한 시대의 형벌, 또는 그 죄수를 가리킨다. 용(舂)은 4-6년의 노역형에 처해진 여성죄수의 명칭으로 절구질하는 중노동에 종사한다.

131 구수(拘收)는 구속·수감, 구금을 말한다.

132 초철(炒鐵)은 중범죄수에게 철광물 제련의 힘든 일을 맡기는 형벌을 말한다.

133 파참(擺站)은 노역형(徒刑)을 받는 사람이 역참에 보내져서 역졸로 일하는 것을 말한다.

徒半年爲一等 加減 ○ 今著驛擺站者, 居多.

一曰: '流'. 流者, 不忍刑殺, 宥之于遠, 使其離此鄕土, 終身不返, 猶水流之意, 惟有去而終古不歸返者.[134] 自二千里至三千里爲三等, 五百里爲一等加減. 杖以一百爲定數. 【按: 唐、虞之流,[135] 或流于四裔,[136] 或于海外, 不詳里數】

一曰: '死'. 死刑, 惟二曰: '絞', 曰: '斬'. 斬者, 身首異處, 絞全肢體. 【按: 斬自軒轅,[137] 絞興周代, 卽古之辟刑, 是也. 至若凌遲處死,[138] 乃刑之極者, 不在五刑之內】

12-05. 죽을죄의 차이(釋死罪之不同)[139]

[죽을죄의 하나인] 진범사죄(眞犯死罪. a prime crime rating the death penalty)는 마땅히 사형을 공개적으로 집행해야 할 경우를 가리킨다. 하지만 그 사형 방법에는 두 가지가 있는데, 하나는 때를 기다리지 않고 곧바로 집행하는 것으로 바로 즉시 집행[처형](立決. immediate execution)이다. 범죄 정상이 분명한 사실이고, 응당 죄를 받아야 해서 더 이상 논의할 필요가 없을 경우에 해당한다. 다른 하나는 사형 대기, 즉 감후(監候[감금되어 사형집행을 기다린다는 뜻], execution after the asssizes)이다. 중앙의 관련 기구에서 「사건조서」를 만들어 황상에게 제문(題文)으로 보고하며, [제문을 올린 결과 내려온 황상의 지시에 따라] 법사(法司)에서 다

134 종고(終古)는 '오래도록, 영원히'라는 뜻이다.

135 당우(唐虞)는 각기 요·순임금의 시대·나라를 가리킨다.

136 사예는 유주(幽州. 북예)·숭산(崇山. 남예)·삼위(三危. 서예)·우산(羽山. 동예) 등 사방의 변경 지방을 말하는데, 공공(共工)·환두(驩兜)·삼묘(三苗)·극곤(殛鯀)이 쫓겨났다고 일컬어지는 『상서』「순전(舜典)」에서 비롯되었다. 따라서 이 말은 사방의 변경 지대나 그곳 사람을 가리키는 뜻으로 널리 쓰인다.

137 헌원(軒轅)은 전설 속의 제왕인 황제(黃帝)의 이름을 가리킨다. 황제의 성(姓)은 공손(公孫)이다.

138 능지(陵遲)는 비탈이 완만하게 뻗어 있다는 뜻인데, 그만큼 천천히 고통스럽게 죽어 가도록 하는 잔혹한 형벌이다. 과형(剮刑)이라고도 하는데 먼저 사지를, 그리고 나중에는 목을 도려내는데, 보통 살갗이나 사지를 잘라 내는 칼질의 횟수가 정해져서 고통이 가중되는 처벌의 목적으로 설치되었다. 오대(五代)에 시작되어 원·명·청대에 모두 율례의 정조(正條)에 포함되었고, 청말에 가서야 폐지되었다. 능지형에 대해서는 티모시 브룩 외 지음, 박소현 옮김, 『능지처참: 중국의 잔혹성과 서구의 시선』(너머북스, 2010)에서 상세하게 설명되고 있다.

139 원 제목에 "[죽을죄(死罪. death penalty)에는] 두 조항이 있는데, 하나는 '진범사죄'이고, 다른 하나는 '잡범사죄'이다(凡二條, 一曰: '眞犯死罪'. 一曰: '雜犯死罪')."는 주가 붙어 있다.

시 논의하여 주청하여 [사형판결이] 확정되었지만, 단지 감금하여 집행을 대기하고 가을 이후 처결하는 것이다. 매년 추결(즉 秋審. autumn assizes)[140]을 할 때는 중앙정부의 관련 담당자들이 함께 모여 논의하기 때문에 이를 조심(朝審. court trial)이라고 한다.[141] 여기서는 범죄 정상이 명확한 경우(情眞. proven guilty), 정상참작을 받을 만하고 의심스러운 점이 남아 있는 경우(矜疑. doubtful or worthy of compassion) 두 종류로 나누어 다시 제문으로 황상의 결정을 청하여 황상의 유지로 결정되기를 기다린다. 오늘날의 조심에는 위의 두 가지 외에 또한 집행[처형] 유예(緩決. postponed execution)가 있다. 이것은 [전 해에] 집행 유예라는 황상의 상유가 내려진 바 있기 때문에, 심사할 때 여전히 이전의 상유를 준수하여 [똑같은] 집행 유예의 의견을 내기 때문이다. 또한 부정한 재물의 처리가 완결되지 않았기 그 추징 때문에 집행이 늦추어지는 경우도 있다. 대략 집행 유예는 사면을 받으면 감형이 될 수 있으며, 정상참작을 받을 만하고 의심스러운 점이 남아 있는 경우(矜疑)는 대개 감형하여 처리하는 조항에 따르게 된다.

또한 죽을죄에는 잡범사죄(雜犯死罪. a secondary crime rating the death penalty)가 있는데, 이를테면 과실로 사람을 죽였지만(homicide by accident) 본래 그럴 생각이 없었다거나 부정한 재물이 40냥 이하에 그쳤는데 사형에 처하는 것은 너무 무거운 형벌이 된다. 그래서 비록 사형판결을 내리지만 잡범 조항으로 완화시켜 노역형 5년을 치르도록 허용하는데, 또한 처벌이 너무 가벼워 충군(充軍. servitude in military camps on the frontiers)의 형벌로 다시 늘려서 정하기도 한다. 그때에도 죄가 충군형인지 노역형인지에 따라 변경이나 내지로 구별하여 보낸다. 응당 죽여야 할 경우는 법을 제대로 적용하고, 용서하여 죽이지 않는 경우에는 그 정상을 참작해 주는 것이다. 만약 누차 범죄를 저지른 것이 세 차례가 되면, 모름지기 그 처리에 대한 황상의 결정을 주청해야 한다.

眞犯死罪,[142] 宜加顯戮者也.[143] 然其死之法, 則有二; 一決不待時, 卽立決, 情眞罪當, 無

140 앞서도 나왔지만, 추심(秋審)은 서리가 내린 다음인 가을에 이루어지기에 붙은 이름으로 명·청대의 경우 각 성에서 4월에 사형이 집행되었지만 아직 집행되지 않은 죄수에 대해 다시 심의를 하는 것을 가리킨다.

141 앞서의 각주에서 설명한 바에 따르면 조심과 추심은 약간 다른데, 무언가 혼동이 있거나 시대적인 차이가 개입되어 있는 것으로 보인다.

142 진범사죄(眞犯死罪)는 엄중한 사죄(死罪), 즉 죽을죄의 총칭이다. 이를테면 십악(十惡), 기존의 법을 바꾸고 어지럽게 한 죄(變亂成法), 황제의 칙유나 인신(印信)을 버리거나 훼손한 죄(棄毁制書印信) 등의 중대범죄를 가리키며, 명초 홍무 연간에 창설되었다(『眞犯死罪律令』). 일반적인 사면으로도 복권되지 않고, 죄가 정해지면 곧바로

庸再議也; 一監候, 院司成招具題,[144] 法司復議,[145] 奏請已定, 但令監候, 秋後處決. 每年秋決之時, 復行朝臣集議, 名曰: '朝審'. 分別情眞、矜疑兩項,[146] 再具題請, 候旨定奪. 今朝審, 于情眞、矜疑之外, 又有緩決. 蓋前次奉有緩決之旨, 審時仍遵前旨緩決; 又有贓未完結, 因追贓緩決者.[147] 大約緩決遇赦, 則可末減.[148] 矜疑者, 則槩從末減發落之條矣.

又有雜犯死罪,[149] 如過失殺人, 本出無心, 贓止四十兩以下, 卽處以死, 未免過重. 故雖擬死, 有爲襍條, 准徒五年後, 又以過輕, 增定軍罪,[150] 按罪分別軍、徒, 幷沿邊、腹裏起發.[151] 蓋例之當死, 以盡法[152]; 有之不死, 以揆情. 若纍犯三次,[153] 須奏請定奪.

처형되며, '잡범사죄(雜法死罪)'에 비해 처벌이 무겁다.

143 현육(顯戮. 顯僇)은 형법을 바로 실시하고 시신을 진열하여 뭇사람에게 보인다는 것, 또는 사형을 뜻한다.

144 성초(成招)는 죄수가 심문을 받으면서 진술하면 그것을 기초로 「사건조서」를 작성하고 서명하게 하는 것을 가리킨다. 구제(具題)는 제본(題本)을 갖추어 공식 행정계통을 통해 황제에게 보고하는 것을 가리킨다.

145 앞의 원사(院司)는 추심·조심에 참여하는 삼법사(三法司), 즉 형부와 도찰원, 대리시 가운데 중앙정부의 사법관련 기관인 도찰원(院)·대리시(司)[의 실무관료]를 가리킨다. 법사(法司)는 원래 삼법사(三法司)를 가리키는데, 여기서는 아마 형부[와 도찰원·대리시의] 고위 관료를 가리키는 것 같다. 삼법사의 회심이라는 제도가 있는데, 먼저 소삼법사(小三法司)인 형부·도찰원·대리시의 실무관료들이 회의를 하여 고위 관료(堂官)에게 결과를 보고하면 도찰원·대리시의 고위 관료가 형부의 고위관료와 협의하여(會大法이라 한다), 이견이 없으면 형부가 판결문을 주도하여 나머지의 서명을 받는다. 지방에서 올라온 안건도 모두 형부가 검토와 답장을 담당하며, 공동심의(會審)에 넘기는 권한도 형부에 있어, 형부가 공동심의에 넘기지 않으면 도찰원과 대리시는 간여하지 못한다.

146 정진(情眞. proven guilty)은 범죄 정상이 분명한 경우, 긍의(矜疑. doubtful or worthy of compassion)는 정상참작을 받을 만하고 의심스러운 점이 남아 있는 경우를 뜻한다.

147 추장(追贓)은 죄수로 하여금 장물이나 뇌물로 받은 돈을 내놓게 하는 것, 즉 추징하는 것을 말한다.

148 말감(末減. 末减)은 경감한다거나 감형한다는 뜻이다.

149 잡범사죄(雜犯死罪)는 진범사죄에 비해 그다지 엄중하지 않은 죽을죄(십악이나 고의살인, 반역 연좌, 강도살인 등을 제외한)를 총칭한다. 『당률(唐律)』에 처음 나온다. 명·청대에는 추심·조심 후 처리 처분이 내려졌으며, 5년 노역형의 경우 1년이 감해지고, 속죄(贖罪)도 허용되었다.

150 군죄(軍罪)는 충군(充軍)의 처벌을 가리킨다. 충군은 범인을 변방 지구로 보내 군대에 소속되어 군역이나 강제노동에 종사하게 하는 것으로 사형보다는 가볍고 유배형보다는 무거운 형벌의 일종이다.

151 복리(腹裏)는 내지를 가리킨다. 기발(起發)은 출발하게 한다거나 보낸다는 뜻이다.

152 진법(盡法)은 완전히 법에 의해 처리한다는 뜻이다.

153 누범(纍犯)은 범죄를 한 차례 이상 저지르는 것을 가리킨다.

12-06. 여러 형벌의 차이(釋笞杖徒流決贖不同)[154]

집이 가난하여 돈을 납부할 수 없는 것을 일컬어 '무력(無力)'이라고 한다.[155] 무릇 죄를 심문하고 가늠하면 율법에 따라 형의 집행이나 [노역·유배를 위한] 배치가 이루어진다. 태형이나 곤장형은 [죽판으로] 두들겨 맞는 형벌을 받는다. 지금은 태형과 곤장형 모두 매 10대를 4판으로 환산하여 집행하며,[156] 가시나무 가지를 사용하지 않는다. 노역형과 유배형은 시간과 거리를 고려하여 출발·배치시키는데, 일반 백성은 역참으로, 병사는 변방 초소로 보낸다. 집안 형편이 무력자에 비해 조금 넉넉한 사람을 가리켜 '초유력(稍有力)'이라고 하며, [실형 대신] 임금만큼 내는 것을 허용한다. 응당 일을 해야 하는 만큼 돈으로 내게 하는데, 한 달은 은 2전(錢. 1전은 1/10냥의 은을 가리킨다)으로 환산한다. 예를 들어 태형 10대는 한 달만큼의 임금을 내며, 1등급이 올라갈 때마다 임금 반 달치를 더한다. 곤장 60대는 네 달만큼의 임금을 내며, 1등급이 올라갈 때마다 반 달치를 더한다. 5등급으로 구성된 노역형도 매달 임금만큼 돈을 내는데, [노역형에 부가되어 있는] 곤장형은 계산에 포함되지 않는다.

그리고 가정형편이 상당히 넉넉한 사람을 일컬어 '유력(有力)'이라고 한다. 율법에 따라 돈을 내어 벌을 면제받는데, 벌금은 은으로 환산하여 국고로 보낸다. 이를테면 태형 10대면 은은 2전 5푼이고 쌀로는 다섯 말(斗), 나락으로는 한 섬(石)이다. 대개 쌀 한 섬은 은 5냥으로 환산되고, 나락 한 섬은 은 2전 5푼으로 환산되는데, 은의 액수와 비교해 보면 거의 들어맞는다. 다만 관례상 봄과 여름에는 은으로, 가을과 겨울에는 쌀·나락으로 납부한다. 매 10대마다 순서대로 액수가 추가된다. 이를테면 곤장형 60대가 되면 은 3냥을 내야 하며, 10대마다 은 5전이 더해진다. 노역형은 1년이면[157] 은 7냥 5푼이고, 한 등급이 오를 때마다 은 2냥 5전이 더해진다. 노역형 4년의 경우도 마찬가지다. 단지 '잡범 5년노역형'을 받은 사람은 은 25냥을 내야 하며, 쌀·나락으로 바꾸어 내도 괜찮다. 그렇지만 세 등급으로

---

154 결속(決·贖)은 형벌의 실제 집행과 절속(折贖)을 가리킨다. 원문 제목에 다음과 같은 주가 붙어 있다. "절속(折贖)에는 세 가지 조항이 따른 차이가 있는데, 각기 '재력이 없는 경우, 즉 무력(無力)', '조금 재력이 있는 경우, 즉 초유력(稍有力)', '재력이 있는 경우, 즉 유력(有力)'이라고 한다(凡三條曰: '無力', 曰: '稍有力', 曰: '有力'.)."

155 이하의 내용은 『대청률례』 권2 「제도(諸圖) 납속제례도(納贖諸例圖)」에 도표로 제시되어 있는 부분이다.

156 원문은 20대를 1판으로 절책한다고 되어 있으나(每笞、杖二十, 折責一板), 이 부분은 "每笞、杖一十折責四板"이라고 해야 아마도 『대청률례』의 관련조문과 부합된다. 아마 무언가 착오가 있는 것 같다.

157 원문은 '도오년(徒五年)'이라 되어 있으나 실제로는 '도일년(徒一年)'이 정확한 표현이 된다.

구성된 유배형의 경우는 오직 율례를 따질 뿐 돈을 낼 힘이 있고 없고의 여부는 따지지 않는다. 율례에 의해 속죄가 허락되지 않아 돈으로 내서 면제받을 수 없기 때문이다.【태형의 속은은 1냥 2전 5푼 이상이 될 수 없으며, 곤장형의 경우는 5냥 이상이 될 수 없다. 노역형의 경우는 [부가되는] 곤장형[을 대신할 속은]으로 은 5냥을 내는 데다가, [노역형 1년의 경우 7냥 오전에서 시작하여] 한 등급이 올라갈 때마다 2냥 5전이 더해져 [노역형 3년이 경우] 총 17냥 5전에서 그친다. '잡범 4년노역형'을 받은 사람은 다시 2냥 5전이 더해진다.】

家貧不足以入鍰者,[158] 謂之: '無力'. 凡擬得罪狀, 依律決配,[159] 笞杖則受責.[160] 今每笞、杖二十, 折責一板,[161] 不用荊條. 徒、流按年、里起發, 民擺站, 軍瞭哨.[162] 家道畧饒于無力者,[163] 謂之: '稍有力'. 准納工價, 每應做工贖罪, 一月折銀二錢. 如笞一十, 納工一月, 每加一等, 加工半月. 杖六十, 納工價四月, 每加一等, 加工半月. 五徒皆按月納價,[164] 杖不計. 饒裕之

158 환(鍰)은 무게 단위로 엿냥 쭝을 말한다. 다시 말해 여기서는 돈을 가리킨다.

159 결배(決配)는 원래 유방지형(流放之刑)의 판결을 내린다는 뜻이지만, 이어지는 문장을 아울러 참고하면 여기서는 집행과 (노역·유배를 위한) 배치를 가리키는 것처럼 보이기도 한다. 한편 '결(決)'에는 집행이라는 뜻이 강하게 담겨 있다.

160 수책(受責)은 태형이나 곤장형의 집행을 받는다는 뜻이다.

161 청대의 태형(笞刑)은 각기 10·20·30·40·50대(태)를 때리는 것인데, 각 10태를 한 등급으로 하여 모두 5등급으로 나누었다. 그리고 실제 집행 시에는 10대를 4판(板)으로 환산하는데 이것을 절책(折責)이라고 한다. 절책에서는 10대를 4판으로 환산하므로, 그 이상의 20·30·40·50대는 각기 8·12·16·20판으로 환산되는데, 거기서 5의 배수가 아닌 수, 즉 5에 미치지 못하는 수는 모두 빼버린다(除零). 그래서 10대는 4판, 20대는 5판(8판에서 3판을 뺀 숫자다. 이하 동일), 30대는 10판(12판에서 2판을 뺀 것), 40대는 15판(16판에서 1판을 뺀 것), 50대는 20판(20판 그대로)이 된다. 또한 태형의 경우는 가시나무가 아닌 소죽판(小竹板)을 사용하는 형벌이 시행되었다(旗人의 경우 채찍으로 대체되었다). 보다 무거운 형벌인 곤장형의 경우에도 60·70·80·90·100장이 마찬가지 방법으로 20·25·30·35·40판으로 환산되고, 대죽판(大竹板)을 사용하는 형벌이 시행되었다(『대청률례』 권4「명례율(名例律) 상(上)」(『律』1.00). "[名者, 五刑之罪名. 例者, 五刑之體例也] 五刑. 笞刑五[笞者, 擊也. 又訓爲恥. 用小竹板]; 一十[折四板]; 二十[除零, 折五板]; 三十[除零, 折一十板]; 四十[除零, 折一十五板]; 五十[折二十板]. 杖刑五[杖重於笞, 用大竹板]; 六十[除零, 折二十板]; 七十[除零, 折二十五板]; 八十[除零, 三十板]; 九十[除零, 折三十五板]; 一百[折四十板]." 또한 이에 대해서는 『대청회전(大淸會典)』 권53「형부(刑部) 험봉청리사(驗封淸吏司)」(『續修四庫全書』 史部 政書類. 上海古籍出版社, 2002), pp.512-514 및 管軍軍, 『中國古代的"皇杖"』(中國法制出版社, 2006)의 제14장 pp.112-113; 那思陸, 『淸代州縣衙門審判制度』(中國法政大學出版社, 2006), pp.183-185 및 主客, 『臀部的尊嚴: 中國笞杖刑罰兒文化』, 花城出版社, 2002, pp.68-114을 참조). 따라서 "每笞、杖二十, 折責一板"이란 표현은 "每笞、杖一十, 折責四板"이라고 해야 아마도 『대청률례』의 관련조문과 부합될 것이다.

162 요초(瞭哨)는 요망초(瞭望哨), 즉 변방의 멀리 내다보는 감시초소에서 근무한다는 뜻이고, 요망(瞭望)은 높은 곳에 올라 멀리 바라본다, 감시한다는 뜻이다.

163 가도(家道)는 여기서는 가정의 경제적 형편을 말한다.

164 오도(五徒)는 노역형의 다섯 등급을 말하는 것 같다. 노역형은 원래 5년까지 있었는데 수대(隋代) 이후 3년으로 바뀌었다. 『당률소의(唐律疏議)』「명례일(名例一)·도형오(徒刑五)」에 따르면 노역형은 1년에서 1년 반, 2년, 2년 반, 3년 등 다섯 등급이 있고 더불어 벌금으로 내는 구리가 20근에서 등급마다 10근씩 추가되었다. 청

家, 謂之: '有力'. 照例贖罪, 折銀上庫. 如笞一十, 贖銀二錢五分, 米則五斗, 穀一石.[165] 蓋米一石, 折銀五, 穀一石折銀二錢五分, 較與銀數無異, 但以春夏例納銀, 秋冬例納穀耳. 每一十, 以次加之. 如杖六十, 銀三兩, 一十加銀五錢. 徒五年,[166] 贖銀七兩五錢, 每一等, 加銀二兩五錢. 徒四年者, 亦如之. 惟雜犯五年者,[167] 贖銀二十五兩, 改納米穀, 皆稱是. 若流三等, 唯論例不論力. 例不准贖者, 不得聽贖也. 【按: 笞贖止一兩二錢五分, 杖止五兩. 徒則于杖贖五兩之上, 每等加二兩五錢, 止十七兩五錢. 准徒四年者,[168] 又加二兩五錢】

12-07. 수속과 속죄(釋贖鍰不同)[169]

위의 조항에서는 재력에 따라 그 액수를 정하였는데, 이것을 절속(折贖)이라고 한다. 절속이 허락되지 않는 경우와 아울러 아래의 두 항목에 속하는 사람 외에는 모두 재력에 따라 돈을 낼 수 있으며, 돈이나 미곡으로 그 액수를 납부한다. 늙은이와 어린이, 폐질환자,

---

대의 경우도 『대청률례』에 의하면 노역형은 1년에서 1년 반, 2년, 2년 반, 3년 등 다섯 등급이 있고 각기 곤장 60·70·80·90·100대가 추가되었다.

165 미(米)는 쌀을 가리키고 곡(穀)은 껍질을 벗기지 않은 나락을 가리킨다. 보통 나락의 껍질을 벗기는 도정작업을 거친 쌀은 나락에 비해 그 부피가 절반으로 줄어든다.

166 여기서의 '도오년(徒五年)'은 '도일년(徒一年)'의 잘못된 표현이다. 다만 『대청률례』에 '총도사년(總徒四年)'이라는 표현이 나온다는 점만은 주목할 필요가 있다. 또한 '총도(總徒)'라고도 하는데, 노역형·유배형을 받은 범인이 다시 노역형·유배형의 죄를 지은 다음 받는 최고의 복역연한은 모두 4년을 넘어설 수 없다는 것을 말한다(『大淸律例』 권4 「명례율(名例律) 도류인우범죄(徒流人又犯罪)」).

167 '잡범오년(雜犯五年)= 준도오년(准徒五年)'이란 표현은 『대청률례』에 자주 등장한다. '잡범오년(준도오년)'은 형률의 명칭으로 명·청대에 '진범사죄(실범사죄)'를 제외하고 이른바 '잡범사죄'에 대해서는 정말로 처형을 하지 않고 5년 노역형으로 판결하고 아울러 속형(贖刑)을 적용하였는데, 이것을 '잡범오년(준도오년)'이라 한다.

168 준도(准徒)의 경우 '준도오년(准徒五年)'이라는 표현만 있을 뿐, '준도사년(准徒四年)이란 표현은 『대청률례』에 전혀 나오지 않으므로 아마 '총도사년'의 잘못일 가능성도 있다. 물론 『대청률례』의 율법이나 조례가 수정·변동이 많았으므로 당시의 정확한 표현이었을 가능성도 배제할 수는 없다.

169 원 제목에 "[돈을 내어 벌을 면제받는 방법은] 무릇 세 가지가 있다. 하나는 절속(折贖), 다른 하나는 수속(收贖), 그리고 또 다른 하나는 속죄(贖罪)라고 한다(凡三條, 曰: '折贖', 曰: '收贖', 曰: '贖罪.')."라는 주가 붙어 있다. 하지만 절속은 앞에서 설명이 이루어졌고, 여기서는 주로 수속과 속죄에 대해 설명하고 있다. 『대청률례』에도 이에 대해서는 따로 규정하고 있다. 권4 「명례율(名例律) 상(上)」(『律』1.08) 「속형(贖刑[五刑中俱有應贖之款, 附列於此, 以便引用]). 납속(納贖[無力依律決配有, 力照律納贖]). 수속(收贖[老幼, 廢疾, 天文生及婦人折杖, 照律收贖]). 속죄(贖罪[官員正妻及例難的決, 並婦人有力者, 照律贖罪])」(p.82) 부분을 참조.

토목노동자, 악호(樂戶), 재력이 없는 무력자인 부녀자는 곤장형을 은으로 환산하여 돈을 내며, 여죄 및 모든 가벼운 죄에 대해서는 수속(收贖)을 허용한다. 군직(軍職)에 있는 사람의 정처(正妻), 조례에 따라 형량 그대로 실제로 집행하기 어려운 사람 및 부녀자가 유력자인 경우에 대해서는 속죄(贖罪)를 허용한다.【앞 조항의 속은 액수에 대해서는 율례 속의 '내외납속조례(內外納贖條例)'에 상세하게 나와 있다.】

上條分力定贖者, 折贖也. 除不准折贖, 幷下二項人員之外, 俱得論力, 納米納銀. 老幼、廢疾、工役[170]、樂戶[171]、婦人無力者折杖,[172] 餘罪及一應輕者, 爲收贖. 軍職正妻、例難的決之人及婦人有力者, 爲贖罪. 【按: 同上條贖銀數目, 詳于律中'內外納贖條例'[173]】

12-08. 심문·판결 여론(問擬餘論)[174]

무릇 사람의 죄를 가늠할 때 가장 중요한 것은 사건 원래의 정상(情狀[原情]. the nature of the crime)이다. 사건이 강상명교(綱常名敎)와 관련이 있는 경우거나, 혹 강도나 반역(叛逆)의 경우는 율법에서 용서할 수 없는 바이다. 따라서 이러한 범죄의 성격 자체는 원래의

---

170 공역(工役)은 토목공사에 종사하는 사람을 가리킨다.

171 악호(樂戶)는 악기 연주나 노래(吹彈歌)에 종사하면서 악적(樂籍)에 속한 사람을 가리키는데, 특히 명·청대의 경우 그 사회적 지위는 아주 낮아 천민(賤民)으로 간주되었다.

172 절장(折杖)은 원래 장형의 횟수를 깎아 주는 방법을 가리킨다. 앞서 나온 절책(折責)과 같은 뜻이다. 청조는 강희 연간에 '사절제령(四折除零)'의 방법으로 그 횟수를 줄였는데, 사절이란 10대를 4대로 바꾸는 것이고, 제령은 5의 배수(5와 10)를 넘는 자투리 수는 다시 깎아 주는 방법이다. 하지만 여기서는 노역형·유배형·사형 등 곤장형 이외 형벌의 형량을 모두 곤장형의 형량으로 환산하고 거기에 해당되는 은(銀)으로 내게 하는 것을 가리킨다. 이를테면 수속(收續)의 경우 노역형 1년은 은 1전 5푼이라는 식이다. 속죄(贖罪)의 경우 약간 더 무거워 노역형 1년(곤장형 60대가 같이 부가된다)은 모두 곤장형 120대로 환산한다. 장형의 최고 형량은 100대이므로 120대 가운데 100대는 정죄(正罪)에 해당되는 것으로 간주하여 그에 따라 은 1냥을 내게 하며, 나머지 20대는 여죄(餘罪)로 간주하여 은 7푼 5리를 내게 한다. 속죄의 정죄와 여죄에 적용되는 벌금 은의 환산율은 다르게 설정된다(여죄 쪽이 좀 더 가볍다). 『대청률례』 권2의 「제도(諸圖) 납속제례도(納贖諸例圖)」를 참조.

173 아마도 『대청률례』 권2의 「제도(諸圖) 납속제례도(納贖諸例圖)」를 가리키는 것으로 보인다.

174 한편 이 글은 하장령(賀長齡) 편(編), 『황조경세문편(皇朝經世文編)』 권91 「형정(刑政) 2 율례(律例) 상(上)」에 「심문·판결 여론(問擬餘論)」이라는 제목으로 실려 있다.

정상이나 사람 모두 용서받을 수 없는 것이므로, 여기에 끼어들어 그가 비록 극형을 받게 할지라도 내게는 아무런 서운한 감정이 없다. 이를테면 부인이 남과 간통하여 남편을 죽이기로 계획을 세웠다. 간통이 이미 죄가 되는데, 또한 간통으로 인해 그 남편을 죽이고자 계획을 세웠다면 극형으로 가늠하는 것은 결코 지나치지 않다. 그런데 만약 남편이 빈곤을 이유로 아내에게 남과 간통하도록 시켜 그 재물을 얻고자 하였는데, 나중에는 혐오감과 질투 때문에 아내에게 왕래를 금지시켰지만 아내가 그간 생긴 정열을 차마 버리지 못해 마침내 남편을 계획적으로 죽여 [간통한 사람과의] 영구적인 사랑을 얻고자 마음을 품는 경우도 있다. 전에 아내에게 남과 간통을 하도록 부추긴 것은 과연 누구였던가? 계획적인 살인, 즉 모의살인(謀殺)의 실마리는 바로 남편 스스로 불러들인 것이다. 만약 그 아내의 죄를 가늠한다면 어찌 남편을 속이고 간통하다가 남편을 죽인 부녀자를 다루는 본래의 율법 조항에 그대로 의거하여 처벌할 수 있겠는가?

사람을 죽인 경우 사형에 처하는 것은 확실히 다시 논의할 필요가 없다. 하지만 예를 들어 보자. 효자가 부모를 위해 원수를 갚고자 하는데, 혹 며칠 만에 보복을 할 수도 있고, 몇 년 뒤에 할 수도 있다. 시간의 길고 짧음은 차이가 있지만 모름지기 그 일을 해치우고자 하며, 다만 일 처리의 상황으로 보아 갑작스레 꾀할 수 있는 일이 아니다. 그래서 차라리 몰래 참지만 언젠가는 반드시 이를 해치우겠다고 생각하는데, 효자가 이 일을 오랫동안 마음속에 두는 것은 정말로 고통스러운 일이 아닐 수 없다. 효자는 자기 삶을 꾀하고자 하는 마음이 없겠지만, 만약 일반인이 무단으로 살인을 저지른 것을 처벌하는 율법조항으로 가늠하면, 응당 교수형에 처해야 한다. 하지만 [이 복수 살인은] 아버지가 원래 응당 죽어야 한다는 법도 없는데 원수에게 해침을 당해 피살되었으므로 바로 이에 대해 보상을 하려는 것뿐이다. 그리고 또한 아울러 [살인죄로] 그 아들까지 죽이면, 아버지의 죽음에 대한 복수는 반드시 할 필요도 없다는 이치가 되므로, 그 원수의 가슴을 7척 장검으로 찔러서도 안 되는 것이 되어 버린다. 이런 일은 강상명교와 관련이 있으니 충분히 그 정상을 참작할 만하다.

또한 이런 예도 있다. 강도가 노략질을 하였다면, 재물의 취득 여부를 막론하고 모두 참수형에 처한다. 이 또한 재차 논의할 필요가 없는 율법의 조항이다. 그렇지만 가난하고 어려운 백성이 굶주림과 추위에 몰리거나, 무지하고 어리석은 시골 사람이 못된 무리에게 유인을 당해 범죄를 저질렀는데 그 얻은 장물을 계산해 보면 기껏해야 의복 몇 벌에 은자 역시 몇 냥에 지나지 않는데도, 서둘러 수레에 실려 죽임을 당하러 가게 만드는 일 또한 참혹한 것이 아니겠는가? 또한 이를테면 궁벽하고 멀리 떨어진 주현에 우연히 미친 무리가 하나둘 있어 우매한 백성을 미혹하여 유인하고, 할 일 없이 노는 무뢰배들과 함께 산골에서 무리를 지어 모여 사는 것이 마치 어린애 장난 같은 경우가 있다. 처음에는 우매한 사람들을 간사한 말로 속여 재물을 빼앗다가, 그다음에는 무리가 늘어나자 향촌을 약탈하게 된다. 지방관이 그 우두머리를 붙잡으면, 나머지 무리는 저절로 흩어질 것이니, 이런 경우에 대해서는 지보에게 엄한 명령을 내려 순찰과 경계를 배로 늘리면 충분할 것이다. 그런데 [지방관이] 까딱하면 즉각 반란을 일으킨 도적이라고 상부에 보고하여 군대를 내어 토벌하게 하면, 백성이 그로 말미암은 소란의 피해를 입을 뿐 아니라 무고한 사람들까지 말려들게 된다. 결국 이런 무리를 섬멸하는 것은 마치 닭을 잡거나 풀을 베는 것 같은 일이 되어 버린다. 어찌 그들에게 정말로 군중을 현혹하고 반란을 일으켜 한몫 크게 잡으려는 [중국 역사상 최초의 농민반란을 일으킨 진승·오광과 같은] 웅대한 꿈이 있다고 하겠는가? 이 또한 강도나 반역과 관련된 사안이지만, 정상을 참작할 만한 경우다.

이런 종류의 일은 이루 헤아릴 수 없을 정도다. 『상서』에서 이르기를 "죄를 가늠할 때 의심스러운 부분이 있으면 가능한 한 가볍게 하고, 공적은 의심스러운 부분이 있어도 가능한 한 무겁게 가늠하라"고 하였다. 또한 이르기를 "아무런 죄도 없는 사람을 죽이는 것보다는 차라리 제대로 법을 지키지 않는 사람을 풀어 주는 편이 낫다"고 하였다. 요컨대 모두 다른 사람에게 차마 하지 못하는 성현의 마음을 따라야 하며, 모든 판결은 다만 그 사람의 죄를 가볍게 처리할 수 있는 점에 착안을 함으로써 관용을 베풀어 줄 만한 한 가닥 실마리만 있으면 나는 곧 이것을 끌어내어 그를 살려 내고자 한다.

어떤 사람은 말한다. "그 스스로 범한 죄인데, 나와 무슨 상관이 있는가?" 혹은 또한 말한다. "범죄에 의거하여 판결을 내리는 것인데, 어찌 너그러움을 추구한다는 말인가?" 이것은 곧 사람이 물에 빠지거나 불에 타면서 구해 달라고 울부짖는데, 나는 배를 타거나 사다리를 어깨에 지고 있으면서도 그가 죽기를 기다리면서 "저 일은 스스로 자처한 일이다. 내가 어째서 나서서 구해 줘야 하는가?"라고 말하는 것과 같다. 오호라! 이런 일은 본성이 승냥이나 범과 같은 사람이나 할 짓이다. 진실로 어진 군자가 차마 이럴 수는 없다!

그런데 만약 지방관의 심문과 판결에 대해 상사의 [반박]지시를 받거나 아니면 황상의 지시로 형부에서 내려온 사안을 받아서 처리할 경우에도 내가 심리한 것이 제대로 이치가 맞고 판결도 확실한 것이라면, 그 사유를 밝히는 「보고공문[由. 또는 由詳(a memorandum of the proposal)이라고 한다]」을 갖추어 상사에게 요청하는 것도 괜찮다. 상사가 다시 놓더라도 원래의 심문과 판결에 따르면서 아울러 [자세한 사정을 밝히는] 서신을 따로 덧붙여 관대하게 처리해야 하는 정상과 더불어 사법 절차를 신중히 하고 생명을 아끼는 상사의 뜻을 우러러 체현하겠다는 생각을 남김없이 밝힌다면, 혹시 마찬가지로 측은지심을 갖춘 상사가 기꺼이 받아 줄지도 모른다. 혹시 상사가 이런 뜻을 따라 주지 않더라도 응당 이런 자구를 포함시켜 장래 다시 "정상참작을 받을 만하다거나 의심스럽다(矜疑)"는 판결을 받을 수 있는 여지를 남겨 둘 수 있다. 이런 것 때문에 상사의 뜻을 거스를 것이라고 자기 소신을 갑작스럽게 바꿔 [관리가 되었을 때 품었던 백성에게 은혜와 행복을 가져다주겠다던] 처음의 뜻을 등져서는 안 된다.

○ 만일 더욱 조심하고자 한다면, 혹은 미리 사유를 알리는 「보고공문(由詳)」을 갖추고, 상사의 허락이 떨어진 다음을 기다려 [정식으로 「심리의견」의 보고 절차를] 시행할 수도 있다. 사실이 확정되고 「진술서」가 나오면, 보고 또한 「보고공문」 형식으로 올릴 수도 있고, 서책(書冊)[또는 詳冊]을 갖추지 않은 경우는 오로지 「험문(驗文)」 형식으로 올린다. 만일 상사의 반박을 받는다면 모름지기 어떤 곳과 어떤 문구가 반박을 받았는지 확인하여, 재차 심리를 할 때 반박을 받은 부분만 다시 확실하게 심문하면 되지 처음부터 다시 할 필요는 없다. 혹시 범인이 그 진술을 바꿀지도 모르는데, 그렇게 되면 더욱 골치 아파지기 때문이다.

○ 죄안을 가늠할 때는 단지 「최초진술서[初招. the suspect's original deposition]」만을 중심으로 삼아야 한다. 「진술조서[招狀. deposition]」 또한 「구두진술[口供. oral confession]」을 중심으로 해야 한다. 만약 「구두진술」이 뒤죽박죽이라 제대로 실마리가 잡히지 않는다면 대략 간결한 요약을 붙여도 좋다. 뜻이 불분명한 것이 있으면, 약간 고쳐서 또렷하고 분명하게 고쳐도 무방하다. 다만 중요한 「구두진술」이나 심문하면서 질책한 구절을 마구잡이로 삭제해서는 안 된다. 「구두진술」 용어는 속된 말을 쓰므로, 지나치게 문학적 분위기를 풍기는 구절을 덧보태서도 안 된다. 「구두진술」이 대략 확정되면, 다시 해당 서역에게 베끼게 하고 아울러 초고를 반납시켜 이것을 외부에 남겨 두어 나중에 외부 사람의 입방아에 오르는 일이 생기게 해서는 안 된다.

○ 지현의 「심리의견[看語. a statement of consideration]」은 반드시 「구두진술」이 증거가 되어야 하고, 「사건조서[敍超. a summary of depositions]」는 반드시 「심리의견」이 있어야 확정이 된다. 「심리의견」이 나오기 전에 먼저 「사건조서」를 내려 보내서는 안 된다. 만약 「사건조서」를 먼저 내려보낸다면, 「심리의견」은 모름지기 「사건조서」에 따르게 되므로, 권한이 서리(書吏)에게 넘어가 버린다. 먼저 「심리의견」을 내려 보내면 「사건조서」는 모름지기 「심리의견」에 따라 써야만 하므로, 권한은 비로소 지현에게 남아 있게 된다. 하지만 「사건조서」를 담당하는 형방 서역에게 「심리의견」의 원고를 작성하게 하는 일이 많은데, 이것은 지현의 권한을 넘겨주는 것이나 마찬가지다. 저 늙고 간사한 서리들은 지현의 뜻을 잘 엿볼 수 있기 때문에 도리어 중심 취지를 오히려 부차적인 취지로 담아서 원고를 작성해 버

리기도 한다. 지현이 그것을 의심해서 고치자고 해도 이미 서리들이 원하는 것이 중심 취지로 들어가 버려 어찌할 도리가 없게 만드는 것이다. 지현은 스스로가 재간이 뛰어나다고 자부하지만 일찌감치 서리의 농간에 빠져 버리면서도 그 점을 깨닫지도 못하는 것이다.

○ 무릇 사안에서 가장 중요한 것은 「구두진술」과 원래의 「고발장[原詞. the original plea]」이 들어맞고, 「심리의견」과 「구두진술」이 들어맞으며, 「사건조서」와 「심리의견」이 들어맞고, 「판결문초안[定擬. the proposal of decision]」과 「사건조서」·「심리의견」이 들어맞고, 「부속문서[照出. the statement of the final disposition]」의 내용과 「판결문초안」에 관련된 율례 조항이 딱 들어맞아야 한다. 이렇게 되면 나머지는 더 이상 별일이 없다.

○ 한 사안은 반드시 문서를 모아 한 권의 책으로 만들어져야 한다. 「구두진술」·「사건조서」·「심리의견」·「판결문초안」[175]·「부속문서」 다섯 가지 가운데 하나라도 빠져서는 안 된다. 최초의 「고발장」과 함께 모아 표지를 붙인 다음 직인을 찍어 보관한다. 만약 상부로 올릴 때에는 「상문(詳文)」 형식을 만들어서 신청하고, 상사의 허락을 받아 처리한다.【이러한 용어들의 뜻과 공문 형식에 대한 부분은 바로 뒤에 부록으로 서술한다.】

凡擬人之罪, 最貴原情.[176] 事有關于綱常名教,[177] 或强盜、叛逆, 爲法之所不容貸者.[178] 是其犯罪本情, 原與人以無可貸, 而我因而入之, 則彼雖遭顯殛,[179] 于我可無憾也. 如婦人與人通姦, 謀死親夫. 通姦旣有罪矣. 又因姦而謀死其夫, 擬以極刑, 非云過也. 若夫因貧故, 令其妻與人通接,[180] 以利其財賄,[181] 及後忽生嫌妬, 禁隔往來, 而妻情熱不舍, 遂萌謀殺之心, 以圖永好, 則前此縱之者, 果誰爲乎? 謀殺之端, 適所自取. 若妻依本律, 何以處瞞夫姦殺之婦乎?

如殺人者死, 固無可議矣. 如孝子爲親報仇,[182] 或報之數日之間, 或報之數年之後, 雖久暫

---

175 뒤에 보면 의(議)는 의(擬)와도 통하는 것으로 설명이 된다. 정의(定議)가 바로 정의(定擬)가 되는데, 그렇다면 여기서 이것은 「판결문초안」이나 그것을 확정한다는 뜻이 된다.

176 원정(原情)은 여기서 범죄 원래의 정상·사정·상황 또는 범죄의 본질적인 성격을 말한다.

177 강상(綱常)은 삼강오륜의 준말이고, 명교(名教)는 명분을 정하는 것을 중심으로 하는 전통적인 유교윤리 즉 예교(禮教)나 또는 명성과 교화를 가리킨다.

178 용대(容貸)는 용서한다는 뜻이다.

179 극(殛)은 주살(誅殺), 징벌(懲罰)한다는 뜻이다. 현극(顯殛)은 따라서 앞서 나온 현육(顯戮. 顯僇)처럼 사형을 뜻하는 것으로 보인다.

180 통접(通接)은 교제하다, 관계를 맺는다는 뜻이다.

181 재회(財賄)는 재물·재화·봉록 등을 가리킨다.

182 보구(報仇. 報讎)는 복수한다, 원수를 갚는다는 뜻이다.

有間必其事, 勢有不可卒圖者, 故寧隱忍而須之,[183] 其孝子之處心積慮,[184] 良亦苦矣. 在孝子原無求生之心, 若律以平人無擅殺之條, 自應繯首.[185] 然而父無應死之法, 竟爲怨仇所害殺之, 正所以償之耳. 而又併死其子, 則父之死將終不必報仇, 人之胸將終不可以七尺揕之耶![186] 事關綱常名教, 而情有可原者也.[187]

又如强盜行劫, 不分得財與未得財, 皆斬, 亦律之無可議矣. 然有貧難小民, 爲饑寒所迫, 無知鄉愚,[188] 爲匪類所引, 計所得之贓, 衣不過數件, 銀不過數兩, 而遽令駢頸就戮, 不亦慘乎? 又如僻遠州縣, 偶有一、二狂徒, 惑誘愚民, 與游手無賴,[189] 羣聚山谷, 有同兒戲, 始而假其邪說, 誆騙錢財, 繼則因其人衆, 剽劫鄉村. 有司捕獲渠魁,[190] 餘黨自散, 嚴飭地方, 倍加巡警可也. 若輒以反寇申報,[191] 發兵剿洗, 不惟百姓受其騷擾,[192] 無辜被其株連,[193] 卽此輩殲之同于獮禽薙草,[194] 豈眞有狐鳴篝火,[195] 輟耕隴上之雄哉? 此又事涉强盜、叛逆, 而情有可原者也.

---

183 은인(隱忍)은 스스로를 통제하여 참아 낸다는 뜻이다.

184 처심적려(處心積慮)는 오랫동안 마음에 두고 생각해 왔다는 뜻이다.

185 환수(繯首)는 교수형을 말한다.

186 칠척(七尺)은 보통 20세, 또는 신체(키)를 가리키는데, 여기서는 칠 척 장검을 가리키는 것 같다.

187 정유가원(情有可原)이란 그 정상이나 정리 면에서 양해하거나 이해할 수 있는 부분이 있다. 정상참작의 여지가 있다는 뜻이다.

188 향우(鄕愚)는 어리석은 시골 사람이란 뜻이다.

189 유수(游手)는 생산노동에 종사하지 않거나, 거기에 힘쓰지 않는 사람을 가리킨다.

190 거괴(渠魁)는 수령, 대두목을 말한다.

191 신보(申報)는 위에 보고한다는 뜻이다.

192 소요(騷擾)는 농란·소란, 사회 불안정을 뜻한다.

193 주련(株連, 株聯)은 한 사람의 죄가 다른 사람까지도 끌어들인다, 연루시킨다는 뜻이다. 주(株)는 초목의 줄기(그루)나 뿌리를 가리킨다.

194 선금(獮禽)은 날짐승을 사냥하는 일, 치초(薙草)는 풀을 베는 일을 말한다.

195 호명구화(狐鳴篝火)는 호명어서(狐鳴魚書)·호명구중(狐鳴篝中)과 같은 뜻으로 대중을 선동하여 반란을 일으키는 행위를 가리킨다. 진(秦)제국에서 최초의 농민반란을 일으킨 진승(陳勝)과 오광(吳廣)에 대해 쓴 『사기』 권48 「진섭세가(陳涉世家)」에서 "그래서 (진승은) 비단에 붉은 글씨로 '진승(陳勝)이 왕이 된다'고 써서, 잡아 온 물고기 뱃속에 집어넣었다. 마침내 사람(戍卒)들이 물고기를 사서 삶아 먹다가, 뱃속에서 나온 글씨를 얻게 되면서, 괴이하게 여겼다. 또한 틈을 타서 오광을 시켜 그가 머무는 곳 옆의 수풀이 우거진 사당에 밤에 초롱불을 밝혀 두고 여우울음 소리를 흉내 내어 '대초가 일어나고 진승이 왕이 된다'고 외치게 하였다(乃丹書帛曰'陳勝王', 置人所罾魚腹中. 卒買魚烹食, 得魚腹中書, 固以怪之矣。又閒令吳廣之次所旁叢祠中, 夜篝火, 狐鳴呼, 曰: '大楚興, 陳勝王'.)."고 전한 고사에서 비롯되었다. 구화(篝火)는 대나무 초롱으로 감싼 불, 또는 빈 터나 야외에서 크게 타오르게 한 장작불을 가리킨다. 철경(輟耕)은 경작을 하던 동작을 멈춘다는 뜻이고, 농상(隴上)은 농상(壟上)과 통하는데, 밭두렁을 가리킨다. 마찬가지로 『사기』 권48의 「진섭세가」에 "진섭이 젊었을 때 일찍이 다른 사람과 더불어 품팔이 농군을 한 적이 있는데, 밭두렁 위에서 농사일을 멈추더니 길게 슬퍼하며 한숨을 쉬었다. 그리고 나서는 '부귀해지더라도 서로 모른 채하지 맙시다'라고 말하였다(陳涉少時, 嘗與人傭耕, 輟耕之壟上, 悵恨久之, 曰: '苟富貴, 無相忘.')."라는 고사에서 나왔다.

諸如此類, 指不勝屈. 『書』云: "罪疑惟輕, 功疑惟重." 又云: "與其殺不辜, 寧釋不經."[196] 要皆從聖賢不忍人立念.[197] 每事只向出人罪處著想,[198] 其人苟有一線可寬, 我卽從此處引而生之.

若謂: "彼自所犯, 于我何與?" 或"據獄以讞, 何能求寬?" 是則人溺于水, 焚于火, 號呼望救, 而我方乘舟、負梯, 將立視而待其死, 猶曰: "彼固自罹耳. 我胡爲而拯之?" 嗚呼! 此性同豺虎者所爲, 諒非仁人君子所忍出也! 若詞奉上批, 或承審欽件, 但我認理旣眞, 比擬確當, 不妨具由詳請.[199] 上或再駁, 仍照原擬, 並附以稟函, 備言所以宜寬之情,[200] 與仰體上臺愼獄好生之意,[201] 似亦同具惻隱者所樂聞. 卽或不從, 仍應字句包含, 爲將來矜疑地步, 不可因而拂意,[202] 遂竟改煞,[203] 致負造浮圖初念耳.[204]

○ 如再小心, 或先具「由詳」, 俟允行. 定實招出, 詳亦可由詳者, 不具書冊, 專以「驗文」.[205]

---

196 『상서』「우서(虞書) 대우모(大禹謨)」에 나오는 구절이다. "고요가 말하였다. '순임금의 품덕은 고상하고 허물이 없어 신하에 대해서는 간편함으로 대하고 백성에게는 관대함으로 대한다. 징벌은 자손을 연루시키지 않고, 상은 후대에까지 미치게 한다. 실수는 커도 용서할 수 있고, 의도된 범죄도 모두 감형이 가능하다. 죄를 가늠할 때 의심스러운 부분이 있으면 가능한 한 가볍게 하고, 공적은 의심스러운 부분이 있어도 가능한 한 무겁게 가늠한다. 아무런 죄도 없는 사람을 죽이는 것보다는 차라리 제대로 법을 지키지 않는 사람을 풀어 주는 편이 낫다. 생명을 아깝게 여기는 미덕은 백성의 마음속에 스며들어 당연히 사람들은 윗사람을 범하지 않게 된다'(皐陶曰: '帝德罔愆, 臨下以簡, 御衆以寬, 罰弗及嗣, 賞延于世, 宥過無大, 刑故無小, 罪疑惟輕, 功疑惟重, 與其殺不辜, 寧失不經, 好生之德, 洽于民心, 玆用不犯于有司'.)." 즉 이 구절은 상벌을 행함에 있어 혹은 약간 의심스러운 바가 있으면 항상 법을 굽히고 인정을 베풀어 동정하고 은혜를 늘린다는 것을 뜻한다.

197 불인인(不忍人)이라는 용어는 『맹자』에서 나온 것이다. 이를테면 「공손추(公孫丑) 상(上)」에 다음과 같은 구절이 있다. "맹자께서 말씀하셨다. '사람은 모두 다른 사람에게 차마 하지 못하는 마음이 있다. 선왕은 이런 차마 하지 못하는 마음을 가지고 있었고, 이래서 차마 하지 못하는 정치가 있었다. 차마 하지 못하는 마음으로 차마 하지 못하는 정치를 행한다면, 천하를 다스리는 일을 마치 손바닥 위에서 굴리는 것처럼 쉽게 처리할 수 있다(孟子曰: '人皆有不忍人之心. 先王有不忍人之心, 斯有不忍人之政矣. 以不忍人之心, 行不忍人之政, 治天下, 可運於掌上.')."

198 출인죄(出人罪)는 범인의 무거운 죄를 가벼운 죄로, 유죄를 무죄로 판결한다는 것을 의미한다.

199 「유(由)」 또는 「유상(由詳)」은 상사에게 보고하는 공문, 즉 상행문의 일종이다.

200 비언(備言)은 아주 상세하게 이야기한다는 뜻이다.

201 앙체(仰體)는 우러러 받든다는 뜻이다.

202 불의(拂意)는 남의 뜻을 거스른다는 뜻이다.

203 살(煞, 殺)은 극(極)이나 심(甚)과 통하는 부사의 뜻, 또는 조사로서 동사의 뒤에서 정도가 심한 것을 표시할 때 쓰인다.

204 부도(浮圖)는 부도(浮屠)와 같은 뜻으로 불교의 용어다. 범어의 Buddha의 음역으로 불(佛), 불타(佛陀)를 가리킨다. 나아가 불교나 승려(和尙), 불탑(佛塔)을 가리키기도 한다. 불교에서는 9층 불탑을 쌓은 것을 최대의 공덕으로 여긴다.

205 장아덕(張我德) 등편(等編), 『청대문서(淸代文書)』(中國人民大學出版社, 1996), pp.156-165이나 황탁권(黃卓權), 「담신당안의 인식과 운용: 청대 아문문서의 유희규칙('淡新檔案'的認識與運用: 淸代衙門文書的遊戲規則)」, 『新竹文獻』 34, 2008, pp.86-119에는 「험문(驗文)」에 대한 설명과 사례가 제시되고 있다. 이에 따르면 「험문」은 청대 지방관이 사용하던 상행문(上行文) 가운데 하나로 「상문」과 「험문」은 함께 신문(申文)으로 간주되었다. 「상문」은 부하가 상책을 같이 보내 상사의 결재를 요구하면 상사는 「상문」 위에 결재를 하여 돌려보내고 상책을 보관하지만, 「험문」은 단지 보고만 할 뿐 상사의 결재를 요구하지 않는다는 점이 달랐다. 즉 「험문」은 신문의 한 종류로,

如遇上司批駁, 須看所駁何處、何句, 覆審時, 止照所駁確訊, 不必從頭又問. 恐犯人更改「口供」, 愈煩神思.

○ 問擬罪案, 止以「初招」爲主, 「招狀」又以「口供」爲主.[206] 若「口供」褉亂無緖, 不妨畧敍簡淨; 有意晦不明, 不妨畧改醒亮.[207] 但不得混刪要緊承招、問罪字眼,[208] 「口供」要俗話, 不可添出太文字句. 「口供」酌定, 仍令該書謄過, 幷原稿繳進,[209] 不可存遺在外, 致滋口實.

○ 「看語」必以「口供」爲憑,[210] 「敍招」必以「看語」爲定,[211] 未出「看語」, 不可先發「敍招」. 若先發「敍招」, 則看必依招, 權歸書吏; 先發「看語」, 則招須依看, 權始在官. 然每有令招房作看稿者, 是授之柄也. 彼老奸善窺官長意旨, 反以其正意作爲陪意,[212] 使官長疑而改之, 便巳入其正意, 則自謂精明, 不知早墮乎彀中矣.[213]

○ 凡案總要「口供」與「原詞」合, 「看語」與「口供」合, 「敍招」與「看語」合, 「定擬」與招、看合,[214] 其「照出」與擬內之例合, 則無餘事矣.[215]

○ 一案必疊成一卷, 供、招、看、議、照五者, 缺一不可. 同「原詞」序粘, 用印存案. 若奉上行, 序作「詳文」申請, 候允發落. 【釋義幷式附】

정식으로 명문으로 규정된 상행문서는 아니며, 과정을 진술하거나 존재를 조사하여 확인하는 것으로 상급의 지시나 담장이 필요가 없었던 것이다. 단지 문종의 명칭에 「험문」이라고 써서 구분할 뿐인데, 청말에 가면 그다지 사용되지 않았다.

206 「초장(招狀)」은 죄수가 진술한 것을 받아쓴 「진술조서」를 말한다. 즉 죄범이 털어놓은 구두진술을 문자로 옮겨 기록한 것을 말한다.

207 성량(醒亮)은 드러나고 탁 트인다는 뜻이다.

208 승초(承招)는 죄를 인정하여 진술한다는 뜻이다. 문죄(問罪)는 상대방의 죄상을 선포하여 견책·성토한다는 뜻이다. 자안(字眼)은 문장 가운데 관건이 되는 글자나 구절을 가리킨다.

209 격진(繳進)은 반납하게 한다는 뜻이다.

210 「간어(看語)」는 안건을 심사하여 판단하는 지방관의 의견을 가리킨다. 「감어(勘語)」·「심리의견(審單)」·「얼어(讞語)」라고도 하는데, 소송사건에 대한 초보적 판결(해당 지방관이 판단한 안건의 범죄사실, 율례, 형량의 경중에 대해 평론을 하고 의견을 적어 넣은 判決辭)이라 할 수 있다. 보통 판단을 내린 구절 다음에 그 사정을 설명하거나 아니면, 먼저 사정을 설명한 다음 판단을 내리는데 반드시 앞뒤가 서로 일치해야 한다. 앞으로는 「심리의견」으로 통일하게 표기하겠다.

211 「서초(敍招)」는 「구두진술」과 「심리의견」을 합쳐서 작성하는 「사건조서」를 말한다.

212 배의(陪意)는 부차적이거나 부수적인 뜻이라고 할 수 있을 것이다.

213 구중(彀中)은 화살을 쏘아 닿을 수 있는 유효범위나, 단단한 조롱이나 함정 안에 갇힌 것을 뜻한다. 즉 누군가의 손아귀 안에 들어가거나 빠진다는 뜻이다.

214 「정의(定擬)」는 「심리의견」과 「사건조서」에 기초한 「판결문초안」을 가리킨다.

215 조출(照出)은 말 그대로는 거울이라는 뜻이다. 이 권의 「12-17. 「판결부속문서(照出)」의 처리(釋「擧照」)」를 참조. 범죄에 관련된 사물(시신·장물·증거·벌금 등등) 모두의 처리방안에 대한 의견을 쓴 문서, 또는 그 의견을 붙일 때 맨 앞에 쓰는 용어다. '조출'로 시작된 문서는 '여무재조(餘無再照)'로 끝난다.

12-09. 「서면진술서」(釋「供狀」)[216]

구두진술(供)이라는 것은 [사건의 정상을] 갖추[어 구술하]는 것이다. 즉 범인을 심문할 때 원고와 피고 양쪽이 모두 입으로 사건의 시말을 구술하는 것이다. 상관(지현)이 심문하면 범인과 증인이 대답을 하는데, 이런 것들을 끼워서 서술하고 그 뒤에 구술을 한 날짜를 써 넣는다.[217] 소송관련자와 범인이 각기 이름 밑에 서명을 하고, 재판관(지현)은 빨간 먹으로 구술이 시작되는 곳에 ㄱ 표시를 하고, 끝나는 곳에 ㄴ 표시를 한 뒤 날짜를 적어 넣고 문서철에 넣는다.

○ 「서면진술서」 양식

모인은 모부 모 주현 모도 모리 사람으로 나이는 [　]세입니다.
서면진술서는 모년 모월 모일에 모 사건 때문에 작성하게 되었습니다.
[이하 구두진술 내용]
이상의 구두진술은 모두 사실입니다.
년 월 일　진술자 모모 서명

'供'者, 具也. 鞫審之際,[218] 兩造以口具白事之始末也. 上官訊問, 犯證對荅, 夾而敘之, 後開取供年月日, 令在詞人犯按名書押, 問官將供過起處硃ㄱ, 盡處硃ㄴ, 判日入卷.

「供狀」式
某人係某府某州縣某都某里人民, 年若干歲
狀供某年某月日某, 因某事
[云云]
所供是實

---

216 「공장(供狀)」은 「서면진술서」를 가리킨다. 또는 사실을 스스로 진술하는 문장을 모두 가리키기도 한다.
217 이렇게 해서 만들어지는 것이 바로 「서면진술서」이다.
218 국심(鞫審)은 심문한다는 뜻이다.

年月日　供狀人 某某 押

***참고: 소송문서 용어의 번역[219]**

告狀·告詞 「고발장」	供狀 「서면진술서」
口供·招供·供(詞) 「구두진술」	敍招 「사건조서」
訴狀·訴詞 피고의 「답변서」	首狀 「고발장」
審語 「판결의견」	原詞·原訴 「고장」·「고발장」
原招 「최초 구두진술」	定擬 「판결문초안」
照出 「판결부속문서」	貼狀 「피고의 구두진술서」
招狀 「진술조서」	初招 「최초진술서」
投詞 고발인의 「(보충)사유서」	稟單 피고의 「반박문」

12-10. 「심리의견」(釋「看語」)

「심리의견」, 즉 「간어(看語. the statement of consideration)」는 심리(재판)를 한 다음에 제출하는 [지방관의] 판단·의견(「審單」)으로, 또한 얼어(「讞語」)라고도 한다. 그 서술 방법은 우선 먼저 한마디로 단정을 한 다음 그 뒤에 사건의 경과를 서술하거나, 아니면 먼저 사건의 경과를 설명한 다음 단정을 내려도 좋은데, 모름지기 앞뒤가 서로 호응해야 한다. 그리고 「피고의 구두진술서(貼狀)」나 부대 심리(附帶審理)가 있을 경우에도 반드시 이를 하나하나 차례대로 넣어야 한다. 그렇지만 또한 중요한 것은 머리말의 위치다. 이것은 마치 글을

219 이것은 여기 자주 나오는 소송문서의 명칭을 통일하여 번역함으로써 독자의 이해를 돕기 위해 역자가 첨가한 것이다.

지을 때에도 가볍고 무거움의 차이가 있는 것과 마찬가지다. 「심리의견」은 대체로 피고의 「구두진술」·「사건조서」에 근거하여 사건의 경과를 서술하고 율례에 따라 죄를 단정하는데, 정교하고 세밀하여 반박할 틈이 없게 변론을 하면 제대로 일을 마칠 수 있다.

○ 정교하고 세밀하게 변론을 하여 반박할 틈을 없애는 것은 원래 옳은 일이다. 하지만 상사에게 보고하는 사안이라면,[220] 반박을 받지 않는 경우가 없다. 황상이나 중앙정부의 지시에 의해 처리하는 안건이라면 더욱더 반박을 받아야만 그 사안이 확정될 수 있다. 「구두진술」과 「심리의견」이 아주 타당하여 반박의 여지가 전혀 없는 것처럼 보이는 경우에도 상사는 항상 무언가 허점을 찾아내어 반박하는 경우가 대부분이다. 따라서 지현은 심문과 판결이 이미 타당하게 이루어졌다고 생각하면 중요하지 않은 부분에 일부러 문제로 삼을 만한 한 가지 파탄(破綻)을 남겨 두어, 상사가 [이것을 가지고] 반박을 할 수 있게 해야 하며, [그 경우 반박된 부분을 고쳐서] 다시 보고하면 그때는 상사의 비준을 받을 수 있다. 그렇지 않으면 율례와 서로 잘 들어맞지 않는다거나, 아니면 「구두진술」과 「사건조서」가 모호하다는 이유로 반박이 떨어질 것이니, 처음부터 다시 심문하고 진술을 받는 과정을 피할 수 없다. 그런 과정을 되풀이 한 다음 다시 원래 판결대로 보고할 수는 있겠지만, 얼마나 많이 신경을 써야 하고 얼마나 종이와 붓을 낭비해야 하는가? 이 또한 알아 두지 않으면 안 된다.

「看語」卽「審單」也.[221] 亦曰: '讞語'. 其法或先斷一語, 而後序事, 或先序事而後斷, 必須前後照應. 有「貼狀」[222]、附審者,[223] 亦須一一序入. 而又要不失首詞位置,[224] 猶乎作文之有輕重也. 大約據招、供以序事, 依律例以斷罪, 辯論精詳, 使無駁竇,[225] 能事畢矣.

○ 辯論精詳, 使無駁竇, 是矣. 但係申詳上司之案,[226] 未有不駁者. 若係欽·部件, 愈駁而其案始可定也. 每有招、看極妥, 似無可駁, 而上司必尋一滲漏處, 駁之. 故有司比擬旣當, 于不緊

---

220 지현이 관할 권한 내에서 처리할 수 없는 사안은 반드시 상부로 보고를 올려 비준을 받아야 한다. 이에 대해서는 다음 「12-12. 「심리의견」·「판결의견」과 그 형식(看審贅說幷式)」의 각주를 참조.

221 「심단(審單)」은 「심판서」·「판결문」을 가리킨다. 뒤에 나오지만 심리의견, 즉 「간어(看語)」는 상사의 개입이 있어 최종결정이 되지 않는 자신의 판단을 겸손하게 부르기 위해서 쓰는 용어이고, 「판결의견」, 즉 「심어(審語)」는 자신의 주재 아래 최종결정을 내리기 때문에 쓰는 용어다.

222 첩장(貼狀)은 피고의 구술을 문서화한 기록을 말한다.

223 부심(附審)은 부대심리(附帶審理)라는 뜻이다.

224 수사(首詞)는 아마 머리말 부분을 가리키는 것 같다. 혹은 소송문서의 내용을 가리킬 수도 있다.

225 박두(駁竇)는 반박할 수 있게 만드는 허점을 말한다.

226 신상(申詳)은 상급 관부에 보고를 올린다는 뜻이고, 신(申)이나 상(詳) 모두 상행문을 가리킨다.

要處, 故留一破綻, 使爲駁地. 再詳則爲批允. 不則, 恐將律例未相允協,[227] 或供、招尚屬含糊駁下,[228] 未免從頭審理取供. 雖仍照原擬具申, 不又多費精神而煩紙筆乎? 此又不可不知也.

12-11.「심리의견」·「판결의견」과 그 형식(看審贅說并式)[229]

무릇 소위「심리의견」이라는 것은 [고발인이 본 지현이 아니라 직접 상사에게 제출한]「고발장」에 대해 상사가 검토·지시를 하거나, 지현이 보고한 사건에 대해 상사가 다시 검토하여 판결을 하라고 지시하여 사건문서에 담긴 정상(情狀)과 죄목(罪目)을 분명하게 밝히면서 사법적 판단을 내리는 것을 말한다. 이것을「판결의견('審語'. the statement of decision)」이라고 하지 않고「심리의견('看語'; the statement of consideration)」이라고 하는 것은 지현이 가늠한 것을 가지고 감히 확정된 사안이라고 자처할 수 없기 때문이다. 그래서 다만 그 정상을 살펴보고, 율례를 끌어다가 죄를 가늠한 다음 상사의 비준을 기다리는 것이다.[230] 반면 이른바「판결의견」은 지현 스스로「고발장」을 받아들여 범죄의 정상에 따라 죄를 가늠하여,

---

227 윤협(允協)은 확실하게 부합된다, 화합한다, 적당하다는 뜻이다.

228 함호(含糊. 含胡)는 말이나 뜻이 분명하거나 명료하지 않다는 뜻이다.

229 청대의 지현(주현관)은 관할하는 구역에서의 모든 형사·민사 안건 재판을 담당하였다. 그는 재판정을 주지하고 판결을 내릴 뿐만 아니라 검사·신문·구인·체포의 업무도 담당하므로, 법관과 검찰·경찰·검시차역의 역할까지 모두 겸하는 셈이었다. 하지만 지현에게는 민사안건과 태형·장형 및 칼을 씌우는 경미한 형사 안건에 대해서만 스스로 확정판결을 내릴 수 있는 권한이 있다. 이것을 자리소송(自理詞訟, 즉 지현의 전권 심판 아래 이루어지는 소송)이라고 한다. 이 경우 상사의 비준을 필요로 하지 않으며, 단지 매월 처리한 안건의 수와 완결 내용·미결 안건의 수 등을 보고하여 심사를 받으면 된다(甲簿, 乙簿라는 循環簿 두 책에 이것을 등록하여 매월 번갈아 상부로 올려 보낸다). 하지만 분순도(分巡道)의 개별 심사를 받는 경우도 있으며, 민사소송의 일부 경우도 상급 아문에 올라가는 경우도 있다. 반면 노역형 이상에 걸린 중대 사안은 반드시 재차 심사 즉, 복심(覆審)이라는 상급 아문의 심사와 비준을 받는 과정(審轉이라고 한다)을 거쳐야 하며, 이후 다시 상급으로 올려 보내지고 매 계절마다 성의 독무를 통해 형부에 보고된다. 충군·유배·노역형에 걸리는 살인사건은 안찰사가 모두 다시 심판한 다음 독무를 거쳐 형부로 보고된다. 그리고 사형 판결에 관련된 사안은 반드시 독무의 재심사를 거쳐야 한다. 즉 이러한 안건들은 지현 위에 존재하는 또 다른 법관인 상급아문 상사의 판결을 기다려야 하였던 것이다. 이에 대해서는 구동조(瞿同祖),『청대지방정부(淸代地方政府)』(法律出版社, 2003)의 제7절「사법(司法)」부분, pp.192-195를 참조.

230「심리의견(간어)」과「판결의견(심어)」은 주로 사건의 시비와 실제 범죄 상황·범인을 정확하게 확인하는 데 중점을 두고 있어, 어느 율법조항에 따라 어떤 형벌과 형량이 적용되어야 하는가라는 문제는 다루고 있지 않다. 이 부분은 뒤에 나오는 판결문초안(定議. 定擬)에서 이루어진다.

원고와 피고의 시비를 서술하고 자신의 의견으로 확정 판결하는 것을 말한다. 이것을 「심리의견」이라 하지 않고 「판결의견」이라고 하는 이유는 주관 권한이 바로 지현 자신에게 있어 직접 결정을 내려 판결을 확정한 다음, 그러한 결정 사유를 문장으로 써서 밝히는 것이기 때문이다.

그런데 「심리의견」을 작성할 때의 어려움은 사건에 맞는 율례의 조항을 찾는 데 있지 않다. 소송문서의 내용이 두서가 번잡하고 범죄 정상과 죄목이 어지럽게 뒤섞여 있으므로, 상관이 한 번 훑어보면 대번에 손바닥 보듯 뚜렷하게 파악할 수 있어 굳이 「구두진술」·「사건조서」 따위를 꼼꼼하게 들여다볼 필요도 없이 만드는 것이 어렵기 때문이다. 그리고 「판결의견」의 어려움은 형식에 맞추는 데 있는 것이 아니다. 원고와 피고가 범죄 정상을 감추고 그럴듯하게 거짓으로 호소하거나, 양쪽 증인이 한쪽을 편들면서 숨기거나 거짓말을 하므로 지현 자신이 그것들을 제대로 밝혀내어 양쪽 모두를 마음속으로 복종시키고, 그것을 글로 옮겼을 때 조금도 바꿀 수 없게 만드는 것이 어렵기 때문이다. 나는 이것들을 가지고 하나의 형식으로 만들고자 하였으나 다른 책에 기재된 「심리의견」이나 「판결의견」은 모두 헛되이 눈을 즐겁게 하는 글귀로 채워져 있을 뿐, 사건 당시의 정상과 제대로 들어맞는지의 여부에 대해서는 전혀 주목하고 있지 않았다. 그래서 내 옛날 문서상자를 들춰 점검해 보니 담성현에 근무할 때 작성한 몇 건을 찾아낼 수 있었다. 이것들은 실제로 모두 내 손을 거쳐 확정된 판결문이다. 삼가 이것을 고명한 분들께 내보여 검증을 받음으로써 보잘 것 없는 내 의견을 대신하고자 한다. 만약 이것을 본받을 형식이라고 말한다면, 어찌 감당할 수 있겠는가?

夫所謂: 「看語」, 乃上司「告詞」批審,[231] 與本縣詳憲之事, 覆批究擬,[232] 而審明具獄之情罪以讞者也.[233] 不曰: 「審語」, 曰: 「看語」者, 以所讞不敢自居成案,[234] 僅看其原情, 以引律擬罪,

231 「고사(告詞)」는 고장(告狀), 즉 원고의 소송문서인 「고발장」을 말한다. 비심(批審)은 심사를 지시한다는 뜻이다.

232 상헌(詳憲)은 상문(詳文)이라는 공문형식으로 상사(憲)에게 보고를 올리는 것을 말한다. 구의(究擬)는 심문하여 판결을 내린다는 뜻이다.

233 구옥(具獄)은 문서를 갖추어 결론을 내린다는 뜻, 또는 판결을 내리는 근거가 되는 모든 관련문서철을 가리킨다. 정죄(情罪)는 범죄 정상(情狀)과 죄목(罪目)을 말한다.

234 자거(自居)는 자처(自處)·자임(自任)한다는 뜻이다. 성안(成案)은 이리 처리한 문서철이나 기존의 사례를 가리키기도 하지만, 여기서는 이미 정해진 결론이나 방안, 즉 정론(定論)을 뜻하는 것으로 보인다.

而仰候憲裁也.[235] 所謂: 「審語」, 乃本縣自准「告詞」, 因情判獄, 敘其兩造之是非, 而斷以已意者. 夫不曰: 「看語」', 而曰: 「審語」, 以主惟在我, 直決之, 以爲定案,[236] 而更書其判獄之詞, 以昭示之也.[237]

然「看語」之難, 不在引律, 在詞中之頭緒煩多,[238] 情罪紛襍, 而能使上官一目已瞭如指掌, 固無俟詳覽供、招之爲難也; 「審語」之難, 不在合式, 在原、被之匿情、膚愬,[239] 兩證之左袒、飾虛, 而我能折之, 使彼此輸心允服, 因筆之, 以爲不可移易之爲難也. 鴻欲拈之以爲式. 然載之別集者, 徒詞之悅目,[240] 而未審當時情事適與吻合否. 乃檢敝篋, 得鴻在郯數首, 實所親經, 以定爰書者.[241] 敬以質之高明, 聊代野田芻狗.[242] 若以云式, 鴻則何敢?

12-12. 「심리의견」 사례(「看語」附)[243]

12-12-01. 큰 강도를 붙잡은 사건(擒獲大盜事)[244]

[다음과 같이 심리의견을 제출합니다.] 왕가습(王可習) 부자는 종래 보기 드문 흉악범들입니

235 헌재(憲裁)는 상사·상관의 판단이라는 뜻이다.

236 정안(定案)은 문제나 사건에 대한 결론이나 결정을 내린다, 또는 안건에 대해서 마지막으로 내려진 판결을 뜻한다.

237 소시(昭示)는 명백하게 드러내거나 과시한다는 뜻이다.

238 두서(頭緖)는 맥락이나 실마리·소리를 가리킨다.

239 부소(膚愬)는 부수지소(膚受之愬)·부수지소(膚受之訴)의 준말로, 교묘하게 남을 해치는 참언(讒言)을 가리킨다. 부수(膚受)는 실속 없이 들뜨거나, 아니면 살갗에 와 닿듯이 이해가 절실함을 가리킨다. 『논어』「안연(顔淵)」편에 나오는 "은근히 들어오는 참언, 살갗에 와 닿는 절실한 호소가 네게 통하지 않는다면 정말로 현명하다고 할 수 있을 것이다(浸潤之譖, 膚受之愬, 不行焉, 可謂明也已矣)"는 구절에서 비롯되었다.

240 열목(悅目)은 눈을 기쁘게 한다, 보기 좋다는 뜻이다.

241 원서(爰書)는 죄수나 범인의 진술을 기록한 문서를 가리킨다.

242 추구(芻狗)는 제사 때 쓰던 풀잎으로 만든 개를 가리킨다. 제사가 끝나면 버리기 때문에 아무도 주의하지 않는 것이 되며, 따라서 주로 하찮고 비천하여 쓸모가 없는 사물이나 언론을 비유할 때 쓴다. 『노자(老子)』의 "천지는 아무것도 편애하지 않기 때문에 만물이 자연스럽게 성장하게 놔두며, 성인은 아무도 편애하지 않기 때문에 백성이 스스로 발전하도록 놔둔다(天地不仁, 以萬物爲芻狗; 聖人不仁, 以百姓爲芻狗.)."라는 구절에서 나왔다.

243 원문에는 원래 「12-12. 「심리의견」·「판결의견」과 그 형식(看審贅說幷式)」 부록 형식으로 실려 있지만, 여기서는 그 내용이 길어 따로 독립시키는 형식을 취하였다.

244 이 사건의 내용에 대해서는 제17권 형명부 7 도적(賊盜) 상 「17-05. 도적 체포(緝捕)」에서도 다시 상세하게 다루고 있다.

다. 또한 오대랑(吳大郎)·이배흥(李培興) 등은 사방의 오합지졸을 모아 무리를 만들었으니, 이는 호랑이에게 날개를 달아 준 격이었습니다. 그들은 강소성 비주(邳州)에 가까운 담성현 오장구(五丈溝) 경내에 숨어든 지 20년이나 되었습니다. 그들은 궁벽한 그곳의 장점을 살려 간악한 무리를 감추었을 뿐만 아니라 또한 몹쓸 짓을 자행하면서도 죄를 피할 수 있었습니다. 때문에 그에 따라 못된 기세가 날로 성하여 하고 싶은 대로 일을 저지르면서도 더 이상 거리낄 것이 없었습니다. 평소 왕래하는 사람도 대부분 칼을 차고 말을 타며 활과 화살을 휴대하였고, 밤이 되면 모여들고 새벽이 되면 흩어지면서 드나드는 것이 일정하지 않아, 부근 사람들은 모두 그가 강도무리의 우두머리임을 알지만 곁눈으로 흘겨보면서도 아무 말도 하지 못하였습니다.

다만 이동진(李東振)은 자신이 힘세고 용맹하다는 것을 믿고 그에게 대항하고자 하였습니다. 또한 이웃사람 장종괴(莊宗魁)가 3경 50여 무의 밭을 왕옥해(王玉海)·왕가습 부자에게 바쳤는데, 이동진은 자기 땅에 가깝다고 해서 여기에 군침을 흘리고 있었으므로 일부러 당나귀와 돼지를 풀어놓아 멋대로 그 땅을 짓밟게 하였습니다. 왕가습이 사람들과 소에 쓸 농구를 휴대하고 그 밭에 갔다가 일찍이 그의 돼지 한 마리를 죽인 일이 있었습니다. 그러자 이동진은 눈을 부릅뜨고 화를 내면서 은근한 내심을 드러내어 "왕씨 부자가 강도의 세력을 믿고 나를 어떻게든 찍어 누르려 한다"고 욕을 퍼부었습니다. 그 순간 그냥 입에서 튀어나온 말에 지나지 않지만, 이 말에 마음이 상한 왕가습 부자가 원한을 품어 살인의 실마리를 싹 띄우게 할 줄 어찌 예상이나 하겠습니까?

이에 왕옥해·왕가습 부자는 악당 오대랑·이건서(李乾西)·장사(張四) 등을 불러 모아 집에서 몰래 모의하고, 장사를 보내어 소대(蘇大)·이반자(李胖子) 등과 약속을 하게 하였습니다. 한 사람은 겁 모르고 날뛴다고 해서 추천을 받았고, 한 사람은 노련하여 믿을 만하다는 이유였습니다. 또한 이건서에게 점을 치게 하여 6월 6일 일을 벌이기로 결정하였습니다. 때는 바야흐로 5월 20일로, 이때 모든 준비가 제대로 갖추어졌습니다. 이렇게 오랫동안 마음에 두고 꾸몄으므로 어차피 [이동진을] 끝장내지 않으면 그만두지 않을 셈이었습니다.

6월 6일 오후가 되어 왕옥해와 왕가습은 이배흥·오대랑·소대 등과 함께 당나귀를 타고 흉기를 몰래 숨긴 채 차례로 이동하여 모두 노구동령(澇溝東嶺)에 모였습니다. 이배흥 한 사람을 남겨 당나귀를 돌보게 하였고, 나머지는 왕옥해를 따라 이동진의 집 뒤편 삼밭(麻田)에 이르니 시간은 이경 무렵이었습니다. 왕옥해는 이동진이 알아볼 수도 있다는 점을 염려하여 창을 쥐고 뒷문을 지키고, 이건서·장사로 하여금 앞문을 지키게 하였습니다. 왕가습은 붉은 흙을 얼굴에 바르고 오대랑 등과 함께 담을 넘어 들어갔습니다. 이동진은 마침 그 아들 및 서소성(徐小成)·오은(吳銀) 등과 함께 가운데 정원의 노천에 누워 있었습니다. 왕가습이 창을 가지고 이동진의 가슴을 찔렀는데, 놀라면서 누구냐고 묻자 그 목을 칼로 내리치고 옆구리에 다시 한 칼을 내리쳤습니다. 이동진이 비록 맹분(孟賁)과 하육(夏育)처럼 용맹하였지만, 이쯤 되자 또한 그 기량을 펼칠 수 없게 되었습니다. 이동진이 죽자 왕가습 등은 더욱 대담해져 손을 제멋대로 놀리면서 만나는 사람마다 모두 죽여 버렸습니다. 비록 무릎을 꿇고 목숨을 구걸했어도 부인 외에는 아무도 죽음을 피하지 못하였습니다.

그래서 즉사한 사람이 세 명인데, 이동진과 그의 다섯째 아들 이애(李璦), 일곱째 아들 이소흑(李小黑)입니다. 집 밖으로 도망가자 일당이 쫓아가 장사의 집에서 상처를 입혀 죽인 사람은 이동진의 여섯째 아들인 이소란(李小鸞)이었습니다. 창에 찔리고 칼에 베인 사람 가운데에는 이동진의 아들이 아님을 알고 가벼운 상처만 입혔을 뿐 죽이지 않은 사람이 두 명이었는데, 바로 서소성과 오은이었습니다. 한 사람은 머리를 베이는 상처를 입고 머리가죽 한 조각이 떨어져 나갔기에 어두운 밤에 창졸간에 흰 베로 머리를 감쌌습니다. 그래서 왕가습 등이 같은 패거리라고 생각하여 쫓아가서 죽이지는 않았으므로, 그는 부상당한 채 남쪽에 이웃한 생원 이정충(李靖忠) 집으로 도망가 문을 두드리며 살려 달라고 하였습니다. 이정충이 꽹가리를 치면서 큰 소리로 사람들을 불러 모으자 도적들이 비로소 흩어지기 시작하였습니다. 이래서 예리한 칼날 아래 목숨을 부지한 사람은 바로 이동진의 셋째 아들 이소일(李小一)이었습니다. [이정충의 집이] 소 울음소리가 들릴 정도로 매우 가까운 곳이었으므로 그들은 여전히 서소성 등을 잡아서 길 안내를 시키면서 데리고 가 죽일 작정이었지만, 이정충이 꽹가리를 쳐서 사람들을 불러 모으자 서소성 등을 버리고 도망갔습니다. 이래서 죽지 않은 사람이 두 명으로, 이동진의 둘째 아들인 이소구(李小九)와 넷째 아들인 이소이(李小二)였습니다.

이러한 내용은 모두 제가 직접 말을 몰고 이동진이 죽은 현장까지 찾아가서 왕가습 등이 왕래한 흔적을 점검하고, 이동진이 피살당한 상황에 대해 묻고, 피살자의 가족과 이웃 사람들의 말을 들어 봐서 확인한 것입니다. 왕가습이 앞뒤로 한 구두진술과 딱 들어맞아 이 일이 대단히 참혹했음을 더욱 잘 알 수 있었습니다. 그리고 왕옥해 부자가 무리를 지어 살인을 한 것은 모름지기 이동진과 같은 종류를 없애려 하였기 때문인데, 그 도리를 해치는 잔인한 마음이 어찌 이 정도로 극악하다는 말입니까? 얻은 장물을 조사하여 보니 실로 아무것도 없었습니다. 이동진은 가난한 사람으로, 그 집을 보면 흙으로 지은 몇 칸으로 좁고 여유가 없는데다가 무너지고 피폐하여 원래 마음대로 약탈할 만한 넉넉한 물건 자체가 없었습니다. 그리고 왕옥해 부자의 뜻은 원한을 푸는 데 있었지 재물을 약탈하는 데 있지 않았습니다. 따라서 당일 지보가 올린 최초 보고에서 아무런 재물도 가져가지 않았다고 한 것은 거짓이 아니었습니다. 그리고 무기를 잡고 체포에 저항하고, 창으로 사병들을 찌르는 등 갖가지 흉악한 상황에 대해서는 이전에 이미 구체적으로 보고를 올린 바 있어 여기서 다시 되풀이하지는 않겠습니다.

종합하자면, 왕가습은 그 사나움이 이리와 승냥이를 넘어서고 악독함이 도올 같은 전설의 짐승과 같습니다. 또한 널리 비도들을 불러 모아 부자가 제멋대로 못된 행동을 하면서 관법을 무시하였을 뿐만 아니라 감히 사람목숨을 지푸라기 보듯하면서 눈 깜짝할 사이에 세 명을 베어 죽였으니, 실로 그 범죄의 우두머리라 하겠습니다. 그는 굳이 고문을 할 번거로움도 없이 마치 그림을 그리듯 사실을 모두 털어놓았습니다. 율례에 의하면 당연히 책형(磔刑)에 처한다고 해도 어찌 마다할 수 있겠습니까? 아버지인 왕옥해도 이 일을 지휘하여 일가족을 도륙하였으니 실로 범죄의 우두머리입니다. "모의살인에서 그것을 주도하여 제안한 사람은 참수형에 처한다"는 것은 율례에 명확하게 나타나 있습니다만, 이미 천벌을 받아 죽었으니, 더 이상 논의할 필요가 없습니다. 이배홍은 비록 사람을 다치게 하지는 않았지만 범행에 동행하였고, 왕옥해에게 일 맡기를 거부하고 집에 돌아가겠다면서 "이런 일을 하더라도 나를 끌어들이지는 말라"고 하였다는 것을 보니, 이미 죄를 피할 수 없음을 알고 있었습니다. 따라서 살인모의에 참가하였으나 실제 범행에 가담하지 않은 경우를 처벌하는 율법에 따라 유배형에 가늠하고자 합니다.

그리고 나머지 피고가 있는데, 이소오(李小五)는 이배홍의 아들로 살인모의에 가담하지도 않았고, 흉기를 들고 체포에 저항하지도 않았으며, 무리 속에서 튀어나와 그 자리에서 체포당하였으니 심문 결과 무죄로 판단되어, 공범이 아니라고 풀어 주었습니다. 장종괴는 곧 이원(李瑗)이[245] 처음에 고발한 장사입니다. 이동진과는 가까이에 살았지만 멀리 왕옥해와는 교제하고 있었습니다. 이원 등은 통한을 품지 않은 것이 아니지만 왕옥해의 흉폭한 기세를 두려워하여 감히 직접 그를 지적하여 고발하지 못하고 장종괴를 우두머리로 고발하였습니다. 장종괴를 빌려 왕옥해의 범행을 털어놓게 하려던 것이니, 이 피해자의 친척에게는 확실히 고충이 있었던 것입니다. 하지만 세밀히 심문하여 보니 단지 [장종괴가 왕옥해 부자에게] 땅을 바친 근거가 있을 뿐 결코 그 내막을 확인할 수 있는 실제 증거가 없기 때문에, 일단 불응률(不應律)을 끌어다 [장종괴를] 곤장형 80대에 처하고자 합니다. 오대량은 사람을

245 앞에서 나오지 않은 인명인데, 아마 피해자 이동진의 가족이나 친척인 것 같다.

죽이는 데 홀로 사나움을 보였고 체포에 저항하는 데도 앞장 섰으니 실로 악당의 우두머리입니다만, 화살에 맞아 목숨을 잃어 [참수형을 당하지 않고] 목과 몸이 붙어 있을 수 있게 되었으니 그나마 행운이라고 하겠습니다. 나머지 소대, 이반자 등 다섯 명은 혹은 다른 성에 거주하거나 아니면 멀리 도망쳤는데, 이미 체포협조 공문을 올려 비준을 받았으므로, 신속히 체포를 할 것입니다. 이상 아주 큰 사건이라 더 이상 지체하지는 못하고, 먼저 「사건조서」를 갖추어 보고를 올립니다. 나머지는 체포하는 날을 기다려 따로 마무리해도 될 것입니다.

看得[246]: 王可習父子, 亘古奇兇也.[247] 又有吳大郎、李培興等, 四方烏合以爲之黨,[248] 是虎而翼矣. 潛居郯城五丈溝逼近邳州之境, 將二十年. 不惟利其僻遠, 可以藏奸,[249] 抑且恣其荼毒,[250] 可以逃罪. 故因之惡燄日熾,[251] 惟任意所爲, 無復忌憚也. 平日往來, 多佩刀騎馬、持弓挾矢之人, 夜聚曉散, 出沒不常. 附近皆知爲響馬之領袖,[252] 而側目不敢言.[253] 獨東振恃其强勇, 欲與抗衡.[254] 又因比隣莊宗魁, 將地三頃五十餘畝, 獻玉海父子.[255] 東振以其近已有垂涎之意,[256] 故縱驢猪, 恣其蹂踐.[257] 可習率人携牛具往田, 曾戮死其一猪. 東振瞋目謾罵,[258] 發其陰私,[259] 謂: "王家父子, 仗著響馬的勢子,[260] 降著俺甚麼". 斯言也. 不過一時衝口之談,[261] 豈料爲傷心之怨, 殺機萌于此矣![262]

---

246 간득(看得)은 굳이 번역하자면 '내가 보기에'라는 뜻인데, 간어의 첫머리에 관용적으로 쓰는 용어로 간어의 시작을 알리는 구실을 한다.

247 긍고(亘古)는 옛날 전체에 걸쳐, 즉 자고로, 종래라는 뜻이다.

248 오합(烏合)은 엄밀한 조직이 없이 사람들이 임시로 모인 것, 또는 그런 사람들을 형용한다.

249 여기서 장간(藏奸)은 불법의 무리를 보호하거나 감춘다는 뜻이다

250 노독(荼毒)은 남을 몹시 해친다(毒害, 殘害)는 뜻이다.

251 악염(惡燄)은 추악한 불꽃이라는 뜻이다.

252 향마(響馬)는 무리를 지어 강도짓을 하는 사람들을 가리킨다. 말에 방울을 달거나 강도질을 할 때 미리 소리가 나는 화살(響箭)을 쏘았기 때문에 이런 이름이 붙었다.

253 측목(側目)은 화가 나서 흘겨보다, 또는 두려워 제대로 쳐다보지 못한다는 뜻이다.

254 항형(抗衡)은 대항하다, 필적한다는 뜻이다.

255 옥해(玉海)는 왕옥해로, 바로 왕가습의 아버지이다. 이전에 관련 문서에서 보고를 올린 적이 있어 여기서 다시 설명을 붙이지 않은 것으로 보인다.

256 수연(垂涎)은 먹고 싶어 침을 흘린다는 뜻이고, 아주 흠모하거나 얻고 싶어 한다는 것을 비유한다.

257 유린(蹂踐)은 짓밟다, 침범하다는 뜻이다.

258 진목(瞋目)은 눈을 부릅뜬다는 뜻이고, 만매(謾罵)는 멋대로 욕을 한다는 뜻이다.

259 음사(陰私)는 음험하고 남에게 감추어야 할 일을 가리킨다.

260 세자(勢子)는 자세 · 세력 · 정세 · 기세를 뜻한다.

261 충구지담(衝口之談)은 입에서 튀어 나온 말, 즉 아무 생각 없이 내뱉은 말이라는 뜻이다.

262 살기(殺機)는 살해하겠다는 마음가짐을 말한다.

于是玉海招集惡黨吳大郎、李乾西、張四等, 在家密謀, 使張四往約蘇大、李胖子, 一以莽撞見推,[263] 一以老練可恃. 又使乾西卜日,[264] 定于六月初六日擧事. 時方五月二十日, 而部署整嚴.[265] 若此其處心積慮, 不殺不休矣. 至初六日午後, 玉海、可習同李培興、吳大郎、蘇大等, 並跨蹇驢,[266] 暗藏兇器, 先後而行, 皆取齊于澇溝東嶺.[267] 獨留培興看驢, 餘隨玉海, 至東振屋後蔴地中, 時將二鼓矣.[268] 玉海慮東振識認, 持鎗把守後路, 使乾西、張四, 把守前門. 可習用紅土塗面,[269] 與吳大郎等, 越牆而入. 東振方與其子, 幷徐小成、吳銀, 露臥中庭.[270] [可]習擧手一鎗, 刺中東振心口, 猶驚問是誰, 而脖子一刀, 軟肋又一刀.[271] 東振雖勇如賁育,[272] 亦無所施其技矣. 殆東振旣死. 可習等膽粗手滑,[273] 逢人便殺, 雖長跪乞命, 而婦人之外, 無一得免. 其立時殺死者三人, 曰: 李東振也、振之第五子李璦也、第七子李小黑也. 其追至屋外, 戮傷于莊四宅上, 次日身死者一人, 曰: 東振之第六子李小鸞也. 其中鎗被刃, 知非東振之子, 受傷稍輕, 得不死者二人, 曰: 徐小成也、吳銀也. 其砍傷頭顱,[274] 去頂皮一片, 黑夜倉忙,[275] 卽以白棉單裹首,[276] 可習等認爲同夥,[277] 不行窮追, 負傷奔至南鄰生員李靖忠家, 叩門求救, 靖忠鳴鑼吶喊,[278] 賊始犇散,[279] 得漏命鋒刃之下者一人,[280] 曰: 振之第三子李小一也. 其相去一牛鳴

263 망당(莽撞)은 언어나 행동이 가볍고 거칠다는 뜻이다.
264 복일(卜日)은 날짜의 길흉을 점치는 것, 길일을 점쳐 택하는 것을 말한다.
265 부서(部署)는 안배, 배치 등을 가리킨다.
266 건려(蹇驢)는 절뚝거리는 둔한 나귀를 말한다. 과(跨)는 탄다는 뜻이다.
267 취제(取齊)는 집합한다는 뜻이다.
268 이고(二鼓)는 이경(二更), 즉 밤 9-11시 무렵을 말한다.
269 도면(塗面)은 얼굴에 칠한다는 뜻이다.
270 중정(中庭)은 집 건물 사이에 있는 가운데 정원을 가리킨다.
271 늑(肋)은 옆구리 윗부분을 가리킨다.
272 분육(賁育)은 전국시대의 용맹한 장사 맹분(孟賁)과 하육(夏育)을 함께 부르는 명칭이다. 맹분은 물에서는 교룡(蛟龍)을 피하지 않고, 땅에서는 늑대(豺狼)를 피하지 않는 용사로 화가 나서 외치면 그 소리가 하늘이 울렸다고 한다. 하육 역시 마찬가지의 용사다.
273 담조(膽粗)는 대담해진다는 뜻이고, 수활(手滑)은 손이 미끄럽다는 것으로 멋대로 대담하게 일을 처리한다는 뜻이다. 담대심조(膽大心粗)·담대심웅(膽大心雄)·담대망위(膽大妄爲) 등은 대부분 비슷한 뜻이다.
274 두로(頭顱)는 머리·두개골·뇌를 가리킨다.
275 창망(倉忙)은 '갑작스레, 창졸간에'라는 뜻이다.
276 척수(褁首)는 머리를 싸맨다는 뜻이다.
277 동과(同夥)는 동화(同伙)와 같은 뜻으로 어떤 활동·조직에 함께 참가한 패거리·일동을 가리킨다.
278 명라(鳴鑼)는 징·꽹가리를 친다, 나아가 보통 사람들에게 경각심을 준다는 뜻이다. 징은 따로 정(鉦)이란 용어로 쓰이기도 하므로, 그 크기가 다양하여 통일하기 곤란하지만 여기서 나(鑼)는 모두 꽹가리로 번역하였다. 납함(吶喊)은 큰소리로 외친다는 뜻이다.
279 분산(犇散)은 달아나 흩어진다는 뜻이다.
280 봉도(鋒刃)는 칼이나 검의 날카로운 날, 나아가 병기를 가리킨다. 누명봉인지하(漏命鋒刃之下)는 누인(漏刃)과

地,[281] 賊猶押徐小成引路, 幷欲往殺, 因靖忠鳴鑼, 賊始舍去, 得不死者二人, 曰: 振之第二子李小九、第四子李小二也.

此皆卑職單騎親至東振死地, 驗可習等往來之跡, 問東振等被殺之形, 屍親、鄰佑之言, 與可習先後口供, 適相脗合, 益可以見此事之非常慘變, 而玉海父子結黨殺人, 必欲盡東振之種類而後已. 其忍心害理,[282] 抑何至此極哉? 至究其所得之贓, 實無一物可指. 蓋東振寠人, 觀其所居, 土屋數椽, 偪窄倒敝, 原無厚藏可恣剽劫.[283] 而玉海父子乃志在報仇, 不在劫財. 如當日地方之初報, 並無拿去財物, 非虛語也. 其持兵拒捕、鎗戳營兵, 種種兇悖情形, 前詳業已敍明, 不敢復贅.

總之, 王可習者梟過豺狼, 惡同檮杌.[284] 又廣結匪人, 父子肆虐, 不獨弁髦官法,[285] 直敢草菅民命,[286] 俄頃之間,[287] 手刃三人. 不煩刑訊,[288] 供吐如畫, 按律寸磔,[289] 夫復何辭? 其父王玉海, 發蹤指示,[290] 屠戮滿門, 實爲罪魁. "造意者, 斬," 律例炳然.[291] 但旣伏天誅,[292] 無庸再議. 李培興雖未傷人, 然已同行, 觀其欲辭玉海回家, "你做這樣事, 休連累我之"語, 已知其不可免矣. 姑引謀殺人不加功者律,[293] 擬流. 已有餘辜.[294] 李小五係培興之子, 殺人旣不同謀, 拒捕亦無兇械, 羣然突出, 被縛當場, 審係無辜,[295] 釋之非縱. 莊宗魁, 卽李瑗初告之莊四也. 與

같은 뜻으로 칼 아래서 다행히 죽음을 피하고 살아남는다는 뜻이다.

281 일우명지(一牛鳴地)는 일우후지(一牛吼地)처럼 소 울음소리가 들리는 곳, 비교적 가까운 곳을 말한다.

282 해리(害理)는 상리·윤리에 어긋난다는 뜻이다.

283 후장(厚藏)은 지닌 바가 많다, 즉 부유하다는 뜻이다.

284 도올(檮杌)은 여기서는 전설 속의 못된 짐승(凶獸) 또는 악인을 가리킨다.

285 변모(弁髦)는 고깔과 다팔머리인데, 성인이 되어 상투를 튼 다음에는 쓰지 않는 것이므로 나아가 버려져 쓸모없는 것, 무용지물을 가리키게 되었고, 무시하거나 경멸한다는 뜻도 나왔다.

286 초관인명(草菅人命)은 초개인명(草芥人命)과 같은 뜻으로, 사람목숨을 지푸라기 보듯 한다는 것이다.

287 아경(俄頃)은 잠깐 사이라는 뜻이다.

288 형신(刑訊)은 형벌을 써서 심문한다는 뜻이다.

289 촌책(寸磔)은 사지를 망가뜨리고 해체하는 고대의 혹형, 또는 여러 조각으로 자른다는 뜻이다.

290 발종지시(發蹤指示, 發縱指示)는 사냥개를 풀어 방향을 지시함으로써 짐승을 쫓게 한다는 뜻으로 조종하고 지휘함을 비유한다.

291 병연(炳然)은 아주 명확하고 분명한 모습, 또는 밝은 모습을 가리킨다. 이에 해당되는 조문은 『대청률례』 권26 「형률 인명 1(人命之一)」(『律』282.00)의 「모살인(謀殺人)」이다. "1. 凡謀[或謀諸心, 或謀諸人]殺人造意者, 斬[監候]. 從而加功者, 絞[監候]. 不加功者, 杖一百、流三千里. 殺訖乃坐[若未曾殺訖, 而邂逅身死, 止依同謀共毆人科斷]."(p.420)

292 천주(天誅)는 하늘의 벌을 받아 죽는다거나 제왕의 정벌·처벌을 가리킨다.

293 바로 위에서 『대청률례』 권26 「형률 인명(人命)」(『律』282.00) 「모살인(謀殺人)」을 참조. 가공(加功)은 율법에서는 실제 행동으로 도우는 행위를 가리킨다.

294 여고(餘辜)는 배상·처벌이 끝나지 않은 죄악이라는 뜻이다.

295 무고(無辜)는 무죄, 무죄인을 가리킨다.

東振逼鄰, 而遠交玉海. 瑗等不無歆恨, 且懼玉海兇燄, 不敢遽行指斥, 故告宗魁爲首意, 借宗魁以供玉海. 此屍親確有苦情,[296] 但細加硏審, 止有獻地根由,[297] 並無知情實據, 姑引不應律重杖.[298] 吳大郎殺人獨狠, 拒捕爭先,[299] 實爲惡黨之首, 中箭身殞, 得全首領, 幸矣. 其餘蘇大、李胖子等五名, 或住居隔省, 或逃避遠方, 已經移關給批,[300] 嚴行緝捕外, 緣大獄不敢久稽,[301] 合先具招詳解, 餘俟獲日另結可也.

12-12-02. 두 사람의 목숨과 관련된 큰 원한(二命大寃事)

[다음과 같이 심리의견을 제출합니다.] 맹림화(孟林化)의 장자 맹정준(孟廷俊)은 강희 9(1670)년 담성현 냉촌(冷村)의 사장(社長)이었고, 송세위(宋世偉)의 조카 송광영(宋光英)은 같은 사에서 그해 새롭게 응모한 4갑의 호두였습니다. 송세위는 조카가 어리고 아직 공부를 해야 하는 나이인 데다가 세금과 관련된 일을 제대로 알지 못하므로, 친척인 관정사(管正嗣)에게 부탁하여 대리하도록 맡겼습니다. 강희 9년 정월 27일, 모든 사에서 현 아문으로 가서 직역(職役)에 응모하게 되었는데, 맹정준이 관정사가 남의 이름을 빌려 신청하였다고 지적하였기 때문에, 마침내 서로 말다툼을 하게 되었습니다. 이틀이 지난 다음 전임 지현이 공당(公堂)에서 점검을 하다가 맹정준의 얼굴에 병색이 있어 조세 징수와 재촉을 감당할 수 없다고 그를 직역에서 내쫓았습니다. 초4일에 이르러 맹정준은 병세가 심각해져 집에서 사망하였습니다. 그러자 [맹정준의 아버지] 맹림화는 맹정준의 시신을 송세위의 집에다 옮겨다 놓고, 아들의 목숨 값을 갚도록 조사해 달라고 현에 고발하였고, [맹림화의 동생] 맹정륜

296 시친(屍親)은 살인사건 피해자의 친척을 가리킨다.

297 근유(根由)는 근원·원인이라는 뜻이다.

298 불응(不應)은 율법명사로 일부러 의도하지는 않은 범죄를 가리킨다. 또한 살인 등 사건 외에 모든 이름을 짓기 곤란한 죄를 일괄하여 불응이라고도 하는데, 경중(輕重)의 차이가 있다. '불응(不應)' 혹은 '불응위(不應爲)'는 법령상으로 금지하지는 않지만 도덕적으로 해서는 안 되는 일을 가리킨다. 이러한 경우 유사한 법령으로 양형(量刑)하여 처벌하도록 한다. 불응중장(不應重杖)은 불응위의 정상이 비교적 무거워 곤장 80대로 처벌하는 죄를 가리킨다. 『대청률례』 권34 「형률 잡범(雜犯)」(『律』386.00)의 「불응위(不應爲)」를 참조. "**凡不應得爲而爲之者, 笞四十. 事理重者, 杖八十[律無罪名, 所犯事有輕重, 各量情而坐之].**"(p.540)

299 쟁선(爭先)은 앞을 다툰다는 뜻이다.

300 관(關)은 관부 사이에 질문을 하거나 범인의 체포를 요구할 때 보내는 문서 또는 평행하는 관부 사이의 왕래공문을 말한다. 이관(移關)은 따라서 여기서는 체포협조 요청 공문을 보낸다는 듯이다. 비(批)는 상사가 공문의 말미에 자기 뜻을 적어 속관에게 알린다는 뜻이므로, 급비(給批)는 아마도 상사의 비준을 받았다는 뜻으로 보인다.

301 대옥(大獄)은 중대한 안건 또는 다방면에 걸쳐 처리가 삼엄한 사건을 가리킨다. 구계(久稽)는 오랫동안 지연시키거나 연기시킨다는 뜻이다.

(孟貞倫) 역시 [송세위가 맹정준을 때려] 죽였다고 [담성현을 관할하는 기주(沂州)]부에 고발하였습니다. 맹림화의 둘째 아들인 맹정표(孟廷標)는 초4일 맹정준의 시신을 송세위 집으로 운반하였는데, 12일이 되자 또한 급병으로 사망하였습니다. 그러자 맹림화는 송세위가 자신의 아들 두 명을 때려죽였다고 현에 고발하였고, 이에 송세위는 시신을 옮겨 억지로 무고한다고 [맹림화를 기주부를 관할하는] 동연도(東兗道)의 서(徐) 도대(道臺)에게 고발하였으며, 맹림화는 다시 두 아들을 때려죽였다고 여기에 맞고발을 하였습니다. 상급의 동연도와 기주부에 이루어진 고발사건은 모두 담성현 지현에게 처리 지시가 내려졌지만, 전임 지현이 자리에서 쫓겨나는 바람에 미결된 현안으로 남았습니다. 저는 부임 이후 비로소 피의자와 증인을 불러 모아 하나하나 심문을 하였는데, 원래의 검시에서 아무런 상처가 발견되지 않았고, 뭇 증인의 증언에도 결국 확실한 증거가 아무것도 없었습니다. 또한 강희 9년 5월 6일의 대사면 이전에 벌어진 일이기 때문에 각각의 「구두진술」을 모두 기록하고 보고 공문을 갖추어 도대·지부께 모두 이 사안을 말소해 달라고 요청하였고, 이미 전임 동연도께서도 이를 받아들여 상부로 보고한 바 있습니다.

그런데 얼마 되지 않아 맹림화는 다시 두 명의 아들이 억울하게 죽은 것이라고 [보다 상급의] 전임 순무 원무공(袁懋功) 공에게 가서 고발을 하였고, [그 결과] 전임 동연도 전(錢)에게 지시가 내려오자, 결국 제게 다시 [심리를 하라는 동연도의] 지시가 떨어졌습니다. 그리하여 다시 범인과 증인을 모으고 마음을 비워 세밀하게 심문하였습니다. 맹림화는 다음과 같이 진술하였습니다. "제 아들 맹정준은 조건백(曹建白)의 집에서 관정사에게 맞아 죽었습니다." 집사 조건백과 증인 묘취연(苗翠然)에게 물어보니 모두 다음과 같이 진술하였습니다. "피차 다투기는 했지만 절대로 몸싸움을 하지는 않았습니다. 또 그때 송세위 역시 현성 안에 없었습니다." 여전히 이전의 진술과 다르지 않았습니다. 또한 맹림화의 진술에 의하면, "둘째 아들 맹정표가 송세위의 집으로 시신을 옮기자 송세위가 돌로 맹정표를 한 번 치고 바로 도망하였습니다."라고 하였습니다. 그래서 맹정표와 함께 시신을 옮긴 황발자(黃拔子)에게 물었습니다. 그는 맹림화의 친척조카인데, 또한 "송세위가 맹정표를 때리는 것을 본 적이 없습니다."라고 하였습니다. 또한 맹림화가 「고발장」에서 맹정표를 때려죽였다고 지목한 송광영·송대(宋大) 등에게 물어보니 모두 "맹정표가 송세위 집에 시신을 옮겨 놓았지만, 저희는 결코 그를 보지 못하였습니다."라고 하였습니다. 아아! 사납구나, 맹림화여! 어찌 그렇게 늙을수록 더욱 더 모질어지는가!

맹정준과 관정사가 직역을 자원하는 일로 서로 말다툼을 하였으나, 이것은 또한 세속에서 언제나 벌어지는 일입니다. 그런데 맹정준이 병으로 죽자 그 시신을 송세위의 집에 옮겨 놓고, 관정사를 제쳐 두고 아무런 관련도 없는 송세위를 고발한 것은 도대체 그 뜻이 과연 어디에 있다는 말입니까? 또한 피차 말다툼은 있었으나 몸싸움은 하지 않았습니다. 맹정준의 죽음은 기실 천수를 누린 것임을 알 수 있으니 관정사와는 아무런 관련이 없고, 하물며 송세위는 더 말할 것이 있겠습니까? 만약 정말 구타사건이 있었다면 어찌 전임관이 직역을 점검할 때 호소하지 않고, 맹정준이 죽기를 기다려서야 비로소 억울하다고 고발을 한다는 말입니까? 맹림화가 진술하기를 "저는 집에 없었습니다."라고 하였고, 맹성륜은 "조카를 송정위의 집으로 옮겨 정양(靜養)을 시키려 하였습니다."라고 하였습니다. 그들 모두 시신을 옮기는 것이 불법이라는 것을 알면서도 한 사람은 [자신이] 가담하지 않았다, 한 사람은 [그때 맹정준이] 아직 죽지 않은 상태였다고 변명한 것입니다. 전임 지현이 처리한 문서를 점검해 보니, 2월 4일에 맹림화는 이미 아들의 목숨 값을 갚아 달라고 현에 고발하였으므로, 시신을 옮겨 무고를 꾀하였다는 사실은 입이 백 개라도 변명할 수 없는 일입니다!

맹정표의 죽음에 대해 맹림화는 "돌을 던지고 상해를 입혔습니다."라고 하였지만, 맹정륜은 또한 "맹정표가 멜대로 송세위의 작살을 받아치자, 송세위는 도망쳐서 맹정표를 때리지 않았습니다."라고 하였으니, 형제 사이에 「구두진술」이 이미 다릅니다. 황발자의 진술에 따르면 "맹정표가 두 번째 문을 밀어 제치고 쳐들어갔습니다."라고 하였고, 또한 "맹정표는 자기 집으로 걸어서 돌아갔고, 집에서 밥까지 먹었습니다."라고 하였습니다. 어찌 돌에 상처를 입은 사람이 능히 힘을 떨쳐 남의 집 문을 밀어 제칠 수 있다는 말입니까? 만약 상처가 정말 무거웠다면 모름지기 다른 사람이 부축하거나 들어 매고 돌아갔을 터인데, 어찌 활개를 치며 돌아다니고 보통 때처럼 음식을 먹을 수 있다는 말입니까? 황발자의 이전 진술을 보면 맹림화가 교사한 것이니, 음험하게 남을 해치는 정황은 파헤치지 않아도 저절로 파탄이 드러날 것입니다.

하물며 당일 호두(戶頭)에 응모한 사람은 원래 송광영이었는데 맹림화는 순무에게 고발할 때는 또한 송세위라고 칭하였고, 앞서 맹림화가 도대와 지부께 고소할 때는 맹정표를 때려죽인 것이 모두 송세위라고 하였는데 이번에 순무께 고발할 때는 또다시 송광영·송대·송이(宋二)라고 칭하였습니다. 살인사건이 뭐고 도대체 어떤 율례에 저촉되는지 제대로 알지도 못하면서, 줄곧 사람을 바꿔 가면서 무고로 모함을 해도 되겠습니까? 이전에 고발하였을 때의 문서와 비교하면 맹림화의 관적은 홀연 담성이었다가, 홀연 추현(鄒縣)으로 바뀌고, 홀연 담성의 맹림화였다가 다시 홀연 추현의 맹림화라고 바꾼 것도 마찬가지 꾀에서 나온 것입니다. 맹림화는 또한 현에 고발하였더니 제쳐 두고 처리하지 않는다고 주장하였으니, 실은 이전 지현이 탄핵을 당해 자리에서 물러났기 때문에 오랫동안 질질 끌게 되었던 것입니다. 도대와 지부의 지시가 내려와 본현에서 다시 심문하여 점검하고, 이에 따라 「상문」으로 도대와 지부께 다시 보고를 올렸는데도 [맹림화는 다시] "위로 올려 보내지도 않고, 그렇다고 본현에서 심리를 하지도 않는다."라고 주장하였으니, 어찌 잠꼬대 같은 소리가 아니겠습니까?

또한 왕진려(王振旅)는 송세위의 동서로 재판할 때는 "송세위에게 땅 1경 50무와 은 30냥을 받았다."라고 하였으므로, 그 이유를 상세하게 추궁하였더니 왕진려의 사촌동생 왕진전(王振典)이 유지홍(劉之洪)이 원래 사들인 땅 6경 80무를 돈을 주고 되사들이려 하였는데, 돈이 모자라자 왕진려가 9냥을 내주었고, 그 때문에 왕진전이 1경 남짓한 땅을 잘라 그에게 내주었다는 것이었습니다. 중개인과 증명서는 아주 확실하게 갖추어져 있습니다. 그런데 맹림화는 "송광영이 말하는 것을 들었다."라고 하였습니다. 무릇 송광영은 맹씨의 원수인데 송세위가 뇌물로 매수하였다고 한다면, 송광영은 진실로 감추려고 하지 어찌 스스로 남에게 말을 해서 그것을 드러내고자 하겠습니까?

요컨대, 맹림화는 뇌물을 받은 흔적을 꾸며 내어 그것을 가지고 못된 짓을 꾸미려 하였지만 말이 안 되는 거짓임을 알기에, 다시 상사 아문의 아역이 인정하였다는 말을 꾸며 내서 자신을 변호하려 하였던 것입니다.[302] 이른바 "달아나는 말을 하다 보면 스스로 궁색하다는 것을 알게 된다."라는 것이라 하겠습니다. 맹림화가 온갖 간악한 수작을 부렸지만, 지금까지 누차 심리를 통해 모두 거짓임이 드러났습니다. 무고를 처벌하는 율례에 따라 처리해도 어찌 다시 피할 방법이 있겠습니까? 맹정륜은 맹림화에 부화뇌동해서 소송을 일으키고 사람들을 이끌고 시신을 옮겼으니, 응당 아울러서 보다 무거운 쪽으로 처벌해야 합니다. 황발자·맹상빈(孟上賓) 등은 모두 불응률(不應律)에 따라 곤장형에 처해도 억울하지 않을 것입니다. 다만 맹림화의 나이가 80세를 넘었고, 잇따라 두 아들을 잃었으니 그 역시 정상참작을 받을 만합니다. 또한 스스로 문서를 갖추어 승복하면서 늙은 몸임을 가련히 여겨 상부로 압송하는 것을 면해 달라고 간청해 왔으니, 역시 후회하는 마음이 싹트고 법망이 족히 무서움을 알게 된 것 같습니다. 맹정륜 등에 대한 처벌은 이미 지난번에 결정되었고, 또한 강희 9년 5월 초6일의 사면이 있기 전에 벌어진 일입니다. 따라서 응당 모두 은혜를 베푸셔서 죄를 말소함으로써 황상의 은혜를 널리 미치게 할 것인지 여부에 대해서는 제가 감히 멋대로 결정할 수 없어, 전체적으로 상사께서 결정을 내려 주시기를 기다리는 바입니다.

---

302 이 부분은 사건 경과 자체가 생략되어 있어 정확한 이해가 어렵다.

看得: 孟林化之長子孟廷俊, 係本縣九年冷村社長.[303] 宋世偉姪宋光英, 係本社新報四甲戶頭. 世偉以姪髫年就傅,[304] 未諳催糧,[305] 托親管正嗣代理. 九年正月二十七日, 合社赴縣認役,[306] 廷俊以正嗣冒名頂替,[307] 遂致彼此爭嚷. 越二日前令當堂點驗, 見廷俊面有病容, 不堪催比免斥,[308] 至初四日在家病篤身死. 林化乃移屍宋世偉家, 而以究抵子命控縣.[309] 孟貞倫又以打死人命控府矣. 林化次子廷標, 因初四日抬屍宋世偉家, 至十二日又以暴病死. 而林化又以打死二命控縣, 致世偉以移屍圖賴,[310] 控前任東兗道徐, [林]化又以打死二子互控矣. 道、府各詞, 俱蒙批本縣,[311] 因前令卸事, 案懸未結. 卑職到任之後, 始拘集犯、證,[312] 逐一研審, 原檢既無眞傷, 衆證總無確據. 且在康熙九年五月初六日赦前, 乃備錄各「口供」, 具詳道府, 並請註銷, 業蒙前任東兗道允詳在案.[313]

未幾, 林化又以二命大冤事, 赴控前院憲袁,[314] 蒙批前任東兗道錢, 又蒙批到職, 隨復拘齊犯、證, 虛公細鞫.[315] 據孟林化供: "伊子廷俊是管正嗣在曹建白家打死." 及質之主家曹建白[316]、干證苗翠然, 咸稱: "彼此爭嚷, 並未交手,[317] 其時宋世偉亦未在城." 仍與前供無異. 又

---

303 사장(社長)은 사(社)의 우두머리라는 뜻이다. 사는 기층 지방조직으로 나이 들고 농사에 밝은 사람을 사장으로 임명하였다.

304 초년(髫年)은 유년을 가리킨다. 초(髫)는 다박머리, 즉 어린이가 아래로 늘어뜨리는 머리를 가리킨다. 취부(就傅)는 스승을 따른다, 즉 학업을 시작한다는 뜻이다.

305 최량(催糧)은 전량의 독촉을 가리킨다.

306 인(認)은 떠맡기를 승인하거나 자원한다, 그 일에 대한 책임을 떠맡겠다는 자원(自願)의 뜻이 있다. 따라서 인역(認役)은 어떤 직역(職役)을 맡겠다고 자원한다는 뜻인데, 뒤에 나오는 구절로 보면 징수독책(催徵)의 직역이다.

307 모명정체(冒名頂替)는 남의 이름을 빌려 그 권리·지위를 대신하거나 그를 위해서 일을 한다는 뜻이다.

308 최비(催比)는 지현이 이역(吏役)으로 하여금 기한을 설정하여 긴요한 공무를 완수하도록 독촉하는 것으로, 기한을 넘겨 일을 완수하지 못하면 처벌을 준다.

309 저명(抵命)은 상명(償命), 즉 목숨을 갚으라는 것이다. 구저자명(究抵子命)은 따라서 아들의 목숨을 빼앗아 간 것을 제대로 밝혀 달라는 뜻으로 보인다.

310 도뢰(圖賴)는 저뢰(抵賴), 즉 자신의 착오나 책임에 대해서 발뺌하면서 억지로 우긴다, 또는 다른 사람이 나쁜 짓을 하였다고 거짓말을 한다, 남의 것을 자기 것이라고 우긴다는 뜻도 있다. 뢰(賴)는 속여서 빼앗다, 자기 탓임을 인정하지 않고 남의 탓이라고 억지를 부린다, 남에게 잘못을 덮어씌운다는 뜻이 있다. 즉 발뺌하거나 억지로 우긴다는 뜻이다. 여기서는 엉뚱한 사람을 살해자로 모는 행위를 가리킨다. 자세한 내용은 제15권 형명부 5 인명 중 「15-01. 도뢰(圖賴)」를 참조.

311 몽비(蒙批)는 요청한 일에 대해 비시(批示), 즉 검토와 지시(결재)를 받았다는 뜻이다. 여기서는 그러한 지시가 내려왔다는 뜻까지 포함된 것으로 보인다.

312 구집(拘集)은 불러 모은다는 뜻이다.

313 윤상(允詳)은 아마도 밑에서 올린 보고(詳)를 승인하였다는 뜻으로 보인다.

314 강희 9(1670)년부터 10(1671)년 사이 산동순무를 맡았던 원무공(袁懋功)을 가리킨다. 『청대직관연표』 제2책 「순무연표(巡撫年表)」, pp.1539-1540을 참조.

315 허공(虛公)은 '공정무사하게'라는 뜻이다.

316 주가(主家)는 주인집 또는 가사를 주지한다는 뜻이다.

據林化供: "廷標抬屍宋宅, 世偉打廷標一石, 就跑了." 及詢之同廷標抬屍黃拔子, 乃林化親甥也, 亦稱: "並沒見宋世偉打孟廷標." 又問林化狀開打死廷標之宋光英、宋大等, 俱稱: "廷標抬屍到宋世偉家, 我們並沒見面." 噫, 悍哉! 林化何其老而彌烈也!

孟廷俊與管正嗣, 以認役之故, 互相爭嚷, 亦世俗恒情耳. 廷俊病死, 乃移屍宋宅, 捨正嗣而告風馬不及之宋世偉,[318] 其意固何居也? 且彼此雖經角口,[319] 實未交手. 廷俊之死, 其爲考終可知,[320] 與正嗣猶無干涉, 況世偉乎! 使果當有毆打之事, 彼于前令認役時, 何不當堂申訴, 而直俟身死, 始行鳴控耶? 據孟林化供: "我沒在家." 孟貞倫供: "抬侄子往宋家將養."[321] 是均知移屍之非法, 一以未與、一以未死文愆也.[322] 殆檢閱前令原案, 二月初四日, 林化業有究抵子命一詞控縣, 則移屍圖賴, 雖百喙亦何辭乎?[323] 至廷標之死, 林化稱: "抛石打傷." 孟貞倫又稱: "廷標以扁担打弔世偉之扠,[324] 世偉跑了, 沒打著孟廷標." 是兄與弟「口供」, 已互異矣. 據黃拔子供: "孟廷標抗開二門, 抬進去". 又云: "孟廷標自家走回去的, 到家還吃了飯." 豈有被石打傷, 而猶能奮力以抗開人之門者乎? 使所傷果重, 必扶舁而歸,[325] 又豈有掉譬游行,[326] 而飮食如故者乎? 觀黃拔子前供, 是孟林化所敎, 其鬼蜮情形,[327] 又不攻而自破矣.

況當日報應戶頭原係光英, 林化院詞又稱世偉. 在先林化道府所告, 打死廷標俱係世偉. 今院詞所告, 又係宋光英、宋大、宋二. 不知人命何事, 塡抵何條, 而一任反覆所指, 以恣爲誣陷乎? 較前具告諸詞, 林化之籍貫, 忽而郯城, 忽而鄒縣, 忽而郯城之孟林化, 又忽而鄒縣之孟化林, 同一故智耳.[328] 林化又稱告縣沉閣,[329] 實因前令報參卸事,[330] 以致此案久懸. 道府批詞,

---

317 교수(交手)는 싸운다, 몸싸움을 한다는 뜻이다.

318 풍마불급(風馬不及)은 풍마부접(風馬不接), 풍마우불상급(風馬牛不相及)과 같은 뜻으로 서로 아무런 상관이 없는 사물을 비유할 때 사용한다. 『좌전』 희공(僖公) 4년조의 기사에 사자가 대신 전한 "그대(齊 桓公)는 북해에 자리 잡고 있고, 과인은 남해에 자리 잡고 있으니, 오로지 말과 소를 놓아주더라도(또는 말과 소가 발정을 일으키더라도) 서로 미칠 일이 없을 것이오(君處北海, 寡人處南海, 唯是風馬牛不相及也.)."라는 초(楚) 성왕(成王)의 말에서 비롯되었다. 풍(風)은 서로 유혹한다는 뜻, 또는 놓아준다, 풀어 놓는다는 뜻으로 해석되기도 한다.

319 각구(角口)는 말싸움·언쟁을 말한다.

320 고종(考終)은 고종명(考終命)과 같은 뜻으로 천수를 다 누린다는 뜻이다.

321 장양(將養)은 부양한다, 휴식한다, 몸조리를 한다는 뜻이다.

322 문건(文愆)은 허물을 덮는다, 허물을 변명한다는 뜻으로 보인다.

323 백훼(百喙)는 백탁(百啄)·백구(百口)라고도 한다. 입이 백 개라는 뜻이다.

324 편담(扁担)은 멜대, 어깨에 메고 짐을 나르는 데 쓰이는 장대를 말한다. 차(扠)는 작살 또는 그 비슷한 쇠스랑 같은 긴 자루의 기구를 가리킨다.

325 부여(扶舁)는 부축하여 들거나 맨다는 뜻이다.

326 도비(掉譬)는 활개를 치다, 유유자적하다는 뜻이다.

327 귀역(鬼蜮)은 음험하게 남을 해친다는 뜻이다.

328 고지(故智)는 일찍이 써먹은 계책이나 꾀라는 뜻이다.

經卑縣硏勘, 隨具詳本道, 幷解本府, 而云: "不解不審", 豈非同于夢囈乎?[331]

及所稱王振旅, 爲偉姻婭,[332] 庭質之時, 又稱: "受世偉地一頃五十畝、銀三十兩." 細鞫其由, 振旅堂弟王振典, 用價贖回劉之洪原買地六頃八十畝, 緣贖價不敷, 旅出銀九兩, 振典乃撥地頃餘與之. 中人[333]、文約, 鑿鑿可證.[334] 據林化供: "出自宋光英之口." 夫光英方爲孟氏仇敵, 卽世偉賄囑,[335] 果眞光英猶且秘之, 而肯自露以語于人乎?

總之, 林化欲裝一受賄之跡, 以實其作弊之語, 自覺情虛, 而又以著上衙役方准之說, 白作解嘲,[336] 所謂: "遁詞知所窮"矣.[337] 林化奸險百出, 歷審悉屬子虛.[338] 按以誣告之律, 夫復奚辭? 孟貞倫附和興訟, 率衆移屍, 應從重並坐. 黃拔子、孟上賓等均依不應擬杖, 非枉. 但林化年逾八十, 連喪二子, 情亦可矜, 又自具詞輸服, 懇憐老朽免解, 亦悔心之萌, 知法之有足畏也. 孟貞倫等念係前案已結, 又查事在康熙九年五月初六日赦前, 應否仍均請恩豁註銷, 以溥皇仁, 卑職未敢擅便, 統候憲裁.

12-12-03. 못된 무리가 재산을 노려 조카를 때려죽인 사건 1(羣兇謀産打死姪命事)

[다음과 같이 심리의견을 제출합니다.] 아버지의 원수와 응당 같은 하늘 아래 있을 수 없으니 아들이 자기 몸을 던져 원수를 죽이고 달게 국법의 처벌을 받는다는 것은 어진 이와 효자가 그 대의를 흠모하지 않을 수 없는 바입니다. 그렇지만 진국상(陳國相)처럼 교활하고 악랄한 사람이 어찌 이런 관행을 빌려 그 탐욕을 채울 수 있도록 해 줄 수 있겠습니까? 진국상의 진술에 의하면, "[그 아버지] 진평(陳平)은 숭정 15(1642)년에 진태정(陳太禎)에게 맞아 죽었다"고 하는데, 지금 진태정이 죽은 것은 [이후 20여 년이 지난] 강희 8(1669)년에 이르

329 침각(沉閣. 沉擱)은 내버려 둔다. 내팽개치고 돌보지 않는다는 뜻이다.
330 보참(報參)은 위에 보고하여 탄핵한다는 뜻 같다.
331 몽예(夢囈)는 잠꼬대로, 되지도 않는 소리를 비유할 때 쓴다.
332 인아(姻婭)는 동서를 말한다.
333 중인(中人)은 가운데서 소개하거나 증인이 된 사람을 말한다.
334 착착(鑿鑿)은 선명하거나 확실한 모습을 뜻한다.
335 회촉(賄囑)은 뇌물을 주어 부탁한다는 뜻이다.
336 해조(解嘲)는 남에게 조소를 받는 것에 대해 스스로 해석을 하려는 것을 말한다.
337 둔사(遁辭. 遁詞. 遯辭. 遯詞)는 논리가 막혀 할 말이 없어지거나, 아니면 참뜻을 내뱉기 원하지 않을 때 횡설수설하면서 메우려는 말을 가리킨다. 『맹자』「공손추(公孫丑) 상(上)」에 나온다. "사악한 말은 스스로 도리에 벗어나 있음을 알고, 회피하는 말은 스스로 궁색함을 안다(邪辭知其所離, 遁辭知其所窮.)."
338 자허(子虛)는 거짓·허구라는 뜻이다.

러서였습니다. 진국상이 과연 분노하여 원수와 하늘을 같이 할 수 없다고 생각하였다면 진태정을 죽이기 위해 천둥이 울리고 벼락이 내려치듯 그의 머리에 몽치를 내리쳤을 것입니다. 그런데 진태정에게 복수하지 않고 느닷없이 이 어리고 연약한 고아[인 진태정의 아들 진련]를 죽였으니, 이 이전 이십칠팔 년 동안 진국상은 진태정과 한 마을에 이웃하여 살고 있었는데 도대체 무엇을 꺼려했고, 무엇 때문에 참고 견뎠다는 말입니까?

무엇 때문에 진국상의 살인이 복수를 위한 것이 아니라고 판단할 수 있는지 따져보겠습니다. 진국상의 「고발장」에 따르면 "원수를 갚았으니 달게 참수형을 받겠습니다."라고 하였으니, 그 말뜻이 강직함을 드러내 보이지 않는 것은 아닙니다. 하지만 또한 그는 말합니다. "진태정의 재력과 위세가 하늘을 덮어, 약하고 고립된 자신으로서는 버틸 수 없었다."라는 것이고, 또한 "술기운을 빌어 예전의 원수를 갚고자 하였다."라는 것입니다. 진국상이 과연 그 몸을 던져 그 분노를 풀겠다고 했다면, 그야말로 가까운 지척지간인데 두려워할 만한 재력과 위세가 뭐가 있겠습니까? 또한 와신상담하면서 한을 쌓아 두고 참았다고 한다면 결코 아무렇게나 술기운을 빌려서 해치울 수 있는 일이 아닙니다. 정말로 당시 진태정이 진평을 죽였다면, [28년 동안 아무런 행동도 하지 않았던] 진국상이 어찌 능히 대장부로서 원수의 가슴을 칼로 찔렀다는 평가를 받을 수 있겠습니까?

그리고 어떻게 진태정이 진평을 죽이지 않았음을 알 수 있는지에 대해서도 따져 보겠습니다. 아버지가 원수에게 죽었다는 것은 얼마나 큰일인데, 이십 년, 삼십 년이 지나서 다른 말을 하는 것을 들었다고 영향을 받을 수 있겠습니까? 그런데 진국상은 [자기 아버지가] 하보천(夏補川)의 문 앞에서 죽었다고 하지만, 그 형 진국린(陳國璘)은 도리어 장가장(張家莊)에서 죽었다고 합니다. 이것 자체로 이미 우스꽝스러운 일입니다. 또한 봄소 목격한 하보천에게 확인시키자, [진국상은 말을 바꾸어] 다시 동서인 조도인(曹道人)과 죽은 지 오래인 진명추(陳嗎啾)가 맞아 죽은 사건을 꺼내들었는데, 정말 뜬구름 잡는 이야기였습니다. [그다음에는] 또 생원인 양대인(梁大印)과 족장인 진삼복(陳三福)이 화해를 위해 함께 자리를 하였다고 주장하였는데, 모두 잠꼬대 같은 헛소리입니다. 요컨대 결국은 세상이 아주 혼란스런 가운데[339] [아버지인] 진평의 행방이 묘연해지자, 진국상이 그것을 가지고 사기술을 펼쳤던 것입니다.

339 진평의 사망 연대로 앞서 나온 1642년은 명이 망하고 청이 들어서기 2년 전의 일인데, 아마 이 왕조 교체로 혼란스러웠던 시대를 가리키는 것 같다.

그렇다면 진국상이 [진태정의 아들인] 진련(陳連)을 참혹하게 죽인 이유는 어디에 있겠습니까? 바로 "남의 상속자를 죽여서 그 재산을 꾀하려는 목적 때문에 집안에서 변고를 일으켜 골육에게 깊은 화를 끼친 것입니다." 차마 못할 짓으로 도리를 해친 경우가 진국상보다 심한 것이 없다고 하겠습니다. [진련의 어머니인] 팽씨는 다음과 같이 진술하였습니다. "남편 진태정은 끝내 형제가 없어, 그 아버지가 진태상(陳太祥)을 양자로 받아들였습니다. 진태정의 유일한 혈육은 진련뿐인데 진련이 이미 죽었지만 진태상은 [양자라서] 바깥사람이니, 감히 어찌 진국상 등과 진태정의 재산을 가지고 다툴 수 있겠습니까?" 그리고 진태상은 다음과 같이 진술하였습니다. "진태정이 죽자마자 바로 [진국상의 동생인] 진국련(陳國連)이 [진련 집의] 소를 끌고 가서 팔아치워 은 3냥을 벌었는데, 그래도 만족하지 못하고 다시 뒤이어 [이번에는] 진국상이 그 집을 차지하는 일이 벌어졌습니다." 오래전부터 고아와 과부가 그 횡포를 감당할 수 없었던 것입니다. 이러다가 아예 뿌리를 자르는 계획으로 재산을 빼앗는 음모를 완성하려 하였던 것입니다. [따라서 진국상이] 진련을 아예 내놓고 때려죽인 일은 이미 그 죄를 피할 수 없습니다.

그러나 [진국상은] 궁지에 몰리자 기발한 행동에 나서 원수를 갚았다는 것을 구실로 삼아, 소송문서를 읽는 사람이 요행히 아들이 아버지의 원수를 갚았다는 대의에 감동을 받고, "정상참작을 받을 만하다거나 의심스러운 부분이 있다"는 긍의의 판결을 내릴 길을 만들어 놓고자 하였던 것입니다. [그렇지만 진국상은] 마땅히 소공(小功) 이내의 친척을 때려죽인 죄를 적용하여 바로 교수형에 처해야 할 것입니다. 진국상의 형인 진국린 역시 "아버지가 장가장에서 진태정에게 맞아죽었다"는 거짓 진술을 하였으니 분명히 살인음모를 알았던 것이고, 동생 진국련 역시 소를 끌고 가서 팔아 은을 벌었다는 확실한 증거가 있으니 같은 악행을 함께 도왔다는 혐의를 피할 수 없어 각기 처벌을 받아야 할 것입니다. 하지만 진국련은 이미 먼저 도주해 버렸으니, 체포되는 날을 기다려 따로 마무리 지어야 할 것입니다. [진련의 어머니인] 과부 팽씨는 의지할 바 없게 되었으니, 응당 족장에게 지시하여 팽씨와 논의하여 상속자를 세움으로써 [친척들이] 망령되이 그 재산을 엿볼 수 있는 구실을 영원히 막아야 할 것입니다.

看得: 子于父仇, 誼不共天, 捐軀殉仇,[340] 甘罹國法, 此仁人、孝子慕義無窮. 人何容狡惡之

340 연구(捐軀)는 몸, 즉 목숨을 바친다는 뜻이다.

陳國相, 假此以濟其兇貪也? 據國相供: "陳平于崇禎十五年,[341] 爲陳太禎打死." 今太禎之死, 則在康熙八年.[342] 國相果憤不戴天, 此博浪之椎,[343] 早宜霆飛電激加于太禎之首矣. 太禎之不仇而忽仇此孱弱之孤,[344] 則前此二十七八年間, 與太禎比閈而居,[345] 何所顧忌,[346] 又何爲隱忍乎? 何以斷國相之非報仇也? 國相呈控: "仇報甘斬", 詞義非不侃侃, 但又云: "太禎財勢橫天,[347] 弱孤難支." 又云: "身恃酒勢, 欲報前仇." 國相果忘其身, 以雪此憤, 五步之內有何財勢可畏, 且此臥薪嘗胆, 積恨忍痛者, 所爲非可漫恃淫酗也.[348] 太禎當日卽殺陳平, 國相豈能爲奇男子揕仇人之胸者哉![349]

何以知太禎之非殺陳平也? 父死于仇, 此何等事, 二三十年間, 尙猶影響于所聞異詞乎? 國相供于夏補川門首,[350] 兄國璘又供于張家莊, 已屬可笑. 殆證之親見之夏補川, 又展轉而及于姻婭之曹道人、久死之陳嗎啾打死之事.[351] 茫然捕風,[352] 又展轉而及于生員之梁大印、族長之陳三福, 並處和同席之語,[353] 都爲夢囈. 總爲搶攘之中,[354] 陳平委無去向, 國相得以售其欺耳.[355]

然則其慘殺陳連者, 何居? 曰: "殺人之嗣, 謀人之產, 變起蕭墻,[356] 禍深骨肉." 忍心害理, 未有如國相之甚者也. 據彭氏供: "夫陳太禎終鮮兄弟, 太祥其父收養螟蛉也.[357] 太禎之一線,

---

341 숭정(崇禎) 15년은 명말인 1642년 무렵에 해당된다.

342 강희 8년은 청초인 1669년에 해당된다.

343 박랑(博浪)은 박랑사(博浪沙)라는 지명을 가리킨다. 장량(張良)과 역사들이 진시황을 습격한 하남성(河南省) 무양현(武陽縣)의 동남쪽을 가리킨다(『사기(史記)』「유후세가(留侯世家)」, "始皇滅韓, 張良爲韓報仇, 在滄海君處得力士, 做鐵椎重一百二十斤, 趁秦始皇東遊, 狙擊秦始皇於博浪沙中."). 박랑추(博浪椎)는 진시황을 습격할 때 쓴 120근 무게의 몽치(鐵椎)인 것이다.

344 잔약(孱弱)은 유약하다, 겁이 많고 약하다, 쇠약하다는 뜻이다.

345 비한(比閈)은 같은 마을 인근에 거주한다는 뜻이다.

346 고기(顧忌)는 처리를 할 때 눈치를 보면서 두려워하거나 꺼리는 바가 있다는 뜻이다.

347 횡천(橫天)은 옆으로 하늘을 가로지른다, 충만하다는 뜻이다.

348 음후(淫酗)는 술을 아주 많이 마시고 술주정을 하는 것을 가리킨다.

349 기남자(奇男子)는 사내대장부, 평범하지 않는 남자라는 뜻이다.

350 문수(門首)는 문 입구, 문 앞이라는 뜻이다.

351 전전(展轉)은 반복하거나 중복된다, 이리저리 굴리다, 왔다 갔다 한다는 뜻이다.

352 포풍(捕風)은 포풍착영(捕風捉影)과 같은 뜻으로, 허황되고 실질이 없는 것, 또는 아무런 근거가 없는 억측이라는 것을 가리킨다.

353 처화(處和)는 평화의 길을 받는다, 강화하거나 중재한다는 뜻이다.

354 창양(搶攘)은 아주 어지러운 모습을 가리킨다.

355 수(售)는 계책이나 꾀를 부린다는 뜻이다.

356 소장(蕭墻)은 사재소장(事在蕭墻)을 가리키는 것으로 화란(禍亂)이 내부로부터 나왔다는 뜻이다. 사(事)는 변고(變故)를 뜻하고 소장(蕭牆)은 궁정 내부의 작은 담장을 가리킨다. 원래는 『논어』「계씨(季氏)」편의 공자님 말씀에서 나왔다("나는 계손의 근심이 전유에게 있지 않고 궁정 내부에 있을까 두렵다(吾恐季孫之憂, 不在顓臾, 而在蕭墻之內也).").

僅有陳連, 連旣已死, 太祥外人, 敢異日與國相輩爭太禎之産哉?" 太祥等供: "太禎甫死, 卽有國連之拉牛,[358] 得銀三兩. 意猶未饜, 又繼有國相之占宅." 孤兒、寡婦不堪其魚肉久矣.[359] 至此乃忽爲斬根之計, 以遂其攘奪之謀, 逮陳連當場打死, 無可逃罪.

又忽以窮奇之行, 借爲復仇之擧, 以徼倖讞牘者動心于子報父仇之義,[360] 留其矜疑之一路耳. 所宜按毆殺小功親屬之律, 以正繯誅者也.[361] 其國相之兄國璘, 亦妄供: "父爲太禎打死于張家莊," 顯係知謀, 弟國連拉牛騙銀有據, 未免同惡相濟, 各宜按懲.[362] 但國連先經在逃, 俟獲日另結. 其彭氏孀孤無倚, 應令族長議與彭氏立嗣, 以永杜妄覬之端可也.

12-12-04. 못된 무리가 재산을 노려 조카를 때려죽인 사건 2(羣兇謀産打死姪命事)

[다음과 같이 재조사 의견을 제출합니다.] 진국상이 진련을 때려죽인 사건에 대해서 이미 제가 조사하고 심문하여 「사건조서」를 상사께 보고한 적이 있습니다. 지금 다시 조사를 하라는 지시를 받았는데, 즉 강희 9년 5월 20일 진국상이 과연 술에 취해 묘당에 이르러 진련을 때려죽인 것이 원한 때문인지 아닌지 하나하나 다시 확실하게 조사하여 분명하게 답장 보고를 올리라는 내용이었습니다. 하지만 각 범인과 증인은 모두 상사의 재판을 받으러 가서 아직 돌아오지 않았기 때문에, 그들을 불러다 심문할 수는 없어 다시 세밀하게 「최초

---

357 명령(螟蛉)은 나방의 유충을 가리키는데, 나나니벌(蜾蠃)은 항상 이것을 잡아 자기 유충(幼蟲)에게 먹이기 때문에, 옛사람들은 나나니벌이 이 유충을 자기자식으로 키운다고 생각하였다. 그래서 양자로 삼는다는 뜻이 여기에서 나왔다.

358 자(自)로 나온 판본도 있으나, 즉(卽)이 보다 적절한 것 같다.

359 어육(魚肉)은 피해나 억압·해침을 받는다는 뜻이다.

360 요행(徼倖)은 행운을 구한다, 바란다는 뜻이다. 얼독(讞牘)은 사건 판결 문서·문건, 또는 소송문서를 말하므로, 얼독자(讞牘者)는 재판관, 즉 지방관을 뜻한다.

361 환주(繯誅)는 교사(絞死), 즉 교수형을 말한다. 관련조항은 다음을 참조. 『대청률례』 권28 「형률 투구(鬪毆) 하1(下之一)」(『律』316.00) 「동성친족상구(**同姓親屬相毆**)」. "凡同姓親屬相毆, 雖五服已盡, 而尊卑名分猶存者, 尊長[犯卑幼]減凡鬪一等. 卑幼[犯尊長]加一等[不加至死]. 至死者[無論尊卑長幼]並以凡人論[鬪殺者絞, 故殺者, 斬]." (p.461); (『律』317.00) 「구대공이하존장(**毆大功以下尊長**)」. "凡卑幼毆本宗及外姻緦麻兄姊[但毆卽坐], 杖一百. 小功兄姊, 杖六十、徒一年. 大功兄姊, 杖七十、徒一年半; 尊屬, 又各加一等. 折傷以上, 各遞加凡鬪傷一等[罪止杖一百、流三千里]. 篤疾者[不問大功以下尊屬並]絞, 死者, 斬[絞、斬, 在本宗小功、大功兄姊及尊屬, 則決. 餘俱監候. 若族兄過繼, 族妹出嫁, 仍依緦麻, 不可作無服]. **若[本宗及外姻]尊長毆卑幼, 非折傷勿論. 至折傷以上, 緦麻[卑幼]減凡人一等; 小功[卑幼]減二等; 大功[卑幼]減三等. 至死者, 絞[監候]**[不言故殺者, 亦止於絞也]. 其毆殺同堂[大功]弟妹、[小功]堂姪及[緦麻]姪孫者, 杖一百、流三千里[不言篤疾, 至死者, 罪止此. 仍依律給付財産一半養贍]. 故殺者, 絞[監候][不言過失殺者, 蓋各准本條論贖之法. 兄之妻及伯叔母、弟之妻及卑幼之婦, 在毆夫親屬律. 姪與姪孫在毆期親律]."(pp.461-462)

362 안징(按懲)은 조사하여 징벌한다는 뜻이다.

진술조서(原招)」를 검토하였습니다.

진국상은 원수를 갚았으니 참수형을 달게 받겠다고 자수하면서, "술기운을 빌려 예전의 원수를 갚고자 5월 20일에 나무 몽둥이로 진련을 때려 죽여 아버지의 목숨 값을 갚았다."라고 하였고, 또한 "저는 취해서 묘당 뒤쪽의 관음전에 갔는데, 진련을 보자 화가 나서 몽둥이로 이마를 때려서 죽게 하였다."라고 「구두진술」을 하였습니다. 그렇다면 진국상이 진련을 때려죽인 것은 술에 취한 다음 비로소 원수를 갚겠다던 뜻을 이루었다는 말이 됩니다. 하지만 도대체 아버지의 원수라는 것이 뭐고 복수가 뭔데, 모름지기 술에 취한 다음을 기다려야만 그런 마음이 생긴다는 말입니까? 만약 진국상이 죽을 때까지 술을 마시지 않았다면, 끝내 아버지 원수를 갚을 수 없었을 것입니다. 진련의 아버지 진태정은 진국상과 이웃에 거주한 것이 삼십 년이나 되었는데, 그동안 원수를 갚았다는 이야기를 들어 본 적이 없습니다. 진태정이 사망하자 그때 가서야 술 취한 것을 빌려 원한을 그 아들에게 옮겼다고 하는데, 진태정은 어찌 용케 32년 동안이나 진국상이 술 취한 날을 만나지 못하였다는 말입니까?

[진국상의] 진술에 의하면 "아버지 진평은 숭정 15(1642)년에 태정에게 맞아 죽었다."라고 했습니다. 하지만 진국상은 그것을 소문으로 들었을 뿐이고, 뭇 증인에게 물어봐도 역시 아무도 들어 본 적이 없다고 하니, 진국상이 진련을 때려죽인 것은 설사 술에 취하였다고 하더라도 복수라는 것이 거짓임을 알 수 있는데, 또한 어찌 아무런 이유 없이 그런 일이 벌어지겠습니까? 진련의 어머니 팽씨와 백부 진태상의 「최초진술조서」에 의하면, "진태정이 죽자마자 처음에는 진국련이 소를 끌고 가서 팔아 치워 은 3냥을 얻더니, 뒤이어서는 진국상이 집을 요구하였지만 팽씨가 거절하자, 결국 '아주 따끔한 맛을 보여 주겠다'고 화를 냈다"고 합니다. 그런즉 진국상이 진련을 죽이고 나서 "상속자를 죽여 재산을 꾀하려는 것은 아니었다"고 한들 누가 그 말을 믿을 수 있겠습니까? 또한 설사 진국상을 위해 변명하기를 "집을 요구하다 이루어지지 않자 앙심을 품었다"고 하더라도 팽씨를 원망할 일이지, 진련이 무슨 허물이 있습니까? 사실은 팽씨가 비록 과부가 되었지만 진련이라는 혈육이 있으니, 진태정이 남긴 것은 응당 진련의 것이 된다는 점을 알지 못하고 하는 소리입니다. 진국상은 진태정의 조카에 지나지 않으니, 어찌 이런 상속에 간섭할 수 있으며, 또 어찌 자기 뜻대로 안 된다고 앙심을 품는다는 말입니까? 진국상의 마음을 엿보면, 진련이 죽으면 진태상은 진태정의 아버지가 들인 양자라서 결국 외부 사람이니, 진태정의 재산은 빼앗지 않아도 자신이 얻게 될 것이고, 과부가 된 팽씨가 어찌 내게 대적할 수 있겠는가 하는 것이었습니다!

즉 감히 진련을 때려죽인 것은 그 의도가 아버지의 원수를 갚는다는 명목을 빌려, 재판관이 "정상참작을 받을 만하거나 의심스러운 부분이 있다"는 긍의의 판결을 내릴 길을 한 가닥 열어 놓으려는 뜻이었습니다. 그래서 강희 9년 5월 21일, 진국상은 아버지의 원수를 갚았으니 참수형을 달게 받겠다고 하여 현에 스스로 출두하여, 진련을 때려죽인 일에 대해서는 변명하지 않고 솔직히 인정하였던 것입니다. 그렇다면 진국상이 반드시 진련을 죽이려고 했던 것은 오랫동안 마음속 깊숙하게 품어 온 일이라 하겠습니다. 어찌 우연히 술기운을 빌려 어지럽게 이런 참혹하고 악독한 행동을 하였다고 하겠습니까? 상사께서 내리신 「지시공문(票)」에서는 "진국상은 '원래 제가 술기운에 마음이 어지러워져 취한 다음 잘못 상처를 입혀 진련을 때려죽인 것은 사실입니다'라고 진술하였다."라고 지적하고 있습니다.

또한 제가 조사해서 다음과 같은 사실을 알아냈습니다. 당일 진련의 동학인 요극경(姚克敬)·장봉소(張奉召) 등은 다음과 같이 진술하였습니다. "진국상이 학교에 와서 스승의 책상 위에 앉더니 사부님이 어디로 갔느냐고 묻기에 '밭에서 씨앗을 뿌리고 있습니다.'라고 대답하였습니다. 그러자 진국상이 진련을 끌고 나가서 몽둥이로 때려 상처를 입혔습니다." 그러므로 진국상이 말하는 대로 "잘못 상처를 입혔다"는 것은 율례와 제대로 들어맞지 않습니다. 과연 술에 취했는지에 대해서는 제가 심문할 때 진국상이 단지 "제가 취했습니다."라고 한 마디 한 것뿐이고, 그 밖의 사정에 대해서는 아직 진술을 하지 않았습니다. 하지만 범행을 목격한 사람인 요극경과 장봉소는 그 확실한 증인입니다. 진국상이 당일 술에 취했는지의 여부는 요극경 등에게 다시 한 번 심문을 해 보면 곧바로 알 수 있을 것입니다.

지금 재조사의 지시를 받았으므로 삼가 「최초진술조서」 내용에 대해 하나하나 답장보고를 올려 상사께서 범인과 증인을 다시 심문하시는 것과 동시에 「최초진술조서」를 상세히 검토하시기를 간청합니다. 그렇게 되면 진국상이 과연 술에 취하여 실수로 상해를 입혔는지, 그리고 원한 살인인지의 여부는 자연히 상사의 밝고 예리한 눈을 피해 가기 어려울 것입니다.

査得[363]: 陳國相打死陳連一案, 前經卑職研審, 招報憲臺. 今蒙行査, 康熙九年五月二十日, 陳國相果否帶酒到廟,[364] 打死陳連, 有無挾仇嫌,[365] 令卑職逐一確査, 明白回報. 但各犯、證

363 앞서 나온 간득(看得)과 마찬가지다. 굳이 번역하자면 '조사해 보니'라는 뜻이다.
364 대주(帶酒)는 술에 취한다는 뜻이다.

俱解赴憲審未回, 無憑拘訊, 卑職復細繹「原招」. 陳國相報仇甘斬一詞訴縣, 內稱: "身恃酒勢, 欲報前仇, 于五月二十日, 故持木器, 打死陳連, 以償父命." 又「口供」內: "小的醉了,[366] 往廟裏後邊觀音殿去, 見著陳連, 就生了氣, 著棒槌照頭打死."[367] 然則國相之打死陳連, 因酒醉而始遂報仇之志也. 夫父仇何事, 復仇何心, 必待其醉而後發? 設國相終身不飲酒, 父仇終身不能復矣. 連父太禎, 與國相比閈而居幾三十年, 不聞其有報仇之事. 殆太禎物故,[368] 而始乘醉遷恨于其子, 太禎何幸, 三二十年間而卒不遇國湘飮醉之一日也!

據供: "伊父陳平, 崇禎十五年爲太禎打死." 卽在國相, 聽之傳聞, 質之衆證, 亦茫無影響, 則國相之打死陳連, 縱卽醉酒旣復仇之涉虛, 夫又豈無故而然乎? 據連母彭氏及伯太祥「原供」: "太禎方死, 陳國連始而拉牛, 得銀三兩, 陳國相繼而索宅, 彭氏不肯, 遂有憾詞: '我敎你一些得不的'之語."[369] 則國相之打死連, 謂: "非絶嗣謀産," 誰其信之? 夫卽爲國相解曰: "因索宅未遂致嫌," 宜怨彭氏, 與連何辜? 不知彭氏雖孀, 尙有陳連一塊肉, 在太禎所遺, 應爲連有. 國相一堂姪耳. 安得過而問之? 又安得以所求未遂而嫌之? 竊國相之心, 陳連旣死, 太祥爲太禎父螟蛉子, 終是外人, 其太禎家財, 國相可不攘而得. 彭氏乃一巾幗嫠婦,[370] 安能與已敵哉!

卽其敢于打死陳連, 其意以借報父仇爲詞, 希圖爲讞牘者留一矜疑之路. 故康熙九年五月二十一日, 國相以報仇甘斬, 具詞自首到縣, 于打死陳連之事, 已直認之而不辭. 然則國相之必死陳連, 其蓄謀爲已深矣. 豈偶然乘醉, 而漫爲此慘毒之擧也? 蒙憲票內開: "據陳國相供: '原是小的麴蘖迷心,[371] 醉後悞傷打死陳連是實.'"

卑職又査得當日與陳連同學姚克敬、張奉召等原供云: "陳國相到學裏, 坐在師傅桌上, 問師傅那裏去了, 回云'地裏撒種.' 國相拉過陳連, 拿著棒捶就打." 則國相所云'悞傷', 似與律文未相脗合.[372] 至果否帶酒, 卑職審時, 亦止國相有"小的醉了"一語, 其餘未經供出. 然目擊行兇之人, 姚克敬、張奉召其的證也. 國相當日有無酒醉, 再就克敬等一訊便知. 今蒙行査, 謹具

365 구혐(仇嫌)은 원수·원한을 말한다.
366 소적(小的)은 본인을 낮추어 가리키는 용어다.
367 봉퇴(棒槌)는 짤막한 몽둥이를 가리킨다.
368 물고(物故)는 사고 내지는 사망을 뜻한다.
369 일사(一些)는 약간, 조금이라는 뜻이고, 득부적(得不的)은 득부득(得不得)·득부료(得不了)·파부득(巴不得)처럼 어떤 사물에 대한 아주 간절한 희망을 뜻한다.
370 건귁(巾幗)은 부녀자들의 머리 수건과 장식을 말한다. 즉 부녀자를 대칭하는 것이다. 이부(嫠婦)는 과부, 미망인을 가리킨다.
371 국얼(麴蘖. 麯糵麴糵. 麴櫱. 麴蘖)은 누룩이나 술을 가리킨다.
372 문합(脗合)은 꼭 들어맞는다는 뜻이다.

「原招」情由，逐一回報，伏懇憲臺，就便將犯、證再行研鞫，幷詳閱「原招」，國相是否酒醉誤傷及有無仇隙,[373] 自難遁于憲臺電燭之中矣.[374]

12-13. 판결의견 사례(「審語」附式)

12-13-01. 어머니의 억울한 목숨 값을 갚아 달라는 소송(冤抵母命事)

[다음과 같이 판결의견을 내린다.] 동씨(董氏) 과부는 몽매한 할머니다. 어리석은 부녀자로서 매번 자그마한 분노 때문에 곤란에 처하는 경우가 잦았지만, 아무런 까닭도 없이 목을 매는 일 따위는 없었다. 과부 모자와 장충(張忠) 형제는 아주 가까이 살았다. 당장 먹을 쌀이 없어 과부는 보리쌀을 꾸려 하였지만, 장충은 인색하여 빌려 주기를 거절하였다. 과부는 장충이 이웃에 살면서도 도와주지 않는다고 욕을 퍼부어 댔고, 나아가 장충의 동생 장신(張信)에게 원망을 옮겨 그와 다투었다. 그리고 곧장 집으로 돌아와서 목을 매었다. 그러자 그 아들인 삼기(三奇)와 삼수(三秀)는 곧 어머니의 죽음이 돈을 벌 수 있는 기회라고 생각하였다. 어찌 시신을 옮겨 무고를 하는 것에 대해 명확한 율법조항이 있음을 몰랐겠는가? 또한 스스로 목을 매어 죽었기 때문에 목숨 값을 치르라고 고소할 수도 없었다. 그렇지만 이들이 수레로 시신을 장충의 집에 옮겨 놓은 것은 그 의도가 관청에서 그 매장에 대해 판단을 내려 주어 시신을 싸서 관에 넣을 비용을 얻는 데 있었다. 만약 이런 욕심이 이루어질 수 있다면, 이런 삭막한 풍속이 언제 사라질 수 있겠는가? 본 지현은 그 가난함을 불쌍히 여겨 은 5냥을 주어, 삼기 등이 스스로 장사를 지내게 한다. 시신을 옮긴 죄에 대해서는 어머니의 죽음 때문에 일단 처벌을 면제해 준다. 장충의 경우는 먼저 보리쌀에 인색하여 원한을 만들었고, 장신은 거기에 말로서 틈을 더 벌리게 하였으니, 모두 이웃 간에 화목해야 한다는 도리를 따지지 않았다. 가볍게 꾸짖은 다음 풀어 주도록 한다.

---

373 구극(仇隙)은 원한이나 원망을 가리킨다.

374 전촉(電燭)은 번개처럼 번쩍이다, 환하게 살펴본다(明察)는 뜻이다.

審得[375]: 董寡, 一癡潑老嫗也.[376] 妾婦之愚,[377] 每因小忿, 致經溝瀆,[378] 然未有若寡縊之無謂矣.[379] 寡之母子, 與張忠兄弟, 望衡而處,[380] 寡之家無宿舂,[381] 借麥于忠, 忠靳而弗與. 寡以忠之不協比其鄰也, 嘖有繁言.[382] 又遷怨于忠弟信,[383] 而與之鬨, 旋歸而自縊. 子三奇、三秀, 遂以母死爲可居奇矣.[384] 獨不思移屍展賴,[385] 律有明條乎? 亦知自縊無可告抵. 而輿屍于張,[386] 意在官斷葬埋,[387] 爲收殮計耳.[388] 倘得遂其欲, 則刀鏇之風,[389] 何時已也? 本縣念其貧, 給銀五兩, 著三奇等自行埋葬. 其移屍之罪, 姑以母死免究. 至張忠始以吝麥生嫌, 張信益以口角益釁, 均未講于睦鄰之道也. 薄責逐釋.[390]

12-13-02. 억울한 재산 침탈과 관련된 소송(霸産極冤事)

[다음과 같이 판결을 내린다.] 이정학(李廷學)과 왕립간(王立諫)의 소송사건을 조사하여 보니

---

375 앞서 나온 간득(看得)이나 사득(査得)과 같은 뜻이지만, 심득은 지현이 스스로 판단해서 처리하는 사안의 「판결문초안」에 쓰인다.

376 치(癡)는 어리석다거나 미치광이라는 뜻이고, 발(潑)은 혐오나 경멸을 나타내는 용어에 쓰인다. 비천하거나 비열하거나 가증스럽다는 뜻에 쓰인다. 부사로서는 아주, 매우(很)라는 뜻이기도 하다.

377 첩부(妾婦)는 첩·측실이라는 뜻도 있고 부녀자를 가리키기도 한다.

378 구독(溝瀆)은 도랑이란 뜻으로, 곤혹스럽고 위태로운 상황을 비유하기도 한다.

379 무위(無謂)는 아무런 의미나 목적이 없다, ……라고 생각해서는 안 된다는 뜻이다.

380 망형(望衡)은 거주하는 곳이 아주 가깝다는 것을 형용한다.

381 숙용(宿舂)은 다음날 쓸 만큼 찧어 놓은 쌀이라는 뜻으로, 아주 소량의 양식을 가리킨다. 『장자(莊子)』「소요유(逍遙遊)」에 나온다. "교외에 가는 사람은 세 끼 식량만 가지고 가도 그날로 돌아오니 여전히 배가 부르다. 하지만 백 리를 가는 사람은 하룻밤 먹을 식량을 가져 가야 하고, 천 리를 가는 사람은 세 달치 식량을 모아야 한다(適莽蒼者三飡而反, 腹猶果然; 適百里者宿舂糧; 適千里者三月聚糧.)."

382 책유번언(嘖有繁言)은 책유번언(嘖有煩言)처럼 여러 사람이 입을 모아 비난하다, 또는 비난하는 소리가 그칠 줄 모른다는 뜻이다.

383 천원(遷怨)은 다른 사람에게 원망을 품다, 옮긴다는 뜻이다.

384 거기(居奇)는 앞서 누차 나왔지만, 기화(奇貨)를 쌓아 놓고 좋은 값을 기다린다는 뜻이고, 기화(奇貨)는 진귀하고도 드문 물품이나 재화를 가리킨다.

385 전뢰(展賴)는 사뢰(耍賴. 誣賴)와 같다. 무뢰(無賴)의 수법을 사용해서 소동을 부리면서 금전 등의 목적을 달성하려는 행위를 가리킨다. 억지로 강변하거나 시치미를 떼면서 자신의 책임을 회피한다는 점에서는 저뢰(抵賴)·도뢰(圖賴)와 비슷한 뜻으로 보인다.

386 여시(輿屍)는 수레로 시신을 운반한다는 뜻이다.

387 관단(官斷)은 관리의 판단을 통해 법에 따라 처리하는 것을 가리킨다.

388 수렴(收殮)은 시신을 싼 다음 관에 넣은 것을 가리킨다.

389 선(鏇)은 돌아가면서 나무를 깎는 기계·선반을 가리킨다. 도선지풍(刀鏇之風)은 아마 삭막한 인심이나 기풍을 가리키는 것 같다.

390 박책(薄責)은 경미한 처벌·책벌을 가리킨다. 또는 문서에 기초한 죄상에 의해 힐책하면서 심리한다는 뜻이다.

하나는 땅 2무를 차지한 것이고 하나는 돌로 만든 농기구 네 개를 훔친 것으로, 그 일 모두 원인이 없는 것이 아니다. 하지만 모두 과거 기근 때문에 다른 곳에 도망하기 이전의 일로, 차지한 것도 불법 점유가 아니고 훔친 것도 무단 침탈의 죄가 성립되지 않는다. 그래서 각기 자신이 가지고 있는 것을 돌려주도록 판결을 내렸고, 양쪽 또한 머리를 숙여 수긍하고 아무런 반대도 없었다. 그런데 이정학의 동생 이정옥(李廷玉)이 밖으로 나갔다가 돌아오지 않고 정가욕(鄭家峪)의 강에서 죽었는데, 곧 이정학이 바로 현에 고발한 날이었다. 그래서 마침내 "왕립간이 동생을 죽였다"면서 그 목숨 값을 치르게 해 달라고 다시 고발을 하였다. 이정옥이 죽은 날을 자세하게 검토해 보니 현에서 「고발장」을 아직 접수하지도 않은 상황이었는데, 왕립간이 어찌 느닷없이 이 사실을 알고 더구나 이렇게 신속하게 보복할 수 있었겠는가? 또한 아무런 확증이 없으니 어찌 능히 죄를 적용할 수 있겠는가? 혹시 달리 다른 변고가 있어 이정학이 물에 빠져 죽은 것이 아님을 어찌 알 수 있겠는가? 일단 이 사안은 그대로 남겨 두면서 따로 마무리가 있기를 기다려야 할 것이다.

審得: 李廷學與王立諫之訐訟,[391] 一以爲占地二畝, 一以爲盜石産磟碡四條,[392] 事非無因. 然查並係逃荒以前之事,[393] 占固不成爲占, 盜亦不成爲盜. 斷令各還其所自有, 而兩造亦俛首無詞矣.[394] 惟是廷學之弟廷玉, 出外不歸, 死于鄭家峪河內, 卽廷學告縣之日也. 乃遂謂: "立諫殺之," 以乞究弟命事, 再訟. 細審玉死之日, 縣狀尙未准行, 立諫何由遽知, 報復如此之速? 且無一確證, 豈能懸坐? 安知其非有別故, 而或墮水以死耶? 姑存此案, 以俟另結可耳.

12-13-03. 고아를 업신여겨 재산을 탈취한 사안(欺孤吞産事)

[다음과 같이 판결을 내린다:] 유방주(劉邦奏)는 서씨(徐氏)의 남편인 유방제(劉芳第)와 형제다. 유방제가 죽자, 유방주가 [유방제가 남긴] 고아와 과부를 선의로 대하지 않고 그 땅을 차

---

391 알송(訐訟)은 고발하여 소송을 한다는 뜻이다. 알(訐)은 기본적으로는 아랫사람이 윗사람을 고발하거나 침범한다는 뜻을 지니고 있다.

392 녹유(磟釉)는 아마도 가축이나 인력으로 끌어 땅을 고르거나 탈곡하는 데 쓰는 농기구인 유독(磟碡)을 가리키는 것 같다.

393 도황(逃荒)은 기근을 만난 지역에서 딴 곳으로 이동하는 것을 가리킨다.

394 면수(俛首)는 머리를 숙인다, 즉 공순하거나, 죄를 인정하거나, 깊이 생각하거나, 부끄럼을 느낀다는 상황을 표현한다.

지하고 또한 그 집까지 헐어 버리자, 서씨는 고아를 업신여겨 재산을 탈취하였다고 소송을 걸었다. 이것은 유시우(劉時遇)가 서씨의 재산으로 이득을 보고자 은밀하게 도발하여 분쟁을 일으킨 것이다. 유방주는 스스로 반성하지 못하고, 유시우에게 분노를 돌려, 마침내 친척 맹용략(孟龍躍)을 끌어들여 양녀를 납치하였다는 말로 유시우를 고발함으로써 보복을 꾀하였다. 세밀하게 심문해 보니 맹용략이 납치당하였다는 양녀의 이름은 소춘화(小春花)이고, 유시우가 거둔 어린 계집아이는 소추귀(小秋貴)였다. 이 일은 모두 순치 17(1660)년에 발생하였는데, 소추귀는 뒤이어 장구(壯口)에 사는 유만사(劉萬思)가 자기 딸임을 확인하여 데려갔다. 맹용략이 지금 와서 다시 옛날 일을 새것처럼 뒤집어 엉뚱한 사람을 가리켜 지목하니, 진정 눈 밝은 사람이라면 한 번에 코웃음 치면서 가려낼 만한 거리도 못 된다.

유방주가 서씨의 땅을 차지하고 서씨의 집을 헐어 버린 것은 모두 명백한 근거가 있다. 유방주가 스스로 알고 되돌려 주겠다고 하였으니, 그래도 착한 일로 잘못을 보충하려는 셈이 된다. 족장으로 하여금 하나하나 분명히 점검하여 그의 입회 아래 모두 서씨에게 넘겨주어 장악할 수 있게 하고, 10일 기한 이내에 「영수증」을 받아 소송문서철에 첨부함으로써 더 이상 논란의 여지가 없는 사안으로 삼을 것이다. 만일 재차 미루거나 관망한다면 생원 유방주 때문에 율법을 무효로 만들지 않을 것이다. 되돌려 준 재산을 그대로 지키거나 파는 것은 오로지 서씨 모자의 주장에 따름으로써 유시우 등이 더 이상 엿보지 못하게 하고 유방주에게 빌미를 주어서는 안 될 것이다. 유방주에게는 은 5냥을 벌금으로 부과하여 문묘 수리비용을 돕게 하고, 유시우와 맹용략에게는 각기 나락 3석의 벌을 내려 이후의 구휼에 대비하도록 한다.

審得: 劉邦奏, 徐氏之夫劉芳第兄弟也. 芳第沒後, 邦奏不能善視孤寡,[395] 旣踞其地, 又拆其房, 致徐氏有欺孤呑產之訟, 乃劉時遇欲利徐氏之產, 而陰挑以起釁. 邦奏不知自反,[396] 而遷怒于時遇, 遂挽戚孟龍躍出, 掠義女之詞,[397] 以告時遇, 而圖報復. 及細加鞫審, 龍躍所失之義女, 名小春花, 時遇所收之幼女, 名小秋貴, 事皆在順治十七年. 秋貴隨爲壯口劉萬思認去.[398] 龍躍

395 선시(善視)는 좋게 대한다는 뜻이다.

396 자반(自反)은 스스로 반문한다, 반성한다는 뜻이다.

397 의녀(義女)는 수양딸을 가리킨다.

398 현재의 담성현 홍화촌(紅花村)에 장구(壯口)라는 지명이 있는데, 장구는 아마 이곳을 가리키는 것 같다. 인(認)은 본래 아무런 친밀한 관계가 없는 사람을 일종의 친밀한 관계가 있는 것으로 간주한다, 어떤 원인으로 소원해진 인간 사이의 모종의 친밀한 관계를 승인·인정한다는 뜻이 있다. 여기서 인거(認去)는 아마 유만사가 자신의 딸

今日猶思舊事翻新, 指鹿爲馬, 誠不足當明眼人一噱也.[399] 至邦奏占徐氏之地, 拆徐氏之房, 皆鑿鑿有據. 邦奏自認退還, 猶不失爲善補過者, 斷令族長, 逐一點明,[400] 眼同交付,[401] 悉還徐氏掌管, 仍限十日內, 取領附卷,[402] 以成鐵案.[403] 如再遲延觀望, 三尺法不爲諸生廢也.[404] 其所退之業, 或守或賣, 一悉憑徐氏母子主張, 時遇等仍不得再生覬覦,[405] 爲邦奏口實. 劉邦奏姑罰銀五兩, 助修文廟. 劉時遇、孟龍躍, 各罰穀三石備賑.

12-13-04. 재산을 침탈하고 세금을 떠넘긴 사안(霸產累糧事)

[다음과 같이 판결을 내린다:] 생원 장행길(張行吉)의 부친 장성조(張成祖)가 사들인 땅 42무는 어느 때는 후씨(候氏)의 것이었다가 어느 때는 다시 장씨(張氏)의 것으로 바뀌었다. 이 땅이 이런 식으로 오간 것은 하루아침의 일이 아니다. 장성조가 죽자, 후양(侯洋)은 장행길이 어렸을 때 그 유산[인 이 땅]을 침탈하였다. 장행길이 이제 그 땅을 되찾으려 하니, 후양으로서는 몹시 낭패한 일이 되었다. 지금 공정에서 심문해 보니 후가정(候加禎) 등은 여전히 순치 4(1647)년의 계약 해지문서를 증거로 내세운다. 하지만 전임 순무가 순치 12(1655)년에 판결을 내리고, 전임 지현 장 공이 그때 관인이 찍힌 「증명서」를 지급한 바 있다. 따라서 저 순치 4년의 계약해지는 이미 무효가 된 지 오래라는 점에 어찌 의심의 여지가 있겠는가?

그런데 후가조(候加兆)가 "제 아버지 후양이 강희 3년에 다시 전임 지현 김 공에게 소송을 제기하여 후씨에게 돌려주라는 판결을 받았습니다."라고 진술하였다. 관련 문서를 조사해 보았지만 남아 있지 않았다. 다만 후가조가 장소발(張小拔)의 계약해지 문서 한 장을 내놓았는데, 소발은 곧 장행길의 아명이다. 장행길은 직접 "그것은 제가 쓴 것이 아닙니다."라고 진술하였다. 조사해 보니 장행길은 순치 4년에 이미 학교에 그 이름을 올렸는데,

---

임을 확인하여 데려간 것으로 보인다.

399 갹(噱)은 큰 웃음을 가리킨다.

400 점명(點明)은 분명하게 점검한다는 뜻이다.

401 안동(眼同)은 '함께, 같이'라는 뜻이고, 교부(交付)는 지급한다는 뜻이다.

402 부권(附卷)은 소송사건으로 만들어진 문서철(에 넣는다는) 뜻이다.

403 철안(鐵案)은 확실한 증거가 있어 절대 뒤집힐 수 없는 결론이 난 사안을 가리킨다.

404 제생(諸生)은 보통 과거의 하급 학위를 가진 생원이나 학생·제자를 가리킨다. 물론 모든 생물이라는 뜻도 있지만, 여기서는 일단 유방주가 생원인 것으로 가정하여 번역하였다.

405 기유(覬覦)는 분에 넘치게 희망하거나 꾀한다는 뜻이다.

어찌 이때까지 여전히 아명을 썼겠는가? 젊고도 젊은 생원이 여러 차례 계약해지를 하면서도 여전히 남에게 서명을 대신하도록 부탁하였다면, 후양과 같이 노련하고 간사한 사람이 어찌 달게 받아들였겠는가? 따라서 [후가도가 내놓은 계약해지 문서]가 날조라는 것 또한 의심할 여지가 없다.

요컨대, 뭇사람의 주장이 분분하지만 응당 순무께서 판결을 내린 것이 가장 확고한 증거이므로, 후가조 등으로 하여금 신속하게 재산을 장씨에게 넘겨주고, 그동안의 세금은 따로 그가 속한 사(社)의 이장이 깨끗이 정리하게 하되, 소액의 경우는 추징을 면제하게 하면 될 것이다.

審得: 生員張行吉父張成祖, 所買地四十二畝, 倏候倏張,[406] 此業之爲朝秦暮楚者,[407] 非一日矣. 成祖故後, 侯洋侵遺産于行吉藐孤之時,[408] 行吉卽返汶陽,[409] 侯洋僨轅之日.[410] 今庭訊之下, 加禎等猶執順治四年退約爲據.[411] 不知前撫憲之斷給在順治十二年, 前任張公彼時給有「印照」,[412] 其順治四年之退約, 久爲廢劵, 顧何疑乎? 獨加兆又供: "伊父侯洋, 于康熙三年, 又控前任金公, 斷還侯氏." 査案卷無存, 僅加兆出一張小拔退約, 小拔者卽行吉乳名也. 行吉親供: "非其手筆". 査行吉于順治十四年已列名黌序,[413] 安得此時尙書一乳名? 以青青子衿,[414] 數行退約, 猶倩人代筆, 以洋之老奸, 能甘受乎? 則此爲蘭亭贋跡,[415] 又無疑矣. 總之,

---

406 숙(倏)은 '갑자기'라는 뜻이다.

407 조진모초(朝秦暮楚)는 전국시대 진과 초가 대립하자 기타의 소국이 이익에 따라 때로는 진을 때로는 초를 섬기면서 변화무쌍하였던 일, 즉 반복무상(反復無常)을 가리킨다. 또한 행적이 일정하지 않거나 생활이 불안정함을 가리키기도 한다.

408 막고(藐孤)는 어리고 약한 고아를 가리킨다.

409 문양(汶陽)은 문양전반(汶陽田反)과 같은 뜻으로 잃었다가 다시 되찾는 것을 말한다. 문양(汶陽)은 춘추시대 노(魯)의 속지로 문수(汶水) 북쪽 땅이었는데, 여러 차례 제(齊)에게 침탈당하여 분쟁이 발생하였던 지방이다. 『춘추(春秋)』 성공(成公) 2년조에 나오는 "문양전을 취하였다(取汶陽田)"는 구절이 나오는데, 이에 대한 두예(杜預)의 주(注)는 "진(晉)이 제(濟)에 사신을 보내 노(魯)에게 돌려주도록 하였다(晉使齊還魯)."라고 기록하고 있다.

410 분원(僨轅)은 수레의 끌채가 넘어지다, 즉 수레가 뒤집힌다는 뜻으로 뒤집혀서 망가지는 것을 비유한다.

411 퇴약(退約)은 계약 해지를 가리킨다.

412 「인조(印照)」는 관인이 찍힌 「증명서」·「증거문서」를 가리킨다.

413 횡서(黌序)는 고대의 학교를 가리킨다.

414 자금(子衿)은 학자(學子)나 생원(生員)을 가리킨다.

415 난정(蘭亭)은 절강성(浙江省) 소흥시(紹興市) 서남쪽에 잇는 난저산(蘭渚山) 위의 정자를 가리킨다. 동진(東晉)의 영화(永和) 9년(353) 저명한 서예가 왕희지(王羲之) 등이 여기서 모임을 가진 다음 시문집(蘭亭集)을 만들었고, 왕희지는 행서(行書) 서예의 걸작인 「난정서(蘭亭序)」를 썼다. 난정은 이 「난정서(또는 蘭亭帖)」를 가리킨다. 「난정서」의 진본은 이미 사라졌고 모사본(臨摹本)은 아주 많은데, 특히 구양순(歐陽詢)의 정무본(定武本)이나 저수량(褚遂良)의 신룡본(神龍本)이 가장 유명하다. 기타 모방작은 이루 말할 수 없을 정도다. 응적(贋跡, 贋蹟)은

衆口紛紛, 自當以撫憲之斷給爲鐵案, 速令加兆等, 還産于張, 其節年錢糧, 另同伊社里長淸算, 籽粒免追可也.[416]

12-14.「진술조서」 작성(釋「招狀」)

'문득(問得)'이라고 하는 것은 지방관이 심문할 때 처음 시작하는 말을 가리킨다. '모인 한 사람(一名某人)'은 범인의 진술[을 시작하는 것]을 가리킨다. 무릇 여러 명의 진술로 이루어진 「조서(招. depositon)」가 있다면, 모름지기 규정에 따라 한 사람을 정하여 조서의 우두머리(招首. chief confessor)로 삼는다. 만일 중앙정부 관원인 경관(京官)과 지방관이 공범으로 모두 응당 상주하여 황상의 비준을 요청해야 할 경우라면, 죄가 무거운 쪽을 우두머리로 삼는다. 경관이 비록 [승려와 도사를 관장하는] 승도관(僧道官)인 경우라 할지라도 지방의 6품 이하 관리와 함께 공범이 되면, 경관을 우두머리로 삼는다. 현직 관원와 하급 관리·서역(吏役)이 공범이면, 관원이 우두머리가 된다. 파면된 관원과 유생, 하급관리·이역과 경승이 공범이면, 이역과 경승이 우두머리가 된다. 환관이 경관과 공범이면, 경관이 우두머리가 되며, 지방의 6품 이하 관리와 공범이 되면 환관이 우두머리가 된다. [임시성 관청 업무인] 직역(職役)이 있는 사람과 그렇지 않은 일반 백성이 공범이면 직역이 있는 사람이 우두머리가 되고, 여자와 남자가 공범이면 남자가 우두머리가 된다. 승려와 도사가 이노인(里老人)과 범인이면 승려와 도사를 우두머리로 삼고, 군인과 일반 백성이 공범이면 죄가 무거운 사람을 우두머리로 삼는다.

각 사람의 모든 사정을 통틀어 「조서」로 작성하는데, 이미 붙잡힌 경우는 '재관(在官. 관청에 확보하고 있다는 뜻)'이라고 칭하며, 잡히지 않은 경우를 '미도(未到. 아직 법정이나 현 아문에 출두하지 않았다는 뜻)'라고 한다. 도망쳐 피한 경우는 '재도(在逃. 도망 중이라는 뜻)라고 한다. 범죄 때에는 살아 있다가 범행이 발각되었을 때 죽은 경우는 '선존금고(先存今故. 앞서는 살아 있었지

바로 위조된 서화묵적(書畵墨跡)을 가리킨다.

416 자립(籽粒)은 종자, 양식 또는 곡식의 낱알을 가리킨다.

만 지금은 죽었다는 뜻)'라고 칭하고, 이미 죽었지만 범죄를 저지른 경우는 '이고(已故. 이미 죽었다는 뜻)'라고 칭한다. 감금되어 있다가 죽은 경우를 '감고(監故. 감창에서 죽었다는 뜻)'라고 칭하고, 이미 「진술조서」를 작성하고 서명을 마친 다음 감금되어 있는 경우를 '옥수(獄囚. 감옥에 수감되어 있다는 뜻)'라고 칭한다. 아직 「진술조서」를 작성하지 않고 서명하지 않은 채 감금되어 있는 경우를 '죄수(罪囚. 범죄의 혐의를 받고 감금되어 있다는 뜻)'라고 칭한다. 부모가 연좌된 경우를 [그들을] '가구(家口)'라고 칭하며, 처자가 연좌된 경우는 '가소(家小)'라고 칭한다.

「판결부속문서」에서 따로 언급할 경우라면 '전사(前事)', 또는 '별권(別卷)'이라고 칭한다. 진범사죄의 경우는 기결과 미결을 나눈다. 잡범 노역형 이하에서는 돈을 내고 풀려날 경우(納贖)는 '문결(問結)'이라고 칭하고, 충군형으로 유배되어 일반 백성이 된 경우를 '문발(問發)'이라 칭하며, 곤장형이 결정된 경우는 '성발(省發)'이라고 한다. 그리고 자백이 분명한 경우를 '성령(省令)'이라고 칭한다. 이런 것들은 모두 이름 앞에 써야 하며, 뒤에서는 다시 거듭해서 쓰지 않는다. 그리고 그 나이와 관적을 쓴 다음 관직이 있는 경우는 그 이력을 쓰고, 이역의 경우에는 언제 충원되었는지, 승려와 도사의 경우에는 언제 출가하였는지를 쓰는데, 응당 환속해야 할 경우는 법명(法名) 아래에 이름을 쓴다. 존비(尊卑) 관계에 있는 사람끼리 소송을 하면 율법에 의해 그 멀고 가까운 관계에 따라 죄를 정해야 하므로, 종가(宗家)·지파(支派) 관계와 팔의(八議)에 해당하는지의 여부를 차례대로 기입함으로써 죄를 가늠할 수 있게 한다. 사안의 크고 작음, 가볍고 무거움, 많고 적음에 관계없이 연월·선후를 순서로 삼아 서술하며, 연도(年)의 경우는 '간(間)', 달(月)의 경우는 '내(內)'를 쓴다.

죄를 확정하는 것은 오로지 「조서」의 핵심내용에 근거해야 하는데, "[어떤 일을] 해서는 안 되는데 어찌어찌하였다"는 형식을 이용한다. 모름지기 율례를 범한 것이 이를테면 절도인 경우는 다음과 같이 서술한다. "저는 모인의 집에 모재물이 있음을 엿보고, [그래서는 안 되지만] 도둑질할 마음이 생겨 모일 모시에 모가의 문에 숨어 들어가 집안사람과 개가 모두 깊이 잠들었는지에 살펴본 다음, 담벼락을 허물고 방안으로 들어가 모재물을 훔쳤습니다." 강도인 경우는 다음과 같다. "모가에 재물이 많다는 것을 알게 되어 [그래서는 안 되지만] 모인·모인을 불러 모았는데 모두 [그래서는 안 되지만] 강도질하기를 승낙하여, 각기 창과 몽둥이를 들고 모경 모분에 모가의 문에 이르러 모물을 가지고 문을 열고 모처에 불을 지른 다음 모모재물을 약탈하여 모처에서 나누어 썼습니다."

싸우다 죽인 구살(毆殺)의 경우는 다음과 같다. "저는 [그래서는 안 되지만] 모인과 더불어 각기 모물을 가지고 싸우다가 실수로 모인의 모처를 때려 그 상처 때문에 그 사람을 죽게 하였습니다." 일부러 죽인 경우 고살(故殺)의 경우는 다음과 같다. "저는 [그래서는 안 되지만] 모인과 더불어 싸웠는데 서로 치고 받고 하는 데 지나지 않아 더 이상 심한 마음을 먹어서는 안 되었는데, [결국] 모물로 모인의 모처를 노려 쳐서 그 자리에서 숨이 끊기게 하였습니다." [범행 현장에 가기 전에 일부러] 계획을 세워 죽인 경우인 모의살인(謀殺)은 "저는 [그래서는 안 되지만] 모인과 더불어 이야기하기를 모인은 항상 나를 속이고 해쳐, 아예 사람이 없는 곳에서 그를 죽여 버리는 게 좋겠다고 하였습니다. 저희들은 각기 이런 마음을 간직하여[서는 안 되었는데], 모년 모월 모일에 모인이 모처에 혼자 머무르고 있는 것을 알아내자, 모인을 불러오고 각기 모흉기를 들고 모처에 몰래 숨어든 다음, 모인의 모처를 향해 모흉기로 몇 번 내리쳐서 그 자리에서 숨이 끊어져 죽게 하였습니다." 나머지 사안도 모두 이와 비슷하게 작성하면 된다. 장물이 적으면 「[사건]조서」 안에 서술해도 되지만, 많으면 「조서」 뒤에 따로 장물의 은냥 가치를 계산해서 씀으로써 그 장물 액수에 따라 죄를 가늠할 수 있게 해야 한다. 만약 「조서」의 우두머리(招首)가 된 사람이 장물이 없는 경우에는 "[장물로 간주하여 그 액수를] 계산해 보니 [우두머리가 아닌] 모인 등의 모모재물 얼마입니다."라고 따로 언급해야 하지, 뒤섞어서 기술해서는 안 된다.

○ 하지만 이상의 것들은 또한 하나의 형식에 지나지 않을 뿐이다. 강도와 절도, 싸우다 죽이거나 고의로, 또는 계획을 세워 살인을 한 경우에는 모두 범인의 당시 실제 범죄와 정상에 대한 진술을 기록할 때 한 글자라도 모호함이 있어서는 안 된다. 다만 "그래서는 안 되었는데 어찌어찌하였다. 또 그래서는 안 되었는데 어찌어찌하였다."라고 쓰는 것은 일정하게 정해진 규칙이므로 빼놓아서는 안 된다.

曰: '問得'者, 問官之起語也.[417] 曰: '一名某人'者, 犯人之供稱也.[418] 凡串招須照例定一人爲招首.[419] 如京官與外官共犯, 俱應奏請者, 以罪重者爲首; 京官雖僧道官,[420] 與在外六品以下官共犯, 京官爲首; 致仕官與役吏共犯, 官爲首; 罷閒官幷生儒與吏承共犯,[421] 吏承爲首; 內臣與京官共犯,[422] 官爲首. 與在外六品以下官共犯, 內臣爲首; 有職役人,[423] 與白丁共犯,[424]

417 기어(起語)는 입을 열어 말을 시작한다, 또는 이야기를 여는 말이나 구절을 말한다.

418 공칭(供稱)은 자백 내지는 구두진술을 가리킨다.

419 천(串)은 '서로, 잇따라'라는 뜻이므로, 천초(串招)는 여러 사람의 진술을 받아 작성하는 「진술조서」를 가리킨다.

420 승도관(僧道官)은 승관(僧官)과 도관(道官)을 합칭한 것으로 불교나 도교를 관장하는 관리로 승록사(僧錄司)·도록사(道錄司) 소속의 관리인데 대부분 6-8품의 하급관리다. 『청사고(淸史稿)』 권115 「지(志) 90 직관 2(職官二)」를 참조.

421 파한(罷閒)은 관직에서 쫓겨나 한가하게 살고 있다는 뜻이다.

職役人爲首; 婦人與男子共犯, 男子爲首; 僧道與里老共犯, 僧道爲首; 軍民相等之人共犯, 罪重者爲首. 通將各人事情招出. 已獲者, 稱: '在官'; 未獲者, 稱: '未到'; 脫逃者, [稱]: '在逃'; 犯罪時在, 事發時死者, 稱: '先存今故'; 死在先, 有事干犯者, 稱: '已故'; 監禁死者, 稱: '監故'; 已成招禁者,[425] 稱: '獄囚'; 未成招禁者, 稱: '罪囚'; 連坐父母者, 稱: '家口'; 連坐妻子者, 稱: '家小'; 照提者, 稱: '前事',[426] 或'別卷'; 眞犯死罪, 分已未、決. 雜徒罪以下納贖者稱: '問結'; 發配充軍爲民者稱: '問發'; 杖決者稱: '省發'; 供明者稱: '省令,' 俱置姓氏之上, 後莫重用. 其年歲、貫址之下,[427] 有職者, 序履歷; 吏序參充, 僧道序簪剃,[428] 若該還俗者, 法名下出姓名; 尊卑訐告,[429] 律該照服定罪者,[430] 序宗支、八議之人,[431] 按秩開寫, 以便定議. 不拘事之大小、輕重、多寡, 以年月、先後爲序, 年曰: '間', 月曰: '內'.

其定罪全憑招眼,[432] 用: "不合云云."[433] 須犯律例者, 竊盜則云: "某窺得某人家有某物, 不合輒起盜心, 于某日時, 潛到某家門首, 探聽本家人犬睡熟, 剜開牆壁, 進入內房, 偸出某物"; 强盜則云: "訪得某家多有財物, 某不合糾同某某, 各不合依允, 各持鎗棍, 幾更時分, 潛到某家門首, 用某物打開, 某處點起火亮, 劫出某某財物, 在某處分用."; 毆殺則云: "某不合與某人, 各用某物鬪打, 悞將某人某處打訖一下, 因傷身故."; 故殺則云: "因與某人爭鬪, 廝打不過, 不

---

422 내신(內臣)은 궁정에서 근무하는 관리, 또는 환관·태감을 가리킨다. 여기서는 후자를 가리키는 것 같다.

423 직역(職役)은 관청에서 백성에게 관청 업무에 종사하도록 지명하면서 아울러 재물을 제공하는 요역(차역)을 가리킨다. 이를테면 이정(里正)·호장(戶長) 등 세금 징수의 독촉책임을 맡거나, 도적을 체포하는 궁수(弓手)나 장정(壯丁) 등 관청에서 부리는 여러 인력 등 다양한 종류의 직역이 있다.

424 백정(白丁)은 보통 아무런 공명(학위)도 없는 일반 사람, 즉 평민을 가리킨다. 여기서는 직역이 있는 사람과 대비되는 뜻으로 쓰인 것으로 보인다. 임시로 불러 모은 장정을 백정이나 백도(白徒)라고도 부른다.

425 성초(成招)는 죄수가 심문을 받으면서 진술하면 그것을 기초로 사건조서를 작성하여 서명하게 하는 것을 가리킨다.

426 조제(照提)는 「판결부속문서」에서 따로 언급하는 [사건에 연루되었지만 체포되지 않아] 도주범 등을 가리킨다. 바로 뒤의 「12-18. 도주범 처리(照提)」 부분을 참조.

427 관지(貫址)는 관적(籍貫)을 가리킨다.

428 잠체(簪剃)는 출가하여 승려나 도사가 된다는 뜻이다. 도사는 비녀를 꽂는 머리모양을 하고, 승려는 머리를 깎기 때문이다.

429 존비(尊卑)는 윗사람과 아랫사람을 가리키며, 알고(訐告)는 아랫사람이 윗사람의 잘못을 들추어내어 고발한다는 뜻이다.

430 여기서 복(服)은 상복(喪服)이나 상복을 입는 기간을 말한다. 상복을 입는 기간은 그 사람과 얼마나 가까운 관계이냐에 따라 달라지기 때문에, 이것은 또한 친척 사이의 멀고 가까운 관계를 가리키는 것이기도 하다.

431 팔의(八議)에 대해서는 제12권 형명부 2 「12-02. 여덟 글자의 뜻풀이(括八字義訣)」를 참조할 수 있다. 팔의는 즉 팔벽(八辟)을 뜻하는데, 이 여덟 종류의 범죄인을 다룰 경우에는 반드시 특별한 심의를 거쳐야 하였다.

432 안(眼)은 사물의 관건적인 핵심, 요점을 가리키는 뜻이 있다.

433 불합(不合)은 불응당(不應當)·불해(不該)와 같은 뜻으로 그래서는 안 되는데 부당하게도 어찌하였다는 뜻이다. 아마 자백하는 사람에게 자신의 행위가 부당하거나 불법이라는 것을 지적·강조하기 위해서 쓰이는 것처럼 보이는데, 「조서」 작성의 규칙인 셈이다.

合發狠, 用某物打向某某處一下, 當時氣絶."; 謀殺則云: "某不合向某人說, 某人時常欺害我, 莫若無人處結果了他,[434] 某某各不合依聽在心, 于某年月日, 訪得某人獨自在于某處, 某叫同某人, 各執某械, 潛到某處, 向伊某處用某械戳砍幾下, 當時氣絶身死." 餘皆倣此. 贓物少, 則就招內敘出, 多則于招後結出, 所値銀數, 計贓定罪. 若招首無贓, 要另言: "結得某人等, 某某財物若干," 不可混序.

○ 然此亦其式耳. 至于强、竊、偸、劫及鬪·毆·謀殺等類, 俱照本犯原日實情、實景供序, 一字攏統含糊不得. 獨是"不合如何, 又不合如何", 則一定規矩, 不可少也.

○ 부록:「진술조서」 양식(「招狀」式)

[심문해 보니:] 범인 모는 나이 몇 세로 모부·주·현 모도의 모도에 속하는 관적으로, 다음과 같이 구두진술을 하였다.

모년 모월 모일 [그래서는 안 되는데] 모인과 더불어 어찌어찌하였고, 모인은 [그래서는 안 되는데] 각기 어찌어찌하였으며, 또한 [그래서는 안 되는데] 어찌어찌하였습니다. 다시 [그래서는 안 되는데] 어찌어찌하였으며, 그래도 [그래서는 안 되는데] 어찌어찌 하였습니다.

모인이 이에 대해 불만을 품고 이상의 사실을 몽땅 모 아문의 모관에게 고발하였으므로, 범인과 증인을 모두 관청으로 끌어와 공당에서 조사를 하여「구두진술」을 녹취하였고, 심리 결과 판결이 내려졌습니다.

각기 이상의 판결 내용에 대해 이의가 없으므로 범죄와 관련이 없는 증인 모모 등은 먼저 석방하여 내보내졌고, 모모 등은 취조하여 실제 범행에 대한「조서」를 작성하였습니다. 그리고 관련 증거로 모모 물건을 확보하였는데, 시가로 치면 은 몇 냥에 해당됩니다. 이상의 내용은 모두 사실입니다.

모년 모월 모일「진술조서」를 작성한 모모 서명

434 결과(結果)에는 죽인다(殺死)는 뜻이 있다.

一問得: 一名犯人某, 年若干歲, 係某府某州某縣某都圖籍貫, 狀招:

某年月日, 不合與某云云, 某各不合云云, 又不合云云, 各又不合云云, 亦不合云云, 亦又不合云云, 卻不合云云, 卻又不合云云.

有某不甘, 通將前情首告某衙門某官案下, 當蒙拘提一干犯證到官, 當堂研審錄取「口供」云云, 在卷蒙審得云云. 各情允服無詞, 除將無干人證某某等, 先行摘放, 某某等取問實招犯外, 結得某某物件, 時値估價銀若干兩, 所結是實.

年　月　日 招狀人 某某　背押

12-15.「판결문초안」(釋「定議」)

"죄에 대한 판결을 선고하는 것('議'. proposal of decision)"은 가늠하는 것(擬)과 비슷하다. 심리하는 사람이 율례에 맞추어 죄를 적용하고자 하지만 감히 이것이 옳다고 자신할 수는 없기 때문에 가늠한다고 쓰는 것이다. 이 경우 범인의 수가 비록 많더라도「조서」에 나오는 우두머리(招首)를 의견 제시의 출발점으로 삼고, 이하 가볍고 무거움에 따라 순서대로 서술한다. 율례를 인용할 때는 모름지기 그것에 범죄에 정확하게 들어맞는지 제대로 확인해서, 두 가지 이상 범죄를 저지른 경우에는 무거운 쪽에 따라 처벌한다. 이것이 "가벼운 것은 빼고 적용하지 않는다(除輕不坐)"는 원칙이다. 죄마다 각 등급이 있으니, 거기에 관련된 조항 한 가지에 따라 판결한다. 이것이 "저것은 빼고 이것은 남긴다(去彼存此)"는 원칙이다. 여러 가지 일이 한 조항 안에 있어도, 단지 저지른 범죄만 끌어다 적용한다. 이것이 "[관련조항 가운데 그것만] 뽑아서 끌어다 적용한다(摘引應坐)"는 원칙이다. 약 5-7명이 함께 조서를 작성한다면, 율법조항은 각기 다르더라도 죄는 모두 같으므로 아울러서 함께 죄를 가늠한다. 부정한 재물의 액수가 같은 경우에도 역시 마찬가지다.

각종 다양한 신분이 섞여 문·무 관리나 직역이 포함되어 있다면, 반드시 순서대로 그 신분내력을 써서 처리에 편하도록 한다. 먼저 유력자, 다음에 초유력자, 그다음에 무력자의 순서대로 한다. 수속에 해당되는 죄나, 응당 실제 형벌로 집행해야 하는 경우는 재력이 있고 없고의 여부를 따지지 않는다. 만약 제대로 들어맞는 율례가 없어 비슷한 조항을 가져다 끌어다 붙이는 비부(比附)를 해야 할 경우에는 "어떤 부분은 율례에 따라 어떤 율례의 항목을 끌어다 붙여서 판단한 것이다."라고 밝혀야 한다. 이를테면 사형과 같은 경우에는 "중범 모가 감옥에 갇혀 집행 대기를 하고 있는데 공동심의를 통해 처분이 결정되면, 다른 사안과 통틀어서 황상에게 상주하여 결정을 요청할 것입니다."라고 밝힌다. 만약 지방관이 작성한 「사건조서」라면 "보고를 올려 상사의 지시가 내려온 다음 처리하겠습니다."라고 밝힌다.

'議'者, 擬似也. 問者欲似諸律, 未敢以爲是, 而擬之之詞. 所犯姓名雖多, 以招首爲議頭, 以下輕重, 依罪爲次. 引用律例, 必須體認得眞,[435] 有犯二罪以上, 從重論, 是謂: "除輕不坐"也. 各等者, 從一科斷, 是謂: "去彼存此"也. 數事共條, 止引所犯, 是"摘引應坐"也. 如五六七人共招, 律雖各別, 而罪相等, 倂擬. 贓貫同者,[436] 亦然. 各色人犯, 係文武、職役, 須序來歷, 以便發落. 先有力, 稍有力, 再次無力. 其收贖之罪幷應的決之人, 則不論力. 若無律例而比附者, 則云: "某係照例比附某律例"云云.[437] 如死刑, 則云: "某重犯牢固監候, 會審處決, 通行請旨." 若是外招,[438] 則云: "申詳轉日發落."[439]

12-16. 「판결문초안」 양식(「定議」式)

[다음과 같이 판결한다.] 모인과 모인이 저지른 범죄에 대개 각기 가벼운 죄는 빼놓고 적용하지 않지만, 모인과 모인은 각각 모항의 율례에 의거하여 곤장 몇 대, 유배 몇 리의 형을 내린다. 모모는 모두 응당 해서는 안 되는 일을 한 것에 대해 처벌하는 율법에 따라 곤

435 체인(體認)은 몸소 살펴서 인식한다, 몸으로 느낀다는 뜻이다.

436 관(貫)은 동전을 꿰는 줄, 나아가 1천 전(錢)을 가리키는 뜻이 있는데, 여기서는 형벌에 따라 규정된 최고 액수를 가리킨다.

437 비부(比附)는 비조(比照)와 같은 뜻으로 보통 율례 가운데 바로 적용할 만한 타당한 처벌조례가 없을 경우 유추(類推)하여 가장 가까운 관련 조례를 적용하는 것을 가리킨다. 이에 대해 상세한 것은 나까무라 시게오(임대희 등역), 『판례를 통해 본 청대 형법』(서경, 2004)의 제2장 「비부의 기능」, pp.167-201을 참조.

438 「외초(外招)」는 아마 지방관이 작성한 「사건조서」를 말하는 것 같다.

439 전일(轉日)은 아마 보고에 대해 상부의 지시가 전해져 내려오는 날이라는 뜻으로 보인다.

장 몇 대에 처한다. 모인은 가족으로 공범이지만 처벌을 면제해 주고, 분명하게 자백한 모인과 함께 모두 선고를 면제해 준다. 모인은 응당 율례에 따라 노역이나 유배형에 처한다. 모인은 검토해 보니 재력이 있어 율례에 따라 쌀을 납부하여 형벌을 대신한다. 모인은 재력이 없으므로 율례 그대로 실제 형벌을 집행한다. 이들은 각기 모두 형벌이 만기가 되면, 처벌·선고가 면제된 모인·모인과 더불어 각기 집으로 돌아가도 좋다. 모인은 중범이므로 율례에 따라 사형집행 대기의 처분을 받는다. 모인은 경범죄로 보석을 허락하는데, 상부에 보고를 올린 다음 지시가 내려오면 처리한다.

一議得: 某人某人所犯, 各除輕罪不坐外, 某與某各各依某律例, 杖若干, 流若干里; 某某俱合依不應得爲而爲之律, 杖若干; 某係家人共犯免科, 與供明某人, 俱免擬; 某應照例, 決發; 某審俱有力, 照例納米; 某審無力, 照例的決; 各滿完日, 與免科某、併供明某, 各寧家隨住; 某係重犯, 照例監候; 某輕犯准保, 候申詳轉日發落.

12-17.「판결부속문서(照出)」의 처리(釋擧照)

「판결부속문서(照出. the statement of final disposition)」라고 하는 것은 불빛으로 비추어 가면서 점검하는 것처럼, 분명하게 모든 것을 빠짐없이 기록해야 한다. 즉 이전의 「조서」·「판결문초안」에서 다룬 내용에서 각 범인의 장물과 벌금, 관부에 돌려주거나 주인에게 넘겨주는 것 등을 조금이라도 빠뜨려서는 안 되며, 모두 정리하여 문서에 기입해 넣는다는 뜻이다. 이것저것 모두 범죄의 부정한 재물이거나 금지품이라면 관부에서 압수한다. 주고받다가 불화를 일으키거나 서로 힘이 세다고 다투다가 일이 벌어진 경우, 강제로 빼앗거나 아니면 내놓으라고 강요하여 결국 소송에 이른 부정한 재물은 원주인에게 돌려준다.【만약 주위 사람이 고발하거나 관리가 찾아낸 경우에는 모두 관부에서 압수한다.】관청의 물건(官物)은 관청에서 되돌려 받고, 개인 물건을 주인에게 돌려준다. 관련 장부는 곧 해당 아문의 방(房)이나 소속 과(科)에서 모두 빠짐없이 작성해야 한다.

시신이 담긴 관은 유가족이 받아가 매장하도록 한다. 흉기는 옥국(獄局)으로 보내 형구나 그릇으로 개조한다. 노비·처첩은 주인이 받아서 돌아가게 한다. 속죄의 대가로 내는 곡식은 창고로 보내어 구휼에 대비하도록 한다. 속죄의 대가로 은냥을 냈을 때는 창고에 쌓아두고, 정식 수입으로 등재하여 지출에 사용하도록 한다. 관청에 들어오거나 나가는 것은 모두 창고에서 「(납부)영수증」을 받는다. 주인에게 돌려준 것 역시 「영수증」을 받는데, 모든 「계약서」나 「증명서」 가운데 위조되거나 보상이 이루어진 것은 효력이 끝났다는 표시로 먹칠을 한 다음 문서철에 첨부한다. 응당 되돌려 주어야 하는 것은 주인에게 돌려주고 「영수증」을 받아 둔다. 충군형을 받아 백성이 되거나, 노역형 등으로 내보내는 경우에는 [압송 업무를 맡은 사람으로부터 죄수를 넘겨받아 관할하게 되었다는] 「인수증」을 받는다. 관청에 출두하지 않았지만 무죄라는 것이 판명된 죄인은 소환을 면제해 준다. 부정한 재물이 무고였다는 것이 밝혀지면 추징을 면제해 준다. 만약 죄가 있지만 잡히지 않았거나, 응당 탄핵 상주를 올려야 할 관원과 같은 경우에 대해서는, "응당 모인을 심문해야 하지만, [도주 중이거나, 관원이라 따로 처리해야 하므로] 모두 나중에 따로 소환하여 심리할 것입니다."라고 써넣는데, 이것을 일컬어 도주 범인을 처리하는 「조제(照提. the proceeding for absconders)」라고 한다.

「照出」者,[440] 如火之照物. 蓋前招、議之內, 各犯贓、贖, 還官、給主, 不容遺漏, 所以總結上文之意. 彼此俱罪之贓、應禁之物, 則入官; 取與不和、鬪强生事[441]、逼取求索呈告之贓,[442] 給主. 【若係傍人擧首, 官司察出者, 則仍入官】; 官物還官, 私物給主; 卷冊則發該衙門房科備照; 屍棺給屍親領埋; 兇器發獄局, 改造刑具器皿; 奴婢妻妾領回; 贖穀發倉備賑; 贖銀貯庫, 作正支銷[443]; 入官還官者, 取倉庫「實收」[444]; 給主者取「領狀」. 其一應契票文書, 僞造償結者, 塗抹附卷; 應還存者, 給主取「領狀」. 充軍爲民、問徒發遣者, 取「收管」[445]; 未到人犯, 無罪者, 免提; 誣告贓物免追; 若有罪犯不到、與應參奏官員之類,[446] 則稱: "合問某人, 俱另行提

---

440 조출(照出)은 말 그대로는 거울이라는 뜻이다. 범죄에 관련된 사물(시신·장물·증거·벌금 등등) 모두의 처리방안에 대한 의견을 쓴 문서, 또는 그 의견을 붙일 때 맨 앞에 쓰는 용어다. '조출(照出)'로 시작된 문서는 '여무재조(餘無再照)'로 끝난다.

441 투강(鬪强)은 강함을 다툰다(爭强)는 뜻이다.

442 정고(呈告)는 청원 문서를 올리거나 소송문서를 제출한다는 뜻이다.

443 작정지소(作正支銷)는 작정개소(作定開銷)와 마찬가지로, 국가 예산결산의 정식 회계항목으로 등재하여 결산 처리(奏銷)를 한다는 의미다. 다시 말해 관부(국가)의 정식 수입으로 등재하여 지출한다는 뜻이다.

444 여기서 「실수(實收)」는 관고(官庫)에서 은냥을 받은 다음 발급하는 「영수증」을 말한다.

445 「수관(收管)」은 받아서 보관하거나 감시한다는 뜻, 또는 범인을 인수한 다음 발급하는 「증명서」를 가리킨다. 발견(發遣)은 노역형의 일종으로 수인(囚人)의 얼굴에 입묵(入墨)한 다음 18성(省) 밖의 벽지로 추방하여 노역형에 봉사하게 하는 것이었다. 또한 곤장 100대를 아울러 부과하였다.

446 참주(參奏)는 조정에 관리의 죄상을 적발하여 탄핵하는 상주를 올리는 것을 가리킨다.

問,"[447] 是謂: '照提'.[448]

○ 부록: 「판결부속문서」 양식(照出式)

「판결부속문서」

모인이 응당 납부해야 할 미곡이 얼마, 또는 이것을 은으로 환산한 금액이 얼마, 또는 부정한 재물이 은으로 얼마인데, 모두 창고에 가서 납부한 다음 「영수증」을 받아야 한다. 범인 모가 훔치거나 속여서 빼앗은 재물은 응당 원주인에게 돌려주고, 「영수증」을 받아 문서철에 첨가한다. 이상.

一. 照出: 某人該納米穀若干, 或折銀若干, 或贓銀若干, 俱上倉貯庫, 取「實收」. 及某原盜騙財物, 理合給原主, 取領收附卷. 餘無再照.[449]

12-18. 도주범 처리(照提)

조제(照提)는 [사건에 연루되었지만 체포되지 않아] 「판결부속문서」에서 따로 들어 언급하는 것 때문에 이런 이름이 붙었다. 응당 상주하여 처리 지시를 요청해야 하는 관원을 제외하면, 도망쳐서 관부로 불려오지 않은 사람에는 네 종류가 있다. 한 종류는 여러 사람이 공범이고 이 사람만 홀로 도망하였지만 범죄 정상과 죄목을 확정하기 어려워 사로잡힌 다음 따로 마무리 지어야 할 경우다. 다른 한 종류는 여러 사람이 공범이고 이 사람만 홀로 도망하였지만 저지른 범죄의 정상이 뚜렷한 경우다. 율례에서는 "뭇사람의 증언이 명백하면, 곧 같은 죄가 성립한다."라고 하였으니, 곧바로 그 죄를 가늠하여 나중에 잡히면, 그때 처벌하

447 제문(提問)은 부르거나 잡아다가 심문한다는 뜻이다.

448 조제(照提)는 「판결부속문서」에서 따로 이름을 거론한 도주범인을 가리킨다. 「12-18. 도주범 처리(照提)」를 참조.

449 여무재조(餘無再照)는 더 이상 「판결부속문서」에 기입할 내용이 없다는 뜻이다.

는 경우(補決. sentence to be carried out as soon as the suspect is apprehended)다. 다른 한 종류는 사건이 발각되자마자 도망쳐 잡아서 심문하기 어려웠고, 비록 「판결문초안」의 「부속문서」에서 따로 언급하지 않더라도 응당 그 사안을 보존하고 잡히기를 기다려 따로 재판을 해야 하는 경우다. 네 번째는 많은 사람이 같은 사안에 연루되었는데, 이 사람만 출두하지 않았지만 중요한 증인이라 멋대로 추측하여 판단할 수 없는 경우다. 이 역시 「부속문서」에서 따로 언급하지는 않더라도 응당 그 사안을 보존하여 잡히기를 기다려 마무리를 해야 한다.

대략 자기 입장이 떳떳하고 공정한 경우라면 모름지기 달아날 필요는 없을 것이다. 범인이 출두하지 않는 것은 반드시 떳떳하지 못해 거짓말을 해야만 하는 경우이고, 중요한 증인이 출두하지 않는 것은 모름지기 한쪽 편을 들려 하거나 돈을 받았기 때문이다. 도망쳐 숨은 사람은 일단 「부속문서」에서 언급하여 나중에 처벌한다고 하면, 모름지기 숨고 나타나지 않을 것이다. 또한 혹은 뭇사람의 입방아에 올라 죽을 때까지 자신의 결백을 증명할 수 없을 터이다. 따라서 진실로 실제 범죄정상을 파악한 경우가 아니라면, 단지 "사안유예(案存. case pending)"라고 기입해 둘 뿐이지, 가볍게 "나중에 처벌하겠다(補決)"는 구절을 써서 죄를 가늠한 다음 문서에 기입해서는 안 될 것이다. 「부속문서」에서 따로 언급하여 나중에 처벌하게 된 경우 만약 율례가 변경이 된다면 사로잡힌 날을 기준으로 응당 새로운 조례에 따르되, 다만 도망죄 2등급을 추가하면 된다.

집주인(家主)이 노비가 물건을 훔쳐 도망쳤다고 고발한다면 반드시 [노비의] 신원보증인을 소환하여 「노비문서」를 검토해야 하며, 아울러 양쪽 이웃에게 노비가 재물을 훔쳐 도망친 사정을 확인한 다음에야 비로소 체포령을 내리고, 지명수배 공문을 발급한다. 만약 심문해서 사실이 아니라면 경솔하게 비준해서는 안 된다. 본래 노비가 아닌데, 일단 체포령이 내려지면 나중에 남들에게 약점을 잡히기 때문이다. 나아가 집안사람이 죽은 이유가 불분명한데 시신을 버리거나 숨기고 오히려 훔쳐서 도망쳤다고 고발하여 남의 이목을 속이려는 경우도 있으므로, 응당 이런 일은 뿌리 채 뽑아 미리 막지 않으면 안 된다.【노비가 일을 한 지 오랜 세월이 지나거나, 아니면 자손이 생겨 확인할 만한 문서가 없는 경우도 있다. 다만 확실한 증거가 있어야만 체포를 비준해야지, 무조건 체포라는 한 가지만 고집해서는 안 된다.】

「照提」者, 因擧照中另提而立名.[450] 除應奏請官員之外, 有逃亡不官者四項. 衆人共犯, 此

---

450 거조(擧照)는 여기서 들어서 언급한다는 뜻으로 쓰인 것 같다. 입명(立名)은 명명하다, 명칭을 세운다는 뜻이다.

獨逃亡, 情罪難定, 獲審另結者, 一也; 多人共犯, 此雖逃亡, 而所犯情節顯著. 律云: "衆證明白, 卽同獄成." 徑擬其罪, 獲日補決者, 一也; 事發在逃, 難以質審,[451] 雖未擧照, 應存其案, 以俟獲審者, 一也; 多人同案, 此獨不出, 卻係要證, 不能懸斷,[452] 亦雖未經擧照, 存案獲結者, 一也. 大約理直而公者, 不必遁逸, 犯人不出, 必爲情虛, 要證不出, 定有偏袒、受囑之故. 遁逸之人, 一經「照提」補決,[453] 則必堅匿不出. 且或衆口所惡, 致令終身無以自明, 故非眞得實情, 只用'案候,'[454] 不可輕用'補決'字樣, 擬罪在案. 「照提」補決者, 若律例更改, 獲著之日, 宜用新例, 但加逃罪二等. 家主呈告婢僕盜逃, 必拘中保,[455] 弔驗「身契」,[456] 並兩隣査訊盜逃情由, 方可立提緝之案,[457] 給廣捕之牌.[458] 若査訊未眞, 不可輕准, 恐有本非婢僕, 一經案緝,[459] 後日竟爲把柄.[460] 更有家人身死不明, 棄匿屍骸, 反告盜逃, 掩人耳目者, 自當根究, 不可不防. 【然僕婢服役多年, 或長子孫, 無身契可驗者. 但有確實證據, 亦准與提緝, 未可執一也】

12-19. 『사건문서철』(釋『卷案』)

무릇 사건의 심문과 판결 과정을 기록한 문서는 최초의 「고발장(原詞. original plea)」에서 시작하고, 그다음에는 「소환장(拘票案. warrants for arrest)」, 그다음에는 피고인의 「답변서(訴詞)」와 「소환답변서(訴詞票案)」, 그다음에는 고발인의 「(보충)사유서(投詞. the supplementary statement)」가 이어진다. 모두 먼저 순서에 맞추어 연달아 이어 붙여서 한 권의 문서철로 만들고, 문서철 표지에는 '심리 대기(待審. trial pending)'라고 쓴다. 심문 이후에는 「구두진

---

451 질심(質審)은 원고·피고 양쪽의 대질심문을 말한다.
452 현단(懸斷)은 멋대로 추측한다, 억측하여 단정한다는 뜻이다.
453 보결(補決)은 보완하여 판결·재판을 한다는 뜻이다.
454 안후(案候)는 사건의 처리를 유예한다는 뜻으로 보인다.
455 중보(中保)는 중간보증인을 말한다.
456 조험(弔驗)은 가져다가 조사·검사한다는 뜻이다. 「신계(身契)」는 「인신매매문서(賣身文契)」를 가리킨다.
457 제집(提緝)은 집포(緝捕), 즉 체포를 가리킨다.
458 광포(廣捕)는 통집령(通緝令), 즉 지명수배 지시를 가리킨다.
459 안집(案緝)은 입안(立案)하여 집포(緝捕)한다는 뜻, 즉 하나의 사건으로 간주하여 체포령을 내린다는 뜻이다.
460 파병(把柄)은 자루·손잡이 또는 교섭이나 협박의 증거를 가리킨다.

술」·「사건조서」에 「심리의견」과 「판결문초안」·「부속문서」를 추가한다. 응당 원래의 문서를 붙이거나, 아니면 깨끗이 정서해서 붙여야 하며, 이 점에 대해서는 모두 문서양식 속에 작은 글자로 기입해 둔다. 이 문서들을 모두 이어 붙여 문서철이 만들어지면 관인을 찍어 보관한다.

반약 상시의 지시를 받아 처리하는 경우라면, 단지 「소환장」만을 제거하고 문서철의 순서에 따라 「상문(詳文)」이라는 상행문 보고형식을 써서 낸다. 원래 받은 상사의 지시(原批. original instruction)를 첨부하고, 맨 앞에 '보고(呈)'라고 쓴 표지를 덧붙임으로써 이것이 지시를 받은 대로 처리한 경과를 보고하는 것이자, 아울러 상사의 지시 공문을 반납하는 것임을 밝힌다. 그리고 [이에 대해] 상사의 지시가 떨어지기를 기다린 다음 사안을 처리한다.

凡序問斷案卷, 始于「原詞」, 次行「拘票案」,[461] 次「訴詞」[462]、「訴詞票案」, 次「投詞」,[463] 俱先依次序, 粘連成卷,[464] 上用卷面'待審'. 審過取畢「口供」、「序招」, 加「看語」、「定議」、「擧照」. 或應原紙, 或應淸寫, 俱照式中細註, 粘接成卷, 用印存案. 若奉上行者, 止將「票案」刪去, 以卷序成「詳文」體式, 粘同原批詞, 面上加一面呈, 聲說奉批原由申繳, 候批發發落.

○ 『사건문서철』 양식(『卷案』 總式)

[겉표지]

모년 모월 모일 원고 모인

피고 모인

차역 모인

모 주현 [ ] 모사

모방의 모인이 맡아서 처리함

---

461 「구표(拘票)」는 아문에서 혐의자와 증인을 소환하는 문서(「소환장」)를 가리킨다.

462 「소사(訴詞)」는 일반적으로 소송문서나 그 내용을 가리키지만, 여기서는 피고가 자신을 변호하기 위해 제출하는 「답변서」로 보아야 할 것이다.

463 「투사(投詞)」는 원고가 소송문서에서 다 서술하지 못한 소송사유를 보다 상세하게 서술한 것을 가리킨다.

464 점련(粘連)은 함께 묶어 붙인다는 뜻이다.

「고발장」

「소환장」

「(보충)사유서(投詞)」

「출두자명부(到單)」

「구두진술서」【이상은 모두 원 문서를 붙여 넣는다.】

「진술조서」【이하는 맡아서 처리하는 차역이 써서 접는데, 지방관이 날짜를 기입한 다음 붙여 넣는다. 지방관이 내놓은 친필로 쓴「판결문」도 깨끗이 베껴 써서 접어서 추가하며, 따로 권말에 원건을 그대로 붙여 보존한다.】

「심리의견」

「판결문초안」

「판결부속문서」

년 월 일

모 주현 지현 모가 실행한 재판에 대해 친필로 판결문을 썼다.

[面式]

某年月日 原告 某

被告 某

差 某人

某州縣 一宗某事

某房某人 承行

「原詞」

「票案」

「投詞」

「到單」

「供狀」【以上俱用原紙粘入】

「招狀」【以下係承行書寫一摺, 問官判日粘入, 其官發親筆「審單」, 淸寫摺子之外, 仍粘卷末存照】

「審語」

「議得」

「照出」

年 月

州縣正堂 某　　行親筆審單

| 제13권 |

형명부 刑名部 3

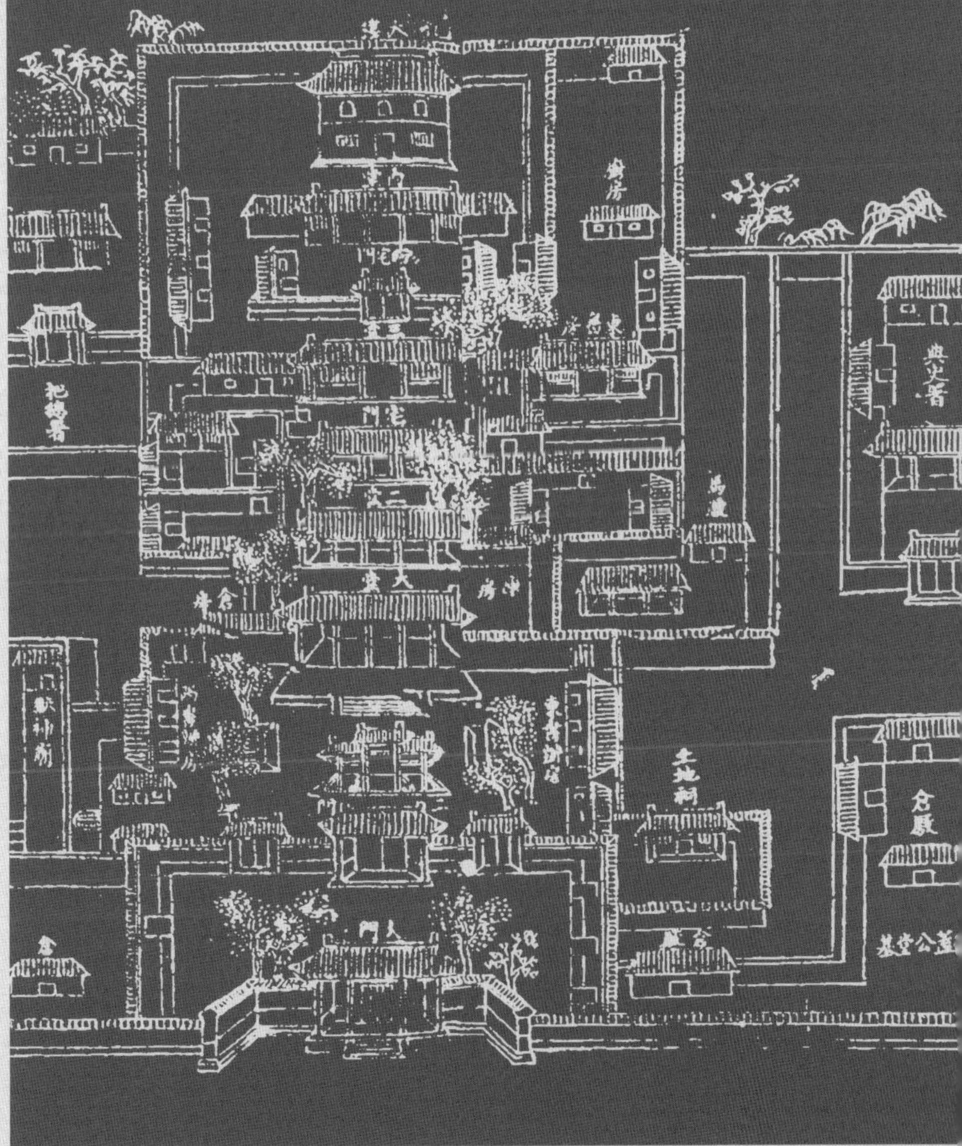

福惠全書

13-01. 감금(監禁)

감옥의 설치는 원래 중죄인을 가둬 두기 위한 것이므로, 이런 경우가 아니면 가벼이 감금해서는 안 된다. 즉 중범을 지은 죄수에는 강도범과 살인범, 그리고 이미 판결을 받은 옥수(獄囚)와 아직 판결을 받지 않은 죄수(罪囚)가 있다. 이미 사형 판결을 받았지만 여러 차례 추심을 거치면서 집행이 미루어진 강도의 경우라면, 이런 흉악범은 응당 중감(重監)에 가두어야 한다. 만약 아직 판결이 나지 않았다면 모름지기 쇠사슬과 족쇄를 단단히 채워야 하지만, 이감(裏監. 중감과 같다)에 가두어야지 모두 다 [가장 높은 등급인] 흑옥(黑獄)에 집어넣어서는 안 된다.[1] 살인범은 목숨 값을 치러야 하므로, 비록 사형수라 하더라도 강도와는 다르니 따로 중감에 수감시켜야 한다. 만약 노역형을 받은 죄수라면 그는 원래 [죽을죄가 아니라] 살아서 형벌을 받는 몸이므로 상부에 보고하여 비준이 떨어진 다음 출발시키는데, 외감(外監)에 수갑을 채워 감금해야지 중옥(重獄. 重監을 가리킨다)에 함께 가두어서는 안 된다. 전량 납부를 거부하는 납세자나 공무가 끝나지 않았지만 도망칠까 염려하여 부득이 구금하여 두는 경우는 반드시 [감옥이 아니라 임시 구치소 역할을 하는] 감창(監倉)에 가두어야 한다. 그 나머지 곧바로 풀어주기 곤란한 경우에는 보증인을 세우게 한 다음, 현성에서 일의 마무리를 기다리게 한다. 무릇 감옥이란 지옥과 같은 것이니, 아비지옥에 떨어져 응당 고통스러운 보응(報應)을 받아야 하는 경우가 아니라면 차마 마구잡이로 수감시켜서는 안 될 것이다.

부녀자가 죽을죄를 범한 경우는 지아비를 계획적으로 죽인 경우(謀殺)이거나, 아니면 시부모를 때려죽인 경우(毆殺)다. 감옥에 원래 여자 감옥이 있는데, 아침에 죄수들에게 바람을 쏘이게 하며 금졸(禁卒)은 출입을 감독하여 남자 죄수가 접근하는 것을 막고, 저녁에는 모름지기 감옥 문을 자물쇠로 잠가 남자 죄수들과 통간(通姦)하지 못하게 한다. 음욕을 쫓아 서로 싸우다 다른 변고를 일으킬까 염려해서이다. 발각이 되면 해당 금졸과 숙직 서역 및 남녀 통간범을 모두 함께 조사하여 처벌한다. 다른 죄를 범한 부녀자라면 결코 감옥에 보내서는 안 된다. 감옥의 여러 죄수는 모두 경박한데다가, 뇌두(牢頭. 감방의 죄수 관리를 책임지는 죄수 우두머리)나 옥졸이 희롱하게 되면 부녀자들이 이로부터 후안무치해질 뿐만

---

1 밑에 설명이 다시 나오지만 감옥도 범죄의 무게에 따라 연감(軟監)·외감(外監)·이감(裏監, 衆監)·흑옥(黑獄, 暗監) 등 네 등급으로 나눠진다.

아니라 스스로 정절을 지키는 경우에는 평생토록 자신의 품행에 대해서 깨끗함을 밝히기 어려워진다. 풀려나 돌아가면 동서들이 조롱하고 친척들이 비웃는 데다가 남편까지 싫어하고 의심하니, 하루아침에 한을 품고 스스로 목이라도 맨다면 아무런 허물도 없는 이 사람을 죽음에 빠트린 게 도대체 누구란 말인가? 어진 군자라면 불가불 이런 점까지 고려하지 않을 수 없다. 도적의 아내나 간음과 유괴의 문제로 수감된 경우는 노련한 뚜쟁이 할머니(媒婆)나 조산부(助産婦) 할머니가 보고 지키도록 맡기며, 친척이 있으면 보증을 받고 없으면 헐가(歇家)에서 바로 넘겨받아 관할하게 하되, 무뢰배가 구실을 대어 엿보아 살피지 못하도록 엄히 지시한다.

범인이 감옥에 들어오면 생명은 옥졸의 손에 달려 있다. 이른바 "생사가 경각에 달려 있어 하늘에 호소해도 응답이 없다."라는 것은 바로 이를 가리킨다. 죄수가 죽는 까닭으로는 옥졸이 돈을 갈취하다가 뜻을 이루지 못하거나 목숨을 사야 하나 돈이 없어 온갖 구실로 학대를 당하다가 죽은 경우, 공모한 뭇사람이 핵심죄수가 죽으면 쉽사리 문제가 해결될 것이라 생각하여 그를 죽인 경우, 원수가 매수하여 기회를 엿보아 모해하여 죽인 경우가 있다. 또한 부패한 지방관이 그 부정한 재물에 욕심을 두어 죽여서 입을 막는 경우도 있고, 또한 큰 세력을 지닌 간악한 무리가 요행히 법망을 벗어날까 두려워 [지방관이] 곧바로 [그를 죽여 버리고] 「질병보고서」로 병으로 죽었다고 꾸미는 경우도 있다.

무릇 옥졸이든 원수 집안이든 인명을 제멋대로 경시하는 것은 진실로 법전이 용납하지 않는 바이다. 부패한 지방관이 그 재산을 빼앗고 나아가 그 목숨까지 해치는 것은 어찌 재물을 약탈하고 사람을 죽이는 강도와 다르다고 하겠는가? 만약 큰 세력을 지닌 간악한 무리라면 부득이하게 죽이는 방법을 선택하는 것도 분명 지방을 위해서 해악을 제거하는 것이다. 하지만 감옥의 흉악한 무리에게 힘을 실어 주어 멋대로 대담하게 사람을 죽이게 하는 것보다는, 차라리 공개적인 법정에서 곤장으로 때려죽여 백성과 함께 그를 내버리는 것이 더 낫지 않겠는가? 혹시 이미 상부에 보고가 이루어졌기 때문에 내놓고 죽이기 힘든 경우에는 체포할 때 곧바로 무거운 상처를 입게 하고, 뒤이어 상부로 압송할 때에도 엄하게 채찍질을 가하며 가는 길에 호송인원도 많이 두면 [일당이 달려들어] 그를 탈취해 갈 방법도 없을 것이다. 그리고 이에 대해 상부에 보고서를 갖추어 그것이 궁여지책임을 상세하게 밝힌다면, 상사께서도 역시 양해를 해 주실 것이다. 호랑이와 표범이 사냥꾼의 손에 죽는다고 해서 그 누가 이를 불쌍하게 여기겠는가? 지방관이 이런 난처한 일을 만났을 때에는 의당 상세하게 안배하여 이런 죄수 무리가 살인집행자 역할을 하지 못하게 해야 한다. 만약 죄수 중에 사흘 전에 병이 있다고 보고하지 않았는데도 갑작스레 죽은 경우가 있다면, 옥졸이 모해한 것이 틀림없다. 반드시 동료 죄수들을 엄히 조사하고 아울러 시신의 상처를 점검하여 상부에 보고하고 조사·처벌함으로써 그 원통함을 풀어 주어 흉악한 풍조를 경계해야 한다.

뇌두와 옥졸이 여러 죄수를 참혹하게 해치는 일은 일일이 다 들어서 설명할 수 없을 정도이므로 다만 몇 가지 사례만 들어 그 추악함을 밝히고자 한다. 윗사람이 되고자 하는 이가 주의하여 이런 문제들을 살펴보고 깔끔하게 제거한다면, [죄수들에게] 무한한 복을 기져다주는 셈이다.

- 그 감방을 맡은 뇌두와 다른 뇌두들이 무리를 지어 몰려와 도와서 때리는 것을 이름하여 '몰매 치기(打攢盤)'라고 한다.

- 밤에 물을 흘려 땅을 축축하게 만든 다음 거기 누워 자게 만드는데, 이름하여 '젖은 옷 입히기(濕布衫)'라고 한다.

- 죄수의 발을 매달아 올리고 머리를 아래로 향해 눕게 만드는 것을 '높은 집 오르기(上高樓)'라고 한다.

- "어떤 죄수가 들고나는데 그를 통제하기 어렵다"고 거짓으로 칭하면서, 쇠고랑을 두르는데다가, 아울러 갑상(匣床)에 가두는 것을 '설상가상(雪上加霜)'이라고 한다.【지금 갑(柙=匣)은 이미 사용이 금지되었는데, 두 장의 판자 사이에 죄수의 몸을 끼우고, [판자를 고정시키는] 장방형 목재 바깥에 발을 고정시킨 다음 쇠사슬로 묶어 몸을 꼼짝하지 못하게 하는 것이다. 감옥에서 이것을 보면 신속히 없애도록 지시해야 한다.】

- 새로 감옥에 들어온 죄수가 돈이 있을 경우 같은 감방의 뇌두가 먼저 술과 음식을 주고 스스럼없이 대하면서 쇠사슬·쇠고랑을 풀어 주는 은혜를 베푼다. 이튿날 아침 뭇 감방의 뇌두들이 모두 찾아와서 인사하고 선물을 주는데, 사흘째 되는 날에는 감방의 뇌두가 돈을 내라고 요구하여 그 인사 비용을 계산하게 만든다. 이것을 '감방에 바닥 깔기(鋪監)'라고 한다.

- 뇌두가 짐짓 배부른 척하면서 또 여러 죄수를 부추겨 각자 5, 6문을 내어 닭고기 등을 사들여 새로 들어온 죄수에게 준다. 감방의 뇌두가 다시 그 돈을 새 죄수에게 내게 하는데, 만약 뜻을 이루지 못하면 죄수들을 선동하여 무리를 지어 짓밟는다. 이것을 '후려치기(打抽豐)'라고 한다.

- 쓸 돈이 없는 죄수에게 친척이 밥을 넣어 주거나 하면 일부러 배고픈 죄수에게 지시하여 빼앗아 버리거나, 심지어 아예 내놓고 밥을 못 먹게 한다. 이것을 '[황천]길 떠나

라고 독촉하기(請上路)'라고 한다.

- 또 물을 뿌려 축축한 돗자리 위에 눕게 만드는 악행도 있다.

- 밤새도록 서 있게 핍박하면서 누워 자지 못하게 하는 악행도 있다.

- 몰래 짧은 밧줄과 쇠사슬로 묶어 밤을 지새우게 하는 악행도 있다.

- 수갑으로 가슴을 치고, 형구의 널빤지로 발바닥을 호되게 후려치는 악행도 있다.

- 가난하여 돈이 없는 경우 의복 등을 빼앗는 악행이 있다.

- 방금 곤장을 맞은 죄수에게는 일부러 측백나무 향을 태워 연기를 내면서 냄새를 없앤다고 하는데, 사실 상처를 입은 곳에 연기를 쏘이면 흐르는 피가 멈추지 않아 새살이 돋아나지 못하게 하는 악행이다.

무릇 죄수에게 질병이 있을 경우 옥졸은 바로 「질병보고서」를 올려야 한다. 중범 죄수라면 의원을 보내 치료를 시키며, 의원에게 어떤 증상에 어떤 탕약을 썼는지를 알아내고 「확인서」를 받아 보관해야 한다. 병에 차도가 없을 경우 친척이 있는 사람은 친척을 들여보내되, 다른 것을 숨기지 않는지 몸수색을 확실히 하여 들어가 돌보는 것을 허락한다. 친척이 없으면 같은 감방에 있는 사람에게 대신 약을 달여 돌보도록 해야 한다. 만약 병사자가 있다면 옥졸은 죄수가 병을 앓다가 치료를 했으나 낫지 않아 모일에 죽었다는 것을 즉시 보고해야 한다. 또한 옥졸로부터 "병사한 모 죄수의 시신을 검사해 보니 얼굴색은 어떻고, 입과 눈은 어떻고, 복부는 어떤데, 진실로 병사한 것이 확실하며, 결코 다른 이유는 없습니다."라고 쓴 「확인서」를 받는다. 다시 같은 감방을 쓰는 각 죄수에게 「확인서」를 받고, 또 의원에게도 "모 죄수가 병증이 어떠했으며 치료했으나 낫지 않아 모일에 죽은 것은 실로 조금도 거짓이 없습니다."라고 쓴 「확인서」를 받아 두어야 한다. 그리고 또 지현은 스스로 감옥에 들어가서 친히 시신을 점검하고 여러 죄수에게 거짓이 아닌지 캐물은 다음, 공문서를 갖추어 관련 상사에게 보고를 하고 매장을 시키는데, 해당 지보에게서도 "매장을 끝냈습니다."라는 「확인서」를 받아 보존해야 한다. 친척이 있는 경우에는 상부의 비준을 받은 다음 친척이 직접 시신을 받아 가는 것을 허락하고 「확인서」를 받아 보존한다.

만약 노역형 이하의 죄수가 병에 걸리면 옥졸은 보고를 올려 의원을 보내 앞서와 같이 치료하게 한다. 만약 그래도 낫지 않으면 규정대로 친척에게 보증을 받은 다음 현성 안에서 치료를 받게 한다.【응당 신원이 확실한 사람의 보증을 받고 현장에서 인수인계를 하여 바깥에 나가 치료를 받게 하며, 병이 나으면 다시 감옥에 수감한다. 만약 상부의 지시에 의한 사안이라면 도망할지도 모르므로 이렇게 하기는 곤란하다.】감창에 가둔 범인에게 병이 있을 경우에도 역시 마찬가지다. 만약 석방해도 좋을 것 같으면 보증인을 세우고 풀어 주어 집에 돌아가 치료를 받게 한다. 만약 옥졸이 이유 없이 범인의 「질병보고서」를 올리면, 이것은 모름지기 간사한 음모로 해치고자 함이니 곧 의원을 불러 살펴보게 하여 함부로 동조하지 못하게 해야 한다. 제출한 「확인서」가 가짜라는 것이 밝혀지면 옥졸을 엄중히 조사하고, 의원은 엄히 처벌한다. 이렇게 해야만 못된 옥졸이 두려움을 알게 되어, 자연히 감히 엉터리로 질병을 보고하여 사람의 생명을 해치지 못할 것이다.【옥에 갇힌 범인이 병사하면 유가족이 있는 경우 아울러 「확인서」를 받아 보존한다.】

요충지에 위치하여 일이 번다한 큰 주현은 감옥에 죄수도 많아, 만약 뇌두(牢頭)가 통할하지 않는다면 저 성질 사나운 죄수들이 매번 다툼을 일으킬 것이다. 그러나 뇌두는 감옥에 오래 있는 죄수로, 뇌두가 되려면 대부분은 전례에 따라 우두머리가 되기 위한 돈(頂首錢)을 내야 한다. 옥졸들이 사이에 껴서 중개를 하므로 일단 뇌두가 되면 멋대로 횡포를 부리면서 못된 짓을 하고 돈을 갈취한다. 그러므로 감옥 내부는 응당 네 구역으로 나눠야 한다. 제1구역은 옥신(獄神)의 사당 가까이 있는 것으로 연감(軟監)이라고 한다. 모든 중대 사건에서 가벼운 판결을 받은 사람, 장물 추징이 아직 끝나지 않은 사람 및 노역형을 선고받아 출발을 대기하는 사람이 여기에 머문다. 제2구역은 조금 들어가는데 외감(外監)이라고 한다. 유배형을 선고받은 사람 및 살인범과 도주 범인을 숨겨 주거나 심판이 끝나지 않은 절도범이 머문다. 이 두 층은 오로지 옥졸들이 맡아 관리하게 한다.

제3구역은 더 들어가므로 이감(裏監)이라고 하는데, 이른바 중감(重監)이 바로 이것이다. 살인사건 주범으로 이미 사형 선고를 받은 사람 및 강도죄를 선고받았지만 정상참작이 가능하거나 의심스러운 상황이 있는 범인을 머무르게 한다. 제4구역은 가장 멀고 깊숙이 있어 암감(暗監)이라고 한다. 이른바 흑옥(黑獄)이 바로 이것이다. 지난 몇 년 동안 처형이 미루어진 강도범이나 새로 사형 선고를 받은 강도범이 머문다. 이 두 구역에서는 본 감옥의 죄수를 순서대로 오장(伍長)에 지명하여 관할하게 하며, 옥졸이 그들을 총괄한다. 뇌두라는 명칭은 모두 폐지한다.

무릇 오장을 순서대로 지명하는 방법은 양쪽 감옥에 각각 나무 팻말 하나씩을 두고, 그 위에 죄수의 성명을 쓰되 감옥에 들어온 순서대로 기입하며 다섯 명마다 하나의 글자로 된 번호로 편성하는 것이다. 흑옥의 경우는 "마음을 닦아 잘못을 뉘우치면, 죄악의 뿌리는 저절로 사라진다(修心悔過, 孽障自消)"는 여덟 글자를 각기 번호로 삼는다. 중옥의 경우는 "나쁜 짓을 저지르지 말고, 착한 일을 받들라(諸惡莫作, 衆善奉行)"는 여덟 자를 각기 번호로 삼아, 죄수들이 이 글자를 보고 깊이 반성하게 한다면 이 또한 훌륭한 방안이 될 것이다. 예를 들어 [팻말의] 맨 앞에 있는 다섯 명에서 첫 번째 사람은 '수(修)'자 1호, 두 번째는 '수'자 2호가 되는 식이다. 다섯 명을 모두 채우면, 그다음 다섯 명은 첫 번째는 '심(心)'자 1호, 두 번째는 '심'자 2호라고 하며, 나머지도 모두 이런 방식으로 번호를 붙인다. 다섯 명의 수를 채우지 못한 경우를 자투리라고 하는데, 가장 마지막에 채운 글자의 뒤에 넣어 '모(某)'자 6호라고 부른다. 다섯 명이 이루는 한 조마다 맨 첫 번째 죄수가 나머지 네 명을 관리하여, 그가 오장이 되면 처음 닷새 동안을 관리하다가 엿새째 되는 날 두 번째 죄수에게 자리를 넘겨 다시 닷새를 관리하게 한다. 순서대로 관리를 맡는 일이 모두 끝나면, 다시 두 번째 글자 조의 첫 번째 죄수에게 넘겨 다시 시작하는 식으로 차례대로 오장을 맡기는 것이다. 나무 팻말은 감옥 문의 위에 걸어 모든 죄수가 보고 기억하게 한다.

오장이 관할하는 네 사람 가운데 말썽을 피우거나 싸우거나 음주·도박·불법 행위를 하는 경우가 있으면 모두 오장이 금지시키도록 하며, 만약 이 지시를 어기면 옥졸에게 보고하여 뭇 죄수 앞에서 채찍질을 내린다. 또 양쪽 감옥 문 밖에 각각 괭가리를 하나씩 설치하여 만약 오장이 구실을 대어 재물을 빼앗고 학대하거나, 옥졸이 무고하게 죄수를 짓밟거나 뇌물을 받고 모해하는 경우가 있다면 괭가리를 울리고 고함을 치는 것을 허락하여, 밖에서 지키는 옥졸과 당직으로 감옥을 관리하는 형방 서역은 곧바로 보고를 [지현에게] 올림으로써 엄히 처벌할 수 있도록 해야 한다. 만약 오장이 여러 죄수를 학대하는데 옥졸이 알리지 않으면 옥졸도 아울러 그 처벌하며, 옥졸이 죄수를 짓밟고 모해하고자 하는데도 알리지 않으면 오장도 아울러 처벌한다. 지방관은 또한 모름지기 몸소 불시에 감옥에 가서 점검하고, 앞서 말한 참혹하고 못된 사정이나 학대가 있는지 여부를 심문해 보아야 한다. 이렇게 한다면 깊고 얕은 감옥에 범죄의 경중에 따른 구별이 가능하고, 신·구 죄수가 서로 관리하면서 누적된 뇌두의 폐단을 없앨 수 있으니 억울하게 죽는 사람의 원한 역시 점차 줄어들지 않겠는가? 【글자에 따라 편성하는 것은 원래 감옥의 죄수가 많아서이다. 만약 사람 수가 적으면 한 사람에게 하나의 글자를 주고, 번갈아 오장을 시켜 다른 죄수를 단속하게 하면 된다.】

부녀자는 죽을죄를 짓지 않았으면 감옥에 들이지 않는다. 하지만, 여자 감옥을 불가불 갖추어 놓지 않을 수는 없으니, 외감 옆에 따로 한 곳을 설치한다. 담벼락을 높이 쌓고 '여감'이라는 현판을 붙이는데, 남자 감옥과 서로 이웃되는 일이 없도록 한다. 문 안쪽으로는 빈터를 두어 소변을 배출할 수 있게 한다. 문은 초저녁에 잠근다. 오로지 노련한 옥졸만 이를 맡게 한다. 문의 옆벽에 작은 전달통(傳桶)을 만들어 옥졸이 음식을 전달하게 하는데, 내외가 각별하므로 방비 역시 엄격하게 하는 것이다.

감옥 안은 사람이 많고 공기가 탁하며, 자리가 좁아 더러운 기운이 퍼지면 쉽사리 질병을 일으킨다. 일단 누군가 전염이 되면 서로 뒤엉켜 치대며 지내는 처지라 몹시 가련한 상황이 된다. 화부(火夫)와 옥졸에게 지시하여 청소를 깨끗이 하고 옥중에 쓰레기를 쌓아 두지 않도록 해야 하며, 겨울에는 사흘에 한 번, 여름에는 매일 청소를 시킨다. 변기구멍은 반드시 때에 맞추어 뚫어 막히지 않게 한다. 수갑이나 쇠사슬 같은 형구는 부지런히 씻어 닦아야 하며, 각 감방의 앉고 눕는 자리도 역시 항상 깨끗하게 청소해야 한다. 응당 포관(捕官)에게도 통지하고, 형방 서역에게도 엄히 지시하여 몸소 불시에 감독하여 살펴보도록 해야 한다. 이를 어기면 금졸과 형방 서역을 함께 무겁게 처벌한다.

○ 감옥의 여러 죄수는 오로지 옷과 음식에만 의지하여 배고픔을 채우고 몸을 가린다. 본적지에 가족과 친척이 있다면 돌봐 줄 수도 있지만, 먼 곳이라 아는 사람도 없는 죄수는 어찌 이런 도움을 바랄 수 있겠는가? 주현에 운 좋게 죄수 식량이 있더라도, 죄수가 많아 어차피 충분하게 지급하기는 어려울 것이다. 죄수 식량이 아예 없는 경우라면 모름지기 다방면으로 조치하여 지방관이나 보좌관이 함께 돈을 내든지, 아니면 소송에서 거둔 벌금으로 충당하여 매일의 옷과 음식이 부족하지 않도록 해야만 할 것이다. 추운 겨울이라면 이들을 위하여 짚으로 만든 깔개와 솜옷을 준비하고, 눈 오는 날 추운 아침에는 이들을 위하여 생강탕과 뜨거운 죽을 준다.【남방에서는 생강탕이 적당하고 북방에서는 산초탕이 적당하다. 남방에서는 쌀, 북방에서는 좁쌀을 쓰되 모두 잡곡을 섞어도 좋다.】

만약 비용이 부족하여 널리 모금을 권하면, 신사와 부호들 역시 진실로 기꺼이 기부할 것이다. 요컨대, 사람을 구하자는 생각에서 하는 일이니 너무 지나치게 구애받아 삼갈 필요는 없다. 만약 혼자 힘으로 힘써 이룰 수 있다면 칠층탑을 쌓은 공덕이 쌓였으니, 어찌 기쁘지 않겠는가? 황상·황태후의 생신인 만수절, 설날 같은 명절에는 적당하게 술과 음식을 상으로 내려 주어 감옥에서 목숨을 부지하는 이들도 성주(聖主)께서 태어나신 기쁜 날의 은혜를 누리도록 해야 한다. 이것은 모두 백성을 기르는 관리가 해야 할 일이며, "이 나쁜 무리들은 죽어도 마땅하다. 그런데 어찌 이런 바보 같은 일을 해야 한다는 말인가!" 하는 식으로 보아서는 안 된다. 오호라! 하늘이 생명을 낳았으니, 호랑이·표범·승냥이·이리와 벌·뱀·살무사와 전갈 같은 동물도 일찍이 멸종시킨 적이 없다. 하물며 사람이랴? 옛날에 수후(隋侯)는 뱀을 구하다가 구슬을 얻었으며, 진(晋)의 곽문(郭文)이 호랑이 입 속의 뼈를 빼 주자 호랑이는 사슴을 물어다 보답하였다고 한다. 하지만 이것은 보응(報應) 따위를 이야기하는 것이니, 군자가 본받을 이야기는 되지 못한다.

○ 각 죄수의 식량은 형서가 마땅히 몸소 살펴야 한다. 사흘에 한 번씩, 매일 치 다섯 홉(合)을 지급한다. 각 죄수가 직접 수령하며, 옥졸에게 팔아 넘겨 그가 침탈하게 해서는 안 된

다. 짚으로 만든 거적과 솜옷 같은 것도 반드시 포관이 직접 고루 나눠 줌으로써 힘센 죄수가 강탈하여 한쪽으로 치우치게 해서는 안 된다. 죄수들의 의복과 식량이 제대로 마련되고 학대가 금지된다면, 이것은 진실로 어진 군자의 마음 씀씀이가 될 것이다. 하지만 방범 역시 엄하지 않을 수 없다. 무릇 이 무리가 모두 은혜를 느끼고 잘못을 뉘우친다고 해도, 모두 다 사라지는 것은 아니니, 이리와 같은 거친 마음이 없다고 어찌 보증할 수 있겠는가? 그러므로 사방의 담벼락은 모름지기 높고 튼튼해야 하며, 가시나무로 둘러싸야 한다. 비가 오래 내리면 포관은 곧바로 감옥에 가서 감방과 담을 상세히 살펴보아 조금이라도 무너진 곳이 있으면 즉시 보수해야 한다. 한밤중에 무너져서 도망가거나 압사하면 곤란하기 때문이다.

그리고 아침의 바람 쐬기, 겨울의 햇볕 쬐기를 제외하고는 오장과 옥졸은 잠깐 동안의 시간이 지나면 곧바로 감방으로 돌아가 죄수들을 감시해야 한다. 밖에서 어슬렁거리면서 서로 인사를 나누고 얘기하는 것을 허용하여 허술한 틈이 생기게 해서는 안 된다. 낮에는 죄의 경중을 막론하고 죄수에게 채운 쇠고랑을 풀어 줘서는 안 된다. 중범은 오로지 무더운 여름 한낮에만 잠시 왼손의 수갑을 풀어 주어 약간 움직임을 조금 편하게 해 주며, 발에 채운 쇠고랑은 낮에도 풀어 줘서는 안 된다. 밤이 되면 반드시 양쪽 족쇄를 채우고, 기둥이나 난간에 한 쪽을 묶어 두어야지, 인정을 베풀어 느슨하게 놔둬서는 안 된다.

각 감옥 문의 금졸은 모두 자물쇠를 채우고 감시하는데, 잠에 빠져서는 안 된다. 숙직 형방 서역과 포서(捕書)도 조를 나누어 숙직하면서 엄격히 순시해야지 몰래 숨어 쉬어서는 안 된다. 밤에 감옥에서 순찰을 도는 화부는 모름지기 금졸과 형방 서역이 잘 아는 장정이어야 하며, 매 경(更) 주변에 딱따기를 두드리면서 순찰하게 한다. 낯선 사람이 마구 끼어들어 이 일을 대신 맡게 하거나, [순찰을 돌지 않고] 몰래 도망가 편한 잠을 자게 해서는 안 된다. 지방관은 밤이 되면 불시에 『감옥장부』와 필기도구를 휴대하고 감옥에 가서 화부가 제대로 딱따기를 두드리며 순찰을 도는지 조용히 소리를 들어 본다.【일찍이 화부가 간사한 꾀를 부려 침낭 이불 속에서 딱따기를 두드린 경우도 있으니, 살펴보지 않을 수 없다.】 다음에는 조용히 감옥 문을 열고 들어간 다음 문을 닫아 다른 사람의 출입을 막고, 형방 서역이 제대로 숙직을 하는지, 옥졸이 잠들지 않았는지, 옥문마다 제대로 잠겼는지를 확인한다. 그다음 다시 [감방] 문을 열고 죄수마다 이름을 확인하여 없는 사람이 없는지 확인하고, 수갑과 쇠고랑을 차고 있는지, 자물쇠가 제대로 잠겨 있는지를 점검한다. 마땅히 채워져야 할 수갑과 쇠고랑이 채워져 있지 않거나, 돈대나 난간에 묶여 있어야 하는데 묶여 있지 않거나, 채워서는 안 되는데 채우거나, 자물쇠를 잠가야 하는데 잠그지 않은 경우가 있다면, 오장이 있는 경우는 오장과 옥졸의 죄이고, 오장이 없는 경우는 옥졸의 죄가 된다.

모두 『감옥장부』에 기입하여, 잠을 잔 옥졸이나 순찰을 돌지 않은 화부, 숙직하지 않은 형방 서역 등과 함께 다음날 아침 공당에 잡아들여 나누어 처벌한다.

건장한 중죄인의 경우 힘센 것을 믿고 말썽을 피울 수도 있다. 예전에는 이에 대해 구타로 다스렸다는 이야기가 있지만, 죄가 없는데도 형벌을 더하는 것은 차마 하지 못할 짓이다. 오로지 닭·고기·물고기·술 따위를 멋대로 사 먹는 것을 금지하는데, 죄수 부양에 너무 돈이 많이 들고 술에 취해 말썽을 피우는 일이 많을까 염려해서이다. 감옥 바깥을 지키는 금졸이 죄수가 준 돈을 받아 물품을 사들여 주는 것을 금지하고, 감옥 문을 지키는 금졸이 뇌물을 받고 물품을 사들여 주는 것도 금지하며, 어기는 사람은 조사하여 밝혀지면 처벌한다. 만약 중범의 친척이 음식을 보내면 독이 있을지 모르기 때문에 금졸은 반드시 검사해 보아야 한다. 의복이나 이불 따위를 보내면 무기를 끼워 넣을 수도 있으므로 반드시 포장을 풀어 보아야 한다. 하지만 이것을 핑계로 돈을 뜯어내는 것을 금지하며, 어기는 경우 사람을 보내 큰소리를 치면서 탄원을 하면 엄벌에 처한다. 땔나무를 사들이는 경우에도 모두 부드럽고 가는 나뭇가지여야 하는데, 몰래 방망이나 도끼 자루로 깎을지도 모르므로 길고 단단한 나뭇가지는 허용하지 않는다. 감옥 부근 담벼락 안팎의 수목은 모두 베어내야 하며, 감옥 안에 일없이 방치된 밧줄이나 판자도 모두 바깥으로 치워야 한다. 이것을 꺼내 써서 담벼락을 타고 오르거나 사다리를 만들 수 있기 때문이다. 변소에는 단지 작은 구멍만을 남겨 두어 변을 내보낼 수 있게 하는 데 그쳐야 한다. 변소 둘레는 쉽게 굴을 파헤칠 수도 있으므로 큰 벽돌을 사용하여 단단히 쌓아 큰 구멍을 뚫지 못하게 한다.

또한 술을 좋아하는 옥졸이 있으면 중죄인들은 그것을 알고 좋은 안주와 술을 사서 그의 마음을 움직이려고 한다. 그래서 수갑과 쇠고랑을 풀어 주어 마음을 열고 통쾌하게 마시다가, 옥졸이 취한 틈을 타서 그를 때려죽이고 서로 형구를 부순 다음 담을 넘어 도망가는 경우가 자주 있다. 응당 옥졸이 죄수와 함께 술을 마시지 못하게 엄금해야 한다. [이러한 경우에 대비해서] 같은 감옥의 옥졸끼리 서로 보증을 세우며, 죄를 범한 사람과 같은 죄로 처벌하고, 고발한 경우에는 상을 내린다. 밤늦게 숙직을 선 형방 서역이 이런 것을 찾아내 고발하지 않으면 아울러 비슷하게 처벌한다. 방법은 신중하고 꼼꼼해야만 실수가 없다. 이것이 또한 지방관이 마땅히 유념해야 할 바이다. 감창에 갇힌 범인은 비록 가벼운 죄를 지었다고는 하나, 드나드는데 모름지기 『창고[출입]장부』가 있어야 하며, 창고의 문은 낮에 반드시 잠가 두어야 한다. 창고지기는 때때로 안을 살펴보아야 하며, 창고에서 멀리 떨어져서는 안 된다. 혹시 무너질지도 모르므로 건물은 미리 보수해야 한다. 창고에 갇혀 꾸지람을 받는 사람들이 벽이 무너지고 지붕에 비가 샐까 걱정하지 않도록 할 정도면 될 것이다.

犴狴之設,[2] 原以禁重囚,[3] 非是不可輕監. 卽重囚之中, 有强盜, 有人命,[4] 有已審結、未審結.[5] 若强盜已經審結, 有歷秋停決者, 此輩兇徒應置重監. 若未經審結, 須牢加杻鎖,[6] 止繫裏監, 不得槪置黑獄.[7] 人命罪犯抵償,[8] 雖屬死囚, 與强盜不同, 宜另置一重監. 若流、徒等犯, 彼原係活罪,[9] 候詳允發遣,[10] 止宜鎖禁外監, 并不得置之重獄. 至于抗糧頑戶,[11] 及公事未完, 恐其逃逸, 不得已而拘繫者, 但須寄倉.[12] 其餘未便遽釋, 看取的保,[13] 在城候結.[14] 蓋獄同于地獄, 非墮阿鼻孽鬼,[15] 應受苦報, 未忍濫以處此也.

婦人犯死罪, 非謀殺親夫, 卽毆殺舅姑.[16] 禁中原有女監,[17] 早間放風,[18] 禁卒拘管出入,[19] 不許男犯近前. 晚須監門鎖閉, 不許與男犯通姦, 恐囚徒縱淫爭鬧,[20] 致生他變. 查出, 該管禁卒、守宿書役及男女本犯, 一併究懲. 至別犯婦人, 斷不可送監. 監中諸犯輕薄及牢頭、獄卒調

2　안폐(犴狴)는 감옥을 말한다.

3　중수(重囚)는 중죄를 저지른 죄수를 말한다.

4　인명(人命)은 살인·사망사건을 가리킨다.

5　심결(審結)은 이미 심리·재판을 통해 판결을 내렸다는 뜻이다.

6　유쇄(杻鎖)는 족쇄와 쇠사슬을 말한다. 유료(杻)는 족쇄, 쇄(鎖)는 쇠사슬을 말한다.

7　이감(裏監)은 중범(重犯)을 감금하는 뇌방(牢房)인데, 대부분 뇌옥 깊은 곳에 설치하기 때문에 이런 명칭이 생겼다. 흑옥(黑獄)은 보다 어둡고 깊은 곳에 중범을 감금하는 뇌옥을 가리킨다. 이에 대해서는 아래에 보다 상세한 설명이 있다. 반면 외감(外監)은 경범죄 죄수를 감금하는 곳이었다. 곤강(崑岡) 등, 『흠정대청(광서)회전(欽定大淸(光緖)會典)』 권56 「형부 4(刑部四) 상서시랑직장 4(尙書侍郎職掌四)」(『續修四庫全書』 794 史部 政書類. 上海古籍出版社, 2002)에 따르면 감옥은 강도 및 참(斬)·교(絞)중범이 머무는 내감(內監)과 군류(軍流) 이하 경죄가 거주하는 외감(外監) 및 여감(女監)으로 나누어지는 것이 정상이었다. 감옥에서는 그 죄에 따라 구분되어 감금하였다. 감옥 밖은 가시나무울타리를 세우며, 내감과 외감은 담장으로 구분되었다.

8　저상(抵償)은 가치가 동등한 사물로 배상하거나 보상한다는 뜻이니, 살인범의 경우 목숨 값을 치른다는 뜻이다.

9　활죄(活罪)는 죽음으로 처벌을 받는 사죄(死罪)와는 달리 살아서 형벌을 받는 죄라는 뜻으로 보인다.

10　발견(發遣)은 노역형의 일종으로 수인(囚人)의 얼굴에 입묵(入墨), 즉 글자를 문신한 다음 18성(省) 밖의 벽지로 추방하여 노역형에 봉사하게 하는 것이었다. 또한 곤장 100대를 아울러 부과하였다.

11　항량완호(抗糧頑戶)는 세량 납부를 완강하게 거부하는 농민을 가리킨다.

12　여기서 창(倉)은 아마 감창(監倉)을 가리키는 것 같다. 감창은 죄인을 수감하는 장소나 감옥을 통칭하는 것이기도 하다. 제3권 부임부 2 「3-03-03. 감방과 감창(監倉)」 부분을 참조.

13　적보(的保)는 확실한 보증·보증인이라는 뜻이다.

14　성(城)은 현성을 말하며, 후결(候結)은 판결을 기다린다는 뜻이다.

15　아비(阿鼻)는 산스크리트어 Avīci의 역음으로 무간(無間)이란 뜻이다. 즉 고통이 중단된 적이 없다는 뜻으로 불교의 팔대 지옥 가운데 가장 아래에 있고 가장 고통스러운 곳이다. 얼귀(孽鬼)는 흉악한 귀신이라는 뜻이다.

16　구고(舅姑)는 시부모를 말한다.

17　금중(禁中)은 금령이 미치는 범위 내, 또는 황제가 거주하는 궁내를 가리키는데, 여기서는 전자의 뜻인 것으로 보인다. 여감(女監)은 여성감옥(女牢)을 가리킨다.

18　조간(早間)은 아침을 말하며, 방풍(放風)은 뇌옥에 있는 죄수가 얼마 동안 바람을 쏘이도록 뇌옥 밖에서 활동하게 허용하는 것을 가리킨다.

19　구관(拘管)은 관리·감독한다, 구금하여 통제한다는 뜻이다.

20　종음(縱淫)은 방종하게 음란한 짓을 벌인다는 것이고, 쟁뇨(爭鬧)는 다투고 말싸움을 하느라 시끄럽다는 뜻이다.

戲, 不惟婦人從此臉厚無恥,[21] 卽貞端自守者, 終身行檢難以自明.[22] 歸而妯娌嘲談,[23] 親黨竊笑, 兼之夫主嫌疑, 一旦含恨自縊, 則無辜陷人于死者, 誰乎? 仁人、君子不可不慮及于此也. 縱盜賊之妻、姦拐之婦在官者, 著老成媒穩婆看守, 有親取保, 無親取店家現在收管,[24] 仍嚴諭不得無賴借端窺探.[25]

犯人入獄, 性命懸于獄卒之手, 所謂: "生死須臾, 呼天莫應"者也.[26] 其致死之由, 有獄卒索詐不遂, 買命無錢,[27] 而百般淩虐以死者[28]; 有共案諸人, 欲要犯身亡, 希圖易結, 因而致死者; 有仇家買囑, 隨機取便謀害以死者; 有婪官利其贓私, 致之死而滅口者; 有神姦、巨蠹, 恐其倖脫,[29] 而立取「病呈」者.[30] 夫獄卒、仇家諸人, 草菅人命,[31] 固憲典所不容矣. 至于婪官攫取家貲,[32] 而又戕其性命, 是何異于劫財殺人之盜哉! 若其神奸、巨蠹, 不得已而死之, 固爲地方除害, 但寄其權于兇惡之輩, 以恣其殺人之心膽,[33] 何若公庭杖斃,[34] 與百姓共棄之乎? 或事經報上, 未便顯誅,[35] 乃于捕獲之時, 立加重創, 繼于起解之際,[36] 更予嚴箠, 沿途多其護送, 則搶奪無所施. 具稟悉其窮奇, 則上臺亦相諒. 虎豹死于獵人之手, 誰復有見憐者哉? 官長遇此難處之事, 宜詳爲區畫,[37] 毋令此輩作儈子手,[38] 可也. 若獄犯三日前未聞報病, 而倉卒云亡者, 必

---

21 검후무치(臉厚無恥)는 후안무치(厚顔無恥)처럼 얼굴 가죽이 두꺼워 부끄러움을 모른다는 뜻으로, 검후(臉厚)에는 부끄럽고 창피하다는 뜻도 있다.

22 행검(行檢)은 몸가짐·품행을 말한다.

23 축리(妯娌)는 동서(형이나 동생의 아내)를 합칭하여 부르는 말이다.

24 점가(店家)는 헐가(歇家)를 가리킨다. 헐가(歇家)는 보통 여관이나 반헐(飯歇)을 가리킨다. 반헐은 관청에서 설립을 허용하거나 아니면 유력 신사 등이 설립하는데, 소송사건에서 대질 심문에 나가는 피고나 증인 등을 관의 위탁을 받아 수용하기 위한 영리적 목적에서 만들어졌다. 제8권 전곡부 3 및 잡과부 「8-01-03. 창고 접수의 폐해(倉收陋弊)」 및 제11권 형명부 1 「11-02-13. 편민방의 설치(設便民房)」 부분을 참조. 현재(現在)는 존재나 지금 살아 있는, 현세, 눈앞에서, 지금이라는 여러 가지 뜻이 있다.

25 규탐(窺探)은 암중으로 살펴본다, 관찰하면서 탐색한다는 뜻이다.

26 수유(須臾)는 아주 짧은 시각을 가리킨다.

27 매명(買命)은 돈으로 목숨과 바꾼다는 뜻이다. 대부분 뇌물로 죽을죄를 벗어나고자 하는 것을 가리킨다.

28 백반(百般)은 '각종각양, 모든 방법을 써서'라는 뜻이다.

29 신간거두(神姦巨蠹)는 신간거활(神姦巨滑)과 마찬가지로 세력을 갖춘 간교한 악당을 가리킨다. 행탈(倖脫)은 행면(倖免)처럼 요행히 벗어난다, 피한다는 뜻이다.

30 병정(病呈)은 질병보고서를 말한다.

31 초관(草菅)은 경시·천시한다는 뜻이다.

32 남관(婪官)은 탐관(貪官)과 같은 뜻이며, 확취(攫取)는 빼앗는다, 가로챈다는 뜻이다.

33 심담(心膽)은 심장과 담, 즉 담량이나 마음·심지를 가리킨다.

34 공정(公庭)은 공당(公堂)이나 법정(法庭)을 가리키며, 장폐(杖斃)는 곤장형을 받고 죽는 것을 말한다.

35 현주(顯誅)는 공개적으로 죽인다는 뜻이다.

36 기해(起解)는 여기서는 범인을 압송하는 것을 말한다.

37 구화(區畫)는 구획(區劃)과 같은 뜻으로 준비하다, 안배한다, 구획한다는 뜻이다.

係獄卒謀害, 務嚴究同牢衆犯, 幷驗屍傷, 申憲究擬, 以伸冥屈而儆兇風.[39]

牢頭、獄卒之所以慘毒諸犯者,[40] 難以枚擧, 畧述數端, 以明其惡. 願在上者留心體察, 而痛除之, 造福無量.

- 本管牢頭, 與衆牢頭, 羣來幫毆, 名曰: '打攢盤'.[41]
- 夜間傾水濕地, 逼令睡臥, 名曰: '濕布衫'.
- 將犯人足弔起,[42] 頭下向臥, 名曰: '上高樓'.
- 捏稱"某犯出入, 難以隄防,"[43] 旣上其杻, 又籠其匣,[44] 名曰: '雪上加霜'【今柙已禁用, 將兩板夾其身, 以足套于楞木之外,[45] 繯以鐵索, 使身不得動轉, 獄中見此, 亟命去之】
- 新犯入監有錢者, 本管牢頭先設酒款待私, 與開鎖鬆杻, 以示恩惠. 次早衆牢頭俱來, 拜望送禮, 三日本管牢頭開帳,[46] 派出使費, 名曰: '鋪監'.
- 牢頭詐飽, 又唆散犯,[47] 各出錢五六文, 買雞肉等, 送與新犯. 本管牢頭又派一帳, 如不遂意, 卽唆散犯, 成羣淩辱, 名曰: '打抽豐.'[48]
- 無錢使用者, 遇親屬送飯來, 故令餓犯搶去, 甚至明絶其食, 名曰: '請上路'.
- 又有潑濕草薦,[49] 令臥其上之惡.
- 有逼勒終夜站立, 不許睡到之惡.

---

38 회자수(劊子手)는 망나니, 즉 참수형의 집행자를 가리킨다.

39 명굴(冥屈)은 원굴(冤屈)처럼 억울함, 원통함이라는 뜻이다.

40 참독(慘毒)은 잔인하고 악독하다, 또는 분하고 원통하다는 뜻이다.

41 찬반(攢盤)은 포위하여 구타하는 것을 가리킨다. 즉 몰매를 말한다.

42 조(弔)는 매단다는 뜻이다.

43 제방(隄防)은 관리하거나 방비한다는 뜻이다.

44 갑(匣)은 갑상(匣床)이라고 하는데 정식 형구가 아니지만 불법적으로 사용되었다. 칼과 함께 써서 죄수의 발을 묶는 형구가 갑(匣)이었는데, 점차 침상 형식으로 바뀌어 그 위에 죄수를 눕히고 손발과 신체를 쇠사슬로 묶기 때문에 죄수 침상(囚床)이라고도 한다. 죄수가 옴짝달싹하지 못하게 하므로 옥졸이나 혹리가 죄수를 학대하는 중요한 공구가 되었고, 황제에 의해 누차 금지령이 내려졌으나 여전히 광범위하게 사용되었다. 조강신(曹强新), 『청대감옥연구(清代監獄硏究)』(湖北人民出版社, 2011), pp.64-66을 참조.

45 능목(楞木)은 장방형 목재를 말한다.

46 개장(開帳)은 장부에 적힌 돈을 지불한다는 뜻이다.

47 산범(散犯)은 혼자 또는 뿔뿔이 감금되어 있는 죄수들을 말한다.

48 추풍(抽豐. 抽風)은 각종 관계나 구실을 이용하여 재물을 빼앗는 것을 말한다.

49 초천(草薦)은 볏짚으로 만든 거적을 말한다.

– 有私加短索、扣鎖過夜之惡.

– 有以手杻撞犯人胸額, 柙板痛打脚底之惡.[50]

– 有窮犯無錢, 卽剝取衣服之惡.

– 有新經杖責之犯, 故將柏香熏焚, 託言觧臭, 刑處觸受, 流血不止, 不得生肌之惡.

凡監犯有病, 獄卒卽遞「病呈」. 如係重犯撥醫調治, 摘取醫生, 是何病症, 用何湯藥, 「結狀」存案.[51] 病尙未愈, 有親屬者, 准令親屬一人, 搜檢明白,[52] 並無夾帶, 放進照看. 無親屬者, 責令仝牢人, 代爲煎藥扶持. 如病故, 獄卒卽報, 某犯患病, 醫治不痊, 于某日身故. 仍取獄卒"病故某犯身死, 驗得面色如何, 口眼如何, 肚腹如何,[53] 委係病死, 並無別故"「甘結」. 再取同牢各犯「甘結」, 並醫生"某犯病症如何, 醫治不痊, 某日身故, 是實並無扶揑"「甘結」存案.[54] 本官仍宜入監, 親驗身屍, 查問衆犯無虛, 具文申報該管上司, 著令掩埋,[55] 取本地方"埋訖"「結狀」存案. 有親屬者, 候上文批准, 許親屬具領屍, 「結狀」存案. 如係徒罪以下犯人患病, 獄卒呈報, 撥醫調治如前. 若再不愈, 著令親屬的保, 在城調治. 【宜取有身家保人, 當堂遞領領出, 病愈仍送收監. 若係上件, 恐有逃亡未便】 倉犯有病, 亦然. 如係可釋放者, 卽取保釋放, 回家調治. 若獄卒無故報犯人「病呈」, 此必奸謀欲圖戕害,[56] 卽撥醫看驗, 不許扶同, 冐結査出,[57] 獄卒重究, 醫生重責. 如此, 則惡卒知儆, 自不敢妄報病, 傾人性命矣. 【獄犯病故, 有屍親者, 並取「結狀」存案】

衝繁大州縣,[58] 獄犯衆多, 若無牢頭統轄, 彼性皆兇悍, 每起爭競. 但牢頭係年久罪囚, 欲爲

---

50 합판(柙板)은 널빤지 · 판목으로 만든 형구의 일종이다.

51 「결장(結狀)」은 보증이나 담보, 또는 완료를 표시하기 위해 아문에 제출하는 문서를 가리키며, 존안(存案)은 정부나 관련 기구에 등록하고 보존함으로써 참고하거나 조사할 수 있게 한다는 뜻이다.

52 수검(搜檢)은 찾아서 검사한다, 몸수색을 한다는 뜻이다.

53 두복(肚腹)은 복부 · 배를 가리킨다.

54 부날(扶揑)은 날조를 뜻한다.

55 엄매(掩埋)는 묻다, 매장한다는 뜻이다.

56 장해(戕害)는 해친다, 다치게 한다는 뜻이다.

57 부동(扶同)은 거기에 동조한다, 부화(附和)한다는 뜻이다. 모결(冐結)은 가짜 「확인서」를 가리킨다.

58 충번(衝繁)은 요충지이자 사무가 번잡하다는 뜻이다. 청대에는 각 주현의 관결(官缺)에 대해 거기에서 근무하는 상황을 각기 충(沖) · 번(繁) · 피(疲) · 난(難)이라는 네 글자로 표현하는 관행이 있었다. 이 가운데 몇 글자로 그 주현을 다스리는 업무의 성격을 표현하는 것이다. 충(衝. 沖)은 요충지에 해당된다는 뜻이고, 번(繁)은 사무가 번다하고 무거움을 가리킨다.

牢頭, 例有頂首錢,[59] 獄卒居間交易, 故一爲牢頭, 便肆橫作惡,[60] 詐索銀物. 法宜于犴狴門內,[61] 分爲四層. 第一層近獄神祠者, 爲軟監.[62] 一切重案內, 從輕問擬者, 應追贓未完及擬徒候遣者, 居之. 第二層稍進者, 爲外監. 流罪及人命、窩逃正犯,[63] 偸竊未結者, 居之. 其兩層專令獄卒掌管. 第三層又進者, 爲裏監, 所謂: '重監', 是也. 人命正犯已結擬辟,[64] 及强盜審明情可矜疑者, 居之.[65] 第四層最深邃者, 爲暗監, 所謂: '黑獄', 是也. 强盜歷年緩決及新盜擬辟者,[66] 居之. 其兩層令本監獄罪囚, 輪流充伍長管轄,[67] 而獄卒爲之總理, 其牢頭名色,[68] 竟行革去.[69] 夫輪流之法, 兩監各置木牌一面, 上寫本監罪囚姓名, 以進監先後爲序, 挨次排寫,[70] 每五字編一字號. 其黑獄以"修心悔過, 孽障自消"[71] 八字爲號, 重監以"諸惡莫作,[72] 衆善奉行"八字爲號, 使諸囚見此字號, 略加猛省,[73] 亦是方便好事. 如頭五名, 第一名修字一號, 第二名修字二號. 五名排完, 次五名, 第一名心字一號, 第二名心字二號, 餘倣此. 不足五名之數, 名曰: '畸零',[74] 卽排于臨末字號, 作某字號六名. 每一名管四名, 自第一名充伍長爲始, 管轄五日, 至第六日交與第二名, 亦管轄五日. 挨次管完, 又交與第二字號, 第一名周而復始, 照此挨輪. 將木牌懸于本監門之首, 以便諸囚覽記. 凡所管四名之內, 有生事、爭鬪、飮酒、賭博, 不守法度, 俱令此一名禁飭. 如不遵禁飭, 卽說知獄卒, 對衆笞責. 又于兩監門外, 各置銅鑼一面,[75] 如伍長借端需

---

59 정수전(頂首錢. 혹은 頂頭錢)은 관리나 서역 등의 직위를 물려받을 때 일종의 권리금으로 전임자에게 내는 돈을 가리킨다. 정수는 따라서 돈을 내어 그런 지위를 산다는 뜻도 있다.

60 사횡(肆橫)은 무리하게 횡포를 부린다, 임의대로 못된 짓을 한다는 뜻이다.

61 법의(法宜)는 응당 무엇을 해야 한다는 뜻으로 쓰이는 것 같다.

62 신사(神祠)는 신에게 제사를 지내는 사당이다.

63 와도(窩逃)는 도범(逃犯)을 숨겨 준다는 뜻이다. 정범(正犯)은 공동범죄에서 직접적으로 범죄를 실행한 사람, 즉 주모자를 가리킨다.

64 의벽(擬辟)은 사형 판결을 내리는 것을 말한다. 벽(辟)은 법·죄·형벌(특히 사형)을 뜻한다.

65 긍의(矜疑)는 가긍(可矜)과 가의(可疑), 즉 죄수가 가련하다는 것과 범행정상에 의심스러운 점이 있다는 추심의 판결을 가리킨다.

66 완결(緩決)은 사형수에 대해 잠시 처결을 늦추는 것이다. 앞의 가긍, 가의와 더불어 추심 때 처해지는 판결의 일종이다.

67 윤류(輪流)는 '차례대로 번갈아'라는 뜻이다. 오장(伍長)은 다섯 사람(가구)을 오(伍)라 부르고 그 우두머리를 오장(伍長)이라 부르는 군대나 호적제도에서 나온 명칭이다.

68 명색(名色)은 명목·명칭·명의를 뜻한다.

69 혁거(革去)는 제거한다는 뜻이다.

70 애차(挨次)는 '순서대로'라는 뜻이다.

71 얼장(孽障)은 죄악, 죄악의 뿌리 등을 가리킨다.

72 제악(諸惡)은 각종 나쁜 짓을 가리킨다. 제악막작(諸惡莫作)은 나쁜 짓을 하지 말라고 권하는 불교 용어다.

73 맹성(猛省)은 깊이 반성한다는 뜻이다.

74 기령(畸零)은 자투리, 정수(整數) 이외의 남는 수를 가리킨다.

75 동라(銅鑼)는 구리로 만든 징·꽹가리를 가리킨다.

索凌虐及獄卒無故作踐罪囚,[76] 或受賄欲行謀害, 許本囚卽鳴鑼叫喊. 守外禁卒、値日提監刑書, 立刻禀報,[77] 以憑嚴究. 如伍長凌虐衆囚, 獄卒不擧, 獄卒並坐. 如獄卒作踐衆囚, 欲行謀害, 如伍長不擧, 伍長並坐. 本官仍須親身不時臨監査點, 訊問有無前項慘惡諸事、凌虐情形. 如此則深淺異監, 罪犯之輕重有別, 新舊互管, 牢頭之積弊可除, 庶靑燐怨氣,[78] 不亦漸少哉! 【挨編字號, 原爲獄囚衆多而設. 若人少, 只派一人一號, 輪流爲長, 管束餘犯可也】

婦人非犯死罪, 不入監. 然女監不可不備, 亦于外監之側, 另置一所. 高其墻垣, 榜曰: '女監', 毋與男監相比. 門內留一隙地, 以爲便溺之處.[79] 門早晩封鎖, 專令老成獄卒司之.[80] 于門傍壁上, 作一小轉桶, 飮食令獄卒傳遞, 庶內外各別, 防範亦嚴. 獄中人多氣雜, 且地方逼隘, 穢氣熏蒸,[81] 致生疾病. 若一經傳染, 枕藉接踵,[82] 甚爲可憐. 務令火夫[83]、獄卒掃除潔淨, 不許堆積獄中, 冬月三日一次, 夏月逐日一次. 其糞道須令時通, 不得壅塞. 杻鎖刑具勤加滌拭, 各監坐臥之處, 亦常爲掃除乾淨, 宜照會捕官, 嚴飭刑胥, 親身不時督責看視. 違者, 禁卒、刑書一併重責.

○ 在獄諸囚, 全憑衣食, 充饑蔽體. 本籍有家屬、親戚, 猶可照應,[84] 若遠處無人之犯, 何以仰資? 州縣遇有囚糧, 犯衆未必足給. 若囚糧全無, 須得多方措置, 或僚佐共捐, 或詞訟罰贖,[85] 務令每日衣食不缺, 方爲安妥.[86] 如値嚴冬, 則爲之備草薦、綿襖,[87] 雪天早凍, 則爲之煮薑湯、熱粥. 【南方宜薑湯, 北方宜椒湯; 南方大米, 北方小米、穈糧俱可】 如資用不敷,[88] 廣爲勸助, 紳衿、富庶諒亦樂輸. 總之, 念屬救人, 不必過爲拘謹.[89] 若能獨力勉行, 七級便成已造,[90] 不更

---

76 작천(作踐)은 짓밟다, 해친다는 뜻이다.
77 치일(値日)은 책임지는 그날에 임무를 집행한다는 뜻이고, 형서(刑書)는 문서를 관리하는 옥리를 말한다.
78 청린(靑磷. 靑燐)은 사람이나 동물의 시체가 썩을 때 분해되면서 나오는 인화수소(磷化氫)를 가리키는데, 밤중에 들판에서 스스로 불타거나 청록색의 빛을 발하기 때문에 이런 이름이 붙었고, 귀화(鬼火)·도깨비불이라고도 한다. 나아가 죽은 사람을 비유하기도 한다.
79 편익(便溺)은 소변을 배출하다, 또는 소변을 말한다.
80 노성(老成)은 노련하고 숙련되었다는 뜻이다.
81 훈증(熏烝. 熏蒸)은 맛이나 냄새가 올라오거나 퍼진다는 뜻이다.
82 침자(枕藉)는 베개와 깔개(멍석)를 뜻하는데, 물체가 종횡으로 서로 엉켜 누워 있는 모습을 가리킨다. 즉 많고 혼잡하다는 뜻이다. 접종(接踵)은 앞사람의 발꿈치를 밟는다는 뜻, 즉 끊이지 않고 계속 이어진다는 뜻이다.
83 화부(火夫. 火伕)는 화로를 담당하는 노동자를 가리킨다.
84 조응(照應)은 돌본다는 뜻이다.
85 벌속(罰贖)은 벌금으로 형벌을 대신하는 것인데, 여기서는 그렇게 해서 쌓인 벌금을 가리킨다.
86 안타(安妥)는 타당하다는 뜻이다.
87 초천(草薦)은 짚으로 만든 깔개·멍석·돗자리를 가리킨다. 면오(綿襖)는 면으로 만든 겹옷을 말한다.
88 자용(資用)은 자금이나 비용을 말한다. 불부(不敷)는 부족하다, 충분하지 못하다는 뜻이다.
89 구근(拘謹)은 구속을 받아 삼간다는 뜻이다.
90 칠급, 즉 칠급 부도(七級浮圖. 七級浮屠. 七級芙蓉)는 칠층 불탑을 말한다. "사람 목숨 하나를 구하는 것이 칠층 부도를 쌓는 것보다는 낫다."라는 속담처럼 칠층 부도를 쌓은 것은 큰 공덕을 쌓는 것으로 간주된다.

快乎? 恭遇萬壽、元旦令節,[91] 量賞酒食, 俾獄底餘生獲沾聖主良辰之恩育.[92] 皆係牧民長官, 所得應爲之事, 未可視爲"此輩惡人, 死固宜爾, 而又作此迂濶之事哉!" 嗚呼! 上天生物, 虎豹豺狼、蜂蛇蝮蠍, 未嘗絶之, 而况人乎! 昔隋侯救蛇而獲珠,[93] 晉郭文探虎骨而酬鹿,[94] 此又報應之說, 不足爲君子道矣.

○ 各犯口糧,[95] 宜刑書親看. 三日一散, 每日五合. 各犯親領, 不可躉給獄卒,[96] 以致侵蝕. 卽草薦、棉襖之類, 須捕官親散均勻, 不得强梁多奪,[97] 致有偏枯.[98] 獄囚衣食旣資, 凌虐有禁, 固仁人君子之用心. 然防範又不可不嚴.[99] 蓋此輩感恩悔過, 未必盡無, 而狼子野心, 能保不有?[100] 宜四週圍墻, 務須堅峻,[101] 壘以棘針.[102] 遇霪霖久雨,[103] 捕官卽宜到監, 房垣詳加看視, 少有毁裂, 卽時修補, 恐半夜坍塌,[104] 逃逸、壓死, 均屬未便. 早間除放風, 冬間除曝日, 伍長、獄卒看守, 片時便要進監,[105] 不許在外閒散此彼探望,[106] 致有疏虞.[107] 日間各犯項鎖, 無論輕重, 皆不宜去. 重犯惟盛夏日間, 當午暫卸左手之杻, 畧與鬆動.[108] 脚鐐雖日間不可去. 遇晩, 定上雙杻, 或墩, 或檻, 各鎖一處, 不可狥情寬縱. 各監門禁卒俱要上鎖看守, 不得貪睡. 直宿

---

91 만수(萬壽)는 황제나 황태후의 생일, 원단(元旦)은 새해 첫날, 영절(令節)은 명절이라는 뜻이다.

92 양진(良辰)은 좋은 시간 또는 길일을 가리킨다.

93 수후는 수국(隋國)의 제후다. 『회남자(淮南子)』「남명훈(覽冥訓)」에 대한 고유(高誘)의 주(注)에 "수후(隋侯)가 큰 뱀이 상처를 입고 몸통이 잘려 있는 것을 보고 치료를 해 주었더니, 나중에 강 속에서 명월처럼 밝은 큰 진주를 물고 와서 보답하였다(隋侯見大蛇傷斷, 以藥傅之, 后蛇于江中銜大珠, 以報之. 蓋明月珠也.)."라는 고사가 나온다. 이것이 '보주(報珠)'니 '함주(銜珠)'의 고사로, 은혜에 보답하는 것을 가리키게 되었다.

94 『진서(晉書)』 권94 「열전(列傳) 은일(隱逸) 곽문(郭文)」에 나오는 고사다. "일찍이 맹수가 곽문을 향해 입을 크게 벌린 적이 있는데, 입 속에 뼈가 하나 옆으로 꽂혀 있었다. 그래서 곽문은 맹수의 입 속에 손을 집어넣어 뼈를 빼주었다. 그 맹수는 다음날 아침 그의 집 앞에 사슴 한 마리를 물어다 놓았다(嘗有猛獸忽張口向文, 文視其口中有橫骨, 乃以手探去之. 猛獸明旦致一鹿於其室前.)."

95 구량(口糧)은 군대나 아문에서 사병이나 요역 인원에게 지급하는 식량을 말한다. 나아가 봉급이나 일상생활에 필요한 식량을 가리키기도 한다.

96 돈(躉)은 정수(整數)를 말하므로 돈급(躉給)은 모두 지급한다는 뜻이다.

97 강양(强梁. 强良. 彊良. 彊梁)은 힘세고 용맹하다는 뜻이다.

98 편고(偏枯)는 한쪽으로 치우친다, 편파적이라는 뜻이다.

99 방범(防範)은 방비한다, 경계한다는 뜻이다.

100 야심(野心)은 방종하여 통제되지 않는 마음, 야성·탐욕을 말한다. 불유(不有)는 있지 않다, 없다는 뜻이다.

101 견준(堅峻)은 튼튼하고 높다는 뜻이다.

102 극침(棘針)은 가시나무의 가시를 말한다.

103 음림(霪霖)은 긴 비를 가리킨다.

104 반야(半夜)는 밤의 절반, 또는 12시 무렵, 즉 심야를 가리킨다. 담탑(坍塌)은 무너지고 쓰러진다는 뜻이다.

105 편시(片時)는 아주 짧은 시간을 가리킨다.

106 탐망(探望)은 살펴본다는 뜻이다.

107 소우(疏虞)는 소홀하거나 그르친다는 뜻이다.

108 송(鬆)은 느슨하다는 뜻으로 긴(緊)과 정반대다. 송동(鬆動)은 느슨하게 풀어 준다는 뜻이다.

刑書與捕書,[109] 分班直宿, 嚴加巡視, 不得偸安. 在監夜巡火夫, 務要禁卒、刑書熟識精壯,[110] 按更週圍, 敲梆巡邏,[111] 不許面生混入小廝充數及躱懶安睡.[112]

印官于起更後,[113] 不時携帶監簿、筆硯,[114] 先至監外, 默聽火夫有無敲梆巡邏. 【火夫躱奸, 嘗有在被窩中敲梆者,[115] 不可不察】 然後密啓監門, 監門仍令掩閉把守, 不許餘人出入, 查看刑書有無直宿, 獄卒有無熟睡, 各監門有無上鎖. 然後開門, 逐犯點名有無遺漏,[116] 再驗逐犯有無手杻足鐐及項鎖. 若應杻靠鐐而不杻鐐, 應墩檻而不墩檻, 與不應杻鐐而杻鐐, 應鎖項而不鎖項, 有伍長者, 伍長·獄卒之罪, 無伍長者, 止獄卒之罪, 俱註明監簿. 與貪睡之獄卒、不巡邏之火夫、不直宿之刑書等, 並于次日早堂提拿, 分別懲處.

至于重囚健壯者, 恐其恃强恣釁, 舊有打肥之說,[117] 但無罪而加之刑, 似乎不忍. 惟不許買雞肉、魚酒之類, 恣意噉飮,[118] 一則過資養贍,[119] 一則酗酒多事.[120] 宜嚴諭守外禁卒, 不許傳錢出買, 看監門禁卒, 不許受錢買進, 違者查出究責. 如重犯親屬送飮食, 禁卒須驗試, 恐有鴆毒,[121] 送衣物、包裹, 須解看, 恐有夾帶兵器. 但不許借端侵掯,[122] 違者送人喊禀, 重責. 買進柴薪,[123] 俱要柔條嫩枝,[124] 不得長榦硬木, 恐暗削短棍斧柄. 獄近墻裏外樹木, 俱宜砍伐,[125] 監中閒放繩索板片, 俱宜取出, 恐便于攀登,[126] 幷作梯升. 緣糞道止留小穴, 可以出糞則止, 四

---

109 포서(捕書)는 집포(緝捕)를 관할하는 아문의 서리(書吏)다.

110 정장(精壯)은 날래고 튼튼한 사람을 가리킨다.

111 방(梆)은 딱따기다. 즉 순라를 돌거나 경보를 알릴 때, 또는 사람들을 모으거나 흩어지게 하는 데 쓰는 대나무나 속이 빈 나무 만드는 소리기구로 방자(梆子)라고도 한다.

112 면생(面生)은 얼굴이 낯선 사람을 가리킨다. 소사(小廝)는 젊은 남성 노복이나 남자아이를 가리킨다. 친하게 부르는 호칭이기도 하다.

113 인관(印官)은 정인관(正印官), 즉 정방형의 관인을 쓰는 사람으로 포정사, 지주·지현 등의 각급 지방관을 가리킨다. 임시직이나 비정규적인 경우 장방형의 도장인 관방(關防)을 사용한다.

114 필연(筆硯. 筆硏)은 붓과 벼루, 또는 문방구나 필기구를 가리킨다.

115 피와(被窩)는 잠을 자기 위해 몇 겹으로 두른 긴 통형 이불, 또는 이불과 요를 가리킨다.

116 점명(點名)은 이름을 부르면서 직접 점검하는 것, 또는 지명하는 것을 말한다.

117 타비(打肥)는 몸을 살찌게 한다는 뜻인데, 여기서는 아마 구타 등의 방법을 통해 죄수를 길들이는 행위를 가리키는 것으로 보인다.

118 담음(噉飮)은 먹고 마신다는 뜻이다.

119 양섬(養贍)은 부양하다, 먹인다는 뜻이다.

120 후주(酗酒)는 술을 좋아해서 한없이 마신다, 술 취해서 행패를 부린다는 뜻이다.

121 짐독(鴆毒)은 독이 든 술이나 독약을 가리킨다.

122 차단(借端)은 구실을 빌린다, 다른 일을 핑계로 삼는다는 뜻이다.

123 자신(柴薪)은 장작용 잡목을 가리킨다.

124 유조(柔條)는 어린 가지, 부드러운 가지, 버드나무 가지를 말한다.

125 감벌(砍伐)은 도끼 등으로 나무를 쪼개거나 베는 것을 말한다.

126 반등(攀登)은 타고 올라간다는 뜻이다.

圜用大磚石結砌, 不可寬開大洞, 恐易于掘撬.[127] 更有嗜酒獄卒, 重囚知其好飮, 故買佳肴美釀, 欣動其心,[128] 因而與卸杻銬, 開懷暢飮, 伺其沉醉,[129] 搥而斃之, 遂彼此互劈刑具, 越墻而逃者, 比比見告.[130] 宜嚴禁獄卒, 不可與犯人飮酒, 著同牢獄卒連名互結, 犯者同罪, 擧首者賞. 晩間直宿刑書, 不行察擧,[131] 並究似此. 防閑愼密,[132] 可無疏虞,[133] 是又司牧者所宜留意也.[134] 倉犯雖係輕羈,[135] 出入須有『倉簿』, 倉門日須鎖閉. 倉夫時加看守, 不許遠離倉屋. 恐有傾圮, 宜預爲修葺,[136] 免令坐『倉簿』讁者, 憂危于頹墻、漏壁之中, 可也.

13-02. 죄수를 불쌍히 여기라(卹囚餘論)

오호라! 위정자라면 어찌 그 근본을 생각하지 않을 수 있겠는가? 무릇 사람의 자제라면 어려서는 효제(孝悌)와 예절·겸양(揖讓)을 가르치고, 커서는 예악(禮樂)과 『시경』·『서경』 등의 경전을 흠모하게 하면, 가장 나은 경우는 어진 사대부의 대열에 들어설 수 있을 것이고, 그다음의 경우라도 훌륭한 백성이 되지 않을 수 없다. 그런데 만약 어려서는 거만하고 뻐기도록 풀어 주고 커서는 예의(禮義)에 어둡게 놔둔다면, 못된 무리로 방탕하게 살지 않으면 곧 법망에 걸려드는 신세가 될 터이다. 이것은 확실히 자제가 못난 것은 부모가 제대로 가르치지 못한 때문임을 알려 준다. 지금 우리가 주현의 관리로 임명되어 부임한 다음 행정을 도맡게 되었는데 스스로의 몸가짐을 깨끗이 하고 백성을 사랑하면서 우선 가르치고 먹이는 것을 앞세워 그들이 농사와 베 짜기에 힘쓰게 하면, 의식이 풍족해지고 공

---

127 굴효(掘撬)는 파거나 든다는 뜻이다.
128 흔동(欣動)은 기뻐서 마음이 움직인다는 뜻이다.
129 침취(沉醉)는 크게 취한다는 뜻이다.
130 비비(比比)는 '연이어, 누차, 빈번하게, 곳곳에'라는 뜻이고, 견고(見告)는 알린다는 뜻이다.
131 찰거(察擧)는 감찰을 통해 적발·검거한다는 뜻이다.
132 신밀(愼密)은 '자세하게, 주도면밀하게'라는 뜻이다.
133 소우(疏虞)는 소홀히 한다거나 실수한다는 뜻이다.
134 사목(司牧)은 관리·통치라는 뜻, 즉 지방관을 가리킨다.
135 경기(輕羈)는 죄가 가벼운 죄수를 말한다.
136 수집(修葺)은 건축물을 수리한다는 뜻이다.

경하고 사양하는 것을 알고 익히게 되어 풍속이 도타워질 것이다. 그런 다음에 소송을 없애 재물을 넉넉하게 만들고, 법을 지켜 몸을 보호하며, 세금을 내어 나라에 기여하게 하는 것이다. 간혹 완강히 버티면서 저항하여 백성을 어육으로 삼는 무리가 있는데, 이들을 채찍질하고 바로 이끌어 잘못을 고치게 하면, 백성은 편안함을 누리고 풍속은 다시 순박함으로 돌아갈 것이니, 어찌 현명한 관리라 하지 않겠는가?

그런데 지현이 평소 품행을 단정히 하지 않고 백성을 불쌍히 여기지 않으며, 단지 상부에 지시한 사무를 기한 내에 처리하는 데에만 급급하고 형벌을 오로지 엄한 쪽만 추구한다면, 간사하고 완고한 무리가 교활한 방법으로 법망을 피하고 어질고 선량한 사람들은 포악한 무리들에게 해침을 당하게 된다. 서로 남을 고발하는 기풍은 날로 심해지고 도적의 무리는 점점 늘어날 것이니, 결국 어리석은 백성이 모조리 죄악의 구렁텅이에 빠지게 된다. 윗사람은 물론 이렇게 나쁜 무리가 된 것에 분노하여 그들을 채찍질하고 곤장을 친 다음 수갑과 족쇄를 채워 감금하고, 죽음에 이르게 하면서도 안타까워하지 않는다.

오호라! 이 역시 그 근본을 생각하지 않은 탓이다. 옛날에 우(大禹)임금께서는 죄인을 보고 마차에서 내려 우셨다. 죄인을 슬퍼한 것이 아니라, "실로 윗사람이 부덕하여 교화가 제대로 갖추어지지 않아 여기에 이르게 하였다. 그래서 우는 것이다."라고 하셨다. 양부(陽膚)가 옥관(獄官)이 되자 증자(曾子)께서는 "죄인의 죄상을 밝혀냈더라도 슬퍼하고 안타깝게 여겨야지 기뻐해서는 안 된다."라고 충고하셨다. 이른바 "슬퍼하고 안타깝게 여기는 것은 또한 그 윗사람이 도(道)를 잃어 제대로 가르치지 못해 여기에 이르게 한 것을 안타까워하는 것이다." 우임금께서 죄인을 보고 운 것과 같은 마음인 것이다. 바야흐로 지금 감옥에 갇혀 있고 스스로 법을 어긴 바이지만, 이렇게 법을 어기게 된 까닭을 미루어 보면 윗사람이 제대로 가르치지 못한 탓이 아닌가?

여기까지 말을 하다 보니 나는 그 윗사람으로서 맛있는 음식이 앞에 있고 비단옷을 걸치고 있어도 먹어도 그 맛을 느끼지 못하고 입어도 그 따뜻함을 느끼지 못할까 두렵다. 맹자께서 이르기를 "다른 사람에게 차마 하지 못하는 마음으로 다른 사람에게 차마 하지 못하는 정치를 행하여, 어린아이가 우물에 빠지면 온 힘으로 구하니 이것이 차마 하지 못하는 마음이 낳은 바이다."라고 하셨다. 그런데 저 죄수들은 고삐에 매인 채 비쩍 마르고 피곤한 모습이고 살갗이 썩어 문드러지고 추위와 배고픔에 시달리고 있으니, 우물에 빠진 아이와 비교하면 얼마나 더 참혹한가? 따라서 차마 하지 못하는 마음으로 미루어 차마 하지 못하는 정치를 미루어 행한다면, 그 참혹함을 없애 주고, 해치는 것을 막아 주고, 거처를 깨끗이 해 주고, 먹고 입는 것을 제대로 대주는 일은 더 이상 말이 끝나기를 기다릴 필요도 없을 것이다.

그렇지만 이것으로 모든 것이 끝나지는 않는다. 공자께서 이르신 말씀을 보지 못하였는가? "소송사건을 처리하는 것은 나도 남과 같다. 반드시 소송을 없애야 한다." 무릇 소송을 없애는 근본은 커다란 두려움으로 백성의 뜻을 복종시켜, 못된 무리가 제대로 그 말재주를 부리지 못하게 하는 데 있다. 따라서 소송을 없애는 이러한 근본은 윗사람에게 달려 있지 아랫사람들에게 달려 있는 것이 아니다. 어찌 공자께서 빈말을 하였겠는가! 공자께서 노의 수도에서 관리가 되자 심유씨(沈猶氏)는 감히 아침에 그 양에게 물을 먹이지 못했으며, 공신씨(公愼氏)는 그 처를 내보냈고, 신궤씨(愼潰氏)는 국경을 넘어 이사를 하였다. 남녀는 길을 달리하여 걸었고, 길에 물건이 떨어져도 줍는 사람이 없을 정도로 세 달 만에 크게 다스려졌다. 이것이 바로 덕에 의한 가르침이 크게 이루어져서 풍속이 순박하고 아름다워진 명백한 증거이니, 어찌 단지 소송만 없어질 뿐이겠는가! 만약 노가 그때 모든 읍에 공자·주공(周公)·백금(伯禽)과 같은 사람을 임명하였다면, 요·순임금의 당·우 시대라는 태평성대와도 융성함을 비교할 수 있었을 터이다. 주 성왕(成王)·강왕(康王)의 시대나 한 문제(文帝)·경제(景帝) 시대에 형벌이 있어도 사용되지 않았다고 하지만 어찌 쳐 줄 만한 것이 되겠는가? 오호라! 우리 선성(先聖)의 덕에 의한 교화와 아름다운 정치의 행적이 찬란하게 갖추어져 있으니, 능히 이를 받들어 행할 수 있다면 노의 수도와 같은 다스려짐이 오늘날에도 재현될 것이다. 이것이 바로 공자께서 뜻하신 근본을 알고 다스린다는 것이다. 우임금께서 죄인을 보고 운 것이나, 증자께서 슬퍼하고 안타깝게 여긴 것 또한 모두 여기에 나타나 있다! 무릇 위정자는 역시 그 근본을 생각해야 할 따름이다.

於戱! 爲政者, 可不思其本哉? 夫人之子弟, 幼而訓之孝悌、揖讓,[137] 長而淑之禮樂、『詩』·『書』. 上者厠身于賢士大夫,[138] 次亦不失爲良百姓. 若幼而縱其驕矜,[139] 長而昧其禮義, 非流蕩于匪類,[140] 則身罹于憲網.[141] 此固子弟之不肖, 亦父母之失敎也. 今吾人剖符州邑,[142] 莅官行政,[143] 潔已愛民,[144] 必先之以敎養,[145] 使民知務農桑, 而足于衣食, 知嫺敬讓,[146] 而敦于風俗. 然後勸之息訟以裕財, 守法以保身, 輸賦以急公.[147] 間有梗化不逞,[148] 以肉吾民者, 撻而誡之,

137 읍양(揖讓)은 손님과 주인의 상견례를 가리키며, 나아가 예악문덕(禮樂文德)을 가리키기도 한다.
138 측신(厠身)은 몸을 둔다, 처신한다는 뜻이다.
139 교긍(驕矜)은 거만하다, 교만하다, 뻐긴다는 뜻이다.
140 유탕(流蕩)은 방탕하다, 구속받지 않는다는 뜻이고, 비류(匪類)는 강도나 행위가 단정하지 못한 사람을 가리킨다.

俾其悔過而遷善. 于是百姓享其康阜,[149] 習俗返于淳龐,[150] 豈不稱爲賢有司哉?

若其操守不端,[151] 閭閻罔卹, 秖知期會之爲急,[152] 日惟刑罰之獨嚴, 于是奸頑以刁詐而逃法,[153] 良善爲豪橫而相欺,[154] 告訐之風日甚,[155] 盜賊之衆愈滋, 蚩蚩之氓羣,[156] 胥入而陷于罪辟. 爲之上者, 猶復怒其爲敗類,[157] 鞭笞而桎梏之,[158] 以至于死而不恤. 嗚呼! 此亦未思其本矣. 昔者大禹見罪人, 則下車而泣, 非哀罪人也. 謂: "實上之不德, 敎化未備, 而使之至此也. 是以泣也."[159] 陽膚爲士師, 曾子勗之[160]: "如得其情, 則哀矜而勿喜."[161] 所謂: "哀矜者, 亦矜其上之失道, 無以敎之, 而使之至此"也. 與禹之泣罪, 其心一也. 方今囹圄逮繫,[162] 雖三尺固

---

141 헌강(憲綱)은 법기(法紀)·법도(法度)라는 뜻이다.

142 부부(剖符)는 부죽(剖竹)과 같다. 제왕이 제후나 공신을 분봉할 때 죽부(竹符)를 증거로 삼고 둘로 쪼개서 각기 하나씩 지녔다는 데서 비롯되었다. 부부·부죽은 그래서 분봉(分封)이나 관직 수여의 뜻을 지닌다.

143 위관(蒞官)은 부임하다, 관직에 오른다는 뜻이다.

144 결기(潔己)는 스스로의 행위를 깨끗이 한다, 법규를 따른다는 뜻이다.

145 교양(敎養)은 가르치고 먹인다, 즉 교육과 배양을 가리키기도 하며, 문화적 품덕을 가리키는 경우도 있다.

146 한(嫺, 嫻)은 문아(文雅)하다, 아름답다거나 능숙하게 익힌다는 뜻이다.

147 급공(急公)은 공익에 열심이다, 공익에 앞장선다는 뜻이다.

148 경화(梗化)는 완고하여 가르침에 따르지 않는다는 뜻이고 불령(不逞)은 불만이나 원한을 품다, 반란을 일으키다, 법을 어기는 못된 행동을 한다는 뜻이다.

149 강부(康阜)는 안락하고 부유하다, 또는 그렇게 만든다는 뜻이다.

150 순후(淳厚)는 두텁고 순박하다는 뜻이다.

151 조수(操守)는 평소의 몸가짐·행동거지를 말한다.

152 지(秖)는 '오로지, 단지'라는 뜻이다. 기회(期會)는 규정된 기한 내에 정령을 실시한다는 뜻으로 대부분 조정이나 아문의 재물 출입을 가리킨다. 기회부서(期會簿書)나 부서기회(簿書期會)는 지현의 업무평가에 직결되는 세금징수나 행정처리만 급하게 여긴다는 뜻이다.

153 간완(奸頑)은 간사하고 완고하다, 교활하다는 뜻이다.

154 호횡(豪橫)은 포악하게 만행을 부린다는 뜻이다.

155 고알(告訐)은 남의 잘못이나 비밀을 들추어내어 고발한다는 뜻이다.

156 치치맹(蚩蚩氓)은 순후하고도 어리석은 듯한 사람을 가리킨다. 『시경』「위풍(衛風) 맹(氓)」에 나온다.

157 패류(敗類)는 무리를 해친다는 뜻, 또는 집단 속의 부패하고 타락한 분자를 가리킨다.

158 질곡(桎梏)은 곡질(梏桎)과 같은 뜻으로 나무로 만든 형구(刑具)다. 손에 차는 것을 쇠고랑 곡(梏), 발에 차는 것을 차꼬 질(桎)이라고 한다. 진한시대 이후에는 이를 계뉴(械杻)라고 부른다.

159 한(漢) 유향(劉向)의 『설원(說苑)』「군도(君道)」 등에 나오는 고사다("禹出見罪人, 下車問而泣之. 左右曰: '夫罪人不順道, 故使然焉, 君王何爲痛之至於此也?' 禹曰: '堯舜之人, 皆以堯舜之心爲心, 今寡人爲君也, 百姓各自以其心爲心, 是以痛之也.'").

160 역(勗)은 욱(勖)과 같은 뜻으로 권한다, 권장한다는 뜻이다.

161 『논어』「자장(子張)」에 나온다. "맹손씨가 양부를 사사에 임명하니, 양부가 이에 대해 증자에게 물었다. 증자는 답하였다. '높은 자리에 있는 사람들이 정도를 잃어 백성이 흩어진 지 오래되었다. 만약 네가 백성의 죄상을 밝혀내었다고 할지라도 불쌍하게 여길 것이지 기뻐하지는 말아라.'(孟氏使陽膚爲士師, 問於曾子. 曾子曰: '上失其道, 民散久矣. 如得其情, 則哀矜而勿喜.')" 맹손씨는 당시 노의 실력자이고, 양부(陽膚)는 증자의 학생이다. 사사(士師)는 사사(士史)라고도 하는데 금령과 형옥을 관장하는 관직이다.

162 영어(囹圄)는 감옥을 가리키며, 체계(逮繫)는 체포·구금을 뜻한다.

所自干, 而推其所以干之之故, 非上之失敎有以致之乎? 追言及此, 吾恐爲其上者, 雖美饌在前, 錦衣在襲, 有不能食之而甘, 服之而暖者矣. 孟子曰: "以不忍人之心, 行不忍人之政, 孺子入井, 匍匐救之, 是不忍之所生也."[163] 若彼之縲絏纍纍,[164] 腐肉殘膚, 凍餓且死, 較之孺子, 不更慘耶! 由是不忍之心, 而推之不忍之政, 則除其慘毒, 禁其謀害, 潔其居處, 賑其衣食, 有不待辭之畢矣. 雖然此猶其末也, 不觀諸孔子之言乎? 曰: "聽訟, 吾猶人也. 必也, 使無訟乎!"[165] 夫無訟之本, 在乎有以大畏服斯民之志, 使無情者不得盡其辭. 是無訟之本, 操之在上, 而不係乎下也. 然則是豈孔子之空言乎? 孔子爲中都宰, 沈猶氏不敢朝飮其羊, 公愼氏出其妻, 愼潰氏越境而徙,[166] 男女異路, 道不拾遺, 三月而大治. 此德敎大行、化淳俗美之明驗矣. 寧獨無訟而已哉! 使魯當日盡諸邑, 皆孔子、周公、伯禽之封,[167] 雖與唐、虞之代比隆可也. 成·康、

---

163 『맹자』「공손추(公孫丑) 상(上)」에 다음과 같은 구절이 있다. "맹자께서 말씀하셨다. '사람은 모두 남에게 차마 하지 못하는 마음이 있다. 선왕은 이런 차마 하지 못하는 마음을 가지고 있었고, 이래서 차마 하지 못하는 정치가 있었다. 차마 하지 못하는 마음으로 차마 하지 못하는 정치를 행한다면, 천하를 다스리는 일을 마치 손바닥 위에서 굴리는 것처럼 쉽게 처리할 수 있다. 이른바 사람이 모두 차마 하지 못하는 마음을 가지고 있다는 것은 예를 들어 지금 갑자기 어린아이가 우물에 떨어지려 하는 것을 볼 경우 모두 놀라고 측은하게 여기는 마음을 갖는다는 것을 보면 알 수 있다. 이것은 이를 통해 어린아이의 부모와 교제하기 위해서도 아니고, 마을 사람이나 친구들로부터 칭찬받기 위해서도 아니며, 어린아이의 비명소리가 싫어서 그런 것도 아니기 때문이다(孟子曰: '人皆有不忍人之心. 先王有不忍人之心, 斯有不忍人之政矣. 以不忍人之心, 行不忍人之政, 治天下, 可運於掌上. 所以謂: 人皆有不忍人之心者, 今人乍見孺子將入於井, 皆有怵惕惻隱之心, 非所以內交於孺子之父母也, 非所以要譽於鄕黨朋友也, 非惡其聲而然也.')." 유자(孺子)는 어린아이를 말하며, 포복(匍匐)은 기어가다, 또는 힘을 다한다는 뜻이다.

164 설설(縲絏)은 고삐나 죄수를 묶는 새끼줄, 또는 묶는다는 뜻이다. 유류(纍纍)는 비쩍 마르고 피곤한 모습, 뜻을 얻지 못하고 상심한 모습을 가리킨다.

165 『논어』「안연(顔淵)」편에 "공자께서 말씀하셨다. '소송사건을 처리하는 것은 나도 남과 같다. 반드시 소송을 없애야 한다'(子曰: '聽訟, 吾猶人也. 必也, 使無訟乎.')"라는 구절이 나온다.

166 이 구절은 『순자(荀子)』「유효(儒效)」에 나오는 내용이다. "공자가 노의 사법을 책임지는 관리가 되자 (물을 먹여 무게를 늘림으로써 비싼 값에 팔던) 심유씨는 감히 아침에 양에게 물을 먹이지 못하였으며, (아내가 방종하던) 공신씨는 감히 아내를 밖에 내놓지 못하였고, (황음무도하였던) 신궤씨는 국경을 넘어 딴 나라로 옮겨 갈 정도였고, 소나 말을 파는 사람들은 더 이상 감히 터무니없는 가격을 부르지 못하였으니, 이것은 공자께서 일찍부터 정도로 대하였기 때문이었다(仲尼將爲司寇, 沈猶氏不敢朝飮其羊, 公愼氏出其妻, 愼潰氏踰境而徙, 魯之粥牛馬者不預賈, 必蚤正以待之也)." 중도(中都)는 아마 수도를 가리키는 것 같다.

167 주공(周公, ?-?)은 이름이 단(旦)으로 주 문왕(文王)의 아들이자 무왕(武王)의 동생으로, 무왕과 그 아들인 성왕(成王)을 도와 주의 기초를 확립하였다. 무왕이 죽은 뒤 나이 어린 성왕이 제위에 오르자 섭정(攝政)이 된 주공은 주의 예악(禮樂)과 법도(法度)를 제정해 특유의 제도·문물을 창시하였다고 일컬어진다. 이 때문에 고대의 정치·사상·문화 등 다방면에 공헌을 하였다고 하여 공자를 비롯한 유학자에 의해 성인으로 존중되고 있다. 백금(伯禽)은 주공의 아들로 노에 보내졌는데, 나중에 주공이 죽은 다음 노공(魯公)이 되었다. 처음 노에 봉해졌을 때 백금은 3년 만에 돌아가 주공에게 정사를 보고하였다고 한다. 주공이 왜 이리 늦었느냐고 묻자, 그는 예속(禮俗)을 바꾸는 데 그만한 시간을 걸렸다고 대답하였다. 이후 이 사례는 지방관의 업적이 탁월하다는 것을 비유할 때 사용된다. 주공과 백금에 대해서는 『사기(史記)』 권33의 「노주공세가(魯周公世家)」에 나와 있다.

文·景之刑措,[168] 又安足數乎? 嗚呼! 吾先聖之德化美績, 彰彰具在,[169] 誠能奉而行之, 中都之治, 可復見于今日, 此卽孔子知本之治也. 而大禹之泣罪, 曾子之哀矜, 是皆有見于此乎! 夫爲政者, 亦思其本而已矣.

168 성강(成康)은 주의 성왕(成王)과 강왕(康王)을 아울러 부르는 것으로 천하가 안정되고 형법이 사용되지 않았기에 지극한 치세(至治之世)였다고 일컬어진다. 문경(文景)은 서한(西漢)의 문제(文帝)와 경제(景帝)를 아울러 부르는 것이다. 역시 사회가 비교적 안정되고 부유하였기에 '문경의 치세(文景之治)'라고도 일컬어진다. 형조(刑措. 刑錯. 刑厝)는 형법을 제쳐두고 사용하지 않는다는 뜻이다.

169 창창(彰彰)은 아주 밝게 빛난다는 뜻이다.

| 제14권 |

형명부 刑名部 4

인명人命 상

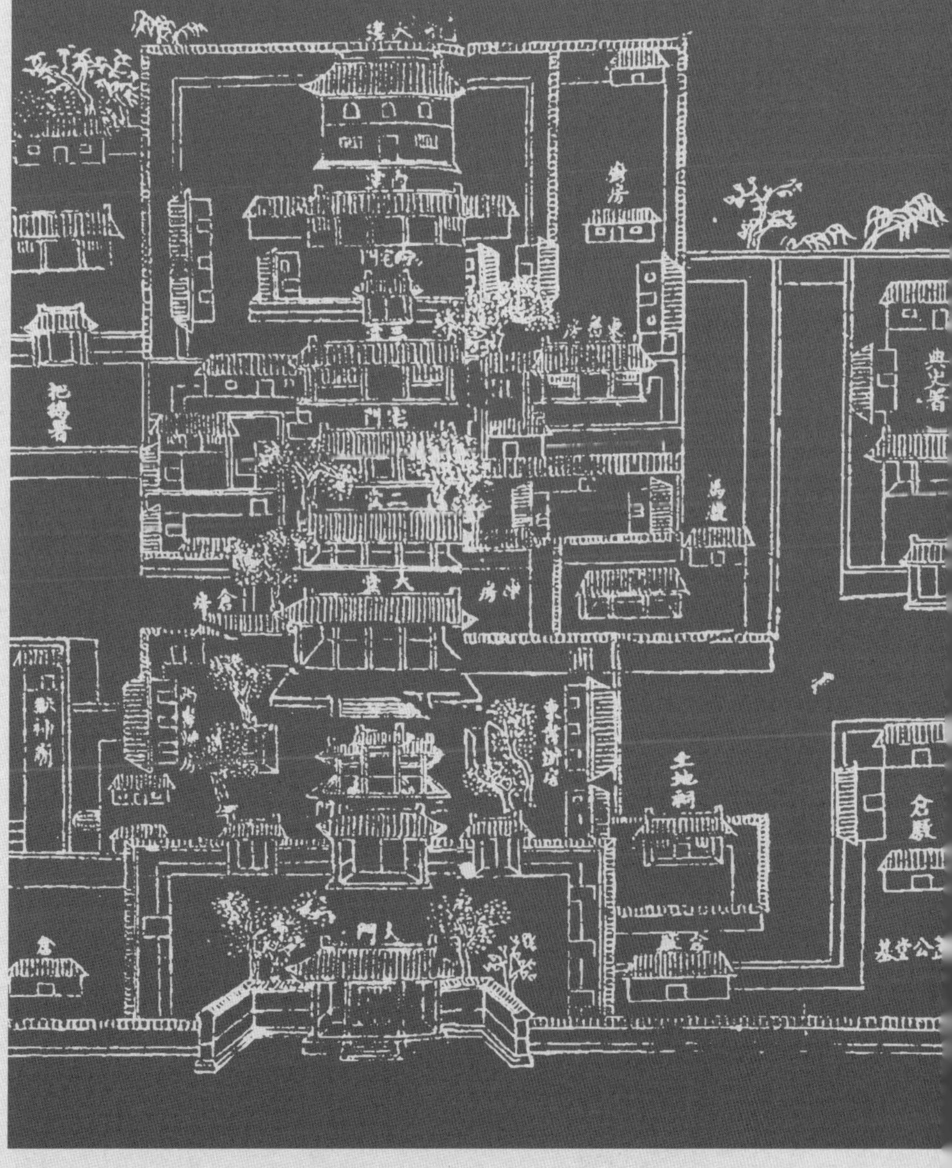

福惠全書

14-01. 총론(總論)

사망[살인]사건에는 타살(眞命)과 자살(假命)이 있다.[1] [살인사건인] 타살의 경우 다음의 일곱 가지 범주를 벗어나지 않는데, '강도살인(劫殺. killing in a robbery)', '모의살인(謀殺. killing by premeditation. plotting to kill another)'[2], '고의살인(故殺. killing by intent. intentionally killing another)', '난투살인(鬪毆殺. killing in a affray)'[3], '착오살인(誤殺. killing by error. mistaken killing)'[4], '장난살인(戱殺. killing in play)'[5], '과실살인(過失殺. killing by accident. unintentional killing)'이 바로 그것이다.[6] 자살의 경우는 스스로 목을 매는 경우, 강에 투신하는 경우, 스스로 목을 베는 경우뿐이다.

일곱 가지 살인 가운데, 모의살인과 고의살인, 난투살인만은 목숨 값을 갚아야 한다. 그렇지만 모름지기 목숨을 잃게 한 치명상이 있어야 하며, 시신을 점검하고 흉기와 대조하여 과연 타살임이 확인된 다음에야 비로소 목숨 값을 갚도록 판정할 수 있다. 만약 상처를 검사하고 흉기와 대조해 보지 않았다면 비록 타살이라도 목숨 값을 갚도록 허용하지는 않는다. 원한에 의한 무고를 막고 생명을 중시하기 위해서이다. 스스로 목을 맨 경우 등은 일시적인 격분에 의하거나 아니면 죽음으로써 원수에게 해를 끼치려는 것이니, 이것들은 모두 자신의 생명을 가벼이 여긴 것이지 [자살자의 원망의 표적이 된] 그에게 죽이고자 하는 마음이 있었던 것은 아니다. 하지만 가끔 가다 위협을 받아 죽음에 이르게 하는 경우가 있어, 이 부분에 대해서는 논란이 없을 수 없다. 그리고 오랜 병고 끝에 자연사하였는데 「고발장」을 날조하여 누군가가 해쳤다고 무고를 하고, 시체를 옮겨 [누구의 짓이라고] 떼를 쓰면서 금전을 갈취하려는 도뢰(圖賴) 행위 또한 아주 못된 풍습으로 응당 징계하여 더 이상 퍼지지 못하게 막아야 한다. 여기서는 일곱 가지 살인에 대한 논의와 검시 요령에 대해 아울러 상세하게 서술하고자 한다. 오로지 재판을 신중히 하려는 군자가 이를 살펴보고 검토

---

1 여기서는 사망(人命)사건을 진(眞)과 가(假)로 사망을 구분하는데, 전자는 타살, 후자는 자살에 해당하므로 앞으로도 이렇게 번역하기로 한다.

2 사전 모의에 의해 이루어진 살인을 말한다.

3 서로 싸우던 과정에서 일어난 살인을 말한다.

4 어떤 사람을 죽이려다가 착오로 다른 사람을 죽이게 된 살인을 말한다.

5 장난을 치다가 벌어진 살인을 말한다.

6 이에 대해서는 바로 뒤의 「14-06. 일곱 가지 살인(七殺式附)」에서 상세하게 논의하고 있다.

함으로써 [살인사건 관련자들이] 살아서 원한을 품지 않고, 죽어서 편안히 눈감을 수 있게 해 준다면 매우 다행스러운 일이 될 것이다.

사망사건의 고발은 거짓인 경우가 많고 진짜는 열에 한둘이지만, 지현은 그 중대함 때문에 부득불 접수하지 않으면 안 된다. 접수 이후 구인하기 위해 파견된 차역, 즉 원차(原差)는 이것을 큰돈을 벌 기회로 여겨 만나는 사람마다 체포하고, 온갖 방법으로 소란을 피우고 돈을 요구한다. 이 때문에 남녀가 놀라 달아나며 가족과 이웃이 멀리 도망치는 통에 가산을 남이 마음대로 가져가고 옮겨서 흩어 놓은 곡식도 소문을 듣고 온 사람들이 제멋대로 훔쳐 간다. 집은 문이 열린 채로 방치되고, 닭과 개까지도 모조리 사라져 버린다. 순식간에 전쟁 피해를 입은 것처럼 [가해자, 즉 용의자의 집은] 폐허가 되어 버리는 것이다. 용의자와 연루된 사람들은 모두 쇠사슬에 묶여 현성으로 압송되어 즉각 수감된다. 감옥에서 당하는 고문과 협박은 이루 말할 수 없을 정도다. 그리고 피해자는 일부러 질질 끌면서 관청으로의 출두를 늦춘다. 그러면 친척이나 자제는 피해자의 그 마음가짐을 알고 점차 나서서 남에게 부탁하여 피해자에게 간청하게 된다. 연루된 뭇사람도 각자 인정에 호소하거나 뇌물을 써서 빠져나가고자 한다. 이때 피해자는 온갖 과장을 곁들어 수천, 수백 냥을 요구한다. 때문에 용의자 측이 토지와 집을 팔고 전당포에 잡히거나 높은 이자를 내고 돈을 빌려, 여러 방면으로 중재를 요청해야만 비로소 피해자가 옆 사람의 권고와 해명을 듣는 척을 한다. 그래도 여전히 입에서 [확실한 말은] 한마디도 내뱉지 않는다. 대질 심문에 끌려 가서도 아문의 아역들이 또한 수수료와 뒷돈을 갈취하며, 심지어는 수레 끄는 일꾼까지도 이런 것을 요구한다. 공당에서 심문을 하게 되면 고문당하면서 내지르는 비명과 남을 끌어들이는 호소가 난무하는데, 그 참혹함은 천지를 진동시킬 정도다. 지방관이 증인을 심문해 보아도 또한 대부분 두리뭉실하게만 진술할 뿐이다

결국 관부가 대처하는 방법은 오로지 [1차] 검시를 하는 방법뿐이다. 시신을 수레에 싣고 와 검시를 대기하도록 하며, [검시를 마친 다음 입회한] 용의자나 가해 관련자는 다시 감옥에 돌려보낸다. 이때가 되면 피해자 유족은 [시신을 인계 받아] 의기양양하게 집으로 돌아와, 새끼줄과 돗자리로 시신을 감싸서 이를 높은 나무에 매달거나 아니면 얕은 흙 속에 묻어 둔다. 열흘이나 한 달이 지나 용의자 측에서 값을 올리기를 기다리는 것이다. 바야흐로 재판이 시작되기도 전에 용의자 집안은 파산해 버리므로, 이제 와서 되돌리려고 해도 힘이 이미 미치지 못한다. 용의자의 친척들이 돈을 내서 대신 처리하려고 해도 피해자 측의 거대한 욕심을 다 채우기는 어렵다. 피해자인 원고는 또한 검시차역(仵作)과 거래하여 시신의 상처를 날조하여 보고하게 하거나 아니면 다방면으로 청탁을 한다.

그다음 시신을 교외로 옮기는데, 해당 서역은 다시 「검시명령서」를 발송하고 임시로 가건물이나 천막을 쳐서 지붕을 만들고 바닥을 청소한다. 이때 검시차역이 신고 쓰는 기름 장화와 우산, 가건물과 붉은색 먹물통과 붓과 벼루, 침향과 강향을 마련하는 비용에다가 형방 서역·조쾌(皂快)·총갑(總甲)·지보 등에게 건네는 돈 등 [용의자 측이 당하는] 잡다하고도 가혹한 수탈은 이루 다 헤아릴 수 없을 정도다. 검시 결과를 보고할 때 검시차역은 "시신이 썩어 문드러져 아무런 점검도 할 수 없다"고 보고하기 일쑤다. 이것은 분명히 중검(蒸檢)이라는 검시를 또 한 차례 실시하여, 그동안 피해자가 질질 끌면서 돈을 갈취할 수 있는 기회를 제공하려는 속셈이다. 지현은 될 수 있으면 빨리 검시 현장을 떠나지 못해 안달이 나는데, [이때] 사망자의 유족들이 벌떼처럼 모여들어 용의자를 붙잡고 곤봉과 몽둥이로 번갈아 내리치며, 칼과 송곳으로 찔러 대기도 한다. 관청의 못된 아역·포졸들도 더불어 조롱하면서 흩어져 버린다. 이 또한 피해자 측이 공개적인 협박을 통해 감히 다시는 검시를 생각지도 못하게 만들어 [더 이상 험한 꼴을 당하지 않으려면] 무언가 방법을 강구하지 않을 수 없는 형세를 만들어 내는 것이다. 그리하여 피해자 측의 욕심이 다 채워지고 나서야 양측이 서로 중개인을 내세워 위아래로 온갖 왕래를 하면서 타협한 다음, 한 장의 합의요청 「청원서」를 제출하는 것으로 사건을 마무리해 버린다. 오호라! 죽은 자의 상처는 제대로 발견되지도 않고 자살인지 타살인지도 제대로 밝힐 증거도 없다. 그런데 주범과 연루자, 그리고 친구와 친척들은 집안 가산을 모두 탕진해 버리고, 남의 돈을 빌리거나 옮겨 쓰고 되갚는 일이 끝이 없을 정도가 된다. 이러고도 여전히 하늘에 밝은 해가 떠 있다고 할 수 있겠는가?

무릇 종래 사망사건에는 모름지기 대질심문 과정이 필요하였고, 판결에는 반드시 검시가 뒷받침이 되어야 하였다. 그런데 지금은 처음에는 피해자가 대질심문 과정을 미꾸라지처럼 빠져나가는 지연 계책을 쓰고, 그다음에는 검시를 협박과 갈취의 수단으로 삼으며, 마지막으로는 합의요청 「청원서」 한 장으로 사건을 마무리짓도록 놔둔다. 이로 말미암아 보건대 지현은 무대 위에 올려진 꼭두각시이고, 간악한 무리들이 뒤에서 잡아당기는 실에 따라 움직이면서 돈을 갈취하는 수단으로 전락해 버린다. 그래서 나는 소송문제를 처리함에 있어 대서인(代書人)을 시험으로 뽑아 정하고, 모든 소송문서에는 반드시 "사실에 근거하여 그대로 썼다"는 「확인서」를 덧붙이게 하였다. 사람의 목숨에 관련된 중대 사안에 대해서는 피해자의 유족이 고발할 때는 모름지기 흉기와 상처에 대한 분명한 목록을 덧붙이게 하였으며, 그렇지 않으면 접수하지 못하게 하였다. 접수하였다면 즉시 몸소 검시를 실시하여 살아 있는 경우라면 기한을 정해 피해자의 치료를 도맡게 하는 치료보장제도(保辜)

를 허용하고 죽은 경우라면 상처에 따라 죄를 정하였으므로, 며칠 되지 않아 재판이 완결되었다. 어찌 함부로 목숨을 가지고 남을 무고하거나, 무고를 하더라도 느긋하게 즐기며 돈을 갈취하도록 놔둘 수 있겠는가?

人命有眞,[7] 有假. 眞者不離乎七殺, 曰: '劫殺', 曰: '謀殺', 曰: '故殺', 曰: '鬪毆殺', 曰: '誤殺', 曰: '戲殺', 曰: '過失殺'. 假者不離乎'自縊'、'投河'、'自刎'而已. 七殺之中, 惟謀、故、鬪毆抵命,[8] 猶必有致命眞傷, 檢驗身屍,[9] 比對兇器, 果係眞殺, 方定抵償.[10] 若不行檢傷、對器, 雖是眞殺, 不准抵命, 所以防冤誣, 重生命也. 至于自縊等類, 或一時憤激, 或以其死而貽害怨家,[11] 是皆自輕其生, 非彼有欲殺之心也. 然其間有威逼致死之條,[12] 不能無議. 若其久病自故, 捏詞誣告, 移屍圖賴,[13] 嚇詐金錢,[14] 此又刁風惡習, 所宜懲創,[15] 以杜其漸耳. 其七殺之辯與檢驗之要, 並詳于左. 惟在愼獄君子考證之, 使生不含冤, 死能瞑目,[16] 則幸矣.

凡告人命, 假者居多, 眞者十之一、二, 官府見其重大, 不得不准. 及其准後, 拘拿原差,[17]

---

7 인명(人命)은 여기서 살인 내지는 사망사건을 가리킨다. 이에 대해서는 『대청률례』 권26 「형률 인명(人命)」 부분에서 전반적으로 다루고 있다.

8 저명(抵命)은 목숨으로 배상한다, 목숨 값을 갚는다, 살인에 대한 대가를 치른다는 뜻(償命). 저(抵)에는 그 죄에 상당하는 벌에 처한다는 뜻이 있다.

9 다음에 설명이 나오지만 검험(檢驗)은 시신의 상태를 살펴보는 것을 가리키지만, 험(驗)은 사망사건이 일어난 다음 얼마 되지 않아 1차적으로 이루어지는 시신 검사를 말하며, 그다음 관을 마련하여 시신의 염을 하게 한다. 그 다음에 대질 심문이 이루어진다. 검(檢)은 대질 심문 등 재판이 시작되고 얼마간 시간이 지난 다음 유골 등을 실시하는 것을 말한다. 따라서 황육홍은 대략 살펴보는 것이 1차 검시이고 보다 정확하게 검사하는 것이 2차 검시라고 하는 것은 잘못이라고 지적하고 있다. 하지만 여기서는 편의상 따로 쓰이면서 반드시 구별해야 하는 경우 험(驗)은 1차 검시로, 검(檢)은 2차 검시로 번역하도록 하겠다.

10 저상(抵償)은 가치가 동등한 사물로 배상하거나 보상한다는 뜻이고, 여기서는 앞서 나온 저명(抵命)을 가리킨다.

11 원가(怨家)는 원수나 원한을 품은 사람을 가리킨다.

12 이를테면 『대청률례』 권26 「형률 인명(人命)」(『律』299.00) 「위핍인치사(威逼人致死)」. "1. 凡因事[戶婚、田土、錢債之類]威逼人致[自盡]死者[審犯人必有可畏之威], 杖一百. 若官吏、公使人等非因公務而威逼平民致死者, 罪同[以上二項], 並追埋葬銀一十兩[給付死者之家]. 2. 若[卑幼]因事逼迫期親尊長致死者, 絞[監候]. 大功以下遞減一等. 3. 若因[行]姦[爲]盜而威逼人至死者, 斬[監候][姦不論已成與未成, 盜不論得財與不得財]."(pp.438-439) 부분을 참조.

13 도뢰(圖賴)는 저뢰(抵賴), 즉 자신의 착오나 책임을 인정하지 않거나 다른 사람이 나쁜 짓을 하였다고 거짓말을 한다, 남의 것을 자기 것이라고 우긴다는 뜻도 있다. 즉 발뺌하거나 억지로 우긴다는 뜻이다. 여기서는 엉뚱한 사람을 살해자로 모는 행위를 가리킨다. 자세한 내용은 제15권 형명부 5 인명 중 「15-01. 도뢰(圖賴)」를 참조.

14 혁사(嚇詐)는 공갈·협박으로 속인다는 뜻이다.

15 징창(懲創)은 징계·징벌·경계한다는 뜻이다.

16 명목(瞑目)은 눈을 감거나 죽는다는 뜻이다.

17 원차(原差)는 사건 관련자를 구인하기 위해 처음 파견된 차역을 가리킨다.

視爲奇貨, 逢人便捉, 擾索百端. 男女驚逃, 親鄰遠避, 家資任人, 搬散米穀, 聽衆取携, 門戶不扃,[18] 雞犬都盡, 頃刻之間, 勢同兵火. 兇首干連,[19] 羣鎖至縣, 立刻收監. 監中凌辱勒詐, 已不堪言. 而苦主故意遲延,[20] 不與見官. 于是親朋、子弟知苦主心事, 稍稍出頭,[21] 央人哀懇苦主.[22] 干連之衆, 各自尋情賄免,[23] 盈千累百侈口要求.[24] 因典鬻田、房, 揭貸重利,[25] 多方說合, 始得從傍勸解,[26] 而屍親仍未嘗吐口也. 及其赴質,[27] 衙門各役又講規禮[28]、鋪班,[29] 索及輿牧.[30] 公庭質對,[31] 扳咬呼號,[32] 慘震天地. 訊之證佐, 又多模稜其詞.[33]

而官府惟有驗屍之法,[34] 着令輿屍候驗,[35] 兇身、連害又送囹圄.[36] 彼屍親者方且揚揚返舍, 以尺繩、片蓆束其死屍,[37] 或懸之高樹, 或掩之淺土. 經旬浹月而後,[38] 待兇家之昂價也. 方其未審之前, 被告之家已破, 乃今言歸正傳,[39] 而力又未能. 雖族屬捐金代理, 谿壑難塡.[40] 原告復央仵作,[41] 非捏報屍傷, 則多方托故.

---

18 경(扃)은 빗장이나 문을 닫아건다는 뜻이다.

19 간련(干連)은 관련·견련(牽聯)·연루된 사람을 가리킨다.

20 고주(苦主)는 살인·사망사건 피해자의 가족을 가리킨다.

21 출두(出頭)는 얼굴을 내민다는 뜻이다.

22 앙인(央人)은 남에게 부탁하다, 남에게 간청한다는 뜻이다.

23 심정(尋情)은 인정을 찾다, 즉 사정을 봐달라고 요청하는 것을 말한다. 회면(賄免)은 돈을 주어 벗어나고자 한다는 뜻이다.

24 치구(侈口)는 말이 많다, 과장한다는 뜻이다.

25 게대(揭貸)는 돈을 빌린다, 빚을 낸다는 뜻이다.

26 권해(勸解)는 너그럽게 풀어 줄 것을 권한다, 어지럽게 꼬인 것을 풀도록 권한다는 뜻이다.

27 부질(赴質)는 대질심문을 하러 간다는 뜻이고, 질(質)은 화살자루라는 뜻으로 목표를 가리키기 때문에, 목표를 향해 나아간다는 뜻도 있다.

28 규례(規禮)는 관리나 차역이 편의를 제공한다는 이유로 갖가지 다양한 명목을 세워서 요구하는 돈, 즉 누규(陋規)를 가리킨다.

29 포반(鋪班)은 관부의 차역이 범인에게 뇌물로 내놓도록 요구하는 누규를 가리킨다.

30 여목(輿牧)은 수레를 끌거나 소나 말을 치는 천한 일을 하는 사람을 가리킨다.

31 공정(公庭)은 아문의 공당(公堂)·법정(法庭)을 가리킨다.

32 반교(扳咬)는 다른 사람을 물고 늘어져 연루시킨다, 끌어들인다는 뜻이다.

33 모릉(模稜, 模棱)은 가부(可否)를 분명하지 않게 하여 모호한 태도를 모이는 것을 말한다.

34 험시(驗屍)는 시신을 점검하여 사망의 원인과 과정을 점검하는 1차 검시를 가리킨다.

35 여시(輿尸, 輿屍)는 수레로 시신을 운반하는 것을 말한다.

36 흉신(兇身)은 흉수를 가리킨다. 연해(連害)는 아마 앞서 나오는 간련(干連)처럼 사망사건 연루자를 가리키는 것 같다. "兇身、連害又送囹圄" 구절을 앞 구절과 그대로 이어 붙인 것으로 보는 판본도 있으나, 여기서는 따르지 않았다.

37 척승(尺繩)은 길이를 재는 자와 줄을 가리키는데, 나아가 구속이나 통제를 뜻하기도 한다.

38 협월(浹月)은 한 달 또는 두 달을 말한다.

39 언귀정전(言歸正傳)은 이야기를 원래의 화제로 되돌린다는 뜻이다.

40 계학(谿壑, 谿壑)은 원래 산간의 골짜기를 뜻하는데, 탐욕을 비유하는 데 자주 쓰인다.

然後舁屍郊外, 該胥乃出「驗牌」,[42] 搭蓋廠棚,[43] 掃除場地.仵作油靴[44]、雨傘、官棚[45]、硃盒筆硯、沉·降諸香,[46] 與夫刑書、皀快、總甲[47]、地方雜派苛需,[48] 難更僕數.[49] 迨報開相驗,[50] 仵作稟稱: "身屍潰爛而已不可驗"矣. 明係又開一蒸檢,[51] 以爲苦主遷延索詐之地也.[52] 乃官府之去棚, 惟恐不速. 屍親之黨類, 擁擠如蜂, 擒其兇首, 棍棒交加, 刀錐並刺, 而公門鬼卒共作揶揄解散.[53] 是又苦主明嚇, 其不敢再檢, 而迫以不得不講之勢也. 迨其慾心旣厭, 彼此並出居間, 上下夤緣,[54] 僅以一「攔詞」了事.[55] 嗚呼! 死者之傷痕未見, 命案之眞僞無憑. 而兇首之于干連, 親朋之于族屬, 身家産業, 蕩廢俱空,[56] 稱貸、那移[57]、償還無已. 是尙得謂之有天日哉?

夫從來人命必須質審, 定案必由檢抵. 今乃聽其苦主, 始以質審爲淹留之計,[58] 繼以相驗爲挾騙之媒, 終以「攔詞」爲結局之地. 由是觀之, 則官府竟是登場之傀儡, 隨奸徒之線索,[59] 以爲儹錢具矣.[60] 鴻今于訟詞一事, 考定代書, 一切狀呈俱勒有"據實直書"之「甘結」. 于人命重案, 屍親具控,[61] 幷設有傷器之確單,[62] 非是不准. 准則卽時親驗, 生者立限保辜,[63] 已死比傷定罪,

---

41 오작(仵作)은 사상(死傷)을 점검하는 차역(差役), 또는 염장(殮葬)을 대신해 주는 사람을 가리킨다.

42 「험패(驗牌)」는 점검(查驗)을 지시하는 「명령서(牌票. 牌照)」를 가리킨다.

43 탑개(搭蓋)는 지붕을 덮어씌운다는 뜻이고, 창붕(廠棚)은 임시로 지은 오두막이나 가건물·천막을 가리킨다.

44 유화(油靴. 油韡)는 오동나무기름(桐油)을 칠하여 방수(防水)처리를 한 장화모양의 신발을 가리킨다.

45 관붕(官棚)은 아문에서 아문 임시 오두막, 가건물이나 천막을 말한다.

46 침강제향(沈降諸香)은 아마 냄새를 가라앉히기 위한 침향과 강향 등을 가리키는 것 같다. 침향은 침향목에서 나오는데 향기와 방부 효과가 커 값비싸고 효과가 탁월한 향료 중의 항료라고 일컬어진다. 강향 역시 콩과의 식물(降香黃檀) 뿌리에서 추출되는 향료로 역시 약재로 쓰인다.

47 총갑(總甲)은 1리(里. 110호)의 부역을 도맡아 처리하는 직역을 가리킨다.

48 잡파(雜派)는 정세(正稅) 이외의 각종 부가세(攤派)를 가리킨다.

49 경복나수(更僕難數)는 경난복수(更難僕數)처럼 사물이 번다하고, 그 수를 이루 다 헤아릴 수 없을 정도라는 뜻이다.

50 상험(相驗)은 시신을 검안한다는 뜻이다.

51 증검(蒸檢)은 어떤 뜻인지 다른 용례가 없는데, 아마 살을 제거하고 뼈를 검사하는 방법을 가리키는 것 같다. 이에 대해서는 제16권 형명부 6 인명 하 「16-04. 마른 뼈 검사(檢枯骨)」에 상세하게 나와 있다.

52 천연(遷延)은 지연시킨다, 시간을 질질 끈다는 뜻이고, 색사(索詐)는 억지로 돈을 뜯어낸다는 뜻이다.

53 야유(揶揄)는 조소하거나 희롱·모독한다는 뜻이다.

54 인연(夤緣)은 매달린다, 연락한다, 끌어들인다, 빌붙어 아부한다는 뜻이다.

55 「난사(攔詞)」는 관부에 올려 스스로 조정하여 해결하는 것을 허용해 달라고 하는 「청원서」를 가리킨다.

56 탕폐(蕩廢)는 모두 다 써 버린다는 뜻이다.

57 칭대(稱貸)는 빚을 낸다, 남에게 돈을 빌리거나 빌려 준다는 뜻이고, 나이(那移)는 나이(挪移)처럼 옮긴다, 옮겨 쓴다는 뜻이다.

58 엄류(淹留)는 붙잡아 둔다, 체류하게 만든다, 머물게 한다는 뜻이다.

59 선색(線索)은 실마리·단서·줄거리를 뜻한다.

60 찬전(儹錢)은 돈을 걷어 모은다는 뜻이므로 찬전구(儹錢具)는 돈을 모으는 도구라는 뜻이다.

61 구공(具控)은 문서를 갖추어 소송을 한다는 뜻이다.

62 확단(確單)은 확실한 명단·목록을 말한다.

63 보고(保辜. time limit for responsibility to care for the victim of crime)는 일종의 치료보장제도라고 번역할 수 있

不數日而讞獄成矣. 又何得令其指命而誣, 誣而遂其優游之詐害乎?[64]

14-02. 장두·지보의 보고(莊地呈報)

부임할 때 주현 전체의 지보(地保)·장두(莊頭) 모두에게 다음과 같이 고시를 한다.

우리 경내에서 사망사건이 있으면 해당 장두와 지보가 조사하여 확인한 다음 즉시 주현에 보고해야 한다. 누가 어느 날에 혹은 모의살인에 의한 것인지, 흉기에 의한 살인인지, 난투살인인지, 아니면 상처를 입었는데 아직 죽지는 않았는지, 아니면 누구와 말다툼을 한 다음 스스로 목을 매었는지, 강물에 뛰어들거나 스스로 목을 베었는지, 시신은 지금 어느 곳에 있는지 등등에 대해 모두 힘써 항목별로 사실에 따라 제대로 보고해야지, 조금이라도 모호함이 섞이거나 두리뭉실하게 해서는 안 된다. 만일 가벼운 일을 무겁게 보고하거나, 아니면 살인을 자살로 보고하거나, 혹은 사망사건을 숨기다가 뒤늦게 사흘을 넘겨서 보고하는 일이 있다면, 모름지기 해당 장두가 뇌물을 받고 부정을 저지른 것이 틀림없다고 보아 엄히 조사하여 칼을 씌우고 처벌할 것이다.

만일 고시한 다음 이를 준수하지 않는다면 마땅히 잡아다가 칼을 씌워 대중에게 공개함으로써 나머지 사람들이 경계심을 갖도록 만든다. 장두가 죄를 무서워하여 감히 사실을 은닉하고 날조하지 못한다면 어떠한 사망사건이든 이미 그 대체적인 내용을 알 수 있고,

---

다. 싸우거나 때려서 남을 해친 사안에서 가해자가 일정 기한 동안 피해자의 상처나 부상에 대해 책임을 지게 하는 제도로, 기한이 되었을 때 피해자의 상처나 부상(사망이나 회복 등)에 따라 가해자의 형사책임을 묻거나 경감하는 제도다(『대청률례』 권27 「형률 투구(鬪毆)」(『律』303.00) 「보고한기(**保辜限期[保, 養也. 辜, 罪也. 保辜, 謂毆傷人未至死, 當官立限以保之. 保人之傷. 正所以保己之罪也]**」. p.446). 기한 내에 피해자가 사망하면 살인죄로 처벌된다. 불구가 된 경우에는 감형되지 않았다. 가해상황에 대해 시간을 두고 관찰하여 정확한 결론을 내릴 수 있고, 가해자가 자신의 이익을 위해 피해자의 회복에 대해 적극적으로 나서도록 만들 수 있다. 보고의 기간은 '보고한(保辜限)'이라고 하는데 명·청대에는 보통 팔다리를 다친 상처(手足傷)에 대해서는 20일의 기한이 주어졌다. 이에 대해서는 제16권 형명부 6 인명 하 「16-05. 치료보장 제도(保事)」를 참조.

64 우유(優游)는 유유자적하다, 우물쭈물하다, 망설인다는 뜻이다.

유족도 장두가 보고했음을 알고 또한 감히 무고하면서 고발하지 못할 것이니, 자살과 타살은 곧바로 판가름된다. 【장두[와 지보]를 활용하고 향약을 이용하지 않는 이유는 어디에도 장두가 없는 곳은 없고 지보도 설치된 경우가 아주 많은 데다가 촌장과도 가까워 제대로 사실을 파악할 수 있고, 또 신속히 보고할 수 있기 때문이다. 향약은 먼 데 살고 있어 소식을 전해, 부르고 조사한 다음 보고하자면 이미 많이 지체된다. 향약·지보는 모두 종래 장두로 충원되었지만, 장두가 설치되어 있지 않다면 부임하면서 향약·지보·장두를 모두 아울러 설치하도록 한다. 반드시 집안이 넉넉하고 나이가 좀 든 숙련된 사람에게 이 일을 맡겨야 한다. 그들에게는 사망이나 강도 등의 사건에 대한 책임이 주어지기 때문에 혼자 사는 가난한 사람이나 무뢰배처럼 노예 부리듯 할 수 없기 때문이다.】

到任之時, 宜出示曉諭闔州縣地方、莊頭[65]:

凡本境遇有人命, 該莊、地查明, 立時具呈報州縣, 註明某人于某日, 或係被某人謀死、殺死、打死, 或現傷未死, 或係與某人角口爭鬧, 自已縊死、投河、刎死, 身屍現在何處, 務要逐項據實報明, 不得含糊混飾. 如有以輕作重, 以眞作假, 或隱匿不報, 遲至三日方報者, 定將該莊、地, 以受賄作弊, 重究枷責.[66]

示後如有不遵, 定須拿來枷示,[67] 以儆其餘. 莊、地畏罪, 不敢隱揑, 則是何等物故,[68] 已知大槩, 屍親知莊、地先報, 亦不敢揑誣具控, 則眞假可以立辨矣. 【用莊頭不用鄕約者, 以莊頭無莊不有, 地方所設甚多, 離莊俱近, 知之必眞, 且可以速報. 鄕約住居窵遠,[69] 傳集查報,[70] 便已遲滯. 其鄕約、地方, 向皆任充庄頭. 且有不設者, 宜于到任時, 鄕約、地方、莊頭俱宜並設, 擇有身家老成者爲之. 因皆有命盜之責, 未可同孤窮、無賴而奴隸使之者也.[71]】

---

65 장지(莊地)는 마을(村莊)의 직역(職役)인 장두(莊頭)·지보(地保. 地方)를 가리킨다. 장두는 전장(田莊)의 관리인 또는 촌장·촌두와 같은 향촌의 직역을 가리킨다. 향장(鄕長) 아래 봉록이 없는 장두·향약·지보 또는 지방 등이 향리의 잡무를 나누어 맡았다.

66 중구(重究)는 엄중히 추궁한다는 뜻이고, 가책(枷責)은 죄인에게 칼을 씌워 처벌한다는 뜻이다.

67 가시(枷示)는 칼을 씌워 대중 앞에 공개한다는 뜻이다.

68 물고(物故)는 사망을 가리킨다.

69 조원(窵遠)은 아득히 멀다는 뜻이다.

70 전집(傳集)은 명령을 전달하여 불러 모은다는 뜻이다.

71 고궁(孤窮)은 외롭고 가난하다는 뜻, 홀로 사는 가난한 사람을 가리킨다. 무뢰(無賴)는 무뢰배, 무뢰한, 즉 건달을 말한다.

14-03. 지현의 직접 검시(印官親驗)

장두·지보의 보고가 있고 난 다음, 피해자 측(원고)은 모름지기 「고발장」을 갖추어 소송을 제기할 것이다. 「고발장」이 형식에 들어맞으면 바로 접수하지만, 조금이라도 맞지 않으면 원고를 심문하고, 만약 착오라면 대서인(代書人)을 불러 엄히 꾸짖고 고치게 한 다음, 바로 「구인영장」을 발부한다. 노련하면서도 적당한 차역을 파견하되, 기한을 정해 용의자를 구인하고 아울러 흉기를 확보하게 하며, 지현은 단연코 즉각 [1차] 검시에 나서야 한다. 만약 용의자가 체포되었다면 그를 함께 끌고 가되, 체포되지 않은 상태라면 차역이 우선 잡아들여 신속하게 검시 장소로 끌고 오게 하는 한편, 지현 자신은 검시차역과 형방 서역을 대동하고, 지필묵과 벼루 등을 가지고 몸소 [1차] 검시 장소로 간다. 우선 사망자의 나이와 용모가 「고발장」의 그것과 같은지 확인한다. 그다음에는 상처의 어떤 부위들이 「고발장」의 기술내용과 일치하는지를 확인한 다음, 상처의 색깔과 모양, 깊이와 너비·길이를 기록하고 어떤 흉기가 낸 상처인지, 「고발장」에 기록된 흉기와 비교해 보아 제대로 들어맞는지 실제 상처와 대조하고, 검사한 상처에서 어느 부위가 치명적인 중상인지를 확인한다. 가장 중요한 일은 상처와 흉기를 비교·대조하여 분명하게 기록을 남김으로써, 이것을 가지고 목숨 값을 갚게 하는 바탕으로 삼는 것이다.

무릇 상처 등의 항목에 대해서는 모두 지현이 직접 기록해야 하며, 용의자의 「구두진술」은 형방 서역이 받아쓰게 한다. 받아쓰는 것이 끝나면 지현이 확인한 다음 날짜를 기입하고, 자신이 스스로 점검한 상처를 기록한 「상처명단(傷單)」을 직접 몸에 지니고 아문으로 돌아온다. 흉기를 확보한 상태라면 심문을 통해 용의자가 소지하였다가 상해를 입힌 흉기가 맞는지 확인한다. 만일 확보하지 못하였다면 용의자를 심문하여 기한을 정해 놓고 흉기를 찾아오게 한다. 원차가 흉기를 가져오면 다시 용의자에게 물어 이 흉기가 맞는지를 묻는다. 칼날로 인한 상처라면 흉기에 혹시 혈흔이 있을지도 모르지만, 이 또한 [실제 피해자의 것인지] 단정할 수는 없으므로, 반드시 시험해 보아야 한다. 하지만 중요한 일은 여기에 있는 것이 아니라 흉기를 확인한 다음 바로 용의자로부터 그것이 사용한 흉기라는 것을 인정하는 「자인서(自認書)」를 받아 내고 친필로 서명하게 함으로써, 나중에 그가 말을 바꾸지 못하게 하는 데 있다. 이 자인서는 문서철 뒤에 첨부해 둔다. 흉기는 흰색 면지(棉紙)로 싸서 묶고 그 위에 "모 사건의 모인이 쓴 흉기"라고 쓴 다음, 지현이 붉은 먹으로 '창고 보관'이라고 기입한다. 창고 서리는 휴대한 『창고보관 흉기·장물장부』에 "모사건의 모인이 사용한 모 흉기"라고 쓰고, 이 항목 아래에 "모년 모월 모일 받아서 보관함"이라고 기입한다. 이 항목(前件)이라고 쓰는 것은 나중에 상급 기관으로 범인을 보내 재판을 받게 할 때 이를테면 흉기를 아울러서 같이 올려 보낼 경우, 이 항목 아래에 다시 "모 아문의 재판과 검사를 위해 꺼내서 올려 보냄"이라고 쓸 수 있게 하기 위함이다. 만일 사망자의 나이·용모가 「고발장」과 일치하지 않거나 「고발장」의 흉기와 시신의 상처가 일치하지 않으면 유족 측을 추궁해 봐야 한다. 상처와 흉기가 일치하지 않거나, 흉기가 용의자의 것이 아니라면 용의자를 심문해야 하는데, 그 가운데에는 반드시 다른 이유가 있게 마련이다. 또 「고발장」에 나와 있는 모든 증인이 아문에 출두하도록 독촉한 다음 즉시 심문하여 멈추거나 머무르지 않게 함으로써, 원고·피고 양쪽에서는 꾀를 부리지 못하도록 해야 한다.

특히 지현이 직접 조사하는 일이 아주 중요하다. 좌이관이나 수령관에게 맡기는 것은 마음을 놓지 못하거나 믿기 어려운 부분이 너무 많기 때문이다. 그리고 원고인 유가족과 피고인 용의자, 이웃사람과 장두·지보가 출두하면 곧바로 1차 검시를 해도 좋으며, 굳이 「고발장」에 나오는 사람들 모두를 끌어 올 필요는 없다. 마침 무더운 여름 날씨일 경우 시신이 썩어 문드러져 바로 검시하기가 어려워질 수도 있기 때문이다. 단지 원차에게 엄히 지시하여 주범을 즉시 검시 장소로 대령시키고, 다른 공범이나 증인은 한꺼번에 모두 불러들이지 못할 경우 보조 차역을 시켜 나중에 불러오면 될 것이다. 1차 검시를 할 때는 백성의 편의를 우선해야 하며, 쓸데없이 많은 아역을 거느려 소란을 일으킬 필요는 없다. 굳이 천막을 칠 필요도 없고, 사무용 탁자를 가져다 설치할 필요도 없다. 특히 원고·피고 측이 음식을 제공하는 것을 금지하고, 아역들이 출장비를 갈취하는 것도 막는다. 지현은 스스로 건량(乾糧)을 준비하고 소독용 창출(蒼朮)·감송(甘松)과 코막이용 아위애환(阿魏艾丸), 마실 소주 등을 스스로를 휴대해야 한다. 원고·피고 측의 돈을 한 푼도 허비하지 않게 한다면 바로 참다운 어진 지방관이 될 것이다. 1차 검시가 끝나면 모름지기 원차로 하여금 흉범을 압송하여 지현 바로 앞에 가도록 하는데, 이것은 유가족이 달려들어 구타하면 곤란하고, 또한 관원의 체통도 엄숙함을 지키지 못하게 될까 염려해서이다.

시신의 나이·용모가 「고발장」의 그것과 들어맞지 않는다면 아마 유가족 측이 공갈을 쳤을 가능성이 크고, 고발장의 흉기와 시신의 상처가 다를 때는 유가족 측이 뇌물로 매수하였거나 아니면 확인이 제대로 된 것이 아니므로 유가족을 심문해야 한다. 상처와 흉기가 들어맞지 않을 경우 혹은 따로 하수인이 있고 흉기가 용의자가 소지한 것이 아니거나, 또는 따로 다른 흉기가 있을 수 있다. 이럴 경우 용의자가 소지한 것이 아니므로 용의자를 심문해야 한다. 하지만 결국은 매 경우마다 [군주가 신하를 다스릴 때 사용하는] 일곱 가지 기술을 가지고 심문에 나서야 한다. 사망사건은 중대한 일이므로 함부로 억측해서는 안 된다.

○ 시신에 대한 1차 검시(相驗)와 2차 검시(檢驗)는 다르다. 유가족 측이 지현에게 소송을 제기하면 모름지기 시신에 대한 직접 검시가 있어야 한다. 첫째 시신이 변하기 전이라 상처가 분명하고, 둘째 시신을 야외에 방치하는 것을 피하고 관을 준비하여 임시로 염(殮)을 할 수 있게 하기 위함이다. 그다음에야 비로소 대질심문에 들어간다. 이것을 1차 검시라고 한다. 대질심문에서 분명하게 밝혀져도 무릇 판결을 내릴 때는 모름지기 2차 검시를 제대로 거쳐야 비로소 목숨 값을 내놓게 할 수 있는데, 이것을 2차 검시라고 한다. 1차 검시는 사망 후 오래되지 않은 상태에서 피와 살이 남아 있는 시신을 살펴보는 것이다. 2차 검시는 시신이 오래되어 썩고 훼손된 상태라서 남아 있는 유골을 조사하는 것이다.

어떤 사람은 말한다. "1차 검시는 대략적인 모습을 살펴보는 것이고, 2차 검시는 상세하고 정확하게 검사하는 것이다." 하지만 이것은 잘못된 주장이다. 사망사건에서 가장 중요한 것은 바로 최초의 검시, 즉 1차 검시라는 것을 모르고 하는 소리인 것이다. 그때는 시신이 아직 변색되지 않아 상처가 뚜렷하고 살과 가죽이 망가지지 않았으므로 청·흑·자·적색이면서 타원형의 상처라면 주먹·몽둥이·벽돌이나 충격에 의해 생긴 것인지 쉽게 점검할 수 있다. 살갗이 이미 훼손되었다면 상처의 모양이 평평하거나 말려 있는데, 깊이나 넓이, 길고 짧음에 따라 상처가 칼·도끼·창·낫에 의한 것인지 쉽게 점검할 수 있다. 원고가 흉기가 있다고 알려오면 흉기와 상처를 대비해서 과연 그것에 의한 상처인지도 쉽게 알 수 있다. 흉기를 용의자에게 보여 확인시키면 흉기가 용의자가 소지하였던 것인지도 쉽게 밝혀진다. 상처가 비록 많다고 해도 모름지기 치명상이 중요하므로 치명상을 입은 곳이 용의자의 흉기에 의한 것인지 확인한다면, 바로 용의자에 대해 목숨 값을 치르게 할지 여부도 쉽게 정할 수 있다. 이런데도 어찌 "1차 검시가 대략적인 것이고, 2차 검시는 상세한 것이다"고 할 수 있겠는가?

일단 1차 검시를 하면 이를 통해 사망사건의 자살·타살 여부, 용의자의 처벌 수위, 그리고 따로 그물에서 벗어난 주범이 있는지의 여부가 대략 이때 나타난다. 하물며 용의자의 놀란 정신은 아직 가라앉지 않아 진실과 거짓에 대해 쉽사리 실제 상황을 털어놓는데다가, 유가족의 소송이 이제 시작되는 참이라 온갖 못된 술수가 아직은 힘을 발휘하지 못하는 때이다! 비단 이때 용의자를 심문해야 할 뿐만 아니라, 만약 그 가운데 조금이라도 더 다듬어야 할 것이 있다면 원고 역시 세심하게 심문해야 한다. 만약 1차 검시와 1차 심리가 제대로 확실하게 이루어진다면, 이후의 2차 검시는 단시 규정에 따라 확인하는 데 지나지 않을 뿐이다. 따라서 나는 말한다. “사망사건에서는 처음의 1차 검시가 더욱 중요하다.”

○ 하지만 사망사건 처리에서 1차 검시가 곤란한 경우도 있다. 지현이 공무로 출장인 경우, 시신이 너무 멀리서 발견된 경우, 다른 지역에서 죽은 뒤 본지로 고발이 들어온 경우, 다른 주현의 살인사건이 상급기관에 보고된 뒤 본지로 검시·재판이 넘어온 경우가 그것이다. 추운 겨울이라면 늙고 야윈 사람의 사체는 크게 훼손되지 않아 그래도 시신에 대한 1차 검시가 가능하다. 그렇지만 이관된 사건을 처리할 경우 원래 주현에서 검시를 정확히 처리하지 않고 대충 보고하였을 수도 있고, 검시차역이 「사체검안서(死體檢案書)」를 몰래 돈을 받고 조작하였을 수도 있다. 그리고 이 무리들은 원래 서로가 소식이 통하기 때문에 한 곳에서 처음 검시한 내용을 다른 곳에서도 악착같이 그대로 베껴 내니, 이러면 내가 도저히 어찌 할 방법이 없다. 이런 경우 오로지 사건 원래의 정상과 이치에 따라 「구두진술」을 확인하되 감히 최종 판결을 내리지는 말고, 「유상(由詳)」을 갖추어 상사에게 다시 답장 보고를 올리면 될 것이다.

○ 사망사건에서 1차 검시가 이루어지지 못한 경우는 모름지기 2차 검시를 근거로 삼아야 한다.

莊、地呈報之後, 原告必來具狀. 驗狀與式合, 卽准. 狀稍與式不合, 問明原告, 或係錯誤, 喚代書重責改正, 立卽出票.[72] 差老成妥役, 立限嚴拿, 幷提取兇器, 本官斷宜卽刻相驗. 若兇犯已獲, 帶同前去. 兇犯未獲, 一面差役先拿, 星赴驗所,[73] 一面印官帶同仵作、刑書、硃墨、筆硯、紙張, 親身往驗. 驗死者年貌, 是否狀上相同. 再驗傷痕某某處, 是否狀上相同, 記明色道、方圓[74]、深濶、長短分寸. 係何兇器所傷, 比對狀上所塡兇器, 是否相對. 所驗傷痕, 何處是致命重傷, 最要比對塡記明白, 以此爲抵命之本也.

凡傷痕等項, 俱宜本官親筆塡記, 「口供」令刑書寫記. 記畢, 本官看明判日, 仝親記「傷單」,[75] 親帶回衙. 如兇器已獲, 卽問兇犯, 是否所持傷之器. 如未獲, 卽問兇犯, 提取立限, 原差取到, 仍問明兇犯, 是否此器. 若係金刃所傷, 兇仗或有血痕, 亦未可定也, 須試看. 然關係不在此,

---

72 출표(出票)는 표를 발급한다, 즉 여기서는 「구인장」·「소환장」을 발급한다는 뜻이다.

73 성부(星赴)는 신속하게 이동한다는 뜻이다.

74 방원(方圓)은 네모꼴과 동그라미 꼴, 나아가 사물의 형체나 형상을 범칭(汎稱)하기도 한다.

75 「상단(傷單)」은 오작(仵作), 즉 검시차역이 상처를 살핀 다음 쓰는 사상자의 상흔에 대한 점검 결과를 기록한 문서를 가리킨다. 그 가운데 상흔 등의 중요항목에 대해서는 지방관이 직접 친필로 기입하기도 하였다.

兇器驗明, 便摘取兇犯認兇器「認狀」, 親筆花押, 免其日後展辯,[76] 將「認狀」附卷.[77] 兇器上用白棉紙裹束, 上寫: "某案某人兇仗", 官用硃筆點過'貯庫', 庫吏隨持『貯庫兇器、贓物簿』, 註明: "某案某人某兇器," 前件下:[78] "于某年月日收貯訖." 列前件者, 日後解審上司, 如幷解兇器, 以便于前件下再註: "取解某衙門審驗"字樣也. 若死者年貌與狀上不對, 狀上兇器與傷痕不對, 要問屍親. 傷痕與兇器不對, 兇器又非犯人所持, 要問兇犯, 其中必有別故. 將狀內一干人證催到,[79] 赴本衙門, 卽行研審,[80] 不得停留, 令兩造長智.[81]

印官親驗非同,[82] 委佐二、首領,[83] 有許多不放心、難憑信之處. 只要屍親正原告, 與被告正兇犯及鄰佑、莊頭、地方到在, 便可相驗, 不必候狀內人拘齊.[84] 若待拘齊, 恐天氣正值盛夏, 身屍潰變, 便難相驗矣. 只嚴諭原差, 將正犯拿到卽赴驗所, 其別犯干證, 有一時不能齊者, 令幫差隨後拘來可也. 相驗之時, 要聽民便, 不必多帶閑役, 致滋騷擾, 不必搭棚, 不用公案鋪設.[85] 不許用原、被等供給飯食, 不許各役需索馬錢.[86] 本官自備乾糧, 自帶辟穢蒼朮、甘松及塞鼻阿魏艾丸.[87] 所飮燒酒等物, 絶不一文花費原、被兩家, 便是神君慈母.[88] 驗畢, 須令原差押兇犯, 在本官之前行. 恐屍親之家打辱未便, 且官體不嚴肅也. 年貌與狀不對, 屍親恐有詐賴.[89] 狀上兇器與傷痕不對, 屍親恐有賄買, 或認器未眞, 所以要問屍親. 傷痕與兇器不對, 或別有下手

---

76 전변(展辯)은 말을 늘어놓다, 바꾼다는 뜻이다.
77 부권(附卷)은 관련 소송문서에 첨부해 넣는다는 뜻이다.
78 전건(前件)은 앞서 언급한 사람이나 물건을 가리킨다.
79 간증(干證. 干證)은 소송과 관련된 증인을 말한다.
80 연심(硏審)은 자세히 심문한다는 뜻이다.
81 양조(兩造)는 소송의 쌍방, 즉 원고와 피고를 가리킨다.
82 비동(非同)은 아마 비동소가(非同小可)를 가리키는 것 같다. 이것은 핵심을 찌른다, 아주 중요하다, 긴요하다는 뜻이다.
83 좌이(佐二. 佐貳), 즉 좌이관(佐貳官)은 본래 주사(主司)인 지부·지주·지현 등을 보좌하는 통판(通判)·주동(州同)·현승(縣丞) 등을 가리키는데 그 품급은 주사보다 약간 낮다. 수령(首領), 즉 수령관(首領官)은 좌이관보다 한 등급 낮은 하급 이역(吏役)이다.
84 구제(拘齊)는 모두 불러 모은다, 잡아 온다는 뜻이다.
85 공안(公案)은 여기서는 아문에서 공무를 처리할 때 쓰는 책상을 가리킨다.
86 마전(馬錢)은 의생(醫生)이 진찰을 나갈 때 받는 거마비(車馬費)를 말한다.
87 창출(蒼朮)은 다년생 식물로 가을에 흰색 또는 담홍색의 꽃이 핀다. 어린 싹은 먹을 수도 있고 뿌리가 큰데, 약재로 쓰며, 향의 재료가 되기도 한다. 감송(甘松) 역시 감송향(甘松香)을 가리키는데, 사천이나 청해 등지에 자생하는 감송의 뿌리와 줄기를 말려 약재로도 쓴다. 아위(阿魏)는 냄새가 심한 식물의 일종으로 뿌리에서 나오는 즙을 말린 후 소화제나 살충제용 약물로 사용한다. 아위애환(阿魏艾丸)은 아위환(阿魏丸)이라고도 하며, 아위를 알약으로 만든 것이다.
88 신군(神君)은 신령·신선을 말한다. 때로는 현명한 관리에 대한 경칭이기도 하다.
89 사뢰(詐賴)는 사술로 다른 사람을 속이거나 억울하게 만드는 일을 가리킨다.

之人, 兇器非兇犯所持, 或別有兇器, 此非兇犯所持之器, 所以要問兇犯. 然總須隔別用七術之法硏訊,[90] 命案重大, 非可臆度.

○ 按: 驗與檢乃係兩項.[91] 屍親具告到官, 須將身屍親驗. 一則屍未發變, 傷痕分明. 一則免其暴露, 以便備棺暫殯, 方行質審, 謂之: '相驗'. 質審雖明, 大凡定案, 例須檢驗, 方可抵償, 謂之: '檢驗'. 相驗者, 以身死未久, 相其血肉之屍. 檢驗者, 以屍久毁變, 檢其所存之骨殖.[92] 說者謂: "驗者, 勘其大略; 檢者, 勘其詳確", 非也. 不知人命最重初驗. 其時屍未發變, 傷痕好看, 皮肉未破, 則色或靑、黑、紫、赤長圓, 而拳棍、磚石與跌磕之傷,[93] 易驗也. 皮肉已破, 則痕或平捲、深濶、長短, 而刀斧、鎗鐮之傷, 易驗也. 原告報有兇器, 以兇器與傷痕比對, 而是否所傷, 易知也. 以兇器與兇犯認看, 而是否所持, 易明也. 傷痕雖多, 又必以致命爲重, 而致命之處是否兇犯之器所傷, 而抵償易定也. 胡云: "相者略, 而檢者詳乎"? 但一經初驗, 其命案之眞假、兇犯之抵塡, 與別有無漏網之正犯, 大約俱于此時可見. 矧兇犯之驚魂未定, 虛實自吐眞情,[94] 屍親之命案方興, 變詐之機謀尙淺耶![95] 不獨此時宜硏訊兇犯, 若其中稍有推敲,[96] 卽原告亦宜細鞫. 若初驗之與初審旣確, 則後來之檢, 不過循例印證而已. 故鴻云: "人命以初時相驗, 更爲吃緊".[97]

○ 然人命亦有不及初相驗者. 或印官公出, 或屍離窵遠, 或死他處而本地告發, 或他州縣人命已經申報, 而上司轉批檢審者,[98] 是也. 若時値寒冬, 老瘠身屍不致大壞, 猶可相驗. 但奉轉批之案, 誠恐原州縣檢驗不確, 草率申報, 仵作暗買「屍圖」.[99] 又此輩從來通氣一處,[100] 檢驗

---

90 여기서 칠술(七術)은 군주가 신하들을 다루는 일곱 가지 방법을 가리키는 것 같다. 이것은 『한비자(韓非子)』 「내저설(內儲說) 상(上)」에 나온다. "군주가 써야 할 것은 칠술(七術)이고 살펴야 할 것은 육미(六微)이다. 칠술은 첫째, 모든 신하가 정직하길 바란다면 (여러 사람을 섞어서) 보고 들어야 한다. 둘째, 모름지기 벌을 주고 위엄을 밝혀야 한다. 셋째, 반드시 상을 주어 그 재능을 다하게 한다. 넷째, 한 가지 주상만 들어서는 안 되고, 아랫사람을 문책하는 데에는 일관성이 있어야 한다. 다섯째, 의심과 속임수를 써서 부려야 한다. 여섯째, 이미 알고 있는 것을 가지고 질문을 던진다. 일곱째, 그 말이나 일을 뒤집어서 생각해 본다(主之所用也七術, 所察也六微. 七術, 一曰: "衆端參觀", 二曰: "必罰明威", 三曰: "信賞盡能", 四曰: "一聽責下", 五曰: "疑詔詭使", 六曰: "挾知而問", 七曰: "倒言反事".)."

91 양항(兩項)은 두 가지, 즉 서로 다른 일이란 뜻이다.

92 골식(骨殖)은 유골 내지는 유골을 태우고 남은 재(骨灰)를 가리킨다.

93 질개(跌磕)는 부딪치다, 충돌하다, 좌절하다는 뜻이다.

94 신(矧)은 '하물며'라는 뜻이다.

95 변작(變詐)은 잔꾀를 부려 속인다는 뜻이다.

96 추고(推敲)는 적당한 글자를 찾아낸다, 나아가 어떤 일에 대해 반복해서 고려한다는 것을 뜻한다.

97 흘긴(吃緊, 喫緊)은 핵심을 찌르다, 자세하다, 중요하다, 요긴하다는 뜻이다.

98 전비(轉批)는 사건을 처리할 지방·아문을 바꾸라는 지시를 말한다.

99 「시도(屍圖)」는 시신의 상처부위를 검험(檢驗)한 보고서를 가리키는 것 같다. 다른 곳에서는 모두 「시격(屍格)」으로 나온다.

100 통기(通氣)는 기맥이 상통한다, 서로 소식과 연락을 주고받는다는 뜻이다.

如此, 別處依樣葫蘆,[101] 斷不肯更張, 則吾末如之何矣. 惟有原情據理, 問明「口供」, 不敢定擬, 「由詳」申覆可耳.

○ 凡人命不及初時相檢驗者, 則必以檢驗爲據.

14-04. 용의자의 집 약탈 금지(禁抄搶)

모의·고의·난투살인은 당연히 그에 대한 관법(官法)이 있어 재판을 거쳐 목숨 값을 치르게 하므로, 원래 유가족이 무리를 이끌고 용의자(가해자) 측을 약탈하는 것을 허용하지는 않으며, 이것은 단지 지방의 못된 풍습일 뿐이다. 피해자·가해자 측이 같은 마을에 살거나 아니면 옆 마을에 살기도 하는데, 일단 사람이 죽어 땅에 쓰러지면 그 피해자의 못된 자제들과 무뢰배 친척들은 많은 사람을 이끌고 창과 몽둥이를 들고 벌떼처럼 가해자 집에 몰려가 내실로 쳐들어간다. 의복과 기물, 찬장과 궤짝을 몽땅 약탈하고, 문과 벽, 창문을 모조리 때려 부순다. 심지어는 노인과 어린이를 잡아다가 고문을 하면서 돈을 내게 하고, 부녀자를 능욕하면서 옷과 신발을 벗기기도 하였다. 나아가 또한 친척이나 이웃을 끌고 와 당나귀에 약탈한 물건을 가득 싣고 돌아가기도 한다. 그 참혹함은 도적이나 강도를 만난 것보다 더 심하니, 목숨을 담보로 한 이런 돈벌이를 엄히 금지하지 않는다면 어찌 법의 기강을 세울 수 있겠는가?

따라서 지현은 부임할 때 미리 「고시」를 돌려 현성과 향촌 모든 지역에 깨우쳐 알려야 한다. 사망사건이 발생하면 장두와 지보가 보고를 올리는 날 즉시 「고시」를 내리되, 지현이 날짜를 써서 장두와 지보에게 넘겨 사망한 사람의 집에 붙이도록 하고, 장두·지보·이갑·이웃사람에게도 「고시」에 따라 [앞서와 같은 행위를] 금지시키도록 한다. 그런데도 대담하게 무리를 이끌고 가해자의 집에 가서 소란을 피우고 약탈하는 사람이 있으면, 장두와 지보가 그 이름을 적어 지현에게 신속하게 알리도록 허용함으로써 엄히 잡아들여서 무뢰

101 의양호로(依樣葫蘆)는 의양화호로(依樣畫葫蘆) 또는 의본화로로(依本畫葫蘆)를 가리키는데, 바꾸거나 창조하지 않고 단순하게 원래의 모습을 그대로 모방한다, 베낀다는 뜻이다.

배의 약탈을 처벌하는 율법으로 무겁게 처벌해야 한다. 만약 장두나 지보가 「고시」를 숨기고 붙이지 않거나 알고도 고발하지 않으면, 가해자에 대해 소송을 제기하는 날 피해자 유가족을 먼저 약탈죄로 조사한 다음에야 비로소 살인사건 심리를 시작한다. 이때 장두와 지보도 아울러 징계함으로써 권세를 믿고 행패를 부리는 이들이 경계심을 갖게 해야 한다. 【그때 내리는 「고시」는 모름지기 목판에 새겨 인쇄하여 미리 준비해 두고 「구인장」을 발행할 때 장두·지보가 수령해 가도록 함으로써 차역들이 소란을 피우는 것을 막아야 한다. 「고시」는 응당 간결하되 엄격해야 하지, 지나치게 길고 번잡해서는 안 된다.】

凡謀·故·毆殺, 自有官法, 究治抵償, 原無許屍親統衆抄搶之例,[102] 乃地方惡俗. 苦主與兇家, 或共村而居, 隔莊而處. 一經身屍倒地,[103] 其不肖子弟、無賴親屬, 勾率多人, 持鎗挾棍, 蜂擁兇家, 衝入內室, 服飾、器具、櫥櫃、箱籠,[104] 劫掠一空, 戶壁、門窗, 盡行打碎. 甚至鎖拿老幼, 燎拷獻金,[105] 淩辱婦女, 褫衣解足, 更復稍帶親鄰, 盈馱滿載而歸. 慘逾寇盜, 似此借命居奇,[106] 若不嚴行禁止, 成何法紀? 宜于到任預行出示, 遍鄉城曉諭. 及遇有人命, 莊、地呈報之日, 卽發「告示」一張, 判交莊、地, 實貼屍所, 着落莊、地[107]、里甲、鄰佑, 遵示禁飭. 敢有統衆至兇家, 打鬧抄搶者, 許莊、地等指名飛報本州縣,[108] 以憑嚴拿, 照光棍搶詐,[109] 盡法重處. 如莊、地匿示不貼, 知而不擧, 兇家具控到日, 將屍家先究打搶之罪, 方審命案. 莊、地等一併究懲, 庶豪橫有所知警矣. 【其臨時「告示」, 須刻板印刷預備, 標發莊、地領去, 以免差役滋擾. 「告示」宜簡要嚴切, 不必冗煩】

---

102 초창(抄搶)은 겁략(劫掠)·창탈(搶奪)을 뜻한다.

103 도지(倒地)는 땅에 쓰러지거나 눕는다, 또는 사람을 죽인다는 뜻이다.

104 주궤(櫥櫃)는 옷이나 그릇을 넣는 함을 가리키며, 상롱(箱籠)은 옷을 담는 상자를 가리킨다.

105 요고(燎拷)는 불고문을 한다는 뜻이다.

106 차명(借命)은 목숨을 구실로 삼는다는 뜻이고, 거기(居奇)는 일확천금이나 횡재를 노린다는 뜻이다.

107 착락(着落)은 안배하다, 책성(責成)하다는 뜻이다. 즉 책임을 주어 일을 처리하게 한다는 뜻이다.

108 비보(飛報)는 신속하게 보고한다는 뜻이다.

109 이와 관련된 조항은 이를테면 다음과 같다. 『대청률례』 권25 형률 적도(賊盜) 하 1(下之一) 「공혁취재(恐嚇取財)」(『律』273.07). 條例. "凡惡棍設法索詐官民, 或張貼揭帖, 或捏告各衙門, 或勒寫借約嚇詐取財, 或因鬪毆糾衆繫頸謊言欠債, 逼寫文卷, 或因詐財不遂, 竟行毆斃, 此等情罪重大實在光棍事發者, 不分曾否得財, 爲首者, 斬立決; 爲從者, 俱絞監候. 其犯人家主父兄, 各笞五十. 係官交該部議處. 如家主父兄首者, 免罪, 犯人仍照例治罪."(p.402)

14-05. 심문(審鞫)

1차 검시에서 시신의 상처와 흉기가 일치하여 다르지 않음이 확인되고, 용의자가 스스로 그 흉기로 치명상을 입혔다고 시인한다면, 오로지 무슨 이유로 사건이 발생했는지 하는 점만 심문하면 된다. [살인이 발생하는 상황은 다음과 같이 아주 다양하다. 이를테면] 우연한 말다툼을 벌이다 서로 싸우게 되고 모물을 가지고 모인의 모처를 무겁게 내리쳐서 그 자리에서 목숨을 잃게 한 경우가 있다. 혹은 자기 혼자만 그랬을 수도 있고, 다른 누구와 함께 때렸을 수도 있다[난투살인].[110] 혹은 평소 모인에 대해 혐오하는 마음이 있었는데, 우연히 부닥치자 일시적으로 분노하여 모물을 가지고 모인의 모처를 내리쳐서 그 자리에서 숨지게 한 경우도 있다[고의살인]. 아니면 모인에 대해 평소 혐오하는 마음이 있었는데 다른 모인과 더불어 상의하여, 조용하고 으슥한 곳에 이르렀을 때를 엿보아 모물을 가지고 모인의 모처를 쳐서 그 자리에서 숨지게 한 경우도 있다[모의살인].

또는 다른 모인과 더불어 상의하여 또 다른 모인·모인과 함께 모물을 가지고 모인을 죽이고 또한 모물을 절취하여 다른 모인들과 나누어 가진 경우도 있다[강도살인]. 아니면 원래 모인과 더불어 싸우다가 착오로 다른 모인을 때려 숨지게 한 경우도 있다[착오살인]. 혹은 모인과 권법을 연마하면서 놀다가 실수로 모인의 모처를 때려서 죽인 경우도 있다[장난살인]. 혹은 벽돌을 주워 모물을 때렸는데, 거기에 누가 있는 줄 몰라 결국 모인의 모처를 맞춰 그를 죽게 하였을 수도 있다[과실살인].

용의자의 「구두진술」을 확보한 다음에는 증인을 소환·심문하여 용의자의 자백과 모두 일치한다면, 그다음에는 [용의자가] 같이 모의를 꾀하거나 손을 썼다고 자백을 한 사람들을 불러 심문한다. 이들 모두가 숨기지 않고 인정한다면, 각자의 서명을 받은 「서면진술서」를 문서철에 첨부한다. 중범은 감옥에 가두고, 증인 등은 보증인을 세운 다음 풀어 준다. 그리고 먼저 「유상(由詳)」을 갖추어 상사에게 보고를 올리고, 각급 상사의 비준이 떨어지기를 기다려 확실하게 1차 검시와 심리를 하여 다시 보고를 올린다. 그런 다음 다시 2차 검시를 시행하되, 따로 확실한 「서면진술서」를 받아두고 **【「서면진술서」의 양식은 앞에 나왔다.】**,

---

110 이하 각종 살인 유형의 구별에 대해서는 바로 다음의 「14-06. 일곱 가지 살인(七殺式附)」에 자세하게 설명이 이루어지고 있다.

「심리의견」·「사건조서」를 작성한 뒤【「사건조서」의 양식은 앞에 나왔다】율례에 따라 죄를 가늠하고, 관련 문서 및 범인을 상급 아문으로 올려 보낸다. 여기서는 이제 용의자가 진술한 살인 경위와 율례에 나오는 일곱 가지 살인 범주에 따른 판결에 대해 다음과 같이 서술하여 쉽게 살펴볼 수 있게 하고자 한다.【1차 검시에서 시신의 상처가 한 가지가 아니라면 모름지기 같이 모의하여 손을 쓴 공범이 있으므로, 분명하게 심문하여 주범이 누구이고 공범이 어떤 흉기를 썼는지 밝혀내야 한다. 진술한 흉기와 상처가 부합하고, 용의자가 잡혀 있다면 그「구두진술」을 받아 내어 흉기와 대조하고, 만약 흉기가 확보되지 않았다면 즉각 흉기를 확보해 오도록 한 다음 확인하고 창고에 보관하여 재검 때에 대조해 볼 수 있도록 한다. 범인이 아직 잡히지 않았다면 잡힌 다음 진술을 확보하여 흉기를 찾아내서 확보한다.】

屍傷、兇器, 旣于相驗時, 比對無差, 兇犯旣已認明兇器傷于致命之處, 則惟審訊因何起釁. 或偶爾角口, 互相爭鬪, 用某物, 將某人某處一下打重,[111] 當時殞命.[112] 或止自己, 有無同毆; 或與某人素有仇嫌, 偶然撞遇,[113] 一時忿起, 用某物, 于某人某處一下, 當時殞命; 或與某人素有仇隙, 因與某人商量, 伺至僻靜處, 將某物于某人某處一下, 當時殞命; 或原與某人商量, 同某人、某人, 用某物, 將某人殺死, 又將某物取了, 同某人分訖; 或原與某人爭鬪, 而錯打某人殞命; 或原欲打某人, 而錯打某人殞命; 或與某人打拳頑耍,[114] 而悞中某人某處殞命; 或因拾磚打某物, 不知某人在彼, 着在某人某處殞命.

取兇犯「口供」訖, 又將干證喚問, 與兇犯俱同, 隨將供出同謀、同下手之人硏訊. 皆供認不諱, 各畫具「供狀」附卷. 重犯收監, 干證等取的保.[115] 先具由申報上司, 俟各憲批發,[116] 確檢審報. 然後再行檢驗, 另取確實「供狀」,【供狀式, 見前】出看序招,【招式, 見前】按律例定擬, 連人解審.[117] 今將兇犯所供致死情由, 應照律文七殺擬罪者, 臚列于左,[118] 以便觀覽.【如初

111 일하(一下)는 한 차례, 한 번, 1회를 뜻한다.
112 운명(殞命)은 여기서는 사망을 가리킨다.
113 당우(撞遇)는 마주치다, 부딪친다는 뜻이다.
114 타권(打拳)은 권법을 연마한다는 뜻이고, 완사(頑耍)는 놀다, 장난한다는 뜻이다.
115 적보(的保)는 확실하게 믿을 수 있는 점포나 사람이 보증을 서는 것을 말한다.
116 비발(批發)은 지시(批示)가 내려온다는 뜻이다.
117 해심(解審)은 올려 보내서 심문·재판을 받게 한다는 뜻이다.
118 여열(臚列)은 늘어놓는다, 즉 나열한다, 진열한다, 열거한다는 뜻이다.

相驗, 屍傷不一, 必有同謀下手之人, 隨訊明白, 兇犯係何人, 下手係何兇器. 所供兇器與傷合, 其犯若在, 卽摘取「口供」, 比對兇器. 如兇器未獲, 立提兇器, 認明貯庫, 俟再檢比對. 其犯未到, 俟拘到取供, 追獲兇器】

14-06. 일곱 가지 살인(七殺式附)

[1. 난투살인] 구두진술에 의하면 우연한 말다툼 끝에 싸우다가 모물을 이용해 모인의 모처를 세게 내리쳤더니 그 자리에서 목숨을 잃었으며, 이때 같이 모의를 하거나 같이 손을 쓴 사람은 없었다. 이것이 바로 난투살인(鬪毆殺. killing in a affray)이다. 율법에 따르면 "무릇 난투 끝에 사람을 죽였다면, 손이나 발, 또는 다른 물건이나 칼 등 어떤 도구를 사용하였는지를 불문하고 등 모두 교수형【감후】에 처한다." 난투살인에서 서로 다투는 것을 '투(鬪)'라고 한다.[119] 서로 주먹이 오가다가 원래는 때려죽일 마음이 없었지만, 바로 그 자리에서, 혹은 싸우다 입은 치명상 때문에 치료보장(保辜) 기한 내에 피해자가 죽었다면 모두 난투살인에 해당된다.

○ 난투살인은 단지 한 사람만이 상대를 한 것이며, 공범이 없다. 만일 공범이 있다면 이는 공모해서 함께 때린 것[으로 간주하여 달리 처리해야 한]다. '난투 및 고의살인(亂鬪及故殺人)' 율법조항에 따르면 "공모하여 함께 사람을 때려죽게 만들었다면 치명상을 중요시하며, [치명상을 입도록] 손을 썼다면 교수형【감후】에 처한다." 만약 처음 모의(原謀)를 하였다면 율법에 따라 곤장 100대와 3천 리 유배형에 처한다. 나머지 사람은 각기 곤장 100대에 처하는데, 이때 나머지 사람이란 "구타에 함께 가담한 사람"을 가리킨다. '난투 및 고의살인' 율문의 조례에는 다음과 같은 내용이 실려 있다. "함께 때리는 데 가담한 사람을 심문해 보니 창이나 칼 따위의 흉기를 소지하고 있었고 또한 역시 치명적인 상흔을 남겼다면, 변방부대(邊衛)로 보내 충군형에 처한다."[120] 무릇 "치명적인 중상을 입힌 사람을 교수형에

119 서로 다투는 '투(鬪)'에 비해 '구(毆)'는 혼자서 (일방적으로 남을) 때리는 것을 말한다.

120 명대의 경우 충군은 변방에서 둔간과 경작(屯種)에 종사하게 하는 것이었는데, 나중에 극변(極邊)·연장(煙瘴)·변원(邊遠)·변위(邊衛)·연해(沿海)·부근(附近)으로 정해졌다. 장정옥(張廷玉) 등찬(等撰), 『명사(明史)』(中華

처한다"는 것은 치명적인 상처를 가리켜 말하는 것이지, 중상을 말하는 것은 아니다. 함께 구타에 가담한 나머지 사람은 모두 곤장형에 처하는데, 이 사람만 변경으로 보내 충군형에 처하는 것은 창이나 칼 따위의 흉기를 지녔기 때문이다. '난투 및 고의살인' 조항의 조례에는 다음과 같은 내용이 실려 있다. "반드시 진정으로 살인의 뜻을 품고 가장 먼저 범행을 일으킨 사람이어야만 으뜸모의(元謀)로서 유배형에 가늠할 수 있다. 그리고 일찍이 함께 모의에 참여하였으나 살인의 뜻을 품지 않았다면 일괄해서 유배형으로 가늠해서는 안 된다." 따라서 으뜸모의는 반드시 살인의 뜻을 품은 실제 흔적이 있어야만 비로소 으뜸모의로 죄를 가늠할 수 있다.

[2. 고의살인] 구두진술에 의하면, 모인과 평소 원한이 있었는데 우연히 부닥치자 일시에 분노가 치밀어 성질을 죽이지 못하고 모물을 가지고 모인의 모처를 내리쳤더니 그 자리에서 목숨을 잃었다. 이것이 바로 고의살인(故殺. killing by intent. intentionally killing another)이다. '난투 및 고의살인' 조항에 의하면 "고의살인자는 참수형【감후】에 처한다." 고의살인이라는 것은 평소 원한이 있었지만 오랫동안 모의한 것이 아니고 일시적 분노가 폭발하여 곧바로 죽인 경우이고, 사전 모의한 적이 없으므로 모의살인 다음에 두지만, 죽이겠다는 마음이 있었으므로 난투살인보다 무겁게 보는 것이다.

○ 혹은 원래 난투를 하다가 싸움에 밀리자 칼이나 다른 것을 가지고 쫓아가서 그 자리에서 상대방을 죽였다면, 이것은 바로 고의살인이 되므로 난투살인으로 죄를 가늠할 수 없다. 무릇 흉기를 가지고 쫓아가서 죽였다면 일부러 죽이고자 하였기 때문이다. 이와 관련된 '난투 및 고의살인' 조항의 주(註)에 의하면 "그 자리에서 죽이고자 하는 마음이 생겼지만, [혼자서 하였기 때문에] 남이 알지 못하는 경우가 '고의(故)'[살인]이다. 그 행적에 의거해서 그 마음을 처벌하는 것이다. 따라서 "남이 알지 못한다."라고 한 것이다.

○ 또한 고의살인에는 공범이 있을 수 없다. 만약 공범이 있다면 이미 고의로 죽이겠다는 마음을 품은 것을 알고 있었던 셈이니, 그것은 함께 모의해서 사람을 죽인 것이 된다.

書局, 1974), 권93 「형법(刑法) 1(一)」, p.2282("充軍者, 明初唯邊方屯種. 後定制, 分極邊、煙瘴、邊遠、邊衛、沿海、附近.") 청대에는 변위(邊衛)가 폐지되었지만 충군의 명칭은 그대로 계속되어 부근은 2천 리, 근변(近邊)은 2천 5백 리, 변원은 3천 리, 극변과 연장은 모두 4천 리를 가리키게 되었다. 조이손(趙爾巽) 등찬(等撰), 『청사고(清史稿)』(中華書局, 1977), 권143 「형법지(刑法志) 2(二)」, p.4195("清初裁撤邊衛, 而仍沿充軍之名……附近, 二千里; 近邊, 二千五百里; 邊遠, 三千里; 極邊、煙瘴, 俱四千里.").

따라서 여기 가담한 사람은 응당 교수형의 처벌을 받아야 한다. 주범도 [고의살인보다 무거운 모의살인으로 죄를 가늠해야 하지] 어찌 앞서 경우처럼 고의살인 조항으로 그 죄를 [낮추어] 가늠하겠는가? 만약 주범이 실제로 [모의살인이 아니라] 고의살인의 죄로 처벌을 받는다면, 혹시 그를 도와 때린 사람이 있을 경우 단지 '불응장률(不應杖律)'로[121] 가늠해야 할 뿐이다.

[3. 모의살인] 구두진술에 의하면, 모인과 평소 원한이 있었는데, 다른 모인과 더불어 상의한 다음 으슥한 외딴 곳으로 간 틈을 엿보아 모물로 모인의 모처를 내리쳤더니 그 자리에서 모인이 목숨을 잃었다. 이것이 바로 모의살인(謀殺. killing by premeditation. plotting to kill another)이다.[122] '모의살인' 조항에 의하면 "모의살인의 뜻을 품은 사람은 참수형【감후】에 처한다. 이를 도와 힘을 쓴 사람은 교수형【감후】에 처하며, 힘을 쓰지 않은 사람은 곤장 100대와 3천 리 유배형에 처한다. 살인이 [그 자리에서] 완결되어야 [비로소] 이런 죄로 가늠한다 [만약 그 자리에서 살인이 완결되지 않고 피해자가 나중에 죽게 된다면, 단지 함께 모의하여 때려죽인 죄로 가늠한다]." 율법에 따르면 살의를 품은 것이 중요하므로 [이런 마음을 품고 함께] 상의한 사람은 응당 살의를 품은 죄에 따라 참수형에 가늠하지만, 실제로 범행을 실행한 주범(本犯)은 단지 힘을 쓴 것으로만 간주하여 교수형에 가늠한다. 이른바 "율법에서는 원래의 모의를 중요시한다."라는 것 때문이다. 만약 실제 범행을 실행한 주범이 스스로 살의를 품고 스스로 살인을 저질렀다면, 살의를 품고 살인을 한 경우이므로 율법에 따라 참수형에 가늠한다.

율법에서 "살인이 [그 자리에서] 완결되어야 [비로소] 이런 죄로 가늠한다."라고 하였는데, 그 조문의 다음과 같은 주(註)를 잘 보아야 한다. "만약 그 자리에서 살인이 완결되지 않고 피해자가 나중에 죽게 된다면, 단지 함께 모의하여 때려죽인 죄로 가늠한다." 그 죄의 무거움은 바로 그 자리에서 죽였다는 데 있기 때문이다. '모의살인' 조항에는 이렇게 실려 있다. "만약 상처를 입고 죽지 않았다면, 살의를 품었던 사람은 교수형【감후】에 처한다. 이를 도와 힘을 쓴 사람은 곤장 100대와 3천 리 유배형에 처하며, 힘을 쓰지 않은 사람은 곤장 100대와 노역형 3년에 처한다." 죄는 비록 체감되지만, 살의를 품은 사람은 사형

121 앞서도 나왔지만 불응(不應)은 율법명사로 일부러 의도하지는 않은 범죄를 가리킨다. 또한 살인 등 사건 외에 모든 이름 짓기 곤란한 죄를 일괄하여 불응이라고도 하는데, 경중(輕重)의 차이가 있다. '불응(不應)' 혹은 '불응위(不應爲)'는 법령상으로 금지하고 있지는 않지만 도덕적으로 해서는 안 되는 일을 가리킨다. 이러한 경우 유사한 법령으로 양형(量刑)하여 처벌하도록 한다.

122 여기서는 처음 살인 모의를 꾸민 사람(原謀)과 실제 범행을 한 사람(本犯)이 동일인이 아닐 수도 있다는 가정 아래 서술되고 있다는 점에 주의해야 한다. 물론 양자가 동일인인 경우도 다루고 있다.

이라는 처벌을 받는다. 그 사람(피해자)이 죽지 않은 것은 [단지] 요행이었기 때문이다. 따라서 '모의살인' 조항은 살의를 품은 죄를 특히 중시한다.

○ 또한 율법의 주에 따르면, 모의살인 조항에서는 "혹은 마음속으로 살인 모의를 하거나, 혹은 남과 함께 모의하거나" 모두 "살의를 품은 것(造意)"으로 간주한다. 무릇 남과 함께 모의함으로써 함께 모의한 사람이 있게 되는 것을 "살의를 품은 것"이라 간주하는 것은 [당연히] 옳은 일이다. 그런데 만약 마음속으로만 모의를 한다면, 비록 몰래 그런 생각을 품더라도 남이 누가 알 수 있겠으며, 누가 마침내 이것을 가지고 "살의를 품은 것"이라 지적할 수 있겠는가? 그래서 말한다. "그 사람의 죽음은 원래 서로 싸움을 벌이다 마침 피해자가 대비하지 못하는 틈을 타서 죽인 것이 아니다. 그렇다면 이것이 모의살인이 아니면 무엇이라는 말인가?" 또한 스스로 진술하기를 "평소에 원한이 있었습니다. 무릇 원한 때문에, 그리고 또한 그가 대비하지 못하는 틈을 이용하였습니다."라고 한다면 오랫동안 살의를 품어 온 것이고, 마침 이때에 이르러 비로소 손을 쓴 것이니 살의를 품은 것이 아니면 무엇이라는 말인가? 따라서 사전에 모의가 있었고 그래서 비로소 살인이 이루어져야만 이것을 "살의를 품은 것"이라고 한다. 평소에 그 사람과 사이가 벌어졌고, 그런 다음에 이런 모의를 꾀하게 된 것이기 때문이다.

만약 재판관인 지현이 이러한 사건을 맡게 되면, 모름지기 평소에 원한이 있었는지 여부와 살의를 품었다는 실제적인 근거를 캐물은 다음에야 비로소 '모의살인'의 조항에 따라 죄를 가늠할 수 있다. 사망사건은 중대한 범죄이니 함부로 뭉뚱그려 죄목에 끌어들여서는 안 된다. 따라서 '모의살인' 조항의 조례에는 이렇게 실려 있다. "무릇 모의살인범을 심문할 때는 확실히 못된 계획이나 유모가 있었을 경우에만 비로소 살의를 품은 것으로 간주하여 참수형에 처할 수 있으며, 때려 입힌 상처가 무거운 경우에만 비로소 공범을 교수형에 처할 수 있다. 한쪽 말만 듣고 이에 의거하여 모의를 꾀하였다고 하거나 도운 사람을 공범이라고 지목해서 일괄해서 사형을 가늠해서는 안 된다." 어질구나! 옛사람의 뜻이여! 오로지 쉽사리 가혹함에 치우칠까 염려하여 특별히 이런 내용을 기록함으로써 재판을 맡은 사람에게 경고하는 것이다.

[4. 강도살인] 구두진술에 의하면, 원래 모인과 더불어 상의하러 함께 갔다가 모물로 모인을 죽이고, 또한 그의 모물을 취하여 모인과 함께 나누어 가졌다. 이것이 바로 강도살인(劫殺. killing in a robbery)이다. [『대청률례』「형률」] '인명률(人命律)' 내에는 '강도살인'이란 글자가 없으며, 단지 '모의살인' 조항에 다음과 같은 구절이 있다. "만약 이것[살인]으로 인하

여 재물을 얻었다면 강도와 같으므로, 주범·공범을 가리지 않고 모두 참수형에 처한다." 이 율법의 주에는 "살인 여부를 묻지 않고 다만 재물을 얻었다고 하면 바로 강도와 같게(同盜) 보고 처벌한다"고 실려 있다. 그러니 하물며 재물을 얻었을 뿐만 아니라, 살인까지 하였다면 어떠하겠는가? 앞서 인용한 율법조항에서 '인하여(因)'를 쓴 것은 굉장히 섬세한 조치이다. 처음에는 단지 살인만 생각하였을 뿐 재물을 얻는다는 생각은 없었다는 뜻을 집어넣고자 일부러 '인하여'라는 썼기 때문이다. 그리고 '같게(同)'라는 말 역시 아주 깊은 뜻이 담겨 있다. 왜냐하면 강도가 단지 재물을 얻어 이득을 볼 셈이었을 뿐 원래 살인의 뜻은 없었는데, 살인을 저지르고 나아가 그 재물까지 얻었으니 강도보다 한 등급 더 심한 게 아닌가? 그래서 "강도로써 처벌한다(以强盜論)"라고 하지 않고, [그보다 더 무거운 죄로 가늠하여] "강도와 같게(同)"라고 한 것이다. 저지른 죄가 강도와 다른 게 전혀 없으므로 따로 '인하여(以)'라는 단어를 쓰지 않고 '같게(同)'라는 글자를 썼다는 말이다.

그렇지만 강도(强盜)에 관한 율법조항에서는 일정한 한도·액수를 모두 채웠을 때에만 처벌이 한 등급씩 강화되는 경우('가(加)')가 없다.[123] 강도살인으로 재물을 얻은 경우 또한 다만 참수형으로만 처벌한다. 또한 그가 원래 모의살인을 하고자 하였는데 우연히 재물을 보고 욕심이 나서 재물을 얻었다는 것이므로, 결국은 강도와 같게 처벌하여, 주범·공범을 가리지 않고 모두 참수형에 처하는 것이다. 이것은 [주범은 참수형에 처하지만 공범은 교수형에 처하는] 모의살인보다 한 등급을 높인 처벌이다. '모의살인' 조항의 주를 보면 다음과 같이 실려 있다. "[살인을] 행하였지만 재물을 나누어 받지 않았거나, 재물을 받았지만 살인 행위에 가담하지 않았거나, 또는 살인 행위에 가담하지도 재물을 나누어 받지도 않았거나 모두 여전히 모의살인의 죄로 처벌한다." 즉 저지른 범죄는 원래 '모의살인' 조항에 나와 있지만, 추가로 재물을 얻었다는 것 때문에 다시 그 죄를 더욱 심하게 여겨 처벌하는 것이다.

○ 또한 '모의살인' 조항의 조례에 의하면, "모의가 이미 행해졌고, 범인과 장물이 모두 현재 확보되어 있어야만 비로소 강도와 같게 처벌할 수 있으며, 거짓 장물을 걸어 재물을 얻었다고 하면서 일괄적으로 죽을죄를 가늠해서는 안 된다. 즉 이미 모의살인을 행하였고, 비록 재물을 얻었다고는 하더라도 그 장물을 현재 확보한 것이 아니라면, 강도와 같게 처벌할 수는 없다."라고 실려 있다. 재판을 담당하는 사람은 정말 신중해야 한다!

---

123 이 '가(加)'에 대해서는 제12권 형명부 2「12-03. 열여섯 글자의 뜻(釋十六字)」 부분을 참조.

[5. 착오살인] 구두진술에 의하면, 원래 모인과 싸우다가 착오로 [다른] 모인을 쳐서 목숨을 잃게 하였다. 이것이 바로 착오살인(誤殺. killing by error. mistaken killing)이라 볼 수 있다. '착오살인'에 관련된 율법조항(「戱殺·誤殺·失殺傷人」)에서는 "싸움을 하다가 착오로 옆에 있는 사람을 죽이거나 상처를 입혔다면 난투살인·상해로 처벌하며, 모의살인이나 고의살인을 시도하다가 착오로 옆에 있는 사람을 죽였다면 고의살인으로 처벌한다."라고 실려 있다. "싸우다가 착오로 죽이거나 상처를 입힌다."라는 율법조항의 주에는 "죽인 사람은 모두 교수형에 처하고, 상처를 입힌 사람은 그 상처의 경중을 따져서 죄를 따진다."라고 실려 있다. 또한 "모의살인이나 고의살인을 하다가 착오로 옆에 있는 사람을 죽인 경우"에 대해서는 "죽인 자는 참수형에 처하고, 상처는 따지지 않고 모두 난투살인으로 처벌한다." 라고 실려 있다.

즉 착오로 죽이거나 상처를 입힌 사건을 판결할 때에는 반드시 먼저 다툼이 일어난 원인을 규명해야 한다. 즉 원래 피해자 본인과 우연히 싸우게 된 것인지, 아니면 평소부터 피해자를 죽일 마음이 있었든지, 또는 그 자리에서 갑자기 피해자를 죽이려고 했는지 여부를 확인한 다음에야 그 죄를 가늠할 수 있는 것이다. 무릇 이에 관한 율법조항에서는 난투살인은 교수형에 처하고, 모의살인·고의살인은 참수형으로 처하도록 하고 있다. 그래서 지금 이제 [난투살인·모의살인·고의살인에 관련된] 율법으로 처벌하는 것인데, 결국은 [원래 살인의 대상이 되었지만, 피해를 당하지는 않은] 피해자 본인을 죽였다는 [것으로 가정한] 죄목을 가지고, 착오로 죽인 옆 사람의 목숨 값을 갚게 하는 것이다. 왜 그런가? 무릇 싸우면서 다투던 사이에 일어난 분노나, 모의살인이나 고의살인을 저지르겠다는 마음을 미루어 보면 옆에 있던 사람이 아니라 반드시 [살인의 목표가 되었던] 피해자 본인에게 향했던 것이다. 피해자 본인은 다행히도 여기에서 벗어났지만, 엉뚱하게도 옆에 있던 사람이 피살되었으므로, 그는 실로 피해자 본인을 대신해서 죽은 것이 된다. 따라서 살인을 저지른 가해자가 어찌 피해자 본인을 죽인 죄로 처벌받지 않을 수 있겠는가? 따라서 관련 율법조항에서 세 가지 살인의 범주에 따라 죄를 가늠하는 것은 바로 이치에 근거하고 원래의 정상을 제대로 살펴 이루어진 것이며, 이에 대해서는 더 이상 덧붙일 말이 없다. 그렇지만, 모의살인·고의살인·착오살인의 죄는 난투를 벌이다가 실수로 죽인 살인(鬪毆誤殺)의 경우 [참수형이 아니므로 죽더라도] 목과 몸통이 붙어 있어 신체를 보존할 수 있는 교수형을 당하는 것과는 차별이 있다. 재판을 담당하는 지방관은 응당 이런 점에 대해서 더욱 자세하고 신중하게 살펴야만 한다.

○ 만약 아버지가 남을 모의살인하려다가 착오로 자신의 아들을 죽였다면, 당연히 고

의로 아들을 죽인 죄로 처벌하지 말고 "모의살인을 시도하였지만, 남에게 상처를 입히지 못한 경우"를 다룬 조항에 따라서 죄를 가늠해야 한다. 왜냐하면 살인을 모의하였지만 상처를 입히지 못한 경우에 가해지는 노역형은 고의로 자신의 아들을 죽였을 때 가해지는 노역형보다 무겁기 때문이다. 동생이 남과 다투다가 착오로 형을 죽였다면, 응당 싸우다가 형을 죽인 죄로 처벌한다. 형을 모의살인하려다가 착오로 조카를 죽였다면 가까운 친척과 웃어른을 모의살인한 죄로 처벌하며, 보다 무거운 쪽으로 벌을 준다.

[6. 장난살인] 구두진술에 의하면 모인과 장난치며 놀다가, 실수로 모인의 모처를 맞추어 숨지게 하였다. 이것이 바로 장난살인(戲殺. killing in play)이다. 이에 관련된 율법조항에서는 "무릇 장난을 치다가 남을 죽이거나 상처를 입혔다면 싸우다가 죽이거나 상처를 입힌 것으로 간주하여 처벌한다.【죽인 사람은 모두 교수형에 처하고, 상처를 입힌 사람은 그 상처의 경중을 따져서 죄를 가늠한다.】" 이 율법조항에서는 장난·착오·과실살인과 상해는 같은 조항에서 다루고 있다. 지금 이 부분은 이 조항의 본문에서 끌어다 이야기하는 것이다.

○ 이 율법조항의 '장난(戲)'이란 글자에는 다음과 같은 주가 붙어 있다. "자칫하면 남을 죽일 수도 있는 일을 가지고 장난으로 삼는 것을 말하는데, 이를테면 권법이나 곤봉으로 대련하는 종류와 같은 것이다." 그 뒤의 율법조항 본문에서는 또 이렇게 실려 있다. "만약 나루터의 물이 깊고 진흙이 미끄러운 것을 알고도 얕고 평평하다고 속이거나, 다리나 건너는 배가 낡고 물이 새서 건너갈 수 없음을 알면서도 아주 튼튼하다고 속여 사람이 지나가다가 물에 빠져 죽거나 다치도록 유도하였다면, 또한 난투하다 죽이거나 상처를 입힌 것으로 간주하여 처벌한다." 그 주에서는 이렇게 말한다. "장난살인과 대등하다." 이로 말미암아 미루어 보건대, 무릇 자칫하면 남을 죽일 수 있는 일을 가지고 장난 삼아 남을 죽이거나 다치게 하였다면 모두 난투하다 죽이거나 다치게 한 것으로 처벌하는 것임을 알 수 있다.

[7. 과실살인] 구두진술에 의하면, 벽돌을 주워 모물을 치려고 했는데 마침 거기에 모인이 있는 줄 몰랐기 때문에 모인의 모처를 맞추어 목숨을 잃게 하였다. 이것이 바로 과실살인(過失殺. killing by accident. unintentional killing)이다. 이와 관련된 율법조항에는 다음과 같이 실려 있다. "만약 과실로 인해 죽이거나 상처를 입혔다면 각기 난투하다 죽이거나 상처를 입힌 죄에 견주며, 율법에 따라 수속(收贖)을 하여 피해자에게 지급한다." 그 조항의 주에는 다음과 같이 실려 있다. "과실이라 함은 '귀나 눈이 미치지 못하는 바, 생각이 미치

지 못한 바'를 말한다. 이를테면 짐승이나 새에 화살을 쏘았거나, 어떤 일로 벽돌이나 기와를 던졌는데 뜻하지 않게 살인을 한 경우다. 혹은 높고 험한 곳을 오르다 발을 헛디뎌 같이 가던 사람에게 피해를 끼치거나, 또는 배를 몰면서 바람을 타거나, 말을 타다가 말이 놀라서 질주하거나, 수레를 몰다가 비탈 아래로 굴러 도저히 힘으로 막을 수 없는 경우다. 혹은 함께 무거운 물건을 들다가 힘으로 도저히 막을 수 없게 되어 함께 물건을 든 사람에게 피해를 준 경우다. 무릇 처음에 사람을 해칠 뜻이 없었는데 우연하게도 사람을 죽이거나 상처를 입힌 경우는 모두 싸우다 죽이거나 상처를 준 죄에 견주어 처벌한다. 율법에 따라 수속을 받아 죽거나 상처를 입은 사람의 가족에게 지급하여 장례를 치르거나 의약 비용에 보태도록 한다." 무릇 [과실에 의해] 죽인 경우는 난투살인에 견주어 교수형에 처하고 수속을 받으며, 상처를 입힌 경우는 상처를 검사하여 죄를 정하고, 수속을 받는다.

○ 또한 이 율법조항에 의하면 "응당 목숨 값을 갚아야 할 죄수가 사면을 받게 되면, 은 20냥을 추징하여 피살자의 가족에게 지급하며, 정말로 아주 가난한 경우라면 양껏 헤아려 절반만 추징한다."

○ 또한 "수속의 경우 과실살인으로 교수형에 처해진 경우 더불어 피해자 집안에 장례 비용으로 절은(折銀) 12냥 4전 2푼을 지급한다.

○ 또한 별도의 주에 따르면, 과실로 죽이거나 상처를 입혀, 피해자가 독질(篤疾)에 이르게 하여 마땅히 유배형에 처해야 하는 사람은 "난투하다 사람을 다치게 한 죄에 견주어 율법에 따라 수속하게 하는데, 은 6냥 8전 5푼 7리를 거두어 피해자가 의약 비용으로 쓸 수 있게 한다."

○ 아랫사람이나 어린 사람이 과실로 웃어른이나 나이가 많은 사람을 죽이면, 그에 관한 정식 조항에서 규정한 것을 제외하고는 모두 [아무런 친족관계도 없는] 일반 사람[凡人]과 같게 처벌한다.

○ 만약 한 사람이 과실로 두 사람을 죽인 경우 한 사람분만 수속을 받는다. 두 사람이 과실로 한 사람을 죽인 경우 주·공범을 나누어 모두 수속을 받는데, 주범의 수속은 피해자 가족에게 지급하고, 공범의 수속은 관청에 귀속시킨다. 만약 도적을 잡으려다가 과실로 옆 사람을 죽인 경우는 과실살인에 따라 처벌한다.

이상 구두진술에 근거한 일곱 가지 살인의 범주는 모두 일반 평민에 관한 율법조항이며, 이러한 죄를 범하는 사람은 아주 많다. 때문에 아울러서 죄를 가늠하고 이것을 일종의 기준으로 삼았다. 이를테면 각종 살인에 관한 율법조항에 실려 있는 범죄 종류는 아주 많다. 이를테면 '모의살인' 조항에 "황상이 파견한 사자(制使)나 본지 지방장관을 모의하여 죽이려고 한 경우"와 같은 종류가 어찌 자주 나타나겠는가? 또한 모든 것은 상세하게 율례에 갖추어져 있으므로 번거롭게 인용하면서 쓸데없이 장황하게 늘어놓아 질리게 만드는 일은 피하고자 하였다.

[一. 鬪毆殺] 據供, 偶爾口角, 互相爭鬪, 用某物, 于某人某處, 一下打重, 當時殞命, 並無同謀及下手之人, 此係鬪毆殺. 按律: "凡鬪毆殺人者, 不問手足、他物、金刃, 並絞.【監侯】"[124] 按鬪殺, 爾我爭雄謂: '鬪'. 彼此交打, 原無打死之心, 或當時, 或保辜限內, 打有致命之傷而死者, 皆爲鬪殺.

○ 鬪毆, 止一人相敵, 無從.[125] 若有從, 卽係同謀共毆. 按律: "若同謀共毆人, 因而致死者, 以致命傷爲重, 下手者, 絞.【監侯】" 若有原謀, 按律: "原謀者杖一百、流三千里. 餘人各杖一百, 餘人卽指共毆之人."[126] 按本律條例云: "其共毆之人, 審係執持鎗刀等項兇器, 或亦有致命傷痕者, 發邊衛充軍."[127] 夫"致命傷重者, 絞", 此言有致命傷痕, 非重也. 共毆餘人, 皆杖, 此獨邊衛充軍, 以執有鎗刀兇器也. 又按律本條例云: "必眞係造意首禍之人,[128] 方以元謀擬流.[129] 其但曾與謀, 而未造意, 毋得槪擬流."[130] 故元謀必有造意之實跡, 方可作元謀問擬也.

[二. 故殺] 據供, 與某人素有仇嫌, 偶然撞遇, 一時忿起, 用某物, 于某人某處一下, 當時殞命, 此係故殺. 按律: "故殺者, 斬【監侯】"[131] 按故殺事, 有怨恨心, 無宿謀, 逞怒一時, 徑情殺之者,[132] 未嘗謀畫, 故次於謀殺, 有死之心, 故重于鬪殺.

---

124 『대청률례』 권26 「형률 인명 2(人命之二)」(『律』290.00) 「투구급고살인(鬪毆及故殺人[獨毆曰: '毆', 有從爲同謀共毆; 臨時有意欲殺, 非人所知曰: '故'. 共毆者惟不及知, 仍只爲同謀共毆. 此故殺所以與毆同條, 而與謀有分])」. "1. **凡鬪毆殺人者, 不問手足、他物、金刃, 並絞[監候]. 故殺者, 斬[監候].**"(p.430)

125 무종(無從)은 주범(主犯. 首犯)을 도와준 종범(從犯)이 없다는 뜻이다.

126 『대청률례』 권26 「형률 인명 2(人命之二)」(『律』290.00) 「투구급고살인」. "3. **若同謀共毆人, 因而致死者, 以致命傷爲重, 下手[致命傷重]者, 絞[監候]. 原謀者[不問共毆與否], 杖一百、流三千里. 餘人[不曾下手致命, 又非原謀], 各杖一百[各兼人數多寡及傷之輕重言].**"(p.430)

127 『대청률례』 권26 「형률 인명 2(人命之二)」(『律』290.01) 「투구급고살인」. 條例. "1. 凡同謀共毆人, 除下手致命傷重者, 依律處絞外, **其共毆之人, 審係執持搶刀等項兇器, 亦有治傷痕者, 發邊衛充軍.**"(p.430)

128 조의(造意)는 가장 먼저 앞서서 제창하여 말한다는 뜻이다. 즉 창도·주모한다는 뜻이다.

129 원모(元謀)는 으뜸모의자, 즉 주모자(主謀者)를 말한다.

130 『대청률례』 권26 「형률 인명 2(人命之二)」(『律』290.02) 「투구급고살인」. 條例. "2. 凡同謀共毆人犯, 除下手者擬絞外, **必實係造意首禍之人, 方以原謀擬流; 毆有重傷而又持有兇器者, 方以合例發遣. 其但曾與謀而未造意, 並有重傷而無兇器, 有凶器而無重傷者, 毋得槪擬流戍.**"(p.431) 도광 판본의 조례에는 약간 변동이 있다(290.02. "凡同謀共毆人犯, 除下手者擬絞外, 必實係造意首禍之人, 方以原謀擬流. 其但曾與謀而未造意者, 毋得槪擬流罪.")

131 『대청률례』 권26 「형률 인명 2(人命之二)」(『律』290.00) 「투구급고살인」. "2. **故殺者, 斬[監候].**"(p.430)

132 경정(徑情)은 성질대로·감정대로라는 뜻이다.

○ 或原係鬪毆, 因爭鬪不過, 持刀刃、他物赶去, 卽時殺死, 便是故殺. 不得以鬪殺擬罪, 夫持物赶去, 是有意欲殺之也. 本律註云: "臨時有意欲殺, 非人所知, 曰: '故'."[133] 是因其跡而誅其心也. 故曰: "非人所知."

○ 又按: 故殺不得有從. 若有從, 是已知故殺之情, 卽係共謀人死. 從而加功之人, 宜坐絞者矣. 本犯安得仍擬故殺之條? 若本犯實坐故殺, 或有助打者, 止問不應杖律.

[三. 謀殺] 據供, 與某人素有仇隙, 因與某人商謀, 伺至僻靜去處, 用某物于某人某處一下, 當時殞命, 此係謀殺. 按律: "凡謀殺人造意者, 斬【監候】; 從而加功者,[134] 絞【監侯】; 不加功者, 杖一百、流三千里, 殺訖乃坐."[135] 按律, 以造意爲重, 則商謀之人, 應依造意擬, 斬. 而本犯止以功論絞,[136] 所謂: "律重原謀"也.[137] 如本犯造意自殺, 卽作造意殺人者, 律論斬. 律內"殺訖乃坐"四字, 要看註云: "若未曾殺訖, 而邂逅身死,[138] 止依同謀共毆人科斷."[139] 其罪重在登時殺死也.[140] 律云: "若傷而不死, 造意者, 絞【監候】; 從而加功者, 杖一百、流三千里; 不加功者, 杖一百、徒三年."[141] 罪雖遞減, 造意者猶以死論. 以其人之不死者, 幸也. 故謀殺律, 以造意之罪爲獨重.

○ 又按律註, "或謀諸心, 或謀諸人," 皆爲'造意'.[142] 夫謀諸人, 以有同謀之人, 謂之: '造意', 是矣. 若謀諸心, 雖其潛圖黙慮, 人孰得而知之, 遂指爲造意乎? 盖曰: "其人之死, 原非起于互相鬪毆, 乘其不備而殺之, 非謀而何?" 且自供: "素與有仇, 夫因有仇, 又乘其不備," 是蓄意已久, 乃至於此際, 而始下手也, 非造意而何? 故因謀而始得謂之: '造意'. 因與有隙, 而後動其

---

133 『대청률례』 권26 「형률 인명 2(人命之二)」(『律』290.00). 「투구급고살인(鬪毆及故殺人[獨毆曰: '毆' 有從爲同謀共毆 臨時有意欲殺, 非人所知, 曰: '故'. 共毆者惟不及知, 仍只爲同謀共毆, 此故殺所以與毆同條, 而與謀有分])」.(p.430)

134 가공(加功)은 실제행동으로 범죄행위를 돕는 것을 가리킨다.

135 『대청률례』 권26 「형률 인명 1(人命之一)」(『律』282.00) 「모살인(謀殺人)」. "1. 凡謀[或謀諸心, 或謀諸人]殺人造意者, 斬[監候]; 從而加功者, 絞[監候]; 不加功者, 杖一百、流三千里, 殺訖乃坐[若未曾殺訖, 而邂逅身死, 止依同謀共毆人科斷]."(p.420)

136 여기서 본범(本犯)은 (주모자인가 아닌가와 상관없이) 직접 살인을 실행한 사람을 가리키는 것 같다.

137 원모(原謀)는 아마 원모(元謀)와 거의 비슷한 뜻이겠지만, 일단 처음모의자로 번역하였다.

138 해후(邂逅)는 해구(邂遘. 邂覯)처럼, 우연히 만난다는 뜻이지만, 여기서는 아마 나중에라는 뜻으로 쓰인 것 같다.

139 『대청률례』 권26 「형률 인명 1(人命之一)」(『律』282.00) 「모살인(謀殺人)」. "1. 凡謀[或謀諸心, 或謀諸人]殺人造意者, 斬[監候]; 從而加功者, 絞[監候]; 不加功者, 杖一百、流三千里, 殺訖乃坐[若未曾殺訖, 而邂逅身死, 止依同謀共毆人科斷]."(p.420)

140 등시(登時)는 '즉각, 바로'라는 뜻이다.

141 『대청률례』 권26 「형률 인명 1(人命之一)」(『律』282.00) 「모살인」. "2. 若傷而不死, 造意者, 絞[監候]; 從而加功者, 杖一百、流三千里; 不加功者, 杖一百、徒三年."(p.420)

142 앞서 인용한 『대청률례』 권26 「형률 인명 1(人命之一)」(『律』282.00) 「모살인」(p.420) 조문을 참조.

謀. 若問官遇此等獄,[143] 必訊其是否素有仇嫌, 是否有造意實據, 方照本律定擬. 非是, 人命重大, 未可槩爲引坐. 故本律條例內云: "一. 凡勘問謀殺人犯, 果有詭計陰謀者, 方以造意論斬, 卽毆傷重者, 方以加功論絞. 毋得據一言爲造謀, 指助勢爲加功,[144] 一槩擬死."[145] 仁哉! 古人之意. 惟恐聽獄者,[146] 易失于苛, 故特著之, 以爲聽斷者告也.

［四. 劫殺］ 據供, 原與某人商量同去, 用某物, 將某人殺死, 又將他某物取了來, 同某人分訖, 此係劫殺. 按人命律內, 無'劫殺'字樣, 止謀殺人一條云: "若因而得財者, 同强盜, 不分首、從論, 皆斬."[147] 按本律註, 無問殺人與否, 但得財, 卽同盜論.[148] 況得財而又殺人乎? 律中一'因'字下得甚細, 盖初念止在殺人, 未以得財起意, 故曰: '因'. 一'同'字又下得甚深, 盖强盜止利得財, 初無殺人之意, 今旣殺其人, 而又取其財, 不更甚于强盜一等乎? 故不曰: "以强盜論", 而曰: '同', 以其所犯無一不同於强盜, 故不曰: '以', 而曰: '同'也. 然于强盜之律, 無可加者, 以强盜殺人劫財, 亦止以斬論. 且彼原爲謀殺, 而偶起利財之心, 故竟同盜論, 不分首、從皆斬, 是于謀殺之律, 又加一等矣. 玩本律註[149]: "行而不分贓、分贓而不行及不行又不分贓, 皆仍依謀殺論,"[150] 則知所犯原在本律, 因其得財, 而又甚其罪者也.

○ 又按: 本條例云: "謀而已行, 人贓見獲, 方與强盜同辟, 毋得坐虛贓爲得財, 一槩擬死. 則已行雖得財, 而贓無現獲, 未可與强盜同論也."[151] 讞獄者, 其愼之哉!

［五. 誤殺］ 據供, 原與某人爭鬪, 錯打某人殞命, 此係誤殺. 按律內: "因鬪毆而誤殺傷傍人者, 以鬪殺傷論, 其謀殺、故殺人而誤殺傍人者, 以故殺論."[152] 按律: "因鬪毆悞殺傷"註, "死者,

---

143 문관(問官)은 범문을 심문하여 소송안건을 처리하는 관리, 즉 지방관을 말한다.

144 조세(助勢)는 돕는다는 뜻이다.

145 『대청률례』 권26 「형률 인명 1(人命之一)」(『律』282.01) 「모살인」. 條例. "1. 凡勘問謀殺人犯, 果有詭計陰謀者, 方以造意論斬; 助毆傷重者, 方以加功論絞; 謀而已行, 人贓見獲者, 方與强盜同辟. 毋得據一言爲造謀, 指助勢爲加功, 坐虛贓爲得財, 一概擬死, 致傷多命."(p.421)

146 청옥(聽獄)은 소송사건을 듣고 처리한다는 뜻, 즉 재판을 가리킨다.

147 『대청률례』 권26 「형률 인명 1(人命之一)」(『律』282.00) 「모살인」. "5. 若因而得財者, 同强盜不分首、從論, 皆斬[行而不分贓及不行又不分贓, 皆仍依謀殺論]."(p.421)

148 이 율주(律註)는 건륭판 『대청률례』에는 들어 있지 않다. 하지만 옹정(雍正) 3(1723)년 반포된 『대청률집해부례(大淸律集解附例)』(四庫未收書輯刊編纂委員會編, 『四庫未收書輯刊』 제1집 26책. 北京出版社, 1997 所收)의 권19 「형률 인명(人命)」의 율주(2a. p.317)에는 "若因而得財分贓者, 則與强盜無異, 故不分首從, 皆斬"이란 구절이 들어 있다.

149 완(玩)은 반복해서 느낀다, 감상한다, 사용한다는 뜻이 있다.

150 앞서 인용한 『대청률례』 권26 「형률 인명 1(人命之一)」(『律』282.00) 「모살인」(p.421) 조문을 참조.

151 앞서 인용한 『대청률례』 권26 「형률 인명 1(人命之一)」(『律』282.01) 「모살인」(p.421) 조문을 참조.

152 『대청률례』 권26 「형률 인명 1(人命之一)」(『律』292.00) 「희살·오살·실살상인(戲殺、誤殺、失殺傷人)」. "1. 凡因戲[以堪殺人之事爲戲, 如比較拳棒之類]而殺傷人及因鬪毆而誤殺傷旁人者, 各以鬪殺傷論[死者, 並絞. 傷者, 驗輕重坐罪]. 其謀殺、故殺人, 而誤殺旁人者, 以故殺論[死者, 處斬, 不言傷, 仍以鬪毆論]."(p.433)

並絞, 傷者, 驗輕重坐罪.” 又“謀故悞殺傷”註: “死者, 處斬, 不言傷, 仍以鬪殺論.”[153] 則斷悞殺傷人, 必須先辨起釁之由, 原與本人偶爾爭鬪, 或素心欲殺本人, 或臨時欲殺本人, 而後可定其罪也. 夫鬪毆殺人, 本律論絞, 謀殺、故殺人, 本律論斬. 今卽以本律坐之, 是以殺本人之罪, 以抵誤殺之傍人也. 何也? 夫推其鬪毆、爭雄之忿, 與謀殺、故殺人之心, 不中之于傍人, 必中之于本人矣. 乃本人幸而未中, 而中之于不幸之傍人, 則傍人實代本人而死矣. 彼中之者, 寧得不以殺本人者而償之乎? 律之所以按三殺定擬, 此據理原情, 而皆不得辭者也. 雖然, 謀·故·悞殺人之罪, 較之鬪毆、誤殺全其首領者, 有間矣. 聽獄者宜于此, 而尤加詳愼焉耳.

○ 又按: 若父謀殺人而誤殺子, 當除故殺子罪, 問以“謀殺人已行, 而未曾傷人”條.[154] 盖謀殺未傷之徒, 重于故殺己子之徒也. 弟因與人鬪, 誤殺兄, 當以毆殺兄論. 因謀殺兄, 而誤殺姪, 當以謀殺期親、尊長論,[155] 爲從重科斷.

[六. 戲殺] 據供, 與某人戲耍, 誤中某人某處殞命, 此係戲殺. 按律內: “凡因戲而殺傷人者, 以鬪殺傷論.【死者, 絞; 傷者, 驗輕重坐罪】”[156] 按律, 戲殺、誤殺、過失殺傷人同條, 今節取本文於此云.

○ 律‘戲’字下註: “以堪殺人事爲戲, 如比較拳棒之類.”[157] 後律文又云: “若知津河水深泥濘,[158] 而詐稱平淺, 及橋梁、渡船朽漏, 不堪渡人, 而詐稱牢固,[159] 誑令人過渡, 以致陷溺死傷者, 亦以鬪殺傷論.”[160] 註云: “與戲殺相等.” 由此推之, 則凡以堪殺人之事, 爲戲殺傷人者, 皆可以鬪殺傷論也.

[七. 過失殺] 據供, 因拾磚打某物, 不知某人在彼, 着在某人某處殞命, 此係過失殺. 按律內: “若過失殺傷人者, 各准鬪殺傷罪, 依律收贖, 給付其家.” 按本註云: “較戲殺愈輕.” 又: “過失謂: ‘耳目所不及, 思慮所不到.’ 如彈射禽獸, 因事投擲磚瓦, 不期而殺人者; 或因升高險, 足有蹉跌, 累及同伴; 或駕船使風, 乘馬驚走, 馳車下坂, 勢不能止; 或共擧重物, 力不能制, 損及同

---

153 위와 같음.

154 『대청률례』 권26 「형률 인명 1(人命之一)」(『律』282.00) 「모살인」 “3. 若謀而已行, 未曾傷人者[造意爲首者] 杖一百、徒三年. 爲從者[同謀同行], 各杖一百, 但同謀者[雖不同行], 皆坐.”(p.420)

155 기친(期親. 朞親)은 1년 동안 복상(服喪)해야 하는 가까운 관계의 친척을 가리킨다.

156 앞서 인용한 『대청률례』 권26 「형률 인명 3(人命之三)」(『律』292.00) 「희살·오살·실살상인」(p.433)을 참조.

157 권봉(拳棒)은 주먹과 곤봉, 즉 무술(武術)을 가리킨다.

158 니영(泥濘)은 진창·진흙탕, 또는 거기에 미끄러진다는 뜻이다.

159 뇌고(牢固)는 견고하다, 튼튼하다, 공고하다는 뜻이다.

160 『대청률례』 권26 「형률 인명 3(人命之三)」(『律』292.00) 「희살·오살·실살상인(戲殺、誤殺、失殺傷人)」. “2. 若知津河水深泥淖, 而詐稱平淺, 及橋梁渡船朽漏, 不堪渡人, 而詐稱牢固, 誑令人過渡, 以致陷溺死傷者[與戲殺相等], 亦以鬪殺傷論.”(p.433)

擧物者. 凡初無害人之意, 而偶致殺傷人者, 皆准鬪殺傷人罪. 依律收贖, 給付被殺、被傷之家, 以爲營葬及醫藥之資"云云.[161] 夫死者, 准鬪毆殺人, 絞罪、收贖. 傷者, 驗傷定罪, 收贖, 是也.

○ 又按: 本條例云, 一"應該償命罪囚,[162] 遇蒙赦宥, 俱追銀二十兩, 給付被殺家屬. 如果十分貧難者, 量追一半."[163]

○ 一. "收贖, 過失殺人絞罪, 與被害之家營葬折銀十二兩四錢二分."[164]

○ 按: 別註, 過失殺傷人至篤疾應流者, "准鬪毆傷人罪, 依律收贖銀六兩八錢五分七釐, 以爲醫藥之資."[165]

○ 凡卑幼過失殺尊長, 除有正條外, 皆同凡人論.

○ 若一人過失殺二人, 止收一人之贖. 二人過失殺一人, 分首、從俱贖, 爲首給主, 爲從入官.[166] 若因捕賊而誤殺傍人, 依過失殺論.

以上據供七殺, 皆係平人之律, 以其所犯者多, 故並擬之, 以爲式. 若其各殺律中, 載所犯之條頗悉. 如謀殺人律內, "謀殺制使及本管長官"之類,[167] 豈常所經見者?[168] 且一切詳具律例, 未敢煩引, 以滋冗厭.

---

161 『대청률례』 권26 「형률 인명 3(人命之三)」(『律』292.00) 「희살·오살·실살상인」. "3. 若過失殺傷人者[較戲殺愈輕], 各准鬪殺傷罪, 依律收贖, 給付其[被殺傷之]家[過失謂: '耳目所不及、 思慮所不到.' 如彈射禽獸, 因事投擲磚瓦, 不期而殺人者; 或因升高險, 足有蹉跌, 累及同伴; 或駕船使風, 乘馬驚走馳車, 下坡勢不能止; 或共擧重物, 力不能制, 損及同擧物者. 凡初無害人之意, 而偶致殺傷人者, 皆准鬪毆殺傷人罪, 依律收贖, 給付被殺被傷之家, 以爲管葬及醫藥之資]."(p.433)

162 상명(償命)은 저명(抵命)처럼 목숨 값을 갚는다는 뜻이다.

163 『대청률례』 권26 「형률 인명 3(人命之三)」(『律』292.01) 「희살·오살·실살상인」. 條例. "1. 應該償命罪囚, 遇蒙赦宥, 俱追銀二十兩, 給付被殺家屬. 如果十分貧難者, 量追一半."(p.433)

164 『대청률례』 권26 「형률 인명 3(人命之三)」(『律』292.02) 「희살·오살·실살상인」. 條例. "2. 收贖過失殺人絞罪, 與被殺之家營葬折銀十二兩四錢二分[其過失傷人收贖銀兩數目, 另載圖內]."(pp.433-434)

165 앞서 인용한 『대청률례』 권26 「형률 인명 1(人命之一)」(『律』292.00) 「희살·오살·실살상인」(p.433)을 참조.

166 입관(入官)은 여기서는 범죄에 관련된 재물을 관부에서 몰수한다는 뜻이다.

167 『대청률례』 권26 「형률 인명 1(人命之一)」(『律』283.00) 「모살제사급본관장관(謀殺制使及本管長官)」. "凡奉制命出使, 而[所在]官吏謀殺及部民謀殺本屬知府、知州、知縣, 軍士謀殺本管官, 若吏卒謀殺本部五品以上長官, 已行[未傷]者[首], 杖一百、流二千里; 已傷者[首], 絞; [流絞俱不言'皆', 則爲從各減等. 官吏謀殺監候, 餘皆決不待時, 下斬同]. 已殺者, 皆斬[其從而不加功, 與不行者及謀殺六品以下長官, 並府州縣佐貳首領官, 其非本屬、本管、本部者, 各依凡人謀殺論]."(p.422) 여기서 제사(制使)는 황제가 파견한 사자를 가리킨다.

168 경견(經見)은 자주 또는 항상 본다는 뜻이다.

14-07. 검시(檢驗)

사망사건에서 상사의 비준이 떨어지면 신속하고 정확하게 [1차] 검시(相驗)와 심문을 진행하여 적절한 「사건조서」를 갖추어 보고한 다음, 밝고 맑은 날을 잡아 [2차] 검시(檢驗)를 시행한다. 검시할 때에는 모름지기 검시용 천막 앞에 다리가 긴 목패(木牌)를 세워 주변 사람들이 둘러싸거나 떼 지어 밀고 들어와 떠드는 것을 금지하고, 아울러 유가족 측이 용의자(가해자)를 능욕하지 못하게 해야 한다. 그리고 조예 2명에게 순찰을 돌려 어슬렁거리는 사람들을 쫓아내고, 감히 검시 장소에 함부로 들어서면 잡아들여 보고를 올리게 하여 무겁게 처벌함으로써 검시 장소가 엄숙하고 조용함을 유지할 수 있게 한다. 그렇게 해야 검시차역이 또렷한 목소리로 보고를 하면 검시에 참가한 지현이 정확하게 그대로 받아 기입할 수 있다. 지현은 검시 천막에 들어가면 바람이 불어오는 쪽으로 자리를 잡고 앉은 다음 검시차역을 탁자 앞으로 불러 다음과 같이 엄숙하게 깨우친다.

> 오늘의 검시는 사람의 생사·목숨에 관련된 것이니 모름지기 공정하게 마음을 써서 세심하게 검사해야 한다. 상처가 있으면 사실대로 상처를 보고하되 얼렁뚱땅 숨겨서는 안 되며, 상처가 없는데도 거짓으로 상처가 있다고 보고하여 죽은 사람이 한을 품고 산 사람이 억울하게 죄를 뒤집어쓰는 일이 없어야 한다. 밝은 세상에는 왕법(王法)이 있고 지하에는 귀신이 있어 모두 너를 용서하지 않을 것이다.

검시차역은 엄숙한 깨우침을 들으면 지현이 몹시 정명함을 알게 되이 자연히 부성을 저지르기 어려워질 것이고, 조금이라도 양심이 있다면 그것을 발휘하여 스스로도 차마 부정을 저지르지는 못할 것이다.

시신이 이미 썩어문드러져 살갗의 색을 분별하기 어려울 때는 모름지기 물로 씻고 더러운 곳을 씻어 내어 살갗이 제대로 드러나게 한다. 만약 상처의 흔적과 색깔이 분명하지 않다면 썩은 살을 도려내 뼈에 피멍이나 핏자국이 있는지 살펴본다.【상처에 대한 검시법은 뒤에 상세히 덧붙일 것이므로 여기서는 언급하지 않겠다.】검시차역은 어디에 상처가 있고, 어떤 색깔이며, 모양과 길이, 깊이가 어떠한지 상세하게 지적하면서 큰 소리로 보고해야 한다. 지현은 직접 눈으로 살펴보고 받은 내용과 일치하는지 확인해야 하며, 용의자를 데려와 확인시키고, 유가족과 증인들도 확인하게 해야 한다. 그다음 지현은 보고에 따라 직접 붉은색 먹으로 「사체검안서(屍格)」의 형식에 맞추어 기입한다. 그렇지만 「사체검안서」에 어떤 흉기로 상처를 입힌 것인지 가볍게 기입해서는 안 되며, 반드시 용의자가 소지한 흉기와 제대로 들어맞는지, 1차 검시에서 확인한 상처와 동일한지 살펴보아야 하며, 이번 검시에서 더 찾아낸 상처가 있는지, 그리고 그것이 진짜인지, 아니면 가짜인지도 판단해야 한다. 무릇 치명적인 상처는 아주 상세하게 살펴보고 보고하게 해야 하며, 이를 분명하게 기입해야 한다.

「사체검안서」의 형식에 맞추어 검사하고 기입하는 것이 완료되면, 바로 "아무런 숨김이나 빠뜨림이 없으며, 남의 뜻에 따르거나 엉터리로 보고한 경우 달게 죄를 받겠습니다."라는 검시차역의 「확인서」를 받아 두며, 아울러 유가족·관련 증인 등으로부터 「사체검안서」 뒤쪽에 서명을 받는다. 지현은 그다음 붉은색 먹으로 날짜를 기입하고, 「사체검안서」에 밀봉 표시를 한 다음 가지고 돌아간다. 시신은 유가족이 임시로 염을 하여 매장할 수 있도록 하고, 지보가 이것을 지켜보도록 한다. 지현이 자리에서 일어나면, 용의자를 먼저 앞세움으로써 유가족 측이 몰려들어 때리는 것을 막으면서 아문으로 돌아온다. 만일 타살임이 사실이라면 당장 용의자를 불러 엄히 책망하고 수감시킨다. 나머지 범인 가운데 감창에 수감해야 할 사람은 감창으로 보내고, 보증을 받고 풀어 줄 사람은 보증을 세운 다음 집으로 돌아가게 하되, 「사건조서」·「심리의견」이 갖추어지기를 기다려 상급 아문으로 올려 보낸다.

생각건대, 지현이 시신의 상처를 몸소 살피는 것이 가장 중요한 일이다. 몸소 살피게 되면 자기 눈으로 분명하게 확인하니 스스로 안심할 수 있고, 검시차역은 쉽사리 못된 수작을 벌이지 못한다. 혹시 모든 상처를 다 직접 보지는 못하더라도, 오직 치명상만은 목숨 값을 갚게 하는 근거가 여기에 있으므로 단연코 자기 눈으로 확인해야 하며, 더럽고 냄새난다고 피하거나 꺼려서는 안 된다. 하지만 저 멀리 탁자 뒤에 앉아 향의 연기가 자욱한 가운데 검시차역이 외치는 소리만 듣고 있으면 어찌 되겠는가? 검시차역이 유가족의 돈을 받고 매수되어 상처를 거짓으로 보고하거나, 자살을 타살로 바꾸거나, 아니면 가해자 집안의 돈을 받고 상처를 숨기고 보고하지 않거나 무거운 상처를 가벼운 상처로 보고하게 되면, 산 사람이나 죽은 사람 모두 억울함을 품지 않을 수 없으니 이것은 누구의 잘못이겠는가?

이후에 다시 몸소 재차 검시에 나서야 하게 될 때 혹은 다른 관원에게 위임할 수는 있어도 검시차역에게 맡겨서는 안 된다. 유감스럽게도 이 무리들은 아주 단단하게 굳어진 관례가 있어, 한 차례 검시로 모든 것을 결정해 버리고 결코 이것을 바꾸려 하지 않는다. [시신을 다시 파내] 뼈가 밖으로 드러나고, 뭇사람이 증인으로 연루될 뿐만 아니라, 지현 자신도 상사에게 재촉과 반박을 받아 다시 보고하자면 얼마나 골치가 아프고, 큰 사건이라면 도대체 얼마나 걸려 결말이 나겠는가? 이렇게 하기보다는 차라리 잠시 악취를 참고 견뎌, 끝나지 않을 복잡한 갈등을 줄이는 편이 훨씬 낫다.

○ 생각건대, 치명상을 입을 수 있는 부위는 정수리의 중앙(頂心), 숫구멍(顖門. 또는 정수리), 옆머리(腦角), 이마(額角. 관자놀이), 태양혈(太陽. 관자놀이에 있는 혈도), 눈꼬리(目眥), 콧마루 위쪽(鼻山根. 콧대와 이마가 만나는 부분. 鼻根이라고도 한다), 귀뿌리(耳根), 목젖(結喉), 입(血盆), 앞가슴(胸前),[169] 겨드랑이(乳脇), 윗 옆구리(軟肋), 가슴(心腹), 아랫배(小腹), 뒤통수(乘枕), 항문(穀道), 음낭(陰囊), 그리고 여성의 음부(陰部)와 젖가슴(乳房)이다.

무릇 사망사건에는 1차 검시(初驗)와 2차 검시(覆檢)의 규정이 있는데, 사람의 목숨은 중대한 만큼 억울함이나 왜곡이 있을 수 있어 신중히 처리하지 않을 수 없기 때문이다. 만약 지현의 1차 검시에서 잘못이 없고 용의자와 증인의 지적이 명확하다면, 2차 검시를 반드시 해야 할 필요는 없다. 기존 규정에서도 단지 치명상만 다시 살펴보고, 나머지는 「사체검안서」의 형식에 맞추어 기입함으로써 상사에게 보고를 올리면 되었던 것이다. 또한 어찌 찌는 듯한 무더운 날씨 속에 참담하게도 다시 시신을 뒤적거리면서 밝은 세상을 욕되게 할 수 있겠는가? 『흠정[육부]처분칙례(欽定[六部]處分則例)』에서도 "사망사건에서 세 차례 검시는 허용되지 않으며, 어길 경우 1년간 벌봉(罰俸. 봉록 지급정지)의 처분을 받는다"고 하였으니, 또한 황상의 어진 은혜가 죽은 사람에게까지도 미치는 것이다. 신하된 자로서 어찌 1차 검시를 상세히 치르고, 2차 검시를 신중하게 다루지 않을 수 있겠는가?

이른바 '검시(檢驗)'라는 것은 원고가 지목한 시신의 상처와 알려 온 흉기를 확인해 그것이 진짜인지 아닌지, 서로 들어맞는지를 비교하여 대조하는 것이며, 이것이 정례(定例)이다. 어떤 사람은 말한다. "이렇지 않고, 비록 상처가 있더라도 지목한 상처를 검사하지 않았거나 「고발장」과 일치하지 않는다면 또한 아예 소송 접수를 하지 않는다. 허위 사실로 속이는 것을 대비하고 못된 풍습을 막기 위해서이다." 이것은 확실히 타당한 의견이다. 그렇지만, 유가족들이 놀라고 슬퍼서 경황이 없는 와중에 시신을 제대로 두루 살피지 못하고, 혈도(穴道)에 대해서도 잘 알지 못해 상처를 잘못 지목할 수도 있으니 어찌 모두 이런 경우를 일괄적으로 무시해 버릴 수 있겠는가? 지현은 1차 검시에서 모름지기 시신의 앞뒤 양쪽을 두루 상세히 살펴봐야 한다. 비록 찰과상이나 타박상으로 인한 상처가 있더라도 역시 기록해 둠으로써 이후 검시차역이 상처를 부풀리는 것을 막아야 한다. 치명상은 특히 아주 세심하게

169 포전(胞前)이라고 되어 있으나 아마 앞가슴인 흉전(胸前)의 잘못인 것 같다. 뒤에서도 흉전(胸前)으로 나온다.

살펴보아야 하며, 검시가 끝났을 때 즉시 검시차역으로 하여금 치명상이 몇 곳이고, 타박상이나 찰과상이 몇 곳인지 하나하나 분명하게 기입하게 한 다음 「확인서」를 받아 두어, 이후 진짜 상처를 숨기거나 가짜 상처를 날조하는 부정을 막아야 한다. 이렇게 한다면 단순히 검시차역의 보고에만 의거하여 검시를 하는 것보다 훨씬 상세하고 신중하지 않겠는가?

어떤 사람은 또한 말한다. "시신의 뼈에 남아 있는 상처는 피해자가 생전에 어려서부터 나이 먹기까지 놀다가 부딪치거나, 아니면 무거운 것을 들다가 딱딱한 것에 부딪치는 등의 이유로 생겼지만 아무런 탈 없이 완치가 되었는데, 피가 뭉쳐 뼈에 엉긴 흔적이 죽을 때까지 사라지지 않는 경우도 있다. 만약 차역이 뇌물을 받고 이것도 포함시켜 아울러 상처라고 보고한다면 어찌할 것인가?" 하지만 그렇게 걱정할 것은 없다. 새로 생긴 상처와 옛날 생긴 상처는 다르고, 치명상을 입은 상처와 그렇지 않은 것도 차이가 있기 때문이다. 새로 생긴 상처는 피멍이 있으면서 붉고 짙은 색이 생생하지만, 오래된 상처는 옅은 흑색에 마르고 건조한 상태라 쉽게 구별이 된다. 그리고 또한 오래된 상처는 치명상을 입은 부위에 결코 있지 않을 것이다. 만일 과거에 급소에 상처를 입었다면 그 사람은 오래전에 귀신이 되었을 터이니, 어찌 지금까지 살아 있을 수 있겠는가? 혹시 이런 경우가 있더라도 검시차역에게 생전의 타박사이나 찰과상까지 보고하게 하여 「사체검안서」에 기입한다면, 재검을 다시 거치더라도 별 문제가 없을 것이다. 내가 걱정하는 것은 지방관이 이런 말을 하는 사람들의 노파심에 현혹되어, 다른 상처를 검사하지 않았다가 오히려 나중에 반박의 구실을 만들 수도 있다는 점이다. 상처를 잘못 지적하였다고 「고발장」의 접수를 거부하면 또한 피해자 측은 반드시 따로 다른 방법으로 [즉 상급 아문에 가서] 소송을 제기할 것이다. 옛날의 상처를 빠뜨리고 기재하지 않았다가 도리어 피해자에게 구실을 늘려 주고, 만약 상사가 알게 되면 이것을 빌미로 다시 조사하라고 힐책하게 될 것이다. 그때 가서는 어떤 말로 답변할 수 있겠는가? 그래서 여기서 이런 점을 길게 늘어놓지 않을 수 없다.

무릇 중대 사건의 경우 극도로 신중하게 처리해야 하며, 상급 기관에 경솔하게 보고해서도, 또 감히 뒤늦게 보고해서도 안 된다. 경솔하게 보고하면 나중에 다시 수습하기 어려워지고, 뒤늦게 보고하면 상사가 다시 조사할 터이니 둘 다 좋지 않다. 그리고 보고서에 쓰는 용어는 약간 느슨하고 두리뭉실해야 하지, 너무 단정적으로 이야기하지 않는 것이 묘책이다. 예를 들어 모의살인의 고발이 들어왔는데, 비록 「고발장」에 따르면 그렇게 이야기하고 있지만, 읽어 보면 사건의 정상이 실제로는 [모의살인이 아닌] 난투살인이라는 쪽으로 기울어져 있다면, 되도록 모의살인도 고의살인도 아닌 것처럼 모호하게 보고를 올린다. 그렇게 되면 또한 이 사건은 아직 확실한 심리를 거친 것이 아니므로, 상사도 역시 갑작스레 반박하기 곤란하다. 나중에 어쩔 수 없는 상황에 이른 다음에 모의살인이나 고의살인의 정상과 「사건조서」를 갖추어 답장 보고를 올려도 역시 늦지 않다. 왜 그런가 하면, 난투살인의 경우 단지 교수형에 처해지고, 나머지 관련자가 있어도 공동 모의나 폭행죄에 따라 곤장형에 처하면 되는데, 모의살인이라면 "모의살인의 뜻을 품은 사람은 참수형, 이를 도와 힘을 쓴 사람은 교수형에 처하며, 나머지 [돕지 않은 사람]은 곤장 [100대]·[3천 리] 유배형에 처한다."라고 되어 있기 때문이다. 이렇게 되면 너무 많은 사람에게 죄가 미치게 되지 않겠는가? 율례에 따르면 "과연 못된 계획이나 음모가 있었을 경우에만 비로소 살의를 품은 것으로 간주"할 수 있으며, "한쪽 말만 듣고 그것을 모의를 꾀하였다는 근거로 삼을 수는 없다"고 하였다. 이것은 모의살인 조항은 원래 쉽사리 그에 따라 죄를 가늠해서는 안 된다는 점을 알려 준다.

이 점은 강도살인사건의 소송을 다룰 때도 마찬가지다. 무릇 강도살인은 강도와 같게 처리하여, 주범·공범을 가리지 않고 모두 참수형에 처한다. 그렇지만 조사한 결과 강도로 취득한 것이 많지 않아 단지 손에 집히는 대로 조금 가져간 것에 불과하다면, 원래 재물을 얻는 데 뜻을 둔 것이 아니므로 반드시 원고를 불러 한 사람 목숨으로 분을 씻으면 되지 굳이 여러 사람을 다치게 할 필요가 있냐고 간곡히 타이르도록 한다. 만일 원고 측이 따르지 않는다면, 결국 이 문제는 "모의가 이미 행해졌고, 범인과 장물이 현재 모두 확보되어야 비로소 강도와 같게 처벌할 수 있다."라는 율례의 조항에 따라 처벌할 수밖에 없다. [그렇지만] 만약 장물이 현재 확보된 것이 아니라면, [강도와 같게] 엄벌에 처벌해서는 안 된다. 또한 어찌 헛되이 죄목을 걸어 [주범과 공범을] 일괄해서 사형에 처할 수 있겠는가? 이것이 바로 옛사람이 죄수를 위해 붓을 내려놓고 그 목숨을 구해 주려 한 뜻이며, 또한 어진 군자가 기꺼이 하려는 일이기도 하다.

그런데 일 처리의 형세로 볼 때, 사형에 속하는 죄가 되면 모름지기 여러 상급 아문에서 몇 차례나 압송과 심리, 비준과 반박을 거친 다음 제문(題文)으로 중앙정부의 사법 기구에 올려 검토를 거치고 황상의 성지를 주청한 다음에야 비로소 사건이 마무리될 수 있다. 그 와중에 유가족은 이리저리 분주하게 뛰어다니고, 관련자는 요리조리 불려 다닌다. 이들이 왔다 갔다 하다가 길 위에서 죽거나 가산을 탕진하지 않으리라는 보장이 있는가? 상사의 경우도 마찬가지로 황상이나 형부에 보고를 올려 처리할 사건이 늘어 날마다 신경을 써야 하고, 사건처리가 지연되었다가 탄핵과 처벌이 뒤따를 수도 있다. 뿐만 아니라, 무거운 죄와 가벼운 죄를 잘못하여 가볍게 또는 무겁게 처리하였다는 처분을 받는 경우도 있다. 어찌 이런 것들이 아랫사람인 지현에게 이롭겠는가? 따라서 상사 역시 가능하면 지현이 사건을 가벼운 쪽으로 완결시켜 주기를 바란다.

주현에서 올리는 「상문」을 보면 이에 대해 여러 상사가 아주 엄하게 꾸짖어 반박을 하는 경우가 많다. 이것은 억지로 트집을 잡는 것처럼 보이지만, 사실 그 꾸중의 엄격한 정도를 잘 따져보면 바로 그 반박의 강도가 어느 정도인지를 엿볼 수 있다. 지방관이 윗사람의 뜻을 어길까 두려워 갑작스레 기존 판결을 스스로 뒤집었다가 상사로부터 "천하에 이렇게 요령을 모르는 사람이 있나?"라고 비웃음을 당할 정도만 되지 않으면 괜찮을 것이다.

○ 상사의 실제 의도는 관대하거나 엄한 반박 용어 자체에 있는 것이 아니라, 마음 씀씀이의 가볍고 무거움에 있다. 만약 그것을 쉽사리 헤아려 보기 어렵다면 상사가 반박한 사항에 근거하여 다시 「상문」을 갖추어 보고한 다음, 그에 대해 어떤 지시를 내리는가를 기다리는 것도 나쁘지 않다.【그래도 상사의 의도를 확인할 수 없다면, 가까운 곳에 있을 경우 직접 찾아가 뵙고, 멀리 있을 경우 「품문(稟文)」을 갖추어 지시를 요청한다.】

凡命案, 上司批落,[170] 速確檢審, 妥招解報.[171] 乃于晴明日檢驗. 臨檢時須出一高脚牌,[172] 豎立驗棚前,[173] 嚴禁閒人圍看、擁擠喧譁並屍親等凌辱兇身. 仍着皂隸二人巡風驅逐閑人,[174] 敢有擁近場內者, 扭稟重責,[175] 以屍場最宜肅靜, 以便忤作喝報明亮,[176] 檢官聽眞登塡.[177] 檢官到棚, 向上風坐定,[178] 便喚仵作至案, 嚴諭:

> 今日檢驗關係死生性命, 汝須從公用心細檢. 有傷據實報傷, 不許模糊隱匿. 無傷不許作弊, 造傷妄報, 致令死者含冤, 生者負屈.[179] 明有王法, 幽有鬼神, 皆不饒汝也.[180]

---

170 비락(批落)은 여기서는 지시(批示)가 떨어진다는 뜻이고, 과거시험관이 수험생의 답안지에 '낙제'라고 두 글자를 쓰는 것을 가리키기도 한다.

171 타초(妥招)는 적절한 「사건조서」를 작성한다는 것이고, 해보(解報)는 위로 보고한다는 뜻이다.

172 고각패(高脚牌)는 고시를 붙이는 데 쓰는 버팀대(다리)가 붙은 장방형의 목패를 가리킨다.

173 험붕(驗棚)은 검시용으로 지붕을 씌운 가건물 내지는 천막을 말한다.

174 순풍(巡風)은 오가면서 지켜본다는 뜻이다.

175 유품(扭稟)은 잡아서 보고를 올린다는 뜻이다.

176 오작(忤作)은 오작(仵作)과 같은 뜻으로 사상(死傷)의 검험(檢驗)을 맡는 검시차역을 가리킨다. 갈보(喝報)는 큰 소리로 보고한다, 명량(明亮)은 밝고 분명하다는 뜻이다.

177 청진(聽眞)은 제대로 듣는다는 뜻이고 등전(登塡)은 기입한다는 뜻이다.

178 상풍(上風)은 바람이 불어오는 쪽이라는 뜻이고, 좌정(坐定)은 앉는다는 뜻이다.

179 부굴(負屈)은 부굴함원(負屈含冤. 負屈啣冤. 負屈銜冤)처럼 억울한 일을 당해 원통하다는 뜻이다.

180 불요(不饒)는 너그럽게 용서하지 않는다는 뜻이다.

仵作經官嚴諭, 便知官府精明, 自難作弊, 稍有良心, 亦當發現自不忍作弊也. 若屍已潰爛, 肉色難辨, 必須用水衝洗汚爛之處,[181] 肉色方顯露. 若傷處痕色不明, 必剔開腐肉, 驗骨上自有血暈、血蔭等傷痕.[182] 【檢驗傷法, 詳附于後, 玆不復贅】 但見何處傷痕, 是何色道及方圓、長短、分寸, 俱要仵作詳細指定喝報. 檢官親臨眼看所報是否相同. 隨帶兇犯看明,又令屍親、干證等看明. 檢官依報親筆硃塡「屍格」.[183] 格上雖不便輕塡係何物所傷, 然須度量與兇犯所持之器是否相合, 與前初驗之傷是否相同, 此檢更有無看出之傷. 要辨是眞、是假. 凡係致命處傷, 最要仔細看報, 明白登塡.

照「屍格」驗塡畢, 隨摘取仵作"並無隱漏, 扶同混報甘罪"「結狀」.[184] 幷屍親、干證在事人等, 照「屍格」後姓名花押. 檢官判日,[185] 硃封帶回.[186] 屍着屍親暫殮掩埋, 同地方看守. 檢官起坐, 令帶兇犯前行, 防屍親攢打.[187] 至衙門, 如人命果眞, 當堂將兇犯重責收監. 其餘犯應收監倉者, 分別投監寄倉. 應取保者, 取的保寧家,[188] 候具招擬起解.[189]

按: 檢官親驗屍傷,[190] 是第一要着. 親驗則經目分明, 自己放心, 仵作不敢輕易作弊. 凡傷或不能親看, 惟致命之傷, 抵償在此, 斷宜眼見, 勿得避忌惡臭. 但遠坐香烟縹緲之中,[191] 而聽其喝報也, 若仵作受屍家賄買, 造傷虛揑, 以假爲眞, 受兇家賄買, 隱傷不報, 以重作輕, 生死俱含冤曲, 是誰之過歟? 嗣後雖親身再檢, 或另委他官, 別弔仵作.[192] 無如若輩鐵例,[193] 總以一檢爲定, 決不更移. 不惟骸骨暴露, 衆證拖連,[194] 卽本官被上司催駁, 申覆頻煩, 大案何日而得結乎? 莫若忍臭味于一時, 省葛藤之無已之爲至當耳.

---

181 충세(衝洗)는 물로 씻어 낸다는 뜻이다.

182 혈훈(血暈)은 외부 힘의 타격을 받아 혈액이 엉킴으로써 생겨난 원형의 상흔, 즉 피멍을 가리키며, 혈음(血蔭, 血廕)은 피가 엉켜 만들어진 보일 듯 말 듯한 흔적·상흔을 가리킨다.

183 「시격(尸格)」은 「사체검안서」로 「험장(驗狀)」이나 「시단(尸單)」이라고도 한다.

184 부동(扶同)은 남의 뜻에 따른다, 부화뇌동한다는 것이고, 감죄(甘罪)는 달게 죄를 받겠다는 뜻을 표현하는 것이다.

185 판일(判日)은 날짜를 기입한다는 뜻이다.

186 주봉(硃封)은 붉은색 먹으로 봉투 입구에 표기하여 밀봉하는 것을 말한다.

187 찬타(攢打)는 둘러싸고 공격한다, 떼로 덤벼들어 구타한다는 뜻이다.

188 영가(寧家)는 집에 돌아가서 쉬게 한다는 뜻이다.

189 초의(招擬)는 「사건조서」와 판결, 즉 재판을 가리킨다.

190 험시(驗屍)는 사망자의 시신을 점검하여 사망의 원인과 과정을 점검하는 1차 검시를 가리킨다.

191 표묘(縹緲)는 높고 멀어 아득한 모습을 가리킨다.

192 조(弔, 吊)는 거두어들이거나 다시 반납을 받는다는 뜻인데, 여기서는 불러들인다, 불러서 맡긴다는 뜻으로 쓰인 것 같다.

193 무여(無如)는 그렇지만, 유감스럽게도라는 뜻이고, 대응이나 처치가 곤란하다, 어찌 수 없다, …만 못하다는 뜻도 있다. 철례(鐵例)는 바꿀 수 없는 선례라는 뜻이다.

194 타련(拖連)은 질질 끈다는 뜻이다.

○ 按: 致命處,頂心[195]、顖門[196]、腦角[197]、額角[198]、太陽[199]、目眥[200]、鼻山根[201]、耳根[202]、結喉[203]、血盆[204]、胞前[205]、乳脇、軟肋[206]、心腹、小腹[207]、乘枕[208]、穀道[209]、陰囊、婦女陰戶、乳傍也. 夫命案有初驗、覆檢之例, 以人命重大, 恐有冤枉, 不得不加詳愼. 若印官初次親驗無差, 犯、證指供明確, 則覆檢亦可不必. 卽云舊例, 不過再驗本傷, 其餘報塡「屍格」, 以便申詳. 又何熏蒸炙煮, 慘拆骸骨, 厭汚三光爲乎?[210] 謹按『欽定處分則例』,[211] "人命毋得三檢, 違者罰俸一年,"[212] 亦聖仁澤及枯骨之恩也.[213] 爲臣子者, 安可不詳于驗而愼于檢哉?

所謂: '檢驗'者, 乃檢原告所指之傷、所報之器, 而驗其眞假有無, 比驗其是否相同, 此定例也. 說者謂: "非是, 雖有傷, 不驗所指傷之處, 不對狀, 亦不准, 所以防虛詐而杜刁風." 固爲有見. 但恐屍親驚哀倉卒, 看視未週, 不諳穴道,[214] 錯指傷所, 豈宜槩置勿問耶? 印官于初相驗時, 便須前後兩側週身, 詳細看到. 雖磕跌擦損之處,[215] 亦宜登記, 以絶仵作日後增傷之弊. 凡致命之傷, 要驗得極眞. 于驗完時, 卽令仵作, 將致命傷幾處, 磕跌擦損幾處, 逐一開明取結, 以絶日後隱漏眞傷、捏造假傷之獘. 如此, 較之止據報爲驗者, 不加詳愼乎?

---

195 정심(頂心)은 머리 윗부분 즉 정수리의 중앙을 가리킨다.

196 신문(顖門)은 어린아이의 머리뼈 가운데 합쳐지지 않은 부분으로 정수리 앞부분 가운데를 가리킨다. 뇌문(腦門)이나 정각(頂門)·정수리(顖)라고도 한다.

197 뇌각(腦角)은 머리 윗부분의 양옆을 가리키는 것 같다.

198 액각(額角)은 두각(頭角)과 같은 뜻으로 이마를 가리킨다.

199 태양(太陽)은 관자놀이에 있는 태양혈(太陽穴)을 가리킨다. 눈썹 위 이마의 양쪽 끝부분에 해당한다.

200 목자(目眥. 目眦. 眼眶)는 눈과 눈자위, 눈꼬리를 가리킨다.

201 비산근(鼻山根)은 비근(鼻根) 즉 콧대와 이마가 만나는 부분의 콧마루, 콧잔등 윗부분을 가리킨다.

202 이근(耳根)은 귀 뿌리나 귓불, 귀를 가리킨다.

203 결후(結喉)는 인후(咽喉)의 볼록 솟아오른 부분, 후두(喉頭)을 가리킨다.

204 혈분(血盆)은 입·주둥아리를 가리킨다.

205 포(胞)는 자궁(子宮)이나 방광(膀胱)을 가리킨다.

206 연륵(軟肋)은 위쪽 옆구리 아래의 작은 늑골을 가리킨다.

207 소복(小腹)은 배꼽 아랫부분, 아랫배를 가리킨다.

208 승침(承枕)은 승침골(承枕骨), 즉 후두골(後頭骨) 부분을 가리킨다.

209 곡도(穀道)는 항문 부분을 가리킨다.

210 삼광(三光)은 해와 달, 별의 빛을 말한다.

211 여기서 말하는 『흠정처분칙례(欽定處分則例)』는 『흠정육부처분칙례(欽定六部處分則例)』를 가리키는 것 같다. 이러한 『처분칙례』는 관리에 대한 징계의 범위나 유형, 과정 등을 명확하게 규정하고 있다.

212 이 구절은 『흠정(중수)육부처분칙례(欽定(重修)六部處分則例)』(上海: 圖書集成印書局, 光緖16年) 권43 「검험시상(檢驗屍傷)」, 1b에 나온다("驗屍毋得三檢. 如違例三檢, 罰俸一年(公罪)."). 벌봉(罰俸)은 관리가 과오로 인해 일정기간 동안 봉록의 지급이 정지되는 처벌을 말한다.

213 고골(枯骨)은 죽은 사람의 마른 뼈를 가리킨다.

214 혈도(穴道)는 신경의 말초나 주된 줄기가 경과하는 지방으로 혈위(穴位)라고도 하며, 대부분 요해를 차지한다.

215 개질찰손(磕跌擦損)은 부딪치고, 넘어지고, 마찰이 생기고, 손상이 된 것을 가리킨다.

說者又謂: “骨殖之傷,[216] 人在生時, 自少至老, 或游戲着重,[217] 或倚撞觸堅,[218] 雖平復無恙,[219] 然血氣凝聚骨上之痕, 終身不散. 若仵作受賄一槩報傷, 將奈之何?” 然而無慮也. 新傷與舊傷不同, 致命與不致命有異. 新傷有血暈, 蔭而紅活, 舊傷則淡黑而枯乾, 甚爲易辨. 然亦必不在致命之處. 若當時中于要害, 其人久登鬼錄矣. 又何得至于今日哉? 如或有此, 唯令仵作報明生前磕撞舊痕, 「屍格」照依塡記, 卽經再檢可無他議矣. 鴻恐司牧諸君, 爲說者婆心所惑,[220] 他傷不檢, 反開異日駁端. 傷錯指不准, 彼必別爲告理,[221] 與舊傷抹而不載, 致滋苦主口實. 倘上憲聞之, 借斯查詰, 執事更將何辭以對乎?[222] 故鴻又不得不贅及之.

凡大案極宜愼重, 不可輕報, 又不敢遲報. 輕報則事難挽回, 遲報則上司行查, 俱有未便. 但于報文內, 語意鬆圓,[223] 不要說煞爲妙.[224] 如告謀殺人命, 雖所據狀詞然, 出看且側在毆殺一邊, 以謀、故意, 虛虛含照. 且事尙未經確審, 上司亦不遽班駁. 迨勢不能已, 然後將謀殺、故殺情由, 敘招詳覆, 亦不爲晚. 何則, 鬪殺止于繯首,[225] 卽有餘人, 不過依同謀共毆, 擬杖. 謀殺則, “造意者, 斬; 加功者, 絞. 餘亦杖流”,[226] 不亦罪及多人乎? 查律例論, 造意須有詭計陰謀, 毋得以一言爲據, 則是謀殺之條, 原未可輕擬也.[227]

如告劫殺人命, 亦然. 凡劫殺, 卽同盜論, 不分首、從, 皆斬. 但查所失無多, 不過隨手稍帶, 意原不在得財. 須婉諭苦主, 一死已堪洩忿, 何須傷害多人. 卽或不從, 律例內: “謀而已行, 人贓見獲者, 方與强盜同辟.”[228] 若贓無見獲, 不盡法嚴追, 又安能虛坐一槩論死乎? 此古人爲罪

---

216 골식(骨殖)은 시골(尸骨)이나 골회(骨灰)를 말한다. 여기서는 뼈(유골)를 가리키는 것 같다.

217 착중(着重)은 한쪽으로 힘이 쏠린다는 뜻이다.

218 의당촉견(倚撞觸堅)은 부딪치거나 타박상을 입는다는 뜻이다.

219 평복(平復)은 치료된다, 회복된다는 뜻이고, 무고(無恙)는 아무런 문제·근심이 없다는 뜻이다.

220 파심(婆心)은 여기서는 노파심(老婆心)을 가리키는 것으로 보인다. 노파심은 불교용어로 나이든 할머니처럼 아주 간곡하고도 다급하게 일을 처리하려는 심리를 말한다.

221 고리(告理)는 고발한다, 처리를 요구하는 뜻이다.

222 집사(執事)는 일에 종사하거나 주관한다는 뜻이 있지만, 직수(職守)를 가진 사람 즉, 관원을 가리키기도 한다. 또한 상대방에 대한 경칭이 되기도 한다. 여기서는 이 책을 읽는 여러 지방관을 부르는 것이다.

223 송원(鬆圓)은 느슨하고 원만하다는 뜻이다.

224 설살(說煞)은 단정한다는 뜻이다.

225 환수(繯首)는 교수형을 말한다.

226 『대청률례』「형률 인명(人命)」(『律』282.00)「모살인(謀殺人)」. “1. 凡謀[或謀諸心, 或謀諸人]殺人造意者, 斬[監候]; 從而加功者, 絞[監候]; 不加功者, 杖一百、流三千里, 殺訖乃坐[若未曾殺訖而邂逅身死, 止依同謀共毆人科斷].”(p.420)

227 『대청률례』 권26「형률 인명 1(人命之一)」(『律』282.01)「모살인」. 條例. “1. 凡勘問謀殺人犯, 果有詭計陰謀者, 方以造意論斬; 下手助毆者, 方以加功論絞; 謀而已行, 人贓見獲者, 方與强盜同辟, 毋得據一言爲造謀, 指助勢爲加功, 坐虛贓爲得財, 一概擬死, 致傷多命.”(p.421)

228 바로 앞의 『대청률례』 권26「형률 인명 1(人命之一)」(『律』282.01)「모살인」(p.421) 조문을 참조.

囚閣筆求生之意,[229] 亦仁人君子之所樂爲也.

然卽以事勢論之, 但屬死罪, 各憲衙門必幾經解審,[230] 幾經批駁,[231] 而後具題法司核擬,[232] 奏請奉旨, 方可結案. 其間苦主犇馳,[233] 干連拖累,[234] 保無有殞斃道路而傾敗家産者乎? 卽在上司, 尤非所願聞欽·部事多,[235] 日繁心計, 遲延逾限, 參罰隨之.[236] 且有失出、失入之處分,[237] 又豈下屬之所利耶? 故上司亦欲就從輕完結也.[238] 每見州縣「詳文」, 諸大吏嚴爲駁詰, 不啻吹毛索瘢.[239] 窺其意駁之苛, 正欲其覆之力耳. 爲有司者, 毋遽懼違上旨, 急自翻前案, 使上臺竊笑[240]: "天下有是不解事人?",[241] 則庶乎其可矣.[242]

○ 上司實落意思,[243] 不在駁詞之寬嚴, 而在措意之輕重,[244] 倘未易窺測, 不妨據駁再具申詳, 俟其批發何如, 則未有不當者耳. 【倘上意未審, 近則親往, 遠則具稟請示】

---

229 앞서 나온 주문양(周文襄), 즉 주침(周沈, 1381-1453)의 고사를 가리킨다.

230 기경(幾經)은 몇 번, 몇 차례라는 뜻이다.

231 비박(批駁)은 비평하면서 반박한다, 퇴짜를 놓는다는 뜻이다. 상사가 하급의 서면 요청이나 청원에 대해 부정적인 지시나 결론을 내리는 것을 가리키기도 한다.

232 구제(具題)는 제본(題本)을 갖추어 조정에 보고한다는 뜻으로 정식 행정계통을 통해 공문으로 중앙정부에 보고한다는 뜻이다.

233 분치(犇馳)는 수레나 말이 빠르게 달리는 것을 가리킨다.

234 타루(拖累)는 연루된다는 뜻이다.

235 흠부사(欽部事)는 흠부안건(欽部案件)으로 황제와 중앙 정부기구(形部)에서 각 지방(省)에 처리하도록 내려 보낸 사안을 가리킨다.

236 참벌(參罰)은 탄핵하여 처벌한다는 뜻이다.

237 실출(失出)은 중죄를 경죄로 판정하거나, 형벌을 주어야 하는데 주지 않은 것을 가리키며, 실입(失入)은 경죄를 중죄로 판정하거나 처벌해서는 안 되는데 처벌하는 것을 가리킨다(『육부성어주해』, p.167).

238 종경(從輕)은 '가볍게, 느슨하게'라는 뜻이다.

239 불시(不啻)는 다름이 없다, 지나지 않는다, …만 못하다, …에 그치지 않는다는 뜻이다. 취모구자(吹毛求疵)는 가죽 위의 털을 입김으로 불어서 속의 흠을 잡아낸다는 뜻으로, 아주 각박하게 또는 고의적으로 잘못이나 결점을 찾아내서 도발하는 것, 또는 아주 미세한 결점까지 지적하는 것을 가리킨다.

240 절소(竊笑. 竊咲)는 몰래 웃는다, 비웃는다, 헛웃음을 친다는 뜻이다.

241 불해사(不解事)는 일을 모른다, 요령이 없다는 뜻이다.

242 서호(庶乎)는 서기호(庶幾乎)와 비슷한 것으로 거의, 대체로, 다행히, 아마, 혹시 등의 뜻이 있다. 따라서 서호기가(庶乎其可)는 아마 괜찮지 않을까 하는 뜻으로 해석될 수 있다.

243 실락(實落)은 '진실한, 확실한'이라는 뜻이다.

244 조의(措意)는 주의, 의도, 마음 씀씀이를 가리킨다.

14-08. 해결이 쉽지 않았던 사건(疑獄)[245]

사건 속 원고와 피고의 정상이 뭇사람의 증언으로 분명하다면 율례에 따라 심문하여 판결을 내릴 수 있고, 사건의 해결은 어렵지 않다. 그런데 어두운 밤 아무도 본 사람이 없이 벌어진 살인사건도 있고, 황야에서 살인이 벌어져 피해자를 알아볼 유족도 없는 사건도 있다. 타지에서 나그네 생활을 하다가 남에게 모해(謀害)를 당하였는데 동행자가 고발을 당하고 모든 증인이 그 사람이 때려서 죽었다고 말하고 시신의 상처도 뚜렷하지만, 용의자가 완강하게 혐의를 부인하는 사건도 있다. 이런 사건에 대해서는 오로지 세심하게 심문하고 헤아리며 면밀하게 탐문해야지, 스스로의 총명함을 믿고 참혹한 고문을 가해 엉뚱한 사람에게 억울한 피해를 주어서는 안 된다. 『상서』에서도 "죄의 판결에 의심스러운 부분이 있으면 가능한 한 가볍게 판결하고, 공적에 대해서는 의심스러운 부분이 있어도 가능한 한 무겁게 평가한다."라고 하였고, 또한 "아무런 죄도 없는 사람을 죽이는 것보다는 차라리 제대로 법을 제대로 지키지 않는 사람을 놓치는 편을 고른다."라고 하였다. [이렇게 이야기한] 고요(皐陶)는 성인(聖人)이다. 성인임에도 여전히 의심스러운 부분이 있다고 하였으며, 성인이 사법관의 일을 맡았어도 "차라리 제대로 법을 지키지 않는 사람을 놓치는 편을 고른다."라고 하였다. 하물며 재주가 성인만 못한 데도 미해결 사건을 남기지 않으려고 억지로 용의자를 족쳐 굴복하게 만든다면, 법을 지키지 않는 사람에게도 억울함이 미칠 것이다. 또한 결코 성인과 같은 마음이 없는데도 어찌 자신이 성인과 똑같다고 자처할 수 있는지 나는 잘 모르겠다. 담성현(郯城縣)과 동광현(東光縣)에 부임했을 때, 해결이 어려운 사건들이 제법 많았다. 잠시 담성현에서 벌어진 해결이 어려웠던 사건 한 가지를 서술함으로써 한 편의 전기소설(傳奇小說)을 대신해도 괜찮지 않을까?

담성현 현성 동쪽으로 15리 떨어진 곳에 귀창(歸昌)이라는 마을(社)이 있다. 마을에는 임씨(任氏) 부자(父子)가 있었는데 둘 다 몹시 가난하였다. 아들은 왕씨(王氏)를 아내로 삼았는데, 결혼 후 반 년도 되지 않아 아버지가 그들을 3리가 채 떨어지지 않은 이웃 마을로 분가시켰다. 마침 연말이라 소송 접수가 중지되었는데, 하루는 그 남편 임씨가 강간살인이

245 이 부분의 내용은 미국의 중국사 연구자 조너선 스펜스가 다른 소재를 곁들여 『왕 여인의 죽음』이란 책을 쓰는 데 중요한 참고가 되었으므로(Jonathan D. Spence, *The Death of Woman Wang*, The Wylie Agency Ltd, 1978. 이재정 옮김, 이산, 2002) 같이 읽는다면 훨씬 흥미진진한 내용이 될 것이다.

라 외치며 주범으로 악당 고씨(高氏)와 그 아내 조씨(曹氏)를 지적하여 고발하였으므로, 구인장을 발급하여 잡아오게 하였다. 바야흐로 해가 질 무렵에 포정사 아문의 형방 서역으로 일하게 된 사(謝) 모씨가 찾아왔다. 평소 사람이 신중하고 돈후하다는 평판이 있었는데, 그날 저녁 내게 출발 인사차 온 것이다. 나는 식사를 대접하면서 최근 백성의 사정을 물어봤다. 그는 바로 말하기를 "마을의 임씨 아내가 고씨(高氏)와 부정을 저질렀는데, 무슨 이유인지는 몰라도 고씨가 임씨 아내를 살해했습니다. 온 마을에 이 소식이 떠들썩하게 진해져서, 사람들이 아주 분개하고 있습니다."라고 하였다. 나는 묵묵히 고개를 끄덕였다.

그리고 다음날 아침에 등청하자 범인과 증인을 모두 출두시킨 다음, 곧바로 심문을 시작하여 우선 임씨에게 물었다. "고씨가 그대의 처를 무엇 때문에 죽였고, 시신은 지금 어디에 있는가?" 임씨는 이렇게 대답하였다.

> 저희 집은 고씨 집과 숲을 사이에 두고 있습니다. 그가 [제 아내와] 왕래가 있었던 모양인데, 저는 항상 밖에 나가 날품팔이를 하는지라 전혀 몰랐습니다. 어느 날 밤 아내 왕씨(王氏)를 불러 속바지를 기워 달라고 하고, 불을 끄고 잠에 들었습니다. 그런데 문소리가 들려 일어나서 나가 보니 아내가 앞서 가고 고씨가 칼을 쥔 채 뒤를 따르고, 고씨의 아내 조씨(曹氏)가 그의 집 앞에서 등불을 켜고 기다리고 있었습니다. 저는 고씨가 저를 죽일까 두려워 감히 더 따라가지 못하고 집으로 돌아와 문을 닫고 잠들었습니다. 다음날 새벽 일찍 일어나서 밖에 나가 보니 아내가 숲 옆 공터에 죽어 있었습니다. 이에 저는 귀창으로 달려 돌아가 아버지에게 알렸고, 일찌감치 현성에 찾아와 고발하게 되었습니다.

나는 다시 임씨에게 아내가 맞아 죽었는지, 흉기로 살해되었는지를 물었다. 그는 "그때는 아직 날이 밝지 않아 어떻게 죽었는지 볼 수 없었습니다. 저는 단지 훌륭하신 재판관께서 해결해 주시기를 바랄 뿐입니다."라고 진술하였다.

다음으로 나는 증인을 불러 심문하였다. 그는 다음과 같이 진술하였다. "저는 마을의 지보로 귀창에 살고 있습니다. 임씨의 아내가 어떻게 죽었는지는 저도 알지 못합니다." 그 다음 고씨를 탁자 앞으로 불러 세우고, 노기를 띤 얼굴로 물었다. "네가 평소 못된 악당이라는 소리는 들었다. 너는 왕씨와 간통했으면서 왜 또 그녀의 목숨을 빼앗았는가? 사실대로 자백하여 형벌을 면하도록 하라." 그리고 해당 조예에게 큰 협곤(夾棍)을 골라서 대기하게 하였다. 고씨는 이렇게 진술하였다.

제 성품이 원래 못되었고 입이 빨라 남에게 죄를 지은 적도 있어, 사람들이 저를 모두 싫어합니다. 하지만 정말 나쁜 놈이면 어르신께서 부임하셔서 여러 무뢰배를 처벌하실 때 왜 저를 고발한 사람이 없었겠습니까? 임씨가 사는 곳이 제 집과 멀지는 않습니다만, 종래 왕래한 적이 없는데 어찌 그의 아내와 사통할 수 있겠습니까? 다만 두 달 전에 제가 향불을 피우러 다니던 마을 어귀 삼관묘(三官廟)에 들어가 향불을 피우는데, 한 부인이 바로 옆쪽 방에 있는 것을 보게 되었습니다. 그래서 지키는 도인(道人)에게 "여기는 신묘(神廟)인데 어찌 부인을 안에 살게 할 수 있느냐?"라고 따져 물었습니다. 그러자 도인은 "그녀는 마을 임씨 부인입니다. 듣자하니 다른 사람과 함께 도망쳤는데, 임씨가 그녀를 되찾아 왔지만 감히 집에 돌아가지 못하고 여기에 피해 있습니다. 마을 사람이다 보니 쫓아내기 곤란합니다."라고 대답하였습니다. 이런 얘기를 나누는데 임씨가 사당으로 들어와 도인에게 "내 마누라가 당신 묘에 있다면서?"라고 물었습니다. 도인은 "여기에 있습니다."라고 답했습니다. 그러자 임씨는 몹시 화를 내면서 "이 못된 도사 네놈이 내 마누라를 숨겨 놓고 나만 모르게 했구나'라고 말했습니다. 그래서 제가 임씨에게 "당신 아내가 왜 여기에 왔는지를 알지도 못하면서, 왜 도인이 당신에게 얘기해 주지 않았느냐고 따지는 거요?"라고 말했습니다. 그러자 임씨는 갑자기 눈을 돌려 저에게 "틀림없이 네 놈이 내 마누라를 숨겼구나!"라고 말했습니다. 임씨의 이 말을 듣고 저도 모르게 임씨의 빰을 두 차례 때리고 말았습니다. 그러자 그는 저를 욕하더니 나가 버렸습니다. 저는 도인과 함께 그의 아내를 귀창으로 보내 사당에서 벌어진 일을 얘기하고 임씨의 아버지에게 넘겨주었습니다. 그 아버지는 저와 도인을 붙잡아 놓고 차를 대접하면서 "이 음란한 며느리는 저도 어쩔 도리가 없습니다. 아들놈을 불러 넘겨주고 데려가게 해야겠습니다."라고 하였습니다. 저와 도인은 곧 돌아왔습니다. 그런데 아내가 죽자 도리어 제게 죄를 뒤집어씌워 그녀와 간통하고 죽였다고 하지 않았겠습니까?

뒤이어 임씨의 아버지를 불러 그에게 고씨와 도인이 왕씨를 데려다 준 일에 대해 물었다. 그의 진술은 새로울 것이 없었다. 다음으로 조씨(曹氏)를 불러 심문해 보니 그녀는 다음과 같이 진술하였다. "남편은 그날 밤 집에서 자고 있었고, 저는 주방에서 설 떡을 찌고 있었습니다. 단지 밖에서 꽹가리소리가 들려, 서둘러 문을 열고 나가 보니 야경꾼들이 저희 집 대문 밑에서 불을 쬐며 담배를 피우고 있었습니다. 그래서 저는 바로 문을 닫고 들어왔는데, 임씨의 아내가 죽었는지 살았는지 어찌 알겠습니까?" 조씨의 말을 들어 보니 남편인 고씨의 진술과 부합하였다. 이에 임씨 부자를 수감하고 고씨 등을 보증을 세운 다음 석방시켰다.

그러자 온 고을의 신사와 백성이 이를 듣고 모두 놀라 "황공(黃公)께서 평소 청렴하고 현명하시던데 지금은 어째서 이렇게 시비를 뒤바꾸신다는 말인가? 아니면 고씨 등이 누군가를 내세워 청탁을 하자 인정에 굴복하신 것인가?"라고 하였다. 아문에서 퇴청(退廳)한 다음 믿을 만한 아역에게 「긴급소환장」 하나를 뽑아 주어 사건이 있던 날 밤 그 마을에서 근무한 야경꾼 등을 속히 불러 모으고, 다음날 아침 내게 보고하도록 하였다. 다음날 새벽 나는 홀로 말을 타고 사건이 발생한 마을로 직접 찾아가 임씨의 집에서 말을 내린 다음 이웃 주민을 불러 그 문을 열게 하였다. 안에는 탁자와 부뚜막, 짚을 깐 침대뿐이었다. 침대 위에는 새것인 호구(虎丘) 돗자리(薦)가 깔려 있었는데, 아랫부분 한 군데가 망가져 길게 찢겨져 있었다. 침대 옆에는 마른 배설물 한 덩어리가 있어 [데리고 간] 문지기에게 살펴보게 하니, "가난한 집에서 연료로 쓰는 소나 나귀의 똥인데, 이건 불 때고 남은 것으로 보입니다."라고 대답하였다. 하지만 나는 의심스러워 그에게 구덩이를 파 배설물을 넣고, 이웃집에서 뜨거운 물을 가져와 위에 붓게 하였다. 문지기가 냄새를 맡다가 코를 움켜쥐면서 "사람의 똥입니다."라고 하였다. 그때 열 살쯤 돼 보이는 여자아이 하나가 문 앞에서 내가 관원인 줄도 모르고 조용히 지켜보고 있었다. 내가 "이웃에 사느냐?"라고 묻자 "그렇습니다."라고 대답하였다. 임씨의 처가 어떻게 죽었냐고 묻자, 여자아이는 "아주머니는 전날 밤 등불을 켜고 아저씨를 위해 옷을 기우고 계셨어요. 잠시 뒤에 두 분은 무슨 이유인지는 모르겠지만 말다툼을 하기 시작했고, 저는 곧 잠이 들었어요."라고 대답하였다. 내가 곧 문지기에 지시하여 과일 몇 개를 주자, 여자아이는 폴짝거리며 뛰어갔다.

조금 있다가 지보가 불러 모은 야경꾼들이 왔다. 나는 지보에게 "사망자의 시신이 어디 있느냐?"라고 물었다. 지보는 그곳을 가리키며 "여기가 시신을 잠시 묻어 둔 곳입니다."라고 하였다. 나는 곧 파 보도록 지시하였다. 마침 날씨가 추워 녹지 않은 눈이 땅 위에 남아 있었으므로, 시신의 얼굴색은 살아 있는 듯했고, 위에는 푸른색 겹저고리를 입었고 아래에는 흰색 홑바지를 입고 있었다. 양발에는 부드러운 바닥에 홍포(紅布)로 만들어 잠잘 때 신는 낡은 신발이 신겨져 있었고, 전족도 예전 그대로였다. 나는 마을 노파 한 사람을 불러 시신에 상처가 있는지 조사하게 하였다. 노파는 살펴보고 나더니 "없습니다."라고 말하였다. 나는 그대로 미심쩍어 노파에게 시신의 머리와 목을 들어서 보게 하였다. 과연 목의 인후 좌우 언저리에는 손가락 끝 정도 크기의 검붉은 자국이 있었다. 다시 아랫배를 살펴보게 하였더니, 과연 푸른색 멍 자국이 하나 있었는데 찻잔 주둥아리만한 크기였다. 시신이 눕혀져 있었기 때문에 목 상처가 턱 아래에 가려졌고, 배의 상처는 경황이 없는 와중이라 제대로 살펴보지 못했으니 노파의 잘못이라고는 할 수 없었다.

나는 다시 시신을 매장하도록 지시를 내리고, 고씨의 집까지 걸어갔다. 지보가 의자 하나를 내와 잠시 쉬다가, 야경꾼들을 불러 물었다. 그들은 모두 "그날 밤 저희는 순번 근무를 서고 있었는데 고씨 집에 대문 처마가 있어 바람을 피하고 불을 쬐기가 편하였습니다. 그런데 삼경이 되자 숲속에서 누군가 사람이 걷는 듯한 기척이 있었습니다. 개들이 짖어댔고, 우리는 몹쓸 놈일까 염려하여 꽹가리를 쳐서 경고를 하였습니다. 조씨 아주머니가 꽹가리 소리를 듣고서 문을 열고 나와 무슨 일인지 묻고 다시 들어갔습니다. 그리고 오경이 되자 우리는 모두 해산했습니다. 임씨 집에서 사람이 죽었다는 일은 전혀 모르겠습니다." 라고 대답하였다.

나는 아문으로 돌아와서 가동(家童) 한 명에게 그날 밤 성황전(城隍殿) 뒤 침궁(寢宮)에 몰래 잠입하여 임씨 부자가 뭐라고 하는지 엿듣도록 지시하였다. 그리고 "만약 작은 기침이라도 하면 사람이 있는 줄 알아챌 것이니, 그때는 귀신인 척 하면 아마 넘어갈 수 있을 것이야"라고 말해 두었다. 고요한 그날 밤 나는 성황묘로 걸어갔고 가동에게는 대전(大殿) 뒤의 침실에 몰래 숨도록 하였다. 그리고 아역에게 주첨(硃簽)과 감옥 열쇠를 가지고 임씨 부자를 이곳으로 데리고 온 다음 대전 내의 좌우 기둥에 쇠사슬로 묶게 하였다. 나는 향을 들고 큰 목소리로 "성황신께서 어젯밤 저에게 임씨 아내가 죽은 사정을 이미 다 알려 주셨습니다. 하지만 그녀가 죽었을 때의 정황에 대해서는 아직 다 알지 못하고 있으니, 원컨대 제게 상세하게 보여 주십시오."라고 기도하였다. 그런 다음 조용히 묵념을 하고 두 번 절을 하고 일어났다. 뒤이어 나는 임씨 부자에게 "이제 너희들에게 신 앞에서 참회할 것을 명하니, 응당 조속히 반성해야 할 것이다."라고 지시하였다. 나오면서 성황묘의 문을 잠갔다. 다음날 아침이 되어서 나는 문을 열고 들이가 신에세 사례한 다음 임씨 부자를 다시 수감토록 하였다. 가동이 돌아오자 나는 그에게 전날 밤 정황을 물었고, 가동은 "그 아버지가 아들에게 계속 '네 아내는 도대체 어떻게 죽은 게냐? 그렇지 않으면 평소 현명하신 지현께서 어째서 고씨만 감싸고 도는 거냐?'라고 물었습니다. 아들은 아무런 대답도 하지 않고 손으로 가슴만 치며 '결국 제가 죽일 놈입니다.'라고 탄식했습니다. 고씨에 대해서는 한 마디 언급도 없었습니다."라고 대답하였다. 나는 웃으면서 말했다. "되었다."

나는 관련된 범인과 증인 모두를 불러 모았다. 그리고 임씨를 불러내 말로 위로하며 물었다. "왕씨를 죽인 것은 너다. 그런데 왜 고씨를 무고한 게냐? 하지만 고씨 또한 자기가 힘센 것만 믿고 네 얼굴을 때렸으니 어찌 죄가 없겠느냐? 그리고 네 아내는 부인으로서의 도리를 지키지 못해 그 치욕이 남편에게까지 이르게 하였다. 그러니 네가 죽여도 마땅하고, 무슨 죄가 되겠느냐?" 임씨는 이야기를 듣더니 거듭 머리를 조아렸다. 나는 계속 물었다. "그럼 네 아내가 죽은 정황을 말해 줄 수 있겠느냐?" 임씨는 계속 머리를 조아리면서 아무런 말이 없었다. 나는 웃으며 말했다.

> 네가 말하지 않더라도 성황신께서 다 내게 말씀해 주셨다. 너에게 말해 주랴? 너는 아버지 집에서 아내를 데려왔을 때 이미 그녀를 죽일 마음을 품고 있었다. 그날 밤 아내가 옷을 기우고 있을 때에도 너는 욕을 퍼부었다. 그리고 옷을 갈아입고 잠이 들자, 아내가 잠이 든 틈을 타 왼쪽 다리로 배를 누르고, 오른손으로 목을 졸랐다. 그래서 그녀는 소리도 지르지 못하고 양발만 구르다가, 곧장 숨이 끊어졌다. 너는 그녀의 옷을 갈아입히고 시신을 가지고 고씨의 문 앞에 두려고 했지. 고씨를 무고하여 삼관묘에서 뺨 맞은 복수를 하려고 한 거겠지. 그런데 숲에 이르자 개가 짖어댔고, 야경꾼들도 도적이 든 줄 알고 잇따라 꽹가리를 쳐댔지. 너는 놀라서 감히 고씨 집에 가지 못하고, 돌아와 시신을 근처에 버리고 돌아온 것이다. 그렇지 않느냐?

이에 임씨는 거듭 머리를 조아리면서 크게 울먹이면서, "어르신께서는 참으로 신통하십니다. 제가 무슨 말을 더 하겠습니까?"라고 하였다. 나는 이상의 정황을 하나하나 그가 진술하게 하여 형방 서역에게 기록을 시켰는데, 내가 이야기한 바와 조금도 다르지 않았다. 그리고 임씨의 아버지를 불러 이야기하였다. "이건 아들이 저지른 일이니 아마 당신은 몰랐을 것입니다. 하지만 죽을죄로 남을 무고하였으니 율례에 따라 응당 무고한 죄명으로 얻게 될 형벌을 도리어 뒤집어쓰는 무고반좌(誣告反坐)의 처벌을 받아야 할 것입니다. 어찌 당신 아들을 용서할 수 있겠습니까?" 그러자 임씨의 아버지는 머리를 조아리며 "아들놈은 진실로 죽어 마땅합니다. 하지만 제 나이가 일흔이 넘었고 다른 아들이 없는데다가 자식 놈도 따로 후사가 없습니다. 아들이 죽으면 저를 봉양할 사람도 없고 임씨는 대가 끊길 것입니다."라고 하였다. 나는 이 사건의 정상을 「상문」으로 갖추어 [담성현이 속한 기주]부에 보고하면서, 아버지의 애달픈 호소를 받아들여 [사형판결을] 면해 주고 임씨를 무겁게 책망하고 칼을 씌워 징벌하는 형벌로 가늠하였다. 고씨는 자신의 강함만 믿고 뺨을 때려 임씨가 원한을 품고 무고하게 만들었으니, 책임이 없다고 할 수는 없었다. 또한 죽은 왕씨가 제대로 장례를 치르지 못할 정도로 가난한 형편이었으니 고씨 명의로 은 10냥을 남편에게 내게 하여 향약·지보의 입회 아래 관을 마련하여 매장함으로써 죽은 사람의 넋을 위로하였다. 나머지 관련자들은 모두 풀어 주었다.

누군가 이렇게 묻는 사람도 있다. "당신은 어떻게 고씨가 임씨의 아내를 죽이지 않았다는 걸 알았습니까? 또 전혀 고문도 가하지 않았고, 임씨 부자를 수감한 채 왕씨가 남편에게 살해된 걸 어찌 그렇게 마치 눈으로 본 것처럼 설명할 수 있었습니까? 정말 성황신이 모두 알려 준 것입니까?" 내 대답은 이러하였다.

나는 사(謝) 모씨의 말을 통해서 이번 사건을 처음 들었는데, 신중하면서 돈후하다는 사람의 입에서 나온지라 임씨 아내가 고씨에게 살해된 것은 의심할 바 없다고 여겼습니다. 그래서 심문할 때 고의로 눈을 부릅뜨고 엄한 목소리를 내면서 큰 고문을 가할 것처럼 준비시켜 고씨의 자백을 끌어내려 하였습니다. 하지만 그가 차분하게 이야기하면서 두려워하는 기색이 없어, 비로소 지은 죄가 있다면 어찌 이렇게 당당할 수 있겠는가 느끼게 되었습니다. 고문을 가하더라도 거짓 자백을 하지 않는다면, 내가 고문을 남용한 것이 되지 않겠습니까? 조씨의 진술까지 들어 보니 모두 믿을 만한 이야기라, 이 사건이 고씨와 전혀 관련이 없음을 알았습니다. 그래서 마음속으로는 왕씨가 남편에게 죽임을 당한 것이라 짐작했지만 확신할 수는 없었습니다.

임씨 부자를 잡아 둔 것은 그들 모르게 직접 평복을 입고 찾아가 조사해 보려 하였기 때문입니다. 임씨의 집에서 침대와 배설물을 살펴보고, 시신을 파내 목과 배의 상처를 확인하였습니다. 그것은 무릎으로 누르면서 손으로 목졸라 살해한 흔적이 분명하였습니다. 돗자리가 새 것이었으니, 양발로 걷어 찬 것이 아니고서야 어찌 아래 부분이 찢어졌겠습니까? 배설물은 사람의 것이었는데, 다리로 세게 누르지 않고서야 어찌 누웠던 자리 옆에 남아 있었겠습니까? 또 임씨의 진술에 따르면 아내가 앞서 가고 고씨가 뒤를 따랐다고 했는데, 죽은 아내가 신고 있던 신발은 잠잘 때 신는 것이었지, 황사(黃絲)로 짠 외출용 짚신이 아니었습니다. 하물며 그 밑창에 아무런 흙도 묻어 있지 않았습니다. 그녀가 신녀(神女)가 아니고서야 어찌 하늘을 날아다녔겠습니까? 남편이 그 시신을 안고 나갔기 때문임에 분명하였습니다. 이른바 그가 "시신을 고씨의 문 앞에 두려고 했던" 것입니다. 하지만 도중에 조씨가 꽹가리 소리를 듣고 나온 것을 보고, 나중에 그녀가 문 앞에서 기다리고 있었다고 무고하였습니다. 아울러 야경꾼들이 추위를 피해 불을 쬐는 것을 보고 등불을 들고 뒤를 쫓았다고 무고하였습니다. 하지만 임씨는 꽹가리 소리와 개 짖는 소리가 번갈아 울리자 뒤돌아 달려서 도망쳤습니다. 그리고 계획대로 되기 어렵다는 것을 알고, 마침내 시신을 버리고 가 버린 것입니다. 그렇지 않다면 시간이 삼경쯤이었는데 그가 어찌 고씨 집이 있는 서쪽으로 가고자 했겠으며, 또 시신의 발이 어찌 서쪽으로 향해 있었겠습니까?

나는 마음속으로 분명하게 자신을 가졌지만 고씨를 풀어 주고 임씨만 추궁하였다면 그는 틀림없이 굴복하지 않았을 것입니다. 그렇다고 다시 고문을 가한다면 용의자를 풀어 주고 피해자만 가혹하게 다룬다는 여론이 들끓었을 것입니다. 그래서 어쩔 수 없이 성황묘에 데리고 가서 훈계한 다음 그들의 말을 엿듣게 하였던 것입니다. 그리고 나서야 그 간악함을 밝혀내어 다그치니, 그는 오싹 소름이 돋아 신의 무서움을 알고 머리를 숙인 채 아무 말도 하지 못하였습니다. 임씨의 아버지가 사정을 몰랐다는 점은 밤에 성황묘에서 아들에게 며느리가 어떻게 죽었냐고 물은 데서도 확인할 수 있습니다. 이를 통해 현내 사람들은 비로소 내가 사망사건을 경솔하게 처리하지 않았음을 잘 알게 되었습니다. 그렇기는 하지만 [임씨의 주장대로] 왕씨가 고씨를 뒤따라갔다는 것이 거짓임을 증명하는 방법은 바로 그녀의 신발을 확인하는 데 있었습니다. 남편 임씨는 고씨를 무고하는 데 급급하여 미처 이것을 생각하지 못했는데, 이 또한 분명 고씨의 행운이었습니다. 만일 임씨가 아내의 신발을 낮에 신던 것으로 바꾸었고, 그날 밤 야경꾼들이 근무를 서지 않아 시신을 고씨의 집 앞에 눕혀 놓을 수 있었다면, 고씨가 입이 백 개라 할지라도 어찌 재판관에게 자신의 무죄를 입증할 수 있었겠습니까? 그렇지만 비록 신중하고 돈후한 사람의 말이 마음속에 걸려 있지 않았다고 하더라도, 나는 아마 먼저 고씨에게 고문부터 가하는 일로 재판을 시작하지는 않았을 것입니다.

오호라! 훌륭한 관리라면 의심스러운 사건을 맡았을 때 정말 신중해야 한다!

夫獄之原、被具在, 衆證分明, 可以按律問擬, 事無難結. 若夫一種疑獄, 有黑夜殺人, 並無見證者; 有曠野殺人, 無屍親識認者; 有作客他鄉, 爲人謀害, 而告及同行者, 有共證其人毆殺, 屍傷顯然, 而其人滿口呼寃者.[246] 諸如此類, 但宜細心審度, 密加體訪,[247] 未可自恃聰明, 嚴刑煆煉,[248] 枉累無辜. 『書』曰: "功疑惟重, 罪疑惟輕." 又曰: "與其殺不辜, 寧失不經."[249] 夫皐陶聖人也,[250] 以聖人猶有稱疑, 聖人爲士猶釋不經. 夫才不如聖人, 欲使案無疑牘, 而强爲摘服,

---

246 만구(滿口)는 오로지 한 가지 소리만을 말한다, 구구성성(口口聲聲), 즉 하는 말 모두라는 뜻이다.

247 체방(體訪)은 몸소 찾고 물어본다는 뜻이다.

248 하련(煆煉)은 불로 달군다는 뜻으로 여기서는 고문을 가한다는 뜻이다.

249 이 구절은 제12권 형명부 2 「12-08. 심문·판결 여론(問擬餘論)」에 나온 바 있다.

250 고요(皐陶, 皐繇)는 전설상의 순(舜)임금 때의 사법관(司法官), 나아가서는 옥관(獄官)이나 옥신(獄神)을 가리키기도 한다.

寃及不經. 又並無聖人之心, 則吾不知其自居何等矣. 鴻任郯東時, 疑獄頗多. 姑擧在郯一事, 有類於疑獄者, 述之以代一回傳奇, 可乎?[251]

郯之東, 距城十五里有社名歸昌. 社有民任姓者, 父子二人皆甚貧. 其子娶妻王氏甫半載, 而父析之, 別居鄰付, 不三里許也. 時值歲暮方停訟, 一日其夫以姦殺事喊控, 主名巨惡高某, 併其妻曹氏, 遂出票差拘. 會日晡, 有邑人謝某, 爲藩憲刑南椽,[252] 其人素稱謹厚, 因來辭鴻赴班. 鴻待之飯, 詢及民間近事. 謝輒述: "其鄉任姓妻, 與高某有姦, 不知何故, 又行殺害, 闔鄉哄傳, 爲之切齒." 鴻頷之. 次日早堂,[253] 一干犯證拘到,[254] 卽時聽審, 遂問任某: "汝妻高某因何殺死, 身屍現在何處?" 供云:

> 我住處與高某止隔一林. 他彼此往來, 我常在外傭工, 並不知道. 于某日晚, 我叫妻王氏, 與我縫小衣,[255] 吹燈睡了. 只聽得門響, 起來出去看時, 只見我妻子前走, 高某持刀在後. 高某妻子曹氏, 站在他家門首, 點着燈等他. 我怕他殺, 不敢趕去, 回來關門睡了. 到五更天,[256] 起來出去, 只見妻子死在林傍空地上. 我跑回歸昌, 告訴父親, 早起到縣告狀.

鴻問: "你妻子是打死, 是殺死?" 供云: "那時天尚未大明, 不曾看見是怎樣死的. 只求青天作主."[257] 隨喚于證, 問之. 供云: "我是地方, 在歸昌住. 任姓妻子如何死, 我不知道." 喚高某至案, 鴻作色怒曰: "我素聞汝是巨惡. 汝旣姦王氏, 爲何又害他性命? 汝從實供招, 免受刑罰." 乃喝令該班, 選大夾棍伺候.[258] 高某供曰:

---

251 전기(傳奇)는 소설 체제의 하나로 기이하거나 보통과는 다른 애정이나 인물행동의 고사를 주로 담는 형식이다. 명청대 발전한 연창(演唱)을 위한 장편 희곡을 가리키기도 한다.

252 형남연(刑南椽)은 무슨 뜻인지 불확실하나, '형남'이 포정사의 이름이나 호는 아니므로(당시 산동포정사는 施天裔로 字는 泰瞻, 號는 松岩이었다), 아마 형명(刑名)을 담당하는 아역이나 서리(刑掾)를 가리키는 것으로 보인다.

253 조당(早堂)은 관청사무실에서 아침 업무를 처리하는 것을 가리킨다.

254 간범(干犯)은 범죄안과 관련된 사람들을 가리킨다.

255 소의(小衣)는 속바지, 내복바지를 가리킨다.

256 오경(五更)은 지금의 오전 세 시에서 다섯 시까지에 해당한다. 원래 황혼에서 새벽까지 하룻밤을 갑·을·병·정·무 5단락으로 나누어 이를 오경(五更), 또는 오야(五夜)라고 하였는데, 여기서 오경은 특히 마지막 무렵, 즉 해 뜨기 직전의 무렵을 가리킨다.

257 청천(青天)은 하늘을 가리키지만, 나아가 청렴한 관리를 가리킨다. 송대의 유명한 판관 포청천(包青天)에서 비롯되었다.

258 협곤(夾棍)은 가운데 홈을 판 나무막대 세 개를 줄로 엮은 각곤(脚棍)에 양다리를 끼우고 줄을 잡아당겨 죄어 고통을 가하는 형벌을 가리킨다. 대청률례에 따르면 강·절도사건이나 살인사건의 범인에게는 협곤을 사용할 수 있다. 『대청률례』 권4 「명례율(名例律) 상(上) 오형(五刑)」(『律』1.01-10.2). 條例. "1. 凡笞、杖罪名折責, 概用竹板, 長五尺五寸. 小竹板, 大頭闊一寸五分, 小頭闊一寸, 重不過一斤半. 大竹板, 大頭闊二寸, 小頭闊一寸五分, 重不過二斤. 其强盜、人命事件酌用夾棍. 2. 夾棍中梃木長三尺四寸. 兩旁木各長三尺. 上圓下方. 圓頭各闊一寸八分. 方頭各

我爲人性子不好,[259] 口快嘗得罪人,[260] 所以人都惱我. 我若是惡人, 老爺到縣, 除了多少光棍, 豈無人告發我? 這任姓住處, 雖與我不遠, 我從不到他家往來, 如何姦他妻子? 但兩月前, 村頭上有三官廟是我香火,[261] 我走到廟裏燒香, 看見一個婦人在旁邊屋裏. 我便問看廟道人: "你是神廟, 如何容留婦人在內?" 道人云: "這是村裏任某娘子. 聞得跟人走了, 任某尋了回來, 他不敢回去, 躲在這裏." 我因他是村裏人, 不好趕他. 說話之間, 恰好任某進廟來, 對道人說: "我妻子在你廟裏?" 道人答云: "在這裏." 任某便怒道: "好道人把我妻子藏在廟裏, 都不與我知道." 我因說任某: "你自家妻子, 爲何到廟裏, 你不知道, 還要道人說與你麽?" 任某便橫着眼, 向我道: "這等必定是你藏在廟裏了." 我聽任某這話, 不覺性子起來, 將任某打了兩個嘴巴. 他便罵了, 出去. 我隨同道人, 將他妻子送到歸昌, 說在廟裏緣故, 交與任姓父親. 他父親留我與道人吃了茶, 因狠罵道: "這樣淫婦, 我也沒奈何, 叫他漢子來,[262] 交與他, 憑他去罷." 我與道人便回來了. 他妻子死了, 却怎麽賴我, 與他有姦, 又殺了他?

隨喚任某父, 訊高某與道人送王氏一事. 任某父所供同. 又喚曹氏進問, 據供: "氏夫是晚在家睡覺, 氏在櫥房蒸年糕.[263] 只聽外邊鑼響, 忙出開門看時, 是一夥打更的在氏家門樓下,[264] 烘火吃烟. 氏便關門進來了. 他妻子死不死, 怎麽知道?" 鴻聽曹氏言, 合之高某之供. 于是將任姓父子收監, 高某等押保.[265] 闔邑紳衿百姓聞之, 共相駭愕曰: "黃公平日廉明, 豈今顚倒若是耶? 抑亦高某營求,[266] 而爲情面所屈也?"[267] 散衙後, 差妥役立拔一「簽硃標」,[268] 速喚某村

闊二寸. 從下量至六寸處. 鑿成圓窩四箇. 面方各一寸六分. 深各七分. 拶指以五根圓木爲之. 各長七寸, 徑圓各四分五釐. 其應夾人犯不得實供, 方夾一次, 再不實供許再夾一次, 用刑官有任意多用者, 該管上司不時察參, 儻有徇隱事發, 並交部議處."(p.81)

259 성자(性子)는 성질·성격·기질을 가리킨다.

260 득죄(得罪)는 남에게 잘못을 저지른다, 남의 분노나 화를 자아낸다는 뜻이다.

261 삼관(三官)은 도교에서 받는 신으로 천관(天官)·지관(地官)·수관(水官)이란 삼제(三帝)를 합칭하는 것이다. 천관은 복을 내려 주고 지관은 죄를 용서해 주며, 수관은 재앙을 벗어나게 해 준다고 한다.

262 한자(漢子)는 남자·대장부·남편을 가리킨다.

263 연고(年糕)는 점성(粘性)이 비교적 큰 쌀가루를 쪄서 만든 떡으로, 음력설을 보낼 때 먹는 식품이다.

264 타경(打更)은 매 경마다 야간순찰을 서면서 딱따기를 치는 것을 가리킨다.

265 압보(押保)는 보증을 받고 석방한다는 뜻이다.

266 영구(營求)는 찾다, 추구하다, 모색하다.

267 정면(情面)은 정과 체면, 즉 개인 사이의 관계를 가리킨다.

268 주표(硃標)는 붉은색 먹으로 써넣은 표문 즉, 긴급 소환장을 가리킨다.

某日夜巡更人等, 于次日早回話.[269] 次日黎明, 鴻單騎親詣本村, 至任姓所居下馬, 喚其鄰人, 將任姓房門開看. 內惟桌竈及一草臥鋪而已.[270] 鋪上一新虎丘薦薦, 下截有損裂長縫一條. 鋪側有乾糞餅一塊, 令門子視之,[271] 對曰: "小戶燒牛驢糞, 此炊爨之遺也." 鴻心疑之, 命門子地上掘一小坎, 以糞置坎, 鄰家取熱水泡之. 門子嗅而掩鼻曰: '人屎也'. 時有一女孩約十餘歲, 不知鴻爲官也, 門前閑看. 鴻因問之: "汝爲任某鄰乎?" 曰: "然." "任某之妻何以死也?" 曰: "任嬸前晚還點着燈, 爲任家叔縫衣. 過了一會, 兩個不知怎的嚷鬧起來, 我們就睡了." 遂令門子探數果與之, 躍然而去.

少頃, 地方喚巡更人亦至. 乃問地方: "死者屍何在?" 地方指之曰: "此浮瘞者,[272] 是也." 遂命啓視之. 方嚴寒殘雪在地. 面色如生, 上着一藍夾衫,[273] 下一白單褲,[274] 其兩足穿軟底紅布舊睡鞋一雙, 纏裹如故.[275] 遂喚村中老媼,[276] 命視週身有傷否. 媼視畢, 對曰: "無." 鴻又疑之, 乃命媼扶其首, 昂其頸而視之. 喉左右有紫黑痕, 如指頂大各一. 鴻再命視腹下, 果有青傷, 如杯口大者一. 盖喉間痕, 因屍仰臥, 且僵隱之頷下. 腹間痕, 因倉皇莫辨,[277] 非媼之弊也. 遂命掩之, 步至高某之門. 地方出一椅, 少憩乃訊巡更人. 皆曰: "是晚輪我等支更,[278] 因高某家有門樓, 好避風, 好烘火. 到三更時, 林子裏似有人行. 犬遂吠, 我等恐是歹人,[279] 乃鳴鑼驚他. 曹大娘聽見鑼響, 開門問了一聲, 就進去. 我們到五更時也都散了. 任家死人的事, 都不知道."

鴻乃歸, 密誡一家童,[280] 令其夜間潛匿城隍殿後寢宮, 竊聽任姓父子云何. "恐汝微嗽, 彼覺有人, 卽作鬼態, 以飾之可也." 是夜靜, 鴻步至城隍廟, 密令家童, 隨至大殿, 因潛入寢宮. 遂命皀役, 持硃簽監鑰, 弔任姓父子至, 以鐵索繫殿左右兩柱. 鴻擧香朗禱于神曰: "神昨夜告我, 任姓妻子致死情由, 已悉之矣. 但其死時情景, 鴻尙未盡明, 願神詳以示我." 更默祝數

---

269 회화(回話)는 회답한다, 답변한다, 아랫사람이 윗사람에게 아뢴다는 뜻이다.
270 와포(臥鋪)는 침대를 가리킨다.
271 문자(門子)는 문지기나 좌우에서 모시는 복역(仆役)을 가리킨다.
272 부예(浮瘞)는 얕게 시신을 매장한 무덤을 가리킨다.
273 협삼(夾衫)은 협의(夾衣)로 안감과 겉감이 있는 두 겹의 옷을 가리킨다.
274 단고(單褲)는 홑바지를 말한다.
275 전과(纏裹)는 감싸서 묶는다는 뜻인데, 아마 전족(纏足)을 가리키는 것 같다.
276 노온(老媼)은 노파·노부인을 가리킨다.
277 창황(倉皇. 倉惶. 倉遑. 倉偟. 倉黃)은 바쁘고 다급한 모습을 가리킨다.
278 지경(支更)은 매 경마다 딱따기를 친다(打更), 또는 딱따기를 치면서 야간순찰을 도는 사람, 즉 야경꾼을 가리킨다.
279 알인(歹人)은 나쁜 사람, 보통 도둑을 가리킨다.
280 가동(家僮. 家童)은 노복을 가리킨다.

語,[281] 再拜而起. 並諭任姓父子曰: "我今命汝神前懺悔, 當亟自省也." 出封其廟門. 詰旦黎明,[282] 鴻至啓門謝神, 仍送任姓父子入監. 童子隨歸, 問之. 童子曰: "其父每詢子, '汝妻果何以死? 不然縣主素明, 何以獨袒高耶?' 子皆不答, 惟以手搥胸嘆曰: "總之, 我該死耳." 絶無一語及高某. 鴻笑曰: "得之矣."

乃命帶一干犯、證至. 鴻喚任姓者進, 以言慰之曰: "夫死王氏者, 汝也. 奈何誣高某乎? 然高某恃强撻汝之面, 烏得無罪? 汝妻不守婦道, 辱及于夫. 汝死之宜耳. 又何罪?" 任姓聞言, 乃叩頭. 鴻曰: "汝將死汝妻之情形盡告我." 亦惟叩頭不言. 鴻笑曰:

> 汝縱不言, 神皆告我矣. 爲汝述之可乎? 汝從父接妻歸巳, 蓄有殺之之心矣. 是夜妻爲汝縫衣, 汝猶罵之. 及其解衣就寢, 汝乘其睡熟, 乃以左膝壓其腹, 右手扼其吭, 彼聲不能出, 僅以兩足相撑, 登時氣絶.[283] 汝遂與穿衣, 挾其屍而欲置高某之門, 指屍圖賴,[284] 以洩三官廟批頰之仇. 及至林中, 犬聲乃吠, 巡更者以爲匪人之躡跡也,[285] 相繼鳴金. 汝遂懼不敢進, 乃返而棄屍徑傍. 然乎?

于是任姓乃叩頭大慟曰: "公信神明矣. 某復何言?" 乃命將前情形逐一自供, 令刑胥錄之, 與鴻所述無異. 遂呼其父而告之曰: "此汝子所爲, 汝不知也. 但以死罪誣人, 律當反坐.[286] 豈能爲汝子貸乎?" 其父叩頭曰: "子誠當死. 但我年七十餘, 更無次子, 子又無嗣. 子死吾無養, 任氏絶矣." 鴻遂具詳報府, 准父哀詞, 免擬任某重責枷懲. 高恃强撻任之面, 懷忿誣控, 不爲無因. 且王氏貧無以殮, 于高名下出銀十兩, 給付其夫, 眼同鄉、地,[287] 備棺埋葬, 以慰幽魂. 餘俱省釋.[288]

或有問於鴻曰: "君何以知任妻非高某死之也? 而絶不加刑, 又何以置任姓父子於監, 知王

---

281 묵축(默祝)은 묵묵히 기도를 드린다는 뜻이다.

282 힐단(詰旦)은 새벽을 가리킨다.

283 등시(登時)는 '곧바로·즉각·당시'라는 뜻으로 기절(氣絶)은 혼절하다, 숨이 끊긴다는 뜻이다.

284 도뢰(圖賴)는 저뢰(抵賴)를 시도한다는 뜻으로 저뢰(抵賴)는 즉 자신의 착오나 책임을 인정하기를 거부한다, 또는 다른 사람이 나쁜 짓을 하였다고 거짓말을 한다, 남의 것을 자기 것이라고 우긴다는 뜻도 있다. 즉 발뺌하거나 억지로 우긴다는 뜻이다. 여기서는 엉뚱한 사람을 살해자로 모는 행위를 가리킨다. 자세한 내용은 제15권 형명부 5 인명 중 「15-01. 도뢰(圖賴)」를 참조.

285 섭적(躡迹. 躡蹟. 躡跡)은 뒤쫓다, 뒤따른다는 뜻이다.

286 반좌(反坐)는 무고죄에 대한 형벌을 가리킨다. 즉 무고한 죄명으로 얻게 될 형벌을 도리어 무고를 한 사람에게 가하는 것을 가리킨다. 무고반좌라고도 한다.

287 안동(眼同)은 '함께, 같이'라는 뜻이다.

288 성석(省釋)은 풀어 준다, 석방한다는 뜻이다.

氏之爲伊夫所殺, 而歷歷如見.[289] 豈果神明盡爲告耶?" 鴻曰:

"是獄也, 鴻初聞謝某之言, 以爲出于謹厚者之口, 其任妻爲高某所殺無疑. 及其訊之, 鴻故瞋目厲聲, 備大刑以俟, 欲恐之以吐實也. 而彼乃侃侃而談略,[290] 無懼色, 始覺其非理之直, 何以能氣之壯如是, 若遽加之煅煉, 彼卽未肯誣服, 而我不爲濫及乎?[291] 殆聽曹氏之供, 語語可信, 則知此與高某毫無干涉. 然心知其爲夫所死, 而未敢必也. 所以羈任姓父子者, 欲微行以訪, 不令彼知耳. 及至其家, 觀其蓆與糞, 啓共屍, 觀其喉與腹之痕. 其爲膝之壓、手之扼而死者, 明矣. 不然蓆新也, 非兩跗相蹙, 胡爲而下截之裂? 糞人穢也, 非股力實逼, 胡爲而臥畔之遺? 據供: '伊妻前行, 高某在後,' 彼妻所穿之鞋, 乃婦人寢衾中物, 非斜斜之葛屨也.[292] 况驗其底蹟, 絶無泥土, 彼非神女, 又安能駕空而行乎? 其爲伊夫之挾屍而出, 又明矣. 所謂: "欲置高某之門者", 彼行至中途, 見曹氏聞鑼出看, 彼卽誣之爲倚門, 見巡更之人禦寒烘火, 彼遂誣之爲執燈. 迨乎金犬交鳴, 返而疾走. 知其計不獲行, 遂擲屍而去. 不然, 時尙三更, 彼胡爲而西往, 其屍之足, 又胡爲而西指耶? 鴻心雖瞭然自信, 然舍高而究任, 彼必不服. 若再施以刑, 是縱兇身, 而嚴苦主, 又無以孚衆論. 不得已而爲神道設敎, 幷暗質所言. 然後明斥其奸, 使彼悚然知神之可畏, 而俯首無辭耳. 至于其父不知情, 是又廟中夜詢子妻果何以死一語, 知之也. 由是, 邑之人始深諒鴻于命案不敢草率從事也. 雖然王氏之未從高往, 其辨誣在于一鞋, 其夫急于誣人, 慮不及, 此亦高某之幸也. 若使易日以間之屜,[293] 是夜巡更者不値, 而臥其屍于高某之門, 則高某之冤, 雖百喙奚辭聽訟者? 雖無謹厚者之一言橫于胸, 吾恐三木之加不能先爲高某貸矣.[294]

嗚呼! 良有司于疑獄, 其愼之哉!

---

289 역력(歷歷)은 아주 분명한 모습을 가리킨다.

290 간간(侃侃)은 아주 강직하다, 차분하게 자신의 의견을 이야기한다는 뜻이다.

291 남급(濫及)은 아무런 제한도 없이 연루시킨다는 뜻이다.

292 두(斜)는 누런 색깔의 실을 가리키며, 갈루(葛屨)는 칡넝쿨로 만든 신발을 말한다.

293 섭(屜)은 신발 안창을 가리킨다.

294 삼목(三木)은 범인의 목·손·발에 가하던 세 가지 형구를 가리킨다. 대(貸)는 베풀다, 준다, 빌리거나 빌려 준다는 뜻이다.

| 제15권 |

형명부 刑名部 5

인명人命 중

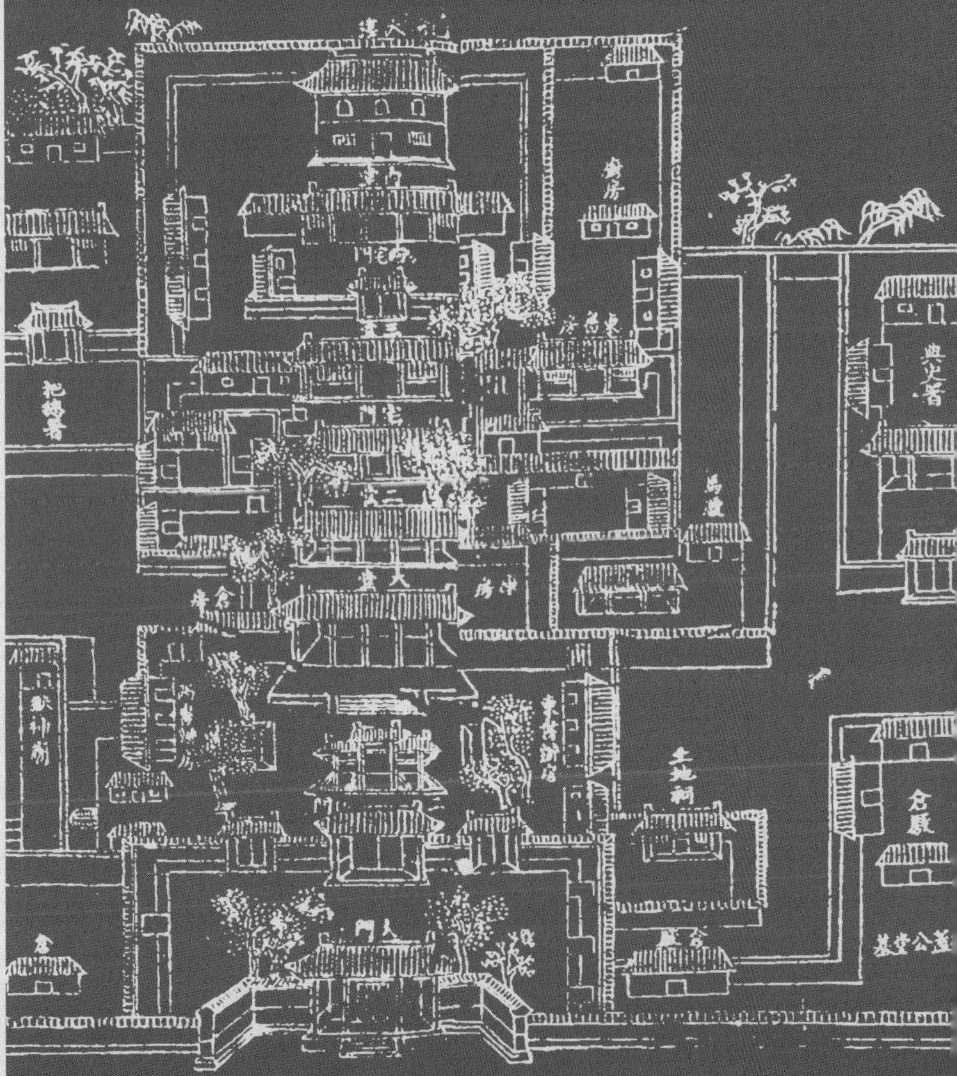

福惠全書

15-01. 도뢰(圖賴)

사망사건 가운데 시신을 가지고 엉뚱한 사람을 살인자로 모는 행위, 즉 도뢰(圖賴)라는 이 악습은 응당 따끔하게 징벌해야 한다. 남과 원한이 있을 때 이것을 빌려 모함하여 해치려는 것이 아니면, 남과 다툼이나 소송이 있는데 이기지 못할까 염려하여 이것으로 열세를 만회하려는 경우가 대부분이다. 그리고 나아가 남을 죽이고 다른 사람이 죽였다고 모함하여 돈을 뜯어내거나 재산을 빼앗기도 한다. 심지어는 남의 시신을 가지고 자기 친척이라 거짓말하면서, 누군가가 모의살인을 하였다고 무고하는 경우도 있다. 이러한 갖가지 간사함과 교활함은 말로 이루 다 표현할 수 없을 정도다. 그러나 남을 살인자로 모는 도뢰를 할 때는 반드시 때려죽이거나, 다른 방법으로 살해하거나 아니면 자살을 강요하였는지 등등 자연스레 그 [사망의] 근본 원인을 제시하지 않으면 안 된다. 물론 증인도 있어야 한다.

따라서 지방관은 모름지기 그 근본 원인을 자세히 살펴보고, 또한 증인의 진술도 자세히 따져 보아야 한다. 그렇게 되면, 도뢰가 진짜인지 아닌지는 저절로 드러나게 되어 있다. 만일 도뢰가 사실임이 확실하다면, [그다음 따져야 할 것은] 이미 죽었으나 아직 매장되지 않은 시신을 가지고 시도한 경우인지, 이미 매장된 시신을 가지고 한 것인지, 고의로 그 친척을 죽이고 남이 죽였다고 무고한 것인지, 아니면 도뢰를 한 사람이 스스로 자수한 것인지, 또는 피해자가 도뢰를 시도한 사람을 고발한 것인지 여부를 판단하는 것인데, [그 상황에 따라] 심리하여 죄를 가늠하는 데 가볍고 무거움의 차이가 있기 때문이다.

대략 [매장되지 않은] 시신을 가지고 도뢰를 하였다면 이미 매장된 시신을 파내어 도뢰를 한 것보다 처벌이 가볍다. 매장되지 않은 시신을 가지고 하였더라도 윗사람이 아랫사람의 시신을 가지고 한 경우와【죄는 곤장형에 그친다.】아랫사람이 윗사람의 시신을 가지고 행한 경우를 나누어【곤장형과 노역형을 모두 겸하며, 처첩·노비·고용노동자가 도뢰한 경우를 가리킨다】가볍고 무거움을 가린다. 이미 매장된 시신을 가지고 하였다면 역시 윗사람이 아랫사람의 시신을 가지고 한 경우와【곤장형과 노역형, 또는 곤장형】아랫사람이 윗사람의 시신을 가지고 하거나【참수형】다른 사람의 시신을 가지고 한 경우로【교수형】나눈다. 모두 관을 열어 시신을 꺼내 본 것 자체를 가지고 가볍고 무거움을 가르는 것이다.

만약 고의살인에 의한 시신이라면 그것은 단지 조부모나 부모가 자손을 고의로 죽인 경우, 집 주인이 노비를 고의로 죽인 경우에만 한정한다.【곤장형 70대 및 노역형 1년 반】그 반대의 경우라면 사면을 받을 수 없는 조항에 걸리기 때문에,[1] 도뢰 역시 굳이 따질 필요가 없기 때문이다. 일반인을 고의로 죽인 경우에도 그에 관한 율법조항이 있다. 또한 남이 고발하였다면 역시 스스로 고발한 경우보다 가볍다. 다른 사람이 고발하였다면 오로지 위에 서술한 것처럼 "윗사람이 아랫사람의 시신을 가지고 행한 경우와 아랫사람이 윗사람의 시신을 가지고 행한 경우, 그리고 조부모·부모 및 가장이 고의로 죽인 자손이나 노비의 시신을 가지고 도뢰한 경우"에 대한 율법조항으로 처벌한다. 스스로 고발하였다면 그 고발한 죄의 가볍고 무거움 및 다른 사람을 무고한 경우에 처벌하는 무고반좌(誣告反坐)의 율법에 따라 처리한다. 만약 시신을 가지고 속여서 재물을 뜯어냈다면, 뜯어낸 물건을 장물로 간주하고 그 액수를 계산해서 절도에 견주어 처벌하며,[2] 시신을 가지고 강제로 재물을 빼앗았다면 대낮에 강도짓을 한 것에 견주어 처벌한다. 아랫사람이나 노비 등을 죽이고 도뢰를 통해 재물을 갈취하려 하였다면 고의살인과 협박죄로 보아 보다 엄중하게 처벌한다. 모든 것은 응당 율례를 자세하게 살펴보아야 한다.

○ 강남 지역에는 남의 시신을 사서는 거짓으로 상처를 만들고 다른 사람을 무고하는 도뢰가 있다고 한다. 겨울에 새 무덤 속에서 시신을 파내, 조반·오부자·소목 등의 약재로 가지고 붉고 푸른 여러 상처를 만들어 못된 사람에게 그 시신을 판매한다. 그 시신을 가지고 원한이 있는 집을 무고하고, 검시차역에게 뇌물을 주어 자신을 도와 거짓 보고를 하게 하는 것이다. 혹은 이 검시차역이 직접 사서 큰 이익을 노리기도 한다. 시신의 상처 검사는 반드시 자기 손을 거치기 때문에 이렇게 대담하게 나오는 것이다. 뭘 모르는 어리석은 지방관이 [여기에 속아] 증거를 제대로 파악하지 못하고 큰 사건으로 만들어 버리는 경우가 종종 있다. 무릇 이렇게 시신을 사는 사람이 있을 경우, 그가 무고한 내용에 관련된 율법조항에 따라 도리어 그 죄를 적용하여 처벌한다. 시신을 판매한 사람의 경우 남의 관을 열어 시신을 꺼낸 경우를 처벌하는 율법조항을 원용하여 무거운 죄로 가늠하면, 모두가 경각심을 갖게 될 것이다.

---

1 이른바 십악(十惡) 등 진범사죄(眞犯死罪)에 해당되는 일반적인 사면에 의한 혜택을 받을 수 없고, 판결에 의해 죄가 확정되면 곧바로 처결된다. 이 경우는 '악역(惡逆[謂毆及謀殺祖父母、父母, 夫之祖父母、父母, 殺伯叔父母、姑、兄、姊、外祖父母及夫者])이나 '불효(不孝[謂告言咒罵祖父母、父母、夫之祖父母、父母; 及祖父母、父母在, 別籍異財, 若奉養有缺, 居父母喪, 身自嫁娶, 若作樂、釋服從吉, 聞祖父母、父母喪, 匿不擧哀; 詐稱祖父母、父母死])', '불목(不睦[謂謀殺及賣緦麻以上親, 毆、告夫及大功以上尊長、小功尊屬])' 등에 해당된다.

2 절도에 관한 형벌은 『대청률례』 권24·25 「적도(賊盜)」 중(中)·하(下)의 조문에 실려 있다. 이에 의하면, 절도범은 장물의 가격과 전과(前科)의 유무에 따라서 판결·집행된다.

凡命案中, 以屍圖賴人者,[3] 此惡俗之宜痛懲者也.[4] 非與人有仇, 藉之陷害, 卽與人爭訟, 慮不能制勝,[5] 以之搪抵.[6] 甚之殺人圖賴, 詐取銀錢, 搶奪家財. 更有將他屍冒爲親屬, 誣告謀殺. 種種奸刁, 莫可名狀.[7] 但圖賴人者, 必捏告打死、殺死, 或威逼死, 自要說出一段根因, 自有干證, 本官須從其根因上詳察, 從其干證口中研究, 則圖賴眞情自然敗露. 圖賴之情旣眞,或將已死未葬之屍圖賴人; 或將旣葬之屍圖賴人; 或故殺其親屬圖賴人; 或圖賴人自告[8]; 或被害告圖賴之人, 問擬有輕重之不同.

大約已死輕于旣葬. 已死之屍, 又分尊長以卑幼, 【罪止杖[9]】 或卑幼以尊長 【杖徒俱兼, 妻、妾、奴婢、傭工言】 而爲輕重. 旣葬之屍亦分尊長以卑幼, 【有杖、徒, 有杖】 或卑幼以尊長, 【斬】 以及他人, 【絞[10]】 皆以開棺見屍, 而爲輕重. 若故殺之屍, 止有祖父母、父母故殺子孫, 家長故殺奴婢. 【杖七十、徒一年半】 反是則爲不赦之條, 圖賴又非所論. 其故殺平人亦有正條. 至于人告, 亦輕于自告. 人告, 止就以上"尊長將卑幼及卑幼將尊長已死之屍, 祖父母、父母及家長將故殺子孫、奴婢之屍圖賴"律論. 自告, 則隨其所告輕重, 並以誣告平人律反坐.[11] 若其指屍詐財,[12] 計贓, 准竊[盜論]; 指屍搶財, 准白晝搶奪[論]. 若殺卑幼、奴婢等, 圖賴詐財,

---

3 도뢰(圖賴)는 저뢰(抵賴)를 시도한다는 뜻이다. 저뢰(抵賴)는 즉 자신의 착오나 책임을 인정하기를 거부한다, 또는 다른 사람이 나쁜 짓을 하였다고 거짓말을 한다, 남의 것을 자기 것이라고 우긴다는 뜻도 있다. 즉 발뺌하거나 억지로 우긴다는 뜻이다. 여기서는 엉뚱한 사람을 살해자로 모는 행위를 가리킨다. 자세한 내용은 바로 여기서 다루어지고 있다. 관련 율례의 조항은 다음을 참조할 수 있다. 『대청률례』 권26 「형률 인명 3(人命之三)」(『律』 294.00-06). 「살자손급노비도뢰인(殺子孫及奴婢圖賴人)」. "1. 凡祖父母、父母故殺子孫及家長故殺奴婢, 圖賴人者, 杖七十、徒一年半. 2. 若子孫將已死祖父母、父母, 奴婢、雇工人將家長身屍[未葬]圖賴人者, 杖一百、徒三年; [將]期親尊長, 杖八十、徒二年; [將]大功、小功、緦麻, 各遞減一等. 3. 若尊長將已死卑幼及他人身屍圖賴人者, 杖八十[以上俱指未告官言]. 4. 其告官者, 隨所告輕重, 並以誣告平人律[反坐]論罪. 5. 若因[圖賴]而詐取財物者, 計贓, 准竊盜論. 搶去財物者, 准白晝搶奪論, 免刺, 各從重科斷[圖賴罪重依圖賴論, 詐取搶奪罪重依詐取搶奪論]. 條例. 294.01. 有服親屬互相以屍圖賴者, 依干名犯義律. 294.02. 妻將夫屍圖賴人, 比依卑幼將期親尊長圖賴人律. 若夫將妻屍圖賴人者, 依不應重律. 其告官司詐財搶奪者, 依本律科斷. 294.03. 故殺妾及子、孫、姪、姪孫與子孫之婦, 圖賴人者, 俱發附近充軍. 294.04. 無賴兇棍, 遇有自盡之案, 冒認屍親, 混行吵鬧毆打, 或將棺材攔阻打壞, 檯去屍首勒措行詐者, 均杖一百, 枷號兩箇月. 若該管地方兵役, 知而不拏者, 各照不應重律治罪."(pp.435-436)

4 통징(痛懲)은 따끔하게 징벌한다는 뜻이다.

5 제승(制勝)은 이긴다는 뜻이다.

6 당저(搪抵)는 부딪치다, 막다, 얼버무린다는 뜻이다.

7 명상(名狀)은 명칭과 형상이라는 뜻도 있지만, 형용하다·묘사하다는 뜻도 있다.

8 자고(自告)는 스스로 자백한다, 아뢴다는 뜻이다.

9 이 부분은 본문에는 주가 아닌 본문의 형태로 되어 있으나, 앞뒤의 맥락으로 보건대 주로 보는 것이 더 타당할 것으로 보인다.

10 옹(雍)이라고 한 판본도 있으나 분명한 잘못이다.

11 반좌(反坐)는 무고죄에 대한 형벌을 가리킨다. 즉 무고한 죄명으로 얻게 될 형벌을 도리어 무고를 한 사람에게 가하는 것을 가리킨다. 무고반좌라고도 한다.

以故殺恐嚇, 從重科斷. 一切宜于律例致詳云.

○ 按: 吳下有一種買他屍,[13] 造假傷, 圖賴人者. 其屍于冬月新墓中盜掘出, 以皀礬、五棓、蘇木等藥物,[14] 造成青、赤諸傷, 賣與奸人買去, 誣告有仇之家, 賄通仵作, 扶同捏報. 或卽此輩造賣, 藉獲重利, 以驗傷必出于其手也, 故大膽爲之. 其昏聵之官,[15] 不能覺察證, 成大獄者,[16] 往往有之. 凡遇此等買屍者, 隨其所告, 坐以本條賣屍者, 比照開棺, 擬之重辟,[17] 則庶知所警矣.

15-02. 위압에 의한 강박 자살(威逼)

자살 가운데에는 남을 위압하여 자살하지 않을 수 없게 강요한 경우(威逼. putting on another so as to cause him to die)에 관한 조항이 있다. 이것은 스스로 목숨을 가벼이 여겨 자살한 것과는 다르기 때문이다. 그렇지만 이른바 위압에 의한 강박(威逼)이라고 하면 반드시 실제로 두려워할 만한 위압이 있어 이것으로 협박해야만 비로소 위압('威')이라고 할 수 있고, 실제 감당할 수 없을 정도로 궁지에 몰아 넣어 치욕을 주었어야만 비로소 강박('逼')하였다고 할 수 있다. 만약 위압과 강박의 실제 증거가 없다면 이 조항을 가지고 무턱대고 죄를 가늠할 수 없다. 율례에는 곤장형·노역형과 매장 비용 추징, 충군형·교수형·참수형 등 가볍고 무거움의 구별이 있기 때문이다.

재산·혼사 따위의 일로 핍박하여 자살하게 만들었다면 곤장 100대와 매장비용 10냥을 내게 하는 처벌이 이루어진다. 또한 가까운 친척을 핍박하여 죽게 하였다면 교수형에 처

---

12 사재(詐財)는 속여서 재물을 얻는다는 뜻이다.

13 오하(吳下)는 옛 오(吳)의 지역, 즉 강남지방을 가리킨다.

14 조반(皁礬)은 유산철(硫酸鐵), 오부(五棓)는 오부자(五棓子)를 원료로 삼아 발효시켜 얻는 오부자산(五棓子酸), 소목(蘇木)은 말레이어 supang에서 온 것으로 상록소교목(常綠小喬木)인데, 홍색염료를 얻는 데 쓰며 뿌리에서는 황색염료를 얻을 수 있다.

15 혼귀(昏聵)는 눈과 귀가 어둡다, 잘 알지 못한다, 혼미하다는 뜻이다.

16 대옥(大獄)은 대규모 사건을 말한다.

17 중벽(重辟)은 극형(極刑)·사죄(死罪)를 가리킨다. 벽(辟)은 법, 또는 죄를 말한다.

하되, 【즉 친소 관계에 따라서】 대공(大功)부터 시작하여 【친척 관계가 멀어질수록】 형벌을 한 등급씩 체감한다. 만약 강간·강도에 의한 것이라면 강간 성립 여부나 재물 취득 여부를 막론하고 모두 참수형에 처한다. 만약 구타를 하여 핍박함으로써 죽음에 이르게 하였을 때에는 치명상이 있거나 잔질·폐질·독질에 이르게 하였다면 비록 자살의 실제 흔적이 있다고 하더라도 시신 매장비를 추징하고 아울러 변방부대로 보내 충군형을 치르게 한다.

자손이나 처첩을 핍박하여 죽게 하였다면 역시 모두 유추(比附)를 통해 중벌에 처하지만, 이것은 흔한 일이 아니기 때문에 자세히 다루지는 않겠다. 생각건대, 부녀자가 다른 사람과 간통하였을 경우 원래 화간(和姦)으로 처벌하지만, 만약 부끄러워 목매고 죽었다면 단지 간통으로만 죄를 가늠해야 하지 어찌 여기에 위압에 의한 강박을 적용할 수 있겠는가? 그런데 소송거간꾼은 아예 없는 사실도 있는 것처럼 꾸며 내니 깊이 믿어서는 안 된다. 모름지기 여러 증거가 뚜렷하고 확실한 실제 근거가 있어야만 판결할 수 있다.

凡自盡之中, 有威逼人致死之條,[18] 以與自輕其生者有異也. 然所云: '威逼', 務要實有威之可畏而挾制之,[19] 方可言'威'; 實有逼之不堪而窘辱之,[20] 方可言'逼'. 若無可威、可逼之實跡, 未可槩坐此條, 以律中有杖埋、充軍、絞、斬, 輕重之別也. "如因戶婚等事威逼致死者, 杖一百, 並追埋葬十兩. 威逼期親致死者,[21] 絞. 大功以下遞減.[22] 若因姦盜, 無論姦成與否、得財與否, 皆坐斬."[23] "若毆打威逼致死, 有致命之傷及殘·廢·篤疾,[24] 雖其自盡, 除追埋葬, 仍擬邊衛充軍."[25] 至于子孫、妻妾威逼之條, 俱有比依重辟,[26] 此非常之事, 可不具論. 鴻按: 婦人與人通

---

18 위핍(威逼)은 강요한다, 힘으로 협박한다는 뜻이다. 여기서는 자살을 강요·협박하는 것을 가리킨다.

19 무요(務要)는 반드시 해야 한다, 하도록 바란다. 꼭 하도록 요청한다는 뜻이다.

20 군욕(窘辱)은 곤경에 빠지게 하여 능욕한다는 뜻이다.

21 기친(期親)은 사망할 경우 1년 동안 상복을 입어야 하는 친척을 가리킨다.

22 대공(大功)은 9개월 동안 상복을 입어야 하는 친척을 가리킨다.

23 『대청률례』 권26 「형률 인명 3(人命之三)」(『律』299.00) 「위핍인치사(威逼人致死)」. "1. **凡因事[戶婚、田土、錢債之類]威逼人致[自盡]死者[審犯人必有可畏之威], 杖一百. 若官吏、公使人等, 非因公務而威逼平民致死者, 罪同[以上二項], 並追埋葬銀一十兩[給付死者之家]. 2. 若[卑幼]因事逼迫期親尊長致死者, 絞[監候]. 大功以下遞減一等. 3. 若因[行]姦[爲]盜而威逼人至死者, 斬[監候][姦不論已成、 與未成, 盜不論得財與不得財].**"(pp.438-439)

24 법률적으로 보면 질환에도 종류가 있다. 잔질(殘疾)은 지체가 불구가 되거나, 머리에 상처가 생겨 머리카락이 모두 빠지거나, 한쪽 눈을 실명하거나, 두 쪽 귀가 먼 경우 등이다. 그다음으로 심한 것은 폐질(廢疾)로 잔질에서 다음 단계로 넘어간 경우다. 이를테면 치매나 실명, 허리나 한쪽 다리가 부러진 것 등을 가리킨다. 이보다 심한 것은 독질(篤疾), 즉 엄중한 질환으로 두 다리가 부러지거나, 미치거나 한 경우다.

25 『대청률례』 권26 「형률 인명 3(人命之三)」(『律』299.08) 「위핍인치사」. 條例. "8. **凡因事用强, 毆打威逼人致死, 果有致命重傷及成殘·廢·篤疾者, 雖有自盡實跡, 依律追給埋葬銀兩, 發邊衛充軍.**"(p.440) 황육홍이 인용한 원문과

姦, 原以和論,[27] 若以含羞自縊, 止照通姦坐罪, 有何威逼之事乎? 彼訟師者, 捏影搏沙,[28] 未可深信, 須衆證分明, 顯有實據, 然後可擬也.

15-03. 자살(自盡)

무릇 자살에는 남자의 경우가 있고, 부녀자의 경우가 있다. 부녀자가 자살한 경우는 시어머니가 엄하게 대하면서 수시로 때리고 욕하였을 때, 아니면 남편이 모질면서 각박하게 대했을 때이다. 이런 자살은 몹시 안타까운 경우다. 또한 고부지간에 서로 반목하거나, 부부 사이에 우연히 말다툼이 있거나, 동서나 이웃 사이에 다툼과 욕이 오가는 경우 일시에 격분하여 목숨을 버리는 경우가 있다. 이러한 성급한 발작에 의한 자살은 안타까워할 것이 못 된다. 미혼여성이 자살하는 것은 계모의 사랑이 없거나 아니면 [부적절한 남녀 관계로] 순결에 흠이 갔을 경우일 것이다.

남자의 경우는 배고픔과 추위가 번갈아 닥치고, 가난하고 힘들어 더 이상 삶을 지탱하기 곤란할 때, 아니면 사채(私債)나 관전(官錢)을 빌렸다가 도저히 갚을 능력이 없을 때이다. 이 또한 자살이 몹시 안타까운 경우다. 하지만 조그만 원한이나 다툼이 있다고 해서 상대방의 집에 가서 죽음으로써 원한을 품고 복수하겠다거나, 그 사람의 땅에서 죽어 모함으로 해치고자 하거나, 아니면 [유가족 등이] 분을 푼다는 구실로 사람들을 끌어모아 재물을 약탈하고 원통함으로 호소하면서 잇따라 소송을 걸어 그 사람을 파산시키려 하는 경우도 있다. 이 또한 교활하고 악랄한 행위로 조금도 안타까워할 것이 못 된다. 어린아이의 경우는 뜨거운 끓는 물에 데거나 물에 빠져 죽는데, 이것은 발을 헛디뎌 구덩이나 우물에 빠진 것과 같으니 어찌 자살의 율법을 적용할 수 있겠는가?

는 약간의 차이가 있지만, 건륭 판본 이전에 나온 옹정판 『대청률집해부례(大淸律集解附例)』의 경우도 이미 이와 같은 내용으로 구성되어 있다(권19 「형률 인명(人命)」, 32b, p.332).

26 『대청률례』 권26 「형률 인명 3(人命之三)」(『律』299.10) 「위핍인치사」 條例. "10. **凡子孫威逼祖父母、傅母, 妻妾威逼夫之祖父母、傅母致死者, 俱比依毆者律斬. 其妻妾威逼夫致死者, 比依妻毆夫至篤疾者律絞, 俱奏請定奪.**"(p.441)

27 화(和)는 화간(和姦), 즉 남녀가 서로 좋아해서 간통하는 경우를 가리킨다.

28 날영박사(捏影搏沙)는 포풍착영(捕風捉影)이란 성어처럼 허황된 이야기를 꾸며 낸다는 뜻으로 보인다.

훌륭한 지방관이라면 [자살 사건이 발생하였을 경우] 마땅히 직접 가서 신속하게 검시를 하여 그 죽음의 정상에 따라 판단을 내린다. 만일 [앞서 든 것처럼] 몹시 안타까운 정상이라면 [살아 있을 경우] 적절하게 꾸짖고, 무거운 경우라면 장례를 치르고 매장케 하여 죽은 사람의 혼령을 위로해 준다. 안타까워할 정상이 아닌 경우 즉시 유가족에게 염을 하여 입관시키도록 하되, 남을 연좌시키는 것을 일체 금지하여 사람들 사이에 틈이 벌어지는 것을 막는다. 이렇게 하면 못된 풍습은 저절로 없어지고, 사람들도 자기 목숨을 소중히 여기게 될 것이다.

내가 담성현과 동광현 지현을 맡았을 때는 목숨을 가볍게 여기는 사람이 아주 많았고, 담성현이 특히 가장 심하였다. 지방은 피폐하고 백성은 가난하고 힘들어 애초에 삶의 즐거움을 알지 못하였다. 더구나 풍속이 사납고 난폭해서 평소에 싸움을 좋아했고 예의와 양보가 도대체 무엇인지를 몰랐다. 집안 식구나 아버지와 아들이 순식간에 원수로 변하고, 마을 사람과 친척이 술자리를 갖다가 칼을 빼어드는 일도 잦았으며, 대들보에 목매고 죽는 사건을 하루라도 듣지 않는 날이 없었다. 스스로 목을 베거나 물에 빠져 죽는 경우도 종종 있었다. 내가 이를 염려하여 속으로 생각하였다. "가르치지 않아서 그런 일을 범하면 부모의 죄이고, 가르쳤는데도 따르지 않으면 자식의 잘못이다. [가르치고 난] 다음에 가서야 내 방법을 시행하면 그 누가 원망하겠는가!" 이에 큰 종이에 「고시」를 쓰고, 노래가사를 만들어 향촌마다 두루 붙이고 골목마다 전파하게 하였다. 그리하여 부녀자와 미혼여성은 효도와 공경, 사랑과 겸양이 귀중하다는 것과 불효와 성급한 발작이 부끄럽다는 점을 알도록 하였다. 또한 상인과 농민, 장인 모두가 이치를 지키고 분수에 만족하는 것이 영예로운 일이며, 서로 사납게 싸우고 험악하게 다투며 경쟁하는 것이 욕된 일임을 알도록 하였다. 먼저 자살의 근원을 막고, 그다음에 자살에 관한 율법으로 그들을 경계하게 하였던 것이다. [「고시」의 내용은 다음과 같다.]

대저 남자가 자살을 하면서 대들보에 목을 매거나 물에 뛰어들게 되면, 영원히 서까래를 등지거나 파도를 쫓는 영혼이 된다. 관청에 알려도 거두어 주지 않고 시신에 파리와 구더기가 들끓어도 누가 슬퍼하겠는가? 부녀자가 자살하면서 새끼줄이나 천으로 목을 매면 뒷골목 어두운 그늘을 헤매는 귀신이 된다. 검시를 받다 보면 온몸이 노출되어도 부끄러움을 알지 못하게 된다. 이리하여 부모가 물려준 몸을 결국 스스로 훼손하게 되고, 또한 만재일우의 기회로 얻게 된 사람의 몸뚱이를 돼지나 개처럼 보게 하는 것이니, 이것은 본 지현이 몹시 혐오하고 또한 한탄하는 바이다. 스스로 이미 물려받은 몸을 아깝게 여기지 않았으니, 본 지현이 어찌 그 시신을 안타깝게 여기겠는가? 이미 스스로를 개·

> 돼지처럼 여겼으니, 본 지현 또한 어찌 그를 개·돼지처럼 여기지 않을 수 있겠는가?
>
> 이 「고시」 이후에도 감히 자살을 가지고 누군가를 무고하면서 소송을 하려는 경우 즉시 그 고발한 내용을 가지고 율법에 따라 무고죄로 처리할 것이다. 감히 목숨을 빌려 무리를 모아 약탈하는 경우 백주 약탈의 죄로 율법에 따라 처벌할 것이니, 그렇게 되면 목숨 하나만 헛되어 버리지 않겠는가? 본 지현은 말을 뱉으면 반드시 그것을 실행에 옮길 터이니, 곰곰이 생각해 보고 깊이 반성해야 할 것이다. 이 「고시」를 결코 소홀히 여기지 말라!

또한 장두와 지보에게 엄히 지시하여 무릇 자살한 시신은 반드시 '자살(自盡)'이라는 명목으로 보고하게 하였다. 그러면 나는 즉시 홀로 말을 타고 직접 검시에 참가하였고, 과연 자살의 흔적이 분명하여 의심스러운 것이 없다면 그 정상과 이유를 따져 꾸짖거나 장례를 치러 매장하게 하였다. 만약 그 정상이 안타까운 것이 아닌 경우 즉시 유가족이 염을 하여 매장하였다는 「확인서」를 갖추게 하였다. 검시하러 갈 때에는 차역에게 「차표(差票)」 한 장 발급하지도 않았고 시종도 많이 거느리지 않았으며, 멀고 가까움에 상관없이 스스로 건량(乾糧)을 갖추고 차 한 잔의 물도 폐를 끼치지 않았다. 형방 서역에게 붉고 검은 먹과 붓·벼루를 가지고 따르게 하여 시신의 상처와 증인의 「구두진술」을 기록하게 하였다. 검시를 위한 천막도 설치하지 않았고, 혼자 등 없는 의자에 앉거나 아니면 돗자리 하나를 깔게 할 뿐이었다. 유가족에게는 한 푼도 쓰게 하지 않았고 현성으로 찾아오게 하지도 않았으니, 불과 하룻밤 자는 사이에 일은 모두 완결되었다.

만약 무리를 모아 둘러싸고 소란을 피우거나, 봉놓이를 가지고 횡포를 부리는 무리를 만나면 즉각 쇠사슬을 채워 구인한 다음 엄히 징벌하였다. 주모자는 현 아문으로 끌고 와 칼을 씌워 꼼짝 못하게 만든 다음 지보로 하여금 압송하여 자기 마을에서 대중에게 공개하도록 하였다. 이렇게 반년이 지나자 사람들이 뉘우칠 줄 알게 되면서 자살하는 사람이 드물어졌다. 그해 말이 되자 다시는 자살 소식이 들리지 않았다. 민간에서는 원통하게 죽는 사람들이 그나마 줄어들었고, 또한 관청의 입장에서도 끊임없이 말을 타고 바삐 오가는 수고를 줄일 수 있었다. "조그만 현에서는 교화와 율법이 제대로 통하지 않는다"고 누가 말할 수 있겠는가? 【자살한 사람의 상처를 검시하는 것은 [바로 다음에 나오는] 1·2차 검시를 다룬 부분에 상세하다.】

강희 33년 5월 북경의 중성어사(中城御史) 장조(張條)가 다음과 같이 상주하였다. "팔기(八旗)에 속한 사람이 자살한 경우는 바로 완결하며, 양쪽 이웃을 구인하여 심문하는 조례가 없습니다. 기인(旗人)과 일반 백성(民人)은 응당 같은 조례에 따라야 할 것이니, 응당 양쪽 이웃을 연좌시킬 필요는 없을 것입니다." 이에 대해 [의견을 묻자] 형부에서는 "이후 북경 오성(五城) 및 순천부(順天府) 소속 완평현(宛平縣)과 대흥현(大興縣) 백성이 자살하였을 때에는 반드시 양쪽 이웃을 심문해야만 하는 상황인 경우에만 비로소 그들을 구인하여 심문함으로써 사건의 진상을 밝혀내도록 하며, 억지로 구실을 만들어 양쪽 이웃을 연좌시키는 경우에는 정례에 따라서 처벌하도록 하겠습니다."라고 답변하였다. 이러한 조치를 지방 각 성에서도 마찬가지로 적용하는 것에 대한 황상의 재가도 내려졌다.

이로 말미암아 보건대, 양쪽 이웃을 연좌시키는 것도 허용이 되지 않는데, 하물며 목숨을 끼고 약탈하는 경우에는 어떻겠는가? 아울러 덧붙여 "새로운 사례(事例)에 비추어 이런 폐단을 막는 것이 더욱 엄해졌다"고도 한다. 생각건대 앞서 다룬 일곱 가지 사망 유형 가운데에는 타살 같지만 실제로는 자살인 경우가 있다. 즉 바로 시신을 가지고 도뢰를 하도록 자살한 경우다. 또한 자살 같지만 실제로는 타살과 같은 경우도 있다. 바로 위압에 의한 강박 자살이다. 따라서 자살인지 타살인지는 응당 상세하게 분별해야만 한다. 이 때문에 이 부분의 뒤에 붙여 여러분이 참고하기를 기다리면서, 1·2차 검시와 각종 사상법(死傷法) 및 응급처치 처방을 부록으로 첨부한다.

夫自盡有男子, 有婦人. 婦人自盡, 或姑嚴而毆辱時加, 或夫忍而寡刻相待,[29] 此自盡之可憫者也. 若姑媳彼此反唇,[30] 夫妻偶爾角口與妯娌、街鄰爭詈,[31] 一時憤激捐生,[32] 此悍潑之無足惜者也.[33] 其女子自盡, 非晚母無恩,[34] 則白璧之有玷乎?[35] 至于男子, 或饑寒交迫,[36] 貧苦無聊,[37] 或私債官錢, 償還莫措, 此亦自盡之可憫者也. 若其微嫌小隙, 殞身于彼者之家, 飲恨

29 과각(寡刻)은 각박하고 무정하다는 뜻이다.

30 반순(反唇)은 마음속으로 불복한다는 뜻을 표현한다, 즉 대립한다거나 반대·반박한다는 뜻이다.

31 축리(妯娌)는 동서(형제의 아내끼리 서로 부르는 호칭)를 가리킨다.

32 연생(捐生)은 목숨을 버린다, 내던진다는 뜻이다.

33 한발(悍潑)은 사납고 난폭하다는 뜻이다.

34 만모(晚母)는 계모를 가리킨다.

35 백벽(白璧)은 가운데 구멍이 있는 평원형(平圓形) 백옥(白玉)을 가리킨다. 백옥에 자그마한 흠이 있는 것(白璧微瑕)은 약간의 결점이나 부족, 또는 여성이 정조를 지키지 못한 것을 비유한다. 점(玷) 역시 흠을 의미하므로 백벽지유점(白璧之有玷) 역시 같은 뜻이다..

36 교박(交迫)은 번갈아 핍박한다, 동시에 핍박한다는 뜻이다.

37 무료(無聊)는 지루하다, 무의미하다는 뜻이다.

訂仇,[38] 畢命于伊人之地, 希圖詐害,[39] 借名洩忿, 勾黨而劫財, 具控呼冤, 疊詞而破産, 此又刁惡之無足惜者也. 其小兒, 或罹湯火,[40] 或遭淹溺,[41] 究與失足墮坑、墜井者等, 豈得以自盡律之乎? 良有司宜親馳速驗, 因其死而酌奪之.[42] 情有可憫者, 量加笞責,[43] 重則斷以葬埋, 以慰地下之魂. 不足惜者, 卽令屍親殯殮,[44] 一槩不准株連, 以杜人間之釁. 如此, 刁風自息,[45] 人亦自重其生矣.

鴻待罪郯、東,[46] 輕生者甚多, 而郯爲最. 蓋地方凋瘠,[47] 百姓貧苦, 原不知有生之樂. 兼之風俗頑悍, 素喜鬪爭, 並不知禮讓爲何物. 家人父子, 頃刻變乎寇讐, 鄕里親朋, 樽俎可興干櫓,[48] 懸梁自縊,[49] 無日不聞. 刎頸、投河, 間時而有. 鴻竊憂之, 因自念曰: "不敎而犯, 父母之罪也. 敎而不從, 子弟之過. 然後行吾之法, 彼將誰尤?" 于是大張「告示」, 編爲歌詞, 徧貼鄕村, 傳播里巷,[50] 使婦人、女子咸知孝敬慈讓之足貴、忤悖悍潑之爲恥, 商農、工賈咸知守理安分之爲榮, 鬪狠囂競之爲辱.[51] 先有以塞其自盡之源, 而後儆之以自盡之法.

> 夫男于自盡, 懸梁赴水,[52] 永作負櫬逐浪之魂, 報官不收, 蠅嘬蛆咂,[53] 誰爲悲哀? 婦人自盡, 弔索垂巾,[54] 長閭巷陰房之鬼, 呈屍待驗, 露體赤身, 罔知羞恥. 是以父母所生之遺體, 竟自毁傷, 以萬劫難遇之人身, 視同猪狗, 此本縣所深惡而痛恨者也. 爾旣以遺體不惜, 本縣又何惜爾之遺體? 爾旣以猪狗自視, 本縣又何不

---

38 정구(訂仇)는 원수를 갚는다는 뜻이다.
39 사해(詐害)는 속여서 해친다는 뜻이다.
40 탕화(湯火)는 끓는 물과 타는 불, 즉 사람을 죽일 수 있는 위험한 것을 가리킨다.
41 엄닉(淹溺)은 물에 빠져 죽는다는 것이다.
42 직탈(酌奪)은 상황을 참작하여 결정한다는 뜻이다.
43 태책(笞責)은 책벌하다, 고문한다는 뜻이다.
44 빈렴(殯殮)은 주검을 염하여 입관(入棺)하는 일을 가리킨다.
45 조풍(刁風)은 나쁜 풍습, 못된 풍속을 가리킨다.
46 대죄(待罪)는 그 직무를 제대로 수행하지 못해 죄를 얻는다는 뜻인데 관리가 임지에서 근무하는 것을 겸손하게 하는 말이다.
47 조척(凋瘠)은 가난하고 척박하다는 뜻이다.
48 준조(樽俎)는 술과 음식을 담는 그릇, 나아가 연회석을 비유한다. 간로(干櫓)는 작은 방패와 큰 방패로 무기를 비유한다.
49 현량(懸梁)은 들보에 줄을 맨다는 것이고 자액(自縊)은 스스로 목을 맨다는 뜻이다.
50 이항(里巷)은 골목을 가리킨다.
51 투한효경(鬪狠囂競)은 사납게 싸우고 다투어 경쟁한다는 뜻이다.
52 부수(赴水)는 물에 뛰어들어 자살한다는 뜻이다.
53 승찬저잡(蠅嘬蛆咂)은 파리가 핥고 구더기가 빤다는 뜻이다.
54 조색수건(弔索垂巾)은 밧줄이나 천을 매단다는 뜻이다.

以猪狗視爾? 示後敢有以自盡捏詞告理者, 卽以所告, 按律反坐. 敢有借命率衆抄搶者,[55] 以白晝搶奪, 按律科罪. 爾之一命, 不白死乎?[56] 本縣言出令隨,[57] 爾等試靜思猛省,[58] 毋忽!

又嚴諭莊頭、地方, 凡係自盡身屍, 務須以'自盡'字樣呈報. 鴻卽刻單騎親詣驗視, 果係自盡實跡無可疑者, 酌其致盡情由, 或行笞責, 或斷葬埋. 其情不足矜者, 立令屍親具殮埋「結狀」. 不出「差票」, 不多帶跟役,[59] 無論遠近, 自備乾糧, 不擾一盃茶水. 令刑書隨携硃墨筆硯, 登記屍痕、「口供」. 不用棚場, 官惟坐一凳, 或葦蓆一片而已.[60] 其屍親人等不用一錢, 不見縣門,[61] 不過一宿, 而其事已結矣. 若遇有率衆圍鬧、持棍行兇之徒, 立刻鎖拿重責. 倡首者, 帶至衙門, 枷號封固, 著地方押回, 就于本處示衆. 如是者半年, 人知悔悟, 自盡者稀. 殆至歲餘,[62] 竟不復聞. 民間少許多枉死鬼, 而官亦省無限馬蹄忙矣. 孰謂: "敎與法之不可行于下邑哉!"【驗自盡傷痕, 具詳檢驗類中】

謹按: 康熙三十三年五月內, 中城御史張傑奏: "旗下人命自盡者,[63] 卽行完結, 並無拘訊兩隣之例,[64] 旗、民自應一例,[65] 不必株累兩鄰"等語. 刑部議覆: "嗣後五城[66]、宛、大二縣所屬民人自盡,[67] 勢必應問兩鄰情由, 方許拘訊, 審得眞情, 而又借端株累兩鄰者, 照定例治罪"云云, 通行直省, 奉旨: "依議." 由是推之, 兩鄰尙不許株連, 況敢挾命控搶乎? 並附"以徵新例杜害之更嚴"云. 鴻按, 前論七殺命案, 有眞命中之假命, 是謂借屍圖賴、自盡命案, 有假命中之眞命, 是謂: "威逼致死". 故眞假俱宜詳辨, 因附篇末, 以俟采定. 檢驗及辨各種死傷法, 并醫救諸方附.

---

55 차명(借命)은 구차하게 유지한다, 또는 목숨을 구실로 삼는다는 뜻이다.
56 백사(白死)는 개죽음한다는 뜻이다.
57 언출령수(言出令隨)는 말을 하면 반드시 그 후속조치가 이루어진다는 뜻이다.
58 정사맹성(靜思猛省)은 차분히 생각하고 깊이 반성한다는 뜻이다.
59 근역(跟役)은 수종·수행원·종복을 가리킨다.
60 위석(葦蓆)은 돗자리를 뜻한다.
61 현문(縣門)은 현의 아문을 가리킨다.
62 세여(歲餘)는 1년 남짓을 가리킨다.
63 기하(旗下)는 팔기(八旗)의 호적을 가리킨다.
64 구신(拘訊)은 체포하여 심문한다는 뜻이다.
65 기민(旗民)은 팔기에 속한 기인(旗人)과 일반 (한족) 백성인 민(民)을 합칭하여 부르는 용어다.
66 오성(五城)은 경성(京城)을 가리킨다. 즉 북경 성내의 중성(中城)과 동성·서성·남성·북성을 가리킨다.
67 완대(宛大)는 경사(京師) 순천부(順天府) 소속 완평현(宛平縣)과 대흥현(大興縣)으로 바로 오늘날 북경의 서부와 동부를 차지하는 지역이었다.

15-04. 1차 검시(驗屍)[68]

1차 검시(驗屍)란 방금 죽은 시신을 검시하는 것이다. 시신에는 네 부위가 있는데 검시할 때에는 모름지기 다음에 나열한 순서에 따라서 살펴보아야 한다. 무릇 상처가 있을 경우는 즉시 검시차역으로 하여금 상처에 대해 그 둘레나 길이, 반듯하거나 비스듬함, 푸르거나

68 이 부분은 바로 앞서 언급된 대로 본문이 아닌 부록으로 실려 있지만, 분량이 많아 본문과 같이 처리하였다. 한편 험시(驗屍)는 앞서도 나왔지만 사망자의 시신을 점검하여 사망의 원인과 과정을 점검하는 1차 검시를 가리킨다. 여기서부터는 각종 사상(死傷)을 검험(檢驗)하는 부분과 부록으로 응급처치 처방이 실려 있다. 무수신(武樹臣) 주편(主編), 『중국전통법률문화사전(中國傳統法律文化辭典)』(北京大學出版社, 1999)의 「법률문헌류(法律文獻類) 삼(三) 고대저술(古代著述)」의 '복혜전서' 항목(pp.459-460)은 다음과 같이 설명하고 있다. "가정도(賈靜濤)의 『중국고대법의학사(中國古代法醫學史)』(北京: 群衆出版社, 1984)의 고증에 따르면 15권과 16권의 내용은 15권의 '1차 검시(驗尸)'부터 16권의 '마른 뼈 검사(檢枯骨)'에 이르기까지 『점검시상지남(點檢屍傷指南)』과 『의구사상법(醫救死傷法)』의 합간(合刊)이다. 하지만 『의구사상법』을 한 권으로 묶어 놓지 않고, 각종 사상(死傷) 항목의 뒤에 나누어서 부록으로 실었다. 이 『점검시상지남』과 『의구사상법』은 왕초(王樵)·왕긍당(王肯堂) 전석(箋釋), 『대명률부례전석(大明律附例箋釋)』(30권)에 부록으로 실려 있다." 강희 30년 판본의 같은 책인 『왕의부선생전석(王儀部先生箋釋)』(30권. 首·末 각1권. [明]王肯堂 原釋, [淸] 顧鼎 重輯. 康熙三十年顧鼎刻本. 四庫未收書輯刊編纂委員會 編, 『四庫未收書輯刊』, 北京出版社, 1997 所收. 史部 第01輯 第25冊)을 확인해 보면 권말의 1권에 확실히 이 『점검시상지남』과 『의구사상법』이 실려 있다. 『중국전통법률문화사전』, pp.457-458에도 『점검시상지남』과 『의구사상법』 항목이 있는데, 저자나 간행연도가 알려져 있지 않고, 왕긍당의 이 책에 부록으로 수록된 것은 청대 초기일 것으로 추측된다는 내용이다. 그리고 『점검시상지남』과 『의구사상법』의 내용은 필자의 확인에 의하면 『복혜전서』의 내용과 완전히 일치하지는 않는다. 이것은 황육홍이 『복혜전서』를 지으면서 앞서 나온 관잠서인 『미신편(未信編)』의 내용을 기초로 하되 그것을 증보하면서 작성하였기 때문이다. 따라서 지금의 「1차 검시」부터 다음 권 끝까지의 내용은 모두 이러한 형태로 구성되어 있다. 다음 권의 「16-04. 마른 뼈 검사(檢枯骨)」에 따르면 황육홍은 이렇게 서술하고 있다. "생각건대, 앞서 여러 가지 시신의 상처를 검사한 방법은 모두 『세원록(洗冤錄)』에 나온다. 그 치료 방법은 또한 대부분 반상승(潘象承)이 『세원록』의 요점을 간추려, 그가 저술한 『미신편(未信編)』 내에 증보(增補)하여 모아 놓았다. 무릇 여러 시신의 상처에 관해서 상세하게 기록한 것은 오로지 검사하더라도 제대로 구별하지 못해 산 사람이나 죽은 사람이 원통함을 당할까 염려해서였다. 아울러 널리 응급처치법을 [내가] 첨부하였는데, 만약 여전히 생기가 남아 있다면 이것으로 치료하여 구할 수 있을 것이다. 이런 것은 모두 어진 군자의 마음 씀씀이다. 그러므로 나 또한 기꺼이 그러한 자료를 모두 모아 그 아름다운 생각이 이루어지도록 돕고자 하였다." 황육홍이 15·16권에 덧붙인 자료는 기본적으로는 『미신편』을 기초로 한 것임을 여기서 알 수 있다. 『미신편』은 절강성 전당(錢塘) 출신의 반표찬(潘杓燦. 字는 月山)이 강희 23년 완성한 책 6권의 제목이다(반표찬의 호가 아마 象承으로 보인다). 『미신편』은 오늘날 『관잠서집성(官箴書集成)』(官箴書集成編纂委員會 編. 全10冊. 黃山書社, 1999)의 제3책, 또는 『명청법제사료집간(明淸法制史料輯刊)』 제1편(國家圖書館影印室 編. 全三十七冊. 國家圖書館出版社, 2008)에 수록되어 있는데, 앞의 판본에 따르면 권4의 「형명(刑名) 하(下)」, 11b-45b(pp.99-116)에 걸쳐 『검험지남』과 『의구사상법』이 인용되고 있다. 이것은 『세원록』과 『무원록』·『평원록(平冤錄)』을 요약한 것이고, 아울러 대명률·대청률의 여러 판본을 참고하여 작성한 것이라 기록되어 있는데, 『미신편』과 『복혜전서』의 내용을 비교해 보면, 비교적 간략한 내용의 『미신편』을 충실하게 따라 작성하여 그것을 기초로 삼으면서도 황육홍이 또한 자신이 모은 또 다른 정보나 식견을 추가하면서 전체적으로 다시 정리한 흔적이 잘 나타난다. 또한 『점검시상지남』과 『의구사상법』에서 『복혜전서』로 옮겨지는 과정에서 약간의 오탈자가 발생하기도 하였다.

검은 색깔, 크기 등을 지정하게 한다. 지현이 검사하여 검시차역의 보고와 다르지 않으면, 용의자를 불러 시신의 상처를 확인시키고 아울러 유가족과 증인 등도 확인하게 한 다음 붉은 먹으로 기입한다. 예를 들어 정수리 중앙, 숫구멍, 옆머리, 이마, 관자놀이, 눈꼬리, 콧잔등, 귀뿌리, 목젖, 입, 앞가슴, 겨드랑이, 옆구리, 가슴, 아랫배, 뒤통수, 항문, 음낭, 그리고 여성의 음부와 젖가슴 등은 모두 급소로 치명상을 입는 곳이니 특히 상세하게 상처의 색깔을 구별해야 한다. 자줏빛 검정으로 부어오른 것은 가장 무거운 상처이고, 그다음으로 무거운 것은 자줏빛 붉은색으로 부어오른 것이다. 그다음은 붉은색이나 청색이다. 홍자색은 갓 생긴 상처이고, 검푸른 색은 오래된 상처다. 관련되는 바가 작지 않으므로 반드시 분별하여 앞서 정한 「사체검안서」의 양식에 우선 따라 시신의 이름·연령·모습·관적 등을 반드시 기입해 두어야 한다. 1차 검시를 할 때 이것과 대조하여 이름, 연령 몇 세, 신장 얼마, 얼굴이 매끈한지 아니면 곰보인지, 수염이 있는지 없는지를 확인하여 실제 그 사람의 시신인지 아닌지를 판별하는 것이다. 그다음에야 비로소 다음 네 부위를 살펴본다.

정면

머리 부분, 【흉터나 수염이 있는지의 여부】 머리카락, 【길이를 헤아린다】 이마, 숫구멍, 이마와 머리카락 사이, 옆머리, 양어깨, 【좌우를 본다】 양 눈, 【좌우 모두 감기는지를 살핀다】 눈꼬리, 【좌우를 본다】 콧잔등, 입, 【열어본다】 이빨, 【전부 있는지 본다】 혀, 【혀끝이 있는지를 본다】 아래턱 목구멍. 가슴, 젖꼭지, 【부인의 경우 유방】 윗 옆구리, 갈빗대, 배, 배꼽, 아랫배, 옥경, 음낭, 【부녀자의 경우 음부】 고환, 【제대로 인지를 본다】 양쪽 허벅지, 무릎, 【좌우를 본다】, 양쪽 정강이, 양쪽 종아리, 양쪽 발바닥, 발가락과 발톱.

배면

뒤통수, 뒤통수 아랫부분, 양어깨, 척추, 허리, 양쪽 엉덩이, 【곤장 자국 여부】 항문, 양쪽 넓적다리, 양쪽 오금, 양쪽 발, 양쪽 발목, 양쪽 발바닥.

좌측

옆머리, 관자놀이, 왼쪽 귀, 왼쪽 귀뿌리, 뺨, 이마, 어깨, 위팔, 팔꿈치, 팔뚝, 손목, 손, 다섯 손가락, 다섯 손톱.

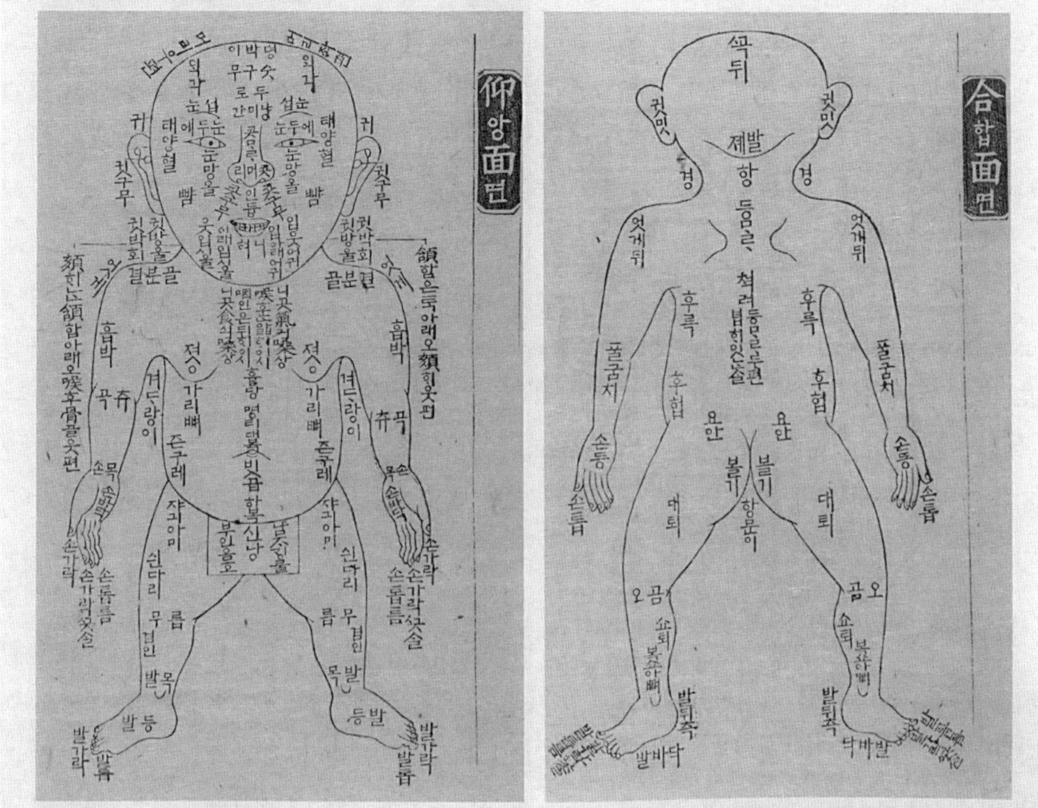

앙면 · 합면

서울대학교 규장각한국학연구원에 소장된 『증수무원록언해』(서유린 등 언해. 3권 2책)에 실린 검시를 위한 신체그림

우측

좌측과 마찬가지다.

생각건대, 되도록 빨리 검시를 해야지, 시신이 팽창하면서 변색하도록 기다려서는 안 된다. 이러한 팽창과 변색도 날씨의 춥고 더움과 죽은 사람의 나이가 많고 적음, 신체의 여위고 뚱뚱한 정도에 따라 달라진다. 뚱뚱하고 젊은 사람은 쉽게 변색하며, 마르고 나이가 많은 경우는 그것이 늦다. 또한 남북 기후의 차이, 무덤의 춥고 따뜻한 정도에 따라서도 다르며, 나아가 일정하지 않은 돌연한 변화도 있으니 상황에 따라 참작해야 한다.

평상시로 말하자면, 대략 봄에는 시신이 사흘이면 변색하기 시작하며, 눈 · 코 · 뱃가죽 · 양 겨드랑이 · 앞가슴의 살갗이 약간 파래진다. 열흘이 지나면 코와 귀에 역겨운 액체가 흘러나오고 뱃가죽이 부푼다. 여름의 경우 하루 이틀만 지나도 변색하며, 사흘이 지나면 역겨운 물이 나오고 몸이 부풀며 구더기가 모인다. 또 입술이 뒤집히고 살갗이 문드러지며 물집이 생긴다. 나흘이나 닷새가 되면 머리털이 빠진다. 가을의 경우 봄보다 약간 빠르지만, 여름에 비해서는 조금 느리다. 겨울은 나흘이나 닷새가 되면 살갗이 먼저 약간 누렇게 바뀐다. 보름이 지나야 비로소 팽창과 변색이 시작된다. 깔개나 돗자리로 같은 것을 이용하여 따뜻한 땅에 묻으면, 보통의 경우보다는 좀 더 느리게 바뀐다.

검시할 때에는 먼저는 「패표(牌票)」를 발급하여 천막을 세우게 한다. 만약 시신이 오래되었다면 모름지기 술지게미(糟)·파(葱)·소금(食鹽)과 소금에 절여 말린 매실(白梅)·식초(醋) 같은 것들을 많이 준비하여 상처 부분을 덮는 데 사용한다. 하지만 차역이 이를 구실로 돈을 뜯어내도록 해서는 안 된다. 시신이 안치된 장소에 이르면 웅당 바람이 불어오는 쪽으로 앉고, 쥐엄나무 껍질(皀角)·창술(蒼術)·강향(降香)을 태워 악취를 막는다. 혹은 참기름으로 콧구멍 속에 바르고 소합향 환(丸)으로 코를 막고 아울러 소주를 조금 마시거나, 아니면 입에 생강 조각을 머금는 것이 좋다.

驗屍, 驗初死之屍也.[69] 屍有四縫,[70] 驗時須依後開次序看驗. 凡有傷損, 卽令仵作指定處所圓長、斜正、靑黑、分寸. 驗官親驗無差, 押兇犯認明屍傷, 幷屍親、干證等俱認確然後, 硃筆登記. 如頂心、顖門、腦角、額角、太陽、目眥、鼻山根、耳根、結喉、血盆、胸前、乳脇、軟肋、心腹、小腹、乘枕、穀道、陰囊、婦女陰戶、乳傍, 皆係要害致命之處, 尤宜詳辨傷色, 以紫黯微腫爲最重, 次重紫赤腫, 又次赤與靑. 紅紫爲新, 靑黑則久. 所關非細, 必須分別, 按前所定格狀單, 身屍必塡某姓名、年貌、籍貫. 今驗時照單記明姓名、年若干歲、身長若干尺寸、面色光痲、有無鬚鬍, 以辨是否本身屍, 方看四面.

正面

頭面、【有無瘢痲、鬍鬚[71]】髮、【量長短】頂心、顖門、髮際、額角、兩肩、【看左右】兩眼、【看左右幷開合】目眥、【看左右】鼻山根、口、【看開合】齒、【看全否】舌、【看有無抵齒】頦喉[72]、胸、兩乳、【婦人乳傍】脇、肋心、腹、臍、小腹、玉莖、陰囊、【婦

69 초사(初死)는 방금 죽은 사람이라는 뜻이다.

70 사봉(四縫)은 뒤에 서술되는 신체의 전면과 후면, 좌측과 우측을 가리키는 것 같다.

71 반마(瘢痲)는 흉터나 곰보자국을 말한다. 호수(鬍鬚)는 수염을 말한다.

72 해후(頦喉)는 턱과 목(구멍)을 가리킨다.

人陰戶】腎子[73]、【看全否】兩大腿、膝、【看左右】兩臁[74]、兩腿腕、兩脚面、十指、十指甲.[75]

背面

腦後、承枕骨[76]、兩胛[77]、背脊、腰、兩臀 【有無杖痕】、穀道、兩腿、兩瞅[78]、兩腿脚、兩脚根、兩脚板.

左側

腦角、太陽穴、左耳、左耳根、左頰、項、肩、膞、肘、腕、臂、手、五指、五指爪.

右側與左同

按: 身屍宜速相驗, 毋令發變.[79] 發變亦看天時寒暑、年紀老少、身體肥瘦. 肥而少者易變, 瘦而老者遲變. 又看南北氣候之不同、山之寒暄. 更有陡頓不常,[80] 貴在臨時審量. 以平時而論, 大約春月屍經兩三日變動, 口、鼻、肚皮、兩脇、胸前肉色微青. 若經十日則鼻耳內多有惡汁流出, 肚皮胖脹. 夏月一、二日卽變動, 三日則汁流, 身脹, 蛆攢, 唇翻, 膚爛, 皰起. 四五日則, 頭髮脫落矣. 秋月較春畧速, 較夏稍緩. 冬月四五日, 肉色先黃緊微變, 半月後始變動. 若用薦蓆裹包,[81] 安埋溫地, 則變動遲于平常也. 凡檢屍先出牌,[82] 令搭棚廠, 如屍已多日, 須多備糟、葱、食鹽、白梅[83]、醋等類, 以爲罨蓋傷痕之用, 但不可令差役借端需索. 至屍所, 宜坐上風, 燒皀角[84]、蒼術[85]、

---

73 신자(腎子), 즉 외신(外腎)은 고환을 가리킨다.

74 염(臁)은 정강이를 가리킨다.

75 지갑(指甲)은 손톱·발톱을 말한다.

76 승침골(承枕骨)은 두개골 뒷부분, 즉 뒤통수 아래쪽의 뼈를 가리킨다.

77 갑(胛)은 어깨를 가리킨다.

78 곡(䐁)은 넙덕지와 정강이 사이의 무릎관절을 가리킨다. 추(瞅)는 오금(무릎 뒷부분)을 가리킨다.

79 발변(發變)은 신체가 발육하면서 변화하거나, 시신이 팽창하면서 변화하는 것을 가리킨다. 여기서는 물론 뒤의 뜻이다.

80 두돈(陡頓)은 돌연히·갑자기라는 뜻이고, 무상(無常)은 일정하지 않다, 고정적이지 않다는 뜻이다.

81 천석(荐席)은 돗자리를 가리킨다.

82 출패(出牌)는 사람을 체포하거나 불러들이라고 지시하는 「명령서」, 즉 「패조(牌照)」·「패표(牌票)」를 발행한다는 뜻이다.

83 백매(白梅)는 여기서는 소금에 절여 말린 매실을 가리킨다.

84 조각(皀角)은 조협(皁莢)이라고 하는데 콩꼬투리 모양의 열매를 맺는 쥐엄나무의 일종으로 그 껍질이 약재나 미용 재료로 쓰인다.

85 창술(蒼術)은 창출(蒼朮)을 가리키는 것으로 보인다. 창출은 다년생 식물로 국화과에 속한 삽주 뿌리를 말한다. 가을에 흰색 또는 담홍색의 꽃이 핀다. 어린 싹은 먹을 수도 있고 뿌리가 큰데, 약재로 쓰며, 향의 재료가 되기도 한다. 감송(甘松) 역시 감송향(甘松香)을 가리키는데, 사천이나 청해 등지에 자생하는 감송의 뿌리와 줄기를 말려 약재로도 쓴다.

降香,[86] 以辟惡臭, 或用蔴油擦鼻竅內, 蘇合香丸塞鼻幷畧飮燒酒,[87] 或口含生薑小片爲妙.

15-05. 2차 검시(檢肉屍)

2차 검시의 경우는 1차에서 시신의 네 부위를 검사하는 것과는 달리 두 부위, 즉 시신의 앞·뒷면만 보면 된다. 정면의 머리 위부터 검사하기 시작하여 머리카락의 길이를 헤아리고, 정수리 머리카락을 젖히고 정수리, 숫구멍 좌우, 양쪽 관자놀이를 살피며, 두 눈과 콧구멍·입·이빨과 혀를 젖혀서 보는데, 얼굴 위에 반드시 문신한 글자가 있는지 여부를 확인해야 한다. 혹시 이미 약으로 문신을 지웠다면 글자의 흔적이 선명하지 않으며, 흉터가 생긴 경우라면 대나무 울타리로 상처 부분을 때려 보면 바로 흔적이 나타날 것이다. 그리고 두 귀, 목구멍 속, 좌우 양팔, 손바닥, 손등, 열 손가락 및 손톱, 가슴, 양 젖꼭지, 유방, 갈빗대, 배꼽, 배, 아랫배, 음낭, 고환, 음경,【부인의 경우는 음문】좌우 두 넓적다리와 종아리, 발바닥, 발가락, 발톱을 살펴본 다음 몸을 뒤집어서 뒤통수, 승침골, 목, 등뼈, 허리부분을 본다. 그리고 엉덩이에 곤장형 흔적이 있는지의 여부를 살펴보고 항문을 살펴본다.

시신의 어디에 상처가 있는지 혹은 푸른색인지, 자주색인지, 붉은색인지, 검은색인지, 피가 있는지 없는지, 또한 크기·길이·깊이 등이 얼마인지를 검시차역에게 정확히 보고하게 하고, 지현이 직접 가서 맞는지 확인한 다음, 용의자를 데리고 와 확인시킨다. 아울러 유가족 등도 모두 분명히 확인하게 한 다음, 보고한 대로 붉은 먹으로「사체검안서」에 기입한다. 검시가 끝나면 서리들로 하여금「사체검안서」뒤에 서명을 하도록 한다. 그 시신의 어떤 부위에 문신, 불에 지진 흔적, 종기 흔적 따위가 있는지에 대해서도 모두「사체검안서」내에 기입해야 한다.

○ 부록:「사체검안서」양식

---

86 강향 역시 콩과의 식물(降香黃檀) 뿌리에서 추출되는 향료로 역시 약재로 쓰인다.
87 소합향(蘇合香)은 공정나무과 소합향나무의 수지에서 향료이다.

【앞부분】 모부 모주 모현 모년 모월 모일 모인의 시신을 검사하였다.

시신의 앞면

정수리 중앙【색깔 있는 상처가 있는지 붉은 먹으로 기입한다. 이하 동일】의 좌측과 우측, 숫구멍 좌·우측, 이마와 양쪽 관자놀이. 두 눈썹, 양쪽 눈두덩, 두 눈, 눈동자, 양쪽 뺨, 두 귀와 귓바퀴, 귓밥, 양쪽 귓구멍, 콧잔등과 콧날, 양쪽 콧구멍, 인중, 위아래 입술과 이빨, 아래턱, 인후, 목구멍과 양쪽 쇄골의 위쪽【결분혈】, 양쪽 어깨, 양쪽 겨드랑이, 어깻부들기(어깨 언저리)와 양쪽 오금, 양쪽 손등과 손바닥, 손가락과 손가락 아랫부분, 손 끝, 손가락 마디, 가슴, 양쪽 젖꼭지, 갈빗대, 배, 양쪽 옆구리, 배꼽, 양쪽 사타구니, 아랫배, 음낭, 옥경, 고환, 부인의 산문(産門)【미혼 여성의 경우 음문】, 양쪽 넓적다리와 무릎, 정강이와 종아리, 발바닥, 발가락.

시신의 뒷면

뒤통수, 머리카락, 머리카락 아랫부분, 양쪽 귀뿌리, 뒷목, 양쪽 어깨, 양쪽 팔꿈치, 양쪽 손과 손등, 손가락의 손톱, 등과 척추, 양쪽 뒤 옆구리, 엉덩이 위쪽과 엉덩이, 항문, 양쪽 넓적다리, 양쪽 오금, 양쪽 종아리, 양쪽 발목 복사뼈와 뒤꿈치, 발바닥, 발가락과 발가락 아랫부분, 발가락 마디.

1. 뭇사람에게 확인·점검하여 모인이 과연 모처의 치명상을 입었음을 확인하였습니다.
2. 검시에 참가한 사람

   주범 모

   공범 모

   증인 모

   유가족 모【모두 서명을 한다.】

위에서 서술한 부분의 치명적인 상처 원인 가운데, 만약 빼놓고 숨기거나 다른 사람의 말을 듣고 날조하거나, 시신의 상처를 늘리거나 줄인 일이 있으면, 검시에 참가한 관리 등은 아무런 변명 없이 달게 죄를 받겠습니다. 이상의 내용이 사실임을 확인합니다.

모년 모월 모일

사리(司吏) 모

수령관 모

검시관 모【모두 서명을 한다.】

이상의 「사체검안서」 양식은 이미 명대에 확정하여 인쇄한 것이다. 청대의 형식은 응당 본처에서 확정하여 인쇄한 것을 사용해야 할 것이다.

○ 이제 1·2차 검시가 모두 끝나면 정례에 따라 검시차역의 「확인서」를 받는다.

檢屍次序, 止作兩面, 與驗法作四面不同. 從正面頭上檢起, 解頭髮, 量長若干, 分開頂髮, 檢頂門、顖門左右、兩太陽穴, 擘雙睛, 鼻孔、口、齒、舌, 臉上須看有無刺字. 或已有用藥爛去, 字痕黯淡,[88] 及成疤者, 用竹笆,[89] 于痕處撻之卽現. 看兩耳、連喉下、左右兩臂、手掌、手背、十指、指甲、心胸兩乳、乳傍、脇肋[90]、臍、大肚、小腹、陰囊、外腎、玉莖、【婦人産門】 左右兩大小腿脚、脚底板、十趾、趾爪. 翻身背面, 看腦後、承枕骨、頸項、背脊、腰脊、臀後, 看有無笞杖痕, 看糞門. 屍上是何處傷痕, 或靑, 或紫, 或赤, 或黑, 或有血、無血, 幷量大小、長闊、深淺等分寸, 令仵作指定報明, 檢官親臨, 看視無差, 押兇犯認明, 並屍親、干證等俱認確, 然後照報硃筆塡入「屍格」. 檢畢, 令各書押于「屍格」之後. 其身屍某處, 或有雕靑[91]、炙痕、瘡痕之類, 俱宜開塡「屍格」之內.

「屍格式」

【面式】 某府某州某縣 某年 月 日 檢到某人屍形

仰面[92]

頂心、【有無色傷, 硃塡. 下同】 偏左、偏右. 顖門偏左、偏右. 額顱[93]、額角兩太陽穴、兩眉

88 암담(黯淡)은 선명치 않다는 뜻이다.

89 죽파(竹笆)는 대나무울타리(竹籬)로 양어장에서 물이 흘러나가되 물고기가 도망가는 것을 막는 역할을 한다.

90 협(脇)은 옆구리 아랫부분, 늑(肋)은 옆구리 윗부분이다.

91 조청(雕靑)은 인체에 꽃무늬를 새겨 넣고 아울러 푸른색으로 칠하는 것, 즉 문신을 가리킨다.

92 앙면(仰面)은 얼굴을 젖혀 위로 향한다는 뜻이다.

93 액로(額顱)는 두개골 앞부분을 가리킨다.

眉叢[94]、兩眼胞[95]、兩眼、雙睛、兩頰腮[96]、兩耳、兩耳輪、兩耳垂、兩耳竅[97]、鼻根、鼻準[98]、兩鼻孔、人中、上下唇吻、上下齒、頷頦[99]、咽喉、食氣顙[100]、兩缺盆穴[101]、兩肩腫、兩腋胑[102]、合膊[103]、兩曲瞅、兩手婉、兩手心、十指、十指肚、十指尖、十指夾縫、胸膛[104]、兩乳、心坎[105]、肚腹、兩脇、兩肋、肚臍、兩膀、小腹、陰囊、玉莖、外腎、婦人産門、【處子曰: 陰門】兩腿、兩膝、兩臁肕[106]、兩脚腕、兩脚面、十指、十指爪.

合面

腦後、髮、髮際、兩耳根、項頸、兩臂膊[107]、兩肐膊[108]、兩手腕、兩手背、十指指甲、脊背、脊膂[109]、兩後【肋脇】、腰眼[110]、兩臀、穀道、兩腿、兩曲瞅、兩腿肚、兩脚踝、兩脚根、兩脚心、十趾[111]、十趾肚、十趾爪縫.

一. 對衆定驗, 得某人果因某處致命.

一. 驗屍人等.

正犯某

干犯某

干證某

---

94 미총(眉叢)은 눈썹을 말한다.
95 안포(眼胞)는 눈두덩을 가리킨다.
96 협시(頰腮)는 뺨을 가리킨다.
97 이규(耳竅)는 귓구멍을 말한다.
98 비준(鼻准)은 비첨(鼻尖), 비상(鼻上)과 같은 뜻, 즉 콧등을 가리킨다.
99 합해(頷頦)는 아래턱을 가리킨다.
100 식기상(食氣顙)은 식도와 기도를 가리킨다. 상은 목구멍 윗부분을 가리킨다.
101 결분(缺盆)은 쇄골 윗부분의 움푹 파인 곳을 가리킨다. 결분혈은 그 중앙의 혈도를 가리킨다.
102 액지(腋胑)는 겨드랑이를 말한다.
103 합박(合膊)은 어깻부들기, 즉 어깨 언저리를 말한다.
104 흉당(胸膛)은 가슴을 가리킨다.
105 심감(心坎)은 흉구(胸口) 또는 심구(心口), 즉 흉골(胸骨) 아랫부분을 가리킨다.
106 염인(臁肕)은 정강이를 가리킨다.
107 비박(臂膊)은 팔의 어깨 부분을 가리킨다.
108 흘박(肐膊)은 팔꿈치 부분을 가리킨다.
109 척려(脊膂)는 등골뼈를 가리킨다.
110 요안(腰眼)은 허리 뒷부분 엉덩이 위쪽을 가리킨다.
111 지(趾)는 발, 즉 발목 아랫부분을 말하는데, 여기서는 발가락을 가리키는 것 같다.

屍親某【俱書押】

右件前項致命根因中間, 但有脫漏不實、扶同捏合、增減屍傷驗, 官吏人等情願甘罪無辭, 保結是實.

年　月　日

司吏 某

首領官 某

檢驗官 某【俱書押】

右「屍格」, 乃前代刊定. 本朝格式, 當依本處刊定者用之.

○ 今檢驗訖, 例取作作「甘結」.

| 第16권 |

형명부 刑名部 6

인명人命 하

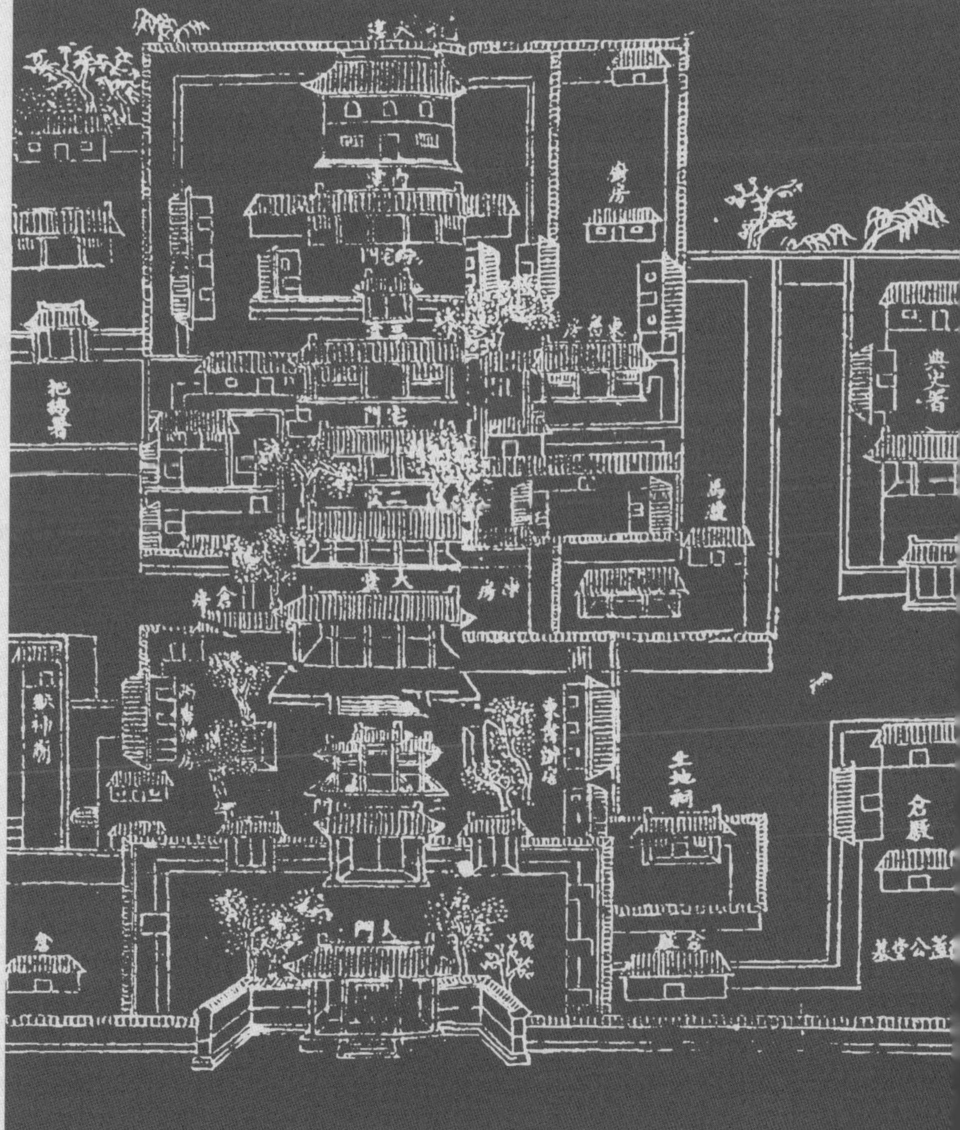

福惠全書

16-01. 각종 사상(死傷)의 검사(驗各種死傷) 상(上)[1]

16-01-01. 몸통과 머리가 분리된 시신 검사(驗身首異處之屍)

민지 유가족에게 시신의 몸과 머리를 확인하게 하고, 시신이 놓인 곳의 사방을 재게 한 다음 반드시 머리와 몸이 서로 떨어진 거리, 즉 좌우와 멀고 가까운 거리, 아니면 어깨·다리에서 얼마나 떨어져 있는지를 잰다. 토막이 난 시신의 손과 팔, 다리와 발은 각기 서로 떨어진 거리를 잰다. 이런 내용을 모두 적어 넣으면, 신체 부위를 모아 형체를 갖춘 다음 거두어 염을 하게 한다.

先令屍親辨認身、首, 量屍處四至後,[2] 須量首與身相離左右、遠近, 或去肩脚若干尺. 支解者手臂、腿脚,[3] 各量相離遠近, 開寫訖, 俱湊成屍收殮.

16-01-02. 유가족이 없는 피살 시신의 검사(驗殺死無主之屍)

지보의 사망사건 보고가 전달되면 지방관은 모름지기 직접 가서 검시를 해야 한다. 황량한 교외의 광야나 깊은 산 속 숲이라면, 왕래하는 길가의 근처에 마을이나 암자, 오래된 묘나 사당이 없는지를 살피고 반드시 직접 방문하여 상세히 살펴보아야 한다. 만약 근처

---

1 앞부분 「15-04. 1차 검시」에서 시작된 『검험시상지남』과 『의구사상법』의 인용은 이 권의 끝부분까지 계속되고 있다. 황육홍이 『복혜전서』를 지으면서 앞서 나온 관잠서인 『미신편(未信編)』의 내용을 기초로 하되 그것을 증보하면서 작성하였기 때문에 『왕의부선생전석(王儀部先生箋釋)』(30권. 首·末 각 1권. [明]王肯堂 原釋, [淸] 顧鼎 重輯. 康熙三十年顧鼎刻本. 四庫未收書輯刊編纂委員會 編, 『四庫未收書輯刊』, 北京出版社, 1997 所收. 史部 第01輯 第25冊)에 수록된 『점검시상지남』과 『의구사상법』과 대조해 보면, 여기서 인용된 것 가운데에는 적지 않은 오·탈자가 나오므로, 이 원문에 의거하여 본문의 착오를 바로잡았다. 한편 이 가운데 수록된 내용은 세계 최초의 법의학 저작이라고 일컬어지는 『세원록(洗冤錄)』(또는 『세원집록(洗冤集錄)』)에서부터 원대의 왕여(王與)가 다시 정리한 『무원록』에 수록된 내용과도 일치하는 바가 적지 않다. 이에 대해서는 왕여(王與) 지음, 최치운 외 주석(김호 옮김), 『신주무원록(新註無冤錄): 억울함을 없게 하라』(사계절출판사, 2003), 그리고 송철의·이현희·장윤희·황문환, 『역주 증수무원록언해(增修無冤錄諺解)』(서울大學校奎章閣韓國學硏究院 韓國學共同硏究叢書 4. 서울대학교출판부, 2004. 2006)를 참조. 이 책은 『무원록』을 지속적으로 보완하고 우리의 실정에 맞도록 내용을 첨삭한 노력의 결실인 『증수무원록대전(增修無冤錄大全)』(正祖 20년, 1796)을 언해한 『증수무원록언해』를 국어학의 입장에서 현대어로 옮기고 역주를 붙인 것이다.

2 사지(四至)는 사방, 네 쪽 둘레를 가리킨다. 일지(日至)로 된 판본도 있으나 오류다.

3 지해(支解)는 토막 낸다는 뜻으로 여기서는 토막 난 시신을 가리킨다.

사람이 모의살해한 것이라면, 시간이 지나면서 자연히 소문이 나돌게 마련이다. 그러나 유가족이 없다면, 지현은 다만 마음속에 담아 둘 뿐으로 철저히 파헤치기는 힘들다. 응당 시신이 있던 곳의 사방을 헤아리고 시신의 어느 부위에 상처가 있고, 어떤 상처이며, 얼굴에는 흔적이나 흉터가 있는지, 수염은 있는지, 대략 나이는 얼마나 되는지, 신장은 얼마나 되는지, 걸치고 있는 옷은 어떤 것인지, 짐이나 주머니, 배두렁이에 은전 및 문서 필적이 있는지, 어느 지역 출신인지를 항목별로 기록하여 보존하되, 아울러 「고시」를 내붙여 알림으로써 유가족이 찾아올 수 있도록 한다. 시신은 지보에게 매장하도록 지시하는데, 목패를 사용하여 앞서 다룬 얼굴 생김새, 나이·의복·출신지를 표기함으로써 유가족이 확인할 수 있게 한다.【만일 시신에 상처가 없으면 유가족이 시신을 확인하여 인수해갈 때 모름지기 "결코 다른 사망의 이유가 없다"고 기입한 「인수증」을 받아서 보관한다. 만약 상흔이 있다면, 간악한 무리들이 거짓으로 유가족을 자처하면서 함부로 소송을 제기하여 사기를 칠 가능성이 있으므로, 반드시 그 허실을 확인한 다음 결정해야 한다.】

地方呈報到官, 須親身往驗, 或係荒郊曠野、深山僻林, 往來道傍, 要看近處有無莊村、菴觀、古廟、神祠, 須細訪詳視. 若係近處人謀害, 日久自然風聲敗露.[4] 但無屍親, 本官只可暗存于心, 不便根究. 宜量明屍處四至、屍身係何處有傷、是何等傷痕、面貌有無印記[5]、疤痕[6]、有無髯鬚、約畧年紀老少、身體長短、所穿是何衣服、有無行李、包袠、兜肚銀錢,[7] 及文書字跡、是何處人民籍貫, 逐項登記存案, 仍出示曉諭, 令屍主跟尋. 其屍著地方掩埋, 用木牌標記以上面貌、年紀、衣服、籍貫, 以便屍主識認.【如屍無傷, 屍主認領, 須具"並無別故"「領狀」存案.[8] 如有傷痕, 恐奸徒冒認, 興詞詐騙, 須審明虛實定奪】

16-01-03. 사망원인이 불확실한 시신 검사(驗身死不明之屍)

시신에 상처나 훼손이 없을 때, 부녀자의 시신은 모름지기 음문을 살펴보아야 한다. 이

4 풍성(風聲)은 소문을 가리키며, 패로(敗露)는 나쁜 일이나 숨긴 일이 발각된다는 뜻이다.
5 인기(印記)는 흔적이나 표기를 뜻한다.
6 파흔(疤痕)은 흉터나 상처다.
7 두두(兜肚)는 배두렁이, 즉 가슴과 배 사이에 두르는 작은 옷을 가리킨다.
8 「영장(領狀)」은 「영수증」·「인수증」을 말한다.

곳으로부터 칼날이 배 속으로 들어갔을 수도 있기 때문이다.【살갗 바로 밑이면, 배꼽 위아래에 미세한 피멍자국이 있을 것이고, 깊으면 보이지 않는다.】머리가 평평한 쇠못(鐵釘)을 정수리에 박아 넣을 수도 있다. 또한 다른 물건을 코나 항문에 집어넣었을 수도 있는데, 이런 방법은 모두 상처를 숨길 수 있다.

屍無傷損者, 婦女須看陰門, 恐自此入刃于腹.【離皮淺, 則臍上下微有血沁,[9] 深則無】以平頭鐵釘釘頂心, 及以他物入鼻與糞門, 皆可匿傷.

16-01-04. 임산부 시신의 검사(驗孕婦)

임산부가 죽었을 때 만약 신속하게 염을 하여 입관하거나 땅속에 묻었다면, 시신의 배가 부풀어 오르고 뼈마디가 분리되어 반드시 태아가 밖으로 나오게 된다. 그러므로 무릇 무덤을 파헤쳐 조사할 때, 놀랍게 생각할 필요는 없다.

○ 아기 시신이 어머니 배 속에서 놀라 사망한 경우라면, 태반이 자흑색이고 피멍은 연하다. 태어난 다음 죽은 경우라면, 시신은 담홍색이고 태반은 백색이다. 만일 태어난 다음 죽었는데 몸에 상흔이 있거나 목구멍이 아래로 납작하게 내려앉았다면, 대개는 남에게 의뢰하여 놀라 죽게 만든 경우다. 아기의 손발을 꽉 잡게 한 다음 목을 밟아 숨이 끊어지게 한 것이다.

○ 무릇 임신하였다가 낙태하였다면, 모름지기 산파에게 지시하여 태아의 개월 수와 모습을 제대로 형성했는지를 확인한 다음 「구두진술」을 받아 서류철 뒤에 첨부해야 한다.【태아가 형성된 지 1개월이면 이슬방울 모양이다. 2개월이면 복숭아꽃 같다. 3개월이 되면 남녀가 구분되고, 4개월이 되면 형상이 갖추어진다. 5개월이 되면 뼈마디가 형성되고, 6개월이 되면 모발이 생긴다. 7개월이 되면 왼쪽 손을 움직이고, 8개월이 되면 오른쪽 손을 움직인다. 9개월이 되면 몸을 세 번 뒤집고, 10개월이 되면 기간이 다 찬 것이다.】만일 형상이 아직 갖추어지지 않았다면 단지 핏덩이만 있을 것이고, 오래되어 썩으면 더러운 물로 변할 뿐이다. 난투·구타를 처벌하는 '투구율(鬪毆律)' 조항에 따르면 "태아를 낙태시키면 곤장 80대와 노역형 2년의 형벌을 받는다."라고 되어 있다. 그 주에는 "낙태시킨 경우

9 혈심(血沁)은 타박상으로 생긴 멍으로 여기서는 시신 복부의 멍 같은 혈흔을 의미한다.

란 치료보장 기한 내에 배 속의 태아가 죽거나 90일이 지나 이미 형상을 갖춘 경우에 이 조항을 적용한다. 만약 치료보장 기한이 끝난 다음 태아가 죽거나, 90일 이내의 태아를 죽게 한 경우에는 때려서 다치게 한 죄를 처벌하는 '구상률(毆傷律)'을 적용하지 낙태시킨 죄(墮胎罪)로 가늠하지는 않는다."라고 되어 있다.

무릇 피에 젖은 시신의 살에 상처가 있다면, 피살된 사람의 상처는 칼과 도끼·창날로 구분한다. 목이 베여 죽은 시신은 남이 해친 경우와 스스로 해친 경우로 구분한다. 맞아죽은 시신의 상처는 손·발에 의한 구타와 다른 물건에 의한 구타로 구분한다. 목매어 죽은 시신은 남이 강제로 매단 경우와 스스로 목을 맨 경우로 구분한다. 익사한 경우는 남이 빠뜨려 죽게 한 경우와 스스로 투신한 경우로 구분한다. 또한 불에 타 죽거나, 뜨거운 물에 데거나, 중독되거나, 굶주리거나 얼어서 죽거나, 연기에 놀라 죽거나, 넘어지거나 깔려 죽거나, 질식사하거나, 곤장을 맞아 죽거나, 벼락에 맞아 죽거나, 호랑이나 뱀·개에 물려 죽거나, 복상사(腹上死)하거나, 과음·과식으로 죽거나 병으로 죽는 경우가 있으며, 모든 종류의 사망은 반드시 모두 상세하게 자살·타살 여부를 판별해야 한다. 사소한 차이가 나중에 엄청나게 다른 결과를 낳을 수 있으므로, 결코 가볍게 무시해서는 안 된다. 그래서 이 뒤에 관련된 내용을 상세하게 기술하였다.

孕婦身死, 若速殮入棺, 或速埋入土, 屍體脹滿, 骨節縫開, 其胎必出. 凡遇開掘勘驗, 不必訝也.

○ 小兒屍在母中被驚死者, 胞衣紫黑色,[10] 血膾軟弱.[11] 生下死者, 屍淡紅, 胞衣白. 如生下致死者, 或身有傷痕, 或喉下塌, 蓋以驚死, 賴人多捉定手足, 搦踏咽喉,[12] 致令氣絶也.

○ 凡胎孕傷墮, 須令穩婆定胎月數,[13] 已·未成形, 取供附卷. 【胎形一月, 如露珠. 二月如桃花. 三月分男女. 四月形像具. 五月骨節成. 六月毛髮生. 七月動左手. 八月動右手. 九月三轉身. 十月滿足】 若形像未具者, 止有血塊, 久爛則化爲惡水而巳. 按鬪毆律內: "凡墮人胎, 杖八十、徒二年." 註云: "墮胎者, 謂辜內子死及胎九十日之外成形者, 乃坐. 若子死辜外及墮胎

10 포의(胞衣)는 사람이나 포유동물의 태반(胎盤)을 가리킨다. 태아와 모체 사이에서 태아의 생존과 성장에 필요한 물질교환을 매개하며, 태아를 밖에서 싸고 있는 장막의 일부가 모체의 자궁내벽과 합쳐져 태반을 형성한다.

11 혈음(血膾)은 혈심(血沁)과 같은 의미다. 피가 모여 응결한 부위다.

12 익답(搦踏)은 짓누르거나 밟는다는 뜻이다.

13 온파(穩婆)는 산파다.

九十日之內者, 仍從本毆傷法論, 不坐墮胎之罪."[14]

凡血肉屍傷, 殺死者, 痕分刀斧、鎗刃; 刎死者, 要分人害、自割; 毆死者, 痕分手足、他物; 弔死者, 要分人勒、自縊; 淹死者, 要分沉溺、自投. 以及火燒[15]、湯潑、中毒、凍餓、驚爊死、跌碾壓、悶死、杖、雷震、虎咬、蛇犬傷、脫陽、醉飽[16]、病諸項身死,俱須細辨眞假. 毫釐千里,[17] 切勿輕忽, 分別于左:

16-01-05. 피살된 경우(殺死)

피살자의 상처는 모름지기 안팎의 상처 구멍을 살펴보아야 한다. 큰 것은 칼날에 베인 곳이고, 작은 것은 칼날에 찔린 곳이다. 만약 시신의 살이 문드러졌다면, 반드시 의복을 살펴보아야 한다. 도끼로 인한 상처는 밖은 넓고 안은 좁은데, 칼자국은 얕으면 좁고, 깊으면 넓다. 창에 의한 상처는 둥근 모양이고, 깊으면 곧 날카롭게 깊이 찔린 것이다. 칼끝으로 인한 상처는 자상(刺傷. 찔린 상처)이라고 하며, 칼날로 인한 상처는 감상(砍傷. 베인 상처)이라고 하는데, 상처의 길고 짧음과 길이, 비스듬한지 똑바른지, 깊은지 얕은지 밝혀야 한다. 만약 뱃가죽이나 양 늑골과 배꼽 아래를 다쳐 살가죽을 통과한 경우라면 내장이 밖으로 나왔을 것이다. 목을 다친 경우면 반드시 어디 정도 깊이까지 이르렀고, 상처의 모양이 가지런하지 못한 곳이 있는지, 기도와 식도가 잘렸는지, 핏자국이 있는지 확인해야 한다. 머리·관자놀이·이마·뒤통수, 머리칼이 난 언저리를 다친 사람은 반드시 머리카락이 잘렸는지, 뼈가 손상되었는지를 확인해야 한다. 뇌수가 피와 함께 흘러나와 즉사한 경우는 바로 급소에 치명상을 입은 것으로 지정하지만, 며칠이 지난 다음 죽은 경우는 "치료하였지만 효과가 없었고 치명상을 입어 죽은 것"이라고 이야기한다.

○ 피살당한 사람은 입과 눈이 열려 있고, 머리카락은 헝클어져 있으며, 양손은 가볍게

---

14 『대청률례』 권27 「형률 투구(鬪毆) 상(上)」(『律』302.00) 「투구(鬪毆[相爭爲鬪, 相打爲毆])」. "3. 折人筋, 眇人兩目, 墮人胎及刃傷人者, 杖八十、徒二年[墮胎者, 謂辜內子死及胎九十日之外成形者, 卽坐. 若子死辜外及墮胎九十日之內者, 從本毆傷法論, 不坐墮胎之罪]."(p.444) 여기서 고내(辜內)는 임신한 여자가 남에게 얻어맞아 치료보장(保辜)의 기한(辜限)을 갖게 된 경우를 이야기한다. 따라서 '고내자사(辜內子死)'는 즉 치료보장 기한 이내에 여자가 낙태하게 되는 것을 말한다.

15 화소(火燒)는 불에 탄다는 뜻이다.

16 취포(醉飽)는 본래 실컷 먹고 마셔 술에 취하고 배가 부른다는 뜻이지만, 여기서는 과음으로 인한 사망을 가리킨다.

17 호리천리(毫釐千里)는 티끌 하나의 차이(差異)가 천 리의 차이를 이루게 된다는 뜻으로, 처음에는 조그마한 차이지만 나중에는 커다란 격차가 생김을 이르는 말이다.

쥐고 있고, 손 위에는 상처가 있는 경우도 간혹 있다. 만약 살인자가 허약한 급소를 한칼에 찔러 죽였다면, 죽은 사람의 손에 상처는 없지만 급소의 상처가 반드시 클 것이다.

○ 살아 있는 채 [살해당하면서] 상처를 입으면, 살갗과 뼈가 수축되고, 상처의 사방에 모두 피멍이 남아 있다. 만약 팔·다리가 절단되었다면, 근육과 뼈대, 살가죽과 살점이 끈적끈적 붙어 있고 살가죽이 수축되고 뼈가 노출된다.

○ 머리가 잘린 경우는 목 아래의 살갗이 수축되고, 뼈가 튀어나오고, 어깨가 솟아오른다.

○ 죽은 다음에 머리를 잘린 경우는 살갗에서 피가 흐르거나 피멍이 생기지 않는다. 베인 곳은 평평하고, 살갗이 수축되지 않고 뼈도 튀어나오지 않으며, 어깨도 솟아오르지 않는다. 칼이 닿은 부분의 끝도 피가 흐르지 않고, 그 색깔이 희다. 상처 아래에 핏물이 있더라도 씻어서 닦아내면, 반드시 살점 주변에서 맑은 피가 흘러나오지 않을 것이다.

○ 담성현의 지현으로 재임할 때, 여름에 피살된 사람의 시신을 검시한 적이 있었다. 그 사람은 꽤 뚱뚱했고, 칼이 들어간 구멍은 깊고 길었다. 사방에 피멍이 많고 안쪽의 살도 밖으로 드러나 있었다. 이를 통해 죽은 다음에 만들어진 칼자국은 평평하고 핏자국도 없음을 알게 되었다.

殺傷之痕, 須看內外瘡口. 大處爲行刃, 小處爲透過. 如已潰爛, 須看衣服. 斧痕外濶內狹; 刀痕淺則狹, 深則濶; 鎗痕帶圓,[18] 深則透尖. 刃頭痕稱刺, 刀口稱砍,[19] 聲說長短、分寸、斜正、深淺.[20] 如傷肚皮、兩肋、臍下者, 透過肉膜, 則腸出. 傷喉者, 須明深至何處, 有無方圓不齊去處, 食系、氣系曾否斷絶, 有無血汚.[21] 傷頭面、太陽、腦角、腦後、髮際者, 須明有無斫斷頭髮、有無骨損. 腦漿血出立死者,[22] 卽指定要害致命.[23] 隔數日方死者, 便說"將養不效,[24] 因傷致命而死".

○ 被殺傷死者, 口眼開, 髮亂, 兩手微握, 手上或有傷損. 若被兇人于虛怯要害處, 一刀直致命者, 死人手上無傷, 其瘡必重.

---

18 쟁(鎗)은 창 모양의 무기나 화총을 가리킨다. 여기서는 일단 창으로 간주하였다.
19 도구(刀口)는 칼날을 가리킨다.
20 성설(聲說)은 소리 내어 말하다, 진술하다, 언명한다는 뜻이다.
21 혈오(血汚)는 피 얼룩, 피로 더럽혀진 곳, 피 묻은 곳을 뜻한다.
22 뇌장(腦漿)은 골 또는 뇌수를 말한다.
23 요해(要害)는 신체의 급소를 의미한다.
24 장양(將養)은 휴양하다, 양생(養生)하다, 보양(保養)하다, 몸조리를 한다는 뜻이다.

○ 活人受殺者, 其受創處, 皮骨緊縮, 四畔有血廕. 若被支解, 筋骨、皮肉稠粘,[25] 皮縮骨露.

○ 落首者, 項下皮縮, 骨凸肩聳.

○ 死後割首, 其皮血不灌廕, 被割處平滿, 皮不緊縮, 骨不凸, 肩不聳. 刀盡處, 俱無血流, 其色白. 痕下雖有血水, 若檢洗擠擦,[26] 肉內四畔, 必無淸血流出也.

○ 鴻在郯, 于夏初驗一殺死之傷, 其人頗肥, 刀口尖長, 四畔血蔭而內肉外露, 以是知死後刀痕, 則平而無血廕也.

16-01-06. 스스로 목을 베어 자살한 경우(刎死)

스스로 목을 베어 죽은 시신은 눈과 입이 닫혀 있다. 얼굴 모습은 슬프고 눈썹은 찌푸리고 있다. 양손은 주먹을 쥐고 있으며, 팔은 굽어서 오그라져 있다. 대개 사망자가 손으로 칼 같은 물건을 꽉 쥐고 힘을 썼기 때문에, 자연히 팔이 굽고 손은 주먹을 쥘 수밖에 없으며, 얼굴빛도 노랗다.

○ 스스로 목을 벤 상처는 작은칼을 사용하였다면 길이는 약 한 치 다섯 푼에서 두 치 정도이고, 식도를 사용하였다면 길이는 서너 치이며, 도자기 조각을 사용한 상처는 그다지 길거나 넓지 않아 깊이는 한 치 칠팔 푼이다. 식도와 기도가 모두 끊긴 사람은 곧 죽고, 깊이는 한 치 서너 푼이다. 식도는 끊겼지만 기도가 끊이지 않은 상처를 입은 사람은 하루면 죽는다. 상처가 얕고 단지 식도만 끊긴 경우는 사나흘 정도 버틸 수 있다. 경미한 상처라면 상처를 꿰매 치료할 수 있다. 왼손을 쓴 사람은 칼이 반드시 오른쪽 귀 뒤에서 시작되어 목구멍을 지나가는데 상처의 길이는 한두 치이다. 오른손을 사용한 경우는 칼이 반드시 왼쪽 귀 뒤에서 시작되고, 길이 역시 똑같다. 상처가 뺨 아래 울대뼈(喉骨, 골후) 위쪽에 있다면 죽기 어려운데, 뼈가 단단하여 칼이 깊이 들어가지 못하기 때문이다. 울대뼈 아래쪽이면 쉽게 죽는데, 뼈가 없어 쉽게 벨 수 있기 때문이다. 왼손에 칼을 쥐었다면 오른쪽 상처가 깊을 것이고, 오른손에 칼을 쥐었다면 왼쪽 상처가 깊을 것이다. 칼을 아래로 세게 긋다 보면 통증이 크기 때문에 [더 이상 큰 힘을 주지 못해] 상처가 가볍다.

○ 목 아래쪽에 칼로 베인 상처가 났다면, 상처가 하나뿐이어야 한다. 상처를 입은 다음

25 조점(稠粘)은 빽빽하고 끈끈하다는 뜻이다.

26 제찰(擠擦)은 문질러 밀어낸다는 뜻이다.

다시 베지는 못하기 때문이다. 만약 머리카락이 헝클어져 있고, 칼로 인한 상처가 뒤죽박죽이면서 좌우와 깊고 얕음의 구별이 없다면, 모름지기 남이 강제로 벤 것임이 틀림없다.

○ 스스로 목을 벨 때 오른손에 칼을 쥐면 비록 혼절했어도 급하게 구할 여지가 있지만, 왼손을 썼다면 구하기 어렵다. 오른손이 가장 민감하므로 조금이라도 통증이 느껴지면 바로 힘이 빠지기 때문이다. 왼손의 거동은 오른손처럼 빠르지 않아 통증이 아주 심한 것이 아니면 느끼고 멈추지 못한다. 그러므로 상처는 반드시 깊어진다. 게다가 식도는 왼쪽에 있고, 기도는 오른쪽에 있다. 식도는 살점이어서 꿰매서 막을 수 있지만, 기도는 뼈에 가까워서 파괴되면 곧 공기가 새어나와 막을 수도 없고 꿰매기도 어렵다.

○ 만약 스스로 칼을 가지고 손가락을 잘랐다면 그 잘린 부분은 모두 가지런한데, 반드시 약재를 써서 피를 막고 묶어야 한다. 잘랐다고 바로 죽지는 않지만, 치료를 제대로 하지 못하면 역시 목숨을 잃을 수도 있다.

○ 입으로 손가락을 물어뜯었다면, 치아에 독이 있어 자못 목숨을 해칠 수도 있다. 상처부위는 가지런하지 않고 고름 물이 넘쳐흘러 주위 살갗이 문드러진다.

○ 부록: 응급처치법【응급처치는 본래 검시 자체의 일이 아니지만, 상처를 입은 사람을 보호할 수 있고, 원한을 누그러뜨리고 소송도 저절로 막을 수 있으니, 사법행정에서 가능한 한 형벌을 줄이고자 하는 뜻을 살릴 수도 있다. 그러므로 관련 자료를 모아 이렇게 덧붙인다.】

잘라진 손가락을 감싸는 약은 닭 뼈를 태운 다음 땅위에 던져 쟁그랑하고 소리가 나는 것을 고른다. 질 좋은 송진 등의 가루를 써서 두드려 한 덩어리로 만들고, 다 자란 부추의 즙을 섞어 그늘진 곳에서 말린다. [그다음] 정해진 방법에 따라 서너 차례 두드려서 가는 가루로 만든 다음 필요할 때 사용할 수 있도록 보관한다.

○ 금속무기로 상처를 입어 창자가 밖으로 나왔다면, 밀가루 다섯 되와 물 아홉 되를 섞어 네 되가 될 때까지 끓인 다음, 목면으로 맑고 깨끗한 즙을 걸러 얻어 차갑게 식기를 기다린다. 환자를 돗자리 위에 눕히고 한 사람이 그 물을 입에 머금어 환자의 등[얼굴]에 내뿜으면, 창자가 차츰 안으로 들어간다. 뿌릴 때에는 환자가 알지 못하게 해야 하며, 또한 여러 사람들이 곁에서 떠들게 해서도 안 된다. 만약 그래도 들어가지 않는다면, 돗자리의 네 귀퉁이를 잡고 가볍게 흔들면 저절로 들어갈 것이다. 창자가 다시 들어간 다음에는 참기름을 듬뿍 바른 실로 꼭 당겨서 봉합한다. 그리고 매끄러운 비단으로 단단하게 묶고 절

대 놀라서 움직이는 일이 없도록 하여 상처가 다시 아물어지게 한다.【바로 앞에 등(背)이라고 하는 글자는 사실 얼굴(面)이란 글자로 바꾸어야 할 것 같다.】

自刎之屍, 口、眼合, 面愁眉皺, 兩手拳握, 臂曲而縮. 蓋死者用手把定刀物, 以作力勢, 其臂手自然拳, 面色黃.

○ 自刎之痕, 小刀約長一寸五分至二寸許, 食刀長至三四寸, 磁器痕不甚長濶, 深一寸七八分. 食、氣系俱斷者, 卽死, 深一寸三四分. 食系斷, 氣系未斷而破傷者, 一日死. 痕淺而止斷食系者, 可延至三五日. 微傷者可以縫連醫治. 用左手者, 刀必起自右耳後, 過喉一、二寸. 用右手者, 刀必起自左耳後, 분촌역然. 傷在胲下喉骨上,[27] 難死, 骨堅刀不能深也. 喉骨下, 易死, 虛而易斷也. 左手把刀, 則右深, 右手把刀, 則左深. 蓋下刀手重, 負痛, 則輕也.

○ 喉下刀痕, 只應一傷, 受傷之後, 不能復割也. 若髮亂, 刀痕參差, 無左右深淺之別, 必爲人所勒.

○ 凡人自割, 右手持刀, 雖暈絶, 尙可急救. 左手則難救. 蓋人之右手最活, 稍一疼痛, 卽知而力軟. 左手擧止, 不如右快, 非至痛極, 不能覺止. 故傷入必深. 且入食嗓在左,[28] 氣嗓在右, 食嗓係肉, 可以接縫, 氣嗓則近骨類, 破則氣出, 不可掩, 難接也.

○ 若自將刀剁下手指,[29] 其皮頭皆齊, 必用藥封扎. 蓋剁時雖不卽死, 將養不效, 亦能致命.

○ 用口咬下指者, 齒上有毒, 頗能致命. 其瘡口不齊, 膿水淹浸, 週圍皮肉損爛.

○ 附: 醫救法.【醫救本非檢內事, 但能保全受傷之人, 則怨可消, 而訟自弭, 刑期無刑之義也. 故輯附之如左:】

紮剁指之藥, 取雞骨炭, 投于地上, 鏗然有聲者,[30] 用好松香等分,[31] 搥作一塊, 以老韮菜汁拌入,[32] 陰乾. 依法搥三四次, 爲細末, 存貯備用.

○ 金瘡腸出者,[33] 用小麥五升、水九升, 煮四升, 綿濾淨汁, 待極冷. 令患人臥薦上, 一人含

---

27 해(胲)는 뺨(頰)을 가리킨다.
28 식상(食嗓)은 식도를 가리킨다.
29 수지(手指)는 손가락을 가리킨다.
30 갱(鏗)은 의성어로 금속 따위가 서로 부딪쳐서 나는 소리(쟁그랑 · 댕그랑)를 가리킨다.
31 송향(松香)은 송진을 뜻한다.
32 구채(韭菜)는 부추를 가리킨다.
33 금창(金瘡)은 금속성의 칼이나 창 · 화살 따위의 무기로 입은 상처를 가리킨다.

嘆其背, 則腸漸入, 嘆時勿令患人知之及多人在傍言語. 如未入, 抬薦四角輕搖, 則自入. 旣入者俱用蔴油潤線縫緊,[34] 仍以潤帛紮束, 愼勿驚動, 使瘡口復迸. 【嘆其背, 背字疑當作面】

16-01-07. 맞아 죽은 경우(毆死)

맞아 죽은 시신은 입과 눈이 어지럽게 열려 있다. 의복이 가지런하지 않고, 양손은 주먹을 쥐지 않았으며, 간혹 오줌이 속옷을 더럽히기도 한다.

○ 다른 물건으로 맞아 죽은 시신은 그 상흔이 옆으로 긴데, 칼날이 있는 무기를 사용하지 않았다면 모두 다른 물건을 사용한 것이다. 주먹에 맞아 죽은 시신은 그 상흔이 네모나거나 동그랗고, 발에 채인 상처는 주먹으로 생긴 것보다 크다. 【혹은 뾰족하다고도 한다】 다른 물건에 스스로 몸을 던져 부딪쳐 죽은 시신은 살갗이 찢어지지 않은 경우 그 흔적이 네모나거나 동그랗다. 찢어진 경우에도 역시 깊지는 않다.

○ 살아서 맞아 죽은 시신은 상흔에 자적색의 혈흔이 있다. 죽은 다음 푸른 대나무 조각을 묶어 만든 몽둥이를 태우면서 시신을 지져 상처를 만들고 타살로 사칭하는 경우가 있는데, 그 상처는 불에 탄 검은색으로 보이고, 얇고 평평하여 딱딱하지 않다. 느티나무 껍질이나 그물로 두들겨 만든 상처라면, 상처 내부가 문드러지고 검은색이며 사방은 푸른색인데, 한 덩어리를 이루며 부스럼이 생기지도 않는다. 눌러도 딱딱하지 않다.

○ 맞아 죽은 시신은 먼저 [시신이 원래 그대로] 마른 상태에서 한 차례 검시를 한다. 그 다음에는 쥐엄나무를 달인 물로 더러운 때나 기름을 씻어 내고, 다시 맑은 물로 깨끗이 씻는다. 만약 청흑색의 상처가 있다면 반드시 단단할 터이고, 위에 물방울을 떨어뜨리면 흘러내리지 않을 것이다. 상처가 잘 드러나지 않는다면, 등나무 넝쿨로 만든 백지나 초지(抄紙)로 시신을 두껍게 감싼 다음 술지게미 식초를 위에 뿌린다. 그리고 다시 시신의 옷을 입히고 끓인 식초를 듬뿍 뿌린 다음 거적으로 한동안 덮어 둔다. 시신이 부드러워지기를 기다려 옷과 거적을 걷어 내고, 물로 식초를 씻어 낸 다음 상처를 자세하게 살핀다. 만약 상처가 드러나기는 하지만 분명하지 않다면, 햇빛이 비치는 곳에서 새 기름을 먹인 비단이나 혹은 콩기름을 바른 우산을 이용하여 해를 가리고 비추어 상처부위를 검사한다. 비가 오는 흐린 날씨라면 대신 등잔불을 사이에 두고 비춰 본다. 그래도 여전히 상처가 보이지 않는

---

34 마유(麻油)는 삼씨를 짜서 만든 기름, 또는 참기름(芝麻油)을 가리킨다.

다면, 소금에 절인 매실을 찧어서 상처가 있다고 지적된 부위에 덮어 바른다. 그래도 나타나지 않는다면, 다시 매실육에 파와 고추(산초)·식초를 넣고 다져 만든 떡을 뜨겁게 구워 종이를 안에 대고 살갗을 지진다. 소금과 식초를 이용하면 초봄과 겨울에는 마땅히 뜨거워질 것이고, 음력 2월 이후와 늦가을에는 약간 뜨거워질 것이며, 여름과 초가을에는 응당 따뜻해질 것이다. 이렇게 할 때 너무 차가우면 스며들지 못하고, 너무 뜨거우면 시신이 문드러지는데, 그렇게 되면 더욱 검사하여 살피는 것이 어렵다.

○ 한겨울에 맞아서 죽은 시신을 검시하는데 상처를 찾지 못하는 경우가 있다. 이럴 때에는 응당 깊이 두 자 정도에 시신의 키에 맞는 구덩이를 파고, 숯불로 구덩이를 벌겋게 달군 다음 식초를 뿌려 물기를 증발시킨다. 그다음에 거적으로 시신을 싸서 구덩이 속에 넣고 의복으로 덮는다. 한참 있다가 시신에 온기가 돌면 그때 꺼내 앞서와 같은 방법으로 검사한다.

○ 검시차역이 뇌물을 받으면 대부분 꼭두서니를 몰래 식초 속에 집어넣어 상처에 바르는데, [그렇게 하면] 상처가 드러나지 않게 된다. [이런 경우] 감초의 즙으로 이것을 해결할 수 있다.

○ 다투며 싸우다가 죽었는데 검시를 해도 상처가 보이지 않는다면, 이 사람은 혹시 복통이 갑자기 발작하여 죽었을 수도 있다. 그 경우는 고환이 수축되어 속으로 들어가 버렸을 것이다. 따듯한 식초를 부드러운 옷이나 면화 솜 같은 것에 적셔 밥 한 끼 먹을 정도 동안 덮어 두고, 검시차역에게 손으로 아랫배를 어루만지게 하면 고환이 자연스럽게 아래로 늘어질 것이다. 대체로 시신에 고환이 보이지 않고 외부에 다른 상처가 없다면, 모두 이 방법을 사용해야 한다. 고환이 아래로 내려오면, 손상된 부위가 있는지 없는지를 상세히 검사해야 한다. 크게 취하거나 아주 배가 불렀을 때에는 남과 싸우며 다투거나 갑작스러운 분노를 폭발시키다가 숨이 끊어질 수도 있다.

毆死之屍, 口、眼開亂, 衣服不整, 兩手不拳, 或溺汚內衣.

○ 他物打者, 其痕橫長, 兵不用刃, 皆他物也. 拳打者, 其痕方圓, 脚踢比拳痕大. 【一云尖】 以身就物自磕者,[35] 未破處其痕方圓, 雖破亦不深.

○ 生前毆而死者, 傷痕有紫赤血暈. 若死後, 有將青竹篦火燒烙成傷痕,[36] 詐稱打死者, 其

35 개(磕)는 돌이 부딪치는 소리, 서로 부딪친다는 뜻이다.
36 죽비(竹篦)는 대나무를 엮어 만든 몽둥이·곤장을 가리킨다.

痕焦黑色, 淺平不硬. 有將欅木、皮罨成傷者,[37] 其痕內爛損黑色, 四圍青色, 聚成一片而不腫, 捺亦不硬.

○ 檢毆死屍, 先乾檢一番. 次以皂湯洗滌垢膩,[38] 又以清水冲洗潔淨. 若有青黑痕處必硬, 以水滴上則不流. 若傷不顯, 則以藤連白紙, 或抄紙,[39] 厚鋪襯屍, 糟醋壅蓋.[40] 仍以屍衣覆之, 煮醋澆淋,[41] 以薦蓆罨一時, 俟屍體透軟, 揭去衣薦, 用水冲去糟醋, 細驗傷痕. 若雖有痕現, 看不分明, 可于迎日處, 以新油絹, 或明油傘,[42] 隔日照勘, 陰雨則以燈火隔照. 若傷仍不顯, 以白梅搗爛,[43] 壅所告傷之處. 猶未全顯, 再以白梅肉, 加葱、椒、醋, 研作餅子, 煨熱,[44] 襯紙烙之. 凡用鹽、醋, 初春、冬月宜熱; 仲春後與深秋,[45] 宜微熱; 夏與初秋宜溫. 蓋過冷則不透, 過熱則糜爛屍身, 更難驗看也.

○ 嚴冬之時, 被毆身死者, 檢勘無傷, 宜掘一坑, 深二尺許, 依屍長短, 以柴炭將坑燒紅, 用醋淋之, 使氣蒸蒸然. 乃以蓆襯屍, 置坑內, 衣服覆之. 良久覺屍溫,[46] 出屍, 以前檢之法驗之.

○ 仵作受賄, 多以茜草暗投醋內搽傷處,[47] 痕卽不顯. 以甘草汁解之.

○ 因爭鬪身死, 而檢看並無傷痕, 此人或患疝疾激發而死,[48] 則腎子縮入腹下.[49] 用溫醋, 濕軟衣、棉絮之類, 罨一飯時, 令仵作以手按小腹, 腎子自墜. 大凡屍無腎子, 而外無傷者, 俱宜用此法. 腎子旣下, 又當細驗有無傷損. 人于大醉、大飽時, 與人爭鬪, 暴怒觸逆,[50] 亦能氣絶也.

---

37 거목(欅木)은 느티나무를 가리키며, 피엄(皮罨)은 새나 물고기를 잡는 그물을 가리킨다.

38 조탕(皂湯)은 쥐엄나무를 달인 물이고, 구니(垢膩)는 몸에 붙은 오물이나 때를 말한다.

39 초지(抄紙)는 원래 종이를 제조하는 전통적인 과정, 즉 종이의 원료가 담긴 물(紙漿)을 걸러 모래나 잡물을 세서하고 나무틀에 부어 넣은 다음 말려서 종이를 만드는 과정을 가리키는데, 여기서는 그렇게 만든 종이를 가리키는 것으로 보인다.

40 조초(糟醋)는 술지게미로 만든 식초를 가리킨다. 옹개(壅蓋)는 덮다, 막는다는 뜻이다.

41 자초(煮醋)는 끓인 식초를 말한다. 요림(澆淋)은 뿌려서 적신다는 뜻이다.

42 명유(明油)는 요리에 윤기를 내는 기름을 가리킨다.

43 백매(白梅)는 매화나무의 열매가 익어서 떨어질 무렵에 소금에 절인 것이다. 설사(泄瀉)나 중풍 따위에 쓰인다. 도란(搗爛)은 찧는다는 뜻이다.

44 외열(煨熱)은 굽다, 덥힌다는 뜻이다

45 중춘(仲春)은 음력 2월을 가리킨다.

46 양구(良久)는 '매우 오래'라는 뜻이다.

47 서초(茜草)는 진홍색 염료로 사용되는 풀인 꼭두서니를 가리킨다. 차(搽)는 칠한다는 뜻이다.

48 산질(疝疾)은 허리나 아랫배가 아픈 병을 말한다. 탈장(脫腸)이라고도 한다.

49 신자(腎子)는 남성의 고환(睾丸)을 가리킨다.

50 촉역(觸逆)은 거스르다, 노염을 산다는 뜻인데, 여기서는 아마 역린을 건드린다는 뜻으로 사용된 것 같다. 역린(逆鱗)은 용의 턱 아래 부분에 거꾸로 자란 비늘로, 용의 가장 치명적인 약점이기 때문에 어린아이라도 이곳을 건드리면 용을 죽일 수 있다고 한다. 용은 군주에 비유되었으므로 역린을 건드린다는 것은 가장 민감한 부분의 약점을 건드리는 것이고, 이것은 결과적으로 군주나 군주의 분노를 사게 된다는 것을 비유하는 데 사용한다.

16-01-08. 목매어 죽은 경우(弔死)

목매어 죽은 시신을 검사할 때, 매달려 있는 상태라면 허공에 걸려 있는 높이, [시신이] 매달린 곳이 [시신의 무게를] 버틸 수 있는지 아닌지를 응당 큰 소리를 내어 밝히게 해야 한다. 혹은 매달려 있지 않다면 밟고 오를 수 있는 기물이 있는지, 원래 목을 맬 때 쓴 밧줄이나 비단이 어떤 것인지, 밧줄의 둘레는 얼마인지, [목을] 맨 상흔의 너비가 얼마인지를 응당 소리 내어 밝히게 한 다음에야 비로소 시신을 풀어 검시 장소에 안치한다. 만약 이미 [목맨 밧줄을] 풀어서 끌어내린 시신이라면, 원래 목을 맨 밧줄·비단이 그대로 있는지 아닌지를 응당 소리 내어 밝히게 해야 한다. 혹은 밧줄·비단이 현재 시신 옆에 있거나 원래 목 맨 장소에 남겨져 있다면, 반드시 목을 맨 [상처와] 대조하여 일치하는지 아닌지를 밝혀야 한다. 만약 비가 내려 진창이 있는 때였다면, 반드시 사망자가 어떤 모양의 신발을 착용했고, 밟은 곳에 발자국 흔적이 있는지 없는지를 살펴보아야 한다.

○ 스스로 목을 맨 사람은 [밧줄을] 묶은 곳이 좌우 귀 뒤에서 교차한다. [상흔의] 색은 적자색이며, 눈은 감겨 있고 입은 열려 있다. 손은 주먹을 쥔 채 늘어져 있으며, 치아가 노출되어 있다. 맨 곳이 숨통 아래쪽이면 입이 열려 있고, 혀끝이 나와 있으며 치아가 두세 푼 열려 있다. 숨통 위쪽이면 혀가 치아가 닿아 있고, 입술 양끝과 앞가슴에 침이 떨어져 있다. 손은 엄지손가락을 감싼 모습으로 주먹을 쥐고 있고, 발끝이 수직으로 늘어져 있다. 허벅지에는 피멍이 있는데 마치 불에 댄 듯하고, 배에서 아랫배까지 늘어져 있고 청흑색이며, 앞은 오줌으로 젖어 있고 뒤는 인분이 묻어 있다. 또한 대장이 [항문 밖으로] 나와 있거나 피가 한 두 방울 맺혀 있다.

○ 만약 남이 강제로 목 졸라 죽이고 스스로 목맨 것처럼 거짓으로 꾸몄다면, 입과 눈이 열려 있다. 손은 벌려져 있고 머리카락도 흩어져 있으며, 목 아래에 혈맥이 통하지 않았을 것이다. 흔적은 얕고 묽으며, 피멍이 든 검은 자취도 없다. 혀가 입 밖으로 나오지도 치아에 닿지도 않으며, 목에는 손톱자국이 있다. 그러나 [남이] 강제로 [목을 졸랐지만] 죽지 않자 곧바로 매달아 자살로 가장한 경우라면 조금은 구별하기 어렵다. 만약 남에게 창살 사이로 목을 졸리거나 나무 같은 것으로 눌려 죽임을 당하였다면 밧줄이 교차한 자국도 없고, 대부분 평평하다. 하지만 오히려 매우 짙고 거무스레한 장아찌 빛깔이 나며, 또한 귀 뒤의 머리카락이 난 부분에서 교차하지도 않는다.

○ 만약 밧줄로 목 아랫부분을 졸려 사망한 경우라면, 매듭이 목 뒤쪽에서 교차한다. 손은 늘어져 있지 않고, 늘어져 있더라도 곧바르지 않다.

○ 스스로 목맨 경우 발이 허공에 떠 있으면 목 아래 흔적은 매우 깊고, [발이 무언가를 밟고 있으면] 흔적은 얕다. 살쪘으면 상흔이 깊고, 말랐으면 얕다. 밧줄이 튼튼하고 가늘면 상처가 깊고, 느슨하고 거칠면 얕다. 폭 전체를 쓴 비단 띠라면 [상흔이 넓게] 퍼져 있다.

○ 매달린 곳의 높낮이에 상관없이, 침대 위나 선창 내에서도 사람이 목을 매서 죽을 수 있다. 그러나 시신이 옆으로 매달리고 머리가 밑으로 늘어지며, 몸이 엎어진 상태라면 상흔은 비스듬하지만 뒤통수의 머리칼이 난 언저리까지 미치지는 않는다.

○ 스스로 목을 맬 때는 죽은 매듭 아니면 산 매듭을 쓰거나, 한 줄을 십자로 묶거나 밧줄을 둘둘 말아서 매는 방법이 있다. 만약 죽은 매듭으로 목을 매면 목을 매단 곳은 반드시 높을 것이다. 먼저 밧줄을 걸고 그다음 올가미에 목을 집어넣어 [죽은 매듭으로] 매달리면 밟고 올라갈 곳이 반드시 높을 필요는 없다. 하지만 올가미를 느슨하게 하여 [산 매듭으로 만들어] 머리를 넣고 매달리면, [산 매듭이 조여들면서] 발이 땅에 닿거나 꿇은 무릎이 땅에 닿아도 역시 죽는 것이 가능하다. 한 줄을 십자로 묶어 목맨 경우에는 먼저 밧줄로 목을 묶은 다음, 다시 물건을 밟고 올라가 높은 곳에 매달고, 물건을 발로 치우면 높은 곳에 매달려 죽을 수 있다. 하지만 만약 발이 조금이라도 땅에 닿으면 목을 맨 줄이 저절로 느슨해져 생기가 목구멍 사이로 드나들기 때문에 죽는 것이 곤란하다. 그러므로 모름지기 먼저 매단 곳에 흙먼지가 묻은 흔적이 있는지를 살펴보아야 하는데, 밟고 올라간 물건에 흔적이 있어야만 비로소 스스로 목맨 것이라는 점을 확인할 수 있다. 만약 목을 매단 곳이 높아 밟고 올라갈 수 없다면, 즉 이것은 다른 사람이 달아맨 것이다.

대략 목을 매어 죽은 경우 상흔은 여덟 팔(八)자 모양이라 서로 교차되지 않는다. 그런데 줄로 둘둘 말아 목을 맨 경우는 죽은 사람이 먼저 밧줄이나 띠를 가지고 목 아래를 한두 차례 감아 두르고, 높은 곳에 매달려 몸을 떨어뜨려 죽은 것이나, 혹은 먼저 높은 곳에 밧줄을 달고 두 줄로 묶은 매듭을 드리운 다음 높은 곳을 밟고 올라 머리를 안에 넣고, 다시 줄로 한두 차례 목을 휘감은 다음 발판이 된 물건을 차 버리고 매달렸다면, 그 상흔은 반드시 두 갈래로 나뉜다. 위의 갈래는 귀 뒤를 거쳐서 머리카락이 난 곳까지 비스듬히 이어지지만 서로 교차하지 않는다. 아래 갈래는 목 아래 부분을 평평하게 감싸게 된다. 상흔을 보고할 때는 모름지기 양쪽 상흔의 존재를 분명하게 큰 소리로 밝히게 해야 한다.

○ 만약 스스로 목을 맸지만 죽지 않았는데 남에 의해 다른 곳에 옮겨져 다시 매달렸다면, 역시 두 갈래 상흔이 있을 것이다. 이 또한 모름지기 분명하게 확인하고, 사실대로 큰 소리로 밝히게 해야 한다.

○ 스스로 목을 맸지만 한 번 풀려났다가 다시 죽었다면, 즉 배가 터질 듯 부풀어 오르

고, 입은 혀를 깨물지 않았을 것이며, 엉덩이 뒤에는 배설 흔적도 없다.

○ 집 안에서 목을 매어 죽었는데 시신을 다른 곳으로 옮겨 매달았다면, 역시 두 갈래 상흔이 있을 것이다. 원래의 상흔은 자색이며, 핏자국이 있다. 옮겨서 생긴 상흔은 흰색이며, 핏자국이 없다.

○ 불분명한 원인으로 죽었는데 불로 지져 상흔을 만들어 거짓으로 목매 죽은 것으로 꾸밈으로써 목숨 값을 치르는 것을 피하려고 한 경우, 상흔의 색깔은 홍색이거나 혹은 불에 탄 적색으로 습기를 띠고 있다.

○ 줄이 풀리지 않은 채 시신이 오랫동안 매달려 있다가 시일이 오래되어 살이 썩고 허물어져 뼈가 드러났다면, 밧줄은 반드시 살 속으로 파고 들어갔을 것이다. 손목뼈, 두개골, 손가락 끝마디 뼈, 치아는 반드시 모두 적색이다.

○ 부록: 응급처치법

목을 매 죽으려고 했는데, 빠른 시간 안에 발견된 사람은 그 입·코·앞가슴을 문질러서 따뜻하게 해 준다. 그래도 부족하면 힘이 센 사람이 가볍게 부축해 들어올리고, 다른 사람이 물건을 이용하여 발을 받치고 밧줄이나 비단을 천천히 푼다. 들어 올린 사람은 천천히 그를 감싸 안아 아래로 내려 눕히고, 무릎으로 항문을 막아 공기가 나오지 못하게 한다. 다른 사람은 어깨를 밟고 양손으로 머리카락 전체를 잡아 올려 팽팽히 당긴다. 다른 한 사람은 목구멍을 조심스럽게 만져 원상을 회복시키고, 산양의 피를 부어 먹인 다음 손으로 가슴을 어루만져 주어 흩어져 퍼지도록 하며, 팔·다리를 문지르면서 굽혔다 폈다 해 준다. 만약 이미 몸이 뻣뻣해졌다면 점점 세게 굽히고, 또한 그 배를 문지른다. 이렇게 오랫동안 하면, 공기가 입으로 통하게 되어 다시 호흡을 하면서 눈을 뜨고 점차 소생하게 된다. 그러나 힘든 일은 하지 못하게 하고, 묽은 육계탕 및 미음을 주어 그 목구멍을 적셔 주며, 다시 두 사람을 시켜 붓대로 코에 자주 바람을 불어넣게 한다.

○ 또 다른 방법으로 닭 벼슬에서 뽑은 피를 입안에 떨어뜨려 넣으면 바로 소생한다. 남자는 수컷의 피를. 여자는 암컷의 피를 사용한다.

○ 온갖 해충이 귀에 들어갔더라도 [이 피를] 한 방울을 떨어뜨리면 즉각 기어 나온다.

驗縊死屍, 現在懸掛, 當聲說懸空高下,[51] 懸弔處勝任、不勝任. 或不懸空, 有無蹬踏器物, 項下繫何繩帛, 繫圍徑若干,[52] 縊痕粗細若干,[53] 方解屍置驗處. 若已經解下者, 當聲說項下有無原繫繩帛, 或繩帛現在屍傍, 或尙留原弔處者, 須比對縊是否同異. 若當泥雨時,[54] 須看死者脚著何樣靴鞋、踏上處有無印踪.[55]

○ 自縊者繫縛處, 交至左右耳後, 色赤紫, 眼合, 唇開, 手握而垂, 齒露. 縊在喉下, 則口開, 舌尖出, 齒開二三分. 喉上, 則舌抵齒, 口膌兩角,[56] 暨胸前有涎滴, 手拳握大拇指,[57] 脚尖直垂下,[58] 腿上有血癊如火炙,[59] 肚至小腹並墜下, 靑黑色, 前遺溲, 後有糞及大腸頭出, 或有血一、二點.

○ 若被人勒死假作自縊者, 口眼開, 手散髮寬, 喉下血脈不行, 痕跡淺淡, 無血蔭黑蹟, 舌不出, 亦不抵齒, 項肉有指甲痕.[60] 惟有生勒未死, 卽時弔起, 詐作自縊, 稍難辨. 若被人隔窓檽[61]、或林木之類勒死者, 則繩不交痕, 多平過, 卻極深黑澿色, 亦不交于耳後髮際.

○ 若被絞勒喉下死者, 結綈交在項後, 手不垂, 垂亦不直.

○ 自縊者脚虛,[62] 則喉下痕深, 實則淺. 人肥則深, 瘦則淺. 繩緊細則深, 懈粗則淺, 全幅帛帕,[63] 則散.

○ 不論弔之高低, 床檔上、船艙內, 皆能死人. 但其屍橫懸頭頓, 身倒臥,[64] 痕斜不至腦後髮際.

○ 自縊有活套頭、有死套頭,[65] 有單繫十字, 纏繞縊.[66] 若結死套頭縊者, 弔處必高, 乃先掛

---

51 성설(聲說)은 큰소리로 말한다는 뜻이고, 현공(懸空)은 공중에 걸쳐 있다, 허공에 떠 있다는 의미다.
52 위경(圍徑)은 둘레와 지름을 아울러 이르는 말이다.
53 조세(粗細)는 굵기를 가리킨다.
54 니우(泥雨)는 흙비 혹은 흙이 섞여 내리는 비를 이른다.
55 인종(印踪)은 발자국을 가리킨다.
56 구문(口吻. 口膌)은 입(수농이) 부분을 가리키며, 코와 입을 포함한 앞으로 돌출된 부분을 말한다.
57 모지(毋指)는 엄지손가락을 뜻한다.
58 각첨(脚尖)은 발끝을 가리킨다.
59 혈음(血癊. 血蔭)은 피가 응고되어 은근히 보이는 부위를 가리킨다. 즉 피멍을 말한다.
60 지갑(指甲)은 손톱을 가리킨다.
61 창령(窓檽)은 창의 격자, 창살을 가리킨다.
62 각허(脚虛)는 발이 공중에 달려 있는 것이고, 각실(脚實)은 땅이나 어딘가를 밟고 있는 것을 말한다.
63 백파(帛帕)는 '비단으로 만든 머리띠'라는 뜻이다.
64 도와(倒臥)는 엎어진다, (얼거나 굶어서) 객사한다는 뜻이다.
65 활투두(活套頭)에서 투(套)는 끈을 가리킨다. 끈을 이용하여 올가미를 만드는데, 당기면서 조이거나 느슨하게 할 수 있는 것을 활투두(산 매듭)라 하고, 꽉 묶어 움직이지 않은 것을 사투두(死套頭. 죽은 매듭)라 한다. 왕여(王與) 지음, 최치운 외 주석, 김호 옮김, 『신주무원록(新註無冤錄): 억울함을 없게 하라』(사계절출판사, 2003), p.346, p.360을 참조. 『신주무원록』을 이야기하자면 먼저 세계 최초의 법의학 저작이라고 일컬어지는 『세원록(洗冤錄)』(또는 『세원집록(洗冤集錄)』)을 이야기하지 않을 수 없다. 『세원록』은 송대(宋代)의 송자(宋慈)가 지은 것으로 인체해부, 검시, 사망원인 감정, 각종 독물과 구급·해독방식 등을 서술한 것이다. 송자는 자가 혜부(惠父)로 오늘날 복건성(福建省)의 건양(建陽) 사람인데, 남송 영종조(寧宗朝)의 진사로 광동·강서·호남 등지에서 지방관으로 근무하면서 당시 전해 내려져 오던 시상검험(屍傷檢驗) 저작을 종합하고 그 자신 개인의 사법 관리로서

繩套,[67] 後入項掛下, 踏上處不必高. 但令套寬, 頭能入套掛下, 脚到地, 并膝跪地, 俱可死也. 單繫十字縊者, 先用繩索繫項後, 復以物襯搭扳繫高處,[68] 捨物高懸乃死. 若脚稍著地, 項繫自鬆, 生氣猶得于喉間出入, 即不死也. 然須先看繫處塵土痕, 所踏之物, 果然扳繫得著, 方是自縊. 若繫處高, 不能扳著, 則是別人弔起者.[69] 大約縊死痕八字不交. 唯纏繞縊, 是死人先將繩帶纏繞項下一、二遭, 高繫垂身致死. 或先繫高處, 雙襀垂下,[70] 踏高入頭襀內,[71] 更纏一兩遭, 捨物掛下者, 其痕必成兩路. 上一路, 過耳後斜, 入髮際不交; 下一路, 平繞項下周匝.[72] 報傷須兩存聲說明白.

○ 若自縊未死, 被人移于他處弔, 亦有兩痕, 亦須勘明, 據實聲說.

○ 自縊者, 曾被解而復死, 則肚脹, 口不咬舌, 臀後無糞.

○ 人于家中弔死, 移屍外掛者, 亦有兩痕. 原痕紫, 有血痕. 移痕白, 無血痕.

○ 有身死不明, 用火烙成痕, 作假縊死, 希免抵償者, 痕色紅, 或焦赤帶濕.

○ 屍有久弔未解, 日久爛壞, 肉潰見骨者, 繩必入槽,[73] 手腕骨、頭腦骨、指尖骨、牙齒, 必皆赤色.

○ 附: 醫救法.

人縊死, 知者早, 摩其口、鼻、胸前溫暖. 是尚未盡, 用大力之人輕撮起,[74] 另著一人用物墊脚, 將繩帛緩緩鬆開.[75] 撮者款款抱下放臥,[76] 以膝抵後竅,[77] 使氣不得出, 令一人踏其肩, 以

의 심득을 곁들여 묶은 것이다. 현재 남아 있는 가장 오랜 판본은 원대(元代)의 판본(版本)으로 5권 53조로 구성되어 있다. 이후 수많은 수정·보완을 거치면서 19세기에 이르기까지 판관(判官)의 필독서가 되었다. 『세원록』과 원대(元代)의 조일재(趙逸齋)가 이를 저본으로 하여 지은 『평원록(平寃錄)』, 그리고 원대의 왕여(王與)가 이 두 책을 기초로 하여 정리한 『무원록』은 송·원대의 3대 검험서적으로 일컬어지며, 조선과 일본을 비롯한 여러 나라에서 번역된 적도 있다. 『무원록(無寃錄)』을 우리말로 번역한 것이 바로 『신주무원록(新註無寃錄)』이다.

66 단계십자(單繫十字)는 홑 줄을 십자 형태로 묶는 것이다. 전요(纏繞)는 둘둘 감다, 휘감는다는 뜻으로, 전요계(纏繞繫)는 죽은 사람이 끈이나 띠를 가지고 두 번 목을 감아 두르고, 스스로 높은 곳을 밟고 올라서서 위쪽에 달아매고 몸을 떨어뜨려 죽는 것이다(『신주무원록』, p.365).

67 승투(繩套)는 고삐와 굴레를 가리킨다.

68 탑(搭)은 매단다는 뜻이고, 반(扳)은 반(攀)과 통한다. 즉 붙잡고 오른다는 뜻이다.

69 조기(弔起)는 목을 묶어 매달았다는 뜻이다.

70 쌍괴(雙襀)는 한 매듭(襀)에 두 줄로 묶은 매듭이다.

71 괴(襀)는 끈을 말한다.

72 주잡(周匝)은 주조(周遭)와 같은 뜻으로 둘레·주위를 뜻한다.

73 조(槽)는 물의 홈통을 가리키는데, 여기서는 살 속의 홈을 가리키는 것 같다.

74 촬(撮)은 움켜잡다, 부축한다는 뜻이다.

75 완완(緩緩)은 '느슨하게'라는 뜻이고, 송개(鬆開)도 푼다, 풀어지게 한다는 뜻이다.

兩手拔其髮, 常令緊. 一人微微撚整喉嚨, 宜灌以山羊血,[78] 以手擦胸上散動之, 擦臂足, 屈伸之. 若已僵仆,[79] 漸強屈之, 又按其腹. 如此良久, 氣從口出, 復呼吸, 眼開, 則漸甦. 但勿致勞動, 與以淡官桂湯及粥湯,[80] 潤其咽喉, 重令二人以筆管時吹其鼻.

○ 又法以雞冠血, 滴入口中, 卽甦. 男雄女雌.

○ 凡百蟲入耳, 一滴卽出.

16-01-09. 익사한 경우(淹死)

물에 빠져 익사한 시신이 여전히 물 속에 있다면, 시신이 물 위에 떠 있는지 가라앉는지를 보아야 한다. 날이 더우면 하루 이틀이면 물 위에 뜨고, 추우면 모름지기 며칠이 지나야 떠오른다. 물 밑바닥이 깊은지 얕은지, 수면은 넓은지 좁은지를 헤아려 보고, 또한 시신이 떠오른 곳이 물가에서 얼마나 떨어져 있는지를 헤아려야 한다.

○ 물 속의 시신 중 남자 시신은 엎어져 있고 여자 시신은 드러누워 있다. 남자는 양기가 얼굴에 모이기 때문에 얼굴이 무거워서 엎어지는 것이고, 여자의 음기는 등에 모이기 때문에 등이 무거워 드러눕는 것이다. 또한 양기가 젖가슴에 모이기 때문에 드러눕는다고 한다.

○ 물에 떠오른 시신은 모름지기 언제 시신이 물 속에서 발견됐는지를 조사해야 한다. 혹은 다른 곳에서 떠내려왔을 수도 있고, 아니면 바로 그 자리에서 떠올랐을 수도 있다.

○ 또한 물에 빠졌을 때 본 사람이 있는지 여부를 조사해야 한다. 만약 본 사람이 있다면, 즉 어떤 이유였는지, 또한 일찍이 다른 사람이 건져서 구하려 했는지를 물어봐야 한다.

○ 이미 물가에 건져 올린 시신이라면 반드시 언제 어떤 사람이 건져 올렸으며, 물 속에서 죽었는지 건져 올린 다음에 죽었는지를 물어야 한다.

○ 우물에 빠져 죽은 경우, 만약 시신을 우물 밖으로 빼내지 않았다면 반드시 어떻게 우물 속에 사람이 있음을 알았는지 물어야 한다. 대개 우물 속에 사람이 있으면, 수면에는

---

76 관관(款款)은 천천히, 느릿느릿이라는 뜻이다.

77 후규(後竅)는 항문의 별칭이다.

78 여기의 '의(宜)'는 본래 '의원(依元)'으로 되어 있으나 『의구사상법』의 원문에 따라 바로잡았다.

79 강부(僵仆)는 몸이 뻣뻣해져서 넘어진다는 뜻이다.

80 관계(官桂)는 상급의 육계(肉桂. 육계나무의 나무껍질)를 말하며, 관계탕(官桂湯), 즉 육계탕은 이를 끓인 물을 가리킨다. 죽탕(粥湯)은 묽은 죽, 미음을 말한다.

반드시 거품이 떠 있게 된다. 하지만 누군가가 스스로 우물 속에 남을 밀어 넣고도 오히려 [우연히] 발견한 사람으로 가장할 수도 있기 때문에, 이 점을 가지고 따져 보는 것이다.

○ 스스로 우물에 투신하였다면, 발이 아래에 있을 것이다. 만약 머리가 아래에 있다면, 그것은 남이 쫓아와서 억지로 떠밀어 넣은 것일 수도 있다. 따라서 반드시 발자국과 실족한 곳의 흔적을 살펴보아야 한다.

○ 산 채로 물에 빠져 죽었다면 얼굴은 위로 향하고, 살이 하얗게 바뀌고, 입은 열려 있다. 또한 콧속에서 거품이 나오고, 눈은 감겨 있지만 찡그리고 있다. 배는 부풀어 있어 두드리면 울린다. 손톱과 신발 안에는 진흙이 있으며, 발바닥은 주름지고 하얗고, 손은 주먹을 쥐고 있다. 만약 앉은뱅이가 아니라면, 수심이 7자 이상이어야 죽는다.

○ 죽은 다음 물속에 던져졌다면, 살갗은 황색을 띠며 입과 눈은 모두 닫혀 있다. 양손은 굽어지지 않았으며, 발바닥도 주름지거나 희지 않다. 배도 팽창하지 않으며, 손톱·신발 안에는 진흙이 없다. 이 경우 반드시 몸에 상흔이 있는지 없는지 살펴보아야 한다. 만약 상흔이 있다면, 검은색이다.

○ 물에 빠져 죽은 사람의 얼굴빛이 적색이고 몸에는 상흔이 없으며, 또한 산 채로 물에 빠져 죽은 시신에 보이는 증상들이 없다면, 이것은 다른 사람이 거꾸로 들어 올려 물속에서 익사하게 만든 것이다.

익사한 시신을 검사할 때, 원래 다른 사람과 싸운 것이 아닌데 얼굴에서 문득 상흔이나 칼자국이 있다면 혹시 물속에 칼날이나 날카로운 도자기 조각 따위가 있어 거기에 부딪쳐 상흔이 생겼을 수도 있으므로, 모름지기 물속을 휘저어 보아야 한다. 대개 사람이 물속에 막 빠졌을 때에는 호흡이 아직 끊이지 않아 이런 물건에 부딪쳐 상처를 입으면 마치 살아 있을 때 칼에 베인 것처럼 자연히 핏자국(血痕)이 생기게 된다. 이런 정황을 제대로 파악할 수 있다면, 해결하기 어려운 의혹 사건으로 오랫동안 무고한 사람에게 해를 끼치는 것을 피할 수 있다.

○ 사람은 구타를 당해 화가 나서 물에 투신하기도 한다. 그런데 구타를 당한 다음 실수로 넘어져 물에 빠질 수도 있는데, 그 시신은 보통 산 채로 빠져 죽은 사람과 같다. [이런 경우] 「사체검안서」에는 구타를 당해 생긴 상흔을 모두 갖추어 기록하고, 모름지기 물에 빠지게 된 이유도 밝혀 두어야 한다. 또한 구타로 인한 상처가 비록 급소를 명중시켰지만 치료보장 기한(保辜) 내에 이미 회복되었다가 [나중에] 다른 이유로[81] 사망하였다면, 이 경우 가해자는 단지 구타하여 상처를 입힌 것(毆傷)으로만 처벌한다. [피해자가] 지금 물에 빠져

죽었는데, 비록 [과거에 구타로 인한] 심각한 상흔이 있었더라도 실제로는 물[에 빠진 것] 때문에 목숨을 잃었으므로, [구타하여 상처를 입힌 가해자에게] 목숨 값을 치르라고 처벌해서는 안 된다. 무릇 구타를 당한 다음 자살하였다면 모두 반드시 이렇게 검사·보고를 한다.

○ 부록: 응급처치법

물에 빠져 하룻밤이 지난 경우에도 여전히 목숨을 구할 수가 있다. 쥐엄나무의 열매를 빻아 분말을 만들고 솜으로 싸거나 아니면 석회를 목 속에 집어넣으면, 곧바로 물이 빠져나오면서 되살아난다.

○ 또한 죽어 가는 사람의 양다리를 구부려 다른 사람의 어깨 위에 올리고, 그 등을 살아 있는 사람의 등에 붙여서 둘러맴으로써 물을 토하게 하면 살아날 수 있다. 또는 신속하게 옷을 벗기고, 배꼽 위에 쑥으로 뜸을 뜨게 한다. 또는 벽의 진흙을 부수어 땅위에 깔고, 그 위에 시신을 위를 향해 눕힌다. 그리고 진흙으로 시신을 덮되 단지 입과 눈만 밖으로 노출시켜 물기가 진흙 속으로 스며들게 하면, 마침내 소생할 수 있다. 화로에 태운 종이의 재나 뜨겁게 볶은 모래를 종이로 싸서 덮어 줄 수도 있다. 모래가 식으면 곧 바꿔 준다.

○ 또는 물에 빠진 사람을 구해서 건져 올렸는데 여전히 미세한 호흡이 있거나 혹은 앞가슴에 아직 온기가 있다면, 신속하게 산 사람의 속옷을 벗겨 갈아입힌다. 그리고 몸을 감싸안고 살짝살짝 거꾸로 들어 배 속의 물이 흘러나오게 한다. 만약 물이 밖으로 흘러나온다면 바로 살 수 있는 기회가 된다. 한편으로는 거친 종이를 화톳불에 태워 콧구멍으로 그 연기를 쏘여 들이마시도록 해 준다. 조금 연기를 쏘였을 때 쥐엄나무 열매를 미세한 분말로 갈아서 콧구멍에 불어넣어 주는데, 다만 조금이라도 재채기를 하게 된다면 또한 살아날 수 있다.

○ 겨울철에 물에서 건져 올린 사람도 가슴에 미미한 온기가 있다면 모두 위의 방법을 써서 구할 수 있다. 만약 혹은 미소를 띠고 있으면, 바로 그 입과 코를 막고 빠르게 [얼굴이나 뺨을] 때려주어 통곡을 하게 만든다. 다만 웃음을 멈추지 않는 경우에는 백에 하나도 살아나지 못한다. 이미 차가운 기운이 심장과 신장의 두 경맥(經脈)에 들어갔기 때문이다.

○ 또한 구해 낸 사람이 여전히 눈물을 흘리며 흐느낀다면, 즉 다른 사람에게 그를 끌

81 타고(他故)는 후유증으로 죽는 것을 말한다고 설명되기도 하지만(『신주무원록』, p.396), 뒤의 문장과 연결하여 보면 다른 이유(익사)로 해석할 수도 있다.

고 빠르게 달리게 한다. 한편으로는 따듯한 술 한두 잔을 마시게 하고 마른 옷을 찾아 갈아입히되, 여전히 3-4리를 빠르게 달리게 한다. 많이 달릴수록 더욱 좋다.

淹死屍尙在水者, 看屍浮、屍沉, 熱則一、二日卽浮, 寒則必經數日. 量水底深淺、水面濶挾, 幷屍浮去岸若干尺.

○ 水內屍, 男伏女仰. 蓋男子陽氣聚面, 故面重而伏, 女子陰氣聚背, 而背重而仰. 又云陽氣聚乳故仰.

○ 浮于水者, 須査何時見屍在水內, 或是他處流至于此, 或是此間浮起.

○ 又要査落水時, 有人見否. 若有人見, 卽問如何情由, 並曾否有人撈救.[82]

○ 已撈上岸之屍, 須問何時、何人撈起, 死于水中, 死于撈後.

○ 溺井者, 若屍未出井, 須問如何便知井內有人. 蓋井內有人, 水面必有浮沫. 但恐謀人入井, 反作報人, 故以此詰之.

○ 自投入井, 脚在下. 若頭在下, 恐有人是赶迫推送, 更須看脚迹失跌處痕.

○ 生時落水死者, 頭面仰, 肉色潰白, 口開, 並鼻內沫出, 眼合多皺, 肚腹胖脹, 拍著響指甲、鞋內有泥沙,[83] 脚底皺白, 手拳曲,[84] 若非痿病之人,[85] 水深七尺以上.

○ 死後丢入水者, 肉色帶黃, 口、眼俱合, 兩手不屈, 脚底不皺白, 肚腹不脹. 指甲、鞋內無泥沙, 須看身上有無傷痕. 若有傷, 其痕黑.

○ 溺水死, 面色赤, 身無傷痕, 並無生前落水身屍諸狀, 此被人倒提入水搵死者也.[86]

檢淹死屍, 原未與人爭鬪, 頭面忽有傷痕、刀刃傷者, 則須淘看水內或有金刃·磁鋒等物撞磕成傷. 蓋人初落水時, 氣尙未絶, 觸物中傷, 自宜有血痕如生時受刃者. 能得其情, 則可免疑獄難結, 久累無辜之人.

○ 人或被打, 氣忿投水, 或毆後悞跌落水, 其屍與生溺者同. 「屍格」具出受毆傷痕, 須將入水原由聲說. 凡毆傷, 雖中要害, 辜內平復,[87] 以他故死者, 止依毆傷法. 今旣是落水身死, 雖有

82 노구(撈救)는 물 밖으로 끌어내어 구한다는 뜻이다.
83 향지(響指)는 손가락으로 퉁기면 소리가 난다는 뜻이다.
84 권곡(拳曲)은 굽었다는 뜻이다.
85 위병지인(痿病之人)은 앉은뱅이를 가리킨다.
86 온사(搵死)는 익사시킨다는 뜻이다.
87 고(辜)는 고한(辜限)으로 즉 치료보장(保辜) 기한을 뜻하며, 평복(平復)은 병이나 건강이 회복되었다는 의미다.

重傷, 實以水傷盡命, 勿宜論以抵償. 凡毆後自盡者, 皆須如是檢報.

○ 附: 醫救法.

水溺一宿者尚可救. 搗皂角末以綿裹、或石灰納下部內,[88] 須臾水出卽活.

○ 又屈死人兩足, 著人肩上, 以死人背貼生人背擔之, 吐出水卽活. 又急去衣, 于臍上艾灸. 又打壁泥一堵, 置地上, 以屍仰臥其上, 更以壁泥覆之, 止露口眼, 使水氣吸入泥中, 人遂甦. 紙爐灰, 並炒沙覆埋亦可, 沙冷卽換.

○ 又凡溺水之人救起, 仍有微氣、或胸前尚溫, 速令生人脫貼身裡衣, 爲之更換, 抱擔身上, 將屍微微倒之, 令腹內之水流出. 若水往外流, 卽是生機, 一面用粗紙燎灼, 取烟熏其鼻竅, 稍熏片時, 取皂角硏細末, 又吹鼻竅, 但得一微嚏噴,[89] 則生.

○ 又冬月救起之人, 但胸有微溫, 皆可用前法救之. 倘或微笑, 卽掩其口鼻, 當急撻之, 至于痛哭. 惟笑不止者, 百無一生. 緣其寒入心、腎二經故也.

○ 又救起之人, 尙知哭泣者, 卽令人拽之飛走, 一面將溫酒飮一、二杯, 覓乾衣換之, 仍令飛走得三四里, 多走更妙.

16-01-10. 불에 타 죽은 경우(火燒死)

기와나 띠 풀(짚)이 탄 재가 시신을 덮고 있는지를 살펴봐야 한다. 대개 집에 불이 붙어 불타 죽은 경우 시신은 기와나 띠 풀 아래에 깔려 있다. 만약 위에 있다면, 바로 다른 사람이 옮겨 불 속에 집어넣은 것이다.

○ 시신이 타다 남은 재 안에 있으면 먼저 주변의 재와 그을음을 쓸어 없앤 다음, 시신을 뒤집어엎고 땅 위의 흔적과 시신의 상처를 조사해야 한다.

○ 사람이 불 속에 있으면 연기를 피해 참고 도망 다니므로 입을 벌리고 호흡을 하면서 모름지기 재와 그을음이 입과 코에 들어가게 된다. [입과 코 안에 그런 것이] 없다면, 이것은 시신을 불 속에 집어넣어 불에 타 죽은 것으로 위장한 경우다. 만약 살해한 시신을 불에 타 죽은 것으로 위장하였다면 시신에 먼저 피가 묻어 있을 것이다. 따라서 시신의 아래

---

88 조각(皂角)은 조협(皁莢)이라고 하는데 콩꼬투리 모양의 열매를 맺는 쥐엄나무의 일종으로 그 껍질이 약재나 미용 재료로 쓰인다. 말(末)은 가루·분말을 가리킨다.

89 체분(嚏噴)은 재채기를 말한다.

를 깨끗이 청소한 다음 쌀 식초를 뿌리면 저절로 핏자국이 분명하게 드러난다.

○ 늙거나 병들어 침상에 누워 있다가 불타 죽었다면, 살갗은 타서 누렇고, 손은 주먹을 쥐고 무릎은 구부리고 있다. 입이 열려 있거나, 이빨로 입술을 깨물고 있다. 누런 지방이 새 나오고, 살갗에는 다른 상흔이 없다. 단지 상흔이 있다면, 반드시 원래 잠을 자던 곳이 시신이 발견된 곳과 일치하는지 확인해야 한다.

○ 만약 시신이 불에 타서 모두 재가 되어 버렸기 때문에 검시를 할 수 없나면, 김시치역과 친척·이웃으로부터 「서면진술서」를 받고 불에 탄 정상과 이유를 조사하여 확인한 다음 "실제로 아무런 뼈도 남아 있지 않았다"고 밝힘으로써, 이러한 증언에 의해 판단을 할 수 있게 한다.【증인이 뇌물을 받고 양심을 팔았다면 어떻게 하겠는가? 특히 상세하고 분명하게 확인해야 한다.】

看身屍有無屋瓦茅灰壓襯.[90] 蓋火焚屋宇被燒死者, 屍在瓦茅之下. 若在上, 便是被人推送入火矣.

○ 屍在灰火中, 先掃除週圍灰燼, 然後將屍翻動, 驗地上痕迹, 身屍傷損.

○ 人在火中, 被熏逼奔掙,[91] 口開, 呼吸出入, 必有灰煤入口鼻. 無者是以死屍入火中, 假稱燒死也. 若以殺死之屍, 假作燒死, 則屍先帶血. 于屍下掃淨, 用米醋灑潑, 自有血跡顯露.

○ 老病在牀燒死者, 肉色焦黃, 手膝拳曲, 口張, 或齒咬唇, 有黃色脂膏突出,[92] 皮肉無他傷. 止有傷痕, 須問原宿是否屍存之處.

○ 如屍被火燒, 盡成灰燼, 無可檢驗者, 取仵作、親隣「供狀」, 查明燒燬情由, 聲說"實無骸骨存在", 據證論擬可也. 【證恐受賄買出, 當奈何, 尤宜詳明】

16-01-11. 끓는 물에 데어 죽은 경우(湯潑死)

끓는 물에 데어 상처를 입으면, 살갗과 살이 모두 문드러진다. 살갗이 갈라지면 색깔이 하얗다. 살이 붙어 있는 살갗이 끓는 물에 데어도 역시 하얗다. 살이 붉게 문드러지고 상처

---

90 옥와(屋瓦)는 기와를 뜻한다. 압친(壓襯)은 눌린다는 뜻이고, 친(襯)은 속옷이나 돕다, 가까이하다, 접근하다, 베푼다는 뜻이다.

91 분(奔)은 달린다, 달아난다는 뜻이고 쟁(掙)은 찌른다, 참고 견딘다는 뜻이다.

92 지고(脂膏)는 사람의 지방을 말한다.

가 심해서 독이 심장을 공격하면, 역시 사람을 죽일 수 있다.

○ 싸우다가 [끓는 물에] 떠밀려 들어갔다면 손상된 상처가 있을 것인데, 심하게 부풀어 오르지는 않아 그냥 끓는 물에 살을 덴 경우와는 다르다.

○ 부록: 응급처치법【불타 죽은 경우와 동일하다.】

끓는 물에 덴 화상의 상처에 찬물을 부어서는 안 된다. 상처에 물을 부으면 화독이 안으로 엄습해 들어가 심장을 공격하므로 치료하기 어렵다. 급히 물속에서 큰 조개를 찾아서 사기로 만든 큰 접시 가운데에 조개 입을 위로 향하게 놓아 잠시 동안 움직이지 않게 놔두면 조개 입이 약간 벌어진다. 그때 용뇌향·사향 한두 푼을 집어넣으면 조개 입이 바로 다물어지면서 안의 살점이 액체로 변한다. 이 즙을 접시 안에 흘리고 다시 소량의 용뇌향과 사향을 집어넣은 다음 닭털을 이용하여 상처의 주변 부위에 문질러 발라 준다. 겹겹이 바르면서 마르면 다시 발라 차가운 기운이 심장·비장에 들어가게 한다. 매일 이 즙을 준비하여 발라준다. 하얗게 된 부위가 점차 엷어지고, 바른 곳 또한 바로 마르지 않게 되면 화독이 점차 빠지는 것이다. 이때 보관하고 있던 조개껍질을 조심스럽게 불에 태워 맷돌로 갈아 가루로 만들고, 다시 약간의 용뇌향·사향을 첨가하고 명주 천으로 만든 체를 통해 상처 위에 살살 뿌려 줌으로써 고름이 흘러 살갗이 문드러지는 것을 막아 준다. 혹은 앞서 나온 조개 즙을 조개껍질 재와 배합해서 상처 위에 펴 바르고 낡은 명주로 외부를 감싼 다음, 부드러운 볏짚과 거친 종이로 위에 여러 겹을 쌓고 꼭 묶어 고름이 스미어 나오게 해 준다. 상처 부위가 마르면서 고통을 느끼면, 때때로 조개 즙을 사방에 발라 스며들게 하면 저절로 완치될 것이다. 만약 조개나 용뇌향·사향이 없는 산골이라면, 열음으로 상처 주변을 문지르되, 먼 곳에서 가까운 곳으로 옮기고 살갗이 문드러진 곳은 진항분에 참기름·유채기름을 섞어 발라 준다.

○ 또 다른 방법은 가을 해바라기의 꽃잎을 사용한다. 양의 많고 적음에 상관없이 참기름 속에 넣고 깨끗한 사기그릇에 담아 뜨거운 불로 졸인 다음, 그 기름을 상처에 바르면 효험이 있다.

被湯潑傷者, 皮肉皆爛. 皮折則色白, 卽著肉之皮, 經湯亦白. 肉赤爛, 傷重, 毒攻心者, 亦能死人.

○ 鬪毆推入者有損處, 皰不甚起,[93] 與好肉受潑處不同.

○ 附: 醫救法.

湯火傷不可激以冷水. 激之則火毒逼入攻心, 難治. 急覓水中大蚌, 置磁盤中, 將蚌口向上, 勿動少頃, 俟口微開, 入氷片麝香一、二分,[94] 口卽合, 內肉化爲水漿.[95] 而流于盤中, 再入氷麝少許, 用雞翎粘掃傷之四邊, 層層掃入, 乾卽復掃, 便覺凉入心脾. 每日置漿粘掃. 掃至白者轉淡, 掃處亦不卽乾, 此火毒漸退, 將所存蚌殼燒灰, 存性碾末,[96] 亦入氷麝少許, 用絹篩于傷上,[97] 以防毒水溢爛. 或仍以蚌漿調灰敷上, 用舊絹護外, 加以柔穰粗紙數層紮緊, 滲去毒水, 覺苦燥痛, 時以蚌漿四面瀋入, 自能完復. 若無蚌、氷麝之山野, 以氷于四圍磨擦, 亦由遠而近, 潰處以杭粉調蔴 · 菜油調之.[98]

○ 又法用秋葵花瓣,[99] 不拘多少, 浸入眞蔴油內, 以淨磁礶盛貯,[100] 有湯火燒盪者,[101] 油塗之, 驗.

16-02. 각종 사상의 검사 하(下)

16-02-01. 중독사(中毒死)

빈속에 독을 먹으면, 복부 · 고환이 푸르게 팽창하는데, 입술과 손톱은 푸르지 않다. 음식을 먹은 다음 독을 먹으면, 입술과 손톱은 푸르고, 복부와 고환은 푸르지 않다.

---

93 포(皰)는 여드름 · 천연두, 굳은 살 등을 가리킨다.

94 빙편(氷片)은 용뇌향(龍腦香) · 빙뇌(氷腦)이다.

95 수장(水漿)은 국물 · 액체 · 즙을 뜻한다.

96 존성(存性)은 아마 조심스럽게 그 성질을 그대로 온존시킨다는 뜻으로 보인다. 연은 맷돌이나 간다는 뜻이므로 연말(碾末)은 갈아서 가루로 만든다는 뜻이다.

97 견사(絹篩)는 명주로 만든 체를 가리킨다.

98 항분(杭粉)은 아마 비둘기 알의 흰자위를 말린 가루인 진항분(眞杭粉) 같은데 『본초강목』 등에서 피부미백제로 유명한 것으로 소개되었다고 한다. 마유(蔴油)는 마(蔴)의 열매에서 짠 기름인데, 보통 참기름을 가리키기도 한다. 채유(菜油)는 유채(油菜) 기름이다.

99 추규(秋葵)는 가을 해바라기, 화판(花瓣)은 꽃잎을 가리킨다.

100 자관(磁礶. 磁罐)은 사기 항아리를 가리킨다. 성저(盛貯)는 담아 채운다는 뜻이다.

101 탕화(湯火)는 물을 끓이기 위한 불을 가리킨다.

空腹服毒, 肚腹、外腎青脹,[102] 而唇口、指甲不青. 飽後服毒, 唇口、指甲青, 肚腹、外腎不青.

16-02-02. 비상에 중독된 경우(中砒霜毒者)[103]

구토를 하고, 창자와 배가 참을 수 없을 정도로 꼬여 발광을 하며, 칠공으로 피를 흘리며 죽는다. 하루 밤낮이 지나면, 온몸에 작은 수포가 생겨 청흑색이 되고, 눈알과 항문은 부어서 튀어나온다. 혀를 빼무는데 위에는 작은 혓바늘이 돋고, 입술이 파열된다. 배가 부풀어 오르고, 손톱과 입술은 모두 청흑색이고, 고환이 부어서 커진다.【가공하지 않은 것은 비석(砒石)이라고 부르는데, 황적색이고, 독성은 더디다. 이것을 불로 정련하여 연기가 그릇에 들러붙게 하면 흰 서리 같은 결정이 생긴다. 이것을 비상이라 부르며, 독성은 훨씬 강해진다. 만약 술이나 소주에 타서 마시면 특히 창자와 위장을 부식시켜 순식간에 사람을 죽인다.】

吐逆, 腸腹絞痛不可忍, 發狂, 七竅迸血死.[104] 一伏時遍身發小泡,[105] 作青黑色, 眼睛、糞門脹綻,[106] 舌吐, 上生小刺泡, 口唇破裂, 肚腹膨脹, 指甲、口唇俱青黑, 外腎脹大.【生者名: '砒', 黃赤色, 毒緩, 以火煉之, 令烟上著器凝結, 作白霜者, 名: '砒霜', 毒尤烈熱. 若遇酒及燒酒, 尤腐爛腸胃,[107] 頃刻殺人】

16-02-03. 고독에 중독된 경우(中蠱毒者)[108]

온몸이 모두 흑색이며, 혹은 배가 부풀고 피를 토한다. 혹은 입술에서 열이 나고 이 뿌리가 청흑색이다, 혹은 피를 쏟아내는데, 시신이 오래되어 문드러지면 뼈도 청흑색임을 알

---

102 외신(外腎)은 콩팥에 상대(相對)하여 고환(불알)을 이르는 말이다.

103 비상(砒霜)은 비석(砒石)에 열을 가하여 승화시켜 얻은 결정체로 거담제와 학질 치료제로 쓰였으나 독성 때문에 현재는 쓰지 않는다.

104 칠규(七竅)는 사람의 얼굴에 있는 일곱 개의 구멍, 즉 두 귀·눈·코와 입을 가리킨다. 병혈(迸血)은 피가 솟아 나온다, 피를 흘린다는 뜻이다.

105 일복시(一伏時)는 '일주야'라는 뜻이다.

106 창탄(脹綻)은 부풀어 올라 벌어진다, 터진다는 뜻이다.

107 장위(腸胃)는 창자와 위를 가리킨다.

108 고독(蠱毒)은 일종의 기생충적 성격을 띤 독충을 가리킨다.

수 있다.【고독을 만드는 방법은 온갖 독충을 모아 한 그릇 속에 두고 1년이 지나 열어 보면, 나머지 독충을 모두 잡아먹어 홀로 생존한 독충이 한 마리 나오는데 이것을 고(蠱)라고 한다. 그래서 고(蠱)라는 글자는 벌레(蟲) 자와 그릇(皿) 자를 합쳐 만들었다. 마치 귀신처럼 그 모습을 숨길 수 있고, 그 독도 다양한데, 모두 원기를 바꾸어 어지럽히는 것이다. 대부분 먹거나 마실 때 복용시켜 남에게 고통을 주면 고독의 주인에게는 길하고 이롭다. 그러한 까닭에 소인배가 이것을 만들어 부귀를 꾀한다. 독충이 사람을 깨물어 죽이고 다시 시체의 구멍으로 기어 나오는데 확실히 기다렸다가 다시 이것을 잡을 수 있다.】

遍體皆黑色, 或肚脹吐血. 或唇烈齒根青黑色. 或瀉血, 屍久潰爛, 骨亦青黑.【造蠱者, 取百蟲置皿中, 經年開視,[109] 有一蟲盡食諸蟲, 而獨存者爲蠱. 故字從蟲、從皿也. 能隱形似神鬼, 其毒不一, 皆是變亂元氣. 多因飮食行之, 與人爲患, 則主吉利.[110] 所以小人造之, 以圖富貴, 咬人至死, 復從屍竅中出, 信候亦能取之】

16-02-04. 금잠독에 중독된 경우(中金蠶毒者)[111]

시신이 바싹 여위고 온몸은 황백색으로 변하며, 눈은 꺼지고 치아는 드러나는데 위·아래 입술이 오그라들고 복부가 꺼진다. 이 경우 또한 처음에는 살갗이 마치 끓는 물이나 불에 덴 것처럼 물집이 생겨나 점차 고름이 생긴다. 혀·입술·코 모두 너덜너덜해진다.【금잠은 일명 비단을 먹는 벌레(食錦蟲)라고 하는데, 마치 가락지처럼 몸이 굽어지며, 누에가 뽕잎을 먹는 것처럼 오래된 비단 쪼가리를 먹는다. 운남성·사천성·호광성[湖廣은 명대의 호칭으로 청대에는 호남성과 호북성으로 나뉜다.]·복건성·광동성에 모두 있다. 못된 사람들이 이를 키우는데, 그 똥을 거두어 음식 안에 넣어 중독시키면 사람은 즉사한다. 누에가 원하

---

109 경년(經年)은 일 년 또는 몇 년이 지나다, 오랜 세월이 지난다는 뜻이다.

110 길리(吉利)는 길하고 이롭다는 뜻이다.

111 오늘날의 운남성에는 금잠, 즉 황금색 누에가 실존한다. 식물의 과일이나 꽃잎을 먹고 자라며, 그 똥으로 술을 빚으면 눈이 밝아지는 효험이 있다고 한다. 이 금잠은 [아마 그 황금색 빛깔 때문에] 전통시대에는 제왕의 순장품으로도 이용되었다. 하지만 여기 본문에서 이야기하는 것은 민간 전설에 나오는 금잠이다. 이러한 설명에 의하면 금잠은 비단을 먹고사는데 그 똥을 얻어 음식에 두면 그 독으로 사람을 죽일 수 있다고 일컬어진다. 그리고 거기 중독되어 죽은 사람의 혼백을 부려 치부를 한다고 하지만, 금잠을 키우는 사람은 '외롭거나(孤)', '가난하거나(貧)', 아니면 '요절(夭)'하는 운명 가운데 하나를 선택해야만 법술(法術)이 효험을 가질 수 있으므로, 결국 항상 끝이 좋지 않다고도 일컬어진다.

는 것을 이루면, [금잠의 소유자는] 날마다 다른 재물을 이루어 벼락부자가 된다. 그렇지만 누에를 놓아 보내는 것은 아주 어려운데, 물·불·무기로도 모두 해치지 못한다. 그래서 반드시 누에가 얻게 해 준 금은·비단의 두 배를 마련하고 그 안에 누에를 집어넣어 길옆에 던져두면, 다른 사람이 우연히 이것을 주워가게 된다. 이래야만 누에가 [그 사람을] 따라 가게 되는데, 이를 '금잠 시집보내기'라고 한다. 그렇지 않으면 누에가 주인의 뱃속에 들어가, 위와 창자를 뜯어먹은 다음 뒤로 나온다. 옛날 어떤 사람이 복건성 복청현(福淸縣)의 지현으로 있을 때 백성이 금잠 때문에 고통을 받자, 고슴도치 두 마리를 잡아 그 집에 가지고 가 잡으려고 했는데, 과연 무너진 담의 틈 속에서 사로잡을 수 있었다. 또한 어떤 사람은 착오로 금잠을 받았는데, 풀어 줘도 가지 않자 결국 시집보낼 수도 없고 그렇다고 모실 수도 없다고 생각해서 아예 입에 삼켜 버렸으나 결과적으로 몸에 탈이 없었다. 이것은 바로 사악함이 올바름을 이기지 못한다는 증거다. 이 독에 중독된 사람이 백반을 빨면 맛이 달고 검은콩을 씹어도 비리지 않는데, 이것이 바로 그 증상이다.】

屍瘦劣, 遍體黃白, 眼塌齒露, 上下唇縮, 肚腹塌.[112] 亦有初時皮肉似湯火泡起, 漸漸成膿, 舌、唇、鼻皆破爛者. 【金蠶一名: '食錦蟲', 蟲屈如指環,[113] 食故緋帛錦, 如蠶之食葉. 滇、蜀、湖廣、閩、粵皆有.[114] 奸人蓄之, 取其糞置飮食中毒人, 人卽死. 蠶得所欲, 則日致他財, 使人暴富.[115] 然遣之極難. 水火、兵刃俱不能害.[116] 必倍其所致金銀、錦物, 置蠶于中, 投之路傍, 人偶收之, 蠶隨以往, 謂之: '嫁金'. 蠶不然能入人腹, 殘囓腸胃, 完然後出也. 昔有人守福淸,[117] 民患金蠶, 令取兩刺蝟,[118] 入其家捕之. 果于塌下墻隙中擒出. 又有人悞收金蠶, 遣之不去, 乃思嫁之無力, 事之不可, 遂吞之而卒無恙, 此則邪不勝正. 中此蠱者, 吮白礬味甘, 嚼黑豆不腥, 是其驗也】

112 탑(塌)은 꺼진다는 뜻이다.

113 지환(指環)은 반지·가락지를 뜻한다.

114 전(滇)은 운남성(雲南省), 촉(蜀)은 사천성(四川省), 호광(湖廣)은 호광성(湖廣省. 호광성은 명대의 명칭이고 청대에는 호남성·호북성으로 나뉜다), 민(閩)은 복건성(福建省), 월(粵)은 광동성(廣東省) 또는 광동성과 광서성(廣西省)을 가리킨다. 모두 중국의 남방에 속하는 지역이다.

115 폭부(暴富)는 벼락부자를 뜻한다.

116 병인(兵刃)은 무기를 가리킨다.

117 복청(福淸)은 복건성(福建省) 복주부(福州府)의 복청현(福淸縣)을 가리킨다. 수(守)는 지방관으로 근무하는 것을 비유한다.

118 자위(刺蝟)는 고슴도치를 말한다.

16-02-05. 단장초 중독(中鉤吻毒)[119]

온갖 구멍에서 피를 흘리는데, 증상은 비상 중독과 거의 같다.【입에 들어가면 바로 사람의 목구멍에 갈고리처럼 걸리게 되어 붙여진 이름이다. 또한 야갈(冶葛)이라고도 부른다. 야(冶)는 바로 지명인데 광동에 있다. 광동 사람들은 이것을 '호만초'나 '단장초'라고 부른다. 사람이나 가축의 배에 들어가면 창자에 들러붙어 반나절이면 창자가 썩어 문드러져 끊어지게 하므로 '난장초(爛腸草)'라고도 부른다. 운남 사람들을 이것을 '횃불꽃(火把花)'이라고 부르는데, 붉고 불처럼 성질이 뜨겁다. 악주에서는 이것을 '황등(黃藤)'이라고 부르는데, 사람이 가까이에 가면 잎이 흔들리면서 줄기가 생겨난다. 잎은 둥글고 빛이 난다. 봄·여름에 잎이 어릴 때 독성이 강하고, 가을·겨울에는 메말라 조금 약하다. 5·6월에 꽃이 피고, 고리버들꽃처럼 꽃봉오리 수십 개가 열매를 맺는다. 영남에서는 꽃이 노랗고, 운남에서는 붉다. 중독되어 사망한 사람의 시신을 나무 위에 걸어 두면, 액즙이 떨어져 땅속으로 들어가면 버섯이 생기는데, 이를 '균약'이라 부르며, 단장초보다 독성이 강하다. 현지인들은 이걸 많이 먹게 하는 것으로 사람을 속이는데, 산성수로 복용하면 빨리 죽고, 알칼리수로 복용하면 천천히 죽는다.】

百竅流血, 狀與中砒霜畧同.【入口, 則鉤人喉吻, 故名. 亦名冶葛.[120] 冶乃地名, 在南粵, 廣人謂之: '胡蔓草', 又曰: '斷腸草'. 入人畜腹, 卽粘腸上, 半日則爛斷, 亦曰: '爛腸草'. 滇人謂之: '火把花', 其花紅而性熱如火也. 岳州謂之: '黃藤', 其草近人, 則葉動蔓生. 葉圓而光.[121] 春夏苗嫩毒甚, 秋冬草枯老稍緩. 五六月開花, 似欅柳花,[122] 數十朶作穗. 嶺南花黃, 滇南花紅, 毒死之人, 懸屍樹上, 滴汁入地生菌, 名: '菌藥', 烈于鉤吻, 土人多服以詐人, 急水服, 則死急, 緩水服, 則死緩也[123]】

---

119 구문(鉤吻)은 단장초(斷腸草)또는 호만초(胡蔓草)로, 잎이 길고 뾰족하며, 가지는 무성하다. 잎을 세 개 이상 먹으면 즉사한다.

120 야갈(冶葛)은 야갈(野葛)·수망초(水莽草)로도 부른다.

121 만생(蔓生)은 줄기가 덩굴져 난다는 뜻이다.

122 거류(欅柳. 柜柳)는 고리버들을 가리킨다.

123 급수(急水)는 보통 또는 산성이 강한 물을 가리키며, 완수(緩水)는 알칼리성이 강하거나 중금속성분을 띤 물을 가리킨다.

16-02-06. 서망초 중독(中鼠莽草毒)[124]

서망초에 중독되면, 또한 고독에 중독된 것과 비슷해서 하루 밤낮이 지나야 비로소 증상이 나타난다.【망(莽)은 본래 망(菵)으로 써야 하며, 또한 '망초(莽草)'라고도 부른다. 쥐를 잡는 약으로 쓰기 때문에 그래서 '서망(鼠莽)'이라고 부른다. 사람이 이것을 먹으면 정신이 어지러워지므로 또한 '망초(菵草)'라고도 부른다. 남쪽의 사천성이나 상곡(上谷) 지방에 모두 있다. 나무는 석남목처럼 생겼으며 그 잎은 성기고 꽃이 없다.】

中鼠莽草毒,[125] 亦類中蠱者, 經周時方驗.[126]【莽本作菵, 亦名: '莽草', 人以毒鼠, 故名: '鼠莽'. 食之令人迷罔,[127] 故又名: '菵草'. 南中川蜀、以及上谷,[128] 皆有之. 木若石楠木, 其葉稀無花】.

16-02-07. 술로 인한 중독(中酒毒)

술독에 중독되면 즉 배가 부풀어 오르고 술을 토해 낸다.【무릇 술을 주석으로 만든 그릇에 오랫동안 저장해 두면, [그 독성이] 능히 사람을 죽일 수 있다. 비상이 바로 주석의 성분 가운데 하나여서 술이 주석에 스며들면 비독이 만들어진다. 술집에서는 비상의 연기로 병을 훈증하여 술을 저장함으로써 오래되어도 망가지지 않게 한다. 그렇지만 거기에 독이 있는 것을 헤아리지 않으니 이 또한 이익만 생각하여 잘못을 저지르는 경우가 아닐까?】

中酒毒, 則腹脹, 吐瀉酒.【凡酒貯錫器經久, 則能殺人. 蓋砒乃錫苗,[129] 酒浸入錫, 則成砒毒. 酒家以砒烟熏瓶, 貯酒, 取其經久不壞, 而不計其有毒, 亦嗜利而不仁者哉?】

---

124 서망초(鼠莽草)는 쥐꼬리망초로 국화과의 두해살이풀이다. 높이는 1.5미터 정도이고 줄기에 털이 있으며, 잎은 어긋나고 피침 모양이다.

125 『신주무원록』의 본주(p.456)에는 "강남에 이것이 있다(江南有此)"라고 기록되어 있다.

126 주시(周時)는 주유, 또는 일주야(一晝夜)를 가리킨다.

127 미망(迷罔)은 신경이 이상해진다, 어지러워진다, 미혹된다는 뜻이다.

128 상곡(上谷)이란 지명으로 유명한 곳은 오늘날의 하북성(河北省) 장가구시(張家口市) 일대로 전국시대 연(燕)나라 장성(長城)의 기점 부근에 두어진 군(郡)이다. 다른 지명일 경우 확인이 곤란하다.

129 석묘(錫苗)는 주석의 구성요소라는 뜻으로 보인다. 이를테면 광묘(礦苗)는 암석이나 광맥(礦脈), 또는 노출된 광상(礦床)을 가리킨다.

16-02-08. 식물·금석약의 독에 중독된 경우

식물이나 금석약(金石藥)의 독에 중독되면 시신에는 푸르게 부어오른 곳이 있는데, 주먹과 발로 때려 생긴 상흔과 비슷하다. 혹은 큼직한 청흑색이 되거나, 혹은 살갗과 살이 갈라져 있고 혀와 항문이 모두 열려 있다. 혹은 손톱이 청흑색이고 살이 마주치는 부위에는 약간의 피가 있고 콧속에도 피가 흘러나온다.【잡다한 치료법을 골라 뒤에 덧붙였다.】

○ 사후에 독약을 주입시켜 독을 복용한 것처럼 꾸민 경우, 살갗과 살·뼈가 단지 황백색이 될 뿐, 다른 현상이 없다.

○ 중독된 시신에 흔적이 나타나지 않으면, 독기가 체내에 엉켜 있거나 아니면 얼어서 발산되지 않는 경우다. 은비녀를 조각수로 씻어 목구멍 안에 깊숙이 집어넣고 종이로 밀봉한다. 한참이 지나 꺼내면 모름지기 청황색이 되어 있을 것이다. 만일 색이 나타나지 않으면, 다시 목구멍에 깊숙이 집어넣고 밀봉한 다음 뜨거운 지게미와 초를 사용하여 가슴과 배 사이에서 아래에서부터 덮어서 적셔 나가 독기가 위로 나오게 하면 저절로 색이 변할 것이다. 또한 다시 조각수로 은비녀를 씻어도 색은 없어지지 않을 것이다. 만약 빈속에 독을 삼켰다면 마땅히 항문을 살펴보고, 위에서부터 뜨거운 지게미와 초를 덮어서 적셔 나감으로써 독기가 아래로 향하게 해야 한다.【은비녀는 반드시 장인이 눈앞에서 순도가 높은 문은(紋銀)을 두들겨서 만들게 한 다음 시험해 보아야 한다. 만약 이장이나 지보 등 현지 책임자에게 구한다면 은의 순도가 낮고 동이 섞여 있어서 한 번 나쁜 기운에 노출되면 곧바로 색이 변해 버린다. 이렇게 되면 모름지기 억울한 일이 발생할 수 있으니, 소홀히 해서는 안 된다. 또한 밥을 시신의 입 속에 집어넣고 한두 시간 밀봉시켜 놓은 다음 꺼내서 닭과 개에게 시험해 보는데, 과연 독이 있으면 닭과 개가 그것을 먹고 죽을 것이다.】

○ 부록: 응급처치법

비상의 독에 중독되면, 구토와 설사가 동시에 발생한다. 녹두 즙이나 혹은 냉수를 함께 먹이면 시금치와 상추가 모두 이 독을 제압할 수 있다. 그것을 찧은 즙을 입 속에 흘려 넣는 것도 괜찮은데, 또한 볏짚을 태운 재를 새로 길어온 물로 거른 다음 차갑게 하여 한 사발을 들이키게 하면, 독이 바로 아래로 빠져나온다는 처방도 있다.

○ 무릇 머리와 얼굴 위에 빛이 나는데 다른 사람의 손을 가까이 하면 마치 불처럼 뜨거운 것은 바로 고독에 중독된 경우다. 마늘 즙 반량과 술을 함께 마시게 하면 마치 뱀 같

은 형상의 것을 토하게 되는데, 그러면 병이 낫는다. 또한 둥글레를 찧어 낸 즙 반 되와 술 세 사발을 마시게 해도 고독이 자연스레 아래로 나오게 할 수 있다. 또한 고독에 중독되면 고독과 천적이 되는 벌레를 잡아, 햇볕에 말린 다음 태워서 재를 만들어 소량을 먹게 해도 즉시 병이 낫는다. 이를테면 고독이 뱀의 고독벌레라는 것을 안다면, 바로 지네의 고독벌레를 이용하고, 지네의 경우는 두꺼비를 이용하는 것이다. 또 다른 처방으로는 감초를 잘게 잘라 참기름에 담가 두는데 오래될수록 더욱 좋으며, 매번 씹어서 삼키거나 혹은 물로 끓여서 복용하면 모든 고독을 풀 수 있다. 『지(誌)』에 다음과 같이 기록하고 있다. "영남인은 고독을 해독할 때 남이 그 비방을 알까 두려워, 삼백 마리의 소 값이 들어간 약이라든가 삼백 냥 은자가 들어간 약이라고 속인다. 오랫동안 친하게 지내다 보면 비로소 그 진실을 알게 된다. 삼백 마리 소 값이라는 것은 바로 토상산이며, 삼백 냥 은자가 들어갔다는 것은 마두령인데, 모두 물에 끓여서 복용하면 곧바로 병이 낫는다."

○ 금잠의 독을 치료하는 것은 석류껍질을 졸인 즙이나 혹은 녹나무 가루를 졸인 즙을 마시게 한 다음 토해 내게 하는데, 고슴도치 가죽을 복용하면 더욱 좋다.

○ 단장초의 독에 중독되어 입이 열리지 않는 경우, 대나무 통 큰 마디를 자르고 그 마디 속이 통하게 한 다음, 그 끝부분으로 양쪽 옆구리와 배꼽 위에 버티게 한 다음 찬물을 이 대나무 통 속으로 흘려보내고 여러 차례 물을 바꿔 주면, 곧 입이 열린다. 이때 약을 집어넣을 수 있다. 그런데 감초 즙이나 똥 즙을 많이 마시게 하거나, 아니면 오리의 목을 잘라 피를 입 속에 떨어뜨려 준다. 또 다른 처방은 아직 병아리가 되지 않은 부화 중인 계란을 갈아 으깨서 참기름과 함께 부어 넣으면 독물을 토해 내고 살아난다는 것이다. 또한 영남에는 나팔꽃나물이 있어 줄기가 퍼지면 흰 꽃이 피는데, 이것을 찧은 즙을 부어 넣는 처방도 있다.

○ 망초의 독에 중독되면, 검정콩 즙으로 풀 수 있고, 동부콩도 마찬가지다. 만약 콩 즙을 뿌리에 뿌리면 망초는 썩어 버린다.

○ 강남이나 섬서성의 남쪽에는 오두(烏頭)라는 풀이 있는데, 그 즙을 끓이면 '사망(射罔)'이라고 부른다. 이것을 상처 부위에 바르면 바로 사람을 죽일 수 있다. 무릇 오두의 독에 중독되면, 물엿과 검은콩을 우려낸 냉수로 해독한다. 사망의 독에 중독되면, 신속하게 감초 즙이나 혹은 붉은팥의 잎이나 모시대 즙으로 해독할 수 있으며, 냉수도 해독이 가능하다.

○ 복어는 큰 독이 있다. 독은 간·피·지방 및 눈에 있다. 노래미도 복어와 같은 종류로, 독성이 매우 강하다. 3월 이후에는 먹어서는 안 되며, 끓일 때는 석탄재가 떨어지는 것을 꺼린다. 형개·국화·길경·감초·부자·오두와는 성질이 정반대이며, 여기 중독되면 신속하게 똥 즙으로 해독하거나, 참기름을 마셔 토하게 하거나, 혹은 감람·사탕수수·갈대

뿌리를 각기 즙을 내어 마시게 하면 구할 수 있다. 또 다른 처방으로는 홰나무 꽃을 노랗게 볶은 것과 말린 연지 등의 가루를 함께 가루로 만들어 물에 타서 마시게 해도 된다.

○ 남해에는 짐새가 있는데, 매처럼 생겼고 커서 마치 물수리 같다. 자흑색이고, 붉은 부리와 검은 눈을 가졌으며, 목의 길이는 일고여덟 치로, 수컷은 운일(運日)이라 부르고 암컷은 음헤(陰諧)라고 부른다. 운일이 울면 맑고, 음해가 울면 비가 내린다. 절름발이 걸음으로 뱀을 잡을 수 있고, 사람이 그 고기를 잘못 먹으면 바로 죽는다. 옛사람들은 그 털을 이용하여 술을 만들어, 죽을죄가 있어 마땅히 사형에 처해야 할 사람에게 주었다. 그런데 무소뿔이 있으면 그 독은 즉각 해독할 수 있다.

○ 소금덩이를 먹고 자살한 사람은 살아 있는 양을 잡아 그 뜨거운 피를 입으로 넣어 주어 토하게 하면 해독이 된다. 만약 양이 없다면 거위나 오리 피로도 가능하다.

○ 소주에 취해 죽을 것 같으면, 우물 바닥의 진흙으로 그 가슴을 덮고 머리털을 냉수에 담근다. 그렇게 하지 않으면 속에서 뜨거운 기운이 생겨나 장부를 태워 곧바로 죽는다. 소금을 탄 냉수에 녹두가루를 넣어 마시게 하면 풀 수도 있다. 또한 여러 가지 술로 인한 독은 오로지 녹두가루만 해독할 수 있다.

○ 서북의 여러 성에는 쓴 살구가 있다. 날 것을 익혀서 먹으면 아무런 해가 없는데, 대략 불로 볶아 반쯤 익혀 수십 알을 먹으면 죽을 수도 있다. 곧바로 토해 내게 하거나, 토해 내면 해독할 수 있다. 또한 다른 처방은 정신이 혼란하여 어지러워 곧 죽으려는 경우 살구나무 뿌리를 끓여서 만든 뜨거운 물을 마시게 하는 것이다.

○ 소·말고기의 독에 중독되었다면, 감초를 끓여 진한 즙으로 만들어 한두 되를 마시거나, 혹은 끓인 술을 마셔 토해 내거나, 아니면 배설하게 한다. 갈증이 나더라도 물을 마시면 안 되며, 마시면 즉사한다. 말의 간을 먹고 중독된 경우 여러 뼈의 재, 수컷 쥐의 똥, 콩메주(豆豉), 개똥을 태운 재, 머리비듬을 물과 함께 복용하면 해독할 수 있다.

○ 술과 안주를 먹고 중독되었는데 어떠한 물질인지 모른다면 감초·모시대를 끓여 입속에 부어넣으면 곧 살아난다. 모시대(薺苨)는 또한 '첨길경(甛桔梗)'이라고도 부르며, 하남 사람들은 '행엽사삼(杏葉沙蔘)'이라고 부르는데, 능히 백 가지 과일 독을 해독할 수 있다.

○ 단풍나무에 생긴 버섯을 먹으면 웃음이 그치지 않는데, 동과 덩굴 즙을 마시면 해독할 수 있다. 혹은 쓺바귀와 백반을 새로 길어 온 물에 두루 펴서 함께 삼킨다.

○ 모든 버섯은 봄과 겨울에는 독성이 없지만 여름과 가을에는 독성이 있으며, 뱀과 벌레가 아래를 지나다니기도 한다. 밤중에 빛을 내는 것도 있고, 썩어도 벌레가 생기지 않는 것도 있고, 삶아도 익지 않는 것이 있으며, 삶아서 만든 즙에 사람의 그림자가 비치지 않는

것도 있다. 위에는 털이 있고 아래에는 무늬가 없는 것도 있다. 위로 말아 올려지면서 붉은 색을 띠는 것도 있다. 이것들 모두 독이 있어 사람을 죽일 수 있으며 지장수(地漿水)나 똥즙을 마시면 해독할 수 있다.

○ 황금의 독에 중독되면, 자고새의 고기를 먹으면 된다. 백은 독에 중독되면 황련(黃連)과 감초(甘草)를 이용하여 해독한다. 또한 황금을 씻을 때 소금과 낙타·당나귀의 지방과 홍귤나무 열매(甘子)를 쓰면 모두 황금을 부드럽게 만들 수 있고, 양의 기름과 벼 이삭은 모두 은을 부드럽게 만들 수 있다. 금·은을 뱃속으로 삼켰다면 응당 이런 음식을 먹고 [금·은을] 부드럽게 만들면 배출할 수 있다.

○ 또 다른 처방으로는 금석 독에 중독되면, 흑연 한 근을 녹여 한 되의 술 속에 넣는다. 여러 차례 이렇게 거듭하여 술이 반 되만 남게 되는데, 이것을 한 번에 마셔 버리면 바로 해독이 된다.

○ 수은가루에 중독되었다면, 흑연 다섯 근을 두드려 호리병을 하나 만들고, 소주 열다섯 근을 담고, 토복령(土茯苓) 반 근과 유향(乳香) 세 전을 넣고 단단히 막은 다음 중탕으로 하루 밤낮을 끓이고 흙 속에 묻어 화독을 뺀다. 매일 아침·저녁에 여러 잔을 마시고, 소변을 볼 때에 기왓장으로 받아 보면 당연히 그 가루가 나올 것이다. 근육과 뼈가 아프지 않게 되면 복용을 멈춘다.

○ 파두의 독에 중독되면, 설사가 그치지 않는다. 대두 한 되를 삶아 즙을 내 마시거나, 새로 길어 온 냉수를 마셔도 효과가 있다. 또는 『본초강목(本草綱目)』은 이렇게 기록하고 있다. "파두는 황련, 대황, 갈대 새싹, 줄풀 새싹, 여로를 두려워한다." 각기 삶아 차갑게 하여 마시면, 모두 그 설사를 멈추게 할 수 있다. 백약의 독은 감초가 모두 해독할 수 있으니 그 효과가 마치 귀신같다.

○ 수은이 귀에 들어갔다면, 황금을 귀 앞에 베고 누우면 저절로 나온다. 만약 수은이 안으로 들어가면 근육 경련을 일으키는데, 금을 뜨겁게 달구어 귀를 찜질하면 수은이 나와 금을 부식시킬 것이고, 그 병은 곧 낫게 된다. 이 황금이 백색이 되는 것이 그 증거다. 뜨거운 술을 용뇌향 1전 남짓과 함께 마시면 곧 진기가 흩어지고, 혈맥이 끓어올라 칠공에서 피를 흘리며 죽게 된다. 새로 길어 온 냉수를 마시게 하면 나을 수 있다. 예전에 남송의 문천상(文天祥)과 가사도(賈似道) 두 사람 모두 이것을 복용하여 자결하려고 했지만 뜻을 이루지 못한 것은 술과 함께 마시지 않았기 때문이다. 따라서 용뇌향은 술에 넣어서는 안 된다.

中食物·金石藥毒,[130] 死者其身屍有青腫處, 似拳脚毆傷痕, 或成大片青黑, 或皮肉裂, 舌

與糞門皆露, 或指甲青黑, 肉縫微有血,[131] 鼻中出血. 【選擇襍治法, 附後】

○ 死後以毒藥灌人, 假作服毒者, 皮肉與骨但作黃白色, 無他故.

○ 中毒之屍, 無顯露痕跡, 乃毒氣淤滯于內, 或因氷凍不發, 可將銀釵股以皀角水洗過,[132] 探入喉中, 以紙密封之, 良久必作青黃色. 如無色, 再探入密封, 用熱糟醋, 在胸腹間自下盦洗,[133] 使毒氣上透, 自然色變, 仍以皀水洗釵, 色必不去. 若空腹服毒, 宜探肛門, 自上盦洗, 以使氣下. 【銀釵, 須令工匠面將足色紋銀打就試用. 若取之里地主守之人,[134] 則低假雜銅, 一觸穢氣,[135] 其色卽變, 必有冤枉, 不可忽也. 又以飯納身屍口中, 密封一、二時, 取之以試雞、犬, 毒果眞, 雞、犬食之斃】

○ 附: 醫救法.

中砒毒, 吐瀉兼作,[136] 以菉豆汁, 或冷水飮之, 波稜、萵苣,[137] 皆能伏砒, 搗汁灌之亦可. 又方以禾稈燒灰,[138] 汲新水, 淋汁濾淸, 冷服一碗, 毒當下出.

○ 凡頭面上有光, 他人手近之, 如火熾者, 此中蠱也. 用蒜汁半兩, 和酒服之, 當吐出如蛇狀, 卽愈. 又以胡荽搗爛,[139] 絞汁半升, 和酒三碗服之, 能使蠱自下. 又中蠱毒, 卽取蠱相伏之蟲, 曝乾燒灰, 服少許, 立愈. 如知是蛇蠱, 卽用蜈蚣蠱,[140] 蜈蚣蠱, 卽用蝦蟆蠱之類.[141] 又方甘草節以眞蔴油浸, 年久愈妙, 每用嚼嚥, 或水煎服, 能解一切蠱毒. 『誌』云: "嶺南人解蠱毒, 畏人知其方, 乃詭方三百頭牛藥, 或三百兩銀藥, 久與相狎, 始得其實. 所云: '三百頭牛藥'者, 乃土常山也. '三百兩銀藥', 馬兜鈴也,[142] 俱用水煎服卽愈."

---

130 금석약(金石藥)은 광물이나 돌이 들어간 약을 말한다.
131 육봉(肉縫)은 살과 살이 서로 마주치는 부위를 말한다.
132 은차고(銀釵股)는 은비녀, 조각수(皀角水)는 쥐엄나무 껍질을 삶은 물이다.
133 암(盦)은 소금이나 향료 등으로 식물을 덮거나 절여 발효시킨다는 뜻으로 『신주무원록』(p.468)에서도 암(盦)으로 쓰고 있고 뜻도 덮는다(覆蓋)는 것으로 풀이하고 있다.
134 주수(主守)는 책임을 지킨다는 뜻이다.
135 예기(穢氣)는 악취를 뜻한다.
136 토사(吐瀉)는 상토하사(上吐下瀉), 즉 구토와 설사를 말한다.
137 파릉(波稜)은 시금치, 와거(萵苣)는 상추를 말한다.
138 화간(禾稈)은 볏짚을 가리킨다.
139 호유(胡荽)는 원수(芫荽)로 고수(둥글레)를 가리킨다. 고수는 산형과의 한해살이풀로 높이는 30~60cm이며, 잎은 어긋나고 잘게 갈라진 깃 모양 겹잎이다. 고수풀, 향유(香荽)라고도 한다.
140 오공(蜈蚣)은 지네를 가리킨다.
141 하마(蝦蟆)는 두꺼비를 말한다.
142 토상산(土常山)은 감차(甘茶)의 한 가지이고, 마두령(馬兜鈴)은 쥐방울(쥐방울덩굴)이다. 여기서 '지(誌)'가 무슨 책인지는 확인되지 않는다. 청대 옹정(雍正) 연간에 나온『광동통지(廣東通志)』 권52 「물산지(物産志)」에 비슷한 설명이 나오지만("又蠻人解蠱毒藥有名曰: '二百頭牛'者, 土常山也. 有言: '二百銀兩'者, 馬兜鈴藤也, 皆宜佩帶."),

○ 治金蠶毒, 用石榴皮煎汁, 或樟木屑煎汁, 飮以取吐. 服食蝟皮, 更良.

○ 中鉤吻毒, 口不可開者, 取大竹筒通節, 以頭柱[143]其兩脇及臍, 灌冷水入筒中, 數易水須臾口開, 乃可下藥. 惟多飮以甘草汁、人糞淸,[144] 或鴨斷頭瀝血入口中. 又方取雞卵抱未成雛者, 硏爛和蔴油灌之, 吐出毒物, 乃生. 又方嶺南有蕹菜,[145] 蔓生開白花, 搗汁灌之.

○ 中莽草毒, 黑豆汁可解, 豇豆亦可.[146] 若以豆汁澆其根, 卽爛.

○ 江左、山南有草烏頭.[147] 其汁煎之, 名射罔, 塗破傷處, 立能殺人. 凡中烏頭毒者, 解以飴糖, 黑豆冷水. 射罔毒者, 急解以甘草汁, 或小豆葉薺苨汁,[148] 冷水亦可.

○ 河豚魚有大毒.[149] 毒在肝血、脂子幷眼. 斑魚亦河豚類,[150] 毒更甚, 三月後則不可食, 煮忌煤塵落入,[151] 與荊芥[152]、菊花、桔梗[153]、甘草、附子[154]、烏頭相反, 中其毒, 急以糞汁解之,[155] 或飮蔴油吐之, 或以橄欖[156]、甘蔗[157]、蘆根各汁灌救.[158] 又方用槐花炒黃,[159] 與乾胭脂等分, 同爲粉, 水調灌之.

『복혜전서』보다 늦은 옹정(雍正) 연간에 편찬된 것이다.

143 판본에 따라 주(拄)자를 쓴 경우도 있는데, 뜻은 같다.

144 인분청(人糞淸), 즉 분청(糞淸)은 밑에 나오는 분즙(糞汁)과 같다. 분청·분즙은 인분을 오래도록 항아리에 묵혀 얻은 즙으로 아주 검고 쓰며, 황룡탕(黃龍湯)이라고도 한다.

145 옹채(蕹菜)는 나팔꽃나물이다.

146 강두(豇豆)는 동부콩을 말한다.

147 강좌(江左)는 강동(江東)·강남(江南)과 같은 뜻이다. 산남(山南)은 보통 태화산(太華山. 華山)·종남산(終南山) 이남을 가리킨다. 모두 섬서성(陝西省)에 있다. 초오두(草烏頭)는 바꽃(미나리아재빗과의 바꽃류를 통틀어 이르는 말)의 덩이뿌리를 한방에서 이르는 말이다. 독성이 많은 열성(熱性) 약재로 심복통·관절통 따위에 쓴다. 독공(毒公)·오두(烏頭)·오훼(烏喙)·초오두·토부자·해독(奚毒)이라고도 한다.

148 소두(小豆)는 붉은팥을 말한다. 제니(薺苨)는 모시대로 초롱꽃과의 여러해살이풀이다. 뿌리는 해독제, 거담제로 쓰고 어린잎과 함께 식용한다. 그늘진 산지에 자라는데 우리나라 각지에 분포한다.

149 하돈(河豚)은 오늘날 돌고래를 가리키는 용어이지만, 여기서는 복어(河魨)를 가리키는 것으로 보인다.

150 반어(斑魚)는 노래미를 말한다.

151 매진(煤塵)은 탄가루를 가리킨다.

152 형개(荊芥)는 정가의 잎과 줄기. 감기나 두통을 다스리고 피를 깨끗이 하므로 산후(産後)에 흔히 쓰인다. 가소(假蘇)라고도 한다.

153 길경(桔梗. 吉更)은 도라지·질경이를 말한다.

154 부자(附子)는 바꽃의 어린 뿌리를 말한다. 열이 많으며 맛은 맵고 독성이 강한 약으로, 특히 중풍·신경통·관절염 따위에 쓴다.

155 분즙(糞汁)은 물기가 많은 똥이나 똥물을 말한다.

156 감람(橄欖)은 감람나무의 열매로 길이는 3-4cm의 길쭉한 둥근 모양으로 푸른색이다. 맛은 처음에는 쓰고 떫으나 먹을수록 단맛이 난다. 한방에서 약재로 쓰고 씨로는 '감람유'라는 기름을 짠다. 중국올리브라고도 부른다.

157 감자(甘蔗)는 사탕수수를 말한다.

158 노근(蘆根)은 말린 갈대의 뿌리를 가리킨다. 열을 내리고 게우는 것을 멈추게 하는 데 쓰인다.

159 괴화(槐花)는 홰나무의 꽃을 가리키는데 치질·혈변(血便)·이질 따위를 치료할 때에 쓴다. 초황(炒黃)은 약재를 빛깔이 누르스름할 정도로 불에 볶는 일을 가리킨다.

○ 南海有鴆毒鳥,[160] 似鷹而大, 狀如鶚,[161] 紫黑色, 赤喙黑目, 頸長七八寸, 雄名: '運日', 雌名: '陰諧'. 運日鳴則晴, 陰諧鳴則雨, 能禹步禁蛇,[162] 人誤食其肉則死. 昔人用其毛爲酒, 以賜有罪之應死者. 惟得犀角, 其毒卽解.

○ 服滷鹽自盡者,[163] 以活羊殺, 熱血以口接受, 取吐立解. 如無羊, 鵝鴨血亦可.[164]

○ 燒酒醉死, 以井底泥壅其胸, 浸髮入冷水中, 否則火發于內, 焚灼臟腑立死. 飮以鹽調冷水, 菉豆粉可解. 又諸酒致毒, 惟菉豆粉可解.

○ 西北諸省有苦杏仁,[165] 生、熟食都無害, 畧用火炒半生, 服數十粒, 卽能死人. 惟急取吐, 吐出可解. 又方迷亂將死者, 以杏樹根煎湯, 飮之.

○ 中牛馬肉毒, 甘草煮濃汁, 飮一、二升, 或煎酒服取吐或下. 如渴, 不可飮水, 飮之卽死. 食馬肝致毒, 用諸骨灰, 牡鼠屎、豆豉[166]、狗屎灰、人頭垢, 並水服俱可.

○ 凡飮饌中毒,[167] 未審何物, 煎甘草、薺苨湯入口便活. 薺苨又名: '甛桔梗', 河南人呼爲: '杏葉沙參', 能解百菓毒.[168]

○ 楓上生耳,[169] 食之令笑不止, 飮冬瓜蔓汁解之,[170] 或以苦菜、白礬勻新水並咽.[171]

○ 一切菌蕈,[172] 春冬無毒, 夏秋有毒, 有蛇蟲從下過也. 夜中有光者、欲爛無蟲者、煮不熟者、煮汁照人無影者、上有毛下無紋者、仰卷赤色者, 並有毒殺人, 飮以地漿及糞汁解.[173]

---

160 짐독조(鴆毒鳥)는 짐새를 말한다. 중국 남방에서 사는 독이 있는 새로 몸길이는 21-25cm이며, 몸은 붉은빛을 띤 흑색, 부리는 검붉은색이고, 눈은 검은색이다. 뱀을 잡아먹는데 온몸에 독기가 있어 배설물이나 깃이 잠긴 음식물을 먹으면 즉사한다고 한다. 그 독을 보통 짐독(鴆毒)이라고 한다.

161 악(鶚)은 물수리를 말한다.

162 우보(禹步)는 절뚝거리며 걷는 것(跛行)을 가리키는데, 전설의 우임금이 치수(治水)를 위해 힘쓰다 피로가 쌓여 몸이 비쩍 마르고 걷기도 어려워졌다고 하는 데서 유래되었다고 한다.

163 노염(鹵鹽)은 소금을 만들 때 식염을 채취한 다음의 액체를 농축시켜 얻은 결정성 고체(염화마그네슘·식염·유산나트륨 따위를 함유하고 있음)를 가리킨다.

164 아압(鵝鴨)은 거위와 오리를 가리킨다.

165 고행인(苦杏仁)은 행인(杏仁), 즉 살구씨의 알맹이를 가리키는데, 기침·변비의 약재(藥材)로 쓴다.

166 두시(豆豉)는 콩을 쪄서 발효시켜 만든 콩메주로 보통 조미료로 사용된다.

167 음찬(飮饌)은 술과 안주를 말한다.

168 백과독(百菓毒)이 아니라 백약독(百藥毒)이라 한 판본도 있으나 따르지 않았다.

169 이(耳)는 아마 귀처럼 생긴 목이버섯이나 은이버섯 등의 식물을 가리키는 것으로 보인다.

170 동과(冬瓜)는 박과의 한해살이 덩굴성 식물로 줄기는 굵고 단면이 사각이며 갈색 털이 있다. 잎은 어긋나고 5-7개로 얕게 갈라지며 심장 모양이다. 여름에 노란 종 모양의 꽃이 피고, 열매는 호박 비슷한 긴 타원형이고 익으면 흰 가루가 앉는다. 과육과 종자는 약재로 쓰인다.

171 고채(苦菜)는 씀바귀를 말한다.

172 균심(菌蕈)은 버섯을 말한다.

173 지장(地漿)은 황토(黃土)로 된 땅을 석 자쯤 팠을 때에 그 속에 고이는 맑은 물로 해독제로 쓴다. 토장(土漿)·황

○ 中黃金毒者, 食鷓鴣肉.[174] 中白銀毒者, 用黃連、甘草解之.[175] 又洗金, 以鹽駱駝、驢馬脂餘、甘子,[176] 皆能柔金, 羊脂、穫子, 皆能柔銀,[177] 呑金銀入腹中, 當腹食前品, 令柔則能便出.

○ 又方中金石毒者, 以黑鉛一觔鎔化, 投一升酒中, 如此多次, 俟酒止半升, 頓飮卽解.

○ 中輕粉毒,[178] 用黑鉛五斤, 打壺一把, 盛燒酒十五斤, 納土茯苓半斤,[179] 乳香三錢,[180] 封固, 重湯煮一晝夜,[181] 埋土中出火毒. 每日早晚飮數杯, 溺時以瓦盆接之, 當有粉出, 服至筋骨不痛, 乃已.

○ 中巴豆毒,[182] 利不止,[183] 以大豆一升煮汁, 飮之. 或飮以新汲冷水亦效. 又『本草[綱目]』云[184]: "巴豆畏黃連、大黃、蘆笋、菰筍、黎蘆",[185] 各煎冷飮, 皆能止其泄利, 百藥之毒, 甘草悉能解之. 其效如神.

○ 水銀入耳, 以金枕耳邊自出. 若水銀入內, 令人筋攣, 以金物熨之,[186] 水銀乃出蝕金, 其病卽瘥.[187] 以金作白色爲驗.[188] 以熱酒服氷片錢餘,[189] 則眞氣散亂, 血脉沸騰, 七竅中流血而

토물·황토수라고도 한다.

174 자고(鷓鴣)는 꿩과의 새로 메추라기와 비슷하며 날개는 누런빛을 띤 녹색이고 등·배·꽁무니는 누런 갈색이다. 목에서 눈에 걸쳐 까만 고리가 둘려 있으며, 부리와 다리는 붉다. 자고새라고도 한다.

175 황련(黃連)은 깽깽이풀의 뿌리로 가슴이 답답하고 잠을 자지 못하는 데나 구토, 설사 따위에 쓴다.

176 감자(甘子)는 감자나무(홍귤나무)의 과실을 말한다.

177 양지(羊脂)는 양이나 염소의 지방을 가리킨다. 식용하거나 비누나 양초를 만드는 데에 쓴다. 확자(穫子)는 벼이삭을 가리키는 것 같다.

178 경분(輕粉)은 수은가루·'염화제일수은'을 가리킨다. 매독, 매독성 피부병, 변비 치료제 및 외과 살충제, 안정제로 쓴다. 수은분(水銀粉)이나 이분(膩粉)·홍분(汞粉)이라고도 한다.

179 토복령(土茯苓)은 청미래덩굴의 뿌리를 말한다. 열을 내리고 습기를 없애며 독을 푼다. 매독·악창이나 수은 중독 따위에 쓴다.

180 유향(乳香)은 열대 식물인 유향수(乳香樹)의 분비액을 말려 만든 수지나. 노랗고 투명한 덩어리로, 약재·방부제·접착제 따위로 사용한다.

181 중탕(重湯)은 끓는 물 속에 음식 담은 그릇을 넣어 익히거나 데우는 것을 가리킨다.

182 파두(巴豆)는 대극과에 딸린 늘푸른떨기나무로 씨는 맹독(猛毒)이 있는데 기름을 짜고, 하제(下劑), 피부 자극제, 또는 탕척(蕩滌)하는 데 약재로 쓰이나 위험성이 강하다.

183 리(利)는 설리(泄利)로 설사한다는 뜻이다.

184 『본초강목(本草綱目)』(52권)은 명의 이시진(李時珍)이 편찬하여 1590년 간행되었다. 모두 190여 만 자로 약물 1,892종, 처방 1만 1,096가지, 정밀한 삽화 1,160폭을 수록하면서 16부(部) 60류(類)로 분류한 중국 한의학을 집대성한 작품 가운데 하나다.

185 대황(大黃)은 마디풀과에 속하는 다년초로 성질(性質)이 차고 맛이 달며 대소변 불통(不通)·조열(潮熱)·헛소리·잠꼬대 등에 처방하는 약재다. 노순(蘆笋)은 갈대의 새싹, 고순(菰筍)은 줄풀의 새싹을 가리킨다. 여로(黎蘆)는 여로과에 딸린 여러해살이풀로 뿌리는 독이 있어, 말린 것을 농업용 살충제로 쓴다. 이 구절은 명 말 이시진(李時珍)이 지은 『본초강목(本草綱目)』 권35 하(下) 「목지이 파두(木之二 巴豆)」에서 인용한 것이다.

186 금물(金物)은 금속이나 철을 가리키며, 위(熨)는 열을 가한 약물로 환부를 문지르는 치료법이다.

187 차·채(瘥)는 병을 앓거나(차) 병이 낫는다(채)는 뜻이다.

188 원래 본문에는 자(煮)로 되어 있으나 『의구사상법』의 원문에 기초하여 색(色)으로 바로잡았다.

死. 飮以新汲冷水可愈. 昔文信國[190]、賈平章,[191] 皆服以自裁而無害者,[192] 以未飮酒也. 氷片卻忌入酒.

16-02-09. 얼어 죽거나 굶주려 죽은 경우(凍餓死)

얼어 죽은 시신은 반드시 홑겹의 얇은 옷에, 얼굴은 수척하고 누렇다. 목이 오그라들고 이를 꼭 다물고 있고, 양 손은 가슴 앞에 모여 있다. 온몸에는 소름이 돋아 있고, 입에는 침과 거품이 있는데, 그 침은 끈적거리지 않는다. 뜨거운 술이나 식초를 이용하여 닦아 내면 곧 뺨이 연꽃처럼 붉어진다.

○ 굶어 죽은 시신은 배가 텅 비어 있고, 몸은 검고 수척하고 빳빳하다. 눈은 감고 입은 벌리고 있으며, 이를 꼭 물고 있고 사지는 펴져 있다.

○ 부록: 응급처치법

얼어 죽어 가는 사람이 비록 사지가 빳빳하고 입은 앙 다물고 있지만 미미한 호흡이 있다면, 큰 솥으로 재를 볶아 따듯하게 만든 다음 자루에 가득 채워 심장 위에 올려 따듯하게 찜질을 해 주고, 식으면 바꿔 준다. 눈을 뜨기를 기다려 따듯한 술과 맑은 죽을 조금 주되, 뜨겁게 불로 몸을 덥히게 해서는 안 된다. 또한 담요나 멍석으로 몸을 감싸고 밧줄로 묶은 다음 사람들이 서로 마주보며 발로 차서 왔다갔다 굴려서 사지가 따듯해지게 한다. 아주 꽁꽁 얼어붙은 사람은 밀실로 옮겨 바깥 기운을 차단하고 따뜻한 옷으로 덮어 주며, 따뜻한 술을 천천히 마시게 한다. 불을 가까이 해서는 안 되는데, 불을 가까이 하게 되면 바로 웃으면서 죽게 되기 때문이다. 만약 아주 뜨거운 것을 급하게 마시면 바로 이가 빠져 버린다.

---

189 빙편(氷片)은 향료인 용뇌향을 가리킨다.

190 문신국(文信國)은 문천상(文天祥. 1236-1283)을 가리킨다. 문천상은 오늘날의 강서성(江西省) 길안(吉安) 출신으로 유명한 남송(南宋)의 관료다. "오직 그 의(義)를 다하면 인(仁)이 이르는 바이다(惟其義盡, 所以仁至)"고 유언을 남긴 문천상은 죽음을 맞이해서도 굴복하지 않는 의연함으로 후세에 충렬(忠烈)의 명성을 떨쳤다.

191 가평장(賈平章)은 민간에서 간신으로 평가받는 남송의 유명한 관료 가사도(賈似道. 12130-1275)를 가리킨다. 1267년 도종(度宗)이 즉위한 다음 가사도가 태사(太師)·평장군국중사(平章軍國重事)에 임명되었기에 이런 별칭이 생겼는데, 남송이 멸망당하기 직전 몽골의 군대를 피해 도망쳤다가 파면·피살당하였다.

192 자재(自裁)는 자살·자결을 말한다.

○ 나는 갑진(1664)년 겨울에 거용관(居庸關)을 나와 혼원주(渾源州)에 있는 친구를 방문한 적이 있었다. 하늘은 몹시 차갑고 눈보라가 심하게 몰아쳐, 얼굴에 엷은 얼음이 생길 정도였다. 햇볕이 나자 [고드름이] 녹으면서 마디마디 끊어져 땅바닥에 떨어지면서 댕그랑 소리를 냈다. 내가 직접 본 일인데, 한 사람이 추위가 매우 심할 때 여관에 들어오자마자 바로 화로를 끌어안고 불을 쬐었다. 가게 주인이 급하게 이를 제지하려 하였는데, 그 사람이 손으로 귀를 비비자 바로 그 사람의 손 안에 귀가 떨어져 버렸다. 몹시 추울 때에는 [함부로 갑자기] 불을 가까이하지 말라는 말이 정말이었다.

凍死屍衣必單薄, 面痿黃, 項縮, 牙齒硬, 兩手緊抱胸前. 遍身寒粟,[193] 口有涎沫, 其涎不粘, 用熱酒醋洗之, 則腮發紅如芙蓉.[194]

○ 餓死屍, 臍腹空虛, 身黑瘦硬直, 眼閉口開, 齒緊肢伸.

○ 附: 醫救法.

凍死者, 雖肢直口禁而有微氣者,[195] 用大鍋炒灰令暖, 袋盛熨心上, 冷卽換之. 俟目開, 以溫酒及淸粥稍與之, 不得以火炙. 又用氈, 或藁薦捲之, 以索縛, 令人相對踢, 往來滾轉, 以四肢溫爲度. 凍極之人, 令居密室閉氣, 溫衣被蒙蓋, 緩飮溫酒. 不可近火, 近火則笑而殞也. 若暴飮極熱, 則齒脫.

○ 鴻甲辰冬出居庸, 至渾源州訪友.[196] 天甚寒, 風吹雪, 薄面成氷, 日照有光, 溺下則寸寸斷, 墜地錚錚有聲. 親見一人, 寒甚入旅店,[197] 便擁爐烤火, 店主急止之, 其人以手抹耳, 則耳已在手中矣. 可知寒極, 勿近火之言, 良信.

---

193 한속(寒粟)은 추워서 몸에 끼치는 소름을 가리킨다.

194 시(腮)는 시(顋)의 속자로 뺨을 가리킨다.

195 금(禁)은 금(噤), 즉 입을 앙 다문다는 뜻이다.

196 갑진(甲辰)년은 아마도 1664년으로 보인다. 거용(居庸)은 북경 서북쪽의 거용관(居庸關)으로 북경 서북쪽의 사대명관(四大名關) 가운데 하나다. 혼원(渾源)은 오늘날 산서성(山西省) 대동시(大同市)에 속하는 지역이다. 오수지(吳秀之) 등수(等修), 조윤원(曹允源) 등찬(等撰), 『오현지(吳縣志)』(中國方志叢書. 華中地方 第18號. 民國22年 鉛字本. 成文出版社, 1970; 中國地方志集成. 江蘇府縣志輯 11, 江蘇古籍出版社, 1991), 권76 하(下) 「열전(列傳) 유우(流寓)」 5a에 나오는 황육홍의 기사는 그가 거인 합격 이후 "만 권의 책을 읽지 않고 만 리의 길을 가지 않으면 장부라 할 수 없다"고 하면서 산동에서 북쪽으로 여행하여 거용관(居庸關)·상곡(上谷)·운중(雲中) 등지를 거쳤다고 기록하고 있다.

197 여점(旅店)은 길손이 밥이나 술을 사 먹으며 쉬기도 하는 집, 여관을 말한다.

16-02-10. 놀라서 죽은 경우(驚死)

시신은 눈을 부릅뜨고 입을 벌리고 있다. 두 손이 펴져 있어 무서워서 떤 모습을 남기고 있다.

屍目瞪,[198] 口開, 兩手如舒展, 猶存恐怖之狀.

16-02-11. 석탄 연기로 죽거나 가위눌려 죽은 경우(煤炭燻并魘死)

서북 지역의 온돌은 매번 석탄으로 군불을 지피는데, 구들에서 화기가 새어 나온다. 황청색의 연기는 아주 매스껍고 더러운데, 사람이 그 연기를 맡으면 자기도 모르는 사이에 죽게 된다. 그 시신은 부드럽지만 아무런 상처도 없다. 밤에 잠을 자다 가위눌려 다시는 깨어나지 못한 시신과 비슷하다.

○ 부록: 응급처치법(附醫救法)

방 안에 물 한 그릇을 준비해 두고 또한 창문이나 문에 공기가 통하는 곳이 있다면, 석탄이 비록 독하더라도 상해를 입히지는 못한다. 중독된 경우에는 신속하게 집 안의 바람이 통하는 곳으로 옮기고, 뜨거운 물에 동치미 국물을 섞거나 혹은 무즙을 만들어 입안에 흘려 넣으면 깨어날 수 있다.

○ 가위눌려 죽은 사람은 가까이 다가가 급하게 깨워서는 안 되고, 응당 천천히 깨워야 한다. 정신을 차리지 못하면 그 사람의 발뒤꿈치 및 엄지발가락과 복사뼈 근처를 아프게 물고, 얼굴에 침을 뱉으면 깨어날 수 있다. 원래 등잔이 있었다면 등잔을 그대로 나두되, 원래 없었다면 등잔불로 비춰서는 안 된다. 또한 붓 대롱으로 두 귀에 바람을 불어넣고, 본인의 머리털 27가닥을 뽑아 꼬아서 밧줄을 만들어 콧속을 찌른다. 또한 쥐엄나무 껍질 분말을 양 콧구멍 속에 불어넣어 재채기를 시킬 수 있으면 바로 깨어나며, 비록 2-3일이 지났어도 구할 수가 있다. 또한 쑥 덩어리로 양발의 엄지발가락 마디 중 털이 모여 있는 곳

198 징(瞪)은 눈을 크게 뜬다는 뜻이다.

에 뜸을 들이는데, 세 번이나 다섯 번, 일곱 번 등 몇 번씩 뜸을 계속하면 어렴풋이 통증을 느끼고 바로 깨어난다.

西北臥炕, 每以煤炭煨燒, 炕漏火氣, 而値黃靑烟之臭穢者, 人受熏蒸, 不覺自斃. 其屍軟而無傷, 與夜臥夢魘不能復覺者相似.[199]

○ 附: 醫救法.

房中置水一盆, 幷牕戶有透氣處, 煤炭雖臭, 不能爲害. 被熏者急移至院內有風處, 滾水攙和醃菜湯,[200] 或搗蘿葍汁灌之,[201] 可醒.

○ 魘死者不得近前急喚, 當徐徐喚之. 不醒, 則痛咬其足跟及足拇、趾畔,[202] 唾其面, 可醒. 原有燈, 存燈, 原無燈, 不可以燈照. 又用筆管吹兩耳, 及取本人髮二七莖, 撚作繩子, 刺鼻中. 又皀角末吹兩鼻內, 得嚏卽甦, 雖二三日尙可救. 又以艾丸炙兩足大拇指節中叢毛之處, 不拘三·五·七壯,[203] 得畧知痛, 卽甦.

16-02-12. 실족사(跌死)[204]

높은 곳에서 떨어진 시신이 절벽의 나무 끝에 매달려 있는 경우에는 모름지기 나뭇가지를 잡아당긴 곳을 살펴보아야 한다. 담장 위에 있는 경우라면 모름지기 담장의 높이와 발을 헛디딘 흔적을 살펴보고, 아울러 다른 사람이 밀어서 떨어진 것인지 스스로 떨어진 것인지를 구별해야 한다. 치명상을 입은 곳에는 모름지기 부딪혀서 생긴 상흔이 있을 것이다. 만약 내부 손상으로 목숨을 잃었다면, 곧 얼굴의 일곱 구멍(칠공) 안에 반드시 선혈이 흘러나왔을 것이다.【스스로 떨어져 내렸다면, 그 힘이 아래에 있기 때문에 상처도 대부분 넓적다리 및 신장에 있고, 상처도 단지 한쪽에만 있다. 만약 남이 밀어서 떨어졌다면 그 힘은 위에 있어 상처는 대부분 머리와 얼굴 및 손·팔에 있다. 대개 미는 힘이 크면 사람의

---

199 염(魘)은 잠을 자면서 가위눌린다, 악몽에 시달린다는 뜻이다.
200 곤수(滾水)는 끓는 물 또는 뜨거운 물을 말한다. 엄채(醃菜)는 소금에 절인 채소를 말한다.
201 나복(蘿葍)은 무(무우)를 가리킨다.
202 족근(足跟)은 발꿈치, 족무(足拇)는 엄지발가락, 지반(趾畔)은 복사뼈 부근 즉 발목을 말한다.
203 장(壯)은 뜸 한 번(장)을 가리킨다.
204 질(跌)은 실족한다는 뜻이다.

몸 가운데 머리만큼 무거운 것이 없으므로, 밀어서 아래로 떨어질 때 그 형편상 반드시 스스로를 돌보려고 하게 되니, 손과 팔이 먼저 땅에 닿아 상처가 생긴다. 만약 모르는 사이에 발생하였다면 무게 때문에 머리와 얼굴부터 먼저 떨어진다. 모름지기 다 이렇지는 않겠지만 대략은 이와 같으니, 그 정황·사유를 자세히 살피는 것이 가장 중요하다】

從高跌死之屍, 在山崖樹杪者,[205] 須看柯枝扳掛.[206] 在墻屋者, 須看高低幷失足踪跡, 辨別推墮、自墮, 致命處定有磕損傷痕. 若因內損致命, 則七竅內定有鮮血流出. 【自墮下, 其力在下, 所傷多在腿足及臂, 所傷宜止半邊,[207] 若推墮者, 其力自上, 所傷多在頭面及兩手腕. 蓋推之力大, 而人之一身, 重莫如首, 推而下之, 勢必自顧, 則手腕先至地而傷. 若出于不知, 則頭面先倒重而下. 雖未必盡, 然大畧如此, 以詳察情由爲最要】

16-02-13. 깔려 죽은 경우(碾壓死)[208]

수레바퀴에 치이거나 가축에게 깔려 죽은 경우 살빛은 약간 누렇고, 양손은 펴져 있다. 입·코·눈·귀 안에는 간혹 출혈이 있다.

○ 수레바퀴에 치인 상처는 길고, 당나귀 발에 차인 상처는 작으며, 말발굽에 밟힌 상처는 크고, 소뿔에 받힌 상처는 찔려서 망가져 있다. 무릇 살갗이 찢어지지 않았어도 붉은 부스럼이 치명적인 곳에 생기면 바로 죽는다.

○ 압사(壓死)당한 시신의 혀는 입 밖으로 나와 있고, 눈은 눈동자가 튀어나와 있다. 귀·입·코에는 피가 나와 있다. 양손은 가볍게 쥐고 있으며, 온몸에는 자줏빛 멍이 있다. 상처에는 모두 핏자국과 붉은 부스럼이 생기고 살갗이 찢어진 부위 주변도 붉게 부어오른다. 간혹은 근육과 뼈가 부러지거나 손상되어 있다. 만약 죽은 다음 깔렸다면, 근육과 뼈가 부러졌어도 이러한 것은 없다.

○ 비록 넘어져서 깔려 죽은 경우가 아니더라도, 불의에 딱딱한 물건으로 늑골 뒤쪽을

---

205 수초(樹杪)는 나무의 끝 부분을 말한다.

206 반괘(扳掛)에서 반(扳)은 잡아당기다, 끌어당겨 꺾는다는 뜻이고, 괘(掛)는 걸다, 걸린다는 뜻이다. 여기서도 반(扳)은 본문에는 투(投)로 되어 있으나 『의구사상법』의 원문에 따라 바꾸었다. 『신주무원록』(pp.510-511)에서는 [떨어지기 전에] 나뭇가지를 손으로 잡았던 곳이란 뜻으로 표현되어 있다.

207 반변(半邊)은 반쪽·절반이란 뜻이다.

208 연(碾)은 짓밟는 뜻인데, 여기서는 수레바퀴에 치여 깔리는 것을 말한다.

가격당해 상처를 입어도 역시 죽을 수 있다. 대개 이곳이 가장 허약한 요해이기 때문이다. 상처는 응당 자적색이고 부어 있으며, 서너 치 크기의 모양이다. 살갗은 찢어지지 않았지만 손으로 집어 만져 보면 근육과 뼈가 반드시 손상되거나 부러져 있을 것이다.

○ 부록: 응급처치법

무릇 넘어져 깔리거나 중상을 입은 사람은 비록 입과 귀에서 피가 나오더라도 응당 얼굴색을 자세히 살펴야 한다. 생기가 아직 남아 있고 신체가 여전히 부드러우면 곧 모두 구해낼 수 있다. 응당 한 사람이 땅에 앉아 아주 가볍게 그를 끌어안고 부축하여 품에 안아 그 사람의 양발을 구부리고, 양손을 잡은 다음 무릎으로 항문을 눌러서 기가 새어나오지 못하게 한다. 급하게 어린 사내아이의 소변을 찾아 열기가 있을 때 먹인다. 만약 말 오줌을 얻으면 더욱 좋다. 어린 사내아이의 소변이 없다면, 보통 사람의 소변을 처음 부분은 버리고 중간 부분을 받아 한두 찻잔 정도 먹인다. 한편 당귀·생지황·백작·천궁·도인·홍화 각 1냥씩과 산사나무 열매 2냥, 대황 1냥, 어린아이 소변 한 사발을 급류수를 이용하여 끓인 다음 큰 대접에 붓고 먼저 상처를 입은 사람의 콧구멍에 대고 쏘여 약 기운이 뱃속으로 들어가게 한다. 악취 때문에 토하는 것을 막고, 뒤이어 작은 종지로 계속해서 모두 흘려 넣는다. 약 기운이 이미 퍼지면 모름지기 이를 배출하려고 하겠지만, 계속 항문을 단단하게 막아야 한다. 모름지기 뱃속에서 소리가 나야 하고 위아래로 여러 차례 몇 번 왔다 갔다 한 다음에야 그가 배설하게 하여 [깔려서 몸에 생긴] 자줏빛 멍을 풀어 준 다음 잠을 재운다. [그리고] 다시 앞의 약을 복용시키면 반드시 보든 멍이 풀어지고, 진짜 똥이 나올 것이다. 회복된 다음에는 몸조리를 하여 스스로 낫게 하는데 경솔하게 보약을 먹게 해서는 안 된다. 체하거나 엉켜서 해가 된다면 치료가 불가능하기 때문이다. 또 다른 처방은 술에 진짜 산양의 피를 녹여서 먹이는 것인데, 즉각 효과가 나타난다.

車碾, 並畜觸踏死者, 肉色微黃, 兩手舒展, 口、鼻、眼、耳內, 或有血出.

○ 車輪痕長, 驢足痕小, 馬足痕大, 牛角觸者, 痕透碎. 凡著皮不破損, 亦赤腫著在致命之處卽死.

○ 壓死之屍舌出, 眼突睛, 耳、口、鼻有血, 兩手微握, 遍身瘀紫,[209] 傷處皆有血蔭赤腫, 皮破處四畔赤腫. 或筋骨折損. 若死後壓者, 卽筋骨折, 亦無前狀也.

○ 雖非跌壓, 不意中被硬物癧𥔲肋後者,[210] 亦能死人. 蓋此最虛怯要害處也.[211] 傷處應紫赤而腫, 方圓三四寸, 皮卽不破, 用手揣捏, 筋骨必有損折.

○ 附: 醫救法.

凡跌壓重傷之人, 雖口耳血出, 宜詳視面色, 生氣尙存, 身體尙軟, 則皆可拯救. 宜令一人坐地, 輕輕扶抱, 坐之懷中, 拳其兩足,[212] 束其兩手, 以膝鎭其穀道, 不令洩氣, 急覓童便,[213] 乘熱灌之. 如得馬溺更佳.[214] 如無童便, 卽平人小便, 剪去首段, 取中段, 强灌一、二茶杯. 一面用當歸[215]、生地[216]、白芍[217]、川芎[218]、桃仁[219]、紅花各一兩,[220] 山査二兩,[221] 大黃一兩、童便一碗, 用急流水煎, 傾入大碗, 先熏傷者鼻孔, 令藥氣透入腹中, 不致乍服惡逆, 隨以小鍾陸續灌盡, 藥旣行動, 人必欲解, 仍須緊抵穀道. 必使腹中有聲, 上下往來數遍, 方可糞之,[222] [以]使解所下瘀紫,[223] 方可就睡. 再服前藥, 必致下盡瘀紫, 變解眞糞. 已復調養自愈,[224] 不可輕服補劑,[225] 滯淤爲害, 則不可救治. 又方灌以酒化眞山羊血, 立效.

---

209 어자(瘀紫)는 자줏빛 멍을 말한다. 여기 본문에는 모두 어자(淤紫)로 되어 있지만, 『의구사상법』에 따라 모두 바꾸었다.

210 은점(癮踅. 隱墊. 癮墊)은 송자(宋慈)의 『세원록(洗冤錄)』 권5의 「37(三十七). 경물은점사(硬物癮踅死)」에 처음 나온다. 신체의 허약한 부위가 딱딱한 물체에 부딪쳐 내장에 망가지는 상처를 입는 것, 즉 내상(內傷)을 가리킨다. 송자(宋慈) 지음, 나시윤(羅時潤)·전일민(田一民) 번역·해석(譯釋), 『세원집록금역(細冤集錄今譯)』(福建科學技術出版社, 2005), pp.192-193을 참조. 늑(肋)은 옆구리 윗부분이다.

211 허겁(虛怯)은 여기서는 비어 있어 약한 곳이라는 뜻이다.

212 권(拳)은 구부리다, 굽히다, 오그린다는 뜻이다.

213 동변(童便)은 12세 이하 건강한 사내아이의 소변을 말한다.

214 요(溺)는 오줌(尿)을 말한다.

215 당귀(當歸)는 승검초의 뿌리로 성질(性質)은 따뜻하고 맛은 단데, 피를 돕는 약으로 쓰이고, 여자에게 더욱 좋다고 알려져 있다.

216 생지(生地)는 생지황·생황을 말한다.

217 백작(白芍)은 백작약(白芍藥)의 뿌리로 양혈(養血)·지통(止痛) 등의 작용이 있다.

218 천궁(川芎)은 사천성에서 나는 천궁으로 뿌리는 약재로 쓰이며, 혈액순환을 돕는다고 알려져 있다.

219 도인(桃仁)은 복숭아씨의 알맹이를 말한다. 기침·변비·파혈(破血) 등의 약재로 쓰인다.

220 홍화(紅花)는 잇꽃의 꽃과 씨로 씨는 기름을 짜고, 꽃은 부인병 약재로 쓰며, 꽃물은 물감으로 쓰기도 한다.

221 산사(山査)는 산사나무·산사자(山査子)를 가리킨다.

222 본문은 원래 액지(掖之)로 되어 있으나 『의구사상법』에 따라 분지(糞之)로 바꾸었다. 이래야 뜻이 통한다.

223 이([以])자도 『의구사상법』에 따라 추가하였다.

224 조양(調養)은 몸조리한다는 뜻이다.

225 보제(補劑)는 몸을 보충하는 약제나 처방 가운데 주약(主藥)의 작용을 돕거나 부작용을 없애기 위하여 넣는 약제를 말한다.

16-02-14. 질식사(悶死)[226]

무릇 남이 입과 코에 의복이나 축축한 종이를 씌워 죽였다면, 피해자의 혀가 씹혀서 파열되고, 이마의 살갗이 딱딱하게 굳고, 배는 마르고 부풀어 있을 것이다. 만약 다른 물건으로 입과 코를 눌러 숨지게 한 경우라면 눈은 열리고 눈동자는 튀어나와 있을 것이고, 입과 콧속에서 맑은 물이 흐를 것이다. 또 얼굴 전체에 청흑색 피멍이 생기고 항문이 돌출하고 대변과 소변이 옷을 더럽혔을 것이다.【씌운다는 것은 입과 코에 [의복이나 종이를] 씌워 공기가 통하지 못하게 함으로써 숨을 끊는 것이고, 누른다는 것은 아울러 혈맥까지 흐르지 못하게 막아버리는 것이다. 따라서 상처가 다르므로 응당 구별하여 상세하게 조사해야 한다.】

○ 사람을 술에 취하게 하고 두터운 침구를 덮고 옆으로 눕도록 옮긴 다음, 깊은 잠이 들기를 기다려 침구를 말아서 묶고 잠든 사람을 거꾸로 세워서 바로 죽게 한 경우라면, 결코 위에서 열거한 증상이 없다. 그러나 그 배와 등을 눌렀을 때 평평하고 약한데, 모름지기 양 늑골과 가슴 앞부분이 부풀어 올랐을 것이고, 눌러 보면 단단한데 두드려 보면 소리가 나지 않는다면 바로 이 경우다. 만약 살이 썩어 없어진 시신이라면, 상처가 이마나 양쪽 발바닥뼈에 있어 조사해 볼 수 있다.

○ 높은 통 두 개를 쌓아 합쳐서 대략 사람 키 높이만큼 만들고, 아래통에 물을 가득 부어넣고 석회 몇 되를 집어넣어 물을 휘저은 다음, 사람을 거꾸로 집어넣고 뚜껑을 덮어 통을 단단하게 묶어 버린다면, 잠깐 사이에 바로 죽게 만들 수 있다. 이것을 '호수놀이(游湖)'라고 부른다. 죽은 사람을 물로 씻어도 아무런 상처의 흔적이 남지 않는다. 피가 거꾸로 나오는 경우에는 석회를 뿌리면 도로 들어가 버린다. 피가 얼굴에 모여 엉긴 경우에도 역시 석회로 이것을 풀 수 있는데, 얼굴빛은 약간 누러면서도 하얀색으로 마치 병사한 사람과 같다. 그러나 석회는 물에 뜨기 때문에 반드시 입과 코에 들어간다. 입과 코를 물로 씻어 버릴 수는 있지만, 석회 찌꺼기가 뇌에 붙어 있다면 제거할 수 없다. 응당 앞서 나온 살아 있을 때 물에 빠져 죽은 사람을 조사하는 것과 마찬가지의 방법으로 그 뇌 속을 검사해야 한다.

○ 나이가 아주 많은 사람을 손으로 쳐서 숨이 끊어지게 할 수도 있다. 죽은 사람에게 아무런 상처도 없다면, 마땅히 이런 방향으로 짐작해 보아야 한다.

---

226 민사(悶死)는 질식사를 가리킨다.

凡被人以衣服, 或濕紙搭口鼻死, 則舌嚼破, 頂肉硬, 腹乾脹. 若以外物壓塞口鼻命絶者, 眼開睛突, 口鼻內流淸水, 滿面血廕靑黑色, 糞門突出, 便溺汚衣. 【搭則使氣悶而絶,[227] 壓則幷血脉不能流轉. 故傷有不同, 宜分別詳審】

○ 有令人飮醉, 厚其氈褥,[228] 挾令橫臥, 俟其睡熟,[229] 將氈捲束, 倒立片時卽死者,[230] 並無前條情狀. 但按其腹皆[背]平弱, 必脹在兩肋心胸之前,[231] 按之堅實, 擊之無聲者卽是. 若肉消之屍, 則傷在頂骨及兩足心骨, 可驗也.

○ 有以高桶二隻疊而合之, 約如人身之高, 以下桶注滿水, 入石灰數升, 攪令水渾, 將人倒入水中, 再以所合之桶鉗蓋, 片時卽斃, 名曰: '游湖.' 其人旣斃, 用水洗淨, 毫無傷跡, 卽有血倒出,[232] 見灰卽回, 血應凝滯于面, 得灰亦解, 面更微黃而白, 似病死者. 但灰因水浮, 必入口鼻. 口鼻雖可洗滌, 而灰滓之著于腦者, 不可去也. 當同前驗生前落水法, 檢其腦內.

○ 若年老之人, 以手搗之,[233] 氣亦能絶, 死無傷痕者, 當以意消息之.[234]

16-02-15. 곤장에 맞아 죽은 경우(杖斃)[235]

곤장을 맞고 죽었다면, 반드시 곤장을 맞아 생긴 상처의 깊이와 너비를 조사·확인해야 한다. 곤장을 맞은 지 오래되지 않았다면 상처 주위에 독기가 있어서 청흑색으로 바뀌었을 것이고, 살갗이 굳고 딱딱하다. 오래되었다면 고름 물이 넘치고, 살갗과 살이 썩어 문드러질 것이다.

○ 곤장을 맞고 그 자리에서 죽었다면, 마땅히 음낭을, 부녀자는 음문을 살펴보아야 한다. 아울러 양쪽 갈빗대·허리·아랫배 등에 상흔이 있는지 여부를 살펴보아야 한다. [곤장형의 집행을 맡은] 조예가 뇌물을 받고 못된 방법으로 곤장을 때려 그를 죽게 하였을 수도

227 민(悶)은 공기를 통하지 않게 하다, 꼭 덮다, 밀폐한다는 뜻이다.
228 전욕(氈褥)은 양탄자와 요, 즉 침구를 가리킨다.
229 수숙(睡熟)은 깊은 잠을 잔다는 뜻이다.
230 도립(倒立)은 거꾸로 선다, 물구나무를 선다는 뜻이고, 편시(片時)는 잠시·잠깐이라는 뜻이다.
231 심흉(心胸)은 가슴을 말한다.
232 도출(倒出)은 쏟아 낸다는 뜻이다.
233 도(搗)는 찧는다는 뜻이다.
234 소식(消息)은 늘리거나 줄인다, 짐작한다는 뜻이다. 『복혜전서』의 원문은 모두 "當聽之意矣."로 되어 있으나 『의구사상법』의 원문에 따라 바꾸었다.
235 장폐(杖斃)는 장형(杖刑)으로 말미암아 죽는다, 즉 곤장을 맞아 죽는다는 뜻이다.

있기 때문이다.

受杖身死, 須勘驗棒瘡深淺、濶狹.[236] 日淺則瘡圍有毒氣,[237] 致青黑色, 皮肉堅硬. 久則有濃水淹浸, 皮肉潰爛.

○ 立斃者, 宜看陰囊, 婦女産門,[238] 幷兩脇肋、腰、小腹等處, 有無傷跡. 恐皂隷受賄, 決打非法,[239] 因而致命.

16-02-16. 벼락에 맞아 죽은 경우(雷震死)

벼락은 바로 양화(陽火)이며, 사람이 맞으면 바로 몸이 새까맣게 타고, 수염과 머리털은 타서 오그라든다. 몸은 부드럽고 주먹은 펴지며, 입은 열리고 눈썹을 찌푸리는데, 머리털은 어지럽게 흩어진다. 벼락을 맞은 곳은 살갗이 굳고 딱딱해지면서 검게 오그라들고, 상처의 대부분은 머리의 뒤쪽에 있는데 두개골 중앙부분이 대부분 열려 있고, 손바닥만 한 크기에 검붉은색 살갗이 들떠 있다. 가슴·목·어깨·위 팔뚝에는 간혹 전서체 글씨 같은 흔적이 있을 수도 있다.

雷乃陽火,[240] 著人則身屍焦黑, 鬚髮焦捲,[241] 身軟拳散, 口開眉皺, 頭髮披亂. 經火之處, 皮肉堅硬而捲黑, 傷痕多在腦後, 腦縫多開,[242] 有手掌大片, 紫赤浮皮. 胸、項、肩、膊, 或有似篆字文者.[243]

---

236 봉창(棒瘡)은 곤장에 맞아 생긴 상처를 말한다.
237 일천(日淺)은 그리 오래되지 않았다는 뜻이다.
238 산문(産門)은 산모의 음부(陰部)를 가리킨다.
239 결장(決杖)은 장형을 집행한다는 뜻이다.
240 뇌(雷)는 원래 우레, 천둥을 뜻하지만 여기서는 번개·벼락을 가리키는 것으로 보인다.
241 수발(鬚髮)은 수염과 머리털을 말한다.
242 뇌봉(腦縫)은 두개골이 마주 교차하는 머리 꼭대기를 말한다.
243 전자(篆字)는 보통 진(秦)에서 쓰이던 소전체(小篆體) 글씨를 가리킨다.

16-02-17. 호랑이에게 물려 죽은 경우(虎咬死)

호랑이에게 물려 죽었다면, 살갗은 황색이고 입과 눈 모두 열려 있으며, 양손은 주먹을 쥐고 있다. 머리카락은 흐트러지고, 인분이 몸 밖으로 나와 있다. 상처에는 혀로 핥고 이빨로 문 흔적이 있다. 혹은 말한다. "월초에는 머리와 목을 물고, 월중에는 어깨와 등을 물며, 월말에는 볼기와 넓적다리를 무는데, 마치 고양이가 쥐를 무는 것과 같다."

○ 부록: 응급처치법

호랑이에게 물려 상처를 입었다면, 설탕을 물에 녹여 먹이면서 아울러 상처에 설탕을 바른다. 혹은 참기름을 발라도 된다. 또한 생강즙을 백반 가루와 섞어 상처에 발라 주고, 생강즙을 마셔 그 독을 푸는 처방도 있다.

虎傷死者, 肉色黃, 口眼多開, 兩手握拳, 髮亂, 糞出, 傷處有舌舐齒咬痕. 或云: "月初咬頭項, 月中咬肩背, 月終咬臀腿, 猶猫之咬鼠也."

○ 附: 醫救法.
虎傷者, 服水化沙糖, 幷以糖塗傷處, 或眞蔴油亦可. 又以生薑汁調白礬末敷之, 仍飮汁以解其毒.

16-02-18. 뱀과 개에게 물려 죽은 경우(蛇犬傷死)

살무사에게 물린 상처로 죽었다면, 상처에는 약하지만 이빨에 물려 생긴 검은 상처가 있고 주위가 퍼렇게 부었으며, 누런 물이 흘러나온다. 만약 독이 사지로 퍼졌다면, 몸 전체가 붓고 얼굴이 검어진다.
○ 사람이 미친개에게 물렸다면, 상처에는 반드시 흔적이 있고, 배가 부어올라 딱딱해지며, 소변이 새어 나온다. 독이 온몸에 퍼졌을 때에는 마치 감기에 걸린 것처럼 바람을 몹시 꺼리게 된다. 때로는 개 짓는 소리를 내고 다른 사람이나 옷을 깨물려고 하며, 아랫배가 늘어지면서 부풀고, 소변을 보기 어렵다. 개의 독은 가장 무섭다. 사람이 개에게 물리면 바로 독기가 뱃속으로 들어가 곧바로 작은 강아지를 생성시켜 [그 강아지가] 내장을 공격하여

죽게 만든다. 막 물린 상태라면 구할 수 있지만, 독기가 이미 퍼져 [앞서 나온 대로] 개처럼 된 상태라면 치료할 수 없다.【상처가 찢어지지 않았어도, 청자색을 띠면 이미 중독된 것이므로, 신속하게 치료해야 한다. ○ 어떤 시골사람이 길에서 미친개를 만나 손에 쥐고 있던 우산으로 미친개를 막았다. 미친개가 그 우산 끝을 문 다음에 가 버렸지만, 그 사람은 우산을 버리지 않았다가 결국 중독되었다. 급히 치료를 하자, 대변으로 작은 강아지를 배설한 다음 병이 나았다. 반드시 물리지 않아도 그 독에 사람이 중독될 수 있음을 알 수 있다.】

○ 부록: 응급처치법

살무사가 사람을 물면, 독이 신체 내부를 공격하여 바로 죽게 만든다. 상처를 입으면 바로 즉시 밧줄이나 비단실, 또는 머리카락으로 상처부위를 단단히 묶어 독이 심장과 배로 들어가지 못하게 막아야 한다. 다른 사람에게 입으로 쌀 식초나 소주를 머금고 상처를 빨게 함으로써 그 독을 뽑아내게 한다. 상처를 빤 사람은 반드시 독을 빨자마자 뱉어 내되, 그때마다 소주나 식초를 다시 머금고 붉고 열은 종기가 작아질 때까지 빨아야 한다. 상처를 빠는 사람은 잘못하여 소주와 식초를 삼키지 않도록 해야 하는데, 혹시 삼켜서 중독되었다면 속히 참기름 한두 잔을 마셔 심장을 보호하고 해독시키며, 생강 분말을 발라 준다.

○ 대체로 뱀의 독이 센 경우 즉각 사람을 죽일 수 있다. 하지만 신속하게 날카로운 칼로 물린 곳의 살점을 도려내면 점차 해소시킬 수 있다.

○ 미친개가 사람을 물었을 때, 독이 아직 퍼지지 않은 틈을 타 가뢰 일곱 마리를 머리와 다리·날개를 떼어내어 깨끗이 씻고 계란 2개를 함께 찐 다음 벌레를 제거하고 계란을 소금 없이 먹게 한다. 소변으로 핏덩어리를 배출하였는데도, 여전히 아프고 부어오르는 것이 해소되지 않는다면 다 빠져나오지 않은 것으로, 핏덩어리가 다 빠져나올 때가지 다시 이것을 먹인다. 다른 처방은 물린 다음 즉각 시냇가로 가서 상처를 짜서 씻어 피를 모두 빼내고 생강즙을 많이 먹으면 해독이 된다는 것이다. 하지만 반드시 상처 입구를 밀봉하여 묶어 바람을 쐬지 않도록 한다. 또 다른 처방은 가뢰를 쌀과 함께 볶아 쌀이 노래지면 벌레를 제거하고 맷돌로 갈이 분말을 만들고 앞의 경우처럼 찐 계란과 함께 먹는 것인데, 핏덩어리가 모두 배설될 때까지 계속한다.

蚖蝮傷死者,[244] 傷處微有齒損黑痕, 四邊青腫, 有黃水流出. 若毒灌溢四肢, 則身腫面黑. ○ 人爲猘犬傷者,[245] 傷處必有痕跡, 腹脹硬, 小便挺出. 其毒發之時, 如感風寒之狀,[246] 畏風特甚. 時作犬聲, 每欲囓人及衣物, 小腹墜脹,[247] 小便難. 犬毒最厲, 人受其咬, 則毒氣入腹, 頓孕小犬,[248] 攻脹而斃. 初咬猶可救, 毒旣發, 犬形已成, 不治. 【傷處雖未破, 但現靑紫, 卽已中毒, 宜急治之. ○ 有鄕人途遇猘犬, 以所持傘禦之, 猘犬咬其傘頂而去, 其人未棄其繖, 毒遂中身, 急治之, 便出小犬, 乃愈.[249] 則知不必受咬, 而毒卽可中人】

○ 附: 醫救法.

蚖蝮螫人,[250] 毒內攻卽死. 傷後立用繩、絹絲、或髮紮定, 無使毒入心腹. 令人口銜米醋, 或燒酒吮傷, 以拔其毒, 吮者必隨吮隨吐, 隨換酒醋再吮, 以紅淡腫消爲度. 吮人不可悞呑酒醋, 則毒中吮人, 又急飮蔴油一、二盞, 護心解毒, 以薑末敷之.

○ 大約蛇毒之厲者, 立能死人. 惟有急以利刀剜去所囓之肉, 可以漸消.

○ 猘犬傷人, 乘毒未發, 用斑猫七个,[251] 去頭足翅淨, 用雞蛋二枚, 同蒸去蟲, 淡食蛋. 于小便內取下血塊,[252] 痛脹不解,[253] 則血塊未盡, 仍再食, 塊盡乃止. 又法受咬後, 立至溪河, 將傷處擠洗血盡, 多飮生薑汁, 則毒可解, 仍封紮瘡口, 勿使受風. 又法用斑猫同米炒, 俟米老黃, 去蟲, 將米硏末, 蒸蛋食如前法, 血塊下盡爲度.

16-02-19. 양기가 빠져나가 사망한 경우(脫陽)

남자가 색욕이 지나치게 많아 정기가 갑자기 모두 빠져나가면서 여성의 몸 위에서 탈진하여 죽게 되기도 한다. 이 경우 양물의 기운이 흐트러지지 않는다.

---

244 원복(蚖蝮)은 살무사를 가리킨다.
245 제견(猘犬)은 미친개를 가리킨다.
246 풍한(風寒)은 감기를 말한다.
247 소복(小腹)은 아랫배를 가리킨다.
248 돈(頓)에는 '갑자기, 한 번에'라는 뜻이 있다.
249 소견(小犬)은 강아지를 말한다.
250 석(螫)은 벌레에 쏘인다는 뜻이다.
251 반묘(斑猫)는 야생고양이(野猫나 山猫로도 불리는 소형 고양이과 동물)를 가리키기도 하지만, 여기서는 반무(斑蝥: 班猫. 가뢰)라는 곤충을 가리키는 것으로 보인다. 이 벌레는 촉각이 채찍 모양이고 다리는 길고 가늘며, 날개 위에 황흑색 점무늬가 있는데, 성충은 콩이나 면화, 가지 등의 농작물을 해치며, 약재로도 사용된다고 한다.
252 혈괴(血塊)는 핏덩이, 즉 피가 혈관 밖으로 나와서 응고된 덩어리를 말한다.
253 통창(痛脹)은 아프고 부어오른다는 뜻이다.

男子色慾太多, 精忽盡洩, 脫死于婦人身上者, 其陽不衰.

16-02-20. 술 취해서 죽은 경우(醉飽死)[254]

검시를 했는데 상흔이 없고 단지 손으로 배를 두드려보면 배가 부풀어 올라 있고 울리는 소리가 난다면, 마땅히 유가족에게 물어보아야 한다. 죽은 사람이 생전에 술을 얼마나 마셨는지, 죽은 날 얼마나 마셨는지를 물어보면 곧 사망 원인을 미루어 짐작할 수 있다.

○ 술을 지나치게 많이 먹은 다음 높이 뛰거나 무거운 것을 들면서 힘을 지나치게 쓰면, 내부가 손상되어 역시 죽을 수도 있다. 그 증상은 밝히기 어렵지만, 입·코·대변에는 반드시 음식물과 피가 함께 나왔을 것이다.

檢屍並無傷痕, 以手拍肚, 惟膨脹而響, 宜問屍親, 死人生前能飮酒多少, 死之日飮酒多少, 便可推勘致死因由.

○ 人醉飽後, 跳高抬重,[255] 用力太過, 至于內損, 亦可致死. 其狀難明, 但口、鼻、大便, 必有飮食幷血出.

16-02-21. 병사(病死)

검시를 했는데 상흔이 없지만 몸이 여위고 허약하며 안색이 누렇게 떴고, 입과 눈이 모두 닫혀 있는데 양손이 펴져 있고 몸에 간혹 침을 맞아 생긴 새로운 흉터가 있다면, 모름지기 유가족에게 물어야 한다. 죽은 사람이 생전에 어떤 질병을 앓았는지, 의생(醫生)을 불러 치료를 받았는지의 여부를 묻는 것이다. 만약 의생이 있었다면, 바로 불러 실체의 질환이 어떤 증상이었고, 어떤 약을 사용했는지를 질문한 다음, 이에 대한 「확인서」를 받아 질병으로 사망한 것으로 판정한다.

○ 무릇 검시를 했는데 상흔이 없고 갑작스런 죽음이라 실제 사인이 명확하지 않다면, 마땅히 입 속에 침을 흘리고 있는지, 목구멍 사이가 부어올랐는지 여부를 보아야 한다. 혹

---

254 취포(醉飽)는 실컷 마시고 먹어서 취하고 배가 부르다는 뜻이다.

255 도고(跳高)는 높이뛰기를 한다는 뜻이고 태중(抬重)은 무거운 것을 든다는 뜻이다.

은 급성 인후염으로 죽기도 한다.

○ 급사한 사람은 살갗과 살이 함몰되지 않는다. 중풍에 걸린 사람은 입과 코 속에 간혹 군침이 고여 있거나, 입과 눈이 비뚤어져 있다(구안와사[口眼歪斜]). 풍사에 걸린 자는 두 손을 대부분 쥐고 있고, 손·발톱 대부분이 푸르다. 한기에 노출된 사람은 온몸이 대부분 청자색이고, 입과 눈이 열려 있으며, 입술이 간혹 약간 부르트는데 손은 주먹을 쥐고 있지 않다. 더위를 먹은 경우는 대부분 5월에서 7월 사이인데, 눈을 감고 있고 얼굴피부가 하얗다. 요컨대 몸에는 별다른 상흔이 없는 것이 기준이 된다.

○ 침과 쑥뜸을 맞다가 죽은 경우는 모름지기 다른 의생을 불러와서, 침과 쑥뜸을 놓은 곳이 혈도인지의 여부와 실수로 죽게 만든 것이 아닌지 점검해야 한다.

○ 다른 사람과 싸운 다음 치료보장 기한이 아직 끝나지 않았지만 원래의 상처가 이미 회복되었고, 별다른 풍사나 종기의 흔적이 없는 경우 [갑작스레 죽었다면] 다른 질병을 앓은 경우다. 의생에게 확실한 이유를 묻고 「확인서」를 작성하게 하여 받는다. 또한 치료보장한 내에 다른 질환으로 사망한 것으로 판정하므로 [처음의 가해자가] 보상해야 할 이유가 없으니, 지나치게 의심하여 판결을 망설여서는 안 된다.

○ 부록: 응급처치법

사람이 갑자기 죽은 것처럼 보인다면, 모두 일시적으로 혈기가 엉켜 혈관이 막혔기 때문이다. 그럴 경우 쥐엄나무 열매를 가루 내어 콧구멍에 불어넣음으로써 재채기를 하게 하면 기가 통하고 피가 움직이게 되므로, 서서히 증상에 따라 약을 쓸 수 있다.

○ 더위를 먹어 쓰러진 경우, 검은깨 한 되를 검게 볶고 펼쳐놓아 차갑게 식혀 분말을 만든다. 새 물을 길어다가 섞어서 환자의 입에 부어 준다. 내가 경사에 있을 때 절강성 출신의 오진공(吳振公)이 팔기 소속의 고관을 치료하는 것을 본 적이 있었다. 연로한 고관이 여름철 무더운 달에 [황궁의] 조회에서 참석하고 돌아왔다가 갑자기 발광하였다. 칼로 사람을 난도질하자 가복들이 모두 감히 가까이 가지를 못하였으므로, 동생이 태의 수십 명을 불러왔지만 모두가 어떤 증상인지를 몰랐고 진찰도 할 수 없었다. 그 때문에 오진공을 추천하는 사람이 있었는데, 집안사람이 빠른 말을 타고 달려가 그를 청하였다. 오진공은 도착하자 힘센 사람 여럿이 다가가서 환자를 단단히 묶어 침상 위에 눕히고 밧줄로 꽁꽁 묶어 움직이지 못하게 하였다. 환자가 여전히 큰소리로 끊이지 않고 욕을 하자, 물 한 사발을 오랫동안 끓이게 한 다음 입에 넣을 수 있기를 기다려 사기 숟가락으로 서서히 떠먹이고, 다시 두

터운 솜이불로 덮어 주어 한참 지나자 곧 깊은 잠에 들었다. 집안사람에게 부탁하여 열기가 위로 올라오기를 기다려 차츰차츰 위에 덮은 이불을 하나씩 벗겨 내되 계속 잠을 자면서 놀라 깨지 못하게 하였다. 그리고 환자가 깨어난 다음 이러한 사실을 내게 알려 달라고 부탁하고 오진공은 그 집을 떠났다. 여러 태의들은 놀라서 서로 의아해할 뿐이었다.

오경이 되자 환자가 과연 깨어났고 말투도 정상으로 돌아왔으며, 몸에 통증이 있다고 하자 묶고 있던 밧줄을 풀어 주었다. 배가 고프다면서 먹을 것을 찾자 곧 묽은 죽을 마시게 하였다. 환자가 집안사람에게 "내가 병에 걸렸느냐?"라고 묻자, 병증에 대해 알려 주면서 오진공에게 진찰하여 치료하게 된 연유를 알려 주었다. 그는 크게 놀라고 또한 기뻐하면서 "오진공은 참으로 명의로다."라고 말하고, 속히 오진공에게 와 줄 것을 청하였다. 그가 묻자 오진공은 "공께서는 다른 병이 있는 것은 아니고, 더위가 체내에서 갇혀 밖으로 나오지 못했기 때문입니다. 발광을 하였기 때문에 단지 땀을 흘리게 하여 풀어 주었을 뿐입니다. 경사의 속담에 '한별(汗別)'이라고 하는 게 바로 이것입니다."라고 대답하였다. 그래서 그는 오진공에게 두터운 감사 표시를 하였고, 오진공은 일시에 이름을 떨치게 되었다. 이런 얘기를 여기에 덧붙인 것은 삼복더위는 응당 땀을 흘려 풀어 주어야 한다는 것을 알리기 위함이다.

○ 침이 살 속에서 부러졌다면 소금에 오랫동안 절인 돼지고기 껍질을 쓰는데, 붉은색이 선명하고 맛이 좋은 부분을 골라 그 비게 부분과 함께 잘게 다진다. 그리고 상아나 사람의 빠진 손톱 등을 모두 미세한 분말로 만들어 골고루 섞고 다져 서로 잘 섞이게 한 다음 침 구멍주위에 두텁게 펴 바르면, 부러진 침이 스스로 나올 것이다.[256] 이런 방법은 화살을 뽑는 데에도 이용할 수 있다.

檢屍無傷, 但瘦弱痿黃,[257] 口眼俱合, 兩手舒展, 身上或有鍼灸新疤, 須問屍親, 生前死人定患病症, 果否曾喚醫人調治. 如有醫人, 立喚質問, 實係現患何症, 曾用何藥, 取問明白結狀, 定爲患病身死.

○ 凡檢屍旣無傷痕, 而身死暴卒, 實屬不明者, 宜看口內有無涎唾, 喉間腫否. 或急患纏喉瘋而殞.[258]

---

256 이 부분은 정확한 해석이 곤란하다.

257 위황(痿荒)은 얼굴색이 핏기가 없고 누렇다는 뜻이다.

258 전후풍(纏喉風)은 목젖이 붓는 급성 염증을 말한다.

○ 卒死者, 肌肉不陷[259]; 中風者, 口鼻內或有涎沫,[260] 或口眼歪斜[261]; 中邪者,[262] 兩手多握, 手足爪甲多青; 中寒者,[263] 遍身多青紫, 口眼開, 唇或微綻, 手不握拳; 中暑多在五六七月,[264] 眼合, 面皮白色. 總以身無別樣傷痕爲準.

○ 針灸死者,[265] 須另勾醫人, 驗針灸處, 是否穴道, 有無錯悮致死情由.

○ 其有雖在與人鬪毆之後, 保辜未滿, 而原傷已是平復,[266] 別無行風、入瘡痕跡, 另患他病者, 將醫人取問確由「結狀」. 亦擬辜內他疾身死, 無抵償之理, 不可狐疑不決也.[267]

○ 附: 醫救法.

凡人卒死, 皆一時血氣凝滯, 脉絡閉塞故也.[268] 宜用皂角爲末, 吹入鼻竅, 得嚏則氣通血活, 可徐按症用藥.

○ 中暑暴死, 以胡蔴一升,[269] 炒黑攤冷爲末, 汲新水調灌.[270] 鴻在都中, 見浙江吳振公治一旂下大老,[271] 暑月自朝回,[272] 忽發狂, 將刀亂砍人, 家僕皆不敢近, 其弟延太醫數十人,[273] 皆不知何症, 又不能胗[診]視. 因有薦振公者, 家人飛騎相請. 旣至, 振公命强有力者數人, 進縛之, 置一榻臥其上, 以繩連榻束, 使不得動. 此公猶大罵不絶聲, 乃命燒百沸湯一大盂,[274] 俟可入口, 以磁匙徐徐灌之.[275] 復覆以重棉被,[276] 良久乃睡熟. 囑家人俟被熱氣上蒸, 宜漸減上

---

259 졸사(卒死)는 급사한다는 뜻이고, 기육(肌肉)은 근육을 말한다.
260 연말(涎沫)은 침·군침을 말한다.
261 구안와사(口眼歪斜)는 입과 눈이 돌아가는 안면 신경마비를 말한다.
262 중사(中邪)는 한사(汗邪)와 같은 뜻으로 고열에 땀을 흘리며 정신이 혼미하고 말이 헛갈리는 증상을 가리킨다. 중풍과 중사는 한의학에서 말하는 풍사(風邪)라는 증상·환증의 일종이다. 풍사는 외부의 나쁜 기운의 영향으로 감기나 열 등의 증상을 앓는 것으로, 나아가 풍사로 인한 중풍·구안와사·전신마비·언어 곤란 따위를 가리키기도 한다.
263 중한(中寒)은 추위로 팔다리가 뻣뻣해지거나 심장에 통증을 느끼거나 인사불성에 빠지는 것을 말한다.
264 중서(中暑)는 더위로 인해 두통·현기증 따위가 일어나고 심하면 가무러치는 병. 더위나 일사병을 가리킨다.
265 침구(針灸. 鍼灸)는 침법(針法)과 구법(灸法)을 말한다. 즉 침이나 뜸을 놓은 치료방법을 가리킨다.
266 평복(平復)은 질병이나 상처가 회복된다, 아문다는 뜻이다.
267 호의(狐疑)는 여우가 의심이 많다는 뜻에서 비롯된 것으로 매사에 지나치게 의심함을 이른다.
268 맥락(脈絡)은 동맥·정맥 등 혈관의 통칭이다.
269 호마(胡麻)는 검은깨이다.
270 신수(新水)는 새로 길어 온 물을 말한다.
271 기하대로(旂下大老)는 팔기(八旗) 소속의 귀족이나 고위 관료를 가리킨다. 기하(旗下)는 팔기 소속(호적)을 뜻한다.
272 서월(暑月)은 여름철 무더운 달을 가리킨다.
273 태의(太醫)는 궁중에서 의약을 관리하는 관직·의생을 말한다.
274 백비탕(百沸湯)은 오랫동안 끓인 물을 말한다.
275 자시(磁匙)는 사기로 만든 수저를 말한다.

層被, 聽睡, 不可驚動. 醒後著人聞之于予, 遂去, 諸太醫愕然相訝. 及五更, 此公果醒, 言語如常, 稱身痛. 因去所縛, 腹中餓索食, 遂飲以薄粥, 因問家人曰: "我病乎?" 家人對以病症, 幷請振公視治之故. 此公大驚, 且喜曰: "振公眞神醫也." 命急請振公至. 問之, 振公曰: "公無他病, 因暑氣閉伏于內, 不得出, 因發狂. 但得汗卽解, 京師俗所謂'汗別'者, 是也." 遂厚謝之. 於是名重一時, 鴻幷附之, 知暑伏之宜汗解云.[277]

○ 凡針折肉中, 用陳醃肉皮,[278] 取紅活美好者, 同肥細剉濃,[279] 以象牙及人所退爪甲, 共爲細末, 拌勻再剉, 務相和合, 厚敷針穴周圍, 折針自出. 拔箭簇亦可用.

16-03. 뼈 검사(檢骨)

시신이 혹은 오래되어 썩어 없어졌다면, 법에 따라 마땅히 유골을 검사해야 한다. 유골에는 [그 구분을 위해서] 앞·뒤의 수량과 순서가 [정해져] 있기 때문에 이에 대해 알아 두지 않으면 안 된다. 더욱이 남녀가 서로 다른 점이 있어 역시 마땅히 상세하게 구별해야만 잘못하거나 혼동하는 일이 없을 것이다.

○ 사람의 몸 전체에는 365개의 뼈마디(骨節)가 있는데, 1년 365일의 수에 따른 것이다.[280] 남자의 뼈는 희고, 여자의 뼈는 검다. 머리뼈(髑髏骨)는 남자의 경우 목과 귀에서부터 머리 뒤까지 모두 여덟 조각인데, 채주(蔡州) 사람 가운데에는 아홉 조각인 경우도 있다. 머리 뒤쪽에 가로로 한 개의 갈라진 이음새가 있고, 곧게 아래로 뻗어 머리카락이 난

---

276 면피(棉被)는 솜이불을 가리킨다.

277 서복(署伏)은 삼복을 가리킨다.

278 육피(肉皮)는 돼지고기 껍질을 말한다.

279 좌(剉)는 잘라 낸다, 다듬는다, 다진다는 뜻이므로, 좌농(剉濃)은 다져서 뭉친다는 뜻으로 보인다. 이 구절은 화살촉을 뽑아내는 방법을 다룬 전통적인 의약서에서는 보통 "同其肥, 細切剉濃"이나 "用其肥細切挫濃"이라고 인용하고 있다(『本草綱目拾遺』 권9 등).

280 오늘날에는 평균적으로 아기는 대략 270개의 뼈, 성인은 206개의 뼈를 가지고 있다고 설명되므로, 현대의학의 상식과는 좀 차이가 있다. 인체골격에 대해서는 위키피디아(우리 모두의 백과사전)에서 「인체골격」(http://ko.wikipedia.org/wiki/%EC%9D%B8%EC%B2%B4%EA%B3%A8%EA%B2%A9)을 참조할 수 있지만, 여기서의 설명이나 명칭과는 큰 차이가 있어 양자의 명칭을 굳이 일치시키려 하지는 않았다.

부분까지 이르는 또 다른 곧게 뻗은 이음새가 있다. 부녀자는 단지 여섯 조각이며, 머리 뒤쪽에 가로로 된 이음새가 있지만 아래로 곧게 뻗은 이음새는 없다. 치아는 24개, 혹은 32개이거나 36개로 모두 같지는 않다. 앞가슴 뼈(胸前骨)는 세 가닥이며, 심골(心骨)은 한 조각으로 마치 동전 모양과 같다. 목과 척골(脊骨)은 모두 열두 마디이며, 목에서 허리까지는 모두 스물네 마디이다. 수골(髓骨) 위에는 대수골(大髓骨)이 있고, 어깨 뒤쪽의 좌우에는 반시골(飯匙骨)이 각기 한 조각씩 있다. 좌우 늑골은 남자는 각각 열두 가닥이고 여덟 가닥은 길고 네 가닥은 짧은데, 부녀자는 열네 가닥이다. 남자의 양쪽 허리에는 각기 손바닥처럼 생긴 하나의 큰 뼈가 있는데, 여덟 개의 구멍이 있고 네 줄로 되어 '팔(八)'자 모양이며, 부녀자는 이것이 없다. 손과 발의 뼈는 각기 두 조각인데, 좌우 팔 및 좌우 정강뼈(臁肕骨)이다. 양 무릎머리에는 각기 엄정골(奄頁骨)이 있어 그 사이에 숨어 있으며 크기는 손가락만하다. 손·발의 엄지는 각기 두 마디이며, 나머지 열여섯 개는 각기 세 마디다.

시신의 횡골(横骨)은 돼지 콩팥처럼 생겼으며, 대체로 골절 아래에서 위쪽을 보고 있다. 남자의 척추와 연결되는 부분(綴脊處)은 오목하고, 양끝에는 모두 뾰족한 오이씨 같은 것이 있는데 마치 모서리처럼 생겼고 주변에 아홉 개의 구멍이 있다. 부녀자의 경우는 평평하고 곧으며, 주위에는 여섯 개의 구멍이 있고 대·소변을 보는 쪽에는 각기 구멍이 있다. 양손의 손톱이 서로 연결된 부분이 작은 마디이고, 작은 마디 뒤가 가운뎃마디이며, 가운데 마디 뒤가 본 마디이고, 본 마디 뒤가 지골(肢骨)이다. 지골 앞에는 손바닥뼈(掌骨)가 나 있으며, 그 위에는 손바닥(掌肉)이 있다. 손바닥 뒤에 구부릴 수 있는 것이 팔(腕)이며, 팔 아래 왼쪽에 높이 솟은 뼈가 손 바깥 복사뼈(手外髁)이고, 오른쪽에 높이 솟은 뼈가 오른쪽 손 복사뼈로, 두 복사뼈가 서로 연결되어 생긴 것이 팔뼈(臂骨)다. 팔뼈를 보조해 주는 것이 어깨뼈(胛骨)이며, 세 뼈가 서로 이어진 곳이 팔꿈치뼈(肘骨)다. 앞으로 구부릴 수 있는 것이 팔꿈치(曲肘)이고, 팔꿈치 위에 형성된 것이 노골(臑骨)이며, 노골 위에 형성된 것이 견골(肩骨)이고, 견골의 앞이 횡우골(橫髃骨)이다. 횡우골 앞이 박골(髆骨)로, 박골의 가운데가 함몰된 곳은 혈분혈(血盆穴)이다. 혈분의 위쪽이 목(頸)이고, 목 앞이 상후(顙喉)이고, 상후 위는 결후(結喉)이며, 결후 위가 턱(頦)이고, 턱 양 옆이 곡함(曲頷)이며, 곡함의 양 옆은 아래턱(頤)이고, 아래턱의 양 옆은 하악골(頰車)이다. 하악골의 위가 귀(耳)다. 귀의 위는 곡빈(曲鬢)이며, 곡빈에서 위로 올라가면 이마(頂)다. 눈썹 끝이 태양혈(太陽穴)이고, 태양혈의 앞이 눈이며, 눈의 양 옆은 눈꼬리(小眥)다. 콧마루(鼻山根) 위는 미간의 인당혈(印堂穴)이며, 인당혈 위는 머리통(腦角)이고, 머리통 아래가 뒤통수뼈(承枕骨)다.

척골 아래쪽에 가로로 형성된 것은 허리뼈(髖骨)이고, 허리뼈 양옆이 차골(釵骨)이며, 차골의 아래 중간은 요문골(要門骨)이고, 차골 아래에 연결된 부분은 넙다리뼈(腿骨)다. 넙다리뼈 아래에 구부릴 수 있는 곳이 무릎(曲瞅)이고, 무릎 위에 형성된 것이 슬개골(膝蓋骨)이다. 슬개골 아래에 형성된 것은 정강뼈(頸骨)이며, 정강뼈 옆쪽에 형성된 것은 종아리뼈(䯒骨)이다. 종아리뼈 왼쪽 아래에 높고 크게 솟은 것은 두 발의 바깥쪽 복사뼈(外髁)이며, 오른쪽에 높고 크게 솟은 것은 양 발의 안쪽 복사뼈(內踝)다. 정강뼈 앞에 늘어진 것이 양발의 뼈(肢骨)이며, 발 뼈의 앞은 발(足)의 본 마디(本節)이며, 본 마디의 앞이 작은 마디(小節)이다. 작은 마디가 서로 연결된 것은 발톱(足指甲)이며, 발톱의 뒤에 형성된 것은 발등(足前趺)이고, 발등 뒤쪽에 오목하게 들어간 곳은 족심(足心)이다. 족심의 아래는 발바닥뼈(足掌骨)이며, 발바닥뼈 뒤는 발꿈치뼈(踵骨)이고, 발꿈치뼈 뒤는 발꿈치(脚跟)다.

屍或久遠消化, 法應檢骨. 骨有前後數目次序, 不可不知. 更有男女不同之處, 亦宜詳辨, 庶無舛混.

○ 人周身有三百六十五骨節,[281] 按一年三百六十五日之數, 男子骨白, 婦人骨黑. 髑髏骨,[282] 男子自項及耳, 幷腦後共八片, 蔡州人有九片者.[283] 腦後橫一縫, 當正下至髮, 別有一直縫. 婦女止六片, 有腦後橫縫, 無正下直縫. 牙有二十四, 或三十二, 三十六不盡同. 胸前骨三條, 心骨一片, 狀如錢. 項與脊骨共十二節, 自項至腰共二十四. 髓骨上有大髓骨, 肩後左右飯匙骨各一片. 左右肋骨, 男子各十二條, 八條長, 四條短, 婦女十四條. 男子兩腰, 各有一大骨如掌, 有八孔, 作四行八字樣, 婦女則無. 手脚骨各二段, 左右手腕及左右臁肕骨. 兩膝頭各有奄頁骨, 隱在其間, 大如指. 手脚大指各二節, 餘十六各三節. 屍橫骨如猪腰子,[284] 仰在骨節下. 男子綴脊處凹, 兩邊皆有尖瓣, 如稜角,[285] 周布九竅. 婦女綴脊處平直, 周有六竅, 大小便處, 各有竅. 兩手指甲,[286] 相連者小節, 小節後中節, 中節後本節, 本節後肢骨.[287] 肢骨前生掌骨,[288] 掌骨上生掌肉. 掌肉後可屈曲者腕, 腕左起高骨者手外踝,[289] 右起高骨者右手踝, 二踝相連生

---

281 주신(周身)은 전신이라는 뜻이다.
282 촉루(髑髏)는 해골을 가리킨다.
283 채주(蔡州)는 오늘날의 하남성(河南省) 여남현(汝南縣)에 해당하는 지역이다.
284 저요(猪腰)는 돼지 콩팥을 가리킨다.
285 능각(稜角)은 물체의 뾰족한 모서리를 가리킨다.
286 지갑(指甲)은 손·발톱을 말한다.
287 지골(肢骨)은 팔다리뼈를 가리킨다.
288 장골(掌骨)은 손(바닥)뼈를 말한다.
289 외과(外踝)는 바깥 복사뼈를 가리킨다.

者臂骨, 輔臂骨者髀骨, 三骨相繼者肘骨. 前可屈曲者曲肘, 曲肘上生者臑骨, 臑骨上生者肩髃, 肩髃前者橫髃骨. 橫髃骨前者髀骨,[290] 髀骨中陷者血盆. 血盆之上者頸, 頸之前者顙喉, 顙喉之上者結喉,[291] 結喉之上者頦, 頦兩旁者曲頷, 曲頷兩旁者頤, 頤兩旁者頰車,[292] 頰車上者耳. 耳上者曲鬢, 曲鬢上行者頂. 眉際之末者太陽穴,[293] 大陽穴前者目, 目兩旁者兩小眥. 鼻山根上印堂,[294] 印堂上者腦角,[295] 腦角下者承枕骨.[296] 脊骨下橫生者髖骨,[297] 髖骨兩旁者釵骨, 釵骨下中者腰門骨, 釵骨下連生腿骨.[298] 腿骨下可屈曲者曲脷, 曲脷上生者膝蓋骨. 膝蓋骨下生者脛骨, 脛骨傍生者䯒骨. 䯒骨下左起高大者兩足外踝, 右起高大者兩足內踝. 脛骨前垂者, 兩足肢骨,[299] 肢骨前者足本節, 本節前者小節. 小節相連者足指甲, 指甲後生者足前趺, 趺後凹陷者足心,[300] 下生者足掌骨,[301] 掌骨後生者踵骨, 踵骨後生者脚跟也.[302]

16-04. 마른 뼈 검사(檢枯骨)[303]

모름지기 맑고 밝은 날씨를 골라 먼저 물로 깨끗이 씻고, 삼베옷을 순서대로 입혀서

---

290 모든 판본에서 표기한 것은 비골(髀骨)로 보이는데, 비골은 넓적다리뼈를 가리키므로 어깨부분의 뼈를 가리키는 명칭으로는 적합하지 않다. 아마 어깻죽지 뼈인 박골(髆骨)을 가리키는 것이 아닌가 생각된다.

291 결후(結喉)는 성년 남자의 목의 중간쯤 후두의 연골(軟骨)이 조금 돌출한 부분을 가리킨다.

292 협거(頰車)는 협골(頰骨), 즉 하악골을 가리킨다. 협(頰)은 뺨을 가리킨다.

293 태양혈(太陽穴)은 귀의 위, 눈의 옆쪽으로 무언가를 씹으면 움직이는 곳이다.

294 인당(印堂)은 양미간, 즉 두 눈 사이를 가리킨다.

295 뇌각(腦角)은 두개골, 즉 머리통을 가리킨다.

296 승침골(承枕骨)은 침골(枕骨)을 가리킨다. 침골은 두개골의 뒤쪽 하부를 이루는 뼈로 바로 누울 때에 베개에 닿는 부분이다.

297 척골(脊骨)은 척추골·등뼈를 가리킨다. 관골(髖骨)은 무명골(無名骨)·궁둥이뼈를 가리킨다.

298 퇴골(腿骨)은 대퇴골을 가리킨다.

299 지골(肢骨)은 팔·다리뼈를 가리킨다.

300 족심(足心)은 발바닥이 오목하게 들어간 곳을 가리킨다.

301 족장(足掌)은 발바닥을 말한다.

302 각근(脚跟)은 발꿈치를 말한다.

303 고골(枯骨)은 죽은 뒤에 살이 썩어 없어진 뼈를 가리킨다. 이 「마른 뼈 검사(檢枯骨)」의 본문과 「부록: [유골에] 핏방울 떨어뜨려 [가족관계] 알아보기(滴血)」의 앞부분은 『미신편』의 내용을 그대로 따온 것이다. 이러한 점에 대해서는 앞서도 지적한 바 있지만, "나는 전에 한 선배에게 다음과 같은 이야기를 들었다(鴻聞一前輩云)"는 구절부터는 황육홍이 따로 자신의 경험담을 추가한 것이다.

[시신의 해골을] 사람의 모습으로 만든다. 그리고 멍석에 깔아 고정시키고, 두 자 정도 깊이의 구덩이를 파는데, 길이는 멍석과 같게 한다. 그리고 땔나무·숯으로 구덩이를 붉게 달군 다음 불을 빼내고, 좋은 술 두 되, 쌀 식초 다섯 되를 뿌리고 열기가 아직 남아 있을 때 멍석 위에 깐 유골을 들어 올려 구덩이에 넣고 가마니로 덮어 한두 시간을 훈증을 한다. 땅이 식기를 기다려 평평하고 밝은 곳으로 유골을 꺼내, 붉은 기름을 칠한 우산으로 햇볕을 가리면서 조사해 본다.

두드려 맞은 곳이 있으면 뼈에 붉은색의 희미한 피멍이 있을 것이다. 뼈가 부러진 곳 양쪽 끝은 각기 피가 뭉친 멍 자국이 있는데, 이것을 햇빛에 비춰 보아 붉은색이 선명한 것은 살아 있을 때 생긴 상처다. 만약 멍 자국이 없다면 비록 손상되어 부러진 곳이 있어도 바로 죽은 다음에 생긴 상흔이다. 골절은 모름지기 부러진 뼛조각의 가시처럼 뾰족한 부분을 살펴보아야 하는데, 구타로 부러진 것은 가시가 안에 있고, 칼로 베인 것의 상처에는 마른 피가 있다. 구타로 상처를 입은 경우에는 청색·자색·흑색 등의 멍 자국이 있으니, 앞서의 방법대로 가볍고 무거운 것을 구분한다. 긴 것은 몽둥이에 맞아 생긴 것이고, 둥근 것은 주먹과 발에 맞아 생긴 것이며, 큰 것은 머리가 부딪혀서 생긴 피멍이다.

궂은비가 계속 내려 맑은 날을 기다릴 수 없을 경우에야 비로소 [유골을] 삶는 방법을 사용한다. 항아리 하나로 솥을 삼아 식초·소금과 소금에 절인 매실을 집어넣고, 뼈와 함께 오랫동안 끓인 다음 꺼내 물로 깨끗이 씻고 밝은 곳에서 비춰 보면 상흔의 형상이 잘 드러난다. 삶은 뼈는 주석과 접촉하면 안 되는데, 접촉하면 바로 뼈가 어두운 색으로 변해 버린다. [또한] 검시차역이 농간을 부려 약물을 솥 안에 집어넣으면 상처 있는 뼈가 도리어 하얗게 되어 버린다. 감초 즙으로 이것을 풀 수 있다.

유골은 여러 번 삶아 세척을 하면 그 색이 하얗게 되어 손상되지 않는 뼈와 같아지는데, [이를 구별하기 위해서는] 뼈에 기름을 흘려 넣으면 된다. 무릇 뼈가 큰 것은 이음새가 있고 작은 것은 구멍이 있어, 기름이 넘쳐 흘러나오기를 기다려 닦아서 말리면 손상된 곳은 기름이 스며들어 마르지 않음을 알 수 있다. 또 다른 방법은 짙은 먹물을 뼈 위에 칠하고 마르기를 기다린 다음 먹을 문질러 제거하는 것이다. 손상되거나 골절된 부분은 먹이 스며들어 반드시 검은색 무늬가 남아 있을 것이다.

○ 부록: [유골에] 핏방울 떨어뜨려 [가족관계] 알아보기(滴血)[304]

부모의 해골이 다른 지역에 있어 서로 확인하고자 한다면, 자녀들이 자기 몸의 일부를 찔러 피를 뽑아서 유골 위에 방울방울 떨어뜨리게 한다. [해골의 주인이] 친히 낳은 부모라면 바로 자녀의 피가 뼈 속으로 스며들 것이고, 아니라면 그렇지 않을 것이다. 또한 친아들 · 형제가 오랫동안 떨어져 지내 서로 알아보지 못한다면, 각자 몸을 찔러 피를 뽑아 한 그릇 속에 떨어드리게 한다. 혈육이라면 핏방울이 모두 하나로 뭉칠 것이고, 그렇지 않다면 뭉치지 않을 것이다. 그러나 생피에 소금과 식초를 타면 뭉치지 않는 경우가 없다. 그래서 소금과 식초로 먼저 그릇에 문질러서 남을 속이는 못된 방법이 있으므로, 모름지기 사용할 그릇을 깨끗이 씻거나 새로운 그릇을 사용한다면, 자연스럽게 이러한 간교함이 무너질 것이다.

【나는 전에 한 선배에게 다음과 같은 이야기를 들었다.

예전에 어떤 여자의 남편이 다른 사람과 동업 장사를 하러 갔는데, 떠난 지 며칠이 되지 않아서 동업자만 혼자 돌아왔다. 그 여자가 남편 소식을 묻자, "떠난 다음날이 되었을 때 당신 남편은 친척 한 사람을 만나, 다른 곳에서 함께 장사하자는 요청을 받았습니다. 그래서 나는 장사할 물건이 없어 그냥 돌아왔습니다."라고 동업자는 대답하였다. 그런데 얼마 되지 않아서 어떤 길옆의 제방에서 시신 한 구가 발견되었는데, 누구인지를 알 수 없었다. 그 제방은 마침 남편과 동업자가 이전에 지나간 길이었으므로, 아내가 의심하여 가서 시신을 살펴보니 이미 살이 썩어서 알아볼 수 없었다. 그러나 시신의 키가 남편과 비슷하였으므로 아내는 곧 관청에 다음과 같이 고발을 하였다. "동업자가 모의살인을 하고 그 재물을 빼앗았습니다." 지현이 [동업자를 불러] 심문을 하는데 자백하지 않자, 바로 [고발를 한 아내]에게 피를 뽑도록 하여 시신의 뼈 위에 떨어뜨리자 피가 바로 스며들었다. 지현은 [동업자의] 교활함에 분노하여 엄형으로 고문을 하였다. 결국 억지 자백을 받아 내어, 재물을 노려 목숨을 해친 죄에 걸어 사형판결을 내리고 감옥에 가둬 두었지만, 아직 사형 집행이 이루어지지는 않았다. 그런데 하루는 [죽었다던] 그 남편이 갑자기 [살아서] 돌아왔다. 아내는 의심하여 귀신으로 여겼다. 그에게 상세하

304 적혈(滴血)은 핏방울을 뼈 위에 떨어뜨려 혈육인가 아닌가를 분별하였던 옛날의 방법이다. 혈육 간에는 피를 물에 떨어뜨리면 서로 합해 뭉쳐지고, 뼈에 떨어뜨리면 속으로 스며드는 것으로 여겨졌던 것이다.

게 물어보니, 바로 동업자의 말이 거짓이 아니었음을 알게 되었다. 그래서 그 죄[인으로 간주된 동업자]를 상부에 보고하여 풀어 주었다.

이로 말미암아 보건대, [유골에] 핏방울을 떨어뜨려 보는 방법 또한 완전히 믿을 것은 못 된다는 점을 알 수 있다. 여기에 첨부하여 기록함으로써 고명한 지방관들께서 참작하기를 기다린다.】

생각건대, 앞서 여러 가지 시신의 상처를 검사하는 방법은 모두『세원록(洗冤錄)』속에 나온다. 그 치료 방법은 또한 대부분 반상승(潘象承)이『세원록』의 요점을 간추려 그가 저술한『미신편(未信編)』내에 증보(增補)하여 모아 놓았다. 무릇 여러 시신의 상처에 관해서 상세하게 기록한 것은 오로지 검사를 하더라도 제대로 구별을 하지 못해 산 사람이나 죽은 사람이 원통함을 당할까 염려해서였다. 아울러 널리 응급처치법을 첨부하였는데, 만약 여전히 생기가 남아 있다면 이것으로 치료하여 구할 수 있을 것이다. 이런 것은 모두 어진 군자의 마음 씀씀이이다. 그러므로 나 또한 기꺼이 그 자료를 아울러 모아 그 아름다운 생각이 이루어지도록 돕고자 하였다.[305]

須擇晴明天氣, 先以水洗淨, 用蔴依次穿成形骸,[306] 以簟子鋪定, 開一地窖, 深二尺許, 長短與簟等, 以柴炭燒窖紅,[307] 去火, 用好酒二升、米醋五升潑之, 乘熱扛簟骨入窖, 覆以草薦, 蒸一、二時, 俟地冷取出平明處, 將紅油繖遮日照勘.[308] 骨有被打處, 卽露紅色微蔭. 骨斷處兩頭各暈血色, 以之照日細看紅活者, 生前傷. 若無血暈,[309] 雖有損折, 乃死後痕也. 折骨必看芒刺,[310] 毆折者刺在裡, 斫折者傷處有乾血, 毆傷者有靑紫黑等暈, 照前分輕重. 長者是棍, 圓者是拳脚, 大者是頭撞. 如陰雨不能待晴,[311] 始用煮法, 以瓮 口爲鍋, 入以醋鹽白梅, 同骨煮千百沸, 取出用水洗淨, 向明處照看, 其形卽現. 煮骨不可見錫, 見錫則暗. 仵作作弊, 有將藥物置鍋內, 其骨有傷處反白者, 甘草汁解之. 枯骨經多次煮洗, 其色白, 與無損者同, 當以油灌

305 이 점에 대해서는 앞 권의「15-04. 1차 검시(驗屍)」에서 이미 설명한 바 있다.
306 형해(形骸)는 사람의 몸과 몸을 이룬 뼈를 말한다.
307 시탄(柴炭)은 땔나무와 숯을 말한다.
308 조감(照勘)은 핵사(核査), 즉 조사한다는 뜻이다.
309 혈훈(血暈)은 피멍·어혈·적혈을 말한다.
310 망자(芒刺)는 가시·까끄라기를 가리킨다.
311 음우(陰雨)는 긴 비, 즉 장마를 가리킨다.

之. 凡骨大者有縫, 小者有竅, 待油溢出拭乾, 損處則油沁不乾.[312] 又法用濃墨搽骨上, 待乾, 揩去墨. 凡損折處, 則墨浸入, 必有黑紋.

附: 滴血

父母骸骨在他處, 子女欲相認, 令以身上刺血出, 滴骨上, 親生者則血入骨, 非則否. 又親子兄弟離別日久, 不相識認, 令各刺血出, 滴一器之內, 眞則共凝爲一, 否則不凝也. 但生血見鹽醋, 則無不凝者. 故有以鹽醋先擦器皿, 作奸朦混, 須將所用之器, 當面洗淨, 或取新器, 則奸自破矣. 【鴻聞一前輩云:

> 昔有夫與人同夥生理,[313] 去未數日而同夥獨歸. 妻問其夫云: '行至次日, 遇彼某親, 邀同他處生理, 我因無件, 故歸耳'. 未幾, 某路傍塘中, 有一死屍, 不知爲誰. 其塘適夫與同夥者前所經之道, 妻疑之, 往視屍已潰不可辨. 但其屍身長短, 與夫相似, 妻遂控之官云: '係同夥者謀死而取其財'. 官鞫不招, 乃命妻滴血, 屍骨上血輒入. 官怒其狡, 嚴刑拷之, 遂誣服,[314] 以謀財害命, 擬辟繫獄未決.[315] 一日其夫忽歸, 妻疑以爲鬼也. 細問之, 乃知同夥之言非謬, 因詳釋其罪.

由此觀之, 則滴血之事, 又未可盡憑也. 附識于此, 以俟高明者酌奪之】

按: 前檢驗諸死傷, 皆出『洗冤錄』中. 其醫治之法, 又多潘君象承摘『洗冤錄』之要, 而增輯于所著之『未信編』內.[316] 夫詳載諸傷, 惟恐檢而不辨, 則生死蒙冤. 廣附醫方,[317] 倘尙有生機, 則以之療救, 是皆仁人君子之用心也. 故鴻亦樂爲並集, 以成其美念云.

---

312 유심(油沁)은 기름이 스며든다는 뜻이다.

313 생리(生理)는 생계·직업·장사를 뜻한다.

314 무복(誣服)은 고문을 받아 억지로 자백하는 것을 가리킨다.

315 벽(辟)은 법·율법이나 형벌·사형을 뜻한다. 의벽(擬辟)은 법에 의해 (사형)판결을 내린다는 뜻이다.

316 앞서 언급하였지만, 『미신편(未信編)』은 절강성(浙江省) 전당(錢塘) 출신의 반표찬(潘杓燦. 字는 月山)이 강희 23년 완성한 책 6권의 제목이다(象承은 그의 호로 보인다). 『미신편』은 오늘날 『관잠서집성(官箴書集成)』(官箴書集成編纂委員會 編. 全10冊. 黃山書社, 1999)의 제3책, 또는 『명청법제사료집간(明淸法制史料輯刊)』 제1편(國家圖書館影印室編. 全三十七冊. 國家圖書館出版社, 2008)에 수록되어 있는데, 앞의 판본에 의하면 권4의 「형명(刑名)하(下), 11b-45b(pp.99-116)에 걸쳐 『검험지남』과 『의구사상법』을 인용하고 있다. 이것은 『세원록』과 『무원록』·『평원록』을 요약한 것이고, 아울러 대명률과 대청률의 여러 판본을 참고하여 작성한 것이라는 설명이 붙어 있다. 앞서 언급하였지만 황육홍은 『미신편』의 내용을 충실하게 옮기면서도 자신 나름의 정보나 식견을 추가하여 보다 체계적으로 내용을 가다듬었던 것으로 보인다.

317 의방(醫方)은 처방전을 가리킨다.

16-05. 치료보장 제도(保辜)

무릇 서로 때리고 싸우다 죽은 경우에는 응당 '투구살인율(鬪毆殺人律)'에 따라 벌을 내린다. 만약 맞아서 상해를 입은 사람이 아직 죽지 않았다면, 그 사람의 사망 여부 또한 아직 알 수 없기 때문에 죄를 결정하기 곤란하다. 따라서 지방관의 입회 아래 기한을 정하여 피해자의 회복을 가해자가 보장하도록 한다. 남의 상처를 보장하는 것은 바로 자신의 죄[즉 무죄]를 보장하는 것이다. 남을 때린 사람은 피차간에 서로 싸우다 실수한 것이기 때문에 어찌 나중에 후회하는 마음이 없겠는가? 그가 피해자의 치료를 보장하게 하면 응당 전력을 다하게 될 것이니, 평소 원망이나 미움이 있었더라도 지방관의 입회 아래 치료를 보장하게 하는데 만약 피해자가 치료되지 않는다면 가해자 역시 어찌 죽음[즉 죽을죄]을 피할 수 있겠는가? 그 사람이 살아나는 것을 바라는 것은 바로 스스로의 목숨을 살리는 것이기 때문이다. 사람을 구하는 일 역시 반드시 전력을 다해야 하는데, 종이 한 장으로 치료를 보장하여 [피해자와 가해자] 두 사람의 생명을 구할 수 있으니, 이 또한 지방관이 기꺼이 허락할 바가 아니겠는가?

그런데 최근의 사례를 보면, 비록 가해자로부터 「치료보장 증서(辜狀)」를 받아 내기는 하지만, 의생에게 데려가지 않고 피해자를 친척이 데려가 버린다. 그 친척은 친부모·자식 관계가 아니며, [친척 가운데에는] 남의 재앙을 요행으로 여겨 돈벌이로 삼으려는 사람이 적지 않다. 그러니 모름지기 피해자가 살아나기를 바라는 [친척의] 마음은 치료를 보장한 가해자의 그것보다 간절하다고 할 수는 없을 것이다. 나는 "범인에게 책임을 지고 치료하게 한다."라는 율법조항의 여섯 글자를 마땅히 준수해야만, 비로소 옛 사람이 법을 세운 훌륭함을 드러낼 수 있고, 또한 그 때문에 후세에 생명을 보전한 사람이 아주 많다고 생각한다. 만약 가해자가 피해자를 데리고 가게 한다면, 혹시 그의 간교한 술책에 빠질지도 모르니 이웃 사람·지보가 함께 감시하게 해야 하지만, 불행하게도 피해자가 사망하면 가해자는 저절로 율법조항에 따라 목숨 값을 치르지 않을 수 없다. 하물며 「치료보장 증서」에는 이미 일찌감치 「진술조서」의 내용이 확정되어 있으니, 그다음의 검시와 판결은 더 이상 말이 필요 없다. 따라서 치료보장 제도를 세워 가해자가 책임지고 치료하게 하는 것은 구타하여 상해를 입힌 사람을 처벌하는 데 첫째가는 중요한 요점이다.

'치료보장률(保辜律)'에 따르면 손발 및 다른 물건으로 사람을 때려 상해를 입혔는데, "그 상처가 가벼우면 20일을 기한으로 하고【조례에서는 10일을 추가한다.】, 다음으로 칼날 및 끓는 물과 타는 불로 사람을 상해한 경우에는 30일을【조례에서는 10일을 추가한다.】, 기한으로 한다. 사지를 부러뜨려 넘어지게 했거나 뼈를 부수고 낙태하게 한 경우에는 손발이든 다른 물건이든 상관하지 않고 모두 50일을 기한으로 한다."【조례에서는 10일을 추가한다. ○ 이상은 모두 회복되었을 경우를 말한다.】 그 치료보장 기한을 정할 때 지방관은 먼저 그 상처의 가볍고 무거움을 검사하여, 상처의 둘레·길이와 색깔(청적색), 크기, 그리고 손발 또는 다른 물건이나 칼날에 의한 상처 여부를 분명하게 기록한다. 그리고 각기 율법에 따라 분명하게 「치료보장 증서」를 작성하여 서명을 하게 한다. 또한 그 가족 및 가해자의 친척 등으로부터 「보증서」를 받고, 가해자 본인이 맞아서 상해를 입은 사람을 데리고 가서 치료를 하게 한다. 이때 [가해자로부터 받은 피해자] 「인수증」도 문서철에 덧붙인다.

○ 치료보장 기한 내에 회복이 되거나 또는 기한이 다 되었는데 회복되지 못하고 죽거나 하면 각기 구별하여 죄를 판결한다. [이런 점에 대해서는] 율례에 매우 상세하게 기록되어 있기 때문에 여기에서는 더 이상 자세하게 늘어놓지는 않겠다.

凡鬪毆當時殞命者, 自應依鬪毆殺人律抵罪.[318] 若毆傷人未至于死, 則其人之死與否, 尙未可知, 難卽定罪. 于是當官立限以保之.[319] 保人之傷, 正所保已之罪也.[320] 夫毆人者, 彼此相爭, 因而失手, 豈無後悔之心? 保而治之, 當不遺餘力,[321] 卽素有怨嫌,[322] 當官保治, 設有不痊, 彼又焉能逃死? 其望人之生, 正所以自生. 救人亦必不遺餘力, 是一紙保辜可活兩人命, 不亦司牧者之所樂許乎?

無如近例雖摘取犯人「辜狀」, 而人不與醫, 仍是傷親領去. 夫親非父子, 其倖灾樂禍者不少

---

318 저죄(抵罪)는 죄를 지어 그에 상응하는 벌을 받는다는 뜻이다.

319 당관(當官)은 여기서는 지방관 앞에서, 지방관의 입회 아래라는 뜻으로 보인다.

320 이 구절은 『대청률례』에서 인용한 것이다. 『대청률례』 권27 「형률 투구(鬪毆)」(『律』303.00) 「보고한기(保辜限期[保, 養也. 辜, 罪也. **保辜, 謂毆傷人未至死, 當官立限以保之. 保人之傷, 正所以保己之罪也**])」. "1. 凡保辜者[先驗傷之重, 或手足, 或他物, 或金刃, 各明白立限]**責令犯人[保辜]醫治**. 辜限內皆須因[原毆之]傷死者[如打人頭傷風從頭瘡而入因風致死之類], 以鬥毆殺人論[絞]. 2. 其在辜限外及雖在辜限內, [原毆之]傷已平復, 官司文案明白, [被毆之人]別因他故死者[謂打人頭傷, 不因頭瘡得風, 別因他病而死者, 是爲他故], 各從本毆傷法[不在抵命之律]. 若折傷以上, 辜內醫治平復者, 各減二等[下手理直, 減毆傷二等. 如辜限內平復, 又得減二等. 此所謂犯罪得累減也]. 辜內雖平復而成殘癈篤疾及辜限滿日不平復[而死]者, 各依律全科[全科所毆傷殘廢篤疾之罪, 雖死亦同傷論]. 3. **手足及以他物毆傷人者[其傷輕], 限二十日[平復]**. 4. 以刃及湯火傷人者, 限三十日. 5. **折跌肢體及破骨墮胎者, 無論手足他物, 皆限五十日.**"(p.446)

321 불유여력(不遺餘力)은 있는 힘을 남기지 않고 다 쓴다는 뜻이다.

322 원혐(怨嫌)은 원망하고 미워한다는 뜻이다.

矣. 未必能如保辜者望其生而救之之心切也. 鴻以爲宜遵律內"責令犯人醫治"六字, 方見古人立法之良, 而爲後世所生全者實多.[323] 若云毆家領去, 恐墮其奸, 或令鄰保共爲看督, 卽不幸而死, 彼自有抵償之律在.[324] 況保辜一狀, 早已定其「供招」, 夫後來之檢審, 又可以無費詞矣. 故立保辜責治, 是處毆傷人者之第一要著.[325] 按保辜律, "手足及以他物毆傷人者, 其傷輕, 限二十日【例加十日】; 次刃及湯火傷人者, 限三十日 【例加十日】; 折跌肢體及破骨墮胎者, 無問手足他物, 皆限五十日."[326] 【例加十日. ○ 以上俱以平復言】 其立保辜之時, 本官先驗其傷之輕重, 仍註明係某處傷, 照依圓長、青赤、分寸, 或手足, 或他物, 或金刃, 各明白依律立限狀花押. 幷取有身家及毆人親屬等的保狀, 本犯領毆傷人醫治. 「領狀」附卷.

○ 保辜限內平復及限滿不平復而死, 其分別擬罪, 律載甚詳, 玆不贅.

---

323 앞서 인용한 『대청률례』 권27 「형률 투구(鬪毆)」(『律』303.00) 「보고한기」(p.446)를 참조. 생전(生全)은 생명을 보전하다, 생명을 구한다는 뜻이다.

324 저상(抵償)은 배상하다, 변상한다는 뜻이다.

325 요저(要著)는 가장 중요한 수단이나 계책을 가리킨다.

326 앞서 인용한 『대청률례』 권27 「형률 투구(鬪毆)」(『律』303.00) 「보고한기」(p.446)를 참조.

| 제17권 |

형명부 刑名部

7

도적 賊盜 상

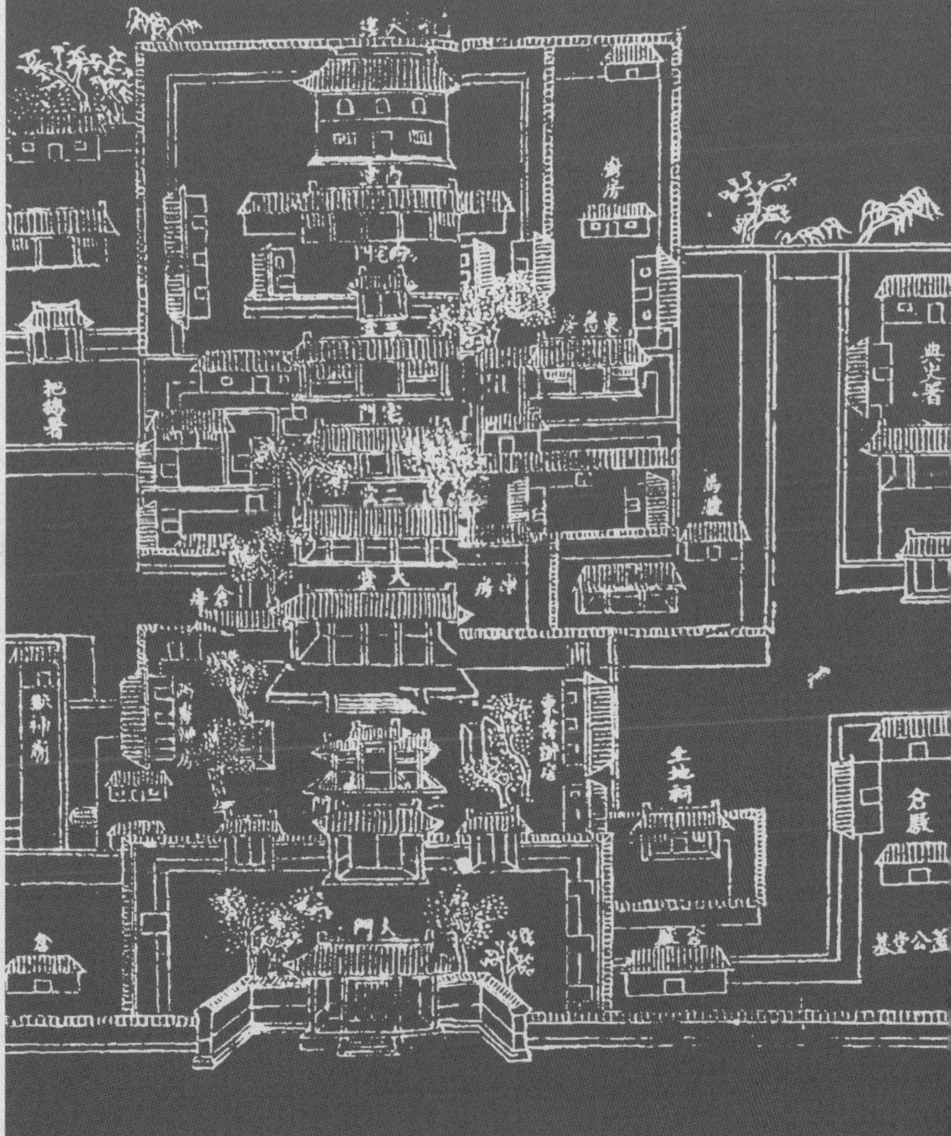

福惠全書

17-01. 총론(總論)

무릇 사건이 일어나고 나서 도적을 [쫓아가] 잡는 것(緝盜)보다는 사건이 일어나기 전에 미리 도적을 막는 것(弭盜)이 훨씬 중요하다.[1] 도적을 막는다는 것은 사건이 일어나기 전에 도적질을 막는 것이고, 도적을 잡는다는 것은 이미 저질러진 다음에 도적을 포획하는 것이다. 이미 범죄를 저지른 다음 도적에게 죄를 씌우는 것보다는 차라리 일을 저지르지 못하게 하여 도적을 살리는 것이 더 낫지 않겠는가? 사실 도적 또한 백성이다. 혹은 윗사람[지방관]이 그들을 가르쳐야 할 바를 잃었기 때문에, 또는 아랫사람[백성]이 생계를 이을 방도를 잃었기 때문에 이런 상황이 나타났다. 윗사람이 제대로 가르치지 못하면 예의(禮義)를 지켜야 한다는 것과 형벌이 무섭다는 것을 알지 못하니, 백성은 쉽사리 법망에 빠져든다. 아랫사람은 제대로 부양을 받지 못하니 빈곤을 감당해야 한다는 것과 재물의 이익을 부당하게 얻어서는 안 된다는 것을 알지 못해, 서로 뒤를 이어 도적이 된다. 즉 이러한 도적은 위에서 먼저 그들을 내몰아서 도적이 되게 만들고, 그런 다음에 금지하고 죽이는 것이니, 또한 어찌 딱하다고 하지 않겠는가?

오늘날의 지방관은 한편으로는 도적을 가르쳐 주지 못하고, [다른 한편으로는] 도적을 부양해 주지도 못하니, 도적을 막는 일이 어찌 가장 중요한 것이 아니겠는가? 제대로 막을 수 있다면, 비록 도적이 있더라도 감히 솜씨를 드러내지 못할 것이고, 오래 지나면 점차 농사에 종사하다 마침내 양민으로 바뀌면서도 스스로 깨닫지 못할 것이다. 그 뜻은 단지 범죄를 미연에 방지하여 그 삶을 온전하게 해 주고자 함이다. 가르치고 부양하는 일이 도적을 막는 일 안에 조용히 깃들어 있음을 누가 알겠는가? 따라서 나는 "도적을 [나중에] 잡는 일보다는 도적을 [미리] 막는 일이 보다 우선이다."라고 말하는 것이다.

그렇지만 일이 일어나기 전에 막는 것과 일이 벌어진 다음 잡는 것에서 어느 하나에만 치우칠 수는 없다. 도적을 잡는 일의 책임은 또한 모름지기 포역(捕役)에게 있다. 사실 포역 또한 도적이다. 윗사람[지방관]이 그들을 제대로 부리는 방법을 알지 못하고, 아랫사람[포역]이 제대로 받아서 처리하는 방법을 알지 못하면 어떤 일이든 제대로 돌아갈 리가 없

1 원문에서는 도(盜) 또는 적도(賊盜)라고 쓰고 있으나 여기서는 도적이라 통일하여 번역하였다. 하지만 도적에도 절도범(盜)과 강도범(賊)의 차이가 있고, 이 안에도 또 다양한 유형이 존재하므로 필요에 따라서는 도둑이나 강도라는 표현도 사용한다.

다. 윗사람은 부리는 방법을 잘 알지 못하니 오로지 임무를 주어 파견하고 기한만 세울 뿐이라 결국 도적은 하나도 잡히지 않는다. 아랫사람은 받아서 처리하는 방법을 알지 못하니 오로지 뇌물을 받고 풀어 주는 일만 꾀하거나 선량한 사람을 무고하여 해를 입힐 뿐이라, 진짜 도적이 도리어 그의 도움에 의지하게 된다. 그러므로 포역은 원래 도적을 잡기 위한 것이고 도적을 잡기 위해 부리는데, [바로 이들이] 또한 도적을 놓아주고 감춰 주니, 이 얼마나 가증스러운 일인가?

지금 윗사람이 부리는 일이 헛되지 않게 하고, 아랫사람이 받드는 일이 기대를 저버리지 않으려면, 무엇보다도 포역을 제대로 잘 부리는 것이 중요하다! 제대로 된 방법으로 부릴 수 있다면 비록 도적이 있더라도 용납되지 않을 것이고, 오래되면 결국은 붙잡히게 되고, 아울러 포역은 도적과 원수가 되더라도 그들을 놓치려 하지 않을 것이다. 그 처음은 역시 범인을 잡기를 기대하면서 그것으로 내 뜻대로 포역을 부릴 수 있게 하자는 데 지나지 않는다. 하지만 결국에 가서는 윗사람과 아랫사람이 도적 잡는 일을 통해 서로 교감할 수 있지 않을까? 따라서 나은 "도적을 잡는 일보다는 또한 포역을 잘 부리는 일이 보다 우선이다"고 말하는 것이다.

이른바 도적을 막는다는 것은 힘써 [뒤에서 서술하겠지만] 보갑(保甲)을 시행하는 데 있고,[2] 특히 [그 요점은] 도적을 이용해 도적을 잡는 데 있다.[3] 이른바 "포역을 잘 부린다"는 것은 그들의 능력을 잘 이용하는 데 있고, 특히 그들 스스로 다투어 힘을 다하게 하는 데 있다. 보갑이 힘껏 실행되고 도적을 제대로 이용한다면, 어떤 도적을 막을 수 없다고 하겠는가? 포역이 제 능력을 다하면서 다투어 경쟁한다면, 또한 어떤 도적을 잡을 수 없다고 하겠는가? 나는 이어서 먼저 도적을 잡는 일에 대해서 이야기하고, 뒤이어 도적을 막는 일에 대해 이야기하고자 한다.

夫有事而緝盜,[4] 莫先于無事而弭盜.[5] 弭盜在止盜于未形,[6] 緝盜在獲盜于旣犯. 與其旣犯而加之罪, 何如未形而全其生乎? 夫盜亦民也, 或上而失其所以爲敎, 與下而失其所以爲養,

---

2 이 책의 제21-23권에 실린 형명부 10-12의 보갑 1-3 부분을 참조.

3 이에 대해서는 제18권 형명부 8 도적 하「18-08. 지역방범대 점호(土番點卯)」부분을 참조.

4 집도(緝盜)는 사후에 도적을 찾아 잡아내는 것을 말한다.

5 미(弭)는 정지하다, 멈추다, 제거한다는 뜻이고, 미도(弭盜)는 도적을 사전에 미리 막는다는 뜻이다.

6 미형(未形)은 사정이 아직 흔적이나 조짐을 드러내기 전, 아직 형성되거나 발생하기 이전이라는 뜻이다.

以至于此也. 上失其教, 則不知禮義之可遵、刑罰之可畏, 而民易于陷法. 下失其養, 則不知貧困之當守、財利之未可苟得,[7] 而民相率爲盜. 則是盜也, 乃上之始而驅之, 及其入于盜, 又從而禁之、戮之, 不亦甚可憫哉? 今之司牧,[8] 一方不能以教化盜, 不能以養給盜, 其莫先于弭盜乎? 弭之得其術, 雖有盜而不敢逞,[9] 久之, 漸事于農桑, 遂化爲良民而不知覺. 其意不過止之于未形, 冀以全其生耳. 孰知其教與養遂默寓于弭之內乎? 鴻故曰: "緝盜莫先于弭盜也."

雖然未事之防, 與既事之獲, 不可偏廢也.[10] 其緝盜之事, 又必在于捕役.[11] 夫捕役亦賊也, 上而不知其所以爲使, 與下而不知所以爲承, 未見其可也. 上不知所以爲使, 則惟差遣之有人,[12] 限期之有立, 而賊終不一獲. 下不知所以爲承, 則惟賄縱之是圖,[13] 誣良之致害, 而賊反倚爲援. 則是捕役也, 原所以緝盜, 及其使之緝, 又從而縱之、蔽之, 不亦甚可惡哉? 今之爲其上者, 欲我無虛其所以使, 彼無負其所以承, 莫先于善其馭乎! 馭之得其道, 雖有盜而無容, 久之卒致于就擒, 遂與盜爲仇而不肯失. 其初亦不過望之于獲犯, 藉以惟吾使耳. 孰知其上與下遂相感于緝之內乎? 鴻故曰: "緝盜又莫先于善馭捕役也."[14]

所謂: "弭盜", 在于力行保甲,[15] 尤在于用盜以緝盜. 所謂: "善馭", 在于能得其用力, 尤在于爭自效以爲力. 保甲行, 盜能用, 而何盜之不可弭? 捕役得其力, 效自爭, 而又何盜之不可緝哉? 鴻請得先言其緝, 而後繼之以弭之之事.

---

7 구득(苟得)은 부당하게 또는 구차하게 얻는다는 뜻이다.

8 사목(司牧)은 관리, 여기서는 즉 지방관을 가리킨다.

9 영(逞)은 제멋대로 행동하다, 드러내 보이다, 교만하다는 뜻이다.

10 편폐(偏廢)는 어느 한쪽만을 중시하여 다른 한쪽을 경시하거나 무시한다는 뜻이다.

11 포역(捕役)은 주현의 관서에서 집포(緝捕)에 종사하던 차역을 가리킨다.

12 차견(差遣)은 임무를 주어 파견한다는 뜻이다.

13 회종(賄縱)은 뇌물을 받고 도주를 방치한다는 뜻이다.

14 선어(善馭)는 잘 다스린다, 통제한다, 부린다는 뜻이다.

15 보갑(保甲)은 백성을 통제하기 위해 마련된 호적 편제로 청대의 경우에는 10호를 1패(牌), 10패를 1갑(甲), 10갑을 1보(保)로 편제하여 각기 패두(牌頭)·갑두(甲頭)·보장(保長)을 두는 방식이었다. 이것을 통해 백성 사이의 상호 감시와 고발, 지역 방어 등이 이루어지는 연좌제가 시행되었다. 이에 대해 자세한 것은 이 책의 제21-23권 형명부 10-12의 보갑(保甲)을 참조.

17-02. 포역 부리기(遴捕役)

무릇 매를 키우는 것은 참새를 쫓기 위함이고, 수달을 풀어놓는 것은 물고기를 몰기 위함이며, 포역을 쓰는 것은 도적을 잡기 위함이다. 그러나 이 세 가지가 있어도 잘 부리지 못한다면, 매를 키워도 참새를 쫓는데 힘을 다 쓰지 않고 수달을 풀어놓아도 물고기를 모는데 힘을 다 쓰지 않으며 포역을 써도 도적을 잡는데 힘을 다 하지 않을 것이다. 그러니 포역에 대해 말하자면 소위 "잘 부린다"는 것이 어찌 무거운 형벌로 감독하거나, 아니면 임시방편으로 일 처리를 맡기는 것이겠는가? 생각건대 모름지기 먼저 포역의 자질을 판별하고, 평소에는 그 마음을 얻어 두어야 하며, 막상 일이 닥쳐서는 그 상벌을 확실히 해 주어야 한다. 그러한 다음에야 비로소 그 부리는 방법이 훌륭하다고 할 것이다.

어떻게 그 자질을 판별할 것인가? 이들 부류는 모두 간교하고 법을 어기는 무리이므로 그들과 더불어 덕(德)을 이야기하기는 곤란하다. 대다수가 분주하게 자기 끼니를 때우느라 바쁘기 때문에, 이들 모두가 쓸모 있다고 할 수도 없다. 만약 사건이 발생하였는데 이들을 한 가지 규칙에만 따라 파견하면서 아무런 차별도 두지 않는다면, 용렬한 사람의 경우는 도움이 되기에 부족하고, 탁월한 사람 또한 자기 장점을 드러내려 하지 않을 것이다. 이것은 자질이 있는 사람과 없는 사람을 똑같이 대우하는 것이나 마찬가지다. 마땅히 오랜 시간 종사하여 노련하고 경험이 많은 이 가운데 건장하고 지혜로운 사람을 골라 따로 한 반을 편성함으로써 다른 평범한 무리들과 차이를 두어야 한다. 그래서 큰 사건이나 중요한 도적을 상대하는 일이 아니면 그들을 가볍게 파견하지 않는다. 무릇 모든 사람은 재능을 가지고 있어 그 크기에 상관없이 누구나 그걸 뽐내기를 즐겨 하는데, 이것을 억누르고 제쳐 둔다면 분발을 이끌어 낼 방법이 없다. 포역들이 소인이지만 어찌 자기 재능을 뽐내는 것을 영예로 생각하지 않겠는가? 뭇사람 가운데 발탁하여 자신을 알아서 대접해 주는데 어찌 감격하지 않겠는가? 만약 일단 이렇게 선발이 되면 그는 다른 평범한 무리와 같이 취급당하는 것을 원하지 않을 것이니, 그의 일 처리가 도움이 되지 않을까 걱정할 필요는 없어진다.

어떻게 그들의 마음을 얻을 것인가? 무릇 자신이 남과는 다르다고 조금이라도 자부하는 사람은 돈에 대해서는 대부분 아쉬워하지 않는다. 하지만 만약 궁핍한 지경에 놓이게 되면 결국은 어떻게든 돈을 구하려 하지 않는 사람이 없다. 하물며 포역 무리는 모두 못된 무리에게 의존하여 먹고 입는 것을 해결한다. 큰 도적들은 정기적으로 돈을 바치고, 좀도둑들은 매달 돈을 내는 것이다. 그런데 갑자기 포역에게 그들을 잡으라고 시키면, 특별히 감격할 만한 은혜나 갚기 힘든 혜택을 준 경우가 아니라면 어찌 자신들을 배부르고 따뜻하게 해 주는 일을 내던지겠는가? 따라서 윗사람으로서는 이미 그 자질을 판별한 다음이라면, 본인의 봉록 외에도 때때로 후하게 보상을 주어 그들이 곤궁함을 걱정하지 않게 해주어야 한다. 설시 조그만 허물이 있더라도 파격적으로 관용을 베풀어 부끄러워하면서 후회하게 할 수 있다면, 그들은 장차 분발하면서 "내 몸은 바로 윗분이 굽어 살펴 주시는 바이다. 내 허물은 윗분이 관대하게 용서해 주시는 바이다."라고 느낄 것이다. 그리하여 일단 부림을 받으면 그는 스스로 남보다 앞장서 분발하며, 그 마음 또한 나를 위해 최선을 다하지 않음이 없다.

어떻게 상·벌을 확실히 할 것인가? 무릇 도적과 포역은 그 자취가 은밀히 통하여 서로 표리를 이룬다. 무릇 지방에서 일어나는 절도사건이 어느 향(鄉)에서 발생했는지, 그 주범은 누구인지, 장물아비 집은 어디인지, 연락책은 누구인지에 대해 포역은 이미 너무나 잘 알고 있다. 또한 외지 도적이 들어오는 것은 반드시 내지 도적이 끌어들여서인데, 내지 도적을 잡으면 외지 도적 역시 줄줄이 잡아들일 수 있으니, 어찌 그물에서 빠져나가는 사람이 있겠는가? 다만 지방관이 포역과 교감을 나누지 않으면 그들은 스스로 지방관에게 쓰임을 당하려 하지 않는다. 지금 윗사람으로서 이미 포역의 재능을 이용할 수 있고 그 마음을 얻을 수 있다면, 일단 사건이 발생하였을 때 그들을 불러들여 어떤 사람이 이 일을 처리할 수 있을지, 어떤 도적을 잡을 수 있을지 상의할 경우 그들은 스스로 함께 계획을 짜고 공무를 자신의 일처럼 여기지 않음이 없을 것이다. 이에 또한 그들에게 간절하게 타이른다.

> 내가 심복처럼 의지할 수 있는 것은 바로 너희들이다. 내가 떠맡긴 일을 차마 저버리지 못하는 것 또한 너희들이다. 절대로 진짜 도적을 놓치고 소매치기 나부랭이로 그 수를 채우지 말라. 절대로 의심스럽다고 고문을 하여 강제 자백을 받아 내서 억울한 사람을 만들어 내지 말라. 절대로 엉뚱한 사람을 도적으로 몰아 그 재물을 뺏을 기회로 삼지 말라. 절대로 개인적인 형벌을 남용하여 거짓 자백으로 선량한 사람을 무고하게 하지 말라. 이런 일이 있다면 반드시 너희를 벌할 것이다. 만약 이 사건의 진범을 제대로 잡아들이고 결코 엉뚱한 사람을 끌어들이지 않는다면, 반드시 너희에게 상을 내리겠다.

[이렇게 되면] 무릇 이 무리들은 바야흐로 은혜에 감격하면서 보답하지 못해 안달일 터

이니, 하물며 상·벌이 제대로 내려진다면 아무리 어리석더라도 어찌 상을 버리고 벌을 받으려 하겠는가? 그렇지만 믿음은 다스림의 뿌리요, 일 처리의 줄기다. 만약 말을 해 놓고 지키지 않는다면 권장하고 징계함이 모두 의지할 바 없게 된다. 포역들이 진실로 타이름을 지켜 일을 처리하면 큰 사건이 완결되고 백성도 억울함이 없을 것이니, 지방관이 주머니를 털어 상을 준들 어찌 아깝겠는가? 만약 조금이라도 어기거나 잘못하는 일이 있으면 또한 모름지기 가볍고 무거움에 따라 추궁해야지, 은혜를 베푼다고 법을 무시해서는 안 된다. 그렇게 하면 은혜는 법으로 인해 더욱 드러날 것이고, 법 또한 은혜로 인해 더욱 두려워질 것이다. 이들 또한 어찌 서로 앞다투어 자신의 재능을 다하면서 기꺼이 쓰이기를 원하지 않겠는가? 무릇 지방관이 도적을 잡기를 원한다면 포역을 잘 부리는 것 외에는 방법이 없다.

夫養鸇所以逐雀,[16] 縱獺所以驅魚,[17] 用捕役所以擒盜. 然三者而不知善其馭, 雖養鸇而不效其逐, 縱獺而不效其驅, 用捕役而不效其擒也. 卽以捕役言之, 夫所謂: "善馭"者, 豈嚴刑以督之, 抑姑息以從事哉?[18] 蓋必先有以辨其才, 平日有以結其心, 臨事有以信其賞罰, 而後馭之道善焉矣.

何以辨其才? 此輩類皆奸詭不法之徒, 未可與言德. 每多犇走趁食之役,[19] 未必俱可用. 若有事而一例遣之, 無所分別, 庸劣者不足以有濟, 卓越者又不肯見其長, 是有才與無才等也. 宜于久充多年積慣老成之中, 擇其精健有智識者, 另拔爲一班, 俾有以異于庸衆人之列.[20] 非大案要賊, 不輕遣. 凡人之有才, 無論大小, 皆喜自炫.[21] 惟抑而置之, 則奮發無由耳.[22] 夫捕役雖小人, 豈不知以表見爲榮?[23] 拔之儔人之中,[24] 豈不以知遇爲感? 設一旦用之, 彼自不肯以庸衆自待,[25] 而事不虞其罔濟矣.

---

16 전(鸇)은 매 과의 맹조인 새매를 가리킨다.
17 달(獺)은 수달을 가리킨다.
18 종사(從事)는 일을 처리하다, 참여하다, 자리를 맡는다는 뜻이다.
19 분주(犇走)는 빨리 달린다, 달아난다는 뜻이고, 진식(趁食)은 먹을 것을 찾는다, 밥을 먹기 위해서 피한다, 삶을 도모한다는 뜻이다.
20 용중(庸衆)은 일반 사람, 평범한 사람이라는 뜻이다.
21 자현(自炫, 自眩)은 자섭(自顳)이라고도 한다. 스스로를 뽐낸다, 자랑한다는 뜻이다.
22 무유(無由)은 길이 없다, 방법이 없다는 뜻이다.
23 표현(表見)은 재능을 드러낸다, 또는 그러한 재능이나 기능을 가리킨다.
24 주인(儔人)은 뭇사람·일반인을 가리킨다.
25 자대(自待)는 스스로를 보고 대우한다는 뜻이다.

何以結其心? 夫人稍有自異, 于金錢多不惜. 若時當窘乏,[26] 未有不妄求者.[27] 況捕役之輩, 皆賴匪流以爲衣食. 大盜貢其常例,[28] 小竊納其月錢,[29] 忽而使之緝之, 彼非甚有可感之恩、難酬之惠, 豈能奪其所爲飽煖者, 而棄之耶? 故在上者, 旣辨其才矣, 于本身工食之外, 而時爲厚犒之, 使無所憂其困匱.[30] 卽偶有小愆, 而又破格優容之,[31] 使有以生其愧悔,[32] 則彼將奮然感發以爲: "我之身, 卽上之鞠而育之者也. 我之過, 卽上之寬而恕之者也." 設一旦使之, 彼自踴躍,[33] 以身先人, 而心亦無不爲我效矣.

何以信其賞罰? 夫盜與捕, 卽踪跡潛通,[34] 相爲表裏者也. 凡地方失事, 或于何鄕, 爲首何盜, 爲窩何家,[35] 爲線何人, 彼固已爛熟于胸. 且外盜之來, 必由于內盜勾引,[36] 獲其內盜, 則外盜可連類而及,[37] 寧有漏網者乎? 惟上無有以感之, 彼自不肯爲用耳. 今在上者, 旣能用其才, 又能結其心矣, 設一旦有事, 則進其衆而商之, 何人可辦, 何盜可擒, 彼自共相籌畫,[38] 未有不視公事爲己事者矣. 于是又相與諄諄誡之曰[39]:

> 我之所倚爲心膂者,[40] 爾曹也.[41] 所不忍負我所委者, 亦爾曹也. 愼毋縱眞盜, 以偸竊充其數; 愼毋因疑似, 以拷認蒙其冤[42]; 愼毋屬盜扳, 以乘機利其財; 愼毋擅私刑, 以供黨誣其善. 有一于此, 則必爾罰. 若果能擒獲本案眞盜, 絶不株連,[43]

---

26 군핍(窘乏)은 곤궁하다, 빈곤하다는 뜻이다.
27 망구(妄求)는 분수에 넘치게 요구한다는 뜻이다.
28 상례(常例)는 여기서는 상례전(常例錢), 즉 관례적으로 보내는 돈 또는 뇌물을 가리킨다. 관원이나 이역의 금전을 수탈하는 명목 가운데 하나다.
29 월전(月錢)은 매월 지급하는 돈이라는 뜻이다.
30 곤궤(困匱)는 가난하다, 빈곤하다는 뜻이다.
31 파격(破格)은 '격외로, 분수에 넘치게, 기존 규격에 구애받지 않고'라는 뜻이며, 우용(優容)은 관용적으로 대우한다, 우대한다는 뜻이다.
32 괴회(愧悔)는 참회한다, 부끄러워하면서 후회한다는 뜻이다.
33 용약(踴躍)은 즐거워하면서 춤춘다, 정서가 고양되고 열기에 들떠 남에 뒤질까 두려워한다는 뜻이다.
34 잠통(潛通)은 몰래 통한다, 사통(私通)한다는 뜻이다.
35 와(窩)는 은닉하다, 비호한다는 뜻이다. 여기서는 도적을 숨겨 주거나 장물을 받아서 처리해 주는 것을 가리킨다. 장물아비를 가리키기도 한다.
36 구인(勾引)은 결탁하다, 유인하다, 끌어들인다는 뜻이다.
37 연류(連類)는 같은 종류의 사물을 묶어, '함께'라는 뜻이고, '동류(同類)'나 '연대(連帶)'라는 뜻도 있다.
38 주화(籌畫)는 꾀하다, 획책하다는 뜻이다.
39 순순(諄諄)은 반복해서 타이른다, 재삼 이른다는 뜻이다.
40 심려(心膂)는 심장과 등골뼈(脊骨)로, 주요한 보좌인원이나 친신(親信), 중요 부문이나 직책을 비유하기도 한다.
41 이조(爾曹)는 너희들이라는 뜻이다.
42 고인(拷認)은 억울하게 고문을 받아 강제로 자백한다는 뜻이다.
43 주련(株連. 株聯)은 연루, 즉 하나의 죄에 여러 사람이 연루된다는 뜻이다.

則必爾賞.

夫此衆人者, 方且感恩, 思爲圖報而不可得,[44] 況又以賞罰臨之, 彼雖至愚, 又豈肯捨賞而受罰哉? 雖然信爲政之本、立事之幹也. 若言而食之, 勸懲皆無所恃矣.[45] 誠能遵其誡而行之, 大案可結, 小民無冤, 雖傾囊以賞,[46] 何惜哉? 若其稍有違犯, 猶必依輕重而責究之, 未可以恩而廢法, 則恩因法而愈彰, 法亦因恩而益畏, 則此輩又安有不爭效其才而樂爲用者哉? 夫司牧者, 欲求緝盜, 舍捕役而善馭之無由矣.

17-03. 강 · 절도사건(失事)

무릇 강 · 절도사건은 마을에서 일어난 것이 있고, 도로에서 일어난 것이 있으며, 대낮에 일어난 것도 있고 야밤에 일어나는 것도 있다. 마을에서 일어난 강 · 절도사건은 마땅히 [도적이] 어느 방향에서 와서 어느 방향으로 갔는지, 울타리 문을 여닫은 적이 있는지 없는지, 이웃집이 알았는지 몰랐는지, 거리에서 누군가 구원하려 했는지 아닌지, 피해자의 집에서 꽹가리를 치고 고함을 질러 사람들에게 알렸는지, 어디로부터 건물 안으로 들어왔는지, 횃불을 들고 무장한 채 들어왔는지, 사람이 얼마나 되었는지, 어떤 물건을 약탈해 갔는지, 흘리고 간 횃불의 심지나 무기는 있는지, 부상당한 사람과 강간당한 사람이 있는지, 오고 간 시각이 언제인지, 일전에 수상한 신분의 사람이 몰래 성남하고 간 흔적은 없는지 등을 물어야 한다.

도로에서 발생한 강 · 절도사건은 마땅히 어디 사람이고 이름은 무엇 무엇인지, 어디서 출발하였는지, 무슨 직업을 가진 사람인지, 자기 가축이거나 아니면 나귀를 모는 사람을 고용한 것인지, 어디로 가려 했는지, 동행한 주인과 노복은 몇 명인지, 호신용 무기가 있었는지, 낙타에 실은 것이 어떠한 짐과 화물인지, 도중에 일찍이 못된 놈들이 미행하지 않았는지, 피해자가 어디선가 자신의 재물을 드러낸 적이 있는지, 어떤 사람들이 와서 보았는지, 그날 아침 어디서 출발했는지, 머무른 여관 주인의 성명은 무엇인지, 약탈당한 곳이 어

44 도보(圖報)는 보답이나 보복을 꾀한다는 뜻이다.
45 권징(勸懲)은 권장과 징계를 가리킨다.
46 경낭(傾囊)은 주머니를 기울인다는 뜻, 즉 가진 것을 모두 내놓는다, 돈을 낸다는 뜻이다.

느 곳이고 언제였는지, 도적이 어느 방향에서 왔고 모두 몇 명인지, 타고 있던 것은 어떤 빛깔의 말이었고 소지한 병기는 어떠했는지, 도적의 차림새와 어투는 어떠했는지, 얼굴을 기억해 놓았는지, 약탈해 간 것이 어떤 재물인지, 다친 사람은 있는지, 근처 마을의 수비대 병정, 주민이 구원을 했는지, 목격자는 있는지 등에 대해 물어야 한다.

만약 백주대낮에 일어났다면, 모름지기 도로에서의 강·절도사건이다. 사람 수도 쉽게 파악할 수 있고, 도망간 길에 말발굽 자국도 남아 있을 것이니 순라군 또한 쉽게 추격할 수 있다. 응당 신속하게 기병·보병 포역을 파견하고, 지방 주둔군과 함께 조속히 추격하여 사로잡게 해야 한다. 한편으로 도망친 부근 주현에도 빨리 알려 협동하여 잡도록 한다. 일단 무리에서 떨어져 외톨이가 되거나 말이 없어 멀리 가지 못한 사람을 한 명이라도 잡으면, 그를 다치게 해서는 안 된다. 이 살아 있는 증인이 있으면 나머지 도적도 어렵지 않게 모두 잡아들일 수 있기 때문이다. 무릇 말을 탄 강도무리들은 어디에서 손을 쓸 수 있을 것인지 뒤를 밟아 대부분 부하를 시켜 주둔군 병사·장교들을 미리 매수해 놓는데, 이를 일컬어 '길 빌리기'라고 한다. 손을 쓰는 곳이 지방 군부대 근처에 가깝지만, 약탈을 행할 때 주둔군은 구원에 나서지 않고 그들이 멀리 달아날 때에야 비로소 일부러 추격하는 시늉을 한다. 오로지 자신들이 너무 빨라 도적들이 도망가지 못할까 걱정을 하니, 이 어찌 가소롭고 가증스러운 일이 아니겠는가?

만약 강·절도사건이 한밤중에 일어났다면 대부분 향촌에서 일어난 것이다. 그 도적 무리에는 망을 보는 사람이 있고, 대문을 뜯는 사람이 있고, 재물을 수습하는 사람이 있고, 피해자가 달아나거나 움직이지 못하게 막는 사람이 있고, 허장성세를 부리는 사람이 있다. 놀랍고 두려운 가운데 이들의 확실한 숫자를 헤아리기는 어렵다.

마을의 강·절도사건은 본 주현 백성이 벌인 일이니, 당연히 횡설수설하면서 엉터리로 신고를 해서는 안 되고, 반드시 피해자·이웃주민·장두(莊頭) 등의 「구두진술」을 따서 제대로 된 보고를 올리게 해야 한다. 그러면 지방관이 직접 현지로 가서 앞서 든 항목별로 하나하나 확인하면서 진술과 일치하는지 확인한다. 만약 부상자가 있으면 그 상처의 가볍고 무거움과 치명상을 입었는지를 확인·점검한다. 강·절도사건이 확실하다고 생각되면 바로 공문을 갖추어 상급 관부에 보고한다.

도로에서의 강·절도사건은 왕래하는 상인들에게서 일어난다. 이들은 자본을 빌려 자기 영업을 하거나, 아니면 물주의 자본을 가지고 무역을 한다. 그중에는 간교한 무리가 있어 아무도 없는 황야에서 오경(五更)의 깊은 밤에 강도를 당하였다고 칭하니, [지방관이] 어디서부터 조사를 시작할 수 있겠는가? 또는 아침 일찍 길을 나섰다가 짐바리를 모두 잃어

버리고선, 마침내 관청에 찾아와서 느닷없이 여관 주인이 몰래 훔쳐 갔다고 고발하는 사람도 있다. 심지어는 밤에 서로 다투거나, 취한 후에 넘어져 머리나 팔에 상처를 입고서는 도적에게 상처를 입었다고 거짓진술을 하는 경우도 있다. 이런 신고와 보고는 가볍게 믿어서는 안 되며, 응당 도둑을 맞은 정황을 항목별로 하나하나 따져 진술을 받아야 한다. 특히 직접 여관·숙소로 가서 그 짐에 파손된 것이 있는지, 상자나 짐바리가 부서지거나 찢어진 곳이 있는지, 남아 있는 화물이 어지럽게 흩어져 있는지, 상처 입은 사람이 어떠한 무기로 상처를 입었는지, 새로 입은 상흔인지, 옷과 소매에 핏자국이 있는지를 살펴야 한다. 방어 무기 역시 활과 화살이 있는지, 있다면 어떠한 모양인지, 왜 도적이 빼앗아 가지 않았는지를 조사한다. 그리하여 진짜 도적의 소행으로 판단되어야 비로소 공문을 갖추어 상급 관부에 보고할 수 있다.

만약 사람이 적고 흉기가 없다면 대낮이건 야밤이건 모두 '창탈(搶奪)'이라고 보고해야지, '강도(盜劫)'라고 [부풀려] 보고해서는 안 된다. 만약 강도가 마을을 덮쳤는데 주인이 알고 쫓아오자 도적이 도망쳤다면 또한 이는 재물을 얻은 것('得財')과 동일한 죄를 줄 수 없으며, 보고문에서도 응당 도적을 쫓아가서 흩어지게 한 정상과 이유를 분명하게 설명하여 올린다.

夫失事有在莊、村者, 有在道路者, 有在白晝者, 有在黑夜者. 在莊村失事, 須問其何方而來、何方而去、柵門有無開閉[47]、鄰佑有無知覺、街坊有無救護[48]、本家有無鳴鑼叫喊[49]、由何入院、有無明火執仗[50]、人有多少、劫去何物、有無所遺油撚器械[51]、有無傷人·姦人、來去是何時分、日前有無色目人窺探踪跡.[52]

---

47 책문(柵門)은 울타리난간의 문을 가리킨다. 즉 쇠나 나무 기둥으로 두른 울타리나 난간을 가리키는데, 장애나 격리를 뜻하기도 한다.

48 가방(街坊)은 거리·시가지·이웃을 가리킨다.

49 명라(鳴鑼)는 징·꽹가리를 친다는 뜻, 즉 사람들의 주의를 끌어 경고하거나 불러 모으는 데 쓴다. 규함(叫喊)은 큰 목소리로 크게 외치는 것을 가리킨다.

50 명화집장(明火執仗)은 횃불을 들고 무기를 잡은 채 공개적인 활동을 한다는 뜻으로, 대부분 약탈을 하거나 아무런 거리낌 없이 나쁜 짓 하는 것을 가리킨다.

51 유연(油撚)은 기름심지를 가리키고, 연(撚)은 실 등을 꼬아 만든 심지를 가리킨다. 기계(器械)는 도구나 무기를 뜻한다.

52 색목(色目)은 종류와 명목 또는 인품이나 신분·배역 등을 뜻한다. 규탐(窺探)은 몰래 엿보거나 관찰하면서 탐색한다는 뜻이다.

在道路失事, 須問其何處人、某某姓名、自何處發脚[53]、作何生理、或自己牲口[54]、或僱寫騾頭、欲往何處、同行主僕幾人[55]、有無防身器械、駝載是何行李貨物[56]、一路曾否有歹人尾隨[57]、自家曾否何處露白[58]、有何等人看見、今早從何處起身[59]、歇家是何姓名、被劫之處是何地方、是何時候、賊從何方來、共有幾人、騎坐是何色馬匹、所持是何兵器、賊是何裝束語音[60]、曾否記其面貌、劫去是何財物、有無傷人、近莊守堡兵丁·居民有無救護、有無傍人看見.

若在白晝, 必係道路. 人數易明, 去路有蹄痕, 哨道亦易跟追.[61] 宜速遣馬·步捕快,[62] 會同營哨,[63] 飛騎追擒.[64] 一面馳會所去附近州縣, 協同擒捕. 但得落單及馬乏不能前進者,[65] 獲其一人, 不可傷害. 有此活口,[66] 則餘盜不難盡緝矣. 夫響馬躧著何處可以下手,[67] 多有預先買通駐防兵弁,[68] 謂之: '借道'.[69] 下手之處, 偏近所防營堡, 行劫之時, 不爲救護, 及其飽颺, 故作追狀. 惟恐其己之速, 而彼之慢也, 不甚可恨可笑哉?

若在黑夜, 多係鄉村. 其盜把風有人,[70] 攔大門有人, 收拾財物有人, 禁制人不得走動,[71] 聲張有人.[72] 驚懼之中,[73] 難明確數. 莊、村失事, 係本州縣民人. 自不敢張皇妄報, 須具報呈, 取明事主、鄰佑、莊、地等「口供」.[74] 印官親詣其處. 驗明前問逐項,[75] 是否與所供相合. 如有被傷,

---

53 발각(發脚)은 출발한다, 발걸음을 뗀다는 뜻이다.
54 생구(牲口)는 목축(牲畜)의 속칭이다. 보통 말이나 소·나귀 등의 가축을 가리킨다.
55 주복(主僕)은 주인과 노복을 가리킨다.
56 타재(駝載)는 (낙타에) 실어서 운반한다는 뜻이다.
57 알인(歹人)은 나쁜 놈, 보통 도적을 가리킨다. 미수는 꼬리를 쫓는다, 뒤따른다는 뜻이다.
58 노백(露白)은 가지고 있는 금품이 남에게 드러난다는 뜻이다.
59 기신(起身)은 일어서다, 움직인다는 뜻이다.
60 장속(裝束)은 장식하다, 갖춘다는 뜻이다.
61 초도(哨道)는 순라를 도는 길 또는 순라군을 말한다.
62 마보(馬步)는 여기서는 기병과 보병을 가리킨다. 포쾌(捕快)는 포역을 가리킨다.
63 영초(營哨)는 부대의 소규모 단위를 가리키는데, 나아가 지방주둔 부대를 가리키기도 한다.
64 비기(飛騎)는 쾌마(快馬)를 가리킨다.
65 낙단(落單)은 피로하고 지쳤다거나 외톨이가 되었다는 뜻이다.
66 활구(活口)는 살아 있는 증인이나 목격자를 가리킨다.
67 사(躧)는 짚신 또는 '짓밟다, 뒤를 밟다, 추적하다'는 뜻이고, 하수(下手)는 착수하거나 손을 쓴다는 뜻이다.
68 매통(買通)은 재물을 써서 사람 사람을 사서 이용한다는 뜻이다. 주방(駐防)은 주둔하면서 방어한다는 뜻, 또는 그 부대를 가리키며, 병변(兵弁)은 사병과 하급 무관을 통틀어서 가리키는 말이다.
69 차도(借道)는 도적이 병사나 하급 무관과 내통하여 자유롭게 그 방어지역을 통과하는 것을 말한다.
70 파풍(把風)은 망을 보거나 그런 일을 맡은 사람을 가리키는 뜻이다.
71 금제(禁制)는 통제하거나 공제(控制)한다는 뜻이고, 주동(走動)은 걷다, 움직이다, 왕래한다는 뜻이다.
72 성장(聲張)은 공개하거나 털어놓는 식으로 일을 크게 떠벌린다는 뜻이다.
73 경구(驚懼)는 놀라고 두려워한다는 뜻이다.
74 사주(事主)는 사건 피해자를 가리킨다.

驗明所傷輕重, 曾否中其要害. 勘盜旣眞, 方可具文申報.

道路失事, 必係往來商客, 或借本經營,[76] 或領財東本銀貿易.[77] 其中恐有奸詭,[78] 乘荒野無人之地、五更夜靜之時, 聲言被盜, 何處稽査? 且有早起登程,[79] 垛馱迷失,[80] 遂鳴控到官,[81] 遽稱店主偸竊者. 甚至夜間同伴相爭, 醉後跌磕, 頭臂褁有傷痕, 而揑稱被盜受創者. 未可輕信報呈, 須將被盜情由,[82] 逐項取供, 尤宜親至旅寓,[83] 驗其行李有無破損, 箱垛有無毁裂,[84] 所存貨物是否狼籍,[85] 受傷之人是何器械所傷, 是否新痕, 有無衣襟血汚.[86] 驗其防身兵器, 有無弓箭, 是何字樣, 因何賊未搶去. 勘盜旣眞, 方可具文申報. 若人少而無兇器, 無論白晝、黑夜, 俱爲搶奪,[87] 不得作盜劫申報. 若强盜行劫莊、村, 事主知覺趕散,[88] 未經得財, 亦不與得財同科,[89] 報文宜將趕散情由申說明白.[90]

---

75 험명(驗明)은 분명하게 확인한다, 검사한다는 뜻이다.

76 차본(借本)은 자본금을 빌린다는 뜻이다.

77 재동(財東)은 재주(財主), 즉 자금 소유자를 가리킨다. 본은(本銀)은 본전·밑천을 뜻한다.

78 간궤(奸詭)는 거짓과 속임수를 뜻한다.

79 등정(登程)은 출발하다, 길에 오른다는 뜻이다.

80 타타(垛馱)에서 타(垛)는 차곡차곡 쌓다 또는 그 쌓은 무더기를 뜻하고. 타(馱)는 등에 짐을 싣는다거나 그 짐바리를 뜻한다. 미실(迷失)은 방향을 잃고 길을 잘못 들다, 잃거나 상실한다는 뜻이다.

81 명공(鳴控)은 호소한다, 고발한다는 뜻이다.

82 정유(情由)는 사정의 경과·원인을 뜻한다.

83 여우(旅寓)는 여관이나 숙소를 가리킨다.

84 훼열(毁裂)은 파손되거나 찢어진다는 뜻이다.

85 낭자(狼籍)는 어지럽게 널브러지거나 쌓인 모양을 뜻한다.

86 의금(衣襟. 衣衿)은 옷깃, 나아가 상의의 앞부분을 가리킨다.

87 창탈(搶奪)은 강탈한다는 뜻이지만, 법적으로는 범인의 수가 적고 흉기가 없는 경우를 가리킨다. 반변 강겁은 범인의 수가 많고 흉기를 지닌 경우를 말한다. 『대청률례』 권24 「형률 적도(賊盜) 하 1(下之一)」(『律』268.00) 「백주창탈(白晝搶奪[**人少而無兇器, 搶奪也. 人多而有兇器, 强劫也**. 按此註本於箋釋, 原在律文首句搶奪下. 雍正三年移改])」 1. 凡白晝搶奪人財物者[不計贓], 杖一百、徒三年, 計贓[倂贓論]重者, 加竊盜罪二等[罪止杖一百、流三千里]. 傷人者[首], 斬[監候], 爲從各減[爲首]一等, 並於右小臂膊上刺'搶奪'二字."(p.386)

88 간산(趕散)은 흩어지다, 도망친다는 뜻으로 보인다.

89 동과(同科)는 똑같은 처벌을 한다는 뜻이다.

90 신설명백(申說明白)은 보고를 통해 분명하게 밝힌다는 뜻이다.

17-04. 사건 보고(申報)

무릇 [상급 관부로의] 사건보고는 처음 올린 문건이 근거가 되므로, [이에 대해서는] 최대한 신중해야 한다. 예컨대 절도 정황에 대해서는 단지 [피해자나 피해지역의 「신고문서」]에 의거하여 담담하게 몇 글자로 「사건보고문서」를 올려야지, 너무 확징적인 내용으로 해서는 안 된다. 사람 수를 부풀려서 보고해서는 안 되는데, [그렇게 하면] 전부 잡아들여서 사건을 끝맺는 일이 어렵기 때문이다. 만약 「신고문서」에 큰 도둑이 약탈·살해를 하고 횃불을 들고 무기를 소지하였으며, 도적 무리가 매우 많았다, 모조리 약탈당하였다는 구절이 있다면, 이것은 피해자로서는 상투적으로 쓰는 문구이지만, 절도사건 피해신고에서는 쉽사리 써서는 안 된다. 피해자[에 대한 서술]에 대해서도 또한 상세하게 고려해야 한다. 이를테면 급소를 맞거나, 뼈가 부러지거나 잔질·폐질 등의 불구가 된 것이 아니어서 대략 며칠이면 나을 것 같으면 부상자로 보고하지 않아도 좋다. 또한 만약 잃은 물건이 많지 않고 사람 수 또한 적으면, 또한 큰 도둑으로 보고해서는 안 된다. 상습범이 아닌 이러한 도적은 장래 오히려 정상참작의 여지를 바랄 수 있으므로, [부풀려 보고해서 그가 다른 죄인과 함께] 사형에 처해지지 않도록 하기 위함이다.【그러나 「사건보고문서」는 피해자의 「신고문서」와 내용이 서로 달라서는 안 되므로, 자구는 모름지기 원래 「신고문서」에서 골라 써야 한다.】

凡申報, 以初文爲據, 最宜愼重. 如盜情, 只據「報呈」淡淡數語, 不可太結實.[91] 人數不可報多, 難以捕獲結案. 卽「報呈」中, 大盜劫殺、明火執仗、盜黨多人、整劫一空字樣, 在事主不過刀筆套子,[92] 却于報盜輕用不得. 在事主亦如詳酌,[93] 如傷人未中要害,[94] 不致折傷殘、廢,[95] 約略數日可愈者, 不報傷人亦可. 如失物無多, 人數亦少, 便不宜報大盜. 此種似非積賊,[96] 將來

---

91 결실(結實)은 견고하다, 단단하다는 뜻이다.

92 도필투자(刀筆套子)는 문장이나 법률·소송문서에서 상투적으로 쓰이는 형식이나 문구를 가리킨다.

93 상작(詳酌)은 심사·검토하여 채택한다는 뜻이다.

94 요해(要害)는 치명적인 신체부위, 급소를 가리킨다.

95 잔폐(殘廢)는 잔질과 폐질을 말한다. 법률적으로 보면 잔질(殘疾)은 지체가 불구가 되거나, 머리에 상처가 생겨 머리카락이 모두 빠지거나, 눈 한쪽이 실명하거나, 두 귀가 귀머거리가 되는 것인데, 폐질(廢疾)은 잔질에서 그다음 단계로 넘어간 경우다. 이를테면 치매나 실명, 허리나 한쪽 다리가 부러진 것 등을 가리킨다.

猶望可矜, 不致軿首受戮也.[97] 【然「報文」不可與「報呈」異同, 字眼須要在原呈中斟酌[98]】

17-05. 도적 체포(緝捕)

도적을 잡는 일은 오로지 포역에게만 맡겨야 한다. 만약 지방주둔 부대의 영병(營兵)과 함께 체포에 나서면 크게 일을 그르치게 된다. 무릇 영병은 오로지 도적을 잡는다는 구실로 백성을 괴롭힐 뿐이며, 포역 또한 영병에게 잘못을 떠넘길 터이니 무슨 이익이 있겠는가? 차라리 포역만 파견하여 그가 책임을 지게 하는 방법이 더 낫다. 무릇 포역과 도적은 평소 서로 통하는 바가 있어, 도적의 오고가는 방향, 약탈 상황, 무기 소지, 사람 수의 많고 적음에 대해서 피해자에게 물어서 확인해 보기만 해도, [포역은 도적에 대해] 이미 마음속에 어느 정도 짐작을 하게 되므로, 절대로 잡지 못할 이유가 없다.

그러나 도적 가운데에는 새로 참가한 경우도 있고 오래된 경우도 있다. 가까이에 있는 경우도 있고 멀리 있는 경우도 있다. 이미 도주한 경우도 있고 도주하지 않은 경우도 있다. 망을 보거나, 문을 지키거나, 횃불을 드는 경우는 대부분 신참이다. 사람을 해치거나, 재물을 약탈하거나, 퇴각할 때 뒤를 막는 사람은 대부분 고참이다. 처음 계획을 내세워 선동하거나, 앞잡이를 끌어들여 장물아비로 삼는 사람은 모두 가까운 곳에 있는 도적이다. 무리를 끌어들여 합세하는 사람은 또한 대부분 먼 곳의 노석이다. 약탈 후에 다른 지역으로 도주하여 소식을 탐문하는 사람은 바로 이미 도주한 도적이다. 하지만 약탈 후에 아주 마음 놓고 집에 머무는 사람도 있는데, 대담한 경우가 아니면 무지한 경우이니, 이들은 바로 도

---

96 적적(積賊)은 항상 도둑질을 하고 누차 가르침을 주어도 바뀌지 않는 상습범을 가리킨다. 관절(慣竊)이나 관투(慣偸)라고도 한다.

97 병수(軿)는 원래 여자들을 태우던 장막이나 덮개가 있는 마차를 가리키기도 하는데, 병(軿)은 함께 모은다는 뜻도 있으므로 병수(軿首)는 머리를 함께 모은다는 뜻 같다. 수륙(受戮)은 죽임을 당한다는 뜻이다.

98 자안(字眼)은 문장에서 관건이 되는 글자나 구절을 가리키며, 짐작(斟酌)은 술을 따르거나 마시는 것을 가리키기도 한다. 술을 따르는데 꼭 채우지 않는 것을 짐(斟), 넘치게 하는 것을 작(酌)이라고 하는데 딱 바로 그 가운데 적절하게 맞추는 것이 필요하므로, 거듭하여 고려하거나 선택하여 정한다는 뜻을 나타내기도 한다. 나아가 감상·평가하거나 안배한다는 뜻도 있다.

주하지 않은 도적이다. 이 가운데 신참 도적, 가까운 곳의 도적과 도주하지 않은 도적은 바로 사로잡을 수 있다. 하지만 먼 곳에서 온 도적과 이미 도주한 도적은 지금 사로잡은 도적에게서 그 성명과 주소, 그리고 도망친 도적의 행방을 아는지 여부에 대한 자백을 받아내야만 한다. 그다음에 가서야 「지명수배 · 협조요청공문」을 주고 적당한 포역을 파견하여 도적을 잡이 오기를 기다리는 것이다.

도적이 잡히면 또한 모름지기 피해자가 신고한 분실물(眞贜. 진짜 장물)을[99] 되찾아 [범죄의] 근거로 삼아야 한다. 만약 진짜 장물이 없으면 강·절도죄를 확정하기 곤란하며, 또한 [장물이 없으므로] 도적에게 진짜로 도적질한 죄를 억지로 걸지도 못한다. 무릇 강·절도사건이 발생하면 응당 도적을 체포해야 할 뿐만 아니라 장물 역시 모름지기 되찾아야만 한다. 따라서 지방관은 결코 이를 지연시켜 스스로를 그르치는 일이 없어야 한다. 장물에는 '많은 몫'과 '적은 몫'의 구분이 있고, '고급'(작고 가벼우면서 비싼 것)과 '저급'(고급과 반대)의 차이가 있다. 또한 '본래대로 남아 있는 것'과 '이미 탕진된 것'의 차이도 있고, '은닉한 것', '바꿔치기한 것', 장물을 되찾을 때 '딴 데서 얻은 것' 등의 구별도 있다. 주모자가 되어 장물아비와 연락을 한 경우나 멀리서 무리를 꾀어 온 경우 모두 '많은 몫'을 받는다. 망을 보거나 문을 지키거나 새로 나선 신참은 모두 '적은 몫'을 받는다. 교활한 도적은 '고급'을 차지하고, 약한 도적은 '저급' 물건을 차지한다. 또한 장물을 집에 숨기거나 관영·민영 전당포에 저당을 잡힌 경우는 '본래대로 남아 있는 것'이라 한다. 시장에서 팔아치웠거나 매춘·도박 등에 탕진된 것은 모두 '이미 탕진된 것'이라 한다. 오래된 교활한 도적은 장물로 죄를 확정하는 것을 알고 끝까지 장물이 있는 곳을 실토하지 않는데, 이를 장물 '은닉'이라 한다. 간사한 포역은 본래 진짜 장물을 획득하고도 새 것을 헌 것으로 바꾸거나 좋은 것을 나쁜 것으로 바꿔치기 하는데, 이것을 '바꿔치기'라고 한다. 또한 되찾은 물건 가운데 그 도적의 집에 있어서는 안 될 물건인데, 피해자의 분실물도 아닌 경우, 이를 '딴 데서 얻은 것'이라고 한다.

무릇 몫이 크고 고급인 장물을 얻었다면 당연히 주모자나 장물아비임이 틀림없다. 몫이 적고 저급을 얻었다면 당연히 신참이거나 힘이 약한 도적임이 틀림없다. 만약 피해자가 신고한 것에 비해 되찾은 장물이 저급이고 몫도 적은 것뿐이라면, 모름지기 많은 몫과

---

99 여기서 진장(眞贜)은 피해자의 진짜 분실물이지만, 강·절도사건을 다루는 입장에서는 편의상 진짜 장물로 표현하고 있어 그에 따랐다. 앞서도 지적하였지만 장(贜)은 부정한 방법으로 취득한 재물이라 뇌물과 장물 모두 포함되는 개념이지만, 여기서는 주로 후자의 개념으로 쓰이고 있다.

고급 장물을 얻은 주모자·장물아비 등 못된 도적이 따로 있음이 틀림없다. 하지만 '본래 대로 남아 있는' 장물은 가택을 수색하거나 전당포에 문의할 수 있고, '이미 탕진된 장물'은 다른 것으로 바뀐 지 오래되지 않았으므로 도박장이나 기생집을 꼬치꼬치 조사해서 찾아내면 된다. 다만 시장에서 팔아 버린 장물은 만약 구입자가 도적과 잘 모르는 사이라면 길가는 사람을 붙잡고 일일이 물어볼 수는 없는 일이다. '은닉'된 장물은 사실대로 자백하지 않으면 공범에게 캐내야 하지만, 그 역시 거짓 증언을 하면 깊이 숨겨 놓은 장물을 어찌 찾아낼 수 있겠는가? 가장 가증스러운 것은 포역이 '바꿔치기'를 한 장물이다. 피해자는 원래 분실물이 아니므로 함부로 자기 것이라고 거짓으로 인정하지 못한다. 따로 동일한 장물이 있을 리 없으니, 포역의 손에 들어간 다음 바꿔치기가 이루어지면 도적 또한 감히 자기가 훔친 것이라 인정하지 못한다. 즉 도적은 진범인데, 장물은 진짜 장물이 아닌 게 되어 버린다. 이렇게 되면 사건을 언제 가서 완결할 수 있겠는가?

도적의 경우 사건의 진범 한두 명을 잡고 나면, 나머지 도적은 어렵지 않게 모두 잡을 수 있다. 장물의 경우는 한두 가지 진짜 장물을 확보하면, 진범 또한 따라서 확정할 수 있으니, 나머지 장물을 모두 다 추적할 필요는 없다. 생각건대 [지방관이] 장물을 되찾기를 바라는 것은 그래야만 비로소 [장물을 근거로] 진범에 대한 판결을 확정할 수 있기 때문이다. 따라서 도적을 잡을 때마다 반드시 그 장물을 되찾아 내는 일은 그 기본 목적이 피해자에게 돌려주기 위해서 매우 공을 들이는 데 있는 것이 아니라, 바로 여기[진범에 대한 판결의 확정]에 있다.

요컨대, 진범과 진짜 장물을 얻고자 한다면 모름지기 포역에게 책임을 맡겨 주어야 하고, 포역에게 책임을 맡겨 주려면 모름지기 지방관이 그들을 잘 부려야 한다. 그들을 잘 부리는 방법은 앞서 나온 「포역 부리기」 부분에 나와 있으니, 이른바 "재능을 판별하고, 마음을 얻고, 상벌을 확실히 하는 것"뿐이다. 지방관이 된 사람은 내가 한 말이 틀리지 않다고 생각한다면, 이에 따라 한 번 해 보기를 바란다. [이대로 했는데도] 진범이 잡히지 않고 진짜 장물을 되찾지 못해 도리어 무고한 사람을 끌어들여 해치고 다른 일로 책임을 메워야 하게 된다면, 나는 정말 모든 지방관 선생의 죄인이 될 것이다. 그러나 비록 다스리는 법을 갖추었다고 해도, 모름지기 먼저 다스리는 사람이 있고 나서야 비로소 그 법이 제대로 적용되면서 폐해도 없을 것이다.

도적을 잡는 비결은 오로지 은밀함과 신속함 두 글자에 있다. 도적 가운데 강도 무리나 큰 도적은 평소에 지현의 좌우 심복, 서리·아역 등과 가깝게 지내면서 왕래한다. 또한 지방의 무뢰배나 주둔군 하급 장교와도 친하게 지낸다. 지방관의 일거수일투족이 조금이라도 그들에게 영향을 줄 것 같으면, 그 일당이 잽싸게 뛰어가 몰래 알려 주지 않는 경우가 없다. 따라서 이런 무리는 아주 신통력이 크고 정보력이 뛰어나다. 만약 지방관이 일 처리를 할 때 조금이라도 신중하지 못해 소문을 흘리거나 시간을 지체하면, 그들은 아예 멀리 도망가 버려 도무지 종적을 찾을 수 없게 된다. 지방에 이러한 큰 도적이 있는 것은 마치 천상계에 일종의 대마귀(大魔鬼)가 있는 것과 같다. 그가 참으로 용서하기 어려운 천상의 법령을 범한 경우가 아니라면, 하늘 또한 가벼이 [그를 처벌하기 위해] 움직이려 하지 않는다. 이 마귀의 신통력이 대단하여 수많은 천상의 장병을 동원하지 않으면 도저히 제거할 수 없기 때문이다.

그러므로 이러한 부류를 처벌하기 위해서는 이 사람이 현지 출신인지, 아니면 잠시 여기 머물러 사는 것인지 은밀히 조사해 보아야 한다. 그가 단지 딴 데 가서 범죄를 저지를 뿐 본 지역 내에서는 피해를 주지 않으며, 또한 그를 고발하는 사람도 없고, 아울러 아무런 지적할 만한 실제 증거도 없을 때에는 결코 가볍게 움직여서는 안 된다. 더욱 두려운 것은 큰 마귀를 잡아 족치지 못하는데, [큰 마귀가] 작은 마귀들을 불러 설치게 만드는 것이다. 지방관이 이를 상급 관부에 보고하려 해도 군사 동원에 아무런 명분이 서지 않는다. 그렇다고 토벌을 그만두고 포역을 쉬게 하자니, 저들은 상급 관부에 달려가 들쑤실 것이다. 이로부터 위아래로 분분하게 일이 터져 심사를 어지럽힐 것이니 또한 어디서 수많은 천상의 장병을 얻어 여기에 대응할 수 있겠는가?

만약 진실로 지방에 이런 큰 도적이 있는데, 혹은 살인을 하거나 재물을 약탈하여 피해자에게 고발을 당했거나, 아니면 분명히 그 사람인줄 알면서도 감히 직접 지목하지 못하는 경우가 생길 수도 있다. [이럴 때] 지방관은 이 사건에 대해서 아주 철저하게 조사하고 확실하게 찾아가 물어보되, 원고 및 자신의 심복 한두 사람을 제외하고는 누구도 알지 못하게 해야 한다. 아니면 몰래 정보원을 파견하여 미리 정탐하게 하거나, 지방관 자신이 서역·쾌포를 데리고 다른 일을 처리한다는 구실로 움직였다가 전혀 예상하지 못하는 틈을 찔러 그를 직접 체포해도 좋다. 일단 본인을 잡기만 하면 바로 돌아와 족친다. 잡자마자 바로 재판에 붙이고, 재판에 붙이자마자 바로 상급 관부로 압송하는 것이다. 특히 중요한 것은 반드시 상급 상사에게 몰래 보고를 올려서 아주 신속하게 재판 결과를 정해야 한다. 이를 통해 큰 악당을 제거함으로써 지방을 위해 큰 해를 없애는 것이니, 이것은 바로 은밀함과 신속함이 아니라면 어찌 이루어질 수 있겠는가? 또 이런 큰 도적 같은 경우는 또한 조무래기 포역이 처리할 수 있는 바가 아니다. 더구나 도적과 내통하는 일당이 잽싸게 미리 알려 주는 일을 피할 수 없으니, 지방관 자신이 나서서 은밀하고 신속하게 그들을 직접 잡아내지 않으면 안 된다.

○ 내가 강희 9(1670)년 처음 담성현에 부임하였을 때, 그해 6월 초6일 밤에 도적이 담성현 사람 이동진(李東振) 부자 4명을 살해하고 3명을 다치게 한 사건이 있었다.[100] 초9일에 그 아들 이원(李瑗)이 "원한을 품은 도적이 부자 4명을 죽였다."라고 전임 지현 풍가삼(馮可森) 공에게 고발하였다. 같은 달 20일에 내가 부임하여 사건을 접수하였다. 23일에 이원은 또다시 "강도에 의해 4명이 죽임을 당하였다."라고 고발하였다. 이에 앞서 풍공은 이미 각 상급 관부 및 제독·총병 아문에 두루 보고를 올린 바 있으나, 주범의 이름도 알지 못했고 원한 살인인지 단순한 강도살인인지도 알지 못하였다. 그 당시 문·무 차역, 경승은 현 아문에 빙 둘러싸고 모여들어 내 반응을 서서 기다리고 있었다. 내가 이원이 앞뒤로 올린 「고발장」을 보니 하나는 원한을 품은 도적으로, 하나는 단순한 강도살인으로 고발하고 있었다. 이렇다면 도적은 필시 이원과 원한이 있고, 마음속으로도 이미 알고 있는 사람일 터였다. 그렇지 않다면 '원한'이라는 말로 어찌 그렇게 함부로 헐뜯을 수 있었겠는가?

그날 밤 이원을 현서의 내아(內衙)로 불러들여 사건 당일의 피살 정황과 더불어 원한 살인 여부를 심문하였다. 이원은 처음에는 감히 이야기하지 못하다가, 내가 재삼 다그치자, "나리께서 제 원수를 갚아 주시렵니까?"라고 물었다. 나는 "그렇게 하겠다"고 답하였다. 이원은 이에 눈물을 흘리면서 말했다.

> 그날 밤 도적 중에는 검은 얼굴에 몸집이 큰 사람이 한 명 있었고, 얼굴이 붉고 눈이 큰 뚱보가 한 사람 있었는데, 손에 날카로운 허리칼을 쥐고 매섭게 사람을 죽였습니다. 그 붉은 얼굴의 뚱보는 외시에서 온 왕삼(王三)의 아들 왕가습(王可習)입니다. 외지놈 왕삼은 북직예(北直隸) 사람으로서, 듣기로 예진에 거아산에 사리 잡은 반란군 우칠(于七)의 선봉으로 별명은 '모자 차양 왕씨(王二帽簷子)'였습니다. 우칠이 패주하였기 때문에 왕삼은 몰래 도망쳐서 담성현과 비주의 접경 지역에 숨어들었는데, 그 지역은 '오장구(五丈溝)'라고 합니다. 거기서 망루와 산채를 건설하고 도망자들을 끌어 모아, 무리가 나날이 커져서 말을 타고 활과 화살을 든 사람의 왕래가 끊이지 않았습니다. 왕삼이 때때로 외출할 때면 말을 탄 놈을 앞세우고 큰 깃발을 내걸었는데, 어디로 가는지는 알 수 없었습니다. 지금까지 십여 년 동안 둥지를 틀었는데, 기세를 믿고 횡포를 저질러도

---

100 이에 대해서는 제12권 형명부 2 「12-12-01. 큰 강도를 붙잡은 사건(擒獲大盜事)」에서 상세하게 다루고 있다.

누구도 감히 어떻게 하지 못하였습니다. 제가 살고 있는 니호촌(泥湖村)은 오장구에서 불과 몇 리 떨어져 있습니다. 봄에 제 이웃인 장씨가 토지를 왕삼에게 바치고 또한 딸을 왕삼의 아들 왕가습에게 시집보내서, 그들로부터 피해를 받는 일을 벗어나고자 하였습니다. 마침 제 집에 있는 작은 돼지가 우연히 그의 땅에 들어갔는데 왕가습이 노하여 돼지를 찔러 죽이고서, 제 아버지를 가리키며 가축을 풀어놓아 그 땅을 망치게 한다고 따졌습니다. 제 아버지 또한 화를 내며 이르기를, "네가 의지하는 것은 강도 패거리구나"라고 하였습니다. 왕가습은 마침내 이 말 때문에 앙심을 품게 되었고, 이로 인해 초6일 밤의 참상이 벌어졌습니다. 제가 전임 지현에게 '원한을 품은 도적'으로 고발한 것은 원수를 갚아서 아버지와 동생들의 원통함을 풀기 위해서였습니다. 이에 포역들이 와서 장씨를 연행하였는데, 왕삼이 뻔뻔하게 무리를 모아 와서 대들었습니다. "장씨는 양민인데 어찌 무고한 자를 체포합니까?" 왕삼이 「보증서」를 써 주고 장씨를 데리고 나가 버리자, 좌우에 있던 사람들을 서로 마주보며 놀라 아무 말도 한마디도 하지 못하였습니다. 저는 이를 보고 관부에서 왕삼에게 끝내 죄를 물을 수 없을 것임을 알게 되었습니다. 만약 고발이 성공하지 못하면 제 목숨은 어찌 되겠습니까? 이 때문에 소송문서를 작성할 때 감히 '원한 살인'이라는 말을 다시 꺼낼 수는 없었습니다. 이제 나리께서 결단코 물으시니 반드시 도적을 잡으실 수 있을 것임을 알겠습니다. 감히 사실대로 말씀드리오니 나리께서는 부디 비밀을 누설하지 마시고, 제 위태한 남은 목숨을 지켜 주십시오.

나는 웃으면서 대꾸하였다. "너 스스로만 누설하지 않으면 된다." 나는 도적을 잡을 방책을 세밀하게 생각한 다음, 일찍이 자못 성실함을 보여 주었던 여표(余彪)라는 포역을 불러들여 물었다. "너는 이동진 부자를 죽인 도적을 알고 있느냐?" 여표가 이를 듣고 깜짝 놀랐다가, 한참 후에 대꾸하였다. "누구인지 알지만, 감히 말씀드릴 수가 없습니다." 나는 말했다. "너는 단지 어떻게 하면 이 도적을 잡을 수 있는지에 대해서만 말하라." 여표가 말하였다. "잡는 것은 어렵지 않으나, 일이 누설될까 걱정입니다." 나는 갑자기 번뜩이는 생각이 떠올라서 물었다. "혹시 이 도적에게 원한을 품은 사람을 아느냐?" 여표가 오랫동안 가만히 생각하더니 말했다. "우리 현 백성 가운데 관명육(管明育)이라는 사람이 있는데, 동생이 왕삼에게 피살되었습니다. 그 일을 이야기할 때마다 눈물을 흘리며 가슴아파하지만, 어떻게 복수할지 모르고 있습니다." 나는 여표를 시켜 그를 소환하고 싶었으나 일이 누설될까 두려웠다. 그런데 해가 질 무렵에 동연도(東兗道)로부터 공문 한 장을 접수하였는데,

그 내용은 유배형 판결을 받았지만 사면된 범인 관명고(管明告)를 현으로 보내니 보증을 받고 귀가시키라는 것이었다. 나는 이를 보고 크게 기뻐하면서 말했다. "바로 이것이다." 이에 소환장을 발급하여 [관명고의] 친척들을 불러들이게 하였는데, 관명육은 마침 그 마을의 장두(莊頭)였다. 그래서 그도 아울러 불러들이게 하였다. [그들이] 이른 아침에 도착하자, 관명고를 보석시키고 장두인 관명육만 따로 물어볼 것이 있다고 남겨 두었다.

밤이 되어 조용해지자 관명육을 불러들여 물었다. "명고가 네 동생인가?" 그는 대답하였다. "사촌동생입니다." "너는 외아들로 동생이 없느냐?"라고 묻자, 명육은 슬픈 표정으로 "동생이 있었는데 죽었습니다."라고 대답하였다. "어떻게 죽었느냐?"라고 묻자, 명육은 흐느껴 울면서 대답하였다. "도적들에게 살해당했습니다." "어느 도적이냐?" 이에 그는 대답하였다. "나리께서 그것을 물으심은 분명한 뜻이 있을 것입니다. 제 동생을 죽인 것은 왕삼입니다. 제 동생은 열세 살이었습니다. 기장을 베다가 무심코 그의 땅 경계를 밟았는데, 결박하여 데려가서는 때려죽이고는 그 시신을 뒤뜰에 묻었습니다. 제가 지금까지 원한을 품어 왔으나 감히 말할 수 없었습니다. 이전에 이동진 부자를 죽인 것 또한 왕삼입니다. 만약 나리께서 시키실 일이 있다면 저는 기꺼이 따르겠습니다." 나는 말했다. "형제의 원수를 어찌 갚지 않을 수 있겠는가? 나는 칠월 초하루에 동향(東鄉)에 공무가 있으니 너는 아침 일찍 왕삼이 사는 곳으로 가서 그가 집에 있는지 정탐하라. 나는 여표에게 지시하여 왕삼의 집 뜰 울타리 뒤에 숨어 있게 할 것이니, 여표에게 알리면 내가 즉시 직접 이를 것이다. 누설하면 죽어도 용서하지 않을 것이다." 이에 은 6냥을 가져오게 하여 두 봉투로 나눈 다음 하나는 그에게 주면서 말했다. "이것은 위로금이다. 하나는 잠시 여기 두었다가 왕삼을 잡은 다음 주겠다." 관명육은 감사하며 나갔다. 때는 6월 28일이었고, 그 달은 30일이 없었다.

다음날 나는 마쾌(馬快)와 내정(內丁) 30여 기(騎)를 소집하여 남향(南鄉)으로 시찰을 나가겠다고 알렸다. 부임한 이래 어두운 밤마다 마쾌·내정을 이끌고 사향(四鄉)으로 순찰을 다니곤 했기 때문에, 사람들도 딱히 개의치 않았다. 때마침 주방천총(駐防千總)인 주(朱) 군이 와서, 내가 시찰을 나간다는 이야기를 듣고 같이 가겠다고 하였다. 나는 "내일 아침 중방집(重坊集)에서 나를 기다리면 될 뿐, 오늘은 함께 살 필요가 없소."라고 요청을 물리쳤다. 주천총은 평소에 왕삼과 사이가 좋아서 몰래 알려 줄까 염려하여 일을 숨긴 것이다. 해질 무렵이 되자 나는 서문을 나섰는데, 하늘에서는 갑자기 비가 내렸다. 좌우 사람들은 진짜로 시찰을 나가는 것으로 여겼기에, "비가 많이 올 것 같은데, 잠시 기다려 내일 떠나심이 어떠합니까?"라고 물었다. 나는 꾸짖었다. "어찌 비를 두려워할까? 빨리 가도록 하자."

20리를 가서 마두진에 도착하여 잠시 쉬고, 그다음에는 우회하여 동으로 또한 40리를 갔다. 해 뜰 무렵 중방집에 도착하였는데, 이날 밤 세 번 하천을 건넜다. 중방집 북쪽에 도착했을 때 비로 인해 물이 불어 말의 배까지 잠겼고 안장은 흠뻑 젖었다. 겨우 기슭에 올랐을 때, 주천총 또한 병사 20기를 통솔하여 도착하니, 내가 거느린 병사와 모두 합쳐 60기가 좀 못 되었다.

이에 함께 길가에 있는 전씨의 집에 머무르게 되었는데, 모두가 배가 고팠기 때문에 밥을 먹을 준비를 하였다. 그런데 갑자기 여표가 급히 말을 몰고 와 보고하였다. "명육은 오늘 아침 거위 두 마리를 가지고 왕삼의 집으로 가서 사죄하였고, 왕삼이 기뻐하여 그를 머무르게 하고 술을 마시고 있습니다. 명육은 조금이라도 지연시켜 나리께서 오시기를 기다리고 있으니, 당장 속히 가셔야 할 것입니다. 늦으면 왕삼은 노구간집(澇溝赶集)으로 가버릴 것입니다." 나는 듣자마자 젓가락을 던져 버리고 말을 타고 달렸는데, 주천총은 놀라 당황하여 어찌할 바를 몰라 뒤쫓아 오면서 물었다. "나리께서는 어디로 가십니까?" 나는 대답하였다. "도착해 보면 알 것이오." 중방집은 오장구에서 18리쯤 떨어져 있어 금방 도착할 수 있었다. 나는 급히 명을 내려 소굴을 포위하게 하고, 주천총과 더불어 앞문으로 달려갔다. 문은 닫혀 있고 담장 위에는 성가퀴(雉堞)가 만들어져 있었다. 성가퀴 아래 구멍에는 화총이 배치되어 있었고, 담장 위에는 창과 칼이 수풀처럼 빽빽하였다.

쾌포의 우두머리 왕명상(王明相)이 손가락으로 가리키면서 말했다. "방천극을 빼어들고 있는 놈이 바로 왕삼입니다." 내가 말을 몰아 전진하려 하자, 좌우가 이를 말렸다. "화기가 매우 맹렬하니 가까이 가지 마십시오." 나는 하늘을 우러러 보면서 소리쳤다. "내가 천자(天子)의 법을 지켜 백성을 위해 해악을 제거하려는데, 하늘이 어찌 나를 도적에게 죽게 하겠는가!" 곧 문 앞에서 말을 세우고 큰소리로 왕삼을 불렀다. 왕삼은 내가 어떤 사람인지 전혀 몰랐다. 그러자 주천총이 앞에 나가서 알려 주었다. "이분은 신임 지현이신 황공이시다." 왕삼이 놀라 물었다. "나리께서 오신 이유를 알고 있습니다." 그러고 나서는 즉시 무리를 이끌고 바로 뒤뜰로 도망쳤다. 주천총이 "왕삼이 후문으로 도망칩니다."라고 하면서, 무리를 이끌고 뒤뜰로 가서 막았다. 나는 좌우에게 지시하여 잠시 멈추게 한 후 말했다. "이 도적은 호랑이를 유인하여 산에서 내려오게 하는 계책을 쓰고 있으니, 실제로는 앞문으로 나와서 도망칠 것이다. 지금 소굴을 공격한다면 우리들은 반드시 피해를 입을 것이다. 차라리 일단 도망치게 놔두고 나중에 잡는 것이 나을 것이다." 그 무렵 소굴 근처에는 모두 고량(高粱)이 빽빽이 밀집해 있어서, 적이 급히 숨어들면 종적을 추적하기가 어려웠다. 그래서 그들이 평야에 도달하기를 기다린 다음 추격하고자 하였던 것이다.

조금 지나자 과연 도적 20여 명이 무리를 지어 무기를 들고 앞문으로 나와서 [남쪽 강소성의] 비주(邳州)로 향하는 큰길로 빠르게 도주하였다. 나는 도적의 후미를 따르다 평야에 이르자 비로소 추격에 나서기 시작하였다. 비주와의 경계를 이루는 강에 이르렀는데, 주천총이 멈춰서 말했다. “관병이 관할 구역을 벗어나는 것은 위법입니다.” 나는 대꾸하였다. “담성현의 관병이 담성현의 도적을 추격하는데, 무슨 법을 따져!” 내가 따르는 기병들에게 질타를 하여 먼저 건너게 하자, 주천총도 어쩔 수 없이 또한 병사를 이끌고 강을 건넜다. 어떤 작은 산까지 추적하였을 때 도적은 벗어날 수 없다고 생각했는지, 무리가 산을 등지고 대열을 정비하여 무기를 들고 기다리고 있었다. 나는 기병으로 하여금 공격하게 했는데, 도적 가운데 검은 얼굴의 거한이 창을 들고 바로 뛰어올라 방영(防營) 관대(管隊)인 왕진충(王進忠)을 찔러 거의 말에서 떨어뜨릴 뻔하였다. 또한 눈이 큰 한 도적 또한 창을 들고 관대 임패(林沛)의 가슴을 찔렀으나, 다행히도 갑옷덕택에 큰 부상을 입지는 않았다. 이에 병사들이 두려워하여 감히 전진하지 못하였다. 내가 좌우를 꾸짖으며 지시하였다. “저 두 도적을 잡아라.” 내정(內丁)인 서우인(徐友仁)이 화살을 뽑아 촉을 빼낸 다음 크게 외쳤다. “도적들아! 내 화살을 받아라.” 그 화살은 검은 얼굴 거한의 가슴에 명중하여 등 뒤로 관통하였다. 거한은 죽었고, 도적은 약간 주춤하였다. 바로 그때 관명육이 장정 수십 명을 통솔하여 가세하자, 마침내 모두 포위공격에 들어갔다. 관명육은 곤봉으로 왕가습의 이마를 두들겨 패서 마침내 사로잡았다. 왕삼이 관명육을 보고 크게 노하여 쌍칼을 휘두르며 대들었지만, 내정인 포귀(蒲貴)가 옆에 있다가 화살을 쏘아 가슴에 명중시켜 또한 사로잡았다. 나머지 도적들은 사방으로 달아났는데, 나는 뭇사람을 멈추게 하여 추격을 말렸다.

이번에 포획한 도적을 헤아려 보면 두목인 왕삼·왕가습과 그 잔당인 이배흥(李培興)·소오(小五) 총 4명이었다. 화살을 맞아 죽은 자는 오대랑(吳大郞) 1명이었다. 오대랑은 이원이 말했던 잔인하게 사람을 죽였다는 검은 얼굴의 거한이었다. 나는 병사와 장정들에게 지시하여 도적들을 압송해 먼저 가게 하고, 본인은 왕삼의 소굴로 돌아왔다. 도적의 잔당은 모두 도망쳐 숨었기에 왕삼의 소작인 두 명을 찾아내 타일렀다. “죄는 왕삼 등의 주범들에 그칠 것이고, 나머지는 추궁하지 않을 것이니 걱정하지 말라.” 왕삼의 집을 보니 오직 베나 비단, 콩·수수 같은 것만 남아 있고 특별히 값나가는 물건은 없었다. 숨겨 놓은 것이 있는지 의심이 가서 소작인을 심문하였더니 대답하였다. “이곳은 왕삼이 거주하는 곳일 뿐입니다. 값나가는 재물은 비주의 주(朱) 공생(貢生) 집에 대부분 쌓아 두고 있습니다. 아마도 그 공생은 왕삼과 피로써 맹세한 의형제일 것입니다.” 소굴의 우측을 보니 큰 마구간이 있는데, 사방에 말의 분뇨만 수북할 뿐 말 한 마리 없었고, 다만 나귀 몇 마리가 남아 있었다. 나는 아주 괴이하게 생각해서 물었더니 소작인이 대답하였다. “어제 수십 명의 말을 탄 이들이 이곳에 모여 묵었는데, 돼지를 잡고 진탕 놀더니 오늘 오경쯤에야 남쪽으로 갔습니다.” 이에 나는 크게 놀라 말했다. “이원이 말을 타고 활로 무장하면서 오고가는 사람들이 있다고 한 것이 정말 거짓이 아니었구나. 만약 그들이 계속 머물렀다면 내가 어찌 이들을 사로잡을 수 있었겠는가? 또한 조금만 늦었으면, 미리 알고 도망쳐 버렸을 것이다.” 소굴에 있던 사람들은 다른 곳으로 숨을까 염려되어 모두 현성으로 와서 보증을 세우고 풀려나게 하였다. 그곳의 창문과 문은 모두 봉쇄하였고, 지보와 소작인들에게 책임지고 지켜보게 하였다.

해질 무렵에야 나는 비로소 중방집에 돌아와 밥을 먹었고, 현으로 돌아오니 삼경을 알리는 북소리가 울렸다. 때는 7월 초하루였다. 말에서 내리자마자 주천총과 현위(縣尉) 장(張) 군을 데리고 함께 왕삼 등을 끌고 와 진술을 들었다. 그는 아무것도 숨기지 않고 자신이 저지른 일을 곧바로 인정하였으며, 이원이 말한 바와 일치하였다. 해가 뜰 무렵에 보고서를 갖추어 상급 관부에 보고를 올렸는데, 그날 밤 왕삼은 화살에 맞은 상처로 인해 사망하였다. 그런데 왕삼의 잔당들이 각 산채의 도적들을 불러 모아 감옥을 습격하여 죄수를 빼내려 한다는 소문이 돌았다. 나는 초3일에 왕가습 등을 동연도로 압송해 올려 보내 기주(沂州)의 감옥에서 재판을 기다리게 하였다. 이에 앞서 현 전체의 신사와 백성이 소문을 듣고 비록 한편으로는 내가 멋들어지게 도적을 소탕한 것에 대해 감탄해 마지않으면서도, 다른 한편으로는 왕삼의 잔당들이 감옥을 습격할까 더욱 두려워하였다. 그래서 성내의 신사들은 소란을 피우면서 피난 갈 생각을 하였다. 나는 웃으며 타일렀다.

> 왕삼 부자의 악행은 누구나 다 아는 바입니다. 지금 왕삼의 죽음은 법에 따른 것인데, 누가 감히 법과 원수를 지려 하겠습니까? 하물며 이들 무리는 이익이 있으면 모이고 없으면 피하며, 살아 있으면 의지하려 하고 죽으면 등을 돌리는 부류입니다. 어찌 풀 수 없는 은혜나 의리를 지니고 있겠습니까? 처음 잡혔다는 소식을 들었을 때에는 다시 탈출할 것이라 예상하고 그 세력을 두려워해서 구원하려 했을 것입니다. 그러나 지금 왕삼이 죽어 버렸으니, 무리의 마음이 자연히 흩어졌을 것입니다. 어찌 무엇을 다시 습격한다고 피신할 필요가 있겠습니까?

신사들은 내 말을 듣고도 망설이면서 결심하지 못하였으나, 도적이 기주의 감옥으로 압송되고 오래 지나도 아무 일이 없자 그때 가서야 비로소 안심하였다. 오호라! 왕삼은 확실히 천상의 마귀에 비할 바는 못 되는구나! 하지만 그 악행이 이미 극에 달하였고 무리들이 자못 많았으므로, 이미 살인을 하였는데도 오히려 무리를 모아서 보증을 섰으니 그 눈에 어찌 왕법이 존재하고 있었겠는가? 왕삼을 잡은 다음날 동남 쪽 촌락에서는 가족을 이끌고 도망친 것이 80여 가구쯤 되었는데, 아마 분명히 모두 왕삼의 일당이었을 것이다. 만약 지방이 조금이라도 경계하지 않았다면, 담성현이 과연 무사하였을지 또한 알 수 없었다. 비록 천상의 장병[즉 상급 관부나 성의 군대]을 동원하는 번거로움을 원하지는 않았지만, 그렇더라도 이들을 제거하기는 불가능하였을 것이다. 담성현의 신사와 백성은 "황육홍 지현은 소리도 내지 않고 냄새도 피우지 않고, 하루아침에 대두목을 붙잡아 냈다."라고 말하지만, 어찌 다른 방법이 있었겠는가? 오로지 은밀함과 신속함뿐이었다. 지금 이 사건은 사실 자질구레한 일이라 언급할 가치는 별로 없다. 그래도 은밀함과 신속함의 한 사례를 보여 줄 수 있다고 생각해서 여기에 상세하게 덧붙여서 그 증거의 하나로 삼고자 한다.

○ 무릇 포역 중에는 「지명수배·협조요청공문」을 가지고 다니는 경우가 있고, 도적이 도망간 방향을 탐지하여 그 지역에 대한 「협조요청공문」을 가지고 와서 협조를 받아 체포하려는 경우도 있다. 포역이 도적을 체포할 때는 모름지기 승려·도사·거지 등으로 분장하여 다른 사람의 말을 주워듣고 도적의 행적을 살핀 다음에야 비로소 그를 잡을 수 있다. 그러나 도적은 다른 지방으로 숨어들면 반드시 그 지역의 비적이나 포역을 물색하여 뇌물을 주고 소통하여, 그들로 하여금 대신 숨겨 주고 보호해 주도록 요청한다. 만약 포역이 추적의 결과 행방을 확실하게 알았다면, 한편으로는 은밀히 해당 지역의 지보와 함께 몰래 가서 미리 도적을 잡아 놓게 하고, 다른 한편으로는 그 지역 지방관에게 공문을 신고하고 차역 파견과 체포 협조를 요청해야만 비로소 도적을 놓치지 않게 된다. 만약 미리 도주를 막을 조치를 하지 않은 채 먼저 관청에 가서 공문을 내놓을 경우, 지방관이 신중하지 못하게 즉각 형방 서역을 불러 「구인장」을 발급하고 여러 차역과 서리에게 체포를 지시하는 경우가 있다. 그렇게 되면 서리나 포역 가운데 고의로 체포를 지연시키고 은밀히 달려가 소식을 알려 주는 사람이 있을 것이다. 결국 잡으러 갔을 때 도적은 이미 멀리 도망쳐 버린 다음이라, 도저히 쫓아가 잡기 어렵다. 따라서 포역은 멀리 있든 가까이 있든 도적을 잡는 일에서는 무엇보다도 은밀함과 신속함에 주의를 기울여야 한다.【이른바 "큰 도적은 지현이 친히 잡아야 한다"고 하지만, 스스로가 담력이 있고 지혜로운 경우가 아니라면 또한 가벼이 나서서는 안 된다.】

緝賊之事, 專在捕役, 有與營兵協緝者,[101] 大是悞事. 夫營兵不過借賊以擾民, 而捕役又得指兵以卸過,[102] 有何益乎? 不若專差捕役, 方有責成.[103] 夫捕役與賊, 聲氣素通,[104] 其賊之來去方向、行劫情形、所持器械、人數多寡, 只須問明失主,[105] 彼已有成竹在胸,[106] 斷無不獲之理. 但賊有新, 有舊, 有近, 有遠, 有巳逃, 有未逃. 瞭望把風,[107] 截門持火, 多新賊. 傷人刦財, 臨出斷後,[108] 多舊賊. 起心倡首,[109] 引線作窩,[110] 則皆近賊. 勾來入夥,[111] 亦多遠賊. 刼後他方躲避聽風,[112] 則其巳逃. 刼後放心在家, 非膽大, 則無知, 必其未逃. 其新賊、近賊、與未逃之賊, 可以卽獲. 其遠賊與巳逃之賊, 須俟獲現賊, 供出遠賊之姓名、住址,[113] 幷曾否知逃賊之去向, 然後給「緝批關文」,[114] 差的役挨捕.

賊既捕獲, 又必以起失主所報之眞贓爲據.[115] 若無眞贓, 難定盜罪, 卽盜亦不得硬坐爲眞盜矣.[116] 凡失事之後, 不惟盜宜卽獲, 贓亦宜卽起, 印官萬不可遲延自悞也. 但贓有多分, 有少

---

101 영병(營兵)은 녹영(綠營)을 가리키는 것으로 보인다. 청조는 입관(入關) 이후 팔기 병력의 부족을 보충하기 위해 투항한 명군(明軍)이나 한인(漢人)을 모집하였는데, 녹기(綠旗)를 삼고 영(營)은 건제 단위로 담았기 때문에 이를 녹기병(綠旗兵) 또는 녹영병(綠營兵)이라고 부르게 되었으며, 녹영은 팔기 관병과 더불어 정규군의 중요성분을 구성하게 되었다. 녹영은 대부분 한인으로 충원하였으며, 보병이 중심이었고(기병과 수군도 있다), 청초에 66개 진(鎭) 1,169개의 영(營)으로 편성되었는데, 19세기 초에는 약 66만 명 정도의 규모였다. 녹영은 천하의 요충지방에 진술(鎭戍)하였으며, 성 아래에는 몇 개의 진(鎭)으로 나뉘어 총병(總兵)이 그 장관이었고 그 아래에는 협(장관은 別將)·영(營. 장관은 參將·游擊·都司·守備로 나뉜다)·신(汛. 장관은 千總·把總·外委千總·把總)으로 나뉘었다. 총독·순무·제독·총병은 각기 자신의 직속부대인 표(標)를 지휘하였다. 총독과 순무는 무관이 아니라 직접 군대를 통솔하지는 않았으므로 실질적으로 녹영의 최고무관은 제독이었다.

102 사과(卸過)는 잘못을 남에게 미룬다는 뜻이다.

103 불약(不若)은 …만 못하다, …하는 편이 훨씬 낫다는 뜻이고, 책성(責成)은 전담하는 사람이나 기구에게 임무를 완성하도록 책임을 지우는 것을 말한다.

104 성기(聲氣)는 소리와 어조, 즉 소식이나 목소리를 가리킨다.

105 실주(失主)는 물건을 빼앗기거나 절도를 당한 재물의 원주인을 가리킨다.

106 성죽재흉(成竹在胸)은 흉유성죽(胸有成竹)과 같은 뜻으로 대나무를 그리기 이전 마음속에 이미 그 형상이 갖추어져 있다는 것을 가리킨다. 즉 일을 처리하기 전에 마음속에 이미 일찌감치 전반적으로 계산과 고려를 마쳤다는 뜻인데, 줄여서 성죽(成竹)이라고도 한다.

107 요망(瞭望)은 높은 곳에 올라 멀리 바라본다, 감시한다는 뜻이고, 파풍(把風)은 한 곳을 지키면서 주변을 살펴보는 역할이나 또는 그 일을 맡는 사람을 가리킨다.

108 단후(斷後)는 철퇴할 때 일부분의 사람을 보내어 뒤쪽을 엄호하게 하는 활동을 가리킨다.

109 기심(起心)은 마음을 일으킨다, 즉 생각해 낸다는 뜻이고, 창수(倡首)는 앞장서서 제창한다는 뜻이다.

110 인선(引線)은 끄나풀, 몰래 내부사정을 알려 주거나 길을 일러주는 사람을 가리킨다. 와주(窩主)는 범법자나 불법 물품을 감추어 주는 장물아비를 가리킨다.

111 입과(入夥)는 어떤 패거리나 동아리에 가입한다는 뜻이다.

112 타피(躲避)는 비키다, 피한다, 회피한다, 도피하여 숨는다는 뜻이다.

113 주지(住址)는 거주하는 장소와 거리·주소 등을 가리킨다.

114 「집비(緝批)」는 지명수배에 관련된 「지시공문(批牌)」을 가리킨다. 「관문(關文)」은 관청끼리 주고받는 평행문서로 서로 조사를 요청하거나 물어보는 경우에 자주 이용하였다.

115 기(起)는 여기서 장물을 되찾아 낸다는 뜻으로 쓰이고 있다.

116 경좌(硬坐)는 억지로 죄를 건다는 것을 가리키는 것으로 보인다.

分, 有分細, 有分粗, 有現在, 有花費, 有藏匿, 有抵換, 有別得. 爲首線窩, 遠勾來者, 皆多分. 把風截門, 新上道者, 皆少分. 黠盜分細, 弱盜分粗. 或置之家中, 或質之官典、私當,[117] 皆爲現在. 或鬻之市集, 或准折嫖賭,[118] 皆爲花費. 其積年狡賊, 以有贓定罪, 不肯實供贓所, 是爲藏匿. 其奸膽捕役, 起獲眞贓, 以舊易新, 以惡易美, 是爲抵換. 又有起出之物, 非盜家所應有, 又非失主之贓, 是爲別得.

夫起獲多而細者, 其爲首窩等賊無疑. 少而粗者, 其爲新弱之賊無疑. 若照失主所報, 起贓僅獲粗少,[119] 則必有所分多細之首窩等黠賊又無疑. 但現在之贓, 猶可起之家中, 問之典當. 花費之贓, 準折未久, 猶可于博局、青樓,[120] 展轉根究.[121] 惟市鬻之贓,[122] 若買主賊不識認, 未能執途人而問之.[123] 至于匿贓, 不實指供, 質之同夥,[124] 是其硬證,[125] 豈能到底深藏? 所最可恨者, 捕役抵換之贓, 失主以非本物, 不敢冒認. 賊又別無一樣之贓, 旣入捕役之手, 賊亦不敢竟指, 是賊乃眞賊, 贓無眞贓. 此案又何時而結乎? 然盜惟獲本案一、二眞盜, 而餘盜無難盡獲. 贓惟起本案一、二眞贓, 則眞盜從之可定, 而餘贓可不悉究. 蓋欲獲眞贓, 方能定擬眞盜. 故每獲一盜, 必問一盜之贓, 非爲欲還之失主, 而諄諄于此也.[126]

總之, 欲獲眞盜、眞贓, 必在責成捕役. 欲責成捕役, 必在本官有以善馭. 其善馭之方, 總不外鴻「遴捕役」之一條, 所謂: "辨其才, 結其心, 信其賞罰"而已矣. 爲印官者, 能以鴻言非謬, 試依是而行之. 若眞盜弗獲, 眞贓弗起, 而猶扳害無辜, 以他類塞責者,[127] 是卽鴻爲印官諸先生之罪人也. 雖然有治法, 必有治人, 而後法可行之而無弊耳.

擒賊之秘訣, 惟在密、速二字. 此輩中之響·窩巨盜, 平日與官府之左右親近、吏胥頭役, 交結往來, 以及地方豪棍、駐防營弁, 相與親厚. 凡官府之一動一靜, 稍有涉彼事機, 于其黨羽者

---

117 관전(官典)은 관부의 인가를 받은 전당포를 가리키며 사당(私當)은 관부에 납세하지 않는 민간 전당포를 가리킨다.

118 준절(准折)은 바꿔치다, 값을 쳐주다, 또는 상환하거나 대신 지불한다는 뜻이며 표도(嫖賭)는 기생질과 도발을 말한다.

119 기장(起贓)은 장물을 찾아내 회수한다, 되찾는다는 뜻이다.

120 박국(博局)은 모여서 도박을 하는 장소, 청루(青樓)는 기생집을 가리킨다.

121 전전(展轉)은 반복한다, 여러 차례 거듭한다, 또는 직접적으로가 아니라 여러 경로를 거쳐서, 이리저리 복잡하게라는 뜻이다. 근구(根究)는 철저하게 좇아 따진다는 뜻이다.

122 시죽(市鬻)은 시장에서 팔아치운다는 뜻이다.

123 도인(途人)은 길을 가는 사람, 서로 알지 못하는 사람을 가리킨다.

124 동과(同夥)는 동화(同伙)라고도 한다. 공동으로 어떤 활동·조직에 참가하는 일당·패거리를 가리킨다.

125 경증(硬證)은 증인이나 증언을 날조하여 남을 모함하는 일을 가리킨다. 또는 위증을 제공하는 사람을 가리키기도 한다.

126 순순(諄諄)은 거듭하여 알리면서 경고하거나 재삼 다짐하는 모습, 매우 정성스러운 모습을 가리킨다.

127 색책(塞責)은 책임을 메운다, 책임을 다한다 또는 자신이 해야 할 일을 대충 얼버무린다는 뜻이다.

無不星馳潛報.[128] 故此輩之神通最大, 耳目最捷. 若官府行事, 少有不謹, 露洩風聲,[129] 逗遛時刻,[130] 則高擧遠颺,[131] 莫可踪跡矣. 地方有此等大盜, 如天上有一種大魔, 非干犯天條,[132] 法難寬宥者,[133] 上天亦不肯輕動. 正以此魔神通廣大, 非調許多天兵、天將,[134] 不可剪除也.[135] 但須暗査此種, 或是本地人民, 或係地方寄住,[136] 只往別處非爲, 不在境內擾害, 且無人告發, 竝無實跡可指切, 亦不可輕動. 正恐大魔擒捉不住, 號召小魔跳梁.[137] 欲行申報, 則出師無名.[138] 欲息戰罷兵, 則彼得上臺呼籲.[139] 從此上下紛紛多事, 攪亂心思, 又那得許多天兵、天將對付之乎?[140]

若果地方有此等大盜, 或係殺人, 或係劫財, 被人指告, 或明知是渠, 不敢直指.[141] 印官問得極眞, 訪得極確. 除却原告及心腹一、二人知之, 此外竝不得與聞. 或潛遣細作,[142] 預爲偵探, 印官率領捕快、人役, 借名他事, 出其不意, 親自擒拿, 但得正身,[143] 卽行回治. 隨拿隨審, 隨審隨解, 尤須密稟上官, 迅爲定案.[144] 以剪大憝,[145] 爲地方除害, 斯非密、速二字而能行之乎! 似此大盜, 又非區區捕役可辦,[146] 且難免賊黨星馳潛報之人, 自非印官密速親擒不可.

○ 鴻自康熙九年初任郯城, 是年六月初六日夜, 有盜殺郯民李東振父子四人, 帶傷三人. 初九日, 其子瑗以仇賊殺死父子四命事, 控前令馮公.[147] 本月二十日, 鴻抵任受事, 瑗又以劫

---

128 성치(星馳)는 유성과 같이 달린다, 또는 밤을 도와 달린다는 뜻이며, 당우(黨羽)는 당도(黨徒), 즉 대부분 나쁜 세력집단의 추종자를 가리킨다.

129 풍성(風聲)은 바람소리나 전해지는 소식을 가리킨다.

130 두류(逗遛. 逗留)는 멈춘다, 머문다, 뒤쳐진다, 그르친다는 뜻이다.

131 고거(高擧)는 높이 날거나 멀리 간다는 뜻이다.

132 천조(天條)는 하늘의 법령·법규를 가리킨다.

133 관유(寬宥)는 너그럽게 용서한다, 양해를 해 준다는 뜻이다.

134 천병(天兵)과 천장(天將)은 신화 속에 나오는 천신(天神)의 병사와 장군을 말한다.

135 전제(剪除)는 제거하다, 정발한다는 뜻이다.

136 기주(寄住)는 잠시 빌붙어 산다, 빌려 산다는 뜻이다.

137 도량(跳梁)은 날뛴다, 발호한다, 도약한다는 뜻이다.

138 출사무명(出師無名)은 병사를 보내 정벌할 정당한 이유가 없다는 뜻이다.

139 상대(上臺)는 궁정·조정, 또는 상사·상관을 가리키는데 여기서는 후자의 뜻이다. 호유(呼籲)는 울부짖으며 호소한다, 애걸한다는 뜻이다.

140 대부(對付)는 대응하거나 처리한다는 뜻이다.

141 직지(直指)는 직접 가리킨다는 뜻이다.

142 세작(細作)은 간첩을 말한다.

143 정신(正身)은 여기서는 확실한 본인이라는 뜻이다.

144 정안(定案)은 안건이나 사건에 대해 결론이나 결정을 내린다는 뜻이다.

145 대대(大憝)는 몹시 사람들의 미움을 받는다는 뜻, 즉 악당을 가리킨다.

146 구구(區區)는 보잘것없다거나 미천하다는 등 작거나 적은 모습을 형용한다. 스스로를 가리키는 겸사(謙辭)이기도 하다.

殺四命控, 先是馮公已經通詳各憲, 幷提鎭衙門,[148] 而盜之主名未得,[149] 是仇、是盜, 皆在未知. 其時文·武差·承,[150] 環集縣署,[151] 立等回覆.[152] 鴻細閱瑗前後兩詞, 一詞仇賊, 一詞劫殺. 若是, 賊必與李有嫌而心知之者也. 不然'仇'之一字, 豈可漫著乎?[153]

是夜審喚瑗至署內, 訊當日被殺情形, 幷是否仇人所害. 瑗初不敢言, 鴻訊之再三, 瑗曰: "公能爲瑗報仇乎?" 鴻曰: "然." 瑗乃流涕曰:

> 此夜賊中有大黑漢及塗紅臉大眼胖子,[154] 手持鋒利腰刀,[155] 殺人太狠. 其塗紅臉胖子, 卽王三侉子之子王可習也.[156] 王三侉子者, 北直人,[157] 聞卽昔之鋸牙山反賊于七先鋒,[158] 綽號'王二帽簷子'者也.[159] 因于七敗走, 三潛逃, 乃至郯邳接壤之地, 名: '五丈溝', 建築樓堡, 招集亡命. 其後黨羽日衆, 騎馬挾弓矢之人, 往來不絶. 三或間出, 則導騶擁纛,[160] 未知何往. 迄今盤踞十有餘年,[161] 行兇倚勢, 莫敢伊何.[162] 瑗所居泥湖村, 距五丈溝不數里許. 因春間瑗鄰人莊某, 以地土獻三, 幷其女歸三子可習爲妻, 希免侵凌之害. 適瑗家小豬, 偶入其地, 可習怒而刺殺之, 指瑗父縱畜作踐其地.[163] 瑗父亦怒曰: '爾所仗者, 響馬也.'[164] 習遂銜恨于

---

147 전령(前令)은 전임 지현을 가리킨다. 이 책의 제3권 부임부 2 「3-01. 아역 부리기(馭衙役)」에 나왔지만 그는 바로 풍가삼(馮可森)이다.

148 제진(提鎭)은 제독(提督)과 총병(總兵)을 합쳐서 부르는 명칭이다. 제(提)는 제독(提督)을 가리키며, 진(鎭)은 총병(總兵)의 별칭이다.

149 주명(主名)은 당사자 또는 우두머리의 성명을 가리킨다.

150 차승(差承)은 아문의 차역과 경승을 말한다.

151 환집(環集)은 빙 둘러써 모인다는 뜻이고, 현서(縣署)는 지현아문을 가리킨다.

152 회복(回覆)은 답변·답장·답복(答覆)을 뜻한다.

153 만저(漫著)는 남을 헐뜯어 모욕하거나 멸시함으로써 자신을 드러낸다는 뜻이다.

154 반자(胖子)는 뚱보를 말한다.

155 봉리(鋒利)는 무기나 공구의 날카로운 끝 부분, 또는 예리하다는 뜻이다.

156 과자(侉子)는 말투가 현지 사람과 다른 외향인(外鄕人)을 가리키는데, 대부분 깎아내리는 뜻이다.

157 북직(北直)은 북직예(北直隸)를 말하는데, 이것은 명대의 명칭이다. 청대에는 남직예가 없어 그냥 직예(直隸)로 명칭이 바뀌었는데, 오늘날의 하북성(河北省)에 해당한다.

158 우칠(于七. 1609-1702)은 순치(順治) 18(1661)년 정성공(鄭成功)의 반청(反淸) 활동에 호응해서 거치아산(鋸齒牙山)에서 봉기한 인물이다. 그의 봉기는 상당한 호응을 얻었으나 1만의 팔기병과 2만의 녹영병을 동원한 청군의 대규모 반격으로 봉기가 진압되어 도주하였다. 나중에 화엄암(華嚴庵)에서 출가하여 승려가 되고, 70세에 방장(方丈)으로 선출되기도 하였다고 한다.

159 작호(綽號)는 별명·외호(外號)를 말한다. 모첨(帽簷)은 모자 앞부분, 또는 사방의 돌출 부분, 즉 차양을 가리킨다.

160 도추(導騶)는 무리의 맨 앞장에 서는 말(導騎)이나 그 기수(騎手)를 가리킨다. 독(纛)은 큰 깃발을 말한다.

161 반거(盤踞)는 웅크리고 굳게 지킨다, 점거한다는 뜻이다.

162 이하(伊何)는 여하(如何)·즘양(怎樣)과 같은 뜻으로 '어떻게'라는 뜻이다.

163 작천(作踐)은 짓밟다, 훼손시킨다는 뜻이다.

心, 是以有初六夜之慘擧也.[165] 瑗以仇賊控之前任者, 冀執仇以報父弟耳.[166] 迨捕役縛莊某至, 三昂然造公堂曰[167]: '莊某良民也, 胡爲捕無辜乎?' 因具「保狀」, 挈莊某而出, 左右相視駭愕,[168] 莫敢出一辭. 瑗以是知三之終不可問也. 若事之不濟, 其如瑗命何? 故所具公詞, 不敢復言仇殺矣. 今公堅訊瑗, 且知公之必能執賊也. 敢以實對,[169] 幸公無洩, 以保全瑗殘喘.[170]

鴻笑曰: "爾第勿自洩耳." 鴻因細思所以得賊之策, 嘗見捕役中有余彪者, 頗誠實, 乃進問之曰: "爾知殺李東振父子之賊乎?" 彪聞遂眙愕良久曰[171]: "某雖知之, 未敢言也." 鴻曰: "爾但言何以得此賊." 彪曰: "得之無難, 恐事洩耳." 鴻忽悟曰: "爾知誰爲此賊有仇?" 彪默思良久曰: "有縣民管明育者, 其弟爲三所殺. 每言及, 涕泗横頤,[172] 但不知所報耳." 鴻欲令彪召其來見, 恐事洩. 會日昃, 接東兗道公文一角, 乃擬徒援赦犯人一名管明告, 發縣取保寧家.[173] 鴻見之乃大喜曰: "在是矣." 遂出票, 傳其親屬, 而明育則其莊頭也, 因幷及之. 詰旦至,[174] 明告保釋, 而獨留莊頭問話.

夜方靜, 傳明育入, 問之曰: "明告爾弟乎?" 對曰: "族弟也." 曰: "爾獨無弟乎?" 明育其容戚然曰: "有弟, 死矣." 曰: "何以死?" 育遂哽咽流涕曰[175]: "爲賊所殺耳." 曰: "何賊?" 對曰: "公問之不無意乎? 殺某弟者王三也. 某弟年十三, 方刈黍, 悞踐其界, 遂縛之, 歸撲殺之, 瘞其屍于後圃. 某迄今含恨無敢言. 昨殺東振父子者, 亦三也. 若公有所使, 某唯命." 鴻曰: "手足仇, 可不報乎? 吾七月朔, 有東鄉之役. 爾于是早, 詣三所居, 偵其在家. 吾令余彪伏三圃垣後, 爾卽

---

164 향마(響馬)는 무리를 지어 강도짓을 하는 사람들을 가리킨다. 말에 방울을 달거나 강도질을 할 때 미리 소리가 나는 화살(響箭)을 쏘았기 때문에 이런 이름이 붙었다.

165 참거(慘擧)는 잔혹하거나 비참한 거동이라는 뜻이다.

166 집구(執仇)는 집수(執讎)는 원한을 품다, 원수가 된다는 뜻이다.

167 앙연(昂然)은 '머리를 쳐들고, 오만하게, 선명하게'라는 뜻이다. 공당(公堂)은 청당(廳堂)이나 현청에서 안건을 심리하는 장소인 법정 등을 가리키지만, 여기서 '조공당(造公堂)'은 실제 그러한 장소가 아니라, 여러 사람을 불러 모아 여론재판을 하는 상황·분위기를 만들어 낸다는 뜻으로 쓰인 것 같다.

168 해악(駭愕)은 놀란다, 경악한다는 뜻이다.

169 실대(實對)는 사실대로 대답한다는 뜻이다.

170 잔천(殘喘)은 노쇠하거나 죽음을 맞이하기 직전의 기침, 나아가 남은 목숨을 가리킨다.

171 이악(眙愕)은 이숙(眙鱐)과 같은 뜻으로 놀라서 눈을 부릅뜨는 모습을 가리킨다. 양구(良久)는 오랫동안, 아주 오래라는 뜻이다.

172 체사(涕泗)는 눈물과 콧물을 흘린다, 통곡한다는 뜻이다.

173 영가(寧家)는 귀가(歸家)시킨다는 뜻이다.

174 힐단(詰旦)은 이른 아침, 새벽이라는 뜻이다.

175 경인(哽咽)은 흐느껴 울다, 오열한다는 뜻이다.

語彪, 吾當自至也. 洩則死不有." 乃命取白金六兩,[176] 作二封, 一封畀之曰: "此犒爾. 一封暫存, 俟執三後, 再犒爾." 明育感謝出, 時六月之二十八日也, 是月無三十.

次曰鴻傳集馬快幷內丁三十餘騎,[177] 赴南鄉巡莊. 鴻自履任,[178] 每昏夜, 率丁快, 四鄉巡查, 故人亦不以爲意. 會駐防千總朱君至, 聞鴻往巡查, 亦欲往, 鴻曰: "君明晨可待我于重坊集,[179] 今不必偕往也." 朱君素與三善, 恐其潛報, 因秘之. 及暮, 鴻出西門, 天忽雨, 左右以爲實巡莊也. 乃曰: "雨將大至, 姑俟來日可乎?" 鴻叱曰: "雨何憚? 當速行." 行二十里, 至馬頭鎭少憩,[180] 遂折道而東又四十里. 昧爽至重坊,[181] 是夜三渡河. 及重坊北, 天雨河漲, 水沒馬腹, 韉鞍盡濕. 甫登岸, 而朱君統營兵二十騎亦至, 合鴻所領不滿六十騎. 乃共止于道舍田某家, 衆皆餓, 方就食. 忽余彪飛騎求報曰: "明育今早以雙鵝詣三謝罪, 三喜留之飮. 明育稍遷延待公,[182] 公當速往. 遲則三赴滂溝赶集矣." 鴻聞之, 乃棄箸而馳, 朱君遑遽,[183] 不知所爲, 馳而問曰: "公何往耶?" 鴻曰: "君至自知." 重坊距五丈十八里, 不片頃至. 鴻急命圍其莊, 鴻與朱君趨其莊前門, 門已閉, 墻頭皆雉列,[184] 堞口控神鎗火器,[185] 堡墻上鎗刀林立.

快頭王明相指鴻曰: "持方天戟挺而立者王三也." 鴻遂策馬以進, 左右止之曰: "火器甚猛烈, 不可近也." 鴻仰天示之曰: "吾稟天子法, 爲民除害, 豈天死我于賊耶!" 遂立馬于門前, 高喚王三. 三不識鴻爲何人. 朱君乃前謂之曰: "此新令黃公也." 三愕然曰: "某知公之所以來也." 遂麾衆下, 直奔後圃. 朱君曰: "三後門遁矣." 乃率衆往後圃扼之. 鴻令左右稍却, 謂左右曰: "此賊調虎離山計也, 實欲往前門逃耳. 今攻其莊, 吾衆必有損傷, 莫若縱之使逃, 以便成擒也." 時近莊皆高粱深密,[186] 賊急竄入, 則踪跡爲難, 意欲俟其至平野, 然後追之. 少頃,[187] 賊果開前門, 擁賊二十餘人, 持械而出, 徑趨往郯大路. 鴻尾賊後至平野, 始追之. 及郯界河, 朱君止之

---

176 백금(白金)은 은이나 은과 합금을 한 화폐를 가리킨다.
177 내정(內丁)은 지현의 하인·시종을 가리킨다.
178 이임(履任)은 부임·취임을 가리킨다.
179 명신(明晨)은 새벽 또는 다음날 아침이라는 뜻이다.
180 소게(少憩)는 잠깐 휴식을 취한다는 뜻이다.
181 매상(昧爽)은 여명, 해 뜰 무렵이라는 뜻이다.
182 천연(遷延)은 질질 시간을 끈다는 뜻이다.
183 황거(遑遽)는 놀라서 불안해하는 모습을 말한다.
184 장두(墻頭)는 담장의 끝 쪽 가장자리를 말한다. 성가퀴 치(雉)는 성벽 위의 요철형(凹凸形) 담장에서 위로 올라온 부분을 가리킨다.
185 첩구(堞口)는 성벽 위의 요철형 담장에서 아래로 내려간 부분을 가리킨다. 이곳으로 총·화살을 쏜다.
186 고량(高粱)은 기장·고량을 가리킨다. 심밀(深密)은 고량이 커서 아주 울창하고 빽빽하게 자라 있는 모습을 가리킨다.
187 소경(少頃)은 '조금 있다가, 잠시 후'라는 뜻이다.

曰: "官兵越界, 非例也." 鴻曰: "郯官兵追郯賊, 何例乎?" 鴻遂叱從騎先渡, 朱君不得已, 亦領兵渡. 追及一小山, 賊料不能脫, 乃列衆負山, 挺械以待. 鴻以騎蹙之, 賊中黑大漢, 持矛直躍, 刺防營管隊王進忠, 幾墮馬. 又一大眼賊, 亦持矛刺管隊林沛之胸, 幸衷甲未大創.[188] 營兵懼, 不敢前. 鴻叱左右曰: "擒此二賊." 鴻內丁徐友仁抽矢扣輪,[189] 大呼曰: "賊奴看箭." 正中黑大漢前心, 貫背而死, 賊少却. 會管明育率壯丁數十人繼至, 遂共攻圍之. 明育棍擊傷王可習額, 遂擒之. 王三見明育大怒, 舞雙刀直犇明育. 鴻內丁蒲貴, 從其旁, 箭射王三中胸, 亦擒之. 餘賊遂四竄, 鴻止衆弗追.

計當場擒獲, 賊首王三、王可習, 賊黨李培興、小五, 四人, 射死吳大郎一人. 其吳大郎, 卽瑗所謂黑大漢殺人太狼者也. 鴻命兵壯押賊先行, 鴻復至王三莊. 賊黨皆逃匿, 覓其佃戶二人. 出諭之: "罪止及王三等正犯, 餘無所問, 爾等毋恐." 因視三室中, 惟布帛菽粟之類,[190] 殊無長物.[191] 疑其有所藏, 詰之佃戶, 對曰: "此三莊居也. 其資財厚蓄在邳州朱貢生家. 蓋貢生卽其歃盟兄弟也."[192] 及視其莊右有大馬廐, 遍地積馬糞盈尺, 而無一馬, 惟驢數頭. 鴻甚怪之, 訊之佃戶, 對曰: "昨日數十騎, 聚宿于此, 殺猪暢飮, 今五更始南去." 鴻乃大驚曰: "瑗所謂騎馬挾弓矢往來其家者, 非謬也. 設尙在, 吾安能擒之, 久亦覺而逃耳." 其家口在莊者慮他匿, 遂收之, 至縣取保. 其所居戶牖皆封鐍,[193] 責地方及其佃戶看守.

日晡鴻始回至重坊就餐,[194] 比還縣漏下三鼓矣.[195] 時七月之初一日也. 甫下馬, 卽偕朱君暨尉張君,[196] 押王三等取供, 直認不諱, 一如瑗所言. 黎明具文申各憲, 是夜王三箭瘡發死. 且傳聞三黨糾聚各寨撫賊, 劫獄搶囚. 鴻于初三日, 以王可習等解赴東兗道, 收沂州獄候審. 先是闔縣紳民聞之, 雖深服鴻之執賊有方, 而益懼三黨之劫獄也. 于是在城紳士洶洶思避.[197] 鴻笑謂之曰:

---

188 충갑(衷甲)은 옷 속에 입는 갑옷을 말한다.

189 추시고륜(抽矢扣輪)은 『맹자』 「이루(離婁) 하(下)」에 나오는 구절("抽矢扣輪, 去其金, 發乘矢而後反.")로 원뜻은 화살을 꺼내 수레바퀴에 두들겨 화살촉을 제거함으로써 사람을 해치지 않게 만든다는 뜻이다.

190 숙속(菽粟)은 콩과 좁쌀, 즉 보통 양식이나 곡식을 가리킨다.

191 장물(長物)은 좋은 물건이라는 뜻이다.

192 삽맹(歃盟)은 피를 나누어 마시고 맹세를 한다는 뜻이다.

193 호유(戶牖)는 창문, 나아가 문호나 유파 등을 가리키기도 한다.

194 일포(日晡)는 늦은 오후, 해질 무렵을 가리킨다.

195 삼고(三鼓)는 삼경(三更), 즉 밤 11시에서 다음날 1시 사이를 가리킨다.

196 위(尉)는 아마 현위(縣尉)라는 지현의 속관(屬官)인 무관(武官)을 가리키는 것 같다.

197 흉흉(洶洶)은 물이 아주 힘차게 솟아오르는 모습인데, 소리가 아주 크고 시끄럽거나 소란스럽고 기세가 아주 맹렬한 것을 형용하기도 한다.

三之父子積惡, 人所共知也. 今三之死, 死于法也, 人安敢與法仇哉? 況此輩利則趨之, 害則避之, 生則附之, 死則背之, 豈眞有不可解之恩義耶? 始而聞之擒, 恐其復脫, 畏其勢而思救. 今聞其已死, 則衆心自解矣. 復何所劫而避之也?

紳士聞鴻言, 猶豫不決, 及賊解沂獄, 久亦無事, 而衆始貼然.[198] 嗚呼! 三固非天魔比也.[199] 然其横惡已極, 黨羽衆多, 觀其已旣殺人, 猶復公堂作保, 目中尙知有王法乎! 擒三之次日, 東南諸村挈家而遁者,[200] 八十餘戶, 必皆三所布之黨. 設地方少有不戒, 則郯之爲郯, 未可知也. 雖欲不動煩天兵天將, 以除之不能矣. 郯之紳民謂: "鴻聲臭無聞,[201] 而縛渠魁于一旦,"[202] 豈有他道哉? 亦唯密速而已矣. 今其事雖瑣末不足稱,[203] 亦以見密速之一班, 姑詳附之, 用以爲驗云.

○ 凡捕役有領「廣緝批牌」海捕者,[204] 有探知去向, 領彼處「關文」知會協拿者. 捕役緝賊, 須假扮僧道、乞丐之流,[205] 聽人言語, 察人形跡, 而後能得之. 但賊盜潛住他方, 必有彼處匪人及捕役, 物色之受賄通情,[206] 則代爲隱護. 若到彼躧知眞確, 一面密同鄉、地, 預行擒住, 一面至印官, 投文掛號,[207] 差役協拿, 方無走漏. 若未經堵截,[208] 先投關文, 官府不加詳愼, 卽傳該房, 寫票僉差, 而胥捕故爲延挨,[209] 潛馳報信, 則已高飛遠蹈,[210] 難于追獲矣. 故捕役無論遠近, 拿人亦不外于密、速二字也. 【所云: '巨盜須親擒者', 非有膽智之官,[211] 又未可輕往】

---

198 첩연(貼然)은 '차분하게, 편안히'라는 뜻이다.

199 천마(天魔)는 불교용어로 천자마(天子魔), 즉 욕계(欲界)의 제육천주(第六天主)를 가리키는데, 항상 수도하는 데 장애를 설치하는 존재다. 도교 용어로는 천상의 마괴(魔怪), 마귀를 가리키기도 한다

200 설가(挈家)는 '가족 모두를 데리고'라는 뜻이다.

201 성취(聲臭)는 귀에는 소리가 들리지 않고 코에는 냄새가 맡아지지 않는다는 『시경』의 「대아(大雅) 문왕(文王)」편에 나오는 구절(上天之載, 無聲無臭)에서 비롯되어, 소리나 냄새를 가리키는 말이다. 나중에는 명성이나 형적·자취를 가리키는 뜻으로도 쓰이게 되었다.

202 거괴(渠魁)는 두령·대두목을 말한다.

203 쇄말(瑣末)은 자질구레하다, 미세하다, 번쇄하다는 뜻이다.

204 광집(廣緝)은 통집(通緝), 즉 널리 수배하여 체포하는 것, 「비패(批牌)」는 이에 관련된 「지시공문」을 가리킨다. 해포(海捕)는 각지에 공문을 돌려 도망친 범인을 지명 수배하여 체포하는 것을 가리킨다.

205 가분(假扮)은 변장하다는 뜻이다.

206 물색(物色)은 찾는다는 뜻이다.

207 괘호(掛號)는 번호를 붙여 등기한다, 등록한다, 내걸어서 뭇사람에게 보인다는 뜻이다.

208 도절(堵截)은 가로막는다는 뜻이다.

209 연애(延挨)는 미루다, 질질 끈다는 뜻이다.

210 고비(高飛)는 높이 난다는 뜻이지만 멀리 도망가는 것을 비유하기도 한다. 원도(遠蹈)는 멀리 도망친다는 뜻이다.

211 담지(膽智)는 담력과 지모를 뜻한다.

17-06. 도적 심문(審盜)

도적을 심문하는 것은 어렵지 않은데, 다만 포역이 도적을 체포할 때 뿌리를 똑바로 뽑는다는 것이 중요하다. "뿌리를 똑바로 뽑는다"는 게 무슨 뜻인가? 우리 지역의 도적이 어찌 수십 명에만 그치겠는가? 또 이 수십 명이 어찌 모두 이 사건을 저지른 도적이 될 수 있겠는가? 포역은 단지 이 사건의 도적을 잡는 것에 그쳐야지, 이 사건의 도적은 놓아주고 도리어 다른 도둑이나 소매치기를 잡아들여 책임을 메우려 해서는 안 된다. 다른 도적이나 소매치기를 잡아들일 경우, 이 사건의 도적이 아니므로 본래 그를 이 사건에 끌어들여서도 안 되는 일인데, 그래서 오히려 가혹한 고문을 통해 그가 거짓 자백을 하게 만들게 된다. 실제 상황을 알지 못하니 설사 고문하다 죽이더라도 그가 어디서부터 자백을 시작할 수 있겠는가? 포역은 이 사건의 진범을 잡으면 응당 그로 하여금 다른 일당을 자백하게 해서 그 일당을 잡아들이면 될 뿐이다. 또한 그를 교사하여 죄 없는 다른 사람을 끌어들이게 해서도 안 된다. 이런 경우 포역의 뜻은 혹은 자신과 평소 원한이 있는 사람에 대해 이 사건을 빌려 분노를 풀고자 하는 것이 아니면, 그가 집안 살림이 넉넉한 것을 보고 그 재물을 가로채려는 데 있다. 보통사람의 얼굴에 글자로 표시해 놓는 것도 아닌데, 관리가 어떻게 그것을 알아챌 수 있겠는가?

일단 그를 도적이라고 [포역이] 칭하게 되면, 지방관은 아주 못된 도적으로 보아 가혹한 형벌을 내린다. 양민은 형벌이 두려워하여 어쩔 수 없이 거짓 자백으로 죄를 인정하게 된다. 또한 패거리를 자백하라고 다그치면 같이 잡힌 도적들이 패거리라고 인정하고, 장물을 다그치면 이것 또한 자기가 훔친 장물이라고 인정한다. 이러니 그 억울함을 어디에 호소할 수 있겠는가? 그는 지방관이야말로 진짜 도적이라고 생각하게 될 것이다. 혹시 그가 상급 관청으로 압송되었다가 상사에게 구구절절 원통함을 늘어놓으면, 상사는 [같이 압송된] 도적 패거리를 심문할 것인데, 그들이 양심에 가책을 받아 느닷없이 그가 같은 패거리가 아니라고 인정해 버리면, 상사는 지현이 뇌물을 받고 진범을 풀어 주었다고 의심할 뿐 아니라 양민을 모해하였다고 탄핵할 수도 있다. 그러면 지현은 또다시 도적을 잡아들어야 하고, 또다시 심문을 시작해야 하니 어찌 일이 늘어나지 않겠는가?

그런데 혹은 무고를 받은 양민이 상사가 또다시 주현에서처럼 고문을 할까 두렵고, 억울하다고 호소해 보았자 아무 소용이 없다고 생각해서 머리를 숙여 「최초구두진술」을 인정해 버리면, 양민은 머지않아 진범들과 함께 무거운 형벌을 받게 된다. [억울하다는 호소를 받은] 저승사자가 염라대왕에게 서류를 올리고 다시 재판을 해서 죽은 다음에 보상을 받게 할 수도 있겠지만, 그래 보았자 이것은 내세(來世)의 일이다. 진범이 도망쳤다가 다른 곳에서 붙잡히고 진짜 장물도 모두 압수당한 다음 사건을 자백한다고 해 보자. 그 내용이 중앙정부에 정식으로 보고되면, [그 결과 탄핵을 받아] 현재 찬란하게 빛나는 정대(頂戴)와 관복[즉 지방관의 직위]을 어찌 보존할 수 있겠는가? 포역이 진범을 잡아 오면 모름지기 지방관이 심문해야지, 포역이 미리 먼저 사사로운 고문을 가하게 해서는 안 된다.【포역이 사사로이 행하는 고문에는 머리에 태 씌우기, 돌로 누르기, 옆구리 찌르기, 매달기, 식초 들이붓기, 머리채 잡아채기 등의 종류가 있어 이를 보통 "수습(收拾)한다"고 하는데, 그야말로 정말로 참혹하고 악독하다.】

피의자를 협박하여 돈을 갈취하는 것은 오히려 포역들이 항상 하는 짓이다. [그래 놓고] 피의자를 핍박하여 다른 도적을 자백하게 한다면, 그가 어찌 이 사건의 진범을 자백하려 하겠는가? 또한 그는 반드시 원한을 맺은 평민이나 착하고 겁 많은 부자를 끌어들여 포역에게 첫 번째 선물[즉 먹이감]로 던져 주면서 그 뜻을 떠받들고자 할 것이다. 그러면 포역은 임무를 받아 도적을 잡으러 나선다. 원래 [「구인장」에는] 도적의 이름이 적혀 있지 않으므로 만나는 사람은 누구든 잡아 넣을 수 있는데, 하물며 도적의 입에서 나온 사람은 어떻겠는가? 그래서 도적을 끄나풀로 삼아 데리고 다니면서 멋대로 남의 집에 들어가 방 안을 드나들더라도 누가 감히 막을 수 있겠는가? 그 사람의 재산과 값비싸고 부드러운 귀중품들을 몽땅 약탈함으로써 포역은 크게 한몫을 챙긴다. 마음으로는 그가 진짜 도적이 아님을 알면서도, 도리어 인심을 써 주는 척하여 피해자가 친구를 찾아 곧바로 흥정케 하여 향응을 받고, 그 친구의 보증을 받아 풀어 준다. 피해자는 목숨이라도 건지는 것을 다행이라고 생각하지 어찌 다시 빼앗긴 재물을 계산할 여지가 있겠는가? 도적의 원한을 산 사람이 가난하여 돈을 내고 이런 경우를 피할 수 없는 사정이면, 포역은 또한 그를 고문하여 강제로 도적질에 나선 상황을 써내도록 핍박한 다음에야 지방관에게 넘겨 처리하게 한다.

그런데 못된 도적이 악착같이 버티면서 증언을 거부하면, 지방관은 특히 그를 교활한 도적으로 간주한다. 엄중한 고문을 가하지 않으면 자백하지 않을 것으로 보아 협곤으로 주리를 틀고, 모질게 묶어 놓고 사납게 두들겨 패게 하는 것이다. 뼈와 근육이 돌과 구리가 아닌 이상, 어찌 구구절절 불지 않을 사람이 있겠는가? 못된 도적이 이렇게 불지 않을 수밖에 없는 것은 두 가지 이유가 있다. 피해자가 보고한 분실물이나 도적이 진술한 잔당을 도무지 찾아낼 방법이 없어 악당의 수가 채워지지 않으니, 원수를 끌어들여 그 부족함을 채우게 하는 것이다. 그렇게 해서 포역의 추궁을 느슨하게 만들 수 있고, 원수로 부족한 수를 채우면 진짜 도적은 그물을 빠져나갈 수 있다. [그리고 또 한 가지는] 그[진짜 도적]가 돈이 있으면 뒤에 남아 감옥에서 들어가는 비용을 대주고, 권세가 있으면 상사의 아문에 뇌물을 들이대서 형벌을 벗어나도록 도모해 주기 때문이다. 이렇게 귀신같은 수작을 부리는 것을 지방관이 어찌 다 알 수 있겠는가? 자칫하면 지방관이 강도와 포역을 대신해서 사형집행인 노릇을 하는 경우가 자주 있으니, 이 또한 정말 부끄럽지 아니한가?

이런 것들이 모두 "뿌리를 똑바로 뽑지 못한" 것 때문이다. 무릇 뿌리를 똑바로 뽑지 못하는 것은 제대로 된 포역을 부리지 못한 데서 비롯된다. 신참은 무지해서 잘못 잡아들이거나, 도적의 무고를 쉽게 믿어 버린다. 노련하고 경험 많은 포역은 해당 지역의 도적뿐만 아니라, 누가 강도이고 누가 장물아비인지 손바닥 들여다보듯이 줄줄 꿰고 있다. 다른 곳에서 온 못된 무리도 얼굴을 한 번 보면 신참인지 노련한 도적인지 뼛속까지 꿰뚫어 볼 수 있다. 어찌 양민을 착각해서 잘못 잡아들이거나, 도적의 거짓 진술을 믿고 양민을 무고하는 일이 정말 가능하겠는가? 위정자가 포역의 재능을 판별하고, 포역의 마음을 능히 사로잡고, 포역에 대한 상벌을 확실하게 하였다면, 도적을 잡을 수 있는 뿌리가 똑바로 뽑히지 않음이 없을 것이다. 뿌리를 이미 똑바로 뽑았다면, 도적을 심문하는 일 또한 뭐가 어렵겠는가!

포역이 도적을 잡았다면 단연코 미리 개인적으로 고문하는 것을 엄금해야 한다. 그런데 일단 개인적인 고문으로 추궁하였다면 도적은 포역에게 죄를 얻을까 두려워 포역이 제멋대로 만든 「구두진술」에 따라 그대로 자백할 수밖에 없다. 포역이 개인적인 고문을 가하였다면, 그것은 그가 이 사건의 도적이라고 스스로 자백하게 하든지, 아니면 누군가 다른 사람이 도적이라고 물고 늘어지도록 사주하려는 것이다. 도적은 개인적인 고문을 받고 견디지 못하며, 다시 스스로 멋대로 다른 평민을 끌어다 도적이라고 무고하게 되니, 어찌 모두 다 억울한 사건이 되지 않겠는가? 지방관은 매번 심문을 귀찮게 여겨, 먼저 포역으로 하여금 개인적으로 「구두진술」을 받아 내 올리게 하는데, [그렇게 되면] 지방관은 포역이 얻어 낸 [엉터리] 자백 내용을 가지고 도적을 심문하는 꼴이 되니 이 어찌 가소로운 일이 아니겠는가? 도적을 잡는 일 가운데 포역이 개인적으로 고문하여 자백을 받아 내는 것은 크게 백성을 해치고 관리를 해치는 일이므로 절대 엄금해야 한다. 그래서 나는 여기서 다시 꺼내어 거듭 이야기하는 것이다.

○ 율례에 의하면 양민을 도적으로 무고하거나 도적의 장물을 떠맡거나 매입하였다고 하여 붙잡아 고문하면서 위협과 속임수로 재물을 취하거나, 혹은 장물을 수색한다는 구실로 민가에 들어가 방마다 들쑤시고 다니면서 재물을 창탈하고 부녀자를 능욕하는 사람은

주범에게 죽을죄를 내리는 것 외에도 그 나머지 역시 주범·종범을 가리지 않고 모두 변방의 군부대로 보내 영원충군형(永遠充軍刑)에 처한다.【주: 무고하여 관부로 보낸 경우는 무고죄로 가늠하고, 부녀자를 능욕한 것은 강간죄로 가늠한다.】

○ 또한 [지방독무나 형부에서 올린] 제문(題文)에 따라 중앙정부가 정한 『칙례』에 따르면, "포역이 양민을 무고하여 도적으로 만들고 개인적으로 불법 고문을 가해 피해자가 사망한 경우 해당 지현은 '감독을 세밀하게 하지 못한' 죄목으로 처벌을 받아 혁직되고, [그의 상사인] 도대·지부도 사실에 의거해 이를 조사하여 보고하지 않았다면, 2급을 강등하고 다른 곳으로 옮겨 근무케 한다"의 내용이 있다. 율례를 살펴보면 고문을 가하여 공갈을 친다는 것은 양민을 무고하는 것을 가리킨다. 장물을 되찾는다는 이유로 수색하고 능욕하는 것은 모두 도적에 관련된 일을 가리킨다. 도적의 재물을 수색하고 부녀를 능욕하는 것도 유배형·교수형에 속하는 중죄인데, 하물며 양민을 고문하고 공갈치는 것은 말할 필요가 있겠는가? 포역은 소인이므로 원래 애석해할 필요는 없다. 그런데 아역이 장물을 10냥 이상 획득한 것이 조사 결과 밝혀지면, 해당 지방관은 [해당 아역을] 제대로 감독하지 못한 소홀죄로 혁직된다. 개인적으로 불법적인 고문을 가했으면, 설사 죽지 않았더라도 해당 지방관 또한 4급이 강등되고 다른 곳으로 옮겨 근무하게 되는 처벌을 받는다. 지방관이 어찌 포역을 대신하여 허물을 감수해야 하겠는가? 따라서 이런 행위를 금지하고, 단연코 엄하게 다스리지 않으면 안 된다.

○ 포역이 도적을 잡아 오면, 응당 먼저 어디서 잡았는지, 잡을 때 어떤 상황이었는지, 개인적인 형벌·고문을 가했는지를 물어보아야 한다. 만약 매달거나 고문한 상황이 있다면【범인의 손발과 팔, 손가락을 검사해 보면 상흔 또한 드러난다.】 포역이 비록 사건의 진범을 잡았다고 하더라도, 큰 상을 주는 동시에 또한 마땅히 엄중히 처벌을 해야 한다.

○ 도적을 심문할 때는 모름지기 엄밀한 곳에서 하여 담장 밖에서 아무나 몰래 엿듣지 못하게 해야 한다. 이는 자백하여 밝혀진 도적 잔당에 대한 소식이 유출될 수도 있기 때문이다. 도적을 심문할 때에는, 그 도적을 잡은 포역이 그를 데리고 들어와 심문을 방청하게 해서는 안 되며, 다른 도적을 잡은 포역을 참가시킨다. 서로 바꾸어 도적을 데리고 들어오게 하고, 심문이 끝나면 각기 자기가 잡은 도적을 데리고 가서 감방에 넘겨줄 수 있도록 하는 것이다. 그렇게 하면 도적은 자신을 잡은 포역이 없는 것을 보고 지방관이 심문을 할 때 대담해져서 진짜 정상을 털어놓게 된다.

심문에 임해서는 응당 노련하고 신중한 형방 서역 한 사람으로 하여금 「구두진술」을 자세하게 기록시키되, 형벌을 시행하는 조예에게도 단지 도적을 데리고 들어올 때 다음과 같이 큰소리로 외치는 것만을 허용한다. "형구를 모두 대령하였습니다." [아울러 그들이] 형구를 공당 아래 던지면서 우당탕탕 큰소리가 나게 하여 도적이 공포와 두려움을 느끼게 만든 다음, 조예는 출입문 바깥에서 대기하다가 형벌의 시행을 외치면 바로 들어올 수 있게 한다. 지방관 좌우에는 단지 가까운 내정 한두 사람만 대기시키고, 여러 아역이 곁에 둘러 시 있지 못하게 한다. 자백 내용이 밖으로 새 나갈 수도 있기 때문이다. 만일 범인이 한 명이라면 지방관이 직접 불러 심문한다. 만약 피의자가 두 명 내지 서너 명이라면 반드시 각자 다른 곳에 대기시켜야 하는데, 소위 이를 '격리심문'이라고 한다. 한 명의 심문이 끝나면 원래 대기하고 있던 곳으로 돌아가게 하는데, 다시 불러 심문할 수도 있기 때문이다. 만약 여러 피의자들을 한꺼번에 불러 심문하면 그들의 말을 정확하게 대조하기도 쉽지 않다. 만약 그들을 한 곳에서 대기하게 한다면 서로 입을 맞추어 공모할 우려가 있으니, 이는 가장 주의해야 할 점이다.

무릇 피의자가 앞에 오면 모름지기 고개를 들게 하여 지방관은 자세하게 관찰해 보아야 한다. 강도라면 모습이 자연히 흉악할 것이고, 양민이라면 모습이 자연히 공순할 것이다. 만약 사건의 범인이라면 자연히 제 발이 저려서 두 눈동자가 끊임없이 움직일 것이고, 가슴팍을 만져 보면 또한 심하게 뛸 것이다. 만약 진범이 아니라면 비록 악당이라 하더라도 눈동자가 움직이지 않고 얼굴색도 바뀌지 않는다. 이러한 설명은 비록 모든 경우에 들어맞지는 않지만, 대체로 착하고 나쁨은 저절로 드러나는 법이다. 관찰이 끝나면 도적에게 이렇게 타이른다.

> 본 지현이 평소에 어떻게 해 왔는지 네가 귀머거리가 아니라면 반드시 들어 본 적이 있을 것이다. 만약 양민이라면 무고의 피해를 입지 않게 할 것이고, 만약 도적이라면 가볍게 용서하지 않을 것이다. 너는 지금 왕법(王法)을 두려워하지 않고 천리(天理)를 따르지 않아 다른 사람의 재물을 빼앗고 또한 사람을 다치거나 죽게 하였다. 그것은 네가 스스로 법망에 뛰어든 것이지, 본 지현이 이유 없이 찾은 것은 아니다. 너는 지금 범죄에 나서게 된 상황을 하나하나 사실대로 불어야만 형벌을 받는 것을 피할 수 있다. 만약 교활하게 버틴다면 형벌을 받는 것 외에도 어디 너를 봐줄 도리가 있겠느냐?

또한 그가 어떻게 말하는지를 봐서 만약 자백할 낌새가 보이면, 더욱 좋은 말로 구슬린다. "네가 만약 이 사건의 실제 사정을 자백한다면 나는 가벼운 쪽으로 네게 한 가닥 살길을 열어 주겠다." 그는 심문관의 말이 신중하고, 또한 은전이 그에게 베풀어질 것이라는 점을 듣고 혹시 사실대로 말하면 살길이 열릴지도 모른다고 생각할 것이다. 만약 노련하고 상습적인 도적이라면 돌아가는 상황을 충분히 파악하여, 평범한 신참 도적이라면 형벌받는 것을 두려워하여, 둘 다 모두 자백하는 쪽으로 나갈 것이다.

[이럴 경우] 모름지기 하나하나 상세히 물어서, 누가 처음 주모를 하여 누구를 털 생각이었는지, 패거리는 모두 몇 명인지, 혹은 현지 출신인지 아니면 다른 주현 사람인지, 성명과 주소는 무엇인지, 누가 누구를 끌어들였는지, 어떤 사람이 끄나풀이고 그 끄나풀이 피해자와 이전부터 아는 사람인지, 어떤 사람이 장물아비이고 언제 어디서 함께 상의했는지 묻는다. 또한 그날로 소굴에 장물을 숨겨 놓았는지, 무기는 어디 숨겨 놓았는지, 그날 밤 어디서 함께 모여 출발하였는지, 어떻게 거리의 울타리 안으로 들어갔는지, 순찰을 하는 사람이 있었는지 없었는지를 물어본다. 피해자의 집에 들어간 것은 몇 시였는지, 또한 어디로 해서 그 집에 들어갔는지, 혹은 집 위에서 내려갔는지 아니면 뒷문을 뜯거나 앞문을 부수고 들어갔는지, 누가 밖에서 망을 봤는지, 누가 문을 지켰는지, 누가 횃불을 들고 누가 재물을 습득했는지, 누가 어떠한 무기를 들고 있었는지, 누가 사람을 다치게 했고 다치게 한 곳은 어디이며, 그의 집을 나온 것은 몇 시인지, 또 이후 어디로 갔는지 물어본다. 구원하려 달려온 사람은 없었는지, 꽹가리를 치면서 쫓아오진 않았는지, 이날 밤 어디서 쉬었는지, 어디서 장물을 나누어 가졌는지, 누가 어떠한 물건을 가졌는지, 지금 패거리들이 모두 어느 곳에 있는지 하나하나 분명하게 자백하게 한다.

만약 한 명만 붙잡혔다면, 그에게 나눠 받은 장물은 어디에 있는지 소지한 무기는 어디에 두었는지를 물어, 곧바로 적당한 차역 한 명을 시켜 원래 그를 잡은 포역과 함께 신속하게 장물과 무기를 찾아오게 한다. 만약 이번 사건의 진짜 장물을 되찾았다면 피해자에게 그의 물건이 맞는지, 원래 보고한 「분실물명세서」에 있는 것과 일치하는지 확인시킨다. 그러면 이 사건의 노석 한 명을 잡을 수 있게 된 것이다. 나머지 도적도 그가 자백한 바에 의해 이름에 따라 신속하고 은밀하게 잡아들이고, 집에 장물이 있으면 장물 또한 아울러 되찾는다. 만약 장물이 다른 곳에 있다면 먼저 사람을 잡아들이고 심문을 한 다음 장물을 되찾는다. 만약 잡힌 사람이 두 명이나 서너 명이면, 모름지기 한 사람의 심문을 마친 다음에 원래 대기하던 자리로 돌려보내고, 다시 다른 한 명을 불러들여 심문을 진행한다. 만약 앞서 심문한 도적이 자백한 같은 패거리인데도 인정하지 않으면 이렇게 이른다. "앞사람이 이미 자백을 했는데 그대로 여전히 버티겠다고? 만약 계속해서 사실대로 불지 않는다면 먼저 협곤으로 네 복사뼈부터 부숴 놓겠다." 이렇게 하면 이 도적은 빠져나갈 수 없음을 알고 단지 사실대로 자백할 수밖에 없을 것이다. 한 사람의 심문이 끝나면 원래 대기하던 자리로 돌려보내고 또 다른 사람을 불러 심문하는데, 각 도적의 「구두진술」이 모두 서로 일치하는지 잘 살펴야 한다. 또한 각 도적의 「구두진술」이 피해자가 진술한 사건 당시의 상황과 일치하는지도 서로 맞춰 보아야 한다.

또한 한 도적의 「구두진술」이 모호하다면 혹은 원래 도적이 아닌데 고문이 두려워 아무렇게나 진술을 하였거나, 아니면 교활한 도적이 일부러 모호하게 말함으로써 지방관이 그가 도적이 아닐지도 모른다는 의심을 품게 하여 법망에서 빠져나가려는 경우다. 혹은 비록 나쁜 놈이기는 하지만 이 사건의 도적은 아니기 때문에 분명하게 자백하지 못하는 것일 수도 있다. 이를테면 도적 을을 심문하는데 [그가 자백을 하지 않지만] 앞서 심문한 도적 갑이 도적 을을 같은 패거리라고 인정한 경우라면, 도적 을을 데리고 나가게 한 다음 도적 갑을 다시 데려와 심문한다. 그때 질문을 잘 던질 필요가 있다. "네가 전에 도적 을이 같은 패거리라고 자백하였는데, 그는 도무지 인정하려 하지 않는다. 그가 과연 네 패거리가 맞느냐 아니냐?" 이렇게 묻는데 만약 도적 갑이 을에게 원한이 있는 게 아니라면 을이 빠져나가도록 놔두겠지만, 어떻게 해서든 같은 패거리라고 억지로 우기려고 한다면 도적 갑은 모름지기 모호하게 답변을 할 것이다.

그러면 이렇게 묻는다. "너는 전에 도적 을이 나눠 가진 장물은 어떤 것이라고 얘기했는데, 그는 자기가 나눠 가진 장물은 다른 것이라고 주장하니, 네 말과 맞지 않다. 너희는 같이 장물을 나눴다는데, 혹시 직접 눈으로 보지 않은 다른 장물이 있느냐?" 갑이 여전히 이렇고 저렇고 고집하는데, 그의 말을 들어 보아 거짓이 아니라면 다시 도적 을을 불러들여 도적 갑과 대질심문을 한다. 인정하면 그걸로 끝이지만, 만약 여전히 다시 부인한다면, 도적 갑과 을을 각기 데리고 나가게 한 다음 다시 도적 갑을 불러들여 묻는다. "당일 누가 도적 을을 끌어들여 범행에 나서게 하였으며, 그가 쥔 무기는 어떤 것이었고, 나눠 가진 장물은 어떤 것이었느냐?" 도적 갑은 원래 따로 격리되어 있었으므로 도적 을이 뭐라고 진술을 하였는지 알지 못한다. 만약 정말 같은 패거리였다면, 그는 도적 을은 어느 날 누가 범행에 끌어들였으며, 손에 쥔 무기는 무엇이고, 나눠 가진 것은 어떤 장물이었는지 자연스럽게 하나하나 토해 낼 것이다. 이 세 가지 모두를 다 완전히 기억하지는 못하더라도 한 가지는 확실히 기억할 것이다. 도적 갑이 도적 을에게 원한이 있어 그를 억지로 끌어들이는 것은 가능하겠지만, 어찌 도적 을 역시 도적 갑에게 원한이 있는 공교로운 경우가 있겠는가?

도적 갑을 데리고 나가게 한 다음, 다시 도적 을을 불러들여, 화난 얼굴을 하고 묻는다. 만약 그대로 분명하게 자백하지 않으면, 그야말로 바로 정말 교활한 도적이다. 이럴 때에는 형구인 대협곤을 대령케 하여, 도적의 다리 사이에 포개서 주리를 틀 준비를 하게 한다.

그가 형벌을 두려워하면 바로 자백하겠다고 말할 것이다. 이왕 자백하겠다고 해도 곧바로 풀어 주어서는 안 되며, 협곤을 도적의 발 위에 느슨하게 포개 놓게 하고 당시 범행에 나서게 된 상황을 처음부터 다시 한 번 얘기하게 한다. 이때 가장 중요한 것은 자신이 얻은 장물에 대해 분명하게 자백시키는 일인데, 도적 갑이 이야기한 것과 들어맞는다면 그때 가서야 협곤을 완전히 제거해 준다. 장물을 다시 되찾고, 원 주인이 그것이 자기 것임을 확인하게 되면, 비로소 그는 이 사건의 진짜 도적으로 확정이 된다. 이런 식으로 심문을 해 나가면 도적도 아무런 원통함이 없을 것이고, 또 그의 입에서 패거리 도적이나 패거리와 나눈 장물까지도 모두 알아낼 수 있을 것이다.

만약 그런데도 얼버무리면서 제대로 자백하지 않는 경우가 있다면, 그가 자기 패거리라고 자백한 앞서의 도적 갑을 다시 심문한다. 혹시라도 모호하게 말을 바꾼다면 그 가운데에는 또한 혹시 인정에 끌려 봐주려는 생각이 작용하였을 수도 있다. 혹은 여전히 악착같이 거짓으로 분다면, 이것은 아마도 원한이 있어 그를 놓아주지 않으려는 속셈일 것이다. 그러면 다시 잘못을 인정한 도적 을을 데려와 심문하는데, 혹은 원래 [도적 갑]의 「구두진술」에 그가 없었거나 그를 지목하지 않았는지, 아니면 「구두진술」 속에 있었지만 잘못 지목하였거나 아니면 장물을 나눠 갖지 않았는지 하는 점 등등을 따지는 것이다. 만약 원래 [도적 갑의] 「구두진술」에 그가 없었거나 지목한 일이 없다면, 이것은 바로 도적 갑이 원한으로 끌어들인 것이다. 만약 [도적 갑의 원래] 「구두진술」에 그가 원래 있었다면, 잘못 지목하였거나 장물을 나눠 갖지 않았던 경우다. 당초에 갑작스럽게 범행을 저지르면서 그 자리에서야 사람을 끌어들이다 보니 혹은 어떤 도적이 끌어들인 사람을 다른 도적은 알지 못할 경우도 있다. [그렇지만] 만약 이떤 날 같이 모의를 하였고, 범행 당일 날에도 장물아비의 집에서 모두 함께 모였다면, 어찌 도적끼리 서로 모를 리가 있겠는가? 이왕 같이 범행에 나섰고 나눠진 장물의 많고 적음이 다르다면, 어찌 조금도 장물을 얻지 못하는 일이 생길 수 있겠는가?

혹은 포역이 여러 사람에게 끌어들여 피해를 주거나, 혹은 아무나 붙잡아 온 것일지도 모른다. 따라서 모름지기 「소환장」을 발급하여 다른 차역에게 즉시 피해자 및 족장·친척·이웃주민·장두·보갑장·향약·지보 등을 한꺼번에 불러들이게 하여 심문하되, 이 사람이 평소에 하던 일이 무엇인지, 예전에 범죄를 저지른 적 있는지, 과연 못된 무리의 일당인지, 피해자의 집에 강·절도사건이 있기 전에 낯선 사람이 온 적이 있는지, 사건 당일 밤에 이 사람이 집에 있었는지, 사건 이후 이 사람이 장물을 팔아넘긴 일이 있는지, 의심스러운 종적에 있었는지 없었는지를 묻는다. 뭇사람이 말하는 것을 들어 본 다음, 또한 다시 개별적으로 불러서 묻되, 똑같은 이야기를 하는지 들어 보아야 한다.

만약 범행에 나선 일은 모르지만 이 사람이 평소에 행실이 바르지 못하고, 또 실제 증거도 있다면 원래 나쁜 놈인 것이 분명하지만, 이 사건의 범인이 아니므로 따로 감금시켜, 사건의 범인들이 모두 잡히기를 기다리게 한다. 그래서 이 사건에 과연 관련이 없더라도 반드시 무겁게 꾸짖고 보증을 세워 지역방범대(土番)에 편입시킨다.[212] 만일 뭇사람의 구두진술이 "그가 평소 농사에 힘쓴다고 하거나 혹은 작은 자본으로 장사를 하면서 종래 나쁜 행실이나 범죄를 저지른 적이 없어 실로 양민이며, 저희들이 보증을 서서 인수해 가고 싶습니다."라고 한다면, "실로 양민이며, 결코 아무런 거짓도 없습니다. 나중에 발각되면 달게 죄를 받겠습니다."라고 연명으로 「확인서」·「보증서」를 쓰게 한 다음, 즉시 보증인이 인수하여 집으로 돌려보내게 한다.

만약 관련 포역이 멋대로 잡아들인 것이고, 별다른 이유가 없다면 원래의 포역을 엄중히 처벌한다. 그가 도적과 결탁하여 끌어들이도록 사주하였고, 구인할 때 따로 약탈 등의 폐해가 있었다고 한다면 엄중히 처벌하고 칼을 씌워 대중 앞에 공개한다. 그리고 이 부정한 재물을 추징하여 원래 주인에게 주고, 「영수증」을 받아 보관함으로써 간교한 무리가 상사에게 가서 고발하도록 사주하지 못하게 한다. 포역이 양민을 무고하여 해를 끼친 경우 만약 포역이 신참이고 못된 놈이라면, 반드시 쫓아내서 나머지 포역에게 경계심을 갖도록 해야 한다.

○ 무릇 도적을 심문할 때에는 모름지기 그 말투를 잘 보고 거짓과 진실을 판별함으로써, [그것을 근거로] 자백이 끝났을 때 힐문할 수 있어야 한다. 요컨대 임기응변이 중요하며, [물론 그 내용을] 미리 지정해 놓을 수는 없다. 이제까지 서술한 심문방법은 입에서 나오는 대로 두서없이 적은 것에 지나지 않지만, 이것으로 처음 지방관 업무를 맡은 분들이 깨달음을 얻고 거기에서 나머지를 미루어 짐작할 수 있게 된다면, 진범을 놓치거나 억울한 사람을 무고하는 일은 없을 것이다. 만약 구구절절이 너무 많은 말을 하였다면, 훌륭하신 여러분의 비웃음을 면치 못할 것이다.

○ 한 도적을 심문하고 나면 「구두진술」의 내용을 지방관이 한번 검토해 보고, 불명확한 것이 있거나 잘못된 부분이 있으면 다시 확실하게 심문하여 바로 고쳐 바로잡는다. 각 범인의 심문이 끝나고 「구두진술」 검토가 모두 끝나면, 그것을 잘 밀봉하여 내아로 가지고 들어가되, 일을 맡은 각 차역들에게 엄히 명하여 밖으로 전달하지 못하게 하며, 누설되면

212 지역방범대에 대해서는 제18권 형명부 8 도적 하 「18-08. 지역방범대 점호(土番)」를 참조.

조사하여 처벌한다.

盜不難審, 要于捕役緝盜, 根上淸楚. 何謂: "根上淸楚"? 本地之盜, 豈止數十家? 卽此數十家, 豈皆行劫此案之盜? 捕役止獲此案之盜, 不可放却此案之盜,[213] 更拿他盜及掏摸小偸塞責.[214] 若拿他盜及小偸, 彼未嘗不是賊, 而以此塡入此案固不可, 卽嚴刑令其供認,[215] 彼實不知情, 便拷殺, 敎他何處供起?[216] 捕役旣得此案眞盜, 止宜令他供出夥盜, 方可緝拿. 却又不可敎唆他, 咬扳平人.[217] 在捕役之意, 或與彼有嫌, 不過借其洩忿,[218] 或窺其殷實, 不過利其資財. 平人面上, 又無字號,[219] 官何由知?

旣稱彼爲盜, 方視爲盜之可恨, 而嚴刑加之矣. 良民畏刑, 不得已而誣服,[220] 以比認夥,[221] 則曰: '同夥', 以比認贓, 則曰: '是贓', 則冤從何辨乎? 彼問官視爲眞盜矣. 或解之上司, 滿口呼冤,[222] 上司問之夥盜, 夥盜良心發現, 遽稱實非同夥, 不惟上司疑官賣放,[223] 誣害良民, 致于糾劾,[224] 而本官又從頭拿賊,[225] 從頭審理, 不多事乎? 然或賊畏上司, 又如州縣動刑,[226] 稱冤無益, 俛首「原招」,[227] 良民不日與盜犯同罹重典. 陰司不免上問官一簿,[228] 死後塡還,[229] 此猶其來世事也. 若眞盜漏網, 或從他處拿住, 搜獲眞贓, 供出此案, 一旦具題,[230] 則現前燦然之

---

213 방각(放却)은 놓아주다, 풀어 준다는 뜻이다.

214 도모(掏摸)는 몰래 훔치다, 꺼낸다는 뜻, 즉 소매치기를 가리킨다. 색책(塞責)은 책임을 다한다, 또는 책임을 메운다, 자신이 해야 할 일을 얼렁뚱땅 처리한다는 뜻이다.

215 공인(供認)은 당사자가 사건과 관련된 사실을 진술하거나 자백하는 것, 또는 승인하는 것을 가리킨다.

216 교(敎)는 여기서 하게 하다, 하도록 시킨다는 뜻이고, 고살(拷殺)은 고문 끝에 죽인다는 뜻이다.

217 교반(咬扳)은 깨물고 끌어당긴다는 뜻인데, 심문을 받거나 힐문을 받을 때 다른 사람을 끌어들이거나 모함하는 것을 가리킨다.

218 설분(洩忿)은 내심의 분노를 발산한다는 뜻이다.

219 자호(字號)는 문자로 만든 부호를 가리킨다.

220 무복(誣服)은 무고하게, 억울하게 죄를 뒤집어쓴다는 뜻이다.

221 비(比)는 여기서는 다그친다, 독촉한다는 뜻이다.

222 만구(滿口)는 오로지 한 가지 소리만을 말한다, 구구성성(口口聲聲), 즉 '하는 말 모두'라는 뜻이다.

223 매방(賣放)은 뇌물을 받고 몰래 풀어 준다는 뜻이다.

224 규핵(糾劾)은 적발하여 탄핵한다는 뜻이다.

225 종두(從頭)는 '처음부터 다시'라는 뜻이다.

226 동형(動刑)은 고문을 가한다, 즉 형구를 인체에 가한다는 뜻이다.

227 부수(俛首. 俯首)는 머리를 숙인다는 뜻이고, 「원초(原招)」는 「최초의 구두진술」을 이르는 말이다.

228 음사(陰司)는 지하의 관청, 즉 저승의 염라대왕을 가리킨다. 상부(上簿)는 문서를 올리고 심문이나 질문을 받는다는 뜻이다.

229 전환(塡還)은 상환한다, 보상한다는 뜻이다.

230 구제(具題)는 제본(題本)을 갖추어 상주한다(上奏)는 뜻이다.

頂[231]、爛然之補服,[232] 寧保其必在耶? 捕役拿到眞賊, 只宜聽官審問, 不可預先私行弔拷. 【捕役私拷, 有腦箍[233]、壓石、刮脇[234]、懸指[235]、灌醋[236]、揷鬃諸刑,[237] 謂之: '收拾',[238] 備極慘毒[239]】

若嚇他要錢, 猶是捕人常態.[240] 若逼他供盜, 彼豈肯將此案眞盜供招? 又必將伊仇恨之平人, 與殷實之良懦,[241] 做進門盒子,[242] 奉承捕人. 捕人奉差緝賊, 原無主名, 逢人可拿, 況出之盜口乎? 于是帶盜作眼,[243] 任其入室穿房,[244] 誰敢攔阻?[245] 而其人之家財、細軟,[246] 搜掠一空.[247] 捕役得其厚利. 心知不是匪人, 反作乾情,[248] 聽尋親友, 立討餚約,[249] 保領放還,[250] 其人得命已倖生全,[251] 猶復計已失之財乎? 至于盜之仇恨, 貧無錢買, 捕役又加拷, 逼認寫上道情形,[252] 方冀到官辯理.[253]

---

231 현전(現前)은 '눈앞의·목전의'라는 뜻이고, 찬연(燦然)은 명백하다, 분명하다, 또는 화려하다는 뜻이다. 정(頂)은 정대(頂戴)를 가리킨다. 정대는 청대 지방관의 품급 고하를 구별하기 위해 쓰이던 모자 장식을 가리킨다. 정자(頂子)라고도 한다.

232 보복(補服)은 명·청대의 관복을 말한다. 상의의 앞뒷면에 금실과 채색 실로 수를 놓은 보자(補子), 즉 등급을 표시하는 정사각형의 휘장을 덧붙였기 때문이다. 정대와 보복은 결국 지방관의 관직 자체를 상징하는 것이기도 하다.

233 뇌고(腦箍)는 머리를 둘러 감싸는 형구를 가리킨다.

234 괄(刮)은 깎다, 비비다, 문지른다는 뜻이 있다. 협(脇)은 옆구리·갈빗대를 가리킨다.

235 현지(懸指)는 방향을 정해 매달아 놓는다는 뜻이다.

236 관초(灌醋)는 식초를 들이붓는다는 뜻이다.

237 삽종(揷鬃)은 상투·갈기를 꽂다, 끼워 넣는다는 뜻이다.

238 수습(收拾)은 수집·정리·정돈·수확·징벌 등의 여러 뜻이 있다. 여기서는 가장 마지막의 뜻에 가까운 것으로 보인다.

239 비극(備極)은 어느 한도보다 심하다는 뜻이고, 참독(慘毒)은 잔인하고 악독하다는 뜻이다.

240 상태(常態)는 고정적이거나 일상적인 자태나 형태, 즉 본래 모습을 가리킨다.

241 양유(良懦)는 착하고 온순한 사람을 가리킨다.

242 진문(進門)은 여자가 출가하여 시댁에 들어간다는 뜻이고, 합자(盒子)는 함, 찬합을 가리킨다. 따라서 진문합자(進門盒子)는 처음 집(시댁)에 들어서면서 내놓는 선물이나 집들이 선물이라고 풀이할 수 있을 것이다.

243 작안(作眼)은 끄나풀·바람잡이로 삼는다는 뜻이다.

244 입실천방(入室穿房)은 멋대로 남의 방 안에 들락거린다는 뜻이다, 몰래 도둑질을 한다거나 아니면 문 안 사정을 잘 안다는 뜻이기도 하다.

245 난저(攔阻)는 가로막는다, 저지한다는 뜻이다.

246 세연(細軟)은 가볍고 휴대하기 편한 귀중품을 가리킨다.

247 수략(搜掠)은 수색하여 약탈한다는 뜻이고, 일공(一空)은 '몽땅, 깨끗하게'라는 뜻이다.

248 작정(作情)은 인정을 베풀다, 인심을 쓴다는 뜻이므로 작건정(作乾情)은 겉치레 인심, 또는 공짜 인심을 쓴다는 뜻 같다.

249 효(餚. 肴)는 익은 육류 음식, 술안주를 가리킨다. 따라서 효약(餚約)은 술자리 약속, 향응이나 접대를 뜻한다.

250 방환(放還)은 석방하게 집에 돌려보낸다는 뜻이다.

251 생전(生全)은 생명이나 몸을 보전한다는 뜻이다.

252 상도(上道)는 출발하다, 길에 오른다는 뜻이지만, 여기서 범행에 나선다는 뜻으로 쓰인 것 같다.

253 변리(辯理)는 보고하다, 보고하여 처리한다는 뜻이다.

無如惡盜鐵口硬證,[254] 問官尤指爲狡賊, 非嚴刑不招, 夾棍邊扛,[255] 緊攏狠敲,[256] 彼非石骨銅筋, 焉有不滿口招承者乎?[257] 彼惡盜之所以忍心如此者,[258] 其故有二. 事主所報之數及盜供之夥, 緝獲無踪, 非人不滿,[259] 則以其仇而實之, 以寬捕役之比, 其仇旣可塡數, 眞盜得以漏網. 有錢者留爲資助在監使費, 有力者留爲上司衙門打點,[260] 以圖展脫.[261] 似彼神奸所作,[262] 問官豈能盡知? 往往爲强盜捕人作劊子手耳.[263] 不亦可愧哉!

此皆所謂: "根上不淸楚"也. 夫所以不淸楚者, 用捕役之非其人也. 新進無知, 或有誤拿及信盜誣扳之事.[264] 若老成積慣, 不惟本地盜賊, 誰强誰竊, 彼一掌金,[265] 可以倒背,[266] 卽他方匪類, 面前一過, 是新是舊, 便可將骨髓看穿,[267] 豈有果爲良而誤拿, 信盜扳而悞誣者哉? 爲政者旣辨捕役之才, 能結捕役之心, 能信捕役之賞罰, 則緝盜之根, 未有不淸楚者矣. 根旣淸, 而審盜又何難乎!

捕役拿賊, 斷預先嚴飭不許私行拷問. 但私刑問過, 賊恐得罪捕役, 只得照他私審「口供」敍說. 若捕役刑拷, 要他供認是本案之盜, 或唆盜咬扳某人是盜. 盜受私拷不過, 又自妄扳平人作

---

254 철구(鐵口)는 강경한 언사에 의한 대응을 가리키며, 경증(硬證)은 증인이나 증언을 날조하여 남을 모함하는 일을 가리킨다. 또는 위증을 제공하는 사람을 가리키기도 한다.

255 협곤(夾棍)은 가운데 홈을 판 나무막대 세 개를 줄로 엮은 각곤(脚棍)에 양다리를 끼우고 줄을 잡아당겨 죄어 고통을 가하는 형벌을 가리킨다. 변강(邊扛)은 아마 협곤으로 고문한다, 주리를 튼다는 뜻으로 보인다. 강(扛)은 두 손으로 무거운 물건을 들어올린다, 부딪친다, 어깨로 멘다는 뜻이 있다. 대청률례에 따르면 강·절도사건이나 살인사건의 범인에게는 협곤을 사용할 수 있다(『대청률례』 권4 「명례율(名例律) 상(上) 오형(五刑)」(『律』1.01-10.2). "1. 凡笞、杖罪名折責, 概用竹板, 長五尺五寸. 小竹板, 大頭闊一寸五分, 小頭闊一寸, 重不過一斤半. 大竹板, 大頭闊二寸, 小頭闊一寸五分, 重不過二斤. 其强盜、人命事件酌用夾棍. 2. 夾棍中梃木長三尺四寸. 兩旁木各長三尺. 上圓下方. 圓頭各闊一寸八分. 方頭各闊二寸. 從下量至六寸處. 鑿成圓窩四箇. 面方各一寸六分. 深各七分. 拶指以五根圓木爲之. 各長七寸, 徑圓各四分五釐. 其應夾人犯不得實供, 方夾一次, 再不實供許再夾一次, 用刑官有任意多用者, 該管上司不時察參, 儻有徇隱事發, 並交部議處.").(p.81)

256 긴롱한고(緊攏狠敲)는 단단히 묶어 놓고 아주 사납게 두들겨 팬다는 뜻이다.

257 초승(招承)은 자백하여 승인한다는 뜻이다.

258 인심(忍心)은 못된 마음으로, 양심을 어기면서, 또는 '차마, 마음을 억제하고'라는 뜻이 있다.

259 비인(非人)은 악한 사람, 악인을 뜻한다.

260 타점(打點)은 뇌물을 써서 돌봐 달라고 청탁을 하는 것을 가리킨다.

261 전탈(展脫)은 몸부림친다, 벗어난다는 뜻이다.

262 신간(神奸)은 능히 사람을 해칠 수 있는 귀신이나 요괴, 또는 아주 교활하고 간사한 사람을 가리킨다.

263 회자수(劊子手)는 사형을 집행하는 망나니, 나아가 각종 방식으로 살인을 저지르는 흉수를 가리킨다.

264 무반(誣扳. 誣攀)은 진술할 때 엉터리로 다른 사람을 끌어들인다는 뜻으로 보통 근거 없이 다른 사람을 끌어들이는 것을 가리킨다.

265 장금(掌金)은 손가락으로 숫자를 표기하는 방법으로, 나아가 계산한다는 뜻이 있다.

266 도배(倒背)는 끝에서부터 거꾸로 외다, 암송하다, 줄줄 왼다는 비유다.

267 골수(骨髓)는 내면이나 핵심을 가리키는 비유로 쓰이기도 한다. 간천(看穿)은 꿰뚫어 보다, 알아차린다는 뜻이다.

盜, 豈不都成冤枉?[268] 每有問官厭煩審事,[269] 先令捕役私取「口供」呈看, 彼反照捕役取供審賊, 豈不又是可笑? 拿賊中惟私拷取供一事, 大是害民、害官, 萬萬宜禁. 故鴻又提出反覆言之.

○ 按律, 將良民誣指爲盜, 及寄買賊贓, 捉拿拷打, 嚇詐財物,[270] 或以起贓爲由, 沿房搜檢,[271] 搶奪財物, 淫辱婦女, 除眞犯死罪外, 其餘不分首、從, 俱發邊衛永遠充軍.[272] 【註: 誣送官,[273] 依誣告論. 淫辱婦女, 依强姦論】

○ 又按題定『則例』, "捕役誣拿良民爲盜, 私用非刑, 害人致死者, 將該管以不能詳察論, 革職. 道府不行據實査報,[274] 降二級調用"云云.[275] 由律例觀之, 拷打嚇詐, 指誣良民而言也. 以起贓爲由, 搜檢、淫辱幷指盜而言也. 檢盜財、淫盜婦, 猶論流絞重罪, 況其拷詐良民乎? 捕役

---

268 원왕(冤枉)은 엉뚱한 사람이 무고를 당해 유죄가 되거나, 잘못이 없는 사람이 질책을 받는 것, 사실에 근거하지 않고 사람에게 악명을 뒤집어쓰게 한다는 것을 가리킨다.

269 염번(厭煩)은 '혐오하거나 꺼리다, 몹시 귀찮게 여기다'는 뜻이다.

270 혁사(赫詐)는 위협하여 공갈을 치거나 속이는 것을 말한다.

271 연방(沿房. 緣房)은 '집집마다, 방마다'라는 뜻이고, 방(房)은 방이나 집을 가리킨다. 수검(搜檢)은 들쑤신다, 뒤집어 헤치면서 찾는다는 뜻이다.

272 『대청률례』 권30 「형률 소송(訴訟)」(『律』336.21) 「무고(誣告)」. 條例 "21. **凡將良民誣指爲竊, 稱係寄賣賊贓, 將良民捉拏拷打, 嚇詐財物, 或以起贓爲由, 沿房搜檢, 搶奪財物, 淫辱婦女, 除實犯死罪外, 其餘不分首、從, 俱發邊遠充軍**. 若誣指良民爲强盜者, 亦發邊遠充軍. 其有前項拷詐等情, 俱發極邊煙瘴充軍[誣指送官, 依誣告論. 淫辱婦女, 以强姦論]." 이 조문은 『강희간(康熙刊) 정례성안합휴(定例成案合鐫)』(東京大 東洋文化硏究所 所藏)나 옹정판·건륭판 『대청률례』에는 나타나지 않고 오히려 도광판 『대청률례』에서만 나타나고 있다. 장영쟁 등 표점·교열, 『대청률례』, p.521을 참조. 물론 여기도 본문의 "俱發邊衛永遠充軍"이 "俱發邊衛充軍"으로 바뀌었다는 차이점이 있다. 명대의 충군은 본인이 죽을 때까지 복역하는 종신충군(終身充軍)과 본인의 사후 자손·친척이 이어받은 영원충군(永遠充軍) 두 가지가 있었으나, 청대에는 충군형이 명과는 달리 부가형(附加刑)이 아닌 독립형(獨立刑)으로 바뀌고, 가족도 따라가지 않게 되면서 영원충군도 사라지게 되었다.

273 송관(送官)은 관부로 이송한다는 뜻이다.

274 도부(道府)는 주현보다 위에 있는 성의 행정단위인 도와 부, 또는 그 관리를 가리킨다.

275 『강희간(康熙刊) 정례성안합휴(定例成案合鐫)』 권18 「형부(刑部) 적도(賊盜)」의 「무량위도(誣良爲盜) 포역무량불험사고성안(捕役誣良不驗私拷成案)」 조항(27a)에 관련 내용이 보인다. "捕役誣拏良民爲盜, **私用非刑害人致死者, 該管官不能詳察論革職, 未經致死者, 降四級調用. 道、府不行據實査報, 降一級調用.**" 黃六鴻은 '降二級調用'이라 인용하였지만, 원문은 '降一級調用'으로 보인다. 하지만 심서성(沈書城) 집(輯), 『칙례편람(則例便覽)』(乾隆庚戌序. 『四庫未收書輯刊』, 北京出版社, 2007의 第二集 第27冊 所收) 권38 「형(刑) 적도(盜賊) 상(上) 포역무량(捕役誣良)」, 1b-2a에서는 '降二級調用'으로 되어 있다("(修改)**捕役誣拿良民爲盜及誣良爲竊, 私用非刑, 害人致死者, 失察之州縣印、捕官革職, 道、府、直隸州總捕廳, 降二級調用**. 按擦使降一級調用, 督撫罰俸一年. 誣良爲盜、竊, 未經致死者, 州縣印、捕官降四、一級調用, 道府等官降一級調用、留任, 按擦使罰俸一年, 督撫罰俸六個月. 上司査出揭參者免議"). 또한 『흠정(중수)육부처분칙례(欽定(重修)六部處分則例)』(上海: 圖書集成印書局, 光緖16年) 권42 「적도(盜賊) 하(下) 포역무량(捕役誣良)」, 6a도 비슷한 구절이 있다("**捕役誣拿良民爲盜及誣良爲竊, 私用非刑, 拷逼已致死者, 將失察之州縣印、捕官, 革職. 府州及總捕廳員, 降二級調用, 道員降一級調用**, 臬司降一級留任, 督撫罰俸一年(俱公罪). 誣良爲盜, 未致死者, 州縣印、捕官降三級調用, 府、州、廳員降一級調用, 道員降一級留任, 臬司罰俸一年, 督撫罰俸六個月(俱公罪). 誣良爲竊, 未致死者, 州縣印、捕官降一級調用, 府、州、廳員降一級留任, 道員罰俸一年, 臬司罰俸六個, 督撫罰俸三個月(俱公罪). 如係自行訪拏審出, 未致死者, 免議. 已死者, 仍照例議處, 上司査出揭參者免議.").

小人, 固不足惜. 查衙役犯贓十兩以上, 本官失于覺察,[276] 革職.[277] 私用非刑, 即不致死, 該管官亦降四級調用,[278] 則本官亦胡爲代捕役而任咎哉?[279] 故禁之, 斷不可不嚴也.

○ 捕役拿獲盜犯, 宜先問于何處拿獲, 拿獲時是何情形, 有無私刑弔拷. 若有弔拷情弊(驗其手足臂指,[280] 傷痕亦見), 捕役雖獲本案眞賊, 重賞之外, 亦須重究.[281]

○ 審盜宜于嚴密之地, 墻門之外, 不許閒人竊聽, 恐供出盜夥, 走漏消息. 審時拿此盜捕役, 不得帶此盜聽審, 宜換拿彼盜捕役聽審. 彼此換帶, 審完時, 令各帶各盜, 以便交割入監.[282] 則盜見拿彼捕役不在, 問官鞫訊,[283] 以便放膽,[284] 吐露眞情. 臨審時, 只宜老成謹愼刑書一名, 詳錄「口供」. 動刑皂隸, 只許帶盜進時高報: "刑具取到", 抛擲階下,[285] 轟然有聲,[286] 使盜犯恐嚇害怕.[287] 皂隸俱進門外伺候,[288] 呼喚動刑方進. 官府左右, 只宜親信內丁一、二人聽用,[289] 不許衙役多人在傍, 恐聽得口詞,[290] 外邊傳播. 如係一犯, 徑自帶問.[291] 如係二犯、三犯、四犯, 須要每犯各帶一處, 所謂: '隔別硏審'.[292] 審過仍歸各處, 恐還再問, 若一齊跪進,[293] 則難對口詞. 若帶在一處, 又恐商串口詞, 最是要緊.

凡盜犯到前, 須令抬起頭來, 問官仔細觀看. 若是强盜, 面貌自然兇惡. 若是良民, 面貌自

---

276 실우각찰(失于覺察)은 알아채고 살피는 데 잘못·실수가 있었다는 뜻인데, 줄여서 실차(失察)라고도 쓰며, 오늘날의 용어로 쓰자면 '감독 소홀'이라고 할 수 있다.

277 『강희간 정례성안합휴』 권23 「형부(刑部) 수장(受贓)」의 「실찰아역범장(失察衙役犯贓)」(欽定則例) 조항(9a)에 같은 내용이 보인다. "**官員衙役犯贓失于覺察十兩以上者, 革職**; 一兩以上者, 降二級調用; 不及一兩者, 降一級調用."

278 앞서 인용한 『강희간 정례성안합휴』 권18 「형부(刑部) 적도(賊盜)」의 「무량위도(誣良爲盜) 포역무량불험사고성안(捕役誣良不驗私拷成案)」 조항(27a)을 참조.

279 임구(任咎)는 죄과나 처벌을 떠맡는다는 뜻이다.

280 비지(臂指)는 팔이 손가락을 움직이듯 자유롭게 운용한다, 영활하게 지휘한다는 뜻이다

281 중구(重究)는 엄중하게 처리 또는 처벌한다는 뜻이다.

282 교할(交割)은 인수인계나 교환(장사)할 때 양쪽이 교대에 관련된 사항을 처리하거나 돈을 지불하여 수속을 마무리한다는 뜻이다.

283 국신(鞫訊)은 심문(審問)한다, 또는 고문하면서 물어본다(訊問)는 뜻이다.

284 방담(放膽)은 '대담하게'라는 뜻이다.

285 포척계하(抛擲階下)는 계단 아래쪽에 내던진다는 뜻이다.

286 굉연(轟然)은 소리가 아주 크고 시끄러운 것을 형용한다.

287 해파(害怕)는 위험이나 곤란을 만나 두려워하거나 당황한다는 뜻이다.

288 사후(伺候)는 지켜본다, 옆에서 지키면서 시중을 들거나 돌본다는 뜻이고, 나아가 이런 일을 하는 당직 아역이나 잡역을 가리키기도 한다.

289 청용(聽用)은 사용하거나 임용하기를 듣고 기다리게 한다는 뜻이다.

290 구사(口詞)는 진술이나 자백을 가리킨다.

291 경자(徑自)는 스스로 직접 행동하는 것을 표시한다.

292 연심(硏審)은 연구하고 심사한다, 또는 따져 묻거나 심문한다는 뜻이다.

293 궤진(跪進)은 무릎을 꿇고 들어오게 한다는 뜻이다.

然純善. 若是此案眞盜, 彼自然心虛,[294] 兩眼睛珠不時轉動,[295] 摸他心口亦跳.[296] 若不是此案眞盜, 雖是匪人, 彼眼睛珠不動, 面色不改. 此說雖未必盡然, 大端良惡亦自可見也.[297] 看畢, 語盜云:

本州縣平日作官, 你有耳躱, 必然聞得. 若是良民也, 不肯誣害, 若是匪類也, 不肯輕饒. 你今不怕王法, 不循天理, 去打劫某人財物, 又殺傷人. 是你自投法網, 非是本州縣無故來尋你. 你今將上道情形, 一一從實招來,[298] 免受刑罰. 你若狡辯不招,[299] 除受了刑, 還有饒了你的理麼?

且看他如何說, 若有招的口氣,[300] 便把言語誘他: "你若供出這案實情, 我到從輕開你一條生路." 他見官府口緊,[301] 又有恩典到他,[302] 或從實說了, 開條生路也不可知. 若是積年老賊, 他儘識勢頭,[303] 若是平常新賊, 恐怕受刑也, 都要到招的路上來矣. 須要逐件詳細問他.[304] 是誰起意, 要去打劫何來, 同夥共有幾人? 或是本地, 或是他州縣, 是何姓名住址, 誰是誰去勾來的, 何人領線,[305] 領線之人曾否認得失主? 何人作窩, 何日在何處同商量, 本日曾否窩家潛頓,[306] 器械藏在何處, 本夜在何處齊連起草,[307] 如何進得街上柵欄, 有無人巡更? 進到他家是何時候, 從何處進他家去, 或是房上下去, 或是撥後門、劈前門, 何人在外把風, 何人截門, 何人持火撚, 何人收拾財物? 某人拿的是何器械, 是誰傷人, 傷了某處, 出他家是何時候, 從何處出去? 有無人救護, 鳴鑼追赶, 是夜何處歇脚,[308] 何處分贓, 某人分得某物, 如今同夥人都在

---

294 심허(心虛)는 내심을 비워 아무런 선입견이나 편견이 없거나 겸허함을 가리키거나, 아니면 겁을 먹고 가슴이 비정상적으로 뛴다, 켕긴다, 제발이 저린다는 뜻이다.
295 안정주(眼睛珠)는 눈동자를 말한다.
296 심구(心口)는 가슴을 가리킨다.
297 대단(大端)은 주요한 실마리, 또는 사정의 주요한 방면, 본원·대략을 가리킨다.
298 초래(招來, 招徠, 招倈)는 끌어들이다, 이끈다는 뜻이다.
299 교변(狡辯)은 궤변이나 강변(强辯)을 말한다.
300 구기(口氣)는 어조·어투·사투리 등을 가리킨다.
301 구긴(口緊)은 신중하다, 조심스럽게 말한다는 뜻이다.
302 은전(恩典)은 은혜 또는 은혜를 베푸는 것을 가리킨다.
303 세두(勢頭)는 위세나 세력·정세·추세를 뜻한다.
304 축건(逐件)은 '한 건 한 건 마다'라는 뜻이다.
305 영선(領線)은 주도권이나 통제권을 장악한다는 뜻이다. 벽이나 담을 세울 때 숙련된 기술자가 실로 수직과 수평면을 확정하는 데서 나왔다.
306 잠돈(潛頓)은 숨겨 둔 장물을 가리킨다.
307 기초(起草)는 사전적 의미로는 초안을 잡는다는 뜻이다. 하지만 여기서는 아마도 행동을 시작한다, 출발한다는 뜻으로 쓰인 것 같다.
308 헐각(歇脚)은 가는 길이 힘들 때 멈추어 쉰다는 뜻, 즉 멈추거나 휴식한다는 뜻이다.

何處? 一一供得明白.

若係拿得一人, 便問他分的贓物在何處, 拿的器械在何處, 便要另差一妥人,[309] 立同原捕, 速速起贓、起器械. 若起得一件本案眞贓, 失主識認是伊本物及原報「失單」所有, 則得此案一賊, 則餘賊照其所供, 按名速行密拿, 有贓在家, 併贓卽可立起.[310] 如贓在別處, 先將人拿到, 審明再起. 若係拿到二人、三·四人, 須審完一人, 帶歸本處, 再帶一人進審. 若係前賊所供同夥, 彼不肯認,[311] 卽云: "前某已供, 汝還敢賴. 如再不實招, 便先夾折你的孤拐."[312] "這賊料不能脫, 也只得實供. 一人問畢, 帶歸本處, 再喚一人進審, 個個賊之「口供」, 俱要相對. 又要各賊「口供」, 與事主所供當日打劫情形相對.

若有一賊「口供」含糊, 或原不是賊, 畏刑亂招, 或是狡賊, 故作含糊之語, 使官疑他不是賊, 希圖展脫.[313] 或雖係歹人,[314] 不是此案之賊, 故供不能明. 要看此賊若是前賊供出, 將此賊帶下, 便帶前賊問. 還要善于問若說: "你前供出某人, 他不肯招, 他果然是你一夥, 不是你一夥?" 如此問他. 若不與他有仇, 聽他滾罷了.[315] 如何肯硬證他也, 便要含糊答應了. 但問他: "你前說某人分的是某贓, 他供的是某贓, 與你說的不對. 你們一起分贓, 還有不親眼見的麼?" 他前供旣說, 自難改口,[316] 必定說是: "我親眼見的,[317] 他還如何如何?" 聽他言辭非謊, 便將那賊帶來, 與這賊質對, 認了便罷. 若再不認, 且俱各帶下, 便把供認過賊帶來問: "某人當日是誰勾他上道的, 他拿的是何器械, 分的是何贓物?" 這賊隔別著在, 不知那賊是如何「口供」. 若果是同夥, 他便說某人當日是某人勾他上道, 拿的是何器械, 分的是何贓物, 自然一一說出. 三件或不能全記, 也記得一件. 前賊或與他有仇扳他, 豈這賊也與他有仇耶?

將此賊帶下, 仍帶那賊上來, 作怒色問他. 若再不明招, 便是狡賊. 叫拿大夾棍夾起來, 卽套上夾棍,[318] 他怕刑, 便說我招了. 他旣認招, 又要放起將夾棍放鬆套在脚上,[319] 要他將上道情形, 從頭說一遍. 最要把自己分的贓供得明白, 與前賊所說無異, 方把夾棍放了. 待起獲贓,

---

309 타인(妥人)은 일 처리가 적절한 사람을 가리킨다.
310 병장(併贓)은 '같이 얻은 부정한 재물을 모두 합쳐'라는 뜻이다.
311 긍인(肯認)은 인정하거나 동의한다는 뜻이다.
312 고괴(孤拐)는 고과(孤踝)라고도 하는데, 복사뼈를 가리킨다.
313 전탈(展脫)은 벗어나려고 몸부림친다, 벗어난다는 뜻이다.
314 알인(歹人)은 회인(壞人), 즉 나쁜 사람이라는 뜻이다.
315 곤(滾)은 흐르다, 새나가다, 몸을 뒤집는다는 뜻이다.
316 개구(改口)는 원래 말했던 내용이나 어조를 바꾼다는 뜻이다.
317 친안(親眼)은 스스로의 눈으로 본다는 뜻이다.
318 투(套)는 '포개다, 겹치다, 올가미를 매다'는 뜻이다.
319 방송(放鬆)은 풀어 놓는다는 뜻이다.

失主認明, 便是此案眞盜. 如此問去, 不惟此賊無冤, 還從他口裏把同夥之賊、同夥賊分之贓, 都報出來也.

若有賊含糊不招, 將前供他之賊再問, 或含糊改口, 其中又恐狗情順他, 或仍是硬證, 又恐有仇不放他. 再將認過之賊帶來問, 或供原沒有他, 或不認得他, 或供有他認不眞, 或沒有分贓. 若供沒有他, 不認得, 這便是前賊仇扳. 若供有他, 記不眞. 沒有分贓, 當初倉卒上道, 臨時糾人, 或有那賊勾來, 此賊不認得. 如某日同商量, 本日又有窩家會齊, 如何還有不認得之理? 旣同上道, 所分多寡不同, 如何有全不得贓之事?

或恐是捕役串害,[320] 或是妄拿, 須出票另差立喚本贓[321]、族長、親屬、鄰佑、庄頭、保甲長、鄉約、地方, 一齊來問. 此人素日所作何事,[322] 有無非爲過犯, 果否匪類? 某家未失事之前, 曾否有面生之人, 到此人之處? 某家失事之夜, 此人曾否在家? 失事之後, 此人曾否有贓物變賣, 有無可疑踪跡? 看衆人如何說, 也要逐個喚進來問. 看他可是一樣的話, 若某家上道之事不知, 但此人素日不端, 又有實跡, 原是歹人, 但非此案著另監候, 俟拿齊此案正犯. 如此案果無其人, 須重責取保, 編入土番.[323] 若衆供: "平日或務農、或小本生理,[324] 從無不端過犯, 實係良民, 我等情願保領",[325] 便著寫"實係良民, 並無虛捏, 日後發覺甘罪"連名「結狀」, 并連名「保狀」, 卽著保領寧家. 查係捕役妄拿, 並無別故, 將原捕重責. 係串賊唆扳, 拿時別有掠財情弊, 重責枷示,[326] 追贓給主, 取領存案, 以免奸人唆赴上司告. 捕役誣良詐害, 如捕役係新進不肖之人, 更須革黜,[327] 以儆其餘.

○ 凡審賊須要聽其口詞, 辨其虛實, 俟其供吐,[328] 以爲駁詰.[329] 總在隨機應變, 未可預爲指定. 鴻今所敍審法, 不過胡謅一個樣子,[330] 使初仕諸公, 從此悟入,[331] 可以觸類旁通,[332] 不

---

320 관(串. 또는 천)은 한 줄로 꿰거나 엮는다는 뜻이다.
321 본장(本贓)은 아마 강·절도사건의 피해자를 가리키는 것 같다.
322 소일(素日)은 대낮 또는 평소·종래라는 뜻이다
323 토번(土番)은 본래 토착인·현지인을 말한다.
324 소본(小本)은 조그만 본전, 작은 자본을 가리킨다.
325 정원(情願)은 지원하거나 바란다는 뜻이고, 보령(保領)은 보증하여 인수하거나 수령한다는 뜻이다.
326 가시(枷示)는 칼을 씌워 대중에게 공개한다는 뜻이다.
327 혁출(革黜)은 파면하다, 쫓아낸다는 뜻이다.
328 공토(供吐)는 자백한다, 진실을 털어놓는다는 뜻이다.
329 박힐(駁詰)은 반박하면서 힐문하다는 뜻이다.
330 호초(胡謅)는 입에서 나오는 대로 지껄인다는 뜻이다.
331 오입(悟入)은 깨닫는다는 뜻이다.
332 촉류방통(觸類旁通)에서 촉류는 『주역(周易)』「계사(繫辭) 상(上)」에 나오는 "팔괘는 단지 각종 고립된 사물만을 표시할 수 있어 소성(小成)에 지나지 않는데, 이것을 기초로 하여 늘리면서 팔괘를 중첩하여 육십사괘를 만들면

致漏眞誣枉耳. 若謂剌剌多言,[333] 則未免貽誚高明矣.[334]

○ 審過一盜, 便將所錄「口供」, 官看一遍, 有錄不明及訛錯之處,[335] 或再問明, 以便隨卽改正. 各犯審畢, 將「口供」看畢, 判日封束, 帶入內衙, 仍嚴諭在事各役, 不許在外傳說, 洩漏取究.

각기 고립된 사물의 상징이 연계되어 괘의 모습을 더욱 풍부하게 만든다(八卦而小成, 引而伸之, 觸類而長之.).”라는 구절에서 나온다. 방통(旁通)은 『주역(周易)』「건(乾)」에 “육효가 제대로 발휘되면 천도(天道)·지도(地道)·인도(人道)에 두루 통하게 된다(六爻發揮, 旁通情也)”는 구절에서 나왔다. 그래서 촉류방통은 한 사물의 규율·법칙을 장악하게 되면 능히 비슷한 종류의 사물에 대해 미루어서 알 수 있게 됨을 뜻한다.

333 자자(剌剌)는 말이 아주 많은 모습을 가리킨다.

334 이초(貽誚)는 비웃음을 당한다는 뜻이고, 고명(高明)은 지혜롭고 총명한 사람, 견해가 기술이 뛰어난 사람을 가리킨다.

335 와착(訛錯)은 잘못·실수를 뜻한다.

| 제18권 |

형명부 刑名部 8

도적 賊盜 하

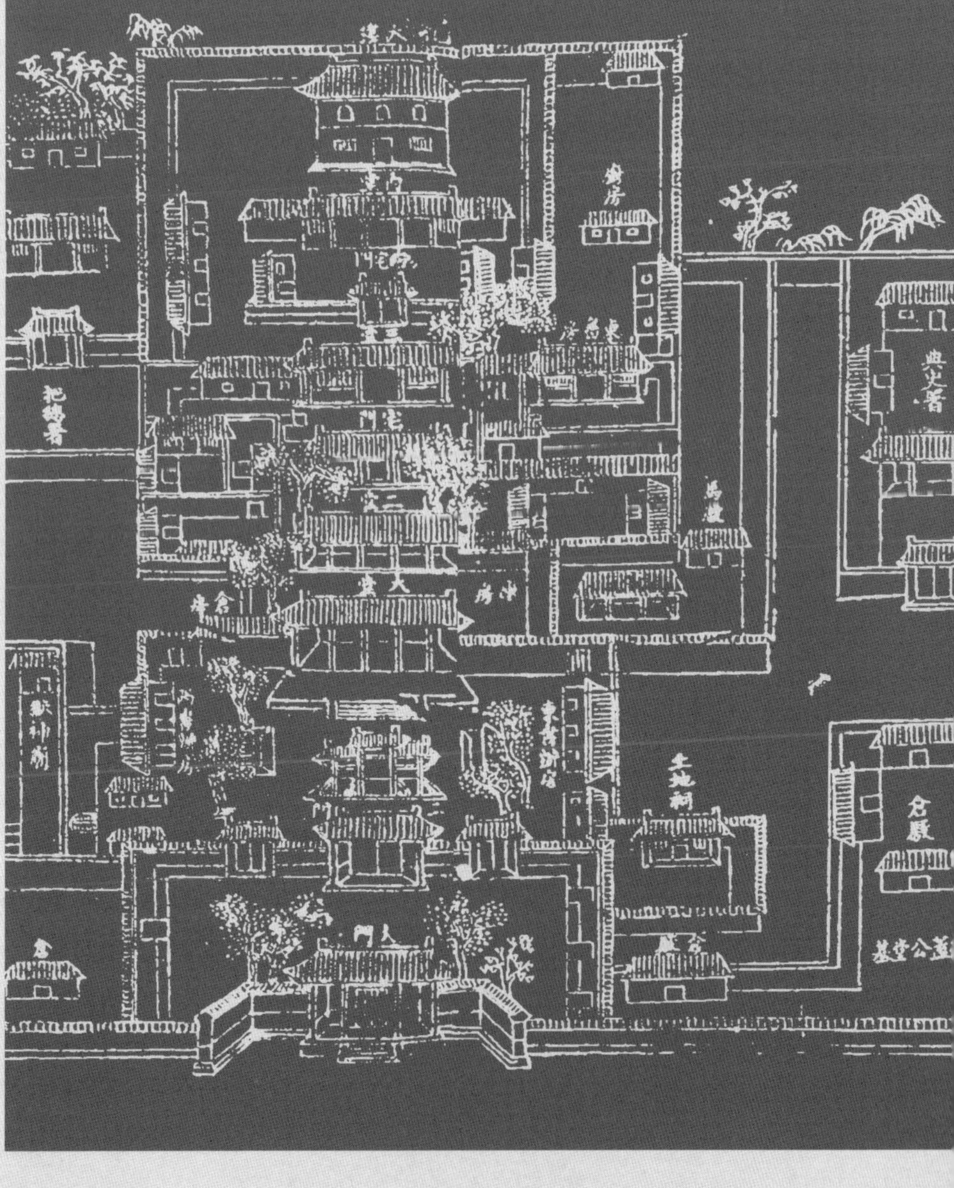

福惠全書

18-01. [도적의] 심문과 판결(問擬)[1]

도적질(盜)은 매한가지이긴 하지만 '강도(强)'와 '절도(竊)'로 나뉜다. 재물을 얻는 [즉 훔치거나 빼앗는] 것(得財)도 매한가지이긴 하지만, '창(搶)'과 '탈(奪)'로 나뉜다. 창탈(搶奪)에도 또한 대낮에 저지르는 것과 밤에 저지르는 것이 있다. 강도에는 재물을 빼앗은 경우와 그렇지 않은 경우가 있고, 절도에는 체포에 저항한 경우와 그렇지 않은 경우가 있어 일률적으로 처리할 수 없다. 강도란 흉기를 가진 무리들이 피해자를 제압할 힘을 가지고 공공연히 재물을 빼앗는 것이다. 율례에서 말하는 '공취(公取)'가 바로 그것이다. 절도란 몰래 숨어서 타인이 알지 못하는 틈을 타서 은밀히 훔치는 것이다. 율례에서 말하는 '절취(竊取)'가 바로 그것이다.

도적질(盜)은 매한가지이지만 또한 공공연히 저지르는 경우와 몰래 저지르는 경우가 다르다. 창탈(搶奪)의 경우, [거기에 참여한] 사람이 적고, 흉기를 지니고 있지 않을 때에는 '창탈(搶奪)'이라 하고, 사람이 많고 흉기를 지니고 있을 때에는 '강겁(强刦)'이라고 한다. 또 불시에 재물을 낚아채 차지하는 것을 '창(搶)'이라 하고, 힘을 써서 차지하는 것을 '탈(奪)'이라고 한다. 대개 창탈(搶奪)은 사람들이 모두 보는 백주대로에서 벌어진다. 만일 늦은 밤에 사람들이 보지 않는 데서 벌어진다면 절도가 된다. 따라서 창탈(搶奪)의 처벌은 사람이 적고 흉기를 지니고 있지 않기 때문에 강도의 경우보다 가볍다. 하지만 백주대로에서 사람들이 보는 것을 두려워하지 않았기 때문에 절도보다는 무겁다. 처벌은 곤장형·노역형에 불과하지만 장물이 많을 경우 일반 절도보다 두 등급 무겁게 처벌한다. 이 경우에도 처벌은 유배형 3천 리를 넘지 않지만, 피해자에게 상해를 입혔을 경우 주모자는 참감후(斬監候)에 처해진다. 만일 도로에서 벌어진 일이라면 늦은 밤에 남의 재물을 뺏더라도 창탈(搶奪)로 처벌하고 이를 절도라고 하지 않는 것은 도로에서 벌어진 점과 창탈이라는 점을 중시하기 때문이다. [창탈죄가] 강도죄보다 가볍게 처벌되는 것은 흉기를 가지고 있지 않았기 때문이다.

강도에 관한 율례에서는 강도질을 이미 실행하고 재물을 빼앗았다면, 주범·공범을 가

---

1 제12권 형명부 2 「12-01. 심문과 판결(問擬)」에서도 나온 바 있지만, 문의(問擬)는 심문과 판결, 다시 말해 재판을 가리킨다.

리지 않고 모두 참수형에 처한다. [강도질에 가담한 사람이] 장물을 나눠 갖지 않았다 하더라도, 역시 강도죄에 걸린다. 만일 범행에 나섰는데, 피해자가 미리 알아채고 방비를 엄히 하는 바람에 어쩔 수 없이 물러선다면 이는 재물을 빼앗지 못한 경우다. 처벌은 모두 곤장형 100대에 유배형 3천 리에 해당된다. 범행의 시작이 모두 강도질에 해당하므로, 죄는 재물을 뺏은 경우와 그러지 못한 경우에 따라 가볍고 무거움이 달라진다. 이미 재물을 빼앗았다면, 피해자의 재물을 뺏은 것과 마찬가지다. 비록 장물을 직접 나눠 갖지 않았다 하더라도 재물을 잃은 피해자에게는 무슨 차별이 있겠는가? 따라서 모두 참수형에 처하니, 이는 또한 재물을 뺏은 사실을 중시한 것이다.

떼강도(響馬)를 예로 들자면, 활과 화살이나 무기를 들고 백주대로에서 재물을 약탈했을 경우 사람에게 상해를 입혔는지 여부와 참여 인원의 수가 많고 적은 정도를 떠나 모두 머리를 베어 대중에게 공개하는 효수형에 처한다.[2] 그렇지만 재물을 빼앗지 못하였을 경우 비록 사람을 다치게 했더라도 단지 백주에 창탈한 죄로 처벌한다. 이 또한 재물을 빼앗지 못한 점을 중시한 까닭이다. 강도질은 재물을 빼앗기 위해 저질러진다. 재물을 빼앗지 못해 피해자의 재물이 그대로라면 재물을 뺏고자 한 뜻이 이미 물거품이 되었으니, 감형해 주는 것이 마땅하지 않겠는가?

한편 절도의 경우 [몰래 시도하였으나] 재물을 훔치지 못하였다면 태형에 처하고 문신을 새기는 형벌은 면해 준다. 재물을 훔친 경우는 [가장 피해가 큰] 한 사람의 피해액만을 따져 죄를 가늠하고, 장물 액수 전체를 합쳐 [그 전체액을 범인 각자에게 모두 적용하여] 죄를 가늠한다. 즉 각 피해자들의 피해 액수를 합산하지 않으며, 또한 범인들 각자가 나눠 가진 장물 또한 [각기 나누어 계산하지 않고] 모두 합산하여 각자에게 적용하는데, 그럼에도 불구하고 죄는 단지 곤장형에 그친다. 율례에서 절도를 얼마나 관대하게 다루고 있는가! 대개 늦은 밤에 몰래 하였다는 것은 배고픔과 추위로 인해 어쩔 수 없이 범행에 내몰렸을 것이기 때문이다.

[그렇지만] 만약 이 때문에 체포에 저항하다가 사람을 죽이거나 다치게 하였을 경우에는 모두 참수형에 처한다. 남을 살상한 죄는 참수형에 걸리므로 이러한 처벌은 당연한 것이다. 만약 단지 체포에 대해 저항만 했더라도 또한 무거운 쪽으로 처벌하니, 이 얼마나 엄격한가! 이럴 수밖에 없는 것은 [절도가 아닌] 강도질은 모두 사형에 처해지는 바이므로, 이

2 효수형은 같은 사형이더라도 교수형이나 참수형보다 더 무거운 등급의 형벌이다.

것은 범인이 믿는 바가 있어 두려워하지 않는다는 뜻이다. 당장 체포당할 처지에 이르러 감히 저항한다는 것은 바로 이를 두려워하는 마음이 없다는 증거다. 비록 강도와 똑같이 처벌하지 않으려 해도 어찌 가능하겠는가?

만일 피해자가 알아채는 바람에 범인이 재물을 포기하고 도주하는데, 잡으려고 추격해 오자 그때 가서야 비로소 저항한 경우에는 단지 죄인거포율(罪人拒捕律)만 가지고 처벌한다. 재물을 포기하고 달아난 만큼 범죄자가 이미 마음으로 두려워하였으며, 피해자도 재물을 잃지 않았으므로 여기에 그쳐야 하는 것이다. 또 뒤따라 추격해 오니, 범인이 잡힐 것을 두려워하여 부득불 저항한 것은 시종일관 [범인에게] 두려움이 작용하고 있는 증거라고 하겠다. 따라서 [그에 대한 처벌이] 본죄에 등급을 높이되 단지 곤장형에만 그치는 것 역시 마땅한 일이 아니겠는가? 오호라! 율례를 만든 것은 지극히 엄격해 보이지만, 실제로는 사실과 범죄의 정상에 근거하여 처벌하는 것이니 대단히 관대하고 동정하는 마음이 깃들어 있다! 나는 율법을 적용[하여 재판]하는 사람들이 이렇게 율법을 만들었을 때의 초심을 잃지 않기만을 바랄 뿐이다.

중대 사건을 심문하고 판결할 때는 응당 이 사건에 정상을 참작할 부분이 있는지, 범인 가운데 누구에게 살길을 찾아 주거나 관대하게 처분할 만한 죄가 있는지, 율례의 어떤 조항을 끌어다 맞추면 딱 들어맞는지, 전체 사건을 보다 가볍게 처분할 수 있는 방도를 찾아보아야 한다. 여기서 찾을 수 없을 때는 범행을 저지른 사람에게서 찾아보도록 한다. 범인에게서 살려 주거나 관대히 처분할 만한 부분을 찾고, 찾을 수 없을 때는 율례 가운데 끌어다 원용할 수 있는 부분을 찾아다가 그럴 듯하게 끼워 맞춰 보도록 한다.

요컨대, 사람을 살리고 관대히 처분하는 것을 염두에 두면서, 번잡하고 꼼꼼하게 살펴보는 것을 마다해서는 안 된다. 이를테면 큰 도적으로 앞장서서 범행 계획을 세우거나, 사람을 죽이거나 다치게 하거나, 부녀자를 강간한 주범의 경우는 죄가 무겁고 그 화근이 깊으므로 당연히 관대하게 용서하기 어렵다. 하지만 나머지 공범 가운데 평소 교활하고 못된 놈이 아니어서 조금은 정상을 참작할 수 있는 경우 한 줄기 살길을 찾아 살려 준다면, 진실로 아주 큰 덕을 쌓는 일이 된다. 기근이 들어 흉작이었거나, 추운 겨울 연말에 서너 사람이 굶주림에 몰려 외딴 마을을 약탈해 의식(衣食)에 보탰다면, 이들이 처음부터 가증스러운 범죄자는 아니었던 것이다. 더욱이 붓끝으로 이들에게 살길을 찾아 주어 그들을 긍휼히 여기는 율법을 적용한다면, 어진 이가 측은해하는 마음으로 가져다주는 행복에 어찌 끝이 있겠는가?

盜一也, 而分强、竊; 得財一也, 而又分搶、奪; 搶奪一也,[3] 而又有白晝、夜間. 强盜之中, 又分得財、不得財; 竊盜之中, 又分拒捕、不拒捕, 固未可一槩論也. 强者, 執器統兇, 有可制事主之力, 而公然取之者也. 律所謂: '公取'者, 是也. 竊者, 潛行隱面, 乘其人之不知, 而私自取之者也.[4] 律所謂: '竊取'者, 是也.[5] 夫盜一, 而公與私分之矣. 搶奪者, 人少而無兇器, 謂之: '搶奪'. 人多而有兇器, 謂之: '强刦'.[6] 又謂出其不意, 攫而有之曰: '搶'; 用力而得之曰: '奪'. 大約搶奪, 以其在于路途, 白晝人所共見之地. 若其在于暮夜,[7] 人所不見之地, 則爲竊盜矣. 故搶奪之罪, 以人少而無兇器, 輕於强盜, 以路途白晝人見之, 而亦不畏, 重於竊盜, 罪止杖、徒. 贓重, 加竊盜二等, 罪止流三千里. 傷人而後, 爲首, 論斬監候.[8] 若在路途, 雖奪人於暮夜, 亦以搶奪論, 而不得謂之: '竊盜'者, 重在路途, 重搶奪也. 夫其輕於强盜者, 以其無兇器耳.

强盜之律, 但已行得財, 不分首、從, 皆斬, 雖不分贓, 亦坐.[9] 若已行, 爲事主所覺, 防守嚴, 力不敵而退, 是不得財者也. 罪皆杖一百、流三千里.[10] 夫其始也, 皆屬爲强, 而罪有攸分重得財與不得財也. 若旣得財, 得事主之財等耳. 雖不分贓, 與失財之事主有何分別乎? 故皆坐斬, 亦重得財也. 譬之響馬, 執有弓矢、軍器, 白晝刦財於道路, 無論曾否傷人, 不分人數多寡, 梟首示衆.[11] 如不得財, 雖傷人止依白晝搶奪論, 亦重不得財也. 夫盜而强, 原爲得財. 財旣不得, 事主之財自在, 而得財之念屬虛, 不當與以末減乎?[12]

---

3 창탈(搶奪)은 법적으로는 범인의 수가 적고 흉기가 없는 경우를 가리킨다. 반면 강겁은 범인의 수가 많고 흉기를 지닌 경우를 가리킨다. 『대청률례』 권24 「형률 적도(賊盜) 하 1(下之一)」(『律』268.00) 「백주창탈(白晝搶奪[人少而無兇器, 搶奪也. 人多而有兇器, 强劫也.])」 1. 凡白晝搶奪人財物者[不計贓], 杖一百、徒三年. 計贓[倂贓論]重者, 加竊盜罪二等[罪止杖一百、流三千里]. 傷人者[首], 斬[監候], 爲從, 各減[爲首]一等, 並於右小臂膊上刺'搶奪'二字."(p.386)

4 사자(私自)는 몰래·사사롭게·멋대로, 즉 다른 사람 몰래 규칙이나 제도에 맞지 않는 일을 스스로 한다는 뜻이다.

5 『대청률례』 권25 「형률 적도(賊盜) 하 2(下之二)」(『律』280.00) 「공취·절취개위도(公取·竊取皆爲盜)」. "1. 凡盜, 公取、竊取皆爲盜[公取, 謂行盜之人公然而取其財, 如强盜搶奪. 竊取, 謂潛行隱面私竊取其財, 如竊盜掏摸, 皆名爲盜]."(p.418)

6 앞서 인용한 『대청률례』 권24 「형률 적도(賊盜) 하 1(下之一)」(『律』268.00) 「백주창탈」(p.386) 조문을 참조.

7 모야(暮夜)는 '밤이나 어두운 가운데'라는 뜻이다.

8 『대청률례』 권24 「형률 적도(賊盜) 하 1(下之一)」(『律』268.00) 「백주창탈」(p.386) 조문을 참조.

9 분장(分贓)은 취득한 돈이나 장물을 나누어 갖는 것, 또는 부당한 권리나 이익을 나누어 누리는 것을 비유한다.

10 『대청률례』 권23 「형률 적도(賊盜) 상 2(上之二)」(『律』266.00) 「강도(强盜)」. "1. 凡强盜已行而不得財者, 皆杖一百、流三千里. 但得[事主]財者, 不分首、從, 皆斬[雖不分贓, 亦坐. 其造意不行, 又不分贓者, 杖一百、流三千里. 夥盜不行, 又不分贓者, 杖一百]."(p.377)

11 『대청률례』 권23 「형률 적도(賊盜) 상 2(上之二)」(『律』266.02) 條例. "2. 凡響馬强盜執有弓矢軍器, 白日邀劫道路, 贓證明白者, 俱不分人數多寡, 曾否傷人, 依律處決, 於行劫處梟首示衆[如傷人不得財, 依白晝搶奪傷引, 斬]. 其江洋行劫大盜, 俱照此例立斬梟示."(p.378)

12 말감(末減. 末减)은 가벼운 쪽으로 죄를 내리거나 감형한다는 뜻이다.

盜而云竊, 不得財者, 笞而免刺, 得財者, 以一主爲重,[13] 併贓論罪.[14] 夫既不各主通算,[15] 又不各計所分入已之贓, 罪止於杖. 夫律之待竊, 亦何恕乎! 蓋以昏夜潛爲, 或迫於饑寒之不得已耳. 若因而拒捕及殺傷人者, 皆斬.[16] 夫殺傷論斬, 罪固宜耳. 若止拒捕, 亦依重論,[17] 又何其嚴耶! 不知强之所以擬辟, 以其有所恃而無畏也. 今因其捕, 而敢于拒之, 是無畏之之心矣. 雖欲不與强同科,[18] 得乎? 若事主知覺, 棄財逃走, 又因其追逐, 而始行拒之者, 止依罪人拒捕律論.[19] 當其棄財而遁, 其心已知畏懼, 事主既未失財, 斯亦可以已矣. 又從而追之, 彼畏其擒, 而不得不拒, 是始終之由於畏也. 於本罪加等止杖, 不亦宜乎? 嗚呼! 律例之設, 似乎至嚴, 及觀其據事原情,[20] 甚存寬恤! 鴻願用律者, 無失其制律之初心可也.

至於問擬重案, 當思此案何處有可輕之情, 所犯何人有可生之路、有可寬之罪, 於律例有何條可引, 恰與之相合. 求全案之可輕, 而不可得, 則於所犯之人而求之. 於所犯之人, 求其可生、可寬, 而又不得, 則於律例中, 求其可相援引者, 而委曲以合之.[21] 總之, 念念以生人、寬人爲要, 不厭煩瑣周詳.[22] 卽如大盜, 於造謀首惡[23]、殺傷人命、姦淫婦女之本犯, 罪重孽深, 自難寬宥. 或其餘爲從, 素非積黠,[24] 稍可原情者, 求一線之路而生之, 固甚盛德事也. 若時歉年荒, 寒冬歲暮, 三四窮餓不得已而剽掠孤村,[25] 以資衣食, 初無髮指之惡,[26] 更爲筆底回春,[27] 予以可

---

13 여기서 일주(一主)는 피해자 가운데 피해액이 큰 사람을 말한다. 두 사람이 피해를 입었을 경우 액수가 더 큰 사람의 피해액수를 기준으로 죄를 가늠하는 것이 바로 '일주위중(一主爲重)'이다.

14 병장논죄(併贓論罪. 併贓治罪)는 이를테면 열 명이 40냥을 훔쳤을 경우 한 명당 4냥씩을 훔친 것이지만, 전체 40냥을 합산하여 한 명당 40냥을 훔친 죄로 가늠하는 것을 가리킨다. 절도의 경우 주범(수범)은 곤장형 100대, 종범은 90대가 된다. '일주위중'이나 '병장논죄'는 모두 장물 액수를 확정하여 죄를 가늠하는 정장과죄(定贓科罪)의 방법이라 하겠다.

15 통산(通算. 通筭)은 통틀어서 계산한다, 즉 [개인별로 나누지 않고] 합쳐서 계산한다는 뜻이다.

16 『대청률례』 권23 「형률 적도(賊盜) 상 2(上之二)」(『律』266.00) "3. **若竊盜臨時有拒捕及殺傷人者, 皆斬**[監候][**得財、不得財, 皆斬, 須看'臨時'二字**]. 因盜而姦者, 罪亦如之[不論成姦與否, 不分首、從]. 共盜之人不曾助力, 不知拒捕殺傷人及姦情者[審確], 止依竊盜論[分首、從, 得財、不得財]."(p.377)

17 의중(依重)은 '무겁게, 무거운 쪽으로'라는 뜻이다.

18 동과(同科)는 동등하게 처벌한다, 벌을 내린다는 뜻이다.

19 『대청률례』 권23 「형률 적도(賊盜) 상 2(上之二)」(『律』266.00) "4. **其竊盜事主知覺, 棄財逃走, 事主追逐, 因而拒捕者, 自依罪人拒捕律科罪**[於竊盜不得財, 本罪上加二等, 杖七十; 毆人至折傷以上, 絞; 殺人者, 斬; 爲從各減一等. 凡强盜自首不實不盡, 只宜以名例自首律內至死減等科之, 不可以不應從重科斷. 竊盜傷人自首者, 但免其盜罪, 仍依鬪毆傷人律論]."(p.377)

20 원정(原情)은 본래의 정을 추구한다, 또는 범죄인의 동기나 상황 등에 근거로 참작하여 판결을 내린다는 뜻이다.

21 위곡(委曲)은 굽히고 늘린다, 완곡하게, 뜻을 굽히고 따른다는 뜻이다.

22 주상(周詳)은 '주도면밀하게, 아주 상세하게'라는 뜻이다.

23 조모(造謀)는 범죄를 설계하거나 꾀한다는 뜻이다. 수악(首惡)은 흉수나 주모자를 가리킨다.

24 적힐(積黠)은 교활함과 거짓이 습관이 되었다는 뜻이다.

25 표략(剽掠. 剽麜)은 약탈한다는 뜻이다. 고촌(孤村)은 외딴 마을을 가리킨다.

矜之典,[28] 則仁人惻隱造福, 豈有量哉![29]

18-02. 장물아비(窩主)[30]

강도 사건의 장물아비와 같은 경우, 율법에는 "강도질에서 장물아비가 범행을 구상하였다면, 직접 범행에 가담하지 않았으나 장물을 나누어 가진 경우 참수형에 처한다. 만약 범행에 가담하지도 않았고 장물을 나누어 갖지도 않은 경우에는 곤장 100대와 유배형 3천 리에 처한다."라고 실려 있다. 장물아비가 범행에 가담하지 않았지만 장물을 나누어 가졌을 때에도 역시 도적질로 처벌하는 것은 범행을 구상하고 재물을 빼은 것을 미워하는 까닭이다. 범행을 구상하였다는 것은 강도질을 하자고 주도적으로 나서서 모의한 것을 가리킨다. 범행에 가담하지도, 장물을 나누어 갖지도 않은 경우 곤장형과 유배형에 처하는 것 또한 범행을 구상한 사실을 미워하는 까닭이다. 비록 [그가] 장물을 나누어 갖지는 않았지만 강도질 모의를 누가 시작하였는가? 만일 장물아비로서 범인들에게 잠시 멈춰 쉬도록 해 준 것일 뿐 범행 사정을 알지 못했다면, 단지 불응률로만 처벌한다.[31] 범행을 모의하지도, 사정을 알지도 못하였기 때문이다.

[강도율의] 본 조례에는 또한 다음과 같이 실려 있다. "무릇 장물아비를 심문할 때, 장물을 맡아 주거나 나눠 가진 장물아비는 모름지기 범행 구상과 공모의 실제 상황이 있었는

26 발지(髮指)는 발상지관(髮上指冠)의 준말로 머리카락이 곤두서서 머리에 쓴 관을 뚫고 나온다는 것으로 아주 분노한 모습을 형용하는 표현이다.

27 갱위(更爲)는 더욱, 더욱이라는 뜻이다. 회춘(回春)은 고명한 의술로 위중한 증상을 치료할 수 있다는 것을 비유한다.

28 전(典)은 법률·법규·형법·형벌이라는 뜻이 있다.

29 양(量)은 경계나 한계를 뜻한다.

30 와주(窩主)는 범인이나 장물을 감추어 주는 사람, 즉 장물아비를 가리킨다.

31 '불응(不應)' 혹은 '불응위(不應爲)'는 법령상으로 금지하고 있지는 않지만 도덕적으로 해서는 안 되는 일을 가리킨다. 이러한 경우 유사한 법령으로 양형(量刑)하여 처벌한다. 또한 살인 등 사건 외에 모든 이름을 짓기 곤란한 죄를 일괄하여 불응이라고도 하는데, 그 처벌의 경중(輕重)의 차이가 있다. 불응중장(不應重杖)은 불응위의 정상이 비교적 무거워 곤장 80대로 처벌하는 죄를 가리킨다. 『대청률례』 권34 「형률 잡범(雜犯)」(『律』386.00)의 「불응위(不應爲)」를 참조. "凡不應得爲而爲之者, 笞四十. 事理重者, 杖八十[律無罪名, 所犯事有輕重, 各量情而坐之]."(p.540)

지를 심문해서 확인이 된 다음에야 비로소 장물아비(窩主) 율문에 따라 참수형에 처한다. 만약 단지 끌어들여 머물게 하였거나 오가면서 투숙하게 하였을 뿐, 결코 구상이나 공모를 한 상황이 없다면, 다만 범인은닉 조례에 따라 발견(發遣)의 형벌에 처해야 하며, 율문을 견강부회하여 모두 함께 장물아비의 죄로 걸어서는 안 된다." 무릇 범인을 끌어들여 머물게 하였다는 것은 비록 몸소 가담하고 장물을 나눠 가졌다는 내용은 없지만 사정을 아예 모르고 [잠시 휴식을 취하게 해 준] 경우와는 차이가 있기 때문이다. 사정을 모른다는 것은 범인이 잠시 멈춰 쉬게 해 준 것에 지나지 않지만, 앞의 경우는 범인을 받아들여 머물며 투숙하게 한 것이므로 범인 은닉죄로 발견의 형벌에 처하는 것이다. 사정을 몰랐다면 단지 불응률에 따라 처벌하는 것과 다르지 않은가? 무릇 못된 무리를 은닉하였다는 것은 사정을 모르고 한 경우와 죄의 가볍고 무거움이 다르지만, 범행을 구상하거나 공모한 것과도 크게 다르다. 못된 무리를 은닉시켜 주는 일은 나쁜 무리들 사이에서는 항상 있는 법이지만, 범행을 구상하고 공모하는 것은 일찌감치 스스로를 재앙의 입구에 빠뜨리는 것이다. 따라서 범행을 구상하거나 공모한 경우는 똑같이 사형에 처해진다. 범인을 은닉해 준 것이 [발견이라는] 유배형(放流)에 그치는 것과 비교하면 관대함과 엄격함에 또한 차이가 있지 않은가?

만약 강도의 장물아비를 강도질에 직접 가담하여 재물을 뺏은 도적과 마찬가지로 간주하여 강도죄에 건다면, 굳이 그 은닉 행위에 대해서는 물어볼 필요도 없을 것이다. 만약 단지 숨겨 주기만 했을 뿐 함께 가담하지 않았다면 범행 구상에 대해서 물어볼 필요도 없고, 장물아비와 실제 장물에 대해서만 처벌하면 될 것이다. 무릇 장물아비의 행동에 대해 그 범행의 구상·공모 여부, 그리고 잠시 머무르게 하였을 뿐인지 아니면 끌어들여 머물며 투숙하게 하였는지의 차이 등을 아예 따지지 않고 일괄적으로 강도와 같은 죄로 처벌한다는 것은 율례를 만들었을 때의 초심에서 크게 벗어난 일이다. 강도질에 대한 조문은 율례에 상세히 갖춰져 있어 이루다 거론하기는 곤란하다. 내가 특별히 여기서 도적과 장물아비의 대체적인 특징만을 들어서 논의한 것은 옛사람이 법을 만든 뜻은 사람을 살리는 데 있지 죽이는 데 있지 않음을 보여 주기 위해서였다. 나는 또한 법을 적용하는 사람들이 사람을 살리고자 한 옛사람의 마음을 능히 미루어 그것을 넓힐 수 있기를 바라는데, 그렇게 된다면 정말 다행일 것이다.

○ 속담에 "열 명의 도적을 잡는 것보다 차라리 장물아비[의 은신처] 하나를 없애는 것이 낫다"는 말이 있다. 도적은 은신처가 없으면 몸을 숨길 곳이 없고, 은신처가 없으면 소식을 전달하거나 공모할 장소가 없기 때문이다. 따라서 장물아비를 처벌할 때면 그 죄는

응당 도적질보다 더 무겁게 여겨지기 마련이다. [그렇기 때문에] 또한 사람들은 도적보다도 장물아비를 더욱 미워한다. 하지만 강·절도사건을 심문할 때는 모름지기 장물아비를 먼저 심문해야 한다. 도적들은 기꺼이 장물아비를 끌어들임으로써 관원에게 아첨하고, 아울러 포역에게 잘 보이려고 한다. 그 의도는 부유한 사람을 무고로 끌어들여서 조금이라도 형벌·고문을 줄여 보려는 것이다. 이른바 소인이 군자의 마음을 헤아려 본다는 것이지만, 결국은 포역이나 형방 서역이 돈 버는 길을 열어 주는 데 지나지 않는다.

지방관은 도적을 심문하여 자백을 받을 때 먼저 다음과 같이 타일러야 한다. "모름지기 진짜 장물아비를 털어넣고, 함부로 무고한 사람을 끌어들이지 말라. 만약 내가 엉터리로 [무고하여] 끌어들인 상황을 찾아낸다면, 반드시 네 다리에 협곤을 끼워 호된 고문을 한 다음에 진짜 장물아비를 토해 내게 만들 것이다." 이렇게 하여 지방관이 진정으로 백성을 위함을 도적이 알게 되면, 함부로 남을 끌어들이지 않고 진짜 장물아비를 털어놓을 것이다. 하지만 관원 노릇 하는 양반이 모두 보살의 마음을 지닌 것은 아니고, 포역 역시 모두 수행하는 승려와 같다고 할 수는 없다. 만약 일단 구인되어 잡혀 오면, 그 사람은 온몸에 쇠사슬을 두른 몸이 되고, 집안의 재물은 절반을 날리게 되는 결과를 맞이한다. 그가 원래 진짜 장물아비라면 스스로 자초한 일이겠지만, 만약 무고한 사람일 경우 정말 안타깝지 않겠는가?

[따라서] 장물아비에 대해 심문할 때 지방관은 은밀히 심문해야 하며, [범인의] 자백을 받고 나서도 은밀하게 확인조사를 해야지 경솔하게 체포에 나서서는 안 된다. 모름지기 해당 지역의 장두·지보 등을 몰래 불러 그 사람의 평소 행실이 어떠한지 자세히 물어봐야 한다. 만일 의심이 간다면 그들과 함께 은밀하게 체포하되, 앞서 서술한 것처럼 "[체포과정에서] 결코 약탈이나 강간과 같은 폐단이 없었음"을 확인하는 「확인서」를 받아 보관한다. 만약 물어보아서 그가 양민이고 장두·지보가 보증을 서겠다고 한다면, 따로 적당한 아역에게 공문을 주어 파견하여 그를 불러다 물어본다. 그가 마음속에 켕기는 게 없다면 분명히 떳떳한 모습으로 나타날 것이다. 말과 안색이 편안한지를 살펴보면 그가 무고를 당했는지 아닌지를 알 수 있다.

또한 [그를 무고하여 장물아비로] 연루시킨 도적에게 그와 어떤 원한이 있었는지도 반드시 물어보아야 한다. 만약 원한도 없고 서로 아는 사이도 아니라면, 이것은 도적 패거리가 끌어들이도록 사주한 것이거나 바로 포역이 시킨 것이다. 그럴 경우 사주한 원래의 도적을 데려와 분명히 심문·확인한 다음 반드시 그와 사주를 받아 무고한 도적 두 사람을 큰 곤장으로 무겁게 처벌하고, [만약 포역이 시킨 경우라면] 포역 또한 칼을 씌워 대중에게 공개하고 파면한다. 이렇게 하면 진짜 장물아비가 율례에 따라 재판을 받고 처벌을 받을 것이며, 무고한 사람이 끌려 들어와 피해를 보는 일이 없을 것이다.

又如强盜窩主, 律載: "凡强盜窩主造意, 身雖不行, 但分贓者, 斬. 若不行, 又不分贓者, 杖一百、流三千里."[32] 夫窩主不行而分贓, 亦與盜論者, 惡其造意, 又得財也. 造意者, 謂其主意起謀爲强盜也. 若不行, 又不分贓, 亦擬杖、流者, 猶惡其造意. 雖不分贓, 而行刦之謀, 孰爲之始乎? 若身雖窩主, 只暫時停歇,[33] 而不知上盜之情者,[34] 止問不應, 以其未造謀, 又不知情也.

本條例又云: "凡推鞫窩主,[35] 窩藏分贓人犯,[36] 必須審有造意、共謀實情, 方許以窩主律論斬. 若止勾引容留,[37] 往來住宿, 並無造意、共謀情狀者, 但當以窩藏例發遣,[38] 毋得附會文, 致槩坐窩主之罪."[39] 夫勾引容留, 雖無身行、分贓之文, 似與不知情者有別矣. 不知情, 不過暫時停歇, 而此則容留住宿, 故以窩藏論遣, 較之不知情者, 止問不應輕重, 不有殊乎? 夫窩藏匪類, 雖與不知情, 罪有重輕, 然與造意、共謀者, 大異矣. 窩藏匪類, 無能自絶於宵人,[40] 造意、共謀, 早已置身於禍始. 故造意、共謀, 罪同坐辟, 較之窩藏止於放流, 寬嚴不又有間乎?

今强盜之窩, 若與强盜同行得財, 竟同盜論, 又不必問其窩矣. 若止爲窩而不同行, 則不問造意, 又當究窩主與窩藏之實. 夫不分窩主之中造意與不造意、共謀與不共謀, 以暨暫時停歇之情與勾引容留之故, 而一槩與强盜同科, 是又大失制律例之初心矣. 賊盜之條, 具詳律內,

---

32 『대청률례』 권25 「형률 적도(賊盜) 하 2(下之二)」(『律』278.00) 「도적와주(盜賊窩主)」. "**1. 凡强盜窩主造意, 身雖不[同]行, 但分贓者, 斬[若行則不問分贓、不分贓, 只依行而得財者, 不分首、從皆斬. 若不知盜情, 只是暫時停歇者, 止問不應]. 若不[同]行, 又不分贓者, 杖一百、流三千里.** 共謀[其窩主不曾造謀, 但與賊人共知謀情]者, 行而不分贓及分贓而不行, 皆斬. 若不行, 又不分贓者, 杖一百. 2. 竊盜窩主造意, 身雖不行, 但分贓者爲首論. 若不行, 又不分贓者, 爲從論[減一等]. 以臨時主意上盜者爲首, 其[窩主若不造意而但]爲從者, 行而不分贓及分贓而不行[減造意一等], 仍爲從論. 若不行, 又不分贓, 笞四十."(pp.413-414)

33 정헐(停歇)은 멈추어 쉰다는 뜻이다.

34 상도(上盜)는 도둑질에 나선다는 뜻이다.

35 추국(推鞫. 推鞠)은 심문한다는 뜻이다.

36 와장(窩藏)은 숨기고 감춘다는 뜻이다.

37 구인(勾引)은 유인한다, 끌어들인다는 뜻이고, 용류(容留)는 받아들여 머물게 한다는 뜻이다.

38 발견(發遣)은 청대에 창설된 형벌로 변강 지구로 추방하여 주방관병(駐防官兵)의 노예로 삼는 것으로 충군(充軍)보다 더 무거운 형벌이었다. 대부분 문자옥 등 정치적 범죄에 적용하는 경우가 많았으며, 황제의 명령 없이는 종신토록 벗어날 수 없었다.

39 『대청률례』 권25 「형률 적도(賊盜) 하 2(下之二)」(『律』278.01) 條例. "**1. 推鞫窩主, 窩藏分贓人犯, 必須審有造意共謀實情, 方許以窩主律論斬. 若止是勾引容留, 往來住宿, 並無造意共謀情狀者, 但當以窩藏例發遣, 毋得附會文, 致槪坐窩主之罪.**"(p.414)

40 소인(宵人)은 소인(小人)이나 못된 사람(懷人)을 가리킨다.

難以悉擧. 鴻特擧其盜與窩之大端而論之, 以見古人立法, 止在于生人, 而不在于殺人. 鴻更願用法者, 能推古人生人之心而廣之, 則幸矣.

○ 諺云: "寧除一窩, 勝拿十盜." 以盜非窩而無所匿跡, 且盜非窩而又無所遞線與通謀也.[41] 故論窩之情, 其罪當浮於盜之上. 是以人之恨窩, 更甚於恨盜. 但鞫盜獄也, 必先於鞫窩, 而盜又喜扳窩以媚官幷以媚捕, 意謂扳殷實,[42] 則可以稍寬刑掠也.[43] 所謂以小人而度君子之心, 究不過爲捕役、刑胥啓生財之路耳. 問官於審盜招認時, 須先諭: "必供眞窩, 毋得妄扳無辜. 我若審出妄扳情由, 定夾爾腿, 還要眞窩." 則盜知官乃實心爲民, 自不敢妄扳, 而供眞窩矣. 然作官先生未必都是菩薩, 捕役未必都是行者.[44] 若一差拿此人, 鎖拷嬰身, 家財半費. 果係眞窩, 猶爲自取, 苟屬無辜, 不可憫乎?

審窩, 官宜密訊, 旣供, 官宜密察, 莫卽輕拿. 須密喚莊、地等, 細問其人素日行爲何如. 若係可疑, 卽同莊、地等密拿, 仍照前取具"並無搶姦等弊"各「甘結」存案. 若問係良民, 莊、地等肯保, 另差妥役, 持一「小票」,[45] 喚來問話.[46] 彼心無私曲,[47] 必卽挺然而來.[48] 觀其詞色安閒,[49] 其爲誣陷可知. 又須問所扳之盜有何嫌隙.[50] 若無嫌隙, 又不相識, 非夥盜囑扳, 卽捕役唆敎, 宜提本盜, 訊問明白, 定將本盜及囑扳之盜, 大板重責,[51] 捕役枷示責革.[52] 如此眞窩照例問擬, 無辜不致株累矣.[53]

---

41 체선(遞線)은 소식이나 물건을 전달해 주는 끄나풀, 또는 그런 행위를 가리키는 것 같다.

42 의위(意謂)는 생각한다, 여긴다는 뜻이다.

43 형략(刑掠)은 형벌, 고문을 가리킨다. 략(掠)에는 매질하다, 고문한다는 뜻이 있다.

44 보살(菩薩)은 불교용어로 산스크리트어 菩提薩埵(Bodhi - sattva)의 약칭으로 성불(成佛)하기 이전의 석가모니에 대한 칭호였다. 이후 대승사상(大乘思想)을 실행하는 사람에 대한 칭호로 쓰이게 되었다. 행자(行者) 역시 불교어로 두타(頭陀), 걸어 다니면서 걸식을 하는 고행승려, 또는 방장(方丈)의 시종이나 사원 등에서 복역하는 아직 머리를 깍지 않은 출가자(出家者)를 가리키며, 크게는 불도를 수행하는 사람을 가리킨다.

45 「소표(小票)」는 자그마한 크기의 공문서(票)를 가리킨다. 표(票)는 증거로서 사용하는 공문의 일종, 즉 「증명서」로 보통 인쇄된 양식에 따라 쓰였다. 오늘날의 차표·문표·입장표 등을 생각하면 쉽게 그 용도를 알 수 있지만, 청대 아문에서도 사법·세금 관련 문제 등으로 사람을 소환하거나 구인할 때 제시하는 공문으로 사용하였다.

46 문화(問話)는 조사한다, 물어본다, 심문한다는 뜻이다.

47 사곡(私曲)은 사사로운 왜곡이나 불공정함을 말한다.

48 정연(挺然)은 '곧바로 일어서서, 벌떡 일어서서'라는 뜻이다.

49 안한(安閑. 安閒)은 차분하고 안정되어 있다, 조용하고 편안하다는 뜻이다.

50 혐극(嫌隙. 嫌郤)은 시기나 불만에서 생기는 악감정, 원한을 말한다.

51 대판(大板)은 청대의 경우 태형과 곤장형을 각기 소판(小板)과 대판(大板)으로 대신하면서 아울러 그 횟수를 할인하여 시행하게 하였는데, 그것을 가리킨다. 판(板)은 대나무조각으로 만든 태형·곤장형의 형구를 가리킨다.

52 책혁(責革)은 질책·처벌과 파면·혁직을 뜻한다.

53 주루(株累)는 연루된다, 말려든다는 뜻이다.

18-03. 장물 되찾기(起贓)

강도 사건에서는 모름지기 장물이 확실한 증거가 된다. 그래서 율례에는 이렇게 실려 있다. "심문해서 장물과 증언이[54] 분명하고, 그 자리에서 바로 붙잡힌 경우는 조례에 따라 즉시 형벌을 집행한다. 만약 장물의 종적이 분명하지 않거나, 범인이 털어놓아 나머시 패거리를 체포해야 하는데, 의심스럽고 애매한 경우에는 다시 심문을 해도 좋다."라고 규정하고 있다. 이것은 바로 선량하고 잘못이 없는 사람이 억울한 죄를 쓰거나 무고를 당하여 사형과 같은 중형에 처해질지 모르기 때문이다. "장물과 증언이 분명"한 것은 "장물의 종적이 분명하지 않은" 것과 대조되고, "범인이 털어놓아 나머지 패거리를 체포해야 하는" 것은 "그 자리에서 바로 붙잡힌" 경우와 대조된다. 무른 장물이란 되찾아 낸 장물이고, 증언이란 도적 패거리의 자백 증언이다. 장물을 이미 되찾고, 도적 패거리가 이미 자백으로 증언하였다면, 아직도 분명하지 못한 부분이 뭐가 있겠는가? 도적이 사건 현장에서 잡혔고, 무기를 들고 방으로 들어갔다면, 강도가 아니면 무엇이겠는가? 이 두 경우 언제든지 곧바로 형벌이 집행될 수 있는 것은 더 이상 의심스러운 부분이 없기 때문이다.

그런데 "범인이 털어놓아 나머지 패거리를 체포해야 하고", "장물의 종적이 분명하지 않다"면, 선량한 사람이 억울하게 누명을 쓰지 않았다고 과연 보장할 수 있겠는가? 소위 "의심스럽고 애매할 경우"라는 것은 [범인이 패거리라고 자백한] 사람이 이미 진범으로 확인되었지만 증언한 장물은 아직 회수되지 않았기 때문이다. 사실 그 사람이 같은 패거리라서 장물을 숨기고 시인하지 않는 것이 아님을 어찌 확신할 수 있겠는가? 따라서 이런 경우에는 함부로 그 사람이 양민이라 믿어서는 안 되며, 응당 다시 조사해 보아야 할 것이다.

증언과 장물 두 가지 물론 모두 중요하지만, 장물이 더욱 중요하다. 증언은 같은 패거리의 자백에서 나온 것이고, 장물은 피해자의 분실물에 기초한 것이다. 장물은 있지만 증언이 없을 경우에는, 그래도 장물에 근거해 죄를 정할 수 있다. 하지만 증언만 있고 장물이 없을 경우에는 증언에만 의거하여 그를 도적으로 판결할 수는 없다. 그래서 율례에서는 이렇게 실려 있다. 즉 범인들이 잡혔을 때 이 패거리의 자백과 증언이 분명하더라도, 오랫동

54 증(證)은 보통 증인을 가리키지만, 증언이나 증거를 뜻하기도 한다. 따라서 그 뜻 전체가 약간 복합적인 의미를 지닌 것으로 보아도 될 것이다.

안 잡히지 않아 장물도 이미 낭비되어 버리고 [범행을 증언할 수 있는 패거리가 이미 처형되어] 증언할 수도 없는 경우, 즉 "패거리 도적임이 이미 확정되었지만 증언이 없는 경우는, 모두 감후율(監候律)을 끌어다 적용하여 처결한다"는 것이다. 이를 통해 도적이 진짜 범인인 것은 분명하지만 증거가 되는 장물이 없다면 [사형을] 즉시 집행하도록 한 조례를 적용하지 못하고 감후(監候. 즉 사형대기)로 낮춰야 한다는 것임을 알 수 있다. 이것은 백성의 생명을 소중히 여기고 의심스럽고 애매모호한 경우를 신중하게 처리하기 위함이다.

따라서 지방관은 이미 진범을 밝혀냈고, 진짜 장물도 자백을 받아 피해자의 「분실물명세서」에[55] 있는 물품이 확인된다면, 응당 바로 즉시 그 장물을 되찾아야 한다. 반드시 해당 범인에게 [장물이] 어디에 있는지 심문해서 확인하고, 만약에 범인 집에 있다면 범인 집에서 그 장물을 되찾는다. 만약 남의 집에 맡겨 두거나 전당포에 저당을 잡혔다면, 그가 자백한 집이나 전당포에서 그 장물을 되찾는다. 그리고 지방관의 입회 아래 피해자가 그것이 원래 잃어버린 물품인지 확인한 다음, 장물마다 작은 패(牌)를 달아 어떤 도적에게 되찾은 장물인지를 기록해 두고, 조례에 따라 범인이 거기에 서명을 하게 한 다음 재판을 대기하게 한다. 이렇게 해야만 이른바 "장물과 증언이 분명하고 의심스럽거나 애매한 부분이 없다"는 것이 된다. 도적질은 목숨을 빼앗는 사형과 관계된 일이니, 어찌 진짜 장물에 대해 아주 조심조심 다루지 않을 수 있겠는가?

○ 피해자의 「분실물명세서」는 마땅히 빼앗긴 물품에 따라 사실대로 나열해서 신고하게 함으로써 도적을 잡은 다음 원래의 장물을 되찾고 확인할 수 있어야 한다. 만일 어리숙하게 뒤섞어 나열한다면, 진짜 장물을 되찾는다고 하더라도 도리어 명단에 없는 경우도 생길 터이니 이렇게 되면 무엇에 근거해 죄를 정할 수 있겠는가? 따라서 분실물을 처음 신고할 때 피해자에게 분명하게 일깨워 주어야 한다.【피해자가 「분실물명세서」의 물건이라고 확인할 경우, 모름지기 해당 물품에 대해 무슨 기록·표시가 있는지 물어보아야 한다. 그렇지 않으면 간혹 똑같은 물품이 있어 장물로 오인될 수 있는데, 이렇게 되면 다시 억울한 사람이 피해를 입을 수 있다.】

장물을 되찾을 때에는 도적이 얻었다고 자백한 피해자의 물품만 되찾아야 한다. 포역이 장물을 되찾는다는 구실로 집집마다 들쑤시면서 재물을 약탈하거나 심지어는 부녀자

---

55 원문에서는 「분실신고서(報單)」이라 되어 있지만 뒤에 나오는 「분실명세서(失單)」와 같은 것이라 보아 이렇게 처리하였다.

를 강간하게 놔둬서는 안 된다. 포역은 도적의 재물과 집은 누구나 빼앗을 수 있고 욕보여도 해가 없다고 생각하는 모양이지만, 이는 율례에서 아주 엄격하게 처벌한다는 점을 잘 모르기 때문이다.【앞서의「17-06. 도적 심문」에서 상세하게 다루었다.】도적이 재물을 강탈하고 강간·살인을 하면 극형에 처하는데, 포역 자신이 그러한 일을 저지른다면 사실 거의 도적과 같지 않은가? 또한 포역은 지방관이 부리는데, 지방관이 이를 알고 금지하지 않는다면 포역이 악행을 저지르도록 방치한 셈이니 감독을 소홀히 한 책임에서 어찌 벗어날 수 있겠는가?

하지만 이것은 [장물이] 도적의 집에 있는 경우만 놓고 이야기한 것이다. [그렇지만] 만약 장물을 남의 집에 맡겼을 경우라도 또한 이렇게 횡포를 당하니, 한 가구가 강도에게 피해를 입으면 수십 가구가 포역에게 참혹한 피해를 입게 된다. 그래서 포역의 해악은 강도보다도 훨씬 심하다. 무릇 포역을 파견하여 장물을 되찾을 때에는 반드시 엄히 깨우쳐 금지하고, 나아가 반드시 해당 지역 장두·지보의 입회 아래 장물을 되찾게 해야 한다. 장물을 되찾아 관청까지 옮기는 일에 대해서는 반드시 장두·지보로 하여금 "포역이 결코 앞서 말한 것과 같은 약탈·강간과 같은 폐단을 저지르지 않았으며, 만약 그에게 동조하거나 은닉하였다면 달게 죄를 받겠습니다."라는「확인서」를 갖추도록 해서, 포역 자신이 제출한「확인서」와 함께 보존해야 한다. 한편으로는 포역이 불법을 저지르지 못하도록 경각심을 갖게 하고, 다른 한편으로는 지방관 자신이 이로 인해 연루되는 것을 피할 수 있는 아주 좋은 방법이라 하겠다.

하지만 이것은 도적과 도적의 장물을 맡아 준 집만 가지고 이야기한 것이다. 장물을 맡아준 집은 대부분 도적의 친구 따위로, 모두가 어리석은 시골 백성이라 포역들이 이렇게 함부로 방자하게 횡포를 부리는 것이다. 관영·사영 전당포·창고에서는 틀림없이 이런 일이 없을 것이다. 그래도 [포역으로부터의] 공갈·협박만은 당연히 피할 수가 없겠지만, 이 또한 마땅히 엄금해야 할 것이다. 그리고 전당포 주인으로부터 "공갈·협박 같은 폐단이 결코 없었습니다."라는「확인서」를 받아 포역이 낸「확인서」와 함께 보존한다.

○ 도적이 훔친 장물을 되찾을 때마다 사건 관련 진짜 장물뿐만 아니라 옷가지 등의 물품까지 마구잡이로 확보하는 경우가 있는데, 이는 모름지기 포역이 자기 멋대로 찾아서 쌓아 놓은 것이다. 거기에는 도적 부인의 물건도 있고, 혹은 다른 데서 훔친 장물도 있다. 하지만 원래의 장물을 제외한 나머지는 모두 등기해서 창고에 잠시 보관해 두었다가 사건이 마무리 된 다음 주인이 있으면 주인에게 돌려주고, 없으면 관부로 귀속시킨다. [원래의 장물이 아닌] 여분의 장물이 있을 경우, 반드시 따로 다른 도적질로 얻은 장물이라고 자백하였

는지, 아니면 이 지역의 주민이 분실하였지만 종래 신고한 적이 없는 것인지, 아니면 이웃 지역에서 훔친 장물인데 도적의 범행이 드러나지 않은 것인지 물어보아야 한다.

이 경우 다만 따로 「구두진술」을 받아 기록해 두고, 물건을 잃어버린 원 주인을 몰래 불러들여 물어보도록 한다. 그가 일이 커질 것을 두려워해 소매치기를 당했다고 하거나, 자기 물건이 아니라고 할 경우 모두 굳이 깊이 따져 물을 필요는 없다. 만약 이웃 주현의 물품이라면 몰래 서신으로 그 주인의 분실 사고가 있었는지 여부를 물어봄으로써, 가까운 주현 사이의 교의(交誼)를 보일 수 있을 것이다. 또한 본래의 사건 이외의 것에 대해서는 절대로 상사에게 보고를 올릴 때 쓸데없이 첨부해 넣어서는 안 된다. 그렇게 할 경우 지방관 자신이 상사로부터 반박·조사를 받는 것을 자초할 수도 있고, 이웃 주현은 재판을 다시 치러야 할 수도 있어 보고한 지방관에게 허물이 돌아오는 것을 피할 수 없다. 따라서 반드시 신중하게 보고를 올려야 할 것이다.

○ 장물이 다른 곳에 맡겨졌거나 다른 사람이 사들인 경우, 사건의 범인 및 장물을 맡거나 산 사람에게 사정을 알고 있었는지 여부에 대해 심문해야 한다. 율례에서는 고의로 장물을 사거나 맡아 둔 경우에 대한 다음과 같은 조항이 있다. "만약 도적이 훔친 장물임을 알고도 고의로 사들인 경우, 장물의 액수를 계산하여 좌장(坐贓)의 죄로 가늠하는데, 그 액수를 절반으로 환산하여 처벌한다. 사정을 알고도 장물을 떠맡아 보관한 경우 고의로 장물을 사들인 경우보다 한 등급 감해서 처벌한다. 각 죄는 단지 곤장형 100대에 그친다. 사정을 모르고 잘못 사들이거나 떠맡은 경우에는 모두 처벌하지 않는다." 장물을 떠맡은 사람은 도적의 친구이거나 잘 아는 사람임에 틀림없다. 설사 새로 가담한 도적은 아닐지라도 도적의 평소 행실을 어찌 몰랐겠는가? 그 사정을 알고 한 경우도 가끔은 있을 것이다.

그렇지만 거래라는 것이 대부분 시장의 점포나 전당포에서 이루어지고, 물건을 보고 값을 치르는데, 어찌 그 물건이 어디서 났는지 하는 점까지 따지겠는가? 그런 까닭에 율례에는 "사정을 모르고 장물을 산 경우 해당 장물을 거두어들이되, 범인에게 그 값을 추징하여 사들인 사람에게 돌려준다."라고 실려 있다. 하물며 장물을 사들인 값조차도 지급해 주는데, 어찌 멋대로 장물을 저당 잡아 주거나 사들였다는 죄를 물을 수 있겠는가? 지방관에게 중요한 것은 단지 실제 장물을 되찾는 것뿐이다. 장물의 저당이나 매입에 대해서는 더욱 따지고 들어가 말썽을 불릴 필요는 없다. 설사 장물인 줄 알고 떠맡았다고 하더라도 역시 응당 관대하게 처분함으로써 중대 사건에 불필요하게 연루되는 사람이 또다시 늘어나는 것을 피해야 한다.

夫强盜必須以贓爲確據. 故律中云: "審有贓證明確及當時現獲者, 照例卽決.[56] 如贓跡未明, 招扳續緝,[57] 涉於疑似者,[58] 不妨再審."[59] 正恐冤誣良善無辜,[60] 而限於大辟也.[61] 所云: "贓證明確"與"贓跡未明", 對; "招扳續緝"與"當時現獲", 對. 夫贓卽起獲之贓,[62] 證卽夥供之證. 贓旣起獲, 證旣夥供, 尙有不明確者乎? 盜旣當時現獲, 其持械入室, 非盜而何? 二者不時處決,[63] 以其無可疑似也.[64]

若夫"招扳續緝", 而又"贓跡未明", 保無良善爲其所冤誣耶? 所謂: "涉於疑似者," 以所扳之人已屬眞盜, 所證之贓未經起獲, 又安知非其同夥而匿贓不認者乎? 故又未敢遽信爲良民, 而所當再審者也. 證與贓二者, 固並重, 然贓爲尤重. 證出於同夥之供詞, 贓本乎事主之失物. 有贓而無證, 猶可據贓而定罪. 有證而無贓, 未可據證而爲盜. 故律又云, 被獲之時, 夥賊供、證明白, 年久無獲, 贓亦花費,[65] "夥賊已決無證者, 俱引監候處決",[66] 則知夥盜雖眞, 無贓可據, 亦不得照卽決之例, 而減爲監候. 所以重民命而愼疑似也.

故問官旣審出眞盜, 供有眞贓, 爲失主「報單」所有之物, 便宜卽時起獲其贓, 須訊明本盜在於何處.[67] 若在其家, 卽從其家照贓起獲. 若寄頓人家,[68] 或質之典舖,[69] 卽從所供人家、典舖照贓起獲, 當官令事主識認,[70] 原是所失之物, 卽將本贓掛小牌, 註明起獲某盜之贓, 卽令本盜

---

56 즉결(卽決)은 곧바로 형벌(강도의 경우는 사형)을 집행한다는 뜻이다. 결(決)은 형벌의 집행이라는 의미로 쓰는 경우가 적지 않다.

57 초반(招扳)은 여기서는 일당을 털어놓는 것과 다른 사람을 끌어들여 모함하는 것을 뜻한다.

58 의사(疑似)는 여기서는 시비가 불분명하다, 의심스러운 부분이 있어 잘 납득이 되지 않는다는 뜻이다.

59 이 조항은 (건륭판) 『대청률례』 권23 「형률 적도(賊盜) 상 2(上之二)」(『律』266.11) 「강도(强盜)」에서는 "凡問刑衙門鞫審强盜, 必須贓證明確者, **照例卽決. 如贓亦未明, 招扳續緝, 涉於疑似者, 不妨再審**. 或有續獲, 强盜無自認口供, 贓亦未明, 夥盜已決無證者, 俱引監候處決."(p.384)으로 앞 구절이 바뀌어 있지만, 옹정(雍正) 6년 반행(頒行)된 『대청률집해[부례](大淸律集解[附例])』(四庫未收書輯刊編纂委員會 編, 『四庫未收書輯刊』 제1집 26책. 北京出版社, 1997)에는 황육홍이 인용한 것과 같은 내용으로 나와 있다. "凡强盜必須**審有贓證明確及當時現獲者, 照例卽決. 如贓跡未明, 招扳續緝, 涉於疑似者, 不妨再審**."(권18 25a, p.288)

60 원무(冤誣)는 억울하게 모함을 당해 피해를 본다는 뜻이다.

61 대벽(大辟)은 오형 가운데 하나로 바로 사형(死刑)을 일컫는 말이다.

62 기획(起獲)은 찾아내어 되찾다, 회수하다, 획득한다는 뜻이다.

63 불시(不時)는 '수시로, 때때로, 언제든지'라는 뜻이다.

64 무가(無可)는 가능하지도 불가능하지도 않다, 또는 불가능하다(不能 · 无法), 방법이 없다는 뜻이다.

65 화비(花費)는 돈이나 재물을 사용하여 소모해 버린다는 뜻이다.

66 앞서 인용한 『대청률례』 권25 「형률 적도(賊盜) 하 2(下之二)」(『律』266.11) 「강도(强盜)」(p.384) 조문을 참조.

67 신명(訊明)은 심문하여 분명하게 확인한다는 뜻이다.

68 기돈(寄頓)은 맡겨 둔다, 위탁한다는 뜻이다.

69 전포(典鋪)는 전당포를 가리킨다.

70 당관(當官)은 여기서는 '지방관의 입회 아래' 또는 '공개적으로'라는 뜻이다. 식인(識認)은 확인한다는 뜻이다.

照例畫供候擬.[71] 此則所謂贓證明確, 無可疑似者矣. 夫盜關生命重辟,[72] 安可不以眞贓爲汲汲乎?[73]

○ 事主「失單」,[74] 應照刦去之物, 據實開報, 以便獲盜起認原贓.[75] 若朦朧混開, 倘起獲眞贓, 反係「失單」所無, 憑何定罪? 故於初報時, 須嚴切曉諭失主.【失主認是「失單」本物, 須問本物上有何記驗.[76] 否則或有同樣者, 輒認爲贓, 又屬冤誣】凡起贓止照盜供所得失主之物起獲. 捕役不得借起贓爲由, 沿房搜搶財物,[77] 甚至姦淫婦女. 以爲盜之財、盜之室, 人皆可取之、辱之而無害者, 不知律內擬罪甚嚴.【詳前「審盜」條】夫盜以刦財、姦殺, 乃罹重辟, 而捕役身自犯之, 不幾與盜等乎? 則役爲官使,[78] 而官不知禁, 是縱捕爲惡, 失察之咎,[79] 夫將誰辭?

然此猶其在盜家者言也. 若其贓寄人家, 亦復橫暴如此, 則一家被强盜之慘, 數十家被捕役之慘, 是捕役之害, 更甚於强盜矣. 凡遣捕役起贓, 切須嚴諭禁止, 更須差同莊、地眼看起贓.[80] 起獲到官, 須著莊、地具結"捕役並無前項搶姦等弊. 如扶同隱庇甘罪"「結狀」, 並捕役自認「甘結」存案. 一則以儆捕役不法, 一則以免本官受累,[81] 法甚善也. 然此併盜家與寄頓之家言也. 夫寄頓之家, 類多盜之親友, 俱屬鄕愚, 捕役乃敢肆行猖獗. 若夫官、私典庫,[82] 諒必無此.[83] 惟需索嚇詐, 自不能免, 亦宜嚴禁, 仍取本典主"並無需索、嚇詐等弊"「甘結」,[84] 並該捕役「甘結」存案.

○ 每見起獲盜贓, 不但本贓, 而衣飾等物, 致有多起者, 則必捕役自搜以至纍纍也.[85] 其間有盜家婦人之物, 或別有上盜之贓. 但除却本贓, 其餘登記, 暫貯庫內, 俟定案之後, 有主給主, 無主入官. 若餘贓, 必問或供係別上盜之贓, 或本地失主從前未報, 或鄰封失事本犯漏網.[86] 只

---

71 화공(畫供)은 범인이 「서면신술서(供狀)」에 서명하여 그 진술이 사실임을 확인하는 것을 가리킨다.
72 중벽(重辟)은 극형이나 사죄(死罪)를 일컫는다.
73 급급(汲汲)은 마음이 아주 다급한 모습, 걱정하면서 불안해하는 모습을 가리킨다.
74 「실단(失單)」은 피해자가 강도·절도의 피해물품·분실품을 신고한 「분실명세서」를 가리킨다.
75 기인(起認)은 피해자가 도적의 소굴에서 회수한 장물을 확인하여 되찾아 가는 것을 말한다.
76 기험(記驗)은 표시를 해 놓은 물건, 또는 그것을 확인한다는 뜻이다.
77 연방(沿房, 緣房)은 '집집마다, 방마다'라는 뜻이다. 방(房)은 방칸, 방, 집을 가리킨다.
78 관사(官使)는 관리에 의해 부림을 받는다, 관직을 주어 그 재주를 쓰게 한다는 뜻이다.
79 실찰(失察)은 감독 소홀을 가리킨다. 청대의 경우 속리(屬吏)가 죄를 저질렀는데 상관이 발각하지 못했을 경우 실찰 처분을 받았다.
80 안간(眼看)은 직접 함께 입회하여 눈으로 감시한다는 뜻이다.
81 수루(受累)는 연루되어 피해를 입는다는 뜻이다.
82 전고(典庫)는 전당포와 창고를 가리킨다.
83 양필(諒必)은 틀림없이·필경이라는 뜻이다.
84 전주(典主)는 전당포 주인을 가리킨다.
85 누루(纍纍)는 여기서는 아주 많이 쌓인 모습을 가리킨다.
86 인봉(鄰封)은 이웃 주현을 가리키는 말이다.

宜另記「口供」, 或密喚失主來問. 彼恐多事, 或認小偸, 或不認物, 俱不必深究. 若係鄰封, 只宜寫書密問, 果否彼家有無失事, 以見寅誼相關.[87] 斷不可本案之外, 又添枝蔓附入申文.[88] 在本地自取駁查, 在鄰封致貽審覆,[89] 未免歸咎所申, 切須詳愼.[90]

○ 至於贓寄別處, 或經人買, 要問本盜及寄買之人, 知情與不知情. 律有故買及寄藏之條.[91] "若知爲盜贓而故買, 計物坐贓,[92] 折半科罪. 知而寄藏, 減故買一等. 各罪止杖一百. 其不知情, 雖誤買受寄, 俱不作罪."[93] 夫寄藏者, 必其親友熟識. 苟非新盜, 素行寧有不知? 具爲知情, 容或有之.[94] 若夫貿易多在市集、典舖, 指貨當銀, 彼寧計其物所從來哉? 故律有"典買不知情者, 本贓追取,[95] 仍於本犯名下追價給主."[96] 况價猶斷給,[97] 而豈又問其擅當、擅買之罪乎? 問官只以獲眞贓爲要. 其當與買, 不必更爲追求, 致滋嫌議. 卽受寄知情, 亦宜寬置, 免重案又多一番波累也.[98]

---

87 인의(寅誼)는 지방관 동료 사이의 교의(交誼)나 동료의식을 가리킨다.

88 지만(枝蔓)은 가지나 넝쿨을 가리키는데, 나아가 연루시키거나 끌어들이는 것을 비유하기도 한다.

89 심복(審覆)은 재심·재검토를 뜻한다.

90 절수(切須)는 반드시·꼭이라는 뜻이다.

91 기장(寄藏)은 남에게 부탁하여 맡겨 두거나 숨겨 둔다는 뜻이다.

92 좌장(坐贓)은 관리나 평민이 직무와 관련이 없는데 받지 말아야 할 재물을 받은 혐의를 말한다. 좌장은 원래 당률(唐律)에서 정한 불법적으로 취득한 여섯 가지 공·사의 재물, 즉 육장(六贓)의 하나다(나머지는 受財枉法·受財不枉法·受所監臨·强盜·窃盜이다). 좌장은 오늘날 중국에서는 '탐오죄(貪汚罪)'로 해석된다. 우리나라의 경우도 공무원이 받는 뇌물의 대가성은 뇌물죄의 구성요건으로서 대단히 중요한 요소여서 대가성이 없는 경우에는 뇌물죄가 되지 않기 때문에, 공무원이 받은 돈과 공무원의 직무와의 사이에 관련성이 있다는 것, 즉 뇌물의 대가성(代價性)이란 것이 수사와 재판에서 핵심적인 초점이 된다. 이 때문에 공무원의 직무 범위를 넓게 보거나 대가관계를 광범위하게 인정하여 뇌물죄를 인정하겠다는 취지의 '포괄적인 뇌물죄'라는 개념이 나오기도 하는데, 좌장은 아마 이와도 가까울 것이다.

93 『대청률례』 권25「형률 적도(賊盜) 하 2(下之二)」(『律』278.00)「도적와주(盜賊窩主)」. "5. **若知强竊盜贓而故買者, 計所買物, 坐贓論. 知而寄藏者減[故買]一等, 各罪止杖一百. 其不知情誤買及受寄者, 俱不坐.**"

94 용혹(容或)은 '혹시·아마'라는 뜻이다.

95 추취(追取)는 추징한다는 뜻이다.

96 『대청률례』 권25「형률 적도(賊盜) 하 2(下之二)」(『律』266.18)「강도(强盜)」 조례에 비슷한 조항이 있다. 條例. "18. 强竊盜賊現獲之贓, 各令事主認領外, 如强盜贓不足原失之數, 將無主贓物賠補, 餘利者入官. 如仍不足, 將盜犯家産變價賠償. 若諸色人典當收買盜贓及竊贓不知情者, 勿論止追原贓, 其價於犯人名下追徵給主." 반면 옹정(雍正) 6년 반행(頒行)된 『대청률집해[부례](大淸律集解[附例])』(四庫未收書輯刊編纂委員會 編, 『四庫未收書輯刊』 제1집 26책. 北京出版社, 1997)에는 황육홍이 인용한 것과 좀 더 비슷한 내용이 실려 있다. "强竊盜賊止追征贓給主, 無主者, 沒官. 若諸人典當收買盜賊贓不知情者, 勿論. 止追原贓其價於犯人名下, 追徵給主."(권18 24b, p.288)

97 단급(斷給)은 판단한다, 판단하여 지급한다는 뜻이다.

98 파루(波累)는 연루된다, 파급된다는 뜻이다.

18-04. 도적의 가족(盜賊家口)

강도가 현지에서 체포되었을 경우 그 아내까지 구금할 필요는 없다. 강·절도사건에는 아내까지 연좌시키는 조례가 결코 없기 때문이다. 아내까지 아울러 수감한다면 옥졸이 쉽게 모욕을 가할 수 있으니, 그 아내는 사람의 자식이 아니란 말인가? 강도 사건에서 피해자 측 부녀자가 증언해야 할 것이 있을 경우에도, 쉽사리 부녀자를 구인해서는 안 된다. 피해자 측 집안은 이미 재산을 잃었는데, 다시 부녀자가 지방관을 만나게 되는 수고를 끼친다면 이는 대단히 어질지 못한 일이다! 누가 증인이 될 수 없어 반드시 규방의 부녀자를 끌어다 증언을 받은 다음에야 도적 사건을 해결할 수 있다는 말인가? 만약 도적이 처벌을 두려워해 가족을 이끌고 다른 지역으로 도망쳤다가 붙잡혔을 경우에는 처·자식들도 원래 지역으로 압송하는 일을 피할 수 없다. 압송해 온 가족에게는 보증인을 세우도록 하고, 보증인이 없을 경우 따로 조용하고 빈집을 골라 두고 중신할머니나 산파로 하여금 잠시 감시하게 한다. 도적에 대한 처벌이 정해져 사형집행 유예[監候緩決]를 받은 경우, 이 도적에게 자식이 없고 그 부인이 아직 임신이 가능하다면 몸에 아무것도 지니지 않았음을 수색한 다음 부인이 감옥에 들어가 남편을 보살피는 것을 허락하는데, 다른 방을 두어 거기서 쉬거나 자게 한다. 매월 한두 차례 이런 일을 허용하여, 조금이라도 그 후사를 연장시켜 종사(宗嗣)가 끊이지 않게 한다면, 이 역시 법 가운데의 인정(仁政)이라 하겠다.

强盜在本地拿獲, 其妻不必拘禁, 以盜案從無並坐其妻之例. 若並妻收禁, 獄卒易加汚辱, 彼獨非人子哉? 强盜行劫, 有以妻女作證者, 斷不可輕拘. 彼家既失其財, 而又累婦女見官, 不仁甚矣. 夫何人不可作證, 必欲取據閨流而後,[99] 盜案可定耶? 若盜懼罪, 携家口潛逃他處被獲者, 未免連妻子起解. 解到家口取保,[100] 無保者或另擇謹密空室, 著媒穩婆暫行看守.[101] 其盜擬罪已定, 監候緩決者,[102] 若此盜無後, 其妻尚可生育者, 查身無夾帶, 准令入監看視, 別置

99 규류(閨流)는 여류(女流), 부녀(婦女)를 가리킨다.

100 취보(取保)는 보증을 서게 한다는 뜻이다.

101 매온파(媒穩婆)는 뚜쟁이와 산파를 가리킨다. 온파는 또한 궁정이나 관부를 위해서 산파나 여성의 신체 검사 등의 일을 맡던 여성을 가리키기도 한다.

102 감후완결(監候緩決)은 참수형이나 교수형 판결을 받았지만, 그 시행이 늦춰지면서 대기하는 것을 말한다.

一室, 暫爲歇宿.[103] 每月一、二次, 若得少延一脈, 使不斬其宗嗣, 亦法中之仁政也.

18-05. 범인 반수 이상 채우기(獲半)

도적의 절반을 잡으면 처분을 면하게 한 것은, 숨어 버린 도적의 흔적이 비밀스럽고 잡아내기 어려워 [그 때문에 처벌을 받는 지방관이 많으므로] 조정에서 지방관이 애써 얻은 공명을 잃는 것을 안타깝게 여겨 내린 조치다. 그런데 만일 지방관이 도적의 절반을 잡았다고 해서 나머지를 느슨하게 방치한다면 이 절반의 도적들은 법망에서 벗어나 마음 씀씀이가 더욱 대담해질 터이니, 이렇게 되면 어느 집이 다시 약탈을 당할지 모르게 된다. 그래서 내가 생각건대, 중대 사건이 비록 마무리된다고 해도, 만일 도적 패거리가 나중에 다시 발각되면 힘써 체포에 나서야 한다고 생각한다. 그 장물과 증언이 모두 분명하면 설사 참수형은 피할 수 있을지 모르지만, 교수형의 죄를 피하기는 어려울 것이다. [하지만 이미 사안이 완결된 경우라 사형의 즉시집행이 불가능하므로] 큰 곤장으로 무겁게 형벌을 가한 다음 칼에 씌어 대중에게 공개하고, 연명으로 공동 보증을 받아 내 그가 스스로 개과천선할 수 있는 기회를 주어 보호관찰자의 명단에 넣어도 그는 역시 다행스럽다고 말할 것이다.

盜以獲半而免處分者,[104] 是朝廷以盜踪詭秘難獲, 所以惜地方官之功名也.[105] 若地方官亦以獲半而寬盜, 則此一半之盜, 固已漏網,[106] 其心胆益大, 又不知何家更遭剽刦矣. 鴻以爲大案雖結, 若夥盜後經發覺, 務須捕獲, 審其贓、證俱明, 縱饒竿首之刑,[107] 難免囊頭之罪.[108] 大

103 헐숙(歇宿)은 쉬면서 머무르게 한다는 뜻이다.

104 획적과반(獲賊過半)은 도주한 범인이 많은데 그 절반을 이미 체포한 경우를 일컫는다. 청대에는 강·절도사건이 발생했을 때 관내의 포역이 1년 내로 사건 범인의 절반 이상을 잡으면 해당 관원들에 대한 처벌을 면제해 주었다. 하지만 절반에 미치지 못했을 경우 놓친 인원 1명당 곤장형 30대에 처해졌다.

105 공명(功名)은 과거 시험에서 얻은 학위나 관직의 명위(名位)를 가리키는 말이다.

106 누망(漏網)은 요행스럽게 법망을 벗어났다는 뜻이다.

107 간수(竿首)는 대나무 끝에 머리를 매단다는 것, 즉 참수(斬首)와 효시(梟示)의 형벌, 최고의 형벌을 가리킨다.

108 낭두(囊頭)는 고대의 혹형으로 머리 부분을 주머니로 덮는 것을 가리키는데, 여기서는 교수형(絞首刑)을 가리키는 것 같다.

板重責枷示, 取其連名公保, 令其改過自新, 收充警跡,[109] 亦云幸矣.

18-06. 사건 은폐(諱盜)

강·절도사건을 감추려 하는 것보다는 도적을 미리 막는 것이 우선시되어야 한다. 평소 제대로 잘 막지 못하다가 사건이 일어났을 때 가서야 감출 생각을 하다니, 이 얼마나 졸렬한 계책인가! 사건 은폐의 폐해로는 지현이 반박·힐문을 하면서 일 처리를 지연시키자 피해자가 지현이 보고하지 않는 것을 보고 직접 상급 관부에 신고해 버리는 경우가 있다. 또한 피해자에게 강도사건을 절도사건으로 바꿔 신고하도록 강박해서 잠깐이라도 덮어 놓고자 하였는데, 다른 문제 때문에 발각되어 버리는 경우도 있다. 또한 지방 문·무 관원이 서로 협조하지 않아 지현이 보고하지 않았는데 지방 주둔부대 장교가 먼저 보고해 버리는 경우도 있다. 심지어는 강도가 재물을 빼앗고 사람을 다치게 했을 뿐인데, [지방관이] 강간·살해로 거짓 보고를 해 버리는 경우도 있다. 보고를 늦추면 상사가 사건 은폐를 이유로 조사에 나서 많은 점에서 일 처리에 견제를 받게 되며, 감추었다가 발각되면 사건 은폐를 이유로 혁직당하면서 지방관은 공명(功名)을 잃게 된다. 도적질을 강간으로 무고해서 보고한 경우는 지방관 스스로 탄핵 처벌을 피하기 위해서라지만, 피해자는 도리어 오명을 뒤집어쓰게 되어 그 부인이 추한 모습을 드러내게 만드니, 백성을 돌보아야 할 지방관은 죄인이 되지 않을 수 없다.

夫欲諱盜莫先於弭盜.[110] 若平日不能善弭, 而至臨時思諱, 何計之拙乎! 其諱盜之害, 有

---

109 경적(警跡)은 원대에 시작된 제도로 강·절도의 초범으로 죽을죄가 아닌 경우 이마나 팔에 문신을 한 다음 특수 호적에 두어 감시하는 것을 가리킨다. 경적인(警跡人)이라고도 한다.

110 휘도(諱盜)는 지방관이 책임을 피하기 위해 피해자를 윽박질러 강·절도사건을 숨기거나 강도 사건을 절도 사건으로 바꿔 처리하는 것을 가리킨다. 이를테면 『대청률례』 권23 「형률 적도(賊盜) 상 2(上之二)」(『律』266.06) 「강도(强盜)」. 條例 "6. **地方文武官員, 因畏疏防承緝處分, 恐嚇事主, 抑勒諱盜, 或改强爲竊者, 均照諱盜例, 革職.** 承行書辦, 杖一百. 若抑勒苦累事主致死者, 除革職外, 照故勘平人律治罪. 該管上司、道、府、廳、州不行查報, 督撫不行查參者, 俱交部照例議處."(pp.380-381)

官駁詰遲延,[111] 事主見官不報, 徑赴上司告報者; 有逼令事主改强爲竊, 掩飾一時, 而此案別經發覺者; 又有地方文武弗協, 印官未報而防弁先申者[112]; 甚至有强盜刦財傷人, 而誣爲姦殺者. 遲報則上司以諱盜行查, 多其掕制; 掩飾則發覺以諱盜革職, 喪其功名.[113] 若以盜誣姦, 不過爲自逃參罰,[114] 而事主又加以不美之名, 反令婦人出乖露醜,[115] 則未免爲司牧之罪人矣.

18-07. 자수(自首)

강도의 자수에 관해서는 일정한 율례가 있지만, 그 정상이 모두 한결같은 것은 아니다. 이미 체포된 다른 도둑들이 친구거나 원수여서 그들의 자백을 피할 수 없음을 염려하여 자수하는 경우가 있다. 또 체포망이 삼엄하여 도저히 숨을 곳이 없어 자수하는 경우도 있다. 그리고 사건의 중요 범인을 포역이 잡았는데, 큰 뇌물을 받고 자수하도록 해 주는 경우도 있다. 이런 경우는 모두 자수를 통해 죽음을 피하기를 바라는 것이다. 실제 사정을 보면 법을 우습게 하는 범인이고, 진심으로 뉘우치는 마음을 가지고 스스로 법망에 걸려드는 것이 아니므로, 응당 선례에 따라 판결해야지 정해진 율례 조문 속에서 그 가볍고 무거움에 차이를 두려 [즉 관대한 쪽으로 처벌하려] 해서는 안 될 것이다.

그런데 [이와는 달리] 범인이 중죄를 저지르고 법망을 피해 멀리 도망갔다가 지금 사건이 종결되고 패거리도 모든 형벌을 받아 체포가 삼엄하지 않은데도 어느 날 스스로 돌아와 자수하는 경우가 있다. 그 도적은 필경 나이가 들고 몸도 쇠약해진다가 늙어서 후회함을 알게 된 것이다. 혹은 집안에 처자와 가족이 있고, 조상의 분묘도 그립고 해서 차라리 지방관더러 자신을 죽여 달라고 자청하였을 수도 있다. 하지만 어질고 착한 지방관이 자신을 불쌍히 여겨 용서해 주길 바라는 마음이 없지는 않을 것이다. [그렇지만] 만약 강도 재

111 박힐(駁詰. 駮詰)은 반박하면서 힐문한다, 따져 묻는다는 뜻이다.

112 인관(印官)은 정인관(正印官), 즉 명·청대 지주·지현 등의 지방관을 가리킨다. 이들이 정사각형의 관인을 사용하는 데서 비롯되었다.

113 공명(功名)은 과거시험의 학위나 관직명위(官職名位)를 가리킨다.

114 참벌(參罰)은 탄핵하여 처벌한다는 뜻이다.

115 출괴로추(出乖露醜)는 출괴롱추(出乖弄醜)와 같은 뜻으로 추한 모습을 드러낸다는 뜻이다.

범이거나, 살인·강간이나 남의 집에 불을 지르는 일을 저질렀을 경우에는 모두 자수 율례를 적용하는 것이 허용되지 않으므로, 이 가운데 하나의 죄를 저질렀을 경우 그는 모름지기 무거운 형벌을 받게 된다. 죄를 뉘우치고 죽을 각오로 돌아온 이 도적은 죽임을 당하고, 법을 우습게 알고 요행으로 목숨을 유지하려는 앞서의 도적은 살아날 수도 있으니, [지방관은] 그 가볍고 무거움 사이에서 마땅히 원래의 정상을 따져 법을 적용해야 하지 않겠는가?

오랫동안 해결되지 않는 중대 사건의 경우 모름지기 범인이 잡히기를 기다려야 마무리될 수 있는데, 이미 노쇠한 나이가 되었고 집안에 처자가 있는 경우라면 나는 적당하게 정상을 참작하여 긍휼히 여겨줌으로써 생명의 은혜를 베풀어 주기를 요청하는 바이다. 아주 오래전의 사건이라 그 불법적인 못된 행동은 모두 젊었을 때 한 짓인데, 나이를 먹고 잘못을 뉘우쳤으며 진실로 별다른 못된 행적이 없다면, 마땅히 돌아와 자수한 그 뜻을 가련히 여겨 뭇사람들의 연대보증을 받은 다음 곧바로 풀어 줌으로써 그 남은 생애를 위로해 주자는 뜻이다. 이것은 잘못을 뉘우친 점을 중히 여겨 과거의 잘못을 용서해 주자는 것이니, 혹시 또한 어진 군자들이 허용해 주는 바가 아니겠는가!

强盜自首, 有一定之律例, 而無一定之情. 有夥盜所獲, 是親, 是仇, 慮供不免而自首; 有捕緝甚嚴, 潛遁無地而自首; 有爲本案要犯, 捕役旣擒, 受其重賄, 因而縱令自首. 此等皆希自首, 以寬一死. 其情乃詭法之人, 非眞有悔心以自歸於法者, 自應照例予斷, 不能於一定之律例有所重輕其間. 若夫身犯重罪, 遠逃漏網, 今成案已結, 夥盜皆刑, 又無緝捕之嚴, 而一旦自首來歸者. 其盜必年已就衰, 老而知悔. 或家中尙有妻子室家,[116] 祖宗墳墓之是慕, 故寧歸請死於官耳. 然其心亦未嘗不望賢侯仁牧有以憐而寬之.[117] 若按以强盜再犯及殺人行姦、放火燒人房屋者, 俱不准自首之律例, 則其盜有一於此, 必置重典.[118] 是此盜以悔罪歸死而得死, 彼盜以詭法倖生而得生, 其輕重之間, 不又當原情而定法乎? 鴻以爲重案久懸, 必待其人而結, 觀其年已就衰, 室有妻子, 猶當曲爲矜, 請予以生命之恩. 若案陳年遠, 其横行不法, 皆其少壯所爲, 今老而知非, 諒無他逞, 自應憫其歸意, 取具連名公保, 徑行省釋,[119] 以慰餘年. 此重悔過,

116 실가(室家)는 집이나 부부, 처자·가정·가족 등을 가리킨다.
117 현후(賢侯)는 덕을 가진 사람에 대한 경칭인데, 여기서는 지방관을 가리킨다. 인목(仁牧) 역시 마찬가지로 인자한 마음을 가진 지방관을 가리킨다.
118 중전(重典)은 중법(重法), 즉 무거운 형벌을 가리킨다.
119 경행(徑行)은 곧바로, 또는 성격대로 행한다는 뜻이고, 성석(省釋)은 석방한다는 뜻이다.

而赦其已往之愆, 或亦君子之所許也乎!

18-08. 지역방범대 점호(土番點卯)[120]

어떤 사람이 손님에게 물었다. "강도를 처벌하는 법은 어떠한 법입니까?"[121]

손님이 답하였다. "법에 따르면 당연히 사형입니다."

어떤 사람이 다시 물었다. "절도를 처벌하는 법은 어떠한 법입니까?"

손님이 답하였다. "역시 당연히 사형입니다."

어떤 사람이 말했다. "너무 지나친 것 아닙니까? 강도와 절도에 어째 차이가 없습니까?"

손님은 말했다. "차이가 있습니다."

어떤 사람이 말했다. "차이가 있다면 어째서 모두 사형에 처합니까?"

손님은 말했다. "시작에 차이가 있지만 결과에는 차이가 없습니다. 왜냐고요? 절도를 시작한 사람은 반드시 끝에 가서는 강도질로 나가게 되어 있습니다. 그러니 남에게 심하게 해를 끼치게 되면 그때 가서 죽이는 것보다는 차라리 심해지기 전에 죽이는 것이 낫지 않겠습니까? 도적을 죽이는 것은 백성을 편안하게 하는 것이니, 도적을 죽이는 것 또한 마땅한 일이 아닙니까? 가령 메뚜기를 잡고자 한다면 모름지기 갓 태어난 애벌레부터 박멸해야 합니다. 메뚜기 떼가 한참 불어난 다음에야 서둘러 잡고자 한다면, 이미 농작물은 큰 피해를 입은 다음입니다."

어떤 사람이 말했다. "그렇다고는 해도 사람의 삶은 동물과 다릅니다. 사람은 10개월 동안 뱃속에 있다 태어나고, 3년 동안 젖을 먹여야 되며, 찬 데와 더운 데를 고르고 제때 맞추어 배부르게 해 준 다음에야 겨우 목숨을 유지하여 자라서 어린이가 되고 어른이 될

---

120 토번(土番)은 원래 토착인, 현지인을 가리키지만 여기서는 일종의 지역방범대를 가리킨다. 점묘(點卯)는 원래 묘시(오전 5-7시 사이)에 진행하던 관청의 인원 점검을 뜻하지만, 나아가 인원점검(點名)이나 점호를 가리키기도 한다. 이 글은 하장령(賀長齡) 편(編), 『황조경세문편(皇朝經世文編)』(『清經世文編』) 권75 「병정(兵政) 6 보갑(保甲) 하(下)」에 「이도지도설(以盜止盜說)」이란 제목으로 실려 있기도 하다.

121 어떤 사람(或)은 황육홍 자신을 가리킨다. 여기서는 손님과의 대화라는 형식을 통해 자기 생각을 전개하는 방식을 사용하고 있다.

수 있습니다. 사람을 낳아 키우는 일은 정말 대단히 어렵습니다. 그런데 어찌 한 번 잘못을 저질렀다고 해서 곧장 죽음에 이르게 한다는 말입니까? 낳아서 키우기가 정말 어려운데, 너무 쉽게 죽이는 것 아닙니까? 살리기를 좋아하는 하늘의 마음이나 죽이기를 싫어하는 어진 이의 뜻이 어찌 이런 것이겠습니까?"

손님은 물었다. "그렇다면 당신은 어떻게 해야 한다는 말입니까?"

어떤 사람이 말했다. "저는 사람을 살리는 법으로 죽이는 법과 바꾸고자 합니다. 또한 백성을 편안케 하는 것은 바로 또한 도적을 편안하게 하는 것이라고 생각합니다. 원숭이가 족제비를 잡는 것을 보지 못하였습니까? 원숭이와 족제비는 같은 무리로 모두 농작물에 해를 끼치는 존재입니다. 북쪽 변경의 사람들은 원숭이를 잡아 키우는데, 기장을 먹이고 끈으로 묶어 둡니다. 황량한 광야, 어두운 언덕에서 원숭이는 족제비 냄새를 맡으면 쫓아가 그 구멍을 발견해서 들어간 지 한참이 지나면 족제비를 물고 나오는데, 다 잡지 않으면 멈추지 않습니다. 그래서 족제비가 원숭이를 두려워하여 멀리 옮겨 가므로 농작물에 해를 끼치지 않게 됩니다. 주인 역시 공을 세웠다고 여겨 더욱 부지런하게 원숭이를 먹입니다. 지금 도적들 역시 매한가지로 백성에게 해를 끼치는 존재입니다. 백성을 기르는 지방관으로서도 능히 도적을 키워 도적을 잡을 수 있으니, 마치 원숭이를 길러 족제비를 물게 하는 것과 같습니다. 도적이 모두 멀리 달아나게 하여 백성에게 해를 끼치지 못하게 하는 것입니다. 그래서 도적이 [원래 지은] 죄가 있어 [마땅히] 죽어야 할지라도, 저는 이것을 그들이 공을 세우게 하여 살리는 것으로 바꾸고자 합니다. 백성은 도적이 해치지 않아 편안하고, 도적 또한 백성이 편안해하면 이로움이 쌓이는 것을 봄으로써 스스로 편안해질 수 있습니다. 이것이 바로 살리기를 좋아하는 하늘의 마음과 죽이기를 싫어하는 어진 이의 뜻을 구현하는 것입니다. 그러니 어찌 도적이 날로 늘어난다고 해서 이들을 모두 죽여야 할까 근심할 필요가 있겠습니까?"

그래서 내가 예전에 담성현에 부임하였을 때 그곳은 도적 소굴이 되어 있었다. 백성을 해치는 것을 미워하여 내가 그들을 잡아다 때려죽인 경우가 아주 많았다. 그리고 다음 임지인 동광현에 부임했을 때에도, 그곳 역시 도적 소굴이라 더욱 근심하지 않을 수 없었다. 부임하자마자 나는 오래된 악당 몇 명을 찾아내 처벌하고 칼을 씌워 대중에게 공개하였다. 하루는 관청 밖으로 나가는데 그 도적들이 뜨거운 햇볕 무더위 아래에서 칼을 쓰고 서 있는 모습을 보았다. 얼굴은 숯처럼 검었고 숨소리는 마치 가는 실처럼 희미하였다. 이에 나는 이들을 불쌍하고 안타깝게 여겨 속히 친척들에게 연락하여 보증을 세우게 하였지만, 모두가 머뭇거리며 나서지 않았다. 도적들이 잘못을 뉘우치지 않아 나중에 자기들이 피해를 입을까 우려해서였던 것이다. 결국 그들은 그날 밤을 넘기지 못하고 모두 죽고 말았다. 나는 이에 [바로 앞에서] 어떤 사람이 말한 삶으로 죽음을 바꾸는 방법과 원숭이로 족제비를 잡게 하는 비유에 깊이 느끼는 바가 있어, 옛 도적을 용서함으로써 새 도적의 발생을 막고, 가까운 도적으로 하여금 먼 곳의 도적을 막게 하는 방법을 사용하게 되었다. 이를 시행한 지 반년, 현 내에서는 밤에도 문을 닫지 않고, 닭과 개도 놀라지 않게 되어 흡사 태평시대의 광경을 보는 것 같았다. 내가 예전에 "도적을 이용하여 도적을 막자"고 한 것 역시 바로 이러한 훌륭한 방법과 아름다운 뜻에서였다. 이제 삼가 그 방법을 다음에 덧붙이고자 한다.

현에는 4향(鄕)이 있고 각 향에는 모름지기 도적이 있다. 나이가 많고 교활한 도적이 뭇 도적으로부터 추대를 받아 우두머리가 된다. 그래서 향마다 각기 우두머리가 존재하여 뭇 도적을 이끈다. 다른 향으로부터 도움을 받고자 할 때 그 일이 크면 반드시 우두머리끼리 더불어 모의하여 그곳 우두머리가 적당한 인물을 보내 준다. 일이 작으면 각기 끼리끼리 찾는다. 향내에서 잃어버린 것이 있으면 우두머리에게 알리는데, 우두머리가 이를 찾아서 돌려준다. 그래서 잃어버린 물건이 향 밖으로 나가는 일은 없고 각기 나눠진 지역이 서로 뒤엉키지 않는다. 부근 주현에서 일을 벌이고자 혹은 우리 현의 사람을 빌리고자 하면 모름지기 먼저 평소 알고 지내는 사람을 찾아가 상의하여, 인원과 날짜를 정한 다음 일에 나선다. 훔친 물건 가운데 가장 좋은 것은 우두머리에게 바친다. 그렇지 않으면 우두머리가 포역에게 밀고해 도적들은 그 일로 잡혀가 매질을 받고, 모든 것을 빼앗기게 된다. 좀도둑의 경우도 우두머리가 노예처럼 그들을 부리며, 뭇 도적들도 각기 나누어 심복과 부하들을 거느리는데, 마치 일종의 후배·제자 집단과 같다. 나는 혼자 생각하기에 4향의 도적을 모두 잡아들이려 하면 놀라서 달아나 버릴 것이므로, 우두머리 한 명을 얻어 회유한 다음 내 통제를 받게 하여 뭇 도적의 시범으로 삼으면 나머지는 그냥 앉아서 거두어들일 수 있을 것으로 보았다.

시간을 들여 살펴보니 서향(西鄕)에는 거도 백오(白五)라는 사람이 있었다. 수천 금의 재산과 100경(頃. 1경은 1천 畝)의 토지를 가지고 있었다. 자녀 5명은 모두 현의 토호와 인척 관계를 맺고 있었다. 수십 년이나 도적의 우두머리가 되어 있었으므로, 매번 지현이 부임하여 대규모 강·절도사건을 해결하려 할 때마다 누구하나 나서 그를 우두머리로 지목하는 일이 없었고, 백오는 법망을 피해 오랫동안 배부르게 먹고 따뜻하게 지낼 수 있었다. 그의 둘째 아들은 현의 형방 서역인 주(朱)씨의 사위였다. 하루는 내가 주씨를 불러 차분하게 물었다. "우리 현에 평소 도적이 많은데, 내가 우두머리 한 명을 통해 나머지를 통솔하고자 하네. 그대는 형방 일을 맡고 있으니 어찌 아는 바가 없겠는가?" 주씨는 대꾸하였다. "좀도둑은 있지만 큰 도적은 아마 없을 것입니다." 그래서 나는 물었다. "그대의 친척 백오는 어떤가?" 주씨는 말을 듣고 놀라 무릎을 꿇은 채 말했다. "백오는 진실로 제 친척입니다만 지금은 잘못을 고친 지 오래입니다. 공께서 행여 그를 용서해 주신다면 그의 재산을 전부 다 거두어 주시길 청하는 바입니다." 나는 웃으면서 대꾸하였다. "내가 그렇게 하면 정말 탐욕스런 지방관이 될 게 아닌가? 도적의 재산을 가로채 차지한다면 또한 내가 바로 우리 현의 가장 큰 도적이지. 자네는 불안해하지 말고 나를 위해 몰래 그를 불러 주게. 털끝 하나 다치지 않게 하겠네. 하지만 자네가 고의로 꾸물대거나 의심하여 핑계를 대면서 멀리 피하고자 한다면 자네 목숨은 모름지기 곤장 아래에서 끊어질 것일세." 주씨는 두려워하면서 응낙하고 물러갔다.

다음날 주씨가 백오를 데리고 왔다. 백오를 불러들이면서 용모를 살펴보니, 광대뼈가 솟아오르고 코가 우뚝한 데다 콧대가 아주 두터웠다. 나는 조용히 탄식하며 말했다. "이 사람이야말로 정말 오랫동안 잘 입고 잘 먹고 지내 왔군." 그리고 백오에게 말했다. "네 행위를 이미 알고 있지만 너를 문책하지는 않겠다. 너는 단지 향에서 누가 강도이고 누가 도둑인지를 모두 알려 주면 된다. 그들에게 해를 입히려는 게 아니라, 명단을 작성하여 너로 하여금 통솔하게 하고, 또한 그것을 빌려 우리 현의 변두리를 안정시키려는 것뿐이다." 이에 백오는 강도와 도둑이 누구누구인지 그 이름을 적어 냈다. 그리고 먼저 백오에게 자신의 과오를 바로잡고 새롭게 거듭나겠다는 「확인서」를 작성하게 하고, 아울러 그의 친척과 이웃, 갑장과 장두·지보에게도 각각 「보증서」를 받아 보존하였다.

또 백오에게 자신이 명단에 적은 사람들을 사흘 내로 모두 불러 모으게 하여 각자의 행위를 자인하게 하였다. 강도라고 자수한 사람은 모두 오래전 일이라 불문에 부치고, 각자 최근에 저지른 절도행각 가운데 근거가 있는 것만 진술하게 하였다. 그리고 피해자를 불러 진술이 사실인지 대질 심문을 벌인 다음, 모두 처벌하지 않고 용서해 주었다. 다만 그들이 자백한 절도 행각은 문서에 기록해 두고, 백오의 경우처럼 「자인서」·「보증서」를 받아 낸 다음 모두 지역방범대(土番)로 편성하였다. 백오를 서향(西鄕) 지역방범대의 총수로 삼았고, 또한 거주지가 가까운 5명 가운데 재주가 출중한 사람 하나를 오장(伍長)으로 삼았다. 그리고 지방관의 공당에서 방범대 총수(番總)에게 붉은 꽃 장식(花紅)을 비롯해 옷과 모자를 주었고, 오장에게는 꽃 장식과 모자를 주되 옷은 주지 않았다. 나머지에게는 꽃 장식만 주고 옷과 모자는 주지 않았다. 악대가 연주되는 가운데, 그들은 서쪽 쪽문으로 안내를 받아 나가게 하였는데, 그때서야 그들은 지현인 내가 그들을 해칠 의사가 없음을 비로소 알게 되었다. 또한 돈 한 푼 쓰지 않았지만, 그들은 기꺼이 이 일을 떠맡았다.

나는 다시 포역 가운데 노련하고 쓸 만한 사람을 골라 불러 동·남·북 3향의 도적 우두머리에 대해 물었다. 이에 포역의 우두머리 마(馬)씨가 품에서 종이 한 장을 꺼내면서 말했다. "저는 나리께서 이에 대해 반드시 물어보실 줄 알고 있었습니다. 그래서 제가 알고 있는 대로 적었으니 살펴보십시오. 3향의 도적 우두머리는 공께서 백오 등을 용서하고 파격적으로 그들을 등용해 관역(官役)으로 삼은 것을 알고 있습니다. 모두들 나리를 위해 지방을 깨끗이 정리하여 죽을죄를 씻기를 바라고 있습니다." 이에 나는 그들 모두 불러들이도록 하여 진술을 받아 기록하고 「보증서」를 받은 다음 아울러 총수와 오장에 임명하고, 서향의 선례에 따라 상을 주었다. 이렇게 모은 4향의 도적을 모두 합쳐 보니 50여 명에 이르렀는데, 그 가운데 절도범이 반을 차지하였다. 강도는 대부분 기지(旗地) 둔전에 많이 자리를 잡고, 이곳에서 도적질을 할 경우 미리 무리를 통해 연락하고 일이 끝나면 장물을 나눠 갖고 사라졌으므로, 강·절도사건이 일어나도 매양 그들을 잡기가 어려웠던 것이다. 그래서 나는 이들 지역방범대를 모두 불러 모아 타일렀다.

> 내가 너희 죄를 용서한 것은 차마 너희들을 죽도록 내버려 둘 수 없었고, 또 무지해 죄를 지을까 염려해서였다. 일단 발각이 되면 너희를 죽음에서 용서해 주려 해도 어찌 가능하겠는가? 이제 너희들은 마음을 다시 잡고 잘못을 고쳐, 각자 농사나 양잠·장사에 힘쓰게 되면 바로 양민이 된다. 그래서 이제 공당에서 상을 내려 모든 현 백성이 너희가 이미 양민이 되었음을 알게 하였고, 또한 지역방범대로 편성하여 너희가 이미 관청의 직역(職役)을 맡게 되었음을 알게 하였다. 그러니 부끄러움을 피해 영광을 얻게 되었다고 할 것이다. 하지만 너희를 총수로 삼은 만큼, 응당 몸소 앞장서서 법을 받들어 각 향의 무리들이 모두 법을 따르도록 이끌어야 할 것이다. 조금이라도 잘못이 있다면 오로지 너희 총수들에게만 따져 물을 것이다. 또 [가까운 곳에 사는] 5명의 조원 가운데 범죄를 저지른 사람이 있다면 그가 속한 오장이 책임을 져야 할 것이다. 만일 다른 곳의 도적이 침범하거나 서로 끌고 딴 곳으로 가서 일을 벌이려 한다면, 너희들은 즉시 우두머리를 잡음으로써 공을 빛내야 할 것이다. 만약 어떤 향에서 강·절도사건이 다시 발생하면 이는 너희들의 방범이 면밀하지 못한 탓이니, 이 사건의 범인 역시 너희 총수가 잡아들여야 한다. 절도나 소매치기 사건이 생기면 너희 무리들이 살펴서 찾아내야 할 것이다.
>
> 그리고 앞으로 지방에서 혹시 새로운 도적 떼가 생겨났는데, 이를 신고하여 알린다

면 심문하여 사실임이 확인될 경우 그들 역시 방범대로 편입시키는 것을 허용할 것이다. 아울러 1년 안에 각 향에서 강·절도사건에 대한 소식이 들리지 않는다면, 총수와 오장 및 방범대원에게 각기 차등적으로 상을 내릴 것이다. 매달 초하루와 보름에는 총수와 오장이 대원을 이끌고 현 아문으로 와서 이름을 부르는 점호를 받도록 한다. 병이 있어 오지 못하면, 오장과 이웃 및 갑장의 「보증서」를 받아 보존하도록 한다. 그 한 달 사이에 본 지현이 불시에 몰래 조사하여, 만약 도박으로 놀고먹거나 생업에 힘쓰지 않거나 혹은 외지로 멀리 나가거나 초하루와 보름에 거짓으로 아프다고 우겨 점호를 피하면 즉각 잡아다 엄벌에 처할 것이다. 총수·오장·이웃사람·갑장이 알고도 알리지 않으면 함께 연좌를 시켜 처리할 것이다. 너희들은 응당 모두 내 말을 삼가 지킴으로써 너희 목숨을 보전시켜 주려는 지극한 뜻을 저버리지 않아야 할 것이다.

모두가 머리를 조아리며 대답하였다. "삼가 나리의 명을 받들겠습니다. 저희는 마땅히 힘을 다해 보답할 터이며, 감히 나리의 커다란 은덕에 흠을 남기지 않겠습니다." 한 달 정도 지났을 무렵 동·서 2향의 방범대원이 창주(滄州) 남피현(南皮縣) 도적들이 패거리를 찾으러 왔다고 신고하였다. 심문해 보니 그들은 원래 이곳 도적들과 한패였는데, 이들이 행실을 바로잡아 직역을 맡고 있음을 모르고, 이들을 끌어들여 도적질에 나서게 하려 한 것이었다. 나는 도적의 자백을 숨기고 단지 낯설고 의심 가는 인물이라는 구실로 그들의 소속 주현에 공문을 보내 「인수증」을 받고 되찾아가게 하면서, 은밀하게 그 내막을 알려 주어 대비하게 하였다. 범인을 신고한 방범대원에게는 상으로 제전 2천 문과 좁쌀 2석을 지급함으로써 포상의 이익을 주어 더욱 열심히 도적을 잡게 하였다.

이로부터 외지의 도적은 감히 우리 경내로 들어오지 못했으며, 방범대원들 역시 보복이 두려워 함부로 경계를 넘어 잘못을 저지를 수 없었으니, 실로 이것이 안과 밖에서 아울러 제압하는 방법이 되었다. 나중에 초하루·보름날 점호를 하는데 방범대원들이 현 아문 뜰을 빙 둘러싸고 무릎을 꿇고 있었다. 그때 나는 스스로 염려하였다. "이들이 어찌 모두 다 마음을 고쳐먹고 교화되었다고 하겠는가? 역시 내 방법에 의지하여 억제하고 있을 뿐이다. 만약 점호 후에도 모인 채로 [현성 밖으로] 나가지 않고 있다가 만일 의외의 일을 저지르면 어찌할 것인가?" 이에 네 성문에 각기 장부 하나씩을 두고, 4향의 방범대원에게 각자 자기 향으로 통하는 문으로만 출입하고, 출입할 때마다 장부의 이름 난에 기록하게 하였다. 만일 저녁 늦게 들어왔지만 나가지 않았다면 현성에서 조사하여 엄히 다스리게 하였다. 그렇지만 역시 이를 어기는 경우는 없었다. 이러한 방법을 시행한 지 1년도 되지 않아 사방이 평온해져 제법 효과가 있음을 느끼게 되었다.

이에 나는 담성현에서 헛되이 많은 생명을 죽게 하고, 미리 일찌감치 이런 것을 생각해 내지 못한 점을 깊이 후회하게 되었다. 만약 지방관이 된 사람이 능히 이러한 뜻을 미루어 시행할 수 있다면, 장차 도적질의 풍조가 점차 수그러지고 양민은 안도할 수 있게 될 것이다. 형법 역시 난폭하게 도적들에게 가해지지도 않을 것이다. 그러나 형방 서역이나 포역은 그동안 도적을 자기 이익을 얻는 수단으로 여겨 지방에 강·절도사건이 생기면 그것을 돈을 벌 기회로 생각해 왔다. 만일 도적들이 지역방범대가 되고, 일을 맡아 더 이상 도적이 아니게 되면 어떻게 돈 벌 수단이 생기겠는가? 지방이 안정되고 강·절도사건이 사라지면 무슨 돈을 벌 기회가 생기겠는가? 다만 서리와 아역들이 [다음에 부임할] 지방관을 속여서 이런 방법은 도리어 도적 무리를 키우는 것이라고 우겨 [결국] 폐지하게 만든다면 어떻게 될 것인지, 그 점에 대해서는 잘 알지 못하겠다.

或有問於客曰: "强盜之法, 何法乎?" 客曰: "法當死." 或曰: "竊盜之法, 何法乎?" 客曰: "亦當死." 或曰: "子過矣. 强與竊, 寧無分乎?" 客曰: "有分." 或曰: "有分, 又何以皆死之?" 客曰: "有分于始, 而無分于終也. 何也. 爲竊始者, 必爲盜終, 與其害人之甚而死之, 孰若未及于甚而死之.[122] 死盜所以安民也, 死之不亦宜乎? 如捕蝗者, 必先于始生之蝻而撲滅之.[123] 若必待其盛, 而後皇皇焉以爲捕,[124] 其害稼亦已多矣." 或曰: "雖然, 人之生異于物. 夫人十月而胎, 三年而哺, 調其寒暑, 時其饑飽, 而後生之, 以至于成童及壯, 其生之亦甚難矣. 夫何一罹非法, 而輒致于死, 是生之甚難而死之甚易也. 豈上天好生之心、仁人不嗜殺之意乎?" 客曰: "然則, 子將何如?" 或曰: "吾則, 以生之法易死之法, 又卽以安民者, 亦所以安盜. 不觀夫葉猴之捕黃鼠乎?[125] 猴與鼠一類也, 皆害稼者也. 北鄙之人,[126] 捕猴而蓄之, 飼之以黍, 縶之以組. 于曠野幽厓之地, 猴嗅鼠之氣而踪之, 見其穴, 則入之良久, 嚙之而出, 不盡不止也. 于是鼠畏猴而遠

122 '여기(與其) A'는 '숙약(孰若) B'와 맞물려 "A하기보다는 차라리 B하는 편이 낫다"는 뜻을 가리킨다. 같은 뜻으로 '숙약' 대신 '녕(寧)'이나 '하여(何如)', '막약(莫若)', '갈약(曷若)' 등이 쓰이기도 한다.

123 남(蝻)은 메뚜기 애벌레를 가리킨다.

124 황황(皇皇)은 여기서는 두려워하거나 안절부절하는 모습을 가리킨다.

125 엽후(葉猴)는 영장목과에 속하는 원숭이를 가리킨다. 중국에는 현재 6종의 엽후가 있다. 황서(黃鼠)는 신체가 가늘고 길며, 털색이 노란색이고 코끝은 뾰쪽하고 담홍색으로 눈이 크고 튀어나와 있는 족제비를 가리킨다. 농작물이나 야생식물을 먹고, 질병을 옮기기도 하며, 대안적(大眼賊)이라 불리기도 한다.

126 북비(北鄙)는 북방 변경지구라는 뜻이다.

徙, 稼不爲害. 主人亦以猴爲有功, 而飼之益勤. 今夫盜與盜, 亦一類也, 皆害民者也. 爲民牧者,[127] 能畜盜以捕盜, 亦猶畜猴以嚙鼠, 俾盜皆遠跡,[128] 而不爲民害. 則是盜之有罪而死, 吾爲易之有功而生. 民以盜不害而安, 盜亦以民安而見畜益, 所以自安. 是卽體上天好生之心、仁人不嗜殺之意也. 又何患于盜之日甚而必皆死之哉?"

鴻昔任郯,[129] 郯爲盜藪,[130] 惡其害民, 捕而撲殺之甚衆. 及其任東,[131] 東又爲盜藪, 鴻益患之. 甫下車,[132] 遂廉得其積黠者數人, 責而枷之. 一日出署, 見羣盜荷校于炎歊烈日之中,[133] 面如焦炭,[134] 氣若遊絲,[135] 于是惻然傷之, 亟令親屬取保. 皆逡巡不至,[136] 慮其弗悛, 累將及己. 不逾宿而俱斃矣.[137] 鴻乃深有感于或人以生易死之法, 以猴齧鼠之喩, 而有故盜以嚴新盜, 令近盜以遏遠盜. 行之半年, 四境之內, 夜不閉戶, 雞犬不驚, 儼然太平景象.[138] 故鴻向所謂: "用盜以止盜"者, 亦卽此之良法、美意也. 今謹附其法于左:

邑有四鄕, 每鄕必有盜. 年久而黠, 爲衆盜所推尊者, 以爲之首, 故鄕各有首, 爲衆盜之所統也. 彼鄕若欲借才, 其事大, 必首相爲謀, 酌其才而遣之. 事小則各以類相求. 其鄕有所失,

---

127 민목(民牧)은 백성을 다스리는 지방관이나 군왕(君王)을 가리킨다.

128 원적(遠跡. 遠迹)은 멀리 숨다, 멀리 달아난다는 뜻이다.

129 담(郯)은 황육홍의 지현으로서 첫 임지였던 산동성 담성현(郯城縣)을 가리킨다. 산동 남부의 가장 남쪽에 있는 현으로 강소성과의 경계 지역이기도 하다.

130 도수(盜藪)는 도적의 소굴, 그들이 모이는 곳이라는 뜻이다.

131 동(東)은 직예성(오늘날의 하북성)의 동광현(東光縣)을 가리킨다. 역시 황육홍의 지현으로서의 두 번째 임지로 직예성의 가장 남쪽에 있으면서 바로 아래 산동성과 접하고 있다.

132 하차(下車)는 처음 즉위하거나 부임하는 것을 비유한다. 『예기(禮記)』「악기(樂記)」편에 나오는 "무왕이 은의 주왕(紂王)을 무너뜨리고 상의 후손에게 정권을 돌려주었다. 아직 수레에서 내리기도 전에 황제의 후손을 계 땅에 봉하였다(武王克殷, 反商. 未及下車, 而封黃帝之後於薊.)."라는 고사에서 비롯되었다.

133 하교(荷校)는 어깨로 형틀의 일종인 칼을 받치고 있다는 뜻, 즉 목 위에 칼을 쓴 모습을 가리킨다. 교(校)는 칼(枷)을 가리킨다.

134 초탄(焦炭)은 단단하고 구멍이 많지만 발열량이 높은 고체연료를 가리킨다.

135 유사(遊絲)는 거미 등이 토해 내 공중에서 바람에 날리는 실을 가리킨다.

136 준순(逡巡)은 피하다, 머뭇거리다, 체류하다, 의심하면서 질질 끌다, 유예한다는 뜻이다.

137 유숙(逾宿)은 하룻밤을 지나 두 번째 밤이 된다는 뜻이다.

138 엄연(儼然)은 완연하다, 방불하다는 뜻이다. 이러한 황육홍의 동광현에서의 치적에 대해서는 『광서동광현지』, 권6「직관지(職官志) 환적(宦蹟)」, 13a에서 "黃六鴻, 江西新昌人, 擧人. 康熙十四年知縣事. 捕盜有方, 催科不擾. 歷官都給事中. 士民思之."라고 기록하고 있으며, 황육홍의 고향인 강서성 신창현의 지방지(同治新昌縣志』, 卷16「名宦 黃六鴻」, 34a)도 비슷하게 기록하고 있다. 또한 그가 만년에 머물렀던 강소성 소주의 지방지(『오현지(吳縣志)』 卷76下「列傳 流寓」 5a)에서도 "御胥以猛, 撫民以寬, 決疑獄, 淸驛政, 禽巨憝"으로 "盜賊屛跡"하였다는 담성현에서의 치적과 "治行如郯邑, 而備荒尤著"라는 동광현에서의 치적을 기록하고 있다. 동광현에서의 치적에 대한 여기서의 서술이 단순하게 그 자신만의 평가만은 아니었음을 알 수 있다.

白之首, 首爲之察而歸之. 故所失無出鄉, 各有分地弗紊也. 鄰封有所爲, 或欲借才于我境, 必先詣素識商之.[139] 約其人數, 訂其日期, 而後從事. 有所美好, 則獻之于首. 否則嗾捕役, 因事縛而笞之, 將罄諸所有. 至于鼠竊狗偸,[140] 首固奴隸使之, 而衆盜又分隸其近與屬, 以爲門墻桃李者也.[141] 鴻私計四鄉徧捕, 則盜恐而逃, 欲得一渠魁而招致之, 使就我範圍,[142] 爲諸盜倡, 則餘可坐而至.

久之, 廉其西鄉有巨盜白五者,[143] 家累數千金, 田連百頃, 子女五人, 姻婭皆邑之豪. 爲是積窩數十年,[144] 諸邑宰至,[145] 每索劇盜及失事諸案,[146] 無敢擧首之者. 故得漏網, 以長爲溫飽. 賊其次子, 乃縣刑房朱某之壻. 一日鴻召朱某, 從容問曰: "邑素多盜, 吾欲得一渠, 以統馭之. 爾爲司刑,[147] 寧無所知乎?" 朱對曰: "鼠竊則有之, 大盜或未有也." 鴻曰: "爾親家白五, 何如?" 朱聞言遂失色而跪曰: "白誠某親, 今改正久矣. 公幸宥之, 願竭其家以請." 鴻笑曰: "余固若是之貪官也乎? 席盜財而有之,[148] 是又一邑之盜魁也. 爾毋恐, 苐爲吾密召之來,[149] 勿使若損一毛. 爾故稍遲疑,[150] 托詞遠避, 則爾命必斃之杖下." 朱惧應諾而去.

次日偕白五至. 鴻召五入, 觀其狀貌, 聳顴昂鼻, 蘭令豐盈.[151] 鴻默嘆曰: "此固長有溫飽者乎!" 因謂之曰: "爾所爲, 吾知之, 不爾問也. 爾苐以是鄉中之誰爲强, 誰爲竊, 而悉報之. 吾無

---

139 소식(素識)은 구면, 오래전부터 잘 알고 있는 사이를 가리킨다.

140 서절구투(鼠竊狗偸)는 구투서절(狗偸鼠竊)이나 구도서절(狗盜鼠竊)과도 같은 뜻으로 모두 자질구레한 도둑질을 가리킨다.

141 문장도리(門牆桃李)는 남이 기른 후배나 가르친 학생을 가리킨다. 문장(門牆)이란 단어는 『논어』 「자장(子張)」편에 나오는 "스승이신 공자의 담벼락은 몇 길이나 되니 그 문 안으로 들어가 보지 못하면 그 아름답고 풍부한 모습(공자의 학문과 도덕)을 제대로 알 수 없다. 그 문 안에 들어가 본 사람은 정말로 얼마 되지 않는다(夫子之牆數仞, 不得其門而入, 不見宗廟之美, 百官之富. 得其門者或寡矣.)."라고 한 자장의 말에서, 그리고 도리(桃李)란 단어는 『한시외전(韓詩外傳)』 권7의 "무릇 봄에 복숭아나 오얏을 심으면 여름에는 그 그늘 아래 쉴 수 있고, 가을에는 그 열매를 먹을 수 있다(夫春樹桃李, 夏得陰其下, 秋得食其實.)."라는 구절에서 비롯되었다.

142 범위(範圍)는 한계를 나타내지만, 취범(就範)은 지배나 통제를 받는다는 뜻이다. 취아범위(就我範圍)는 따라서 내 통제나 지배를 받는다는 뜻이다.

143 염(廉)은 고찰·사찰하다는 뜻이다.

144 적와(積窩)는 장기적으로 또는 상습적으로 범인을 숨기거나 감추어 준다는 뜻이다.

145 읍재(邑宰)는 지현을 가리킨다.

146 극도(劇盜)는 큰 도둑, 대도를 말한다.

147 사형(司刑)은 관직 이름으로 『주례』 「추관(秋官) 사형(司刑)」에 의하면 오형(五刑)에 관한 율법을 관장한다. 하지만 여기서는 법률과 형벌을 관장하는 직책, 구체적으로는 형방 서역을 가리킨다.

148 석(席)은 빌린다, 의지한다는 뜻이다.

149 제(苐)는 제(第)와 같은 뜻이다. 즉 다만, 단지라는 뜻이다.

150 지의(遲疑)는 유예하다, 머뭇거리다, 생각을 정하지 못한다는 뜻이다.

151 난령(蘭令)은 코의 양쪽 부분, 콧대를 가리킨다고 한다.

所加害, 不過一籍其姓名, 而使爾統之, 亦聊以固吾圉耳."[152] 白于是開列强、盗若而人.[153] 先令五具自認改過自新「甘結」并親族、鄰佑、甲長、莊、地各「保結」存案, 卽著五拘喚所開者, 三日內俱集, 各訊其所爲, 以强首者, 皆遠年不問, 令各以近日行竊之有據者陳之. 遂喚失主, 質訊果眞, 皆宥勿治. 惟錄其所供行竊之事于卷, 仍照五取「認 · 保結狀」, 俱編爲土番, 以五爲西鄕土番之總. 又以居址相近者五人內, 以才具出衆者一人爲伍長, 當堂給番總花紅、衣帽,[154] 伍長花紅有帽無衣, 餘花紅無衣帽, 鼓吹從西角門導出, 伍等始知縣官果無加害意.[155] 且不費一錢, 而亦欣然從事矣.

鴻乃召捕役中之老成可用者, 而訊以東 · 南 · 北三鄕之盗首. 捕頭馬某,[156] 遂于懷中出一紙曰: "某知公必訊此. 因以所知, 開列呈覽.[157] 然三鄕盗首見公所以有白五等, 而又破格用之, 以爲官役,[158] 衆皆願爲公淸釐地方以贖死." 鴻因命俱招之來, 錄供取結, 並設總伍, 給賞賜, 悉如西鄕例. 合四鄕計之, 凡五十餘人, 而竊居其半. 蓋刦强多踞于旗屯,[159] 本地欲謀上盗, 乃使黨通之, 至事畢, 分贓而去. 故失事每以捕獲爲難. 鴻乃集諸土番而諭之曰:

> 吾所以宥爾等罪者, 不忍置爾等于死也, 又慮爾等無知犯法. 一經發覺,[160] 雖欲貸爾等于死, 得乎? 今爾等洗心改過,[161] 各務農桑、生理,[162] 卽是良民. 故今當堂賞賜, 使闔縣知爾等已爲良民, 而又編爲土番, 使闔縣知爾等已爲官役. 可謂免辱而增榮矣. 然使爾爲總者, 爾宜躬先奉法, 以統一鄕之衆, 以盡軌于法.[163] 稍有

---

152 요(聊)는 의지한다는 뜻이고, 어(圉)는 감옥이나 마구간이란 뜻이지만, 또한 변경이나 변두리를 가리키는데 여기서는 바로 이 뜻이다.

153 개열(開列)은 하나하나 써낸다, 나열한다는 뜻이고 약이(若而)는 약간(若干)과 같은 뜻이다.

154 화홍(花紅)은 모자 위에 꽂아 주는 금화(金花)나 몸에 두르는 홍색 비단으로 꽃 모양 매듭이 들어 있는데, 보통 혼례나 경사 등을 가리키는 예물이 된다.

155 원문은 '오등(伍等)'으로 되어 있지만, '오등(五等)', 즉 "백오(白五) 등은"이라고 해도 좋을 것이다.

156 포두(捕頭)는 순포(巡捕)의 우두머리를 가리킨다.

157 정람(呈覽)은 올려서 살펴보게 한다는 뜻이다.

158 관역(官役)은 관청의 차역(差役)을 가리킨다.

159 기둔(旗屯)은 아마 기지(旗地)의 일종을 가리키는 것 같다. 청조가 입관 이후 일종의 약탈적인 토지 점거와 분배 방식인 권지(圈地)를 통해 점거한 토지를 기지(旗地)라고 한다.

160 발각(發覺)은 발견되다, 폭로되다, 고발된다는 뜻이다.

161 세심(洗心)은 가슴을 씻어 낸다는 뜻으로 나쁜 마음이나 잡념을 없앤다, 잘못을 바로잡고 새로 태어난다는 뜻으로 개과(改過)도 잘못을 바로잡는다는 뜻이다.

162 생리(生理)는 직업 · 생계 · 매매 · 장사일 등을 가리킨다.

163 궤법(軌法)은 법도에 맞춘다, 법도대로 따르게 한다는 뜻이다.

非爲,[164] 惟爾總是問. 五人中有犯, 惟爾伍長是責. 若外盜來侵, 或相勾他往, 爾等卽爲拿首, 以昭爾功. 若某鄕更有失事, 是爾總防範不周, 此案之盜, 亦惟爾總是捕. 至于偸竊或聞, 爾衆互相覺察.[165] 嗣後地方或有新生匪類, 許卽首報,[166] 審實編伍.[167] 凡一歲之內, 是鄕强、竊無聞, 總伍及衆各賞賚有差.[168] 每朔、望總伍率衆, 赴縣唱名點卯. 內中有患病不到, 許伍長、鄰甲具結存案. 一月之中, 本縣不時密查,[169] 如有賭博游手、不務生理、他行遠出, 以及朔、望捏病違卯者, 立拿重究.[170] 總伍、鄰甲以知而不擧, 一併連坐. 爾等俱宜恪守吾言,[171] 以無負本縣生全保護至意.

衆皆叩首曰: "謹遵公命. 自當効力以報, 不敢有辜大德." 甫月餘, 東西二鄕土番中, 以南皮滄州勾黨來首,[172] 訊之, 乃素同夥, 不知其已改正當差, 而猶來勾之使上盜也. 鴻隱其所供, 乃僅以面生可疑之人, 關本州縣取「收管」回覆,[173] 而私以其事告之, 使知爲備. 其所首土番, 賞給制錢二千文、小米二石,[174] 使其利所賞, 而踴躍擒盜. 自是, 外盜不敢入境, 而土番懼其報仇, 亦不敢越境爲非, 實內外交制之道也. 後鴻因朔、望點卯, 環跪盈庭, 乃自慮曰: "此輩豈皆格心嚮化者乎?[175] 亦恃吾法以禁之耳. 苟點卯之後, 聚而不出, 設有意外, 將奈何?" 乃四門各置一簿, 令四鄕土番, 各從其門出入, 凡出入于其姓名下註明. 至晩有入無出, 則于城稽查重

---

164 비위(非爲)는 율법이나 예법에 어긋나는 잘못이나 나쁜 일을 가리킨다.

165 각찰(覺察)은 앞서 나온 발각과 같은 뜻이다.

166 수보(首報)는 출두하여 알린다, 자진하여 신고한다는 뜻이다.

167 심실(審實)은 조사·검토하여 사실임이 확인된다는 뜻이다.

168 상재(賞賚)는 상사(賞賜)처럼 상으로 내린다는 뜻, 또는 상으로 내려진 재물을 말한다.

169 본현(本縣)은 여기서는 지현 자신을 가리킨다.

170 중구(重究)는 엄중하게 처벌한다는 뜻이다.

171 각수(恪守)는 삼가 공손하게 지킨다는 뜻이다.

172 남피현(南皮縣)은 현재 하북성 창주시(滄州市)의 속현이다. 청대의 직예성 동남쪽에 위치하며 동으로는 발해(渤海)에, 북으로는 천진(天津)과 접하고 있으며, 동광현의 바로 북쪽에 위치하였다. 창주는 경주(景州)의 속현이었던 동광현과 마찬가지로 직예성 하간부(河間府) 소속이었다. 경주의 속현이었던 동광현은 옹정 7(1729)년 창주의 속현이 되었다가 옹정 9(1731)년 다시 하간부에 직속하게 되었다.

173 관(關)은 관청끼리 주고받는 평행문서로 서로 조사를 요청하거나 물어보는 「관문(關文)」을 보낸다는 뜻이다. 면생(面生)은 얼굴이 낯선 사람이라는 뜻으로, 본 주현(本州縣)은 이 도적들이 속한 해당 지역을 가리킨다. 수관(收管)은 여기서는 범인을 압송할 때 넘겨주고 나서 받는 「증명서」·「인수증」을 가리키기도 한다.

174 소미(小米)는 쌀이나 좁쌀을 말하며, 제전(制錢)은 명·청대의 주조 동전을 말한다. 형식이나 무게, 성분 등에 모두 일정한 제도(定制)가 있어 이러한 이름이 붙었다.

175 격심(格心)은 마음을 올바르게 되잡는다는 뜻이고, 향화(嚮化)는 교화에 감복하거나 순복한다는 뜻이다.

究. 然亦無有違犯者. 行未朞年, 四方寧謐,[176] 頗覺有效. 乃深悔郟城之徒斃多命, 而未早計及于此也. 使凡司牧者, 能推其意而行之, 將見盜風歛息, 良民安堵, 而刑罰不橫加于暴客矣.[177] 然而刑胥、捕役, 以盜爲生息,[178] 以地方失事爲發財. 若盜爲土番, 役而非盜, 何生息之有? 地方安靜, 無事可失, 何發財之有? 正恐胥役哄官,[179] 以此法適所以長盜奸而廢之, 則吾未如之何矣.

176 기년(朞年)은 만 1년이나 1주년을 가리키며, 영밀(寧謐)은 편안하고 고요하다는 뜻이다.

177 폭객(暴客)은 강도나 도적을 가리킨다.

178 생식(生息)은 이익을 거둔다, 이자를 낳는다는 뜻이다.

179 홍관(哄官)은 아역·포두들이 지방관을 한 쪽 방향으로 끌어들이거나 유인한다는 뜻으로 쓰이고 있다.

| 제19권 |

형명부 刑名部

9

도인逃人과 간정姦情

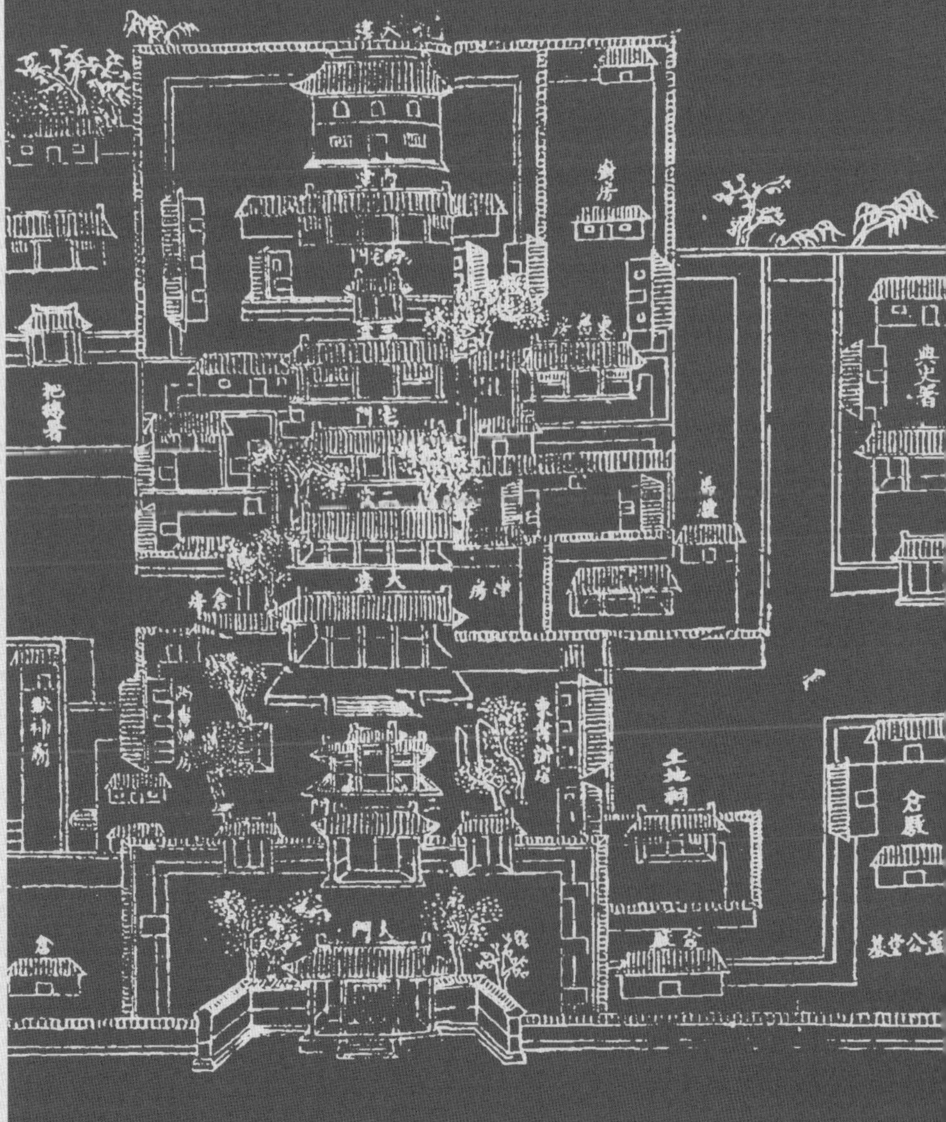

福惠全書

19-01. 도인(逃人)[1]

19-01-01. 총론(總論)

[팔기 소속으로부터 도주한] 도인(逃人)에 대한 감독 소홀(失察)은 강·절도사건을 숨겼을 경우와 마찬가지의 처벌을 [지방관이] 받는다. 하지만 도적을 숨겨 주었을 때 받는 처벌은 지방관에게만 미치는 것에 비해, 도인을 찾아내지 못했을 때의 처벌은 숨겨 준 사람과 그 이웃, 갑장까지 고루 그 피해를 입게 된다. 그런 까닭에 도인을 조사하여 잡는 일은 엄격히 하지 않으면 안 되는데, 이것은 감히 [지방관이] '공적 기록(記功)'을 바라는 것이라기보다는 차라리 [감독 소홀의] 잘못을 피할 수 있기를 바라는 것이다. '감독 소홀'이란 무엇인가? 가령 그 주인이 도인을 잡아내서 어떤 지방에 거주하였다고 자백을 받아 내거나, 다른 주

1 청조는 입관 직후부터 도인(逃人) 문제에 대한 처벌을 위해 '은닉만주도망신구가인율(隱匿滿洲逃亡新旧家人律)'의 내용을 기존의 명률(明律)에 추가하였는데. 가장 먼저 보이는 그 내용은 앞서 순치 3년 5월 재차 수정한 내용(『청세조실록(淸世祖實錄)』에 수록)으로 다음과 같다. "隱匿滿洲逃人不行擧首, 或被旁人訐告、或察獲、或地方官察出, 卽將隱匿之人及鄰佑九家、甲長、鄉約人等, 提送刑部, 勘問的确, 將逃人鞭一百, 歸還原主. 隱匿犯人從重治罪. 其家貲无多者斷給失主; 家貲丰厚者, 或全給、半給, 請旨定奪處分. 首告之人將本犯家貲三分之一賞給, 不出百兩之外. 其鄰佑九家、甲長、鄉約各鞭一百、流徙邊遠. 如不系該地方官察首者, 其本犯居住某府某州縣, 卽坐府、州、縣官以怠忽稽察之罪, 降級調用. 若本犯所居州縣, 其知府以上各官, 不將逃人察解, 照逃人數多寡治罪. 如隱匿之人自行出首, 罪止逃人, 余俱无罪. 如鄰佑、甲長、鄉約擧首, 亦將隱匿家貲賞給三分之一. 撫、按及各該地方官于考察之時, 以其察解多寡, 分其殿最."(『淸世祖實錄』, 北京: 中華書局, 1985, 卷26, pp.218-219). 한편 강희 초년에 반포된 『대청률집해부례(大淸律集解附例)』의 「호율(戶律) 호역(戶役)」에 실린 '은닉만주도망신구가인율(匿滿洲逃亡新旧家人律)'의 내용은 또한 다음과 같다(이것은 사실상 '順治律'의 내용이다). "一. 凡隱匿滿洲逃亡家人者, 須逃案先在兵部准理. 或被旁人告首、或失主察獲、或地方官察出, 將隱匿之主及鄰佑九家、百家長盡行捉拿, 并隱主家資起解兵部, 審明記簿轉送刑部, 勘問的确, 將逃人鞭一百歸還原主; 隱匿犯人處斬, 其家資无多者給失主; 家資丰厚者, 或全給、半給請旨定奪處分. 將本犯家資三分之內, 以一分賞給首告人, 大約不出百兩之外. 其鄰佑九家、百家長各鞭一百、流徙邊遠. 如不系該地方官察出者, 本府居住某府、州、縣卽坐本官以怠忽稽查之罪, 府降州, 州降縣, 縣降縣丞. 若本犯出于某縣, 其該管上司若知州、知府、道官計隱一人罰俸一个月, 至十二人應罰俸一年則降一級. 該管巡撫失于于稽察, 亦計逃人多寡遞爲罰俸. 巡按失于稽察, 回道嚴加考核. 各地方逃人, 若經一月不行察送者, 本府、本州、本縣官如律問罪. 知府司道若系所屬地方, 其逃人經四十五日以內不行察送者, 如律問罪. 撫、按六十日以內不行察送者, 如律問罪. 如隱匿之人自行出首, 罪止逃人. 或一鄰擧首, 亦罪止逃人并隱匿之人, 余俱无罪. 如鄰佑、百家長居首, 亦將隱匿家資賞給三分之一. 自回投主者, 隱匿之家并左右二鄰俱流徙邊遠; 余鄰七家、十長各責五十鞭; 該管官及百家長俱免罪. 撫、按及各該地方官以察解之多寡爲功殿最. 有犯此律者, 遇赦不赦."(中國國家圖書館藏 『大淸律集解附例』, 淸康熙刻本, 中國國家圖書館藏 卷4, pp.7-8). 이상의 자료는 오애명(吳愛明), 『청독포칙례연구(淸督捕則例硏究)』(南開大學 博士學位論文, 2009); 소역공(蘇亦工), 『명청률전여조례(明淸律典與條例)』(中國政法大學出版社, 2000, p.155); 호상우(胡祥雨), 「'도인법'입'순치율'고("逃人法"入"順治律"考) — 겸담'도인법'적응용(兼談"逃人法"的應用)」, 『청사연구(淸史硏究)』 2012-8, pp.112-113 등에서 인용하였다. 여기에서 도인의 처벌에 관한 대체적인 내용이 이미 정리되고 있으며, 황육홍의 설명도 대부분 여기에 기초하고 있음을 알 수 있다. 이후 누차 수정되어 『독포칙례(督捕則例)』로 정리되는 점에 대해서는 다음의 설명을 참조.

현에서 체포된 도인이 어떤 주현에 거주하였다고 자백하였을 경우, [도인 문제를 관장하는] 독포아문(督捕衙門)에서 숨겨 준 이를 압송해서 심문한 결과 사실로 밝혀지면 이것이 모두 [해당 지방관의] '감독 소홀'이 된다. '공적을 기록해 준다'는 것은 무엇인가? 도인이 잠시 머무른 지방에 실제 그를 숨겨 준 사람이 있거나[즉 있는 것을 지방관이 찾아내거나], 도인이 이 지역을 지나가다 체포되었지만 그를 숨겨 준 사람이 없을 경우 독포아문에 압송해서 심문 결과 사실로 밝혀지면, 이것으로 인해 모두 [지방관의] '공적을 기록'해 주게 된다.

하지만 도인은 신인(新人)·구인(舊人)으로 나뉘고, 아울러 「백계(白契)」라는 계약문서에 관인이 찍혔는가 여부도 따지므로, 신인(新人)이면서 「백계」라면 '감독 소홀'과 동일한 명목으로 처벌할 수 없다. 또 당시에 도인의 주인이 「도주신고서(逃牌. 주인이 신고하는 도인의 명단)」를 제출하였는지, [그리고 도인이] 지금 독포아문에 압송되어 채찍질과 문신의 형벌(鞭刺)을 받아야 하는 처벌인지에 따라 구분되기도 한다. 「도주신고서」가 제출되지 않았거나, 채찍질과 문신의 형벌을 받지 않는 경우라면 또한 공적 기록과 동일하게 다룰 수 없다. 무릇 독포아문의 조례는 아주 분량이 많고, 처벌도 다양하기 때문에 이것을 소홀히 처리하다가 [지방관으로서의 앞길을] 그르치는 사람도 종종 있다. 이제 삼가 도인의 체포와 심문·압송에 대한 핵심사항을 다음과 같이 서술하는 것은 바로 지방관이 여기에 유념하여 실수를 피하기 바라는 것이지, 어찌 공적 기록 따위를 위해서이겠는가?

失察逃人之例,[2] 與諱盜之例,[3] 同其處分. 然諱盜處分, 止及于官, 而逃人失察處分, 則窩

2 도인은 청대 초기에 중요한 사회문제의 하나였다. 청조의 군대가 만리장성을 넘어 내지(內地)로 입관(入關)한 다음 만주족은 권지(圈地)를 통해 중국 북부의 대량의 토지를 차지하고 여기에 각종 농장을 설립한 다음 현지인(대부분 漢族)들을 노예나 소작인으로 충당하였다. 팔기에 귀속된 도인은 주로 전쟁 중 포로, 매매되어 노예가 된 사람, 죄인과 그 가족이 노예가 된 경우, 권지를 우려하거나 부역을 피하기 위해 자기 토지를 가지고 기하(旗下. 팔기 호적)로 투신한 경우(이것을 投充이라고 한다)에서 비롯되었다. 만주귀족이나 팔기관병(八旗官兵)의 노예·가노·노비·농노가 된 이들이 지나친 수탈과 부담을 견디지 못해 도망가면서 엄중한 사회문제로 등장하였는데 이것이 바로 도인 문제였다. 순치 3(1646)년에는 "몇 달 사이 도인이 이미 수만 명이 넘었다"고 하고, 순치 14년(1657)에는 1년 동안 도인이 3만 명에 이르렀다는 기록이 있었으며, 강희 27(1689)년의 기록에도 도인은 여전히 8,800명을 헤아릴 정도였다. 이러한 현상은 만주족의 이익이나 경제적 기반과도 직결되었으므로 청조는 이러한 도망을 엄금하는 도인법을 반포하고 도인을 엄벌에 처하였다(順治 元年 九月). 실찰(失察)은 감독·감시 소홀을 가리키는데, 실찰에 대해 지방관을 처분하는 조례는 앞서 인용한 '은닉만주도망신구가인율(匿滿洲逃亡新旧家人律)'에 잘 나와 있다. 또한 이외에도 심서성(沈書城) 집(輯), 『칙례편람(則例便覽)』(乾隆庚戌序) 권40 「형(刑) 도인(逃人) 실찰도인(失察逃人)」, 1a-2b에 나온다. 우선 지현에 대해서는 처벌 내용이 나온 다음("一. 凡逃人逃入境內, 該地方官實察在半年以內, 免議. 至半年以外, 將地方官及吏目典史, 俱降一級留任. 失察在一年以外, 每一名降二級調用."), 뒤이어 부(府)·도(道)·성(省)의 독무에 이르기까지 위로 올라가면서 이루어지는 처벌에 대한 조례

家、鄰佑、十家長,[4] 均受其害.[5] 故査緝之不可不嚴, 非敢望于記功,[6] 亦求其免過耳. 失察者何? 或伊主拿獲, 供出在某地方居住, 或別州縣拿獲, 供出在某州縣地方居住, 督部提取窩家審實者,[7] 皆得謂之: '失察'. 記功者何? 或逃人潛住地方, 實有窩家, 或逃人經過被拿, 原無窩家, 申解督部審實者,[8] 皆得因之: '記功'. 然而人分新、舊,[9] 用印之于「白契」,[10] 新人「白契」, 仍不得與

가 마찬가지로 나오고 있다. 하지만 지방관의 실찰(失察) 문제에 대한 각 조항은 이부와 병부의 『칙례』가 따로 있다고 하여 이후 정리된 『독포칙례』에는 이 부분이 자세하게 실려 있지 않다.

3 휘도(諱盜)에 대해서는 제18권 형명부 8 도적 하「18-06. 사건 은폐(諱盜)」부분을 참조.

4 와가(窩家)는 와주(窩主)와도 같은 뜻이다. 장물아비를 가리키기도 하고, 범죄자나 도망자를 숨겨 주는 사람을 가리키기도 한다. 십가장(十家長)은 말 그대로 지방의 집단 치안제도인 보갑제(保甲制) 아래서 열 가구(十戶)의 우두머리 책임을 맡은 사람, 즉 갑장(甲長)을 가리킨다.

5 도인과 관련된 율문은 앞서 인용한 부분을 제외하면 그 전체적인 조례는『대청률례』에 따로 독립적으로 부설되어 있지 않고, 관련 내용은 이후 정리된『독포칙례(督捕則例)』에서 제대로 확인할 수 있다. 설윤승(薛允升) 찬(撰),『독례존의(讀例存疑)』(光緒三十一年 京師刊本) 卷54『독포칙례(督捕則例)』상(上) 002「와도급인우등불변치죄(窩逃及隣佑人等分別治罪)」. "凡旗民知情窩留旗下逃人者, 照知情藏匿罪人律, 各減罪人一等治罪. 民人隣佑、地方、十家長, 知情不首者, 杖八十. 旗人該管領催及家奴之主, 知情者鞭八十. 係官交部議處. 不知者, 不坐. 其失察及明知逃人不行查拏之地方文武官, 交部分別察議."를 참조. 여기 인용된『독포칙례』의 조례 번호는 편의상 일본(日本) 교토대학(京都大學) 테라다 히로아키(寺田浩明) 교수가 정리하여 인터넷에 공개한『讀例存疑電子版』(http://www.terada.law.kyoto-u.ac.jp/dlcy/index.htm)의 형식에 의거하였다.『독포칙례』는 이 책의 마지막 부분인 권53·54에 수록되어 있다. 이 책에 따르면 순치(順治) 10년 12월 도인(逃人) 문제를 전담시키기 위해 병부(兵部)에 독포아문(督捕衙門)이 설치되고 그다음 만(滿)·한(漢) 시랑(侍郎)이 각 1명씩 임명되었는데, 강희(康熙) 38년 11월에 가서 독포아문은 재철(裁撤)되고 대신 독포 사무는 형부(刑部)의 관할로 넘어가게 되었다. 이에 관련된 법률적 사항, 즉 칙례 역시 강희(康熙) 15년 무렵에 일단 정리되었고(『兵部督捕則例』一卷 康熙十五年 官撰), 건륭(乾隆) 8년 3월에 가서 다시 크게 수정되어 103개 조로 총괄되었다.

6 기공(記功)은 공적을 기록하여 장려의 뜻을 보인다는 것으로, 관원에 대한 포상의 한 가지를 말한다.『독포칙례』상 045「나획도인지방관기공(拏獲逃人地方官記功)」조에 따르면 "一. 凡旗下家人逃走, 無論紅契、白契, 俱照例鞭刺, 交與伊主, 拏獲之地方官記, 功.[此條係康熙二十二年拏獲白契逃人例, 乾隆三十二年修改, 並將白契家人舊例四條刪除.]"이라고 되어 있어 도인을 나획한 지방관은 '기공'의 포상을 받는 것임을 알 수 있다.

7 독부(督部)는 앞서 나온 독포아문(督捕衙門)을 가리킨다. 독포아문은 순치(順治) 10년 병부(兵部)에 설치되어 도인의 체포를 전담하였는데, 이후 권지(圈地)가 금지되고 기지(旗地)가 점차 소작인에 의해 경작되면서 도인의 수가 줄어들자 강희(康熙) 30년 독포사(督捕司)로 개칭되어 형부(刑部)의 관할로 바뀌었다. 제취(提取)는 보관이나 구금을 책임진 기관이나 단위로부터 재물이나 사람들을 받아 가는 것, 또는 사법기관에서 죄인이나 증인을 불러들이는 것을 가리킨다. 심실(審實)은 심사·검토 결과 사실임이 밝혀진다는 뜻이다.

8 신해(申解)는 보고하고 발송·압송한다는 뜻이다.

9 여기서 신·구는 다음의「19-01-02. 호구명단 작성과 보고(烟戶造報)」에 나오는 구도(舊逃)와 신도(新逃)와 같은 뜻으로 보이지만, 정확한 의미는 확인하기 곤란하다. 아마도 청조의 입관 이전과 이후를 구분하는 것으로 보인다. 청조는 입관 직후 순치 4(1647)년에 이미 '은닉만주도망신구가인율(匿滿洲逃亡新旧家人律)'을 반포하여 집행하였는데 이때 이미 신·구의 구분이 나타나고 있기 때문이다.

10 보통 관청에 납세를 한 다음 관련 증명서의 붉은색 관인(官印)을 받아 확인을 하는데, 이러한 절차를 거치지 않은 (즉 지현의 관인이 찍히지 않은) 계약서나 증명서를「백계(白契)」라고 부른다(확인도장을 받은 경우는「紅契」라고 한다). 따라서 백계는 주인에 의해 노복으로 매입되었지만(시장에서 매매되었다) 노예 문서에 해당 관청의 확인 도장을 받지 않는 경우를 가리키는 경우로 보인다.「백계」는 보통 쌍방의 동의 아래 효력을 발생하지만, 분쟁이 발생하였을 경우에는 법적 효력이 없다. 하지만『독포칙례』상 041.「백계소매지인도주(白契所買之人逃

失察同科.[11] 又分當日有無投遞「逃牌」,[12] 今時解部應否鞭刺,[13] 未遞「逃牌」、未經鞭刺, 亦不得與計功並論. 夫督部條例甚多, 處分不一, 人每忽略從事悞蹈者, 往往有之. 鴻今謹述其査拿、審解之要于左, 亦以冀司牧者留心以免過耳, 記功云乎哉?[14]

19-01-02. 호구명단 작성과 보고(烟戶造報)[15]

도인은 [도망친 장소로 따지자면] 팔기 소속(旗下)에서 도망쳐 나온 경우가 있고, [지방 도시에 주둔하는] 주방팔기(駐防八旗)에서 도망쳐 나온 경우가 있으며, 삼번(三藩) 휘하 군부대에서 도망쳐 나온 경우가 있다. 기인의 토지에서 도망친 경우는 직예(直隷)·산동(山東)·산서(山西) 지방에 많고, 주방팔기에서 도망친 경우는 섬서(陝西)·강남(江南)·호광(湖廣)·절강(浙江) 지방에 많다. 삼번 휘하 군부대에서 도망친 경우는 예전에는 많았지만 지금은 훨씬 줄었다. [도망친 사정으로 따지자면 또한 명·청 교체] 당시 지방의 변란으로 포로가 되어 기인(旗人)에게 넘겨졌지만, 변란이 진정된 다음 집이 그리워 도망쳐 왔는데 친척들이 차마 신고하지 못하고 몰래 거주하게 한 경우가 있다. 지방의 무뢰배가 다른 이에게 꼬임을 받아 기인에게 팔려 갔다가 나중에 다시 몰래 도망쳐 온 경우도 있다. 다른 사람과 마찰이 있는

走)」. "一. 凡白契家人逃走, 悉照紅契家人例報部記檔. 拏獲之日, 按照次數, 分別治罪. 其有偸帶器械等事, 亦照例刺字問擬[按: 與十日拏獲不刺字條重複]. 如本主遺漏不報, 將家奴照例入官. 或本主已報, 由佐領處遺漏者, 將領催等按例懲治[按: 與投遞逃牌條重複]."이나 045. 「나획도인지방관기공(拏獲逃人地方官記功)」 "一. 凡旗下家人逃走無論紅契、白契, 照例鞭刺, 交與伊主, 拏獲之地方官記功."(이것은 康熙 25년의 조례라고 한다)라는 내용이 있는 것을 보면, 「백계」나 「홍계」는 실질적으로는 큰 차이가 없었던 것 같다. 『대청률례』에서도 "「백계」로 사들인(「白契」所買)"이라는 구절이 여러 차례 등장한다.

11 동과(同科)는 같은 죄목으로 처벌을 한다는 뜻이다.

12 도인이 발생하면 주인은 반드시 영최(領催)에게 알리거나 소속 본기의 도통아문(都統衙門)에 직접 가서 신고를 해야 하는데 「도패(逃牌)」는 이것을 가리킨다. 신고기한은 경사의 경우 5일, 경사 2백 리 이내는 10일, 4백 리 이내는 15일이었다. 「도패」에 도인의 이름·연령·용모·복색·도주일자나 무기 휴대여부, 초범 여부 등을 기입하여 올리면, 형부 및 보군통령아문(步軍統領衙門)에 전달되어 엄격한 체포가 시행되었다. 투체(投遞)는 보통 본인이 직접 와서 전달하는 것을 말한다. 『독포칙례』 상 028. 「투체도패(投遞逃牌)」. "一. **凡投遞逃牌, 在京, 限五日. 二百里以內者, 限十日. 四百里以內者, 限十五日, 赴該管衙門投遞. 若不遞逃牌者, 拏獲逃人入官, 給與八旗兵丁爲奴.** 若逃人之主將逃牌已交領催, 領催遺漏不遞者, 將該領催鞭一百. 若從前已遞牌, 逃人自回不銷逃檔, 後逃人復逃, 而伊主不遞新檔, 仍留舊檔者, 將逃人之主鞭七十, 拏獲逃人免其入官, 仍給原主."를 참조.

13 여기서 부(部)는 병부, 즉 거기에 속한 독포아문을 가리킨다. 편자(鞭刺)는 채찍질(鞭)과 얼굴(첫 번째의 경우 오른쪽 뺨에, 두 번째의 경우 왼쪽 뺨)에 글자를 새기는 형벌(刺)을 가리키는데, 모두 도인에게 적용되던 형벌이다.

14 운호재(云乎哉)는 조사로 문구의 끝부분에 쓰이면서 반대로 힐문하는 뜻을 표시한다.

15 연호(烟戶. 烟戶)는 인호(人戶), 즉 보통 가구(戶口)를 가리킨다. 조보(造報)는 문서나 명단·목록을 작성하여 위에 보고하는 것을 말한다.

사람이 세력에 의지하고자 기인에게 노예로 투신하여 공갈을 치려다가 들통이 나자 도망친 경우도 있다. 기지에서든, 주방에서든 모두 다 마찬가지다.

따라서 지현은 부임지에 처음 도착하면 호구조사를 첫 번째 임무로 삼아야 한다.【상세한 내용은 이 책의 제21-23권 형명부 10-12 보갑(保甲) 항목을 보라.】호구의 경우 남녀의 수가 각기 있는데, 반드시 예전부터 함께 오랫동안 거주해 왔는지, 혹은 포로가 되었거나 아니면 멀리 떠나갔다 돌아온 사람이 있는지를 조사해야 한다. 이웃사람과 갑장(甲長)이 호구마다 조사·확인하여 그러한 사람이 있으면 관청에 신고하고, 관청에서는 이들을 직접 구인하여 심문해야 한다. 만약 이러한 사람이 전혀 없을 경우 [이웃과 갑장은] 보장에게 「보증서」를 제출하는데, 보장(保長)은 이것이 맞는지 제대로 확인한 다음에야 비로소 주현아문에 제출하여 보존시킬 수 있게 한다. 만일 평소에 우연히 낯선 사람이 어떤 집을 방문하였을 경우 이웃사람과 갑장은 그 말투와 복장, 행동거지, 그리고 부녀자일 경우 귓불에 [귀걸이를 위한] 두 개의 구멍을 냈는지, 전족(纏足)을 풀었는지 여부를 확인해야 한다. 만약 어떤 집에서 의심스러운 사람을 숨기거나 보호해 주는 경우 즉시 보장에게 알리면, 보장은 즉시 지방관에게 알려 그를 구인해서 심문할 수 있게 해야 한다. 심문을 통해 신고가 사실임을 확인하면, 독포아문으로 압송한다. 이렇게 한다면 구도(舊逃)이든 신도(新逃)이든 모두 숨거나 체포망에서 벗어나기가 어려울 것이다. 따라서 호구명단의 작성과 보고는 근원으로 거슬러 올라가 그 흐름을 맑게 하는 조치가 된다.

凡逃人有在旗下逃出者,[16] 有在駐防、藩下軍前逃出者.[17] 旗下逃出, 多在直隸、山東、山西

---

16 기하(旗下)는 팔기 호적을 말한다. 기(旗)가 뜻하는 팔기(八旗)는 청 태조 누르하치가 17세기 초에 만주족 호구(戶口)를 군적(軍籍)으로 편성하고 8색 깃발(正黃, 正白, 正紅, 正藍, 鑲黃, 鑲白, 鑲紅, 鑲藍)로 구분한 데서 비롯되었다. 팔기의 기본 편성은 유사시에 병사가 되는 성년남자 300명을 1니루(화살이라는 뜻)로 삼고 5개 니루를 잘란, 5개 잘란, 즉 25개 니루를 1구사(7,500명)라고 하였는데 이 구사가 한자로 표기하면 바로 기(旗)가 된다. 따라서 1기는 7,500명 남짓한 병사로 구성된 군사단위가 되는 셈이다. 청조 특유의 사회조직이자 군사조직으로 모든 만주족을 포괄한 이 팔기 제도는 투항한 몽골족과 한인(漢人)도 각기 몽골 팔기와 한군(漢軍) 팔기로 받아들여 편성이 더욱 확대되었다. 팔기에 속한 사람은 물론 왕공귀족으로부터 노예에 이르기까지 다양한 등급으로 구분되었지만, 보통 팔기 관원은 평상시 민정(民政)을 관장하고 전시에는 장령(將領)의 역할을 맡았으며, 팔기에 속한 기민(旗民)의 군적(軍籍)은 세습되었다. 팔기는 청조의 중국 정복에 결정적인 역할을 수행한 군사적인 기반이 되는데, 기민은 청조가 입관하여 북경에 수도를 옮긴 다음에는 기본적으로 외부 충원이 정지되었으므로 이후 이들은 세습적인 특권을 누리면서 거주와 봉록, 직업 등 모든 면에서 국가의 부양을 받는 정복엘리트로 정착하였다. 이를테면 기인(기민)에게는 특히 화북 지역 토지의 강제 징발(이를 圈地라고 한다)을 통해 확보된 기지(旗地)라는 토지가 지급되었으며, 피지배민족인 한인(漢人)과는 달리 관료나 군인으로서의 진출에 훨씬 용이한 지위를 부여받았다. 사법적으로 기인(旗人)과 일반 민인(民人)과 다른 취급·우대를 받았다.

地方; 駐防逃出, 多在陝西、江南、湖廣、浙江地方. 至于藩下軍前, 昔多今寡矣. 當時地方變亂, 被掠歸旗, 平定思家, 親屬不忍擧報, 而容隱居住者; 地方無賴, 被人勾引賣旗,[18] 後復潛逃者; 又有與人有釁, 藉勢投旗,[19] 希圖詐騙, 明知而逃者. 在旗、在駐, 無不皆然.

州縣初至地方, 卽淸查烟戶爲第一務. 【詳見後「保甲」條】 夫烟戶男女有數, 須査其從來仝居久住, 或曾被掠及遠出來. 該鄰佑、甲長, 逐戶査明, 有則報官, 親自拘訊.[20] 如並無此等, 具結保長, 保長査明, 方具結州縣存案. 若平日偶有面生至家, 鄰佑、甲長須察其語音、裝束、擧止動靜, 婦人有無重穿耳孔、解放其脚. 如有可疑, 本家隱庇, 卽報保長, 保長卽報官拘訊. 眞則審明起解. 如此則舊逃、新逃俱難隱漏. 此烟戶造報, 所以溯源澄流之擧也.

19-01-03. 여관, 셋방과 품앗이(店房傭工)[21]

여관을 열거나 방을 세놓는 집은 오가는 손님이 방 값만 있다면 머무르는 것을 허용한다. 농사를 짓거나 무언가를 수리하는 집도 일을 하겠다는 무직자가 있어 임금이 싸기만 하면 바로 고용한다. 이러한 집에서는 외래인이 홀몸이고, 짐 보따리도 없고, 아는 사람이 추천한 경우도 아니라면 바로 떠나가도록 해야 한다는 점을 모르고 있다. 품앗이를 고용할 때는 모름지기 서로 아는 중간 보증인이 있어야 하며, 추천·보증이 있을 경우에도 고용된 사람이 만약 도인이라 한다면 추천인·보증인도 연좌되어 도인을 은닉시켜 준 것으로 간주된다. 만일 추천·보증이 없다면 방을 세주거나 품앗이를 고용하더라도 열흘을 넘

17 주방(駐防)은 주방 팔기를 가리키는데, 주방은 주둔하면서 방어한다는 뜻이다. 청조의 팔기는 입관 이후 경사인 북경에 주둔하는 금려팔기(禁旅八旗)와 서안(西安)·형주(荊州)·경구(京口)·항주(杭州)·복주(福州)·광주(廣州) 등 각지의 요충지나 동북(東北)·신강(新疆) 등 11성 20개 도시에 배치되어 이를 지키면서 주둔하는 주방팔기(駐防八旗)로 구분되었다. 초기에는 금려팔기의 수가 압도적이었으나 청대 중기 이후가 되면 각기 약 10만 정도의 병력으로 고정되었다. 한편 여기서 번(藩)은 청초의 삼번(三藩)을 가리키는 것 같다. 청은 중국 정복 초기에 투항한 명의 장군 오삼계(吳三桂)를 평서왕(平西王. 雲南 주둔), 경계무(耿繼茂)를 정남왕(靖南王. 福建 주둔, 그의 아들 耿精忠이 이음), 상가희(尙可喜)를 평남왕(平南王. 廣東 주둔, 아들 尙之信이 이음)에 임명하였는데, 이들을 통틀어 삼번(三藩)이라고 부른다. 청의 중국 정복과 서남지방 평정에 기여하였던 이들은 강희 12(1673)년에 삼번을 폐지하겠다는 뜻을 보이자 이에 대항하여 반란을 일으켜서 청조를 크게 위협하였으나 결국 모두 평정되었다. 이것을 삼번의 난이라고 한다. 군전(軍前)은 전쟁터·전방이라는 뜻이다.

18 구인(勾引)은 유인하다, 꾀다, 결탁한다는 뜻이다.

19 투기(投旗)는 기인에게 투신한다, 즉 자진하여 기인의 밑에 들어가 노예나 하인 등의 역할을 맡는 것을 가리킨다. 기인은 일반 백성에 비해 다양한 특권이 있었으므로 그것을 빌려 이용하려는 속셈인 것이다.

20 구신(拘訊)은 체포하여 심문한다는 뜻이다.

21 점방(店房)은 여관이나 점포를 가리킨다. 고동(雇工)은 고용노동자나 품앗이 일꾼을 말한다.

겨서는 안 된다. 열흘 이내라면 처벌을 면하지만, 열흘을 넘긴다면 은닉시켜 준 것으로 간주되어, 지방관이 『칙례』에 따라 처벌한다. 이는 여관에서 방 값을 받고 방을 내주거나, 집을 세내 주어 살게 하거나, 품앗이를 고용하려는 사람들이 몰라서는 안 되는 일이다. 지방관은 마땅히 고시를 내 이를 널리 깨우쳐 주어야 한다.

○ 『독포칙례(督捕則例)』에서 '열흘'이라는 두 글자는 오직 여관·셋방이나 품앗이 일꾼의 경우만을 말한 것이지, 일반 민가에서 열흘을 숨겨 주는 것을 말한 것이 아니다. 또 도인이 팔기 소속 주인집(旂主家)에서 도주했을 경우 열흘 이내에 잡히면 얼굴 문신(刺字)을 면해 주지만 열흘이 지났을 경우 숨겨 준 이로 간주되며 지방관의 공과도 『칙례』에 따라 처분이 논의된다. 지금 사람들이 '열흘'이라는 두 글자에 대해 오해하고 있어, 일반 민가에서도 도인이 잡히면 보통 하루 이틀만 묵었을 뿐이라고 둘러대지만, 이는 정말로 큰 오해다.

凡開店、租房之家,[22] 見有往來客人, 只要房錢, 聽其居住. 耕農、修蓋之家,[23] 遇有做工閒漢,[24] 只要便宜, 卽爲覓僱. 不知客係孤身, 無多行李, 又無相識薦引之人,[25] 卽宜遣發起身.[26] 傭人須要相認中保,[27] 如有薦引中保, 雖係逃人, 罪坐薦引中保, 斷作窩家. 如無薦引中保, 租房、僱工俱不得過十日. 十日之內, 免罪, 十日之外, 卽斷作窩家, 地方官照例治罪.[28] 此店房收取房錢, 賃房居住、僱覓傭工者, 不可不知. 司牧者宜出示曉諭.

○ 逃例中'十日'二字, 耑爲店房、賃房、僱工而言,[29] 非謂民家窩隱十日而言也. 又逃人從旂主家逃出,[30] 十日內拿獲者免刺, 過十日者窩家, 地方官功過照例究議. 今人悞看'十日'二字, 于民家拿獲逃人, 常云只留住一、二宿, 眞大謬也.

---

22 조방(租房)은 셋집, 또는 집을 세내거나 세를 내준다는 뜻이다.

23 수개(修蓋)는 집을 수리한다는 뜻이다.

24 주공(做工)은 일이나 육체노동을 한다는 뜻이고 간한(閒漢. 閑漢)은 놀면서 어슬렁거리는 건달이나 직업이 없이 남의 일을 도와주는 것으로 먹고사는 사람을 가리킨다.

25 천인(薦引)은 추천하여 끌어들인다는 뜻이다.

26 견발(遣發)은 떠나보낸다, 출발한다, 파견한다는 뜻이다. 기신(起身)은 일어선다, 몸을 움직인다, 즉 일을 시작한다는 뜻이다.

27 상인(相認)은 서로 잘 안다는 뜻이고, 중보(中保)는 중간에서 보증을 서는 일 또는 사람을 가리킨다.

28 『독포칙례』 상(上) 004. 「십일나획불자자(十日拏獲不刺字)」. "一. **凡逃人十日拏獲者, 鞭一百, 免刺, 不算逃走次數[凡逃人計算次數, 家奴以曾經刺字坐, 別戶以曾經鞭責記有檔案爲坐]. 過十日者, 照例治罪.** 若竊騎馬贏、持帶器械逃走被獲者, 不論十日內外, 枷號兩箇月, 鞭一百[係家奴仍照例刺字]. 其奴僕偸竊[伊主]財物逃走, 計贓重者, 照刑律從重治罪."를 참조.

29 단(耑)은 '시초, 실마리, 한결같이, 전문적으로'라는 뜻(專과 통한다)이다.

30 기주가(旂主家)는 도인이 도망쳐 온 팔기(八旗)의 주인집을 가리킨다.

19-01-04. 도인 체포(緝逃)

도인을 순찰하면서 잡아내는 것은 포장(捕壯. 포쾌와 민장)의 전문 책임이며, 향약·지보 등은 관할하는 부근 향촌을 분명하게 조사하는 데 지나지 않는다. 포장이 각 도로(역참로)의 요충이 되는 시진, 사통팔달의 거리나 외진 골목, 오래된 묘나 사당을 각기 확인해야 하는 것과는 다른 것이다. 말투가 이상하거나 기인(旗人) 차림새인 경우는 응당 모두 주의 깊게 살펴봐야 한다. 도로마다 노련하고 쓸 만한 포장 두 사람을 뽑고, 나머지는 보통으로 뽑아 그들을 돕게 한다. 상벌의 기준을 정할 때, 도인 1명을 잡았을 경우 독포아문에 압송되어 채찍질과 얼굴 문신의 형벌을 받게 되는 경우라면 상금으로 은 5냥을 준다. 그렇지 않은 경우는 상금으로 은 2냥을 준다. 1년 안에 10명의 도인을 잡아야 하는데, 10명을 채우지 못하는 사람은 1인당 은 1냥씩을 벌금으로 내야 한다. 모자란 수를 계산해서 거둔 벌금은 도인 10명을 잡은 사람에 대한 상금으로 충당한다.

이를테면 지보 등이 도인 1명을 잡았는데 심문한 뒤 도인임이 확인되면 압송하고, 해당 도로의 포역에게는 각기 채찍 10대와 은 1냥의 벌금을 내리고, 그 벌금은 지보에 대한 상금으로 충당한다. [도인이 독포아문으로 보내져] 채찍질과 얼굴 문신의 형벌을 받게 되는 경우라면 벌금으로 은 2냥을 내게 하여 상금으로 충당한다. 만일 해당 도로의 포역이 매달 초하루와 보름에 "도인이 결코 없었다"는 「확인서」를 내었는데 나중에 도인이 잡히고, 그달 동안 몰래 해당 도로의 마을에 거주하였다면, 포역에게 무거운 채찍 20대의 벌을 내리고, 한 달 동안 칼을 씌운다. 만약 금전적 여유가 있다면 벌금으로 은 3냥을 내게 해서 도인 압송비용에 덧붙이고, 칼을 씌우는 형벌은 면제해 준다. 이렇게 하니 사람들이 상을 탐내고 벌을 두려워하여, 도인을 잡는 데 주의를 기울이지 않을 수 없다.

夫巡緝逃人,[31] 捕壯專責. 其鄉、地人等,[32] 不過淸查所管附近鄉村, 未若捕壯分認各路衝繁市集,[33] 與夫通衢僻徑[34]、古廟神祠. 言語異常, 束裝旗狀, 皆所宜稽察者也. 每路須擇老成

---

31 순집(巡緝)은 순사하여 체포한다는 뜻이다.

32 포장(捕壯)은 쾌포(快捕)나 염포(鹽捕) 등 범인 체포나 소금밀매를 단속하는 임무를 맡은 포역, 그리고 징발되거나 모집되어 복역하는 장정(壯丁)인 민장(民壯)을 가리킨다. 쾌장(快壯)이나 반장(班壯) 역시 마찬가지다.

33 충번(衝繁)은 요충지이면서 번잡하다는 뜻이다. 시집(市集)은 시진(市鎭)이나 집진(集鎭) 등 시장이 있는 소도시를 가리킨다.

34 통구(通衢)는 사통팔달한 도로, 큰길을 가리키며 벽경(僻徑)은 외진 작은 길이나 뒷길을 말한다.

可用者二人, 而餘以平常副之.[35] 定以賞罰之格, 凡拿獲逃人一名, 解部鞭刺, 賞銀五兩, 不鞭刺者, 賞銀二兩. 歲內拿獲十名者, 在不拿獲十名之人, 每名罰銀一兩. 計所少之數, 罰與拿獲十名人充賞. 如保地等,[36] 拿獲逃人一名, 審實起解, 本路捕役, 各責二十, 罰銀一兩, 與保地充賞. 解部鞭刺, 罰銀二兩充賞. 如本路捕役, 朔望具結"並無逃人",[37] 後此拿獲逃人, 有於此月內潛住本路村莊者, 具結捕役, 重責二十, 枷號一箇月.[38] 若係殷實, 罰銀三兩, 貼解逃盤費,[39] 免枷. 如此, 人貪賞懼罰, 無不留心于捕逃矣.

19-01-05. 도인 포획(拿獲)

포장이 도인을 잡으면 우선 은밀한 곳에서 고문을 가해 팔기 소속과 주인 이름 및 도망친 날짜가 언제인지 심문한 다음, 바로 숨겨 준 이가 누구인지 묻게 된다. 만일 숨겨 준 이가 있다면 그들은 도인을 데리고 가서 숨겨 준 이에게 쇠사슬로 묶어 체포하겠다고 협박하면서 갖은 수로 돈을 갈취하려 한다. 아울러 이웃 열 가구까지도 [연루되는 피해를 줄이기 위해] 많은 뇌물로 포장에게 봐달라고 매수하려 할 것이다. 포장의 욕심이 조금 채워지면, 이번에는 도인이 다시 [포장에게 봐달라고 액수와 조건을 가지고] 흥정에 나선다. 그러면 순식간에 [도인은] 재물과 의복을 탕진하게 된다. 그리고 관부에 끌려와서 도인이 "길을 따라 구걸하면서 아무런 일정한 주거지가 없었다"고 진술하면, 지방관은 도인을 잡았다고 [포장에게] 상을 내려 준다. 그 도인이 [병부의] 독포아문으로 압송되었는데, 신인이면서 「백계」라면 공적을 세운 것이 인정되지 않는다. 그렇게 되면 숨겨 준 이와 그 이웃들 역시 처분을 면하겠지만, 숨겨 준 이는 그런 사실을 알지 못하고 여전히 자기 죄를 숨기려 잔뜩 뇌물을 쓸 것이니, 도인과 포장에게 사기를 당해 온 재산을 모두 잃게 되는 것이다. 이런 것이 바로 숨겨 준 이를 가지고 속임수를 쓰는 해악이다.

만일 도인에게 실제로 숨겨 준 이가 없다면 포장은 반드시 엉뚱한 사람을 무고해서 끌어들이게 한다. 혹은 해당 지역의 부호로 평소 원한이 있는 사람, 혹은 이웃 마을의 부자나

---

35 평상(平常)은 보통이다, 평범하다, 특이하지 않다는 뜻이다.

36 보지(保地)는 지보(地保)·지방(地方)이라고도 하는데, 촌장에서 관청을 위해 직역을 맡는 사람들이다. 마을(村莊)의 직역(職役)인 장두(莊頭)·지방·지보 등은 모두 비슷한 역할·잡무를 맡는 향촌 직역이다.

37 삭망(朔望)은 초하루와 보름을 가리킨다. 구결(具結)은 「확인서」를 작성한다는 뜻이다.

38 가호(枷號)는 범인의 목 위에 칼을 씌워 대중에게 공개하는 형벌을 가리킨다.

39 반비(盤費)는 여행비용이나 운송비용을 가리킨다.

도인이 일찍이 거쳐온 지역의 사람에게 누명을 씌우는 것이다. 포장은 지현이 모름지기 심문에 나설 것임을 알고, 미리 도인에게 그 집 문의 방향과 주소를 알려 주고 그곳의 어디에 맡겨 둔 어떤 물건이 있다고 진술하게 함으로써 이를 입증하게 할 것이다. 본지에 있는 자라면 곧바로 잡아들여 심문할 것이고, 이웃 지역이라면 즉각 공문을 보내 잡아 오게 된다. 대질심문에 이르러서는 거짓으로 비방할 터이니 지방관은 그 자리에서 쉽사리 풀어 주기 어려워 단지 상사에게 올리는 「보고문」에 그런 내용을 끼워 넣을 수밖에 없다. 숨겨 준 혐의를 받는 쪽은 포장에게 청탁하고 도인과 조정을 하려 할 것이다. 그리하여 포장은 중간에서 이익을 얻고, [포장과 도인] 양쪽 모두 그 욕심을 채우고 난 다음에야 도인은 "그 사람과 아무런 관련이 없다"고 바꿔서 자백할 것이다. 지방관 역시 사건을 마무리하는 데 급급하여 이를 얼버무릴 수밖에 없다. 이것이 숨겨 주었다고 무고해서 누명을 씌우는 해악이다.

이 두 가지는 모두 포장이 사주해서 시작된 것인데, 도인은 여기서 이익을 얻고 돌아가서 다시 기주(旗主)에게 바침으로써 태형·채찍의 형벌을 면하려고 할 터이니, 어찌 기꺼이 나서지 않겠는가? 따라서 지현은 평소부터 모름지기 포장들에게 "만약 실제로 도인을 숨겨 준 이에게 돈을 갈취한 다음 풀어 주거나, 숨겨 준 이가 아닌데 무고해서 공갈을 치도록 사주할 경우 조사해서 발견되면 반드시 칼을 씌워 처벌한 다음 자리에서 쫓아낼 것이고, 실제 숨겨 준 이로부터 얻어 낸 부정한 재물은 추징하여 공이 있는 사람에게 상금으로 주고, 숨겨 준이라고 무고하여 얻어 낸 부정한 재물은 추징하여 원래 주인에게 돌려줄 것이다."라고 엄히 지시해 두어야 한다. 이렇게 하면 포장이 감히 사실을 숨기거나 공갈협박을 사주할 수 없을 것이고, 거기서 피해를 입는 경우도 드물어질 것이다.

○ 내가 담성현에 있을 때 하루는 포장이 도인을 잡아 왔다. 그 은신처를 캐물으니 "[그 도인은] 현 아문 앞에 술집을 차린 석문옥(石文玉)의 집에서 세 달 동안 품앗이 일을 했으며, 매달 300문씩 받았다."라고 진술하였다. 그는 집 내외의 방과 주방을 비롯해 남녀의 수, 그리고 왼쪽 집의 하목탁(何木鐸), 오른쪽 이웃 두부장수 왕삼(王三)을 들었는데, 마치 그림을 그린 것처럼 뚜렷하였다. 하지만 내 보갑법이 대단히 엄격히 시행되는데, 어찌 관청 바로 앞에서 도인을 숨겨 줄 수 있겠는가, 그리고 낯선 이를 머물게 해서는 안 된다는 법을 모를 수 있겠는가 하는 의심이 들었다. 이는 모름지기 포장이 사주한 것이고, 또한 이처럼 상세하게 알려 주었을 것이라고 짐작하였다. 나는 심문 도중 화장실을 가는 것처럼 하고, 도인을 잠시 곁채로 데리고 가서 지켜보도록 지시하였다. 그리고 내아로 돌아와 은밀히 차역한 사람을 보내 바로 석문옥과 하목탁, 왕삼 등을 불러 서쪽 마구간으로 들어오게 하였다.

시간은 이미 초경이었고 달빛이 몹시 밝았다. 살펴보니 석문옥은 나이가 아직 어렸고, 하목탁은 뚱뚱하고 수염이 있었으며, 왕삼은 노인이었다. 심문해 보니 석문옥 등은 모두 깜짝 놀라며 도무지 영문을 몰랐다. 나는 일찌감치 이 일이 무고임을 알아채고 그들에게 지시하였다. "내가 바로 너희를 불러 대질에 나서도록 할 것인데, 석문옥을 부르면 하목탁이 앞으로 나오고, 하목탁을 부르면 석문옥이 나오도록 하라. 실수하지 않도록 하라." 그리고 나와서 자리에 올라앉아 도인을 데리고 오게 하여 다시 물어보니 처음과 같이 진술하였다. 이에 나는 석문옥 등을 불러들이도록 지시하였고, 석문옥을 부르자 하목탁이 앞에 나섰나. 나는 물었다. "네가 도인 아무개를 숨겨 준 사실이 있느냐?" 하목탁은 "실로 그런 일이 없었습니다."라고 답변하였다. 도인은 석문옥 등을 알지 못했고 포장도 미처 여기까지는 생각하지 못해, 이런 것을 빼놓고 도인에게 알려 주지 못하였다. 도인은 바로 하목탁을 가리키며 "내가 당신 집에서 세 달 동안 일했는데, 아직도 억지를 부리시는 겁니까?"라고 말하였다. 나는 석문옥을 앞으로 나오게 지시한 다음 도인에게 "너는 이 사람을 아는가?"라고 물었다. 도인은 대꾸하였다. "이 사람은 석문옥의 이웃인데, 정확히 기억나지는 않습니다." 나는 석문옥 등을 모두 물러가라 지시한 다음 도인에게 웃으면서 말했다. "세 달이나 고용되어 일한 사람이 어찌 주인을 못 알아보는가? 이는 반드시 포장이 너에게 사주했기 때문일 것이다. 사실대로 말한다면 너에게 상을 내릴 것이다." 그러면서 일금을 주니 도인은 부끄러워하며 사죄하였다. "사실 제가 함부로 누명을 씌웠습니다. 나리께서 더 이상 저를 깊이 추궁하지 않으실 수 있겠습니까?"

내가 살펴보니 포장들 가운데 위(魏) 아무개가 술을 좋아하여 언제나 외상술을 마시려 했는데, [석문옥이] 이를 마뜩잖게 생각하자 그에게 누명을 씌우려 했던 것이다. 이에 나는 석문옥을 불러 물었다. "위 아무개가 일찍이 너희 집 술을 외상으로 먹었느냐?" 석문옥은 감히 대답하지 못하였다. 내가 화가 나 태형을 가하려 하자 머리를 조아리며 말하였다. "하오나 나리께서 더 이상 캐묻지 않으셨으면 합니다." 나는 물었다. "외상술을 마셨다면 모름지기 장부가 있을 것이다." 그러자 석문옥은 "있습니다."라고 대답하였다. 내가 지시하여 잠시 뒤 석문옥이 장부를 가져 왔다. 장부를 살펴보니 위 아무개는 외상술을 수십 차례나 마셔 모두 백여 근이나 되었는데, 한 푼도 지불하지 않았다. 나는 마침내 위 아무개를 불렀고, 위 아무개는 바짝 엎드려 무릎을 꿇은 채 머리를 땅에 두드리며 스스로 사죄하기 위해 죽여 달라고 청하였다. 바로 무거운 곤장 20대의 형벌에 처하고, 과오를 기록한 다음 한 차례의 포상도 취소하였다. 지금도 석문옥은 나를 떠받들며 고마워하고 있다.

가장 교활하고 발뺌 잘하는 경우로 도인을 능가하는 사람이 없다. 앞서의 도인이 지적할 때 잘못하지 않았고, 또한 가령 그 사람들의 얼굴도 알고 있었다면, 비록 포청천과 같은 명판관이라 할지라도 석문옥에게 형벌을 가하지 않을 수 없었을 것이다. 이렇게 허물이 없는 사람[석문옥]에게 형벌을 가해졌다면, 위 아무개는 외상술을 먹으면서 생긴 분을 풀 수 있었을 것이고, 도인은 무고를 해서 공갈친 대가를 받을 수 있었을 것이다. 이와 같았다면 또한 몇 마디 말을 듣고 판결을 내려 감옥에 원통한 백성이 없게 하는 일을 어찌 귀하게 여길 수 있겠는가? 따라서 도인을 심문할 때 핵심은 지방관이 사정에 민첩하게 대응하면서 당사자들의 의표를 찌르는 방법을 사용하는 것이다.

捕壯拿獲逃人, 必先於密地拷供旗色、主名,[40] 並所逃月日, 便問窩家. 若有窩家, 彼先帶到其處, 恐嚇鎖拿, 多方索詐, 並十家隣佑, 俱厚賄買求. 捕壯之慾少饜, 而逃人又開盤子.[41] 頃刻之間, 資財、衣飾, 蕩折一空. 及至到官, 供稱: "沿路乞食, 並無一定住處", 官猶以獲逃給賞. 其逃解部, 或新人白契, 不准記功. 卽窩家鄰佑, 亦免處分, 而其窩不知, 懼罪買瞞,[42] 家貲已被捕、逃詐盡矣. 此詐窩之爲害也.

若逃人實無窩家, 捕壯必令誣扳,[43] 或本地之殷戶及素與仇嫌者, 或隣封之富翁及逃人曾履其境者. 捕壯知官必訊, 預授其家門戶之嚮址,[44] 而又稱其某處有某寄物以實之. 在本地者, 立拿審訊, 在鄰封者, 刻卽關提.[45] 及其對質, 狡口狺狺,[46] 官長遽難輕釋, 只須緣入「申文」.[47] 窩家央浼捕人, 調停逃者.[48] 捕人于中取利, 必兩遂其欲而後, 逃者改供: "與伊人無涉." 官亦惟求了事, 起滅由之.[49] 此扳窩之爲害也.

二者皆由于捕壯之敎唆, 而逃人獲利, 歸奉旗主,[50] 以免笞責, 又何樂不爲? 印官平日須嚴

---

40 밀지(密地)는 비밀스러운 곳, 감춰진 곳 또는 '몰래, 은근히'라는 뜻이다. 고공(拷供)은 고문을 통해 자백을 강요한다는 뜻이다. 기색(旗色)은 팔기가 깃발의 색깔별로 구분되기 때문에 팔기 가운데 어느 기에 속하는가를 가리킨다.

41 개반자(開盤子)는 가격을 제시하고 조건을 이야기한다는 뜻이다. 여기서는 도인이 상황을 이용해서 자신을 숨겨준 사람을 더욱 협박하도록 포장과 결탁하여 수작을 부리는 것으로 보인다.

42 매만(買瞞)은 뇌물을 써서 범죄를 숨기고자 하는 것을 가리킨다.

43 무반(誣扳, 誣攀)은 자백할 때 근거 없이 다른 사람을 함께 끌어들이는 것을 가리킨다.

44 향(嚮)은 방향을 뜻하기도 하므로 향지(嚮址)는 방향과 주소를 가리키는 것 같다.

45 각즉(刻卽)은 즉각이라는 뜻이고 관제(關提)는 공문(關 또는 關文)을 보내 범인을 체포·압송하게 한다는 뜻, 또는 그 공문을 가리킨다.

46 은은(狺狺)은 개짓는 소리를 말한다. 나아가 쉬지 않고 다투거나 따지는 것, 비방하는 것을 비유한다.

47 「신문(申文)」은 상부에 올리는 「보고서」를 가리킨다.

48 앙매(央浼)는 간구하다, 청구한다는 뜻이다.

49 기멸(起滅)은 수단을 써서 시비를 세우거나 조정한다는 뜻이다.

50 귀봉(歸奉)은 이바지하다, 받든다는 뜻이다.

飭捕壯: “如有眞窩詐錢賣放, 非窩誣害唆扳, 查出定行枷責、革役.[51] 所得眞窩之贓, 追出與有功充賞, 誣窩之贓, 追出仍給原主.” 如此, 則捕壯不敢隱瞞、唆詐, 其受害者, 亦鮮矣.

○ 鴻在郯時, 一日捕壯獲逃至, 訊其窩, 供稱: “在縣前開酒店石文玉家, 傭工三月, 每月工值三百文.” 擧其家之內外屋室、櫥竈, 暨男女人數, 並左隣之何木鐸、右隣之賣腐王三, 無不歷歷如繪. 鴻竊疑吾保甲之法甚嚴, 豈署前咫尺, 敢窩逃耶? 卽或不知寧無面生不得容留之例乎? 此必捕壯唆之, 而又授之歷歷如此耳. 鴻正審問, 假如厠, 命暫帶廡傍伺候, 迺入內密遣一差, 卽喚石文玉, 並何木鐸、王三等, 自西馬廐入. 時已初更, 月色甚明. 見石年方少, 何木鐸肥而髯, 王三則一老翁也. 訊之, 石等皆錯愕,[52] 不知所從來. 鴻早識其誣, 因諭之曰: “吾卽喚爾等質對, 喚石則何前, 喚何則石前, 毋自悞,” 乃命之出. 鴻復陞坐, 帶逃人再問, 供如初. 鴻遂命押文玉等入, 因喚石文玉, 而何木鐸乃前. 鴻問曰: “爾窩逃人某, 有之乎?” 何曰: “實無有也.” 逃人不識文玉等, 捕壯亦未料及此, 而失其所以授之. 逃輒指何曰: “我在汝家傭工三月, 汝尙賴耶?” 鴻命石前, 問逃人曰: “爾識此人否?” 逃人曰: “此石之鄰佑, 我不甚記眞也.” 鴻命石等俱退, 因笑謂逃人曰: “豈有傭工三月. 而不識主人者乎? 必捕壯敎爾, 當實言, 吾賞爾.” 因以一金與之, 逃人慚謝曰: “吾實妄扳, 公勿深究, 可乎?”

鴻觀捕壯中有魏某者嗜飮, 必嘗與貰酒, 不當意,[53] 故銜而扳之. 乃喚石問之曰: “魏某嘗貰爾酒乎?” 石不敢對, 鴻怒欲笞之, 遂叩頭曰: “然願公勿究可也.” 鴻曰: “貰酒必有簿.” 石曰: “有.” 命取之. 少頃取至, 鴻閱簿, 魏貰酒數十條, 共百餘斤, 未償一文. 鴻遂喚魏某, 而魏某長跪, 以首搶地,[54] 自謝罪請死. 立重責二十板, 記過, 扣賞一次. 至今文玉尸祝焉.[55] 夫最狡而辯者, 莫過逃人. 彼旣所指無差, 使又識其面, 雖龍圖善斷,[56] 不能不加文玉以刑矣. 夫無辜而刑, 則魏某索貰之忿償, 而逃人誣詐之金得矣. 若是, 又何貴于片言折獄,[57] 俾獄無冤民哉? 故審逃者, 要在于應事敏, 而神其不測也.

---

51 사출(査出)은 ‘조사해서 밝혀지면’이라는 뜻이고, 혁역(革役)은 역직에서 좇아낸다, 파면한다는 뜻이다.

52 착악(錯愕)은 깜짝 놀란다, 경악한다는 뜻이다.

53 당의(當意)는 마음에 든다거나 합의한다는 뜻이다.

54 창지(搶地)는 땅에 닿는다, 부딪친다는 뜻이다.

55 시축(尸祝)은 빌다, 제사지내다, 숭배한다는 뜻이다.

56 용도(龍圖)는 다양한 뜻이 있지만, 여기서는 송대의 유명한 판관인 포승(包拯), 즉 포청천을 가리킨다. 그는 용도각(龍圖閣) 직학사(直學士)로 일한 적이 있다.

57 편언(片言)은 몇 마디 말이라는 뜻이고, 절옥(折獄)은 소송안건에 대한 판단을 내리는 것을 가리킨다. 공자의 제자인 자로(子路)에 관한 전고에서 나왔다(『논어』「안연(顔淵)」편에 “공자께서 말씀하셨다. ‘몇 마디 말을 듣고 소송판결을 내릴 수 있는 것은 아마 자로가 아닐까?(子曰: ‘片言可以折獄者, 其由也與?’)’”). 편언(片言)은 한쪽만의 일방적인 주장이라고 해석하기도 한다.

19-01-06. 도인 숨겨 주기(窩逃)

도인을 숨겨 주는 것에 대한 처벌을 규정한 『독포칙례』는 대단히 엄격해서 누가 쉽사리 그것을 범해 스스로 먼 곳으로 보내지는 유사형(流徙刑)을 받으려 하겠는가? 그렇지만 그러한 일을 벌이는 사정은 인정상 어쩔 수 없는 경우가 아니면, 스스로 실수를 한 경우다. 간혹 가까운 피붙이가 팔기나 기지에서 돌아와서, 처음에는 비록 잡혀 갔지만 중도에 타향으로 도망쳤다고 거짓말을 하면 친척들은 그것이 진실이라 믿게 된다. 또한 차마 이것을 곧바로 신고할 수 없어 그냥 머무르게 해 준다. 이것은 인정상 어쩔 수 없어 고의로 저지른 경우이다. 또는 간혹 어리석은 시골사람들이 도인 관련 『칙례』를 잘 알지 못하고, 여관방을 빌려 주거나 방을 세놓아 이익을 보려고만 생각하여 그 내력도 묻지 않거나, 멀리서 온 무직자를 고용할 줄만 알지 먼저 보증인을 세워 확인하지도 않은 채 머무르게 하기도 한다. 이것은 또한 무지해서 실수로 저지른 것이라 하겠다.

대저 도인을 숨겨 주는 것과 도적을 숨겨 주는 것은 전혀 다른 문제다. 종래 도적을 숨겨 준 이는 바로 도적이었고, 그는 그 재물을 나눠 갖는 이익 때문에 도적을 숨겨 준다. 그렇지만 도인을 숨겨 주었을 경우에는 [그 자신뿐만 아니라] 처자까지 모두 유사형에 처해진다. 어찌 이익을 보고자 도인을 숨겨 줄 리가 있겠는가? 만일 본지 백성 가운데 이를 범하는 경우가 있으면 응당 이들을 불쌍히 여겨야 하며, 포장에게 그들 집에서 소란을 피우면서 재물을 빼앗아서는 안 된다고 엄히 지시해야 한다. 이들은 장차 먼 길을 나서야 하기 때문이니, 어찌 이리저리 돈이 필요한 데가 없겠는가? 응당 그들을 바로 관부로 불러들여 도인을 숨겨 준 사정이 사실인지 심문한 뒤, 본범은 감금하여 대기시키고 처사와 가족은 확실한 보증을 받아 풀어 주되, 장두·지보와 이웃들로 번갈아 가면서 감시하게 한다. 독포아문에서 압송하라는 공문이 내려오면 출발시키고, 집안 재산은 모두 팔아서 장부를 만들어 기록하고 병부에 보고한다.

○ 도인을 [독포아문으로] 압송할 때, 그를 숨겨 준 이와 함께 보내서는 안 된다. 숨겨 준 이는 단지 구금하여 대기를 시키되, 독포아문에서 도인을 심문하여 사실임이 확인되어 숨겨 준 이를 압송시켜 심리하겠다는 공문을 지방관에게 보내기를 기다려야 한다. 만약 독포아문의 공문을 기다리지 않고 숨겨 준 이까지 함께 올려 보냈다가는 『[독포]칙례』를 어겼다는 이유로 탄핵을 받는다. 지방관이 자칫 이를 소홀히 할까 염려되므로 이에 함께 언급하는 바이다.

○ 지방관으로서 백성을 아끼는 사람에게는 오로지 숨겨 준 이가 자수하는 방법이 있을 뿐이다. 『독포칙례』에서는 숨겨 준 이가 자수하면 죄를 면해 준다. 그 방법은 숨겨 준

이가 도인을 신고한 일이 먼저이고 포역이 도인을 잡은 것은 나중이라고 하는 것인데, 오로지 크게 인자한 사람만이 그 방법을 잘 활용할 따름이다. 도인을 심문하여 도인의 소속 기(旗)와 주인 이름, 그리고 도주 날짜가 숨겨 준 이의 진술과 서로 들어맞으면, 곧바로 "자진하여 도인을 신고했다"는 첨언을 붙여 상사에게 보고를 한다. 그러면 비록 독포아문에서 도인을 심문하게 되더라도 숨겨 준 이는 유사형을 피할 수 있을 것이다. 어떤 사람들은 "숨겨 준 이가 자진신고를 하게 되면 지방관이 공적을 기록할 수가 없으니 어떻게 하느냐?"고 묻기도 한다. 오호라! 한 집안이 유사형을 피하는 대신 지방관 한 사람의 공적이 사라졌다면, 이것은 얻은 바가 아주 많은 것이다. 만약 모름지기 공적에 연연하여 한 집안의 불행을 안타깝게 여기지 않는다면, 공적 하나를 더 늘리는 것보다는 자기 양심을 해치는 바가 훨씬 크다는 것을 어찌 알 수 있겠는가?

○ 백성을 사랑하는 [지방관의] 염원을 평소 포역도 알게끔 해 두어야 한다. 하지만 도인들도 특히 불쌍히 여겨야 하니, 포역에게 후한 상을 내리는 것이 최선이다.

○ 도인은 응당 숨겨 준 이가 있어서는 안 된다. 숨겨 준 이가 있다면, 일가가 모두 유사형에 처해지고, 십가장을 비롯해 이웃·지보가 모두 줄줄이 피해를 입게 되고, 왔다갔다 압송하는 일이 심지어는 봉천(奉天)까지 가야 하는 일도 있어, 몇 달이나 걸리고 한 해를 다하기도 하므로, 언제 끝날 줄 모르는 일이 된다. 만일 도로에서 도인을 잡았다면, "각지를 유랑하고 다니며 길가에서 얻어먹었으며, 결코 일정한 주거지가 없었다."라고 진술을 받는 것이 속 시원하게 문제를 마무리하는 방법일 것이다. 양심이 있는 도인이라면 바로 이러한 자백대로 보고를 올리고, 더 이상 지나치게 [연루자를] 찾아내려 해서는 안 된다. 그가 만일 독포아문에 압송되어 숨겨 준 이가 있다고 진술하더라도, 독포아문에서는 지방관의 관인이 찍힌 문서를 근거로 삼아, [숨겨 준 이를] 압송해서 처벌하는 것을 허용하지 않을 것이다.

窩逃之例甚嚴,[58] 誰肯輕犯, 自罹遠徙?[59] 其間非情不得已, 卽屬自誤. 或骨肉自旗來歸,[60]

---

58 와도(窩逃)는 도인(逃人)을 감추어 숨겨 주는 일을 말한다. 이에 대해서는 앞서 인용한 『독포칙례』 상(上) 002 「와도급인우인등분별치죄(窩逃及隣佑人等分別治罪)」를 참조.

59 『독포칙례』 상(上) 002. 「와도급인우인등분별치죄(窩逃及鄰佑人等分別治罪)」 "一. 凡旗民知情窩留旗下逃人者, 照知情藏匿罪人律, 各減罪人一等治罪. 民人鄰佑、地方、十家長知情不首者, 杖八十. 旗人該管領催及家奴之主知情者, 鞭八十. 係官, 交部議處. 不知者, 俱不坐. 其失察及明知逃人不行查拏之地方文武官, 交部分別察議." 설승윤(薛允升), 『독례존의(讀例存疑)』에서는 이에 대해 다음과 같은 해설을 덧붙이고 있다. "此例原係二條. 一. **凡窩逃正**

詭言初雖被掠, 中途逃脫他鄉. 親屬信以爲眞, 又不忍遽行呈報, 因而留之. 此情不得已而故犯者也; 或鄕愚不諳逃例, 但有店房, 惟利取租, 不問其人來歷, 遠方閒漢, 惟知僱用, 不先憑認保人,[61] 因而留之. 此又無知而悞犯者也. 夫窩逃與窩盜不同. 從來窩盜卽盜, 彼利分其財而窩之. 若窩逃, 則倂妻子流徙耳, 彼安所利而窩之哉! 若本地人民有犯, 最宜憫恤,[62] 須嚴諭捕壯, 不許騷擾其家, 需索財物. 以彼將有遠行, 寧無多少用度. 宜立喚到官, 訊窩情眞, 本犯監候, 妻子、家口取具的保,[63] 仍着莊、地、鄰佑輪流看守. 俟部文提取起解, 家産變賣, 造冊報部.

○ 凡申解逃人, 不可將窩家一倂起解. 止拘審羈候,[64] 聽部中將逃人審實, 行文地方官, 提取窩家審理. 若不俟部文, 竟將窩家起解, 照違例題參.[65] 恐司牧易于疏忽, 故倂及之.

○ 地方官愛惜百姓者, 惟有窩家自首一法. 督捕逃例, 窩家自首者, 免罪.[66] 其法, 窩家出首逃人在前, 捕役拿獲逃人在後, 惟大仁人善其用而已矣. 審取逃人旗色主名並所逃月日, 與窩家所供相合, 徑作出首逃人硃語申解,[67] 則部審雖其逃, 而窩家亦免于流徙矣. 或謂: "窩家

犯之祖父、父親, 有願隨去者, 准其隨去外, 窩家責四十板, 將妻産人口, 並未分居子孫, 一倂流徙尙陽堡, 房地入官. 其兩鄰枷號三箇月, 各責四十板. 十家長、地方各責四十板, 徒三年. 係督捕原例[窩逃及鄰佑人等分別治罪. 窩留逃人卽流徙尙陽堡, 房地入官. 其嚴如此. 康熙七年題定, 兩鄰、十甲長俱係牽連之人, 不便一體治罪, 停止流徙, 改爲枷責. 可見初定之例, 兩鄰人等, 均一倂流徙矣. 康熙十二年議定旣將窩逃之正犯流徙, 若將未分家之子一倂流徙, 似屬可憫. 改爲將妻並財物一倂流徙. 其祖父、父、子、孫有願隨去者, 聽其自便. 若將子留下, 房地免入官. 財物帶與不帶, 聽其自便. 若無子, 房地入官, 與此例不符, 想此後已經改纂矣. 然兩鄰枷號三月, 滿杖. 十家長免枷, 滿徒. 不知何解.] 乾隆八年修改. [按, 此以知情、不知情分別. 容留人等之罪, 又以月日久暫爲容留人等輕重之分, 較前例已從寬矣. 然鄰佑人猶有問徒罪者, 則尙未敢一概從寬也.] 一. 凡旗下人窩隱逃人者, 鞭一百, 罰銀五兩. 其主無論官民, 罰銀十兩. 另戶人窩隱逃人者, 鞭一百, 罰銀十兩. 宗室公以上家下莊頭人等窩隱逃人者, 將窩隱之人鞭一百, 罰銀五兩, 管屯撥什庫罰銀十兩, 俱行入官. 如有應罰銀十兩不能納者, 枷號一箇月. 應罰銀五兩不能納者, 枷號二十日. 係督捕原例[旗人窩逃. 按, 旣鞭責, 又罰銀. 總欲其不敢窩逃之意]. 乾隆八年、三十二年修改, 嘉慶六年修倂." 이를 통해 원래 도인을 숨겨 준 범인은 재산이 몰수되고 그 가족까지 모두 유사형(流徙刑)을 받는 것이었음을 알 수 있다. 또한 이웃도 3개월 동안 칼을 쓰고 40판의 태형을 받았으며, 십가장과 지보는 40판의 태형을 받고 3년 노역형에 처해졌다.

60 골육(骨肉)은 부모·형제·자매처럼 가까운 피붙이, 또는 동성(同姓)의 사람을 가리킨다.

61 인보(認保)는 보증을 선다는 뜻이다. 도인의 고용에 대한 치죄는 『독포칙례』 하 019 「고멱도인용공(雇覓逃人傭工)」 "一. 凡將逃人雇覓傭工及賃房與住者, 照窩家例, 分別知情、不知情治罪. 若有保人者, 將保人照窩家例治罪. 其雇主房主及十家長、地方、鄰佑, 並地方官俱免議." 부분을 참조.

62 민휼(憫恤)은 가엽게 또는 불쌍하다 여긴다는 뜻이다.

63 취구(取具)는 받아서 갖춘다는 뜻이고, 적보(的保)는 확실하고 믿을 만한 점포나 보증인을 가리킨다.

64 구심(拘審)은 체포하여 심문한다는 뜻이고, 기후(羈候)는 구류하여 심문을 기다리게 한다는 뜻이다.

65 제참(題參. 題叅)은 제본(題本) 즉 정식 행정용 공문을 통해 상주하여 탄핵하는 것을 가리킨다.

66 도인의 자수에 대해서는 여러 조례가 있으나 특히 『독포칙례』 하 018. 「출수도인(出首逃人)」. "一. 凡逃人被窩家出首者, 窩家人等免罪. 若窩家不行出首. 或該管地方、十家長、隣佑人等有一人出首者, 止將窩家照例治罪. 其餘隣佑、十家長、地方等行免罪. 如窩逃之人一村居住族中人等及主僕互相出首者, 窩家亦免罪. 至拏解逃人地方官將窩家暫行拘禁, 不許一解送[按: 此似指解送京城而言, 似應刪去]. 候該管衙門審明實係逃人, 行文地方官, 將窩家審擬發落." 부분을 참조.

67 주어(硃語)는 붉은색 먹으로 쓴 글씨를 말하는데, 여기서는 지방관이 자기 의견이나 지시 사항을 제시하면서 쓴

自首, 則地方官不准記功, 奈何?" 嗚呼! 夫免一家流徙, 而去一功, 所得多矣. 若必戀戀一功, 而不一家是恤, 安知方寸所損,[68] 不更有多于一功者哉?

○ 凡愛民念頭, 須要平日令捕役等知之. 然亦必厚恤逃人, 重賞捕役爲善.

○ 逃人不宜有窩. 有窩, 則一家流徙, 十家長、隣佑、地方均受波連, 而往復起解, 直至奉天,[69] 窮年累月, 殊無底止.[70] 若于道路拿獲, 供稱: "各處游蕩, 沿途乞食, 並無一定住處", 便是直腸直肚.[71] 有良心之逃人, 便照所供申解, 不必過于蒐求.[72] 彼卽到部, 再供窩家, 部中以地方官印文爲憑,[73] 亦不准提究.[74]

19-01-07. 도인 심문(審逃)

포장·지보는 도인을 잡으면 즉시 지방관에게 보고를 올리도록 엄히 지시하고, [보고를 받으면 지방관은] 응당 즉시 직접 심문에 나서야 한다. 우선은 포장·지보에게 언제 어디서 잡았는지, 어떻게 도인인지를 알았는지, 잡았을 때 짐이나 기물이 있었는지, 아울러 동행한 일당이 있었는지 하나하나 물어 확인한다. 뒤이어 도인을 지현이 앉아 있는 책상 앞으로 불러와 다음과 같은 심문을 시작한다.

너는 어디 사람이고, 이름이 무엇이고, 무슨 연유로 팔기 호적에 소속되었느냐? 포로

내용(朱筆批示)을 가리킨다. 신해(新解)는 보고를 올린다는 뜻이다.

68 방촌(方寸)은 겨우 한 치라는 뜻이지만, 보통 아주 왜소한 것이나 아주 작은 땅을 가리킨다. 또한 마음이나 머리·심사·심득을 가리키기도 한다.

69 『독포칙례』 하 061. 「봉천부·강녕부등처거주기인도주자(奉天府、江寧等處居住旗人逃走者)」에 의하면 "원래 봉천부 등처에 거주하였던 기인도주자는 성경(盛京. 즉 奉天)의 형부(刑部)에서 심리한다("一.凡奉天府等處居住旗人逃走者, 盛京刑部審理. 其江寧等處駐防旗人逃走者, 俱交與各該督撫審理. 均依逃走例分別辦理, 仍報明刑部查核.")"고 되어 있다. 하지만 여기서 봉천은 아마도 유사형(流徙刑)의 목적지인 상양보(尙陽堡)를 가리키는 것으로 보인다. 상양보는 요녕(遼寧)의 개원현(開原縣) 동쪽 40리 지점에 위치한 곳으로 청 초기에 유배지로서 이용되던 곳이다. 1633년부터 청조는 죽음을 면한 죄수의 유배지로 이곳을 이용하기 시작하여 순치·강희 연간에도 이곳을 자주 이용하였다.

70 궁년(窮年)은 '한 해가 다 가도록, 일생토록'이라는 뜻이고, 누월(累月) 역시 몇 달이 걸린다는 뜻이다. 저지(底止)는 끝이나 멈춤이 없다는 뜻이다.

71 직장직두(直腸直肚)는 아주 솔직하거나 담백하다는 것을 비유한다.

72 수구(蒐求)는 사냥하다, 찾는다는 뜻이다.

73 인문(印文)은 정인관(正印官), 즉 지방관의 관인이 찍힌 문장, 즉 공문을 가리킨다.

74 제구(提究)는 불러다 다그친다는 뜻이다.

가 된 것이라면 어느 해 어느 달에 포로가 되었으며, 무슨 일로 출병한 것이었고, 어떤 기에 속하고, 어느 좌령(佐領) 소속이고, 주인 이름이 무엇이고, 어디에 살며, 관직이 무엇이고, 팔기 호적에서 네 이름이 무엇이냐? 만약 팔린 경우라면 어느 해 어느 달에 팔렸고, 값은 얼마였고, 중개인은 누구였고, 매매문서는 어느 아문에서 어느 해 어느 달에 관인을 받았으며, 어느 해 어느 달에 도망쳐 나왔으며, 무슨 이유로 도망을 쳤느냐? 주인은 알고 있느냐, 함께 도망친 도인이 있느냐, 도망쳤을 때 따로 가지고 나온 게 있느냐, 가지고 나온 물건은 지금 써 버렸느냐, 아니면 현재 어디에 있느냐? 도망쳐 나와서 처음에 어디에 있었느냐, 남의 집에 거주한 적이 있느냐, 그 집 사람의 이름이 무엇이고 주소가 어디냐, 또한 그다음에는 어디 있었느냐? 남의 집에 거주한 적이 있었느냐, 그 집 사람의 이름은 무엇이고 주소가 어디냐, 지금은 어디서 무슨 일을 하고 있었느냐? 어느 날 잡혔고, 짐이 있었느냐, 잡힐 때 동행인이 있었느냐, 언제 이곳으로 왔느냐, 어디서 머무르고 있었느냐? 숨겨 준 이가 있었느냐, 숨겨 준 이는 어디에 있으며, 며칠을 머물렀느냐, 숨겨 준 이는 무슨 일을 하며 어떻게 생겼느냐, 그의 가족 가운데 남녀가 몇 명이며 이웃은 누구이냐? 【「구두진술」을 받을 때는 상세하게 질문하더라도 상사에게 올릴 보고서에서는 단지 중요한 것만 기재할 뿐 전부 다 기록할 필요는 없다. 이를테면 숨겨 준 이의 경우 이름과 주소지, 숨겨 준 기간, 무슨 친분 관계로 숨겨 주었는지 정도만 기재한다. 외모나 사람 수까지 기재하면 엉뚱한 사람을 끌어들일 가능성이 있다. 따라서 상세한 질문은 보고서에서는 모두 삭제해 버리고 간단히 요점만 담아내는 것이 옳다.】 또 도인을 숨겨 준 이와 무슨 친분 관계이며, 만약 방을 세 들어 산 것이라면 집주인이 어디 사람이며 이름은 무엇이냐, 집은 어디에 있느냐, 언제부터 세를 들어 살았고, 세를 들 때 중개인이 있었느냐? 만일 품앗이로 고용되거나 몸을 저당 잡힌 것이라면 고용주의 이름은 무엇이고 어디 사람이냐, 어디 살고 있으며, 언제부터 고용되어 일했느냐, 고용 당시 보증인이 있었느냐? 부인이 있느냐, 있다면 어디에 있으며, 만일 부인과 함께 도망친 것이라면 부인은 주인이 짝을 맺어 준 것이냐, 아니면 스스로 장가를 든 것이냐, 도망쳤을 때 자녀는 있었느냐, 있었다면 모두 몇 명이냐, 왜 다른 곳에 사느냐? 만일 도망친 다음 장가를 든 것이라면 부인의 성이 무엇이고 어디 사람이냐, 누구의 딸이며, 언제 결혼했느냐, 중매는 누구이며, 부인에게 부모 형제가 있느냐, 있다면 지금은 어디에 있느냐, 슬하에 자식은 있느냐, 있다면 모두 몇 명이냐?

이렇게 하나하나 물어보고, 도인을 수감한 다음에는 본지의 기존 조례를 확인하여, 바로 독포아문으로 보내거나 아니면 지부에게 보고를 올린다. 이 보고가 계속 위로 올라가 안찰사와 순무에게 넘겨지는데, 그쪽의 「지시공문」을 받고 차례대로 번갈아 가며 계속 상급 아문으로 압송한다.

○ 도인에게 형벌을 가하면 안 된다는 사실은 『독포칙례』에 아주 명백하게 나와 있으니, 빰을 때리거나 모욕을 주는 일조차 필요가 없다. 특히 교활한 무리는 [이런 일을 당하면] 대개 쉽게 원한을 품으니, 결국 지방에 누를 끼치게 될 뿐이다.

○ 도인을 상부로 압송할 때 첨부하는 문서에서는 지현의 「심리의견」이 너무 단정적이어서는 곤란하다. 만일 병부에서 심문하여 도인이 아닌 것이 판명되면 크게 불편해지기 때문이다. 다만 도인의 「구두진술」에 근거하여 한두 마디 도인에게 유리한 말을 덧붙여 서술해서 보고하면 될 뿐이다.

○ 만일 포역이 평민을 도인으로 잡았다면, 이는 무고해서 공갈을 치려는 것이 아니면, 포상을 얻기를 희망해서 그런 것이니 조사해서 밝혀지면 엄중히 징계해야 한다. 만일 독포아문에 아무나 압송하였다가 심문 결과 그가 평민으로 밝혀진다면, 지현에 대한 처분은 도적을 무고한 것과 동등하니, 어찌 신중하지 않을 수 있겠는가?

凡捕壯、地方等拿獲逃人, 嚴諭卽時呈報本官, 宜卽時親審. 先問捕、地某日在何處拿獲, 何以知是逃人, 拿獲之時有無行李、器物, 並有無同行黨伴,[75] 一一問明. 隨帶逃人到案審訊:

> 你是何處人, 是何姓名, 緣何在旂下? 如係被掠, 是何年月被掠, 爲何事出兵, 是何旗色, 是何佐領?[76] 爾主是何名字, 何處住址, 是何官職, 爾在旂下是何名字? 如係賣身, 是何年月日所賣, 財禮若干,[77] 媒保何人,[78] 文契是何衙門, 何年月用印, 是何年月日逃了出來, 爲何故逃走? 主子有無知道, 有無同逃之人, 逃時有無拐帶,[79] 拐帶之物有無花費,[80] 有無現在何處? 逃了出來, 先在何地方, 有無人家居住, 其家

75 당반(黨伴)은 같은 무리·패거리·동행인을 말한다.

76 좌령(佐領)은 팔기 조직의 기본단위 명칭이자, 그 장관을 가리키는데, 만주어 니루(牛彔. 성년남자 300명으로 이루어진 단위)의 한자명이다. 좌령은 호구·토지와 재산·병적·소송 등의 행정사무도 관장한다.

77 재례(財禮)는 『예기(禮記)』「곡례(曲禮) 상(上)」에 나오는 "가난한 사람은 재물을 가지고 예물로 삼지 않는다(貧者不以貨財爲禮)"는 구절에서 비롯되어 아내(며느리)를 맞이할 때 들이는 비용(聘金)을 가리키게 되었다.

78 매보(媒保)는 중매자, 혼인을 소개해 준 사람을 말한다.

79 괴대(拐帶)는 속임수를 써서 다른 사람이나 재물을 끼고 도주하는 것을 가리킨다.

80 화비(花費)는 소모된 비용, 또는 사용해서 모두 써 버린다는 뜻이다.

是何姓名, 何處住址, 後又在何地方? 有無人家居住, 其家是何姓名, 何處住址, 今在何處作何事? 某日被拿獲, 有無行李, 被拿時有無同伴之人, 是何時到此, 何處安身?[81] 有無窩家, 窩家住在何處, 住了幾日, 窩家是做何事之人, 是何等相貌, 家中男女幾口, 鄰佑還有何人? 【「口供」有詳問者, 申文只敘緊要, 不必全錄. 如窩家, 只敘姓名住址, 窩隱月日, 是何親故等云云. 如相貌、人口, 恐其誣扳, 故爾詳問,[82] 申文中俱應刪去, 以簡靜切要爲是】 與爾是何親故? 如係租房住, 問房主何處人, 何姓名, 房在何地方, 何時租住起, 租房時有無人說合引進?[83] 如係傭工典身, 典傭主是何姓名,[84] 何處人, 何地方住, 何時典傭起, 典傭時有無識認中保?[85] 有無妻子, 在何處, 妻子若是同逃, 問妻子某氏, 或是主子給的, 或是自己娶的, 逃時有無子女, 共是幾口, 緣何又在別處? 若是外娶, 問妻某氏, 何處人, 何人之女, 何年月日所娶, 媒是何人, 妻子有無父母兄弟, 今在何處, 有無所生子女, 今共有幾口?

一一問明, 將逃人收監, 查本地方舊例, 或徑解督捕, 或申詳本府, 復審轉解司院,[86] 領文遞解.[87]

○ 逃人不可加刑, 例載甚明, 卽批頰、示辱亦不必.[88] 蓋狡徒易于懷怨, 滋累地方.

○ 凡解逃文中, 「看語」不可說煞.[89] 倘部中審出不是逃人, 大有未便. 但卽據逃人「口供」, 敘完略增一、二活語申解,[90] 可耳.

○ 若捕役拿平人爲逃, 非圖誣詐, 卽希給賞, 審出宜重懲. 倘混解督捕, 審供平人, 本官處分, 與誣盜等, 可不愼諸?

---

81 안신(安身)은 몸을 편안하게 한다, 즉 숙박한다는 뜻이다.

82 고이(故爾)는 일부러 이렇게, 따라서, 그래서라는 뜻이다.

83 설합(說合)은 중개하다, 소개한다는 뜻이고, 인진(引進)은 추천하다, 끌어들이다, 도입한다는 뜻이다.

84 고공전신(傭工典身)은 품앗이로 고용되거나 몸을 저당을 잡힌다는 뜻이다. 전고(典雇) 역시 저당을 잡히거나(典押) 고용된다(出雇)는 뜻이다.

85 중보(中保)는 중간에서 보증을 선다, 또는 그 사람을 가리킨다.

86 심전(審轉)은 형사 안건이 지방주현에서 잇따라 층층마다 상급 아문으로 보고되면서 다시 상급 재판의 기초가 되는 것을 가리킨다. 이렇게 하여 노역형은 독무, 유배형은 형부, 사형은 황제에게까지 올라가서 최종판결이 이루어지게 된다. 사원(司院)은 안찰사(臬司)와 순무(部院), 즉 성의 상급 관원을 가리킨다.

87 체해(遞解)는 번갈아 이어받아 교대해 가며 위로 압송한다는 뜻이다.

88 비협(批頰)은 빰을 때린다는 뜻이다.

89 설살(說煞)은 단정한다는 뜻이다.

90 활화(活話)는 문자 그대로는 생기 있는 이야기라는 뜻이지만, 여기서는 약간의 여지를 남겨 주는 이야기를 가리키는 것으로 보인다.

19-01-08. 도인 압송 기한(解逃限期)

도인이 심문결과 확인되면, 응당 상부로 압송해야 한다. 『독포칙례』에 따르면, 마지막으로 숨어 지내게 해 준 집이 바로 숨겨 준 집(窩家)가 된다. 만약 도인을 숨겨 준 이가 본지에 있다면 바로 잡아 와서 심문한다. 그런데 본지의 도로나 시진에서 잡았는데 다른 주현에 숨겨 준 집이 있거나, 혹은 따로 물품을 휴대하였지만 지금은 옷 보따리만 있다거나, 처자가 다른 곳에 머무르고 있는 경우 등등은 모두 곳곳에 공문을 보내서 인계를 받아야 하는데, 공문을 주고받으면서 조사를 재촉해도 대부분 시일을 그르치게 된다. 『독포칙례』에 따르면, 지방관이 도인을 잡으면 곧바로 독포아문으로 압송해야 한다. 만약 도인을 감금하고 지체시켜 1개월을 넘겼다가, 주변인의 신고나 병부의 내사로 발각될 경우 해당 지방관은 혁직된다. 여기서 신고나 조사라고 하는 것은 지방관이 1개월의 기한을 넘긴 사실을 알면 혹시 그 도인을 잡은 날을 단축해서 말할 수도 있기 때문이다.

만약 보고서에 언제 현지에서 잡아들였고, 언제 부근 주현에 공문을 보내 압송을 요청했고, 나아가 어느 날까지 압송한다고 곧장 서술해 버리면 기한을 넘겼다는 것은 손가락만 꼽아 봐도 알 수 있으니, 어찌 탄핵 처분을 피할 수 있겠는가? 거꾸로 계산하여 1개월 내에 도인을 독포아문으로 압송할 수 없을 때에는 먼저 부근 주현에 공문을 보내 압송을 의뢰한 것과 1개월 내에 조사를 마치고 보고·압송을 마칠 수 없는 사정을 미리 독포아문에 알려 기한 연장을 요청하면 탄핵처분을 피할 수 있다.【압송 기한의 경우 각 성의 상황에 따라 다르며, 기한 연장을 요청하였다 하더라도 응당 보고는 기한 내에 올려야 한다. 기한을 다시 한 번 더 연장해서도 안 되며, 또한 연장된 기한을 넘겨서도 안 된다.】

逃人審明,[91] 卽宜起解. 査窩逃例, 以末家容隱居住者, 作爲窩家.[92] 如窩家在本處, 立可拘審. 如本處路途、集鎭拿獲, 供窩在鄰封, 或拐帶物件, 現有行李, 以及妻子在別處者, 俱要逐處關提, 往返催査, 多致耽延時日.[93] 按督捕定例, 凡地方官拿獲逃人, 卽解督捕衙門. 如監禁遲滯過一月者, 或傍人出首, 或部內査知, 將地方官革職. 所云出首、査知, 以地方官知逾一月之限, 或縮其拿獲之日而言也. 若文內徑敘某日拿獲, 某日關提, 以至某日申解, 逾限可屈指

91 심명(審明)은 심문 결과 확인되거나 밝혀졌다는 뜻이다.

92 『독포칙례』 하 001 「말가단작와가(末家斷作窩家)」 "一. 凡逃人逃走換住數家被獲者, 將末家斷作窩家."

93 탐연(耽延)은 멈추다, 늦추다, 질질 끈다는 뜻이다.

而知,[94] 參罰豈能自免?[95] 若逆計一月之內不能起解督捕者, 先將關提緣由, 一月不能依限查明申解, 預報督捕衙門展限, 則參罰可免矣. 【限期各照省分, 雖請展限, 亦須限內申解, 不便再展, 亦不可再逾所展之限】

19-01-09. 병부 공문에 따른 압송(部文行提)[96]

팔기에 소속된 기인(旗人)이 도인이 어느 지역에 있다고 신고할 경우에는 해당 성의 순무(巡撫)에게 자문(咨文)을 보내 조사를 시키거나, 아니면 바로 해당 지방관에게 도인을 찾아내서 잡아들이게 하는 것이 관행이다. 그러면 지방관은 즉시 해당 지역의 향약·지보 등을 불러들여 신고된 도인의 이름을 집집마다 엄격하게 조사해야 한다. 혹은 주변 향촌까지 모두 엄히 조사했는데도 도인의 흔적이 없다면, "집집마다 조사하였지만 병부에서 조사를 지시한 이름의 사람이 결코 없었습니다."라는 지보 등의 「확인서」를 받는다. 지방관은 따로 「보증서」를 갖춘 다음, 여기에 향약·지보의 「확인서」를 덧붙여 상부로 회신한다. 가령 상사가 병부의 지시를 받아 조사를 지시하고 지현이 그에 대해 답장을 보내거나, 독포아문에서 직접 공문을 보내 조사를 요구하여 독포아문에 답장을 하는 경우, 혹은 먼저 [덧붙인 「확인서」 등이 없이 단순한 회신 내용만을 갖춘] 빈 공문만을 보내고 다시 공문이 내려오기를 기다려서, 지보 등의 「확인서」를 받고 지방관이 「보증서」를 갖추어도 된다. 모든 것은 내려오는 지시에 따른다.

다만 이 과정에서 중요한 것은 모름지기 엄밀하고 상세한 조사가 이루어져야 한다는 점이다. 만약 「보증서」를 갖춘 다음에 도인이 있었음이 발각되면, 감독 소홀에 관한 조례에 따라 처벌을 받게 된다. 만약 조사 결과 신고한 기인이 거짓으로 무고한 것이었다면, 신고인에게 칼을 씌우고, 또한 채찍 100대를 치는 처벌이 이루어진다. 그리고 기인이 고발한 도인이나 일반 백성이 고발한 도인과 관련하여 지방관에게 공문이 내려왔을 때 즉각 도인을 찾아내서 압송한 경우에는 해당 관리와 이웃·십가장·지보는 모두 처벌을 면제받으며,

---

94 굴지(屈指)는 손가락으로 꼽는다, 즉 아주 짧은 시간이나 수량을 비유한다. 특출하다는 뜻도 있다.

95 참벌(參罰)은 탄핵처벌을 말한다.

96 행제(行提)는 행문제취(行文提取), 즉 공문을 보내어 범인·증인이나 관련 문서·물품을 올려 보내도록 하는 것을 가리킨다. 이에 관한 조항은 『독포칙례』 하 024. 「행제정한(行提定限)」 "一. 凡道府州縣衛所官員行文提取逃人行文移查案件, 一百里以內者, 往返限十日解覆, 如不解覆, 行催一次, 再限十日解覆, 每百里往返加限五日, 一千里以外者, 每百里往返加限四日[遞加扣算]. 若行催後逾限不解不覆者, 交部議處."을 참조.

도인을 숨겨 준 이 역시 유사형이 면제된다.【2개월 동안 칼을 씌워 대중에게 공개하고 태형 40대를 치는 형벌에 처한다.】

이것이 바로 신고와 압송과 관련된 정례다. 사람들이 간혹 잘 알지 못하고, 조사·압송의 지시가 일단 내려오면, [그 결과] 바로 이전의 도인을 찾아내지 못한 경우나 숨겨 준 경우에 해당되어 처벌받는 것이 아닌지 놀라 의심하면서 도인을 은폐하기 위해 노력한다. 하지만 상부에 [도인이 없다고] 답장 보고를 올렸는데 도인이 사실대로 분명히 불어 버린 경우 다시 엄히 그를 압송해야만 하는 상황이 되는데, 그때 가서 어떻게 처신할 것인가? 따라서 조사했을 때 정말로 도인이 있다면 응당 즉각 보고하고 압송해야 한다. 그렇게 되면 정례에 따라 지금 당장 처분을 면제받을 뿐 아니라, 이후에도 허다한 의심과 염려를 줄이게 된다. 이것을 그르치는 사람들이 왕왕 있어 여기 특별히 지적해 둔다.

凡旗下人稱逃人在某處首告者,[97] 移咨該撫行查,[98] 或徑行地方官查拿. 地方官卽拘該鄉、地, 將所首逃人姓名, 挨戶嚴查.[99] 或幷四鄉嚴查無踪,[100] 取具各地方等"逐戶挨查, 並無奉部行查姓名之人"[「甘結」],[101] 地方官卽具「印結」,[102] 粘連所查本鄉、地等「甘結」回報. 如上司奉部行查回報上司, 督捕徑行文查回覆督捕, 或先空文申覆,[103] 俟再文取結,[104] 方具「印結」,[105] 悉照來行. 但行查須要嚴密詳細, 若具結之後發覺, 照失察例處分. 若旗人審係謊告仇告,[106] 將首告人枷號、鞭一百.[107] 若旗下所告之逃人, 或民人所告之逃人, 行文地方官, 卽爲查解者,[108] 將該管各官、鄰佑、十家長、地方免罪, 窩家免其流徙.【枷號兩個月, 責四十板】此告

97 수고(首告)는 직접 나서서 남을 고발한다(出首以告他人之事)는 뜻이다. 이와 대비하여 투수(投首)는 스스로가 한 일을 스스로 관에 알리는 것(自作之事自告於官)으로 오늘날의 자수와 같은 의미다.

98 이자(移咨)는 자문을 보낸다는 뜻이다. 자문(咨文)은 서로 통속관계에 있지 않은 고급 관청에서 주고받는 공문형식의 일종으로 평행문(平行文)이다. 이를테면 중앙의 육부(여기서는 독포아문이 속한 병부)에서 지방의 독무에게 보내는 공문은 자문 형식을 취한다.

99 애호(挨戶)는 가가호호, 집집마다라는 뜻이다.

100 무종(無蹤. 無踪)은 아무런 자취나 흔적이 없다, 찾지 못하였다는 뜻이다.

101 여기에는 문맥상 '甘結'이란 단어가 들어가야 할 곳으로 보인다.

102 「인결(印結)」은 관인을 찍은 「보증서」를 말한다.

103 신복(申覆)은 답장 보고를 올린다는 뜻이다.

104 취결(取結)은 「보증서」를 요구한다는 뜻이다.

105 원문을 즉결(卽結)이라 한 판본도 문맥상 인결(印結)이 보다 정확한 구절이다.

106 구고(仇告)는 앙심을 품는 적대적인 사람, 원수의 고발·신고라는 뜻이다.

107 기인(旗人)의 경우에는 태형이나 곤장형 대신 만주족의 전통에 따라 채찍형이 가해졌다.

108 사해(查解)는 조사하여 체포(查獲)하고 아울러 압송(解送)하는 것을 말한다.

提定例也. 人或不知, 恐一查解便是從前失察窩隱, 自相驚疑,[109] 希圖覆護.[110] 但申覆之後, 彼供鑿鑿,[111] 仍復嚴提, 則將何以自處乎? 查果有其人, 應卽行申解, 不惟定例現免處分, 而後此省却許多疑慮矣.[112] 往往人多悞此, 特爲拈出.[113]

19-01-10. 도인을 이용한 사기(拉撅)

도인을 이용한 사기 행각은 일부 못된 기인이 [자기 밑의] 어려운 처지에 놓인 사람을 풀어 주고 사기 행각을 벌여 돈을 버는 것을 가리킨다. 그는 어려운 사람을 하나 풀어 준 다음 바로 [그가 도망쳤다는 이유로] 「도주신고서(逃牌)」를 제출한다. 풀려난 사람은 북쪽 지방의 주현에서 부유한 집을 살펴, 그 집 안으로 숨어 들어가거나 아니며 이름을 빌려 품앗이로 고용된다. 그리고 [때를 봐서] 술에 취한 것을 가장해 스스로 팔기 소속임을 자칭하면서 남과 싸움을 벌인다. 이때 깨진 도자기 조각으로 일부러 자신의 이마를 찢고, 남이 말리는 틈을 타서 옷가지도 찢어 버린다. [그 결과 싸우던 사람과 함께] 체포되어 관부로 끌려가면, 그는 두들겨 맞고 은전(銀錢)을 뺏겼다고 주장하고, 아울러 주인의 집에서 훔쳐 낸 금·진주 등의 물건도 모두 빼앗겼다고 주장한다. 입에서 나오는 대로 아무 말이나 떠들어대니, 그 진실성을 분별하기는 어려운데, 그는 오로지 함께 독포아문으로 압송되어 [자기와 싸우던 사람과] 더불어 조사를 받겠다는 것만 요구한다. 지현이 비록 현명하다고 할지라도 도인 문제를 제대로 처리할 방법이 없고, 무고를 해서 남을 해치는 그의 명분을 말살시키기도 어렵다. 그 때문에 싸우던 피해자는 어찌할 방법이 없이 분을 참고 배상을 해 줄 수밖에 없고, 다방면으로 중개를 통해 문제를 해결하고자 한다. 그리고 [나중에] 독포아문으로 압송되면 [못된 기인인] 원 주인이 나타나 얼굴에 묵신 새기는 것은 면제해 달라고 간곡하게 요청한다. 그래야만 다시 나가서 사기 행각을 벌일 수 있기 때문이다.

또 도인 일당이 경사를 벗어나 무리를 지어 사기 행각을 벌이는 경우도 있다. 부유한 농민이나 지나가는 행상의 배를 노리고, 한 사람이 도인 행세를 하면서 쇠사슬을 맨 채 앞

109 경의(驚疑)는 놀라고 이상하게 여긴다는 뜻이다.
110 복호(覆護)는 보호한다, 비호한다는 뜻이다.
111 착착(鑿鑿)은 선명하거나 높고 험준한 모양을 나타내거나, 확실하다는 뜻을 나타낸다.
112 성각(省却)은 면제한다, 제거한다, 줄인다는 뜻이다.
113 염출(拈出)은 손가락으로 집어 꺼낸다는 뜻이다.

에서 달려가고 나머지 몇 명이 차역·포쾌를 가장하여 칼과 곤봉을 휘두르면서 뒤에서 추격하는 것이다. 농민을 상대할 경우 도인 역할을 하는 사람이 바로 집안으로 뛰어들고, 행상의 배일 경우 황급하게 선창 속으로 숨어들어, 마치 숨거나 피할 곳을 찾는 시늉을 한다. 그러면 추적자들이 크게 외친다. "왜 우리 도인을 숨겨 주는 거야?" 그리고 벌떼처럼 몰려들어 닥치는 대로 약탈함으로써 모든 재물을 순식간에 훔쳐 가 버린다. 도인 역할을 하는 사람이 뒤이어 빠져 달아나는 척하면, 나머지 몇 사람도 다시 그를 급하게 뒤쫓아 간다. 뒤에 남은 피해자는 놀라서 눈물만 흘리며, 눈으로 그들을 마중할 수밖에 없다.

이러한 사례들은 이루 다 세기 어려울 정도다. 지금 독포아문에서는 과거의 흉악한 기세를 바꿈으로써 끝없는 악풍을 막고자 하여, 도인을 풀어 주어 남을 해치는 경우 그 주인까지도 연좌시켜 처벌하도록 하고 있다. [그래서] 최근에는 이러한 풍조가 조금씩 사라지고 있는데, 지방관이 보갑을 실행하여 방비를 아주 엄격히 실행한다면 어찌 이런 못된 무리들이 들어올 틈 여지가 있겠는가?

逃人拉撅,[114] 乃有等無賴旗人,[115] 將苦獨力放出詐人,[116] 以作生意.[117] 俟苦獨力放出, 彼即遞「逃牌」. 其人于北方州縣, 瞷其某家殷實,[118] 或潛伏伊莊, 或託名僱傭.[119] 假裝酒醉, 自稱旗下, 尋人廝鬧.[120] 故以磁鋒破額,[121] 趂勸裂衣,[122] 拿送到官, 指稱毆打搶去銀錢, 并拐出主子金珠某物, 俱被其騙哄而去,[123] 任伊百口,[124] 難與分辯. 逃人只求并解到部, 仝渠審理, 官長雖明, 無處治逃人之法, 難抹煞扳害之名.[125] 彼人無奈, 忍氣賠償,[126] 多方央釋. 及起解到部, 本主哀求免其鞭刺,[127] 以便再出害人.

---

114 납궐(拉撅)은 억지로 떼를 쓴다, 조른다는 뜻인데, 여기서는 억지나 엉터리 구실을 만들어 돈을 사취한다, 사기를 친다는 뜻으로 쓰이는 것 같다.

115 유등(有等)은 어떤, 일부라는 뜻이다.

116 고독력(苦獨力)은 힘든 사람, 어려운 처지에 놓인 사람을 가리킨다.

117 생의(生意)는 장사·영업·생계·일거리를 말한다.

118 원문은 한(僩. 노하다)으로 되어 있으나 한(瞷. 엿보다)이 제대로 문맥에 맞는 글자다.

119 탁명(託名)은 다른 사람이나 일의 이름을 빈다, 명의를 빌려 쓴다는 뜻이다.

120 시료(廝鬧)는 떠들썩하게 말다툼을 한다, 소동을 부린다는 뜻이다.

121 자봉(磁鋒)은 사기그릇이나 칼날처럼 날카로운 물건을 가리킨다. 파액(破額)은 이마에 상처를 낸다는 뜻이다.

122 진(趂)은 진(趁)의 속자다. 진권(趂勸)은 '싸움을 말리는 틈을 타서, 기회를 엿보아서'라는 뜻 같다.

123 편홍(騙哄)은 속이다, 사기를 친다는 뜻이다.

124 백구(百口)는 여기서는 수많은 말이나 많은 사람의 입을 가리킨다.

125 반해(扳害)는 무고하여 모함한다는 뜻이다.

126 인기(忍氣)는 남의 모독, 멸시를 참아 낸다는 뜻이다.

又有同夥出京,[128] 結黨詐騙, 窺其殷厚莊民,[129] 或經過行商船隻, 一人扮作逃人, 帶鎖前奔, 數人扮爲差捕, 刀棍後追. 莊民徑撲其室, 商船急竄其艙, 若爲躱避狀,[130] 而追者大呼: "何爲藏匿我逃人?" 蜂擁而入, 遇物則攘, 所有立盡. 其逃人又假脫先奔, 數人仍復急追, 被害者驚駭涕流, 目送之而去. 諸如此類, 難以枚擧. 今督捕堂懲已往之兇鋒,[131] 杜無窮之惡習, 縱逃害人, 罪坐本主. 近日此風稍戢, 地方官能實行保甲, 防範惟嚴, 則鷙梟猰犬,[132] 何從而入乎?

19-01-11. 도적의 기인 사칭(盜賊供旗)

도적이 잡혔는데 형벌을 두려워하는 교활한 사람이 기인이라고 거짓 자백을 하여 잠시라도 처벌을 피해 보려는 경우가 있다. 간혹 기인이 도망쳐 도적 무리에 들어간 경우도 있다. 하지만 도적 무리의 강·절도 행각이 사실로 드러나면, 도적으로 처벌하지 어찌 도인이라는 점을 따지겠는가? 그들은 이점을 모르고 있다. 그렇지만 일단 도인이라고 자백을 하게 되면 지방관은 소속 팔기와 주인의 이름, 아울러 도적질에 나선 연유에 대해서 심문·확인하고 보고를 올리고 지시를 요청해야 한다. 그가 진짜 도인인지 여부와 도적으로 규정하여 심문해야 하는지 여부는 모두 병부의 지시를 기다리면 될 것이다.

凡拿獲盜賊, 有奸黠懼刑,[133] 假供旗人, 以圖暫免者. 或有旗人逃出, 以入盜夥者. 不知夥盜旣眞, 卽據盜論, 何問于逃? 但彼旣供係逃, 訊明旗色主名, 幷將犯盜賊緣由申請. 其逃人之眞、假, 應否照盜刑訊, 統候部示, 可耳.

---

127 애구(哀求)는 애절하게 청구한다는 뜻이고, 와가를 거짓으로 신고하는 경우에 대해서는 도인을 발견(發遣)하고 문신을 새기는 조항이 있다. 『독포칙례』 하 027 「망반와가(妄扳窩家)」 "一. 凡逃人誣扳窩家提來審虛者, 將逃人發遣[仍刺字]. 若續供之窩家提來審明又屬誣扳者, 將逃人刺字, 不論逃走次數, 照姦棍詐害良民例發遣. 如年力强壯者, 改發烏魯木齊等處, 分別種地爲奴[逃罪重者, 從重歸結]."

128 동과(同夥. 同伙)는 어떤 활동이나 조직에 함께 참가한 무리나 일당·패거리를 가리킨다.

129 장민(莊民)은 농민·촌사람이라는 뜻이다.

130 타피(躱避)는 피한다, 회피한다, 몸을 감춘다는 뜻이다.

131 흉봉(凶鋒)은 흉맹하고도 사나운 기세, 흉염(凶焰)을 뜻한다.

132 지효(鷙梟)는 올빼미와 같은 사나운 새를 가리키는데, 사납고 흉악한 사람을 비유한다. 알견(猰犬)도 얼룩 개를 뜻하는데, 마찬가지 뜻으로 쓰인 것 같다.

133 간힐(奸黠)은 교활하다는 뜻이다.

19-01-12. 팔기에 팔린 경우(賣身旗下)

기인은 사람을 살 때 계약문서를 지방관에게 제출하여 관인을 받아야 한다. 지방관은 이때 반드시 팔리는 사람이 본지 백성인지 확인하고, 판매하는 사람과 중개보증인을 모두 불러 모아 과연 자원하는 것이 확실하다면, 그때 가서야 비로소 관인을 찍어 준다. 아울러 계약문서에 쓰여 있는 바를 장부에 그대로 베껴 옮겨 적고, 어느 해·달·날에 관인을 찍었는지를 기입·등록함으로써, 나중에 쉽게 찾아볼 수 있게 한다. 이때 혹시 이자를 복리로 받아 내서 결국 몸을 팔게 만든 사정 같은 것이 있다거나, 본지 토착 백성이 아니라면 인정에 얽매여 관인을 찍어 주어서는 안 된다.

○ 기인이 사들인 사람 가운데는 본적지에서 죄를 지어 스스로를 판 경우가 있고, 지방 건달이 스스로를 판 뒤 본적지로 돌아가서 도인 행세를 하며 사기를 치려는 경우가 있다. 또한 노복이 주인을 버리고 기인에게 투신(投充)하여 원래 주인을 협박하는 경우도 있다. 이런 경우는 모두 조정의 『칙례』가 인정하지 않는 바이다. 조정의 『칙례』에 따르면 지방에서 죄를 저질러 체포령이 떨어진 못된 무리가 스스로를 판 경우, 중개보증인은 칼을 씌우는 처벌을 내리고, 그 몸값도 모두 판 사람으로부터 추징하여 사들인 사람에게 넘겨준다. 또 자기 몸을 판 이 범인은 압송하여 본적지 지방관에게 넘겨주며 3개월 동안 칼을 씌우고, 40대의 태형을 가한다. 범인의 죄가 이보다 더 무거운 것이라면, 그 죄에 따라 완결한다.

지방 건달이 있던 곳에서 범죄를 저지르고 스스로를 기인에게 판 다음 본적지로 돌아가 도인 행세를 하며 사기를 치려 한 경우, 만약 이런 사람을 잡아 독포아문으로 보내 심문 결과 사실임이 확인되면 형부로 넘겨 처리한다. 백성의 노복이 주인을 배신하고 기인에게 투신한 다음 원래 주인을 협박해서 기존 계약문서·처자·자식과 재물을 뜯어내려 했다면, 역시 형부로 넘긴다. 단지 주인을 배신하고 기인에게 투신하였을 뿐 심문 결과 주인을 협박하거나 강탈한 일이 없는 경우, 원래 주인에게 넘긴다. 그 몸값은 몸을 판 사람으로부터 추징하여 기주(旗主)에게 넘겨주고, 매매문서는 파기한다.

이 『칙례』로 미루어 보건대, 지금 지방에 죄를 저지르고 스스로를 기인에게 팔아 처벌을 피하려는 사람이 있다면, 바로 상부에 보고해 [그에 대한 처리를] 요청할 수 있음을 알 수 있다. 건달이 스스로를 판 다음 본적지로 돌아가 사기를 치려는 경우는 잡아서 압송할 수 있으며, 노복으로 주인을 배신하고 기인에게 투신하여 도리어 주인을 협박하는 경우 이를 신고할 수 있는 것이다. 또한 어찌 기인이라고 해서 그 뜻을 제멋대로 하게만 놔둘 수 있겠는가? 사람들이 이러한 이치를 다 알지 못할까 염려하여 여기에 덧붙이는 바이다.

旗下買人, 「身契」送地方官用印,[134] 須査明果是本地民人, 拘齊賣主、中保,[135] 果係情願, 方與用印, 仍將契紙所寫開謄簿內, 註明用印年月日期掛號,[136] 以便日後稽査. 其間倘有威逼滾算情由,[137] 及非本治土著, 不得狥情用印.[138]

○ 旗下所買之人, 有在地方犯罪而賣身者; 有地方棍徒, 賣身回籍, 借逃行詐者; 有奴僕背主投旗, 挾制主人者. 皆部例所不准行.[139] 部例, 地方犯罪案緝之匪類賣身,[140] 將保人枷責, 其原價向賣身人追還買主, 將賣身人轉遞伊地方官, 枷號三個月, 責四十板.[141] 如伊犯罪重, 照依所犯之罪完結. 棍徒在地方犯罪, 賣身旗下, 回籍借逃行詐.[142] 若被拿獲, 解部審實情眞, 交與刑部. 民人奴僕, 背主投旗, 挾制主人, 勒索原契[143]、妻子、子、財物, 交與刑部. 若止背主投旗, 審無挾制勒索者, 交還原主. 其身價向賣身人追取, 交與旗主, 將賣契燬銷.[144]

由此例觀之, 今有地方犯罪之人, 賣身旗下, 希圖逃罪者,[145] 可得而申請之. 棍徒賣身, 回籍行詐者, 可得而拿解之. 奴僕背主投旗, 反行挾制者, 可得而首告之. 又何遽謂爲旗人, 而聽其肆志哉?[146] 恐人不悉知, 並以附及.

19-01-13. 도인의 압송(起解逃人)

도인을 압송할 때는 공당(公堂)에서 직접 명단이 적힌 공문을 확인하면서 출석을 불러

---

134 「신계(身契)」는 몸을 판 「계약서」를 말한다.

135 구제(拘齊)는 모두 불러 모은다는 뜻이다.

136 괘호(掛號)는 신청·등록·접수한다는 뜻이다.

137 곤산(滾算)은 이자에 이자를 더해 계산한다는 뜻이다.

138 순정(狥情)은 개인적인 감정에 따라 원칙을 굽혀 따른다는 뜻이다.

139 부례(部例)는 중앙부서의 칙례를 말하지만, 여기서는 병부의 『독포칙례』를 가리킨다.

140 안집(案緝)은 사건으로 설정하여 체포에 나선다는 뜻이다.

141 『독포칙례』 상 024. 「매신행사(賣身行詐)」. "01. 一. 凡棍徒在地方犯事, 潛逃來京, 賣身旗下, 覆回原籍. 借逃行詐, 除實犯死罪外, 犯該徒罪以下者, 照犯罪潛逃, 例加二等治罪. 犯該流罪以上者, 發各省駐防給官員兵丁奴."

142 『독포칙례』 상 025. 「차도행사(借逃行詐)」. "01. 一. 凡姦棍結黨, 在地方借逃報讐, 詐害良民者, 照兇惡棍徒生事擾害良民例, 發極邊足四千里充軍. 旗下家奴, 發各省駐防給官員兵丁奴."

143 원계(原契)는 원래의 「계약서」나 「증명서」를 가리킨다.

144 위의 두 경우와는 달리 이에 관한 조례는 『독포칙례』에서 찾지 못하였다. 오히려 『대청률례』 권28 「형률 투구(鬪毆) 하(下)」(『律』 314.06) 「노비구가장(奴婢毆家長)」의 조례("6. 凡民人奴僕背主投營, 挾制家主勒索原契及妻子、財物, 不分首從、得財與未得財, 皆斬立決. 若止背主投營, 審無挾制勒索者, 枷號四十日、杖一百, 交還原主. 該營初雖不知, 後知而不擧發者, 交該部議處.")에 관련된 부분이 있다(이 부분의 조례 이후 변동이 심하여 건륭판 『대청률례』에서는 원래 여섯 번째 조례였으나, 도광판 『대청률례』에서는 열두 번째 조례로 밀려나고 있다).

145 도죄(逃罪)는 죄에 따른 처벌을 회피한다는 뜻이다.

146 사지(肆志)는 멋대로, 마음대로 한다는 뜻이다.

야 한다. 규정에 따라 도인에게는 쇠고랑·쇠사슬을 채우고, 한 사람의 도인을 압송하는 데 두 사람이 가담한다. 그때 모름지기 가정과 재산을 제대로 갖춘 아역 가운데 추천으로 뽑고, 가난한 아역이 대신 끼어들지 못하게 해야 한다. 매번 압송을 맡은 차역이 비용을 아끼기 위해 두 사람의 도인을 세 사람이 압송하거나, 아니면 안일함을 위해 다른 사람을 시켜 대신 압송을 시키기도 한다. 도인은 대체로 간교해서, 가는 도중에 술과 고기를 사서 압송을 맡은 차역의 입과 배를 불려 주고 쇠사슬과 쇠고랑을 풀어 달라고 요청한다. 아니면 간혹 화장실에 간다거나 잠깐 쉬자고 거짓말을 한다. 그리고 틈을 보아 도주하는 것이다. 만약 두 사람의 도인 가운데 한 사람이 도주하면, 남아 있는 현재의 도인만이라도 반드시 독포아문에 압송해야 한다. 상부에서 압송 도인의 수가 모자라거나 압송 차역을 대리한 사정을 밝혀내면 지현은 차역 추첨에 소홀한 죄로 정례에 따라 처분을 받게 된다. 만약 도인 한 명당 두 사람의 차역이 압송하였고 대리인이 압송한 것도 아님이 확인될 뿐만 아니라 공당에서 확실하게 쇠고랑과 쇠사슬을 채웠다고 한다면, 지방관은 처벌을 면하고, 명단에 이름을 올린 차역이 정례에 따라 노역형의 처벌을 받는다. 이렇게 노역형을 받는 차역은 자신의 가산을 모두 팔아치워 장부에 기록한 다음 병부로 올려 보내야 한다. 그러니 만일 당시 파견된 차역이 가정이나 재산이 없는 사람이었다면 무엇을 팔아치울 수 있겠는가? 그것 또한 차역 추첨을 소홀히 한 명백한 증거가 아닌가? 이에 대해 뭐라고 보고하지 않을 수 없는데, 그렇게 되면 남에게 피해를 주는 동시에 스스로도 피해자가 되는 결과를 면하지 못한다. 따라서 도인을 압송하기 위한 차역을 추첨할 때는 정례에 따라야 하며 신중을 기해야 옳다.

○ 압송을 맡은 차역 가운데 무지한 이들은 압송 도중 시진에 이르기만 하면 도인들을 부추겨 음식물을 강탈하게 하거나, 억지로 수레·나귀를 올라타게 하는 등 제멋대로 소란을 일으킨다. 피해를 감당하지 못해 그쪽 지방관에게 올린 신고 내용이 결국 상부로 올라가면서 보고되어 결과적으로 병부로 통보되고 제문(題文)에 의한 탄핵이 이루어진다면, 지방관은 정례에 따라 처벌받지 않을 수 없다. 따라서 응당 차역에게 만약 이렇게 질 나쁜 경우가 있어 조사해서 발견될 경우 반드시 칼을 씌워 처벌하고 자리에서 내쫓을 것임을 엄격하게 주지시켜 장래에 경각심을 갖도록 해야 한다.

○ 도인을 압송하는 일이 고되면서도 또한 관련되는 일도 아주 많다. 비록 외지에서 약간의 개인적 수당을 얻게 된다고 하더라도 장거리 압송에 들어가는 비용의 경우 병부에 문서를 제출하여 등록한 다음 확인 도장을 찍은 문서를 돌려줄 때까지 기다려야 하니, 어찌 [추가로] 들어가는 비용이 없겠는가? 지현은 또한 응당 그런 일을 참작해서 많든 적든 상으로 보상해 주어야 할 것이다. 압송 차역의 수를 줄이고 대리를 내세우는 폐단도 대부

분은 자금 부족으로 발생하는 것이므로, 이에 대해서도 고려하지 않을 수 없다.

逃人起解時,[147] 當堂驗批喚名.[148] 例加杻鎖,[149] 一犯二解, 須要有身家、房産之正身僉解,[150] 不得窮役頂替.[151] 每有解役希圖省費, 或二犯三解, 希圖偸安,[152] 或僱人代解. 逃人奸猾, 沿途沽買酒肉,[153] 解役貪其口腹, 將杻鎖鬆開.[154] 或托名出恭,[155] 假言少歇, 乘間而逃. 若二人走却一人現在, 必須解部, 審出少解、頂替情由, 地方官僉差不愼, 照例處分. 若審係一犯二解, 亦非頂替, 當堂原係嚴加杻鎖, 地方官免議, 將在批有名解差, 照例發遣, 但發遣之役, 俱將家産變賣, 造冊送部. 若當日所差, 係無身家房産之人, 從何變賣? 其又僉差不愼之明證歟? 未免設法造報, 則累人自累矣. 故解逃僉差, 須遵定例, 倍加詳愼可也.

○ 無知解役, 每至沿途市集, 唆令逃人搶奪食物, 或强坐車驢, 恣行騷擾.[156] 被害不堪, 呈報地方官, 轉詳咨部題參,[157] 本官照例議處, 尤宜嚴飭. 如有此等劣差, 查出定行枷責革役, 以警將來.

○ 凡解逃之差苦, 而且有關係.[158] 雖在外稍有私貼,[159] 然長途盤費, 部中投文掛號,[160] 守

---

147 도인의 해송(解送)에 대해서는 다음 조항이 있다. 『독포칙례』 하 029 「해송도인(解送逃人)」 "一. 凡直隸各省等拏解逃人, 嚴加肘鎖, 每一名差有家産正身解役二名遞解. 其經過地方官將逃人肘鎖驗明, 每一名亦換差有家産正身解役二名遞解. 如不差有家産正身解役及少差解役, 以致疏脫或解役同逃人逃走者, 地方官交部議處. 將解役審明係疏脫者, 照不覺失囚例減本犯罪二等科.[如本犯罪輕, 減盡無科者, 將解役照不應輕律折責發落]. 故縱者, 與同罪, 至死減一等. 若有受賄情弊, 計贓以枉法從重論[解役將逃人案內牽連人犯中途疏脫者, 亦照此科斷]. 如地方官照例僉差押解, 而解役疏脫人犯或同逃人逃走者, 將解役審明, 照例分別治罪, 僉差不愼之地方官亦交部議處."

148 비(批)는 보통 상급기관에서 하급기관에 내리는 「시시공문」을 가리키며, 지방관이 중앙정부에 세금을 보낼 때 첨부하는 특별형식의 공문을 가리키기도 한다. 일종의 확인문서나 증명서라고 하겠다.

149 유쇄(杻鎖)는 쇠고랑과 쇠사슬로 손과 목에 내나는 형구를 가리킨다.

150 신가(身家)는 본인과 가정, 또는 가산·신분이나 지위, 가정 출신을 말한다. 방산(房産)은 개인이나 단체가 보유한 집과 땅을 말한다. 정신(正身)은 확실한 본인을 가리킨다. 첨해(僉解)는 추첨을 통해 압송의 책임을 진다는 뜻이다.

151 정체(頂替)는 남의 이름을 빌려 대신한다, 대체한다, 대용품을 쓴다는 뜻이다.

152 투안(偸安)은 일시적인 안일을 탐하다, 눈앞의 안일만을 꾀한다는 뜻이다.

153 고(沽)는 사거나 판다, 매매한다는 뜻이다.

154 송개(鬆開)는 풀다, 느슨하게 해 준다는 뜻이다.

155 출공(出恭)은 화장실에 가는 것을 말한다. 대변은 출대공(出大恭), 소변은 출소공(出小恭)이라 한다.

156 이에 관해서는 『독포칙례』 하 41 「해역과도창탈(解役夥逃搶奪)」 "一. 凡解役夥同逃人, 沿途搶奪, 擾害村莊, 除傷人者, 照搶奪傷人律, 分別首從, 從重問擬外[搶奪傷人似下手傷人者爲首], 未傷人者, 將解役照白晝搶奪爲首例, 杖一百、徒三年. 逃人照爲從律減一等治罪[仍盡本法刺字, 逃罪重者, 科其逃罪]. 計贓重者, 各從重論"을 참조.

157 전상(轉詳)은 일의 상황을 상급정부에 여러 단계를 거쳐 보고한다는 뜻이다.

158 관계(關係)는 관련·견섭(牽涉)·영향이나 책임·상호작용 등을 가리킨다.

159 사첩(私貼)은 사적으로 내려 주는 보조비용(津貼)을 가리킨다.

160 투문(投文)에서 투(投)는 직접 가서 제출한다는 뜻이고, 문(文)은 문서나 증명서를 가리킨다.

候掣批,[161] 寧無使用? 本官亦宜酌其事, 而多寡賞之. 其省解、僱頂之弊, 亦往往因乏資而起, 不可不爲體貼.[162]

19-01-14. 도인 압송 인수인계(遞解逃人)

도인 압송의 경우 본지에서 바로 형부로 직접 압송하면서 [처음부터 끝까지 바뀌지 않는 담당자가 바뀌지 않는] 장거리 압송(長解) 외에도, 다른 주현을 지날 때마다 차역을 추가하여 바꿔가면서 번갈아 임무 교대를 하는 교체 압송(遞解)이 있다. 이때 추가되는 차역 인원의 수는 원래의 확인문서에 기입된 수에 의해 정해져 있고 그다음 주현에 도착하면 [그곳에서 추가한 차역과] 교대되므로, 지방관이 차역의 추가를 아깝게 여길 필요는 없다. 이를 소홀히 하거나 그르칠 경우 오히려 훨씬 문제가 늘어날지도 모른다. [압송 담당 차역이 지방관에게 와서] 직접 제출하는 문서의 경우 연도의 지방관에게 압송 차역을 추가해 달라고 하는 문서가 겉봉에 있으며, 겉봉 안에는 따로 병부로 보내는 문서가 있다. 문서를 개봉할 때는 가볍게 겉봉만 뜯어 봐야지, 안의 봉인까지 훼손시켜서는 안 된다. 그렇게 했을 경우 큰 불편이 생길 뿐 아니라, 덜렁대고 주의하지 않는다는 질책까지 받게 되기 때문이다.

○ 이전 주현으로부터 도인과 압송 차역이 도착하면, 지방관은 공당에서 확인문서에 따라 인원수를 점검하고, 바로 공문을 갖추고 적당한 차역을 보내 다음 노선으로 압송을 넘기고 [그때 파견되는 차역으로 하여금 다음 주현에서] 「인수증(收管)」을 받고 돌아와 보고하되 절대 꾸물거려서는 안 된다고 지시한다.【「인수증」은 해당 차역이 모름지기 그 형식이 정확한지를 확인한 다음 받아야 한다. 거기에 무언가 모호한 부분을 가지고 농간을 부릴 수도 있기 때문이다】 만약 해가 진 다음 도착하였다면, 인원 점검과 인수인계가 불편하므로 반드시 다음날 아침까지 기다린 다음 인원 점검을 마쳐야 압송 임무가 해제된다. 어두운 밤에 소홀히 하였다가 자칫하면 도인이 계속 그곳에 머물러 있으면서 임무 교대가 제대로 되지 않을 수도 있기 때문이다.

○ 만일 도인이 병들어서 본지에 도착하였다면, 지방관이 진짜 병이 들었는지 확인한

---

161 수후(守候)는 지킨다, 기다린다는 뜻이다. 「체비(掣批)」는 「확인문서」라는 뜻인데, 기해나 압송을 한 다음 제출하면 확인도장을 찍어서 돌려주는 문서를 가리킨다. 제7권 전곡부 2 「7-02-09. 「수령확인문서」의 점검(驗「掣批」)」 부분을 참조.

162 체첩(體貼)은 세심하게 신경을 써 준다, 동정한다, 관심을 가져 준다는 뜻이다.

다음 장거리 압송을 맡은 차역과 추가로 투입된 차역에게서 어디에서 병이 들었는지 하는 상황에 대한「확인서」를 받아 보존한다. 아울러 질병에 대해서 이전 지역에서 온 차역으로부터「확인서」를 받아 내 다음 지역으로 보내는「인수증」 안에 포함시킨다. 다음 지역에서도 또한 우리 측 차역의「확인서」를 받아 보존한 뒤에야「인수증」을 발급해 줄 것이다. 이것은 바로 정례다. 병에 걸리는 도인이 생겨도 응당 계속해서 다음 지역으로 번갈아 압송시켜야 하며, 지체시켜서는 안 된다. 만에 하나 도인이 병으로 사망하게 되면, 또한 수많은 문서 작성이 필요해지고 아울러 매장하고 지켜보는 일까지 해야 하기 때문이다.

정례를 살펴보면 다음과 같이 실려 있다. "상부로 보내거나, 지방 사이에서 인수·인계하는 방식으로 다른 성으로 압송하는 각종 범인이 중도에 병이 들었을 경우, 원래 장거리 압송(長解) 차역은 즉시 현지의 지방관에게 보고해야 하며, 지방관은 진짜 병에 걸렸는지 직접 조사해 본 다음「보증서」를 작성해 준다.「보증서」를 작성한 다음 사망자가 발생했을 경우 그 지방관과 차역은 처벌을 면제받을 수 있다. 하지만「보증서」를 확보하지 못한 상황에서 도중에 한두 명의 도인이 죽었을 경우, 차역을 제비로 뽑아 파견한 지현은 1년간의 봉급 삭감(罰俸) 처벌을 받고, 서너 명의 도인이 죽었을 경우에는 한 등급 강등되어 유임되며, 대여섯 명 이상이 죽었을 경우 두 등급이 강등되면서 다른 지역으로 옮겨 간다." 내가 생각건대 이 정례에서 "범인이 중도에 병이 들었을 경우, 원래 압송을 맡은 차역은 즉시 현지의 지방관에게 보고하여「보증서」를 받는다"고[163] 한 것은 그[원래 압송을 맡은 차역]를 위한 증거가 된다. 따라서 우리 쪽에서도 다음 주현으로 압송을 보낼 경우에도 [문제가 생길 경우] 응당 그곳 지현에게 보고하여「보증서」를 받아야 한다는 점은 의심할 나위가 없다. 대저 정례가 있다면 그것을 끌어다 원용해야만 아무런 차질이 없는 법이니, 지방관은 응당 이런 것을 참작해야 할 것이다.

○ [위와 이야기한 사정은] 사실 지방에서 인수·인계하며 압송하는 각종 범인의 경우에도 모두 해당되며, 도인의 경우에만 특별히 해당되는 것은 아니다.

凡逃人有本地方徑解者, 有長解之外,[164] 經過州縣添差遞解者.[165] 其添差人數, 卽照原批

163 앞서의 내용과는 약간 차이가 있다.

164 장해(長解)는 범인의 장거리 압송을 말하는데, 이러한 임무를 맡은 차역을 가리키기도 한다. 장해는 중간에 담당자가 바뀌지 않는다(『육부성어주해』, p.114).

165 첨차(添差)는 차역을 추가한다는 뜻이고, 체해(遞解)는 범인을 멀리까지 압송할 때 도중의 각 아문에서 번갈아

之數添解, 以解到前州縣交割,[166] 不必惜差, 恐有疎虞,[167] 反致多事. 其投到文書,[168] 乃沿途地方官添解文書外封, 封內另有解部文書. 折時止輕開外封, 不可連內封折損, 大有未便, 且有粗燥不留心之誚也.

○ 凡遞解一到, 官當堂照批文點明人數, 立刻具文, 差的當人役,[169] 解交前途, 取「收管」回報,[170] 不可遲緩.【其「收管」, 該差亦須看明合式方收,[171] 恐彼處含糊有弊[172]】 若解到天晚, 不便點交,[173] 須俟明早點驗差解. 恐黑夜疎虞, 其逃人尙在彼處, 未行交割也.

○ 如逃人在來處患病, 當官驗明眞病, 卽取長解、添解于某處患病情由, 具結存案. 並將患病取某來差「甘結」, 敘入前途文內.[174] 前途亦取具我處差役「甘結」存案, 方給「收管」, 此定例也. 遇有患病之人, 宜卽遞發前去,[175] 毋得刻遲, 恐一病故, 又費紙筆,[176] 幷掩埋看守.[177] 查定例: "凡解部及遞解外省各項犯人, 中途患病, 原解卽報該地方官, 親身驗明委係眞病, 出具「印結」.[178] 如取結後死斃者, 其官役免議. 未取患病「印結」, 途中死一、二名者, 將僉差之官罰俸一年, 三四名者, 降一級留任, 死五六名以上者, 降二級調用"等語.[179] 按: 此例謂: "犯人中途

가면서 그 압송을 담당하는 것을 가리킨다.

166 교할(交割)은 쌍방의 교대자가 인수인계 업무를 마무리하는 것을 말한다.

167 소우(疏虞. 疎虞)는 소홀히 하다, 그르친다는 뜻이다.

168 투도(投到)는 직접 전달한다, 이르다, 도착하다, 전달하다, 보고한다는 뜻이다.

169 적당(的當)은 적당하다, 정확하다, 확실하다, 적절하다, 타당하다는 뜻이다.

170 「수관(收管)」은 범인을 압송해서 넘겨주고 확인을 받은 다음 제공받는 「인수증」을 말한다.

171 간명(看明)은 분명하게 본다, 봐서 확인한다는 뜻이고, 합식(合式)은 제대로 된 양식에 맞는다는 뜻이다. '유폐(有弊)' 대신 '작폐(作弊)'라고 한 판본도 있다.

172 함호(含糊)는 얼렁뚱땅, 대충 등 소리나 언어 · 의사 등이 명확하지 않음을 표현한다.

173 점교(點交)는 숫자를 세어 넘겨준다는 뜻이다.

174 전도(前途. 前塗. 前涂)는 가고자 하는 앞길을 가리키는데, 여기서는 가고자 하는 곳에 있는 지방관청을 가리킨다.

175 체발(遞發)은 번갈아 보낸다는 뜻으로, 체(遞)는 교대로 번갈아 맡는다는 뜻을 지니고 있다.

176 지필(紙筆)은 필기도구인 종이와 붓, 또는 그것을 사용하여 문서를 작성하는 일을 가리킨다. 지필을 낭비한다는 것은 불필요한 문서작업이 늘어난다는 뜻이다.

177 엄매(掩埋)는 매장한다는 뜻이다.

178 출구(出具)는 모종의 명의를 가지고 나서서 모종의 증명서를 제출한다는 뜻이다.

179 이 조례는 심서성(沈書城) 집(輯), 『칙례편람(則例便覽)』(乾隆庚戌序) 권41 「형(刑) 제해(提解) 해범중도환병(解犯中途患病)」, 9b-10a에 나온다. "一. 解部及遞解外省**各項犯人, 中途患病, 卽報該地方官查驗出結. 如取結後死斃者, 其官役免議. 未取患病印結, 途中死一、二名者, 將僉差之官罰俸一年, 三四名者, 降一級留任, 死五六名以上者, 降二級調用.**" 이와 관련된 조례는 『독포칙례』 하 030 「도인중도환병(逃人中途患病)」에도 "一. **凡解送逃人, 中途患病, 原解報明該地方官驗明, 患病屬實者, 暫留看守, 撥醫調治, 仍報明該管上司, 報部存案.** 俟**病愈可以行走, 便轉解前途.** 如將無病逃人, 稱有病故留滯, 或將實在患病者, 反不留住留, 而不撥醫調治及病愈後不行轉解者, 將該地方官交部議處, 解役不報及報者, 照例治罪."라는 구절이 나온다. 또한 『대청률례』 「형률」 권36 「단옥(斷獄 上)」(『律』 398.03) 「능학죄수(陵虐罪囚)」 條例에도 "3. 凡部發遞解及外省解部並解別省軍、流、徒罪發回安插人犯, 僉差官員務選有家業正役解送. 如解役在途教唆人犯通同搶奪者, 俱照白晝搶奪律例治罪. 中途患病者, 原解卽報明所在

患病, 原解應卽報該地方取結", 爲彼之憑證也. 然則, 我解前途, 亦應報明取結無疑矣. 大抵有例援例,[180] 方可無差, 宜斟酌行之.[181]

○ 所云遞解各犯皆然, 不獨逃人也.

19-02. 간정(姦情)

19-02-01. 총론(總論)

무릇 간음(姦)이라는 것은 남녀 사이의 정욕이 만들어 낸 결과이지만, 풍속과 윤리에도 관련이 된다. 남녀가 몰래 만나는 일은 곧 풍속이 깨끗하지 않기 때문이며, 간통과 불륜은 바로 윤리가 무너진 것을 보여 준다. 중요한 것은 먼저 그들을 교화하려는 노력이 있고 그 다음에 형벌로 금지하는 바가 있어야 한다는 점이다. 만약 이렇지 못하면 설사 예악(禮樂)과 의관(衣冠)의 세상이라 하더라도 결국 개·돼지나 짐승 같은 행위가 번져 사람부류(人類)로부터 멀리 떨어지지 않는 경우가 대체 얼마나 되겠는가?

그런데 음란한 풍습은 친근하고 총애하는 것에서 쉽게 발생하고, 예의가 흥성하는 것은 그 시작부터 엄격하게 멀리 구별하는 데서 비롯된다. 따라서 윗사람이 된 지방관은 먼저 백성을 교화하는 것을 중시해야 한다. 그리하여 남녀의 구별이 있고, 제때에 혼인을 할 수 있게 하며, 여자가 열 살이 되면 비록 형제라도 같은 그릇으로 밥을 먹지 않고, 앉을 때

官司, 親身驗明, 出具印結, 卽著該地方官留養醫治, 隨行親屬病者, 亦准存留, 候病痊起解, 仍將患病日期報部. 如不行留養致有病故及受賄囑託揑病遲延者, 將該地方官交部議處. 其取結後犯人身死者, 官役免議. 若未取病結在途身死者, 僉差官員交該部照例, 按名議處, 一名, 解役杖六十、徒一年, 每一名加一等, 罪止杖一百、徒三年."이라는 조항(p.566)이 있다. 약간 처벌 내용이 다르지만 『흠정(중수)육부처분칙례(欽定(重修)六部處分則例)』(上海: 圖書集成印書局, 光緒16年) 권46 「제해체해인범통례(提解遞解人犯通例)」, 7a에도 관련된 비슷한 구절이 나온다("各項遞解人犯並其隨行親屬, 遇有中途患病, 地方官據報卽爲驗明取結, 一體留養醫治, 將遇病日期報部, 俟病痊再行轉解. 如人犯取結後身故者, 免議. 已准留養而本犯自願前進身故者, 亦免議. 如地方官未經取結, 惑不行留養, 以致病故一、二名者, 罰俸一年, 三四名者, 降一級留用, 五六名以上者, 降一級調用[具公罪]").

180 원례(援例)는 기존의 정례(定例)를 인용한다는 뜻이다.

181 짐작(斟酌)은 술을 따르는 것이다. 채우지 않도록 따르는 것을 짐(斟), 넘치도록 따르는 것을 작(酌)이라고 하는데, 그 중간에 가장 적절하므로 거듭하여 고려함으로써 알맞은 것을 찾아 술을 따르는 것을 짐작(斟酌)이라고 한다. 따라서 짐작은 생각한다, 평가한다, 안배한다는 뜻이 있다.

도 반드시 다른 좌석에 앉게 해야 한다. 친척 남녀도 모름지기 내외를 구분하여 예절에 따른 것이 아니라면 서로 만나지 못하게 한다. 사내아이 노복도 안에서 부르는 경우가 아니라면 중문을 들어갈 수 없게 한다. 비구니, 여도사, 점쟁이, 방물장수, 매파, 무녀, 기생어미, 여자 의생, 산파 등이 집에 들어와 거짓말로 유혹하거나 물건을 팔게 해서는 안 된다. 젊은 부녀자가 절에 가서 향을 피우거나, 청명절에 교외로 산보하러 놀러가는 것도 안 된다. 마을에 음탕한 여자나 창녀가 있으면, 지보·갑장이 엄격히 단속하여 쫓아내도록 한다. 건들거리고 방탕한 자제가 있다면 지보·갑장이 어르신네를 함께 모시고 찾아가 꾸짖어 묻고 훈계하여 본업에 힘쓰도록 하게 한다. 이와 같다면 곧 혐오스러운 것들이 멀리 사라지고, 너무 친근해 하거나 총애하는 일이 생기지 않을 것이다. [그 결과] 예의가 흥성하고 음란한 풍속이 스스로 가라앉을 것이다. 이것이 바로 무릇 교화를 세워 얻을 수 있는 명백한 효과가 아니겠는가!

그렇지만 부귀한 집의 사람은 거리낌 없이 방탕하게 지내다가 사악한 욕정에 빠지게 된다. 가난하고 천한 집의 사람은 먹고 입을 것을 얻고자 염치를 잃게 된다. 흉악하고 사나운 무리는 아름다운 여자를 엿보면 곧바로 음란한 마음이 일어나며, 경박한 무리는 곱게 단장한 예쁜 여자를 보면 순식간에 명분이라는 것을 잊어버린다. 이에 눈짓으로 그 마음을 끌고 함께 사랑의 맹세를 두텁게 하니, 이를 일컬어 '화간(和姦)'이라고 한다. 계획을 세워 속이거나 말재주로 꾀여 정절을 훼손하는 것을 일컬어 '유간(誘姦)'이라고 한다. 칼을 끼고 문을 밀치고 들어가 강제로 능욕하는 것을 일컬어 '강간(强姦)'이라고 한다. 심지어는 다른 사람이 자기 아내와 놀아나게 하면서 일부러 이를 못 본 체하는 경우도 있다. 뱀과 거북이가 서로 엉키는데도 오히려 이를 방관하는 자라가 되는 식이다. 이런 일을 [아내에게] 종용하고 강제하니, 가장 수치심이 없는 경우다. 그러다가 [남자의] 주머니가 텅 비어 더 이상 같이하지 않겠다는 생각이 들거나, [남편의] 질투심이 분노로 바뀌면, 그 남자가 담을 넘어 들어와 덮쳤다고 날조하여 고발하면서 원래는 여자가 유혹하여 불러들였다는 사실을 숨긴다. 이것은 화간으로 시작하였다가 강간으로 무고하면서 끝나는 경우다.

간음은 이처럼 비록 다양한 유형이 있지만, 크게 보면 강간이 아니면 화간 두 가지 범주에 모두 들어간다. 강간과 화간은 비록 둘로 나뉘지만, 그런 죄를 범한 주체[의 지위]는 각각 일반인·친척·양민과 천민·관리 등등으로 다르므로, 그 죄의 가볍고 무거움 역시 그에 따라 달라질 수밖에 없다. 무릇 조정에서 형벌을 제정한 것은 원래 사람들에게 범죄를 저지르지 못하도록 금지하는 데 기초를 두고 있다. 만약 명백하게 그것이 금지되어 있음을 알고도 일부러 저질렀다면, 이는 "수치심이 전혀 없다"고 해야 할 것이다. 윤리와 법도가 모두 무너졌으니 고향 사람들에게도 버림받고 윤리적으로도 용인되지 못한다. 이 세상에서는 왕법에 의해 사형을 당할 것이고, 저 세상에서는 귀신에게 징벌을 받을 것이다. 진실로 사람 부류라고 쳐줄 수 없게 되는 것이다. 백성을 다스리는 지방관은 우선 가르침(敎)를 세움으로써 예(禮)를 흥성하게 하고 염치(廉)를 알게 해야 한다. 그런 다음에 형벌로써 금지하여 부끄러움을 알고 감히 저지르지 못하게 해야 한다. [그렇게 되면] 어찌 풍속에 여전히 깨끗하지 못한 게 남아 있고, 윤리에 여전히 단정하지 못한 게 남아 있겠는가?

夫姦者, 男女之情欲, 而風俗、倫常繫焉. 其桑間濮上,[182] 則風俗之不貞, 墻茨、新臺,[183] 則倫常之攸玷.[184] 要非有所教而化之于前, 有所刑而禁之于後, 使禮樂、衣冠之世,[185] 竟成犬彘、禽獸之行, 幾何而不與人類相遠乎?[186] 然淫亂之風, 易生於褻狎,[187] 而禮義之興, 由嚴于遠別其始也. 在上者貴先有以教之, 使其男女有别, 婚姻以時. 女子十歲, 雖兄弟食不同器, 坐必異席. 親屬男女必分內外, 非禮覿不相見.[188] 童僕非呼喚不得入中門,[189] 三姑、六婆不許入人家哄誘貨賣.[190] 少年婦女不得入寺觀燒香, 踏青遊玩.[191] 里中有佚女私倡,[192] 令方、甲嚴行驅

182 상간복상(桑間濮上)은 『예기(禮記)』「악기(樂記)」편에 나오는 "(衛靈公 시절 師涓이) 복수(濮水) 강가 뽕나무숲(桑間)에서 들은 것은 망국의 소리였다. 그때 정치는 흩어지고 백성은 떠돌게 되었으며, 윗사람을 모함하고 사사로운 일만 행하여 막을 수가 없었다(桑間濮上之音, 亡國之音也. 其政散, 其民流, 誣上行私而不可止也.)."라는 구절에서 비롯되었다. 뽕나무숲(桑間)은 위국(衛國)의 지방으로, 이후 음란하고 퇴폐한 기풍이 성행하는 장소나 남녀가 몰래 만나는 일이나 장소를 가리키게 되었다.

183 장자(墻茨)는 장자(牆茨)와 같은 뜻인데, 『시경』「용풍(鄘風) 장유자(墻有茨)」에서 비롯되었다("담장 위의 가시 덩쿨은 없애 버릴 수도 없고, 궁내의 이야기는 해서는 안 되지. 이야기하자면 아주 더럽다네(牆有茨, 不可埽也. 中冓之言, 不可道也. 所可道也, 言之醜也)."). 춘추시대 위(衛) 선공(宣公)이 죽자 혜공(惠公)의 서형(庶兄) 공자(公子) 완(頑)이 선공의 부인 강(姜)과 사통(私通)하였는데, 사람들이 이를 미워했지만 내놓고 이야기할 수 없어 이 시를 지어 풍자하였다는 데서 비롯되어, 궁정의 음란함을 비유하는 데 쓰인다. 신대(新臺)의 경우도 『시경』「빈풍(邶風) 신대(新臺)」에서 비롯되었는데("신대는 선명하고 강물을 콸콸 흐르는데(新臺有泚, 河水浼浼)"로 시작된다), 위 선공이 아들이 제의 여자를 취하고자 했는데, 그 아름다움에 대해서 듣고 자기 스스로 취하고자 강가에 새로운 누대(신대)를 지어 제의 여자를 머물게 한 것을 풍자한 시라고 한다. 그래서 신대(新台)는 비정상적인 시아버지와 며느리 관계를 비유하는 데 쓰인다.

184 유점(攸玷)은 이지러진 바, 망가진 곳이라는 뜻이다.

185 예악(禮樂)은 예절과 음악을 말한다. 즉 고대의 제왕은 항상 이것을 수단으로 상하·존비의 질서가 유지되고 먼 곳과 가까운 곳이 화합되는 통치의 목적을 이루고자 하였다. 의관(衣冠)은 옷과 모자이지만, 사대부 또는 문명과 윤리를 상징하기도 한다. 따라서 예악의관지세(禮樂衣冠之世)는 유교적 이상세계를 가리키는 것이라 하겠다.

186 기하(幾何)는 '얼마나'라는 뜻이다.

187 설압(褻狎)은 친근하게 총애한다, 경박하게 군다는 뜻이다.

188 적(覿)은 보다, 만난다는 뜻이다.

189 중문(中門)은 내문과 외문 사이의 중간문을 말한다.

190 삼고육파(三姑六婆)는 니고(尼姑. 비구니)·도고(道姑. 여도사)·괘고(卦姑. 점쟁이)와 아파(牙婆. 방물장수)·매

逐.[193] 有佻僥游蕩子弟,[194] 許方、甲率同父兄,[195] 戒飭務業. 如此則, 嫌疑遠而褻狎不生, 禮義興而淫風自戢. 夫非立敎之明驗歟!

然而富貴之家, 以放逸而生邪慾. 貧賤之室, 以衣食而喪廉恥. 與夫兇悍之徒, 窺艾色,[196] 則頓起淫心. 輕薄之流, 悅冶容則遽忘名分.[197] 于是有目挑心與,[198] 而共篤鴛盟.[199] 如此者, 謂之: '和姦'. 有計賺脣勾,[200] 而毁貞喪節. 如此者, 謂之: '刁姦'.[201] 有挾刃排闥,[202] 而强行玷汚, 如此者, 謂之: '强姦'. 甚至鵲巢鳩踞,[203] 故爲失晝之梟,[204] 蛇與龜盤, 反作旁觀之鱉.[205] 此其縱容、抑勒,[206] 無恥之甚者也. 然而囊空思拒,[207] 妬乃生嗔,[208] 捏爲踰墻之摟,[209] 掩其東鄰

파(媒婆. 중매쟁이) · 사파(師婆. 무녀) · 건파(虔婆. 기생어미) · 약파(藥婆. 여자 의생) · 은파(穩婆. 산파) 등을 가리킨다. 홍유(哄誘)는 유혹하여 속임수를 편다는 뜻이다.

191 답청(踏靑)은 청명절을 전후하여 교외로 나가서 산보하던 풍습을 가리킨다.

192 일녀(佚女)는 음란한 여성, 또는 미녀를 가리킨다. 사창(私倡)은 사창(私娼), 즉 창기를 말한다.

193 방갑(方甲)은 촌의 하급 역직인 지방(地方)과 갑장(甲長)을 가리킨다.

194 조달(佻僥)은 방정맞고 경박하다는 뜻으로, 유탕(游蕩)은 이리저리 놀러 다닌다, 방탕하다는 뜻이다.

195 부형(父兄)은 부친과 형장(兄長), 또는 나이 많은 친척들을 가리킨다. 나아가 마을 어르신네(父老)를 가리키기도 한다.

196 애색(艾色)은 미색(美色), 또는 미녀를 말한다.

197 야용(冶容)은 아주 요염하게 꾸민 여자의 얼굴, 또는 아름다운 여자를 가리킨다.

198 목도심여(目挑心與)는 목도심초(目挑心招) · 목도심열(目挑心悅)과 같은 뜻으로 눈썹을 굽혀 마음을 끌어온다, 즉 여자가 남을 유혹하는 정태를 형용한다. 『사기』 권129 「화식열전(貨殖列傳)」에서 조 · 정나라의 여성을 묘사한 구절("今夫趙女鄭姬, 設形容, 揳鳴琴, 揄長袂, 躡利屣, 目挑心招, 出不遠千里, 不擇老少者, 奔富厚也.")에서 비롯되었다.

199 원맹(鴛盟)은 남녀 사이의 애정을 둘러싼 맹세를 가리킨다.

200 계겸(計賺)은 계책을 써서 속여 빼앗는다는 뜻이다.

201 조간(刁姦)은 유간(誘奸)을 가리킨다. 이 두 용어 다 정확하게 우리말과 일치하는 용어는 없는 것 같다. 이를테면 준강간이 가장 가까운 것 같은데, 이것은 여성이 심신 상실이나 저항 불능 상태에 있을 때, 그것을 이용하여 간음하는 행위를 가리킨다. 제19권 형명부 9 도인(逃人)과 간정(姦情) 「19-02-04. 유간(刁姦)」 부분을 참조.

202 배달(排闥)은 물을 밀친다, 밀어 제친다는 뜻이다.

203 구거작소(鳩居鵲巢)는 비둘기가 참새 둥지를 가로챈다는 것이다. 『시경』 「소남(召南) 작소(鵲巢)」편의 "참새가 둥지를 틀었는데, 비둘기가 차지했네(維鵲有巢, 維鳩居之)."라는 구절에서 나왔는데, 남의 자리나 아내를 차지하거나 부당한 조치를 취하는 것을 비유한다.

204 비둘기(鳩)는 길조, 올빼미(梟)는 흉조를 상징하는데, 여기서는 각기 남편의 방조 아래 여자가 펼친 유혹에 넘어간 간부(姦夫)와 그것을 현장에서 적발하는 남편(本夫)을 가리키고 있다. 실주지효(失晝之梟)는 낮에 잘못 나온 올빼미를 말하는데, 아마 제때가 아닌 엉뚱한 때에 집에 돌아와 아내의 부정을 발견하게 된 남편의 역할을 비유하는 것으로 보인다.

205 별(鱉)은 원래 글자대로라면 금계(錦鷄. 꿩의 일종)인데, 아마 자라(鼈)를 가리키는 것으로 보인다. 앞서 나온 올빼미와 같은 역할을 자라가 맡는 것 같다.

206 종용(縱容)은 잘못된 행위를 제지하지 않고 계속하도록 놔두는 것을 말한다. 억륵(抑勒)은 강박한다, 압제한다, 또는 돈을 강제로 뜯어내거나 빼앗는다는 뜻이다.

207 낭공(囊空)은 호주머니 속이 텅 비어 전혀 돈이 없다는 뜻이다.

208 투내생진(妬乃生嗔)은 질투가 분노를 부른다는 뜻이다.

209 누(摟)는 끌어당긴다, 부른다는 뜻이므로 유장지루(踰墻之摟)는 담 넘어 끌어들인다는 것을 가리킨다.

之招,[210] 是以和始而誣强終矣.

至于姦雖不一, 而强與和二者盡之. 强與和, 雖分爲二, 而所犯之人, 又各有凡人、親屬、良賤、官吏之不同, 故其罪之輕重亦異. 夫朝廷制刑, 原禁人于弗犯. 若明知其禁, 而故入于刑, 是謂: "羞恥全無." 倫彝盡喪, 爲鄕黨所不齒,[211] 名敎所不容,[212] 顯而王誅,[213] 幽而鬼罰,[214] 誠不得以人類類之矣. 司牧者幸先立之以敎, 使其興禮而知嫌, 後禁之以刑, 使其知恥而弗犯, 風俗尙有不貞, 倫常尙有不肅者乎?

19-02-02. 화간(和姦)[215]

율례에 따르면 "화간은 곤장 80대에 처한다. 남편이 있는 경우라면 각기 곤장 90대씩이다.【간음한 부인은 옷을 벗겨 형벌을 내린다. 수치라는 것을 알지 못하니 수치를 느끼게 하는 것이다. 창부(娼婦)는 옷을 입힌 채 형벌을 내리는데, 수치심이 없으므로 수치를 느끼게 할 필요가 없다.】

○ 12세 이하의 어린 소녀와 간음한 경우에는 화간이라고 해도 강간과 똑같이 처벌한다.

○ 만약 통간(通姦)을 중매하여【남의 집에】머무르면서 통간을 하게 한 경우는 각기 범인의 죄에서 한 등급을 감하여 처벌한다.

○ 친척이 서로 간음하는 경우에는 [친척 관계가 어떤 것이냐에 따라] 각기 곤장 100대, 곤장 100대와 노역형 3년, 교수형의 형벌에 처하고, 첩은 각기 한 등급을 감하는 등의 차이가 있다.

---

210 동린(東隣)은 아마 송옥동장(宋玉東牆)의 고사를 이야기하는 것처럼 보인다. 전국시대 초의 송옥(宋玉)은 동쪽 이웃에 초에서 가장 아름다운 여자가 살고 있었고, 담장 위에 올라 송옥 엿보기를 삼 년 동안이나 하였는데, 송옥은 그녀와의 교제를 거부하였다. 그래서 이 고사는 아름답고 다정한 여자를 비유하게 되었다.

211 향당(鄕黨)은 고향사람, 동향인을 뜻한다.

212 명교(名敎)는 보통 명분을 정하는 것을 중심으로 한 윤리, 또는 예교나 유교윤리를 가리킨다. 문자로 쓰인 가르침이라고 일컫기도 한다.

213 왕주(王誅)는 왕법에 의한 처벌, 주멸(誅滅)을 말한다.

214 귀벌(鬼罰)은 귀신의 징벌을 말한다.

215 여기서 화간이란 우리의 '간통'과 가장 유사한 간음사건으로 보인다. 간통죄란 배우자가 있는 사람이 배우자가 아닌 사람과 성관계를 가진 경우 그 사람과 상간자를 처벌하기 위한 법 조항이고, 배우자의 고소가 있어야 성립하는 친고죄이다. 우리나라에서 간통죄는 1953년 10월 이전까지 유부녀에게만 적용되었지만, 평등권에 위배되기 때문에 위헌여부를 따져 유부남과 유부녀 모두 처벌받도록 1954년에 법을 개정하였는데 2015년에는 간통죄가 폐지되었다.

○ 노비와 품앗이일꾼이 집주인(家長)의 아내나 딸과 간음하면 각기 참수형에 처한다. 【바로 시행한다. 각기라는 것은 남녀를 아우른다는 뜻이다.】 만약 집주인의 기친(朞親)이나 기친의 아내와 간음하면 교수형에 처한다. 【사형대기(監候). 노비와 품앗이 일꾼을 처벌하는 데 그친다. 부녀자는 한 등급을 감한다.】 시마 이상의 친척과 간음하면, 각각 곤장 100대와 유배형 2천 리에 처한다. 첩은 각기 한 등급을 감해 준다.

○ 무릇 군민(軍民)·관리(官吏)가 관할하는 사람의 아내나 딸과 간음하면 보통의 간음죄보다 두 등급을 더하고, 각각 그 직위에서 파면하고 다시 쓰지 않는다. 부녀자는 보통의 간음죄로 논한다. 【등급을 더하지 않는다.】 감옥 여죄수와 간음한 사람은 곤장 100대, 노역형 3년에 처하고, 감옥 여죄수는 그 죄명에 따라 처벌하는 데 그친다.

○ 내가 생각건대, 부녀자를 구금하는 것은 반드시 이 여자가 간음·강도의 죽을죄를 저질렀을 때에만 해당된다. 만약 불법은 아니지만 해서는 안 되는 일을 저지른 잡범으로, 관리가 그 미색을 보고 일을 벌여 감금하고 위세를 가지고 간음하여 밤을 지낸 경우는 강간으로 처벌해야 한다. 만약 감옥 밖에서 간음하려고 한 경우는 그가 관할하는 사람의 아내나 딸과 간음한 것으로 그 죄를 묻는 데 그치며, [앞서 나온 것과 같은] 감옥 여죄수와 간음한 죄를 적용하기는 어렵다.

○ 만약 감옥 여죄수와 간음하였다면 여자를 제약하고 속박할 수 있는 권한이 있으니, 이는 권세를 빌려 간음한 것이다. 그러므로 노역형으로 처벌한다. 감옥 여죄수는 어쩔 수 없이 응한 것에 지나지 않으므로 원래의 죄를 묻는 것에 그친다. 강간 문제를 따지지 않는 것은 부녀자는 오로지 간음과 죽을죄를 저질렀을 때에만 수감되므로, 이미 버린 몸이다. 그래서 강간죄로 처벌하지 않는 것이다.

○ 노복이 양민 부녀와 간음한다면 보통의 간음죄보다 한 등급을 더하고, 양민이 다른 사람의 계집종과 간음하였다면 【남, 여 각기】 보통 간음죄보다 한 등급을 감한다.

按律,[216] "和姦, 杖八十; 有夫者, 各杖九十."[217] 【姦婦去衣受刑, 以其不知恥, 而恥之也. 娼婦留衣受刑, 以其無恥, 而不屑恥之也】

○ 姦幼女十二歲以下, 雖和, 同强論.[218]

---

216 이 부분 조례는 대부분 『대청률례』 권33 「형률 범간(犯姦)」(『律』366.00-375.04)에 속하는 것이다.

217 『대청률례』 권33 「형률 범간(犯姦)」(『律』366.00) 「범간(犯姦)」. "1. 凡和姦, 杖八十; 有夫者, 杖九十. 刁姦者[無夫、 有夫], 杖一百."(p.521)

○ 若媒合容止【人在家】通姦者,[219] 各減犯人【和、刁】罪一等.[220]

○ 親屬相姦, 有杖一百, 有杖一百、徒三年, 有各絞. 妾, 各減一等之不同.[221]

○ 奴及僱工姦家長妻女者, 各斬【決. 各者, 幷男女也】. 若姦家長期親及朞親妻者,[222] 絞.【監候, 止坐奴與僱工. 婦女減一等】緦麻以上,[223] 各杖一百、流二千里. 妾, 各減一等.[224]

○ 凡軍民官吏姦所部妻女者, 加凡姦罪二等, 各罷役不敘, 婦女以凡姦論.【不加等】姦囚婦者【官吏、獄卒】, 杖一百、徒三年, 囚婦止坐原犯罪名.[225]

○ 按: 婦女被囚禁, 須是姦盜死罪. 若不應雜犯, 官吏因其美色, 生事監禁, 挾勢姦宿者, 以强姦論. 若保官在外而求姦者,[226] 止問姦所部妻女, 難作姦囚婦之律.

○ 若姦囚婦, 有制縛之權,[227] 是以勢爲姦也. 故坐以徒. 囚婦未免有不得已之心, 故止原罪, 不言强者. 蓋婦惟犯姦及死罪方禁, 是已無良矣. 故不坐以强姦之律.

○ 奴姦良人婦女, 加凡姦罪一等, 良人姦他人婢【男、婦各】, 減凡姦一等.[228]

---

218 『대청률례』 권33 「형률 범간(犯姦)」(『律』366.00) 「범간(犯姦)」. "3. **姦幼女十二歲以下者, 雖和, 同强論.**"(p.521)

219 매합(媒合)은 중개를 한다는 뜻이고, 용지(容止)는 집에 머무르도록 허락한다, 머무르게 한다는 뜻이다.

220 『대청률례』 권33 「형률 범간(犯姦)」(『律』366.00) 「범간」. "6. **若媒合容止[人在家]通姦者, 各減犯人[和、刁]罪一等.**"(p.522)

221 『대청률례』 권33 「형률 범간(犯姦)」(『律』368.00) 「친속상간(親屬相姦)」. "1. **凡姦同宗無服之親及無服親之妻者, 各杖一百[强者, 姦夫斬監候]**. 2. 奸[內外]緦麻以上親及緦麻以上親之妻, 若妻前夫之女同母異父姊妹者, 各杖一百、徒三年. 强者[姦夫], 斬[監候]. 若姦從祖祖母、[祖]姑、從祖伯叔母[從祖伯叔]姑、從父姊妹、母之姊妹及兄弟妻、兄弟子妻者[姦夫、姦婦], 各[決]絞[惟出嫁祖姑、從祖伯叔姑, 監候絞]; 强者[姦夫決], 斬[惟强姦小功再從姊妹、堂姪女姪孫女、出嫁降服者, 監候斬. 若姦妻之親生母者, 以緦麻親論之, 太輕, 還比依母之姊妹論]. 3. 若姦父祖妾、伯叔母、姑、姊妹、子孫之婦、兄弟之女者[姦夫、姦婦], 各[決]斬[强者, 姦夫決斬]. 4. **[凡姦前項親屬]妾, 各減[妻]一等. 强者, 絞[監候. 其婦女同坐、不同坐, 其未成姦、媒合、縱容等件, 各詳載犯姦律. 惟同宗姦生男女不得混入宗譜, 聽隨便安插].**"(pp.524-525)

222 기친(期親. 朞親)은 복상(服喪)을 1년 동안 해야 하는 친척을 가리킨다.

223 시마(緦麻)는 가장 가벼운 상복으로 3개월 동안 입는다. 따라서 시마는 3개월 동안 복상(服喪)해야 하는 친척을 가리키는데, 이를테면 고조부모·종증조·삼종형제, 장인과 장모 등이다.

224 『대청률례』 권33 「형률 범간(犯姦)」(『律』370.00) 「노급고공인간가장처(奴及雇工人姦家長妻)」. "1. **凡奴及雇工人姦家長妻女者, 各斬[決]**. 2. **若姦家長之期親, 若期親之妻者, 絞[監候]. 婦女減一等. 若姦家長之緦麻以上親及緦麻以上之妻者, 各杖一百、流二千里. 强者, 斬[監候]**. 3. **妾, 各減一等**. 强者, 亦斬[監候. 軍伴弓兵、門皂在官役使之人, 俱作雇工人]."(p.526)

225 『대청률례』 권33 「형률 범간(犯姦)」(『律』371.00) 「간부민처녀(姦部民妻女)」. "1. **凡軍民[本管]官吏姦所部妻女者, 加凡姦罪二等, 各罷職役不敘; 婦女以凡姦論.**"(p.526)

226 보관(保官. 保管)은 범죄자를 구금하는 감옥, 구금 장소를 가리킨다. 『대청률례』 권33 「형률 범간(犯姦)」(『律』371.00) 「간부민처녀(姦部民妻女)」. "2. 若姦囚婦者, 杖一百、徒三年; 囚婦止坐原犯罪名**[若保管在外, 仍以姦所部坐之. 强者, 俱絞]**."(p.526)

227 제박(制縛)은 제약하고 속박한다는 뜻이다.

228 『대청률례』 권33 「형률 범간(犯姦)」(律』373.00) 「양천상간(良賤相姦)」. "**凡奴姦良人婦女者, 加凡姦罪一等[和、刁, 有夫、無夫俱同. 如强者, 斬]. 良人姦他人婢者[男、婦各], 減凡姦一等[如强者, 仍照凡論擬絞監候. 其强姦未成**

19-02-03. 강간(强姦)

간음사건 가운데 오로지 강간만이 사형으로 처벌된다. 따라서 강간사건을 심문할 때에는 응당 더욱 신중해야 한다. 그렇지 않으면 [그런 죄가 아닌] 사람을 사지에 몰아넣을 수도 있기 때문이다. 이른바 강간이라는 것은 모름지기 강제와 폭력의 상황이 있어야 한다. 혹은 칼과 도끼로 협박하여 벗어날 수 없게 만들거나, 새끼줄로 꽁꽁 묶거나 살갗에 상처를 내고 의복을 찢는 등의 행위가 있었어야만 비로소 강간으로 처벌하여 교수형으로 처벌할 수 있다. 만약 강간으로 결합이 시작되었지만 화간으로 끝이 난 경우는, 처음에는 그래도 애써 벗어나려고 힘을 쓰고 고함을 지르며 따르지 않았지만 이미 간음이 이루어지고 나면 순종하면서 거스르지 않는 것인데, 이런 경우는 강간이라고 하지 않는다. 또한 부녀자가 다른 남자와 통간(通姦)하는데, 그것을 본 다른 사람이 [이것을 빌미로 협박하여] 강간하더라도, 그 여자는 이미 간음을 범한 부녀자이므로 또한 강간으로 이 남자를 처벌할 수 없다. 이 경우는 율례에서 말하는 유간(誘姦)에 해당한다.

이러한 율법조항의 의미에 대해 좀 더 넓은 범위로 살펴보자. 이를테면 창녀가 그 일을 그만두고 시집가서 남의 아내·첩이 된 경우인데 강간을 당하였다면, 이 경우에는 당연히 강간율에 의거해야 한다. 대저 여자가 시집을 갔다고 하면 이미 정당한 아내·첩의 명분을 갖고 있음을 뜻한다. 이른바 강간이라는 것은 남의 아내·첩을 강간하는 것이므로, [앞서 나온 것처럼] 간음을 범한 부녀자를 강간하더라도 강간율로 처벌하지 않는 것과는 사정이 다르다. 또한 못된 놈이 부녀자의 자색을 엿보고 중매쟁이나 비구니 등을 매수하여 모임을 갖거나 향을 태우게 오도록 꾄 다음, 혹은 그 여자가 먹는 차나 술·떡이나 과자에 미혼약을 넣어 강간하는 경우는 비록 협박을 하거나 몸을 묶은 행적은 없으나 이미 계획을 세워 유혹하고 미혼약으로 정신을 잃게 한 사실이 있으니, 이를 강간이라고 하지 않을 수 있겠는가? 그 주범은 응당 강간율로 사형에 처해야 한다. 여자를 꾀어낸 할미나 비구니 역시 등도 강간을 할 때 강제로 붙잡는 역할을 한 경우에 해당한다. 이 경우는 강간을 시도하였지만 이루지 못한 사람에게 적용하는 율례를 적용하여 곤장 100대와 유배형 3천 리로 판결해야 비로소 대강 그 죗값을 받게 할 수 있다.

그런데 처음에는 그 아내·첩이 다른 사람과 통간하는 것을 일부러 내버려 두었다가 상

者, 俱杖一百、流三千里]. 奴婢相姦者, 以凡姦論."(p.527)

당한 시간이 지난 다음 강간을 저지른 것으로 붙잡게 하는 경우가 있다. 혹은 방에서 고함을 질러 간부(姦夫)가 놀라 도망치면서 의복이나 모자를 남겨 두게 하거나, 혹은 남편이 우연히 들어왔다가 간음하는 것을 보고 무기를 들고 간음한 자를 때려잡아 관청에 고발하는 것이다. 어찌 이런 사건을 일괄해서 강간으로 처벌할 수 있겠는가? 그 남편이 강간으로 붙잡은 것은 [부인의 그 남자와의] 끊어지지 않은 애정을 잘라 버리고, 아울러 종전의 [통간의] 흔적을 숨기려는 것이다. 그 아내가 강간을 당하였다고 증언하는 것은 남편을 두려워하여 어쩔 수 없는 것이기도 하고, 또한 자기의 정절을 밝혀 좋은 명성을 얻으려는 것이기도 하다. 이를테면 증거로 의복이나 모자를 남겨 두고 도망쳤다고 내세우지만, 어찌 빼앗은 것인지 아닌지 알 수 있겠으며, 남편이 들어왔다고 하는데 혹시 몰래 숨어 엿보던 것인지 아닌지 어찌 알 수 있겠는가? 이를 강간으로 처벌한다면, 억울한 재판이 되는 것을 피하기 어렵다.

그래서 통간 현장을 덮친 경우를 다룬 율례(捉姦論律)에는 다음과 같이 실려 있다. "간음하는 현장에서 포획한 경우가 아니거나, 외부 사람이 간음이라고 지칭한 경우는 처벌하지 않는다." 간음이라고 지칭한 것이 외부 사람의 말로 결코 증거가 없으면 강간으로 처벌하기 어렵다는 것은 바로 이런 뜻이다. 간음하는 현장에서 포획한 것이 아니라 함은 모름지기 두 사람이 통간을 해야만 비로소 간음을 하는 현장이 되며, 그런 다음에야 포획할 수 있다는 것을 뜻한다. 통간을 하지 않았다면 비록 서로 몸을 껴안고 입술을 나눈 것 또한 포획이라고 할 수 없다![229] 율례를 살펴보면 '간부를 죽인 경우의 조항(殺死姦夫條)'은 "간음한 남자·부녀자를 그 자리에서 죽인 경우 처벌하지 않는다."라고 되어 있으며, 그 조항의 주에서는 다음과 같이 이야기한다. 즉 "간음하는 현장에서 포획한 것이 아니라면 이 율례를 적용할 수 없으며," 또한 "그 자리에서 죽인 경우 처벌하지 않는다."라는 율례도 적용할 수 없다는 것이다. 그리고 서로 몸을 껴안고 입술을 나눈 것에 대해서는 따로 '애무만 하였을 뿐 간음이 이루어지지 않은 경우(調戲未成姦)'를 다룬 율례가 있으므로, 이것은 오로지 남편이 스스로 어떻게 처리할지 결정을 내리면 된다.

어떤 사람은 말한다. "간음하는 여자를 붙잡을 때는 반드시 간음하는 현장에서 남편

---

229 이것은 2015년 폐지되기 이전의 간통죄(배우자가 있는 사람이 배우자가 아닌 사람과 성관계를 가진 경우 그 사람과 상간자를 처벌하기 위한 법 조항)에서도 마찬가지인데, 간통죄의 성립을 위해서는 반드시 현장에서 양자 사이의 성 관계(성기 삽입)가 이루어져야만 하였던 조건과 유사하다. 심지어는 양자가 모두 옷을 벗고 있었더라도 성 관계의 증거가 없다면 간통죄는 성립하지 않았는데, '통간'은 바로 이런 '성 관계'를 의미하는 것이다.

이 직접 잡아야 한다. 따라서 시아버지나 시어머니, 숙부·백부·형제 모두 [간음하는 부녀자를] 붙잡을 수 없다." 만약 남편이 멀리 나가 있다면, 그 여자는 제멋대로 방자하게 굴 터이니, 또한 누가 감히 나서서 따지겠는가? 그래서 또한 '간부를 죽인 경우의 조항'에 딸린 주를 보면 다음과 같이 실려 있다. "남편과 형제, 오복(五服) 이내의 친척, 동거인이나, 체포 지시를 받은 사람이라면 모두 붙잡을 수 있다. 그 부인의 부모, 백부·숙부, 고모와 고모부, 외조부모가 간음한 현장을 잡아 간부를 죽인 경우는 남편이 한 것과 같게 간주한다. 다만 손아래의 어린 사람이 손위의 나이 많은 사람을 죽여서는 안 된다. 이를 범하면 즉 고의살인율에 따라 처벌하며, 나이 많은 윗사람이 손아래의 어린 사람을 죽이면 친척관계의 가볍고 무거움에 비추어 처벌한다." 이에 따르면 또한 꼭 남편만이 간음하는 부녀자를 붙잡을 수 있는 것은 아니다.

무릇 손아래의 어린 사람이 간음하는 부녀자를 잡을 수 없다는 것은 명분이라는 측면에서도 있어서는 안 된다. 또한 붙잡았으나 받아들이지 않으면, 반드시 살인에 이르게 될 것이다. 이것은 손아래의 어린 사람 역시 손위의 나이 많은 사람을 살해할 수 있다는 것이나 마찬가지이니 어찌 명분에 들어맞을 수 있겠는가? 또한 시아버지가 며느리가 간음한 것을 붙잡는 것에 대해서도 율례에서는 명확하게 지적하지 않고 다만 '오복 이내의 친척'에 대해서만 서술하고 있다. 이렇게 명확하게 지적하지 않는 것은 대개 시아버지와 며느리 사이는 서로 의심스러운 일을 꺼리고 피해야 할 사이이고, 며느리가 간음을 저지르는 곳은 부부의 안방이 아니기 때문이다. 설사 안방이라 할지라도 어찌 시아버지가 응당 갈 수 있는 곳이겠는가? 만약 불행히도 이와 같은 일이 있다면 또한 손위의 나이 많은 사람이 손아래의 어린 사람을 죽인 것을 다루는 율례에 따라 처리하면 별다른 이의가 없을 것이다.

만약 외부 사람이거나 체포를 담당하는 사람이 아닌데 간음하는 사람을 죽인 경우는 '난투살인(鬪殺傷)'에 의거하여 처벌한다. 무릇 외부 사람은 문 밖의 사람인데 어찌 직접 간음 현장에까지 들어가 붙잡을 수 있겠는가? 친척도 아니고 또한 동거인도 아니므로 간음하는 사람을 붙잡을 수 없는 것이 타당하다고 하겠다. 만약 그 부녀자에게 모셔야 할 손위 친척 어른이 없고 남편도 멀리 나가 외로운 집에서 혼자 사는데, 간부가 거리낌 없이 왕래하며, 비록 조카뻘 되는 사람이 있어도 또한 그 신분이 손아래 어린 사람이라 멋대로 음란하게 지내는 것을 방치할 수밖에 없다면, 이것은 바로 풍속을 망가뜨리는 게 아닌가? 가령 이웃과 마을사람들이 이를 혐오하여 붙잡기 위해 향약·지보 등을 이끌고 간음 현장에서 직접 붙잡을 수도 있고, 혹은 의분(義憤)의 자극을 받아 간음한 남녀를 그 자리에서 죽여 버릴 수도 있다. 향약·지보는 권도하고 관리하는 책임이 있어 또한 간음한 사람을 체포할 수 있는 경우에 해당하므로, 비록 살상이 있었다고는 하더라도 이런 경우를 외부사람으로 간주하여 난투살인율을 적용할 수는 없다.

이렇게 본다면 간음하는 사람을 적발하여 붙잡는 것에 관한 율례는 간음한 남녀에 대해서 상당히 치밀하다고 하지 않을 수 없다. 그런데 어떤 사람은 말한다. "화간에 관한 율례는 죄가 곤장형에 그치니, 너무 가벼워 많은 사람들이 쉽게 저지른다." 나는 결코 가볍지 않다고 생각한다. 남녀 사이의 욕정이 누구에게는 없겠는가? 그런데도 이를 범하지 않는 것은 예로써 스스로 자제하기 때문이다. 그런데 마음을 풀어놓고 법도를 어기면서 어지럽게 왕래하는 일이 생기면, 그때가 바로 애정을 나누면서 호감을 보내는 기회가 된다. 많은 사람들이 무리를 이루어 노는 곳 또한 은밀하게 만나는 것을 몰래 약속하게 되는 장소가 된다. 구석의 정자나 어두운 행랑은 모두 짝을 찾는 남녀가 모이는 곳이다. 이런 것을 가지고 율례에서 무겁게 처벌한다면, 칼이나 비단은 모두 젊고 아름다운 남녀들의 목숨을 빼앗아 버리는 도구가 되지 않겠는가?

그러므로 옛사람이 법을 만들 때에는 모름지기 인지상정을 기준으로 삼았으며, 다만 군자는 예로써 단속하였고, 소인은 법으로 다스렸다. 예를 거스르고 법을 범하는 것은 모두 소인의 부류다. 방탕하여 절제할 줄 모르고 수치심이 없는 것은 모두 짐승 같은 행위이다. 화간을 곤장형으로 처벌하는 것은 소인과 짐승은 [그 이상 무겁게] 처벌한 만한 것이 아니기 때문이다. 하지만 만약 명분을 범하였다면, 예를 들어 친척 강간과 같은 경우는 교수형에 처하고, 이루지 못한 경우는 곤장형·유배형에 처한다. 노비와 품앗이일꾼은 비록 화간이라 할지라도 또한 각기 교수형·참수형에 처하니, 역시 오로지 곤장형으로만 처벌하는 것은 아니다.

[친척이나 명분에 관련되지 않는] 보통 사람들에 대한 율례에서 왜 강간에 대한 처벌만 무거운가? 무릇 간음에 대해서 강제와 폭력을 이야기하는 것은 스스로 정절을 지키려는 여자가 강제와 폭력에 의해 더럽혀짐을 가리키는 것이다. 이러한 강간을 저지른 사람에게 사형을 부과하는 것은 바로 정절을 지키려는 몸가짐을 권장하고, 또한 음란함에 빠진 여자를 부끄럽게 하려는 것이지, 유독 강제와 폭력에 대해서만 중벌을 처하는 것은 아니다. 예를 들어 친척 사이에는 존비(尊卑)의 구별이 있으니 강간을 범한다면 모두 참수형으로 처벌하며, 첩에 대한 경우 역시 교수형으로 처벌한다. 노비와 품앗이일꾼 역시 그러한데, 그 죄가 또한 보통 사람보다 무겁지 않음이 없다. 그리고 관리가 부하의 아내나 딸을 강간하면 참수형에 처하는데, 그것도 그가 끼고 있는 권세 때문이다. 시아버지나 시아주버니가 부녀자를 업신여겨 간음한다면 역시 참수형에 처한다. 이 또한 나이 어린 아랫사람을 업신여기고

능욕할 수 있는 권세가 있기 때문이라고 할 수 있다.

이로 말미암아 보건대, 화간이 강간에 비해 처벌이 가볍지만 또한 그 죄가 강간과 동등한 경우가 있고, 강간의 죄가 화간보다 무겁지만 또한 본래 화간인데도 강간에 비추어 처벌하는 경우가 있으니, 법이 어찌 간음률에서 엄하지 않음이 있겠는가? 그래서 사람들은 모름지기 이 죄를 범하는 것을 가볍게 여기지는 않는다. 이래서 백성을 다스리는 지방관은 먼저 그들을 교화하는 데 힘써야 한다. 그래도 백성이 간음을 범하게 되면, 그 가운데 가증스러운 것을 반드시 형벌로 다스리고 용서하지 않아야 한다. 그래야만 퇴폐하고 더러운 풍속이 조금이라도 줄어들지 않겠는가! 그렇지만 율례에는 이렇게 실려 있다. "간음사건은 심문하여 확실하게 사실임이 밝혀져야만 비로소 죄를 처벌할 수 있다." 더구나 강간사건과 같은 경우 의심스러운 사정이 있는 경우가 자못 많으므로 사실을 제대로 확인해서 억울함이 없게 하는 일을 귀중하게 여겨야만, 비록 사형에 처하더라도 인정과 율법 사이에서 아무런 유감이 없을 것이다.

姦情中惟强擬辟,[230] 而鞫强尤宜愼, 不則入人于死也. 所謂: '强'者, 須有强暴之狀. 或刀斧恐嚇,[231] 有不能掙脫之情; 或繩索綑縛及損傷膚體、毁裂衣服之屬, 方可以强論, 坐絞.[232] 若以强合, 以和成者, 先猶掙挫,[233] 喊吗不從,[234] 及已成姦, 而聽順無忤, 猶不得謂之: '强'也. 又如婦人與人通姦, 見者因而用强姦之, 已係犯姦之婦, 亦不得以强論也, 律以刁姦是矣.

鴻推而廣之, 如娼女從良,[235] 或爲人妻·妾, 遇有强姦, 仍宜依强律. 蓋其入門已正妻·妾之名.[236] 所强者, 乃人之妻·妾也, 似與犯姦之婦, 不得以强論者, 不同也. 更有奸人窺婦姿色, 買通花婆、尼姑等,[237] 勾引看會燒香, 或于茶酒糕餠中, 用藥昏迷, 因而姦汚者. 雖無恐嚇縛制

---

230 의벽(擬辟)은 사형판결을 내린다는 뜻이다. 의(擬)는 판결을 내린다는 뜻이고, 벽(辟)은 법이나 형법, 또는 형벌을 가리키며, 형벌 가운데 특히 사형을 가리킨다.

231 공혁(恐嚇)은 말이나 다른 수단으로 위협한다는 뜻이다.

232 강간에 관한 조례는 다음 부분을 참조. 『대청률례』 권33 「형률 범간(犯姦)」(『律』366.00) 「범간」. "2. **强姦者, 絞[監候]. 未成者, 杖一百、流三千里[凡問强姦, 須有强暴之狀, 婦人不能掙脫之情, 亦須有人知聞及損傷膚體、毁裂衣服之屬, 方坐絞罪. 若以强合, 以和成, 猶非强也. 如一人强捉, 一人姦之, 行姦人問絞, 强捉問未成, 流罪.** 又如見婦人與人通姦, 見者因而用强姦之, 已係犯姦之婦, 難以强論, 依刁姦律]."(p.521)

233 쟁좌(掙挫)는 힘으로 버티다, 벗어나려고 힘을 쓴다는 뜻이다.

234 함규(喊吗. 喊叫)는 고함을 지르다, 소리치다, 외친다는 뜻이다.

235 종량(從良)은 기녀가 천인 신분에서 벗어나 남에게 시집가는 것을 말한다.

236 입문(入門)은 남자의 집에 시집가서 남자 가족의 일원이 되는 것을 말한다.

237 매통(買通)은 재물로 다른 사람을 매수해서 이용한다는 뜻이다.

之形, 已有計誘迷蒙之實, 不之强姦, 得乎? 其本犯固應强擬, 其勾引之婆、尼, 亦宜照强姦之强捉人, 問未成者律, 杖一百、流三千里, 方差當其罪.[238]

若夫始而故縱其妻妾與人通姦, 久之又令其以强姦擒捉, 或在房叫喊, 其人驚逃, 而遺其衣帽, 或親夫偶入, 持器而擊中所姦, 具控到官, 又豈可一槩以强論乎? 其夫以强捉者, 欲絶其未斷之情, 並掩其從前之跡也. 其妻以强證者, 旣懼乃夫, 迫于不得巳, 又彰己節, 因之博令名.[239] 夫衣帽之遺, 安知非其所攘奪, 親夫之入, 安知非其所潛伺乎? 以之論强, 難乎免于冤獄矣. 卽以捉姦論律云: "其非姦所捕獲及指姦者, 勿論."[240] 其指姦, 以外人之言, 並無據證, 難以姦論, 是矣. 其非姦所捕獲, 必兩人行姦, 方爲姦所, 而後可以捕獲. 非行姦, 卽偎體交唇,[241] 而亦不得捕獲乎? 查律殺死姦夫條, "姦夫、姦婦登時殺死者, 勿論." 註云: "或非姦所捕獲, 不得拘此律,"[242] 不得拘"登時殺死勿論"之律也. 夫偎體交脣, 則固有"調戲未成姦"之律,[243] 在惟聽夫自裁可也.

說者謂: "捉姦必本夫, 姦所親獲, 則翁姑、叔伯、兄弟, 皆不得捉姦." 若親夫遠出, 將恣其快意,[244] 而復誰敢問之乎? 又查殺死姦夫條註: "本夫兄弟及有服親屬,[245] 或同居人, 或應捕人, 皆許捉姦. 其婦人之父母、伯叔、姑兄姊,[246] 外祖父母捕姦、殺傷姦夫者, 與本夫同. 但卑幼不得殺尊長. 犯則依故殺律科罪. 尊長殺卑幼, 照服輕重科罪."[247] 是又不獨親夫而後可以捉姦

---

238 앞서 인용한 『대청률례』 권33 「형률 범간(犯姦)」(律366.00) 「범간」(p.521) 조문을 참조.

239 영명(令名)은 아름다운 명예를 뜻한다.

240 『대청률례』 권33 「형률 범간(犯姦)」(『律』366.00) 「범간」. "8. **其非姦所捕獲及指姦者, 勿論. 若姦婦有孕[姦婦雖有據, 而姦夫則無憑], 罪坐本婦.**" (p.522)

241 외체교진(偎體交唇)은 서로 몸을 가까이 하고 입술을 교환한다는 뜻이고, 진(唇)은 순(脣)과 통하는 글자로 입술을 가리킨다.

242 『대청률례』 권26 「형률 인명(人命)」(『律』285.00) 「살사간부(殺死姦夫)」. "1. **凡妻妾與人姦通, 而[本夫]於姦所親獲姦夫、姦婦, 登時殺死者, 勿論. 若止殺死姦夫者, 姦婦依[和姦]律, 斷罪. 當官嫁賣, 身價入官[或調戲未成姦, 或雖成姦已就, 拘執或非姦所捕獲, 皆不得拘此律].**" (p.423)

243 위와 같음.

244 쾌의(快意)는 '멋대로, 마음 내키는 대로'라는 뜻이다.

245 여기서 복(服)은 친척 관계의 멀고 가까움에 따라 차등을 드는 상복인 오복(五服)을 가리킨다. 오복은 참최(斬衰. 3년 착용)·자최(齊衰. 3년-3개월 착용)·대공(大功. 9개월 착용)·소공(小功. 6개월 착용)·시마(緦麻. 3개월 착용)인데 사망자와의 친소(親疏) 관계에 따라 옷감의 경중과 재료·모양을 달리 하고, 가까운 사람은 무겁게 먼 사람은 가볍게 만드는 것이다. 오복은 또한 고조부·증조부·조부·부친·자신의 5대를 가리키기도 한다.

246 고형자(姑兄姊)는 뜻이 약간 불분명한데, 아마 고모와 고모부를 가리키는 것 같다.

247 『대청률례』 권26 「형률 인명(人命)」(『律』285.04) 「살사간부」. 條例. "4. **本夫之兄弟及有服親屬, 皆許捉姦.** 如有登時殺傷者, 並依已就拘執而擅殺傷律. 若非登時殺傷, 依鬪毆傷論. **其婦人之父母、伯叔姑、兄姊, 外祖父母, 捕姦殺傷姦夫者, 與本夫同. 但卑幼不得殺尊長. 犯, 則依故殺伯、 叔母、姑、兄、姊律科罪. 尊長殺卑幼, 照服輕重科罪.**" (pp.424-425). 황육홍이 인용한 부분과 좀 더 일치되는 내용은 옹정(雍正) 6년 반행(頒行)된 『대청률집해[부례]

也. 夫卑幼不得捉姦者, 于分義有所不可.[248] 且捉而不受, 必至于殺, 是卑幼亦得以殺尊長, 于分義合乎? 不合乎? 卽翁捉子婦姦, 律未明指, 但云"有服親屬", 其所以不明指者, 蓋翁婦之閒, 跡涉嫌疑, 而子婦之姦, 所非閨闥,[249] 卽其邃室, 又豈翁之所宜至乎? 設不幸而有此, 亦照尊長殺卑幼之律, 似無他可議矣.

若外人, 或非應捕人有殺傷者, 並依鬪殺傷論. 蓋以外人, 乃門外之人, 何得直入姦所而云捕? 旣非親屬, 又匪同居, 其不得捉姦宜矣. 設有其婦, 上無尊屬之親, 其夫遠出, 孤院獨處, 而姦夫往來無忌, 雖有子姪, 又分爲卑幼, 將亦聽其宣淫,[250] 而敗俗乎? 設鄰佑里民, 惡而捕之, 率同約、地, 于姦所親獲, 或義忿所激, 姦婦、姦夫登時殺死. 夫鄕約、地方有勸導、管理之責, 亦可謂之應捕人矣.[251] 雖有殺傷, 似不得槪以外人依鬪毆律論也.

由此觀之, 捉姦之律, 未嘗不密于姦夫、姦婦也. 而說者又謂: "和姦之律, 罪止于杖, 失之太輕, 人多易犯." 鴻以爲非輕也. 男女之欲, 誰則無之? 所以不犯者, 以禮自持也. 若夫放志踰閑,[252] 履錯潟交,[253] 皆傳情送好之時也.[254] 儔人廣衆,[255] 皆密約私期之地也. 曲榭幽廊,[256] 皆鳳友鸞諧之所也.[257] 以斯而律以重刑, 則靑萍、素帛,[258] 孰非紅粉、檀郎畢命之具乎?[259] 故古

(大清律集解[附例])』(四庫未收書輯刊編纂委員會 編, 『四庫未收書輯刊』 제1집 26책. 北京出版社, 1997)에 나온다. "本夫之兄弟及有服親屬, 或同居人, 或應捕人, 皆許捉姦. 其婦人之父母、伯叔、姑兄姊, 外祖父母捕姦, 殺傷姦夫者, 與本夫同. 但卑幼不得殺尊長. 犯則依故殺律科罪. 尊長殺卑幼, 照服輕重科罪."(권19 8b, p.320). 심지기(沈之奇) 찬(撰), 『대청률집주(大清律輯注)』(法律出版社, 2000) 하책, p.663의 「大清律輯集解附例」 권19 부분에도 같은 내용이 인용되어 있다.

248 분의(分義)는 명분이나, 명분(名分)을 준수하기 위해 응당 해야 할 일이라는 뜻이다.

249 규달(閨闥)은 부녀자가 거처하는 내실·규방에 이르는 문, 부부의 거실이나 가정을 가리킨다.

250 선음(宣淫)은 아무런 거리낌 없이 공연하게 음란한 모습을 보인다는 뜻이다.

251 '의(矣)'가 차(次)로 된 판본도 있으나 분명한 잘못이다.

252 방지(放志)는 마음을 풀어놓는다, 유한(逾閑. 踰閑)은 법도를 벗어난다는 뜻이다. 유한의 뜻은 『논어』 「자장(子張)」에서 "자하께서 말씀하셨다. 큰 원칙에서 한계를 넘기지 않으면 세세한 항목에서는 약간의 차이가 있어도 괜찮다(子夏曰: '大德不踰閑, 小德出入可也.')."라고 한 부분에서 비롯되었다. 한(閑)은 법(法)과 같은 뜻이다.

253 이석교차(履潟交錯)는 신발이 어지럽게 엉키어 널려 있는 모습을 가리킨다. 이(履)는 홋겹의 바닥, 석(潟. 舃)은 두 겹의 바닥으로 이루어진 신발을 말한다.

254 전정(傳情)은 감정을 전달한다는 뜻이다. 송호(送好) 역시 호감을 보낸다는 뜻으로 보인다.

255 주인(儔人)은 뭇사람(衆人)인 일반 사람을 가리키므로 광중(廣衆)과 같은 뜻으로 보인다.

256 곡사유랑(曲榭幽廊)은 굽어진 정자와 그윽한 회랑, 즉 경치가 좋은 곳에 자리 잡은 건물을 가리킨다.

257 봉우란해(鳳友鸞諧)는 봉새와 난새가 만나고 어울린다는 뜻, 즉 남녀 등의 만남을 비유한다.

258 청평(靑萍. 靑蓱)은 예리하기로 유명한 보검(寶劍)의 이름으로 검이나 병권·군권을 상징하기도 한다. 소백(素帛)은 흰 비단을 뜻한다. 여기서는 목을 베어 자살하거나 목을 매어 자살하는 데 쓰이는 칼과 천(줄이나 끈)을 가리키는 것으로 보인다.

259 홍분(紅粉)은 여자들이 사용하는 연지와 분으로 미녀를 비유하는 데 쓴다. 단랑(檀郎)은 진(晉)의 반악(潘嶽)을 가리키는데, 절세미남으로 자(字)가 원래 단노(檀奴)였던 것이 여자들에게 인기가 많아 단랑(檀郎)으로 불리게

人立法, 必準人情, 惟禮以嫺君子,[260] 法以治小人. 違禮、犯法, 皆小人類也. 蕩檢無恥,[261] 皆禽獸行也. 和而決杖,[262] 以小人、禽獸不足責也. 若干犯名分,[263] 如親屬强姦者, 絞, 未成者, 杖、流. 如奴、僱雖和, 亦各坐絞、斬, 又非以一例決杖矣.

至于凡人律, 何以于强姦獨重? 蓋姦而云强, 以貞潔自守之女, 忽爲强暴所汚. 其予以死刑者, 正以勵貞潔之操, 亦以愧邪淫之婦, 非獨置重典于强暴也. 若親屬之間, 尊卑有別. 凡犯乎强, 悉皆論斬, 妾亦論絞. 奴及僱工亦然, 其罪又未嘗不重于凡人矣. 若夫官吏强姦所部妻女者, 斬, 以其有所挾之勢也. 如翁與夫兄欺姦者, 斬, 亦以其有可欺凌卑幼之勢而云也. 由此觀之, 和之罪輕于强, 而亦有罪與强等者, 强之罪重于和, 而亦有本和而照强擬者. 法又何嘗不嚴于姦律哉? 而人必無輕犯. 是在司牧者, 先有以敎之, 及其犯也, 于其尤可惡者, 而必入之于刑毋赦, 則頹風汚俗, 庶其少止乎! 然而律有云: "姦情確審得實, 乃坐."[264] 若强姦之跡, 涉于疑似者頗多, 貴審得其實而無冤, 雖置之于死, 其情與法, 兩無憾而可矣.

19-02-04. 유간(刁姦)[265]

유간(誘姦. 刁姦)의 정상에는 두 가지가 있다 첫 번째는 교묘한 말로 꾀어내어 부녀자가 남편을 배반하고 도주하여 집을 떠나 밖에 나가게 하는 것이다. 다른 하나는 힘을 써서 협박함으로써 어쩔 수 없이 그 위세를 따르게 하는 것이다. 비록 화간이라는 점에서는 하나이지만, 서로가 정을 가지고 통간하는 것과는 다르다. 대개 교묘한 말로 꾀어낸다는 것은 혹은 이쪽[남편]이 가난하면 저쪽은 부유한 것으로 유혹하고, 혹은 이쪽은 늙고 추하면 저

되었다고 한다. 그래서 여자들이 애모하는 남자의 미칭으로 사용되기에 이르렀다.

260 한(嫺. 嫻)은 문아(文雅)하다, 우미(優美)하다, 또는 익숙하다, 능숙하다는 뜻이지만, 여기서는 아마도 한(閑)처럼 막거나, 차단한다, 방지한다, 제한한다는 뜻으로 쓰인 것 같다.

261 탕검(蕩檢)은 행위가 방탕하여 예법을 지키지 않음을 일컫는다. 보통 탕검유한(蕩檢逾閑. 蕩檢踰閑. 蕩檢踰閒)이란 표현으로 자주 쓰인다.

262 결장(決杖)은 장형을 집행한다는 뜻이다.

263 간범(干犯)은 범한다, 저지른다, 짓밟는다는 뜻이다.

264 『대청률례』 권26 「형률 인명(人命)」(『律』285.08) 「살사간부(殺死姦夫)」 條例. "8. 奸夫自殺夫之父母, 以便往來, 奸婦雖不知情, 亦絞. 以上諸條, **先須姦情確審得實, 乃坐.**"

265 앞서 나왔지만 조간(刁姦)은 유간(誘姦)과 같은 뜻으로 속임수로 끌어들여 남의 부녀자를 간음하는 것, 여자를 꾀어내어 간음한다는 것이다. 이 두 용어 다 정확하게 우리말과 일치하는 용어는 없다. 이를테면 준강간은 여성이 심신 상실이나 저항 불능 상태에 있을 때, 그것을 이용하여 간음하는 행위를 가리키는데, 이것이 가장 가까운 경우로 보인다.

쪽은 젊고 잘생긴 것으로 유혹하고, 혹은 이쪽이 거칠고 난폭하면 저쪽은 따뜻하고 부드러운 것으로 유혹한다. 그러니 부녀자의 성정이 경박하다면 어찌 흔들리지 않을 수 있겠는가? 그렇지만 지조가 있는 열녀가 그런 소리를 들으려 하지 않고 일찌감치 그를 꾸짖어 부끄러움을 알고 물러나게 한 경우가 아니라면, 일단 이런 말에 넘어가면 정말로 쏙쏙 귀에 들어오는 달콤한 소리가 될 수밖에 없으니 스스로를 억제할 수 없다.

내가 보건대 교묘한 말로 꾀어낼 때는 반드시 간부에게 부림을 받는 사람이 있다. 따라서 나는 모름지기 [간부를 향해 그에게] 사주를 당한 사람과 집을 나가서 어디에서 머물렀는지 하는 점을 엄히 추궁해야 하며, 이 두 명의 간악한 악당에게 겨우 100대의 곤장형을 내리는 것만으로는 적당하지 않다고 생각한다. 그리고 힘으로써 협박한 경우, 그 부녀자가 [목숨을 걸고 항거하는] 열녀가 아니라면 엄한 말과 성난 얼굴로써 거부하지 못하고 어쩔 수 없이 힘에 눌리지 않는 경우가 없는데, 부녀자는 정절을 잃고 율법에 의해 같은 죄로 처벌을 받는다. 누가 이것을 "적절하지 못하다"고 하겠는가? 하지만 협박을 받아 어쩔 수 없이 따른 경우 서로 애정에 미련이 있는 것이 아니라면 협박에 의해 정절을 잃게 되는 것이니 간부가 아주 몹쓸 짓을 한 것이고, 이에 대해 비록 법에는 가중처벌을 하는 조항이 없지만 그 상황은 정말 가증스러운 것이다. 따라서 관리가 부하의 아내와 딸 간음한 것을 처벌하는 율례에 비추어 보통 간음죄보다 두 등급을 더하는 것이 적당할 것 같다. 또한 그 부녀자는 협박을 받아 간음하게 되었으니 보통의 간음죄로써 처벌하는 데 그치는 것이 그 죄에 합당한 법 적용일 것이다. 내 의견은 이와 같은데, 잠시 이런 주장을 남겨 두어 협박과 유인으로 유간을 하는 사람에게 두려움을 주고자 한다.

刁姦之情有二. 一則巧言引誘, 婦人背夫逃走, 離其家而出於外也. 一則用力挾制迫之, 以不得不從之勢也. 雖爲和則一, 似與彼此留情而通姦者不同.[266] 蓋巧言引誘, 或此貧而誘彼以富, 或此老醜而誘彼以美少, 或彼粗悍而誘彼以溫柔, 婦人水性楊花焉,[267] 有不爲所動? 雖貞性烈女, 非聞其聲而叱之于早, 使其慙避而退, 若言一入耳, 娓娓可聽,[268] 亦將有不能自禁者

266 유정(留情)은 정을 남긴다, 마음을 기울인다, 사정을 봐준다는 뜻이다.

267 수성양화(水性楊花)는 양화수성(楊花水性)과 같은 뜻으로 버드나무 솜이 바람에 날리고, 물이 흔들리는 것과 같다는 뜻으로 경박하게 이리저리 정을 뿌리고 다니는 여자를 비유한다.

268 미미(娓娓)는 지치지 않고 꾸준한 모습, 끊이지 않고 도도하게 이르는 모습을 형용하며, 말이나 이야기가 아주 흥겹고 듣기 좋은 것을 형용하기도 한다.

矣. 鴻以爲巧言引誘, 必有爲姦夫所使者, 須嚴究所使之人, 與在外居停何處, 不得僅以杖百律此兩奸也. 至于用力挾制, 使婦非貞烈, 以嚴詞厲色拒之,[269] 未有不俛就者,[270] 婦已失節, 律以同坐, 孰曰: "非宜"? 但姦因挾制而從, 非彼兩情留眷, 則挾制而使之失節, 姦夫作俑,[271] 雖法無可加, 而情實可惡, 似宜照官吏姦所部妻女, 加凡姦罪二等. 婦人受挾, 止以凡姦, 則庶乎法當其罪! 然愚論如此, 姑存其說, 用以悚挾制刁姦者.

19-02-05. 간음사건 심문(鞫姦)

무릇 간음사건을 고발하는 경우 강간이라고 칭하지 않음이 없다. 따라서 모름지기 그 「고발장」 속의 정상과 「구두진술」의 진실 여부를 상세히 검토해야 한다. 또한 그 남편·부인의 말과 표정에 의분이 가득 차 있는지를 상세히 살피고, 다시 피고가 흉악하고 사나운지, 그 말과 표정이 기가 꺾였는지 아닌지를 상세히 살펴야 한다. 그리고 그 증인과 피고의 평소 행실이 어떠한지, 강간에 확실할 증거가 있는지, 또한 간음의 상황이 강간이라면 누가 강간하였고, 강간당한 사람과 어떤 명분 관계가 있는지, 왕래하면서 서로 잘 알던 사람인지, 혹은 이웃이나 같은 마을인지, 언제 어디에서 강간이 일어났는지, 흉기를 가지고 있었는지, 강간당한 부녀자의 신체가 손상되고 아래옷을 찢은 것이 있는지를 상세하게 심문해야 한다. 또한 강간이 이루어졌는지, 큰소리로 구원을 청한 사실이 있는지, 처음에는 큰소리로 부르짖다가 나중에 소리가 작아지거나 아니면 처음에는 부르짖다가 나중에 그쳤는지, 강간이 단지 그 부녀자의 말뿐인지, 친척이 소리를 듣고 와서 본 적이 있는지, 남편이 잡았는지, 혹은 도주하여 고발한 것인지, 강간범이 남긴 의복이 있는지에 대해서도 하나하나 자세하게 조사하면 강간인지 화간인지 진실한 사정이 남김없이 드러나지 않음이 없다.

왜 그런가? 과연 강간이라면, 「고발장」의 서술이 반드시 솔직하고 간절할 것이며, 「구두진술」의 내용과도 모름지기 들어맞을 것이다. 만약 화간을 강간이라고 칭했다면 「고발

---

269 여색(厲色)은 화난 얼굴, 엄숙한 얼굴표정을 가리킨다.

270 면취(俛就)는 몸을 굽혀 따른다는 뜻이다.

271 작용(作俑)은 나쁜 짓의 선례를 연다, 시작한다는 뜻이다. 원래 『맹자』 「양혜왕(梁惠王) 상(上)」에 나오는 구절("공자께서 말씀하셨다. '처음으로 순장용 도용을 만든 사람은 아마 후손이 없을 것이다!' 이것은 사람 모양을 본떠 만들어 썼기 때문이다("仲尼曰: '始作俑者, 其無後乎!' 爲其象人而用之也.")에서 비롯되었다.

장」의 서술에 반드시 억지로 짜 맞춘 것이 많고, 「구두진술」도 말이 제대로 이어지지 않는 부분이 많을 것이다. 그리고 남편의 말과 표정에 진정한 의분이 없고, 또한 무언가 숨기려는 기색이며, 그 부인을 돌아볼 때마다 부인이 말하는 것이 어긋날까 두려워할 것이다. 또한 부녀자의 얼굴에 부끄러움을 머금고 격동하는 자태가 없으며, 말이 대부분 끊어졌다 이어졌다 하고, 반박을 받으면 앞뒤로 오락가락 진술을 할 것이다. 강제로 폭행했다고 지목된 사람이 앞에 나와서 자신을 변호할 때도 부인은 머리를 숙이고 그와 다투지 않을 것이다. 부녀자의 성정이 원래 유약하고 그와 정을 나누었던 것을 마음에 두고 있어, 스스로 깨닫지 못하는 사이에 아주 은밀하고 미세한 어두움을 표정에 남기기 때문이다. 그리고 피고의 용모도 흉악하거나 사납지 않고, 대답하는 것이 분명하고 편안하며, 증인들의 진술도 또한 확실한 강간의 형세라는 것을 보여 주지 못한다. 만약 평소에 화간을 저질렀다면 증인들이 어찌 알지 못하겠는가? 법정에서 심문하는 도중 비록 분명한 말로 다투지도 못하고, 그렇다고 굳이 강간이라고 억지 증언을 하지도 못하는 것이다.

강간의 경우 모름지기 사람이 없는 조용한 집이거나 혹은 거친 들판의 외진 길이어야만 비로소 착수할 수 있다. 따르지 않을까 두려워하여 또한 반드시 칼을 끼고 위협하며, 피차 다투다가 혹은 팔이나 얼굴에 상흔이 생긴다. 급히 강간을 하다 보면, 반드시 하의나 속바지 등이 찢겨지게 될 것이다. 대낮에 마을 안의 집에 곧장 치고 들어가고, 시끄럽게 다투는 것도 두려워하지 않고, 무기도 지니지 않고, 더구나 몸에 서로 다툰 상처나 옷이 다급한 상황에서 찢어진 것이 거의 없다면, 어찌 서둘러 이것을 강간이라고 할 수 있겠는가? 그렇지만 또한 흉악한 무리가 자신의 사나움을 믿고, 공공연히 대담하게 강간을 실행하는 경우도 있다. 부녀자는 이를 막을 수도 없고, 혹은 발을 묶고 입을 막는다면 그녀가 뭘 할 수 있겠는가? 그러나 정절 관념이 투철하여 죽음조차 두려워하지 않는다면, 입을 막는다고 해도 고함이 자연히 밖으로 새어 나갈 것이니, 가령 이웃에 아무도 없는 경우가 아니라면 어찌 그 소리를 듣고 가서 구할 사람이 없겠는가? 가서 도와준 사람이 스스로 그 상황을 보았고 이것으로 증언한다면, 강간이라는 것이 틀리지 않았음을 알 수 있다.

하지만 처음에 그 소리를 듣고 이웃이 바야흐로 몰래 듣기 시작하는데 갑자기 시끄러운 소리가 곧바로 그쳤다면, 이것은 강간으로 시작하였다가 결국 화간으로 끝나 버린 것이다. 간부가 나간 다음 곧바로 다시 후회하거나 혹은 이웃이 이미 그 소란함을 들었을 경우 침묵하기도 어려우니, 강간이라고 남편에게 울며 호소하지 않을 수 없다. 남편은 그것이 강간으로 시작되었다가 화간으로 끝난 상황을 알지 못하고 이를 갈며 원수를 갚고자 모름지기 강간으로 처벌해 줄 것을 요구한다. 지방관 역시 그 당시의 상황에 대해서 간부와 부녀자에 자세하게 심문할 수 없고, 소리를 들은 사람 역시 처음에는 고함을 치다 금방 그쳤다는 것을 재판정에서 솔직하게 털어놓지 못할 것이다. 그렇다면 결국 강간으로 처벌해도 될 것인가? 율례에 따르면 "강간으로 시작하였다가 화간으로 끝났다면, 그래도 강간은 아니다."라고 하므로 강간율에 따라 교수형에 처할 수 없는 법이다.

어떤 사람은 말한다. "강간으로 시작하였으나 화간으로 끝난 것은 대개 첫 번째에는 강간으로 시작되었으나 이후에 모두 화간이 이루어진 것으로, 처음 한 번만을 가리키지는 않는다." 그렇다면 이렇게 첫 강간 이후 계속해서 화간이 있었으면 모두 화간으로 처벌하면 되지 굳이 처음에 강간이었느냐를 따질 필요가 있겠는가? 옛사람이 이렇게 어리석지는 않았을 것이다. "그래도 강간은 아니다"는 세 글자로 쓴 것은 대개 그 강간을 저지를 당시를 가리켜 말한 것이다. 처음에는 강간으로 시작되었다가 결국 화간으로 바뀌었다면, 그것은 강간으로 처벌할 수 없다. 무릇 "화간을 이루었다(和成)"고 한 표현은 옛사람들이 그 [부녀자의] 마음을 꾸짖기 위해 쓴 것이다. 예를 들면, 부녀자가 강제 폭행을 당하게 되면 자신의 정절에 관계된 바이므로, 또한 분노하여 몸을 돌아보지 않고 큰소리로 고함을 지를 것이다. 강간한 사람이 이미 더러운 짓을 했어도, 그녀는 마음속으로 오로지 구해 줄 사람이 오기만을 바라마지 않는다. 그리고 강간한 사람이 도주하였더라도 바야흐로 하늘을 부르고 땅을 치며, 흐느끼며 도움을 청하는 소리가 결코 끊이지 않을 것이다. 비록 더럽힘을 당하였더라도 그 정결한 마음은 변하지 않은 것이다. 마치 뜬구름이 해나 달을 가려도 해나 달의 밝음은 여전히 저절로 드러나는 것과 마찬가지다.

만약 화간으로 끝난 것이라면 처음에는 높은 소리로 저항하며 거절하겠지만, 이미 더럽혀진 다음에는 그 마음이 달리 바뀌어 고함 소리가 갑자기 잦아든다. 마음속으로 이미 허락해 버린 것이다. 이미 허락하였다면 이는 간부와 부녀자가 서로 화간을 한 것이니, 그래도 강간으로 처벌할 수 있겠는가? 무릇 지방관이 그 사실을 심문하여 얻어 내면, 자연히 화간으로 처리하거나 그렇지 않더라도 의심스러운 사건으로 보아 일단 얼마간 죄를 경감해 주는 쪽을 택할 것이다. 이 또한 "아무런 죄도 없는 사람을 죽이기보다는 차라리 제대로 법을 지키지 않는 사람을 놓치는 편을 선택한다"는 [순임금의] 뜻에 따른 것이다.

또한 어떤 부인이 대낮이나 깊은 밤에 안방에서 갑자기 고함을 지르자, 그 남편이 곧바로 들이닥쳐 마주친 남자를 잡아 온 경우도 있다. 이 경우 대체로 그 남편은 필히 이 사람과 원한이 있어 자기 부인을 시켜 고육지책(苦肉之策)을 쓴 것이다. 그렇지 않다면 간부와 남편이 어찌 그때 공교롭게 우연히 마주치겠는가? 지방관이 이러한 사건에서 그 상황을 세밀하게 살펴볼 수 있다면 진실과 거짓이 자연스럽게 드러나고 화간인지 강간인지 곧바로 판가름될 것이다. 그래야만 엉뚱한 사람을 사형에 처하는 일로 치닫지 않을 것이다.

[그러므로] 간음사건을 심문할 때 가장 중요한 것은 신중함을 유지하는 일이다. 사건이 남녀 사이의 문제와 관계되었다고 해서 희롱하고 놀리는 말이나, 깔보고 모욕하는 태도로 임해서는 안 된다. 재판이 벌어지는 공당은 온 주현의 사민(士民)들이 관찰하는 바이고, 간음사건 역시 백성의 풍속·교화에 관계된 바이다. 따라서 단연코 응당 장엄한 말과 엄숙한 얼굴로써 사정을 미루어 심문해야 하며, 조금이라도 경박한 모습을 보였다가는 풍속·교화를 주관하는 사람으로서 도리어 그것을 망치는 역할을 맡게 될 것이다. 어찌 신중하지 않을 수 있겠는가! 부녀자가 들어와 심문 받을 때는 책상 가까이로 불러 낮은 소리로 조용하게 물어보거나, 퇴장할 때는 그녀에게 시선을 집중하여 눈으로 마중해서는 안 된다. 아마 지켜보는 사람이 몰래 비웃고 전하여 노래를 만들어 웃음거리로 삼을까 두렵다. 「판결문초안」·「심리의견」, 그리고 상사에 대한 보고서 역시 모두 장중해야지, 화려하거나 날카로운 어귀를 써서 사민에게 방탕하다고 비웃음을 당하고 상사에게는 경박하다고 업신여김을 당해서는 안 된다.

○ 간음사건은 해당 부녀자만 심리하는 데 그쳐야지, 사건 이외의 곁가지를 늘려 또 다른 부녀자를 끌어들임으로써 교화를 손상시키는 일이 있어서는 안 된다.

凡告姦未有不以强稱者, 須詳閱其狀內情由與供之口詞虛實何如. 又詳察其本夫、本婦詞色之間,[272] 是否義憤激切. 再詳觀其被告, 是否兇悍及詞色有無沮喪.[273] 再詳訊其證佐, 被告素行何如及强姦有無可確據, 且被姦係强, 何人强犯, 與被姦有無名分, 是否往來熟識之人, 或鄰或里, 强姦何時, 强姦何地, 有無挾持兇器, 被姦之婦, 有無毁傷身體、損裂下衣, 曾否成姦, 有無喊救, 是否先高後小, 先叫後止, 强姦止係婦言, 曾否親屬聞聲來見, 是否親夫拿獲, 或逃走具告, 有無所遺衣物, 一一細鞫, 是强是和, 眞情無不畢露矣.

何也? 果係强姦, 狀情所敘必直切, 口詞所供與狀情必吻合. 若和與强稱, 狀情必多紐捏,[274] 口詞必多支離,[275] 而本夫詞色不眞義憤, 且多掩覆之容. 每顧其婦, 惟恐言之或舛, 本婦面無含羞負激之態, 且言多斷續, 駁詰則前後參差.[276] 及强暴當前辯訴,[277] 而本婦俯首, 不與爭

272 사색(詞色)은 말과 얼굴표정을 가리킨다.

273 저상(沮喪)은 상심하고 실망·실의한 모습을 나타낸다.

274 유날(紐捏)은 날조한다, 억지로 짜서 맞춘다는 뜻이다.

275 지리(支離)는 여기서 말이 분명하지 않고 두루 뭉실하다, 제대로 논리가 이어지지 않는다는 뜻이다.

276 참차(參差)는 이것저것이 뒤섞이고 들쑥날쑥하여 가지런하지 못한 모습을 가리킨다.

277 변소(辯訴)는 피고인이 자신을 위해 변호한다는 뜻의 법률용어다.

執. 是婦性原柔, 念彼交情, 不覺隱微之暗逗矣.[278] 若被告貌非兇悍, 應對明便, 證佐所供, 又無確指强形. 若素係和姦, 證佐豈有不知? 庭訊之下, 雖未便明言而口角, 亦不能硬證爲强矣.[279]

至于强姦, 必靜院無人, 或荒原僻徑, 方可下手. 恐其不從, 又必挾鋒刃以嚇之, 彼此相搏,[280] 或腕面帶以傷痕. 急欲行姦, 必下衣、腰襠毁裂,[281] 豈有村居白晝徑入其家, 不懼喧爭, 不持寸七,[282] 而又體無搏競之傷, 衣鮮倉皇之裂,[283] 遽稱爲强者哉? 然又有兇徒恃其勁悍,[284] 公然大膽行强, 彼婦不能制, 或綁足蔽口, 其奈伊何? 然而貞烈性成, 死且不懼, 雖蔽其口, 而喊聲自奮, 使非家鄰皆無隻影,[285] 焉有聞聲而不往救者乎? 往救之人, 自稔見其姦狀, 以此云强, 知非謬矣.

如但始而聞聲, 鄰人方且竊聽, 忽喧聲乍止, 是始强而終以和成者也. 迨姦夫旣出, 旋復追悔, 或鄰已聞喧, 未便緘默, 又不得不以强姦之事, 泣訴本夫, 而本夫或未知始强終和之情, 咬恨報仇, 定求强論. 在問官亦不能以爾時情狀細鞫兩人, 在聞者亦不便以始喧忽息直白公庭, 然則竟以强論, 可乎? 按律: "以强合, 以和成, 猶非强"之文,[286] 則不得以强坐絞矣. 或曰: "强合和成, 蓋謂初次强合, 後皆和成, 非指此一次而言也." 若然, 後此有犯, 總以和論可矣, 又何暇追求其初之强合耶? 古人不若是迂也. 玩"猶非强"三字, 蓋卽指其强之時而言, 如云先以强合, 後以和成, 猶不得以强論也. 夫以和成者, 古人誅心之謂也.[287]

譬如, 婦人遇其强暴, 名節所關, 彼且憤不顧身, 高聲喊叫. 强者雖已行汚, 彼其心惟望救者之來而不得. 雖强者已逃, 方且呼天搶地, 其哭泣之聲, 與喊救之聲, 未嘗中絶也. 其婦雖受汚, 然其貞心不移, 猶浮雲之蔽日月, 其皎皎者固自在也.[288] 若以和成, 始未嘗不高聲拒絶, 及其被汚之後, 其心則別有所移, 而喊聲遽止, 蓋其心業已許之矣. 夫旣已許之, 則是兩相和也,

---

278 두(逗)는 머무른다는 뜻이다.

279 경증(硬證)은 증인이나 증언을 날조하여 남을 모함하는 일이나, 위증을 제공하는 사람을 가리킨다.

280 상박(相搏)은 서로 다투다, 싸우다, 치고받는다는 뜻이다.

281 요당(腰襠)은 아마도 바지나 속바지·잠방이 등을 가리키는 것 같다.

282 촌칠(寸七)은 아마 일곱 치 길이, 즉 짧은 무기나 흉기를 가리키는 것 같다.

283 창황(倉皇)은 갑작스럽고 다급한 모습을 가리킨다.

284 경한(勁悍)은 강하고 사납다는 뜻이다.

285 척영(隻影)은 한 사람의 그림자, 또는 고독하여 짝이 없는 모습을 가리킨다.

286 『대청률례』 권33 「형률 범간(犯姦)」(律366.00) 「범간(犯姦)」. "2. 强姦者, 絞[監候], 未成者, 杖一百、流三千里[凡問强姦, 須有强暴之狀, 婦人不能掙脫之情, 亦須有人知聞及損傷膚體、毁裂衣服之屬, 方坐絞罪. **若以强合, 以和成, 猶非强也**. 如一人强捉, 一人姦之, 行姦人問絞, 强捉問未成, 流罪. 又如見婦人與人通姦, 見者因而用强姦之, 已係犯姦之婦, 難以强論, 依刁姦律]."(p.521)

287 주심(誅心)은 남의 생각이나 마음 씀씀이를 드러내어 질책하는 것을 가리킨다.

288 교교(皎皎)는 아주 밝거나 흰 모습을 말한다.

而猶可以强坐乎? 夫問官鞫得其實, 自應以和論, 否則亦以疑獄姑從末減. 此亦[與其]"殺不辜, 寧釋不經"之意也.[289]

乃又有婦人, 或白晝、昏夜, 房中倏爾喊叫,[290] 而其夫卽邂逅而來者, 蓋其夫必與人有仇, 以婦爲苦肉計也.[291] 不然姦夫、親夫, 何相遇之巧耶? 問官于此等獄, 而細察其情, 則眞僞自得, 和强立辨, 不致悞入于辟, 則可矣. 審姦獄最宜持重, 不得以獄涉風流, 遂以戲謔之語、褻狎之態臨之. 公堂之上, 爲闔州縣士民觀瞻所係, 姦情又民間風化所關, 斷宜莊詞肅容, 推情研訊. 稍涉輕浮, 是主持風化者, 適所以敗壞風化也. 可不愼哉! 婦人進審, 不得喚近案前, 低聲悄問,[292] 退去不得定睛目送,[293] 恐觀者竊笑, 傳作歌謠話柄也.[294] 出「審語」、「看[語]」、「詳」, 俱宜莊重, 勿得作綺語、尖詞,[295] 使士民哂以浮蕩,[296] 上司鄙爲輕薄.

○ 姦獄止就本婦審理, 勿得節外生枝, 再牽婦女, 致傷雅化.[297]

---

289 불고(不辜)는 무죄(無罪) 또는 무죄인 사람을 말하고, 불경(不經)은 떳떳한 법에 어긋난다, 정상적인 법에 부합되지 않는다는 뜻이다. 즉 이 구절은 상벌을 행함에 있어 혹은 약간 의심스러운 바가 있으면 항상 법을 굽히고 인정을 베푼다는 것을 뜻한다. 이 구절은 『상서』「우서(虞書) 대우모(大禹謨)」에 나온다. "고요가 말하였다. '순임금의 품덕은 고상하고 허물이 없어 신하에 대해서는 간편함으로 대하고 백성에게는 관대함으로 대한다. 징벌은 자손을 연루시키지 않고, 상은 후대에까지 미치게 한다. 실수는 커도 용서할 수 있고, 의도된 범죄도 모두 감형이 가능하다. 죄의 판결에 의심스러운 부분이 있으면 가능한 한 가볍게 판결하고, 공적은 의심스러운 부분이 있어도 가능한 한 무겁게 평가한다. 아무런 죄도 없는 사람을 죽이는 것보다는 차라리 제대로 법을 지키지 않는 사람을 놓치는 편을 택한다. 생명을 아깝게 여기는 미덕은 백성의 마음속에 스며들어 당연히 사람들은 윗사람을 범하지 않게 된다'(皐陶曰: '帝德罔愆, 臨下以簡, 御衆以寬, 罰弗及嗣, 賞延于世, 宥過無大, 刑故無小, 罪疑惟輕, 功疑惟重, 與其殺不辜, 寧失不經, 好生之德, 洽于民心, 玆用不犯于有司.')."

290 숙이(倏爾. 倐爾)는 '갑자기 · 느닷없이'라는 뜻이다.

291 고육계(苦肉計)는 일부러 신체를 훼손하여 상대방의 신임을 속여서 얻어 냄으로써 이간질을 진행하는 계책을 말한다.

292 초문(悄問)은 작은 소리로, 소곤소곤 물어본다는 뜻이다.

293 정청(定睛)은 시선을 고정시킨다는 뜻이다.

294 화병(話柄)는 남에게 주는 이야깃거리를 말한다.

295 기어(綺語)는 화려하고 농염한 언사나 외설적인 말, 또는 섬세하고 완곡한 애정을 표현하는 말이나 화려한 어귀를 가리킨다. 첨사(尖詞)는 날카롭고 신기한 새로운 언사, 예리한 언사를 가리키는 것 같다.

296 신(哂)은 비웃는다는 뜻이다.

297 아화(雅化)는 순정(純正)한 교화(敎化)를 뜻한다.

| 제20권 |

형명부 刑名部 10

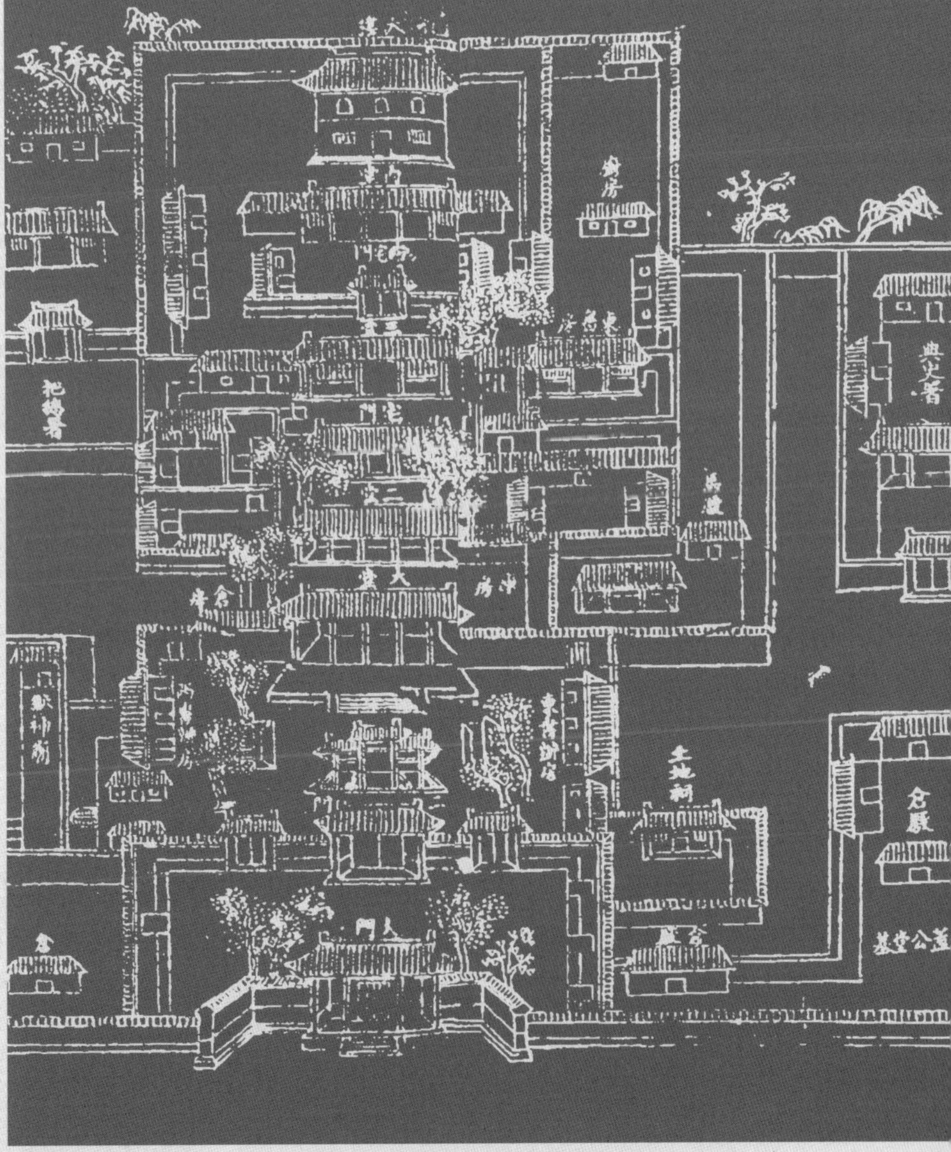

福惠全書

20-01. 흉악범(款犯)[1]

상급 아문에서 비밀리에 찾아서 붙잡도록 공문을 보내 지목하여 체포를 지시하는 경우 이를 '지명체포범(訪犯)'이라고 한다. 본지 백성이 공개적으로 죄목을 나열하여 고발하고, 피해 증인이 아주 많은 경우를 일컬어 이를 '악질범(惡犯)'이라고 한다. 상사가 비밀리에 붙잡을 것을 지시할 때는 모름지기 못으로 밀봉한 문서를 쓴다. 따라서 못으로 밀봉한 문서는 지방관이 공당[아문의 사무실]에서 가볍게 뜯어 봐서는 안 되고, 반드시 내아로 가지고 들어가서 은밀히 펼쳐 봄으로써 소식이 새어 나가는 것을 막아야 한다. 잡아야 할 범인이 평소 악행이 잘 알려졌거나 그 세력이 아주 큰 경우, 혹은 다른 공무를 빌려서 직접 체포하도록 한다. 아니면 그다음 방법으로 지방 부대의 무관에게 위임하거나, 아니면 적절한 차역에게 위임하여 속히 붙잡아 현 아문으로 데려오게 한다. 그렇지만 반드시 그들에게 한 푼이라도 돈을 갈취하거나 지방에 소란을 일으켜서는 안 된다고 엄히 지시해야 한다. 또한 「지시공문」의 엄격함이나 관대함을 살펴 응당 그 가족이나 부하를 감시해야 할 경우에는 그 이름을 명단으로 작성하여 보고하거나, 아니면 적절한 보증인을 취하게 하든지, 아니면 향약이나 보·갑장 등이 아침저녁으로 주의하여 지켜보게 함으로써 도망치거나 빠져나가지 못하게 해야 한다. 범인 본인은 쇠사슬과 쇠고랑을 단단히 채우고, 가담하는 차역의 수를 늘리고 공문을 갖추어 압송시킨다. 그리고 다시 별도의 공문이 내려오기를 기다려 그 친척을 잡아서 압송하거나 혹은 장물을 추징하는데, 모름지기 중요한 것은 중요한 친척을 수감하고 장물을 추징하는 것이다.

○ 백성이 악질범을 공개적으로 지목하면 모름지기 죄목마다 따로 불러 심문해야 한다. 곧바로 적절한 차역을 파견하여 기한을 정해 주어 몰래 붙잡아 오게 한다. 만약 범인이 도망가도록 놓아준다면 원래 파견된 차역을 무겁게 처벌한다. 한편으로는 원고와 피해 증인들을 모아서 죄목에 따라 하나하나 심문하는데, 장물이 분명하고 증언이 확실하다면 진술을 취하여 마무리하고, 악질범에게 대판(大板)으로 곤장형 30대를 매섭게 치도록 함으로

1 관범(款犯)은 본문에서 서술하는 바에 의하면 상사의 지시로 체포하거나 지방 백성의 고발로 체포하는 범인을 포괄하고 있다. 본문에 지명체포 범인(訪犯)·악질 범인(惡犯)이란 용어가 나오므로 이를 통틀어 지칭하는 용어로 흉악범이라 번역하였다. 한편 제30권 서정부(庶政部) 1 「30-06. 중대안건의 처리(承審欽件)」에서도 상부의 지시가 내려진 안건에 대한 처리의 문제를 간략히 다루고 있다.

써 인심을 통쾌하게 하고,[2] 남은 무리들이 경계심을 품게 한다. 악질범이 수감되면 피해 증인에게 「확인서」를 받고, 그런 다음에야 각 상사에게 보고를 올린다. 상사가 검토한 다음 지시를 내리기를 기다려 그에 따라 압송·보고를 할 준비를 함으로써 따로 심리를 진행할 수 있도록 한다.

○ 상사가 잡아들이도록 한 지명체포범의 경우 원한을 품은 사람들이 농간을 부리는 경우도 많은데, 단지 소문에 그칠 뿐 실제로는 큰 도적이 아닐 수도 있고, 또한 어질고 착하지만 악명을 뒤집어 쓴 사람도 있다. 만약 잡아 올려야 하는 상황인데 혹시 평소에 그 사람을 확실히 알고 있는 경우라면, 재차 비밀리에 과연 무고한지 살펴보아야 한다. 만일 상사가 현명하여 잘 받아주는 경우라면 우선 「비밀보고(密稟)」를 갖추어 완곡하게 그것이 무고라는 것을 밝혀도 좋고, 가까운 곳이라면 직접 찾아가 아뢰는 것도 좋다. 그렇게 하면 혹시 상사가 체포 공문을 회수하여 줄 수도 있는데, 이는 미리 알 수 없는 노릇이다. 그렇지 않으면 상사에게 압송하는데, 상사가 큰 죄가 아니란 것을 알고 차츰 관용을 베풀어 석방함으로써, 극도로 분노하여 순식간에 그를 사지에 몰아넣게 하는 데 이르지 않게 할 수도 있다. 이 또한 다스리는 사람으로서 마음 씀씀이를 어질고 도탑게 가져 백성의 억울함을 알아주어야 하는 것이지, 어찌 그들의 고통이 나와 전혀 상관없는 것이라고 무시할 수 있겠는가?

○ 상사가 지명체포를 지시한 범인의 경우, 혹 우선 「체포공문」이 내려오거나 아니면 붙잡은 다음 고발한 사람을 소환하기도 한다. 만약 상사의 지시에 따라 심리할 때라면 모름지기 「체포공문」에 범인·증인의 이름이 있을 것이므로, 그곳에서 붙잡아 들인 다음 아울러 고발한 원고·증인도 불러들여 함께 심문한다. 상사가 체포를 지시한 사건의 처리는 지체되어서는 안 된다. 심리할 때에는 죄목마다 먼저 증인을 불러 사선의 경과·원인을 상세하게 물어본 다음, 범인을 불러 또한 죄목마다 하나하나 심문한다. 만일 중죄 항목에 대해 기꺼이 죄를 인정하고 자백하지 않는다면, 반드시 형구인 협곤으로 다그쳐야 한다. 식견 있는 무뢰배라면 일을 도저히 감출 수 없음을 알 것이니, 하필이면 쓸데없이 모진 고문을 받고자 하겠는가? 자연히 실토하지 않을 수 없다. 한 가지 죄목에 대해 「구두진술」을 하면, 뒤이어 이 죄목에 관련된 피해 증인과 범인의 서명을 받아 내고, 물러나 다음 죄목에

---

2 청대의 경우 태형(10-50대)과 곤장형(60-100대)을 각기 소판(小板)과 대판(大板)으로 대신하면서 아울러 그 회수가 할인하여 시행하게 하였다. 이렇게 할인하여 집행한 판수가 30대라면 원래의 형벌은 곤장형 80대에 해당한다.

대한 심문을 기다리게 한다.

심문을 시작하기 전에 모름지기 먼저 『진술장부』 한 권을 만들어, 「[지명]체포[지시]공문」을 맨 앞장에 붙이고 그 뒤에 각 죄목을 나열하는데, 죄목마다 원고·피해자·증인의 성명을 나누어 기입함으로써 「구두진술」을 받아 내면서 빠진 경우가 없게 한다. 『진술장부』의 용지는 긴 종이를 사용해야만 죄목 하나하나마다 진술과 서명을 제대로 받을 수 있고, 많은 사람이 계단 아래에 빙 둘러서서 기다리지 않게 할 수 있으며, 기재된 죄목의 순서 역시 분명해진다. [심리가 끝나면] 범인을 감옥에 넣고 공범은 창고에 가두되, 나머지 보증을 세워야 할 사람은 보증을 세우고 집에 돌아가게 할 사람은 집에 돌려보내며, 올려 보낸 보고서에 대한 상사의 결재가 내려지기를 기다린다.

○ 상사가 심리를 지시한 범인의 경우 보통 아주 호된 고문(형벌)부터 우선 가하고 보는 전례가 있기는 하지만, 마구잡이로 고문을 가해서는 안 된다. 범인의 놀란 정신이 미처 가라앉기도 전에 곧바로 고문을 가했다가 목숨을 빼앗을 수도 있으니, 그렇게 되면 몹시 불편해질지도 모르기 때문이다. 단지 죄목마다 심문하여 더 이상 의심나는 것이 없으면 그가 저지른 범죄에 대해 율례를 끌어다 판결을 하는데, 율법 본문에 있으면 그것을 끌어다 쓰고 새로운 조례(新例)가 있으면 그것을 끌어다 쓴다. 만약 율례에 합당한 조항이 없으면, 다른 율법을 끌어다 유추하여 쓰는데, 힘써 타당하게 적용하면 된다.

또한 사면 이전과 이후에 범죄가 있는지 없는지를 파악하여 응당 그에 따라 각 죄를 구별한다. 이 해에 황상의 사면령이 떨어지고 그 죄목도 거기에 포함되어 있어야만 비로소 사면을 적용할 수 있고, 혹은 면죄하거나 혹은 감등할 수 있다. 또한 반드시 죄목 내의 범죄에도 가볍고 무거움이 있음을 확인하여 가벼운 죄는 제해 주고 무거운 죄를 처벌하며, 장물을 가지고 죄의 증거로 삼는데, 정례에 따라 응당 그 액수를 계산해야 할 장물의 경우 가장 많은 피해를 입은 사람 한 사람 것만 중시하고 나머지에 대해서는 무겁게 처벌하지 않는다. 그리고 「심리의견」·「사건조서」를 갖추고, 「판결문초안」을 잡아 죄인을 압송하고 보고를 올린 다음 상사의 직접 심문을 기다린다. 혹은 심문 이후 먼저 범인과 피해 증인 등의 「구두진술」에 대해 지현이 융통성 있는 「심리의견」을 제시하여 보고하고, 상사가 검토한 다음 지시를 내리면 「판결문초안」을 잡아도 좋다. 그다음에 죄목마다 처벌을 결정하여 보고를 올리면 더욱 신중한 편이 된다. 이를테면 "심문하고 판결하여 적절한 「사건조서」를 갖추도록 하라"는 내용이 지시에 들어 있다면, 바로 직접 판결을 내려 보고해도 무방한 것이다.

○ 다만 상사가 붙잡아 오도록 지시한 범인의 경우, 상사의 의지가 어떤지를 살펴보아

야 한다. 심리를 시작하기 이전에 가르침을 줄 것을 요청하여 느리거나 빠름, 관대함과 엄격함을 조절하며, 심리 이후에도 가르침을 요청하여 처벌의 가벼움과 무거움을 결정하도록 한다. 혹은 상사가 처음에는 엄격하다가 나중에는 관대해질 수도 있는데, 만약 급하게 사실에 따라 죄를 판결해 버리면 나중에 관대한 쪽으로 하고자 해도 도리어 비판과 반박을 받게 되며, 또한 허다한 종이와 먹을 쓰면서 골머리를 쥐어짜야 하게 될 것이다. [상사가 체포를 지명한 것이 아니라 본지에서] 악질범을 공개적으로 붙잡았을 경우 [이를 보고한 다음] 상사의 재가를 받아서 심리를 하게 된다면, 죄목마다 진술을 받아 율례에 따라 죄를 정하고 사면 전후의 범죄인지 아닌지도 역시 지명체포범을 심문한 경우처럼 따진다. 하지만 범인은 본 주현에서 공개적으로 붙잡아 보고를 올린 것이므로 상사가 지명체포를 지시한 경우와는 다르니, 고문으로 심문해야 할 경우라면 고문을 이용해도 좋으며, 심문·판결을 해야 할 것도 마찬가지로 바로 진행하면 되지 반드시 먼저 "상사의 뜻을 알려 주도록「보고서」를 올려 요청할" 필요는 없다.

지방에는 확실히 아주 못된 거물 악당이 있어, 무리를 결성하여 제멋대로 해치고 속이는데도 소민(小民)이 두려워하고 겁내어 감히 관청에 고발하지도 못하는 경우가 있다. 그런데 지방관 또한 평소 익히 들어 아는 바이지만, 고발하는 사람이 없기에 물의를 일으킬까 염려하여 곧바로 잡아들이지 못한다. 하지만 그 다방면에 걸친 악행의 실마리를 찾아내서 속이고 피해를 입힌 근거를 확보하면, 혹은 다른 일로 걸고 넘어져 고발하게 하거나, 아니면 지방관이 직접 나서 은밀하게 체포하도록 한다. 그렇지만 그들이 도망쳐서 오히려 지방관이 암중에 상처를 입는 일이 있어서는 안 된다. 이른바 "호랑이를 잡는 일은 부득불 서두르지 않을 수 없다"는 것이 바로 이런 일이나. 지방관은 스스로 자기 재능과 능력을 헤아려 이러한 못된 악당 무리를 제거할 수 있는 형편이 아니라면, 차라리 그냥 두고 보면서 그 죄악이 극에 달할 때를 기다리는 편이 더 낫다. 그래서 붙잡아도 되겠다고 판단이 되면, 반드시 확실하게 붙잡아 감옥에 집어넣고,「고시」를 내어 그를 고발할 원고를 찾는다. 고발자가 나서면 곧바로 심리를 벌이는데, 심문하여 사실임이 확인되고 진술도 확보한다면 뭇 사람 앞에서 대판 곤장형으로 무겁게 처벌한다. 피해자들이 이런 일을 듣게 되면「고발장」을 올리면서 다투어 몰려들 것이다. 오랫동안 쌓인 원한을 오늘 풀 수 있다는데, 누가 머뭇거리면서 발길을 멈추려 하겠는가? 다만 거물 악당은 일단 붙잡은 다음에는 단연코 쉽사리 놓아주어서는 안 된다. 심문하여 죄를 확인하면 곧바로 여러 상급 아문에 두루 올라가는「보고서」를 올리되, 반드시 직속 상사에게는「보고서」를 따로 갖추어 소속 주현의 가난한 백성을 위해 나서서 이러한 거물 악당을 제거함으로써 착하고 약한 백성을 편안하게 해 주도록 요청해야 한다. 그렇지 않으면 사나운 맹수가 우리에서 풀려나 그를 고발한 뭇 사람들에게 적지 않은 피해를 입힐 것이 틀림없다!

○ 고발당한 죄목 안의 일이 가볍거나, 무겁더라도 사실이 아니라면 곧바로 관대하게 풀어 주어 관련된 사람들이 압송되며 오가는 과정에서 받는 피해를 벗어나게 해 주어야 한다. 상사가 부임하자마자 공문을 보내어 부패한 악질 아역을 찾아서 붙잡으라고 지시하는 경우도 있고, 또한 평상시 소문을 듣고 지명하여 아역을 압송하라고 하는 경우도 있다. 이런 경우 모두 본 지현의 체면을 구기게 만드는 것이지만, 이미 훌륭한 지방관이 되겠다고 마음먹은 이상 못된 아역들이 아문에 자리를 잡는 것을 용납해서는 안 되며, 응당 일찌감치 이를 뿌리 뽑아야 한다. 만약 상사가 각 주현에 「지시공문」을 내려 보내 일괄적으로 이에 관한 보고서를 올리라고 요구하면, 다음과 같이 답장해야 한다. "현재 각 아역들은 모두 보통 때처럼 일을 맡고 있으며, 종전에 결코 죄를 범한 적이 없습니다. 또한 부패한 아역이 오랫동안 아문에 자리 잡고 있는 경우도 없기 때문에 [악질 아역을 찾아내라는] 지시대로 보고를 올릴 만한 것이 없습니다. 이상입니다." 이렇게 답장 보고를 올리는 것이 타당할 것이다.

또한 지방에는 언제나 몰래 이름을 숨기고 죄목을 날조하여 남을 고발하는 경우가 있는데, 대부분 원수 집안에서 몰래 해치고자 하는 것이니 정례대로라면 그러한 고발 자체의 접수가 허용되지 않는다. 하지만 그 「고발장」을 보존하고 몰래 조사하여 그 사람의 평소 행동을 알아본다. 과연 행실이 불량하다면, 나중에 모름지기 고발하는 사람이 있을 터이니 이것 또한 하나의 증거가 된다. "응당 몰래 조사·체포하고 심문하여 처벌해야 한다"고 주장하는 사람도 있는데, 이것은 또한 정례에 어긋나는 것이니 결코 이렇게 해서는 안 된다.

무릇 상사가 부임하면 전례에 따라 지명체포범을 잡아들여 백성의 해악을 제거하라는 지시가 떨어지기 마련이다.[3] 하지만 강남[吳浙. 즉 강소성과 절강성. 다만 이 시기 강소성은 강남성에 속했다.] 지방에서는 오랫동안 아문에 자리 잡아 위아래로 연줄을 만들고 지방 토호세력

---

3 이하 아랫부분은 뒤에서 언급되지만 이어(李漁)의 『자치신서(資治新書)』 초집(初集) 권5 「문고부(文告部) 징아두(懲衙蠹)」편에 실려 있는 왕탕곡(王湯谷)의 「엄척조방적두(嚴剔造訪積蠹)」·「금아두방후주련(禁衙蠹訪後株蓮)」·「금방두반장(禁訪蠹扳贓)」 등(pp.171-175)에서 내용을 이리저리 끌어다 편집하거나 자구를 고친 내용이 상당히 들어 있다. 때문에 내용이 중복되거나 이해에 혼란스러운 부분이 적지 않다. 이어(李漁, 1611-1680)는 자는 적범(謫凡), 호는 입옹(笠翁)으로 절강성 금화(金華) 출신인데 명말 청초의 문학가·희곡가로 잘 알려져 있다. 그의 작품은 『이어전집(李漁全集)』 20권(浙江古籍出版社, 1991, 2010)으로 정리되어 있고 『자치신서』는 그 제16·17권에 수록되어 있다.

과 결탁하는 아주 못된 악질 아역들이 일부 있다. 그들은 지방관의 장단점과 다른 아역들의 잘못한 행적을 염탐하면서, 자신의 기쁨과 노여움에 따라서 착하고 순한 사람을 모함하여 허황된 사건을 날조함으로써 그럴싸하게 겉모양만 바뀌게 하는 음모를 꾸미는데, 이를 '조방(造訪)'이라고 한다. 또한 성성(省城)이나 부치(府治) 같은 큰 도시에는 교활한 큰 악당이 있어 무뢰배를 끌어 모으고, 각 주현에서 조방을 꾸미는 무리들과 결탁하여 그 집에서 모든 계획을 주지하면서 공갈협박을 자행하는데, 이것을 '와방(窩訪)'이라고 한다. 그 사이에 거물 아역이 소문을 듣고 끼어들어서 중간에서 뇌물을 받고 명단에서 그 이름을 지워주는데 이를 가리켜 '매방(賣訪)'이라고 한다. 다른 사람의 부탁을 받고 죄 없는 사람을 사실을 날조하여 억지로 죄목에 끼워 넣는 일은 이름하여 '주방(做訪)'이라고 한다. 일부러 못된 무리들을 사방에서 내보내 그 위력과 기세를 과시하면서 힘 있는 사람은 몰래 뇌물을 써서 벗어나게 하는 대신, 다른 사람을 끼워 넣어 해를 끼치게 하는 것을 일컬어 '환방(換訪)'이라고 한다. 어떤 사람의 죄목을 늘어놓을 때 다른 사건의 장물로 보충하거나, 아문에서 심문을 받을 때에는 이 사람의 입을 빌려 사건과 관련이 없는 또 다른 사람으로 진술을 번복하게 하는 일은 '차방(借訪)'이라고 한다. 증거로 제시된 장물이 모두 반드시 진짜는 아니고, 또한 여러 가짜 증인들을 만들어 내거나 아니면 뇌물을 전달하는 도움을 주었다고 칭함으로써 수많은 사람들이 여기에 말려들게 만들어 한 집안 재산이 몽땅 털리게 만드는 것을 또한 '건방(乾訪)'이라고 한다.

요컨대 이 무리들이 조방·와방을 빌려 사람들을 협박하면 소심하고 겁 많은 사람은 이러한 체포명단에 들어가거나 지명체포를 당하여 큰 화를 입게 될까 두려워하여 부득불 주머니 속 돈을 몽땅 털어 내면서 앞을 다투어 무마시키려 하지 않을 수 없다. 덕분에 이런 무리들은 크고 높은 집에 살면서 맛난 음식과 멋진 옷을 입고 술자리를 즐기며 노래를 부르는 데 아무런 거리낌이 없다. 지명체포 지시가 떨어진 범인[악질 아역]이 법망에 걸리게 되면 각 아문[의 다른 아역들]은 또한 이런 일에 아주 익숙하던 터라, 도리어 뇌물을 받고 문제를 해결해 주겠다고 나서거나, 기회를 노려 재물을 취하면서 이들이 처자식을 파는 데 이르지 않으면 멈추지 않는다. 더욱 괴이한 것은 종전에 지명체포를 당하는 것처럼 보였던 사람은 모두 뇌물을 쓰고 풀려나며, 진정한 악질 아역 역시 모두 돈을 써서 풀려난다는 점이다. 간혹 가다 한두 가지 악행이 뚜렷하여 상사가 찾아내 체포하게 한 경우는 그 범인을 지목하고 죄명을 걸기도 한다. 그렇지만 이 경우 범인이 스스로 죄목을 모두 자백하면서 대신 멀쩡하게 보증인과 「계약서」가 있는 재산을 가지고 힘으로 차지하고 「계약서」를 협박하여 작성한 것이라고 우기는 일도 있다. 또한 무고한 친척과 친구들을 모함하면서 멋대로 이웃사람 증인이나 피해자를 날조해 낸다. 상사는 심문할 때 [이런 거짓자백에 대해] 바야흐로 크게 분노하여 당장이라도 이 못된 악당을 제거하지 못하는 것을 한스럽게 여기게 된다. 하지만 법정에서 양쪽이 서로 억울하다고 놀라서 큰소리로 호소하면서 왜 이런 데 말려들었는지 모르겠다고 하는데다가, 부정한 재물이나 장물에 아무런 정확한 증거도 없다면, 자칫하면 수많은 원망과 억울함을 통해 범인이 축적한 이런 재물[에 대한 의혹]이 눈 녹듯 사라져 버린다. 이렇게 되면 결국 법질서의 집행을 감찰하고자 하였던 상사의 의도는 다만 못된 무리들의 희롱거리로 전락하게 될 뿐이다.

하지만 그래도 이것은 지명체포 과정에서 출현하는 폐단이라고 할 수 있다. 더 큰 문제는 일단 이러한 지명체포를 한번 거친 진짜 악질 아역들은 이후 그 흉악한 심보가 더욱 맹렬해지고, 못된 악행의 기세가 더욱 거칠어진다는 점이다. 스스로 법망에서 빠져나가기 어려움을 알고 마침내 막무가내로 나와 아무 사람이나 깨물어댄다. 마음속에 기억하고 있던 제법 잘 사는 집안이나, 자신과 조금이라도 기분 나쁜 일이 있었던 사람에 대해서 아무런 증거도 없이 공갈을 치거나, 입에서 나오는 대로 무고하여 끌어들이는 것이다. 그리하여 관청에 잡혀가 감창에 갇혀 재판을 받게 됨에 이르러서는 사실 무엇이 옳고 무엇이 그른지 분간하기 어렵게 되니, 심리를 종결할 때 그가 하는 일은 오로지 장물과 죄를 남에게 덮어씌우는 것뿐이다. 억울하게 말려든 사람은 먼 길로 압송되어 재판을 받고, 컴컴한 감옥에 갇혀서 수도 없이 심문을 받다 보면 그 기간이 몇 달을 넘어 해를 넘기기 일쑤다. 사건의 진상이 밝혀질 무렵이 되면 그의 재산은 이미 모두 탕진되어 버린다. 부호와 소민은 그래서 이러한 것을 마치 뜨거운 물이나 불처럼 무서워하면서, 차라리 그 더러운 욕심을 채워 주더라도 끌려 들어가 고통을 당하는 것을 피하는 것만으로도 다행이라 여길 수밖에 없으니, 누가 감히 재물을 따지고 시비를 가리려 하겠는가? 그러므로 지명체포가 이루어진 다음에는 백성이 도리어 그 이전보다도 더 악질 아역을 무서워한다는 것은 바로 이런 일을 두고 하는 말이다.

그런데 아역이 부정한 재물을 손을 대는 것은 마치 호걸처럼 득세할 때이다. 총애를 믿고 권한을 독점하여 제멋대로 전횡을 저지르며, 관부를 빌려 자신의 죄를 감춰 줄 가림막으로 삼고, 백성을 어육처럼 착취하는 것이다. 아니면 창고 세량을 관리하다가 기회를 타서 빼돌리거나, 창고 물자로 제멋대로 자기 배를 살찌운다. 혹은 소송이 벌어지는 것을 이용하여 구실을 만들어 돈을 갈취하거나, 아니면 심복이 제공해 준 실마리에 의존하여 사건을 날조하여 엉뚱한 피해자를 지목하기도 한다. 그 기세가 사람을 놀라게 하고, 권한의 칼자루를 모두 잡고 있기 때문에 누구든 그의 뜻을 떠받들면서 더욱더 아부하지 않는 경우가 없다. 하지만 하루아침에 이 못된 행적이 폭로되면, 부정하게 모은 재물이 산더미처럼 널려 있어 죄목마다 추궁을 받게 된다. 그는 모든 죄악이 사실은 자기가 만들어 낸 것임을 생각지 않고 계책을 꾸며 남을 해치고자 한다. 이름을 빌려 재산을 팔아치우거나, 아니면 모자라는 창고 재고를 채워 넣겠다고 하면서 누가 빌려 가서 갚지 않았으며, 누가 부정한 재물을 나눠 가졌다고 거짓말을 하는 것이다. 가짜로 엉터리 「토지계약서」를 만들고 다른 사람이 매매하였다고 고발하거나, 평소에 원한이 있던 사람을 막무가내로 무고하여 그가 붙잡혀 와 추궁을 받게 만든다. 심문하는 지방관은 결국 사건을 마무리하는 데 급급할 수밖에 없으니, 어찌 억울하거나 무고를 당한 경우를 간파하여 제대로 된 판단을 내려 줄 여지가 있겠는가?

그렇다고 지방관에게 어찌 한 푼의 은냥이라도 넘겨준 적이 있겠는가? 모두 다 범인이 스스로를 살찌우기 위함이었을 뿐이다. 그래서 부유한 백성을 골라 지명하여 고발하겠다고 떠들어대며, 그 일당은 이 사람을 흔들어대면서 협박을 하고 집안 재산이 얼마인지를 헤아려 결국 욕심을 잔뜩 채우고 나서야 그만둔다. [그들은 또한 평소] 장물이나 벌금을 자기 수입으로 생각하고 감옥에 대한 모든 권한을 독점하여 왔으므로, 바야흐로 감옥 문 앞에 편히 앉아서 술과 고기를 배불리 먹으면서 그에게 무고를 당한 사람들이 고문을 받고 감옥에 갇혀 돈을 뜯기고, 결국은 재산도 목숨도 모두 빼앗기게 만든다. 따라서 그들이 악행을 저지를 때 백성이 피해를 입기는 하지만, 그들의 악행이 법망에 걸려들 때는 더욱 큰 문제가 생겨난다. 거기 말려들어 피해를 보는 백성이 훨씬 더 늘어나는 것이다. "지명체포 공문이 한번 떨어지는 것은 마치 황상의 조칙이 한번 떨어진 것과 같은 큰 소동을 낳는다"는 지방의 속담은 이래서 생긴 것이다. 심문을 맡은 아문에서는 수많은 증인을 압송하기 위해서 사방으로 나누어 차역을 파견하는데, 그들이 저지르는 일반 백성에 대한 갈취와 소요는 마치 범인에 대하는 것과 똑같기 때문이다. 상사가 흉악범을 찾아서 붙잡으라고 지시를 내린 것은 본래 백성을 위해 우환을 제거하고자 함인데 도리어 백성에게 큰 해를 가져다주니, 백성이 어찌 이런 거동을 기뻐하겠는가?

예전에 있었던 순안어사(巡按御使)는 오로지 백성을 편안하게 만들 목적으로 설치되었던 것이다. 따라서 토호와 악질 아역을 찾아내서 붙잡는 일은 순안어사를 임명하는 「칙서」에 그 임무로 기재되어 있었으므로, [일단 순안어사가 방문하면] 소속 주현은 이 때문에 큰 소동을 겪지 않는 경우가 없었다. 따라서 지명체포안이 가져오는 폐단은 순안어사가 출현할 때 가장 심하였다. 특히 절강순안어사를 지낸 왕탕곡(王湯谷)이 지명체포안의 폐단을 금지하기 위해 반포한 여러 고시가 이어(李漁)가 편찬한 『자치신서(資治新書)』 안에 들어 있기 때문에, 나는 그것을 참고하여 서술하였다. 그렇게 함으로써 당시 악질 아역 지명체포안이 낳은 참담함이 이와 같았음을 보여 주고자 하였다.

하지만 오늘날에는 순안어사가 폐지되었는데, 독무가 임지에 부임하면서 또한 가끔 이를 실행하는 경우도 있다. 그런데 그 형세로 짐작해 보건대, 순안어사의 활동은 1년이란 시간 동안 한 성의 모든 지방을 두루 거치며 다녀야 하는 것이므로, 모든 일처리를 응당 급박하게 처리하여 직무에 부응하려 하지 않을 수 없다. [이에 비해 지금의] 독무는 자기가 관할하는 성 전체에 대한 질서 유지를 담당하는 바이니, [그렇게 성급하게 나설 필요 없이] 모든 악질 아역에 대해 전반적으로 조사를 하고 나서 차츰차츰 이들을 잡아들인다고 하면 무슨 문제가 있겠는가? [그러한 경우 지방관이 할 일은] 피해는 반드시 나서서 고발하는 사람이 있는 경우만 접수하고, 부정한 재물에 대해서는 모름지기 조사해서 사실임이 확인된 것만을 확정하되, 죄목 밖의 사안에 대해서는 멋대로 무고하는 것을 허용하지 않아야 한다. 부정한 재물은 그 사람에 대해서만 추징할 뿐, 무고한 사람을 연루시키는 것을 허용하지 않아야 한다. 피해자를 불러와 심문할 때는 단지 보증인을 세워 대질심문을 대기시키면 될 뿐, 제멋대로 구금하거나 차역이 단 한 푼의 돈이라도 갈취하는 것을 허용해서는 안 된다. 지방에 둥우리를 틀고 있는 와방·조방을 자행하는 간악한 무리들은 몰래 잡아들여 사실을 확인하면 곧바로 곤장형으로 때려죽임으로써, 금전을 협박으로 갈취하고 선량한 백성을 모함하는 무리들에게 경고를 해야 한다. 만약 이렇게 할 수 있다면 진짜 악질 아역은 그물에서 빠져나가지 못할 것이고, 백성은 안정된 삶을 누릴 수 있으며, 간교한 아역들 역시 그 못된 권한을 함부로 남용하지 못하는 기풍이 만들어질 것이다.

上司衙門密訪,[4] 行牌坐名擒拿者,[5] 謂之: '訪犯'.[6] 本治人民公舉列款首告,[7] 害證衆多者, 謂之: '惡犯'. 上司拿訪必係釘封.[8] 凡釘封文書不可當堂輕拆, 須攜入內衙密看, 毋使走漏消

4 밀방(密訪)은 비밀리에 수색하여 체포한다는 뜻이다. 방나(訪拿, 訪拏)는 수색하여 체포하는 것을 가리킨다.

5 패(牌)는 즉 「패문(牌文)」을 가리킨다. 좌명(坐名)은 지명한다는 뜻이다.

6 방범(訪犯)은 비밀리에 수사하여 체포하도록 지시가 내려온 죄인이라는 뜻이다. 방(訪)은 찾다, 방문하다, 조사하여 처리한다는 뜻이다.

7 본치(本治)는 본 관할구, 본 치소(행정아문이 있는 곳)를 가리킨다. 관(款)은 찾다, 탐색하다, 자백하여 인정하다는 뜻도 있지만, 법령 등의 조관(條款)이나 항목(項目)이라는 뜻도 있다. 여기서는 후자의 뜻으로 보인다. 수고(首告)는 다른 사람을 대신해서 고발하거나 알린다는 뜻이다.

8 나방(拿訪)은 체포를 위해 방문·수사를 말한다. 정봉(釘封)은 특수한 방법으로 봉합한 문서. 못과 종이 실을 사용하여 봉합함으로써 중요한 기밀문서임을 나타내는데, 주로 범인 체포·처결에 관한 공문에 사용된다.

息. 視所擒之犯, 果係惡蹟素聞,[9] 手眼甚大,[10] 或託名公事, 親自擒拿. 其次或委徧官, 或差的役,[11] 速行鎖拿到縣.[12] 須先嚴飭官、役, 不許需索分文及騷擾地方. 又視其來文之寬嚴,[13] 應看守家屬者, 將家屬人口報名記單, 或取具的保,[14] 或著鄕、甲人等, 早晩小心防護, 毋致逸脫疏虞. 其本犯牢加杻鎖, 添差具批起解.[15] 俟有另文, 提解家屬, 或追比贓私,[16] 須將要屬收監追比.[17]

○ 民人公擧惡犯, 須逐款喚問, 卽宜差妥役, 立限密拿. 如有狥縱,[18] 原差重處. 一面拘齊原告、被證, 逐款硏訊, 贓眞證確, 取供畢, 將惡犯大板痛責三十,[19] 以快人心, 而警餘黨. 惡犯收監, 害證取保,[20] 然後申詳各憲, 俟批審擬解報,[21] 以便另行審理.

○ 上司訪犯每有仇口播弄,[22] 事屬風聞, 實非巨惡, 且有良善而負以惡名者. 若經提拿, 或平素確知其人, 再加密訪, 果係無辜, 如上司精明聽納,[23] 不妨先具「密稟」, 婉白其誣, 近則親見面稟, 或上司收回提牌, 未可知也. 否則解往上司, 知非大惡, 漸從寬釋, 不致如髮指眥裂,[24] 遽欲置之于死也. 此亦爲民牧者, 處心仁厚, 知吾民之負屈,[25] 遂痛癢之不相關, 可乎?[26]

○ 上司拿到訪犯, 或先有「訪單」,[27] 或拿後召告. 若批發審理,[28] 必將「訪單」有名犯證, 該

---

9 소문(素聞)은 평소 들었다, 들렸다는 뜻이다.

10 수안(手眼)은 자신의 재주나 식견, 또는 기량이나 안계(眼界)·안광(眼光)을 가리킨다.

11 적역(的役)은 적당한 아역을 뜻한다.

12 쇄나도현(鎖拿到縣)은 체포해서 쇠사슬로 묶은 다음 현 아문으로 압송하는 것을 말한다.

13 관엄(寬嚴)은 관대함과 엄격함을 가리킨다.

14 적보(的保)는 적당한, 확실하고 믿을 만한 보증인이나 점포를 가리킨다.

15 첨차(添差)는 정원 외에 추가로 차역을 파견한다는 뜻이고, 구비(具批)는 「확인서」를 갖춘다는 뜻이다.

16 추비(追比)는 기한을 한정하여 납세나 파견, 임무 교대 등에 대한 임무 완성을 독촉하고, 기한을 넘기면 처벌하는 것을 말한다.

17 요속(要屬)은 가족·부하 가운데 중요한 사람들을 가리킨다.

18 순종(徇縱)은 정실에 사로잡혀 풀어 준다는 뜻이다.

19 판(板)은 대나무조각으로 만든 태형의 형구를 가리킨다. 통책(痛責)은 엄격하게 질책·처벌한다는 뜻이다.

20 해증취보(害證取保)는 피해 증인에게 「확인서」를 받는다는 뜻으로 보인다.

21 비심의(批審擬)는 재판·판결에 대한 상사의 검토, 즉 상사가 보고서를 훑어보고 검토하는 것을 뜻한다.

22 구구(仇口)는 원수의 입이라는 뜻이고, 파롱(播弄)은 가지고 놀다, 농간을 부리다, 도발하다, 부추긴다는 뜻이다.

23 청납(聽納)은 듣고 받아준다, 간언을 잘 받아들인다는 뜻이다.

24 발지자열(髮指眥裂)은 원래 『사기』 권7 「항우본기(項羽本紀)」에 나오는 "(劉邦을 지키려는 樊噲가) 마침내 안에 들어가 장막을 들추고 서쪽을 향해 서서 눈을 부릅뜨고 항우를 쳐다보는데, 머리카락은 위로 곤두섰고 눈자위는 찢어질 듯하였다(噲遂入, 披帷嚮西立, 瞋目視項王, 頭髮上指, 目眥盡裂.)."라는 유명한 홍문연(鴻門宴)의 고사에서 비롯되었다. 발지(髮指)는 발상지관(髮上指冠)·발상충관(髮上衝冠), 즉 머리카락이 곤두서서 모자를 뚫을 정도라는 것이고, 자열(眥裂) 역시 눈가가 찢어진다는 것으로 둘 다 몹시 분노한 모습을 나타낸다.

25 부굴(負屈)은 억울함이라는 뜻이다.

26 통양(痛癢)은 아픔과 가려움이란 뜻으로 이해관계나 질고·폐단을 비유한다.

27 「방단(訪單)」은 관부에서 범인을 집포(緝捕)하는 공문, 즉 「지명수배자 명단」을 가리킨다.

28 비발(批發)은 상사가 결재한 내용을 내려 보낸다는 뜻이다. 따라서 비발심리는 상사의 지시에 의해 이루어지는

處提拿, 及召告原證, 一併批審. 上司訪件, 不可遲緩. 審時逐款先喚害證, 將始末根由, 詳細問明, 後喚訪犯, 亦逐款研訊. 如重罪之款, 不肯承招,[29] 必須以夾棍嚇之, 彼既明眼光棍,[30] 見事難終蔽, 何必枉受毒刑, 自然實吐. 一款供明, 隨令本款害證及本犯畵供, 令退再審別款. 未審之先, 須先立一『供冊』, 將發審文牌裝頭,[31] 後開各款, 每款原告、被害干證, 姓名分列, 以便記取「口供」, 毋致遺漏. 其書「供單」要長, 以便逐款畵供, 庶不致人多環擠堦下, 而款項之頭緖亦淸矣. 除訪犯收監, 尾犯羈倉,[32] 其餘應取保者取保, 應寧家者寧家, 候詳定奪.

○ 上司發審之犯, 例有迎風板,[33] 然不可擅用刑責. 恐本犯驚魂未定,[34] 輒自加刑殞命,[35] 甚爲不便. 只要逐款審問無疑, 逐款問擬,[36] 以所犯之罪, 引擬某律例, 有律引律, 有新例引新. 若律例皆無合應, 比照某律,[37] 務要允協.[38] 有無赦前、赦後,[39] 仍應分別所犯之罪. 是年詔款在赦, 方可援赦, 或免罪、或減等. 須要看明款內罪有重輕, 除輕坐重, 以贓入罪, 例應計贓者, 以多者一主爲重, 餘不重科. 出具「看語」、「敍招」,[40] 定擬詳解,[41] 候上司親鞫, 或審後先將本犯及害證等「口供」, 出一活看申解,[42] 候上司批發定擬. 然後按款擬罪具詳, 更爲愼重. 如前批卽

심리를 가리킨다.

29 승초(承招)는 죄를 인정하고 자백·진술을 한다는 뜻이다.

30 명안(明眼)은 밝은 눈을 말하는데, 사물에 대한 관찰이 아주 뚜렷하다거나 식견이 있음을 비유한다. 광곤(光棍)은 건달·유맹(流氓)·홀아비 등을 가리킨다.

31 장두(裝頭)는 문서 각 부분마다 나오는 맨 앞의 총서(總敍)를 가리킨다.

32 미범(尾犯)은 공범을 말한다. 수감(收監)은 감옥에 넣는 것이고 기창(羈倉)은 창고에 묶어 둔다는 뜻이다. 감창은 죄인을 수감하는 장소나 감옥을 통칭하는 것이기도 한데, 여기서는 감옥과 창고로 나누고 있다. 제3권 부임부 2 「3-03-03. 감방과 감창(監倉)」 부분을 참조.

33 영풍판(迎風板)은 부임한 신임관리가 위풍을 과시하기 위해 사용하는 수법·방법을 가리킨다. 부임하자마자 수십 명을 잡아다 책벌을 내리는데, 칼을 씌우거나 노역형을 보내거나 곤장형으로 때려죽이는 등으로 위세를 과시하는 것이다.

34 경혼(驚魂)은 깜짝 놀란 마음·정신을 가리킨다.

35 운명(殞命)은 죽다, 사망한다는 뜻이다.

36 문의(問擬)는 범인에 대한 심문과 판결을 가리킨다. 이에 대해서는 제12권 형명부 2 「12-01. 심문과 판결(問擬)」·「12-08. 심문·판결 여론(問擬餘論)」을 참조.

37 비조(比照)는 비부(比附)와 같은 뜻으로 보통 율례 가운데 바로 적용할 만한 타당한 처벌조례가 없을 경우 유추(類推)하여 가장 가까운 관련 조례를 적용하는 것을 가리킨다.

38 윤협(允協)은 확실하게 들어맞는다, 어울린다, 또는 적절하다, 적당하다는 뜻이다.

39 사전(赦前)은 범죄가 은사(恩赦) 이전에 있었던 것이라 원면(援免)을 허용하는 것이고, 사후(赦後)는 범죄가 은사 이후에 이루어진 것이라 원면의 범위에 해당되지 않는다는 것이다.

40 「서초(敍招)」는 「사건조서」를 가리킨다.

41 정의상해(定擬詳解)는 지현 자신의 판결문초안을 상사에게 보고를 올려 보낸다는 뜻이다.

42 활간(活看)은 뜻이 분명하지 않는데, 아마 내용에 상당한 융통성이 있는 간어, 즉 지방관의 「심리의견」을 가리키는 것 같다.

有“究擬妥招”字樣, 便徑擬報無妨.

○ 但上司訪犯, 要看上司意旨何如. 未審之先, 要請教口氣,[43] 以便遲速、寬嚴. 既審之後, 要請教口氣, 以便輕重定擬. 或上司始嚴而終寬, 若急爲據實定罪, 雖欲從寬, 反滋批駁, 又費許多紙筆心思也. 公舉惡犯, 既奉上司批發審擬, 其逐款取供, 按律例定罪. 有無在赦前後, 亦如審訪犯式. 但恐犯係本州縣公舉申詳,[44] 與上司提拿訪犯不同, 應刑訊之處,[45] 不妨動刑,[46] 應問擬之處, 徑行問擬, 不必先謂: “稟請意旨”也. 地方果有元慤、豪棍,[47] 聚結黨羽, 肆行騙害,[48] 小民畏怯,[49] 不敢申控.[50] 而司牧素亦稔聞, 因無人告發, 不便徑拿, 恐生物議.[51] 然訪其積惡多端, 騙害有據, 或因他事鳴公,[52] 或官親自密拿. 但不得使其逸脫, 反受暗傷.[53] 所云: “縛虎不得不急”者,[54] 此類是也. 官長自量才力, 非可剪惡除奸, 莫若置之以俟盈貫.[55] 倘度可擒拿, 定須拿, 俟收監出示「召告」, 有告卽審, 審實取供, 大板當衆重責. 被害聞之, 呈告紛至, 使積恨獲伸于今日, 猶有逡巡畟足者乎?[56] 但大惡既擒, 斷難輕縱, 審實通詳, 須要具稟上臺, 爲下邑窮民作主, 殄此巨慤, 以安良懦. 否則縱兕出柙,[57] 貽害諸控告者, 非淺鮮哉![58]

○ 所告款內, 事輕及雖重不實者, 徑宜開豁,[59] 免致干連提解、往來受累.[60] 上司到任, 有

---

43 구기(口氣)는 말씨 · 격조 또는 관점이나 견해를 뜻한다.

44 신상(申詳)은 상급 관청에 상세하게 보고를 올리는 것을 말한다.

45 형신(刑訊)은 고문하면서 심문한다는 뜻이다.

46 동형(動刑)은 형벌을 시행한다, 즉 형구를 인체에 사용한다는 뜻이다.

47 원대(元慤)는 으뜸가는 악인, 원흉이라는 뜻이고, 호곤(豪棍) 역시 대악당이라는 뜻이다.

48 편해(騙害)는 속여서 손해를 입힌다는 뜻이다.

49 외겁(畏怯)은 두려워한다, 겁낸다는 뜻이다.

50 신공(申控)은 상부를 향해 진술하면서 고소한다는 뜻이다.

51 물의(物議)는 뭇사람의 의론을 가리킨다.

52 명공(鳴公)은 아마 아뢰어 호소하다, 고발한다는 명공(鳴控)을 가리키는 것으로 보인다.

53 암상(暗傷)은 암중에 비방한다, 상처를 입힌다는 뜻, 또는 내상(內傷)을 가리키기도 한다.

54 박호(縛虎)는 맹호를 잡아 묶는다는 것, 즉 제압하기 어려운 사람을 제압하는 일을 비유한다. 이 말은 나관중(羅貫中)의 『삼국[지통속]연의(三國[志通俗]演義)』 제19회에서 조조(曹操)가 여포(呂布)를 붙잡으면서 한 말이라고 한다.

55 영관(盈貫)은 구멍으로 줄을 넣어 동전을 가득 꿴다는 것, 또는 활시위를 최대한 당기는 것을 가리킨다. 즉 최대한이라는 뜻이나 아주 많음을 비유하는 데 쓰인다. 『좌전』 선공(宣公) 6년조의 “그 자신의 백성을 해치도록 하여 그것이 극한에 이르면 가히 섬멸할 수 있을 것입니다(使疾其民, 以盈其貫, 將可殪也).”라는 구절에서 비롯되었다.

56 준순(逡巡)은 망설이다, 머뭇거리다, 유예한다는 뜻이고, 척족(畟足)은 척족부전(畟足不前), 즉 발을 묶고 앞으로 나가지 않는다는 뜻이다.

57 종시출합(縱兕出柙)은 외뿔들소(무소의 암컷)가 우리를 벗어나게 한다는 뜻이다. 시호(兕虎)는 맹수를 통칭한다고 하므로, 결국 맹수나 사나운 짐승이 우리에서 풀려난다는 것을 가리킨다.

58 천선(淺鮮)은 경미하다, 엷다는 뜻이다.

59 개활(開豁)은 생각이나 뜻이 탁 트였다는 뜻인데, 다른 사람의 죄이나 과실을 풀어 주거나 관대하게 용서해 준다

訪拿衙蠹者,[61] 亦有平日風聞坐名提拿者, 均與本官體面有礙. 然立心旣作好官, 自不應容此蠹役盤踞衙門, 宜革遂之于早. 倘上司行牌州縣一槩造報, 則可具文申覆: "現在各役俱係平常供役, 從前並無過犯, 亦無年久積蠹盤踞衙門, 無憑造報, 須照來牌"云云, 申覆爲妥. 地方每有匿名砌款,[62] 指首某人, 必係仇家暗害, 例不准行. 但宜存狀密訪, 使知其人素行, 若果不良, 後必有人告發, 此亦其一證也. 說者謂: "宜密拿審究." 是又與例違, 斷斷不可.

夫上臺到任,[63] 例拿訪犯, 以除民害. 而吳浙之間, 有等積年巨蠹, 盤踞衙門, 專通上下線索, 勾連地方勢豪, 偵探官府短長、胥役所行過蹟, 憑其喜怒, 牽陷良善,[64] 取捕風捉影之事,[65] 裝頭換面之謀,[66] 名曰: '造訪'.[67] 其省郡之地,[68] 又有神奸大猾, 糾聚無賴, 勾連各州縣造訪之徒, 主于其家, 操謀設計, 嚇詐橫行, 名曰: '窩訪'. 其間大蠹聞風, 夤緣賄縱,[69] 刪抹姓名,[70] 名曰: '賣訪'. 受人囑託, 硬砌無辜,[71] 揷入款內, 名曰: '做訪'. 故令奸黨四出, 招搖聲勢,[72] 而有力潛行買脫,[73] 復又裝害他人, 名曰: '換訪'. 列此人之款, 塡局外之贓, 及質審當前,[74] 卽借此人之口, 翻供局外之人,[75] 名曰: '借訪'. 贓旣未必皆眞, 又復多捏干證, 或稱過付助惡,[76] 以致重疊株連,[77] 破家蕩産, 又名曰: '乾訪'.

는 것을 가리키기도 한다.

60 간련(干連)은 견련(牽連)된다, 얽혀 들어간다는 뜻이다.

61 아두(衙蠹)는 아문 속의 부패한 이역(吏役)을 가리키는 멸칭(蔑稱)이다.

62 체(砌)는 문이나 계단의 섬돌을 뜻하지만, 겹쳐서 쌓는다는 뜻에서 이리저리 모아서 날조한다는 뜻도 있다. 따라서 체관은 아마 사실을 날조한 고발 항목이라는 뜻으로 보인다.

63 상대(上臺)는 상사·상관을 말한다. 궁정이나 조정을 가리키는 경우도 있다.

64 견함(牽陷)은 끌어당겨 빠뜨린다는 뜻이다.

65 포풍착영(捕風捉影)과 같은 뜻으로, 허황되고 실질이 없는 것, 또는 아무런 근거가 없는 억측이라는 것을 가리킨다.

66 장두환면(裝頭換面)은 개두환면(改頭換面)처럼 바꾸어 분장한다, 모습을 바꾼다는 뜻이다. 단지 겉모양만 바뀔 뿐, 그 실질·내용은 바뀌지 않는 것을 비유하기도 한다.

67 조방(造訪) 자체의 원래 의미는 방문·배방(拜訪)한다는 것인데, 여기서는 상사의 지명수배범 처벌지시를 엉뚱한 방향으로 처리하여 무고한 사람을 처벌하게 하는 음모를 가키는 것으로 보인다.

68 성군지지(省郡之地)는 성의 수도, 즉 성도(省都. 또는 省會)와 부의 아문이 있는 부치(府治)를 가리킨다.

69 인연(夤緣)은 달라붙다, 연락하다, 따른다는 뜻으로 즉 관계를 만들어 비위를 맞추거나 아부하는 것을 비유한다. 회종(賄縱)은 뇌물을 받고 도주하도록 방치하는 것을 말한다.

70 산말(刪抹)은 제거하다, 지운다, 삭제한다는 뜻이다.

71 경체(硬砌)는 억지로 무리하게 사실을 날조한다는 뜻으로 보인다.

72 초요(招搖)는 드러낸다, 과시한다는 뜻이므로 초요성세(招搖聲勢)는 아주 크게 위세를 과시하는 것을 가리킨다.

73 매탈(買脫)은 뇌물을 써서 풀려나거나 벗어나고자 한다는 뜻이다.

74 질심(質審)은 대질심문, 당전(當前)은 맞이한다는 뜻이다.

75 번공(翻供)은 자백·진술을 뒤집는다, 번복한다는 뜻이다.

76 과부(過付)는 뇌물을 전달하거나 보내는 것을 말한다.

77 주련(株連. 株聯)은 한 사람이 죄가 있는데 여러 사람을 연루시켜 끌어들이는 것을 말한다.

總之, 此輩假造訪、窩訪以嚇人, 而膽怯心虛者, 又以入訪、被訪爲烈禍,[78] 不得不傾竭囊金,[79] 彌縫恐後.[80] 于是, 此輩高房大舍, 玉食錦衣, 宴飮酣歌, 恣橫無忌. 迨至訪犯身罹憲網, 而各衙門乃若輩輕車熟路,[81] 反爲經營打點,[82] 攫利取財, 不致于鬻女賣妻而不已. 更可怪者, 從前裝訪之人, 盡爲賄脫, 眞蠹又皆賣放. 間有一、二惡蹟著聞, 爲上官廉訪者, 坐名取款. 彼卽令本人自開款蹟, 以明中「正契」之物産,[83] 虛塡霸占强謀; 以親朋、故舊之無辜, 妄揑證鄰、被害. 上官庭鞫之時, 方裂眦髮指, 恨不立除奸惡. 及兩造喧呼錯愕,[84] 未識所由釁, 若贓私毫無的據, 幾令怨積冤屯化作雪消氷散,[85] 是又以風憲臺司,[86] 僅供羣棍之戲弄而已.

然此猶爲訪拿之害也. 及其眞蠹一經訪拿之後, 惡心愈猛, 惡焰愈熾, 自知法網難逃, 遂爾橫行放潑,[87] 恣意噬人, 將胸中所記溫飽之家及有眦睚小隙者,[88] 至是憑空嚇詐, 信口株扳,[89] 以致遭官繫獄, 剖斷之下, 難分眞是眞非, 審結之時, 惟有卸贓卸罪.[90] 然而被扳者長途解審, 黑禁幽囚,[91] 六問三推,[92] 經年累月, 迨至水落石出,[93] 而身家業已破蕩矣. 富戶、小民畏如蕩火, 但願饜其貪壑,[94] 免爲扳累, 便爲萬幸,[95] 尙敢較錢財, 論是非乎? 小民畏衙蠹于旣訪之後,

---

78 열화(烈禍)는 큰 재앙이라는 뜻이다.

79 경갈(傾竭)은 주머니를 뒤집어 모두 다 꺼낸다, 몽땅 다 쓴다는 뜻이고, 낭금(囊金)은 주머니에 있는 돈, 가진 돈이라는 뜻이다.

80 미봉(彌縫)은 메운다, 방법을 강구하여 폭로를 피한다, 억지로 유지한다는 뜻이다. 공후(恐後)는 남에게 뒤처질까 두려워한다는 뜻, 즉 앞서려고 다투고 뒤처질까 두려워한다는 쟁선공후(爭先恐後)를 가리킨다.

81 경거숙로(輕車熟路)는 가벼운 마차를 타고 익숙한 길을 간다는 것으로 사정이 아주 익숙하고 쉽다는 것을 비유한다. 당의 한유(韓愈)가 쓴 「송석처사서(送石處士序)」의 구절("若駟馬駕輕車就熟路, 而王良造父爲之先後也.")에서 비롯되었다.

82 경영(經營)은 준비해서 마련하거나 세운다는 뜻도 있지만, 주선한다는 뜻도 있다. 타점(打點)은 뇌물을 써서 다른 사람과 소통할 수 있도록 청탁한다는 뜻, 즉 뇌물을 써서 유리한 방향으로 처리하려는 행위를 가리킨다. 여기서 경영타점(經營打點)은 돈을 써서 문제를 해결해 주겠다고 알선하는 것을 가리킨다.

83 명중「정계」(明中「正契」)는 중개인이 분명하고 정식으로 작성된 「계약서」라는 뜻이다.

84 훤호(喧呼)는 호통 치다, 큰소리를 지른다는 뜻이고, 착악(錯愕)은 뜻밖의 일로 깜짝 놀라다, 대경실색한다는 뜻이다.

85 적둔(積屯)은 모아서 저장한다는 뜻이다. 따라서 원적원둔(怨積冤屯)은 남을 해쳐서 모은 재산이나 재물을 가리킨다. 설소빙산(雪消氷散)은 빙소무산(冰消霧散. 冰銷霧散)처럼 사물이 소실되거나 와해되는 모습을 비유한다.

86 풍헌(風憲)은 풍기법도(風紀法度), 또는 감찰이나 법기(法紀)를 담당하는 관리, 어사를 가리킨다. 풍헌관(風憲官)은 법기 집행을 감찰하는 관리, 대사(臺司) 역시 어사대(御史台)의 직무를 가리킨다.

87 방발(放潑)은 흩뿌린다, 도대체가 이치를 따지지 않는다, 막무가내라는 뜻이다.

88 자애(眦睚)는 노려보다, 흘겨본다는 뜻이다.

89 신구주반(信口株扳)은 입에서 나오는 대로 여러 사람을 끌어들여 무고한다는 뜻이다.

90 사장사죄(卸贓卸罪)는 장물이나 죄를 남에게 덮어씌운다는 뜻이다.

91 유수(幽囚)는 감금된다는 뜻이다.

92 육문삼추(六問三推)는 거듭해서 심문하는 것을 말한다.

93 수락석출(水落石出)은 수위가 떨어지면서 돌이 나타난다는 것으로 사물의 진상이 완전히 드러남을 비유한다.

甚于未訪之先者, 此也.

然衙蠹所以犯贓者, 于豪雄得勢之時,[96] 恃寵專權, 作威作福,[97] 借官府爲庇廕,[98] 剝百姓如魚肉. 或經管倉糧, 乘機乾沒[99]; 或司掌庫藏, 恣意侵肥; 或以乘行詞訟, 生端婪詐[100]; 或倚腹心線索, 說事指誆.[101] 勢焰驚人, 權柄在手, 莫不承望風旨,[102] 加意趨蹌.[103] 迨一朝敗露, 贓私狼籍,[104] 按款窮追, 彼不思孽由巳作, 生計害人, 非借名變産, 卽言補庫, 揑稱誰爲欠債, 誰爲分贓. 假立虛契田産, 告人售買, 妄扳平素仇隙,[105] 坐彼承追. 問官秖以結件爲急, 奚暇辨白枉誣,[106] 究之判斷?

銀兩何曾分文交官? 仍是本犯肥已. 于是, 擇有殷民, 聲言單控, 夥黨搖嚇, 估量家私,[107] 飽欲方止. 以贓贖作生涯,[108] 以囹圄爲龍斷,[109] 彼方安坐圜扉,[110] 肥酒大肉, 而聽其扳者敲朴,[111] 囚縶追比之,[112] 傾家而殞命也. 所以作惡之日, 百姓受害, 獲罪之日, 又復株連, 以致地方有"訪拿一番, 加勅一道"之謠.[113] 審問衙門提解款證, 分頭四出,[114] 需索騷擾, 無殊罪犯. 不

---

94 탐학(貪壑)은 물리지 않는 탐욕을 비유하는 말이다.

95 만행(萬幸)은 정말로 다행이라는 뜻이다.

96 호웅(豪雄)은 호걸과 같은 뜻이지만, 여기서는 대도나 악당을 가리킨다.

97 작위작복(作威作福)은 군주가 상벌을 독점하면서 권력과 위세를 독차지하는 것을 가리킨다. 『상서』「주서(周書) 홍범(洪範)」편에 나오는 구절("오로지 군왕만이 행복을 줄 수 있고, 형벌을 내릴 수 있으며, 훌륭한 음식을 먹을 수 있다. 신하에게는 행복을 주거나 형벌을 내리거나 훌륭한 음식을 먹을 권리가 없다(惟闢作福, 惟闢作威, 惟闢玉食. 臣無有作福作威玉食.).")에서 비롯되었다. 나아가 생살여탈(生殺予奪)의 대권을 장악하거나, 권세를 남용하면서 독단을 부리고 전횡하는 것을 가리키기도 한다.

98 비음(庇廕, 庇陰)은 가림막, 또는 비호하거나 차단한다는 뜻이다.

99 건몰(乾沒)은 건막(乾漠)과 같은 뜻으로 투기로 이익을 꾀한다, 요행의 이익을 바라고 모험한다, 탐욕스럽게 구한다, 공금이나 남의 돈을 훔치거나 횡령한다는 뜻이다.

100 남사(婪詐)는 사기와 협박을 말한다.

101 설사(說事)는 일이나 사정에 대해 이야기하다, 서술한다는 뜻이고, 지광(指誆)은 엉뚱한 소리로 속인다, 지목한다는 뜻이다.

102 승망(承望)은 영합한다, 떠받든다는 뜻이고, 풍지(風旨)는 군주의 의지나 의도를 가리키는데, 나아가 의도나 지시를 통칭하기도 한다.

103 추창(趨蹌)은 연주에 맞게 규칙적으로 걸음을 걷는 것을 가리키지만, 나아가 출사(出仕)하거나 시중을 드는 것, 아부하는 것을 가리키기도 한다.

104 낭자(狼籍. 狼藉)는 종횡으로 흩어져 어지러운 모습, 산만하게 쌓여 있는 모습을 뜻한다.

105 구극(仇隙)은 원수, 원한을 가진 사람이나 원한을 가리킨다.

106 왕무(枉誣)는 아무런 이유 없이 모함받는 것을 가리킨다.

107 가사(家私)는 여기서는 가재(家財)·가산(家産)을 가리키는 것 같다.

108 장속(贓贖)은 여기서는 장물이나 벌금을 가리키는 것으로 보인다.

109 영어(囹圄)는 감옥을 가리킨다.

110 환비(圜扉)는 옥문(獄門)인데, 나아가 뇌옥(牢獄)을 가리키기도 한다.

111 고복(敲扑. 敲撲)은 채찍질하는 형구로 짧은 것은 고(敲), 긴 것은 복(扑)이라고 한다.

112 수계(囚縶)는 구금한다는 뜻이다.

思上臺拿訪, 本爲民除害, 而反爲民害, 百姓又何樂有此擧動耶?

昔日巡方, 專爲察吏安民而設.[115] 故訪拿土豪、衙蠹, 載在「敕書」,[116] 凡屬州縣, 無不騷然.[117] 所以訪蠹之害, 惟巡方爲甚. 兩浙直指王湯谷禁訪弊指示,[118] 編之笠翁『資政新書』,[119] 可考也. 鴻幷參取述之, 以見當時受訪蠹之慘如此. 然今巡方已停, 而督撫蒞任, 亦間有行之者. 以事勢揆之, 巡方以一年之歲月, 巡歷一省之地方, 一切行宜不得不急迫, 以副職掌. 督撫爲封疆彈壓大吏,[120] 所有棍蠹, 何妨悉心體訪, 漸次提拿? 被害必以招告者爲可准; 贓罪必以審實者爲可定, 款外不許妄扳. 一人追贓, 不許株累無辜; 拘喚被害, 止許取保候質, 不許擅行羈禁, 竝差役需索一文. 至于該地方盤踞窩訪·造訪奸徒, 密拿審實, 立斃杖下, 以爲嚇騙金錢、誣陷善良之戒. 如此則眞蠹不致漏網, 小民獲以安生, 而奸猾亦不得掌握以成風矣.[121]

---

113 칙(勅)은 황제의 조서, 또한 계칙(誡飭), 고계(告誡)나 위로부터 내려온 명령을 가리킨다.

114 분두(分頭)는 각기·각자 나누어라는 뜻이다.

115 순방(巡方)은 천자가 사방으로 출순(出巡)하는 것, 또는 천자가 대신으로 하여금 사방을 순찰하게 하는 것이지만, 여기서는 순안어사(巡按御使)를 가리킨다. 순안어사는 명대 영락제(永樂帝) 때 설치되었고, 청초에도 설치되었으나 순치 17(1660)년 폐지되었다. 순안어사는 감찰어사가 지방에 파견되어 순시하는 것으로 그 직권이 상당히 컸는데 주로 이치(吏治)를 고핵(考核)하거나 중대 사건을 심리하는 일을 맡았으며, 지부(知府) 이하는 모두 그 지시를 받아야만 하였다.

116 청대의 「칙서(敕書)」는 황제가 지방관을 임명하면서 주는 훈령과 명령 문서를 가리킨다. 칙서에는 그 사람의 직권과 임직 범위가 기재되는데, 받는 사람의 이름이 기재되고, 임기가 끝난 다음에는 반드시 반납해야 하는 「좌명칙(坐名勅. 總督과 巡撫, 學政, 鹽政, 織造, 提督, 總兵官 등의 경우)」과 이름이 쓰여 있지 않고 반납할 필요 없이 후임자에게 넘겨주면 되는 「전칙(傳勅)」 두 종류로 나뉜다.

117 소연(騷然)은 아주 떠들썩하게 소란스럽거나 동요하면서 불안한 모습을 말한다.

118 직지(直指)는 한(漢) 무제(武帝) 때 각지 정사를 순시하면서 처리하기 위해 설치된 관원인 직지사자(直指使者)를 가리키는데, 여기서는 순안어사(巡按御使)를 가리킨다. 왕탕곡(王湯谷)의 이름은 원희(元曦)로 산동(山東) 액현(掖縣) 사람인데, 순치 13(1656)년 절강순안어사가 되었다.

119 『자정신서(資政新書)』는 아마 『자치신서(資治新書)』를 가리키는 것 같다(『자치신서』는 『자정신서』라고 쓰이는 경우가 적지 않다). 입옹(笠翁)의 『자치신서』는 앞서 나온 이어(李漁, 1610-1689. 자는 謫凡, 호는 笠翁)가 명·청대 관리의 공문서나 문장을 모아서 펴낸 책으로 초집(初集)과 이집(二集)이 있다(20권으로 이루어진 浙江古籍出版社版 『이어전집(李漁全集)』, 1991. 2010의 제16·17권에 수록되어 있다). 여기에는 약 1,200여 편의 문장을 모았으며, 문이(文移)·문고(文告)·조의(條議)·판어(判語) 4부로 나누고 그 아래에 다시 전량·형명·학정·군정 등 60여 가지로 분류하였다. 왕탕곡(王湯谷)의 글은 『자치신서』 초집(初集) 권(卷) 5 「문고부(文告部) 징아두(懲衙蠹)」편에 「엄척조방적두(嚴剔造訪積蠹)」, 「금아두방후주련(禁衙蠹訪後株蓮)」, 「금방두반장(禁訪蠹扳贓)」 등(pp.171-175)이 실려 있다. 왕탕곡은 이어(李漁)의 이름을 흠모하여 절강순안어사로 부임하면서 사람을 보내 이어와 직접 만났고 이후에도 그를 높이 평가하였다고 한다.

120 봉강(封疆. 封畺)은 경계의 표시, 강계(疆界)·강역(疆域)·강토(疆土)라는 뜻이다. 봉강대리(封疆大吏. 封疆大吏. 封疆大員)라는 명칭은 명대 도지휘사(都指揮使)·포정사(布政使)·안찰사(按察使)와 청대의 총독(總督)·순무(巡撫)가 한 성 또는 여러 성의 군정대권(軍政大權)을 장악하여 고대의 분봉을 받은 제후와 유사하기에 붙은 이름이다. 탄압(彈壓)은 공제·통제·제압·진압이라는 뜻이다.

121 장악(掌握)은 손안에 있다는 것으로, 통제의 범위를 비유하기도 한다. 통제하거나 잘 알고 운용한다는 뜻도 있다. 성풍(成風)은 풍기를 이룬다, 이미 습관화되었다는 뜻이다.

20-02. 잡범(襍犯[雜犯])[122]

20-02-01. 토지 · 분묘의 침탈(侵占田産墳山)

토지 · 분묘 재산(田産墳山)[에 관한 분쟁]은 매매 당시의 원래 「계약서」를 근거로 삼는다. 혹시 세월이 오래 지나 잃어버렸다면 바로 부근의 토지와 산의 사방 경계를 근거로 삼는다. 토지(田地. 즉 농경지)에 대해서는 매번 호구조사와 토지대장 작성이 있을 때마다 모도(某都)에 속하는 모도(某圖) 사람의 토지에 대해서는 모름지기 동서남북 사방의 경계를 표기하게 되어 있다. [따라서] 지금 분쟁이 생기더라도 어찌 바로 이 사방의 경계가 누구에게 속하는지 점검해 보는 게 무슨 문제가 되겠는가? 혹은 본인의 토지인가, 아니면 이웃의 토지인가에 대해서는 『[어린]도책([魚鱗]圖冊)』을 꺼내 한번 확인해 보면 바로 알 수 있다. [그런데] 이를테면 무덤이 있는 산의 경계에 자취가 없어서 조사하기 어렵거나, 또는 간사한 무리가 그 무덤이 풍수가 좋은 곳임을 엿보아 자기 조상 무덤이라고 우기면서 다른 곳 묘비를 옮겨 와서 남의 무덤에 파묻어 놓고 빼앗아 차지하려는 경우도 있다. 그렇지만 무덤에는 부근 무덤이 있고 부근 산이 있으니, 모름지기 부근 무덤 주인에게 물어보고, 당일의 「매매계약서」를 제출케 하여 이 지역이 모 성씨의 모인의 산이나 무덤으로 기록되어 있는지를 확인하면 된다. 만약 부근 무덤이나 산의 소유주가 없다면 반드시 몰래 산 부근에 사는 거민들을 불러다가, 매년 모성 모인이 와서 제사를 지내고 무덤 주변을 정리했는지 대해 물어본다. 또한 그 거민 가운데 누가 무덤 관리를 부탁받아 제사를 올리고 무덤을 정리하였고, 제삿술이나 금전 문제는 어떻게 처리하였는지에 대해 상세하게 조사하면, 진실과 거짓이 저절로 드러날 것이다. 중요한 것은 그 상황에 따라 적당한 기교를 부리는 데 있다. 이를테면 만일 『어린도책』을 조사하여 확인한 다음 무덤 주변 사람들의 「계약서」에 대해 심문한다면, 그가 어찌 일이 여기까지 미칠 것을 예상하여 먼저 뇌물을 써서 청탁할 수 있겠는가?

122 잡범(雜犯)은 살인이나 강도 등 전문죄목이 있는 경우 이외의 죄명을 가리킨다. 『대청률례』의 권34 「형률」에는 「잡범(雜犯)」 항목이 따로 존재한다. 『복혜전서』의 영어 선역본(Djang, Chu(章楚) tr. and ed., *A Complete Book Concerning Happiness and Benevolence*, The University of Arizona Press, 1984. p.446)에서는 잡범이 근대적 법률 용어에서는 민사소송의 범주에 속하는 것임을 지적하고 있다. 중국법에서는 전통적으로 민사 · 형사 사건을 구분하지 않았는데, 청말에 민법 제정의 움직임이 있다가 1931년에야 민법전(民法典)이 정식으로 반포되었다는 것이다.

토지와 무덤의 경계가 분명하지 않다고 해서 지방관이 가볍게 나서 직접 현지 조사를 함으로써 지방에 소란을 일으켜서는 안 된다. 응당 중개한 증인·친족·이웃 등을 시켜 함께 사방 경계를 조사하되 공정하게 처리한 다음 돌아와 보고하게 해야 한다. 만일 그래도 승복하지 않는다면, 그다음에야 비로소 지방관이 되도록 시종의 수를 줄이고 몸소 말을 타고 가서 공정하게 현지 조사를 하는데, 그곳으로부터 따지기 시작하여 경계지역을 확정함으로써 이후의 분쟁을 피할 수 있게 한다. 아울러 관련된 증인으로부터 모두 진술을 받아내어 그들이 오가면서 많은 비용을 쓰는 것을 피하게 해 준다. 현지조사를 할 때는 어떤 날을 확정하고 그때 가서 바꾸는 일이 없도록 하여, 양쪽 사람들이 지방관을 모시는 데 어려움이 없도록 해야 한다. 또한 출발하기 전에 반드시 다음과 같은 공문을 발급하여 미리 깨우쳐 알린다. "지방관이 먹고 마시는 모든 음식은 스스로 준비할 것이며, 원고와 피고 양측이 단 한 푼도 쓰지 않게 하겠다. 수행하는 아역들 역시 조금이라도 여행 경비나 술값 등을 뜯어내는 것을 허용하지 않는다. 만일 지키지 않는 사람이 있다면, [피해자] 본인이 즉각 붙잡아서 그에 대해 보고를 하도록 허용하며, [혐의자를] 무겁게 처벌하여 용서하지 않겠다." 이렇게 하면 처음 파견된 차역·지보 등이 구실을 빌려 돈을 챙김으로써 지방관의 청렴함에 오점을 남기지 못할 것이다.

○ 무덤이나 산에 대해 현지 조사를 했는데도 분쟁이 가라앉지 않는다면, 마침내 무덤을 발굴하여 그 묘지명을 조사하지 않으면 안 된다. [이 경우] 관을 꺼내 올려 조사하여 함께 부장된 보물을 가지고 증거를 삼기도 한다. 하지만 이런 일은 결코 가벼이 시행해서는 안 된다. 묘지명은 관 밖에 묻혀 있고 보물은 시신 옆에 붙어 있는 것이니, 어찌 아무런 판단도 하지 않고 관을 열어 시신을 보는 잘못을 스스로 서질러야 하겠는가? 또한 해골을 밖으로 드러내는 것은 인정(仁政)의 이념에 크게 어긋나며, 지하세계에서 죽은 사람의 영혼 또한 더욱 큰 원한을 품을 것이다.

田產、墳山有當日原買「文契」爲憑,[123] 或年遠遺失, 則有鄰田、鄰山之四至爲憑.[124] 如田

---

123 전산분산(田産墳山)은 다양한 유형의 토지와 분묘 및 산을 포함하는 것이지만, 여기서는 토지·분묘로 간략하게 통일하였다. 전지(田地)는 이미 개간된 토지, 즉 농경지를 가리킨다. 남방에서는 낮은 곳의 개간된 토지를 전(田), 높은 곳의 그것을 지(地)라고 하지만, 북방에서는 논을 전이라 하고 나머지는 모두 지라고 한다. 또한 전지산탕(田地山蕩)이라고 해서 좀 더 세분하는 명칭도 있는데, 각기 논과 밭, 언덕과 물가의 땅을 가리키며 그에 따라 세금 부과의 기준(세칙)도 각기 달라진다.

124 사지(四至)는 사방, 토지나 주택의 둘레를 말한다.

地每遇編造,[125] 某都某圖人田,[126] 必開東西四至. 今有爭者, 何妨便驗此方至界, 係屬何人? 或本人之田, 或鄰人之田, 取『圖冊』一驗便知. 如墳山界址無踪, 難以查看, 且有奸徒窺他墳尙有風水, 遂冒認己祖, 移別處墓碑, 埋立他墳, 希圖占奪. 然墳鄰有墳, 有山, 須問墳鄰, 取伊當日買契, 驗此方係某姓山墳. 如鄰無山墳業主, 須密拘近山居民, 問每年是否某人某姓祭掃,[127] 其居民中是否某人某姓托伊照管, 受其祭掃, 牲酒銀錢, 詳細硏求, 眞僞自見. 總要臨機取巧.[128] 如査驗田地『圖冊』, 訊問墳鄰人契, 彼豈能預料及此,[129] 而先爲買囑乎?

田墳未明, 不宜輕行踏勘, 騷擾地方, 宜令中證、親族、地鄰人等, 公勘四至界址, 從公處明回報. 如不輸服, 然後親身單騎減從, 秉公踏勘, 卽從彼處究明, 以定立界址, 免其後爭. 而一干人等俱就便取供, 免其往返多費. 踏勘定期某日, 不可臨時更改, 使兩造多人難于伺候.[130] 起馬之先, 須發一牌曉諭: "所有本州縣飮食俱係自備,並不費兩造一文.跟役人等亦不許需索盤纏、酒錢.[131] 如有不遵, 許本人卽刻扭禀,[132] 重究不貸." 如此原差、地方不得借端科斂,[133] 有玷淸廉.

○ 踏勘墳山, 不得其平, 遂有掘墓, 以驗其銘石.[134] 起棺以驗, 其殉葬之寶物以爲證. 此斷斷不可輕擧. 銘石猶在棺外, 寶物則附及其身,[135] 豈有別無剖斷, 而自犯開棺見屍之咎乎? 且暴露骸骨, 大非仁政, 冥冥之中, 鬼亦增其怨恫矣.[136]

20-02-02. 혼인(婚姻)

무릇 혼인은 중매인을 근거로 삼지만, 비록 중매인이 있더라도 실제로는 제대로 그 역할을 하지 못하는 경우가 있다. 또는 정혼 예물을 근거로 삼는다고 하지만, 비록 정혼 예

125 편조(編造)는 편심조책(編審造冊), 즉 호구조사와 토지대장 정리를 가리킨다. 이에 대해서는 제9·10권의 편심부 1·2를 참조.
126 도(都)와 도(圖)는 현(縣) 아래의 향(鄕)에서 그 아래 단계의 지역을 구분하는 단위이다. 보통 향 아래의 단위가 도(都)이고, 그다음 단위가 도(圖)이다.
127 제소(祭掃)는 묘 앞에서 제사를 지내고 주변을 깨끗이 정리하는 것을 말한다.
128 취교(取巧)는 교묘한 방법을 채택한다, 교묘한 수단으로 곤란을 피한다는 뜻이다.
129 예료(預料)는 미리 예측한다는 뜻이다.
130 사후(伺候)는 기다리거나 대기한다는 뜻이다.
131 반전(盤纏)은 비용, 또는 여비를 가리킨다. 공양(供養)이나 화폐를 가리키기도 한다.
132 유품(扭禀)은 사람을 붙잡아서 그에 대한 보고(禀)을 올린다는 뜻이다.
133 차단(借端)은 이유나 구실을 빈다는 뜻이고, 과렴(科斂)은 과파(科派), 즉 부과한다, 돈을 내게 한다는 뜻이다.
134 명석(銘石)은 죽은 사람의 일생을 기록하거나 추모하기 위해 무덤 속에 넣는 석판(石板) 묘지명(墓志銘)을 가리킨다.
135 부급(附及)은 함께 붙어 있다는 뜻이다.
136 원통(怨恫)은 원망하고 상심한다는 뜻이다.

물이 있더라도 실제 그것이 제 역할을 못하는 경우도 있다. 만약 이런 것들을 가지고 서로 고집하여 소송하게 된다면, 분쟁이 저절로 커지면서 결국은 양쪽이 마침내 아름다운 배우자를 이루지 못할까 염려된다. 왜 그런가? 이른바 '중매인'은 양가의 호의가 서로 통하게 하여 혼인을 맺어 주는데, 서로 간의 의사를 오가며 전달하는 일은 결코 하루아침에 이루어지는 것이 아니니, 얼마나 신중한 일인가! 이른바 '정혼 예물'도 먼저 납징(納徵)의 예물을 보내고, 예물을 받아 늘어놓고 조상님께 알리고 일가친척과 만나 술을 바치는 예식을 행하니, 얼마나 경건한 일인가!

그런데 연회석에서 먹고 마시다가 몇 마디 좋은 말로 언약을 맺거나, 만나자마자 서로 의기투합하여 태중혼약을 약속하는 경우도 있다. 혹은 술 한두 잔을 주고받으면서 임시로 이것을 가지고 구혼 예물을 대신하는 경우도 있다. 아니면 같은 자리에 있던 손님을 대신 중매인으로 삼기도 한다. 그런 다음 제각기 관리의 길로 나아가다가 출세와 몰락을 서로 달리하게 되었는데, 남자가 결혼할 때가 되었거나 여자가 결혼 연령에 이르렀을 때, 남자가 고아나 가난한 사람이 되었거나 아니면 여자가 못생기거나 병이 든 경우가 있기도 한다. 이때 부유한 쪽이 가난함을 혐오하여 생각을 바꿔 언약을 파기하면 가난한 사람은 이것을 가지고 결혼 약속을 물리는 것이라 비난하며, 남자가 여자가 못생겼다는 이유로 파혼을 하면 여자는 약속을 어겼다고 비난한다. 소송을 일으켜 각자 자기 고집을 피우지만, 사실은 어르신네가 신중하지 못했던 허물 탓임을 알지 못하는 것이다. 시험 삼아 묻건대, 중매인이 과연 양쪽을 서로 연결해 주었던가? 결혼 예물을 과연 제대로 주고받았던가? 백년대사인 결혼에 대해 어찌 술 한 잔이나 술자리 손님으로 증거를 삼는다는 말인가?

이러한 종류의 사안에 대해서는 나는 남자·여자를 앞에다 불러 놓고, 친히 그들의 의향 여부를 물어보아야지, 어색하다고 차마 대놓고 말하지 못하는 경우가 있어서는 안 된다고 생각한다. 원하지 않는다면 확실하게 서로를 갈라놓아, 배우자를 찾지 못해 결혼을 하지 못하는 일이 없게 하며, 원한다면 확실하게 맺어 주어 이전의 언약을 지키면서 후회하지 않겠다는 갸륵한 뜻을 이루어 주어야 한다. 다만 여자 측이 부유하면 후하게 혼수를 내주어 가난한 사위를 돕게 하며, 남자가 의리를 지킨다면 그 여자를 맞아들이는 일이 밝고 올바른 일임을 칭찬하여 못생긴 아내의 마음을 위로해 주어야 한다. 이것이 바로 어진 지방관이 나서서 완곡하게 권장해야 할 일이다. 만약 확실한 중개인이 있고 정혼 예물도 확실하다면, 그것은 결혼의 언약이 이미 백세의 인연을 맺은 것이라 해야 한다. 어찌 못생겼거나 가난하다는 이유로 갑작스레 양가의 좋은 감정을 내팽개칠 수 있겠는가? 아울러 이런 경우도 마땅히 서로 결합하게 하여 인륜을 바로잡아야 한다.

어떤 사람은 말한다. "적당한 배필이 아니면, 결국은 함께 늙어 가기 어렵다. 다른 변고가 생기면 장차 어찌한다는 말인가?" 나는 이렇게 말하겠다. "[남녀의 애정을 노래한 『시경』의] 「관저(關雎)」편은 풍속·교화의 출발점이고, 부부 윤리는 대도(大道)의 큰 시작에 자리 잡고 있다. 이미 부부로서의 명분을 바르게 한 다음이니, 혼인 약속은 엄격하게 지켜져야 한다. 어찌 나중에 벌어질 일을 거꾸로 셈하여 느닷없이 선왕이 정한 법도를 망가뜨리려 하는가?" 내 생각은 이와 같은데 감히 고명한 분들의 의견을 묻고자 한다.

夫婚姻以媒妁爲憑,[137] 亦有雖媒妁而實非媒妁者. 以聘定爲據,[138] 亦有雖聘定而實非聘定者. 若皆執以爲詞, 吾恐爭端所自起, 而伉儷亦終非佳偶矣.[139] 何也? 所謂: '媒妁'者, 通兩家之好, 締秦晉之盟,[140] 往復致詞,[141] 非朝伊夕而後卽事,[142] 何其愼也! 所謂: '聘定'者, 先納徵之禮,[143] 陳羔幣之,[144] 將告以祖先, 會其親眷而後拜受,[145] 何其敬也! 若夫樽俎宴飮之間,[146] 片言結好,[147] 傾蓋投交之際,[148] 指腹聯姻[149]; 或以卮酒之獻酬,[150] 權爲納采[151]; 或以在坐之賓客, 代

---

137 매작(媒妁)은 혼인을 중개하는 사람, 중매쟁이를 말한다. 남자는 매(媒), 여자는 작(妁)이라고 한다.

138 빙정(聘定)은 혼약이나 정혼(訂婚) 신물(信物)을 가리킨다.

139 항려(伉儷)는 처자나 배우자, 또는 여자가 결혼하여 아내가 되는 것, 부부가 되는 일 등을 가리킨다. 가우(佳偶. 佳耦. 佳配) 역시 좋은 반려자라는 뜻이다.

140 진진지맹(秦晉之盟. 秦晉之好)은 춘추시대 진(秦)·진(晉) 두 나라가 대를 이어 혼인을 통해 연맹을 맺었던 일을 가리킨다. 여기서 두 성씨가 혼인을 통해 연맹하는 것(聯姻)을 가리키게 되었다.

141 치사(致詞. 致辭)는 문자나 언어로 남에게 생각이나 감정을 전달하는 일을 가리킨다.

142 비조이석(非朝伊夕. 匪朝伊夕)은 하루에 그치지 않는다, 또는 아침이 아니면 저녁이라는 것으로 아주 짧은 시간을 가리킨다.

143 납징(納徵)은 납폐(納幣. 즉 비단을 보내는 것)로 혼례에서 육례(六禮. 六禮는 혼인 성립 과정의 절차로 納采, 問名, 納吉, 納徵, 請期, 親迎이라는 여섯 가지 의식으로 구성된다) 가운데 하나다.

144 고폐(羔幣)는 작은 양(羔)과 비단(帛)으로 빙문(聘問)할 때의 예물이다.

145 친권(親眷)은 친하고 가까워 믿고 사랑하는 사람, 친척과 권속, 서로 친하고 사랑하는 사람 등을 뜻한다. 배수(拜受)는 주인이 술을 바치면 손님이 절을 하고 술을 받는 예식, 또는 절을 하고 받는 것을 가리킨다.

146 준조(樽俎)는 술과 음식을 담는 그릇이다. 준(樽)에는 술을 담고, 조(俎)에는 고기를 올린다. 나아가 연회석을 가리키기도 한다.

147 편언(片言)은 몇 마디 말이라는 뜻이다. 결호(結好)는 맺다, 친근해진다는 뜻이다.

148 경개(傾蓋)는 수레 위의 우산이 서로 기울어져 가까워진다는 뜻으로, 처음 만나거나 교제를 시작한다는 뜻이다. 투교(投交)는 의기투합한다, 서로 뜻이 맞는다는 뜻으로 보인다.

149 지복(指腹)은 지복위친(指腹爲親)이나 지복위혼(指腹爲婚)과 같은 뜻으로 양쪽이 모두 태중(胎中)에 있을 때 남녀가 태어난다면 혼약을 성립시킨다고 부모가 미리 정하는 것을 가리킨다.

150 치주(卮酒)는 술잔, 한 잔의 술을 말한다. 헌수(獻酬)는 술자리에서 주인과 손님이 서로 술을 바치고 따르는 것, 즉 술을 마신다거나 응대한다는 것을 가리킨다.

151 납채(納采)는 육례 가운데 하나로, 혼인 과정에서 남자 쪽이 여자 쪽에 보내는 구혼 예물을 가리킨다.

作蹇脩.[152] 從此仕宦各天, 升沉異路,[153] 及其男當氷泮之期,[154] 女値桃夭之候,[155] 非男已孤貧, 卽女嬰陋疾.[156] 富者嫌貧而易毁, 貧者則指爲頼婚.[157] 男家惡醜而敗盟, 女家則指爲負諾.[158] 興詞致訟, 各持其說, 殊不知父兄欠敬愼之過耳. 試問媒妁果有通好之人乎? 聘定果有羔幣之將乎? 百年大事, 豈可以卮酒席賓, 而遂爲之據也?

諸如此類, 鴻以爲召男、女之當前, 親訊其情願與否, 毋爲面狥餙說.[159] 不願則竟與斷離, 使無非耦不終之歎, 願則竟爲斷合, 以全遵先不悔之心. 但女富, 則當厚贈其粧奩,[160] 以資窶壻,[161] 男義, 則當明正其親迎, 以安醜婦, 是在仁侯婉爲勸導之耳. 若夫媒妁有人, 聘定有物, 當其許字已成百歲之緣,[162] 豈以陋貧遽失兩家之好? 並宜斷合, 以正人倫. 或謂: "所匹非宜, 終難偕老, 慮生他變, 將奈之何?" 鴻曰: "關雎爲風化之始,[163] 夫婦居大道之端, 旣以正名, 禮嚴從一.[164] 又安可逆計其後, 而遽毁先王之定制哉?" 愚論如此, 敢以質之高明.

20-02-03. 부채(債負)

부채는 모름지기 「계약서」를 근거로 삼으며, 주고받은 편지는 증거가 되기에 부족하

---

152 건수(蹇脩. 蹇修)는 매작(媒妁), 즉 중매인을 가리킨다.

153 승침(升沉)은 관리로서의 승진과 하강과 진퇴를 가리킨다.

154 빙반(冰泮)은 얼음이 녹는 음력 2월을 가리키는데, 빙반살지(冰泮殺止)라는 구절과 관련이 된다. 빙반살지는 해석이 약간 다양하지만 아내를 취하는 예식은 이때가 적당하다, 다시 말해 상강(霜降), 즉 9월에서 빙반(氷泮) 이전까지의 시기가 혼례에 적절한 시기라는 해석이다. 『시경』 「빈풍(邠風) 포유고엽(匏有苦葉)」편에 나오는 "선비가 아내를 맞이하는 것은 얼음이 녹기 전이 적당하네(士如歸妻, 迨冰未泮)" 구절에 대한 모시(毛詩)의 해석에서 비롯되었다.

155 도요(桃夭)는 『시경』 「주남(周南) 도요(桃夭)」편에 나오는 남녀의 혼인과 가족의 아름다움을 찬미하는 시로, 나아가 결혼을 가리키게 되었다. "싱싱한 복숭아나무에 그 꽃도 아름다워, 시집가는 아가씨 집안을 화목하게 만들겠지. 싱싱한 복숭아나무에 그 열매도 그득하니, 시집가는 아가씨 집안을 화목하게 만들겠지. 싱싱한 복숭아나무에 그 잎사귀도 무성해서, 시집가는 아가씨 집안을 화목하게 만들겠지(桃之夭夭, 灼灼其華. 之子于歸, 宜其室家. 桃之夭夭, 蕡有其實. 之子于歸, 宜其家人. 桃之夭夭, 其葉蓁蓁. 之子于歸, 宜其家人.)."

156 누질(陋疾)은 악질(惡疾), 몹쓸 병을 가리킨다.

157 뇌혼(頼婚. 賴昏)은 혼약을 맺은 다음 후회하고 억지를 부려 물리려는 것을 가리킨다.

158 부락(負諾)은 약속을 어기는 것을 말한다.

159 면순희설(面狥餙說)은 얼굴을 보고 말을 꾸민다, 즉 대놓고 차마 말하지 못한다는 뜻이다.

160 장렴(粧奩)은 화장품 상자를 말하는데, 여기서는 나아가 혼수품을 뜻하기도 한다.

161 구서(窶壻)는 가난한 사위를 말한다.

162 허자(許字)는 허배(許配), 즉 다른 사람과의 결혼을 허용한다는 뜻이다.

163 관저(關雎. 물수리새)는 『시경』의 첫 부분에 나오는 「국풍(國風) 주남(周南)」의 「관저(關雎)」편을 가리킨다. 여기에 유명한 군자와 요조숙녀에 대한 언급이 나오는데, 나아가 부부·숙녀를 가리키기도 한다.

164 종일(從一)은 종일이종(從一而終)을 가리킨다. 즉 한 여자가 두 남자를 섬기지 않는다, 충신이 두 임금을 섬기지 않는다는 뜻이다.

다. 일찍이 돈을 빌린 적이 있는지 없는지, 그리고 이미 갚았지만 그런 증거가 없는 것인지 어찌 알 수 있겠는가? 또한 모름지기 몸소 빌리고 몸소 갚는 것만을 믿을 수 있다. 그렇지 않으면 자손이나 형제가 대신 갚으라고 요구할 수도 있다. 또한 그 물건을 갚았지만 「계약서」는 돌려받지 못했거나, 아니면 따로 「영수증」을 받았지만 지금은 남아 있지 않은 것인지 어찌 알 수 있겠는가? 나아가서는 옛날 종이쪽지를 가지고 남에게 권세를 부려 가짜 「차용증서」를 쓰게 한 다음, 이것을 이용하여 도리어 돈을 내놓으라고 요구하는 경우도 있다. 이것은 바로 남의 이름을 도용하면서 대신 찾아 달라고 청탁하는 꼴이지만, 현명한 관리라면 어찌 다른 사람을 해치는 도구로 이용될 수 있겠는가?

만약 「계약서」가 분명하고 서명한 것도 확실하다면, 이왕 받은 이자가 얼마인가를 셈하여 그만큼 원금보다 줄여서 갚게 하면 될 것이다. 이자와 원금 모두 체납되었다면, 율례에는 아주 오랜 채무의 경우 배로 갚아야 한다는 조항이 있지만,[165] 정례에 따라 이자율은 최고가 30%이며 이것을 넘기면 바로 금지령을 범한 것이므로, 그 여분의 이자를 셈하여 부정한 재물로 판정하여 관에서 몰수하고, 태형·곤장형을 내린다. 그러나 빚을 진 사람이 정말 가난하여 아무리 애써도 갚기 어려우면 특히 빌려 준 사람을 부드럽게 설득하여 적당하게 감면해 주게 함으로써 여분의 은혜를 남겨 선행을 베풀게 하는 것도 괜찮다.

○ 객상이 싣고 온 상품을 중개상인 아행(牙行)에 맡겼는데, 아주 간악한 아행이 그가 선량하고 나약함을 보고 상품을 판매한 돈을 다른 대금을 메운다고 하여 돌려주지 않거나 자기 뱃속으로 삼켜 버리는 경우가 자주 있다. 멀리서 찾아온 객상은 타지에서 발이 묶이고, 피 같은 밑천을 날리게 되므로 「고발장」을 갖추어 고발을 할 수밖에 없다. 이런 경우 힘써 기한을 정해 아행이 돈을 토해 놓도록 엄히 추궁함으로써, 객상이 입은 피해를 되살려주어야 한다. 그렇게 하면 과연 객상들은 감동을 받고 기쁨을 느끼면서 이곳으로 끊임없이 찾아들게 될 것이다.

債負必以「券約」爲憑,[166] 而往來之手札, 不足據也. 安知其曾否見貸, 與既償而無證乎? 又必以親借、親償爲信, 否則子孫、兄弟之屬爲代索也. 又安知其物償而券未繳, 與別立收約而今已無存乎? 更有執其故紙, 籍勢他人, 假立借約, 轉會取討. 是則張冠李戴,[167] 請託代追, 而賢

165 『대청률례』에는 '배환(倍還)'과 관련된 율문이나 조례가 발견되지 않으므로, 무언가 착오가 있는 것으로 보인다.
166 채부(債負)는 부채(負債)를 가리킨다. 「권약(券約)」은 「계약서」 또는 「증명서」를 뜻한다.
167 장관이재(張冠李戴)는 장씨의 모자를 이씨가 쓰고 있다는 것으로, 대상이나 사실을 잘못 확인한 것을 비유하는

司牧豈可爲人作刀砧耶?[168] 若夫「劵約」分明, 筆押有據, 計其取息已多, 自應減本歸結. 苟其本息俱逋, 律有遠年倍還之條, 定例三分行息,[169] 過此卽屬違禁, 計其餘息, 論贓入官, 擬以笞杖. 然而負者實貧, 力難歸結, 尤須婉勸借人, 量爲減免, 以留餘惠而資福善, 可也.

○ 每有客商載貨投牙,[170] 其奸牙欺客良懦, 以所售之金, 非扯塾他帳,[171] 卽侵欺入已, 使遠人羈絆異鄕, 血本虧折, 具詞鳴控. 務必勒限嚴追, 以甦商累, 庶商賈感悅, 絡繹而來矣.[172]

20-02-04. 가산(家產)

부모가 돌아가셨는데 형제들이 아직 분가하지 않은 경우, 율례에는 "첩이나 노비의 소생이든 상관하지 않고 아들이라면 모두 재산을 고르게 분배받을 수 있다."라고 실려 있다. 따라서 응당 족당(族黨)의 어른과 마을 어른·이장 등이 남겨진 유산의 분배에 관한 장부 책자를 하나 만들어서 관청에 올리게 하고, 각자의 몫에 대해 균등하게 나누도록 해야 한다. 만약 장부에서 숨기거나 빠뜨린 것이 있으면 누군가의 뇌물을 받고 편파적으로 처리한 것이니, 족장(族長) 등도 아울러서 처벌한다. 만약 후사를 잇는 문제라면, 율례에 따라 "정실부인(嫡妻)이 50세 이상인데 아들이 없다면, 서장자(庶長子)를 세울 수 있다." 만약 직계 후손이 없다면, 먼저 될 수 있는 대로 가까운 친족에서 찾아 세우고, 그것도 없다면 먼 친족을 세우는 것도 가능하며, 나아가 동성(同姓)에까지 미치는 것을 허용한다. 그렇지만 다른 성씨의 친자를 얻어다 키우거나, 죽은 사람이 남긴 고아를 거두어 키워서 [후사를 잇게] 할 수는 없다. 이미 본성을 따랐고 또한 법도에 맞게 상을 치렀다면, 떠나보내자니 은혜를 갑자기 끊기 힘들고 남기자니 율례에 들어맞지 않아, 그 종족 가운데 반드시 일어나 다투는 사람이 있을 것이다. 율례에 따르면 "버려진 어린아이가 3세 이하이면, 비록 성씨가 나

데, 때로는 부정을 저지르는 것을 가리키기도 한다.

168 도침(刀砧)은 칼과 다듬잇돌, 즉 자르거나 써는 도구를 가리키는데, 나아가 살생을 비유하기도 한다.

169 실제 '원년배환(遠年倍還)'과 관련된 조항은 『대청률례』에서 찾아볼 수 없다. 가장 가까운 사례로는 『대청률례』 권14 「호율(戶律) 전채(錢債)」(『律』149.00)의 「위금취리(違禁取利)」 "1. 凡私放錢債及典當財物, 每月取利不得過三分. 年月雖多, 不過一本一利. 違者, 笞四十以. 餘利計贓重[於笞四十]者, 坐贓論. 罪杖一百."(p.263)를 참조할 수 있다. 이에 따르면 민간의 사채는 매월 이자율이 30%(三分)를 넘어서는 안 된다는 한도가 있었으며, 또한 이자를 모두 합할 경우 빌린 원금을 넘겨서도 안 되었다는 점을 알 수 있다.

170 아(牙)는 관부(호부)로부터 영업허가증, 즉 「아첩(牙帖)」을 발급받고 일하는 아행(牙行), 즉 일종의 중개상인을 가리킨다. 투아(投雅)는 아행에게 상품을 맡긴다는 뜻이다.

171 차점(扯塾)은 끌어다 메운다는 뜻으로 보인다.

172 낙역(絡繹. 絡驛)은 '연속으로 끊이지 않고'라는 뜻, 즉 왕래가 그치지 않는다는 뜻이다.

르다고 해도 거두어 키울 수 있고 바로 본성을 따르게 할 수도 있지만 후사로 세워서는 안 된다." "만약 의붓아들이나 사위를 돌아가신 분이 아주 좋아하셨고 서로 의지하면서 살도록 분부하셨다면, 또한 재산을 헤아려 나눠 줄 수 있다." 즉, 비록 은혜를 베풀어 키운 다른 성씨의 사람이 있더라도, 후사는 여전히 반드시 율례에 의거하여 자기 성씨의 핏줄(本宗)을 세워야 한다. 하지만 그렇더라도 그 재산은 [다른 성씨의 사람에게] 적절하게 나누어 주어 생계를 도와주지 않음이 없으니, 이 또한 은혜와 이치 양쪽 모두를 지키는 길이 된다.

또한 후계자가 없으나 남긴 재산이 풍족하면, 동족 사람들은 후사를 잇는 것이 좋다고 생각하여 과부를 구슬려 관계의 멀고 가까움을 따지지 않고 똑똑하고 친애(親愛)할 줄 아는 아이를 부탁하여 후사를 잇게 한다. 그런데 일단 후사를 잇게 되면 그 아이의 친부모가 임시로 대리한다는 명분으로 나서서 몰래 재산을 가로챔으로써, 과부는 가난하고 의지할 데 없는 처지가 되어 울음을 삼키면서 하소연도 할 수 없게 된다. 백성을 돌보는 관리로서 또한 어찌 이에 대해서 염려하지 않을 수 있겠는가? 그래서 응당 후계자를 현 아문으로 불러 그가 과연 똑똑한지, 얼마나 친애할 줄 아는지, 아울러 그 친부모가 재산이 있는지 없는지, 평소 행실이 좋은지 나쁜지를 살펴본다. 만약 의심스러운 상황이라면, 응당 족장 등으로 하여금 「후계증명」 문서 한 장을 공동으로 작성하게 해야 한다. 거기에 지방관은 다음과 같이 분명하게 지시해 둔다. "나중에 교훈을 지키지 않고 효순(孝順)하지 않으며, 친부모의 사주나 유혹으로 재산을 가로채는 일이 있으면, 그를 후계자로 삼은 사람이 그를 고발하고, 따로 후계자를 세운 다음 그를 본가로 돌아가게 할 수 있도록 허용한다." 그리고 관련된 사람들이 서명을 하게 한 다음, 지방관이 관인을 찍어 양부모[여기서는 후사를 잇게 한 과부]에게 넘겨준다. 하물며 율례에서도 "[후계자로 받아들인] 의붓아들이 자기가 뒤를 이은 양부모의 뜻을 제대로 받들지 못하면, 양부모는 관청에 알리고 따로 후계를 세울 수 있도록 한다."라는 조항이 있으니!

만약 [의붓아들을 받아들였지만] 양부가 여전히 살아 있다가 도리어 친아들을 낳았고, 그래서 집안재산을 의붓아들과 친아들에게 고루 나눠 주었다면, 이것은 이치상 그리 크게 비난할 바는 없는 경우다. 율례에도 이렇게 실려 있다. "만약 양부모가 친아들을 낳은 경우나, 또한 친부모에게 자식이 없어서 [친부모에게] 돌아가고자 한다면 그것을 들어준다." 친부모의 후사가 마침내 끊어지게 해서는 안 되기 때문이다. 하지만 율례에는 이러한 경우 재산을 나눠 주어야 한다는 것에 관한 조항이 없다. 이미 [의붓아들의] 몸이 친부모에게 돌아갔으니, 의리상 친아들과 함께 그것을 나누어 가질 수 없는 것이다. 요즈음 매번 이렇게 자기 친부모에게 돌아가는 일 때문에 재산을 나눠 받는 몫에 대한 다툼이 많은데, 어찌 올바른 이치라고 하겠는가? 혹은 [의붓아들에게] 큰 애정을 기울인 바 있고, 친부모에게 돌아가는 것이 부득이한 상황 때문이었다면, 또한 양부모가 미루어서 재산을 나눠 주게 해 주는 것도 괜찮을 것이다. 이상의 호적과 혼인, 토지와 채무에 관한 민간의 소송은 항상 발생하는 것이므로 내 생각을 대략 갖추어 보았다. 사염(私鹽)·도박 등에 속하는 것들은 모두 [이 책의 제30·31권] 서정부(庶政部)에서 상세하게 다루었으므로 여기에서는 따로 언급하지 않았다.

父母亡故, 兄弟未經分析者,[173] 律載: "子無論妾婢所生, 俱得均分".[174] 宜命族黨尊長、鄉耆、里老等,[175] 將所遺產業備造一冊呈官, 照分均派. 如造冊隱漏, 卽係受賄狥私,[176] 族長等並究. 若承繼嗣, 按律, "嫡妻年五十以上無子, 得立庶長子."[177] 若無出, 先儘親房,[178] 無則許立遠房, 以及同姓, 不得乞養異姓之親子及收養遺孤.[179] 已從本姓, 又經執喪制,[180] 去之則恩難遽絕, 存之又于律不符, 其宗族必有起而爭之者矣. 按律, "遺棄小兒, 三歲以下, 雖異姓仍聽收養, 卽從本姓. 但不得遂立爲嗣."[181] "若義男、女壻爲所後之親喜悅者,[182] 聽相依倚,[183] 仍酌分給財產."[184] 是雖有異姓恩養,[185] 仍必依律立本宗爲嗣, 其財產未嘗不酌給以資生,[186] 亦恩

---

173 분석(分析)은 여기서는 분가(分家)한다는 것을 가리킨다.

174 『대청률례』 권8 「호율(戶律) 호역(戶役)」(『律』 88.01) 「비유사천용재(卑幼私擅用財)」. 條例. "1. 嫡、庶子男, 除有官廕 襲, 先儘嫡長子孫, **其分析家財田產, 不問妻、妾、婢生, 止以子數均分**. 姦生之子, 依子量與半分. 如別無子, 立應繼之人爲嗣, 與姦生子均分. 無應繼之人, 方許承繼全分."(p.187)

175 족당(族黨)은 모여 사는 동족 친척을, 향기(鄉耆)는 향리의 나이 많고 덕의 높은 어르신을 가리키며, 이노(里老), 즉 이노인(里老人)은 이를테면 명초에 이(里)에서 덕망 있는 연로자를 뽑아 이노인이라 하면서 이민(里民)의 교화 및 쟁송(爭訟)을 맡겼던 존재이지만, 여기서는 이장(里長)을 가리킨다.

176 순사(狥私. 徇私)는 원칙을 굽혀서 개인적인 감정을 따른다는 것. 즉 순사작폐(徇私作弊)·순사무폐(徇私舞弊)의 줄임말로 개인적인 감정에 따라 부정한 일을 저지른다는 뜻이다.

177 『대청률례』 권8 「호율(戶律) 호역(戶役)」(『律』78.00) 「입적자위법(立嫡子違法)」. "1. 凡立嫡子違法者, 杖八十. **其嫡妻年五十以上無子者, 得立庶長子**. 不立長子者, 罪亦同[俱改正]."(p.178)

178 친방(親房)은 가족의 가까운 친척을 뜻하는데, 여기서는 아래세대의 친척을 가리킨다.

179 걸양(乞養)은 받아서 키우는 것을 요청한다, 수양(收養)한다는 뜻이다. 유고(遺孤)는 죽은 사람이 남긴 고아를 가리킨다.

180 집상(執喪)은 『예기』 「단궁(檀弓) 상(上)」에 나오는 구절("曾子謂子思曰: '伋, 吾執親之喪也, 水漿不入於口者七日.'")에서 비롯되어 상례를 봉행(奉行)하거나 수효(守孝)를 한다는 것을 가리키게 되었다.

181 『대청률례』 권8 「호율(戶律) 호역(戶役)」(『律』78.00) 「입적자위법」. "4. **其遺棄小兒, 年三歲以下, 雖異姓, 仍聽收養, 卽從其姓[但不得以無子, 遂立爲嗣]**."(p.178)

182 의남(義男)은 의붓아들을 가리킨다.

183 의의(依倚)는 의지·의존한다는 뜻이다.

184 『대청률례』 권8 「호율(戶律) 호역(戶役)」(『律』78.03) 「입적자위법」. 條例. "3. **無子立嗣, 除依律外, 若繼子不得於所後之親, 聽其告官別立, 其或擇立賢能及所親愛者**. 若於昭穆倫序不失, 不許宗族指以次序告爭, 並官司受理. **若義男、 女壻爲所後之親喜悅者, 聽其相爲依倚, 不許繼子並本生父母用計逼逐, 仍酌分給財產**. 若無子之人家貧, 聽其賣產自贍."(p.179)

義兩盡之道也.

又有絶産豐厚,[187] 宗人利繼爲嗣, 誘其嫠婦,[188] 不分疏近, 託立賢能、親愛. 及其承嗣, 本生父母,[189] 假代理爲名, 暗行侵占, 致嫠貧困無依, 呑聲莫訴.[190] 爲司牧者, 又不可不預爲之慮也. 宜將嗣子喚至當堂, 視其果否賢能, 何等親愛, 幷察其本父有無家業, 素行良憊.[191] 若情涉可疑, 宜令族長等公立「繼嗣執照」一紙, 官長批明: "日後不遵敎訓, 不能孝順, 以及本生唆誘,[192] 欺騙財産, 許所後鳴公, 另立應繼, 仍令歸宗."[193] 令在事者書押, 官長用印, 付繼親收執.[194] 況律有"繼子不得于所後之親, 聽其告官別立之"條乎![195]

若繼父尙在, 卻自生子, 其家産與原立子均分, 其于義無可厚薄者也. 律又云: "若所養父母有親生子及本生父母無子欲還者, 聽."[196] 以本生之後, 不可終絶也. 然律無仍與財産之文, 以身旣歸宗, 義不得與所生共分其有也. 今每有歸宗而亦爭受分, 豈義之正乎? 或恩愛所鍾,[197] 歸非獲已,[198] 亦聽繼父母推予之, 可耳. 以上戶婚、田債, 民訟所常有者, 故畧備芻蕘.[199] 至于私鹽、賭博之屬, 具詳「庶政部」, 玆不再及.

---

185 은양(恩養)은 아끼고 길러준다는 뜻이다.

186 자생(資生)은 생장하거나 살아갈 수 있도록 도움이 된다는 뜻이다.

187 절산(絶産)은 재산을 계승할 자손이 없는 것을 가리킨다.

188 이부(嫠婦)는 과부가 된 며느리를 말한다.

189 본생(本生)은 친부모를 가리킨다.

190 탄성(呑聲)은 소리를 내지 않는다, 말을 하지 않는다, 소리를 죽여 운다, 남모르게 운다, 울음을 삼킨다는 뜻이다.

191 양비(良憊)는 좋고 나쁨을 말한다. 비(憊)는 고달프다, 피곤하다, 나쁘거나 못되었다는 뜻이다.

192 사유(唆誘)는 교사하여 유도한다는 뜻이다.

193 귀종(歸宗)은 부모나 친정에게 돌아간다, 본가에 돌아간다는 뜻이다.

194 계친(繼親)은 의붓아버지·어머니나 수양부모를 말한다.

195 앞서 인용한 『대청률례』 권8 「호율(戶律) 호역(戶役)」(『律』78.03) 「입적자위법」(p.179) 조문을 참조.

196 『대청률례』 권8 「호율(戶律) 호역(戶役)」(『律』78.00) 「입적자위법」. "2. 若養同宗之人爲子, 所養父母無子[所生父母有子]而捨去者, 杖一百, 發付所養父母收管. **若[所養父母]有親生子及本生父母無子欲還者, 聽.**"(p.178)

197 종(鍾)은 모이다, 집중하다, 또는 만난다는 뜻이다.

198 비획(非獲)은 불획(不獲)처럼 부득(不得)·불능(不能)이라는 뜻이다. 따라서 비획이(非獲已)는 부득이(不得已)와 같은 뜻이다.

199 추요(芻蕘)는 풀을 베고 나뭇가지를 줍는다는 뜻으로 비천한 일을 하는 사람, 또는 초야(草野)의 사람을 가리킨다. 스스로를 낮추어 비루한 견해를 지칭하기도 하는데, 여기서는 바로 이 뜻이다.

20-03. 모반(謀反)과 모반(謀叛)

모반(謀反. plotting rebellion)과 모반(謀叛. plotting sedition)은 도적 가운데 가장 큰 것이다. 따라서 율례에는 도적 항목의 첫 부분에 실려 있는데, 어찌 이 책에 편입될 때는 '잡범' 항목 뒤로 밀려나 자리 잡게 되었는가? 율례의 맨 처음 부분에 기재되어 있는 것은 그 죄악이 아주 극악하기 때문으로, 특히 난신적자(亂臣賊子)에 대한 주살(誅殺)을 엄히 다루고 있다. 하지만 이 책에서 이것을 이렇게 뒤쪽으로 빼놓은 것은 지금 현재 나라가 안정되고 백성이 편안하여, 당연히 이러한 모반·모반 같은 상황이 벌어질 리 없기 때문이다. 지금 여기에 덧붙여 틈나면 들춰 볼 수 있도록 하였지만, 약재 바구니 속의 새 부리 같은 것이라 창공(倉公 또는 太倉公)과 편작(扁鵲)과 같은 명의가 어찌 즐겨 쓰는 바였겠는가! 그래서 이렇게 뒤쪽으로 몰아넣어, 앞으로 영원히 쓰이지 않았으면 하는 바람을 보이고자 하였다.

反、叛, 賊之大者也.[200] 何以律載盜賊之首,[201] 而是編列居褋理之後? 然律之首載者, 乃罪重惡極, 特嚴亂臣賊子之誅.[202] 是編後列者, 乃國泰民安, 自無斬木倒戈之釁,[203] 今附之于篇, 聊

200 반반(反叛)은 모반(謀反)과 모반(謀叛)을 가리킨다. 모반(謀反)은 사직을 위태롭게 하고자 꾀하는 것(謂謀危社稷)이고, 모반(謀叛)은 본국을 배신하고 몰래 다른 나라를 따르고자 꾀하는 것(謂謀背本國, 潛從他國)이다. 바로 다음의 주를 참조.

201 『대청률례』 권4 「명례율(名例律) 상(上)」의 첫 부분은 오형(五刑)이고 그다음이 십악(十惡)인데, 모반(謀反)과 모대역(謀大逆), 모반(謀叛)이 그 가장 앞부분에 있다. 『대청률례』 권4 「명례율(名例律) 상(上)」(『律』2.00)의 「십악(十惡)」 부분을 참조. "一曰: '**謀反[謂謀危社稷]**'. 二曰: '**謀大逆[謂謀毁宗廟、山陵及宮闕]**'. 三曰: '**謀叛[謂謀背本國, 潛從他國]**'. 四曰: '惡逆[謂毆及謀殺祖父母、父母, 夫之祖父母、父母, 殺伯叔父母、姑、兄、姊、外祖父母及夫者]'. 五曰: '不道[謂殺一家非死罪三人及支解人, 若採生折割、造畜蠱毒、魘魅]'. 六曰: '大不敬[謂盜大祀神御之物, 乘輿服御物, 盜及僞造御寶, 合和御藥誤不依本方及封題錯誤, 若造御膳誤犯食禁, 御幸舟船誤不堅固].' 七曰: '不孝[謂告言咒罵祖父母、父母、夫之祖父母、父母; 及祖父母、父母在, 別籍異財, 若奉養有缺, 居父母喪, 身自嫁娶, 若作樂、釋服從吉, 聞祖父母、父母喪, 匿不擧哀; 詐稱祖父母、父母死].' 八曰: '不睦[謂謀殺及賣緦麻以上親, 毆、告夫及大功以上尊長、小功尊屬].' 九曰: '不義[謂部民殺本屬知府、知州、知縣, 軍士殺本管官吏、卒殺、本部五品以上長官. 若殺見受業師及聞夫喪匿不擧哀, 若作樂、釋服從吉及改嫁].' 十曰: '內亂[謂姦小功以上親父祖妾及與和者].'" (pp.84-85)

202 난신적자(亂臣賊子)는 신하로서의 도리를 지키지 않고 마음속에 딴 뜻을 품은 사람을 가리킨다. 『맹자』 「등문공(滕文公) 하(下)」에 나오는 구절("孔子成『春秋』而亂臣賊子懼.")에서 비롯되었다. 나아가 나쁜 사람에 대한 범칭으로 쓰이기도 한다.

203 참목(斬木)은 참목게간(斬木揭竿), 즉 나무를 베어 병기를 만들고 대나무 장대를 높이 들어 군기로 삼는다(斬木爲兵, 揭竿爲旗)는 것으로 한대(漢代) 가의(賈誼)의 「과진론(過秦論)」 상(上)의 구절에서 비롯되었다. 반란이나 거병 등의 무장봉기를 가리킨다. 도과(倒戈) 역시 무기를 거꾸로 든다, 즉 자기편을 공격하는 반란을 가리킨다.

備觀覽, 猶藥籠中之鳥吻,[204] 豈倉公、扁鵲之所樂用哉![205] 于以後之, 抑以示永不用之意云爾.

20-03-01. 모반과 대역(謀反大逆)

모반(謀反)은 나라에 이롭지 않고, 사직을 위험에 빠뜨리고자 꾀한 일을 일컫는다. 대역(大逆. high treason)은 군주에게 이롭지 않고, 종묘(宗廟)와 역대 황제의 무덤·궁궐을 훼손하려고 꾀한 일을 일컫는다. 율례에 따르면 그에 대한 처벌은 다음과 같다. "공모하였으면 주범과 공범을 가리지 않고[실행과 미실행을 구분하지 않고] 모두 능지처사(凌遲處死. lingering death)의 형벌에 처한다. 주범의 조부·부친·아들·손자·형제 및 동거인은 성씨를 가리지 않는다. 또한 기친(期親)에 해당하는 백·숙부, 조카 가운데 나이가 16세 이상 된 사람은 늙고 병든 것을 가리지 않고 모두 참수형에 처한다." 무릇 조부·부친·아들·손자·형제는 오족(五族)이며, 조모에게는 미치지 않는다. 무릇 동거인에는 곧 함께 취사를 같이하지 않는 경우도 역시 포함된다. 성씨가 다른 것을 구분하지 않는다는 것은 즉 외조부·장인·사위가 모두 포함된다는 뜻이다. 그리고 기친인 백부·숙부 등도 또한 함께 사는지 아닌지에 관계없이 모두 죄를 받게 되지만, 그 손자에는 미치지 않는다. 이렇게 옛사람이 율례를 만든 것에는 반드시 나름대로의 이유가 있었을 것이다!

율례 가운데 능지처사는 공모한 주범에 해당하는 것이고, 참수형으로 처해지는 사람은 즉 모두 연좌된 사람들이다. 주범과 연좌된 사람은 차이가 아주 크기 때문에, 이러한 큰 사건을 만났을 경우 가장 중요한 것은 상세하고 신중한 처리다. 그렇지 않으면 참수형이 능지처사로 바뀌고, 주범의 조모나 기친의 손자까지 모두 목이 붙어 있게 되지 못하는 형벌을 당하기 때문이다. 15세 이하의 남자 그리고 주범의 모녀·처첩·자매, 그 아들의 첩의 경우는 공신의 집에 주어 노비로 삼지만, 이러한 처벌이 아들의 딸에게는 미치지 않는다. 주범의 재산은 관부에서 몰수되지만, 연좌된 사람의 재산은 그렇지 않다. 만약 딸[그리고 누나나 여동생]이 이미 혼약이 결정된 경우에는, [연좌시켜 처벌하지 않고] 그 남편에게 넘기니, 이미 결혼하였다면 그 경우는 묻지 않아도 알 수 있다.【여자가 혼약을 하였을 경우 연좌시키지 않는 것은 위(魏) 정시(正始) 원년(元年) 정함(程咸)의 청을 따른 것이다.】 아들과 손

204 조문(鳥吻)은 새의 부리를 가리키는데, 아마 잘 쓰이지 않거나 보잘것없는 약재를 가리키는 것 같다.

205 태창공(太倉公)이나 편작(扁鵲)은 모두 전설적인 명의(名醫)로 알려진 사람들이며, 이들의 전기는 『사기』 권105의 「편작·창공열전(扁鵲倉公列傳)」에 실려 있다.

자가 다른 사람의 양자로 갔거나, 정혼은 하였으되 결혼은 하지 않은 남자 역시 모두 쫓아서 죄를 묻지 않는다. 이 경우는 주범을 가리켜 말하는 것이다. 따라서 주범이 연좌되지 않는다면, 그 나머지 역시 미루어 짐작할 수 있다. 아들과 손자가 양자로 가거나 딸이 이미 혼약을 하였다면 연좌되지 않으니, 아들과 손자가 이미 승려가 되었거나 손녀가 비구니가 되었다면 이 둘 또한 모두 연좌시키지 않는다는 것은 물어볼 필요도 없다. 율례를 음미해 보면 절대 노복(奴僕)에게까지 죄를 적용한다는 조문은 없다. 동거하는 다른 성씨를 가진 사람에 대해서도 율례에서는 아주 명확하게 싣고 있는데, 그래도 '노복'이라는 글자는 없다. 혹은 노복은 모반의 사정을 알지 못하는 것이라고 보아 그래서 사건의 피해를 모면할 수 있는 것이 아닐까! 지방관은 이럴 일을 처리할 경우 마땅히 더욱더 신중해야 하며, 범인의 가족이라고 해서 한꺼번에 끌어들여서는 안 된다.

謀反者, 不利于國, 謀危社稷之謂也. 大逆者, 不利于君, 謀毁宗廟、山陵、宮闕之謂也.[206] 按律,[207] "[但]共謀者不分首、從[已·未行], 皆凌遲處死. [正犯之]祖父、父、子孫、兄弟及同居之人, 不分異姓; 及期親伯叔父、兄弟之子, 年十六以上, 不論老、疾, 皆斬." 夫祖父、父、子孫、兄弟, 五族也, 而不及祖母. 夫同居, 卽各爨者亦是.[208] 不分異姓, 卽外祖父、妻父、女壻, 皆是. 及期親、伯叔等亦不限已、未析居,[209] 皆坐而不及其孫. 其古人造律亦必有說乎! 律中凌遲處死, 爲共謀之正犯而言,[210] 其論斬者, 則皆連坐之人也. 正犯、連坐相去殊別, 遇此大案, 最要

---

206 산릉(山陵)은 산악을 가리키기도 하지만 여기서는 제왕·황후의 분묘(墳墓)를 가리킨다.

207 이하 이 부분에 관련되는 부분은 『대청률례』 권23 「형률 적도(賊盜) 상 1(上之一)」(『律』254.00) 「모반·대역(謀反、大逆)」을 참조. "凡謀反[不利於國. 謂謀危社稷]及大逆[不利於君, 謂謀毁宗廟、山陵、及官闕], 但共謀者不分首、從[已·未行], 皆凌遲處死. [正犯之]祖父、父、子孫、兄弟及同居之人[如本族無服親屬及外祖父、妻父、女婿之類], 不分異姓; 及[正犯之期親]伯叔父、兄弟之子, 不限[已、未析居]籍之同異, [男]年十六以上, 不論篤疾、廢疾, 皆斬. 其[男]十五以下及[正犯之]母女、妻妾、姊妹、若子之妻妾, 給付功臣之家爲奴. [正犯]財產入官. 若女[兼姊妹]許嫁已定, 歸其夫. [正犯]子孫過房與人及[正犯之]聘妻未成者, 俱不追坐[上止坐正犯兄弟之子, 不及其孫. 餘律文不載, 並不得株連]. 知情故縱隱藏者, 斬. 有能捕獲[正犯者], 民授以民官, 軍授以軍職[量功授職], 仍將犯人財產全給充賞. 知而首告, 官爲捕獲者, 止給財產. [雖無故縱但]不首者, 杖一百、流三千里[未行, 而親屬告捕到官, 正犯與緣坐人, 俱同自首免. 已行惟正犯不免, 餘免. 非親屬首捕, 雖未行, 仍依律坐]."(pp.365-366)

208 각찬(各爨)은 각기 취사를 다른 장소에서 한다는 뜻이다.

209 석거(析居)는 분가(分家)나 분거(分居)를 말한다.

210 능지(淩遲)는 원래 언덕이 완만하게 비스듬하게 기운 모습, 즉 아주 느슨하게 기울어진 언덕을 가리키는데, 능지처사(淩遲處死)는 완만하게 형벌을 시행함으로써 수형자가 최대한 고통을 받으면서 죽어 가도록 고안된 혹형이다. 오대(五代) 시대에 처음 고안되고 요대(遼代)에 정식 형벌로 채택된 다음, 청말까지 이어져 시행되었다(1905년 폐지). 처음에는 십악(十惡) 등의 중죄에만 적용되었으나, 청대 중기에 와서 그 범위가 좀 더 확대되었다. 칼로 천천히 한 점씩 살을 발라낸다는 의미에서 '천도만과(千刀萬剮)'·'과형(剮刑)'이라고도 하며, 수천 번에서 수십

詳愼, 否則不惟斬易凌遲, 而正犯之祖母及連坐期親之孫, 俱在首領不保中矣.[211] 男十五以下及正犯之母女、妻妾、姊妹, 若子之妾, 給付功臣之家爲奴, 而不及子之女. 正犯財産入官, 而連坐之財産不與也. 若女[兼姊妹]許嫁已定, 歸其夫, 則已嫁者不問可知也.【女許嫁, 不連坐, 始于魏正始元年, 從程咸請也[212]】 子孫過房與人,[213] 及聘妻未成者, 俱不追坐, 亦指正犯而言. 正犯不坐, 其餘又可知也. 子孫過房, 女已許嫁不坐, 則子孫之已爲僧道, 女之以爲尼, 亦皆在所不問矣. 玩律並無坐及奴僕之文,[214] 卽同居異姓律註甚明, 亦無'奴僕'字樣, 或奴僕非係知情, 亦得免于事外乎! 當事尤宜加愼, 毋以爲犯屬家口而一槩摭入也.[215]

20-03-02. 모반(謀叛)

모반(謀叛)이라는 것은 "본국을 배반하고, 몰래 타국을 따르려고 꾀하는 것을 일컫는다." 율례에 따르면, "일단 공모하였으면 주범·공범을 불문하고 모두 참수형에 처하며," 실행과 미실행 모두에 이것이 적용된다. 그리고 "처첩과 자녀는 공신의 집에 주어 노비로 삼는다." 이것은 참수형을 말하지 능지처참에 해당되는 죄는 아니라는 것이고, 처첩과 자녀를 노비로 삼는다는 말은 그들 자신에게만 그칠 뿐 자녀의 처첩에는 미치지 않는다는 뜻이다. "자매는 연좌되지 않는다"는 것은 이미 혼인을 한 자매를 뜻하며, 만약 혼약이 이미 정해진 경우에 대해서는, 앞서의 모반(謀反) 조항에서도 이미 연좌시키지 않는다고 하였다. "부모·조손·형제는 분거와 동거 여부를 따지지 않고 모두 2천 리로 유배시켜 안치시킨다"는 것은 그 외의 사람은 연좌되지 않는 것을 뜻한다. 생각건대, 또한 앞서 다룬 모반(謀反) 조항에서 동거인과 성씨가 다른 기친이 연좌된다고 한 부분을 이어받아서 말하는 것이니, 이들은 연좌 조항에 포함되지 않음을 밝히는 것이다. 재산을 관부에서 몰수하는

회까지 칼질의 횟수도 모두 사전에 지정되었다.

211 수령(首領)은 머리와 목(옷깃)을 가리킨다. 수령이 지켜지지 못한다는 것은 참수형을 당한다는 것을 가리킨다.

212 정함(程咸)은 자(字)가 연휴(延休)로 위(魏) 정원(正元) 연간에 사예교위부(司隸校尉府) 주부(主簿)가 되었으며, 진(晋)에 들어와서는 여러 관직을 거쳐 시중(侍中)에까지 이르렀던 진조(晋朝)의 명신(名臣)이다. 태위(太尉) 하증(何曾)의 주부(主簿)였던 시절 정함은 하증의 지시로 상서를 올려 주련형법(株連刑法)을 논의하면서 이미 출가한 부녀는 사면시켜 줄 것을 주장하였다. 이에 대해서는『진서(晉書)』권30「지(志) 형법(刑法)」의 기사를 참조할 수 있다.

213 과방(過房)은 자식이 없어 형제나 동종(同宗)의 아들을 후사로 받아들이는 일, 또는 남의 딸을 딸로 받아들이거나 다른 사람을 양부모로 인정하는 일을 가리킨다.

214 완(玩)은 깊이 검토하다, 음미한다는 뜻이다.

215 척입(摭入)은 주워 넣는다는 뜻이다.

것도 또한 단지 공모자만을 언급하는 데 그치는데, 그 밖의 나머지 사람은 모반(謀反)에서도 재산 몰수의 대상에 해당되지 않았다.

무릇 모반(謀反)이라는 것은 감히 무기를 들고 대항하기 위해 덤벼드는 것이고, 모반(謀叛)이라는 것은 나라를 등지고 마음이 떠나서 가버리는 데 한정한다. 그 죄의 가볍고 무거움은 당연히 차이가 있다. 그러므로 이를 제압하는 방법에도 가볍고 무거움이 같지 않다. 지방관은 이런 사안을 처리할 때는 반(反)·반(叛)이라는 두 글자에 대해서 아주 분명히 구분해야 한다. 그렇지 않으면 이 경우와 저 경우를 잘못 뒤섞어 수많은 목숨을 억울하게 해치고, 수많은 집안이 원한을 품게 될 것이니, 그 허물이 어디로 돌아가겠는가?

謀叛者, "謀背本國, 潛從他國之謂也." 按律,[216] "但共謀者不分首、從皆斬," 已·未行, 皆是也. "妻妾、子女給付功臣之家爲奴," 此言斬無凌遲之罪矣. 此言妻妾子女爲奴, 止及本身而子之妻妾不與也. "姊妹不坐," 謂在室之姊妹, 若許嫁已定, 在反律之條, 已不連坐矣. "父母、祖孫、兄弟, 不限分居、同居, 皆流二千里安置," 餘俱不坐. 蓋又承上謀反內所坐之同居、異姓期親而言, 明其不在所坐之條矣. 財産入官, 亦止言共謀者, 其餘卽謀反亦不入官矣. 夫謀反者, 敢于稱兵抗敵而來[217]; 謀叛者, 止于背國離心而去. 其罪之輕重, 固有間也. 故制法亦輕重不同, 當事處此, 反、叛二字, 最要分明, 否則出此入彼, 其枉傷多命,[218] 冤陷多家, 咎將安歸乎?

20-03-03. 고발(首告)[219]

모반(謀反)·모반(謀叛)에 관한 율법은 주모자의 은닉을 무겁게 여겨 처벌한다. 무릇 모

---

216 『대청률례』 권23 「형률 적도(賊盜) 상 1(上之一)」(『律』255.00) 「모반(謀叛)」. "1. 凡謀叛[謂謀背本國潛從他國], 但共謀者, 不分首、從, 皆斬. 妻妾、子女給付功臣之家爲奴. 財産並入官[姊妹不坐]. 女許嫁已定, 子孫過房與人, 聘妻未成者, 俱不坐. 父母、祖孫、兄弟, 不限籍之同異, 皆流二千里安置[餘俱不坐]. 知情故縱隱藏者, 絞. 有能告捕者, 將犯人財産全給充賞. 知[已行]而不首者, 杖一百、流三千里. 若謀而未行首者, 絞; 爲從者[不分多少], 皆杖一百、流三千里. 知[未行]而不首者, 杖一百、徒三年[未行則事尙隱秘, 故不言故縱隱藏]. 2. 若逃避山澤不服追喚者[或避差, 或犯罪, 負固不服, 非暫逃比], 以謀叛未行論[依前分首、從]. 其拒敵官兵者, 以謀叛已行論[依前不分首、從律. 以上二條, 未行時, 事屬隱秘, 須審實乃坐]."(p.366) 이하 모반율(謀叛律)의 인용은 모두 여기에서 나왔다.

217 칭병(稱兵)은 거병(擧兵)한다, 무력을 쓴다는 뜻이다.

218 왕상(枉傷)은 죄가 없는데 잘못 해친다는 뜻이다.

219 수고(首告)는 직접 나서서 남을 고발한다(出首以告他人之事)는 뜻이다. 이와 대비하여 투수(投首)는 스스로가 한 일을 스스로 관에 알리는 것(自作之事自告於官)으로 오늘날의 자수와 같은 의미다. 따라서 여기서 수고는 단순하게 '고발'이라고 번역하였다.

반(謀反)에서 "그 사정을 알면서도 일부러 놓아주거나 숨겨 준 사람은 참수형에 처한다." 주범을 포획한 사람에게는 관직을 주고 [몰수한 주범의] 재산을 전부 주어 상으로 충당한다. "알고서 대신 나서서 고발하였으나(首告), 관이 [주범을] 체포하였다면 단지 재산을 주는 데 그친다." "알고도 고발하지 않은 경우 [모반의 실행·미실행을 가리지 않고] 곤장형 100대와 3천 리 유배형에 처한다." "미실행 상태에서 친척이 포역에게 알려 관에서 체포한 경우, 주범 및 그와 연좌된 사람은 모두 나서서 고발한 경우와 같게 면제된다. 이미 실행된 경우라면 오로지 주범만 면제되지 않고, 나머지는 면제된다. 친척이 아닌 사람에 의해 고발·체포가 이루어진 경우는 비록 미실행이라 하더라도 여전히 율례에 따라 죄를 준다."

무릇 모반(謀叛)의 경우 "사정을 알고도 고발하지 않은 경우 [실행·미실행을 가리지 않고] 교수형에 처한다."라고 하는 것은 모반(謀反)에서 "그 사정을 알면서도 일부러 놓아주거나 숨겨 준 사람은 참수형에 처한다."라고 한 것과 다르다. "고발하여 [관이] 체포하게 한 경우 단지 재산을 주는 데 그친다"는 것도 역시 주범의 재산만을 가리켜 이야기한 것이다. [모반(謀叛)의 경우] 이미 행한 것을 알면서도 고발하지 않았다면 곤장형 100대와 3천 리 유배형에 처하는데, 아직 미실행임을 알고도 고발하지 않았다면 곤장형 100대와 노역형 3년에 처한다. 이것은 모반(謀反)의 경우 실행·미실행을 가리지 않고 고발하지 않은 사람을 모두 곤장형·유배형에 처하는 것과는 다르다. 만약 모의를 하였으나 미실행 상태에서 [발각된 경우], 우두머리는 교수형에 처하고, 공범은 곤장형과 유배형에 처한다. 이 경우 역시 남에게 고발을 당한 경우를 말한 것이다. 우두머리는 교수형에 처해지므로 가족은 노예로 삼지 않으며, 재산도 관부에 몰수되지 않는다는 점도 또한 알 수 있다. 율례에서는 "고발하고 체포한 사람에게는 범인의 재산을 주어 상으로 충당한다."라고 하였다. 그러므로 모의를 했으나 미실행인 경우 누군가 고발하여 체포되면 재산은 관부에 몰수되지 않으니, 또한 어찌 상으로 충당할 수 있겠는가? 나서서 고발한 사람의 경우 공모하여 사정을 안 사람도 있고, 모의에 가담한 사람의 친척도 있고, 주변 사람이 고발하여 체포한 경우도 있다. 따라서 상을 어떻게 주는가에 대해서는 일괄적으로 따지기 어렵다. 이점을 덧붙여 언급함으로써 고명한 분에게 묻고자 한다.

反、叛律重隱首之條.[220] 凡謀反"知情故縱隱藏者, 斬."[221] 捕獲正犯者, 授之官, 仍將財産

220 은수(隱首)는 우두머리가 되는 범인을 숨긴 죄이다. 이에 관련된 내용은 마찬가지로 앞서 인용한 『대청률례』 권

全給充賞. 知而首告, 官爲捕獲, 止給財産. "[知而]不首者, 不分已·未行, 杖一百, 流三千里." "未行親屬告捕到官, 正犯與緣坐人, 俱同自首免. 已行, 惟正犯不免, 餘免. 非親屬首捕, 雖未行, 仍依律坐." 凡謀叛"知情故縱隱藏者, 絞," 與"謀反縱隱者, 斬," 有分矣. "告捕者, 將財産全給充賞," 亦指正犯財産而言也. "知已行不首, 杖一百、流三千里, 知未行而不首, 杖一百、徒三年." 與不首謀反者之已行、未行, 皆杖流不同矣. 若謀而未行, 爲首者, 絞; 爲從者, 杖流. 其亦指爲人所首而言也. 爲首者絞, 則家口不爲奴, 財産不入官, 可知矣. 律又云: "告捕者, 犯人財産充賞." 則謀而未行, 有人告捕, 財産不入官, 亦將充賞耶? 其首告之人, 有共謀知情者; 有在謀之之親屬者; 有傍人告捕者. 其賞否似未可以一槩論也. 附及之, 以質高明.

20-03-04. 체포와 심문(拿審)

무릇 모반(謀反)을 고발하려는 사람을 잡아들이면, 밀실로 불러들여 좌우를 물리친 다음 우선 「고발문서(首狀)」을 받아서 읽어 본다.[222] 다만 시골사람들은 모반(謀反)과 모반(謀叛)의 법률적 의미에 대해 잘 알지 못하고, 무작정 모두 모반(謀反)이라고 말할까 염려된다. 그러므로 「구두진술」을 다시 확인해 보고, 과연 그 일이 모반(謀反)이라면 어떤 사람이 모반하였는지, 어떤 사람이 가장 먼저 생각해 내서 제창하였는지, 어떤 사람과 함께 모의하였는지에 들어 본다. 그가 고발한 우두머리 및 그와 함께 모의한 사람이 어떤 나이에 용모인지, 고향이 어디인지, 상의하고 모의한 데 참가한 무리가 있는지, 무기와 인원 및 말이 있는지, 반란군으로서의 공문을 배포한 것이 있는지 없는지, 몇 날 몇 시 어디에서 거사하기로 하였는지에 대하여 심문하는 것이다. 만약 모반이 이미 실행되었다면, 또한 어떤 사람이 우두머리이고, 왕(王)을 칭한 적이 있는지, 연호(年號)를 세웠는지, 따르는 사람이 누구인지, 관식과 작위 및 직인(印信)을 개설하였는지, 인원과 말은 어디 주둔하고 있는지, 이미 살인을 하거나 향촌을 약탈한 적이 있는지를 물어본다.

만약 [이와는 달리] 모반(謀叛) 사건을 고발하였다면 어느 곳에서 [적국과] 서로 통하였는지, 어떠한 첩자가 왕래하였는지, 몇 월 며칠인지, 그 사람의 이름이 무엇인지, 편지가 있는지, 가져 온 편지를 직접 본 적이 있는지, 지금 현재는 어디 있는지, 또한 어떤 사람이 그

23 「형률 적도(賊盜)」(『律』254.00과 255.00)의 「모반(謀反)」과 「모반(謀叛)」을 참조한다.

221 고종(故縱)은 범법을 알면서도 검거하지 않거나 고의로 그 죄에서 벗어나게 해 주는 것을 가리킨다.

222 여기서 「수장(首狀)」은 앞서 나온 「고발장(告狀)」과 구별하기 위해 「고발문서」로 번역하였다.

것을 증명할 수 있는지를 물어본다. 만약 가져 온 사람과 편지를 보지 못하였다면, 반대로 어떻게 알게 되었는지를 하나하나 물어서 확인한다. 그리고 반드시 "거짓말이라면 달게 죄를 받겠습니다."라는 「확인서」를 쓰게 하고, 고발한 사람을 감창에 가두거나 아니면 다른 곳에 두어 감시하게 한다. 아직 모반(謀叛)이 실행되지 않은 경우라면, 응당 적절한 차역을 파견하여 한 사람 한 사람씩 주범과 공모자들을 붙잡아 관청에 데려온다. 고발한 사람의 진술과 실제 우두머리가 같은 사람인지, 그리고 연령과 용모가 어떤지 모두 한 사람 한 사람씩 대조하여 심문하고, 대질심문의 결과 다름이 없으면 즉각 그 무기를 몰수하고 아울러 배포한 공문을 추적하여 회수한다. 그 나머지 일당 역시 적절하게 추적하여 처리한다. 만약 나무꾼이나 목동 같은 무리라면 굳이 철저하게 따질 필요는 없다.

만약 모반(謀反)이 이미 실행된 것이라면 모름지기 먼저 사람을 시켜 비밀리에 염탐하도록 한다. 과연 산 계곡에 웅거하거나 마을에 무리를 짓고 있는 실제 흔적을 발견하면 반드시 적당(敵黨) 무리의 숫자와 세력의 강약을 헤아린다. 그 수가 적고 세력이 약하면 제압하기 쉬우므로 포장·쾌역을 이끌고 주둔 부대와 협력하여 비밀리에 나포할 계획을 세운다. 만약 무리가 많고 세력이 강하면 대적하기 어려우니 바로 가장 가까운 상사에게 속히 보고를 올려 신속하게 지방 부대의 지휘관이 부대를 이끌고 토벌에 협력하게 한다. 하지만 당황하여 부풀려 보고했다가 관병이 너무 많이 출병하게 되면 지방에 소동과 혼란을 불러일으키게 되니, 나중에 수습하기 힘들어진다. 만약 심문 결과 왕을 칭하거나 관직과 작위를 내리거나, 공문을 배포하는 등의 사정이 없었고, 단지 별명 따위를 마구잡이로 내세운 것뿐이라면 응당 도적의 경우로 처리해야지 경솔하게 이를 모반(謀反)이라고 칭해서는 안 된다.

이러한 일에 대해서는 지방관이 응당 크게 재량권을 발휘해야 한다. 이를테면 모반(謀叛)에 대한 고발이 있으면 먼저 은밀히 모반자와 숨어 있는 첩자를 은밀히 체포하고, 주고받은 편지를 바로 찾아내어 과연 실제 증거가 있다면 그때 가서야 비로소 상사에게 보고해야 한다. 만약 첩자나 편지 모두가 없거나, 또한 목격한 바를 증언할 만한 주변 사람이 없어 단지 스스로 나서서 고발한 사람의 입에만 의지해야 한다면, 응당 모반 혐의자의 친척이나 거주지의 향약·갑장·지보 등을 불러 모아 평소 그 사람의 사람됨과 행적, 소식을 통하는 곳이 친구인지 아닌지 세밀하게 심문해 보아야 한다. 만약 뭇 사람이 모두 다른 게 없다고 보증하기를 원한다면, 혹은 상사에게 은밀히 「보고서」를 올려 보증을 담보로 그를 석방시키고 조사가 끝나기를 기다려 결정을 하도록 허용해 준다. [이 경우] 그 고발인은 필시 모함을 한 원수일 터이므로, 율례에 따르면 그는 당연히 [무고]반좌([誣告]反坐)의 처벌을 받아야 한다. 다만 무지한 시골사람임을 염두에 두어 무겁게 처벌하여 칼을 씌워 공개하는 것으로 처벌을 끝냄으로써, 정식으로 중앙정부에 모반사건이라고 제문(題文)으로 보고하는 일을 피한다. 만약 지현이 평소에 담량이 있다면 이러한 것 등을 심문하여 과연 거짓이라고 확인하였을 경우 피의자를 바로 보증을 받고 석방시켜도 좋다. 그리고 한편으로는 고발인에게 "무지하여 함부로 고발하였으니, 관대하게 용서해 주실 것을 간청합니다."라는 「자인서(認狀)」를 쓰게 한다. 혹시 친척이나 향약·지보 등이 그를 불쌍히 여겨 공동으로 보증을 서겠다고 간청한다면, 고발자를 무겁게 징벌하되 그가 무고반좌의 죄로 보고되어 처벌받는 것을 피하게 해 주는 것이다.

요컨대, 지방에 이런 일이 있으면 지방의 복이 아닐뿐더러 지방관의 복도 아니다. 중요한 것은 평소 보갑을 통해 엄격하게 조사를 시행하고, 일이 생겼을 때에는 확실하게 정탐을 하고, 신속하게 체포해야 한다는 점이다. 심문 또한 응당 상세해야 하며, 죄를 저지른 정상과 죄목에 대해서도 적절하게 헤아려야 하며, 상부에 보고하는 일은 마땅히 신중해야 한다. 다만 그 죄를 가볍게 해 줄 수 있는 것을 무겁게 해서는 범인 수를 줄일 수 있는 경우에는 연루된 사람을 늘려서는 안 된다. 대강 무마할 수 있는 일은 그런 일이 생기는 걸 기꺼워해서는 안 된다. 또한 한두 명의 간사한 무리가 요술로 사람들을 현혹하고 무뢰배를 동원하여, 너는 어떤 문관 자리, 너는 어떤 무관 자리를 주겠다고 선동하는 일도 자주 나타난다. 향촌의 어리석은 백성은 그 이롭고 해로움을 제대로 알지 못하고 거기에 끌려들어 걸핏하면 무리를 만들어 반란의 깃발을 세우는 일을 마치 애들 장난처럼 해치운다.

그런데 지방관은 놀라고 당황하여 곧바로 모반(謀反)·모반(謀叛)을 칭하여 상사에게 부풀려 보고한다. 상사는 보고에 근거하여 한편으로는 부대를 보내 토벌·체포하게 하며, 다른 한편으로는 상주문을 갖추어 조정에 알리지 않을 수 없다. 잡아 죽인 사람은 몇 명에 지나지 않는데, 토벌에 참가하는 사람은 천 명을 훌쩍 넘어선다. 병사와 말이 지나가는 곳은 개나 닭도 무사하지 못하니, 하물며 도적의 무리 가까운 곳에 있는 지역의 양민은 어찌 도적 무리에게 목을 늘어뜨리고 칼을 맞지 않을 수 있겠는가? [나아가] 지방관과 같은 경우 사전에 제대로 방비하지 못하였다는 처벌을 받고, 상사 역시 미리 알아차리지 못하였다는 탄핵과 처벌을 받게 된다. 그런데 사정을 탐지해 보면 실제로는 향촌의 어리석은 백성이 일을 벌인 것에 지나지 않는다. 그 경우 상사에게 비밀리에 보고하고, 담량이 크고 견식 있는 주현관 한 사람이면 충분히 제압하고도 남는다. 그 수령을 때려잡고 나머지는 징벌한 다음 풀어 주면 되니, 어찌 조용하게 아무런 흔적도 남기지 않아 양민을 편안하게 하고 일을 줄이는 훌륭한 일 처리가 아니겠는가?

몰래 적국의 무리와 내통한 경우, 혹은 원수가 이것으로 원한을 갚고자 하거나 혹은 못된 무리가 이것을 빌미로 협박을 하기도 한다. 곧바로 고발을 거쳐 체포·심문을 하게 되면 고발한 사람이 거짓 편지를 내놓아 증거로 내세울 경우 어찌 적국의 사람을 불러다가 그것이 진짜인지 가짜인지 대질심문을 할 수 있겠는가? 상사는 모반(謀叛) 사건은 중대 안건이라 생각하여 결국 제문(題文)을 통해 조정에 보고할 수밖에 없다. 그렇게 되면 형부의 논의에서 어찌 흉악한 반란의 무리를 가벼이 풀어 주도록 허용할 수 있섰는가? 그 결과 그 사람과 가족은 이미 억울하게 죽은 목숨이 되지 않을 수 없다. 이와 같은 종류의 사건은 혹은 심문해 보니 원수가 무고를 한 사정이 있다거나, 개인적으로 쓴 편지가 가짜였다거나 하는 점이 밝혀지면, 응당 상사에게 몰래 「보고서」를 올리고, 고발한 사람을 즉시 잡아 죽임으로써 무고한 사람들을 보호하는 편이 차라리 낫지 않을까? 또한 실제로 반역자를 따른 집안이 있으면, 재산을 적몰하고 성명이 든 명단 책을 찾아내는데, 직인이 찍힌 것이 아니라면 간교하거나 위험한 내용을 담은 편지나 식별되지도 않는 이름이 적힌 종이 따위는 응당 몰래 태워 버려야 한다. 그렇게 함으로써 목숨을 보전한 사람이 아주 많으면 지방관은 적지 않은 음덕을 쌓을 수 있을 것이다.

凡拿告謀反之人, 喚入密室, 屛去左右, 先取「首狀」看.[223] 但恐鄕人不諳反、叛律意, 統言謀反. 再訊其「口供」, 伊係謀反者, 何人謀反, 何人起意倡首, 何人同謀. 所供爲首、同謀之人是何年貌, 籍貫在何處, 商謀有無黨羽, 有無器械人馬,[224] 有無散給僞箚,[225] 約于何日、何時, 在某處起手. 若謀反已行, 又問爲首何人, 曾否稱王, 有無年號, 爲從何人, 曾否設有官爵、印信,[226] 人馬屯在何處, 曾否殺人、搶掠鄕村.

若首謀叛, 問與何處相通, 有何奸細往來,[227] 是何月日, 是何姓名, 有無書札, 來人與書是否親見, 今現在何處, 還有何人見證.[228] 若未見來人與書札, 卻又如何知道, 一一問明, 須令寫立"如虛甘坐"「認狀」, 將首人寄監,[229] 或看守. 如謀反未行, 宜各差的役, 逐名密拿首犯、同謀

223 「수장(首狀)」은 「고발문서」를 가리킨다.
224 기계(器械)는 도구나 무기를 말한다.
225 위차(僞箚)는 반란군, 즉 모반하는 측이 반포하는 공문서를 가리킨다. 차자(箚子)는 상주하는 데 쓰이는 일종의 문서를 가리키기도 하고, 차문(箚文. 箚付)은 상급 관부가 하급에게 내리는 공문을 가리킨다.
226 인신(印信)은 공·사 인장(印章)의 총칭, 나아가 권력이나 관직을 가리키기도 한다.
227 간세(奸細)는 적방의 소식을 탐방하는 사람, 스파이를 말한다.
228 견증(見證)은 증명이나 증거라는 뜻이다.

到官. 所供與首人同及年貌, 俱對逐名弔審,[230] 對質無異, 立取器械, 並追僞劄. 其餘夥黨, 酌量拿究. 若樵夫一、牧子之流, 不必窮治.

如謀反巳行, 必先使人密探, 果有盤踞山谷, 屯聚莊、村實跡, 須酌量賊黨衆多、賊勢强弱. 寡弱易制, 則率領壯快, 協同防營, 密計擒捕. 衆强難敵, 則飛報就近上司, 速調營官,[231] 帶兵協剿. 但不得張皇偏報,[232] 多發官兵, 騷擾地方, 後來難于收拾. 若審無稱王、設官、授劄等情, 止有混名綽號,[233] 當以盜論, 未可遽稱謀反. 此處大宜斟酌, 如首叛先密拿叛人并窩藏奸細, 立取書札, 果有實據, 方可申報. 若奸細、書札俱無, 又無傍人見證, 止憑首口, 尤宜拘集叛人族屬、鄉甲、地方人等, 細訊素日爲人, 平時踪跡, 所通之處, 是否親朋. 若衆皆願保無他, 或密稟上司, 准與保候查奪.[234] 其首人必係仇誣, 律當反坐,[235] 但念鄉愚無知, 重懲枷示發落,[236] 以免具題. 若本官素有擔當,[237] 此等審果虛情, 徑行保釋, 仍令首人自立"無知妄首, 懇求寬恕"「認狀」, 或族屬、鄉地哀憐公保, 將首人重懲, 免其反坐申究.[238]

總之, 地方有此, 卽非地方之福, 亦非地方官之福, 要在平日保甲稽查宜嚴, 臨事偵探宜確, 擒拿宜速, 審訊宜詳細, 情罪宜酌量,[239] 申報宜愼重. 惟期罪之可輕者, 不宜入重, 人犯可少者, 不宜累多, 事可消弭者, 不宜樂有而巳. 每見一、二奸邪, 妄以妖術惑人, 鼓動無賴, 汝爲某文, 汝爲某武, 鄉愚罔知利害, 輒聚合成羣, 揭竿立幟, 以爲嬉戲. 而有司張皇, 遽稱反、叛, 偏報上臺. 上臺據報, 一面發兵剿捕, 一面繕疏奏聞, 擒殺不過數人, 報剿巳逾千百. 兵馬所過, 雞犬無寧, 況鄰賊近地, 何良民之不洗戮爲賊黨乎?[240] 至于地方官有防範不早之處分, 上司有

---

229 기감(寄監)은 감옥에 가두어 묶어 놓는다는 뜻이다.

230 조심(弔審, 吊審)은 불러 올려다 심문한다는 뜻이다.

231 영관(營官)은 영(營)의 장관, 또는 지방의 군대와 치안을 관리하는 관리를 가리킨다.

232 장황(張皇)은 부풀리다, 치켜 올리다, 과장·포장한다는 뜻, 또는 그러한 모습을 가리키고 당황하거나 놀란 모습을 가리키기도 한다.

233 작호(綽號)는 별명이나 외호(外號)를 가리킨다.

234 보후(保候)는 범인을 보증해서 석방시킨 다음 집이나 다른 곳에 머무르면서 관부의 소환을 기다리게 하는 것을 말한다.

235 반좌(反坐)는 무고죄에 대한 형벌로, 무고를 한 내용에 해당되는 죄명을 무고한 사람 자신에게 돌려 적용하는 것을 가리킨다. 반무(反誣)라고도 한다.

236 가시(枷示)는 칼을 씌운 다음 대중에게 공개하는 형벌이다. 발락(發落)은 처리·처치한다는 뜻이다.

237 담당(擔當)은 떠맡은 책임, 맡아서 책임을 진다, 맡아서 책임을 질 정도로 기백이 있다는 뜻이다.

238 신구(申究)는 상사에게 보고하여 처벌이나 재판을 받게 한다는 뜻이다.

239 정죄(情罪)는 범죄 상황, 즉 정상(情狀)과 죄목(罪目)을 말한다.

240 세륙(洗戮)은 아마 세경취륙(洗頸就戮), 즉 목을 씻고 늘어뜨려 칼을 맞는다는 뜻 같다. 죽음이나 멸망을 기다리는 것을 비유한다.

覺察不先之參罰.[241] 若使探知情, 實不過鄉愚多事, 密禀上司, 一膽識州縣官,[242] 制之有餘, 其渠撲殺之,[243] 餘懲釋之, 詎不泯然無跡、安良省事之爲美哉?

至于私通逆黨, 或仇人因之報怨, 或匪類因之而挾詐, 經行首告, 及捕而訊之. 首者出其僞札爲證, 安能招致彼國之人, 而質其眞僞乎? 上司以叛案爲重, 遂爾具題, 部議以叛黨可惡, 豈容輕釋, 而其人之身命、家口已化爲青燐野蝶矣.[244] 如此類者, 或審有仇詐情由, 私書是假, 宜密禀上司, 立殄首人, 以全無辜, 不亦可乎? 再有從反逆之家, 籍沒財產, 檢出姓名錄冊, 非有印文,[245] 奸詭書函, 未通字諱, 悉宜密附丙丁.[246] 其保全者衆多, 陰功所積不小矣.[247]

20-03-05. 재산 몰수(籍沒家産)

모반(謀反)·모반(謀叛) 혐의자를 붙잡을 때 그 가속들은 향약·갑장·지보나 이웃을 시켜 감시하도록 안배하여 몰래 도망치거나 빠져나가지 못하게 해야 한다. 심문 결과 모반(謀反)·모반(謀叛)이 근거가 있음이 확인되면, 그 가구에 남녀가 몇 명이고 동거인이 몇 명이며, 다른 성씨가 동거하지 않는지, 가속 가운데 밖에 나간 사람은 있는지, 기친은 몇 명인지를 묻는다. 다만 물어서 확인한 다음 따로 기록해 두어야지, 「구두진술」 속에 집어넣어서는 안 된다. 나중에 그 내용을 지워 버리기 어렵기 때문이다. 율례에 따르면 단지 주범의 가족만 연좌되지만, 범죄 심문이 확정되지 않아 주범과 공범을 정하기 어려우면 당연히 모두 함께 구금·감시한다. 그리고 심리가 끝나기를 기다려 주범의 가족만을 조사하여 구금·감시하고 그 나머지는 바로 보증을 받고 풀어 주어 오랫동안 붙잡혀 있게 해서는 안 된다. 모반율(謀反律)에 따르면 응당 참수형에 처해지는 경우는 주범의 조모에게까지 미치지는 않으며 남자는 16세 이상부터 시작되므로, 16세 이하는 당연히 처벌에서 면제를 받

---

241 참벌(參罰)은 탄핵하여 처벌한다는 뜻이다.

242 담식(膽識)은 담량과 식견을 말한다.

243 박살(撲殺)은 때려죽인다, 격살(擊殺)한다는 뜻이다.

244 청린(青燐. 青磷)은 사람이나 동물의 시신이 부패할 때 인화수소(磷)가 밤에 스스로 연소되어 청록색 불빛을 내는 것을 가리킨다. 도깨비불·귀화(鬼火)라고도 하는데, 죽은 사람을 상징하기도 한다. 야접(野蝶)은 들에 나는 나비를 가리키지만, 여기서는 아마 청린과 유사한 뜻으로 쓰인 것 같다.

245 인문(印文)은 공식 도장을 찍은 문서를 가리킨다.

246 병정(丙丁)은 십간(十干)과 오행(五行)의 짝을 맺을 경우 병정(丙丁)은 불(火)에 속하므로, 불을 가리켜 병정이라고도 한다.

247 음공(陰功)은 이 세상에서 하면 저 세상에서 공적으로 기록된다고 하는 좋은 일, 선행을 말한다.

는다. 노비가 되는 것도 역시 주범과 그 아들의 가족뿐이며 아들의 딸에게는 미치지 않으며, 남자 역시 15세에서 시작한다. 이미 혼약이 결정되었거나 양자로 들어가기로 결정된 경우는 모두 연좌되지 않는다. 모반(謀叛)의 경우에는 처첩과 자녀만을 노비로 삼는 처벌에 그치고 부모와 조손·형제들은 유배형에 그치며, 그 나머지는 모두 죄를 묻지 않는다. 다만 새로 만들어진 조례는 매우 엄격하므로, [더구나 율법보다 조례가 우선적으로 적용되기 때문에] 응당 그것을 조사해 보아야 하며 감히 율법조항만 가지고 처벌하려 해서는 안 된다.

그리고 관대하게 용서해 줄 수 있고 자신에게 아무런 해도 없는 경우는 빠져나갈 구멍을 만들어 주는 것도 좋다. 다만 반드시 아주 주도면밀하게 처리하여 아무런 흠도 없게 만들어야만 잘했다고 할 수 있을 것이다. 가족을 조사할 때는 모름지기 이름에 따라 등기를 해야 한다. 이를테면 친구로 방문하러 왔다가 잘못 붙잡혀 들어간 사람이 있어 심문 결과 확인이 되면, 본인의 가족들로 하여금 「인수증」을 갖추게 하여 풀어 준다. 그리하여 응당 연좌해야 할 가족은 주범의 죄가 정해지기를 기다린 다음에야 그에 대해 명부를 만들어서 보고해야지, 한꺼번에 [그리고 그 이전에] 일괄적으로 보고를 해 버려서는 안 된다. 만약 가족 수가 많으면, 응당 연좌될 사람은 조용하고 은밀한 곳을 골라 모아 둔다. 여자의 경우는 노련한 매파나 산파를 골라 지켜보게 하며, 남자의 경우는 지보·갑장·이웃·향약 등이 지키게 하여, 아무 관련이 없는 사람이 들어가 깔보거나 모욕하지 못하도록 막는다. 기타 나머지 가족은 적절한 보증인을 세우고 따로 처리하기를 기다리게 한다.

그 재산을 조사할 때는 먼저 직인을 찍은 장부 한 권을 만들고, 동료나 친척을 그 집에 불러오고, 앞문과 뒷문을 적당한 아역으로 하여금 지키게 한다. 그리고 금은이나 머리장식품 등을 모두 한데 모으고, 비단옷 종류를 모두 한데 모으며, 거친 옷과 신발도 모두 따로 한데 모으고, 그릇과 잡물 또한 모두 한데 모은다. 그리고 각 항목별로 물품의 숫자를 확인하여 장부에 등록한다. 궤짝·상자 안에 들어 있는 물건으로 자물쇠가 있는 것은 먼저 궤짝·상자의 수를 등록하고, 그다음에는 열어서 어떤 궤짝에 어떤 물품이 있고 어떤 상자에 어떤 물품이 있었는지를 각기 궤짝·상자별로 나누어 「명세서(細單)」를 하나씩 작성하여 각 궤짝·상자마다 그것을 하나씩 넣어 두며, 반드시 전체 장부와 대조하여 확인함으로써 빠지거나 틀린 것이 없게 한 다음 따로 쇠사슬로 밀봉하여 압송할 준비를 한다. 혹은 관부에서 몰수한 다음 팔거나, 혹은 고발하거나 포획한 사람에게 상으로 충당하기도 하는데, 아역 무리들이 몰래 개인적으로 훔쳐 내지 못하게 해야 한다.

또한 토지나 부동산 재산의 경우 먼저 그 「계약서」와 『금전출납부』를 거두어들여 조사·대조할 수 있게 하되, 범인으로 하여금 모두 그것을 열거하게 하고, 해당 도·갑의 이웃·지보로 하여금 그 위치와 칸 수, 면적 등을 조사·확인케 하여 함께 등기하되 아울러 "결코 숨기거나 빠뜨린 것이 없습니다."라는 「확인서」를 받는다. 조사가 끝난 다음 또한 범인으로부터 "결코 빠뜨린 것이 없습니다."라는 「확인서」를 받아 보존한다. 그 밖에 모의를 사전에 알고 있던 노복 등이 외부에 있을 경우에는 그 행방을 심문하여 곧바로 다른 지방에 공문을 보내 붙잡게 한다. 다른 지방에 있는 화물과 상점은 현지 관리에게 공문을 보내 점포 직원의 「구두진술」을 확보하고, 투자원금과 이자 및 현재 화물과 상점 등의 항목에 따라 장부를 만들고, "결코 숨기거나 빠뜨린 것이 없습니다."라는 「확인서」를 받아서 모두 이쪽으로 보내게 하며, [그다음에는] 상사의 지시를 기다려 처리한다.

拿獲反、叛之時, 卽將家屬著落鄕甲、地隣看守,[248] 不許私縱逃逸. 審鞫反、叛有據, 卽問其家口男女若干人、同居若干人, 有無異姓同居, 有無家屬出外, 其朞親若干人. 止宜問明另記, 莫入「口供」, 恐後難于抹去. 按律,[249] 只坐正犯家屬, 但犯未審明, 難定正、從, 自宜一體看守, 待審明之後, 止查守正犯家屬, 其餘卽行保釋, 毋得久羈. 按謀反律, 應斬者不及正犯之祖母, 男年始十六以上, 其十六以下自在免坐之數矣. 爲奴亦係正犯及子家屬, 不及子之女, 男亦始于十五, 其許嫁、過房在聘者, 俱不坐. 謀叛止坐妻妾子女爲奴, 止坐父母、祖孫、兄弟流罪, 餘俱不問. 但新例甚嚴, 又宜查例, 未敢執律爲論. 其可以爲之寬恤, 而于己無害者, 不妨祝網,[250] 只須周詳, 使人無隙, 可指則善耳.

查家口時, 自宜逐名登記, 如有親友探望悞羈者,[251] 審明著伊本屬具領釋放, 其應坐者, 俟正犯之罪定, 然後家屬造冊報解, 不得一槩俱報. 若家屬人多, 將應坐各犯, 擇謹密之處, 女著老成媒穩, 男著地甲、鄰役等守護, 不許閒雜混入欺辱. 其餘家屬, 取具的保, 另候發落. 其財產, 于盤查時先立印冊, 務要同僚、屬親至其家, 將前後門著的役牢守, 將金銀、首飾總置一處, 綢絹衣服總置一處, 粗舊衣履總置一處, 器皿、襍物總置一處, 將各項件數點明登冊. 所有櫥

248 착락(著落)은 안배하다, 안치한다, 책임을 준다, 처리한다는 뜻이다.

249 이와 관련된 내용은 마찬가지로 앞서 인용한 『대청률례』 권23 「형률 적도(賊盜)」(『律』254.00과 255.00)의 「모반(謀反)」과 「모반(謀叛)」을 참조.

250 축망(祝網)은 제왕이 어진 인덕을 베푼다는 것을 뜻하는데, 원래는 『사기』 권3 「은본기(殷本紀)」의 다음과 같은 기사에서 나왔다. "탕임금이 밖에 나와 보니 사방에 그물이 쳐져 있고, '천하 사방의 모든 것이 우리 그물 속에 들어오기를' 하고 빌고 있었다. 탕임금은 '아. 정말 그렇군' 하면서도 세 방향의 그물은 거두고, '왼쪽으로 가고 싶으면 왼쪽으로 가고, 오른쪽으로 가고 싶으면 오른쪽으로 가라. 그래도 명령을 듣지 않거든 내 그물 속에 들어와라' 라고 기도하게 하였다. 제후들이 이것을 듣고 말하였다. '탕의 덕은 지극하여 짐승에게도 그것이 미치는구나.'"

251 오기(悞羈)는 오해로 잘못 붙잡혔다는 뜻이다.

櫃、箱匣之物,[252] 有鎖者先將櫃櫥等數註冊, 方開點某櫥某某物件、某箱某某物件, 仍于各廚、各箱內, 存一「細單」, 須照冊比對明白, 勿致遺錯,[253] 另加封鎖, 聽候上行, 或入官變賣, 或告捕充賞, 不得衙役輩暗攜私竊. 如田地、房産生意, 先收其契券、帳目,[254] 以便查對, 仍令本犯開報, 著該圖甲、隣地查明坐落間數、坵畝, 彙冊登記, 取"並無隱漏"「甘結」. 查畢之後, 亦取該犯"並無遺漏"「結狀」存案.[255] 至于在外知謀僕屬, 訊明去向, 立卽關拿. 別處貨物、店面,[256] 移文本地有司, 取具夥計「口供」,[257] 按資本、利息并現在貨店等件造冊, "並無隱漏"「甘結」, 一倂移覆,[258] 候上文定奪.

20-03-06. 몰수재산 판매(逆産變賣)

[관부로 몰수한] 잡다한 물품을 팔아치우는 일은 정례에 의하면 관아(官牙)가 그 가격을 매겨 판매하고, 기한을 맞추어 그 값 전체를 관부에 넘겨야 한다. 가옥도 그 지역의 아행·총갑·지보를 불러서 판매하도록 맡긴다. 토지재산은 해당 도·리의 이웃이 사들이도록 처리한다. 하지만 그 값에 대한 평가는 너무 높아서는 안 된다. 그렇다고 범인이 원래 사들일 때의 가격에 따라서 정할 수도 없다. 대개 시간이 오래되거나 가까운 것에 차이가 있고, 물건에도 시가라는 것이 있어 급하게 팔아치우기 어려우니, [자칫 잘못 가격을 정하면] 스스로 화를 초래하게 된다. 또한 중앙의 형부에서도 이에 대해 반박하면서 그 가격을 올리라고 요구할 수도 있는데, 그때 역시 "땅은 척박하고 백성은 가난하여 가격을 올려 억지로 팔기 어렵습니다."라고 변명할 필요가 있다. 형부에서의 논의가 정해지기를 기다려서 고시를 내어 널리 알림으로써 평가 금액을 밝히면 사기를 원하는 사람이 「정원서」를 올리는데, 지방관은 이 가격을 비준하되 결코 금액 이상으로 한 푼이라도 더 올리려고 해서는 안 된다. 관부가 붉은색 관인을 찍은 「증명서」를 발매해 주면 즉시 그 재산을 관리할 수 있게 된다. 만약 사고자 하는 사람이 없다면, 토지는 도차·이장으로 하여금 부자 가운데 자원해서 사

252 주궤(櫥櫃)는 옷이나 음식을 넣는 함(櫃子), 탁자로 쓸 수 있는 작은 함을 가리킨다.
253 유착(遺錯)은 빠뜨리거나 틀리는 것을 말한다.
254 「장목(帳目)」은 『금전출납부』나 거기에 기재하는 항목을 가리킨다.
255 「결장(結狀)」은 관부에 지출하는 증명·담보·종료확인 문서를 가리킨다.
256 점면(店面)은 상점에서 거래를 하는 장소, 또는 여관(旅店)·상점(商店)을 가리킨다.
257 과계(夥計)는 점포의 직원이나 고용인을 가리킨다. 또는 함께 일하는 동료를 가리키기도 한다.
258 이복(移覆)은 이문(移文)으로 답장(回復)을 한다는 뜻이다.

려는 사람이 있는지 확실하게 보고를 올리게 하는데, 혹은 한 사람이 사거나 아니면 몇 명이 나눠서 사든 편한 대로 하게 해 준다. 하지만 구실을 만들어 강매하거나, 엉터리로 명단을 보고를 하면서 은전을 갈취하여 지방에 소란을 키워서는 안 된다. 만약 살 능력이 없는 사람을 보고하거나, 뇌물을 받고 부자를 명단에서 빼 준 경우가 발견되었을 때 반드시 무겁게 징발하고 뇌물을 추징한다면, 간교한 이장 등이 경각심을 갖게 되고, 관부에서 몰수한 물자도 쉽게 팔 수 있을 것이다.

褋物變賣, 例著官牙估値發賣, 勒限完價交官. 其房屋著落該牙行、總甲、地方召買.[259] 田產著落該圖里鄰召買. 但估報之價, 不可太昂, 然亦不可照本犯原契之數. 蓋年有遠近, 物有時値, 急難出脫,[260] 是自貽其累矣. 卽憲部駁增,[261] 亦以"地瘠民貧, 難以加價强售"爲詞. 俟部議已定, 仍出示曉諭, 開明估價, 情願買者當官具呈, 批准上價, 並不價外增溢分毫. 官給印硃「票照」, 卽時管業.[262] 如無願買, 田產著圖 · 里長確報殷實認買, 或一人承業, 或數人分受, 悉聽其便. 但不許借端勒買, 混行開報, 挾詐銀錢, 以滋擾害. 如開報無力及賄縱殷戶, 定行重懲追贓, 庶奸里等知儆, 而官物易于出鬻矣.

20-04. 불법 재물의 획득(贓私)

불법 재물(贓私)을 취득한 범죄에 대해서는 율례에 많은 조항이 있다. 하지만 정장(正贓)에는 오로지 여섯 가지가 있는데 형률에서 말하는 '육장(六贓)'이 바로 이것이다. 그 나머지는 여러 항목에 견주어 부차적으로 끼어 들어간 것이다. 이를테면 감찰관이 연변·연해의 변경 지역에서 적발하는 것과 같은 경우다. 아역의 부정한 재물 취득이나, 중개·알

259 총갑(總甲)은 1리(110호로 구성된다)의 부세와 요역을 도맡아 처리하던 직역을 가리킨다. 소매(召買)는 아마도 판매를 맡긴다, 대행시킨다는 의미로 보인다.

260 출탈(出脫)은 개탈(開脫)처럼 벗어나게 해 준다는 뜻, 또는 물건을 팔아치운다는 뜻이다.

261 헌부(憲部)는 상급의 부(部)인데, 여기서는 당연히 형부(刑部)를 가리킨다.

262 관업(管業)은 재산이나 업무를 관리한다는 뜻이다.

선과 같은 경우도 있다. 무릇 부정한 재물을 얻어 죄에 걸리면, 모름지기 그 부정한 재물이 어떤 종류의 명목인가를 확정한 다음 율례에 따라 형량을 결정하고, 그 액수에 따라 환급·몰수한다. 그 가운데 또다시 녹봉을 받는 사람인지 아닌지를 구별해야 하며, 부정한 재물을 모두 합친 액수를 가지고 각자에게 모두 죄를 부과해야 하는지에 대해서도 구분을 해야 비로소 정확한 판결을 내릴 수 있다.

犯贓律例多條,[263] 而正贓惟六. 刑書中所謂: '六贓', 是也.[264] 其餘以准諸款附入者也. 風憲邊海分出者也.[265] 衙役犯贓, 以至過付、引送,[266] 凡因贓入罪者, 皆必定所犯本贓是何色目,[267] 然後依律擬斷, 按數給沒,[268] 其中又要分別人之有祿、無祿與贓之當倂、當計,[269] 方能定擬.

---

263 앞서도 나왔지만 장(贓)은 부정한 방법으로 취득한 공·사의 재산·재물을 가리키는데, 도적이 훔친 장물(贓物. stolen goods)을 가리키기도 하고, 다른 하나는 장사(贓私. bribe), 즉 관리가 어떤 일을 구실로 받은 뇌물 따위를 가리키기도 한다.

264 형서(刑書)는 형법의 조문을 가리킨다. 육장(六贓)은 부정한 방법으로 공·사의 재산·재물을 획득하는 범죄를 통칭한다. 당률(唐律)에서는 행위자의 신분, 재물의 성질과 획득 수단에 따라 6종으로 나누었는데 (1) 수재왕법(受財枉法. 관리가 뇌물을 받고 고의로 사실을 왜곡하거나 법률을 위반하여 뇌물을 준 사람에게 유리한 판결을 내린 경우), (2) 수재불왕법(受再不枉法. 관리가 뇌물을 받았지만, 법률을 위반하여 뇌물을 준 사람에게 유리한 판결을 내린 것은 아닌 경우), (3) 수소감림재물(受所監臨財物. 관리가 직권 범위 내에 있는 하속 관리나 백성으로부터 불법적으로 재물을 획득하는 것), (4) 강도(强盜), (5) 절도(竊盜), (6) 좌장(坐贓. 관리나 평민이 직무를 위해서가 아닌데도 받지 말아야 할 재물을 받은 경우)이 그것이었다. 앞의 세 가지는 관리에 관한 것이라 직제율(職制律), 강도와 절도는 적도율(賊盜律), 좌장은 잡률(雜律) 속에 포함되어 있었다. 하지만 명·청대에는 강도죄에 대한 처벌이 참형으로 강화되자, 강도죄가 여기서 빠지게 되었다. 대신 명대에는 (1) 감수도(監守盜), (2) 상인도(常人盜), (3) 절도(竊盜), (4) 왕법(枉法), (5) 불왕법(不枉法), (6) 좌장(坐贓)으로, 그리고 청대에는 (1) 감수도(監守盜), (2) 상인도(常人盜), (3) 좌장(坐贓), (4) 유록인왕법(有祿人枉法)과 무록인왕법(無祿人枉法), (5) 유록인불왕법(有祿人不枉法)과 무록인불왕법(無祿人不枉法), (6) 절도(竊盜)로 바뀌었다.

265 풍헌(風憲)은 풍기법도(風紀法度), 또는 감찰이나 기율을 담당하는 관리, 어사를 가리킨다. 풍헌관(風憲官)은 법기(法紀)의 집행을 감찰하는 관리를 가리킨다. 변해(邊海)는 바다 근처, 임해(臨海), 육지근처의 바다, 바닷가, 변원(邊遠) 등의 뜻이지만, 본문의 뒷부분을 보면 연변(沿邊)·연해(沿海)라는 용어가 자주 나오는 것으로 보아 아마 변방(邊防)과 관련된 연변·연해 지역을 아울러 부르는 것으로 보인다. 분출(分出)은 갈라져 나오다, 갈라지다, 갈라낸다는 뜻이다.

266 과부(過付)는 중간에서 뇌물을 받아 전달하거나 보내는 것을 말한다. 인송(引送)은 안내하거나 이끌어 주는 일을 가리킨다.

267 색목(色目)은 종류의 명목(名目), 갖가지 명목을 말한다.

268 급몰(給沒)은 원 주인에게 돌려주거나, 관부에서 몰수한다는 뜻이다.

269 『대청률례』 권31 「형률 수장(受贓) 관리수재(官吏受財)」의 율문에 따르면(p.494), 유록인(有祿人)은 무릇 월봉(月俸) 1석(一石) 이상을 받는 사람을 말한다. 따라서 무록인(無祿人)은 월봉 1석 이하를 받는 사람을 말한다. 관(官)은 모두 녹봉이 있고, 리(吏)는 녹봉이 있는 경우와 없는 경우로 나뉜다. 공식(工食)이 없거나 월봉이 1석에 미치지 못하는 경우가 바로 녹봉이 없는 경우다. '병(倂)'은 뒤에 나오는 '병장논죄(倂贓論罪)'를 뜻하는데 여럿이 훔쳐 나눠 가진 장물을 모두 합하여 각자가 그 총액을 훔친 것으로 계산해서 죄를 가늠하는 것을 가리키므로, '계(計)'는 각자의 액수를 각자에게 적용하는 것으로 보인다.

20-04-01. 육장에 대하여(釋六贓)

1) 첫째는 '감수도(監守盜. 관리하거나 지키는 직책에 있는 사람이 횡령하는 것)'이다. 감(監)이란 글자는 감림(監臨)에서 온 것으로 이를 '감독하면서 관리하는 사람'을 일컫는다. 수(守)란 글자는 주수(主守)를 말하는 것으로 이를 '받아서 지키는 사람'을 일컫는다. 무릇 감독·관리하거나 받아서 지키는 관리[즉 監守], 임시로 파견된 관령(管領)·세조(提調) 인원 및 좌이관(佐貳官)·수령관(首領官), 같은 부서의 문서담당(文案) 등이 받아서 관리하는 물건을 사적으로 이용하는 것, 이것이 바로 감수도다. 이를테면 창고지기(庫子)·수두(收頭)·양장(糧長)은 세금, 즉 전량의 징수를 담당하는데, 그들이 전량을 속여서 침탈하거나 빌리고 빌려주는 일은 모두 주수도(主守盜)가 된다.

이를테면 월봉(月俸)으로 응당 지급해야 책임을 진 은·미(銀·米)나 포·견(布·絹) 및 포상금(賞給) 등을 아직 지급하지 않거나 또는 침탈한 경우는 모두 다 '장수재관재물(掌守在官財物[관부 재물의 감독])' 조항에 있는 '관물당급[관물 지급]'률('官物當給'律)을 적용한다. 만약 이미 군인에게 지급하였으나 거기서 다시 일부를 거두어들여 자기 몫으로 챙겼다면, 바로 '인공과렴군인전량사사(因公科斂軍人錢糧賞賜[공무를 빙자하여 군인의 전량·포상금을 징수하여 가로채는 것]'율을 적용한다. 만약 이민족과 금지된 물품을 주고받거나, 금지 물품 및 응당 관부로 몰수해야 할 부정한 재물을 침탈하거나 숨긴 경우는 모두 '장수재관재물(掌守在官財物)' 조항에 있는 '사물당공관용수장침기(私物當供官用守掌侵欺[응당 관부로 들어가야 할 私物을 지키고 보관하는 사람이 속이고 침탈한 일]'율을 적용한다.

율례 본문에 따르면 감림·주수(監守)가 스스로 창고의 전량 등을 훔치면 주범·공범을 가리지 않고, 부정한 재물 액수를 모두 합하여 [그 합산된 액수를 범인 각자에게 모두 적용하여] 형량을 결정한다. 만일 10명이 각기 모두 합쳐 40냥을 훔쳐서 각각 4냥씩 나누어 가졌다면, 모두 통틀어 하나로 모아 계산하여 10명이 각기 40냥씩을 나누어 가진 죄로 처벌하므로, [결국] 모두 참수형에 처한다.【잡범에 해당한다.[270]】만약 10명이 모두 합해 5냥을 훔쳤다면, 각기 곤장형 100대에 처한다. 이런 범죄를 세 번 저지르면 교수형에 처하고, 뺨에 글자를 새기는데, 주범·공범 모두에 해당한다.[271]

---

270 잡범에 대한 설명은 뒷부분의 왕법장(枉法贓)에 대한 설명에서 나오는 잡범에 대한 설명(각주)을 참조.

○ [감림·주수의 부정한 재물] 1냥 이하는 곤장형 80대에 처하는데, 그 아래에 속하는 것은 푼(分)으로 나눠진다. 이렇게 보면 감수도에 대한 처벌이 가장 무거운데, 일반적인 절도(常盜)에 비하여 한 등급을 더하며, 절도(竊盜)와 비교해 보면 두 등급을 더하는 것이다. 1냥 이상으로 2냥 5전까지는 곤장형 90대인데, 1냥 이상은 바로 법을 무겁게 처벌하는 데서 나오는 것이다. 이것은 아주 작은 액수라도 신중하게 처리하도록 하여, 사람들이 두려워 감히 죄를 저지르지 못하게 하려는 뜻이다. 그 위의 액수에 대해서는 모두 2냥 5전 단위로 20냥까지 덧붙여 가며,[272] 20냥 이후부터는 5냥씩 더해 30냥까지 이른다. 그다음부터는 10냥씩을 더해 40냥까지 모두 이것이 적용된다. 이렇게 되면 참수형에 처해지며, 잡범은 노역형 5년에 처한다. 49냥 9전까지도 모두 이것이 적용된다.[273] 만약 50냥을 채우게 되면 또한 이 율법을 적용하지 않는다.

○ 강희 10년 중 형부에서 제문을 올려 이후부터는 전량을 침탈·절도하여 가로챈 경우에 대해서는 그 액수가 300냥에 이르면 참수형 판결을 내리고, 거기에 미치지 못하는 것은 감수도에 비추어 죄를 판정하게 되었다.

○ 선부(宣府)·대동(大同) 등지나 변경·연해 지역의 창고에서 감수가 양초(糧草)를 훔친 가격이 20냥 이상, [관리가 아닌] 보통 사람(常人)의 경우 40냥 이상일 때는 모두 변경지역 군부대로 보내어 [자신뿐만 아니라 후손에게까지 그 처벌이 미치는] 영원충군형(永遠充軍刑)에 처한다. 수도의 각 아문과 조운(漕運) 및 경사(京師)·통주(通州)의 6창(六倉)에서 감수가 양초·전량·비단 등을 훔치면, 그 가격이 30냥 이상, 보통 사람은 60냥 이상일 경우, 또한 모두 앞서의 경우에 비추어 충군형에 처한다. 그 나머지 내륙 지방에서도 감수도가 가격이 50냥 이상, 보통 사람의 경우 10냥 이상인 경우에는 역시 앞서의 경우에 비추어 충군형에 처한다. 이상은 모두 율법조항에 따르며, 아울러 부정한 장물의 액수를 합산하고 그것을 각자에게 적용하여 형량을 결정하되(併贓論罪), 각기 자기가 받은 장물의 액수가 한도를 채워야만 비로소 앞서의 경우에 비추어 판결을 내린다. 그 액수에 미치지 못하는 경우는 일반 사람의 경우에 비추어 처리하거나, 감수율에 비추어 판결한다.

---

271 원문은 "교수형에 처하고, 뺨에 글자를 새기는데, 주범·공범 모두에 해당한다"는 구절이지만, 사실은 "교수형에 처한다"가 적절한 표현이고 뒷부분은 잘못 들어간 내용으로 보인다.

272 원문은 25냥이라 되어 있지만 실제로는 20냥이 맞다. 2냥 5푼부터 2냥 5푼씩 덧붙여지는 것이 20냥까지만 나오고, 20냥 다음은 2냥 5푼이 아닌 5냥을 덧붙인 25냥으로 되어 있기 때문이다.

273 원문은 '自'이므로 '부터'라고 해석해야 하나, 실제 내용은 40냥부터 49냥 9푼까지라는 뜻으로 보아야 한다(푼 이하의 단위는 여기서 사실상 배제되고 있으므로 49냥 9푼 다음은 50냥이 된다).

○ 또한 변경·연해 지역에서 전량 200냥 이상, 조운전량 300냥, 곡식 600석 이상을 침탈하거나 훔친 자는 모두 이 율법에 따르고, 모두 주범에게는 죽을죄(眞犯死罪)가 내려지는데, 감수도는 참수형, 일반인은 교수형으로 판결한 다음, 황상께 주청하여 확정한다.

○ 무릇 감수도로 처벌한다고 할 때, 자기가 가로챈 부정한 장물이 없는 경우 비록 그 액수가 100냥에 이르더라도 그 죄를 부과하는 데 그칠 뿐, 조례를 끌어다 충군형에 처할 수는 없다.

2) 둘째는 '상인도(常人盜. 보통 사람의 절도)'이다.

원래 관물(官物)인데, 감림·주수가 아닌 사람이 받아 가지거나, 속여서 침탈하거나, 빌려주거나 빌리거나, 또는 관에서 만든 물품, 진주 못(珠池) 속의 구슬, 관청 소유 산림의 수목 같은 것들을 멋대로 가져가는 것이 모두 이에 해당되며, 오로지 몰래 훔친 죄(偸盜)로만 따질 필요가 없다.

○ 만약 창고 안에서 주인에게 되돌려 주어야 하는 장물을 훔친다면, 비록 이 물건이 관용(官用)이 아니더라도, 관물을 훔친 것으로 간주한다.

○ 관물을 훔치는 죄를 저지를 때 이것이 관물이라는 점을 알지 못하였다면, 절도를 이미 저질러 재물을 얻은 경우에 적용하는 율법(竊盜已行得財律)에 따라 처벌하는 데 그친다.

○ 군인의 전량을 지급 받는데, 현역 군인의 이름을 빌려 받으면 남의 이름을 사칭하여 받은 죄(冒支)이고, 군인이 도망가거나 죽은 경우라면 관물을 훔친 죄(盜官物)가 된다. 군인과 「군량지급표」를 바꾸거나 사서 창고로 가서 지급을 받은 경우는 재화를 꺼내서 판 것이나 마찬가지이니, 단지 불응죄로만 처벌한다.

○ 감수와 보통 사람이 관물을 훔치다가 직역이나 체포 임무를 맡은 사람에게 수색당해 붙잡혔는데 뇌물을 받고 고발하지 않은 경우, 뇌물을 받고 법을 어긴 죄(受財枉法)를 묻고, 직역이 없거나 체포 임무를 맡은 사람이 아니면 도둑질을 안 다음 장물을 나눠 가진 죄(知盜後分贓)를 묻는 데 그친다.

○ 감수하는 사람이 보통 사람과 결탁하여 도둑질하여 훔치면, 각기 해당 조례에 비추어 그 죄를 처벌한다.

○ 함께 감수하는 사람이 다른 감수가 훔쳐 낸 장물을 찾아내어 나눠 가지면, 감수하는 사람이 자기가 지키는 재물을 속여서 훔친 죄(監守之人詐取所守之物)로 처벌한다.

율례에 따르면 보통 사람이 창고의 전량 등의 물건을 훔치려 하였는데, 재물을 얻지 못한 경우 곤장형 60대에 처하지만, 이미 재물을 얻었다면 주범·공범을 가리지 않고 장물을 모두 합쳐 각자에게 적용하여 그 죄를 처벌하고(병장논죄), 뺨에 글자를 새긴다. 이른바 보통 사람은 군민(軍民)이 아닌 경우뿐만 아니라, 현직 관리나 직역을 맡고 있지만(在官人役) 감수 책임과 무관한 사람도 이에 해당된다.

○ [보통 사람의 경우] 1냥 이하는 곤장형 70대, 1냥에서 5냥까지는 곤장형 80대, 그다음은 모두 5냥씩 덧붙여 가는데, 곤장형 70대가 형량의 출발점이다. 감수와 비교하면 한 등급을 줄인 것이다. 무릇 마찬가지로 창고에서 훔쳤으나 [보통 사람에게는] 한 등급을 감해 주는 것은 감수가 훔치는 것이 더 무거운 죄이기 때문이다. 또한 같은 절도인데도 [감수에게는] 한 등급을 더하는 것은 창고를 중요하게 여기기 때문이다. 창고에서 도둑질한다는 것은 반드시 창고 밖으로 물건을 훔쳐 내야 비로소 죄에 걸린다. 무릇 장물이 5냥에 이르러서야 비로소 한 등급을 더하기 시작하는 것은 오로지 보통 백성에게만 관대한 것이 아니며, 바로 감수의 죄안을 무겁게 여기기 때문이다. [감수에 비해 보통 사람의] 죄 등급을 이미 감해 주었으니, 장물은 반드시 두 배에 이르러서야 비로소 처벌의 대상이 되어야 한다. 만약 여전히 [감수와 마찬가지로] 2냥 5전을 기준으로 등급을 더해 간다면 이것은 감해 주는 것처럼 보이지만 실제로는 감해 주지 않는 것이 된다. 더하는 것을 두 배로 하였으니, 감해 주는 것 역시 반드시 두 배로 해 주는 것이 이른바 "범죄에 대해 누감(累減)을 해 준다"는 것이다. 보통 사람의 죄를 두 배 감등시켜 주는 것을 보면, 감수의 죄는 더욱 엄한 것임을 알 수 있다.

○ 장물이 80냥에 이르면 교수형에 처하며, 잡범이다.[274] 강희 10년 7월 형부에서 과도관(科道官) 요(姚)에게 답변하는 제문(題文)에서 밝혔듯이 "보통 사람이 45냥, 50냥, 55냥을 훔쳤을 때에는 모두 노역형 4년에 처한다."

○ 그 감수로서 숙직한 사람은 범죄 사실을 알아차리지 못한 죄로 처벌된다.

율례 가운데 조례에서는 감수·상인도의 장물이 20냥 이상일 경우에는 1개월을 기한으로, 200냥 이상일 때는 3개월을 기한으로 하여 만약 그 액수를 남김없이 모두 완납한다면 해당 율례에 비추어 처리하면서 죽을죄의 경우 감등시켜 죽음을 면하게 해 주고, 충군형에 처한다.【충군 이하는 모두 한 등급을 감한다.】 만일 기한이 지나도 완납하지 못하면 각기 해당 율례에 비추어 무겁게 판결을 내린다. 무릇 장물 액수의 많고 적음에 비추어 시일의 멀고 가까움을 정하는 것은 과연 모두 남김없이 완납할 수 있는 경우 창고의 결손을 초래하거나 다시 [백성에게] 추가로 세금을 부가하는 실마리를 주지 않게 되며, 나아가 같은 죄

274 이 부분의 잡범 역시 '왕법장' 부분의 잡범에 대한 설명을 참조.

에 걸려든 사람들이 추징·배상을 당하지 않게 하여 연루된 사람들의 고통을 피할 수 있게 해 준다. 이런 일이 범인 자신에게서 나온 것이라면, 확실하게 회개하는 마음의 싹이 있는 것이고, 친척이 대신해 준 것이라도 어렵고 급한 일에 처한 사람을 도와주는 인정을 보여 준 것이다. 따라서 대개 한 등급을 감해 주는 것은 자신을 새롭게 할 수 있는 길을 열어 주고 사람들을 훌륭한 의리의 땅으로 이끄는 것이니 지극한 인(仁)이라 하지 않을 수 없다.

○ 해당 율법(本律)에 비추어 처리한다고 한 것은 그 조례(條例)에 비추이 처리하지 않는다는 점을 밝힌 것이다. 만일 변경·연해 지역에서 은 20냥을 훔친 감수도의 경우, 조례에서는 영원충군(永戍)에 처하지만, 지금 만약 1개월 내에 완납할 수 있다면 도리어 감수본율에 비추어 곤장형 100대와 유배형 3천 리에 처한다. 또한 『[왕의부선생]전석([王儀部先生]箋釋)』을 조사해 보면, 남김없이 완납한다는 조문 아래 "조례에 의하면 응당 영원충군형에 처해야 한다(例該永戍者)."라는 다섯 글자가 있어, 율법과 조례를 명백히 분별하고 있다.

3) 셋째는 '왕법장(枉法贓. 법을 어기고 받은 뇌물)'이다. 남의 재물을 받아서 법을 어기는 것이 바로 이것이다. 각 당사자의 장물을 모두 통산(通算)하여 형량 전체를 부과하는데, 유록인(有祿人)과 무록인(無祿人)으로 나눈다.【무릇 월봉 1석 이상을 받는 사람을 유록인, 1석에 미치지 못하는 사람을 무록인이라 한다.[275]】

○ 만일 지방에서 도적이 총갑·이장에게 붙잡혔는데 이들이 재물을 받고 방면해 주면, 그 리(里)에 사는 경우는 왕법(枉法)으로 죄를 묻고, 다른 리에 사는 경우는 협박(恐嚇)죄를 묻는다. 다른 리에 사는 사람은 자기 관할구역이 아니기 때문이다.

○ 무릇 직역에 응모하여 그 일을 맡은 사람은 비록 다른 사람을 협박하여 재물을 얻고 법을 어기며 풀어 준 경우라 할지라도 모두 왕법으로 처벌한다.

○ 무릇 재물을 받은 사람은 왕법의 죄를 얻고, 재물을 제공한 사람은 뇌물 공여(行求), 중간에서 재물을 건네준 사람은 알선(說事)의 죄를 물으며, 그 나머지 각기 뇌물을 중개하면서 이익을 취한 사람은 모두 불응죄에 그친다.

무록인은 한 등급을 감해 주고, 만일 불왕법장(不枉法贓. 법을 어기지 않고 받은 뇌물)이라면 120냥에 한 등급을 감해 주고, 곤장형 100대와 유배형 2천 5백 리에 처하며, 이런 경우가 아니라면 [2천 리, 2천 5백 리, 3천 리] 세 가지 유배형(三流) 모두 같이 한 등급을 감해 준다.

---

275 관(官)은 모두 봉록이 있고, 리(吏)는 녹봉이 있는 경우와 없는 경우로 나뉜다. 공식(工食)이 없거나 월봉이 1석에 미치지 못하는 경우가 바로 녹봉이 없는 경우다.

율례에 따르면 유록인이 왕법장을 저지르면, 1냥 이하는 곤장형 70대, 1냥에서 5냥까지는 곤장형 80대이고 그 이후부터는 5냥마다 등급이 더해져 80냥에 이르게 되면 진짜 교수형(眞絞)에 처한다.【『왕의부선생전석(王儀部先生箋釋)』에서는 잡범에 속한다.】무릇 무록인의 죄는 유록인과 비교하여 모두 한 등급을 감해 준다. 만일 무록인이 왕법장을 저질러 1냥 이하일 경우에는 곤장형 60대에 그치고, 불왕법장의 경우에는 1냥 이하는 태형 50대에 그치니, 나머지는 그에 따라 유추해 볼 수 있다.

○ 만일 녹봉이 없는 사람이 왕법장을 저지른 경우【[뇌물을 받고] 동조하여 가게 놔두거나, 일부러 풀어 준 것 같은 경우】120냥에 이르면 교수형에 처한다.【『왕의부선생전석(王儀部先生箋釋)』에서는 잡범에 속한다.】

4) 넷째는 '불왕법장(不枉法贓. 뇌물을 받았지만 법을 어기지 않은 경우)'이라고 한다. 남의 재물을 받았지만, 법을 어기지는 않은 경우가 이것이다. 역시 유록인·무록인으로 나눠지며, 각기 뇌물을 준 사람들의 뇌물 액수를 모두 합쳐서 셈한 다음 절반으로 깎아서 형량을 결정한다.【이를테면 한 사람이 열 사람의 뇌물을 받았다면, 모두 합쳐서 셈한 다음 절반으로 환산한다.】만약 [뇌물을 준 사람이] 한 사람뿐이라면 절반으로 환산해 주지 않는다.【이를테면 열 사람이 한 사람으로부터 뇌물을 받았다면, 제각기 받아서 챙긴 몫의 뇌물을 셈하여 처벌하며, 주범·공범을 구분해서는 안 된다. 또한 혹시 나누어 받지 않은 사람이 있더라도 아울러서 처벌한다.】

율례에 따르면 "1냥 이하는 곤장형 60대에 처하고, 무록인은 이에 비추어 한 등급을 감해 준다. 1냥부터 10냥까지는 곤장형 70대에 처하고, 10냥씩마다 등급을 올려 120냥 이상이 되면 진짜 교수형에 처한다.【율례에 기재된 '진짜(眞)'란 글자는 옛날 율례(大明律例)의 '잡범(雜犯)' 상(上) 항목에서 시작된 것으로 보인다.】

○ 또한 율례에서는 무록인의 불왕법장이 120냥을 채웠다고 하더라도 죄는 단지 곤장형 100대와 유배형 3천 리에 처하는 데 그친다. 만약 공무를 빙자하여 징수한 다음 자기 것으로 가로챘다면, 율례에서는 비록 왕법으로 칭하지만 공식으로 접수한 부정한 재물과는 같지 않으니, 한도 액수를 채우더라도 역시 '실행하려다 중지한 것(行止)'에 관한 조례를 끌어다 적용해야 한다. 실제로는 법을 어긴 일이 없기 때문이다.

5) 다섯째는 '절도장(竊盜贓. 절도에 의한 장물)'이다. 형체를 숨기고 얼굴을 가린 다음 남의 재물을 훔친 경우, 대낮이든 한밤중이든 상관없이 모두 절도장(竊盜贓)에 해당된다. 만약 남의 옷이나 주머니를 째고 재물을 취한다면 바로 소매치기인데, 죄는 절도와 같다. 이 경우 각기 장물아비, 주모자, 실행하였으나 장물을 나눠 갖지 않은 경우, 장물을 나눠 가졌으나 절도

를 실행하지 않은 경우에 관한 율례를 끌어다 형량을 결정한다. 만약 강도질로 재물을 얻었다면, 이는 겁살(劫殺)에 속하는 것이기 때문에 장물로 처리하는 것을 기다릴 필요가 없다.

○ 절도 등의 범죄를 저지른 사람은 모두 몸에 글자를 새긴다. 만약 처음으로 절도를 저질러 오른쪽 팔에 글자를 새겼는데, 다시 또 소매치기 짓을 하면 오른쪽 팔에 다시 글자를 새겨야 한다. 왼쪽 팔에는 새길 수 없는 것은 모름지기 다시 절도죄를 저질러야만 비로소 왼팔로 바꾸어서 글자를 새길 수 있기 때문이다. 응당 글자를 새겨야 할 모든 [절도]장의 경우 모두 이렇게 한다.

6) 여섯째는 '좌장(坐贓[corruption offence. 瀆職])'이다. 율례의 정식 조항 외에, 만약 새로 부임하거나 새로 직역을 맡은 사람이 자기 관할이거나 휘하인 사람들이 인사차 보낸 은냥을 받거나, 다양한 신분의 인원(人員)이 아무런 이유 없이 남이 보내온 접대나 선물을 받거나, 상처를 입었을 경우 치료를 받는 것 이외에 재물을 받거나, 훔치거나 망가뜨린 물건에 대해 배상을 받으면서 그밖에 더 돈을 받는 경우, 혹은 공무를 빙자하여 부정한 재물을 거두었는데 자기가 가로채지 않았거나, 또는 헛되이 소모된 비용을 조작하는 데 쓴 경우가 모두 여기에 해당된다. 남이 보낸 토산물을 받은 경우, 공동으로 받은 것이든 혼자서 받은 것이든 모두 통틀어 셈한 다음, 절반으로 환산한 액수로 처벌한다.

○ 만약 재물을 요구하여 받은 경우라면 재물이든 토산물이든 가리지 않고 모두 재물 갈취(求索)에 해당된다.

율례에 따르면 무릇 관원(官員), 이역(吏役), 보통 사람(常人)은 [왕법이나 불왕법의] 일 때문이 아닌데 [남의] 재물을 받으면, 좌장으로 처벌을 받는다(坐贓致罪). 각기 재물을 제공한 사람들의 제공 액수를 모두 합한 다음 절반으로 환산하여 형량을 결정하는데, 돈을 제공한 사람은 다섯 등급을 감해 준다.

○ 관리가 좌장을 저질렀지만 자기가 가로챈 것이 아닌 경우, 직역을 반환하라는 처분을 내린다.[276]

○ 기존 옛 조례에서는 가장 많은 액수를 제공한 한 사람의 뇌물 액수로 형량을 가늠한다는 오해가 있었으나, 지금 현행사례에서는 모두 절반으로 환산하여 형량을 결정한다.

○ 신임 지방관이 부임하면서 이장(里長)들의 배견(拜見)[과 동시에 돈]을 받으면 바로 이 조항에 따라 죄를 부과한다. 만약 이것이 이장 스스로 찾아온 것이라면 '공무를 빙자하여

276 더 큰 처벌은 직역에서의 파면이다.

남에게 재물이나 선물을 징수한 것(因公科斂人財物、餽送)'에 관한 조항에 따라 처벌한다.

율법에 따르면, 좌장에서 1냥 이하는 태형 20대, 1냥에서부터 10냥까지는 태형 30대이며, 그 이후부터는 매 10냥마다 한 등급씩을 더하는데, 40냥일 때는 곤장형 60대, 80냥이면[곤장형 100대인데] 40냥으로 환산하여 곤장형 60대에 처한다.[277]

○ '공무를 빙자한 징수(因公科斂)'에 관한 조항에서 부정한 재물의 액수가 무거운 것이 좌장이다.

○ [공무를 빙자한] 징수에서 80냥 이상일 때에야 비로소 좌장치죄(坐贓致罪)에 비추어 형량을 결정한다. 80냥은 곤장형 100대인데, 단지 20냥만 더해지면 노역형이 추가된다. 그다음 매 100냥마다 한 등급씩 더해지는데, 500냥에 이르게 되어도 그 죄는 곤장형 100대와 노역형 3년에 그친다. 이것은 좌장이 사실 실제적인 뇌물 수수는 아니기 때문이다.

一曰: '監守盜'.[278] 監者監臨, 謂: '經管之人'也.[279] 守者主守, 謂: '經收之人'也.[280] 凡經管、經收及臨時差遣管領、提調人員,[281] 並佐貳·首領官、同署文案者,[282] 私用所收所管之物, 皆是監守盜. 如庫子、收頭、糧長經收錢糧,[283] 侵欺借貸,[284] 俱爲主守盜. 如監放應給月俸銀·

277 그렇다면 40냥에 80냥까지는 모두 곤장형 60대가 된다.

278 감수(監守)는 감림·주수(監臨·主守)의 약칭이다. 감림(監臨)은 평상시, 또는 임시로 소속 지방이나 그곳과 관련된 특수 업무를 통할하는 권한을 가진 관원(官員)만을 가리키며, 주수(主守)는 나아가 하급관리나 아역과 실제적인 구체적 담당업무를 맡은 실무인원들까지 모두 포함한다. 이에 대해서는 『대청률례』 권5의 「명례율 하 2(名例律下之二)」(『律』40.00) 「칭감림주수(稱監臨主守)」 "1. 凡[律]稱監臨者, 內外諸司統攝所屬, 有文案相關涉及[別處駐答衙門帶管兵糧水利之類], 雖非所管百姓, 但有事在手者, 即爲監臨. 稱主守者[內外各衙門], 該管文案、典吏專主掌其事; 及守掌倉庫、獄囚、雜物之類, 官吏、庫子、斗級、攢攔、禁子, 並爲主守. 2. 其職雖非統屬, 但臨時差遣, 管領提調者, 亦是監臨、主守."(pp.125-126) 부분을 참조.

279 경관(經管)은 맡아서 관리한다는 뜻이다.

280 경수(經收)는 받아서 보관을 한다는 뜻이다.

281 관령(管領)은 관할하면서 이끄는 책임을 진 관직, 제조(提調) 역시 통솔이나 이동 등의 책임을 지는 관직을 가리킨다.

282 좌이관(佐貳官)은 본래 주무관(主司)을 보좌하는 관원을 가리킨다. 지부·지주·지현의 보좌관인 통판(通判)·주동(州同)·현승(縣丞) 등을 가리키는데 그 품급은 주무관보다 약간 낮다. 수령관(首領官)은 보통 좌이관보다 한 등급 낮은 하급 관리를 가리킨다. 보통 수령관은 관청에서 문서를 관리하고 이원(吏員)을 관할하며 주사(主司) 또는 장관(長官)을 보좌하여 정무를 처리하는 관원을 통칭한다. 문안(文案. 文按)은 공문의 안권(案卷), 또는 문서의 초안을 마련하고 기록 문서를 담당하는 막료를 가리킨다. 문안은 다른 속리보다 지위가 약간 높다.

283 고자(庫子)는 관고(官庫)를 관리하는 사람, 또는 이러한 업무를 차역(差役)으로 맡은 사람을 가리킨다. 수두(收頭)는 실제 창고에서 돈이나 곡물을 수령하는 업무를 책임진 사람을 가리키는 것 같다. 양장(糧長)은 명·청대에 실물로 징수되는 세금, 즉 전량(錢糧)의 징수나 운반을 떠맡은 사람을 가리키는데, 보통 그 지역의 부호로 충당하였다.

284 침기(侵欺)는 침탈·침해하고 속인다는 뜻이다.

米、布絹幷賞給等項, 尙未給與, 有侵剋者, 俱引'掌守在官財物'條內官物當給律.[285] 如已給散軍人而科取入己,[286] 則引'因公科斂軍人錢糧賞賜'律.[287] 如通番賭博,[288] 及違禁貨物、與應入官之贓物, 侵匿者俱引"收掌在官財物"條內'私物當供官用守掌侵欺'律.[289] 按本律,[290] 監守自盜倉庫錢糧等物, 不分首、從, 併贓論罪. 如十人節次,[291] 共盜四十兩, 各分四兩入已, 通算作一處, 十人各得四十兩之罪, 皆斬. 【係褋犯】 若十人共盜五兩, 皆杖一百之類. 三犯者, 眞絞, 並刺字, 首、從皆是也.[292]

○ 一兩以下, 杖八十, 以下者, 自兩以至于分也.[293] 此監守盜最重, 較常盜加一等, 較竊盜, 則加二等矣. 一兩之上, 至二兩五錢, 杖九十之上者, 出于一兩之外, 卽坐重其法, 所以愼微凜人于不敢犯也.[294] 以下俱二兩五錢遞加, 至二十五兩,[295] 以下五兩加, 至三十兩, 以下十兩加,

---

285 『대청률례』 권12「호율(戶律) 창고(倉庫) 하(下)」(『律』139.00)「수장재관재물(守掌在官財物)」. "凡官物當應給付與人, 已出倉庫而未給付. 若私物發供官用, 已送在官而未入倉庫[均爲官物]. 但有人守掌在官[官司委僉守掌之人], 若有侵欺借貸者, 並計[入己]贓, 以監守自盜論[若非守掌之人侵欺者, 依常人盜倉庫律論. 其有未納而侵用者, 經催里納保歇, 各照隱匿包攬、欺官取財科斷, 不得概用此律]. 條例. 1. 凡八旗參領、佐領、驍騎校、領催等, 將一切收貯公所干係錢糧, 並交庫銀兩侵蝕者, 照監守自盜律例, 分別問擬. 一萬兩以內, 遇赦, 准其援免. 有逾此數, 不准寬免." (pp.246-247) 본문에서는 '掌守在官財物'條라고 하나 실제로는 '守掌在官財物'條이다.

286 과취(科取)는 징수한다는 뜻이다.

287 인공(因公)은 공무를 빙자한다는 뜻이고, 과렴(科斂)은 세금을 나누어 부담시키거나 부과하여 모은다는 뜻이다. 즉 관리가 상사의 지시 없이 공무를 빙자하여 세금을 징수·부과해서 모으는 것을 가리킨다. 『대청률례』 권31「형률 수장(受贓)」(『律』352.00)「인공과렴(因公科斂)」. "1. 凡有司官吏人等, 非奉上司明文, 因公擅自科斂所屬財物及管軍、官吏科斂軍人錢糧賞賜者, [雖不入己]杖六十. 贓重者, 坐贓論. 入己者並計贓, 以枉法論[無祿人, 減有祿人之罪一等. 至一百二十兩, 絞監候]. 2. 其非因公務科斂人財物入己者, 計贓, 以不枉法論[無祿人罪止杖一百、流三千里]. 若餽送人者, 雖不入己, 罪亦如之."(p.505)

288 통번(通番)은 해외로 왕래하거나 외국이나 이민족과 결탁하는 것을 가리킨다. 통번도박(通番賭博)은 아마 이민족과 금지된 물품을 주고받거나 도박을 하는 행위를 가리키는 것으로 보인다.

289 '收掌在官財物' 역시 '守掌在官財物'이 보다 정확한 조례의 명칭이다. 앞서 인용한 『대청률례』 권12「호율(戶律) 창고(倉庫 下)」(『律』139.00)「수장재관재물(守掌在官財物)」(pp.246-247)을 참조.

290 『대청률례』 권23「형률 적도(賊盜) 상(上)」(『律』264.00)「감수자도창고전량(監守自盜倉庫錢糧)」. "1. 凡監臨、 主守, 自盜倉庫錢糧等物, 不分首、從, 併贓論罪[併贓, 謂如十人節次共盜官銀四十兩, 雖各分四兩入己, 通算作一處. 其十人各得四十兩罪, 皆斬. 若十人共盜五兩, 皆杖一百之類. 三犯者, 絞. 問實犯]. 2. 並於右小臂膊上刺'盜官[銀·糧·物]'三字[每字各方一寸五分, 每畫各闊一分五釐, 上不過肘, 下不過腕, 餘條准此]. 一兩以下, 杖八十; 一兩之上至二兩五錢, 杖九十; 五兩, 杖一百; 七兩五錢, 杖六十、徒一年; 一十兩杖七十、徒一年半; 一十二兩五錢, 杖八十、徒二年; 一十五兩, 杖九十、徒二年半; 一十七兩五錢, 杖一百、徒三年; 二十兩, 杖一百、流二千里; 二十五兩, 杖一百、流二千五百里; 三十兩, 杖一百、流三千里[雜犯三流, 總徒四年]; 四十兩, 斬[雜犯, 徒五年]."(pp.372-373)

291 여기서 절차(節次)는 축차(逐次)·축일(逐一)의 뜻, 즉 '한 사람 한 사람, 각기, 순서대로'라는 뜻이다.

292 여기서 '並刺字' 이하는 잘못 들어간 내용인 것으로 보인다. 율문에도 없고, 교수형에 처하는 데 문자를 새긴다는 것은 이치에도 맞지 않는다.

293 냥(兩)과 푼(分)은 모두 은(銀)의 무게 단위이며, 1냥(兩)은 10푼(分)이다.

294 신미(愼微)는 아주 하찮은 일이라도 신중히 한다는 뜻이다.

295 율문에 따르면 사실은 25냥(二十五兩)이 아니라 20냥(二十兩)이어야 한다.

至四十兩, 斬. 雜犯徒五年. 自四十九兩九錢, 皆是, 若滿五十兩, 又不用此律也.

○ 康熙十年間部題[296]: "嗣後侵盜錢糧, 己數滿三百兩, 擬斬, 不及三百兩, 照監守自盜, 擬罪".

○ 一. 倉庫, 若宜、大等,[297] 並沿邊、沿海, 有監守盜糧草,[298] 值銀二十兩以上, 常人四十兩以上, 俱發邊衛, 永遠充軍.[299] 在京各衙門及漕運並京通六倉,[300] 有監守盜糧草、錢糧、帛等, 值銀三十兩以上, 常人六十兩以上, 亦照前擬充軍. 其餘腹裏,[301] 有監守盜, 值銀五十兩以上,

---

296 부제(部題)는 부, 즉 형부(刑部)에서 황제에게 통상적인 보고 용도로 사용하는 제본(題本)을 올렸다는 뜻이다.

297 선대(宣大)는 선부(宣府)·대동(大同)·산서(山西) 지역을 가리키는 명칭이다. 이 지역을 관할하기 위해 1451년 선대총독(宣大總督. 總督宣大山西等處軍務兼理糧餉)이 설치된 다음 명대에 걸쳐 수도 북경의 오른쪽을 지키는 주요한 지방대신의 하나였으나, 청대 초기인 1658(順治 15)년 재철(裁撤)되었다.

298 양초(糧草)는 군용 식량과 말먹이용 꼴을 말한다.

299 『대청률례』 권45 「총류(總類) 변위충군(邊衛充軍)」 조항이 있으나, 건륭판 『대청률례』에는 본문의 조례항목이 보이지 않는다. 명대의 충군은 본인이 죽을 때까지 복역하는 종신충군(終充軍)과 본인의 사후 자손·친척이 이어받은 영원충군(永遠充軍) 두 가지가 있었으나, 청대에는 충군형이 명과는 달리 부가형(附加刑)이 아닌 독립형(獨立刑)으로 바뀌고, 가족도 따라가지 않게 되면서 영원충군도 사라지게 되었다. 따라서 이 무렵은 아직 영원충군이 폐지되지 않았던 시기로 보인다. 한편 설승윤(薛允升), 『독례존의(讀例存疑)』 권25 「형률 1(刑律之一) 적도(賊盜) 상 1(上之一)」의 「監守自盜倉庫錢糧」은 "漕運糧米監守, 盜六十石入己者, 發邊遠充軍. 入己數滿六百石者, 擬斬監候."라는 부분에 다음과 같은 주가 달려 있는데, 이 부분을 참조해야 사실 본문의 내용도 보다 명확해진다. "此例原係二條, 均係前明『問刑條例』. 第一條原例, **凡倉庫錢糧, 若宣府、大同、甘肅、寧夏、楡林、遼東、四川、建昌、松潘、廣西、貴州, 並各沿邊沿海去處, 有監守盜糧四十石, 草八百束, 銀二十兩, 錢帛等物值銀二十兩以上. 常人盜糧八十石, 草一千六百束, 銀四十兩, 錢帛等物值銀四十兩以上, 俱問發邊衛永遠充軍. 在京各衙門及漕運並京、通、臨、淮、徐、德六倉, 有監守盜糧六十石, 草一千二百束, 銀三十兩, 錢帛等物值銀三十兩以上, 常人盜糧一百二十石, 草二千四百束, 銀六十兩, 錢帛等物值銀六十兩以上, 亦照前擬充軍. 其餘腹裏, 但係撫按等官盤査去處, 有監守盜糧一百石、草二千束, 值銀五十兩, 錢帛等物值銀五十兩以上. 常人盜糧二百石, 草四千束, 銀一百兩, 錢帛等物值銀一百兩以上, 亦照前擬充軍. 以上人犯, 俱依律併贓論罪, 仍各計入已之贓, 數滿方照前擬斷, 不及數者, 照常發落云云.** [『箋釋』. 例言, 以上人犯, 通頂一切盜者而言. 併贓論者, 依律非依例也. 據律, 監守盜四十兩以上, 係雜犯滿徒, 故併贓論, 例則監守盜五十兩以上, 便是眞犯, 充軍. 故雖依律併論, 然須各計入已贓滿方照前擬斷. 不及數者, 照常發落, 仍照前監守律科斷也. 『輯註』. 此例分三項, 首言沿邊、沿海倉庫之錢糧, 重邊防也. 次言漕運並京、通各倉之錢糧, 重漕務也. 惟腹裏地方之錢糧爲最次.] 第二條原例, 凡沿邊, 沿海錢糧, 有侵盜銀二百兩, 糧四百石, 草八千束. 錢帛等物值銀二百兩以上. 漕運錢糧, 有侵盜銀三百兩, 糧六百石以上, 俱照本律, 仍作實犯死罪云云."[「箋釋]. 此例因沿邊、沿海爲軍務所繫, 漕運爲軍國命脈所關, 故特重之. 若止係本地方徵收, 非給軍轉漕者, 似未合此例. 按三百兩擬死罪, 卽元人三百貫處死之法也.] 雍正三年刪定." 이를 통해 이 조항은 원래 명대의 『문형조례(問刑條例)』에 실려 있던 내용이고, 그것은 옹정 3년에 산정(刪定)되어 『대청률례』에 더 이상 실리지 않게 된 것임을 알 수 있다. 또한 심지기(沈之奇) 찬(撰), 『대청률집주(大清律輯注)』(法律出版社, 2000) 하책, 권18 「監守自盜倉庫錢糧」 pp.563-570에도 비슷한 내용이 담겨져 있다.

300 경통육창(京通六倉)은 경사(북경)와 통주(通州. 강남에서 오는 조운선의 종착지로 오늘날에 북경에 속한다)에 설치된 조운미를 보관하기 위한 창고를 가리킨다. 이를테면 『명사(明史)』 「식화지(食志所)」 권79 「창고(倉庫)」에서는 "凡京倉五十有六, 通倉十有六"이라고 그 수를 기록하고 있다(박원호 등, 『명사식화지역주』, 소명출판, 2008, pp.189-194를 참조). 청대에는 경사에 13창(倉) 956오(廒. 곳집), 통주에 2창 250오가 있었다(창오의 수는 계속 늘어났다). 이문치(李文治)·강태신(江太新), 『청대조운(淸代漕運)』(中華書局, 1995), pp.169-170을 참조.

301 복리(腹裏)는 변경 지역과 대비되는 개념으로 내지(內地)를 가리킨다. 원대(元代)에는 중서성(中書省)이 직할하는 지구의 통칭이었다.

常人一百兩以上, 亦照前擬充軍. 以上俱依律並贓論罪, 仍各計入己之贓, 數滿方照前擬斷, 不及數者, 照常發落, 照監守律科斷也.

○ 又沿邊、海, 侵盜銀糧二百兩以上, 漕運錢糧三百兩, 糧六百石以上, 俱照本律, 仍作眞犯死罪, 係監守盜, 斬. 常人盜, 絞, 奏請定奪.[302]

○ 凡稱以監守盜論者, 無入己之贓, 雖百兩止科其罪, 不得引例充軍.

一曰: '常人盜'. 原係官物, 非監臨主守之人, 取受、侵欺、借貸及擅取官造什物. 珠池內珠、官山內樹木, 皆是, 不必專于偷盜也.

○ 若盜庫內給主之贓物, 雖非官用, 亦係盜官物.

○ 犯盜官物, 盜時不知是官物, 止依竊盜已行得財律.

○ 支取軍人錢糧,[303] 軍人現在者爲冒支,[304] 軍人逃故者卽爲盜官物, 易買軍人「支糧票帖」, 下倉支領, 係出財貨買, 止問不應.[305]

○ 監守常人盜出官物, 被職役應捕人等搜得受賄不告, 問受財枉法, 無職役非應捕人, 止問知盜後分贓.

○ 監守人通同常人盜取, 各照本條論.

○ 同監守之人搜出監守所盜之物而分之, 以監守之人詐取所守之物論. 按律, 常人盜倉庫錢糧等物, 不得財, 杖六十, 但得財不分首、從, 併贓論罪, 刺字. 所謂常人非但軍民, 卽在官人役而不係監守亦是.

○ 一兩以下, 杖七十, 一兩至五兩, 杖八十. 以下俱五兩遞加, 自杖七十科罪始者, 較監守減一等矣. [夫同一盜倉庫而減等者, 所以重監守也; 同一竊盜而加一等者, 所以重庫也.] 盜倉庫, 須自倉庫盜出方坐. [夫贓至五兩, 始加一等者, 非獨寬于常人, 正所以甚監守之罪案耳. 罪旣減等, 則贓必至倍而後坐. 倘仍以二兩五錢爲加等, 是減而仍未減也. 加則倍加, 減亦必倍減, 所謂犯罪得累減也. 觀常人

---

302 앞서 인용한 『독례존의(讀例存疑)』에 의하면 「형률 적도(賊盜) 상 1(上之一)」「011. 감수자도창고전량(監守自盜倉庫錢糧)」의 조례 1에 대한 해설 부분을 참조.

303 지취(支取)는 영취(領取)와 마찬가지로 수령한다, 받는다는 뜻이다.

304 모지(冒支)는 남의 명의를 사칭하여 돈을 받는다는 뜻이다.

305 '불응(不應)' 혹은 '불응위(不應爲)'는 법령상으로 금지하고 있지는 않지만 도덕적으로 해서는 안 되는 일을 가리킨다(명대 이전에는 不應得爲라 칭하였다). 이러한 경우 유사한 법령으로 양형(量刑)하여 처벌한다. 또한 살인 등 사건 외에 모든 이름을 짓기 곤란한 죄를 일괄하여 불응이라고도 하는데, 그 처벌의 경중(輕重)의 차이가 있다. 불응태죄(不應笞罪)는 그 죄상이 가벼워 태형 40으로 처벌하는 것이고, (불응중장(不應重杖. 不應重罪)은 불응위의 정상이 비교적 무거워 곤장형 80대로 처벌하는 죄를 가리킨다. 『대청률례』 권34 「형률 잡범(雜犯)」(『律』386.00)의 「불응위(不應爲)」를 참조. "**凡不應得爲而爲之者, 笞四十. 事理重者, 杖八十[律無罪名, 所犯事有輕重, 各量情而坐之]**."(p.540)

之減等以倍, 愈知監守之罪愈嚴矣.]

○ 贓至八十兩, 絞, 係雜犯. 康熙十年七月, 部覆科臣姚題[306]: "常人盜四十五兩, 五十兩, 五十五兩, 總徒四年."

○ 其監守直宿之人,[307] 以不覺察科罪. 律條例監守常人盜, 贓至二十兩以上, 限一個月, 二百兩以上, 限三個月, 果能盡數通完, 照本律發落, 眞犯死罪者, 減等免死充軍. 【充軍以下俱減一等】[308] 如過期不完, 各依本律例, 從重定擬.[309] 夫照贓數之多寡, 限以時日之久近, 果能盡數通完, 既不致倉庫之有虧, 開加派之漸, 更不累同爨之追賠,[310] 免株連之苦. 出于本盜, 固有悔心之萌, 卽出之親屬, 亦見急難之誼, 槩減一等者, 所以開自新之路, 而引人于好義之地, 仁之至也.

○ [照本律發落者, 以明其不照例也. 如監守盜邊、海銀二十兩, 例當永戍, 今能一月通完, 仍照監守本律, 杖一百、流三千里也.] 又査『箋釋』內于盡數通完下, 有"例該永戍者"五字, 分別律與例, 更明白.[311]

---

306 과신(科臣)은 과도관(科道官)을 가리킨다. 즉 명·청대 육과급사중(六科給事中)과 도찰원(都察院) 각도감찰어사(各道監察御史)의 관청을 합쳐서 과도양아문(科道兩衙門)이라고 한 데서 비롯되었는데, 여기에 속한 어사 등 감찰을 담당하는 언관(言官)을 가리킨다.

307 직숙(直宿)은 숙직한다는 뜻이다.

308 이와 관련된 조례는 건륭판 및 이후의 『대청률례』에서 발견되지 않는다. 오히려 이것은 원래 『대명률』에 속하던 것이다. 다만 만력(萬曆) 7(1579)년 간본에 기초한 회효봉(懷效鋒) 점교(點校), 『대명률(大明律)』(法律出版社, 1999)의 『律』(288.01) 권18 「형률 1 적도(賊盜)」의 「상인도창고전량(常人盜倉庫錢糧)」(pp.138-139)에는 이것이 발견되지 않지만, 이후 추가된 신제례(新題例)에서 발견된다. "1. 萬曆二十二年二月, 題奉欽依. **凡監守常人盜, 以後侵人犯但有贓至二十兩以上者, 限一個月, 二百兩以上者, 限三個月. 困能盡數通完例, 該永戍者止照本律發落. 眞犯死罪者, 減等免死充軍.** 以著伍後所生子孫替役, 如過期不完, 各依本等律例, 從重定擬."(이 내용은 인터넷에서 구할 수 있는 『대명률집해부례(大明律集解附例)』 '國學導航' - 大明律集解附例[http://www.guoxue123.com/shibu/0401/01dmljj/020.htm], 또는 '中國哲學書電子化計劃-大明律集解附例[http://ctext.org/wiki.pl?if=gb&chapter=768604&remap=gb]를 참조할 수 있다). 『대명률집해부례(大明律集解附例)』(凡四百六十條, 三十卷. 萬曆間浙江官刊本. 臺北 學生書局, 1986 『明代史籍彙刊』 所收)는 명말 만력 연간(판본은 만력 22년판·29년판·38년판 등 여러 가지다)에 『대명회전(大明會典)』에 실린 율례에 찬주(纂註)를 덧붙여 이루어진 것으로 명률에 관한 주석을 가장 집대성한 판본으로 알려져 있다.

309 종중(從重)은 두 가지, 또는 그 이상의 죄가 한꺼번에 드러났을 때 그 가운데 가장 무거운 죄를 좇아 처벌하는 것을 뜻한다.

310 동찬(同爨)은 같은 취식(炊食)을 한다는 것, 동거(同居)나 분가하지 않은 것(不分家)을 가리키기도 한다.

311 여기서 『전석(箋釋)』은 이 책의 제15권 형명부 5 인명(人命) 중 「15-04. 1차 검시(驗屍)」에서도 인용된 바 있는 『왕의부선생전석(王儀部先生箋釋)』(三十卷. 首一卷. 末一卷. [明]王肯堂 原釋, [淸] 顧鼎 重輯. 康熙三十年顧鼎刻本)을 말한다. 이 책은 사고미수서집간편찬위원회(四庫未收書輯刊編纂委員會) 편(編), 『사고미수서집간(四庫未收書輯刊)』(北京出版社, 1997)에 사부(史部) 第01輯 第25冊으로 수록되어 있다. 본문의 '常人盜' 부분에서 [ ]로 표시한 부분은 이 책에서 그대로 따온 것이다(각기 권18 「賊盜」 23a. 壹輯 p.25-517, 권18 「賊盜」 24a. 壹輯 pp.25-517, 권18 「賊盜」 24b. 壹輯 pp.25-517).

一曰: '枉法贓'. 受人財物而爲之曲法, 是也. 各主通算全科,[312] 分有祿、無祿人. 【凡支月俸一石以上爲有祿, 不及一石爲無祿】

○ 如地方中盜賊, 被總甲、里長獲住, 得財放免, 則本里者問枉法, 別里者問恐嚇,[313] 以別里非所管地方也.

○ 凡應管職役, 雖係恐嚇得財, 而有枉縱者,[314] 皆問枉法.

○ 凡受財者, 得枉法之罪,[315] 則與者問行求過財之人,[316] 問說事.[317] 其餘各贓過錢人,[318] 俱止不應. 無祿人減一等, 如不枉法贓, 一百二十兩, 減一等, 杖一百、流二千五百里, 非是三流同爲一減也.[319] 按律, "有祿人枉法贓, 一兩以下, 杖七十, 一兩至五兩, 杖八十, 五兩遞加, 八十兩, 眞絞."[320]【『箋釋』係襍犯】[321] 凡無祿人之罪, 比有祿人俱減一等, 如無祿人枉法贓一兩

---

312 전과(全科)는 앞서도 나왔지만 형량의 기준을 채운다, 거기에 맞춘다는 뜻이다.

313 공혁(恐嚇. 恐赫)은 협박하는 말이나 수단으로 위협한다는 뜻이다.

314 왕종(枉縱)은 법을 왜곡하여 가볍게 처리하거나 아니면 무고한 사람이 피해를 입게 하는 것, 또는 무고하게 피해를 보거나 죄가 있는 사람을 풀어 주는 일을 가리킨다.

315 수재왕법(受財枉法)은 관리가 뇌물을 받고 고의로 사실을 왜곡하거나 율법을 어기면서 뇌물을 준 사람에게 유리한 결정을 내리는 것을 가리키며, 수재불왕법(受財不枉法)은 뇌물을 받기는 하였지만 율법을 어기면서 뇌물을 준 사람에게 유리한 결정을 한 것은 아닌 경우에 적용된다.

316 행구(行求)는 도모하다, 뇌물을 쓴다는 뜻이다.

317 설사(說事)는 일이나 사정에 대해 이야기하다, 서술한다는 뜻인데, 가운데에 서서 중개하거나 알선하는 일을 가리키는 것으로 보인다.

318 과전(過錢)은 다른 사람을 대신해서 뇌물을 받고 중간에서 이익을 취하는 것을 말한다.

319 삼류(三流)는 유배형(流刑)에 처해진 사람의 경우 유배지가 죄의 경중에 따라 원·근의 세 종류(2천 리, 2천 5백 리, 3천 리)로 나뉘는데, 이를 말한다.

320 『대청률례』 권31 「형률 수장(受贓)」(『律』344.00) 「관리수재(官吏受財)」. "1. 凡官吏[因枉法、不枉法事]受財者, 計贓科斷, 無祿人各減一等. 官追奪除名, 吏罷役[贓止一兩], 俱不敘用. 2. 說事過錢者, 有祿人減受錢人一等, 無祿人減二等[如求索、科斂、嚇詐等贓及事後受財過付者, 不用此律], 罪止杖一百、徒二年[照遷徙比流, 減半科罪]. 有贓者[過錢而又受錢]計贓, 從重論[若贓重, 從本律]. 3. **有祿人[凡月俸一石以上者], 枉法贓各主者, 通算全科[謂: '受有事人財, 而衵法處者, 受一人財, 固全科. 如受十人財, 一時事發, 通算作一處. 亦全科其罪. 若犯二事以上, 一主先發, 已經論決, 其他後發, 雖輕若等, 亦並論之']. 一兩以下, 杖七十; 一兩至五兩, 杖八十; 一十兩, 杖九十; 一十五兩, 杖一百; 二十兩, 杖六十、徒一年; 二十五兩, 杖七十、徒一年半; 三十兩, 杖八十、徒二年; 三十五兩, 杖九十、徒二年半; 四十兩, 杖一百、徒三年; 四十五兩, 杖一百、流二千里; 五十兩, 杖一百、流二千五百里; 五十五兩, 杖一百、流三千里; 八十兩[實], 絞[監候]. 不枉法贓各主者, 通算折半科罪[雖受有事人財, 而曲法處斷者, 如受十人財, 一時事發, 通算作一處, 折半科罪, 一主者亦折半科罪, 准半折者, 皆依此]. 一兩以下, 杖六十; 一兩之上至一十兩, 杖七十; 二十兩, 杖八十; 三十兩, 杖九十; 四十兩, 杖一百; 五十兩, 杖六十、徒一年; 六十兩, 杖七十、徒一年半; 七十兩, 杖八十、徒二年; 八十兩, 杖九十、徒二年半; 九十兩, 杖一百、徒三年; 一百兩, 杖一百、流二千里; 一百一十兩, 杖一百、流二千五百里; 一百二十兩, 杖一百流三千里; 一百二十兩以上, [實]絞[監候]. 4, 無祿人[凡月俸不及一石者]枉法[扶同聽行及故縱之類], 一百二十兩, 絞[監候]. 不枉法, 一百二十兩以上, 罪止杖一百、 流三千里.**"(pp.494-495)

321 "『전석(箋釋)』에서는 잡범(襍犯)에 연결시키고 있다"는 구절은 『왕의부선생전석(王儀部先生箋釋)』의 권23 「受贓」, 12b(壹輯 p.25-625)에서 설명하는 부분을 가리키는 것 같다. "按: 故本枉法、不王法, 滿數皆不至眞死. 故今律首附六贓圖後, '枉法贓八十兩, 絞'字之上, 猶大書雜犯二字, 蓋仍舊文也. 今現行律倍警貪汚, 故於本條律文'枉法贓

以下, 止杖六十, 不枉法贓一兩以下, 止笞七十,[322] 餘可類推.

○ 如無祿人枉法 【扶同聽行及故縱之類】, 一百二十兩,[323] 絞.(『箋釋』係褋犯).

一曰: '不枉法贓'. 受人財物, 不曾違法是也. 亦有有祿、無祿之分, 各主通算, 折半科罪. 【如一人得十人財, 併算折半】, 係一主者,[324] 不折. 【如十人得一人之財, 各計入己之贓論, 不可分首、從. 又或未分受, 則幷擬之】 按律, "一兩以下杖六十; 無祿人照此減一等, 一兩之上至一十兩, 杖七十; 以十兩遞加, 一百二十兩以上, 眞絞." 【律載'眞'字, 以見舊律「褋犯」上始】[325]

○ 又律無祿人不枉法, 一百二十兩, 罪止杖一百、流三千里. 若因公科斂入已,[326] 律雖稱以枉法者, 與接受之贓不同, 卽至滿數, 亦宜引行止例,[327] 蓋實無枉之事也.

一曰: 竊盜贓. 潛形隱面,[328] 盜人財物, 無分白日、與黑夜, 皆是. 或剜人衣囊而取財物, 則爲掏摸,[329] 罪等竊盜, 各分窩主[330]、造意、行而不分贓、分贓而不行律例, 引擬.[331] 若强盜得

八十兩, 絞'字上特加眞字, 於'不枉法贓一百二十兩滿, 流'之罪, 改正'一百二十兩以上, 眞絞'九字. 而於律首圖末, '不枉法贓一百二十兩'之後, 亦增'一百二十兩, 眞絞'字樣. 此皆分別舊律之處. 又無祿人, 故本'枉法一百二十兩, 絞'字下註'雜'字. 現行改監候." 즉 명대에는 왕법(枉法)이든 불왕법(不枉法)이든 사형에 이르지 않는 '잡범'으로 취급되었고, 그래서 『대청률례』에도 그 구문(舊文)이 그대로 남아 있지만, 청대의 경우는 '독직(坐贓)'에 대한 처벌이 더욱 강화되어 '정말로(眞)'[사형에 처한다]라는 문자가 추가되었다는 내용이다. 실제 『대청률례』의 머리 부분에 있는 「부록 육장도(六贓圖)」(沈之奇 撰, 『大淸律輯註』 上, p.39)를 보면 태(笞)·장(杖)·사(徙)·류(流) 다음의 항목은 '잡범사(雜犯死)'라는 제목으로 되어 있고, 절도(竊盜)·불왕법(不枉法) 항목의 경우 '잡범사(雜犯死)'의 내용에 해당되는 부분은 "一百二十兩以上, 眞絞"로 되어 있어 '사(死)'나 '진(眞)'이라는 문자가 추가되어 있음을 알 수 있으며, '육장도에 대한 설명(圖後註)' 부분에도 이러한 내용이 자세하게 소개되고 있다(『大淸律輯註』 上, pp.40-41).

322 태형의 경우 10·20·30·40·50대의 경우만 존재하므로 칠십(七十)은 아마 오십(五十)의 잘못으로 보인다.

323 부동(扶同)은 부화(附和)한다거나 호응한다는 뜻이다.

324 여기서 일주(一主)는 관련자가 한 사람이라는 뜻이다.

325 앞서 인용된 『대청률례』 권31 「형률 수장(受贓)」(『律』344.00) 「관리수재(官吏受財)」(pp.494-495) 조문을 참조. 율문(律文)은 앞서 『전석(箋釋)』의 인용문에서 설명된 것처럼 '眞絞'가 아닌 '[實]絞[監候]'로 되어 있다.

326 인공(因公)은 공무를 빙자한다는 뜻이고, 과렴(科斂)은 세금을 나누어 부담시키거나 부과하여 모은다는 뜻이다. 즉 관리가 상사의 지시 없이 공무를 빙자하여 세금을 부과해서 모으는 것을 가리킨다.

327 행지(行止)는 행동거지나 행적을 뜻한다.

328 잠형(潛形)은 형적을 감춘다는 뜻이다.

329 도모(掏摸, 淘摸)는 소매치기·좀도둑을 말하는데, 나아가 부정당한 수단으로 돈을 얻는 것을 가리키기도 한다. 골라잡아 물건을 취하는 것을 도(掏), 손으로 물건을 훔치는 것을 모(摸)라고 한다.

330 와주(窩主)는 범죄인이나 장물을 숨겨 주는 장물아비나 그 집을 가리킨다.

331 『대청률례』 권25 「형률 적도(賊盜) 하(下)」(『律』278.00) 「도적와주(盜賊窩主)」를 참조. "1. 凡强盜窩主造意, 身雖不[同]行, 但分贓者, 斬[若行則不問分贓、不分贓, 只依行而得財者, 不分首、從, 皆斬. 若不知盜情, 只是暫時停歇者, 止問不應]. 若不[同]行, 又不分贓者, 杖一百、流三千里. 共謀[其窩主不曾造謀, 但與賊人共知謀情]者, 行而不分贓及分贓而不行, 皆斬. 若不行, 又不分贓者, 杖一百. 2. 竊盜窩主造意, 身雖不行, 但分贓者, 爲首論. 若不行, 又不分贓者, 爲從論[減一等]. 以臨時主意上盜者, 爲首. 其[窩主若不造意而但]爲從者, 行而不分贓及分贓而不行[減造意一等], 仍爲從論. 若不行, 又不分贓, 笞四十. 3. 若本不同謀[偶然]相遇共[爲强竊]盜[其强盜固不分首、從, 若竊盜則], 以臨時主意上盜者, 爲首. 餘爲從論. 4. 其知人略賣和誘人及强、竊盜後而分[所賣所盜]贓者, 計所分贓, 准竊盜爲從

財, 乃屬劫殺, 不待以贓爲斷也.

○ 竊盜等犯, 皆刺字. 若先犯竊盜, 右臂已刺, 又犯掏摸, 右臂再刺, 不得刺左, 必重犯竊, 方換刺左也. 諸贓應刺字者, 皆如此.

一曰: '坐贓'.[332] 除正條之外, 如新任、新役受所部、所屬拜見銀兩及諸色人員無故受人餽送,[333] 如受傷醫藥之外, 偸損財物, 賠償之外, 多有所取, 或因公科斂, 贓非入已, 或造作虛費,[334] 皆是也. 其送受土宜者,[335] 勿論共主, 通算折半科罪.

○ 若取而受者, 不分財物、土宜, 倶爲求索矣.[336] 按律, 凡官吏人等非因【枉法、不枉法之】事而受【人之】財, 坐贓致罪. 各主者, 通算折半科罪, 與者, 減五等.[337]

○ 官吏坐贓, 若不入已者, 擬還職役.

○ 舊例有一主全科之誣,[338] 今見行事例, 一槩折半科罪.

○ 新官到任, 受里長拜見, 以此條科. 若是里長自行科來者, 依"因公科斂人財物餽送".[339]

論. 免刺. 5. 若知强、竊盜贓而故買者, 計所買物, 坐贓論. 知而寄藏者, 減[故買]一等. 各罪止杖一百. 其不知情誤買及受寄者, 俱不坐."(pp.413-414)

332 좌장(坐贓. corruption offence. 貪汚罪)은 관리나 평민이 직무를 위해서가 아닌데도 받지 말아야 할 재물을 받은 경우를 가리킨다. 즉 불법적으로 공사의 재물을 취하는 범죄 가운데 하나로, 관리나 보통 사람이 직권에 관련된 것이 아닌데 불법적으로 재물을 받은 행위를 가리킨다(오늘날의 수뢰죄는 직무와의 관련성 여부에 중점을 둔다). 직접적인 뇌물수수 행위는 아니지만 그와 유사한 성질을 가진 행위인 것으로, 이를테면 뇌물은 아니지만 받아서는 안 되는 재물, 자기가 가로채지 않았더라도 일단 백성의 고혈을 빼앗는 결과이므로 죄를 피할 수도 없다. 앞서 다룬 뇌물의 경우 모두 '인사수재(因事收財)'의 경우에 해당되는데, 좌장은 그러한 어떤 특별한 일에 대한 대가로 뇌물을 받은 것이 아니다. 보통 사람이 포함되기에 약간 문제가 있지만, 여기서는 일단 편의상 '독직(瀆職)'이란 표현으로 번역하였다.

333 앞서도 나왔지만 제색인원(諸色人員)은 각종, 각양각색의 지위와 신분을 지닌 사람들을 가리킨다.

334 원문은 조좌(造坐)로 되어 있으나 아마 조작(造作)의 잘못인 것 같다. 심지기(沈之奇) 찬((撰), 『대청률집주(大淸律輯註)』下(法律出版社, 2000), pp.859-863의 「坐贓致罪」 항목을 참조. 조작은 제조하다, 위조한다, 거짓말을 한다는 뜻이다. 허비(虛費)는 모두 써버린다, 낭비한다, 또는 소모비용이라는 뜻이다.

335 토의(土宜)는 토산품, 또는 예물로 올리는 특산물을 가리킨다.

336 구색(求索)은 찾다, 요구한다, 갈취한다는 뜻이다.

337 『대청률례』 권31 「형률 수장(受贓)」(『律』345.00) 「좌장치죄(坐贓致罪)」. "**凡官吏人等, 非因[枉法、不枉法之]事而受[人之]財, 坐贓致罪. 各主者, 通算折半科罪. 與者, 減五等**[謂如被人盜財或毆傷, 若賠償及醫藥之外因而受財之類. 各主者, 並通算折半科罪. 爲兩相和同取與, 故出錢人減受錢人罪五等. 又如擅科斂財物, 或多收少徵, 如收錢糧、稅糧、斛面及撿踏災傷田糧, 與私造斛斗秤尺, 各律所載, 雖不入己, 或造作虛費人工物料之類, 凡罪由此贓者, 皆名爲坐贓致罪. 官吏坐贓, 若不入己者, 擬還職役. 出錢人有規避事重者, 從重論]. 一兩以下, 笞二十; 一兩之上至十兩, 笞三十; 二十兩, 笞四十; 三十兩, 笞五十; 四十兩, 杖六十; 五十兩, 杖七十; 六十兩, 杖八十; 七十兩. 杖九十; 八十兩, 杖一百; 一百兩, 杖六十、徒一年; 二百兩, 杖七十、徒一年半]; 三百兩, 杖八十、徒二年; 四百兩, 杖九十、徒二年半; 五百兩, 罪止杖一百、徒三年[以坐贓非實贓. 故至五百兩, 罪止徒三年]."(pp.498-499)

338 무(誣)는 여기서 왜곡·과장·오해라는 뜻으로 보인다.

339 『대청률례』 권31 「형률 수장(受贓)」(『律』352.00) 「인공과렴(因公科斂)」. "1. 凡有司官吏人等, 非奉上司明文, 因公擅自科斂所屬財物及管軍、官吏科斂軍人錢糧賞賜者, [雖不入己]杖六十. 贓重者, 坐贓論. 入己者並計贓, 以枉法論

按律坐贓, 一兩以下, 笞二十. 一兩至十兩, 笞三十, 每十兩加一等. 四十兩, 杖六十. 八十兩, 折四十兩, 應杖六十.[340]

○ 因公科斂條內, 贓重者, 坐贓.[341]

○ 自科斂至八十兩之上, 方照坐贓致罪擬斷.[342] 八十兩, 杖一百. 止加二十兩, 人徒. 每一百兩加一等. 至五百兩, 罪止杖一百、徒三年. 以坐贓, 非實贓也.

20-04-02. 율례를 끌어다 형량을 정하는 비결(引律科斷訣)

율례를 끌어다 형량을 정하는 비결(引律科斷訣):

육장(六贓)의 경우 감림·주수와 보통사람이 관가의 곡식·물품·은량을 훔쳐 가로채면 왕법의 경우 절도로 다스리고, 불왕법의 경우 좌장으로 치죄하는데, 무거움과 가벼움을 구분한다.

감수는 1냥 이하는 곤장형 80대, 2냥 5전마다 각기 1등급씩 더해져서, 20냥이면 유배형 2천 리가 되는데, 40냥이면 잡범으로 다스려지지만 실제로 진짜 [교수형]에 해당되지는 않는다.

상인은 1냥 이하는 곤장형 70대, 5냥마다 1등급씩 더해져서, 55냥이면 유배형 3천 리가 되며, 80냥이면 잡범으로 교수형에 처해지니, 그 죄는 [감수와] 차이가 없다.

왕법은 상인의 경우에 비추어 그 죄를 계산되기 시작하는데, 모든 유록인에게 교수형은 진짜 실형이다. 만약 무록인이면 통틀어 감해 주며, 120냥을 넘겨야 진짜 교수형으로 판결한다.

절도로 재물을 얻었으면 곤장형 60대이고, 매 10냥마다 등급이 가중된다. 장물이

[無祿人, 減有祿人之罪一等. 至一百二十兩, 絞監候]. 2. 其非因公務科斂人財物入已者, 計贓, 以不枉法論[無祿人罪止杖一百、流三千里]. 若餽送人者, 雖不入已, 罪亦如之."(p.505)

340 『대청률례』 권31 「형률 수장」(『律』345.00) 「좌장치죄」(pp.498-499)를 참조.

341 앞에서 인용한 『대청률례』 권31 「형률 수장(受贓)」(『律』352.00) 인공과렴(p.505)을 참조.

342 좌장치죄(坐贓致罪)는 좌장이 실제 뇌물수수가 아니고 직무상으로 관련된 것도 아니지만, 그와 유사한 것이라 계장(計贓)이 아닌 좌장(坐贓)이란 용어를 쓰고, 논죄(論罪)가 아닌 치죄(致罪)라는 용어를 사용하고 있다. 그만큼 이에 대한 처벌은 상대적으로 가벼운 것이다. 심지기(沈之奇) 찬((撰), 『대청률집주(大淸律輯註)』 下(法律出版社, 2000), pp.859-863의 「좌장치죄」 항목을 참조.

100냥에 이르면 유배형 3천 리에 처한다. 이상의 죄를 세 번 저지르면 모두 진짜 교수형에 처한다.

불왕법장은 절도와 같다. 유록인이기 때문에 동조(同調)가 되는 것이며, 만약 무록인이면 그렇지 않다. 죄에 대한 처벌은 유배형에 그칠 뿐 사형은 없다.

좌장은 1냥 이하는 태형 20대에 처하고, 매 10냥마다 등급이 더해진다. 100냥을 넘어서면 모두 100냥으로 간주하는데, 그 죄는 노역형에 그친다는 점을 알아야 한다.

부정한 재물을 얻은 범인을 심문할 때는, 증거가 있으면 모름지기 모두 다 조사하여 찾아내야 한다. 하지만 범인이 진술한 바에 비추는 데 그치며, 다방면으로 찾아서 끌어들일 필요는 없다. 부정한 재물은 비록 상부로 올려 보내지만, 그것을 추징하는 책임은 여전히 지방관에게 있기 때문이다. 만약 범인 본인이 완납할 수 없다면 그 친척이 연좌되는 것을 피할 수 없고, 사건을 깨끗이 마무리하기 쉽지 않다.

○ 만약 부정한 재물의 전달을 중개하는 경우, 전달을 부탁받은 것(見付)과 전달[을 요구]하는 것(過付)은 그 정상과 죄목이 크게 차이가 있다. 부탁을 받은 경우(見付)는 [부탁을 하는] 그가 [부탁을 받는] 이 사람을 속이는 상황이 확실하기에, 그가 전달하는 현장에 있었느냐 아니냐에 따라서 죄에 대한 판정이 달라질 수 있다. 하지만 전달하는 경우(過付)는 가운데서 본인이 알선을 한 것이고, 실마리가 실제로 본인의 손에게 있으므로 그 죄는 부정한 재물을 받은 사람보다 무거운 것이라 불가불 구별하지 않을 수 없다. 만약 본인이 알선한 경우가 아니라면, 일찍이 그 손을 거친 것이라 하더라도 역시 응당 '전달을 부탁받았다'는 구절을 넣어서 [죄를 경감받을 수 있는] 약간의 여지를 남겨 주어야 한다.

○ 부정한 재물을 전달한 사람은 비록 그 대가로 응당 얻어야 할 장물이 있겠지만, 또한 반드시 그것을 자기 것으로 하였느냐 아니냐를 물어서, 그 [죄를 줄이거나 피할] 길을 터 주어야 한다.

범인이 부정한 재물을 모두 반납하는 것은 쉬운 일이 아니다. 그의 가옥이 너무 높은 가격이라 사겠다는 사람을 찾기 어려운 경우도 있고, 아주 오래된 받아 낼 빚이 있다고 하면서 그것을 받아 내서 갚겠다고 하는 경우도 있다. 지방관은 오로지 완납을 받는 데만 급급하므로 억지로 살 사람을 찾게 하여 추징을 독촉하는데, 그 사람에게 개인적으로 돈을 주면 그는 다른 사람을 찾아 사들이도록 하거나 다른 사람의 자제 이름을 알려 주고 그의 이름을 빌려 대신 상환하게 하는 식이다. 이런 과정 속에서 중간에 온갖 사기와 속임수가 난무하여 결국은 공무를 빌어 개인적으로 자기 뱃속을 채우기도 한다. 이런 모든 일을 지방관은 쉽사리 허가해서는 안 된다. 가옥은 관아나 가족으로 하여금 시가에 따라 값을 매기고, 사람을 찾아 사들이게 해야 한다. 빚의 경우 반드시 친필 서명한 문서를 만들어 빚을 갚아 상환할 사람에게 준 다음에야 [빚을 받을 게 있는] 범인·중개인 등으로 하여금 적절하게 처리하여 상환할 수 있도록 허용한다. 그렇지 않으면 피해자가 불만을 품고 상사에게 달려가 고발하거나 소송을 제기할 것이니, 지방관의 명성에 흠집이 생기게 된다.

○ 무릇 부정한 재물에 대한 심문을 완료하여 상사에게 보고를 올린 다음 추징 지시를 받는데, 모름지기 해당 경승(經承)으로 하여금 따로 장부 하나를 만들게 하여 기한을 세워 완납을 독촉하도록 한다. 혹시라도 계속 납부하여 완납을 하면 일일이 장부에 기입하게 해야 한다. 만약 완납한 것을 올려 보내라는 재촉 지시를 받으면, 이미 추징하여 완납한 액수를 알리고 모두 추징되는 것을 기다렸다가 「수령확인문서(批回)」를 갖추어 함께 올려 보내고, [상사로부터] 「수령확인문서」를 돌려받아 보존함으로써 일처리를 질질 끄는 허물을 피한다.

무릇 아역이 다른 사람으로부터 고발을 당하면 다른 지방으로 보내 처리하게 하는데, 만약 심문 결과 부정한 재물을 얻은 것이 확인되면 지방관 자신은 미리 알아내지 못하였다는 감독 소홀의 처분을 받게 된다. 만약 전임 지현과 관계된 것이라면 현임 지현과는 무관하지만, 만약 본인과 관계된 것이라면 반드시 사전에 이를 조사한 다음 그를 처벌하고 자리에서 쫓아내는 식으로 일을 처리하고 그 기록을 남겨, 나중에 이 일을 적절하게 무마할 수 있도록 한다. 만약 아역이 지방관이 발행한 「차표(差票)」를 가지고 재물을 갈취한 것이고 적은 액수로 밥값이나 거마비 따위라면 그래도 풀어 줄 수 있지만, 그 액수가 많은 것은 지현 자신에게 크게 불편한 일이 된다. 그러므로 매번 공무를 처리하여 사람을 잡아오게 할 때는 일의 크고 작음을 가리지 말고 그 사람이 직접 출두하였을 때 모름지기 [그를 잡아오기 위해] 원래 파견된 차역에게 돈을 갈취한 적이 있는지의 여부에 대한 「확인서」를 갖추도록 한다. 갈취한 적이 없다면 그것을 그대로 보관하지만, 갈취한 일이 있다면 엄중히 처벌하고 추징한 다음 혁직시켜, 나중에 지방관이 이에 연루되는 것을 피하도록 한다.

引律科斷訣:

六贓監守共常人, 盜取官家米物銀, 枉法竊盜, 不枉法坐贓科罪, 重分輕.
監守兩下杖八十. 二兩五錢各遞增, 二十兩流二千里, 四十褋犯實非眞.
常人兩下杖七十. 五兩一等遞相加, 五十五兩三千里, 八十雜絞罪無差.
枉法起算照常人, 俱于有祿絞爲眞. 若爲無祿通從減, 百二纔科眞絞刑.

竊盜得財杖六十, 每逢十兩遞加增. 贓盈百兩三千里. 以上三犯俱絞眞.

不枉法贓如竊盜, 爲因有祿成同調,[343] 若爲無祿不其然. 罪止于流無死道.

坐贓兩下笞二十, 每逢十兩遞加之. 一百兩外以百論. 罪止于徒當得知.

審犯贓人犯, 有證者必盡數審出, 然亦照所供而止, 不必多方羅織.[344] 贓雖解上, 而追則仍著地方官. 若本犯不能完, 未免株及親屬, 致案難清結.

○ 引送之人, 見付、過付,[345] 情罪懸遠.[346] 見付者, 彼許此情已定, 但付財之時, 在彼看見局中、局外, 罪可出入. 若過付, 則身于此中說合, 線索實在其手, 罪有重于受贓之人者, 不可不別也. 若非說合, 卽曾經手, 亦當入以'見付'字樣, 以開一面.

○ 過付人雖有應得之贓, 亦要問其有無入己, 使豁之有路.

本犯贓難盡完, 有將不堪房屋高價告買者; 遠年不明債負開報追償者. 官長惟利完贓, 因與拘買催追, 告彼人私與銀錢, 彼又另告他人承買, 另報借人子弟代償, 展轉詐騙, 究假公事, 以濟私肥. 諸如此者, 不宜輕准. 房産著官牙家屬從時估値, 召主承買, 債負須親筆劵押, 應與歸償者, 方准著原、中等酌處清還. 否則受害不甘, 赴上司告理, 有損才名.

○ 凡贓私審定申詳批追者, 須令該承另置一簿, 立限比較, 或陸續完結, 一一塡註. 若奉催提, 將已追完數目報明, 俟全追具批一併起解, 獲批存案, 以免拖沓之愆. 凡衙役被人呈告, 批發別處, 審有贓私, 本官卽有失察之處分. 若係前任, 于今任無涉, 若係本任, 須查于事先, 責革立案,[347] 以便斡旋.[348] 若係「差票」索詐, 少則指爲飯食、驢脚之資, 猶可開釋, 多則于本官大

---

343 동조(同調)는 음조(音調)가 서로 같다는 뜻으로 나아가 서로 같은 취지나 주장이나 그런 것을 가진 사람을 비유한다.

344 나직(羅織)은 닥치는 대로, 갖가지 방법으로 끌어들인다는 뜻이다.

345 인송(引送)은 부정한 재물의 전달을 중개하는 것을 가리킨다. 여기서 견부(見付)는 전달 부탁을 받는 것이고, 과부(過付)는 장물이나 뇌물 등 부정한 재물을 전달하는 것을 가리킨다.

346 현원(懸遠)은 서로 아주 멀리 떨어져 있다는 뜻이다.

347 책혁(責革)은 처벌하고 혁직한다는 뜻이고 입안(立案)은 안건을 성립시킨다. 등록한다는 뜻으로, 여기서는 사건 처리의 기록을 남긴다는 것 같다.

348 알선(斡旋)은 돌려 옮긴다, 분주하게 활동한다, 조정·조해(調解)한다는 뜻이다. 여기서는 지방관 자신이 처분을 받는 것에 대해 미리 대처방안을 마련한다는 뜻으로 보인다.

不便矣. 故每勾攝公事,[349] 無論事之大小, 凡于投到時,[350] 必令具原差有無需索「結狀」, 無則存案, 有則重處追革, 庶免事後之累.

349 구섭(勾攝)은 공무를 처리한다, 체포한다, 구인(拘引)한다는 다양한 뜻으로 해석된다. 여기서는 범인이나 소환대상자 등의 구인 등을 가리키는 것으로 보인다. 구섭공사(勾攝公事)는 이갑제(里甲制)하에서 세금독촉(催辦錢糧)과 및 국가에 바치는 물자의 제공(出辦上供物料)과 함께 이장(里長)에게 부과된 중요 업무였다. '구섭공사(句攝公事)'에 대한 해석은 이와이 시게키(岩井茂樹), 『중국근세재정사의 연구(中國近世財政史の研究)』(京都大學學術出版會, 2004), 第7章 「里甲制と徭役負擔」의 第2節 「'句攝公事'再考」가 좋은 참고가 된다.

350 투도(投到)는 본인이 직접 제출하거나 출두한다는 뜻이다.

| 제21권 |

형명부刑名部 11

보갑保甲 1

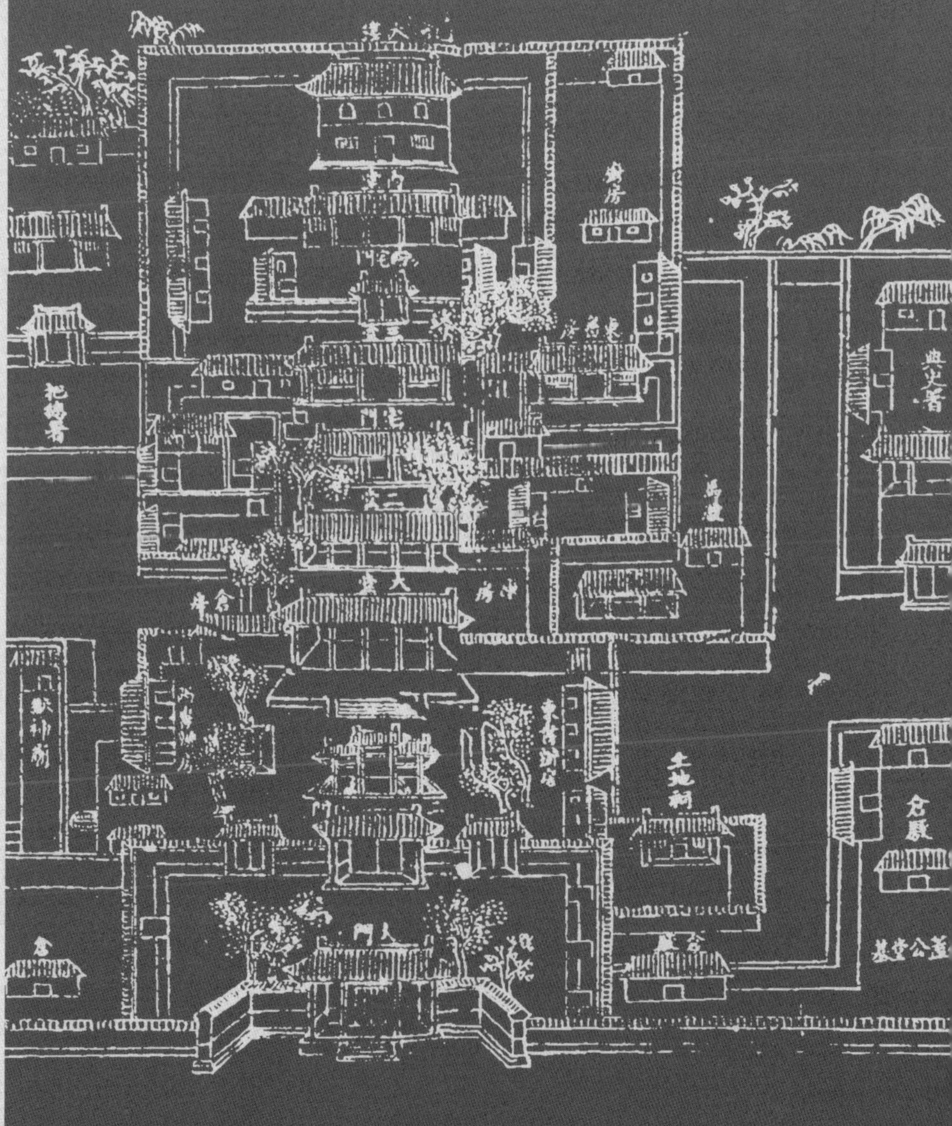

福惠全書

21-01. 총론(總論)[1]

무릇 보갑을 만든 까닭은 도적(盜賊)·도인(逃人)을 막고, 범법자(奸宄)를 엄히 단속하기 위함이다. 그 제도 자체는 아주 훌륭한 것이다. 다만 이를 시행하는 사람들이 그 요령을 제대로 얻지 못하는 데다가, 또한 형식적으로 갖추어야 할 제도로만 보면서도 아주 어지럽게 설치기 일쑤다. [그렇지만] 날마다 지시를 받들어 시행한다고 소란을 피우는데, 실제적인 효과를 제대로 거두지 못하니 마침내 백성을 괴롭히는 도구로 여겨 보갑을 소홀히 하게 된다. 그것은 목이 멘다고 밥을 먹지 못하게 하는 일과 같지 않은가? 이른바 보갑이라는 것은 농민 속에 병사를 깃들이는[병농일치] 옛적의 취지가 담겨져 있고, 각급 부대로 편성하여 병사를 동원하는 쓰임이 있으며, 향리 사람을 조직하여 자율적으로 이끌게 하는 제도가 담겨 있다. 옛적에 지방관인 수령은 모두 병사를 이끌고 전투를 지휘할 수 있었다. 지금의 주현에서는 단지 포쾌·민장 몇 사람만 지현이 부리는 대로 분주할 뿐이다. 만약 정전(井田)마다 병사를 내게 하는 옛 법도를 따라서 향리의 장정(鄕壯)을 골라 뽑고 훈련시켜, 의롭게 용기를 내고 즐겁게 싸우는 것을 알게 한다면, 그것이 바로 농민 속에 병사를 깃들이는 뜻이 아니겠는가?

[『주례』에[2] 따르면] 옛날 부대를 조직할 때에는 "1만 2,500명을 군(軍)으로 삼는데, [왕은 6군을, 대국은 3군을, 차국은 2군을, 소국은 1군을 만들었다.] 군의 지휘관은 모두 천자가 임명한 제후의 경(命卿)이었다. 2,500명을 사(師)로 하였는데, 사의 지휘자는 모두 중대부(中大夫)였다.[3] 500명을 여(旅)로 하였는데, 그 지휘자는 모두 하대부(下大夫)였다. 100명을 졸(卒)로 하였고, 졸에는 우두머리가 있는데 모두 상사(上士)였다. 25명을 양(兩)으로 하였는데, 양의

---

1 보갑제에 대한 가장 간명한 설명은 송정수, 「향촌조직」, 오금성(吳金成) 외, 『명청시대사회경제사』(이산, 2007)을 참조할 수 있다.

2 『주례』는 유가경전(儒家)으로 십삼경(十三經)의 하나다. 주공(周公) 단(旦)이 지었다고 일컬어지지만, 실제로는 전국시대 사람들의 창작일 가능성이 크다. 『주례』는 치국방안(治國方案)을 담고 있는 저작으로 내용이 아주 풍부하다. 『주례』에서 규정하는 육관(六官)에 따른 분업은 대체로 천관(天官)이 궁정, 지관(地官)이 민정, 춘관(春官)이 종족(宗族), 하관(夏官)이 군사, 추관(秋官)이 형벌, 동관(冬官)이 영조(營造)를 담당하는 것으로 되어 있어 사회의 거의 모든 방면을 다루고 있다. 기타 『주례』에서 다루는 예(禮)의 체계는 제사(祭祀)·조근(朝覲)·봉국(封國)·순수(巡狩)·상장(喪葬) 등등의 국가제도뿐만 아니라 거마·복식 등 각종 구체적인 예기(禮器)까지 기록하고 있어 수많은 중국의 제도가 여기에서 기원하고 있는 것으로 여겨진다.

3 본문에는 중대부(衆大夫)로 되어 있지만, 『주례』 원문에는 중대부(中大夫)로 되어 있어 이에 따랐다.

우두머리인 사마(司馬)는 모두 중사(中士)였다. 5명을 오(伍)로 하였는데, 오마다 모두 우두머리(伍長)가 있었다."

지금 보갑법에는 십가(十家)마다 우두머리가 있어 '갑장(甲長)'이라고 하고, 백가(百家)마다 우두머리는 '보정(保正)'이라고 하며, 향(鄕)마다 우두머리는 '보장(保長)'이라고 한다. 이렇게 차례대로 서로 이끌고 감독하여 다스린다. 장정(壯丁)의 경우 일이 없으면 한가한 날에 가르치고 훈련을 시키며, 일이 있으면 위험한 소식을 듣고 구원에 나서는 일은 모두 보장과 갑장이 이끌고 달려가는 것이니, 옛날 각급 부대의 병사들을 동원하는 쓰임이 아니겠는가?

그러나 갑장과 보장은 대부분 자원해서 충원되는 경우가 많으니, 어찌 그들이 제대로 임무를 감당할 수 있겠는가? 모름지기 지현이 직접 나서서 그들을 선발해야 한다. 충분히 무리를 이끌 수 있고 기꺼이 공무에 앞장서는 사람 가운데, 재능의 크고 작음을 살펴서 쓰는 것이다. 이 또한 지휘관에 제후의 경을 쓰고, 사·여를 이끄는 데 대부를 쓰고, 졸·오를 이끄는 데에 상사·중사를 쓴 옛적의 취지에 들어맞는다. 그리고 옛날 비려(比閭)에서는 덕행을 서로 권장하고, 환난이 있으면 서로 구제하며, 죽거나 상을 당하면 서로 도와주었다. 사서(師胥) 제도는 문제가 생기면 대비를 하고, 도적이 있으면 쫓아가 붙잡고, 범법자가 있으면 서로 찾아내어, 집집마다 표창받을 만한 풍속을 만들고 집집마다 풍요로운 즐거움을 누리게 하였다.

지금 보갑법을 실행할 때도 보장·장정을 두어 현성과 사향(四鄕)에 분포시키고 마을끼리 연결하여 평상시에는 방어 시설을 수리하고, 일이 닥치면 협력하여 구조하고 막게 해야 한다. 보(保)와 리(里)에서는 덕행이 있고 효성스러운 사람이 있으면 뽑아서 표창하고, 질 나쁜 못된 무리가 있으면 적발하여 징벌한다. 자제들은 겸허하고 화합하며 예를 따르도록 깨우치며, 부로(父老)들은 부지런히 양보하고 도우면서 의로움을 선호하게 한다. 한 리가 이와 같으면, 다른 모든 리도 이와 같아지고, 한 향이 이와 같으면 사방의 모든 향도 이와 같아질 것이다. [그렇게 되면] 제대로 된 화합을 이루어, 다스림이 제대로 이루어지고 풍속이 아름다웠던 옛날 세상과 같지 않겠는가?

무릇 이른바 '보갑의 폐해'라는 것은 이를테면 송대 왕안석(王安石) 공의 사례를 들 수 있다. 그는 민병을 뽑아 멀리 원정에 종사하게 함으로써 농사를 방해하였고, 군사대오를 조직하고 검열하면서 백성이 장비와 식량을 스스로 준비하게 하였으며, 죽거나 크게 괴로워해도 불쌍히 여기지 않았다. 이런 것이 바로 '보갑의 폐해'라는 것이다. 반면 '보갑의 이로움'을 이야기할 때면 명대 왕수인(王守仁) 공이 강서성(江西省) 순무를 지냈던 경우를 든다. 그는 주현마다 보갑을 세워서 각 향을 통괄하게 하고, 갑장을 세워 십가를 집집마다 조사함으로써 범법자들이 숨을 곳이 없게 하였고, 장정을 뽑아 튼튼한 방어태세를 갖추었다. 이런 까닭에 보갑이 이롭다고 하는 것이다. 그 까닭을 미루어 살펴보면, [송대의] 왕안석은 백성을 몰아 병사로 삼고, 멀리 변방에 나가 싸우게 하였지만, [명대의] 왕수인은 장정을 골라 뽑아 민병으로서 가까이서 자기 마을을 지키게 하였으니, 그 이로움과 해로움의 차이가 몇 배나 된다는 점이 너무나 분명하지 않은가?

지금 주현에서 보갑을 제대로 정비하고, 형식상의 제도로만 보지 않고 진정 그 요령을 얻어서 시행한다면, 무릇 범법자를 잡는 일이 집안을 벗어나지 않고, 방어를 맡는 것도 그 마을을 벗어나지 않으며, 외부의 도적을 막는 일도 그 이갑을 벗어나지 않을 것이다. 한 집안·마을·이갑의 백성이 각기 스스로를 지키기 때문이다. 또한 가까운 집안 사람이 갑장이 되고, 가까운 마을 사람이 보정이 되고, 자기 이갑 사람이 보장이 되니, 갑장과 보정끼리는 모두 서로 잘 아는 사이가 된다. 갑장·보장 등 또한 반드시 골라 뽑아서 일을 맡기니, 모두 노련하고 성실하며 법을 잘 받드는 사람들이다. 소식을 전달하여 사람을 모으고 부르는 일도 공차(公差)를 시켜 조사하여 알리고 끌어 모아 재촉할 필요가 없고, 지현이 나서 「지시공문」을 발급할 필요도 없다. 모두 보갑이 스스로 알아서 지시를 받아 처리하고 보고한다. 그래서 백성은 해가 다 가도록 편안하게 지낼 수 있고, 관청은 한 푼의 비용도 쓸 필요가 없다. 만약 이렇게 시행한다면 당연히 실효가 있을 뿐 아니라, [보갑 시행의 지시를] 받드는 관리들도 번거롭게 소란을 피우지 않아도 된다. 그런 다음 이러한 것을 한 현에서 성 전체에 미치게 하고, 한 성에서 천하에 미치게 한다면, [보갑은] 진실로 도적을 막고 범법자를 잡는 선정(善政)이 될 것이다. 어찌 백성을 괴롭히는 측면만 보고 이를 폐지할 수 있다는 말인가?

夫保甲之設, 所以弭盜、逃, 而嚴奸宄.[4] 法至善也. 惟行之者, 不得其要, 且視爲具文,[5] 而又紛紛焉.[6] 日見其奉令之擾, 究無其取效之實, 遂以保甲爲厲民之具而弛之.[7] 其不與因噎而廢

---

4 간귀(奸宄)는 안팎으로 범법 행위를 저지른다는 뜻으로 간구(奸究)와 통한다. 『상서』「순전(舜典)」에 "약탈과 살인을 저질러 안팎으로 환란을 가져온다(寇敵奸宄)"라는 구절이 나오는데, 여기서 "외부의 적을 간, 내부의 적을 귀라고 한다(在外曰奸, 在內曰宄)"고 해석한다. 이하에서는 모두 범법자로 번역하였다.

5 구문(具文)은 헛되이 형식만을 갖추었을 뿐 실제적인 작용이 없는 빈 문서(空文), 형식적인 문장을 가리킨다.

6 분분(紛紛)은 아주 어지럽게나 수가 많은 모습을 형용한다. 아주 바쁘고 어지러운 모습을 나타내기도 한다.

7 여민(厲民)은 백성을 학대한다, 해친다거나 훈련시킨다는 뜻이다.

食者等乎?[8] 所謂: '保甲'者, 有古寓兵於農之意焉, 有古軍旅卒伍之用焉,[9] 有古比閭師胥之制焉.[10] 古者, 守令皆得主兵以率戰. 今之州邑, 惟快、壯數人供奔走而已.[11] 若倣井田出甲卒之遺法,[12] 以遴選鄕壯而訓練之, 使知義勇而樂戰, 夫非寓兵於農之意乎? 古者, "萬二千五百人爲軍, 將皆命卿[13]; 二千五百人爲師, 帥皆衆[中]大夫; 五百人爲旅, 帥皆下大夫; 百人爲卒, 卒有長, 皆上士; 二十五人爲兩, 兩司馬, 皆中士; 五人爲伍, 伍有長."[14] 今保甲之法, 十家有長,

---

8 인일폐식(因噎廢食)은 『여씨춘추(呂氏春秋)』「탕병(蕩兵)」편에 나오는 "무릇 목이 메어 죽은 사람이 있다고 해서 천하 사람들이 밥 먹는 것을 금지하고자 한다면, 그것은 도리에 어긋나는 것이다(夫有以饐死者, 欲禁天下之食, 悖.)."라는 구절에서 비롯되었다. 일(饐)은 일(噎)과 같은 뜻이다. 여기서 좌절을 겪은 다음 응당 해야 할 일도 포기하는 것을 비유하는 용도로 사용되게 되었다.

9 군려(軍旅)는 부대를 가리키며, 졸오(卒伍)는 그 하급 단위다. 『주례』「지관(地官) 소사도(小司徒)」에 다음과 같은 구절이 나온다. "다섯 사람이 오(伍)가 되고, 다섯 오가 양(兩)이 되며, 네 양이 졸(卒)이 된다. 다섯 졸이 여(旅)가 되며, 다섯 여가 사(師)가 되고, 다섯 사가 군(軍)이 된다. 이것으로 군대를 일으키고, 농사일을 한다(五人爲伍, 五伍爲兩, 四兩爲卒, 五卒爲旅, 五旅爲師, 五師爲軍, 以起軍旅, 以作田役.)."

10 비려(比閭)는 향리를 가리킨다. 『주례』「지관(地官) 사도(司徒)」를 보면, "다섯 가구를 비(比)로 삼아 서로 보증하게 하고, 다섯 비를 여(呂)로 삼아 서로 부탁하게 한다. 네 여를 족(族)으로 삼아 서로 장례를 돕게 하고, 다섯 족을 당(黨)으로 삼아 서로 구하게 한다. 다섯 당을 주(州)로 삼아 서로 진휼하게 하고, 다섯 주를 향(鄕)으로 삼아 서로 손님으로 대우하게 한다(令五家爲比, 使之相保, 五比爲閭, 使之相受. 四閭爲族, 使之相葬. 五族爲黨, 使之相救. 五黨爲州, 使之相賙, 五州爲鄕, 使之相賓.)."라고 하는데, 비(다섯 가구)와 여(스물다섯 가구)는 이렇게 호적 편성의 기본단위라서 향리를 가리키는 뜻으로도 쓰인다. 사서(師胥)는 따로 명칭이 나오지 않는데 각급 행정장관을 가리키는 것 같다. 이를테면 백 가구로 이루어진 족(族)의 행정장관은 족사(族師)이고, 스물다섯 가구로 이루어진 여(閭)의 행정장관은 여서(閭胥)라는 명칭을 갖고 있다.

11 쾌장(快壯)은 포쾌(捕快)와 민장(民壯)을 가리킨다.

12 갑졸(甲卒)은 갑옷을 입은 사졸, 즉 병사를 가리킨다. 정전제(井田制)는 주대 또는 그 이전부터 시행되었다고 일컬어지는 이상적인 토지제도를 가리킨다. 즉 900무(畝)의 정방형 토지(1里)를 우물 정(井)자 모양으로 아홉 구역으로 나눈 다음, 여덟 구역은 사전(私田)으로 8호에게 나눠 주어 경작시키고, 그 가운데를 공전(公田)으로 삼아 8호가 공동으로 경작하여 그 소출을 세금으로 내도록 하였다는 것이다. 공과 사의 균형과 공존을 보여 주는 정전제의 실재 여부는 지금도 논란거리이지만, 『맹자』에서 정전제의 존재를 시석한 이후에는 보통 그것이 실재하였다고 받아들여졌으며, 유교적인 이상사회의 기본적인 모델로 작용하였다. 『맹자』「등문공(滕文公)」편의 "사방 1리를 정으로 삼으면 정은 900무가 되는데, 우물 모양으로 구분한 가운데 부분을 공전으로 삼고 나머지 여덟 부분은 개별적으로 100무씩 경작하는데, 함께 공전을 경작한 다음 공사가 끝나면 그다음에야 감히 개별적인 몫을 경작하게 함으로써 야인과 구분하는 것이다(方里而井, 井九百畝, 其中爲公田. 八家皆私百畝, 同養公田, 公事畢, 然後敢治私事, 所以別野人也.)."라는 부분을 참조. 정전을 기초로 갑졸을 낸다는 기록은 다른 데서는 보이지 않고 다만 동중서(董仲舒)의 『춘추번로(春秋繁露)』「작국(爵國)」편에서만 정전의 수를 기준으로 1리(즉 1정전)당 평균하여 3구씩 내게 하고, 그것이 확장되어 2만 4,000명으로 3군을 편성한다("大國十六萬口而立口軍三. 何以言之? 曰: 以井田準數之. 方裡而一井, 一井而九百畝而立口. 方裡八家, 一家百畝, 以食五口. 上農夫耕百畝, 食九口, 次八人, 次七人, 次六人, 次五人. 多寡相補, 率百畝而三口, 方裡而二十四口. 方裡者十, 得二百四十口. 方十裡爲方裡者百. 得二千四百口. 方百裡爲方裡者萬. 得二十四萬口. 法三分而除其一.")는 내용이 있다.

13 명경(命卿)은 천자가 임명한 제후의 경(卿)을 가리킨다.

14 이 내용은 『주례』「하관(夏官) 사마(司馬)」에 나온다. "군대를 조직할 때에는 1만 2,500명을 1군으로 삼는데, 왕은 6군을, 대국은 3군을, 차국은 2군을, 소국은 1군을 만들었다. 군의 지휘관은 모두 명경이었다. 2,500명을 1사로 하였는데, 사의 지휘자는 모두 중대부였다. 500명을 1려로 하였는데, 그 지휘자는 모두 하대부였다. 100명을 1

曰: '甲長'.[15] 百家有長, 曰: '保正'. 一鄕有長, 曰: '保長'. 以次相統屬而行稽察之政焉.[16] 至于壯丁,[17] 無事, 則暇日以敎練; 有事, 則聞儆以救援. 皆保甲長相率而趨, 夫非古軍旅卒伍之用乎?

然而甲·保長頻多報充,[18] 詎堪勝任?[19] 必親加選拔, 以足馭衆而急公,[20] 視才之大小以爲用. 是又將用命卿, 師旅用大夫, 卒伍用上·中士之意也. 古者, 比閭之制, 德行相規,[21] 患難相卹, 死喪相賙. 師胥之制, 有故, 則設備, 有盜賊, 則追捕,[22] 有奸宄, 則互相稽, 務令比戶有可封之俗,[23] 室家享康阜之娛.[24] 今保甲之法, 設爲保長、壯丁, 分布城鄕, 聯絡村舍, 平時修防講備, 臨事協力救禦.[25] 至于保、里之中, 有德善、孝弟, 則擧而旌之, 有無良匪類, 則擧而懲之. 以及子弟, 訓之謙和而好禮,[26] 父老勤其推卹而好義. 一里如是, 各里如是, 一鄕如是, 四鄕如是, 有不雍雍然同古政行俗美之世哉?[27]

夫所謂: '保甲之害'者, 如王荊公抽民兵,[28] 以遠事征伐妨農稼,[29] 以簡閱戎伍使百姓軍裝、

졸로 하였는데, 졸의 우두머리는 모두 상사였다. 25명을 양으로 하였는데, 양의 우두머리인 사마는 모두 중사였다. 5명을 오로 하였는데, 오마다 모두 우두머리가 있었다(凡制軍, 萬有二千五百人爲軍. 王六軍, 大國三軍, 次國二軍, 小國一軍. 軍將皆命卿. 二千有五百人爲師, 師帥皆中大夫. 五百人爲旅, 旅帥皆下大夫. 百人爲卒, 卒長皆上士. 二十五人爲兩, 兩司馬皆中士. 五人伍, 伍皆有長.)."

15 갑장(甲長)은 이갑제 하 갑(10호)의 우두머리를 가리킨다.

16 계찰(稽察)은 조사·검사를 뜻한다.

17 장정(壯丁)은 노역에 종사할 나이에 이른 청장년 남자, 즉 정장(丁壯)을 가리킨다.

18 보충(報充)은 스스로 나서거나 알려서 충원된다는 뜻이다.

19 승임(勝任)은 충분히 맡거나 이어받을 수 있다는 뜻이다.

20 급공(急公)은 '공익에 열심'이라는 뜻이다.

21 상규(相規)는 서로 권한다, 장려한다는 뜻이다.

22 추포(追捕)는 추적수사를 통해 체포한다는 뜻이다.

23 비호(比戶)는 비옥(比屋)과 같은데, '서로 이웃한 집들, 가가호호, 집집마다'라는 뜻이다. 비려가봉(比閭可封)은 비옥가봉(比屋可封)과도 같은 뜻이다. 교화가 두루 미쳐 집집마다 모두 덕행을 갖추어 표창을 받을 만하였다는 비유다. 즉 풍속이 순수하고 아름다움을 가리킨다.

24 강부(康阜)는 안락하고 부유한다는 뜻이다.

25 구어(救禦)는 저지하고 방어한다는 뜻이다.

26 겸화(謙和)는 겸허하고 온화하다는 뜻이다.

27 옹옹(雍雍)은 평화스러운 새소리, 화음이 잘 맞는 소리, 나아가 화합하는 모습을 비유한다.

28 왕형공(王荊公)은 걸출한 개혁파 정치가인 북송대의 왕안석(王安石, 1021-1086)을 가리킨다. 왕안석이 시행한 개혁 가운데 보갑법(保甲法)은 1070년 제정된 「기현보갑조례(畿縣保甲條例)」에 따른 것으로 향촌의 주민 다섯 가구를 1보(保), 5보를 대보(大保), 10대보를 1도보(都保)로 조직하였는데, 두 명 이상의 장정이 있는 농호(農戶)는 한 사람을 골라 보정(保丁)을 맡게 하였다. 보정은 평시에는 경작에 종사하고 시간이 있을 때 군사훈련을 받으며 전시에는 징집에 응하여 병졸로 입대하는 의무가 주어졌고, 농호 가운데 가장 부유한 집이 보장(保長)·대보장(大保長)·도보장(都保長)을 맡았다. 이 보갑법은 일종의 민병제도라고 할 만한 것이다.

29 농가(農稼)는 경작·농사일을 말한다.

餱糧而自備,[30] 死亡窮困而莫哀, 是其所以爲害也. 所謂: '保甲之利'者, 如王文成公之撫贛,[31] 命州邑設保甲, 以綜理一鄕, 立甲長以稽查十戶淸排門,[32] 使奸宄之無可藏, 選壯丁使防禦之有足恃, 是其所以爲利也. 推原其故,[33] 荊公驅民以爲兵, 以之遠戰于邊隅, 文成簡壯以爲民, 以之近守其閭里, 其利害之相去倍徙,[34] 不較然乎?[35]

今州邑之修擧保甲,[36] 能毋視爲具文, 誠得其要而行之, 夫詰奸不出于其家,[37] 防護不出于其村, 禦侮不出于其里,[38] 是一家、一村、一里之民, 各自爲衛也. 卽其近家之人而爲之甲長, 卽其近村之人而爲之保正, 卽其本里之人而爲之保長, 是甲長、保正諸人皆所熟識也.[39] 其甲·保長等又必選擇而任之, 是其人必皆老成奉法者也.[40] 至于傳集、徵召, 不用公差,[41] 査報、拘催, 不煩「牌票」,[42] 而悉聽保甲之自爲承禀,[43] 百姓獲終歲之安, 官司無一文之費. 若是, 行之者, 旣有其實效, 奉之者, 亦無其煩擾,[44] 由一邑而推之一省, 由一省而推之天下, 誠弭盜戢奸之善政也. 又安見其爲厲民而可廢之哉?[45]

---

30 간열(簡閱)은 군대를 점검하는 것이고, 융오(戎伍)는 행오(行伍)·군대를 뜻한다. 후량(餱糧)은 식량·건량을 말한다.

31 왕문성공(王文成公)은 양명학(陽明學)의 창시자 왕양명(王陽明), 즉 명대의 저명한 사상가이자 관료인 왕수인(王守仁, 1472-1529)을 가리킨다. 왕수인의 자(字)는 백안(伯安)이고 시호(諡)는 문성(文成)으로 절강성(浙江省) 여요(余姚) 출신이다. 관직은 남경병부도찰원좌도어사(南京兵部都察院左都御史)에 이르렀다. 1517년 강서성(江西省. 감[贛]은 강서성의 별칭이다) 남부 및 강서·복건(福建)의 경계지역에서 민변(民變)이 일어나 산민(山民)들이 산과 동굴에 의거하여 요새를 지은 것이 거의 사방 천 리 가까운 정도에 이를 정도가 되었다. 그래서 지방관이 속수무책이 되었을 때, 강서순무로 임명된 왕수인은 주변 3성의 병력을 끌어 모아 신속하게 이 반란을 진압하였다.

32 배문(排門)은 '문을 넘나, 가가호호, 집집마다'라는 뜻이고, 떼었다 붙였다 할 수 있는 문을 가리키기도 하다.

33 추원(推原)은 그 근본이나 원인을 찾아본다는 뜻이다.

34 배사(倍徙. 倍蓰. 倍屣)는 여러 배를 가리킨다. 배(倍)는 1배이고, 사(蓰)는 5배를 뜻한다.

35 교연(較然)은 '분명히, 명백하게, 뚜렷하게'라는 뜻이다.

36 수거(修擧)는 닦아서 바르게 한다, 훌륭하게 만든다는 뜻이다.

37 힐간(詰奸. 詰姦)은 간도(奸盜)를 찾아내 심문한다는 뜻이다.

38 어모(禦侮)는 외부의 침략에 저항한다는 뜻이다.

39 숙식(熟識)은 어떤 사람이나 일에 대해 아주 잘 안다거나 그런 사람이다.

40 노성(老成)은 비교적 연령이 높고 덕이 있다, 또는 재간이 뛰어나고 숙달되어 있다, 신중하다는 뜻이다.

41 전집(傳集)은 지시를 전하여 모이게 하는 것, 징소(徵召)는 징발하여 소집하는 것을 가리킨다. 공차(公差)는 관청의 차역을 말한다.

42 구최(拘催)는 구인·체포와 독촉의 임무를 가리킨다. 「패표(牌票)」는 관부에서 모종의 구체적인 목적을 위해 발행하는 고정된 격식을 갖춘 도구나 증명서를 말한다. 차역은 명령을 집행할 때 이것을 근거로 삼는다.

43 승품(承禀)은 지시를 받아 따른다는 뜻이다.

44 번요(煩擾)는 소란·분요(紛扰), 또는 이런 일로 마음이 번거롭다는 뜻이다.

45 본문은 원래 여민(勵民)으로 되어 있는데, 그것은 백성을 장려한다는 뜻이라 문맥과 들어맞지 않는다. 백성을 해친다는 뜻이 여민(厲民)이 앞에도 나왔는데, 여기도 여민(厲民)이 맞을 것이다.

21-02. 보갑장의 선발(選保甲長)[46]

무릇 보갑이 편안할지 아니면 소란스러울지는 그 제도를 보면 된다. 하지만 보갑이 제대로 시행될 것인지 아니면 폐지될 것인지는 그[것을 시행하는] 사람을 보아야 한다. 대개 제도가 잘못되면 소란스러울 뿐 편안하지 않으며, 사람을 제대로 얻지 못하면 이름만 남고 실질은 없어서, "보갑은 백성에게 이롭지 못하다"고 이야기하는 것도 맞는 말이 된다. 다만 제도는 정해져 있지만, 그것을 쓰는 방법은 정해진 것이 없으며, 사람을 뽑는 일은 어렵지 않으나 제대로 일할 사람을 얻는 일은 어렵다. 그러니 보갑장의 선발에 어찌 신중하지 않을 수 있겠는가?

무릇 십가의 도적과 도인·범법자를 잡는 일은 갑장이 조사의 책임을 맡고, 백가의 도적과 도인·범법자를 잡는 일은 보정에게 책임을 물으며, 향의 도적과 도인·범법자를 잡는 일은 보장이 총괄한다. 만약 제대로 된 사람을 얻지 못하면 십가의 사람들이 갑장의 조사에 따르지 않고, 백가의 열 갑장이 보정의 물음에 불복하며, 향의 보정들은 보장의 통솔을 따르지 않게 된다. 그리하면 도적과 도인·범법자가 날마다 십가·백가·향에 마음 놓고 돌아다니는 데에 더 이상 뭐가 거리낄 게 있겠는가? 그러므로 보갑의 실행이 효과가 있기를 바라는 것은 보·갑장 등에 제대로 된 사람을 얻지 않고서는 도저히 불가능하다.

이른바 보장은 현 전체를 4향으로 나누고 향마다 한 명의 우두머리를 두는 것을 말한다. '향장'이라 하지 않고 '보장'이라고 하는 것은 향장(鄕長)이 따로 있어 징세 업무 등을 관할하는데, 보장은 도적·도인·범법자를 잡는 일만 전담하고 다른 일에는 간여하지 않기 때문이다. 기존 제도에서는 향장이 보장의 일을 겸직하여 책임이 분명하지 않았고, 제대로 된 자질을 가진 사람이 맡지도 않았다. 대개 향장은 나이가 많고 덕이 있으며 평소 행실이 남을 따르게 하는 사람으로 충원하였고, 보장은 나이가 젊고 건장한 사람으로 재주가 남보다 뛰어난 사람 가운데 충원하였다. 따라서 쓰임새가 달랐고, 책임도 또한 달라서 두 자리를 겸임할 수 없었다.

---

46 한편 이 글은 하장령(賀長齡) 편(編), 『황조경세문편(皇朝經世文編)』 권74 「병정(兵政) 5 보갑(保甲) 상(上)」에 「보갑삼론(保甲三論)」이라는 제목으로 실려 있다. 또한 소지당(邵之棠) 집(輯), 『황조경세문통편(皇朝經世文統編)』(臺北: 文海出版社, 1973, 1980. 光緒辛丑年[1901] 上海寶善齋石印本)의 권42 「내정부(內政部) 16(十六) 미도(弭盜)」에도 같은 제목으로 실리기도 하였다.

이른바 '보정'은 열 명의 갑장과 갑의 오장(伍長)을 통솔하는 자리이므로, 모름지기 재주와 힘이 뛰어나고 지혜가 남보다 나은 사람으로 충원한다. 십가장은 기존 제도에서는 열한 번째 가에서 갑장을 맡거나 십가에서 돌아가면서 맡았다. 무릇 갑장을 두는 것은 대개 십가의 도적·도인·범법자를 조사하기 위한 것이지 단지 숫자를 채우기 위한 것은 아니었다. 그런데 만약 십가에서 돌아가면서 갑장을 맡으면 우둔하거나, 늙고 병들었거나, 가족이 없거나, 빈궁한 사람에게 십가의 문패를 맡아서 아침저녁으로 조사하고 따지는 책임을 맡겨야 한다는 말인가? 그러므로 반드시 십일가 가운데 재산이 있고 노련하며 자제가 있는 사람을 골라 임명하고, 이유가 없이는 바꾸어서는 안 된다. 대체로 재산이 있고 노련한 사람을 충원하면 스스로 품행을 다스릴 것이니 사람들이 그의 지휘를 잘 따를 것이고, 자제가 있으면 일을 그르치지 않도록 업무를 도울 사람이 있을 것이다. 그렇게 되면 보갑의 업무가 제대로 돌아갈 수 있다.

그런데 선발 방법은 먼저 보장을 뽑고, 보정과 십가장은 반드시 보갑을 편성한 다음에 골라 뽑아야 한다. 먼저 「보장선거고시」를 내어, 보장은 보정을 통솔하고 도둑·도인·범법자를 조사하는 일을 전담하는데, 아울러 파격적으로 우대하는 특별한 예절로써 대할 것이라는 점을 널리 알린다. 그리고 전문 책임을 가지고 있어, [이를테면 향약·지보 같은] 기존의 하급 역직(役職)이 분주하게 자질구레한 일에 끌려 다니던 번거로움을 피할 수 있다는 점도 사람들에게 알린다. 예절 면에서도 크게 우대를 받으니, 자연히 노예처럼 부려지면서 꾸짖음을 받고 욕을 얻어먹는 비천한 위치에 있던 기존의 향약·지보와는 달리 인품을 갖추고 자중할 줄 알면서 또한 자기 자질을 시험해 보고자 하는 사람들이 아주 기뻐하면서 기꺼이 나서게 될 것이다.

또한 반드시 각 향약·지보 및 장두(莊頭)·진장(鎭長)에게 지시하여 집안 살림이 여유가 있고 나이가 젊고 건강하며 재주가 다른 사람보다 뛰어나고 평소의 행동으로 칭찬을 받는 사람을 신중하게 골라서 연명으로 공동 추천하되, 향마다 2배수로 후보를 정해 현에 보고함으로써 지현이 직접 선발할 수 있게 해야 한다. 아울러 향약·지보 등이 현명하고 능력 있는 사람을 숨기고 사사로운 정에 따라 함부로 아무나 추천하지 못하게 하며, 조사해서 이러한 경우가 발각되면 무겁게 처벌한다. 후보 추천의 보고가 올라오면 지현은 추천된 사람이 모두 다 현명한지, 아울러 숨긴 것은 없는지를 다시 자세하게 살핀 다음에야 향약·지보에게 공문을 보내 추천된 보장 후보 모모 등을 현에 출두시키도록 한다. 후보가 도착하면 지현은 대당(大堂)에 앉아 있지 않고 그보다 앞쪽의 천당(川堂)에서 만나되, 무릎 꿇고 고두(叩頭)를 하는 예절을 면해 준다. 그들의 외모가 평범하지 않은지, 응대하는 것을 들어

보아 식견이 있는지, 나이가 젊고 건강한지를 보고 복식을 보아 정말로 부유한지를 살펴보고 난 다음 바로 기록해 둔다. 뒤이어 온화한 얼굴과 따뜻한 말로 다른 시기에 예에 따라 임용한다고 알려 주고, 물러가게 한다. 4향의 추천이 모두 끝나면, 그 가운데 향마다 한 명을 선임하고, 나머지 한 명은 후보로 이름을 기록해 둔다.

[공식 임용의] 때가 되면 지현은 대당(大堂)에 오르고, 미리 금·은화(金銀花)·화홍(花紅. 붉은 비단)·술자리·악대 등을 준비하고, 향약·지보에게 새로운 보장을 동반하여 이끌고 동쪽 쪽문으로 들어와서, 대당의 처마 밑에 늘어서도록 한다. 북을 치고 나팔을 부는 가운데 음양생(陰陽生)이 이들에게 꽃을 꽂아 주고 화홍을 둘러 준다. 지현이 일어서면 새로운 보장들은 먼저 정참(庭參)을 하고 네 번 머리를 조아리며, 지현은 탁자 옆으로 나와 답장 인사를 한다. 이 예식이 끝나 음양생이 술병을 들고 술잔을 쳐들면 지현은 직접 차례대로 술을 세 번에 걸쳐 따라 준다. 모두에게 술을 돌린 다음에 새 보장들이 감사의 뜻을 표시하면, 다시 절하는 것을 면해 주고 악대를 앞세워 뒤따라 중문으로 나가게 한다. 그들에게는 요역을 면제해 주는 「우면증서(優免差票)」를 지급해 주고, 4향의 보장에 현성의 보장 한 명까지 모두 합쳐 5명에 대한 선발을 이렇게 우대하는 예절로 치러 준 다음, 그날로 4향의 보장에 위임한다. 매 보장에게는 '모현 모향 보장 모인의 직인(鈐記)' 하나씩을 지급하여 무릇 공무가 있을 때마다 직인으로 봉인한 보고를 올려 보내도록 허용한다.【직인에 대해서는 제23권 형명부 13 보갑 3 「23-01. 매월 두 차례의 「확인서」 제출(朔望「甘結」)」 조항에 상세하게 나온다.】

보갑의 편성에 대해서는 보장에게 전적으로 책임을 주는데, 현성 지역의 향약·지보 및 진(鎭)·집(集)·촌(村)의 우두머리[각기 진장·집장·촌장이라 한다]와 장두(莊頭)도 각기 이를 함께 처리하도록 한다. 큰 집진과 촌락 등의 우두머리 또한 반드시 부유하고 능력 있으며, 평소에 체면을 차리는 사람을 골라 해당 촌·진의 백성이 공개적으로 뽑도록 한다. 그 대우는 보장에 비해 약간 낮게 하여 임용 예식 때 정참을 생략하고 대당의 처마 밑에서 머리를 조아리게 한 다음, 은화와 화홍·「우면증서」를 주고 악대를 따라 중문으로 나가게 한다. 백가에 미치지 못하는 작은 장의 장두 역시 해당 장의 주민들이 부유하고 노련하며 사리에 밝은 사람을 공개적으로 뽑게 하여 임용한다. 위임을 받아 일을 하다가 공을 세우는 날을 기다려 상을 주되, 처음부터 우대하는 예식을 치르지는 않는다. 대체로 예식에 차별을 두면 그것이 더욱 위엄을 갖게 되며, 공에 따라 은혜를 베풀면 권장의 뜻이 더욱 커지기 때문이다.

보갑이 모두 편성된 후에는 십가장과 백가의 보정을 뽑는다. 보정을 골라 뽑을 때 우선 보장에게 촌·진장 및 장두와 협력하여 젊고 건강하며 재주와 지혜가 남보다 나은 사람을 엄격히 골라 현에 추천하도록 지시한다. 지현이 직접 임무를 맡을 만한지 살펴보고, 은화와 화홍·「우면증서」를 주고 악대를 따라 나가게 하는 예식은 촌·진장과 같게 한다. 대개 보정은 보장의 임무를 나누어 맡고 촌·진장의 임무 또한 보정의 책임과 서로 표리를 이루니, 이들이 서로 협력하여 뽑고 함께 일하도록 하면 당연히 열등한 사람을 뽑아 스스로를 망치는 일을 받아들이지 않을 것이다.

夫保甲之安擾, 視乎其法; 保甲之興廢, 視乎其人. 蓋法之不善, 有擾而無安, 人之不得, 名存而實亡, 謂: "保甲之無益于民也", 固宜. 惟夫法有定, 而用法無定, 人無難, 而得人爲難, 則保甲長之選, 可不愼乎? 夫十家之奸宄、盜、逃, 惟甲長是稽. 百家之奸宄、盜、逃, 惟保正是問; 一鄉之奸宄、盜、逃, 惟保長是綜. 苟非其人, 則十家之衆, 不服其稽, 百家之十甲長, 不服其問, 一鄉之保正, 不服其綜. 則雖奸宄、盜、逃日縱橫于十家、百家、一鄉之間, 寧復有所忌憚耶?[47] 故欲保甲之實行有效, 非保甲長等之得其人, 未見其可也. 所謂: '保長'者, 邑分四鄉, 鄉立一長, 謂之: '保長'. 不曰: '鄉'而曰: '保'者, 以鄉別有長, 所以管攝錢穀諸事,[48] 而保長乃專司盜、逃、奸宄, 不與乎其他者也. 舊例卽以鄉長而兼保事, 其責任不耑而才非所用. 蓋鄉長取乎年高有德, 而素行服人者充之; 保長取乎年力精健、才猷邁衆者充之.[49] 故所用不同, 而責任亦異, 未可兼理也. 所謂: '保正'者, 以之統率十甲長, 并甲中伍壯, 亦必擇其才力精健、才智過人者充之. 至于十家長, 舊例卽以第十一家爲甲長, 或十家輪充. 夫甲長之設, 蓋爲稽查十家之盜、逃、奸宄, 非以備數而已.[50] 若耑主之家輪充之, 衆類多愚頑、老疾、鰥寡、貧窶之人,[51] 將責之抱十家之牌, 朝稽而夕詰耶? 故必于十一家之內, 擇其殷實老成, 有子弟者充之, 非有故不更. 蓋殷實老成, 則廉隅自飭,[52] 揮指聽從. 有子弟, 則助理有人,[53] 勿致悞事, 而甲務可擧矣.

其選擇之法, 先擇保長, 而保正、十家長, 須于編甲之後, 始可遴選. 宜先出「選擧保長告

---

47 기탄(忌憚)은 돌아보면서 두려워하는 모습을 가리킨다.

48 관섭(管攝. 筦攝)은 관할하면서 전체를 총괄한다(管轄統攝)는 뜻이다.

49 매중(邁衆)은 뭇사람을 뛰어넘는다는 뜻이다.

50 비수(備數)는 숫자를 채운다는 뜻이고, 관리가 자신을 경험하게 표현할 때 쓰이기도 한다.

51 환과(鰥寡)는 늙어서 아내나 남편이 없는 사람(과부와 홀아비), 나아가 노약한 데다가 힘들고 외롭게 사는 사람을 가리킨다. 빈루(貧窶. 貧寠)는 가난하다, 빈궁하다, 또는 그런 사람을 뜻한다.

52 염우(廉隅)는 모퉁이, 모서리를 가리킨다. 나아가 단정하여 구차하지 않은 행위나 품성을 비유하기도 한다. 염(廉)은 가장자리(邊), 우(隅)는 구석·모퉁이·가장자리(角)를 뜻한다.

53 조리(助理)는 도와서 처리한다, 다스린다는 뜻으로 보통 주요책임자에게 협조하거나 보조역할을 하는 경우에 쓰인다.

示」, 而曉以轄統保正[54]、稽查盜、逃、奸宄之專司, 幷待以破格優異之殊禮,[55] 使人知責有所耑, 卽可免里遞奔走瑣屑之煩,[56] 禮有所加, 自不同約、地奴隸呵辱之賤, 而有品自重,[57] 有才欲試者, 亦踴躍而樂干從事矣. 須令各鄕約、總地及莊·鎭長等,[58] 務須詳愼選擇, 家道殷實[59]、年力精健、才猷邁衆、素行可稱者, 合詞公擧,[60] 每鄕擬正、陪二人報縣, 以憑本縣親選. 鄕、地等不得隱蔽賢能, 狥私妄擧,[61] 査出重究. 旣報之後, 縣官再行細訪, 所報果屬俱賢, 並無隱蔽, 方票行鄕、地,[62] 將公擧賢能保長某某等起送到縣.[63] 俟其到時, 不坐大堂,[64] 于川堂引見,[65] 免其跪叩.[66] 觀其狀貌,[67] 不類庸常, 聽其應對, 頗有識見, 看其年力, 果屬精健, 驗其服飾, 實居殷厚, 便爲點記. 隨待以霽顔溫語,[68] 另期以禮任事. 令退, 俟四鄕公擧已畢, 內中每鄕選任一人, 餘一人記名候用.

其選任者, 至期官陞大堂, 先備燒金、銀花、紅綢、酒榼、鼓樂,[69] 命約、地等伴領新保長, 由東角門進,[70] 至滴水簷下排立.[71] 鼓吹擧樂, 陰陽生爲之簪花披紅.[72] 縣官起立, 新保長先行庭參,[73]

---

54 할통(轄統)은 관할하여 통솔한다는 뜻이다.

55 우이(優異)는 특별히 우대하거나 대우한다. 또는 그러한 대우를 가리킨다.

56 이체(里遞)는 향리의 직역을 맡은 사람을 가리킨다. 쇄설(瑣屑)은 아주 미세하고 번잡함, 또는 그런 일을 가리킨다.

57 자중(自重)은 언행을 삼가고 조심하면서 스스로의 인격을 존중한다는 뜻이다.

58 총지(總地)는 지보(地方·地保)를 가리키는데, 여기서는 다른 경우처럼 지방을 모두 지보로 통일하였다.

59 가도(家道)는 집안 형편, 가업, 가정을 유지하는 규칙과 도리 등을 가리킨다.

60 합사(合詞)는 연명으로 문서를 올린다는 뜻이다.

61 순사(狥私)는 개인의 감정이나 욕망에 따른다는 뜻이다.

62 표행(票行)은 공문을 하달하는 것을 가리킨다.

63 기송(起送)은 추천한다, 보낸다, 몸을 일으켜 마중한다는 뜻이다.

64 대당(大堂)은 크고 높은 청당(廳堂)으로 여기서는 관부의 업무를 처리하는 정청(正廳)을 가리킨다.

65 천당(川堂, 穿堂)은 내원과 외원 사이에 설치된 중간에 뚫고 지나가는 공간으로 여기서 좌석을 설치하여 손님을 만나기도 한다.

66 궤고(跪叩)는 무릎을 꿇고 머리를 조아린다(下跪叩頭)는 뜻이다.

67 장모(狀貌)는 모습, 외관, 용모, 형상 등을 가리킨다.

68 제안(霽顔)은 위엄이나 분노를 거둔 모습, 즉 온화한 얼굴색과 표정을 가리킨다.

69 소금(燒金)은 연금술사가 단사(丹砂)를 황금으로 바꾸는 것을 뜻하는데, 여기서는 금발(金箔)을 가리키는 것 같다. 은화(銀花)는 은으로 만든 꽃, 주합(酒榼)은 술 그릇 내지는 주전자, 고악(鼓樂)은 북을 치면서 연주하는 것이나 악대(樂隊)를 가리킨다.

70 각문(角門)은 정문 양쪽의 작은 문, 쪽문을 가리킨다.

71 적수첨(滴水簷)은 물 떨어지는 처마, 즉 건물의 처마를 가리킨다. 배립(排立)은 대형을 갖추어 선다는 것을 말한다.

72 음양생(陰陽生)은 점성술·점·풍수지리·해몽 등을 도맡아 처리하던 사람을 가리킨다. 피홍(披紅)은 붉은색 주단을 몸 위에 감싸는 것으로 경사나 영광을 표현할 때 쓰인다.

73 정참(庭參)은 하급 관원이 빠른 걸음으로 관청에 이르러 예에 따라 장관을 알현하는 것을 가리킨다. 문직(文職)은 북면(北面)을 향해 무릎을 꿇고 절을 하며(跪拜), 장관은 서서 절을 받는다. 무직(武職)은 북면을 향해 무릎을 꿇고 이마를 조아리며(跪叩) 스스로 직함을 큰소리로 말하는데, 장관은 앉아서 절을 받는다.

後四叩, 縣官出案傍答揖.[74] 禮畢, 陰陽生執壺, 把盞捧樝,[75] 縣官親爲遞酒斟三. 巡畢, 新保長稱謝,[76] 免行禮, 鼓樂前導, 由中門而出. 印給「優免夫差票」.[77] 城廂保長共一人合之,[78] 四鄕共五人, 共擧選優禮亦如之,[79] 與四鄕保長, 同日委任. 每保長給與'某縣某鄕保長某人鈐記'一枚,[80] 凡有公務, 許印封申送.[81] 【鈐記詳後'朔望「甘結」'條[82]】

至于編保之事, 俱保長專任, 而城廂約、地及鎭集·村長、莊頭,[83] 各爲兼理焉. 其大鎭集、巨村等長, 亦必擇殷實才能、素有體面之人爲之, 仍著本村鎭人民公擧. 其禮遇較保長少殺,[84] 不行庭參, 于滴水簷叩首, 而仍給以花紅、「優免票」, 鼓樂導中門出. 其小莊莊頭不及百家者, 雖亦本莊居民公擧殷實老成曉事者充之.[85] 俟任事有功之日, 再行奬異, 而初無所加禮焉. 蓋禮別以殺而愈崇, 恩施以功而益勸也. 保甲旣編而後, 擇十家之長、百家之保正. 其保正選擇之初,著保長協同村·鎭長、莊頭, 嚴加選擧年力精健、才智過人者報縣.俟親驗堪膺, 其見禮與花紅、「優免[票]」、鼓樂導出, 與村·鎭長同. 蓋保正爲保長分任, 而鎭、村諸長亦與保正之責相表裏, 俾之協擧共事, 彼自不肯容匪劣,[86] 而自貽悞矣.

---

74 답집(答揖)은 답배(答拜)를 말한다.

75 파잔(把盞. 把醆)은 술잔을 쳐든다는 뜻이다. 대부분 술을 주고받으면서 손님에게 경의를 나타낼 때 쓰인다.

76 칭사(稱謝)는 감사의 뜻을 표시한다는 뜻이다.

77 우면(優免)은 요역 등을 면제함으로써 우대함을 보여 준다는 뜻이다. 「차표(差票)」는 지방관이 차역을 파견하여 사람을 부를 때 쓰는 「지시공문」을 말한다.

78 성상(城廂)은 성(城)이나 성벽에 가까운 지역을 가리킨다. 성 내부를 성(城), 성에 인접한 외부 거리를 상(廂)이라고 하는데, 여기서는 현성을 가리킨다.

79 우례(優禮)는 우대하는 예우(禮遇)를 가리킨다.

80 겸기(鈐記)는 명대에는 미입류관(未入流官)이 사용하던 관인이었다. 청대에는 대부분 문직 좌잡관이나 병마(兵馬)·전량(錢糧)을 겸관(兼管)하지 않는 무직관이 사용하였는데, 각 성 포정사가 발급하였다. 중국제일역사당안관(中國第一歷史檔案館) 편저(編著), 『청대문서당안도감(清代文書檔案圖鑑)』(岳麓書社, 2004), p.288.

81 인봉(印封)은 도장을 찍어서 봉인한다는 뜻, 또는 그때 쓰는 봉니(封泥)를 가리키기도 한다. 신송(申送)은 보고를 올린다는 뜻이다.

82 삭망(朔望)은 초하루(朔)와 보름(望)을 가리킨다.

83 집진(集鎭)은 현성을 제외하고 비교적 상업이 번화한 장소, 보통 향촌 가운데 비농업인구가 중심이 되는 거민 지구를 가리킨다. 집은 시집(市集) 즉 정기적으로 무역활동을 하는 장소를 가리키며, 진(鎭)은 원래 군사요충지 내지 군대주둔지에서 시작되었으나, 명·청대에는 상업이 번성한 구역을 가리키는 용어가 되었다. 시진(市鎭)·집진(集鎭)·성진(城鎭) 등은 대개 비슷한 의미를 지닌 용어이나 그 규모나 행정구역의 명칭에 다양한 차이가 있다. 장두(莊頭)는 촌장에 해당되는 향촌의 하급 역직을 말한다.

84 소쇄(少殺)는 조금 쇠퇴하거나 떨어진다, 줄인다는 뜻이고, 쇄(殺)는 내리거나 감한다는 뜻이다.

85 효사(曉事)는 일을 잘 안다, 사리에 밝다는 뜻이다.

86 비열(匪劣)은 품행이 열악한 사람을 뜻한다.

21-03. 보갑제도(保甲之制)

향에는 크게는 진·집, 작게는 장·촌이 있어 혹은 가구 수가 천에서 수백·수십에 이른다. 모두 각 거리마다의 가로·세로 및 길고 짧음에 따라 한쪽 면만 있는 거리는 그 순서대로 편성하고, 양쪽 면이 있는 거리는 양쪽을 오가면서 편성한다. 제1가(家)부터 제11가까지 중에서 1가를 택하여 십가장으로 삼고 십가를 통틀어 한 갑으로 한다. 제1갑부터 제10갑까지는 모두 111가가 되는데, 그중에서 열 가구를 십가장으로 삼고, 한 가구를 택하여 보정으로 삼아 10명의 십가장을 통솔하게 한다. 10갑을 합한 백가는 1보로 편성한다. 제1보부터 시작하여 매 보는 모두 백가를 기준으로 삼는다.

이처럼 하면 장에는 아직 보에 편성되지 않은 남은 갑이 있는데, 이를 '자투리 갑(畸零甲)'이라고 부르며, 마지막 보의 보정이 관할케 한다. 가구 수가 1갑에 미치지 못하면 이를 '자투리 호(畸零戶)'라고 부르는데, 마지막 갑의 십가장이 관할케 한다. 1백 가구에 미치지 못하는 장·촌은 부근의 일이십 가구나 십여 가구로 이루어진 소촌을[87] 해당 장·촌에 끼워 넣어 1보를 채우는데, 이를 '합보(合保)'라고 한다. 촌 밖에 외딴 집(獨戶)이 있으면 큰 장(莊)으로 이주시켜 관할이 편하도록 한다. 아주 외딴 마을이 있어 몇 가구를 넘지 않고 이주시키기도 어렵다면 그 가운데 젊고 건강하며 일을 잘 아는 사람을 골라 장두(莊頭)로 삼고, 도적·도인·범법자를 단속하는 일을 모두 위임한다. 이를 '자투리 마을(畸零莊)'이라고 부르고, 부근의 보정이 이를 겸하여 관할한다. 불교·도교 사원이 갑에 있으면 갑의 끝에 등록시키는데, 요역(차역)을 담당하는 것이 아니므로 십가에 포함시켜 나열하기 불편하기 때문이다. 남·녀 승려나 도사가 몇 명인지는 일반 민호(民戶)처럼 명단을 작성하여 보고함으로써 점검에 편하도록 한다. 이러한 방법은 향 전체의 민호를 모두 편입시켜 한 가구도 빠짐이 없도록 하는 것이다.

모든 집의 문에는 패(牌)를 하나씩 매다는데, 이를 '문패(門牌)'라고 한다. 그 위에는 해당 가구(戶)의 성명과 남편·부인의 직업을 쓰고, 동거인의 남편·부인 직업도 쓴다.【「문패 양식」은 뒤에 첨부하였다.】 십가장의 문에도 패 하나를 매다는데, 이를 '십가패'라고 하며 그 위에는 해당 가구의 성명과 남편·부인의 직업을 쓰고, 동거인에 대해서도 문패와 같이

87 뒤에 보면 이를 산장(散莊)이라고 부른다.

한다. 그 뒤에는 아울러 관할하는 십가의 성명과 남편·부인의 직업을 앞의 문패처럼 나열함으로써 밤낮으로 살피고 조사하는 데 편하도록 한다. 【「십가장문패양식」도 뒤에 첨부하였다.】 민호 십가의 문패는 각 보정이 모아서 보장에게 보내 조사를 받고, 보장이 현에 올리면 현에서 직인을 찍어 내려 보낸다. 십가장의 문 앞에는 각기 나무 선반 하나를 두는데 그 위에 장창(長鎗)과 마도(馬刀) 여덟 자루, 삼안총(三眼銃) 한 정을 두어 다급할 때 쓸 수 있도록 하고, 소방용 도구인 마탑(麻搭)·불갈퀴(火鉤)를 각기 한 자루씩 두어 화재 위험에 대비한다. 이런 도구들은 모두 새롭고 잘 다듬어지고, 견고하며 예리해야 한다. 총은 화약과 도화선(硝繩)이 제대로 갖추어져 있어야 한다. 마탑은 실이 두텁고 잘 묶여져 있어야 하며, 불갈퀴는 자루가 길고 쇠가 두꺼워야 하는데, 요컨대 모두 형식적으로만 갖춰서는 안 된다. 지현이 직접 보갑을 시찰할 때 일일이 점검하여 문패가 갖추어져 있지 않거나 물품이 형편없으면 십가장·보정 모두를 엄하게 처벌한다.

○ 현성 안과 성 밖의 관상(關廂) 지역은 4향의 보장이 관할하지 않고, 성·상보장(城廂保長)이 관할한다. 성내에서는 십자로를 기준으로 동·서·남·북 4성(城)으로 나누고, 역시 십가를 1갑으로 하고 한 가구를 십가장으로 삼는다. 모두 백가가 열 명의 십가장의 관할 아래 들어가며, 열 명의 십가장은 보정의 관할 아래 들어간다. 모든 자투리 호는 마지막 십가장의 관할 아래 두고, 자투리 갑은 마지막 보정의 관할 아래 두는 것 역시 4향과 같다. 4관상(關廂) 역시 동·서·남·북 네 성문에서부터 시작하여 보갑으로 나누어 편성하는 것은 성내와 같다. 성내·관상에서도 십가장과 보정을 선발하고 문패를 매달고 나무선반을 설치하여 날마다 검사하고, 매달 초하루와 보름마다 「확인서」를 제출하는 것은 4향에서와 같다.[88]

모든 십가장·보정·보장은 모두 일반 백성 가운데 선발하며, 신사나 아역에 미치지 않게 한다. 생원(淸衿)은 학업에 방해를 받을 수 있고, 아역은 쉽사리 부정을 저지르기 때문이다. 향신(鄕紳)[속 진사(進士)를 말한다]·거인(擧人)·공생(貢生)과 감생(貢監)과 문·무생원(文·武生員)으로 갑에 거주하는 사람은 십가 안에 편입시킬 필요가 없다. 문패를 달기 불편하기 때문이다. 십가장에게 점검을 할 때 어떤 가구는 어떤 진사·거인·공생·감생, 생원이 거주하는지 그 성명과 적관·직함 명단을 작성하도록 지시하고, 해당 갑 십가의 뒤에 끼워 넣는데, 현성과 4향 모두 똑같이 처리한다. 성상의 불교·도교 사원 및 남·녀 승려와 도사들도 갑의 끝부분에 나열하는 것 역시 4향과 마찬가지다. 이렇게 하면 모든 민호가 제

---

88 4향 부분에서 이 「확인서」는 빠뜨리고 설명하지 않았다.

대로 통일적으로 파악되어 점검하기 어려울 정도로 산만해지는 일이 없고, 현성과 4향이 제각기 편성되어 뒤죽박죽 섞여 다루기 어려운 일도 없다. 주현 전체의 호적과 민호가 여기 안에 모두 파악되면서 기록에서 빠지는 일도 없는 것이다. 【「민호·갑장문패양식」도 뒤에 첨부하였다.】

一鄕之中, 大而鎭、集, 小而莊、村, 或千家、數百家, 以及數十家, 俱按各街巷之橫直、長短,[89] 單面街挨編,[90] 合面街對編.[91] 自第一家至十一家, 內以一家擇爲十家長, 以統十家爲一甲. 自第一甲至十甲, 爲一百一十一家, 內以十家爲十家長, 以一家擇爲保正, 以統十十家長. 幷十甲分之百家爲一保. 自第一保起, 每保總以百家爲率.

如此莊編保之外, 尙有畸零甲分,[92] 謂之: '畸零甲', 卽附統于末保之保正. 如人戶不足一甲, 謂之: '畸零戶', 卽附統于末甲之十家長. 其莊、村不及百家者, 附近有一、二十家, 或十餘家之小村, 准其附入, 以足一保, 謂之: '合保'. 如村外獨戶, 令其移住大莊, 以便照管.[93] 其窵遠孤村,[94] 不過數家, 力又難遷, 卽于數家中擇一年力精壯、省事者爲莊頭,[95] 本莊稽査逃、盜、奸宄之事, 一以委之, 謂之: '畸零莊', 而于附近之保正兼統之. 其菴觀、寺院如在本甲,[96] 開于甲尾, 以不入丁差,[97] 不便列于十戶之數也. 其僧尼、道士若干名, 仍照民戶開報, 以便稽査. 其法總以一鄕之人戶盡編爲限, 不得遺漏一家.[98]

每家門懸一牌, 謂之: '門牌'.[99] 上書本戶姓名、男婦生理,[100] 及同居某人男婦生理, 亦如之. 【「門牌式」附後】 十家長門懸一牌, 謂之: '十家牌', 上書本戶姓名、男婦生理及同居如前. 後並列所統之十家姓名、男婦等如前, 以便日夕省覽稽査.[101] 【「十家牌」附後】 其烟戶、十家

---

89 가항(街巷)은 가도리항(街道里巷), 즉 길거리나 도로를 말한다.
90 애(挨)는 치다, 밀치다, 순서대로라는 뜻이다.
91 대편(對編)은 한쪽 거리뿐이라 순서대로 편성하는 애편(挨編)과는 달리 마주보는 거리를 오가면서 편성한다는 뜻으로 보인다.
92 기령(畸零)은 정수(整數) 이외에 자투리로 남은 수를 가리킨다.
93 조관(照管)은 살펴보면서 돌본다, 조응하거나 감독한다는 뜻이다.
94 조원(窵遠)은 아득히 멀다, 아주 외딴 곳이라는 뜻이다.
95 성사(省事)는 일을 처리한다, 일을 잘 안다, 또는 일을 줄인다는 뜻이다.
96 암(菴)은 대부분 비구니가 거주하는 사묘(寺廟)를, 관(觀)은 도교 사원, 즉 도관(道觀)을 가리킨다.
97 정차(丁差)는 성년남자가 담당하는 노역·차역을 말한다. 하차(下差)라고 된 판본도 있으나 오류 같다.
98 유루(遺漏)는 응당 들어가거나 건드려야 할 것이 소홀함 때문에 빠지거나 언급되지 않는 것을 말한다.
99 문패(門牌)는 문 위에 걸어 호적을 표기하는 패자(牌子)로 종이로 만든 경우도 있다.
100 생리(生理)는 여기서는 생계나 장사·재산을 가리킨다.
101 성람(省覽)은 살펴본다, 관람한다는 뜻이다.

門牌, 各保正彙齊,[102] 送保長查明, 呈縣印發.[103] 十家長門前各置一木架, 上列長鎗、馬刀八杆,[104] 三眼銃一杆,[105] 以備倉卒之用.[106] 蔴搭、火鉤各一杆,[107] 以備火燭之虞.[108] 其器械俱要鮮明堅利,[109] 銃要火藥、硝繩齊備,[110] 蔴搭要多蔴紮緊, 火鉤要長杆厚鐵, 爲之不可視爲故套.[111] 本縣于查勘保甲時, 逐一點驗, 如門牌不具, 什物不堪,[112] 十家長、保正一併重究.

○ 其在城及城外關廂不統于四鄕保長,[113] 而統于城·廂保長. 其在城, 自十字街分爲東西南北四城, 亦以十家爲甲, 一家爲十家長, 合百家統于十十家長, 而十十家長, 統于保正. 所有畸零戶, 卽附統于臨末之十家長; 畸零甲, 卽附統于臨末之保正, 亦如四鄕. 其四關廂, 自東南西北之四城門始, 分編保甲, 亦如在城. 其城廂選擇十家長、保正, 幷懸門牌, 置械架, 逐日稽查. 及朔、望具結之事, 亦如四鄕. 凡十家長、保正·長, 俱選之庶民, 不及靑衿、衙役. 以靑衿有妨肄業,[114] 衙役善作奸也. 其鄕紳[115]、擧、貢、監[116]、文武生員,[117] 在本甲居住者, 不必編入

102 휘제(彙齊)는 모두 모은다, 모인다는 뜻이다.
103 인발(印發)은 여기서는 관인을 찍은 다음 내려 보내는 것을 말한다.
104 장창(長鎗, 長槍)은 긴 장대 앞에 철제 창두(槍頭)를 꽂은 병기를 가리킨다.
105 삼안총(三眼銃)은 세 개의 총 눈을 가진 화기를 가리킨다.
106 창졸(倉卒, 倉猝)은 갑작스레 다급하게 또는 비상사태라는 뜻이다.
107 마탑(蔴搭)은 소방용 도구로 약 8척의 장대에 산마(散蔴) 2근 정도를 묶은 실 뭉텅이로 진흙탕에 담았다가 불을 끄는 데 사용한다.
108 화촉(火燭)은 조명, 또는 실화 때문에 불타 버리는 것, 즉 화재를 말한다.
109 기계(器械)는 도구나 용구, 또는 무기를 말한다. 선명(鮮明)은 색채가 현란하다, 또는 정명(精明)하다는 뜻이다. 견리(堅利)는 단단하고 날카롭다는 뜻, 또는 병기를 가리킨다.
110 제비(齊備)는 모두 갖추어진다, 완비된다는 뜻이다.
111 고투(故套)는 낡은 규범이나 속된 틀, 명목적인 규정 등을 말한다.
112 집물(什物)은 각종 기물과 기구를 말한다. 일상용품을 가리키기도 한다.
113 관상(關廂)은 성문 밖에 인접한 큰 거리와 부근의 지역, 즉 성곽 부근의 지역을 가리킨다.
114 이업(肄業)은 학문을 닦고 익힌다. 배운 문자를 네모판에 쓰는 것을 업(業)이라고 하는데 스승이 학생에게 가르치는 것을 수업(授業), 학생이 스승에게 배우는 것을 수업(受業)이라 하며 학생이 이를 익히는 것을 이업(肄業)이라고 한다. 이업은 나아가 학교에서의 학습을 통칭하기도 한다.
115 여기서 향신(鄕紳)은 문맥상 진사(進士) 출신의 전직 관료만을 가리키는 것으로 보인다. 그 아래의 하층 향신(신사)과는 구별되는 존재라는 의미로 쓰여 있기 때문이다. 하지만 보다 넓은 의미에서의 향신, 즉 상층 신사의 경우에는 보통 거인(擧人)이나 공생(貢生)까지도 여기에 포함하는 것으로 여긴다.
116 거(擧)는 진사(進士) 다음의 학위인 거인(擧人)을 가리킨다. 공감(貢監)은 명·청대 국자감(國子監)에 입학하여 독서를 하던 생원(生員)을 가리킨다. 국자감에 입학하기 위해서는 생원 가운데서 성적이 우수하여 선발된 공생(貢生)이 되거나, 아니면 부친의 관직이나(이 경우는 廕監生) 기부금(捐納)에 의해 자격을 취득(이 경우는 例監生)해야만 하였다. 공감은 이런 생원 전체를 가리키거나 아니면 공생과 감생을 가리키는데, 기본적으로는 국자감의 학생이라고 할 수 있다.
117 청대 각 성의 학정(學政)이 주지하는 지방 과거고시로 현시(縣試)·부시(府試)·원시(院試)의 3단계 동시(童試)가 있었는데, 이것을 통과해야만 생원(生員) 자격을 취득하여 부·주·현의 학교에 입학하여 학습할 수 있었다. 생원은 또는 수재(秀才)나 제생(諸生)이라고도 일컬어지는 가장 하급의 학위였다.

十家之內, 以不便懸門牌. 令十甲長稽查, 惟將一戶係某鄉紳、某擧、貢、監、衿, 開明姓諱、籍貫[118]、官職, 附編本甲十家之後, 城鄉俱同. 其城廂庵觀、寺院、以及僧尼、道士, 開于甲尾, 亦與四鄉同. 如是人戶有所統, 不致散漫而無稽, 城鄉各爲編, 不致雜亂而難理. 擧合州邑之戶籍人民, 罔不在是, 無有遺漏矣. 【「烟戶甲長門牌式」附】

○ 부록: 「민호문패양식(烟戶門牌式)」, 「민호조약(烟戶條約)」, 「갑장 · 십가장문패양식(甲長 · 十家門牌)」, 「갑장조약(甲長條約)」【배나무로 만든 목판을 써서 앞의 고시, 그리고 뒤의 연월을 기록하는 한 줄 및 보장 등 정해진 글자가 들어가는 부분을 단정한 해서체로 간각(刊刻)하고, 두터운 백면지(白綿紙)를 써서 깨끗하게 인쇄한다. 빈칸에 맞추어 그 집에 동거하는 남녀 호구를 가지런히 기입하도록 하고, 갑장 · 보장 등이 그 내용이 틀리지 않음을 대조하여 모아서 보내면 현에서 직인을 찍어 내려 보낸다.】

○ 「민호문패양식(烟戶門牌式)」

민호문패(烟戶門牌)

모 지역의 지방관 모가 보갑에 대해 엄격히 지시하여 지방의 치안을 안정시키고자 한다. 이에 대해서는 총독 · 순무[· 사 · 도 · 부 · 청] 등 상부의 지시를 받은바, 그에 따라 응당 문패를 발급하고 상부에서 반포한 조례에 따라 각 가구의 성명 · 관적 · 연령과 생업에 종사하는 성년남자를 모두 나열하게 한다. 또한 동거하는 멀고 가까운 친척, 남녀 · 노소 역시 한 사람도 빠져서는 안 된다. 동거인 역시 마찬가지 형식대로 나열해야 한다. 위반하는 경우 갑장 · 보정이 아울러 처벌을 받을 것이다. 각 가구에서 감히 윗사람 · 어른의 말을 거역하면서 불효하거나 형제와 화목하지 못한 경우, 도박을 하거나 술에 취해 말썽을 피우고, 싸움을 벌이거나 소송을 사주하는 경우, 사교를 믿거나 무뢰배와 어울리거나 도적 무리와 왕래하는 경우, 사염을 밀수하거나 도적 · 도인을 숨겨 주는 경우 등 잘못된 불법행위를 저지르는 것에 대해 각 가구에서 「탄원서」를 올려 고발하는 것을 허용한다. 이웃 갑장 · 보정 등도 매일 집집마다 엄히 조사하여, 이와 같은 각종 범인이 있다면 즉각 은밀히 보고하여 곧바로 붙잡아 처벌할 수 있게 해야 한다. 만약 그들과 내통하여 봐주거나 숨겨 주는 경우,

118 적관(籍貫)은 조상이나 개인이 출생한 지방을 가리킨다.

발각되면 모두 연좌시키고 용서를 베풀지 않을 것이다. 이상.

1호 모인 모 처인 연령 모세 모 생업. 처 모씨. 첩 모씨.

조부(부친 모인 연령 모세. 모친 모씨 연령 모세).

백부·모. 조카. 조카며느리.

부모. 숙부·모. 조카(손주). 조카며느리.

형과 형수. 사위. 조카사위. 손주사위.

동생과 제부. 노복. 노비. 품앗이 일꾼.

모년 모월 모일 모촌 모보 모 갑호의 모인에게 지급하여 문에 달아매도록 한다.

보장. 보정. 갑장. 모집·진·촌장【공란】. 이웃.

【만약 다른 먼 곳으로 옮긴다면 문패를 갑장에게 반납하고, 갑장은 현에 반납하여 말소시킨다. 새로운 거주인은 따로 빈 패로 바꾸고 그 양식대로 기입한 다음, 보갑에서 확인하고 현으로 즉각 보내면, 현에서는 『보갑책』의 내용을 바꾸어 기입한 다음 보존한다. 이 부분은 문패의 앞부분이다.】

「민호조약(烟戶條約)」

보갑 민호조약(保甲烟戶條約)

모 지방관이 고시를 통해 알린다. 문패 앞면에 나열된 금지사항은 너희 백성으로 하여금 법도를 지켜 힘써 선량한 사람이 되도록 요구하고 있다. 지금 나열하는 조약은 상부에서 반포한 보갑에 관한 지시에 따른 것이니, 너희들은 모두 함께 서로 돌보면서 지킴으로써 도적을 막고, 마을 이웃끼리 서로 돕고 화목하게 지내는 일에 대해 힘써 삼가고 노력하여, 항상 너희 안정과 질서를 유지하고자 하는 상부의 지극한 뜻을 등져서는 안 될 것이다. 이에 다음과 같이 지시한다.

1. 십가(10호)를 1갑으로 하는데, 십가는 모두 갑장의 통제와 조사에 맡긴다. 만약 갑장의 지시를 어기고 반항한다면, 「구인장」을 발급하여 처벌할 것이다.

2. 울타리를 지키면서 망을 보고, 도로에 잠복하여 순찰하는 일은 노인과 환자, 고아와

과부를 제외하고 그 밖의 모든 사람은 함께 갑장·보정·장두의 공정한 안배에 따라 징발되어야 한다. 만약 어기고 저항한다면 보고를 받아 체포하여 무겁게 처벌할 것이다.

3. 파견된 곳에서는 한시라도 허가를 받지 않고 제멋대로 떠나서는 안 된다. 만약 말을 타고 무기를 든 사람이 마을에 진입하려고 하면, 즉시 울타리(방책)의 문을 닫고 갑장·보정에게 알려서 조사·심문해야 한다. 만약 힘을 믿고 떠나지 않는다면, 즉시 꽹가리를 울려 무리를 모으며, 갑장·보정은 총을 쏘아 장정을 불러 모음으로써, 이들을 막거나 추격하여 사로잡는다. 저녁에는 매 경(更)마다 순찰을 돌 때 각자 딱따기와 꽹가리 등의 도구를 지니고 왕래하며, 순찰하는 사람은 숨어서 편안하게 보내거나 잠을 자서는 안 된다. 일단 도적의 움직임이 발견되면 즉각 잇따라 꽹가리를 울리며, 이웃 마을에 경보가 발령되면 또한 경루(更樓. 매 경을 알리는 누각)에서 딱따기를 쳐서 소리를 울려야 한다. 도로에 잠복하는 사람은 경보가 있으면 총을 쏘고, 마을에서도 잇따라 딱따기를 두드리며, 갑장·보정은 총을 쏘고 장정을 모아 막거나 구원을 한다. 어기는 사람은 무겁게 처벌한다.

4. 여관업을 하는 경우 매일 『여객등기부』에 기입하는데, 남북으로 오고가는 사람들의 일행이 몇 사람이고 화물·노새·짐꾼·무기 등이 있는지에 대해 기록한다. 만약 아무런 짐이 없고 내력도 분명치 않은 사람이라면 머물러 자는 것을 허용하지 않으며, 갑장·보정에게 신고하여 이들을 데려가 조사하게 한 다음 해가 뜬 다음에야 풀어 준다. 어기는 사람은 무겁게 처벌한다.【이상은 패 뒷부분의 내용이다.】

○「갑장·십가장문패(甲長·十家門牌)」

갑장·십가장문패 양식(甲長·十家門牌式)
【앞면의 고시 내용은 연호문패와 같다.】

1호 본갑 십가장 모인【민호의 경우와 마찬가지로 나열한다.】
1호 모인 모 생업 본호 남자·부녀 몇 명. 남자·계집아이 몇 명.
2호 모인 모 생업 본호 남자·부녀 몇 명. 남자·계집아이 몇 명.
3호 모인 모 생업 본호 남자·부녀 몇 명. 남자·계집아이 몇 명.
4호 모인 모 생업 본호 남자·부녀 몇 명. 남자·계집아이 몇 명.
5호 모인 모 생업 본호 남자·부녀 몇 명. 남자·계집아이 몇 명.
본갑의 모 사찰 주지 모인 승려 모두 몇 명.

모 도관　　모인 도사　모두 몇 명.

모 암자　　모인 비구니 모두 몇 명.

【본갑에 진사나 생원·감생 등이 있다면 십가의 뒤쪽, 사찰·암자와 승려·도사의 앞쪽에 나열한다.】

모년 모월 모일 모촌 모보 모갑 갑장 모인에게 지급하여 문에 달도록 한다.

【십가 안에 오장이나 장정이 있다면 해당 가구의 윗부분에 표기하여, 점검할 때 패에 따라 점호를 할 수 있게 한다. 이상의 패의 뒷부분 내용이다.】

○「갑장조약(甲長條約)」

보갑 십가장조약(保甲十家長條約)

1. 갑장은 십가 백성을 관할·조사한다. 매일 저녁 『매일점검장부(日稽簿)』를 가지고 각 가구마다 앞서 든 것과 같은 범인이 오늘 있었는지, 남자가 밤에 나가 돌아오지 않거나, 낯선 사람을 머물게 한 적이 있는지 엄격하게 조사한 다음, 이 내용을 『매일점검장부』에 올려 나중의 조사에 대비한다. 응당 신고해야 할 사람이라면 즉시 보고하여 체포·처벌할 수 있게 해야 한다. 내통하거나 봐주면서 숨기는 경우 함께 처벌한다.

2. 울타리를 지키면서 망을 보거나 순찰하면서 도로에 매복하는 인원은 너희 갑장·장두·보정 등이 공동으로 뽑아서 파견한다. 만약 법대로 따르지 않고 한시라도 멋대로 떠나거나 몰래 안일을 꾀하다 일을 그르치면 엄격히 조사하여 보고·처리할 수 있도록 허용한다. 내통하거나 봐주면서 숨기는 경우 함께 처벌한다.

3. 자기 마을에 경보가 발령되면, 갑장은 즉시 오장과 장정을 이끌고 막아야 한다. 이웃 마을에 경보가 울려도 또한 마찬가지다. 늦거나 느려서 일을 그르치는 경우, 또는 참가하지 않는 사람은 아울러 처벌한다. 갑장이 이를 봐주고 적발하지 않는 경우도 같은 죄로 처벌한다.

4. 자기 갑에 여관이 있으면, 매일 저녁 여기에 숙박하는 사람에 대해 조사하여 『등기부』에 올려야 한다. 만약 마필·무기가 있거나 아무런 짐과 짐꾼·노새도 없는 사람이라면 즉각 조사하여 머물러 쉬는 것을 허락하지 않는다. 종적이 의심스럽다면, 포위하여 붙잡는 한편 신속하게 보고를 올려야 한다. 어기거나 느슨히 할 경우 아울러 처벌한다.

5. 저녁 여덟 시 이후 야간 통행을 금지한다. 만약 아이를 낳거나 급한 병으로 의사를

요청해야 할 경우 갑장이 확인한 다음 「야간통행패(夜行牌)」를[119] 지급하여 길을 갈 수 있도록 허용한다. 돌아오면 패를 즉각 반납해야 한다. 만약 거짓으로 패를 받아 간 경우라면 다음날 이름을 지명하여 보고함으로써 잡아다 처리할 수 있게 해야 한다. 갑장이 봐주는 경우 아울러 처벌한다.

6. 지방관이 보낸 쪽지가 갑장·보정에게 전해지면 즉시 몰래 장정들을 이끌고 기한에 맞추어 신속하게 쪽지에서 지정한 곳으로 일제히 도착해서 지시를 받아야 한다. 감히 느슨하게 대처하거나 어기는 경우, 죽을죄로 용서하지 않는다.

7. 갑장은 상부의 지시를 받아 조사하고, 사람을 뽑아 보내 익히고 배우게 만든다. 이러한 모든 보갑 공무를 가지고 갑장이 감히 구실을 빌려 푼돈이라도 강탈함으로써 갑호나 오장에게 피해를 끼치는 경우, 즉시 체포하여 처벌하고 추징하되, 두 배로 처벌하고 용서하지 않는다.【이것은 패의 뒷부분 내용이다.】

○ 附錄: 「烟戶門牌式」、「烟戶條約」、「甲長十家門牌」、「甲長條約」【用梨木板, 將前示諭, 幷後年月一行、保長等一定字樣, 刊刻端楷, 用堅白棉紙, 印刷明白, 照格將本戶同居丁口, 塡註整齊, 該甲保查對無差, 彙送印發】

「烟戶門牌」

某正堂某, 爲申嚴保甲以固地方事. 案奉督、撫部院[司、道、府、廳]各憲檄行前事, 合行給發門牌, 遵照憲頒條約, 開列各戶姓名、籍貫、年齒、生理丁口. 凡在同戶親疏屬戚、男女, 大小不得遺漏一人, 以及同居之人俱照本戶式開列. 違者甲長、保正等倂究. 其本戶內人, 敢有忤逆不孝、不悌、賭博、酗酒生事、鬪毆、挑唆詞訟、依附邪教、拜把遊蕩、結交匪類、窩頓私鹽、藏匿逃盜、作歹爲非, 許本戶稟首. 其隣佑甲長、保正等, 逐日挨戶嚴查, 如有前項事犯, 卽行密報, 立拿究治. 如通同容隱, 事發一體連坐不貸. 須至牌者.

一戶 某人 某處人 年若干歲 某生理.　妻某氏.　妾某氏.
祖父[父某人 年若干歲 母某氏 年若干歲].
伯父·母.　姪.婦.

---

119 이에 대해서는 제22권 형명부 12 보갑 2 「22-03. 현성 방비(城厢防守)」에 상세하게 다루고 있다.

父母.　叔父·母. 姪.[120] 婦.

兄·嫂.　女壻.　姪壻.　孫壻.

弟·婦. 僕. 婢. 雇工.

某年 某月 日, 給某村某保某甲戶某人懸掛.

保長　　保正　　甲長　　鎭·集·村長【空塡】　隣佑

【如係迁移, 將門牌交甲長, 繳縣註銷,[121] 新住人戶另換空牌, 照式塡寫, 甲、保驗明, 送縣印發, 仍將『保甲冊』換註存案. 此係牌面文】

「烟戶條約」

保甲烟戶條約

某一正堂示諭. 牌面所開前禁, 要爾各戶民人遵守法度, 勉爲善良. 今所開條約, 乃奉憲頒保甲內曉諭, 爾等共相守望救援, 以防禦盜賊而恤睦鄉, 務宜恪勤, 乃事以毋負上臺爲爾民保安固圉至意. 特諭:

一. 十戶爲一甲, 其十戶俱聽甲長管束稽查. 如有抗違不遵甲長, 票究.

一. 守柵瞭望, 伏路巡更, 除老疾孤寡免派外, 其餘俱聽甲、保、莊頭等從公均派. 如有抗違, 禀拿重究.

一. 所派之處, 時刻不許擅離. 如有騎馬、帶械之人要進本莊, 卽鎖閉柵門, 報知甲保等查訊. 若恃强不去, 卽鳴鑼聚衆, 甲、保放銃, 傳集伍壯, 堵禦追擒. 遇晩巡更, 各帶梆、鑼、器械往來,[122] 巡邏不許偸安、貪睡, 但有盜儆, 卽連篩鑼,[123] 隣莊有警, 更樓擊梆聞.[124] 伏路人有警放銃, 本莊亦接銃擊梆, 甲、保卽放銃, 傳集伍壯, 堵禦救援, 違者重究.

一. 凡歇店生理,[125] 每日登記『循環』,[126] 其南來北往一行幾人, 有無貨物、馬匹、器械、脚

120 원문은 손(孫)으로 되어 있으나 아마 질(姪)의 잘못인 것 같다.

121 격현주소(繳縣註銷)는 현아문에 반납하여 파기함으로써 그 문패의 법적 효력을 말소한다는 뜻이다.

122 방(梆)은 딱따기이다. 즉 순라를 돌거나 경보를 알릴 때, 또는 사람들을 모으거나 흩어지게 하는데 쓰는 대나무나 속이 빈 나무 만드는 소리기구로 방자(梆子)라고도 한다. 여기서 두방이나 다음에 나오는 이방, 삼방 등은 모두 일정한 시각을 가리키는 소리를 뜻하는 것으로 보인다.

123 사라(篩鑼)는 꽹가리의 일종이다.

124 경루(更樓)는 아마 시각을 알리는 종을 치는 경루를 말하는 것 같다. 경(更)은 밤의 시각을 알리는 것으로 초경·이경·삼경·사경·오경으로 나뉜다. 초경은 저녁 7-9시 무렵, 이경은 9-11시 무렵, 삼경은 11-01시 무렵 등을 가리킨다.

125 헐점(歇店)은 여관 내지는 숙박업소를 말한다.

騾.[127] 如無行李貨物、來歷不明之人, 不許容留住宿, 仍報甲、保等, 盤拿住客, 天明放行. 違者重究. 【此係牌背文】

「甲長、十家門牌」

甲長、十家門牌式

【前示同烟戶門牌】

一戶 本甲十家長 某人 照烟戶開:

一戶 某人 某生理 本戶男子、婦女 若干名. 幼男、幼女 若干名.

一戶 某人 某生理 本戶男子、婦女 若干名. 幼男、幼女 若干名.

一戶 某人 某生理 本戶男子、婦女 若干名. 幼男、幼女 若干名.

一戶 某人 某生理 本戶男子、婦女 若干名. 幼男、幼女 若干名.

一戶 某人 某生理 本戶男子、婦女 若干名. 幼男、幼女 若干名.

本甲某寺 住持 某人 僧共若干名.

某觀 某人 道共若干名.

某庵 某人 姑共若干名.

【本甲如有鄕紳、衿監等, 皆寫十家之後、庵觀僧道之前】

某年某月 日, 給付某村某保某甲甲長某人懸掛.

【如十戶愛紐伍長、壯丁, 于戶上標出, 遇有查理, 以便執牌照點. 此係牌面文】

「甲長條約」

保甲十家長條約

---

126 『순환(循環)』은 『순환부(循環簿)』, 즉 『여객등기부』를 가리킨다.

127 각라(脚騾)에서 각(脚) 또는 타각(馱脚)은 운반을 맡은 가축이나 짐꾼을 가리킨다. 나(騾)는 노새를 말한다.

一. 甲長管束稽查十家人戶. 每日戾持『日稽簿』, 向各戶稽查本日有無前項過犯, 或男子夜出未歸, 或而生容留住宿, 嚴查明確, 登簿存查. 如係應報者, 卽行稟報以憑拿究. 通同容隱併罪.

一. 守柵瞭望、巡更伏路人夫, 爾甲長、莊、保等公同撥派, 如人夫不如法遵行, 有擅離時刻、偸安悞事者, 許卽嚴查稟究. 通同容隱併罪.

一. 本莊有警, 甲長卽率伍壯堵禦. 隣莊有警亦如之. 有遲緩悞事及不到者, 倂究. 甲長容隱不擧, 同罪.

一. 本甲有客店, 每晩住宿之人, 俱要查明『登簿』. 如有馬匹、器械, 幷無貨物、行李、馱脚者, 立卽盤查, 不許留歇. 如踪跡可疑, 一面圍拿飛報. 違玩幷究.

一. 定更後禁止夜行.[128] 如有生産、急病, 請穩延醫者, 許甲長驗明, 給與「夜行牌」, 准放行. 回時將牌卽繳. 如有假捏討牌者, 次日指名稟報, 以憑拿究. 甲長容隱倂罪.

一. 本縣信籤傳到該甲長、保正, 卽密率伍壯, 依限飛馳, 照信籤註定處所, 齊集調遣. 敢有延悞, 處死不貸.

一. 甲長凡奉行稽查, 撥派傳習敎演. 一切保甲公事, 敢有借端需索分文, 擾害甲戶、伍壯者, 立拿查究追給, 仍倍罰不貸. 【此係牌背文】

21-04. 보갑 조사(保甲稽查)

그 조사의 방법은 십가장이 『매일점검장부』를 만들어 두고 날마다 해질 무렵 이 장부를 들고 관할하는 십가에 가서 그날 다른 곳으로 간 남자가 있는지를 묻고, 만약 그날 돌아오지 않는다면 어느 곳에서 자는지를 묻고, 모름지기 장부에 기록하여 나중의 검사에 대비한다. 만약 늘 나가서 돌아오지 않으며, 자는 곳이 친구 집이 아니라면 나쁜 무리와 왕래하거나 도박을 할 가능성이 있으니, 더욱 그 평소의 사람됨과 최근의 행동이 어떤지를 자세히 묻고, 대답이 앞뒤가 잘 맞지 않으면 곧바로 보정에게 보고하여 자세한 점검을 하게 한

128 정경(定更)은 저녁 8시 부근을 가리키는데, 초경이 시작되는 것을 북을 쳐서 알리는 시각으로 정경(定更)이라 부른다.

다. 집안사람에 대해서 물은 다음, 다시 바깥에서 그날 집으로 온 남녀가 있었는지, 있었으면 누구인지를 묻고, 만약 그날 밤에 머무른다면 가지 않는 이유를 반드시 물어서 확인한 다음 역시 장부에 기록하여 보존과 점검에 대비한다. 만약 여러 날을 묵으면서 떠나지 않거나 늘 왕래하는 사람이 있는데, 다른 지방 말을 쓰거나 외모가 의심스러우면 곧 자세하게 조사하여 묻고 아울러 이웃에게도 물어 제대로 사정을 밝히지 못하면 바로 그 사람을 잡아두고 보정에게 보고하여 알린다. 모든 「보고문서」는 반드시 백지 한 폭을 사용하는데, 보고하는 십가장이 누구이고 "보고를 올린 이유는 다음과 같습니다."라는 내용을 분명히 써서 보정에게 보내 알림으로써, 보정이 나중에 보고받지 못했다는 이유로 책임을 미루지 못하게 한다.

보정은 보고를 받으면 즉시 십가장과 함께 직접 그 집으로 가서 조사하여 묻고, 일의 가볍고 무거움을 따져 응당 관에 보고해야 하는 것이라면 즉시 보고한다. 만약 밖에서 묵는데 정말로 나쁜 무리의 집이 아니며, 도박이나 나쁜 무리와의 왕래 흔적이 없을 경우, 밖에서 묵는 사람이 그 집 사람이면 호주(戶長)를 보증인으로 세우고, 호주 본인이라면 그 집 사람을 보증인으로 삼는다. 만약 갑호에 묵는 오가는 사람이 먼 곳 친구이고 옆의 아는 사람이 보증을 하겠다고 하면 곧 그에게 「보증서」를 갖추게 한다. 나중에 일이 터지면 호주와 보증인을 모두 추궁하는데, 여전히 장부의 기록을 근거로 내세워야만 비로소 관에 보고를 올리는 일을 피할 수 있다. 두 경우 모두 의심스럽고 보증인도 없다면, 즉시 관에 보고하여 조사·처리하도록 한다. 이처럼 조사가 엄격한 다음에야 사람들이 경계함을 알게 되어 밖으로 나가 돌아오지 않거나 오가며 머무는 사람이 절로 줄어들 것이다.

성상의 안팎과 집진의 도로에는 오가는 객상이 머무는 여관(坊店)이 있다. 모든 여관은 각각 『여객등기부(循環日報簿. 순자 일보장부와 환자 일보장부)』 두 부를 갖추어 매일 숙박하는 객상에 대해 날짜 순서에 따라 명확히 등기하며, 어느 날 머문 손님이 몇 차례인지, 매 차례마다 남쪽에서 왔는지 북쪽에서 왔는지, 객상이 몇 명인지, 어느 곳에서 와서 어느 곳을 가는지, 활과 화살이 얼마나 있는지, 화살에 어떤 글씨가 있는지, 조총(鳥鎗)이나 요도(腰刀)가 있다면 몇 자루인지, 말은 몇 필인지, 노새나 나귀는 몇 마리인지, 어떤 화물이 몇 짐인지, 수레가 몇 대인지 등을 기록한다. 그다음 날짜에도 이렇게 자세하게 기록한다. 해질 무렵에 관할하는 십가장·보정은 모든 여관을 직접 조사하고, 『여객등기부』의 내용이 사실과 같은지 대조한다. 대조하여 같다는 것이 확인되면 십가장·보정은 그 날짜의 기록부분에 각기 "기록과 사실이 맞는지 점검을 완료하였다."라는 작은 도장을 찍는다.

만약 말을 타고 무기가 있지만, 짐과 화물이 없거나 긴 여행을 위한 나귀·노새·짐꾼 등이 없다면 일체 머무르는 것을 허가하지 않는다. 만약 힘을 믿고 억지로 머무르려 하면서 말투가 불손하면, 그 번호글자가 있는 화살(字箭)이 진짜가 아닌 것이 있는지, 종적에 의심스러운 점이 있는지를 점검하고, 십가장·보정이 즉시 장두와 해당 보의 장정을 소집시켜 억류하고, 현에 신속하게 보고하여 붙잡아 조사할 수 있게 한다. 혼자 다니면서 짐이 없거나 아는 사람이 없는 사람 또한 머무르도록 허락하지 않는다. 만약 여관에서 모든 손님에 대해 『여객등기부』에 기록하지 않고 누락시킨 것이 나중에 발각되고, 조사해서 해당 여관이 거쳐 머문 곳임이 확인되면 여관 및 십가장·보정 모두 엄하게 처벌한다.

여관이 있는 곳에서는 매일 밤 초경(初更)에 꽹가리를 치면 통행이 금지되고, 모든 객상은 새벽닭이 세 번 울고 하늘이 밝아질 때를 기다려서 여관 문이 열리면 길을 나설 수 있다. 만약 여관이 이를 따르지 않으면 십가장·보정은 조사하여 찾아내서 관에 보고하여 처벌을 받도록 한다. 『여객등기부』는 표지에 모성상, 혹은 모향 모진·집의 여관 어느 곳인지를 분명히 기록하고, 안쪽 면에는 모성상 혹은 모향 제 몇 갑 제 몇 호인지, 그리고 여관 주인과 십가장·보정 등이 각각 누구인지 등을 분명히 기록한다. 매달 1일부터 『순자 여객등기부(循字簿)』에 기록하여 14일이 되면 현에 제출하여 점검·보존할 수 있게 하고, 15일부터는 『환자 여객등기부(環字簿)』를 기록하여 30일이 되면 현에 제출하여 점검·보존할 수 있게 한다. 만약 시일을 지켜 제출하지 않으면 담당 경승이 찾아내서 보고하여 처벌하도록 한다. 불교·도교 사원도 혼자인 사람이 머무는 것을 허락하지 않으며. 말을 타고 무기를 가졌으며 외모가 의심스러운 사람이 머무르면 조사하여 발각될 경우 엄하게 처벌한다. 보갑으로 조사하는 방법은 대체로 이와 같다. 만약 부지런하고 게으른 것을 분별하여 상을 주거나 벌을 내리려면 응당 그에 대한 규정을 상세하게 갖추어야 할 것이다.

○ 대개 텅 빈 들의 황폐해진 묘나 사당에 오랫동안 향을 피우기 위해 사람이 방문한 적이 없으면, 도적이 모여서 장물을 나누는 장소로 삼는 경우가 많다. 마땅히 그 대문을 막아버리고 위에만 네모난 구멍을 남겨 두어 향로를 피울 수 있게 하는 것 역시 도적의 자취를 막는 한 방법이다.

其稽查之法, 十家長置一『日稽簿』, 每日將暮執簿向所管十家, 問今日男子有無往何處去, 如此夜不歸, 問宿于何處, 須註簿以備查考.[129] 若常出不歸, 宿處非其親友, 恐係交通匪類、賭博, 尤宜察其平素爲人及近日行止如何,[130] 細加盤詰,[131] 言語支離,[132] 卽報知保正, 詳行稽察.

129 비사고(備査考)는 나중의 검사·검토를 대비하도록 갖춘다는 뜻이다.

既問家中，便問外來，今日有無男子、婦人到汝家，係是何人，如此夜留宿，必問明不去之由，亦註簿以便存查. 若連宿不去，或常有人往來，語音不對,[133] 面生可疑,[134] 卽細加盤詰，幷訊鄰佑，不能明晰，卽拘留其人，報知保正.

凡「報單」須用白紙一幅,[135] 十家長某人將"所報緣由"云云寫明，送知保正，庶免保正日後以未報推諉.[136] 保正聞報，卽同十家長，親至其家查問，酌量事情輕重，應報官者，卽行報官. 如在外歇宿，果非匪類之家，亦無賭博、交通實跡，係本戶人，著戶長認保,[137] 係戶長,[138] 著本戶人認保. 若甲戶留宿往來之人，查係遠方親友，有傍人識認肯保,[139] 卽令識認人具保，日後事發，戶長、保人並究，仍卽註簿爲據，方免報官. 若二者俱有可疑，又無認保,[140] 卽行報官究治. 如此稽察惟嚴，則後人知儆，而出外不歸，以及往來留住之人自少矣.

○ 其城廂內外及集、鎭通衢，宿歇往來客商坊店,[141] 每坊店各置『循環日報簿』二扇，每日留歇客商，俱要逐起明白登記,[142] 某日住宿行客共幾起.[143] 一起或南來、北來，客商若干人，從何處來，何處去，有無弓箭幾副,[144] 箭上係何等字樣，有無鳥鎗[145]、腰刀若干杆,[146] 口馬若干匹,[147] 騾驢若干頭,[148] 是何貨物，共若干，馱若干車. 第二起詳列如前. 日暮時該十家長及保正俱要逐店坊親查，比對所塡『日報簿』是否相同.[149] 如查對相同，十家長及保正，于本起上，

---

130 행지(行止)는 행동거지나 품행·활동을 말한다.
131 반힐(盤詰)은 철저히 조사하여 묻다, 따진다는 뜻이다.
132 지리(支離)는 말이 두루 뭉실하고 앞뒤가 잘 맞지 않는다, 횡설수설한다는 뜻이다.
133 어음(語音)은 말투·말소리를 말한다.
134 면생(面生)은 얼굴이 익지 않다, 낯설다는 뜻이다.
135 「보단(報單)」은 승진·합격 등의 좋은 소식을 알리거나 상부에 청원·보고 따위를 하는 문서를 말한다.
136 추위(推諉)는 책임을 떠넘긴다, 회피한다는 뜻이다.
137 인보(認保)는 자원하여 보증을 선다는 뜻이다.
138 호장(戶長)은 이른바 호주(戶主)를 가리킨다.
139 식인(識認)은 알아보고 인정한다, 서로 안다는 뜻이다.
140 구치(究治)는 따져서 처벌한다는 뜻이다.
141 통구(通衢)는 사통팔달의 큰 도로를 말하며, 객상(客商)은 각지를 왕래하면서 물건을 운반해 파는 상인, 방점(坊店)은 점포를 가리킨다.
142 기(起)는 양사(量詞)로 일군의 무리나 건수, 횟수 등을 나타낸다.
143 행객(行客)은 여객, 지나가는 사람을 가리킨다.
144 부(副)는 양사(量詞)로 한 짝이나 한 벌을 이루는 물건을 가리킬 때 쓴다.
145 조창(鳥槍. 鳥鎗)은 구식 화총, 즉 조총을 가리킨다.
146 요도(腰刀)는 허리춤에 차는 칼을 말한다. 간(杆)은 양사(量詞)로 긴 자루가 있는 물건에 사용한다.
147 구마(口馬)는 좋은 말(良馬)을 가리킨다.
148 나려(騾驢)는 노새와 나귀를 가리킨다.
149 비대(比對)는 비교하여 대조한다, 검토한다는 뜻이다.

各用一"查對同訖"小戳.[150]

若止騎馬帶械而無行李、貨物及無所僱長行驢騾、脚夫之人,[151] 一槩不許留住. 若恃强要住, 出言不遜,[152] 驗其字箭,[153] 有無不眞, 幷踪跡可疑, 十家長、保正卽齊集莊頭及該保壯丁拘留, 飛報本縣, 以憑拿究. 其單身無行李之人, 又無人識認, 亦不得留住. 若店坊所有住客, 隱漏不塡『日報』, 日後發覺, 査出經宿之處, 該店坊及十家長、保正一體重究. 其有店坊之處, 每晩起更時,[154] 鳴金禁夜,[155] 一應客商俱俟晨雞三唱天明,[156] 開店放行. 如坊店不遵, 十家長、保正查出, 禀官究治. 其『日報簿』于簿面註明某城廂, 或某鄕、某集鎭客店某字, 『日報簿』內頁註明某城廂, 或某鄕第幾保、第幾甲、第幾戶客店生理某人, 十家長某人, 保正某人. 每月初一日起, 塡『循字簿』, 至十四日止, 投縣存查. 十五日起塡『環字簿』, 至三十日止, 投縣存查. 如有不遵投繳, 該承查出禀究. 至菴觀寺院, 不許容留單身及騎馬帶誠、面生可疑之人住宿, 查出重究. 其保甲稽宿之法, 大約備于此矣. 若夫分別勤惰, 以爲勸懲, 又詳具賞罰之條云.

○ 凡空野荒祠古廟, 久無香火, 每有盜賊于此齊連分贓. 宜將大門塞砌, 僅上留方隙, 可置爐灶香而已. 亦禁絶盜踪之一端也.

21-05. 『보갑책』 만들기(造『保甲冊』)

내가 말하는 『보갑책(保甲冊)』은 보통 주현에서 만드는 『민호책(烟戶冊)』과는 조금 다르다. 무엇 때문인가? 보통 『민호책』은 단지 향(鄕)·장(莊)에 따라 호구 명단을 만들어 일이 있을 때의 조사에 대비하는 데 그치지만, 내가 말하는 『보갑책』은 성·향의 보갑 수와 십

150 착(戳)은 작은 도장의 일종이다.

151 장행(長行)은 먼 길을 가는 것(遠行), 각부(脚夫)는 화물이나 짐을 운반해 주는 짐꾼을 가리킨다.

152 불손(不遜)은 오만하다, 공손하지 못한다, 순종적이지 않다는 뜻이다.

153 자전(字箭)은 아마도 일련번호가 있는 화살이라는 뜻 같은데, 아마도 군용·공용 물품을 확인하는 번호가 매겨진 화살을 가리키는 것 같다.

154 기경(起更)은 처음으로 밤을 알리는 첫 번째 타경(打更)으로 오경 가운데 일경(초경)을 가리킨다. 대략 저녁 7-9시 무렵이다.

155 명금(鳴金)은 징·꽹가리나 동발 등의 금속악기를 쳐서 소리를 내는 것을 가리킨다. 보통 고라(敲鑼)와 같은 뜻이다.

156 일응(一應)은 '모든, 일체의'라는 뜻이다. 신계(晨雞. 晨鷄)는 새벽을 알리는 수탉을 가리킨다.

가장·보정·보장 등의 성명을 모두 기재하여 보갑을 시작할 때의 편성·선택에 상세하며, 일이 없을 때의 방어와 방지, 일이 있을 때의 구원과 방어 모두 여기서 도움을 얻을 수 있다. 그러므로 보갑이 일단 편성되면 『보갑책』의 작성은 결코 뒤로 미룰 수 없다. 『보갑책』을 만드는 일은 보장의 책임이며 집·진·촌장과 장두 등이 이에 협력해야 한다. 성·향을 막론하고 편성된 보갑에 비추어 순서대로 모두 기재하여, 보갑 편성의 방법과 『보갑책』의 작성 방법이 모름지기 서로 부합해야 하며, 앞부분에는 전체적인 총괄이 있고, 뒷부분에는 각자의 세밀한 기록이 있어, 빠지거나 잘못된 곳이 없어야만 제대로 된 것이다.

이를테면 동향(東鄕)의 『보갑책』이라면 앞면에는 동향에 모두 몇 보가 있고, 십가장·보정·민호(人戶)가 모두 몇 명이고, 갑에는 실제로 몇 가구가 있는지를 분명히 서술한다. 『보갑책』 작성의 책임을 위임받은 진·집장, 장두·보장을 기입하는 아래 부분에는 보장 누구라고 쓰며, 만약 진장이라면 진장 누구라고 쓴다. 함께 작성한 집·촌장이나 장두도 이와 같이 한다[「『보갑책』양식」의 첫 면을 참조]. 다음 면의 첫 줄에는 모현 모향 제1보라고 쓰고, 두 번째 줄의 칸에는 제1갑이라고 쓰며, 칸 안에는 1호 누구 등등을 쓴다. 1호부터 11호 중에서 모호가 갑장으로 선발되었으면 칸 위에 '십가장' 세 글자를 쓴다. 1갑부터 10갑 중 모호가 보정으로 선발되었으면 칸 위에 '보정' 두 글자를 쓴다. 만약 보의 모호에 오장·장정으로 선발된 사람이 있으면 칸 위에 "오장 모인이 나옴"이나 "장정 모인이 나옴"이라고 쓴다. 보장 역시 모든 갑을 작성한 후, 십가장·보정을 십가 안에 열거하지 않는 것처럼, 칸 위에 '본향 보장'이라고 쓴다.

모든 보의 『보갑책』 작성이 끝나고도 자투리 갑이 남아 있으면 칸 안에 "이하는 자투리 갑"이라고 쓰고 모갑인지를 쓴다. 자투리 호가 있으면 칸 안에 "이하는 자투리 호 몇 가구"라고 쓴다. 1진·1집의 『보갑책』 작성이 끝나면 칸 안에 이상 모진·모집은 총 몇 보라고 쓰고, 자투리 갑과 자투리 호가 얼마인지를 쓴다. 나머지 역시 위와 같은 방식으로 쓴다. 부근의 산장(散莊)을 합보(合保)하는 경우에는 역시 앞의 경우처럼 차례대로 모보 모갑이라고 쓰고, 자투리 호가 있으면 몇 가구인지를 쓰고, 뒤에 이상 "모장은 모두 몇 갑이 있고 자투리 호가 몇 가구"라고 쓴다. 만약 앞 장(莊)이 모보의 제2갑에서 끝났으면, 뒤의 장은 모보의 제3갑부터 시작하고, 나머지도 위와 같이 한다. 자투리 장이 있어서 어느 보에 통합시킬 경우에는 역시 이런 형식에 따라서 본보의 『보갑책』을 차례대로 만든 다음, 뒤에 모장은 모두 몇 가구라고 쓰고 나머지도 위와 같이 한다. 이와 같이 『보갑책』을 만들면 보갑이 분명해지고 십가장·보정·보장·오장·장정 등의 기록도 가지런해지며, 각 장·촌 민호의 수 또한 마치 가지런하게 정리되어 책을 펼치기만 하면 한눈에 모든 것을 살필 수 있게 된다.

夫愚之所謂:『保甲冊』, 與平常州縣所造『烟戶冊』, 稍有不同. 何也? 平常『烟戶冊』止照鄉、莊開列戶口, 以備有事之稽查. 愚所謂『保甲冊』, 悉載城鄉保甲之數, 以暨十家保、正、長、伍、壯等姓名, 以詳始事之編擇, 而無事之防弭,[157] 與有事之救禦, 咸于是取資焉.[158] 故保甲旣編, 而『保甲冊』不得獨緩也. 其事專責在保長,[159] 協理在集·鎭·村長、莊頭等. 無論城鄉, 卽照所編保甲, 挨次塡寫,[160] 務期編之法, 與造冊之法, 兩相符合.[161] 至于前有總而後有撒,[162] 無遺無舛, 則得之矣.

其冊如東鄉『保甲冊』, 前頁敍明東鄉計共若干保, 十家長計共若干名, 保正計共若干名, 人戶計共若干, 甲實共若干家. 其編造所委鎭·集長、莊頭、保長頁下截,[163] 開列保長某人, 如鎭卽開鎭長某人同編造, 集·村·莊仿此. 次頁第一行, 開寫某縣某鄉第一保, 二行格上開寫第一甲格內寫一戶某云云.[164] 自一戶以至十一戶, 某戶擇爲甲長, 卽于格上書'十家長'三字. 自一甲以至十甲, 某戶擇爲保正, 卽于格上書'保正'二字. 如一保之內選某戶有伍壯, 卽于格上書"出伍長某人, 出壯丁某人"字樣. 其保長亦挨甲均編. 如十家長、保正不列于十家之內, 亦于格上書本鄉'保長'字樣. 挨保寫完, 尙有零甲, 于格行內書以下畸零甲, 仍開幾甲. 尙有零戶, 于格內書以下畸零幾戶. 一鎭一集編完, 于格內書以上係某鎭某集, 計共若干保, 零若干甲、若干戶, 餘仿此. 如附近散莊合保者, 亦照前挨次開寫. 某保、某甲如有零戶, 仍照前開幾戶, 後行仍書以上某莊計共若干甲, 零若干戶. 如前莊某保二甲止, 後莊卽接某保第三甲起, 餘仿此. 如畸零莊統于某保者, 亦照式挨造本保之後, 後行仍書某莊計共若干戶, 餘倣此. 如此開造, 則保甲分明, 十家、保正·長、伍壯丁等記載井井,[165] 而各庄·村人戶之數, 又犁然不紊, 可一展冊而無不盡在目中矣.

○『보갑책』양식(『保甲冊』式)【본향의 보갑에 속한 가구가 많아 한 책으로 다 실을 수 없

---

157 방이(防弭)는 방비하고 사전에 사고를 막는다는 뜻이다.
158 취자(取資)는 구실이나 도움을 얻는다는 뜻이다.
159 전책(專責)은 홀로 책임을 진다, 전문적으로 책임을 떠맡는다는 뜻이다.
160 애차(挨次)는 '순서에 따라서'라는 뜻이다.
161 무기(務期)는 '힘써, 반드시'라는 뜻이다.
162 총살(總撒)은 총결·총계를 뜻하는데, 여기서 총(總撒)은 총합계와 살(撒)은 그것을 구성하는 구체적인 통계의 내역, 자질구레한 수목(數目)을 가리키는 것 같다.
163 하절(下截)은 사물이나 인체의 아랫부분을 말한다.
164 개사(開寫)는 항목대로 써낸다는 뜻이다.
165 원문은 오장정(伍壯丁)이나 오장정(伍長丁)이지만 오장장(伍長壯)이 보다 정확한 표현일 것이다. 정정(井井)은 가지런하고 조리가 있는 모습을 나타낸다.

다면, 두 권이나 세 권으로 한다. 다만 책 표지에 제 몇 권이라고 분명히 써야 한다.】

모 주현 작성

모 향 보갑책 제 몇 책【보갑책의 표지 부분이다.】

[제1면]
모[주현] 모향 모보부터 모보까지 모두 몇 보.【성내인 경우는 모성이라 쓴다.】
모보 모갑부터 모갑까지 모두 몇 갑.
모보 모갑 모호 모인부터 모보 모갑 모호 모인까지 모두 몇 가구.
남자 모두 몇 명. 여자 모두 몇 명. 남자아이 모두 몇 명. 계집아이 모두 몇 명.
노복 모두 몇 명. 노비 모두 몇 명. 일꾼 모두 몇 명.

또한 본향의 보갑 밖에 다음과 같은 가구가 있다.
진사 몇 가구. 거인 몇 가구. 공생 몇 가구. 감생 몇 가구.
문생원 몇 가구. 무생원 몇 가구. 사찰 몇 채. 승도 모두 몇 명.
도관 몇 채. 도사 모두 몇 명. 암자 몇 채. 비구니 모두 몇 명.
오장 모인부터 모인까지 모두 몇 명. 장정 모인부터 모인까지 모두 몇 명.
보장 모인부터 모인까지 모두 몇 명. 보정 모인부터 모인까지 모두 몇 명.

모년 모월 모일 편성 본향 보장 모인
합동 작성 모처 향약 (모인, 모인, 모인). 모처 지보 (모인, 모인, 모인).
모진 진장 (모인, 모인, 모인). 모집 집장 (모인, 모인, 모인).
모촌 촌장 (모인, 모인, 모인). 모장 장두 (모인, 모인, 모인).

【만약 한쪽에 다 쓰지 못하면 양면에 향약 등을 쓰되, 여섯 칸으로 배열한다. 성상 역시 마찬가지다.】
[제2면]
주현 모향 제1보
1호

모인 모 처인 연령 몇 세 모 생업. 처 모씨 연령 몇 세, 첩 모씨 연령 몇 세.

조부·모[부친 모인 연령 몇 세. 모친 모씨 연령 몇 세[이하 같은 형식 - 역자]] 부·모. 본인·아내. 아들·딸.

백부·모. 사촌형·형수. 조카·며느리. 조카 딸 및 조카사위.

숙부·모. 동생·제부. 손주·며느리. 조카사위. 조카손녀.

조카손녀사위. 노복·노비. 일꾼 등등.

동거 모인 모 처인 연령 몇 세 모 생업[본호 모인의 친우]. 처 모씨 연령 몇 세. 아들 모인 연령 몇 세. 딸 모인 연령 몇 세.

【이상 본호이건 동거인이건 조부모, 부모, 백·숙부모 등 대소·남녀·노복 등에 대해 성명·나이 등을 상세하게 나열해야 하며, 한 명이라도 빠져서는 안 된다. 조사하여 발견되면 무겁게 처벌한다. 있으면 반드시 나열하고, 더 이상 없으면 멈춘다.】

2호 모인 전과 같음

3호 모인 전과 같음

4호 모인 전과 같음

5호 모인 전과 같음【만약 5호가 갑장이라면 칸 위에 '갑장'이라 쓴다.】

6호 모인 전과 같음【만약 6호가 오장이라면 칸 위에 '오장'이라 쓴다.】

7호 모인 전과 같음

8호 모인 전과 같음【장정 모인을 냄. 만약 8호에 장정이 있으면 칸 위에 '장정'이라 쓴다.】

9호 모인 전과 같음

10호 모인 전과 같음

제2갑【만약 본보 보정이나 본향 보장이라면, 비록 각 갑 내에 편성되지만, 또한 십가장의 사례에 비추어 따로 열 가구에 포함되지 않는 한 가구를 세운 다음, 칸 위에 '보정'이나 '보장'이라는 글자를 써서, 조사하거나 파악하기 쉽게 한다.】

제3갑

제4갑

제5갑

제6갑【만약 본갑에 진사·거인·공생·감생·문무생원이 거주한다면, 또한 모호 진사 모성

명 모 관적, 모 관직이라는 내용을 10호 뒤에 쓴다. 거인·공생·감생·문무생원 또한 이와 같이 한다.】

제7갑

제8갑【만약 본갑에 사찰·도관·암자가 있다면 건물 수, 그리고 승려·도사·비구니의 이름과 수를 본갑 후미에 나열한다.】

제9갑

제10갑

이하는 본보의 자투리 갑이다.【10갑이 완성되었는데, 또한 나머지 갑이 있다면 이것이 기령갑이다.】

제1갑

제2갑

[제3면]

이하는 본갑의 자투리 호이다.

1호 모인 전과 같음

2호 모인 전과 같음

【이상은 모진의 경우이고, 모장·촌의 경우도 마찬가지다.】

편성된 제1보는 모두 10갑 110가구, 자투리 2갑 22가구, 자투리 호 2가구이므로 실제 모두 12갑 134가구. 실제 남정 몇 명, 여자 몇 명, 사내아이 몇 명, 계집아이 몇 명.【만약 부근이 모두 작은 촌장이라 합쳐서 1보를 이루는 경우라도, 여기 앞과 같이 편성한다. 양식은 다음과 같다.】

[제4면]

제2보

제1갑 1호에서 11호까지. 전과 같음

제2갑 1호에서 11호까지. 전과 같음

이하는 자투리 호이다.

1호 모인 전과 같음

2호 모인 전과 같음

이상은 모장의 경우다.

편성된 제1보는 모두 2갑 22가구, 자투리 호 2가구로 모두 24가구. 실제로 모두 합해 남정 몇 명, 여자 몇 명, 사내아이 몇 명, 계집아이 몇 명.

제3갑 1호에서 11호까지. 전과 같음

제4갑 1호에서 11호까지. 전과 같음

【이후 장·촌 역시 마찬가지로 갑에 따라 편성한다. 만약 자투리 장(畸零莊)이 있어 본보에서 통할한다면, 역시 마찬가지로 양식에 맞추어 본보의 끝부분 뒤에 기입한다.】

○『保甲冊』式【本鄉保甲人戶多, 一本不能造完, 或二本、三本. 但于冊面寫明第幾本】

某州縣造完

某鄉保甲冊 第 本

[第一面]

某[州縣]某鄉某保起, 至某保止, 計共若干保.【如係城卽寫某城】

某保某甲起, 至其某甲止, 計共若干甲.

某保某甲某戶某人起, 至某保某甲某戶某人止, 計共若干戶.

男子共若干名. 女共若干口. 幼男共若干名. 幼女共若干口.

僕共若丁人. 婢共若干人. 顧工共若干人.

又本鄉保甲外, 鄉紳若干戶, 擧人若干戶, 貢生若干戶, 監生若干戶, 文生員若干戶, 武生員若干戶, 寺共若干座, 僧徒共若干名, 道觀共若干座, 道侶共若干名, 尼奄共若干座, 尼姑共若干名.

伍長某人起, 至某人止, 共若干名.　　壯丁某人起, 至某人止, 共若干名.

保長某人起, 至某人止, 共若干名.　　保正某人起, 至某人止, 共若干名.

某年某月 日編 本鄉保長某人

仝編造 某處鄉約 [某人, 某人, 某人] 某處地方 [某人, 某人, 某人] 某鎭鎭長 [某人, 某人, 某人]

某集集長 [某人, 某人, 某人] 某村村長 [某人, 某人, 某人] 某莊莊頭 [某人, 某人, 某人]

【如一面寫不完作, 兩面寫鄉約等, 共作六行排去, 城廂亦然】

[第二面]

州縣 某鄉第一保

一戶 某人 某處人 年若干歲 某生理. 妻 某氏 年若干歲. 妾某氏 年若干歲.

祖父·母[某人·氏] 年若干歲. 父·母[某人·氏] 年若干歲. 男·婦[某人·氏] 年若干歲. 幼[男·女) 某[人名] 年若干歲.

伯父·母[某人·氏] 年若干歲. 兄·嫂[某人·氏] 年若干歲. 姪·婦[某人·氏] 年若干歲. 女壻某人 年若干歲. 姪女 某名 年若干歲.

叔父·母[某人·氏] 年若干歲. 弟·婦[某人·氏] 年若干歲. 孫·婦[某人·氏] 年若干歲. 姪壻某人 年若干歲.

姪孫女 某名 年若干歲. 僕 某人 年若干歲. 婢 某氏 年 若干歲. 姪孫壻 某人 年若干歲. 雇工 某人年若干歲.

同居 某人 某處人 年若干歲 某生理. 妻 某氏 年若干歲. 男 某人. 女 某人.【係本戶某 友】

【巳上無論本戶、同居, 祖父母, 伯·叔母等, 大小男子、女人、僕婢, 俱要詳細開列姓名、年紀, 一名不許遺漏, 查出重究.有則必開, 無則止】

一戶某人　全前

一戶某人　全前

一戶某人　全前

一戶某人　全前

一戶某人　全前【如第五家是甲長, 卽于格上寫明甲長】

一戶某人　全前【如第六家是伍長, 卽于格上寫明伍長某人】

一戶某人　全前【出壯丁某人一戶某人. 如第八家有壯丁, 卽于格上寫明出壯丁某人】

一戶某人　全前

一戶某人　全前

第二保

[第二甲] 一戶至十一戶 全前

[第三甲] 一戶至十一戶 全前

第四甲【如本保保正、本鄉保長, 雖在各甲均編, 亦照十家長立一戶, 不在十口之內. 惟格行上亦標寫出'保正'、'保長'字樣, 以便查覽】

第五甲

第六甲【如本甲有鄉紳、擧、貢、監、文·武生員居住, 仍開明一戶鄉紳某 姓某 諱某 籍貫官職. 于十家戶之後, 擧、監、文、武生員, 亦如之】

第七甲

第八甲【如本用有菴觀、寺院, 開明座數, 並僧、道、尼等姓名、人數于本甲之尾】

第九甲

第十甲

已下係本保畸零甲【如十用旣完, 又有餘甲, 是畸零甲】

第一甲

第二甲

[第三面]

已下係本甲畸零戶

一戶某人　　仝前

一戶某人　　仝前

【已上係某鎭. 某莊村同】

編第一保 共十甲計一百一十戶.

畸零甲共二甲計二十二戶. 畸零戶共二戶.

實共十二甲計一百三十四戶.

實共男丁若干名. 女人若干口. 幼男若干名. 幼女若干口.

【如附近皆係小莊村, 可合爲一保者, 亦照前挨編[式列于左]】

[第四面]

第二保

第一甲一戶至十一戶.　仝前

第二甲一戶至十一戶.　仝前

已下畸零戶

一戶某人　　仝前

一戶某人　　仝前

　已上係某莊

　編第一保共二甲計二十二戶.

　畸零戶共二戶實共二十四戶.

　實共男丁若干名. 女人若干口. 幼男若干口. 幼女若干口.

第三甲一戶至十一戶　　仝前

第四甲一戶至十一戶　　仝前

【後莊村, 亦照前挨甲順編. 如有畸零莊, 統于本保者, 亦照式造本保之末】

21-05. 장정의 선발과 시험(簡驗壯丁)

무릇 보갑이 있는데 장정이 없다고 해서, 범법자를 잡고 도적의 침입을 막는 일에 지나가는 나그네를 붙잡아다 쓸 수는 없는 법이다. 만약 유사시에 농사나 짓던 사람을 끌어 모은다고 해도 늙고 약해 겁이 많거나 아니면 무기에 익숙하지 않으니, 어찌 도적을 붙잡거나 향리를 지키는 데 도움을 줄 수 있겠는가? 어떤 사람은 말한다. "젊은 사람들은 힘이 세고 사나운데 무예까지 익히게 되면, 어지러움의 화근이 될까 두렵다." 오늘날 세금이나 축내는 거칠고 사나운 병졸이 천하에 수천, 수만인데도, 그들이 두건을 벗어 던지고 소란을 피우지 않을까 전혀 염려하지 않는 것은 바로 조정의 법이 있고, 지휘관이 은혜와 위엄을 함께 써서 그들을 제압할 방법이 있음을 알기 때문이다. 지금 주현에서 고른 장정은 스스로 집을 지키고 향리의 방어를 돕는 일에만 쓰인다. 일이 있으면 무기를 들고 포악한 무리에 대항하고, 일이 없으면 쟁기를 잡고 농사를 짓는다. 그러니 어찌 벌과 전갈 같은 악독함이나 피를 빨고 이를 가는 난폭함이 있겠는가?

하물며 아래로는 이들을 통제하며 때때로 단속하는 보정이 있고 위로는 삼엄한 금지령을 떨치는 지방관이 있어, 비록 그들이 못된 마음이 있더라도 바야흐로 도적은 모조리 조사하고 범법자는 철저히 찾아내는데 어찌 스스로를 드러낼 수 있겠는가? 다만 내가 걱정하는 것은 오히려 향촌 소민이 군대 일을 제대로 알지 못해, 지키는 것을 맡기면 소홀함이 많고, 싸우며 막는 일을 맡기면 두려움이 크다는 점이다. [그들이 무기를 잡으면] 화근이 되지 않을까 염려하는 것은 투구를 쓴 사나운 병사를 무서워하지 않고, 논두렁에서 도롱이나 비옷을 입는 농민을 벌벌 떨면서 무서워하는 것이나 마찬가지다. 너무 미세한 부분에 매달려 근본을 잊어버린 게 아닌가?

장정을 골라 뽑는 방법은 주현의 크기를 가지고 장정의 많고 적음을 정하는 것이다. 장·촌이 많고 가구가 많으면 장정을 뽑는 것 역시 늘어나고, 장·촌이 적고 가구가 적으면 장정 역시 적게 뽑는다. 잠시 중간 크기의 현을 기준으로 계산해 보면, 1현의 4향에는 대략 장·촌이 400처가 있고, 많은 곳에서 덜어 적은 곳에 보태면 장마다 대략 50가구가 있다. 신사와 서역, 늙고 가족이 없는 가구, 가난하고 늙고 병든 가구를 모두 빼면 장정을 낼 수 있는 것은 겨우 스무 가구다. 1향의 100장에 5,000가구가 있다고 계산하면 1,000가구당 400가구가 장정을 낼 수 있으니, 5,000가구에서는 2,000가구가 장정을 낼 수 있고, 가구마다 장정 한 명을 낸다고 셈하면 향마다 장정 2,000명이 나온다. 4향으로 계산하면 모두 8,000명의 장정이다. 1보로 계산하면 100가에서 장정 40명이 나온다.

장정은 미리 해당 보정·십가장에게 엄히 지시하여, 젊고 건강하며 담력과 재주가 있는 사람을 뽑아서 충원하도록 한다. 매 향의 보마다 장정의 성명·외모·적관 및 익숙한 무기 등을 기록한 점검용 『인명부(點冊)』를 작성하여 제출함으로써, 지현이 향으로 가서 하는 정기점검에 대비하도록 한다. 해당 보정·십가장은 장정을 이끌고 점검을 대기하는데, 만약 점검에 오지 않은 장정이 있으면 즉시 붙잡아 조사하고 처벌한다. 점검 시에 40명의 장정 중에서 나이와 힘이 충분하지 않고 무기에 익숙하지 않은 10명을 제외시키고 30명만 남긴다. 30명 중에서 젊고 힘이 세며 담력과 재주가 남보다 뛰어난 5명을 선발하여 오장으로 삼는다. 오장은 각각 장정 5명을 통솔하며, 장정이 무기를 갖추고 훈련을 하는 일은 모두 오장이 처리하며, 장정의 부지런함과 태만함, 법령을 어기고 지키는 것 역시 모두 오장이 살핀다. 제외된 10명의 장정은 명부에 후보장정(餘丁)으로 기록하여 정규장정(正丁)이 제외될 경우에 그 빈 자리를 채우도록 한다.

이렇게 계산하면 1향의 1,000가구에서 나온 400명의 장정 가운데 100명이 제외되고 단지 300명이 남는다. 향 전체를 합하면 5,000가구에서 1,500명의 장정이 나오고 그중에서 250명의 오장을 제외하면 단지 1,250명의 장정을 얻을 수 있다. 4향을 합쳐 오장 1,000명을 제외하면 실제 장정은 모두 5,000명이다. 또한 보로 계산하면 매 보의 오장은 5명이고 장정은 25명으로 모두 각기 30명이며, 1향 전체는 1,500명이다. 1향은 50보이고 4향 전체를 다지면 모두 200보이며, 200보에서 오장과 장정 6,000명을 얻을 수 있다. 현성의 성내와 4관상을 셈하면, 많은 곳에서 덜고 적은 곳에 보태어 성내에 적어도 200가구가 있어서 2보를 얻을 수 있고 오장·장정은 모두 60명이다. 4관상에는 적어도 300가구가 있어서 3보를 얻을 수 있고 오장·장정은 모두 90명이다. 성상을 합친 현성으로 셈하면 오장·장정이 모두 150명이다. 성상과 4향을 합쳐서 계산하면 오장·장정의 총수는 6,150명이고, 이것이 중간 크기 현의 대략적인 수치다. 엄연히 하나의 큰 부대와 같지 않은가!

모든 장정·오장·보정·보장 등은 도적·도인을 잡는 책임을 전담하므로 문지기나 잡부 등의 잡다한 요역은 응당 면제해 주어야 한다. 따라서 보갑고시를 시행할 때 미리 분명하게 이를 밝힌다. 보정·보장을 선발할 대에 바로 「우면증서」를 주어 우대함을 보여주었으므로, 지금 장정을 선발할 때에도 반드시 「우면증서」를 준비하였다가, 점검이 끝난 다음 증서에 성명을 쓰고 즉석에서 발급한다. 그들이 기쁘게 장정이 되는 영예를 받아들이도록 하면, 소민들은 기꺼이 쓰임을 당하고자 할 것이다. 점검과 선발이 끝나면 해당 보정은 지현이 점검한 명단에 따라 모현 모향 모보의 보정 휘하의 모 오장 모인이 모모장정을 통솔한다는 점을 오의 순서에 따라 차례차례 나열한 장부[뒤에 나오는 『보갑인명책(花名冊)』이다]를 작성한다. 모든 인명 아래에는 연령·외모·적관 및 사용 무기 등을 기입한다. 한 보의 장부가 다 만들어지면, 차례로 다음 보의 장부를 만든다. 향의 매 보마다 두 권씩 만들어서 보장에게 보내 빠지거나 잘못된 것이 있는지 점검하게 하고, 아울러 보정·보장이 "빠지거나 잘못된 것이 결코 없습니다."라는 내용의 「확인서」를 연명으로 작성한 다음 장부와 함께 제출함으로써 [지현이 이를 근거로] 정기점검을 할 수 있게 한다. 이 『보갑인명책』 한 권은 담당 방에 보내 보존시키고, 다른 한권은 지현의 내아에 남겨 점검해 볼 수 있게 한다.

『보갑인명책』을 받은 다음에는 바로 해당 보장에게 공문을 내려 반드시 다음과 같은 준비를 하도록 지시한다. 오장과 장정은 각각 행면당모(行綿撞帽) 하나씩을 준비하는데, 꼭대기에는 번호 띠(號帶)를 달고, 옆으로는 귀와 목덜미를 막는 가리개를 늘어뜨리고, 안에는 머리보호대와 모자 끈을 단다. 몸에는 솜과 베를 빽빽하게 겹치고 꼼꼼히 바느질하여 허리춤에 닿는 부드러운 갑옷(軟甲)을 한 벌 갖추고, 허리에는 바지 묶는 곳을 만들고 베로 만든 두터운 요대를 단단히 둘러 바지 허리춤이 느슨해져서 흘러내리지 않도록 한다. 다리에는 솜을 꼼꼼히 바느질하여 다리에 딱 달라붙는 무릎까지 올라오는 버선 한 쌍을 신는데, 버선 윗부분에 띠를 연결시켜 묶기 쉽도록 한다. 발에 맞는 앞이 길고 두꺼운 면 신발 역시 묶을 수 있는 끈을 꿰매 단다. 모자와 갑옷은 방향에 따라 색을 달리하는데, 동향 오장·장정의 모자·갑옷은 푸른색으로, 남향 오장·장정의 모자·갑옷은 붉은색으로, 서향 오장·장정의 모자·갑옷은 흰색으로, 북향 오장·장정의 갑옷은 검은색으로 한다. 성상의 오장·장정의 모자·갑옷은 어두운 황색으로 하고 감히 싯누런 색깔은 쓰지 않고, 이를 피한다. 무기는 새롭고 잘 다듬어져 예리한 것이어야 한다. 이를테면 활은 새 활시위를 써야 하고, 화살은 깃이 가지런하고 촉이 날카로워야 하며, 창은 자루에 좋은 나무를 써야 하고, 총은 화약 소리가 경쾌해야 한다.

장정 모자 위의 번호 띠는 두 겹의 흰 베를 쓰고 손가락 두 개 너비에 길이는 모자 끝에 닿게 한다. 갑옷 위의 왼쪽 가슴에는 길이 세 치, 너비 두 치의 흰 베를 달아서 그 위에 모현 모향 모보 장정 모인이라고 쓴다. 오장의 모자 위에는 붉은 융단 끈 하나를 매달아서 장정과 구분하는데, 번호 띠 위에 쓰는 점은 장정과 같지만 오장이라는 것만 덧붙인다. 보정·보장의 모자·갑옷 및 색깔·형식 역시 모두 동일하다. 그 갑옷과 내의는 옷은 모두 알아서 하되, 모름지기 짧고 좁아 행동하기 편하도록 해야 한다. 보정의 모자 앞에는 문질러 윤을 낸 둥근 동전(磨鐵光圓錢) 하나를 달고 갑옷의 좌우 가슴에도 각각 문질러 윤을 낸 둥근 거울(磨鐵光日月鏡) 하나씩을 달아서 오장과 구별한다. 보장의 모자 앞에는 문질러 윤을 낸 구슬(磨鐵光珠)을 달고 불꽃 모양을 두르고, 갑옷의 가슴 앞뒤로 각각 문질러 윤을 낸 보호용 쇠거울(磨鐵光掩鏡) 하나씩을 달아 보정과 구별한다. 장정의 의복·무기는 모두 오장이 만드는 것을 감독하고 보정이 점검한다. 오장의 의복·무기는 모두 보정이 만드는 것을 감독하고 점검한다. 보정의 의복·무기는 모두 보장이 만드는 것을 감독하고 검사한다. 보장의 의복과 무기는 스스로 형식에 맡게 만들도록 하는데, 모두 10일 안에 갖추도록 한다. 향의 보장은 날짜를 정해서 보마다 검사를 하고, 「보증서」를 갖추어 현에 제출하여 지방관이 날짜를 정해 직접 조사할 때 근거로 삼게 한다.

4향의 점검은 10일 전에 미리 해당 보장에게 공문을 보내 알린다. 성상의 장정은 가까운 곳에서 정기적으로 점검하고, 각 향 장정들은 사는 곳이 멀어서 한곳에 모아 두면 밥 먹기에 불편하고 또한 반나절은 기다려야 하니 여러 곳에서 나누어 하는 것이 나은데, 각 보에 가까운 곳에서 넓은 공터를 골라 점검을 실시한다. 모든 보정은 방향색깔에 따라 깃발 하나를 설치하는데, 길이는 다섯 자, 너비는 세 자 다섯 치, 깃대의 길이는 한 길(丈) 두 자로 하고, 위에는 검은색 끈이나 검게 염색한 실무더기를 묶고, 이 깃발을 선봉으로 삼는다. 깃발에는 바르고 큰 글씨로 모현 모향 모보라고 쓴다. 보정은 오장과 장정을 인솔하여 보의 순서에 따라 길 왼쪽에 정렬한다. 매 보는 서로 10보나 5보 떨어져서 서고 보정은 앞에 서며, 깃발을 든 사람은 보정의 왼쪽에 선다. 제1오 오장은 오의 장정들을 이끌고 정렬하며, 제2오에서 제5오까지도 이와 같이 한다. 지현이 탄 말이 도착하면 보장이 보정의 10

보 앞에서 포권으로 인사를 하고 영접하며, 지현은 손을 들어 답장을 한다. 보정은 오장과 장정의 5보 앞에서 무릎을 꿇고 지현을 영접한다. 지현이 손을 들면 보정은 일어나서 포권으로 인사하는데, 깃발은 든 사람은 앞에 서서 움직이지 않으며, 오장과 장정들은 무릎을 꿇고 영접하며, 지현의 말이 지나간 다음 일어선다.

점검하는 곳에서 남쪽을 바라보고 의자와 탁자를 두고, 탁자 위에는 붉은 먹과 붓·벼루를 배치한다. 지현이 자리에 앉기를 기다려 보장은 대오 왼쪽의 앞에 서고, 각 보정은 오장과 장정을 이끌고 대오 왼쪽부터 보의 순서대로 정렬한다. 보정은 앞에 서고 깃발을 든 사람은 보정의 왼쪽에 서며, 오장 5명은 보정의 뒤에 나란히 서고 장정 25명은 각 오장의 뒤에 나란히 선다. 행렬은 가지런해야 하고 흐트러지면 안 되며, 떠들거나 소리를 내어 이야기하는 것을 금지한다. 부대의 지휘법도는 가장 엄숙해야 하기 때문이다. 각 보의 정렬이 끝나면 보장은 지현의 탁자 앞을 향해 포권으로 인사하고 점검을 요청한다. 담당 방(房)의 아역이 『보갑인명책』을 탁자 위에 올리고 모향의 제1보 점검이라고 크게 소리친다. 먼저 보정 모인을 부르고, 보정이 중간까지 나아가면 깃발을 든 사람 또한 뒤를 따른다. 지현의 점검이 끝나면 행렬이 우측으로 지나가고 대열에 맞추어 정렬한다. 각 보의 점검이 끝나면 해당 방의 아역이 각 보의 오장·장정이 앞을 향해 지현의 강화를 들으라고 크게 소리치면, 각 보정은 깃발을 이끌고 앞으로 나오고, 오장과 장정들도 각각 기를 따라 정렬하여 무릎을 꿇고 지현의 연설을 듣는다.【지현의 연설은 뒤에 나온다.】지현의 연설이 끝난 다음, 보정은 "각보의 보정·오장 등은 삼가 지시를 받들어 따르겠습니다."라고 답장을 한 다음 일어선다. 그리고 지현이 점검 장소를 떠나기 전에 앞서와 마찬가지로 길 왼쪽에 대열에 맞추어 정렬한다. 지현의 전송이 끝나면 보정은 깃발을 거두고 오장과 장정을 인솔하여 정숙하게 돌아가는데, 군기가 흩어진 부대처럼 떠들거나 서두르면 안 된다. 성상의 오장·장정의 점검 역시 앞의 의식과 같이 한다.

점검 「지시공문」과 지현의 연설을 먼저 보장에게 보내면, 보장은 이를 베껴 각 보정에게 전하고, 보정은 각 오장에게 알리고, 오장은 각 장정에게 알려서 분명하게 주지시킨다. 보정·보장은 미리 연습하여 숙련시킴으로써 점검 때에 서두르다 틀리는 일이 없도록 한다. 지현이 점검할 때에는 모름지기 나이·외모·적관 및 사용 무기 등이 책과 같은지 살펴본다. 즉 쓰고 있는 모자와 앞에 달린 동전, 갑옷과 가슴 좌우의 거울이나 번호띠 위의 성명과 보의 번호, 신발과 버선, 소지한 무기, 각 보의 깃발에 쓰인 문구와 색깔 등을 조사해서 모두 문제가 없으면 지현이 이름 위에 붉은 먹으로 이름 위에 점을 찍는다. 점검이 끝나면 오른쪽으로 가서 형식에 맞게 정렬하게 한다. 만약 복식이 형식에 맞지 않거나 무기가 새 것이 아니고 예리하지 못하면 해당 장정의 잘못을 기록하고, 오장과 보정도 모두 잘못을 기록하며, 보장은 벌을 기록한다. 이날은 점검을 시작하는 날이라 형벌을 내리기에는 불편하기 때문이다. 응당 엄히 지시하여 5일 안에 신속히 제대로 고쳐서 갖추도록 하고, 오장·보정이 현으로 데리고 와서 다시 점검을 받게 한다. 잘못이 기록된 장정은 이름 아래에 분명하게 표시하여 현으로 돌아가서 공문을 보내 보정이 고쳐서 다시 점검을 받도록 독촉하게 한다.

각 보의 점검이 끝나면 보정이 오장·장정을 인솔하여 무릎을 꿇고 지현의 연설을 듣는다. 그 내용은 미리 작성하여 해당 방의 아역이 큰 목소리로 낭독하는데, 내용은 다음과 같다.

> 보갑의 설치는 너희 백성을 위해 도적과 도인을 막고 범법자를 찾아내기 위함이다. 너희 장정들을 뽑아서 방어하는 데 도움이 되게 하고, 두터운 복장과 갑옷을 입고 예리한 무기를 들어 스스로의 몸을 지키면서 못된 무리를 제거하라는 것이다. 적을 보면 반드시 사로잡고, 경보를 들으면 생기면 반드시 구원하고, 소집이 있으면 반드시 응하되, 게으름을 부려서는 안 된다. 공이 있으면 상을 내리고 죄가 있으면 처벌할 것이다. 오장·보정·보장은 지현을 대신하여 교육을 맡고 있으니 너희들은 반드시 따르되, 어기지 말라. 조정에는 법이 있고 관장에게는 형벌이 있으니, 나가서는 의롭고 용감하며 들어와서는 효도하고 공경하면 영원히 향리를 안정되게 지키면서 태평만세를 누릴 수 있을 것이다.

낭독이 끝나면 보정들은 감사의 뜻을 알리고 나서 일어서서 먼저 실 왼쪽으로 가서 대열에 맞추어 정렬하여 지현을 전송한다. 보정은 먼저 그곳으로 가서 영접하는데 점검·연설·상벌은 모두 이전 의식처럼 한다. 내가 장정들에게 의복·무기나 가지러한 대오를 요구하는 것은 백성의 재산을 낭비하면서 지현의 위엄을 보이기 위해서가 아니다. 대개 이 시골 농민은 맨 머리에 맨발이 익숙하다. 일단 제대로 된 복식을 갖추고 무기를 들고 나서 군사 행동에 참가하게 하면, 외관상 보기에도 좋을 뿐만 아니라 그들이 상해를 당하는 것을 막을 수도 있다. 하물며 오장으로 충원되면 차역을 면제받는 혜택도 받을 수 있으며, 만약 다투어 나서서 도적을 잡거나 달려가 구원하는 공을 세우면 그 밖에 추가적인 상을 다시 더해 주지 않는가! 나는 보갑이 과연 제대로 시행된다면 경내의 못된 무리들은 마음을 고쳐먹을 것이고, 이웃 지방의 좋지 못한 무리 역시 발길을 끊을 것이라고 생각한다. 이른바 "군대를 두기는 하지만 거의 쓰지 않는다"고 하는데, 어찌 장정을 두는 것이 백성을 힘들게 하거나 괴롭히는 일이 되겠는가!

夫有保甲而無壯丁, 則詰奸、禦侮未能執途人而用之也.[166] 若一旦有警, 召集耕農, 非老弱恇怯,[167] 則手不習兵, 安能擒盜賊而資防守乎?[168] 說者謂: "少年强悍,[169] 嫻以武事, 恐滋亂階."[170] 不知今日坐食租糧驕兵、悍卒天下幾千萬,[171] 獨不虞其脫巾呼噪者,[172] 恃有朝廷之法, 主將之恩威,[173] 有以制伏之也.[174] 今州邑所簡壯丁, 祇用以自衛某家及助防鄉里. 有事則持挺而拒暴, 無事則秉耒而服疇,[175] 有何蜂蠆狼毒[176]、吮血磨牙之橫乎?[177] 況下則有約束時勤之保正, 上則有禁令惟嚴之官長, 雖有不逞之心,[178] 方將盜賊是稽, 奸宄是察, 彼亦何自而騁哉?[179] 愚惟所慮者, 鄉鄙小民不諳軍旅, 以之防守, 則多疏, 以之捍禦,[180] 則多怯耳. 至于患生亂階, 舍兜鍪豺虎之兵而不之懼,[181] 乃鰓鰓然于隴畝襏襫之子以爲憂,[182] 不亦操末而忘其本哉?

其簡之之法, 以州邑之大小, 定壯丁之多寡, 莊、村多而人戶衆, 則壯丁之簡拔亦多,[183] 莊、村寡而人戶少則, 壯丁之簡拔亦寡. 姑以中縣計之, 一邑四鄉, 約得莊、村四百處, 裒多益寡,

---

166 도인(途人)은 나그네, 길가는 사람, 즉 아무런 관련도 없는 사람을 말한다.
167 광겁(恇怯)은 유약하다, 겁이 많다는 뜻이다.
168 방수(防守)는 방비하여 지킨다는 뜻이다.
169 강한(强悍. 彊悍)은 강하고 사납다는 뜻, 또는 힘을 쓰면서 횡포를 부리는 사람을 가리킨다.
170 난계(亂階)는 화근 · 재앙의 발단이라는 뜻이다.
171 교병(驕兵)은 강함을 믿고 적을 경시하는 군대나 교만하여 통제를 받지 않는 사병, 나아가 교만하여 적을 경시한다는 것을 가리키기도 한다.
172 탈건(脫巾)은 원래 두건을 벗고 관모로 바꿔 쓴다는 뜻으로 관직에 들어간다는 뜻이지만, 여기서는 아마도 반란에 가담한다는 것을 가리키는 것 같다. 호조(呼噪. 呼譟)는 시끄럽게 떠들다, 무리를 모아 소리친다는 뜻이다.
173 은위(恩威)는 은혜와 위엄, 나아가 인정(仁政)과 형벌에 의한 통치(刑治)를 가리키기도 한다.
174 제복(制伏)은 힘으로 억눌러 굴복시킨다는 뜻이다.
175 병뢰(秉耒)는 쟁기를 잡는다, 복주(服疇)는 밭에서 일한다는 뜻이므로 합쳐서 농사일을 가리킨다.
176 봉채(蜂蠆)는 벌과 전갈, 낭독(狼毒)은 원래 유독 식물을 뜻하는데, 나아가 적인(敵人)의 흉악하고 독랄함을 비유한다.
177 윤혈(吮血)은 피를 빤다는 뜻이고, 마아(磨牙)는 이를 예리하게 갈고 먹이를 가로채 먹을 기회를 노린다는 뜻이다. 당(唐) 이백(李白)의 시(詩) 「촉도난(蜀道難)」에 나오는 구절이다("朝避猛虎, 夕避長蛇, 磨牙吮血, 殺人如麻.").
178 불령(不逞)은 불만을 터트리거나 원한을 품는다, 말썽이나 반란을 일으킨다는 뜻이다. 못된 짓이나 나쁜 일을 하는 경우나 사람을 보통 가리킨다.
179 자빙(自騁)은 스스로 그 재주를 드러낸다, 뽐낸다는 뜻이다.
180 한어(捍禦)는 방위 · 저항을 뜻한다.
181 두무(兜鍪)는 투구를 말한다. 시호(豺虎)는 승냥이와 호랑이, 나아가 사나운 도적이나 이민족 침입자를 비유하기도 한다.
182 새새연(鰓鰓然)은 두려워하는 모습을 나타내며, 농무(隴畝)는 토지 · 산야 등을 가리킨다. 발석(襏襫)은 도롱이와 비옷을 말한다.
183 간발(簡拔)은 골라 뽑는다, 즉 선발이나 선택을 뜻한다.

每莊約戶五十, 紳衿、胥役去其一, 鰥寡孤獨去其一, 貧困、老疾去其一, 僅得出兵者二十戶. 以每鄉百莊計之, 得五千戶, 每千戶得出丁之戶四百, 是五千戶得出丁之戶二千. 以戶出一丁計之, 每鄉則出丁二千名矣. 以四鄉計之, 是共出丁八千名矣. 以一保計之, 百家出丁四十. 所出壯丁, 預行嚴飭該保正、十家長, 務擇年力精壯、有胆技者充之. 每鄉各保合造壯丁姓名、年貌、籍貫、習何器械『點冊』投遞,[184] 候本縣定期赴鄉點查. 該保正、十家長, 帶領壯丁聽點,[185] 如臨點壯丁不到, 立拿究責. 點時四十丁內汰去年力不充並不諳器械者十名, 止留三十名. 于三十名中, 又擇其年力尤壯、胆技超衆者五名, 爲之伍長. 每伍長各統壯丁五人, 其壯丁之結束[186]、器械及訓練之事, 皆伍長經理之. 其勤惰及違奉法令, 皆伍長察擧之. 所汰十丁註冊, 存爲餘丁,[187] 俟正丁遇有開除, 補其空缺.

由此計之, 每鄉一千戶所出四百丁, 汰去一百丁, 僅得三百丁. 合一鄉五千戶, 止出正丁一千五百名, 內除二百五十名爲伍長, 止得壯丁一千二百五十名. 合四鄉, 除伍長一千名, 實共壯丁伍千名. 又以保計之, 每保伍長五名、壯丁二十五名, 共三十名, 合一鄉一千五百名. 是一鄉五十保, 四鄉共得二百保矣. 以二百保得伍長、壯丁六千名. 至于城中、四關廂計之, 衰多益寡, 城中少亦二百家, 得二保, 共伍壯六十人, 四關廂少亦三百家, 得三保, 共伍壯九十人. 以城、廂合計之, 共得伍壯一百五十人. 合計城廂、四鄉, 總共伍壯六千一百五十人, 此中縣大略之數也. 不儼然一重鎭所統乎?[188]

凡壯丁、伍長、保正·長等, 旣膺逃、盜專責, 其一應門夫、雜差自應除免,[189] 宜于設行保甲告示,[190] 卽先敍明. 于選充保正·長之時, 卽給與「優免印票」, 以示優異. 今于簡拔壯丁時, 須將「優免票」印就, 卽于點定之後, 面塡姓名, 當案發給,[191] 使彼欣然有壯丁之榮, 則小民樂于見用矣. 點選畢, 該保正照本縣所點用花名造冊,[192] 詳開某縣、某鄉、第幾保保正某人領下, 某伍伍長某人、壯丁某某人, 逐伍挨造. 每名下仍註明年貌、籍貫、所用器械. 一保造完, 挨造次保. 本鄉各保造完二本, 送保長查閱無有遺錯, 幷具各保正·長"幷無遺漏舛錯"連名「甘結」, 併

---

184 투체(投遞)는 직접 전달한다는 뜻이다.
185 대령(帶領)은 '이끌고 인솔하여, 안내를 받아'라는 뜻이다.
186 결속(結束)은 여러 뜻이 있지만 여기서는 행장·옷차림을 제대로 한다는 뜻이다.
187 여정(餘丁)은 편성 외의 나머지 인원을 말한다.
188 엄연(儼然)은 흡사, 마치 …과 같다는 뜻이다.
189 문부(門夫)는 문지기를 가리킨다. 잡차(雜差)는 요역의 한 종류, 또는 다양한 종류의 요역(차역)을 가리킨다.
190 설행(設行)은 자신의 행위에 대해 서술하거나 설명한다, 시행한다는 뜻이다.
191 당안(當案)은 책상에서, 즉 '바로 즉석에서'라는 뜻이다.
192 화명(花名)은 화호(花戶), 즉 납세자나 호구(戶口)를 가리킨다.

冊投遞, 以憑定期點閱. 其『花名冊』, 一印發該房存案,[193] 一留內署備查.

投冊之後, 卽宜行票曉諭該保長、其伍長、壯丁, 須各備行綿撞帽一,[194] 頂上綴號帶, 傍垂遮耳護項,[195] 內綴兜頦帽繩.[196] 身置重綿疊布密行齊腰軟甲一領,[197] 腰間繫褲處, 要做布搭包纏緊,[198] 免致褲腰鬆脫.[199] 脚行棉窄箭齊膝布襪一雙,[200] 將帶縫于襪上, 以便繫束.[201] 可脚深臉翁鞋一雙,[202] 亦將束帶縫上. 其帽甲, 各按方色爲之, 東鄕伍壯帽甲俱靑色, 南鄕伍壯帽甲俱赤色, 西鄕伍壯帽甲俱白色, 北鄕伍壯帽甲俱黑色. 城廂伍壯帽甲俱褐土黃色,[203] 不敢用正黃, 避之也.[204] 其器械俱要鮮明鋒利. 如弓要新弦箭, 要翎簇整利, 鎗要好桿, 銃要火藥響快. 壯丁帽上號帶一根,[205] 用雙層白布, 濶二指, 長齊帽口. 甲上左胸縫白布一塊, 長三寸、濶二寸, 俱上書某縣某鄕第幾保壯丁某人. 其伍長帽上綴紅絨纓一毬,[206] 所以別壯丁, 號帶上所書, 與壯丁同, 但伍長名目耳. 保正長帽、甲色式俱同. 其套甲、內衣, 悉從其便, 但須短窄, 便于行動. 保正帽前綴一磨鐵光圓錢, 甲上胸左右各綴一磨鐵光日月鏡, 以別伍壯. 保長帽前綴一磨鐵光珠外繞火燄, 甲上胸前後各綴一磨鐵光掩鏡, 以別保正. 其壯丁服械, 俱伍長督造, 保正查驗. 伍長服械, 俱保正督造查驗, 保正服械, 俱保長督造查驗. 保長服械, 聽自行如式辦造, 俱限十日內備齊. 各伍長俱遵票造驗齊備, 具結投報保正, 各保正照式具結投報保長. 該鄕保長卽定期逐保查驗, 具結報縣, 以憑本縣定期親詣四鄕點驗.

于點驗先十日, 行票該保長, 除城廂壯丁就近定期點驗外, 各鄕壯丁住居窵遠, 若聚點一

---

193 인발(印發)은 직인을 찍어 내보내는 것을 말한다.

194 행면당모(行綿撞帽)는 오장·장정이 쓰던 특제 면모(綿帽)를 가리킨다. 행(行)은 긴 바늘을 써서 면화솜(棉絮) 등을 재봉질하여 꿰매는 것을 가리킨다.

195 차이(遮耳)는 귀막이·귀가리개. 호항(護項)은 목덜미를 보호하는 덮개를 말한다.

196 두해(兜頦)는 아마 모자 안의 보호대를 가리키는 것 같다. 모승(帽繩)은 턱 아래로 모자를 묶는 끈을 말한다.

197 연갑(軟甲)은 부드럽고 질긴 물품으로 만든 호신용 전투복을 가리킨다.

198 탑포(搭包. 褡包)는 길고 넓은 허리띠(腰帶)를 가리킨다. 안에 물건이나 돈을 담을 수도 있다.

199 송탈(鬆脫)은 느슨해져서 떨어진다는 뜻이다.

200 제슬(齊膝)은 무릎높이라는 뜻이고, 포말(布襪)은 베로 만든 버선을 말한다.

201 계속(繫束)은 단단히 묶는다는 뜻이다.

202 검(臉)은 얼굴이나 물체의 앞부분을 가리킨다. 옹혜(翁鞋)는 거칠고 무거운 면으로 만든 신발을 가리킨다.

203 갈(褐)은 거친 베나 마로 만든 옷, 또는 황흑색(黃黑色)을 가리킨다. 따라서 갈토황색(褐土黃色)은 약간 어두운(짙은) 누런색이라 할 수 있다.

204 정황색(正黃色)은 순황색(純黃色)을 가리킨다. 황색은 토색(土色)이고 중앙에 위치하며, 황권·황제·황실을 상징하는 색깔이기도 하였고(청대 황제의 예복인 龍袍 역시 황색이다), 청대 팔기에도 황제가 직접 통솔하는 정황기(正黃旗)가 있었으므로, 당연히 민간에서 사용을 피해야 할 색깔이었다.

205 호대(號帶)는 번호 띠를 말한다.

206 영(纓)은 갓끈이나 가슴걸이를 말한다.

處, 恐彼飯食不便, 且須守俟半日, 莫若分作數處, 于各保相近之地, 擇空濶處所點驗. 每保正按方色置一旗, 長五尺、濶三尺五寸、杆長一丈二尺,[207] 上綴黑纓, 或染黑絲蔴爲髦頭.[208] 旗上直大書"某縣某鄉第幾保"字様. 保正率領伍壯, 挨保排列道左.[209] 每保相去十步, 或五步, 保正在前, 執旗者立于保正左側. 第一伍伍長領伍壯丁排列, 第二伍以至五伍亦如之. 俟本縣馬將至, 保長去保正等前十步, 打恭迎接,[210] 本縣擧手. 保正去伍壯前五步跪迎, 本縣擧手, 保正起打恭, 執旗者仍前站立不動, 伍壯等跪迎, 俟本縣馬過畢方起.

場上南向設公座桌案, 案設隨帶硃墨筆硯. 俟本縣陞座, 保長立于左班之上, 各保正率領伍壯左班, 順保挨列. 保正居前, 執旗立保正左側, 伍長五人排列保正之後, 壯丁二十五人, 排列各伍長之後. 行列要整齊, 不許參差, 禁止喧譁, 不許說話作聲, 以軍容最宜嚴肅也.[211] 各保排列旣畢, 保長向案前打恭, 稟點驗. 該房呈壯丁『花名冊』于案上, 高唱某鄉第一保聽點. 先喚保正某人, 保正行至中間, 立旗隨亦至. 本縣驗訖, 行過右邊, 照式排列. 各保點完, 該房高唱各保伍長、壯丁向前聽諭, 各保正領旗順排向前, 伍壯等各隨旗排跪聽諭. 【諭見後】 諭畢, 保正稟覆"各保保正、伍壯等悉遵鈞諭," 遂起. 先于本縣去處, 照前排列道左如式. 送畢, 保正捲旗, 率領伍壯整肅而還, 仍不得喧譁奔走, 以象亂軍. 卽點驗城廂伍壯, 亦如前儀式. 其票、諭先行保長, 保長卽抄傳各保正, 保正抄傳各伍長, 伍長抄傳各壯丁, 使其明白了然. 保正、長先期演習嫻熟, 免致臨時忙錯. 本縣點驗時, 須驗其年貌、籍貫, 與所用兵器, 與冊同否. 卽驗其所戴撞帽面錢、軟甲胸左右日月掩鏡, 并號帶上姓名保號、所穿鞋襪及所持器械、各保旗上標爲字樣方色, 俱不差, 本縣用硃筆于名上點訖, 過右邊, 照式排列. 如有服制違式、器械不鮮利, 本壯丁記責, 伍長、保正俱記責, 保長記罰. 以今日點驗之始, 不便加刑也. 宜嚴諭之, 限五日速改正完備, 伍、保帶縣再驗. 其記責之壯丁, 卽書明于本名下, 以便回縣行票, 保正催改赴驗. 各保點完, 遂令保正率領伍壯, 前跪聽諭. 其諭豫先作就, 令該房高聲宣讀. 讀曰:

保甲之設, 爰爲爾民防戢盜、逃, 盤詰奸宄. 簡爾壯丁, 用資守禦, 堅爾衣甲, 利爾戈矛, 以護爾身, 以殲匪類. 見賊必擒, 聞警必援, 有調必集, 毋生怠玩. 功則立賞, 罪則立罰. 伍[長]、保正·長,

---

207 장(丈)은 길이를 말하는 단위로 열 자나 한 길(사람 키높이)을 말한다.

208 모두(髦頭)는 제왕의 의장 행렬 가운데 제일 앞서는 사람의 관복(冠服)을 뜻하는데, 나아가 선구자를 가리키기도 한다.

209 도좌(道左)는 길의 왼쪽, 또는 동쪽, 아니면 길옆을 말한다.

210 타공(打恭, 打拱)은 예절의 일종으로 한 손으로 다른 주먹 쥔 손을 감싼 다음 팔 윗부분을 들어 약간 흔드는 것이다. 포권(抱拳)이라고도 한다.

211 군용(軍容)은 군대와 군인을 지휘하는 예의법도·풍기·배열 및 무장설비를 말한다.

代縣司敎, 爾等宜遵, 不可違拘. 朝廷有法, 官長有刑, 出爲義勇, 入循孝悌, 永保鄕邦, 太平萬世.

宣畢, 保正等謝起, 先于道左, 照式排列而送. 保長先馳彼處迎接, 點驗宣諭候送, 悉如前儀. 蓋鴻于壯丁必其衣械、行列之整齊者, 非欲費民財, 幷示己威也. 夫彼鄕曲耕農, 塗首跣足慣矣. 使一旦服敝衣, 執朽器而卽戎,[212] 不惟有褻觀瞻,[213] 亦且防其戕害. 況伍壯甫充, 旣有免差之恤, 而苟爭先擒賊, 赴援有功, 又加格外之賞乎! 鴻以爲保甲果行, 境內之匪類格心,[214] 鄰邦之無良裹足. 所謂: "兵雖設而不用",[215] 又何壯丁之爲勞擾哉!

21-06. 오장·장정의 훈련(訓練伍壯)

무릇 병사가 있는데도 훈련시키지 않는 것은 이른바 "도시의 백성을 들판에 내몰아서 싸움에 나서게 하는 것"이나 마찬가지다. 비단 승리를 거두기 어려울 뿐 아니라, 또한 스스로 다치는 경우도 많기 때문이다. 이를테면 오장과 장정은 모두 시골사람이다. [아무런 군사훈련도 받지 못한 이들이 군사 대열에 맞추어] 나아가고 물러나고 일어서고 앉는 데 어찌 절도가 있겠으며, 발걸음을 같이하여 일제히 멈추라는 구령을 어찌 따를 수 있겠는가? 그런데 이들에게 연습과 훈련을 시키고자 한다면, 농사일을 방해하기 쉽고 상금을 줄 돈을 마련하기도 쉽지 않다. 더구나 지방관은 날마다 회계장부나 들여 보기에 바빠, 솔직히 쉬는 날이 하루도 없을 정도다. 그러니 어떤 사람은 말한다. "강도질 하는 도적놈은 기껏해야 못된 무리 몇몇에 지나지 않아 대부분 장정들이 잡아다 묶을 수 있는데, 어찌 이렇게 번거롭게 가르치고 훈련시킬 필요가 있습니까?"

그렇지만 일이 없을 때 항상 일이 생길 때를 대비해야 하는 법이다. 옛날 태평성대의 성왕(聖王)이라 할지라도 세상이 안정되었다는 이유로 군대를 없앴다는 이야기는 들어 보

212 즉융(卽戎)은 용병(用兵)이나 작전을 가리킨다.

213 설(褻)은 내복이나 사복, 또는 친근하다, 가볍게 여기다, 모욕하다, 더럽힌다는 뜻으로, 관첨(觀瞻)은 본다, 관망한다, 감상한다는 뜻, 또는 외관이나 체통을 가리킨다.

214 격심(格心)은 마음을 바르게 한다는 뜻이다.

215 설이불용(設而不用)은 보통 형벌이나 율법을 설치하고도 쓰지 않는다는 것을 가리킨다. 형구를 거두어들이고 백성을 다스린다는 속장이민(束杖理民)처럼 관대하고 인자한 기풍을 가리킨다.

지 못하였다. 명 희종(熹宗) 말년에 해상의 왜구(倭寇)가 7, 8회에 걸쳐 강남의 주현 1,000여 리를 침범하여 사람을 죽이고 다녔는데, 이를 막을 수 있는 사람이 없었다. 당시 어찌 병사가 없어서 그랬겠는가? 평소에 훈련을 하지 않아 군대가 아주 망가져 있었기 때문이었다. 무릇 시골사람으로 하여금 도적을 잡게 한다면, 겁 많은 시골사람이 목숨을 걸고 덤벼드는 도적을 마주쳐서 무서워 달아나지 않는 경우가 없다. 그러므로 토지가 있어도 경작하지 않는 것을 "토지를 버리는 것"이라고 하는데, 장정이 있는데도 훈련시키지 않는 것을 "백성을 버리는 것"이라고 한다. 토지를 버리는 것도 있어서는 안 되는 일인데, 하물며 백성은 말할 필요가 있겠는가?

나는 일찍이 담성현의 지현을 맡은 적이 있었다. 그곳은 산동과 강남이 만나는 곳에 자리 잡고 있었고, 주위에 빙 둘러 8개 주현이 있었다. 주변에 자리 잡은 36채(寨)의 도적이 백성을 장악하고 있어, 그야말로 도적의 소굴이 되어 있었다. 그래서 이웃 지역에서 노략질은 벌어졌다는 소식을 하루라도 듣지 않는 날이 없을 정도였지만, 오로지 담성현만은 무사하였다. 그것은 바로 평소 [보갑을 통해] 훈련한 장정들 덕분이었다. 못된 무리들은 이런 소식을 듣고 발길을 멈추었으며. 서로 경계하여 이곳으로 들어오려 하지 않았다. 나는 매일 한밤중에 돌아다니면서 멀리는 100리 밖까지 순찰을 나갔다. 백성은 코를 골며 곤하게 잘 수 있었고, 길에는 나쁜 무리의 어떤 흔적도 찾아볼 수 없었다. 이것이 바로 엄격한 보갑 시행과 오장·장정의 용감함이 아니겠는가? 그러나 이른바 훈련이란 게 어찌 대장군처럼 전투 진형이나 공격과 포위, 정공과 기습, 허허실실의 쓰임새를 가르칠 수 있겠는가? 단지 농사일이 바쁘지 않을 때 보정에게 맡겨 무기 사용기술을 시험하고, 바닥을 정리한 다음 지현이 한번 그들 전체를 사열하는 정도에 지나지 않는다. 이 일은 마치 장난과도 같다고 할 수 있겠지만, 그래도 하지 않는 것보다는 훨씬 낫다. 감히 그에 관한 기록을 여기 남겨 널리 고명한 분들의 비평을 받고자 한다.

각 보정은 해당 보의 오장·장정이 평소에 쓰는 무기에 제대로 익숙한지를 시험하여 만약 단지 숫자만 맞추고 있을 뿐 침입을 막는데 부족한 수준이라면, 모름지기 좋은 교사를 초빙해서 따라 배우도록 해야 한다. 반드시 활과 화살은 어떻게 당기고 맞추는지, 삼안조총(三眼鳥銃)은 어떻게 화약을 만들고 어떻게 명중시키는지, 장창은 어떻게 찌르는지, 대도는 어떻게 휘두르는지, 또한 낫·써레·검·창 등의 다양한 무기 종류는 어떻게 능숙해질 수 있는지 등을 보 안에서, 혹은 다른 보와 함께 서로 노력하고 연습해야만 하는 것이다. 만약 정말로 숙련되고 정교한 솜씨를 갖춘 사람이 있다면 보정이 명단을 작성해서 보고하여 지현이 직접 점검할 때 상을 내려 장려할 수 있도록 한다. 만약 게을러서 익히지 않아

무기를 다루는 데 서툰 사람이 있다면, 지현이 불시에 혼자 말을 타고 직접 방문하여 골라서 시험해 보고 해당 오장·장정을 무겁게 처벌하고 보정 역시 감독하고 통솔하는데 힘을 쓰지 않았다는 이유로 함께 추궁한다.

○ 매 해 여름 3개월은 날씨가 덥고 농사일이 바쁘므로 시범 훈련을 면제해 준다. 나머지 세 계절에는 달마다 한 차례 해당 보정이 반드시 농사일이 한가한 날을 잡아서 전날 오장·장정들에게 전하여 알린 다음, 그 이튿날에 기예 시범훈련을 한다. 한 보에서만 하거나 아니면 이웃 보와 함께해도 좋다. 넓은 빈터에서 활과 화살을 서서 잡고 짝을 지어 쏘고, 삼안조총은 나무판을 세우고 짝을 나누어 과녁을 쏘는데, 화살·탄환은 모두 표적에 적중해야 하고, 화약은 경쾌한 소리가 나야 한다. 나머지 창이나 칼을 휘두르는 것 역시 모두 숙련되고 정교해야 한다. 해당 보정은 『연습장부(演習簿)』라고 이름 지은 장부 하나를 만들어, 모월 모일에 오장 혹은 장정 누가 화살 몇 발을 맞추었고 총 몇 발을 맞추었으며, 창과 칼은 누가 서투르고 숙련되었는지 등을 모두 상·중·하 3등급으로 정하여 기록한다. 다음 차례에도 이와 같이 시범 훈련을 하는데, 만약 세 차례 모두 하등급 판정을 받으면 해당 보정이 명단을 현에 보고하여 지현이 직접 점검할 때 벌을 내리는 근거로 삼는다. 만약 보정이 숨기고 보고하지 않는다면 함께 엄하게 처벌한다. 시범 훈련을 하는 날 오장·장정은 모두 술을 마시거나 싸움질을 하여 말썽을 부리는 일이 없어야 한다. 가벼우면 보정이 훈계하고, 무거우면 관에 보고하여 징벌을 내린다.

○ 나는 매년 봄과 겨울, 백성이 일이 한가로울 때 직접 마른 식량을 갖추고 아울러 돈과 술을 준비한 다음 향을 방문하여 오장·장정을 모아 기예를 겨루게 하였다. 숙련된 사람은 장부에 기록하고 상금과 술을 내렸고, 그다음은 술만 내리고 상금은 주지 않았고, 그다음은 처벌은 피하되 벌로 무릎을 꿇고 술을 받은 사람이 다 마시고 나서야 일어서게 하였다. 우수한 사람이 많으면 보정도 술을 내리고 공을 기록했으며, 열등한 사람이 많으면 보정에게 벌금 약간을 내고 장부에 기록하여 다음 시범 훈련의 상금으로 삼았다. 매년 9월의 상강(霜降)에는 성·향 모든 보의 오장·장정이 대규모 훈련을 하였다. 이날 새벽에 신호용 대포를 한 번 쏘면 각 보정·보장이 군복을 갖추어 입고 오장과 장정을 인솔하여 교장에 도착한다. 해가 뜰 때 신호용 대포를 한 번 쏘면, 각 보장이 보정을 이끌고 자기 보의 오장을 이끌고 좌우 양쪽으로 나누어 정렬한다. 왼쪽에는 동향·현성·북향이, 오른쪽에는 남향·서향이 자리를 잡는데, 서로 각기 5보씩 거리를 두고 무예를 시연할 때에는 10보씩 거리를 둔다. 보정은 방향색깔에 따라 긴 깃발을 하나 만들고, 위에 모현 모보라고 쓰는데, 그 깃발을 펼쳐 내리는 일은 가깝고 믿을 수 있으며 힘이 센 사람 한 명이 왼쪽에서 담당

하게 한다. 그 깃발 번호나 각 보에서 정한 깃발의 표시 기호는 이를테면 독수리나 호랑이 따위를 쓰거나 가장자리를 다른 색이나 특수 모양으로 만들기도 하지만, 서로 같아서는 안 된다. 비록 훈련용이라 실제 사용하는 것은 아니지만, 군사 제도이니 어지러워서는 안 되기 때문이다.

보정 뒤에는 5명의 오장이 줄지어 서고, 오장 뒤에는 해당 장정들이 줄지어 서는데, 모두 각기 2보씩 떨어져서 가지런하게 대열에 맞추어 정렬한다. 아침 사각(巳刻. 7-9시 무렵)이 되어 신호용 대포를 한 번 쏘면, 지현이 길복(吉服)을 입고 수레를 타고 훈련장에 당도한다. 포를 다시 한 번 쏘면 5명의 보장이 훈련장 입구로 나와 순서대로 포권으로 인사하여 영접하며, 지현이 손을 들면 수레가 가운데 길을 통해 연무청(演武廳)에 이르고, 지현은 수레에서 내려 의자에 앉는다. 5명의 보장이 정참의 예를 행하면 머리를 조아리는 것을 면제해 주고 양쪽에 서게 한다. 각 보정은 대오에서 벗어나 연무청 아래로 와서 네 번 머리를 조아리고 인사가 끝나면 보장을 따라서 양쪽으로 정렬한다. 병방(兵房)의 아역이 제품(祭品)을 준비하는데, 돼지고기·양고기·술잔·술통, 탁자 등을 고루 갖춘다. 다시 대포를 한 번 쏘면 지현이 기독신(旗纛神)에게 제사를 지내도록 외치며 청한다. 악사가 악기를 울리면 지현은 자리에서 일어나 연무청 아래 기대(旗臺)의 양탄자로 걸어가서 주제(主祭)의 자리에 선다. 5명의 보장은 양쪽으로 정렬하고, 각 보정은 방향색깔에 따라서 보장 뒤에 서는데, 땅의 넓고 좁음에 따라 두세 줄로 정렬한다. 정렬이 모두 끝나면 예식의 진행을 담당하는 예생(禮生)이 순서를 제창하고, 병방이 깃발을 올리면 [지현이] 술을 세 번 따른 다음 사배례(四拜禮)를 행한다. 보장·보정 역시 따라서 사배를 행한다. 예식이 끝나고 대포를 한 번 쏘면 지현은 연무청으로 돌아와 자리에 오른다.

보정들이 각기 대오로 돌아가면, 5명의 보장이 앞으로 나와 시범 대훈련(人操)를 시작할 것을 큰 소리로 청한다. 지현은 성상의 보장을 중군(中軍)의 주장(主將)으로, 동향의 보장을 좌군장(左軍將)으로, 서향의 보장을 우군장(右軍將)으로, 남향의 보장을 전군장(前軍將)으로, 북향의 보장을 후군장(後軍將)으로, 각 보정을 편비장(偏裨將)으로 삼는다는 지시를 내린다. 5명의 보장은 큰소리로 "알겠습니다!"라고 외치고 뒤로 물러난다. 이때부터 각 군은 중군 주장의 호령만을 듣고 지현의 존재는 신경을 쓰지 않는다. 먼저 중군 주장은 본대의 황기(黃旗) 외에 따로 청(靑)·백(白)·홍(紅)·조(皂. 검은색) 등의 네 가지 방향 깃발을 마련하여 쓸 수 있게 한다. 5명의 보장은 미리 각각 깃발 자루 하나씩을 준비하여, 위는 큰 깃발(纛) 식으로 만들지만, 아래에는 각기 방향색깔에 따라 삼각형 작은 깃발을 깃대 끝에 묶어서 표시 깃발로 삼는다. 이때 중군은 훈련장의 가운데 표시 깃발을 세우는데, 좌군은 왼쪽 앞에 표시 깃발을 세워 남군과 마주보고, 우군은 오른쪽 뒤에 표시 깃발을 세워 북군과 마주보고, 남군은 오른쪽 앞에 표시 깃발을 세워 좌군과 마주본다. 각 표시 깃발은 중군의 표시 깃발과 각기 20보 거리만큼 떨어지니, 이는 5군이 상생(相生)하며 선다는 뜻이다.

5개의 표시 깃발이 세워지면 중군 주장은 깃발과 편비장·오장·장정을 이끌고 중군의 표시 깃발 아래로 이동한다. 주장 앞에 큰 깃발(大旗)을 세우되, 말아서 똑바로 세우고, 사방의 깃발은 모두 말지만, 똑바로 세우지 않는다. 중군에는 순경사(巡警司) 2명, 깃발 담당 5명, 북을 치는 사람 1명, 북을 드는 사람 2명, 징을 치는 사람 1명, 나팔을 부는 사람 1명을 둔다. 나팔을 한 번 부는 소리가 그치면, 북을 서서히 쳐서 소리를 올린다. 4명의 군장은 각각 편비·오장·장정을 이끌고 각기 자기의 표시 깃발에 맞추어 대열에 따라 정렬한다. 북소리가 그치면 나팔을 한 번 부는데, 4명의 군장이 편비장을 인솔하고 중군 주장에게 가서 지시를 받는다. 주장은 서서 다음과 같이 훈계한다. "눈은 깃발을 보고, 귀는 북과 나팔소리를 듣는다. 나아가야 할 때는 나아가고, 물러나야 할 때는 물러나며, 왼쪽으로 가야 할 때는 왼쪽으로 가고, 오른쪽으로 가야 할 때는 오른쪽으로 간다. 호령을 마음속으로 간직하고, 시끄럽게 떠들거나 대오를 무너뜨리지 말라. 승기(勝機)를 잡으면 공에 따라 상을 내리고, 명령을 듣지 않으면 나라에는 형벌이 있으니, 각자 모두 응당 힘껏 노력해야 할 것이다." 4명의 군장과 편비장은 "알겠습니다."라고 대답하고 뒤로 물러간다.

북을 한 번 크게 치면 그들은 각기 본 대오로 돌아간다. 나팔을 한 번 불면, 주장은 순경사 2명에게 명령을 내려 각각 조두(刁斗)를 맡고 한 명은 왼쪽에서 오른쪽으로, 한 명은 오른쪽에서 왼쪽으로 움직이도록 한다. 5군은 나팔 소리를 들으면 모두 무기와 기치를 앞으로 숙여 순경사가 귀대하기를 기다린다. 나팔을 한 번 불면 5군은 모두 일어나서 무기를 세우고 깃발을 편다. 북이 한 번 울리면, 중군은 모두 표시 깃발에서 앞쪽으로 10보쯤 나아가 멈춘다. 표시 깃발을 맡은 사람은 5개의 표시 깃발을 모두 뽑아든다. 중군에서 나팔이 한 번 울리면 남군은 선봉대가 되어 중군 앞쪽으로 대오를 옮겨서 자리 잡는다. 좌·우군은 중군의 좌·우에서 양쪽으로 나누어 자리를 잡고, 북군은 중군의 뒤에 자리를 잡는다. 각기 중군에서 10보 떨어져서 줄을 똑바로 하여 자리를 잡는데, 빽빽하고 엉성한 것이 들쭉날쭉 보여서 안 된다. 군용(軍容)이 가지런하지 못하면 보기에 좋지 않기 때문이다. 좌군은 5보로 나누어 왼쪽 작은 언덕에 자리 잡고, 우군은 5보로 나누어 오른쪽 작은 언덕에 자리 잡아 좌우의 기동 초소(游哨)가 된다. 【기동 초소는 반드시 미리 자리를 잡아 놓아야 때가 되었을 때 바쁘거나 어지럽지 않다.】 만약 훈련장에 작은 언덕이 없으면 대군에서 각각 20보씩 떨어지게 한다. 각 군의 배치는 빠르고 어지럽지 않아야 한다. 한마디로 숙련을 중시하는 것이다.

4군의 배열이 모두 마무리되면 중군 주장이 앞에 선다. 나팔이 한 번 울리면 큰 깃발을 세우고, 5군은 모두 활과 칼을 빼고 총과 칼로 쏘거나 찌를 준비를 한다. 중군에서 나팔을 한 번 불면, 큰 깃발이 앞을 가리키고 북이 울리면 전군(前軍)은 전투태세를 취한다. 북소리가 빨라지고 큰 깃발을 앞으로 드리우면 전군은 싸움에 이기면서 앞으로 나아간다. 큰 깃발로 좌우를 가리키면 좌우 양쪽이 전진하고 전군과 함께 적을 약 10여 보 추격한다. 중군에서 징을 울리면, 전군과 좌·우군이 추격을 중단하고 활을 내리고, 총과 창을 몸 옆으로 세운 다음 돌아와, 중군을 보면서 원래의 대오와 같이 정렬한다. 병법에서 이른바 "추격하되 달리지 않고, 물러나는 경우에는 달려가 쫓지 않는다."라고 하는 것이 바로 이것이다.

왼쪽 기동 초소에서 뿔피리를 불고 깃발을 앞으로 향하면, "적이 동쪽에서 온다"는 뜻이다. 중군에서 나팔을 한 번 불고 큰 깃발이 왼쪽 앞을 가리키면 전군(前軍)이 전진하여 싸움의 태세를 취한다. 큰 깃발을 왼쪽 앞으로 드리우고 북소리가 빨라지면 전군이 승리를 거두고 앞으로 추격한다. 큰 깃발이 좌우를 가리키면 좌·우 양쪽이 전진하여 전군과 함께 약 10여 보 추격한다. 중군에서 징을 울리면 전군과 좌·우군이 추격을 멈추고 돌아와 원래의 대오와 같이 정렬한다. 오른쪽 기동 초소에서 뿔피리를 불고 깃발이 앞으로 향하면 "적이 서쪽에서 온다"는 뜻이다. 중군에서 나팔을 불고 큰 깃발로 가리키면 전군과 좌·우군이 싸우다 추격하고 멈추어 돌아오는 것을 모두 앞서의 경우처럼 한다.

세 번의 싸움이 끝나면 좌우의 기동 초소는 모두 뿔피리를 불고 깃발을 돌려 뒤쪽을 가리키는데, 이는 "적이 양쪽에서 와서 우리 부대를 공격한다"는 뜻이다. 중군에서 나팔을 한 번 불고 깃발을 돌려 북쪽을 가리키면, 각 군은 모두 몸을 돌려서 앞뒤를 바꾸어 중군 뒤쪽을 둘러싸며, 좌·우 양군도 역시 몸을 돌린다. 중군의 큰 깃발이 앞을 가리키는 것을 보면 각 군은 모두 전진하여 싸울 태세를 갖춘다. 청·백 두 깃발로 좌·우 양군을 움직여 앞을 향하여 함께 둘러싸게 한다. 홍·조 두 깃발로 북군이 양 날개로 나뉘고 남군도 양 날개로 나뉘어 모두 좌우 양군과 함께 포위공격을 맡는다. 모두가 하나의 둥근 진을 만들고, 안쪽을 향하여 싸울 태세를 취함으로써 안에 몰린 적을 곤란하게 만드는 것이다. 중군의 깃발이 움직이지 않는 채 북소리가 빨라지면 5군은 싸우면서 조금씩 접근하여 적을 패세(敗勢)로 몰아넣는다. 각기 약 10보 정도 떨어진 곳까지 접근하면, 중군에서 징을 울려 각 군은 싸움을 멈추고 [무기를] 옆으로 돌려 본래의 대오로 돌아온다. 좌우 기동 초소 역시 모두 본래의 대오로 돌아간다.

나팔을 한 번 불면 각 군은 깃발을 감고, 활과 칼을 각기 집에 집어넣고 창도 내린다. 다시 나팔을 한 번 불면 각 대오는 깃발과 무기를 땅에 눕히고 모두 앉아서 쉰다. 잠시 후 중군에서 나팔을 한 번 불면 각 군은 깃발과 무기를 잡아 다시 세운다. 중군이 대오를 움직여서 가운데에서 남쪽을 향하면 4군은 왼쪽에 동·북 양군, 오른쪽에 남·서 양군이 마주보고 서는데 각각 5보씩 거리를 둔다. 나팔을 한 번 불면 4명의 군장이 편비장을 이끌고 중군 주장에게 와서 공죄(功罪)를 보고하는데, 공이 있는 사람은 포상 장부에 기록하고, 죄가 있는 사람은 처벌 장부에 기록한다. 나팔을 한 번 불면 각 보는 흩어졌다가 한곳에 모여서 지현의 지시를 기다리는데, 떠들거나 뛰어다녀서는 안 된다. 중군 주장이 4명의 군장과 편비장을 데리고 와서 순서에 따라 대훈련이 끝났음을 알리면, 인사를 다시 하는 것을 면제해 준다.

지현은 미리 연무청에 연회석 네 좌석을 마련하여, 여기에서 주둔부대의 지휘관(營官), 유학(儒學)과 속료·좌이관을 접대한다. 돼지 세 마리, 술 세 통과 돗자리 및 탁자를 마련하여 해 두었다가 보장과 보정들에게 내린다. 오장들에게는 따로 고기 8냥과 술 한 근을 상으로 주고, 장정들에게는 고기 6냥과 술 1근을 상으로 준다. 사람이 많아서 제대로 나눠 주기 힘들 것 같으면 돈으로 대신한다. 지현은 보장들에게 지시하여 오장·장정 가운데 볼만한 기예를 가진 사람이 있으면 바로 그 자리에서 시연하도록 하고, 남들보다 뛰어난 숙련도를 보인 사람에게는 은패를 상으로 준다. 시연이 끝나면 자리에서 일어나는데, 대포 세 번을 쏘면, 지현과 주둔부대 지휘관 등이 모두 관청으로 돌아가고, 각 보장·보정·오장·장정들도 흩어져서 돌아간다.

○ 무릇 시범 대훈련은 비록 장난에 가깝지만, 시골사람들에게 군용(軍容)의 가지런함과 기율의 엄격함을 알려 주고, 미련하고 사나운 기운을 버리고 존비의 순서와 양보의 예절을 알게 해 주는 것이다. 또한 삼가 존중하고 부지런하며, 겸손하게 물러나는 마음을 갖게 하는 것이므로, 무비(武備)를 갖추면서도 문교(文敎)를 닦는 데에 적지 않은 도움이 될 것이다. 대훈련에서 핵심은 절도 있게 멈추는 것이다. 각 대오에서 주장의 깃발만을 보고 그에 따라 흩어지거나 합치며, 항상 주장의 깃발을 주시함으로써 대오를 흩뜨리지 않는다. 대오를 정렬하고 전후·좌우로 움직이는 것 역시 오로지 중군이 자리 잡고 있는 위치만을 보는데, 서로 10보 정도 떨어져서 정렬하면 자연히 대열이 가지런해지고 들쭉날쭉하지 않게 된다. 깃발이 세워지고 드리워지는 것을 보고 전진하고, 북소리가 빨라지는 것을 나아가 싸우며, 징이 울리는 소리를 듣고 멈춘다. 그런데 군중의 규칙 중에서 가장 중요한 것은 바로 나팔소리의 규칙이다. 따라서 첫 번째 나팔소리에는 무엇을 하고, 두 번 째 나팔소리에는 무엇을 하는지 분명하게 기억하여 앞뒤 순서를 놓쳐서는 안 된다. 훈련 중에는 늘 네

모나거나 둥글고, 곧바르거나 구부러진 진(陣)이 있고, 정공과 기습, 흩어지고 합치는 대오가 있기 마련인데, 아주 복잡해서 이루 다 기억하기는 어렵다. 그 때문에 여기에서는 대략만을 뽑아 기억시키고자 한다. 보장·보정·오장·장정은 응당 종이 한 장에 이 내용을 자세하게 베껴서 기억하고, 미리 각자 숙련되게 연습한 다음에야 비로소 대훈련에 참가할 수 있다. 사실 사람의 많고 적음에 관계없이, 다만 5군으로만 나누어 형식대로만 훈련하면 안 될 것이 없다.【훈련에서는 나팔을 모두 15차례 분다. 여기에서 이것을 노래가사로 만들어서 외우기 편하게 하였다. 노래는 다음과 같다. 1) 4군이 표시 깃발에 따라 정렬. 2) 지시 듣기. 3) 순경의 움직임. 4) 사방에서 일어나 표시 깃발을 뽑기. 5) 대오 정렬. 6) 큰 깃발과 무기 들기. 7·8·9) 앞·뒤·오른쪽에서 싸우기. 10) 뒤로 돌아 함께 포위·압박하기. 11) 깃발과 무기를 거두어 넣기. 12) 무기를 놓고 앉아서 잠시 쉬기. 13) 대오를 중군 옆으로 옮기기. 14) 공과의 보고. 15) 각 보끼리 흩어져 모여서 음식을 먹고 우수한 사람에게 상을 주기. 이것이 반드시 기억해야 할 나팔소리의 순서이다.】

夫兵不訓練, 所謂: "驅市民而野戰", 不惟難以取勝, 且多自傷. 如伍壯, 皆鄉民也. 彼更何有進退坐作之節,[216] 步伐止齊之令乎?[217] 然欲加之訓習, 恐妨農務, 且賞賚無資, 而縣官日鞅掌于簿書,[218] 迄靡寧晷.[219] 說者謂: "剽刦之盜不過數三醜類, 率是壯丁可以坐縛, 又何煩于敎練耶?" 雖然, 無事常爲有事之防. 古盛王之世, 不因承平而廢兵. 聞之, 明熹宗之末, 海上倭彝七八衝殺江南州縣千餘里,[220] 無有堵禦之者. 詎無兵哉? 素失訓練, 刓敝不振之故也.[221] 夫以鄉人擒盜, 鄉人之怯膽, 而當盜之死命, 未有不披靡敗走者.[222] 然則有田而不耕, 謂之: '棄地', 有壯丁而不訓, 謂之: '棄民'. 田且不可棄, 而况于民乎?

---

216 좌작(坐作)은 앉고 일어서는 것, 멈추고 가는 것을 가리킨다. 대부분 진퇴(進退)와 함께 쓰면서 군사훈련 과목의 하나를 나타낸다.

217 보벌(步伐)은 발걸음, 보조를 뜻한다. 지제(止齊)는 대오를 정돈하여 행렬을 가지런히 하는 것이다.

218 앙장(鞅掌)은 직무를 수행하느라 바쁘고 번거롭다는 뜻이다. 부서(簿書)는 재물의 출납을 기록한 장부책이나 관청의 문서·장부를 가리킨다.

219 흘(迄)은 '마침내, 거의'라는 뜻이고 미(靡)는 '없다, 아니다'는 뜻이니, 흘미영구(迄靡寧晷)는 안정된 시각, 편안한 시간이 거의 없다는 뜻이다.

220 왜이(倭彝)는 왜이(倭夷)를 가리킨다. 청대에는 '이(夷)'자를 피하기 위해 '이(彝)'자로 대신하는 경우가 자주 있었다.

221 완폐(刓敝)는 닳고 헤진다는 뜻이다.

222 피미(披靡)는 초목이 쓰러진다는 뜻으로 나아가 군대가 패주하거나 퇴각하는 것을 비유하기도 한다.

鴻囊在郯, 地當山左、江南,[223] 環介八州邑,[224] 密邇三十六寨之撫民,[225] 爲盜賊淵藪.[226] 其他鄰壤剽刦之事, 無日不聞, 而惟郯爲安土, 所賴有素練之壯丁也. 彼宵小者聞風裹足, 且相戒不入. 鴻每昏夜遊巡, 遠徂百里, 而居民鼾睡,[227] 杳無人跡, 謂非保甲之嚴、伍壯勇敢之效哉? 然所謂: '訓練'者, 豈若大將軍教以戰陣攻圍,[228] 奇正、虛實之用?[229] 亦惟農隙委之保正, 試以技擊及滌場之後,[230] 縣宰一合閱其衆而已.[231] 雖事同嬉戲,[232] 然猶愈于已乎云爾.[233] 故敢並述之, 以博高明一噱.[234]

各保正, 于本保伍壯平日所用兵器, 試其果否精熟, 如止備數, 不足禦侮, 須令延請明師,[235] 從其學習, 務期弓如何入彀、貫革,[236] 三眼鳥銃如何制藥、如何命中, 長鎗如何搠,[237] 大刀如何舞, 與夫乂耙、劍戟之類如何入玅,[238] 或本保, 或鄰保, 互相講究演習. 若果有熟慣精好者, 許保正開報以憑親驗奬賞. 如懶惰不習、器械生疎者, 本縣不時單騎臨挑試, 該伍長重責, 保正以督率不力並究.

○ 每歲夏三月, 天暑農忙, 免其演試. 其餘三時, 每月一次, 該保正但于農暇先日傳知伍

223 산좌(山左)는 태항산(太行山)의 왼쪽(동쪽)에 있는 산동성(山東省)을 가리킨다.

224 환개(環介)는 주위 부근을 말한다.

225 밀이(密邇)는 가까이 붙어 있다, 근접한다는 뜻이다. 36새(寨)는 명확하지는 않으나 주변 도적들의 산채들을 가리키는 것 같다. 무민(撫民)은 백성을 다스린다(治理人民)는 뜻인데, 여기서는 다스려야 할 백성·지역을 가리키는 것으로 보인다.

226 연수(淵藪)는 물고기가 모이는 연못과 짐승이 모이는 숲을 가리킨다. 나아가 사람과 사물이 모이는 지방을 비유하기도 한다.

227 원 글자는 齁인데, 확인이 곤란하다. 아마 한(鼾)과 통하는 것 같은데, 한수(鼾睡)는 코를 골며 곤하게 자는 것을 말한다.

228 전진(戰陣, 戰陳)은 작전을 위한 진법, 교전할 때의 진법·진열·진영을 말한다. 공위(攻圍)는 포위 공격을 가리킨다.

229 병법 용어로 정면으로 진형을 짜고 싸우는 것을 정(正), 매복하였다가 기습하는 것 따위를 기(奇)라고 한다.

230 기격(技擊)은 전투의 기교나 근접하여 치고 때리는 무예, 즉 박투(搏斗)를 말한다. 척장(滌場)은 바닥청소를 한다는 뜻이다.

231 현재(縣宰)는 지현을 가리킨다.

232 희희(嬉戲)는 유희·오락·장난이란 뜻이다.

233 유유어이호(猶愈於已乎)는 『맹자』「진심(盡心) 상(上)」에 나오는 구절("齊宣王欲短喪, 公孫丑曰: '爲朞之喪, 猶愈於已乎?'")이다. 그래도 하지 않는 것보다는 낫지 않느냐 는 뜻이다.

234 갹(噱)은 크게 웃는다는 뜻이다.

235 연청(延請)은 요청하다, 초청한다는 뜻이고, 명사(明師)는 현명한 스승이라는 뜻이다.

236 구(彀)는 화살이 미치는 범위를 가리키므로 입구(入彀)는 일정한 격식이나 표준에 들어맞는다는 것을 비유하기도 하며, 그 안에 들어온다, 또는 인재가 장악되거나 망라된다는 비유에 쓰이기도 한다. 관혁(貫革)은 갑옷을 꿰뚫는다는 뜻이다.

237 삭(搠)은 찌른다는 뜻이다.

238 예파(乂耙)는 낫과 써레, 검극(劍戟)은 칼과 창을 가리킨다. 입묘(入玅, 入妙)는 신묘(神妙)한 경지에 이른다는 뜻이다.

壯, 于次日演試技藝. 或本保、或連合鄰保, 于空濶去處, 弓箭立把, 分偶而射, 三眼鳥銃立板畫圈, 分偶而放. 矢要中的, 彈要中圈, 火藥要快, 其餘鎗刀等件, 俱要精熟. 該保正須置一簿, 名曰:『演習簿』, 將本月日伍壯某人箭中幾矢, 銃中幾放, 鎗刀某生、某熟, 俱定爲上、中、下三等. 再至下次, 演試何如, 若三試皆下等, 該保正彙單指名報縣, 以憑親驗示罰. 如保正狥庇不擧, 一體重究. 演試日伍壯等俱不許飮酒、爭鬪生事, 輕則保正戒飭, 重則禀官究懲.

鴻每于春冬, 民事閒暇, 自備餱糧, 兼携錢酒, 詣鄕傳集伍壯比藝. 嫻熟者記簿賞錢飮酒, 次之飮酒無錢, 再次之免責罰跪. 俟飮者飮畢, 乃起. 優者多, 保正亦飮以酒記功, 劣者多, 保正罰錢若干、記簿, 留充後試之賞. 每歲九月霜降日,[239] 城鄕全保伍壯大操.[240] 是日黎明, 本縣放號砲一聲,[241] 各保正·長俱戎服, 率領伍壯, 俱到教場. 日出時放號砲一聲, 各保長率領保正, 統本保伍壯, 分列左右兩行, 左東中北右南西, 各相去五步, 離演武廳十步. 保正按方色建一長旛, 上書某縣某保. 其旛垂展, 命一親信有力之人, 執于左側. 其旛號、各保標定記號, 不可相同. 或飛禽、走獸之類, 旛邊異色殊形之類, 雖屬操演, 原非實用, 然兵制不可紊也.

保正之後, 列五伍長, 伍長之後, 列本伍壯丁, 俱各去二步, 排列整齊. 正巳刻放號砲一聲, 本縣吉服乘輿, 將至教場. 放砲一聲, 五保長出教場口排班, 打恭迎接, 本縣擧手, 輿從中道至演武廳, 下輿陞座. 五保長行庭參, 禀叩免, 站立兩傍. 各保正離隊伍, 進廳下, 行四叩, 禮畢, 順保長下兩行排列. 兵房設祭品猪、羊、酒樽、香案齊備. 放砲一聲, 禀請本縣祭旗纛神,[242] 吹手擧樂, 本縣起座下廳, 步至旗臺鋪氈, 就主祭位. 五保長排二班, 各保正按方色在保長後, 相地勢寬窄或兩班、或三班排列. 齊畢, 禮生唱禮,[243] 兵房陞旗, 三獻畢,[244] 行四拜禮, 保長·正等隨行四拜. 禮畢, 放砲一聲, 本縣還廳陞座, 保正等各歸隊伍.

畢, 五保長進前, 禀開操. 本縣諭以城廂保長爲中軍主將, 東鄕保長爲左軍將, 西鄕保長爲右軍將, 南鄕保長爲前軍將, 北鄕保長爲後軍將, 各保正爲偏裨將, 五保長聲諾而退. 自是而後, 各軍止聽中軍主將號令, 不復知有縣主矣.[245] 先是中軍主將, 除本隊黃旗外, 另置青、白、

---

239 상강(霜降)은 24절기 가운데 하나로 보통 양력 10월 23일이나 24일쯤이다. 이때쯤 중국의 황하유역에서는 처음 서리가 내리며, 대부분 지역에서는 보리 등을 파종하느라 바빠진다.

240 대조(大操)는 대규모 연습·훈련을 가리킨다.

241 호포(號砲. 號炮. 號礮)는 군대에서 소식을 전달하기 위해 쓰는 화포. 사건이 곧바로 발생함을 표명하는 신호로 비유되기도 한다.

242 기독(旗纛)은 새의 깃털로 장식한 큰 깃발을 가리킨다. 독(纛)은 주수(主帥), 즉 최고사령관의 깃발을 가리킨다.

243 예생(禮生)은 예절을 담당하는 생원을 가리킨다. 제사 때 옆에 서서 각종 동작의 구령을 제창하는 역할을 맡는다.

244 삼헌(三獻)은 제사에서 세 차례를 술을 따르는 것(初獻爵·亞獻爵·終獻爵)을 가리킨다.

245 현주(縣主)는 여기서는 지방관을 가리킨다.

紅、皀方旗, 四面杆聽用. 五保長預各置一杆, 上作纛式, 下各按方色, 置一斜角小旗, 縛杆首爲表.[246] 其時中軍立表于教場居中, 左軍立表于左前, 與南軍對. 右軍立表于右後, 與北軍對. 南軍立表于右前, 與左軍對. 各表相去中軍表二十步, 是爲五軍相生而立. 五表旣立, 中軍主將領旗率偏裨、伍、壯, 至中軍表下. 主將前立大旗, 捲而竪, 側四方旗, 俱捲不竪. 中軍設巡警司二人、司旗者五人、司鼓者一人、扛鼓者二人[247]、司鉦者一人,[248] 吹角者一人.

至是吹角一聲絶, 嚴鼓徐徐, 四軍將各領偏裨、伍、壯, 各依表照式立. 鼓聲絶, 吹角一聲, 四軍將率領偏裨, 詣中軍主將前聽令. 主將立而誓曰: "目視旌旗,[249] 耳聽鼓角, 應進而進, 應退而退, 應左而左, 應右而右. 心存號令, 毋許喧譁, 毋得亂伍. 制勝賞功,[250] 不用命者, 國有常刑, 各宜加勉." 四將及偏裨聲諾而退. 嚴鼓一通, 將裨各歸本隊. 吹角一聲, 主將令巡警司二人, 各執刁斗,[251] 一人由左而右, 一人由右而左. 五軍聞角聲, 皆坐器械、旗幟, 俱偃臥待巡警者歸隊.[252] 吹角一聲, 五軍皆起, 擧械展旗. 嚴鼓一通, 中軍衆離表前行約十步止. 司表者五表皆拔. 中軍吹角一聲, 南軍爲前鋒移隊, 在中軍前擺開.[253] 左、右軍在中軍左、右分兩翼擺開, 北軍在中軍後擺開. 各相去中軍十步, 要擺列停匀,[254] 勿得稀密參差. 軍容不整, 便不足觀. 左軍分五保, 于左方高阜處札住.[255] 右軍分五保, 于右方高阜處扎住, 爲左右游哨. 【游哨須預先派定, 勿致臨時忙亂[256]】 教場無高阜處, 不過離大軍各二十步耳. 各軍擺列要快而不亂. 總之, 以熟練爲貴.

四軍擺列旣定, 中軍主將前立. 吹角一聲, 大旗擧立, 五軍俱弓出服,[257] 刀出鞘,[258] 架銃搽

---

246 표(表)는 깃발(旌旗), 휘장이 그려진 깃발(徽幟)을 가리킨다.
247 강고(扛鼓)는 북을 들거나 멘다는 뜻이다.
248 정(鉦)은 징을 말한다.
249 정기(旌旗. 旌旂. 旍旂. 旍旗)는 기치를 총괄하여 부르는 명칭으로 군사(軍士)를 가리키기도 한다.
250 제승(制勝)은 상대방을 제압하여 승리를 얻는다는 뜻이다.
251 조두(刁斗)는 구리로 만든 행군용구로 자루가 있는 콩(斗) 모양으로 낮에는 취사도구로, 밤에는 순라도구로 사용한다.
252 언와(偃臥)는 쓰러지거나 엎드린다는 뜻이다.
253 파개(擺開)는 전개한다, 펼친다는 뜻이다.
254 정균(停匀)은 균균(均匀)과 같은 뜻으로 고르다, 공평하다, 치우치지 않는다는 뜻이다.
255 찰주(札住)는 주둔한다는 뜻이다.
256 유초(游哨)는 옮겨 다니는 보초병을 말한다. 망란(忙亂)은 아주 바쁘고 급박하여 조리가 없는 모습을 가리킨다.
257 복(服. 箙)은 화살 통, 또는 기타 무기를 담는 그릇이나 통을 말한다.
258 초(鞘)는 칼집을 뜻한다.

鎗.[259] 中軍吹角一聲, 大旗前指鳴鼓, 前軍作戰鬪勢. 皷聲急擂,[260] 大旗前亞,[261] 前軍戰勝前進. 大旗左右, 指左右兩翼前進, 與前軍合追賊約十數步. 中軍鳴鉦,[262] 前左右軍止追執弓, 架銃鎗, 側身而還, 仍看中軍依原隊式立. 兵法所謂: "追不奔, 迸退不趨走"者, 是也. 左游哨吹觱栗,[263] 一旛前指, 謂: "有賊從東來也." 中軍吹角一聲, 大旗前左指, 前軍前進作鬪勢. 大旗前左亞, 鼓聲急擂, 前軍戰勝前追. 大旗左右指, 左右兩翼前進, 與前軍合追約十數步. 中軍鳴鉦, 前左右軍止追而還, 仍依原隊立. 右遊哨吹觱栗, 一旛前指, 謂: "有賊從西來也." 中軍吹角指旗, 前左右軍鬪追止回, 俱如前式. 三戰旣畢, 左右游哨俱吹觱栗, 旛向後指, 謂: "賊從兩旁來攻陣也." 中軍吹角一聲, 廻旗北指, 衆軍俱回身, 以前作後, 繞列中軍之後, 左右兩軍亦廻身. 看中軍大旗前指, 中軍衆前進作鬪勢. 靑、白兩旗招動左、右兩軍向前合圍, 紅、皀兩旗招動北軍分兩翼, 南軍亦分兩翼, 俱與左、右兩軍合圍, 作一圓陣, 俱向圍內作鬪勢, 以困賊在中也. 中軍旗摩動, 鼓聲急擂, 五軍漸鬪漸近, 作賊敗勢, 各約離十步許. 中軍鳴鉦, 各軍止鬪, 側身退還本隊. 左右游哨, 俱各還本隊.

吹角一聲, 各軍捲旗, 弓入服, 刀入鞘, 鎗械不擧. 吹角一聲, 各隊偃旗臥械, 皆坐息. 片頃, 中軍吹角一聲, 各隊軍執旗械皆起. 中軍移隊, 居中南向, 四軍左東、北兩軍, 右南、西兩軍對列, 各相去五步. 吹角一聲, 四軍將領偏裨, 詣中軍主將, 報功罪, 有功者記賞簿, 有罪者記罰簿. 吹角一聲, 各保各散, 集一處, 候本縣示, 不許喧譁犇趨. 中軍主將領四軍將幷偏裨, 依班次告操畢, 行禮免. 本縣預備操宴四席, 在演武廳擺設, 待營官[264]、儒學、僚佐. 猪三口, 酒三壜,[265] 備葦蓆倭卓, 賜保長、保正等. 每伍長另賞肉八兩、酒一斤. 壯丁賞肉六兩、酒一斤. 人多恐散不週, 以錢代. 本縣諭保長等, 伍壯中有技藝可試者, 聽其當場演試, 嫺熟超衆者, 賞給銀牌. 演畢, 起席, 放砲三聲, 本縣、營官等俱回署. 各保長、正、伍、壯等散歸.

○ 夫操演之事, 雖近于戲, 然使鄕人知軍容之整、紀律之嚴, 而戢其頑魯、獷悍之氣, 知尊卑之序, 揖讓之儀, 而生其敬謹、謙退之心. 于武備而修其文敎, 未必無小補也. 至於操演之要節, 止在各隊認定本將之旗, 任其離合, 總視本旗, 所以不致于亂伍. 擺列隊伍, 前後左右, 止

259 가총날쟁(架銃捺鎗)은 아마 총으로 사격 자세를 취하고 창으로 찍을 준비를 한다는 뜻이다.
260 뇌(擂)는 북을 두드린다는 뜻이다.
261 아(亞)는 드리우다, 구부리다, 수그린다, 누른다는 뜻이다.
262 명정(鳴鉦)은 징을 울린다는 뜻이다.
263 필률(觱栗)은 뿔피리를 뜻한다.
264 영관(營官)은 지방의 무비와 치안을 책임진 무관을 가리킨다.
265 담(壜)은 술병·술단지를 가리킨다.

看中軍, 站隊之處, 相去十步, 擺列自勻, 所以不致于參差. 視旗之指亞而前進, 聽鼓之急擂而奮戰, 鉦之鳴擊而卻止. 其吹角乃軍中之節奏,[266] 最要記明第一次吹角爲某事, 第二次吹角爲某事, 則不致于前後失序也. 操演尙有方·圓·曲·直之陣、奇·正·合·散之隊, 恐其繁多難記, 只就此大略訓之. 保長、正、伍、壯等, 宜各抄一張, 仔細記玩, 于先期私演嫺熟, 方可下操. 不論人多寡, 只分五軍, 依式訓練, 無不可耳.【操事吹角, 凡十五次, 今編成歌句, 以便默記. 歌曰: "第一四軍依表立, 第二聽令, 三巡警, 四起拔表, 五擺隊, 六擧大旗開械凜, 七前八左, 九右戰, 十次廻身合圍緊, 十一各軍捲旗械, 十二偃坐息少頃, 十三移隊傍中軍, 十四報功, 十五項各保散集犒賞優." 此是角圭,[267] 須記准】

---

266 절주(節奏)는 음악에서 교체로 출현하는 규칙적인 강약·장단의 현상을 가리킨다. 나아가 규율이 있는 과정이나 예절제도나 규정을 가리킨다.

267 각규(角圭)는 규각(圭角)과 같은 뜻으로 마름모꼴 규옥(圭玉)을 뜻하는데, 아주 날카로움을 비유하기도 하고, 나아가 돌출적인 특징을 가리키기도 한다. 여기서는 후자의 뜻으로 보인다.

제22권

형명부刑名部 12

보갑保甲 2

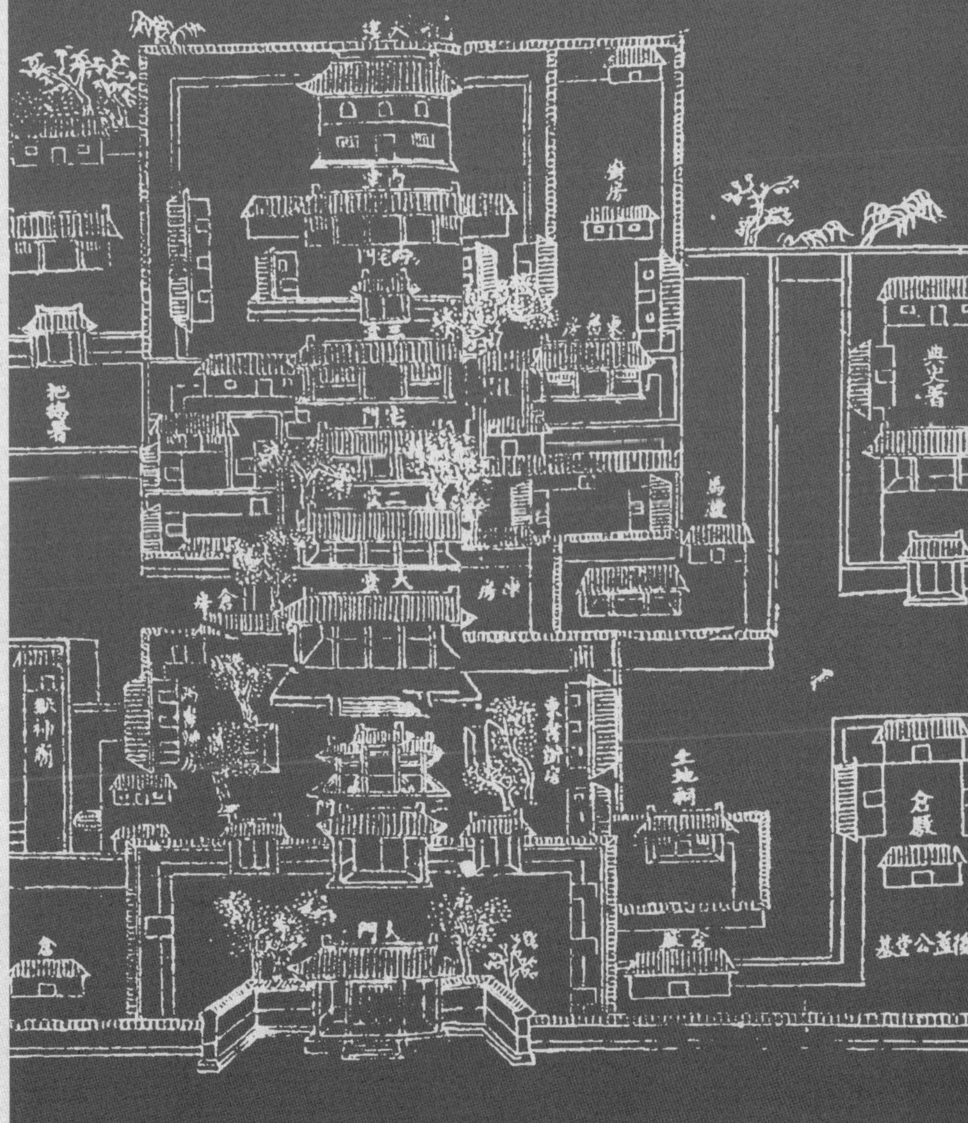

福惠全書

22-01. 나무울타리와 해자 건축(建築柵濠)[1]

촌·진에 해자(濠. 護城河)가 있는 것은 마치 주·현에 성벽과 해자가 있는 것과 같다.[2] 도적을 방비하고 수비를 공고히 하기 위함이니, 이것이 없어서는 안 된다. 그러나 어리석은 백성은 안일함에 빠져 번거롭고 힘든 것을 꺼려 방어시설을 설치하지 않는 경우가 많아, 졸지에 강도들의 습격을 받고 재물을 약탈당하거나 도망친 도인(逃人)을 숨겨 주다가 연루되어 유배형을 당한다. 지난 다음에 후회해도 어쩔 도리가 없거나 이미 때늦은 것이다. 그러므로 각 향의 진·집·촌·장에서 담장을 세우고 해자를 만드는 일을 신속히 강구하지 않을 수 없다.

그 방법은 이러하다. 각 향의 진에는 진장(鎭長) 한 명, 집에는 집장(集長) 한 명, 촌에는 촌장(村長) 한 명, 장(莊)에는 장두(莊頭) 한 명을 두어야 한다. 이런 자리는 해당 진·집·촌·장 사람들이 그 사람의 재능과 행동거지가 모두 뛰어나며, 노련하고 뭇 사람을 복종케 할 수 있는 사람을 공동으로 추천하여 맡겨야 한다. 그 진·집 및 대촌(大村)에서 추천된 사람은 모름지기 부유하고 본래 체통을 갖춘 사람이어야 하며, 반드시 예를 갖추어 대우해야만 기쁘게 일을 맡을 수 있을 것이다. 그들에 대한 추천이 사실인지 확인한 다음, 받아들여도 될 것 같으면 보정에 관한 규정처럼 이들을 예우하고 아울러 「잡차우면증서(優免雜差印票)」를 지급한다. 소장(小莊)의 장두에게도 「우면증서」를 지급하되 예우는 진·집장과 대등하게 하지는 않으며 오직 공이나 죄에 대한 상벌만 조금도 다름이 없게 한다.

각 진·집·촌·장은 그 크고 작음을 불문하고 울타리와 문(柵門)을 건립하고 담장과 해자를 만들어야 하며, 보초나 순찰을 세우는 등 모든 일은 해당 진·집장이나 장두로 하여금 전적으로 책임지게 한다. 보정은 이 일을 겸임하여 처리한다. 보정은 주로 나누어서 관할하는 임무를 맡아 휘하 사람들을 한데 모아 일을 시키기 곤란하므로, 진·집장이 모아서 통솔하는 쪽이 훨씬 쉽게 호응을 받을 수 있기 때문이다. 울타리와 문을 건설하는 방법은 다음과 같다. 북방 진·집 각 장의 대로에는 모두 소 수레가 드나들고 남방의 도로와 진·시 역시 마차가 드나들기 때문에 그 문은 모름지기 높고 커야 한다. 문의 좌우에는 견고하

1 이 내용에 대해서는 제3권 부임부 2 「3-03. 몸소 둘러보기(親査閱)」에서 개괄한 적이 있다.

2 호(濠)나 호성하(護城河) 모두 해자(垓字)를 가리킨다. 여기서는 모두 해자로 통일하였다.

고 큰 곧은 나무를 써서 우선 문틀을 만든다. 그 문틀은 반드시 견고해야 하므로 담 안으로 집어넣을 때 다시 단단하게 쌓아 양쪽 담이 문틀을 굳게 끼고 둘러싸야 한다. 담에 기대어서 문틀을 설치해서는 안 되는데, 그럴 경우 오래되면 문틀이 흔들리게 된다.

그 문의 좌우로 달린 두 쪽문은 모두 마르고 거친 나무를 사용하여 꼼꼼하게 두들겨 만든다. 중간에 넓고 두터운 마름모꼴 나무를 덧대어 끼워 넣고, 자물쇠를 걸 곳에 튼튼하게 쇠못을 박는다. 그리고 넓은 나무판을 가로로 붙여 단단히 못을 박음으로써 손으로 자물쇠를 뜯어 낼 수 없도록 한다. 자물쇠는 단단하고 두꺼운 쇠로 만들어야 하며, 자물쇠 고리 역시 순수하고 두꺼우며 잘 단련된 쇠로 만든다. 여기에 굵은 쇠사슬을 감아 자물쇠 고리에 꿰어 건다. 위아래의 문기둥이 돌아가는 부분에는 크게 철 테를 둘러 단단히 못으로 박고, 위쪽 문틀도 산(山) 글자 모양으로 치밀하게 쇠못을 박아 사람이 넘어 넘어갈 수 없도록 한다. 이렇게 하면 문이 견고하다고 할 만하니, 오랫동안 걱정이 없을 것이다.

작은 골목이나 빈터로 통하는 곳에도 모두 울타리와 문을 설치하는데, 앞에서 한 것처럼 견고하게 만든다. 문루(門樓)나 망대(望臺)를 배치할 때는 촌·진이 네모나거나 장방형이거나 비스듬하거나 좁거나에 따라서, 또한 크기에 따라서 그 많고 적음을 정한다. 중요한 것은 멀리 사방이 모두 보여야 하며 5, 6명이 앉거나 누울 수 있어야 한다. 사면에는 작은 창을 만들어 밖을 바라볼 수 있게 하며, 버팀 판을 붙여 엄폐가 가능하도록 한다. 문루 바깥에는 그 주위에 통로를 만들어 지나다닐 수 있도록 하며, 총안(銃眼)이 있는 흉벽을 만들어 몸을 감출 수 있게 한다. 이것들 모두 견고해야 하며, 허술하게 하거나 대강 시늉만 내서는 안 된다.

한편 해자를 팔 때는 우선 그 지세(地勢)를 관찰해야 한다. 무릇 인가가 있는 곳에는 반드시 용기(龍氣)가 모여 있으니, 인가가 많은 곳은 용기가 왕성하고 인가가 적은 곳은 용맥(龍脈)이 작다. 만약 지세나 용맥이 오고가는 것을 따지지 않고 아무렇게나 파내게 되면 반드시 용맥을 다치게 하여 인가에 불리할 것이다. 따라서 응당 높은 곳에서 사방을 둘러보아 판단하는데, 해당 촌의 어떤 곳이 지세가 좀 높으면서, 가벼운 흙이 쌓인 것이 아니라면, 바로 이곳이 용맥의 끝 부분으로, 여기서 평지(平地)로 들어가 택지(宅地)를 이루는 것이다. 양쪽 가장자리가 점차 낮아지는 곳은 택지가 물과 경계를 이루는 곳이다. 물이 흘러 모이는 곳이 바로 택지가 올바른 방향으로, 좌우·전후가 편안하게 둘러싸며 내외의 물길이 감돌며 택지를 감싸 안는다. 여기서 다시 지리의 왕성(旺盛)함과 길흉에 대해서까지 논할 여력이 없다. 단지 용맥이 들어오는 곳을 파내어서는 안 되며, 이는 용맥이 상하여 기(氣)가 새어 나가게 될까 두렵기 때문이다. 다만 그곳에 문을 만들고 누각을 세우는 것은 괜찮다. 왕래를 통하게 함으로써 생기를 받아들일 수 있기 때문이다.

[용맥 이외의] 나머지 지역은 어디든 해자를 파도 좋다. 해자는 응당 윗부분은 넓고 아랫부분은 뾰족해야 한다. 위의 넓은 부분은 한 길, 깊이도 한 길인데 바닥의 너비는 두 자로 한다. 양쪽 옆은 경사지게 파내려야 하지만 너무 급경사여서는 곤란하며, 힘을 들여 단단히 다져야 한다. 흙이 잘 다져져 있지 않으면 비가 와 젖을 경우 아래쪽에 진흙이 쌓이기 때문이다. 해자는 다음 해에는 풀이 자라면 좀 더 튼튼해진다. 대개 윗부분이 넓은 것은 사람이 뛰어넘지 못하도록 한 것이며, 아랫부분이 좁은 것은 사람이 숨어 도망가지 못하게 하기 위함이다. 해자 안의 물은 꼭 흐르게 해야 하지, 나뭇가지나 흙으로 막혀서는 안 된다. 물이 흐르면 해자 안에 침적이 일어나지 않으나, 물이 고여 있게 되면 시간이 지나면서 점차 바닥이 높아져서 사람들이 담을 파내서 샛길을 만들 생각을 하게 된다. 해자 안에서 파낸 흙은 담장을 쌓는 데 쓸 수 있다.

담장을 쌓는 법은 다음과 같다. 우선 담장을 세울 터의 가벼운 흙을 퍼낸 다음, 그래도 무른 곳이 있으면 단단하게 두들겨 다진다. 만약 큰 돌로 받쳐 준다면 더욱 좋겠지만, 그런 돌을 많이 얻기는 쉽지 않을 것이다. 더구나 북방의 소금기 있는 흙은 매번 큰비가 올 때면 갑자기 무너져 내리니, 반드시 해자에서 파낸 흙이나 땅에 식물이 자라던 곳의 흙으로 쌓아야 한다. 여기에 쓰레기나 무너진 집이나 벽의 부스러기가 섞이게 해서는 안 된다. 담장은 응당 두꺼워야지 얇아서는 안 되며 높이는 한 길이어야 하고, 바닥부분의 너비는 다섯 자로, 점점 줄어들어 꼭대기 너비는 세 자가 되게 한다. 바깥쪽 담장은 안쪽으로 조금 경사지게, 안쪽 담장은 바깥쪽으로 조금 젖혀지게 해야 하며, 곧바르게 쌓아서는 안 된다. 곧바르게 쌓으면 쉽사리 기울어지고 무너지기 때문이다. 바깥쪽 담장의 받침 부분은 해자에서 단지 한 자 정도만 떨어져야지 그 거리가 너무 넓어서는 안 된다. 너무 넓으면 발을 딛고 쉽게 올라갈 수 있을 것이다. 안팎으로 석회를 바르면 매끄럽고 담장에 비가 스며들지 않게 해 준다. 담장 윗부분을 다시 단단히 다져서 송곳으로 찔러도 들어가지 않게 해 놓으면 우뚝 솟은 모습이 오래 버틸 것이다. 바깥쪽으로 벽돌을 쌓아 만든 총안(銃眼) 위에 잡석을 쌓아 둠으로써 뜻밖의 상황에 대비한다. 문루를 세운 곳에는 담장을 좀 더 두껍게 만들어야 하며, 성루와 망대를 세운 곳에는 특히 토대를 덧붙여 쌓은 다음 그 위에 망루를 세움으로써, 망루에서 나가 방어하는 데 편리하도록 한다. 만약 문을 설치한 다음 도로가 남아 있지 않으면, 문의 크기를 고려하여 도개교(跳開橋. 弔橋)를 만든다. 운하의 갑좌교(閘座橋. 閘橋)와 같은 형식으로 하여 수시로 들어 올릴 수 있게 하면, 유사시엔 다리를 잡아 올리고 문을 닫으면, 대단히 근엄해 보인다.

무릇 망루와 울타리·담장·해자 등의 설치는 모두 제대로 된 규격을 준수하고 시간과 노력을 아끼지 않아야만 비로소 튼튼하고 오래가는 것을 만들 수 있다. 이를테면 산서성(山西省) 태원부(太原府)나 분주부(汾州府)에서 대가(大家)·거족(巨族)이 지은 우뚝 솟은 담과 높은 건물은 마치 도읍과 같은 위세를 보여 준다.[3] 하지만 어찌 법령으로 강제하거나, 형벌로써 재촉하여 이런 것을 만들었겠는가? 모두 서로 나서서 스스로 돈을 대면서 방어 시설을 갖추려 하였고, 이를 꾀하면서 최선을 다하였을 뿐이다. 그러니 가족을 위한 계획을 세우려는 사람이 어찌 태원과 분주 백성을 본받지 않을 수 있겠는가?

村、鎭之有墻濠, 猶州、邑之有城池也.[4] 所以防盜寇而固守禦,[5] 甚未可少也. 然愚民狃于耽逸,[6] 而憚于煩勞, 往往防禦不設,[7] 卒致見侮于暴客, 剽刦資財, 潛匿其逋逃, 株累流遣,[8] 而後追悔之無從,[9] 抑已晩矣. 故各鄕、鎭、集、村、莊建柵築濠之擧, 不可不亟講也. 其法, 各鄕之鎭宜設一鎭長, 之集宜設一集長, 之村宜設一村長, 之莊宜設一莊頭, 俱要本鎭、集、村、莊人民公同保擧其才行兼優、老成服衆者爲之.[10] 其鎭、集大邨所擧, 必係殷實、素有體面之人,[11] 須待以優禮, 彼乃樂于任事. 旣訪實其人堪膺斯選,[12] 乃依保正例禮遇之, 幷給與「優免雜差印票」.[13] 其小莊頭「免票」照給,[14] 但禮遇不得與鎭·集長等, 惟功罪之賞罰, 無小異焉. 其鎭、集、村、莊, 無論大小, 一切建立柵門, 築浚墻濠, 以及撥派[15]、瞭哨[16]、巡吏等事,[17] 皆本鎭·集長, 莊頭專司, 而保正爲之兼理. 蓋以保正主于分, 號召難一,[18] 未若鎭·集長等統于合,[19] 呼應更靈

---

3 이를테면 오늘날 세계문화유산으로도 지정되어 있는 평요고성(平遙古城) 등을 가리키는 것으로 보인다.

4 성지(城池)는 도시를 둘러싼 성벽(城牆)과 호성하(護城河, 垓字)를 말한다.

5 수어(守禦)는 방어하다, 수비한다는 뜻이다.

6 유(狃)는 습관이 되다, 익숙해지다, 버릇이 된다는 뜻이고, 탐일(耽逸)은 편안함을 탐낸다는 뜻이다.

7 방어(防禦)는 말 그대로 수비·저항·방비나 그것을 위한 시설을 가리킨다.

8 주루(株累)는 한 사람의 죄에 여러 사람이 연루된다는 뜻으로, 유견(流遣)은 유배형을 가리킨다.

9 추회(追悔)는 후회한다는 뜻이고, 무종(無從)은 할 수 없다, 어쩔 도리가 없다는 뜻이다.

10 보거(保擧)는 보증하여 추천한다는 뜻이다.

11 체면(體面)은 명예·성망(聲望)·체면을 뜻한다.

12 방실(訪實)은 조사방문을 거쳐 실제 상황을 확인한다는 뜻이다.

13 잡차(雜差)는 갖가지 요역, 또는 요역의 일종을 가리킨다. 「인표(印票)」는 관방에서 도장을 찍어 발급한 「증명서」를 가리킨다.

14 조급(照給)은 규정대로 지급하다, 그대로 지급한다는 뜻이다.

15 발파(撥派)는 골라서 보낸다, 파견한다는 뜻이다.

16 요초(瞭哨)는 요망초소·전망초소를 가리킨다.

17 순리(巡吏)는 순찰하는 하급관리를 가리킨다.

18 호소(號召)는 불러 모으다, 소환한다는 뜻이다.

也.[20]

其建柵之法, 如北方鎭、集, 各莊大街, 皆有牛車出入, 南方通衢鎭、市, 亦有輿蓋往來,[21] 其門務須高大. 門左右用堅大直木, 先造門框. 其框柱必豎入墻裏, 再行固築, 使兩邊墻夾框堅牢, 不可靠墻安框, 久則動搖. 其門左右兩扇內閤,[22] 俱用乾粗木密行打造, 中設濶厚橫楞拴入,[23] 用鐵釘釘牢于安鎖處,[24] 用厚板橫貼堅釘, 使手不得掏鎖.[25] 其鎖用堅厚鐵者, 鎖鼻亦要純厚熟鐵爲之,[26] 仍纏以大鐵索, 并貫其鼻鐍之. 其上下門樞轉捩處,[27] 再加大鐵箍堅釘, 門上框密釘鐵山字倒鬚, 又使人不能踰越而過, 則斯門稱固, 久久無虞矣. 其小巷幷通空隙處,[28] 俱安設柵門, 如前式堅固. 其安立門樓、瞭臺,[29] 視村鎭之方長、斜窄、大小以爲多寡. 總要四遠俱見,[30] 可坐臥五六人者. 樓四面開小窗, 可以外瞭, 仍設撐板,[31] 可以掩閉. 其門樓外, 周遭留空道,[32] 可以通行, 外設耳垣,[33] 可以護身. 俱須建造堅固, 不可潦草塞責.[34]

其挑濠之法, 先要相其地勢. 凡人家住居之處, 必有龍氣結聚,[35] 煙火多者,[36] 則龍氣旺, 煙火少者, 則龍脈脉小. 若不論地勢來龍, 一概混挑, 必致傷損龍脈, 于人家不利. 宜于高處四望本村, 何方地勢稍高、非浮土所積者,[37] 是其龍脈到頭,[38] 跌入平陽,[39] 結爲宅地. 其兩邊稍低

---

19 미약(未若)은 …만 못하다, …에 미치지 못한다는 뜻이다.
20 호응(呼應)은 한쪽은 부르고 한쪽은 답하는 것, 즉 향응(響應)하는 것을 말한다.
21 여개(輿蓋)는 수레와 덮개, 즉 마차를 말한다.
22 내합(內閤)은 대문 좌우에 설치된 작은 문을 가리킨다.
23 전(拴)은 매다, 묶는다는 뜻이지만 동시에 빗장을 가리키기도 한다.
24 정뢰(釘牢)는 튼튼하게 못을 박는다는 뜻이고, 안쇄(安鎖)는 자물쇠를 설치한다는 뜻이다.
25 도쇄(掏鎖)는 자물쇠를 파낸다는 뜻이다.
26 비(鼻)는 사물의 불쑥 튀어나온 부분, 물건을 꿸 수 있는 작은 구멍부분을 가리킨다.
27 문추(門樞)는 문기둥(門柱)을 가리킨다. 전열(轉捩)은 돌아간다, 전환한다는 뜻이다.
28 공극(空隙)은 빈터·공지를 말한다.
29 안립(安立)은 안치한다, 배치한다는 뜻이다.
30 사원(四遠)은 사방, 사방의 먼 땅이다.
31 탱판(撐版)은 버팀판, 또는 밀어서 여는 창문을 말한다. 탱(撑)은 열거나 민다는 뜻이 있다.
32 주조(周遭)는 주위를 말한다. 공도(空道)는 큰길, 대로를 가리킨다.
33 이원(耳垣)은 원래 총안(銃眼)이 있는 성벽 부분을 가리킨다.
34 요초(潦草)는 허술히 하다, 성실하지 않다는 뜻이고, 색책(塞責)은 얼버무리다, 대강 해 넘긴다는 뜻이다.
35 용기(龍氣)는 보통 제왕의 기운을 말하지만, 여기서는 풍수지리가(堪輿家)가 산세(山勢)를 용(龍)으로 표현할 때 쓰는 것으로 보아야 할 것이다. 산이 굽이치는 모습을 용맥(龍脈)이라 하며, 내룡(來龍)은 용맥의 내원(來源)을 가리킨다. 내룡거맥(來龍去脈)은 산의 형세를 용의 몸뚱이에 비유하여 표현하는 것이다.
36 연화(煙火)는 인연(人煙)이나 인가(人家)를 말한다.
37 부토(浮土)는 지표층의 느슨한 토양을 가리킨다.
38 도두(到頭)는 최후, 또는 최후에 이른다는 뜻이다.
39 평양(平陽)은 평지를 말한다.

處, 卽爲宅地界水, 其水流聚之處, 卽其宅基正向.[40] 至于左右前後, 案托包護,[41] 內外水口,[42] 灣環隱伏.[43] 是又地理之旺相、吉凶, 未暇論於此也.[44] 惟龍脈來處, 不可挑挖, 恐傷龍泄氣, 止可開門建樓, 以通往來而迎生炁.[45] 其餘俱可挑濠. 其濠宜上濶下尖, 上濶一丈, 深一丈, 底尖二尺, 兩傍宜斜挑而下,[46] 不可壁陡,[47] 宜用力拍實. 土鬆遇雨則淋, 下漸淤, 至隔年草生, 便可經久. 蓋上濶使人不能踰躍, 下尖使人不能藏走故也. 濠中水要通流, 不可薪土壅積. 通流則濠身不致浸潰, 壅潰則日久漸高, 人思掘墻取徑矣.[48] 濠內所起之土, 便可築墻.

其築墻之法, 先將墻基浮土剗去, 有鬆處須囫杵堅實.[49] 若大石爲脚更妙, 但恐不能多得, 且北方鹻土, 每遇霖雨,[50] 輒易坍塌,[51] 必將取起濠下之土, 幷地內生殖之土築之, 不可襍以汙穢及折房倒壁之屑.[52] 墻宜厚, 不宜薄, 高須一丈, 脚寬五尺, 由漸而縮, 至頂寬三尺. 外屬墻背, 向內稍俯, 內屬墻胸, 向外稍仰, 不宜陡直, 直則易于傾頽. 外墻根離濠僅尺許, 不可寬餘. 太寬則可容足而升. 若內外傅以堊灰泥, 使光滑不受雨滲墻面,[53] 結頂再加夯硪,[54] 錐札不入,[55] 則屹然可資永久.[56] 靠外用磚列砌,[57] 朶口上堆雜石,[58] 以備不虞. 至于建門樓之處, 墻須稍厚, 建角樓、瞭臺之處,[59] 尤須幫築土臺,[60] 構樓其上, 以便出樓守禦. 如設門不留實道, 視

40 택기(宅基)는 택지·부지를 말하며, 정향(正向)은 정향(定向)을 말하는데 건물이 북쪽으로 앉아 남쪽을 바라보는 것을 가리킨다.
41 안탁포호(案托包護)는 둘러 감싸면서 보호한다는 뜻으로 보인다.
42 수구(水口)는 물줄기가 들어가거나 나오는 입구, 또는 그 주변을 말한다.
43 만환(灣環)은 물굽이, 또는 물굽이가 감싼다는 뜻이다.
44 왕상(旺相)은 왕성하거나 경사스러움(吉慶)을 나타낸다. 오행(五行)과 사계(四季)를 짝지을 때 계절마나 오행의 성쇠를 왕(旺)·상(相)·휴(休)·수(囚)·사(死)로 표현하는 데서 나왔다.
45 생기(生炁)는 생기(生氣)이다.
46 사도(斜挑)는 점차 기울이지는 것을 말한다.
47 벽두(壁陡)는 가파르다, 급경사를 이룬다는 뜻이다.
48 취경(取徑)은 거쳐 갈 길로 선택한다는 뜻이다.
49 화저(囫杵)는 다져서 굳힌다는 뜻이다.
50 임우(霖雨)는 계속 이어지는 큰비를 말한다.
51 담탑(坍塌)은 무너지다, 붕괴된다는 뜻이다.
52 오예(汙穢, 汚穢)는 쓰레기나 더러운 것, 때 등을 가리킨다.
53 광활(光滑)은 물체의 표면이 매끄럽다, 반들반들하다는 뜻이다.
54 항아(夯硪)는 나무나 돌을 써서 땅을 다지는 것을 가리킨다.
55 찰(札)은 알(軋)처럼 짓누른다는 뜻이다.
56 흘연(屹然)은 우뚝 솟은 모양을 나타낸다.
57 고외(靠外)는 바깥쪽이라는 뜻이고, 체(砌)는 겹쳐 쌓는다는 뜻이다.
58 타구(朶口)는 성벽이나 요새의 성가퀴로 오목하게 들어간 총안(銃眼)을 가리킨다. 성가퀴는 여장(女墻)이라고도 한다.
59 각루(角樓)는 감시 및 방어용 성루(城樓)로 성벽의 네 모퉁이에 짓기 때문에 붙여진 이름이다.
60 방축(幫築)은 보태어, 덧붙여 쌓는다는 뜻이다.

門大小, 造以弔橋,[61] 如運河閘座橋式, 抽塔隨時, 有事則, 拽橋閉門, 甚爲嚴謹. 夫樓柵、墻濠之設, 總期規制得宜, 工力不惜,[62] 便可堅固長久. 如晉中太原、汾州等府,[63] 大家巨族, 崇墉峻樓,[64] 儼如都邑,[65] 何嘗迫于功令,[66] 驅刑罰而爲之哉? 蓋相率自資防禦而謀之,[67] 不遺餘力耳. 則夫凡有室家之計者, 安可不取效于太汾之民乎?

22-02. 방어와 구원(守禦救援)

무릇 방어란 아무 일이 없을 때에는 지키고 일이 생겼을 때에는 막는 것이며, 구원이란 다른 곳에 위급한 일이 있을 때 그곳으로 가 힘을 합쳐 함께 붙잡는 것이다. 이를테면 지킨다는 것은 대낮에 울타리를 살피고, 한겨울 길에 잠복하거나, 한밤중에 망루에 나가 순찰을 도는 것을 말한다. 이 일은 진·집·촌장 및 장두가 책임을 지고 보정이 보조를 한다. 진·집에는 각기 사방 경계가 있다. 만약 동쪽 문으로 대로가 나 있다면 응당 동쪽에 거주하고 있는 민호 몇 명을 파견하여, 두 명을 한 조로 삼아 낮 동안 울타리를 살피도록 한다. 울타리 옆에는 작은 임시초소를 하나 세워 쉬거나 앉을 수 있도록 한다. 초소에는 마땅히 징 하나와 창 한 자루를 두어야 하며, 잠시라도 이곳을 멋대로 떠나는 일을 허용하지 않는다. 조금이라도 소홀함이 있으면 울타리를 지키던 사람을 엄중히 추궁하고, 진·집장과 장두 등도 아울러 엄히 처벌한다.

매일 저녁 망루에서의 순찰 또한 각 방위에 따라 사람을 보낸다. 문루와 각루 모두 각기 세 명을 보내는데, 2·3·4경마다 한 사람씩 망루에 앉아 근무하되 졸지 않게 해야 한다.

---

61 조교(弔橋)는 전부나 일부를 들어 올리고 내릴 수 있는 다리 즉 도개교(跳開橋)를 말한다. 해자나 군사거점에 많이 쓴다.

62 공력(工力)은 시간과 노력·노동력을 말한다.

63 태원(太原)은 오늘날 산서성(山西省)의 성도이고 분주(汾州)는 오늘날의 습주(隰州)에 해당된다.

64 숭용(崇墉)은 우뚝 솟은 담을 말한다.

65 엄여(儼如)는 엄연(儼然)처럼 꼭 … 같다, 흡사하다는 뜻이고, 도읍(都邑)은 도시나 수도를 가리킨다.

66 하상(何嘗)은 언제 …을 한 적이 있었느냐는 뜻이고, 공령(功令)은 법령을 가리킨다.

67 상솔(相率)은 '서로 뒤이어, 잇따라'라는 뜻이고, 자자(自資)는 스스로 돈을 낸다, 생계를 도모한다, 자급한다는 뜻이다.

각 거리·골목의 울타리는 해가 진 뒤 진·집장이나 장두가 꽹가리를 울려 초경이 되었음을 알리면, 왕래를 금지시키고 모두 자물쇠를 채운다. 자물쇠는 그 근방의 십가장이 맡아 열고 닫는 일을 관리한다. 매일 저녁 거리마다 장정 5명을 보내 딱따기·꽹가리·무기를 들고 순찰을 돌다가 경마다 꽹가리를 울리고 딱따기를 치게 한다. 날이 밝아 올 때까지는 몰래 쉬거나 잠을 자서는 안 된다.

여기 내보내는 장정은 매일 할당을 하고 패(牌)를 내걸어 알림으로써 모두 이를 알고 지키도록 한다. 대상자에 홀아비·과부·고아나 늙어서 자식이 없는 사람은 제외되며, 그 나머지는 신사·아역을 막론하고 모두 똑같이 할당한다. 부귀하고 유력한 집안이야말로 엄중히 방비하고 스스로를 지켜야 할 것일진대, 어찌 이들은 도리어 안일을 꾀해 가난하고 힘없는 백성만 홀로 부담을 지게 할 수 있다는 말인가? 부근의 집장과 장두 및 십가장·보정 등은 불시에 친히 점호를 나가 만약 파수나 순찰을 맡는 사람 가운데 게으름을 피우거나 조는 사람, 또는 불참한 사람이 있다면 즉시 이름을 기록하여 그 명단을 지방관에게 보고함으로써, 붙잡아 처벌할 수 있게 한다.

무릇 이웃 주현과 가까운 지방이나 마을과 멀리 떨어진 곳은 늦가을에서 한 겨울 사이 밭의 곡식이 수확되고 인적은 드물 때라 도적들이 기회를 틈타 약탈을 해 피해가 늘어난다. 이에 대처하기 위해서는 응당 길가에 지붕을 두른 임시 초소를 대략 1리마다 한 곳씩 빽빽하게 설치함으로써 인가가 드문 점을 보완한다. 그리고 부근 거민들을 보내 파수를 볼 때 매일 세 명씩 교대로 근무를 시킨다. 한 사람은 화약을 잘 채우고 심지를 꽂은 삼안총을 지니고, 두 명은 무기를 든다. 각 장두는 한데 모여서 파수 근무를 고르게 할당하되 부유한 사람의 눈치를 보아 빈민에게만 부담이 가도록 해서는 안 된다. 더구나 10월 이후 휴한기로 들어선 다음에는 무슨 농사일이 있어 방해가 되겠는가? 만약 도로에 위급한 상황이 생기지 않는다면 이 역시 부근 거민의 행운일 것이다. 만약 경계를 제대로 하지 않아 강·절도사건에 연루되면, 피해를 보고 돈을 낭비하지 않고자 해도 어찌 가능하겠는가?

위급 상황을 만나거나 구원하는 일은 모름지기 평소에 미리 깨우쳐 그러한 일을 당하였을 때 그대로 따를 수 있도록 해야만 그르치거나 잘못되는 일이 없다. 각 장·진의 문과 각루는 모두 큰 딱따기와 꽹가리, 삼안총 한 자루 및 장창과 참마도(斬馬刀) 등을 비치한다. 만약 대낮에 말을 타고 활·화살·무기를 지닌 사람이 멀리서부터 오면 울타리를 지키는 사람은 반드시 창과 꽹가리를 들고 방비하면서 문을 닫을 준비를 하며, 가까이 와 마을에 들어오고자 하면 바로 문을 걸어 잠근다. 만약 힘을 믿고 가지 않는다면 울타리를 지키는 사람은 즉시 꽹가리를 울린다. 각 십가장·보정은 어느 울타리에서 꽹가리가 울리는지를 들은 다음 곧장 총 한 발을 쏘아 오장·장정을 소집하고 꽹가리가 울린 곳으로 재빨리 모여 자세히 살피고 방어 준비를 한다. 촌의 각 문루 및 각루를 지키는 사람들 역시 급히 꽹가리를 친다. 인근 장은 꽹가리 소리를 들으면 신속히 문루 및 각루에 올라 딱따기를 쳐 오장·십가장·보정 등을 소집하며, 이들 역시 총을 쏘아 장정을 이끌고 재빨리 달려가 구원한다. 만약 말을 타고 무기를 지닌 무리가 위험함을 알고 떠나면 경계 밖으로 나갈 때까지만 쫓고 더 이상 끝까지 쫓을 필요는 없다. 만약 그들이 손을 써서 공격해 오면 즉시 붙잡고 말과 무기·행장은 현으로 보낸다. 다른 한편으로는 보장에게 급히 연락하여 누가 강도를 잡았으며 누가 마필을 빼앗았는지, 십가장이나 보장 중 오지 않은 사람이 있었는지, 혹 나중에 도착하였는지를 조사하여 이를 토대로 각기 상벌을 나누어 줄 수 있도록 한다.

무릇 장에 위급한 일이 생기면 급히 꽹가리를 울리고 총을 쏘되 딱따기를 치면 안 된다. 인근 장에서 신호를 듣고 구원하려 할 때에는 급히 딱따기를 치고 총을 쏘아 연락하는데 그칠 뿐 꽹가리를 울려서는 안 된다. 이는 구원하려는 사람들이 모두 꽹가리가 울린 곳을 알게 하여, 즉시 위급한 곳으로 달려갈 수 있도록 하기 위함이다. 밤낮을 막론하고 위급한 상황이 발생하였을 때 모두 이에 따라 행동한다. 자기 장에 위급한 일이 생기면 각 보정은 오장·장정을 소집하며 모두 위급한 곳으로 가 방어하지만, 인근 장에서 위급한 일이 생기면 각 보정과 십가장은 세 오의 장정만을 구원하러 보낸다. 나머지 십가장과 두 오의 장정은 자기 장에 남고 모든 오의 장정을 보내서는 안 된다. 이는 자기 장의 방어가 갑작스레 허술해져서 방어할 사람이 아무도 없을지 모르기 때문이다. 마땅히 누가 남고 누구를 보내야 하는지는 모름지기 보정이 평소에 미리 정해 두어, 이번에는 이들이 나가고 저들이 남으면 다음에는 저들이 나가고 이들이 남게 하여, 어느 한쪽에만 치우치지 않게 해야 한다. 만약 저녁 무렵 구원을 가게 되면 오장·장정은 위급한 일이 발생한 쪽의 울타리 문을 열고 나가며, 울타리를 지키는 사람은 즉시 문을 닫는다. 순찰을 도는 사람은 종전대로 순찰을 돌고, 각 문루와 각루에서도 마찬가지로 망을 본다. 남아 있는 십가장과 오장 등은 모두 주의 깊게 조용히 소리를 듣다가 구원을 갔던 사람들이 돌아와 무사히 해산하게 되면 비로소 편히 쉬는 것을 허락한다.

길 위나 들판에서 강도가 객상의 물건을 강탈하는 것을 혹시 임시 초소에 잠복하던 사람이 발견하면 즉시 총을 쏜다. 총소리를 들은 각 초소에서는 일제히 소리를 울려 함께 구원하러 달려간다. 혹 인근 촌의 거민이 망을 보다 이를 알게 되면, 즉시 딱따기를 쳐 오장·장정을 소집하며 보정 등도 역시 총을 쏘아 오장을 이끌고 구원에 나선다. 각 장·촌도 총소리나 딱따기 소리가 들리면 역시 각기 총을 쏘고 딱따기를 친 다음 급히 구원에 나선다. 대낮의 도적은 한밤중의 도적과는 다르다. 한밤중에 온 도적은 도망친 방향을 찾기 어렵지만, 대낮의 도적은 종적이 향한 곳을 쉽게 알 수 있다. 여러 촌이 힘을 합쳐 쫓아가 잡으면 이들 도적은 많아도 십여 명을 넘지 않으니, 어찌 오장·장정이 모인 수백 명의 무리가 사방에서 둘러싸서 공격하는데 벗어날 수 있겠는가? 길 위에서 도적이 강탈하려 하면, 초소에서는 총을 쏘는 데 그치고 장·촌에서는 딱따기를 울릴 뿐 꽹가리를 울려서는 안 된다. 이는 소리를 듣는 사람이 도로에서 위급한 일이 발생한 것이지 장·촌의 상황은 아님을 알 수 있게 하기 위함이다.

○ 대개 장·촌 부근에서는 대로가 있는 경우가 가장 방어하기 어렵다. 말을 타고 무기를 지닌 사람이 마을에 와서 불을 빌리거나 물을 마시려는 경우가 있을 때, 만약 그를 도적이라 여기고 거절한다면 그는 필시 화가 나서 싸우고자 할 것이다. 그렇다고 그를 경내에 들이면 못된 무리가 그 기회를 노려 예측하지 못한 상황이 생기면서 제대로 방어할 수 없을지도 모른다. 결국 나귀나 짐이 있는지를 살피는 것이 중요한데, 그렇다면 그는 필시 길을 가던 나그네이니 한편으로는 문을 닫고, 한편으로는 그로 하여금 밖에 머물게 하면서 지금 상부의 지시를 받들고 있어 우리는 이를 지키지 않을 수 없다고 완곡하게 이야기한다. 불을 찾으면 불을 주고 물을 찾으면 물을 준다면 그는 성낼 틈이 없을 것이다. 혹시 의심스러운 사람의 경우라도 실망하여 스스로 돌아가고 말 것이다.

또한 상사가 서역에게 속임수를 당해 곧바로 주현에 공문도 보내지 않고 스스로 범인을 잡겠다고 사람을 파견하는 경우도 있다. 운사(運司)·순염(巡鹽)의 정쾌(丁快)가 장에 들어와 소금밀매업자를 잡으려는 경우도 있다. 이웃 성의 부근 주현에서 상사의 체포 지시를 받고 범죄자를 찾기 위해 장을 방문하는 경우도 있다. 이런 경우를 만났을 때에는 그들이 혹은 의기양양하게 말을 타고 무기를 소지하였더라도 조금도 꺼리지 말고 문 안으로 들이오지 못하게 해야 한다. 그다음 촌장과 보정 등에게 신속하게 알리고 해당 아문의 「지시공문」이 진짜인지 「체포공문」이 진짜인지, 진정한 순정(巡丁)의 번호 화살(字箭)과 「차패(差牌)」인지 확인하면서 아울러 좋은 말로 구슬려 현성으로 보내 지현의 조사를 받고 처리할 수 있게 한다.

큰길가의 마을이 아닌 경우 갑자기 말 타고 무기를 지닌 사람이 닥치거나, 또는 걸어서 왔으나 무기를 지녀 낯설고 의심스러운 경우라면 절대로 장·촌에 들이지 말고, 아울러 반드시 촌장·보장에게 알려 그가 오장·장정을 인솔하여 몰래 뒤를 밟게 한다. 그렇게 함으로써 지나가는 촌장에서도 알고 함께 방어할 수 있게 하며, 뒤를 따르다 그가 경계를 넘어가면 귀환한다. 만약 대낮에 도로에서 약탈하거나 한밤중에 장·촌을 둘러싸고 공격을 하는 경우, 횃불을 들고 집안에 침입한 경우 그 도적의 종적이 드러났다면 오로지 협력하여 잡거나 추적할 뿐 멋대로 빠져나가 도망치게 해서는 안 된다. 이렇게 해야만 다른 혐의가 없는 사람과 충돌하여 말썽이 커지는 일도 없을 것이고, 응당 붙잡아야 할 진짜 도적이 법망을 빠져나가 주살(誅殺)을 피하는 일도 없어 일거양득이 될 것이다.

○ 주현 가까이에 소금이 생산되는 곳이 있다면, 소금밀매업자들이 드나드는 일도 꽤 많다. 십가장은 갑마다 차례차례 조사하여 밀염(密鹽)을 판매하거나 저장하지 못하게 해야 한다. 범하는 경우 십가장·보정도 연좌된다. 소금밀매업자들이 무리를 이루고 수레와 나귀에 실은 소금이 수없이 많을 경우, 대부분 무기를 지니고 공공연히 길을 가거나 장·촌에서 소란을 일으키는 것이 도적이나 다를 바가 없다. 새로운 『칙례』에서는 이들이 해당 지방을 경과하였을 경우 강도 사건에 관한 『칙례』에 비추어 지방관은 감독 소홀의 처분을 받으며, 모여서 밀염을 판 경우에는 절도사건에 관한 『칙례』에 비추어 처분을 받는다. 큰 무리의 소금밀매업자들이 경내에 들어왔을 경우 근처의 장은 발견하는 즉시 딱따기를 치고 총을 쏜 다음 오장·장정을 소집하여 이들을 붙잡아야 한다. 각 장·촌들도 딱따기 소리를 들으면 또한 즉시 딱따기를 울리고 지원하러 나서 함께 체포에 협력한다.

그들이 만약 소금을 버리고 도주하면 소금과 나귀만을 확보하고 현에 보고하여 공에 따라 상을 받는다. 만약 인원이 많고 감히 저항에 나서 쉽게 체포하기 어렵다면, 단지 사방에서 빽빽하게 둘러싸는 데 그칠 뿐 더 이상 손을 쓰지 말고, 한편으로 지현에게 급히 보고한다. 지현은 관병을 이끌고 와서 직접 이들을 체포하는 한편, 보장에게 급히 알려 인근 향의 보정을 소집하고 오장·장정을 모아 함께 힘을 합쳐 체포에 나서게 한다. 보정 등의 지휘가 적절하다면 오장·장정은 앞다투어 적에게 달려들 것이니, 소금밀매업자들이 비록 수가 많다고 하더라도 도망쳐 피할 수 없을 것이다. 만약 소금밀매업자들이 수가 많기는 하나 사로잡히는 것을 두려워하여 소금을 버리고 도망간다면 끝까지 추격할 필요가 없다. 그렇게 하다가 상처나 해를 입을지도 모르기 때문이다. 획득한 소금과 나귀 등은 현에 보고하면 그것을 받아 상급 아문에 보고함으로써 지현은 소금밀매업자들이 관할 경내를 지나갔다는 처벌을 피할 수 있다.

○ 한밤중에 도적을 추격하거나 다른 곳의 위급 상황을 듣고 구원하러 갈 때에는 횃불을 지녀서는 안 된다. 적들이 어두운 곳에서 보고 있다가 반격할까 두렵기 때문이다. 각 보정과 그가 통솔하는 오장·장정은 응당 은밀히 암호 하나를 정하여 어두운 곳에서 상대방을 식별하기 어려울 때 그 암호를 듣고 같은 보의 사람이 함께 모여 추격·체포할 수 있게 해야 한다. 이렇게 하면 의심과 혼란 속에서 도적이 몰래 도주하는 것을 막을 수 있다.

夫守禦者, 無事而守, 有事而禦也. 救援者, 他有警而赴之, 所以協力相擒捕也. 然守之事, 如白晝看柵、寒冬伏路、昏夜坐樓、巡更者是.[68] 其事鎭·集·村長、莊頭主之, 保正副之. 凡鎭、集各有方隅,[69] 如東柵門係當孔道出入, 則應派東方烟戶若干名, 每班二名輪流,[70] 白晝看柵. 柵傍搭一窩鋪,[71] 以便歇坐. 鋪宜置鑼一面、鎗一杆, 不許一刻擅離, 設一疏虞,[72] 看柵人重究, 鎭·集長、莊頭等併行嚴懲. 每晩坐樓、巡更, 亦係依方撥派. 門角樓俱三人, 自二、三、四更, 每更一人坐瞭, 不許盹睡.[73] 各街巷柵門, 于黃昏後, 鎭·集長、莊頭鳴鑼定更後, 禁止行走, 俱各上鎖. 其鎖鑰卽付附近十家長收掌,[74] 以司啓閉. 每晩各街撥派戶丁五人, 持梆、鑼、器械, 往來巡邏, 按更次鳴鑼敲梆, 直至天明, 不許偸安睡歇.[75] 其人夫按日派定, 懸牌曉諭, 使共知遵守. 所派之人, 除鰥寡孤獨免派外, 其餘無論紳衿、衙役, 一體均派. 蓋富貴有力之家, 正須嚴防自衛, 豈反圖安逸, 而獨累貧戶小民乎?

附近集長、莊頭、以及十家長、保正等, 仍不時親行查點, 如有看守、巡夫偸嬾貪睡及缺少不到者, 卽記明姓名, 具單報縣, 以憑拿究. 凡鄰境地方及莊、村窵遠之處,[76] 深秋隆冬, 田禾收割, 人踪稀少, 匪類乘機搶劫, 致滋遺累. 法宜于當路設蓋窩鋪,[77] 約里許一所, 星羅旗布,[78] 以補烟村之缺畧. 卽于附近居民, 撥派看守, 每日每鋪輪流三人, 一人持三眼銃, 裝好火藥, 長點火繩, 二人持械. 各莊頭會集均派,[79] 不得狥富偏累貧民.[80] 況十月入室安處之後, 又有何農事相妨乎? 若得道警無聞, 亦爾附近居民之幸也. 倘有不戒, 失盜牽連,[81] 雖欲不受累費錢, 豈可得哉?

其遇警及救援之事, 須平日預先曉諭, 以便臨時遵守, 庶無舛悞. 各莊、鎭門角樓, 俱額設

---

68 순경(巡更)은 딱따기나 꽹과리를 울려 시간(更)을 알리면서 순찰을 도는 것, 즉 야간순찰을 말한다.
69 방우(方隅)는 네 방향(四方)과 네 모퉁이(四隅), 즉 테두리·둘레를 가리킨다.
70 윤류(輪流)는 번갈아 교대로 하다, 순번대로 돌아가면서 한다는 뜻이다.
71 와포(窩鋪)는 임시로 비바람을 피하기 위해 만든 움막이나 가건물을 말한다.
72 소우(疏虞)는 소홀함이나 잘못을 말한다.
73 순수(盹睡)는 선잠을 자거나 존다, 토끼잠을 잔다는 뜻이다.
74 수장(收掌)은 받아서 관리한다는 뜻이다.
75 투안(偸安)은 일시적인 안일을 탐하다, 목전의 안일만을 꾀한다는 뜻이다.
76 조원(窵遠)은 아득히 멀다, 요원하다는 뜻이다.
77 당로(當路)는 '길 가운데, 길 한복판'이라는 뜻이다.
78 성라기포(星羅棋布. 星羅棊布, 星羅碁布)는 하늘의 별이 바둑판처럼 늘어서 있다는 것, 즉 아주 많고도 빽빽한 모습을 형용한다.
79 균파(均派)는 고르게 나누어 부담시킨다는 뜻이다.
80 편루(偏累)는 부담이 고르지 않고 불공평하다는 뜻이다.
81 실도(失盜)는 분실사고, 즉 도둑이 들었다는 것을 말한다.

大梆一面, 響金一面, 三眼銃一管, 以及長鎗、斬馬刀等件. 如本村白晝有騎馬帶弓箭、器械之人, 遠遠而來, 看柵人須執鎗鑼防備, 准備關柵,[82] 俟其將近, 意欲入莊, 卽將柵門鎖閉. 如恃强不去, 看柵人卽急鳴鑼. 各十家長、保正聞何柵鑼響, 立卽放號銃一, 傳集伍壯, 飛集鳴鑼之所, 盤查堵禦.[83] 本村各門樓、角樓所派守瞭人夫, 亦急鳴鑼. 其鄰莊聞鑼, 急登門樓、角樓, 鳴梆傳集. 伍壯、十家長、保正等亦卽發號銃, 率領壯丁, 飛馳救應.[84] 如騎馬帶械之人知儆而去, 止逐其出境, 不必窮追. 若動手打伏, 立卽擒拿, 幷馬械、行裝解縣. 一面飛報保長, 查明何人擒獲强人, 何人奪獲馬匹, 何十家長、保正、伍壯有無未到, 或何人後至, 以憑分別賞罰.

凡本莊有儆, 止連急鳴鑼、放號銃, 不得鳴梆. 鄰莊聞警救援, 止連急鳴梆、放號銃, 不得鳴鑼, 使救援者皆知鳴鑼之處, 卽係有警之處, 可飛馳而赴也. 無論晝夜有警, 俱照此爲定. 凡本莊有警, 各保正傳集伍壯, 俱赴儆方堵禦, 若鄰莊有警, 各保正、十家長, 止須三伍壯丁赴援. 其餘十家長, 幷二伍壯丁留守本莊, 不得盡發, 恐本莊突有疏虞, 則堵禦無人矣. 應留應發, 須保正平日預先派定, 今次此發彼留, 後次彼發此留, 不得偏枯.[85] 若係晚間赴援, 本莊伍壯向警方開柵出去, 看柵人隨卽閉柵. 巡更人依舊巡更, 各門角樓依舊坐瞭. 所留十家長、伍壯等, 俱小心靜聽, 俟救援人歸, 警散無事, 方可安歇.

至於道路荒野之地, 有强賊刦掠客商, 或窩舖伏路人看見, 卽放號銃. 各舖聞之號銃, 齊鳴率同馳救. 或近村居民瞭知, 卽急鳴梆傳集伍壯, 而保正等亦放號銃, 立督伍壯馳捕. 各莊、村聞號銃梆聲, 亦各處放銃鳴梆, 飛犇赴援. 蓋白晝之賊, 與黑夜不同. 黑夜賊之去向難明,[86] 白晝則賊之踪跡可見, 于其所向之處, 衆村合力追捕, 彼賊至多不過十餘人, 豈有伍壯聚集數百之衆, 四面環擊, 而猶令兎脫耶?[87] 蓋道路賊刦, 止窩舖放銃, 莊、村鳴梆, 而不得鳴鑼者, 使聞者知爲道路之警, 而不在莊、村也.

○ 夫莊、村之鄰, 大路者最難防. 有騎馬帶械之人赴村討火、飲水者,[88] 若遽以爲匪類而拒之, 彼必怒而思鬪矣. 若竟納之, 又恐宵小乘機,[89] 患生不測, 而未及深防. 總要看其有脚騾、行

---

82 준비(准備)는 미리 안배하여 준비한다, 쓰임에 대비한다는 뜻이다.
83 반사(盤査)는 철저하게 또는 상세하게 조사하다, 취조한다는 뜻이고 도어(堵禦)는 막는다, 저지한다는 뜻이다.
84 구응(救應)은 구원하다. 응원한다는 뜻이다.
85 편고(偏枯)는 한쪽에만 치우쳐 고르지 않아 평형을 잃는다는 것이다.
86 거향(去向)은 행방을 말한다.
87 토탈(兎脫)은 재빠르게 도망치다, 꽁무니를 뺀다는 뜻이다.
88 토(討)는 요구하다, 요청하다, 빌린다, 바란다는 뜻이다.
89 소소(宵小)는 도둑·밤도둑, 나쁜 놈이라는 뜻이다.

李者, 必行道之人也. 宜一面閉柵, 一面令人在外, 婉言: "今奉上行, 小民不敢不遵", 索火則與之火, 索水則與之水, 彼不惟無隙生嗔, 即或可疑, 亦將廢然自返矣.[90] 又有上司被胥役朦蔽,[91] 徑不票行州縣,[92] 而自差拘拿人犯者; 有運司、巡鹽丁快而入莊緝私者[93]; 有隔省鄰封, 奉批躧緝,[94] 而物色來莊者. 凡遇此等, 或馬械揚揚, 毫無顧忌,[95] 亦不許放入柵門, 隨馳報村長、保正等, 驗明眞正某衙門「印票」, 眞正躧緝「批文」、眞正巡丁字箭 · 「差牌」, 隨用好言安慰, 赴本縣查驗發落.[96] 若非係通衢大道, 突有騎馬帶械及徒步持有兵器、面生可疑之人, 除不許放入莊、村, 尤須馳聞莊保, 帶領伍壯, 潛尾其後, 俾所過莊、村知, 而共防接尾, 其出境而還. 若白晝剽刦道路, 黑夜攻圍莊、村,[97] 及明火入院,[98] 是其盜踪已露, 惟有協力擒追, 無令縱逸,[99] 庶跡涉無他者不致生釁而多事, 眞盜應擒者不致漏網而逋誅,[100] 則兩得之矣.

○ 夫州縣有近産鹽之地, 其私販出入頗多.[101] 十家長逐甲挨査,[102] 不得興販窩頓.[103] 犯者, 十家長、保正連坐. 其鹽徒聚衆,[104] 車載驢馱, 盈千累百,[105] 挾帶兵器, 公行道路及騷擾莊、村, 竟同盜賊. 新例凡經過地方, 照盜案失察處分,[106] 聚賣之處, 照失盜例處分. 凡遇大夥鹽徒

---

90 즉혹(卽或)은 혹시 · 설사라는 뜻이고, 폐연(廢然)은 낙담하여 넋을 잃은 모양, 실망한 모습을 가리킨다.

91 몽폐(朦蔽)는 사실을 감추다, 속인다는 뜻이다.

92 표행(票行)은 공문을 아래로 내려 보낸다는 뜻이다.

93 운사(運司)는 원래 도전염운사사(都轉鹽運使司)와 그곳을 관할하는 염운사(鹽運使)를 가리키지만, 여기서는 지방 염무기구(鹽務分司나 運鹽司 등 소속 기구)를 가리키는 것으로 보인다. 순염(巡鹽) 역시 염무(鹽務)의 순사(巡査)를 맡은 어사의 직명 가운데 하나를 가리킨다. 정쾌(丁快)는 포쾌(捕快) 아역을 가리킨다. 집사(緝私)는 밀수행위를 조사하고 체포하는 일이나 사람을 가리킨다.

94 사집(躧緝)은 추적하여 체포한다(追捕)는 것이다.

95 고기(顧忌)는 남의 생각이나 시선을 염두에 두어 꺼린다, 망설인다는 뜻이다.

96 발락(發落)은 처리하다, 처분한다, 파견하다, 돌려보낸다는 뜻이다.

97 공위(攻圍)는 포위하여 공격하는 것이다.

98 명화(明火)는 횃불을 밝히는 것, 강도질하는 것을 말한다.

99 무령(無令)은 하지 못하게 한다는 뜻이고, 종일(縱逸, 縱佚)은 멋대로 방탕하게 군다, 자유분방하게 움직인다는 뜻이다.

100 누망(漏網)은 물고기나 새가 그물에서 벗어나 포획을 피한다는 것을 뜻하는데, 율법조항의 소홀한 곳이나, 나아가 요행히 법망을 벗어남을 비유하기도 한다. 포주(逋誅)는 주벌(誅罰), 즉 처벌이나 형벌을 피한다는 뜻이다.

101 사판(私販)은 금지된 품목을 몰래 파는 행위나 그것을 하는 사람, 즉 밀수꾼이나 밀매꾼을 가리킨다.

102 애사(挨査)는 차례차례 철저히 조사한다는 뜻이다.

103 흥판(興販)은 상업행위를 한다, 판매한다는 뜻이고 와둔(窩頓)은 범법자를 머물게 하거나 장물 · 불법 물품을 은닉한다는 뜻이다. 기둔(寄頓) 역시 비슷한 뜻이다.

104 염도(鹽徒)는 몰래 소금(사염)을 밀매하는 사람을 가리킨다.

105 영천누백(盈千累百)은 그 수가 아주 많음을 형용한다.

106 실찰(失察)은 감독 · 감찰을 소홀히 하였다는 뜻이다. 염효(鹽梟)와 관련된 문제에 대해서는 『대청률례』「호율(戶律) 과정(課程)」(『律』141.00-143)의 「염범(鹽法)」 부분에 나오지만, 본문과 일치하지는 않는다. 『강희간(康熙刊) 정례성안합휴(定例成案合鐫)』(東京大 東洋文化研究所 所藏) 권8 「호부(戶部) 과정(課程)」의 「흥판사염(興販私

入境, 近莊瞭見, 卽鳴梆, 放號銃, 傳集伍壯擒拿, 其各莊、村聞梆, 亦卽鳴梆, 接應協力擒捕. 彼若棄鹽而走, 止獲鹽驢等, 報縣論功給賞. 若人多敢于拒敵, 度不易擒, 止四面密圍, 莫與動手, 一面飛報本縣, 以憑率領官兵親擒, 一面飛報保長, 傳集近鄕保正, 調集伍壯協力擒拿. 若保正等調度有方,[107] 伍壯爭先奮敵, 而鹽徒雖衆, 亦無能遁逸矣. 若鹽徒雖衆懼擒, 棄鹽逃走, 不必窮追, 恐有傷損. 將所獲鹽驢等報縣轉申, 亦可免經過地方之咎也.

○ 凡昏夜追賊及聞他警赴援, 不可持火, 恐賊人暗處望見, 反爲所擊, 宜各保正與所統去伍壯黙定一暗號, 至黑處不辨人, 止聽暗號, 便是一保可聚一處, 以爲追捕, 則不致疑亂而混走矣.[108]

22-03. 현성 방비(城廂防守)

성내(城內)의 방비는 향촌의 방비보다 훨씬 중요하다. 창고의 전량(錢糧) 및 감금된 중죄수가 있어 관련된 문제가 아주 크기 때문이다. 따라서 응당 매일 저녁 각 민호에서 장정을 뽑아 거리마다 5명씩을 내보내게 해야 한다. 각기 딱따기와 꽹가리·무기를 들고 고루(高樓)에서 시간을 알려 주는 소리에 따라 오가며 순찰하는 것이다. 해당 보정도 불시에 오

鹽) 십인이상판사병경과각관처분서안(十人以上販私並經過各官處分成案)」(『現行則例』) 조항(3b)에는 비슷한 내용이 보인다("査定例, '旗人兵民聚衆十人以上, 帶有軍器, 興販私鹽, 失于覺察者, 將失事地方專管官員革職, 兼轄官降二級, 俱留任限一年緝拏'等語. 應將專管寶坻縣照例革職留任, 限一年緝拏. 通永道因公出境, 應將盜案初參例, 免其處分, 仍限一年緝拏"). 그리고 『흠정(중수)육부처분칙례(欽定(重修)六部處分則例)』(上海: 圖書集成印書局, 光緖16年) 권21 「염법(鹽法) 나획사염의서(拏獲私鹽議敍)」조항에 따르면 "一. 私鹽經由地方, 並無販賣情事, 經別處發覺者, 係小夥, 將失察過境之印捕官罰俸六個月[公罪], 係大夥, 將失察過境之印捕官罰奉一年. 一. 私鹽出境、過境、入境, 經武職汎員及交界處所之州縣能將人鹽並獲者, 概免本境官實察處分. 如本境印捕官僅獲鹽斤而人犯未獲, 僅獲人犯而鹽斤未獲者, 將失察處分減等議結."(10ab)이라고 되어 있어, 소금밀매업자가 경유한 지방의 지방관이 실찰처분을 받는 것은 확인이 된다. 심서성(沈書城) 집(輯), 『칙례편람(則例便覽)』(乾隆庚戌序. 『四庫未收書輯刊』, 北京出版社, 2007의 第二集 第27冊 所收)의 권19 「염정(鹽政)」에도 「大夥私鹽議處議敍」·「小夥私鹽議處」·「失察私鹽經過」 등의 항목이 있지만, 정확하게 일치하지는 않는다. 「실찰사염경과(失察私鹽經過)」조항에서는 "(續纂)失察私鹽經由地方, 並無販賣情事, 經別處發覺者, 係大夥, 將地方專管官罰奉一年, 小夥罰俸六個月"(13ab)이라 실려 있을 뿐이다.

107 조도(調度)는 안배, 인원의 이동이나 통솔을 말하며, 유방(有方)은 도리가 있다, 제대로 잘 한다는 뜻이다.

108 의란(疑亂)은 의심과 혼란이라는 뜻이다.

장·장정을 이끌고 순시·조사하여, 만약 순라군이 쉬고 있거나 인원 수가 부족하면 이름을 기록하고 다음날 아침 지현에게 보고하여 처벌을 받게 한다. 성 밖 관상구역의 방비도 역시 이와 마찬가지로 한다. 기존 관례로는 주현에 주둔하는 영병(營兵)이 성내 거리와 골목의 순찰을 담당하였다. 그래서 해가 지면 통금을 어긴 사람을 잡아들이는데, 전량 독촉을 하던 이체(里遞)든 소송 때문에 온 백성이든 가리지 않고 마구잡이로 잡아들여 병영에 끌고 가서 하룻밤 동안 가두어 두었다가 다음날 아침 영관(營官)에게 보고를 하였다. 만약 돈이 있는 사람을 만나면 뇌물을 받고 풀어 주었다. 이 때문에 일부러 구실을 만들어 멋대로 공갈·협박을 자행하고 심지어 지현이 야간순시를 시킨 아역까지도 도적으로 지목하여 붙잡으려 거리낌 없이 싸우고 다치게 하였다.

나는 담성현과 동광현에 있을 당시 영관과 약속하여, [지현아문] 대당(大堂)의 은고(銀庫)는 [영관이] 노련하고 조심스러운 병사를 보내 지키게 하고, 성내의 시가지 순찰은 모두 본현 소속 포쾌(捕快)·민장(民壯)의 관할로 넘기게 하였다. 그리고 성벽 위의 경우에는 모두 영병이 순찰하도록 하였다. 초경 이후 쾌·장은 성벽 위에 올라가서는 안 되고, 영병은 성 아래로 내려와서는 안 되며, 만약 이를 지키지 않으면 붙잡아 처벌하기로 한 것이다. 그리하여 병사와 백성이 [확실하게 영역과 임무가 나눠진 탓에] 서로 아무 일 없이 편안하게 지낼 수 있었다.

또한 나는 사방 문의 수비군 및 대당·감창[감옥과 창고]을 지키는 인원이 부족하거나 잠이 들어 관리가 소홀해질까 염려하여 경주(更籌[竹籌 또는 木籌라고도 한다])라는 곤봉 다섯 개를 만들었다. 그 길이는 다섯 자로 위는 둥글고 아래는 네모가 지는데, 견고한 나무로 만들었다. 야간 순찰 때 이를 지니고 있으면 호신용 무기로도 쓸 수 있었다. 경주 윗부분에는 "모현 제 몇 경 경주(更籌)"라 쓰고, 위에는 검은색 아래는 붉은색 기름을 칠하였다. 사방의 성문·감창에는 각기 죽주(竹籌) 다섯 개를 두었는데 길이는 두 자이고 직경은 한 치였다. 윗부분에는 "모현 모 성문의 제 몇 경 죽주"라 썼는데, 감창의 것도 이와 같이 하고 오동나무 기름을 발랐다. 이렇게 나무나 대나무로 만든 경주는 모두 지현의 아문[내택]에 보관하다가, 매일 해가 기울면 성문·감옥에서 아문으로 와 죽주를 수령하여 갔다. 초경 이후 아문에서 딱따기를 한번 울리면 숙직을 하는 당직 조예는 제1경용 나무 경주를 수령하고 감옥 내 순라군과 숙직하는 형방 서역이 모두 자리에 있는지를 살핀다. 감옥을 지키는 간수에게 제1경용 죽주를 건네주고 나가서, 남쪽 성문에 이르러 성문 수비군의 인원이 모두 자리에 있는지를 확인한 다음, 그들로부터 다시 제1경용 죽주를 받았다. 남쪽 성문을 떠나 서쪽·북쪽 등의 성문에서도 마찬가지였다. 네 성문에서 모두 제1경용 죽주를 받은 다음이면 감창에 도착하게 되었다. 감창은 북쪽 성문 가까이에 있기 때문이다. 이렇게 사방으로 빙 돌아 죽주를 받는 일을 마치면 조예는 목주와 함께 이것들을 반납하는데, 내택에서는 이것을 확인한 다음 거두어 들였다. 이쯤이면 마침 2경 무렵이 된다. 매 경마다 이 경우와 마찬가지로 실행하여 5경에 반납을 마치면 날이 밝게 된다.

또한 여러 아역들이 규정을 어기고 못된 짓을 저질러 비치한 목주를 전해 주지도 않고, 각 처의 죽주를 미리 거두어 놓았다가 시간이 되면 반납하면서 주고받았다고 거짓말을 할 염려도 있었다. 때문에 나는 불시에 몰래 나가 은밀히 조사를 벌였다. 각 문과 감창의 대나무를 받아 시간 순서를 적은 글자가 제대로 맞는지 자세히 살피고, 또한 과연 숙직 조예가 목주를 받아 나갔는지도 확인하였다. 만약 이런 폐단이 있다면 즉시 잡아 가두었다가 다음 날 아침 엄히 문책하고 칼을 씌워 대중에게 공개하였다. 그리고 기존 관례에 따르면 관아 주위에는 모두 경도(更道)가 있어, 매일 밤 대당의 화부(火夫)가 딱따기와 꽹가리·무기를 가지고 매 경마다 순찰을 돌게 되어 있었다. 다만 지방관이 스스로 나태해지면, 화부 역시 이런 일을 단지 형식적인 낡은 규칙으로만 여기게 되므로, 매번 못된 무리가 지현 아문[내택]에 침입해도 밖에서는 전혀 알지 못하는 일이 생겨났다. 따라서 응당 아문 내에서는 매일 저녁 장정 5명을 파견하여 각처를 순찰케 하고, 아울러 경주를 지급하여 주고받게 해야 한다. 이렇게 하면 현성의 사방 문과 감창 및 성벽의 위와 아래의 시가지, 현 아문 안팎으로 순찰을 돌지 않는 곳이 없으니 비록 범법자 무리가 있더라도 어디로 들어올 수 있겠는가?

그런데 주현의 성벽 근처에는 안으로는 높은 언덕과 작은 산이 있고, 밖으로는 넓고 인적 없는 땅이 있으니 못된 무리들이 이곳을 통해 출입할 수도 있다, 따라서 성벽 밖 가장자리에 지붕을 씌운 초소를 설치한다. 지세와 멀고 가까움을 살펴 한두 개를 설치하고 매일 저녁 부근에서 장사를 하는 가게나 주민 가운데 사람을 내보내 각 초소마다 5명씩 순찰을 돌게 한다. 만약 성 밖에서 딱따기나 꽹가리소리가 들리지 않으면 성 위에서 야간 수비를 하는 영병이 불러서 조사하여 어느 초소의 순라군인지를 영관에게 보하고 [영관이] 지현에게 이를 알려, 이를 근거로 붙잡아다 처벌한다. 만약 성 밖에 도적의 자취가 있으면 초소 순라군은 꽹가리를 울리고 소리를 치며 물어서 성벽 위 영병이 호응할 수 있도록 하며, 성벽 위에서 성 바깥 구역의 십가장·보정에게 알려 즉시 오장·장정을 모아 쫓아가 붙잡음으로써 도망가지 못하게 해야 한다.

내가 담성현 및 동광현에 있을 때는 상당히 사건이 많은 어수선한 시절이었는데, 날씨가 매우 추워지자 성 밖에 초소를 설치하고 순찰하여 방비하게 하였다. 성중의 수비만 챙기는 것보다는 차라리 성벽과 그 바깥쪽을 함께 수비하는 것이 훨씬 만전을 기하는 것이라 생각하였던 것이다. 그리하여 도적이 감히 몰래 성벽을 넘을 수 없었을 뿐만 아니라, 탈

옥한 중범죄자가 줄을 타고 성벽을 타고 내려가 달아나는 일도 없었다.

○ 엄격한 야간 통행금지는 현성이나 향촌을 막론하고 모두 지켜져야 한다. 무릇 초경 이후에는 밖을 다니는 것이 금지된다. 다만 한여름에 백성은 깊숙한 방이나 큰 안뜰이 없어 문밖에 앉거나 누워 시원한 바람을 쐬는데, 만약 일괄적으로 금지하면 좁은 집에 사는 사람은 무더운 날씨로 병에 걸릴지도 모르니 이 또한 백성을 괴롭히는 일이 될 것이다. 그래서 5·6·7월에는 백성이 문을 열어 놓고 바람 쐬는 것을 금지하지 않는다. 다만 대로와 골목의 자물쇠가 채워진 문밖으로 나다니는 것은 허락하지 않는다.

○ 만약 아이를 낳거나 위급한 질병이 있어 산파나 의생을 불러야 한다면 해가 밝기까지 기다리기 어려울 것이니, 각 십가장은 응당 미리 미리 작은 나무패를 준비해 둔다. 그 이름은 「야간통행패(夜行牌)」라 하는데, 길이는 다섯 치, 너비는 세 치로 흰색 가루를 칠한다. 그 위에는 다음과 같은 내용이 쓰여 있다. "본 주현의 지현이 지시하니 해당 보갑 [갑장]은 숙지토록 하라. 무릇 본갑 거민이 한밤중에 아이를 낳거나 급한 병이 생겨 산파나 의생을 청하려는 경우 이 패를 받아 가서 확인을 받은 다음 문을 열고 나갈 수 있도록 허락한다. 돌아올 때에는 이 패를 즉시 반납한다. 이 패가 없는 사람은 누구든 지나가게 해서는 안 된다. 감히 이 패를 위조하거나 거짓말로 받아 가려는 한 경우, 해당 십가장이 [이를 제대로 확인하지 않고] 제멋대로 지급하였다가 조사하여 발각되면 모두 엄히 추궁하고 용서하지 않는다." 패의 오른쪽에는 제 모보의 제 모갑장이 보관해야 하는지를 덧붙이며, 뒤에는 관인을 찍는다. 그리고 겉에는 오동나무 기름을 발라 글자가 지워지지 않게 하고 [구멍을 뚫어] 가죽 끈을 끼워 넣는다. 지현은 이를 확인한 다음 보장에게 발급하는데, 보장은 침실 벽 위에 걸어 두어 쉽사리 꺼낼 수 있게 한다. 이렇게 하면 누가 야간 통행을 하였는지에 대해서도 점검할 수 있어 공사(公私) 모두 그르치는 일이 없을 될 것이다.

○ 부록: 「야간통행패(夜行牌)」 양식 【길이는 다섯 치, 너비는 세 치로 흰색 가루를 칠하고 검은 글씨를 쓴 다음 오동나무 기름을 바르고 위에는 가죽 끈을 끼워 넣어 걸어 놓을 수 있게 한다.】

야간통행패

본 주현의 지현이 지시하니 본보의 모 보갑의 갑장은 숙지하라. 무릇 본갑 거민이 한밤중에 아이를 낳거나 급한 병이 생겨 산파나 의생을 청하고자 하는 경우, 해당 갑장은 본인의 얼굴이나 그 집의 아이 출생이나 질병이 과연 사실인지 확인한 다음 이 패를 지급해 주도록 허락한다. 울타리를 지키는 사람은 가는 곳이 어디인지를 물어서 확인한 다음 문을 열어주어 지나가게 하며, 돌아올 때 즉시 반납해야 한다. 이 패가 없는 사람은 누구든 지나가게 해서는 안 된다. 감히 이 패를 위조하거나 거짓말로 받아 가려 하였는데 해당 십가장이 제대로 확인하지 않고 멋대로 지급하였다가 발각되면 아울러 함께 무겁게 처벌하여 칼을 씌우고 대중에게 공개하되, 용서하지 않는다.

모년 모월 일 지급
지현 서명

夫城中之防守, 更重于鄉村, 以其倉庫錢糧及監禁重囚, 所關甚鉅也. 法宜每晚按烟戶出夫, 每街市撥派五人, 各帶梆、鑼器械, 按麗譙更點,[109] 往來巡邏. 該保正仍不時率領伍壯巡查, 如有巡夫偷安及缺少名數者, 查記姓名, 次早稟縣究責. 關廂亦然. 舊例州縣駐防營兵,[110] 在城內街巷巡查, 但至黃昏, 便拿犯夜,[111] 無論比較里遞、詞訟人民,[112] 一槩混捉到營, 墩鎖一夜,[113] 次早帶稟營官. 若遇有錢之人, 索賄放去,[114] 以故借端,[115] 恣行詐騙.[116] 甚至以縣官查夜之徇役,[117] 俱指爲盜賊擒拿, 鬪傷無忌.

鴻在郯、東, 與營官約, 大堂銀庫仍撥老成、小心兵丁防護,[118] 其城內街市, 一槩俱屬本縣快、壯巡查, 城上週遭, 俱屬營兵巡查. 凡起更之後, 快壯不得上城, 營兵不得下城, 如有不遵, 悉憑拿究. 于是兵民始相安無事. 鴻又慮四門守軍及大堂、監倉, 缺人貪睡, 致有疏虞, 乃置更籌五根,[119] 長五尺, 上圓下方, 以堅木爲之, 持之夜巡, 可作防身器械, 上書"某縣第幾更籌,"

---

109 여초(麗譙, 麗樵)는 화려하고 높은 누각을 말한다. 여기서는 앞서 나온 각루(角樓)·경루(更樓) 등을 가리키는 것 같다. 경점(更點)은 시간단위로 매일 밤을 오경(五更)으로 나누고 매경을 오점(五點)으로 나눈 데서 비롯되었으며, 매경을 알리는 북소리를 가리키기도 한다.

110 영병(營兵)은 지방 주둔부대의 병사를 가리킨다.

111 범야(犯夜)는 통행금지 위반을 뜻한다.

112 비교(比較)는 관청에서 전량을 징수하거나 범인을 체포할 때 기한을 정하고, 기한 내에 이루지 못하면 관련자를 처벌한 다음 다시 기한을 정하여 완성케 하던 일을 가리킨다. 이체(里遞)는 향리의 하급 직역을 가리킨다.

113 돈쇄(墩鎖)는 감금하는 것을 말한다.

114 색회(索賄)는 뇌물을 요구한다는 뜻이다.

115 차단(借端)은 트집을 잡다, 핑계로 삼다, 구실로 삼는다는 뜻이다.

116 사편(詐騙)은 속여서 빼앗다, 협잡질을 한다는 뜻이다.

117 사야(查夜)는 야간순찰을 말한다.

118 은고(銀庫)는 국가의 자금을 보관하고 출납하던 기구를 가리킨다.

119 경주(更籌)는 밤에 시각(更)을 알릴 때 쓰던 대나무로 만든 도구를 가리킨다.

傳以上黑下紅色油. 四城門、監倉各置竹籌五枝, 長二尺, 濶徑寸,[120] 上書"某縣某城門第幾更籌", 監倉等亦如之, 罩以桐油.[121] 其木竹籌俱存署內. 每日昃城門、監倉赴縣領竹籌, 起更後署內擊梆一聲, 宿堂皂隸領第一更籌, 查監內巡夫及直宿刑胥, 有無俱在. 由守監禁卒, 傳第一更竹籌出, 遂至南城門, 查門軍人數有無俱在, 收第一更竹籌. 由南而西而北, 四城門照收. 乃及于倉, 以倉近于北城門也. 週遭收籌畢,[122] 幷木籌繳宅查收, 恰交二更矣. 每更倣此, 及五更繳完, 而天適將明. 更恐諸役作弊, 置木籌不傳, 先收各處竹籌, 及時而繳, 僞稱傳收者, 鴻不時密出潛查, 取各門監倉竹籌, 詳驗更次字様, 並查宿堂皂隸, 果否領木籌傳去, 如有前弊, 立時鎖拏, 天明重責, 枷號示衆. 舊例衙署週遭, 皆有更道,[123] 每夜大堂火夫,[124] 持梆、鑼、器械, 按更巡邏. 惟官長自𧥄,[125] 彼亦視爲故套,[126] 每致匪人入署, 而外竟不知. 宜署內每晚撥派內丁五人, 各處巡邏, 並發收更籌. 如此則城廂四門、監倉、以及城上·下、街市、縣衙內外, 無非巡警之人, 雖有奸宄之徒, 亦將何自而來乎?

更有州縣近城垣之處, 內有高阜、小山, 外有曠僻無人之地, 恐宵小從此出入, 卽于城外垣畔, 搭蓋窩舖, 視地勢遠近, 或一舖二舖, 每晚派就近生理舖面,[127] 或烟戶人夫, 每舖五人, 往來巡邏. 如城外梆、鑼不聞, 責令城上守夜營兵喚查, 記明某窩舖更夫, 稟營移縣, 以憑拏究. 如城外有匪人踪跡, 窩舖巡夫鳴鑼喊問, 城上營兵接應, 卽向城上傳知外廂, 十家長、保正立集伍壯, 擒捕追拏, 毋致走脫. 故鴻于郯、東, 遇多事之時及降冬天氣, 遂于城外設舖巡防, 以城中之守, 莫若于城畔兼守爲萬全,[128] 不惟盜賊不敢潛踰, 卽重囚越獄, 亦不克縋城而遁矣.[129]

○ 夜禁之嚴, 無論城市、鄕村. 凡定更之後, 禁止行走. 但盛夏炎暑, 小民無深房大院,[130] 嘗于門外坐臥乘凉,[131] 若一槩閉之湫室,[132] 未免鬱熱成疾, 亦屬厲民. 每値五六七月, 不禁居

120 경촌(徑寸)은 직경 한 치(寸), 즉 손가락 마디만한 것으로 보통 둥글고 작은 물건을 가리킬 때 쓴다.
121 동유(桐油)는 유동(油桐)나무 씨에서 짠 오동나무 기름이다.
122 주조(週遭)는 사방, 주위·주변이라는 뜻으로, 여기서는 동서남북 사방의 주변을 빙 돌아라는 뜻으로 쓰인 것 같다.
123 경도(更道)는 아마 일정한 순찰 코스를 가리키는 것 같다.
124 화부(火夫)는 주방에서 불이나 화로와 솥 등을 관리하는 사람을 가리킨다.
125 해(𧥄)는 현재 잘 쓰이지 않는 글자로 보인다. 아마 해(解)자와 통하는 것 같다.
126 고투(故套)는 낡은 규범이나 속된 형식이라는 뜻이다.
127 포면(鋪面)은 점포나 상점을 뜻한다.
128 반(畔)은 밭의 경계, 한계나 강계, 또는 옆쪽, 모퉁이라는 뜻이다. 여기서는 아마 성벽에 인접한 바깥 지역을 가리키는 것 같다.
129 불극(不克)은 판본에 따라 불면(不免)이라 된 곳도 있으나, 불극(不克)이 보다 정확한 것으로 보인다. 추성(縋城)은 밧줄을 타고 성벽을 오르내린다는 뜻이다.
130 심방(深房)은 깊고 그윽한 곳에 자리 잡은 건물을 가리킨다.
131 승량(乘凉)은 더위를 피하여 서늘한 바람을 쐰다는 뜻이다.

民開門納凉. 惟大街、小巷鐍固柵門, 不許人行走耳.

○ 然有生產、急病, 請穩、延醫者, 難待天明, 每十家長宜預置一小木牌, 名曰:「夜行牌」, 長五寸, 濶三寸, 塗以白粉, 上書"本州縣正堂諭, 本保甲[甲長]知悉. 凡本甲居民, 昏夜有生產、急病, 請穩 · 延醫者, 許領此牌, 驗明開柵放行, 回時卽繳. 如無此牌者, 一槩不許放行. 敢有假揑混討,[133] 該長擅給, 查出一體重究不貸. 右付第幾保第幾甲長收執." 後用官押, 上罩桐油, 使字不脫落牌, 用韋條穿好. 本官驗明給發該保長, 懸于臥房壁上, 以便取攜, 庶行者可稽 而公私俱無悞矣.

○「夜行牌」【長五寸, 濶三寸, 塗以白粉, 書墨字, 蓋以油漆, 上穿皮條, 以便懸掛】

夜行牌

某州縣正堂示諭: 本保某甲甲長知悉. 凡本甲居民昏夜有生産、急病, 請穩 · 延醫者, 該甲長驗明本人面目、某家産病果眞, 許給此牌. 守柵人問明所至地方, 開柵放行, 回時卽繳. 如無此牌者, 一概不許放行. 敢有假揑混討, 甲長不查明擅給, 發覺一併重究, 枷示不貸.

某年某月　日 給

正堂　押

132 추실(湫室)은 왜소한 방, 작고 좁은 방을 말한다.

133 가날(假揑)은 날조한다는 뜻이다. 토(討)는 받으려고 하다, 청구하다, 요청한다는 뜻이므로 혼토(混討)는 거짓 핑계를 대고 이 패를 받아 가려는 행위를 가리킨다.

| 제23권 |

형명부 刑名部 13

보갑 保甲 3

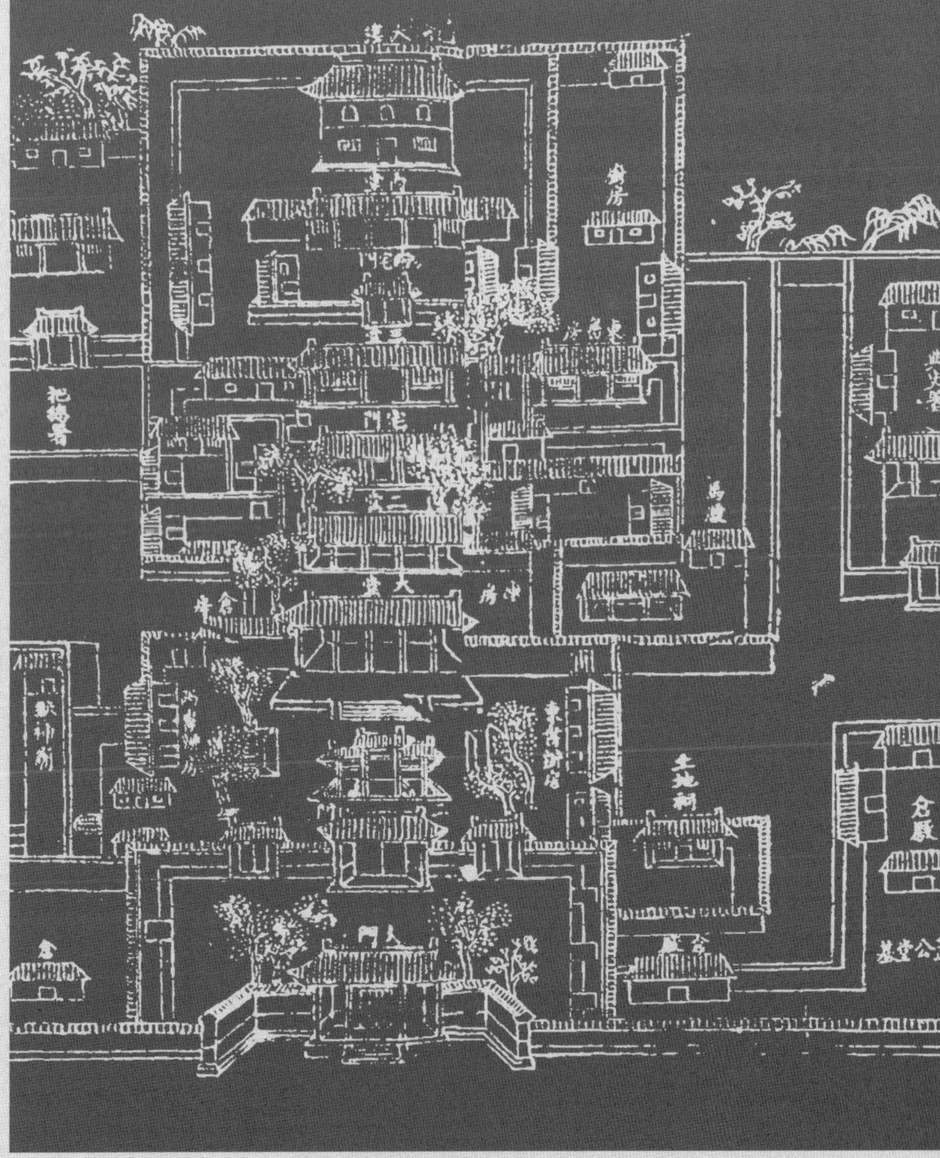

福惠全書

23-01. 매월 두 차례의 「확인서」 제출(朔望「甘結」)

무릇 주현에서는 보갑의 설치 여부를 막론하고 매달 초하루·보름날마다 각 지방 향촌으로부터 아무런 일이 없었다고 하는 「확인서」를 받는다. 이것이 단지 형식상의 지시로만 여겨지기 때문에 담당 경승·아역은 그러한 「확인서」를 받은 다음에 보관 상자 속에 처박아 두는 것을 당연한 관행으로 여길 뿐이니, 지방에 무슨 보탬이 되겠는가? 즉, 보갑으로 따지자면 십가장이나 보정·보장 등이 초하루와 보름에 「확인서」 제출을 위해 현 아문 앞을 빙 둘러 에워싸고 모여드는데, 그 인원이 수백, 수천을 밑돌지 않는다. 매번 오가고 기다리는 데 들이는 시간만 해도 걸핏하면 며칠씩 걸릴 뿐 아니라, 현성에서 먹고 마시는 음식 값도 매번 상인들이 이 무렵에만 값을 높이 올려 이익을 꾀하려 한다. 그러니 향촌 사람이 한 차례 「확인서」를 전달한다고 해도, 1년 전체로 보면 이미 스물네 차례나 이런 피해를 보아야 하는 것이다. 하물며 다른 일은 어떠하겠는가?

나는 담성현과 동광현에 있을 때 매월 1일부터 15일까지 십가 내에서 도난을 당한 일이나 도인(逃人)을 숨겨 준 일, 범법자가 숨어들어 오고간 일 등이 결코 없었다면, 십가장이 "만약 거짓임이 밝혀지면 달게 죄를 받겠습니다."라는 「확인서」를 갖추어 보정에게 제출하게 하였다. 마찬가지로 보정은 각 십가장이 올린 「확인서」처럼 "만약 거짓임이 밝혀지면 달게 죄를 받겠습니다"는 「확인서」를 갖추어 보장에게 제출하였다. 보장은 보정이 올린 「확인서」를 받고 "만약 거짓임이 밝혀지면 달게 죄를 받겠습니다."라는 「확인서」를 지현에게 제출하였다. 15일부터 30일까지에 대해서도 「확인서」를 갖추는 것은 이와 마찬가지였다. 만약 보름동안 십가 내에서 도적·도인 따위의 일이 생겼을 때에는 십가장이 증서 내에 "본갑은 모일부터 모일까지, 모호의 모인이 모일에 모사를 저지른 것에 대해 이미 보고한 것을 제외하면, 결코 도난이나 도인 등의 일이 없었습니다."라고 「확인서」에 서술하도록 하였다. 보정·보장의 「확인서」도 이런 형식에 맞추어 서술하게 하였다. 매월 이런 식으로 실행하다 보니, 초하루와 보름 때가 되면 단지 몇 명의 보장만이 현 아문에 와서 「확인서」를 전달하면 되었고, 각 보갑의 수백 수천 명이 오가고 기다려야 하는 번거로움이나 음식비·뇌물로 들어가는 비용을 크게 줄일 수 있었다.

하지만 십가장이 보정에게 올린 「확인서」나 보정이 보장에게 올린 「확인서」, 보장이 지현에게 올린 「확인서」들을 직접 받아서 점검하지 않는다면, 그 진위 여부 역시 판별하기 어렵다. 그래서 이런 방법을 시행할 초기에 성·향의 5보장으로 하여금 그들이 관할하는 보정이 총 몇 명인지를 헤아리고 동·남·서·북·성중에 따라 글자번호(字號)를 만들어 그것을 새긴 도장(圖記)을 각기 하나씩 나눠 주도록 하였다. 예컨대 동자(東字) 제1보, 동자(東字) 제2보와 같은 형식이다. 그 도장의 형태 역시 각각의 방향색깔에 따랐는데, 이를테면 동방(東方)은 갑목(甲木)이니 장형(長形)으로, 남방(南方)은 병화(丙火)이니 첨형(尖形)으로, 서방(西方)은 경금(庚金)이니 방형(方形)으로, 북방(北方)은 임수(壬水)이니 곡형(曲形)으로 하되 모든 도장 안에는 해당 보정이 직접 "모자(某字) 제 모보 보정의 도장(信記)"라고 쓰게 하고, 그 아래에는 해당 보장이 서명을 함으로써, 각기 자신의 필적과 서명을 확인할 수 있게 하여, 다른 사람이 감히 거짓으로 꾸미거나 새기지 못하도록 하였다. 각 보정 또한 방향의 형태에 따라 도장을 만들어 그들이 관할하는 십가장에게 하나씩 나눠 주도록 하였다. 해당 십가장은 직접 "모자 제 모보 제 모갑 십가장의 도장"이라 쓰고, 그 아래에 해당 보정이 서명하였다. 그 도장은 모두 견고한 나무를 사용하여 정교하게 새기도록 하였고, 흘려 쓰고 두루 뭉실하여 식별하기 어렵게 해서는 안 되었다. 보장의 도장은 지현이 만들어서 나눠 주는데, 역시 방향의 형태를 따르도록 하고 친히 "본 지현이 모향의 모 보장에게 지급한 도장"이라고 쓴 다음, 그 아래에 서명을 하였다.

[이렇게 각 급별로 도장을 나눠 준 다음] 모든 「보고서」·「청원서」·「확인서」는 종이 끝머리에 이 도장을 찍도록 하였다. 그리하여 [이상과 같은 문서를] 누가 전달하든지 간에 오로지 도장을 검사하는 것만으로 그것을 인정하는 기준으로 삼았다. 전당포의 전당문서(質票)에 비유하자면, 이른바 문서(票)만을 인정할 뿐 사람은 인정하지 않는 것과 같다. 이와 유사하게 보장이 「확인서」를 갖추어서 제출할 때도 [이 도장을 찍은 문서만 제출한다면] 직접 올 필요는 없었으니, 지현 아문의 공정은 더욱 차분한 모습을 갖추게 되었다. 결국 십가장이 보정에게, 보정이 보장에게 「확인서」를 올려 보낼 때에도 마찬가지로 모두 오고가는 노고를 피할 수 있게 되었다. 당연히 나눠 준 도장은 삼가 신중하게 보관해야 하는 것으로, 분실하면 벌을 받았다. 십가장이 분실하면 즉시 보정에게 보고하고, 보정이 분실하면 즉시 보장에게 보고하도록 하였고, 보장이 분실하면 즉시 지현에 보고하여 도장의 글자번호와 모양을 바꾸어 이전 것과 다르게 함으로써 간악한 무리들이 사칭하지 못하게 하였다. 만약 분실 사실을 숨겨 보고하지 않아 일을 그르치게 된 경우 조사하여 밝혀지면 무겁게 처벌하였다.

凡州縣, 無論保甲之設否, 每朔望索取各地方鄉邨無事「甘結」,[1] 視爲具文. 該承役取其投結,[2] 常規束之高閣,[3] 有何裨于地方? 卽以保甲論之, 十家長、保正·長等朔望投遞「甘結」, 縣署之前環繞擁集, 不下數千百人. 詎惟往返守候, 動須數日, 而州邑中之飯食, 每于是日陡貴網利,[4] 鄕人卽一投結, 而每歲累民已二十四回矣. 况其他乎? 鴻于郯、東, 每月初一日起, 至十五日止, 十家內並無失盜、竊逃、以及奸宼潛藏往來等情, 十家長具"如虛甘罪"「結狀」, 投報保正. 保正卽據各十家長所結, 具"如虛甘罪"「結狀」投報保長. 保長卽據保正所結具"如虛甘罪"「結狀」, 投遞本縣. 自十五日以至三十日, 具結亦如之. 如半月十家中有犯逃、盜等事, 十家長卽結內敘明: "本甲于某日起至某日止, 除某戶某人于某日爲某事, 已經呈報外, 此外並無失盜"云云. 其保正、保長結內, 亦照式敘明, 按月依行. 是朔望之時, 止數保長赴縣遞結, 而省卻各保甲數千百人往返守候之煩、飯食常規之費矣.

然而無所取驗十家長之具結保正、保正之具結保長、保長之具結本縣, 其有無眞僞亦難辨也. 于立法之始, 令城鄕五保長, 計所管保正共若干名, 按東南西北城中, 分立字號, 各給圖記一枚,[5] 如東字第一保, 東字第二保之類. 其圖記之形, 亦各按方形. 如東方甲木, 置爲長形, 南方丙火, 置爲尖形, 西方庚金, 置爲方形, 北方壬水, 置爲曲形. 俱于圖記內, 本保正親書"某字第某保保正信記." 下書本保長花押, 以便各認自己筆跡花押, 使人不敢假冒雕刊. 其各保正亦按方形置圖記, 于所統十家長, 各給一枚. 本十家長親書"某字第某保第某甲十家長信記," 下書本保正花押. 其圖記俱要用堅木, 精工刻成, 不可潦草糊塗, 難于識認. 其保長圖記, 則本縣置給, 亦按方形, 親書"本縣正堂給某鄕某保長信照," 下書押.

凡有「報單」、「呈稟」、「結狀」, 俱于紙尾鈐印. 此圖記不問何人投遞, 止以驗圖記爲憑. 譬之質庫中之質票,[6] 所謂: "認票不認人," 是也. 似此, 卽保長具結亦可不必親至, 公庭竟爾肅然.[7] 而十家長之具結保正、保正之具結保長, 俱可免其往返之勞矣. 所給圖記, 俱要敬謹愼收藏, 遺失者有罰. 如十家遺失, 須卽報保正. 保正遺失, 須卽報保長. 保長遺失, 須卽報本州縣, 俱另換記號字樣, 不與前同, 以防奸人紊冒.[8] 如隱諱不報悞事, 査出從重究處.[9]

---

1 향촌(鄕邨)은 바로 향촌(鄕村)이다.

2 투결(投結)에서 투(投)는 본인이 와서 직접 제출한다는 뜻이므로, 본인이 제출한 「보증서」라는 뜻이다.

3 고각(高閣)은 원래 높은 누각을 말한다. 그리고 속지고각(束之高閣)은 속지고옥(束之高屋)과 마찬가지로 물건을 묶어서 높은 각루(閣樓) 위에 방치한다, 쓰지 않고 내버려 둔다는 뜻이다. 그래서 속(束)은 버려 둔다(棄置)는 뜻으로 쓰이고, 고각(高閣)도 서적이나 기물을 놓아두는 높은 선반을 가리키기도 한다.

4 두귀(陡貴)는 갑작스럽게 비싸진다, 값을 올린다는 뜻이고, 망리(網利)는 이익을 독점한다는 뜻이다.

5 도기(圖記)는 인장의 한 종류를 말한다. 청대의 인장에는 보(寶)·인(印)·관방(關防)·도기(圖記)·조기(條記) 등이 있다.

6 질고(質庫)는 전당포를 가리킨다. 따라서 질표는 전당표를 뜻한다.

7 경이(竟爾)는 경연(竟然)처럼 '예상 외로, 뜻밖에, 느닷없이'라는 뜻이다. 숙연(肅然)은 공경하거나 두려워하는 모습, 또는 안정되고 질서가 잡힌 차분한 모습을 나타낸다.

8 문모(紊冒)는 어지럽히거나 사칭한다는 뜻이다.

23-02. 소집용 신물(調集符信)[10]

무릇 일이 있어 장정을 소집해야 할 때에는 모두 신물(信物)을 그 증거로 삼아야 한다. 만약 소집하여 쓰는 이유가 분명하지 않아, [지시를 받은 사람이] 우물쭈물하며 지체하다 일을 그르치게 된다면, 그 잘못은 장차 누구 탓으로 돌려야 하겠는가? 그러므로 아주 못된 대악당에 그 무리가 아주 다수이거나, 대규모 소금밀매업자라서 지현이 직접 체포하러 나선 경우가 아니라면 굳이 장정들을 소집하여 백성을 고달프게 할 필요는 없다. 그런데 한가한 틈에 사냥을 나가서 촌의 길을 노닐며 지나다가 갑자기 장정들을 소집하여 오락이나 위세를 부풀리는데 [보갑을] 이용한다면, [이후] 지방관의 위령(威令)이 제대로 통하지 않게 되고 백성의 마음이 이로 인해 흐트러지는 결과를 낳을 것이니, 비록 보갑 제도가 있더라도 믿을 수 없는 것이 되어 버린다. 참으로 애석한 일이 아닌가? 만약 부득이한 경우라 할지라도, 응당 멀고 가까움과 많고 적음을 헤아려 소집하고 이용해야만 비로소 신중하고 적당하다고 할 것이다.

따라서 응당 마련해야 할 방도로서는 미리 견실한 목첨(木籤. 나무제비 또는 나무심지)을 마련하는 것이다. 목첨의 길이는 여덟 자, 너비는 한 치 반, 두께는 세 푼으로 하고, 같은 모양의 두 자루를 한 쌍으로 삼는다. 머리는 금색으로 칠하고 몸체는 분칠을 하는데, 글을 다 써넣은 다음 그 위에 기름칠을 한다. 그 오른쪽 절반에는 오른쪽에서 왼쪽으로 글씨를 써 나가는데, 다음과 같은 내용이다.

> 모 주현 지현 모가【성·상 또는 무향】보장에게 지시를 내린다. 본 시현은 무릇 본【성·상·향의】오장·장정을 소집하기 위하여, 바로 이 목첨을 보내어 은밀하게 보장에게 알리는 바이다. 이 「첨표(籤票): 지시공문」이 도착하는 즉시 재빨리 표내에서 소집하기로 되어 있는 진·집·촌·장의 보정·십가장·오장 등에게 은밀하게 전하여 알림으로써 그들이 즉시 복장을 갖추고 무기를 소지한 채 정해진 시각에 맞추어 모처에 모여 본 지현이 친히 가서 지휘하는 것을 대기하도록 하라. 이 일은 기밀에 관계된 것이니, 누설

---

9 종중(從重)은 두 가지 또는 그 이상의 죄가 한꺼번에 드러났을 때 그 가운데 가장 무거운 죄를 좇아 처벌하는 것을 뜻한다.

10 조집(調集)은 소집한다는 뜻이고, 부신(符信)은 증거·신표·계약문서 따위를 가리킨다.

하거나 지연시켜 일을 그르치는 일이 없도록 하라. 만약 정해진 시각을 어기거나 소식을 누설한다면, 반드시 죽을죄로 처벌하여 용서하지 않을 것이니 신중하도록 하라. 이에 특별히 지시를 내린다.

그리고 양쪽 목첨이 만나는 중간의 위쪽 반절에 '모 자호(某字號), 합동신첨(合同信籤)'이라 크게 쓰고【예컨대 성·상의 성자호와 상자호, 동향의 동자호, 서향의 서자호 등과 같은 형태다.】지방관이 서명을 한다. 오른쪽 목첨의 아래쪽 부분에는 "오른쪽은 본 지현이 보관한다"는 네 글자를 써넣고, 왼쪽 목첨의 아래쪽 부분에는 "왼쪽은 보장에게 보낸다"는 글자를 써넣는다. 목첨의 왼쪽 절반에는 왼쪽에서 오른쪽으로 글을 써 나가는데 내용은 앞의 것과 같다.

목첨의 바깥은 흰 베(月白布)를 써서 덮개를 만드는데, 다시 남색 명주에 이무기 모양을 색깔그림으로 그려 넣은 주머니를 만들어 흰 베로 만든 덮개 위에 씌운다. 목첨의 왼쪽 절반은 보장마다 한 개씩을 주고, 그 오른쪽 절반은 지현이 내아의 은밀한 금지된 장소에 보존한다. 만약 일이 있어 보갑을 징발하여 이용해야 하거나 혹은 도적무리가 모향 모처에 나타났을 경우 [지현은 우선 그곳이] 현성에서 몇 리나 떨어져 있으며 거기까지 가는데 무슨 보의 무슨 진·집·촌·장을 지나가는지 확인한 다음 내아에서 「첨표」를 작성한다. 그때 전달하여 불러 모을 장소의 멀고 가까움을 살펴 몇 시 몇 각까지 모두 모이는 곳에 도착할 수 있는지를 미리 파악한 다음, 그 시각을 한정함으로써 사람들이 그에 맞춰 달려올 수 있게 하는 것이다. 「첨표」를 쓴 붉은 먹으로 동그라미를 쳐서 강조하고 날짜와 더불어 모시에 보낸다는 것을 써넣고 직인을 찍는다. 그리고 「첨표」의 가장자리를 목첨 뒷면에 붙여서 목첨 위로 감아 만다. 그 외부는 흰색 면지로 잘 싼 다음, 붉은 먹으로 "모향의 보장 모인이 몰래 열어 볼 것"이라고 쓰고 풀로 붙여 밀봉하고, 그 자리 위에 다시 붉은 먹으로 '밀봉(封)' 글자를 쓴다. 이것을 베와 비단으로 된 덮개와 주머니에 담아서 믿을 만한 적절한 아역을 파견하여 신속하게 보장에게 넘기도록 한다. 보장은 봉인을 열어서 확인한 다음 공문 말미에 "모시 모각에 받았고, 모각에 모처로 보냈다"고 기입한다. 그리고 「첨표」 겉을 다시 흰 종이로 잘 싸고, 그 위에 "모보 보정 모인에게 보내니 몰래 열어 볼 것"이라고 쓰고, 현에서 내려 보낸 증거용 도장을 찍어서 증빙으로 삼는다. 그 「첨표」가 그다음 보에 도착하면, 다음 보에서도 역시 이런 방식에 따라 받고 보낸 시각을 기입하고, 밀봉한 다음 도장을 찍는다. 만약 어떤 보에서 지체를 하였다면 그것을 조사해서 확인하기 쉽게 함으로써, 피차간에 책임을 미루지 못하게 하려는 것이다.

이 「첨표」는 그것이 경과하거나 장정을 소집해야 할 장·촌의 보정들을 차례대로 매개로 삼아 해당 오장·장정에게 소집지시를 전달하는 것이다. 따라서 보정들은 「첨표」를 은밀히 전달하도록 해야 하며, 전달이 끝나면 마지막 보정이 「첨표」를 다시 밀봉하여 보장에게 제출하고, 그러면 보장이 현으로 반납해야 하여 이를 잃어버려 붙잡혀 가 추궁을 당하는 일이 없도록 해야 한다. 만약에 소금밀매업자나 강도 무리들이 나타나는 등 갑작스러운 일이 생겼을 때에도 반드시 오장·장정들을 소집하는 것을 기다려 출동한다면 이미 늦어 때를 놓치게 될 것이다. 그런 경우 현성과 인접지역의 오장들은 가까운 곳에서 소집하여 보내거나 지휘를 따르게 하는 것 외에, 다른 한편으로 향촌 오장들에게 소집지시를 내리되 곧바로 신속하게 적이 있는 곳으로 달려가 대응하게 해야지 반드시 모처에서 모시까지 대기하라고 지시할 필요는 없을 것이다. 하물며 도적이 나타난 곳에는 응당 그곳의 보장·장정들이 있을 터이니, 지방관이 비록 신속하게 현지에 달려간다고는 하지만 도적을 체포할 사람이 없을까 염려할 필요도 없다.

「첨표」가 도착하면 해당 보장은 자신이 보존하고 있는 왼쪽 절반의 목첨과 비교하고, 그 길이와 글자모양이 일치한 것을 확인한 다음에야 비로소 거기 적힌 지시사항을 시행하도록 한다. 만약 길이와 글자모양이 일치하지 않으면, 그것은 가짜나 사칭이므로 즉시 전달한 사람을 붙잡아다 보고함으로써 처벌할 수 있게 해야 한다.

○ 소집용 신물(信籤) 양식【굳은 나무로 만든 길이 여덟 치 반, 두께 세 푼으로 똑같은 모양의 것 두 개를 한 쌍으로 삼는데, 머리 부분에는 금색 칠을, 몸통은 흰색 칠을 한다. 글자 위에 기름칠을 하며 그 형식은 보마다 모두 동일해야지 조금이라도 들쑥날쑥해서는 안 된다.】

소집용 신물의 오른쪽 부분

모 주현의 지현 모가 지시를 내리니【성상·모향의】보장들은 숙지하라. 본 지현은 무릇 본【성·상·향】의 오장을 소집하고자 이 「첨표」를 본 보장에게 보내 몰래 알리는 바이다. 「첨표」가 도착하면 즉각 신속하게 이 소식을 몰래 알리도록 하라. 표 내에서 동원하는 진·집·장의 보정·십가장·오장 등은 즉각 복장과 장비를 갖추고 정해진 시각을 지켜 모처에 일제히 도착하여, 본 주현의 직접 지휘를 받도록 하라. 일이 기밀에 관한 것이므로 이를 밖으로 흘려 지체시키거나 그르치지 않도록 하라. 만약 감히 이런 제한을 어기고 대놓고 떠들어댄다면 반드시 죽을죄에 처해 용서하지 않을 것이다. 신중할 것. 특별히 지시를 내린다.

모 자호 합동신첨 지방관 서명[이 부분은 양쪽으로 갈리는 부분이다 – 옮긴이]

오른쪽은 주현에 보존한다.[이 부분은 오른쪽에 남는다 – 옮긴이]

소집용 신물의 왼쪽 부분

모 주현의 지현 모가 지시를 내리니 【성상·모향의】 보장들은 숙지하라. 【오른쪽과 동일하니 생략】

이 왼쪽 부분을 모보의 보장에게 보관하도록 지급하니, 때가 되면 합동「첨표」의 글씨 흔적과 맞추어 대조해 본 다음 그에 따라 시행할 것.

夫有事而調集壯丁, 全以符信爲憑.[11] 若徵調不明, 遲疑貽悞,[12] 則咎將誰諉? 然非有神奸巨盜黨羽衆多,[13] 大夥鹽徒親行擒捕者, 斷不得徵集以勞吾民. 若夫暇餘出獵, 村路遊巡,[14] 遽集壯丁, 以資娛樂飾觀, 是以保護地方之心, 轉而爲狎玩自嬉之擧,[15] 不惟官長之威令不行, 而百姓因之解體,[16] 則雖有保甲之制, 不足恃矣. 可不惜哉! 若事非得已, 亦宜酌量遠近、多寡而調, 方爲妥愼. 法宜預置堅實木籤, 長八寸, 濶寸半, 厚三分, 每樣二枝爲一副. 金頭粉身, 書字畢, 上罩以油.[17] 其右畔一枝, 由右寫左, 上書:

> 某州縣正堂某姓示諭 【城廂某鄕】 保長知悉. 本州縣凡有調集本 【城廂鄕】 伍壯, 卽發此籤密傳知. 本保長「籤票」一到, 卽刻飛馳密傳知. 票內所調鎭、集、邨莊保正、十家長、伍壯等, 立刻裝束持械, 遵照定限時刻, 齊集某處, 伺候本州縣親臨調度. 事關機密, 勿得漏洩遲悞. 如敢違限聲揚, 定行處死不貸, 愼之. 特諭.

于兩籤合縫中間, 上半截大書“某字號合同信籤 【如城廂城字號、廂字號、東鄕東字號、西鄕西字號之類】 官押.” 右籤下半截, 書“右存本州縣”四字. 左籤下半截, 書“左付保長”等字. 其左畔一枝由左寫右, 字文仝前.

11 부신(符信)은 부절(符節)·인장(印章) 등 신물(信物)의 통칭이다. 또는 증거를 가리키기도 한다.
12 지의(遲疑)는 늦추거나 의심한다는 뜻이고, 이오(貽悞)는 그르친다, 망친다는 뜻이다.
13 신간거도(神奸巨盜)는 아주 못된 악당과 큰 도둑(大盜)을 가리킨다. 당우(黨羽)는 패거리, 도당을 말한다.
14 유순(遊巡)은 유람하거나 움직이면서 순시한다는 뜻이다.
15 압완(狎玩. 狎翫)은 접근하다, 희롱한다는 뜻이다.
16 해체(解體)는 여기서는 인심이 떠난다, 즉 인심이 흩어지고 와해된다는 방심해체(放心解體)의 뜻이다.
17 조(罩)는 덮다, 씌우다, 보쌈을 한다는 뜻이다.

外用月白布套囊之, 再用藍綢, 繪以螭形,[18] 染油作套, 囊于布套之外, 其左半枝付保長每人一枝, 其右半枝存內署謹密處. 如有事徵調, 或賊徒在某鄉某處, 離城若干里, 自城往彼, 經過某保、某鎭、集、邨莊, 查勘明確, 於內署寫票, 卽傳所過之保、鎭、集、邨庄伍壯, 約畧傳集遠近, 于何時何刻, 可到齊集之處, 方立限定時刻, 使人可以遵馳.

其票寫就, 硃圈判日,[19] 幷某時發, 用印. 以票邊實粘籤背, 捲在籤上. 外用白棉紙封好, 硃書"某鄉保長某人密拆", 粘縫硃書封字, 襲以布綢囊,[20] 差親信妥役, 馳付保長. 保長拆開看明, 卽于票尾註明"某時某刻到, 某刻發某處去訖." 于「籤票」外, 仍于白紙封好, 上書"送某保某正某人密拆", 鈐縣發信照圖記爲信. 其籤到前保, 亦照式註明到發時刻, 封識鈐記.[21] 如某保覊遲,[22] 以便查究, 庶免彼此推諉.

此籤止照傳經調莊、村之保正, 一路遞傳其伍壯, 卽令本保正密傳. 傳畢, 由末家將籤仍封繳保長送縣, 毋致遺失取究. 若遇鹽徒、響馬,[23] 事起倉卒, 必待調集伍壯始出, 緩不及事矣. 除城廂伍壯, 可就近調隨外, 鄕邨伍壯, 宜一面徵調令徑飛馳賊所接應, 不必于某處伺候. 况賊在之地, 自有該處保壯, 官長雖星馳而往,[24] 不患無擒禦之人也. 信籤發到, 該保長將存執左半籤比對, 長短字跡不差, 方可施行. 如長短字跡不對, 卽係假冒, 立拿來人稟報, 以憑究治.

○ 信籤式【以堅木之長八寸寸半、厚三分, 每樣二枝一副, 金頭粉身. 字上油漆, 其式各保俱要一, 不得分毫參差】

信籤右合

某州縣正堂某姓示諭【城廂某鄕】保長知悉. 本州縣凡有調集本【城廂鄕】伍壯, 卽發此籤密傳知本保長.「籤票」一到, 卽刻飛馳密傳知. 票內所調鎭、集、邨莊保正、十家長、伍壯等, 立刻裝束持械, 遵照定限時刻, 齊集某處, 伺候本州縣親臨調度. 事關機密, 勿得漏洩遲悞. 如敢違限聲揚, 定行處死不貸. 愼之. 特諭.

---

18 이형(螭形)은 교룡, 이무기의 모양을 말한다.
19 주권판일(硃圈判日)은 붉은 먹으로 동그라미를 그려 강조하고 날짜를 써넣는다는 뜻이다.
20 습(襲)은 옷을 입는다, 덮는다, 감싼다는 뜻이다.
21 봉지(封識)는 봉함을 하면서 아울러 표기한다는 뜻이고, 검기(鈐記)는 관리가 사용하는 도장의 일종이다.
22 기지(覊遲)는 못 가게 말리면서 시간을 끈다는 뜻이다.
23 향마(響馬)는 북방의 기마도적을 가리킨다.
24 성치(星馳)는 별을 보면서 달린다, 별처럼 빨리 달린다거나 밤을 도와 달린다는 뜻이다.

某字號合同信籤官押[25]　　　　右存本州縣

信籤左合

某州縣正堂某姓示諭: 【右合과 同一.「省略」】

左付某保保長收執, 臨時比對合同字迹施行.

23-03. 공죄에 대한 상벌(功罪賞罰)

상과 벌은 [공을] 권장하고 [죄를] 징벌하는 대권(大權)이다. 이것은 [공과 죄에 따라] 반드시 시행되어야 하며, 또한 그것이 믿을 수 있어야만 한다. 그렇지 않으면 백성에게 경계하고 두려워하는 마음이 생기게 할 수도 없고, 그들을 고무하는 데 도움이 되지도 않기 때문이다. 하물며 보갑이 이미 시행되고 있으니, 누가 공을 세우고 누가 죄를 지었는가에 대해 어찌 아무렇게나 방치해 둘 수 있겠는가? 그러므로 무릇 어떤 직무를 맡은 사람에 대해서는 그 공죄에 관한 조항들을 미리 교령(教令)으로 내걸어 그들이 따르거나 피할 수 있도록 해야 하며, 나아가 공을 세우고 죄를 피하려 하게 해야 한다. 이 역시 감독하는 사람이 깊이 기대하는 바이기도 하다. 삼가 그 조항들을 다음과 같이 열거한다.

1. 보장은 보갑을 편성하고 『보갑책』을 만드는 것이 가장 중요한 임무다. 만약 보갑 편성이 분명하지 않고, 또한 누락된 인호가 있거나 『보갑책』이 형식에 맞지 않아 잘못된 것이 있으면 매 건마다 은 2전을 벌금으로 내게 하여, 상금용으로 충당하기 위해 보존한다.

2. 보장은 보정을 뽑아서 보의 업무를 돕게 하는데, 이것이 그의 전담 책무다. 만약 뽑힌 사람이 제대로 일을 감당하지 못하여 1년 내에 일을 그르친 경우가 있다면, 그 범한 바

25 이 부분은 부절을 둘로 나눌 경우 글자의 절반이 오른쪽과 왼쪽 부분으로 나눠지고, 하나로 합칠 경우 온전한 글자가 만들어지는 곳이다.

의 가볍고 무거움에 따라 처벌을 정한다.

3. 진·집·촌·장에서는 울타리를 쌓고 망루를 세우고 해자를 판다. 이것들이 기준에 맞지 않고 튼튼하지 않은데도 보장이 상세히 살피지 못하였다면, 매 건마다 은 2전을 벌금으로 내게 하여, 상금용으로 충당하기 위해 보존한다.

4. 보정이 공무를 게을리하여 오장들을 열심히 훈련시키지 않거나 보갑에 은전을 할당하여 갈취하였는데, 보장이 이를 감싸 주고 감찰하여 적발하지 않았다면 은 1냥을 벌금으로 내게 하여, 상금용으로 충당하기 위해 보존한다.

5. 보장이 보정으로 하여금 도적·도인·범법자들을 조사하도록 엄히 지시하지 않고, 또한 스스로도 감독하지 않아 절도사건이나 도인 은닉사건이 생긴다면 매 건마다 은 10냥을 벌금으로 내게 하여, 상금용으로 충당하기 위해 보존한다. 만약에 해당 보장이 처벌받기를 원하지 않고 보장의 직위를 내려놓되 공을 세워 속죄할 수 있기를 바란다면, 의식을 행할 때에 다른 보장들의 뒤에서 따로 자리 잡고 머리를 조아리며, 또한 그들과 함께하는 정참에도 참가하지 못하게 한다. 공을 세우는 날을 기다려 원래의 특권을 회복시켜 주는 것이다.

6. 보장이 자기 향에서 1년 내에 절도사건과 도인·범법자 등 세 가지 사건으로 백성에게 누를 끼친다면, 태형 30판(板)의 무거운 형벌을 가하고 보장의 직무에서 쫓아내며, 「차역우면증서」를 회수한다.

7. 자기 향의 진·집·촌·장에 위급한 일이 있었는데 보장이 가까운 곳에 있으면서 이르지 않았거나, 소식을 듣고서도 곧바로 신속하게 달려가서 사람들을 지휘하여 범인을 체포하지 않은 경우가 있다면 은 2냥을 벌금으로 내게 하며, 아울러 그 가속·자세를 붙잡아 대신 처벌을 받게 한다.

8. 도적이나 강도무리, 소금밀매업자들이 경내에 들어왔는데 보장이 이를 보고받고서도 신속히 보성·장정들을 이끌고 가서 구원하지 않은 것이 발각되면, 무겁게 처벌한다. 그리고 그때 임무를 수행하면서 공을 세우거나 죄를 지은 보정과 오장·장정에 대해 자세하게 조사하지도 않고, 아울러 "결코 인정에 따르거나 날조한 것이 아닙니다."라는 「확인서」를 제출함으로써, 지현이 이에 근거하여 상벌을 정하게 되어 결국 공과 죄가 뒤섞여 문란해지고, [이에 불만을 품은] 피해자가 고발하기에 이르렀다면, 해당 보장을 벌하여 그가 배상하도록 한다. [엉터리 보고에 기초하여] 자격이 없는데도 상을 받은 사람은 무겁게 처벌하며, 상으로 받은 은을 추징하여 상금용으로 충당한다. [엉터리 보고로] 죄를 피하였던 사람 역시 붙잡아다 가중하여 처벌한다.

9. 보장이 못된 무리와 내통하여 도박꾼이나 도인을 숨겨 주는 등 불법 행위를 한 것에 대해 혹 이웃사람이나 옆 사람이 대신 나서서 고발하여 사실임이 확인되면, 보장에 대해서는 사안에 따라 심문하여 그 형량을 판정하며, 또한 보장의 명의로 대신 나서 고발한 사람에게 상금 30냥을 지급하게 한다.

10. 자기 향에서 1년 동안 도적·도인·범법자 등의 사건이 생기지 않았다면, 연말에 공당에서 연회를 베풀어 화홍을 매어 주고 악대의 음악에 맞추어 귀가하는 것을 배웅해 줌으로써 공을 세웠음을 표창한다.

11. 자기 향에서 3년 동안 도적·도인·범법자 등의 사건이 생기지 않았고, 또한 웃 어르신의 뜻을 거스르거나 명분을 어긴 못된 사람이 나타나지도 않았으며, 난투살인이나 모의살인과 같은 인명사건도 없었을 뿐만 아니라, 아울러 효성스러운 자손과 절개를 지킨 부인을 천거한 적이 있다면, 곧바로 해당 보장이 조사와 훈도에 공이 있었음을 상사에게 보고하고, 그에게 화홍을 매어 주고 악대의 음악에 맞추어 귀가하는 것을 배웅하는 것 외에도 편액을 내려 주어 그에 대한 장려의 뜻을 보여 준다.

12. 보정은 열 명의 갑장을 거느리고, 도적·도인·범법자 그리고 여관에 머무는 사람이나 촌장·시집의 도로를 왕래하는 사람을 점검한다. 혹 도인이나 도적의 종적이 보이거나 낯설고 의심스러운 사람이 나타난다면, 모두 전적으로 그의 책임이다. 만약 소홀함이 있어 그들을 조사하여 붙잡지 않았다면, 해당 보정에게는 매 건마다 태형 30판의 중벌을 내린다. 만약에 그 범한 바가 가볍고 본인이 속죄(贖罪)를 원한다면, 매 건마다 은 9전으로 환산하여 내게 하여 상금으로 충당한다.

13. 보의 해자와 울타리·대문·망루 등이 파손되었으면 해당 보정은 수시로 살펴서 수리하여 튼튼하게 유지하는 데 힘써야 한다. 낮에 울타리를 지키고 밤에 순찰을 돌고, 겨울에 길에 잠복하는 사람들에 대해 해당 보정은 수시로 이들을 점검하고, 결원이 생기지 않도록 힘써야 한다. 만약에 수비 시설을 살펴서 수리하지 않았거나 경계 서는 사람을 점검하지 않아서 지키는 사람이 없고, 순찰을 돌고 잠복하는 사람들이 부족해져 소홀함이 생겼다면, 보정은 무겁게 처벌을 받는다. 혹 본 지현이 조사하여 발견하였다면 곧바로 무겁게 처벌하고 용서하지 않는다.

14. 자기 보 내의 촌장에서 혹 못된 무리들이 울타리를 통해 들어오거나, 아니면 한밤중에 도적들이 겁략을 하는 일이 생겼는데, 해당 보정이 총을 쏘아 오정·장정을 소집하여 즉각 포위하여 붙잡지 않았다면, 해당 보정을 엄히 처벌하며 은 1냥을 벌금으로 내게 하여 구호하는 데 공을 세운 사람에게 상으로 지급한다.

15. 촌락 부근 도로에서 도적을 보았는데, 본보의 각 촌장에서 딱따기를 쳐서 오장·장정을 불러 모으지 않았거나, 해당 보정이 총을 쏘아 오장·장정을 불러 모으고 지휘하여 신속하게 구원하여 붙잡으려 하지 않았거나, 아니면 늦게 도착하여 도적들의 종적이 이미 사라진 경우라면 해당 보정은 사안에 따라 분별하여 처벌을 받는다.

16. 보정은 해당 보의 오장·장정들이 한가한 날에 수시로 무기를 쓰는 훈련을 받게 함으로써 정교하고 숙달함을 이루게 해야 한다. 만약에 보정이 이를 게을리하여, 훈련하고 익히는 것을 제대로 감독하지 않고 무기도 녹슬고 무디어져 쓸 정도가 되지 못한다면, 지현이 이를 점검하여 해당 보정에게 벌금을 물리고 상금에 충당한다.

17. 오장·장정이 위급함을 듣고서, 혹은 자기 촌에서 도적을 잡거나 아니면 다른 곳으로 구원을 나갔는데, 누가 도적을 잡았는지, 누가 먼저 도착했는지, 누가 겁먹고 물러났는지, 누가 오지 않거나 뒤늦게 도착하였는지 등등에 대해 해당 보정이 확실히 조사하지도 않고, "확실히 조사한 결과 사실이며, 결코 인정을 따르거나 사실을 날조한 폐해가 없습니다."라는 「확인서」를 갖추어 보장에게 제출함으로써, 결국 그것이 현에 보고되어 상벌이 공정하게 이루어지지 못하게 만들었다면, 해당 보정을 엄히 처벌하며 아울러 벌금을 물려 공을 세운 사람에게 상으로 지급한다.

18. 순찰하던 포쾌·민장이 도적·도인을 붙잡았거나, 아니면 도적·도인이 자수를 하였는데 지현이 심문을 하였더니 자신들을 은닉해 준 집이 모보의 모처에 있으며, 모월 모일에 본현 경내에서 물건을 훔쳤다고 자백하였다면, 곧바로 도적·도인을 은닉해 준 사람을 체포하고, 아울러 이를 보고하지 않은 보장·보정, 진·집장, 십가장들을 엄중히 처벌한다.

19. 보에서 1년 이내에 도적·도인·범법자 등 세 종류 사건으로 주민들에게 피해를 주었다면 해당 보정에게 태형 40판의 중벌을 가하고 본보에서 한 달 동안 칼을 씌워 공개하며, 직위에서 해임한다.

20. 보에서 1년 이내에 도적·도인·범법자 등의 사건이 발생하지 않았다면, 해당 보정에게 연말에 공당에서 연회를 베풀어 주고 화홍을 매어 주어 표창한다. 도적·도인·범법자 등의 사건이 있었던 보정들은 따로 자리를 마련해 주되, 빈 그릇으로 배석하게 함으로써 창피를 당하게 한다.

21. 보에서 3년 이내에 도적·도인·범법자 등의 사건이 없었고, 효순하지 않은 아랫사람이나 악질 토호가 나타나거나, 난투·모의살인 등 인명사건이 생기지도 않았을 뿐 아니라, 또한 효성스러운 자손들과 의롭고 절개 있는 부인이 있는 경우라면, 해당 보정이 평소에 백성을 제대로 점검을 시행하고 이치로 교화하는 데 큰 업적을 거둔 것이니, 지현이 나

서 악대로 음악을 연주해 주고, 화홍과 편액을 지급하는 장려를 해 준다.

22. 십가장은 갑호와 도적·도인·범법자 그리고 여관 등에서 왕래하며 투숙하는 사람을 감시하며, 이것이 그들의 전문 책임이다. 만약에 소홀한 바가 있으면 해당 갑장을 엄히 처벌하여 무겁게 징계한다.

23. 자기 촌장과 다른 곳에서 위급한 일이 있었는데 십가장이 곧바로 오장·장정들을 거느리고 신속히 가서 구원해 주지 않았다면, 태형 30판의 중벌을 내린다.

24. 오장·장정 등이 평소에 보정의 훈련 지시를 따르지 않고, 위급한 일이 있어도 곧바로 달려가 구원에 나서지 않으며, 모자와 갑옷·요대·신발·버선 등이 규격에 맞지 않고, 무기에 대해서도 정교하고 숙련되지 못하였다면, 매 건마다 태형 20판의 중벌을 내린다.

25. 오장·장정 등이 무기를 정교하게 익혀 숙련되었고, 위급함을 듣고 구원하러 나서 체포에 공을 세웠으며, 부모에게도 효를 다하고 향리에서 화목하며, 술과 도박에 탐닉하지 않고, 남들과 다투어 분쟁을 일으키지 않았다면, 이는 그 재능과 용맹이 무리에서 특출한 것이며, 효제(孝悌)·예양(禮讓) 면에서 뛰어난 품행을 지닌 사람이다. 십가장과 보정 등이 연명으로 천거하면, 지현이 직접 방문하여 사실을 확인하고 아문의 공당에 자리를 마련하여 화홍을 매주고 악대의 음악을 연주하며, 채색 깃발과 은패(銀牌)를 주어 귀가할 때 배웅한다.

26. 각 진·집·촌장과 장두는 보장이 보갑을 편성하고 『보갑책』을 작성하는 일을 돕는데, 이것은 그들의 책임이다. 만약에 게을리하거나 규격을 따르지 않아 보갑 편성이 형식에 맞지 않고 『보갑책』의 작성이 분명하지 않다면, 다시 보갑을 편성하고 『보갑책』을 작성하게 하는 것 외에 따로 처벌을 기록한다.

27. 각 진·집·촌장과 장두는 울타리·담장·해자·망루 등을 건축하는 것이 모두 전담 책무다. 만약에 기한에 맞춰 규격에 맞게 건축하지 않았거나 파손되었는데도 수리하지 않았다면, 매 건마다 은 2전을 벌금으로 물리며 이는 상금용으로 보관한다. 만약에 다시 연기해 준 기한 내에도 완성하지 못하거나 수리하지 못하였다면, 잠시 해당 우두머리의 체면을 봐주어 그 자제·가속을 대신 붙잡아다가 매 건마다 태형 20판의 중벌을 내린다.

28. 낮에는 울타리를 지키고 밤에는 순찰을 돌며, 망루에서 경계를 서는 데 사람을 뽑아 할당하는 것이 진장 등의 전담 책무다. 만약에 울타리를 지키는 사람이 없고 순찰을 도는 사람 수가 부족하여 경계가 소홀해졌다면, 곧바로 진장 등을 붙잡아다 무겁게 처벌한다. 만약 지현이 조사하여 적발되면, 울타리를 지키거나 순찰을 도는 사람, 그리고 진·집장을 한꺼번에 붙잡아다 처벌한다.【만약에 상이나 벌을 주어야 하는 일이 있는데 위의 조항에서 모두 열거하지 못하였다면, 그때그때 따라 적절하게 헤아려 처리한다.】

賞罰者, 勸懲之大權, 非必而且信, 無以生警懼, 而資鼓勵. 況保甲旣行, 孰功孰罪, 安可漫然而置之乎?[26] 故凡有職掌者, 卽功罪之攸係, 必預懸其敎令, 使之有所趨避, 急功而免罪焉. 斯亦責成者之深所屬望也. 謹列其條于左:

一. 保長以編保甲, 造『保甲冊』爲首務. 如編保不淸, 幷有遺漏人戶及造冊不合式, 致有舛錯者, 每一件罰銀二錢, 貯充賞用.

一. 保長選擧保正, 以協理保務, 是其耑責. 如選擧不堪, 一年內犯事者, 量所犯輕重, 定罰.

一. 鎭、集、村、莊, 建柵築墻, 造樓濬濠, 不合式, 不堅固, 保長不行詳勘者, 每件罰銀二錢, 貯充賞用.

一. 保正怠玩公事, 不勤訓伍壯, 及需索科派本保甲銀錢, 保長狥庇不行察擧, 罰銀一兩, 貯充賞用.

一. 保長不嚴飭保正稽查盜、逃、奸宄, 及自不行督理, 致失盜、窩逃等事者, 每件罰銀十兩, 充賞用. 如不愿罰, 革去保長名色, 戴罪圖功.[27] 其行禮在保長後另行叩首, 不准入保長班庭參. 俟有功之日開復.[28]

一. 保長本鄕一年之內, 有失事、逃人、奸宄三案, 賠累民人者, 重責三十板, 革去保長. 追繳「免票」.

一. 本鄕鎭、集、邨、莊有警, 保長附近不至, 及聞報不卽飛馳督同擒捕者, 罰銀二兩, 仍拿子弟家屬代責.

一. 刦盜、響馬、鹽徒入境, 保長聞報, 不飛馳督率保壯救援, 査出重究. 及在事有功、有罪之保正、伍壯, 不行詳査, 幷具"並無狥揑"「甘結」投報本縣, 以憑論定賞罰, 致功罪紊淆, 本人告理者,[29] 卽罰本保長賠償. 冒賞者重責, 追所賞之銀, 仍充賞用. 逃罪者, 仍拿倍處.

一. 保長勾通匪類, 窩賄窩逃, 所爲不法, 或鄰佑擧首, 傍人告發, 審實, 將保長照案問擬, 仍于保長名下給賞二十兩, 與首告之人.[30]

一. 本鄕一年之內, 並無盜、逃、奸宄等情, 于年終公堂設宴, 備花紅、鼓樂送歸其家, 以旌有功.

---

26 만연(漫然)은 '아무런 제한도 없이, 마음 내키는 대로'라는 뜻이다.

27 대죄입공(戴罪立功)은 유죄판결을 받고 공을 세워 속죄(贖罪)의 기회를 받는 것을 말한다. 범죄 후 공을 세워 속죄하는 것을 통칭하기도 한다.

28 개복(開復)은 원래의 관직이나 관함을 회복시켜 준다는 것을 뜻한다.

29 고리(告理)는 고발한다, 처리를 청구한다는 뜻이다.

30 수고(首告)는 남을 대신해서 나서서 고발하는 것을 말한다.

一. 本鄕三年之內, 並無盜、逃、奸寇, 亦無忤逆干犯名義,[31] 及鬪毆、謀殺人命, 且有孝順子孫、義夫、節婦公擧, 卽將該保長稽查, 訓導有功, 申憲, 鼓樂花紅, 給扁獎勵.

一. 保正率同十甲長, 稽查逃、盜、奸寇及歇店住宿, 村、莊、市、集道路往來. 或逃或盜踪跡, 面生可疑之人, 皆其專責. 如有疏虞, 不行查察盤獲, 該保正每件重責三十板. 如所犯輕願贖, 每件折銀九錢充賞.

一. 本保濠墻、柵門、瞭樓損壞, 該保正不時查看補葺, 務期堅固. 白晝看柵, 昏夜巡更及冬月伏路之人, 該保正不時查點, 務期小心不缺. 如不行查看補葺, 不行查點, 看守無人, 巡更伏路人夫缺少, 致有疏虞, 保正重究. 或本縣查勘出, 立行重責不貸.

一. 本保村莊, 或有匪類闖柵, 或昏夜盜賊行劫, 該保正不放銃傳集伍壯, 立刻圍擒追捕者, 該保正重究, 仍罰銀壹兩, 給賞救護有功之人.

一. 鄰村道路, 遇有盜賊, 本保各莊不鳴梆傳集伍壯, 該保正不放號銃, 督率伍壯飛馳救援協擒, 以及到遲賊踪巳去, 該保正分別究處.

一. 本保伍壯, 于閒暇之日, 該保正不以時演試兵器, 務期精熟, 如懶惰, 不行督演精熟及器械朽鈍不堪, 本縣查勘, 該保正罰銀充賞.

一. 伍壯聞警, 或本村擒賊, 或別處救援, 孰爲擒賊, 孰爲先到, 孰爲退怯, 孰爲不到, 以及到遲之人, 該保正不行明白確查, 徑具“確查是實, 並無狗揑情弊”「甘結」投報保長, 以致報縣賞罰不公, 該保正重責, 並罰銀給賞有功之人.

一. 巡路捕壯拿獲盜賊、逃人, 或盜賊、逃人自首, 本縣審訊, 供有窩藏之家, 在某保某處及某月日, 于本縣境內失事, 立拿窩藏盜、逃之家, 並不報之保·長正、鎭·集長、十家長, 從重究懲.

一. 本保內一年之內, 有逃、盜、奸寇等三案, 貽害居民者, 保正重責四十板, 枷號本保一個月, 革退.

一. 本保一年之內, 並無盜、逃、奸寇之事, 于歲終公堂設宴, 備花紅旌獎. 令有盜逃、奸寇事案之保正, 另設席空器陪之, 以示辱.

一. 本保三年之內, 並無盜、逃、奸寇, 亦無忤逆、豪强及爭鬪殺傷人命, 且有孝子順孫、義夫節婦, 該保正具見平日查理訓化有方, 本縣鼓樂花紅, 給匾獎勵.

---

31 오역(忤逆)은 모범(冒犯)·위항(違抗)·반역(叛逆)이나 부모에 대한 불효순(不孝順)·불효경(不孝敬)의 뜻인데, 여기서는 아마 후자의 뜻인 것 같다.

一. 十家長稽查甲戶盜、逃、奸宼及歇客店家往來住宿之人, 是其專責. 如有疏虞, 該甲長嚴究重懲.

一. 本莊及他處有警, 十家長不卽率同伍壯飛馳救援者, 重責三十板.

一. 伍壯等平日不遵保正演試, 有警不卽馳救, 以及帽甲、腰包、鞋襪不合式, 器械不精熟鮮明者, 每件重責二十.

一. 伍壯等有演習器械精熟, 聞警救援, 擒獲有功, 以及孝順父母、和睦鄕里、不酗酒、賭博、爭鬪生事, 是爲技勇超群、孝悌禮讓卓有品行之人. 十家長、保正等連名公擧, 本縣訪實, 公堂設席, 花紅鼓樂, 彩旗銀牌, 送歸其家.

一. 各鎭·集·村長, 莊頭, 協同保長, 編排保甲及造冊, 是其責任. 如有怠玩不遵, 編不合式, 造不淸白者, 除重編造外, 仍行記罰.

一. 各鎭·集·邨長, 莊頭, 建築墻濠、栅門、瞭臺, 皆其專責. 如有不遵限建築合式, 及損壞不行補葺, 每件罰銀二錢, 存充賞用. 如再限不完, 幷補葺不堪, 暫存該長體面, 拿子弟家屬, 每件重責二十板.

一. 白晝看栅, 昏夜巡更, 坐臺瞭望, 撥派人夫, 是鎭長等專責. 如有看栅無人, 巡更人數缺少, 致有疏虞, 立拿重究. 或本縣查勘出, 看栅巡更人及鎭·集長, 一併拿究. 【如有應賞、應罰之事, 條不能盡列, 俟臨時酌行】

23-04. 권선징악(奬擧善惡)

대저 보갑은 도적과 도인을 잡고 범법자를 막기 위한 것이지만, 서로 돕고 구휼하며 선행을 권하고 다툼을 잠재우는 뜻에 대해서도 이야기하지 않을 수 없다. 외부의 침입을 제거하고 내부의 풍속을 닦아 화목하고 평화로운 교화에 이르는 것 역시 아름다운 일이 아닌가? 같은 보갑과 촌장 안 사람들은 친척·자제가 아니면 모두 혼인으로 맺어지거나 친구 관계에 있다. 따라서 가난하여 힘들고, 병이 걸려 죽는 사람이 있으면 마땅히 서로 그 곤란하고 모자람을 진휼해 주어야 한다. 다투거나 말싸움을 하는 사람이 있으면 마땅히 서로 권해 화해시켜야 한다. 경박하고 방탕한 젊은이가 있으면 마땅히 규제하여 조심스럽고 도탑게 생업에 종사하도록 해야 한다. 윗사람을 거역하고 횡포를 부리는 아랫사람과 젊은 사람이 있다면 마땅히 꾸짖어 허물을 고치고 스스로를 바꾸도록 해야 한다. 부녀자 가운데 수절을 하면서 생활이 어려운 경우가 있다면, 친족이나 이웃이 마땅히 도와서 부양함으로써 그 뜻을 이루도록 해 주어야 한다. 이는 모두 보정·보장 및 진·집장 등 가운데 덕과 의를 숭상하고 좋아하는 사람이 앞서서 권장하여 제창해야 할 일이다. 이렇게 하면 본성이 충직하고 돈후한 사람들 역시 소문을 듣고 기꺼이 본받을 것이며, 앞으로 나가려는 뜻을 가진 사람 역시 악을 부끄러워하고 선을 따를 것이다. 대저 풍속을 도탐게 하고 순박함을 일으키는 데 이보다 더한 이치가 있겠는가!

따라서 무릇 어떤 진·집·촌·장에 3년 동안, 도적·도인 등의 사건 및 다툼과 살상, 소송 및 윗사람을 거슬러 효순하지 않거나 횡포를 부리는 아랫사람이 없다면, 연말에 해당 진·집·촌·장의 사방으로 길이 연결되는 곳에 편액 하나를 내려 준다. 거기에 '순박한 동네(淳里)'라고 쓰고, 아울러 보장과 보정, 진·집장 등의 성명을 열거함으로써 그들을 특별히 장려하도록 한다. 만약 어떤 진·집·촌·장에 진실로 남을 도와주고 베푸는 것을 좋아하는 착한 이가 있거나, 진실로 효순한 자손이 있거나, 진실로 정절을 지키는 부녀자가 있다면, 보장·보정 및 진·집장, 장두 등으로 하여금 지현에게 추천하도록 하고, 살펴보아 사실이 확인되면 편액을 내려 장려하며, 응당 상사에 보고해야 할 경우에는 중앙정부에 표창해 달라는 공문을 올려 달라고 요청한다. 만약 해당 보나 진·집·촌·장에 진실로 강한 사람에게 의지하여 약한 사람을 능욕하는 악인이 있거나, 진실로 윗사람을 거역하는 불효 자제가 있거나, 진실로 나쁜 토호로서 평소 불법을 자행하는 못된 무리가 있다면, 보장·보정, 진·집장으로 하여금 지현에게 알려 엄히 붙잡아 처리하게 하는데, 지현은 각급 상사에게 보고하여 법에 따라 응징하도록 한다. 만약 보정·보장 가운데 선행이 있는데도 은폐하여 추천하지 않거나, 악행이 있는데도 비호하여 보고하지 않는다면 모두 무겁게 처벌한다. 마땅히 이러한 뜻을 성·향의 보갑에 고시하여 널리 깨우치도록 해야 한다.

夫保甲, 雖所以戢盜、逃而防奸寇, 其于相賙相恤,[32] 以及勸善息爭之義, 亦不可不講. 蓋袪外侮而脩內俗,[33] 以臻于雍穆熙和之化,[34] 不亦美乎? 其仝保甲之中、村莊之內, 非族屬子弟,

32 주(賙)도 진휼하다, 주다, 도와준다는 뜻이다.

33 외모(外侮)는 외욕(外辱)처럼 보통 외국의 침략과 압박을 가리키는데, 여기서는 외부로부터의 공격을 가리키는 것으로 보인다. 거(袪)는 거(祛)와 통하니, 바로 제거한다는 뜻이다.

34 옹목(雍穆)은 화목하다, 평화롭다는 뜻이고, 희화(熙和) 역시 밝고 화락(和樂)한다는 뜻이다.

卽姻婭、友朋.[35] 有貧難、疾死者, 宜互相賑其困乏; 有爭鬪、口角者,[36] 宜互相爲之勸解; 有佻達、浮蕩之少年,[37] 宜規其謹厚生理[38]; 有忤逆、暴橫之卑幼, 宜責其改過自新; 有婦人守節無資者,[39] 親族、里鄰, 宜爲之捐助養贍,[40] 以成其志. 是皆保長·正、鎭·集長等之尙德好義者, 先爲之勸導而首倡之, 使存心忠厚者,[41] 亦聞風而樂效,[42] 有志上進者, 亦恥惡而從善, 夫非敦厚風俗、興起淳良之上理哉!

故凡某鎭、集、村莊, 三年之內並無盜、逃等事, 以及爭鬪、殺傷、興詞告狀、忤逆暴惡之人, 至歲終于本鎭、集、村、莊通衢處所, 給一扁顔, 曰: '淳里', 并列保長·正、鎭·集長等姓名, 于以獎異之. 若某鎭、集、村、莊, 有眞樂助好施之善人, 有眞孝順之子孫, 有眞節孝之婦女, 許保長·正、鎭·集長、莊頭等公擧, 本縣察實, 給扁獎勵, 應詳憲者, 申請題旌.[43] 如本保、本鎭·集·村·莊, 有眞正倚强凌弱之惡人, 有眞忤逆不孝之子弟, 有眞巨憝勢豪,[44] 素行不法之匪類, 許保長·正、鎭·集長等公擧, 本縣嚴拿, 申詳各憲, 執法究懲. 如保正·長等, 有善隱蔽不擧, 有惡狥庇不報,[45] 一併重究. 宜以此意, 張榜城鄕保甲,[46] 通行曉諭.

23-05. 수탈 금지(嚴禁騷擾)

보갑이 오랫동안 시행될 수 있는 것은 걱정거리가 되지 않아서이다. 만약 백성으로 하

35 인아(姻婭)는 사돈을 말한다.
36 구각(口角)은 말다툼·언쟁을 가리킨다.
37 도달(佻達)은 경박하고 버릇없는 모양, 부탕(浮蕩)은 경박하고 방탕한 모양을 나타낸다.
38 근후(謹厚)는 조심스럽고 온후하다, 신중하고 중후하다는 뜻이고, 생리(生理)는 생활을 한다는 뜻이다.
39 무자(無資)는 돈이 없다, 재물이 없다는 뜻이다.
40 연조양섬(捐助養贍)은 재물을 기부하여 도와 부양한다는 뜻이다.
41 존심(存心)은 마음씨·근성을 말하며 충후(忠厚)는 충직하고 온후하다, 진실하고 두텁다는 뜻이다.
42 문풍(聞風)은 소문을 듣다, 풍문으로 안다는 뜻이다.
43 제정(題旌)은 제서(題書)를 써서 표창하는 것, 또는 중앙정부에 정식 공문(題本)을 올려 표창을 주청하는 일을 말한다.
44 거대(巨憝)는 대악당을 가리킨다.
45 순비(徇庇)는 정실에 얽매여 비호한다는 뜻이다.
46 장방(張榜)은 게시(揭示)나 공시(公示)를 한다, 공표한다는 뜻이다.

여금 힘을 쓰고 돈을 낭비하게 한다면, 이것은 이익을 누리기도 전에 먼저 폐해를 입게 하는 것이니, 이렇게 되면 보갑은 결국 제대로 시행되지 못한다. 지금 삼가 보갑에서 응당 금지해야 할 것을 다음에 열거하도록 하겠다. 여기에서 적당하게 빼고 보태는 것은 오로지 지방관이 스스로의 지혜로 짐작해서 할 처리할 따름이다.

1. 보장, 진·집장 등은 보갑을 편성하고 『보갑책』을 만들 때, 그 음식이나 종이 비용 등은 모두 스스로 준비해야지 구실을 빌려 백성에게 추렴해서는 안 된다. 하물며 보장 등이 일을 시작할 때에는 마땅히 마을 사람이나 친척이 그 안정된 일 처리를 본받도록 해야지 어찌 그의 거동을 꺼리도록 할 수 있겠는가? 만약 추렴하는 일이 있다면 무겁게 처벌한다.

2. 보장, 진·집장 등은 울타리와 해자·망루 등을 세울 때 응당 민호를 상·중·하 세 등급으로 나누어 돈을 대거나 노동력을 내도록 해야 한다. 무릇 도적이 엿보는 것은 대개가 신사나 부호이니, 어찌 자금과 노동력을 내는 정도를 가난하거나 부족한 사람들과 비교할 수 있겠는가? 하물며 또한 스스로 권세를 뽐내면서 힘없는 백성에게만 불공평하게 할 수 있겠는가? 마땅히 상등 호는 3, 중등 호는 2, 하등 호는 1의 비율로 하여 울타리를 쌓고 해자를 파는 데에는 단지 그 노동력만을 이용하도록 하고, 울타리를 세우고 딱따기와 징·무기 등의 물품을 비치하는 데에는 그 비용을 아울러 내도록 한다. 대체로 가난하여 돈이 없는 사람은 노동력으로 돈을 대신하도록 하여, 나누어 추렴하는 데 공평할 수 있도록 힘써야 한다. 차라리 부유한 사람이 많이 내게 하는 것이 군자로서 의로움을 숭상하는 길이 될 것이다. 빈궁한 사람들에게만 오로지 부담을 주면서 도리어 "소민들이 공무에 앞장을 선다"는 식으로 말해서는 안 된다. 이를테면 보장 등이 강자를 두려워하고 약자를 업신여기면서 추렴할 때 공평성을 잃는 경우 누군가 이를 고발한다면 지현이 직접 찾아가 들어 보고 반드시 무겁게 처벌할 것이다. 감히 권세를 믿고 따르지 않거나, 힘없는 백성만 힘들게 하는 경우가 있다면 해당 보장 등은 그 이름을 지적하여 보고함으로써, 지현이 즉시 붙잡아다 상사에게 보고하여 무겁게 징계할 수 있도록 해야 한다.

3. 보장·보정·십가장 등이 도적과 도인, 범법자 등을 구실로 향민을 속여 돈을 받은 적이 있다면, 피해자가 그 이름을 지적하여 호소하도록 허용함으로써 붙잡아다 처벌할 수 있도록 한다. 부정하게 받은 돈을 추징하고 엄히 징계할 것이다.

4. 보장이 「확인서」를 구실로 보정에게 돈을 요구하고, 보정이 「확인서」를 구실로 십가장에게 돈을 요구하고, 십가장이 「확인서」를 구실로 갑호에게 돈을 요구하는 일이 있다. 혹 피해자가 이를 고발한다면 지현이 직접 찾아가 확인하여 보장의 경우는 그 자제로 하

여금 대신 처벌을 받도록 하고, 보정·갑장 등의 경우는 무겁게 처벌하고 부정하게 얻은 돈은 추징하여 그 주인에게 돌려주고, 따로 배상금으로 두 배를 내게 하여 상금에 충당한다.

5. 해당 방(房)의 아역이나 도로를 순찰하는 포장이 보갑을 관리하고 지방을 사찰한다는 구실로 보정·십가장·갑호 등에게 돈을 요구할 경우, 피해자가 그 사람의 이름을 지명하여 호소하도록 허용함으로써 그 사람을 무겁게 처벌하고 부정하게 받은 돈을 추징하며, 칼을 씌어 대중에게 공개하고 그 직역에서 쫓아낸다.

6. 지현이 울타리와 해자가 있는 촌장을 점검한다든지, 시범 훈련을 하는 오장·장정을 점검한다든지 할 때 필요한 모든 음식은 모두 현 아문에서 스스로 준비한다. 아울러 지현의 수행원과 아역들 역시 모두 백성에게서 물 한 잔 쌀 한 톨도 받아 써서는 안 된다. 만약 지현에게 제공한다거나 수행원·아역의 음식을 제공한다는 핑계로 향민과 보갑 등에 추렴하는 일이 있다면, 지현이 직접 찾아내어 조사하고 즉시 잡아다 죽을죄로 처벌하되 결코 용서하지 않는다.

保甲之所以長久可行者, 以其無憂也. 若使民勞力而費財, 是未受保甲之益, 而先受保甲之害, 此保甲之終不可行也. 今謹條其應禁者于左. 至于斟酌損益,[47] 又在司牧神明于其間耳.[48]

一. 保長、鎭·集長等, 編排保甲造冊, 其飯食、紙張之費, 俱應自備, 不得借端科派烟戶. 况乃保長等, 任事之始, 正宜鄉黨、姻婭效其保綏,[49] 又豈可使之憚于擧動乎? 如有科斂,[50] 重究.

一. 保長、鎭·集長等, 建築柵濠、瞭臺等項, 止宜分人戶上·中·下, 捐資出力. 凡盜賊窺伺, 多係紳衿、富厚之家, 豈輸資力與貧寡者比? 况又恃勢自倨, 偏累小民耶? 法宜上戶三分、中戶二分、下戶一分, 築墻、濬濠, 止用其力, 建柵、置梆鑼、器械等件, 兼用其財. 大約貧而無資者, 以力代資, 務期分派均平, 寧使殷實多捐, 不失爲君子尚義, 毋令貧窮獨累, 反得謂: "小戶急公."[51] 如保長等畏强欺弱, 酌派不均, 或經人呈告, 本縣訪聞, 定行重究. 敢有恃勢不遵,

---

47 짐작(斟酌)은 술을 따르는 것이다. 채우지 않도록 따르는 것을 짐(斟), 넘치도록 따르는 것을 작(酌)이라고 하는데, 그 중간에 가장 적절하므로 거듭하여 고려함으로써 알맞은 것을 찾아 술을 따르는 것을 짐작(斟酌)이라고 한다. 따라서 짐작은 생각한다, 평가한다, 안배한다는 뜻이 있다.

48 사목(司牧)은 지방관을 가리킨다. 신명(神明)은 원래 천지간 모든 신령을 총칭하는 것이지만, 여기서는 신과 같은 현명한 지혜, 정신 또는 신성(神聖)하거나 고초(高超)하다는 것을 말하는 것으로 보인다.

49 향당(鄕黨)은 고향사람·동향인을 뜻한다. 보수(保綏)는 편안함, 또는 편안함이나 안정을 얻게 한다는 뜻이다.

50 과렴(科斂)은 세금이나 재물을 할당하여 거두다, 추렴한다는 뜻이다.

51 급공(急公)은 공무나 공익을 우선으로 한다, 공익에 열성을 다한다는 뜻이다.

偏累小民者, 該保長等指名禀報, 以憑立拿, 申憲重懲.

一. 保長、保正、十家長等, 指盜、逃、奸寇名色, 詐騙鄉民, 許被害指名喊禀, 以憑拿究, 追贓重懲.

一. 保長指稱具結, 要保正錢; 保正指稱具結, 要十家長錢; 十家長指稱具結, 要甲戶錢. 或被害告發, 本縣訪出, 保長拿子弟代責, 保正、甲長重責, 追贓給主, 仍倍罰充賞.

一. 該房及巡路捕壯, 指稱管保甲、查地方, 需索保正、十家長、甲戶銀錢, 許被害指名禀首, 重責追贓, 枷示革役.

一. 本縣查勘墻濠、村莊、點驗演試伍壯等所有飯食, 俱係本縣自備. 及跟隨衙役, 俱不許費擾民間杯水粒米. 如有指稱本縣供應及跟役飯食, 科派鄉民、保甲等, 本縣訪查立拿處死, 決不姑貸.

23-06. 도박 엄금(嚴禁賭博)

도박은 도적의 매개체다. [도박에 빠진 사람은] 처음에는 가산을 탕진하고, 이어서 몰래 절도에 나서고, 마지막에는 대담하게 손을 써서 공공연하게 강도질에 나서는 것으로 끝나기 때문이다. 따라서 도적의 근원을 막기 위해서는 먼저 도박을 엄금해야 하며, 도박을 금지하기 위해서는 우선 도박굴(賭窩)을 처리해야 한다. '도박굴'이란 대개가 무뢰배나 악질 건달이 운영하는 것으로 품행이 못된 자제들이나 시정 부랑배들을 전문적으로 유인하여 자기 집으로 끌어들이는 곳이다. 그들은 물주가 되어 수수료를 받고, 누군가가 돈을 잃으면 대신 나서 돈을 빌려 주면서 갈취를 하는데, 돌려받을 때에는 무거운 이자로 부풀려 셈을 한다. 누군가가 이기면 또한 2 : 8로 이익을 나눠 가지니, 이득의 절반은 언제나 그들에게 돌아간다. 속설에 "도박으로 돈을 잃는 일은 없는 사람"이라는 것이다.

응당 보정·십가장에게 엄히 지시하여 가가호호 조사를 함으로써 만약 이런 무리가 있다면 반드시 이웃과 협동하여 도박 용품들, 예컨대 주사위나 지패(紙牌) 등뿐만 아니라 물주까지 모두 붙잡아 지현 아문에 이송케 한다. 그리고 조사하여 확인되면 무겁게 처벌하고, 아울러 칼을 씌어 대중에게 공개한다. 이어 도박 물주에게 벌금을 내게 하여 그 액수는 이들을 붙잡은 사람에게 상으로 준다. 도박하는 사람을 잡을 때에는 단지 현행범만을 처벌하도록 하고, 공범자를 자백하도록 시킬 필요는 없다. 죄 없는 사람까지 연루시키게 될지도 모르기 때문이다. 이들 무뢰배는 교활한 거짓말로 자기 무리를 비호하고 대신 원한이 있는 사람을 무고하는 등 믿을 수 없는 경우가 대부분이다. 무릇 진·집에 투전놀이로 도박을 유인하는 사람이 있어 오로지 돈을 갈취하는 것을 일삼는다면, 도로를 순찰하는 포역·장쾌가 총갑·지보와 협동하여 잡도록 한다. 만약 진·집장, 보정 등이 미리 이들을 쫓아내거나 발견하지 못하였다면, 즉시 해당 진장 등을 붙잡아다 무겁게 처벌하고, 벌금을 내게 하여 그 돈을 붙잡은 사람에게 상으로 주도록 한다. 이리하여 도박굴이 근절되면 모여서 도박하는 일도 날로 줄 것이니, 이것이 또한 도적을 소멸하고 막는 하나의 실마리가 된다.

賭博者, 盜賊之媒也. 始而蕩廢家財,[52] 旣而潛行偸竊, 及至膽大手滑,[53] 而公然以劫盜終矣. 故欲禁盜源, 先嚴賭博, 欲禁賭博, 先斷賭窩. 所謂: '賭窩', 皆無賴、積棍專一引誘不肖子弟、市井浮浪之徒, 窩頓其家.[54] 彼則放椿捉頭,[55] 某人輸, 彼爲墊錢起發,[56] 還則重息滾算.[57] 某人贏, 彼乃二八抽豐,[58] 利則半歸于已, 俗謂之: "賭錢不輸家"也.[59] 宜嚴飭保正、十家長, 逐戶挨查, 如有此等, 須協同鄰佑, 將賭具、骰子、楮葉,[60] 連賭博窩家, 一併拿送本縣, 審明重責枷示. 仍于窩家名下, 罰銀若干, 給賞拿獲之人. 其拿賭止將現獲究處, 不必令其供扳.[61] 恐株累無辜, 以無賴狡口, 庇黨誣仇, 不足信耳. 凡鎭、集有拾博誘賭者,[62] 專以騙錢爲事, 巡路捕壯協同總、地拿獲. 如鎭·集長、保正等, 不先驅逐覺察, 立拘該鎭長等重究, 罰銀若干, 給賞拿獲之人. 如此窩賭旣絶, 聚博日稀, 亦消弭盜賊之一端也.

---

52 탕폐(蕩廢)는 모두 써 버리다, 망가뜨린다는 뜻이다.

53 수활(手滑)은 일 처리에 절제가 없거나 스스로 멈추지 못한다는 뜻이다.

54 와둔(窩頓)은 와장(窩藏)처럼 부정한 재물·사람을 숨겨 주는 일을 말한다.

55 장(椿)은 말뚝, 나무그루터기라는 뜻인데, 도박에서는 물주(頭家. 坐莊)를 가리킨다. 무리를 모아 도박을 주도하는 사람을 방두(放頭)라고도 한다. 착두(捉頭)는 추두(抽頭)라고도 하는데 도박을 주선하는 사람이 두전(頭錢), 즉 알선료 내지는 중개수수료를 받는 것을 말한다.

56 점전(墊錢)은 돈을 빌려 준다, 외상을 준다는 뜻이고, 기발(起發)은 여기서는 사취한다, 가로챈다는 뜻이다.

57 중식곤산(重息滾算)은 복리로 계산하여 이자가 눈덩이처럼 불어나는 것을 가리킨다.

58 추풍(抽豐)은 돈 있는 사람에게서 재물을 빼앗아 낸다, 노름이나 내기 따위에서 남이 가지게 된 몫에서 조금 얻어 가지는 공것 즉, 개평을 뜯는다는 뜻이다.

59 도전(賭錢)은 돈내기 도박을 말한다. 수가(輸家)는 '도박이나 내기에서 지다' 또는 '진 사람'이란 뜻이다.

60 투자(骰子)는 주사위를 말한다. 저엽(楮葉)은 닥나무 잎, 나아가 종이나 지폐를 가리킨다. 두저(鬪楮)는 두지패(鬪紙牌)·두지패(鬪紙牌)처럼 일종의 도박을 가리키므로 저엽은 도박 도구를 가리키는 것 같다.

61 공반(供扳)은 자백하면서 다른 사람까지 연루시킨다, 공범자를 분다는 뜻이다.

62 습박(拾博)은 질성(跌成)이라고도 하는데, 동전을 던져서 앞·뒷면 알아맞히기로 내기를 거는 투전놀이를 말한다.

23-07. 창기 구축(驅逐娼妓)[63]

창기(娼妓)[의 기원(妓院)] 또한 도적의 소굴 가운데 하나다. 무릇 도적은 강도질을 하기에 앞서 무리를 모으고 끄나풀을 찾아야 하는데, 민가는 보고 듣는 사람이 있어 불편하므로, 이런 장소로는 원래 드나드는 데 방해가 없는 기원만 한 곳이 없다. 강도질을 한 다음에도 종적을 감추어 수사의 칼끝을 피해야 할 터인데, 현지에서 받을 혐의가 두려우니 어디가 기원처럼 떠들며 즐겁게 지낼 수 있는 곳이겠는가? 따라서 도적의 종적을 찾으려면 대부분 기원에서부터 시작하며, 장물을 찾기 위해서도 역시 마찬가지로 절반은 유흥가에서 시간을 써야 한다. 따라서 응당 진·집의 큰 거리와 상인들이 오가는 곳에 무릇 창기가 있다면 해당 보갑으로 하여금 엄히 쫓아내도록 하여 그림자 하나라도 남겨서는 안 된다. 또한 부끄러움을 모르는 부호나 불초한 생원이 몰래 향촌의 장원에 자리를 잡을 경우, 창기들은 이들을 호신부로 삼고 그들에게 잠자리의 즐거움을 제공하면서 돈을 버니, 더럽고 추잡한 것이 어찌 기원이나 다를 바 있겠는가? 해당 보갑은 몰래 지현에게 보고하여 엄히 잡아들일 수 있도록 해야 할 것이며, 부호는 무겁게 처벌하고 불초한 생원은 상사에게 보고하여 생원 지위를 박탈하도록 할 것이다. 창부와 포주도 아울러 처벌하며, "다시 이 지방에 나타나지 않겠으며, 그럴 경우 달게 죄를 받겠습니다."라는 「확인서」를 받아 보존하도록 한다. 보갑이 이를 비호하여 은닉한 채 적발하지 않는다면 함께 잡아다 엄히 징계한다.

娼妓者, 亦盜賊之窩家也. 夫盜賊未行劫之先, 糾黨領線, 民家耳目不便, 莫若狎邪之地原無出入之妨.[64] 盜賊既行劫之後, 匿跡避鋒,[65] 本境嫌疑可畏,[66] 何似平康之館聊爲快活之場?[67] 故欲覓盜踪, 多從柳陌,[68] 欲追贓物, 半費花街.[69] 宜于鎭·集通衢、商賈往來之處, 凡有娼妓,

---

63 이와 관련된 문제는 제31권 서정부 2 「31-09. 부녀자의 분향 금지(禁婦女燒香)」에서도 다루어지고 있다.

64 압사(狎邪)는 행위가 방탕하고 품행이 단정하지 못하다는 뜻으로 좁고 비스듬한 작은 거리, 굽어진 골목을 가리키기도 하는데, 기원(妓院)이나 기녀(妓女)를 가리킬 때 쓰기도 한다.

65 피봉(避鋒)은 날카로운 칼끝은 피한다는 뜻이다.

66 혐의(嫌疑)는 어떤 행위를 하였을 가능성에 대해 남으로부터 의심을 받는 것, 또는 회의, 의혹스러워 가름하기 어려운 사리(事理)를 뜻한다.

67 하사(何似)는 어찌, 어떻게, 또는 어찌 아니(何不, 何妨)라는 뜻이다. 평강(平康)은 당나라 때 장안성(長安城) 북쪽의 가기(歌妓)들이 집중적으로 모여 있던 거리(平康里)를 가리킨다. 따라서 유곽(遊廓)을 가리키는 말로도 사용된다. 쾌활(快活)은 즐거움·쾌락을 뜻한다.

著該保甲嚴行驅逐, 隻影不留. 更有無耻富豪、不肖劣衿, 潛囤鄕莊, 彼則恃爲護身之符, 此則希網荐枕之利,[70] 可羞可鄙, 與衕院何殊?[71] 該保甲密稟本縣, 以憑嚴拿, 富豪重究, 劣衿申憲除名, 娼婦、水戶一併責懲,[72] 立具"不許復至甘罪"「結狀」存案. 保甲狥隱不擧, 幷拿重懲.

23-08. 경계 정리(淸査界址)

무릇 주현의 사방 경계가 명확하지 않으면, 촌장·도로에서 절도 사건이나 도인을 숨겨주는 일 따위가 생길 때마다 인접 지역이 서로 책임을 미루게 된다. 상사가 위임하여 파견한 관원이 답사하게 되는 경우도 자주 있어 거기 응대하느라 크게 힘을 들이고, 심지어는 양쪽 모두 화해하려 하지 않아, 제본을 올려 탄핵하거나 공동 심사를 받게 되는 일까지도 생겨난다. 이런 것은 모두 평소에 소홀하여 경계를 명확히 하는 데 주의하지 않았기 때문이다. 무릇 보갑이 이미 경내에서 엄격히 시행되고 있다면, 마땅히 포두나 현위(縣尉)에게 공문을 보내 이웃 주현과 접경하는 지역에 파견하도록 한다. 다만 홀로 말을 타고 스스로 먹을 것을 준비하도록 하며, 해당 지역의 향약·지보 등을 이끌고 어느 곳이 어느 주와 이웃해 있고 어느 곳이 어느 현과 경계를 접하는지 손바닥만 한 작은 땅도 힘써 정확하게 조사하고 돌을 세워 표시하도록 한다.

경계가 오랫동안 확정되지 않으면 매번 양쪽에서 책임 소재가 서로 뒤엉키는 경우도 자주 있다. 이를테면 한 사람이 어디에 속하는지를 따지면 저쪽 땅에 호적이 있어 거기서 차역을 담당한다고 하는데, 땅의 경우를 가지고 따지면 그 사람의 땅은 이쪽에 속해 있어 여기서 세량을 납부한다고 하는 식이나. 그래서 장·촌에서 절도사건이나 도인문제가 발생하면, 저쪽의 입장이 곤란해진다. 그 사람이 저쪽 호적에 속해 있기 때문이다. 하지만 만

---

68 유맥(柳陌)은 버드나무 거리란 뜻인데, 즉 기원(妓院)을 빗대는 말이다.
69 화가(花街) 역시 기원(妓院)이 모여 있는 곳을 가리킨다.
70 천침(荐枕. 薦枕. 薦枕席. 薦枕蓆)은 베개와 자리를 깐다, 즉 시침(侍寢)한다는 뜻이다.
71 항원(衕院)은 기생집을 말한다.
72 수호(水戶)는 기원을 개설한 남자 또는 포주를 가리킨다.

약 도로에서 재물을 약탈하거나 사람에게 상해를 입히는 일이 발생하면, 이번에는 저쪽에서 불문에 부친다. 그 토지는 이쪽에 세량을 납부하기 곳이기 때문이다. 이것은 결국 종전에 경계 문제를 소홀히 하여 방치했기 때문인데, 일단 일이 생긴 다음 비로소 어찌 할 바를 모르다가 그때 가서 후회해도 이미 늦다!

그러나 이런 경우는 그래도 "세량 납부의 근거가 있다."라고 하는 경우다. 나아가 광활하고 사람이 없는 들판이 양쪽 주현 사이에 놓여 있는 경우, 동쪽으로 한 자만 옮기면 저쪽에 속한다고 할 수 있고, 서쪽으로 한 자만 옮기면 이쪽에 속한다고 할 수 있게 된다. 단지 말싸움으로만 증거를 삼아, 비석 따위의 충분한 근거가 없다면, 분분히 다투어 소송을 걸고 책임을 떠넘기기에 바빠진다. 무릇 이러한 일을 만나면, 또한 반드시 인근 주현에 공문을 보내 기일을 잡아 공동 답사를 하고, 경계에 분명하게 돌을 세워 놓도록 해야 한다. 경계에 세우는 돌은 모름지기 양쪽에 나란히 세우되, 조금이라도 빈틈을 남겨서는 안 된다. 예컨대 비석 하나에 '어떤 주현의 남쪽 경계', '어떤 주현의 북쪽 경계'라고 함께 써놓는 것과 같은 종류라고 하겠다. 일이 생긴 다음 서로 다투며 감정을 상하는 것보다는 일이 생기기 전에 미리 분명히 하여 이웃 사이의 우호를 돈독히 하는 것이 훨씬 낫지 않겠는가? 사방의 경계가 제대로 정리되면, 포두·현위는 장부를 작성하여 현에 보고하고, 주현관은 꼭 직접 말을 타고 가서 이를 확인해 보아야 한다. 이렇게 하면 한 주현의 거민과 토지가 모두 장부에 분명히 기재되어, 의외의 다툼을 걱정하지 않아도 될 것이다.

夫州縣四境之界址不清, 每有村莊、道路失事、竊逃, 鄰境互相推諉.[73] 往往上司委官踏勘, 大費周旋,[74] 甚至兩不輸情,[75] 題參會審,[76] 此皆平日疏畧、不留意清理之故也. 凡保甲旣嚴于境內, 而鄰封接攘之地, 宜票委捕、尉,[77] 單騎自備飯食, 率同該約、地並保正等, 某處與某州爲隣, 某處與某縣接界, 務要寸土清查, 立石爲表. 每有界久不清, 兩相朦混, 擧其人則曰: "在彼隸籍當差," 問其地則曰: "在此納糧輸稅." 若莊、村失事、竊逃, 彼自難辭, 以其人隸籍于彼也. 若道路劫財傷人, 彼置不問, 以其地納糧于此也. 是乃從前忽而不理,[78] 一旦有事, 遂爾茫然,

73 추위(推諉)는 책임을 미룬다, 떠넘긴다는 뜻이다.
74 주선(周旋)은 주위를 맴돌다, 접대한다, 응접한다는 뜻이다.
75 수정(輸情)은 진실한 감정을 표현한다는 뜻, 즉 화해한다는 것을 가리킨다.
76 제참(題參)은 제본(題本)을 올려 탄핵한다는 뜻이고, 회심(會審)은 공동재판이나 공동심사를 가리킨다.
77 포(捕)는 포두(捕頭), 위(尉)는 현위(縣尉. 지현 속하의 무관)을 가리키는 것 같다.
78 불리(不理)는 방임하다, 무시한다는 뜻이다.

始追悔之無及, 不已晩乎?

然此猶謂: "納糧之有據"也. 更有空曠無人之野地, 或處于兩岐, 東移一尺, 則可云屬彼, 西移一尺, 則可云屬此也. 以口舌之爲憑, 並無碑表之足據, 紛紛衆訟, 推卸靡已.[79] 凡遇此等, 又須移關鄰縣, 訂期會勘, 明立界石. 其界石須將兩處並碑, 不可留尺寸空隙. 如一碑並寫, 某州縣南界、某州縣北界之類. 然有事之互爭而傷雅,[80] 孰若無事之預淸而共敦鄰好乎? 四境界址旣釐, 捕、尉攢造淸冊報縣, 州縣尤須單騎親驗. 如此, 則一州縣之居民、土壤, 悉有定籍,[81] 可無患意外之釁爭矣.

23-09. 화재 방지(防救失火)

화재 역시 자연과 사람이 일으킬 수 있는 커다란 문제 가운데 하나다. 따라서 만약 이를 소홀히 하여 경계하지 않는다면 장차 많은 가구에 큰 피해를 주게 될 것이니, 사전에 미리 이를 막을 준비를 하는 것이 어떻겠는가? 『춘추(春秋)』에서는 사성(司城) 자한(子罕)이 송(宋)의 화재를 막은 것에 대하여, 평소 잘 대비하였고 실제 막을 때도 제대로 대처하였다고 특필하여 칭찬한 바 있다. 그러니 백성을 다스리는 사람으로서 어찌 여기에 더욱 주의해야 하지 않겠는가?

무릇 성·상 시가지와 민호가 밀집한 곳에는 미리 십가장·보정 등에게 지시하여 매 가구 문 앞에 각각 큰 물통 하나, 마탑(麻搭) 한 자루, 불갈퀴(火鉤) 한 자루씩을 갖추어 놓게 해야 한다. 물통은 물 몇 말은 저장할 수 있어야 하고, 마탑은 길이가 한 길 대여섯 자가 되는 나무 막대를 이용하는데, 숱이 많은 마(麻)를 꿰매고 쇠테를 못으로 박아 고정시킨다. 불갈퀴는 순수하고 두껍고 잘 단련된 쇠를 사용하고 거친 막대로 자루를 만든다. 이 모든 것들은 즉시 사용이 가능하게 해 놓아야 한다. 그리고 매 십가마다 사다리 하나씩을 두는데, 길고 굵은 나무 두 가닥을 사용하고 거기에 마로 엮은 새끼줄을 꼬아 만드는데, 너비는

79 추사(推卸)는 추탈(推脫)처럼 책임을 떠넘긴다, 남에게 덮어씌운다는 뜻이고, 미이(靡已)는 그치지 않는다는 뜻이다.
80 상아(傷雅)는 서로 감정이 상한다는 뜻이다.
81 정적(定籍)은 목록·장부(籍冊)에 확실하게 기재되어 있다는 뜻이다.

단지 한 자 남짓으로 하여 쉽게 끼고 다니면서 집을 타고 올라갈 수 있게 해야 한다. 사용할 때에는 물에 적셔서 불에 타지 않게 해야 한다.

무릇 불이 크게 번지려는 모습을 보일 것 같으면 십가장·보정이 급히 오장·장정에게 전달하여 일제히 모이도록 소집 지시를 내리고, 민호의 장정에게 각자 마탑을 물에 적셔서 그것으로 불난 곳을 치도록 하고, 아울러 힘 있는 사람들은 물을 길어다 끼얹음으로써 불길의 기세를 잡도록 해야 한다. 그리고 장정 가운데 날렵한 사람에게 사다리를 타고 올라가 불길이 향하는 쪽의 작은 집들을 무너뜨리게 한다. 아래에서도 불갈퀴를 가지고 크게 끌어당겨 넘어뜨려 불길이 번져 나가는 길을 잘라야 한다.

거리 좌우 지역의 보정은 오장·장정을 이끌고 순찰하면서 관련 없는 사람들을 단속하여, 화재 피해를 입은 집의 의복이나 가구·그릇 등을 지켜 주어야 한다. 기회를 잡아 약탈하는 사람은 잡아다가 절도죄로 처벌한다. 화재가 현성에서 일어났을 경우에는 성문에 지시하여 대비를 신중히 하여야 하며, 지현의 속관·좌이관이 중요 지역에서 아역들을 감독하여 범법자들을 막도록 해야 한다. 화재가 관상이나 촌장에서 일어났을 경우에는 바깥 울타리를 지키는 사람으로 하여금 오가는 사람을 단속케 하고, 망을 보는 일을 맡은 사람은 망대에 올라가 감시하도록 한다. 촌장·장두는 장정 등을 감독하여 중요 지구에서 오가는 사람들을 심문하여 예상치 못한 경우에 대비하도록 한다. 불을 끄는 방법도 또한 현성의 경우와 같다. 만약 몹시 건조한 날씨이고 빠른 바람으로 불길이 크게 번져 가까이 다가가지 못할 경우, 필요 없는 책 한 권을 꺼내어 다음과 같이 지시한다. "집 한 채를 부수어 불이 번지는 길을 차단하거나, 불에 탄 집을 끌어내려 불의 기세를 줄이는 사람에게는 한 사람당 동전 얼마씩을 상으로 주겠다." 그리고 서둘러 이 책을 들어 [책의 종이를 나눠 받은 사람에게 나중에 확인의] 증거로 삼는다면 모두가 상을 받고 싶어 할 것이니, 앞을 다투어 용감하게 나설 사람이 있기 마련이다.

삼가 생각건대, 이상의 열여덟 가지 항목은[82] 보갑에서 모름지기 강구해야 할 것들이다. 가장 중요한 것은 도리에 맞게 사람을 얻는 것이다. [그 역할에 맞는 제대로 된] 사람을 얻게 되면 어떤 일도 있어 하지 못할 것이 없다. 다음으로는 공죄(功罪)에서 상과 벌을 분명히 하는 것이다. 공이 있으면 꼭 상을 주고 죄가 있으면 반드시 벌을 주게 되면, 누구나 다

82 이 부분은 보갑부의 간단한 결론처럼 보이는데 앞부분과 구분 없이 그대로 서술되고 있어 그대로 따랐다. 열여덟 가지 항목도 무엇인지 불분명하다.

기꺼이 쓰이고자 원하게 된다. 도적과 도인을 잡는 것은 백성을 편안하게 하는 것이고, 부지런히 권도하는 것은 풍속을 도탑게 하는 바이니, 선행을 장려하고 악행을 적발하는 일을 어찌 멈출 수 있겠는가? 무릇 처음에는 부지런하다가 나중에는 게을러지고, 앞에서는 엄격히 하였다가 뒤에서는 해이해지기 마련인 것이 인지상정이다. 하지만 보갑과 같은 경우에는 반드시 처음부터 끝까지 흐트러진 모습이 나타나서는 안 되며, 처음부터 끝까지 백성을 괴롭히는 일이 있어서는 안 된다. 그래야만 보갑이 오래토록 지속될 수 있는 법이다!

도박·창기·경계 정리·화재 방지 등의 경우 보갑과 아무런 연관이 없는 것처럼 여길 수도 있다. 하지만 만약 그렇게 되면 범법자들이 숨어들어도 제대로 심문하지 못할 것이며, 경계가 문란해져 백성에게 피해를 입힐 것이고, 불을 막지 못해 재물에 큰 손해를 끼칠 수 있으니, 어찌 하나라도 우리 백성을 해치는 일이 아니겠는가? 그래서 나는 이 모든 것을 보갑으로 귀결시켜 백성을 다스리는 사람으로서 여기에 대단한 정성을 기울여 주목하는 것이다. 혹은 또한 [보갑제의 실행을 통해] 모든 사람들이 모두 춘대(春臺)에 올라 편안한 자리를 깔고 누리는 것 같은 안락함을 얻게 되기를 바랄 뿐이라고 하겠다.

어떤 사람은 말한다. "보갑은 북방에서는 시행될 수 있지만, 동남쪽에서는 시행될 수 없다." 북쪽은 땅이 넓고 사람이 희소한데 비해, 동남 지역은 땅이 좁고 사람이 조밀하기 때문이라는 것이다. 무릇 보갑은 민호에 따라 갑을 편성하고 촌에 따라 보를 편성하는 것으로서, 애초에 땅의 넓고 좁음은 따질 것이 못 된다. 만약 땅이 좁고 사람이 조밀하다고 한다면, 이는 지역이 멀지 않아 오히려 더욱 가깝게 느껴지니 보다 쉽사리 살필 수 있다는 것이 되고, 사람 수가 적지 않다면 더욱 많게 느껴지니 보다 쉽게 지킬 수 있는 것이 된다. 그러니 어찌 동남 지역에서는 보갑이 제대로 시행될 수 없다고 하겠는가? 내가 일찍이 살펴보건대 북방 주현에는 대부분 성곽이 없고, 간혹 있나고 해도 대부분 흙을 다져 만든 것이었다. 이렇다고 어찌 촌장에서는 도적을 두려워하지만 현성 지역에서만은 도적을 두려워하지 않는다고 할 수 있겠는가? 대개 북방의 토양은 소금기가 많아 벽돌을 구우면 대부분 이지러지고 갈라져 쓸모가 없다. 그렇기 때문에 단지 흙으로 다질 뿐 벽돌을 겹쳐 쌓지 못하는 것이다. 반면 동남 지역의 토양은 대개가 찰지고 단단하여 벽돌을 구워 쓰지 않는 곳이 없다. 또한 촌장 밖에도 대부분 연못과 늪이 많아 약간의 빈틈이 남아 있으면 바로 벽돌담을 채워 넣으니, 북방의 소금기가 많은 해자나 담장에 비해 훨씬 견고하고 오래 버틸 수 있는 것이 아니겠는가?

내가 생각건대, 동남 지역에서 보갑이 제대로 시행되지 못하는 것은 두 가지 폐단이 자리 잡고 있기 때문이다. 동남 지역은 부세가 번잡하고 무거워 주현관이 세금 징수와 관련된 업무에만 급급하므로, 다른 모든 이익과 폐해에 대해서는 돌아볼 겨를이 없다. 이로 인해 도적·도인 문제로 탄핵과 처벌이 잇달아 일어난다고 해도 역시 어찌할 수 없는 것으로 치부해 버린다. 이것이 바로 그냥 얼렁뚱땅 넘어가 버리려는 첫 번째 폐단이다. 또한 동남 지역은 명망 높은 종족과 가문이나 고관대작이 몰려 있어 주현관이 매번 어떤 일을 시작할 때마다 신사에게 불리한 것은 그들이 나서 여론을 주도하면서 가로막아 실행에 옮겨지지 못하게 만들어 버린다. 이것이 바로 방해를 두려워하여 겁내는 두 번째 폐단이라고 하겠다. 이러한 두 가지 폐단이 있으니, 비록 보갑 제도가 훌륭한 취지를 갖추고 있다고 한들 어찌 제대로 펼쳐 시행할 날이 있겠는가? 지방관의 재주와 식견이 아주 뛰어나고 큰일을 처리하는 데도 여유가 있으며, 뜻을 세워 힘써 밀고 나갈 수 있되 의젓하게 뜻을 굽히지 않는 경우가 아니라면, 결국 이러한 보갑 실행의 이야기를 꺼내 볼 수도 없을 것이다. 나는 또한 어촌의 경우도 마찬가지로 다른 농촌지역과 마찬가지로 보갑으로 편제하여, 거민과 여객 모두 아무 걱정 없이 서로 편안하게 지낼 수 있기를 바라는 바이다. 혹시 정사에 관심 있는 사람이 기꺼이 듣고자 할까 생각하여 감히 이 문제에 대해서도 뒤에 덧붙여 두고자 한다.

火災亦天時、人事之大者.[83] 若忽而不戒, 將延及多家, 而預爲禦備之謂何?[84]『春秋』紀司城子罕之禦宋災,[85] 以爲備之有素而禦之有方, 特書以美之. 爲民司牧者, 可不于此加之意乎? 凡城廂闤闠之地[86]、人烟輻輳之所,[87] 宜預飭十家長、保正等, 每家門首各備大水桶一口、蔴搭一枝、火鉤一杆. 其桶可貯水數石者, 蔴搭用杆長丈五六尺者, 綴以多蔴, 釘以鐵箍, 火鉤用熟鐵純厚者,[88] 貫以粗杆, 俱要可用. 每十家置一雲梯, 用長粗木二根, 以蔴繩絞爲梯級, 闊僅尺

83 천시(天時)는 천도 운행의 규율, 천명, 또는 기후·시기나 시간 순서, 어떤 일을 하는 데 적절한 자연기후 조건 등을 가리킨다. 인사(人事) 역시 사람이 하는 일이나 할 수 있는 일, 인정사리(人情事理)나 인간세사(人世間事) 등 등을 가리킨다.

84 위하(謂何)는 '어떠한가'라는 뜻이다.

85 사성(司城)은 관직명으로 원래 사공(司空)이던 것을 송(宋)의 무공(武公) 때문에 피휘(避諱)하여 바꾼 것이다. 사공(司空)은 주대에는 육경(六卿)의 하나였고, 한대에는 대사공(大司空)으로 삼공(三公)이 되었으나 이후에는 주로 사공(司空)으로 쓰였다. 명대에 폐지되었는데 청대에도 공부상서(工部尙書)를 대사공(大司空), 공부시랑을 소사공(少司空)으로 부르기도 하였다. 자한(子罕)은 낙희(樂喜)의 자(字)로 낙희는 춘추시대 송의 명신이었다. 송 평공(平公, B.C.575-532) 때 사성을 맡았으며, 양공(襄公) 9년 봄 송에 대화재가 닥쳤을 때 침착한 대처를 한 사실에 대해서는『좌전』양공 9년조에 기록되어 있다.

86 환궤(闤闠)는 원래 성벽·시가의 문을 나타내는데, 나아가 시가지·거리를 뜻하기도 한다.

87 인연(人烟. 人煙)은 거주하는 사람이 밥을 짓는 연기를 말하는데, 결국 인가(人家)나 인호(人戶)·민호(民戶)를 가리킨다. 복주(輻輳. 輻湊. 幅輳. 幅湊)는 사람이나 물산이 집중한다, 모인다는 뜻이다.

88 숙철(熟鐵)은 연철(鍊鐵)·단철(煅鐵) 등 강도를 높인 쇠를 말한다.

餘, 使挾之輕便, 可緣屋而升. 臨時用水濕之, 使火不燃. 凡遇火將焚, 十家長、保正急傳伍壯齊集, 命烟戶丁, 各持蔴搭、蘸水撲之,[89] 幷有力者汲水澆之,[90] 以殺火勢. 命伍壯中趫捷者,[91] 緣梯徹火所向小屋,[92] 下以火鉤、大索拉而倒之, 以斷火道.

街左右保正率伍壯, 巡止閑雜,[93] 俾被燬之家服物、器具, 圍而守之. 乘機搶奪者, 執之以竊盜論. 其在城, 諭城門謹備, 僚佐督役于要區, 以防詰奸寇. 在廂及村莊, 令守外柵者謹出入, 司瞭者登臺瞭望. 村長、莊頭督丁屬, 于要區盤詰往來,[94] 以備不虞. 其救火之法,[95] 亦如之. 如天時亢暘,[96] 風迅火烈, 不可嚮邇,[97] 乃取閒廢書一冊,[98] 下令曰: "有能撤一屋, 以斷火道, 拉一被焚之舍, 以殺火勢者, 每人賞錢若干文." 急執此書篇爲驗, 如是咸思邀賞,[99] 而奮勇爭先者有人矣.

謹按: 以上十八條, 皆保甲中之所必講者. 其首要在理得其人,[100] 得其人, 而事無不擧矣. 其次在于功罪明、賞罰信、罪明賞[罰]信,[101] 而人無不樂用矣. 戢盜、逃所以安民, 勤勸導所以厚俗, 則獎善擧惡, 烏容已乎? 凡人之恒情, 莫不勤始而倦終, 嚴先而懈後. 若夫保甲必自始至, 終無有怠形, 由先及後, 不聞需擾, 則庶幾其能久乎![102] 至于賭博、娼妓、淸界、救火, 若于保甲無涉, 然奸可藏而奸不能詰, 界可紊而界則累人, 火不禦而火能耗物, 何一非損吾百姓之事耶? 鴻故並歸于保甲, 而爲司牧者惓惓致意焉.[103] 抑亦願敷天率土咸登于春臺衽席之安而已耳.[104]

說者謂: "保甲可行于北方, 而不可行于東南." 以北方地廣人稀, 東南地狹人稠故也. 夫保

---

89 잠수(蘸水)는 물속에 잠근다는 뜻이다.
90 급(汲)은 물을 긷는다는 뜻이고, 요(澆)는 물을 댄다, 뿌린다는 뜻이다.
91 교첩(趫捷)은 몸이 날렵하다는 뜻이다.
92 철(徹)은 철거한다, 부순다, 분해한다는 뜻이다.
93 한잡(閑雜)은 일정한 직무·직업이 없는 사람, 또는 일과 아무런 직접 관계가 없는 사람을 가리킨다.
94 반힐(盤詰)은 세심하게, 철저하게 따져 묻는다는 뜻이다.
95 구화(救火)는 불을 끈다는 뜻이다.
96 항양(亢暘)은 가뭄(旱災)을 뜻한다.
97 향이(嚮邇)는 가까이 다가간다, 접근한다는 뜻이다.
98 폐서(廢書)는 사용가치를 잃은 책을 말한다.
99 요상(邀賞)은 상을 받는다는 뜻이다.
100 이득(理得)은 '적절히, 도리에 맞게'라는 뜻 같다.
101 '罪明賞信'은 아마 '罪明罰信'의 오기(誤記)인 것 같다.
102 서기(庶幾)는 대체로·거의·혹시·다행히 등 희망과 기원을 가리키는 뜻을 품고 있다.
103 권권(惓惓)은 간절하다, 곡진하다, 충성스럽다는 뜻이고, 치의(致意)는 안부를 묻다, 관심을 기울인다는 뜻이다.
104 부천(敷天)은 보천하(普天下), 즉 천하를 가리킨다. 솔토(率土) 역시 온 나라의 땅, 국토 전체를 가리킨다. 춘대(春臺)는 봄날에 올라 뛰어난 경치를 관람하는 장소를 말한다. 임석(衽席)은 안락한 자리나 장소를 가리킨다.

甲, 按戶編甲, 按村編保, 初無論于地之廣狹也. 若謂: "地狹人稠", 則地非窵遠, 愈覺近而易稽, 人匪零星, 益覺多而易守, 又何東南之不可行乎? 然鴻嘗觀北方州縣, 多無城郭, 有亦間多土築, 斯豈村莊畏盜而州邑獨不畏賊耶? 蓋北方之土善鹻,[105] 燒磚多瓝裂無用,[106] 故惟築不砌耳.[107] 東南土皆膠固,[108] 無地不窯. 且村莊之外, 每多池沼, 若干空隙, 實以磚垣, 較之北方鹻磧濠墻,[109] 不更堅久乎! 意謂: "東南之不可行者, 其弊有二." 東南賦稅煩重, 州縣急于期會簿書.[110] 一切地方利弊, 俱不暇計, 以故盜、逃疊罹參罰, 亦付之無可如何. 此因循之弊一.[111] 東南巨族大家, 冠蓋相望,[112] 州縣每有興擧, 凡不便于紳士者, 輒倡爲議論, 格而不行.[113] 此畏阻之弊二. 有此二弊, 保甲雖善, 又安有施設之日哉?[114] 是非才長識贍、理劇裕如[115]、銳志力行、毅然不撓者, 未可遽語于斯也. 鴻更欲漁舟埠船, 一例編保, 使居民、行旅共相安于高枕而無虞,[116] 或亦留心政事者之樂聞乎? 敢幷贅之于左.

23-10. 어촌 보갑(漁埠編保)[117]

무릇 큰 강과 호수가 있는 지역에는 어선이 많아 수천 수백 척이 밤낮으로 고기를 잡

---

105 감(鹻)은 감(鹼)처럼 소금기가 많은 토양을 뜻한다.
106 유열(瓝裂)은 삐뚤어지고 갈라진다는 뜻이다.
107 여기서 축(築)은 흙으로 다진다는 뜻이고, 체(砌)는 겹쳐 쌓는다는 뜻이다.
108 교고(膠固)는 단단하다, 잘 뭉쳐 있다는 뜻이다.
109 감적(鹻磧)은 소금기나 돌이 많은 땅을 가리킨다.
110 기회부서(期會簿書)는 규정된 기한 내에 정령을 실시한다는 것으로 대부분 조정이나 관부의 재물 출입에 관련된 사무를 가리킨다. 즉 세금을 거두거나 하는 일을 기한에 맞추어 실행한다는 뜻이고, 여기에만 주의를 기울인다는 것을 가리키기도 한다.
111 인순(因循)은 낡은 관행이나 관습을 그대로 따른다, 답습한다, 적당히 얼버무린다는 뜻이다.
112 개관(蓋冠)은 수레(덮개)와 관모를 뜻하며, 나아가 높은 벼슬아치를 가리키기도 한다.
113 격(格)은 저항·항거·충돌·장애·저애·저지 등의 뜻이 있다. 격이불행(格而不行)은 따라서 저항·방해를 만나 실행에 옮겨지지 못한다는 뜻이다.
114 시설(施設)은 여기서는 배치하다, 펴다, 갖춘다는 뜻이다.
115 이극(理劇)은 아주 번잡한 사무를 처리한다는 뜻이다.
116 고침(高枕)은 베개를 높이 하고 걱정 없이 잘 잔다는 뜻이다.
117 이 문제에 대해서는 제31권 서정부 2 「31-08. 관문과 나루터의 엄격한 단속(嚴飭關津)」에서도 일부 다루어지고 있다.

고 있다. 만약 바람과 물살이 순조롭지 못해 외딴 모래톱에 정박한 상선이 있거나, 한밤중에 길을 독촉하면서 홀로 가는 배가 있으면, 어부들은 그 재물을 빼앗을 생각에 배들을 모아 벌떼처럼 달려든다. 그래서 승객의 목숨을 해치기도 하고, 그 배의 재물을 빼앗아 욕심을 채우면 곧바로 흩어져 자취를 숨기고, 갈대숲에 모여 약탈한 재물을 나눠 가진다. 이 넓은 늪과 못 위, 밝은 달밤 하얀 갈대꽃 속에서 아무런 흔적도 남지 않는 것이다. 그래서 이들은 특히 이런 짓을 장기로 삼게 되니, 어찌 해 볼 방법도 없다.

심지어는 범법자 무리가 스스로 물정에 밝은 토박이를 자처하면서 객상을 끌어들여 물건을 싣고 가다가, 인적이 드는 외딴 곳에 이르면 갑자기 상인을 죽이고 화물을 가로채기도 한다. 죽인 상인의 시신을 물고기 밥으로 만들고, 승냥이처럼 화물을 가로채 차지한 다음, 돛을 높이 달고 상인을 자처하며 물건을 팔아치워, 큰 저울로 돈을 나누어 갖는다. [죽임을 당한 객상의] 젊은 아내는 잔뜩 화장을 하고 [남편을 기다리면서] 길가의 버드나무를 원망스럽게 쳐다보지만, [남편은 이미 이 세상 사람이 아니라] 아무리 애달프게 달을 보며 울부짖어도, 헛되이 그녀의 꿈속에서나 돌아올 수 있게 된다. 지금과 같은 밝고 맑은 시대에 어찌 이런 도깨비·귀신같은 못된 무리가 횡행하도록 용납할 수 있다는 말인가?

무릇 주현 가운데 물고기만 주로 잡는 지역도 해마다 세금(歲課)이 있기 마련이다. 세금은 소작인(佃)에게서 나오는데, 소작인은 물고기를 잡는 사람에서 나온다. 오로지 소작만 하는 사람이 없다면, 반드시 어부가구(魚戶)가 있기 마련이다. 내가 생각건대 소작인이 있으면 소작인에게 [보갑의] 책임을 맡기고, 소작인이 없으면 어부가구에게 책임을 물려야 한다. 만약 어떤 지역에 어선이 몇 척 정도 있으면, 집안 형편이 넉넉하고 노련하여 남의 신망을 얻는 사람을 골라 보장으로 삼는다. [그리고 나머지 가운데 남보다] 어선이 더 크고 다듬어진 경우를 갑장으로 삼는다. 이는 배 10척을 1갑으로 편성하고, 한 명의 십장(十長)이[118] 통솔하게 하는 것이다. 그리고 100척의 어선을 1보로 편성하여 한 명의 보정이 통할하게 한다. 보정 역시 집안 형편이 넉넉하고 건강하며, 집안에 성인 남자가 많은 가구를 골라서 위임한다. 갑을 편성할 때에는 친척이나 부근에 있는 사람들 위주로 편성하도록 해 준다. 자투리 선박이나 떠다니는 뗏목 따위의 부류는 각자의 편의에 따라 모보 모갑의 뒤에 배치시켜 아울러 통솔하게 하는데, 시시각각 서로 점검하여 못된 짓을 막아야 한다.

---

118 원문에서는 십가장(十家長), 십갑장(十甲長), 십장(十長) 등 곳곳에서 다른 표현이 사용되고 있어 그대로 따랐지만, 아마 십갑장이 가장 적절한 표기일 것 같다.

그 선박 뒤쪽의 양쪽 옆에는 기름과 석회를 섞어 가로로 '모 자호(某字號) 제 몇 보 모갑 어호 모인(第某保某甲漁戶某人)'이라고 쓴다. 선미에는 흰 베를 가지고 약 한 자 너비의 작은 네모난 정방형 깃발을 만들어 다는데, 앞의 것과 같은 내용을 써서 표기로 삼는다. 이 깃발을 뽑거나 끌어내리는 것은 허용되지 않는다. 그리고 선박 옆면에 기름과 석회를 섞어 쓴 문자 번호 역시 위에 덧칠을 해서는 안 된다. 그 문자번호는 이를테면 동호(東湖)이면 동자호(東字號), 서호(西湖)이면 서자호(西字號)와 같은 식으로 매긴다. 하지만 각처의 문자 부호가 서로 같아서 혼동을 일으키고 조사하기 어렵게 만들어서는 안 된다. 보장의 배에 다는 깃발은 황토색 베를 사용하고, 보정의 것은 붉은 베를 사용하며, 모두 길이는 두 자로 하고 글자를 써넣는다. 십장의 것은 흰 베에 붉은 테두리를 두르는데 길이는 한자 반으로 하며 마찬가지로 글자를 써넣어 구별한다.

한 주현에는 어촌이 여러 곳이 있기 마련이니 곳곳마다 보를 편성하고, 각 보의 경계를 분명히 구분하도록 한다. 만약 어떤 곳에서 여객이 물건을 잃어버렸을 경우 해당 지역 어촌 보장과 보정을 독촉하여 그들이 십장을 이끌고 가가호호 조사하게 한다. 조사 결과 진짜 도둑【어부가구이다】이 나오면 지현에게 보고하거나, 아니면 즉시 붙잡아 올려 보내 심리를 받게 한다. 심리 결과 죄가 확실하다면 보장과 보정은 감독 소홀의 죄를 면해 주지만, 해당 갑의 십장은 [범인과] 연좌가 된다. 만약 조사하여 범인을 찾아내지 못하면, 5일 동안의 마감 기한을 주어 독촉한다. [기한 이내로 찾아내지 못한 경우] 재물 분실이면 해당 보장과 보정, 십갑장이 고루 나누어 배상하며, 살인의 경우라면 범인을 쫓아 잡는 데 힘써 노력해야 하는데, 범인이 붙잡히는 날 보정과 십가장을 각기 칼을 씌어 처벌한다. 이를테면 다른 곳의 도적 선박이 해당 보에 몰래 들어와 약탈 행위를 하는 경우도 있다. 해당 보의 어선들은 불시에 순찰을 하면서 살피다가, 만약 이런 배를 만나면 일제히 모여들어 고함을 치도록 한다. 그때 보정과 십갑장은 모두 물 위에서 고기를 잡고 있을 터이니, 몰려와 둘러싸서 도적의 선박을 붙잡는 것이 어찌 어렵겠는가? 결국 재빨리 노를 저어 따라잡아 도적 선박을 붙잡음으로써 여객의 재물을 구한 사람이 있다면 도적의 배에 실린 모든 물건을 상금으로 지급해 주고, 또한 여객의 명의로 두텁게 상을 내려 준다. 지현 역시 그 공을 따져 화홍과 깃발로 표창해 준다.

보장과 보정, 십갑장 등을 뽑을 때에는 지현이 확인해서 과연 그 일을 맡을 만하다면, "서로 살펴 못된 일을 저지르지 않게 할 것이며, 아울러 공무에 앞장서서 도적을 체포할 것입니다."라는 「확인서」·「보증서」를 서로 보증하여 연명으로 내게 하여 보존해 둔다. 보장에게는 금화(金花) 두 송이, 세홍포(細紅布) 두 단(段)으로 모두 한 길(丈)을 지급해 주고,

보정에게는 은화(銀花) 두 송이와 조홍포(粗紅布) 다섯 자를 주며, 십갑장에게는 색화(色花) 두 송이와 목홍포(木紅布) 다섯 자를 주는데, 이것들은 모두 지현이 자신의 봉록을 기부해서 마련하도록 한다. 먼저 상을 주고 그다음에 벌을 주면 그들이 책임을 지고 임무를 완성하는 것을 알게 되며, [그렇게 하지 못해] 징계를 하더라도 원망하지 않게 된다.

어선(漁船)에 대한 각 보갑의 편성이 완료되면 『보갑책』을 만들어 현에 보고해서 보존토록 해야 한다. 물길이 가까운 나루터에서는 현지 사람들이 배를 만들어 곡식이나 화물을 싣고 장사를 하기도 하고, 오가는 객상들의 일을 맡아서 처리하는 사람도 있다. 나아가 다른 곳의 배가 물건을 싣고 와서 내려놓은 다음, 다시 장사를 꾀하러 나서는 경우도 있다. 현지의 선박에 대해서는 신사이든 부자이든 따지지 않고 모두 형식에 따라 보를 편성해야 한다고 나는 생각한다. 10척의 배를 1갑으로 하고, 그 가운데 한 척의 주인을 십장으로 삼는데, 집안이 넉넉하고 노련한 사람을 골라 맡김으로써 1갑의 배 모두를 관할하도록 한다. 100척의 배를 1보로 하고, 그 가운데 한 척의 주인을 보정으로 삼는데, 집안이 넉넉하고 노련한 사람으로서 평소에 체면이 있는 사람을 골라 맡김으로써 10갑의 배와 10명의 갑장을 관할하도록 한다. 자투리 갑의 선박이 있을 경우에는 마지막 보에 붙여 관할케 하고, 자투리 선박이 있을 경우에는 마지막 갑에 붙여 관할하도록 한다. 보갑을 편성하는 데 있어서 친척과 가까운 이웃이 같은 갑, 같은 보에 편성되기를 원한다면 모두 그 편의에 따르도록 해 준다. 요컨대 통괄하여 점검할 수 있는 점에 주안점을 두는 것으로, 농촌의 보갑이 반드시 집집마다 순차적으로 편성하는 것과는 다르다.

각 나루터의 선박들은 나루터에 따라 모 자호(某字號)로 편성한다. 이를테면 '모 자호 제 몇 보 모갑 선호(船戶) 모인'과 같은 형태로서, 이것은 기름에 석회를 섞어 배 뒤쪽 양면에 가로로 써넣는다. 보장과 보정, 십갑장의 배에도 각각 '모 자호의 보장 선호 모인', '모 자호 모보의 보정 선호 모인', '모 자호 모보 모 갑장 선호 모인'이라고 써넣는데, 이것 역시 앞과 마찬가지다. 그 선미에는 각 보마다 한 폭 너비에 길이 세 자의 베를 써서 앞의 경우와 마찬가지로 위에 자호와 보갑, 성명을 써넣도록 한다. 그 깃발의 색은 각 항구마다 다르게 함으로써, 서로 뒤섞여 구분할 수 없게 해서는 안 된다. 보장은 각 나루터의 우두머리(埠頭) 가운데 집안이 넉넉하고 노련하며 재능이 있는 사람을 골라 맡겨야 한다. 이를 위해 각 나루터의 거민과 보장·보정, 진·집장들에게 공동으로 지현에게 추천하도록 지시하여 실제 기용할 만한가를 확인한 다음, 보갑을 편성하고 보정을 뽑는 일 등을 그에게 맡긴다. 보정에 대해서도 추천이 들어오면 지방관이 실제 맡길 만한지를 살펴 십갑장을 뽑는 일 등을 맡긴다. 십갑장에 대해서도 추천이 들어오면, 실제 맡길 만한지를 살펴 한 갑의 선호들을 관할하게 한다.

보장·보정·십갑장 등을 추천할 때에는 모두 연명으로 「확인서」를 갖추어 제출하도록 한다. 해당 갑의 선호 10명도 공동으로 "본갑의 선호는 모두 양민으로, 만약 못된 무리가 있거나 불법 행위를 저질렀을 경우, 연대 보증을 한 사람들 모두가 달게 죄를 받겠습니다"는 내용의 「상호보증서」를 제출하도록 하여 이를 받아 보관한다. 그 내용에는 또한 각각 나루터의 우두머리 역시 모두 보장의 통제를 받는다는 점을 기입하며, 거기에 제대로 따르지 않는 경우가 있어 보장이 사실대로 지현에게 보고를 올리면, 조사하여 확인될 경우 교체하도록 한다. 평상시에 보장은 보정을 점검하고, 보정은 십갑장을 점검하며, 십갑장은 자기 갑의 10선호를 점검하여, 법을 어기거나 못된 짓을 하지 못하게 한다. 만약 어떤 나루터에서 객상이 분실 사고를 당하였다면, 즉시 해당 보장을 독촉하여 모든 배를 조사하게 한다. 조사하여 진범이 나오면 지현에게 보고하거나, 즉시 붙잡아 현으로 올려 보내는데, 조사하여 부정한 재물이 있고 증인도 확실할 경우, 보장과 보정 등은 책임 소홀의 죄를 면해 주지만 해당 갑의 연대보증인은 모두 연좌시킨다. 이를테면 해당 갑의 모호가 스스로 자수하면서 고발할 경우 그 사람의 죄는 면제한다.

여객의 화물을 실을 때에는 반드시 관인이 찍힌 인쇄된 「계약서」 양식을 써야 하는데, 거기에는 "이 배는 우리 나루터의 배로 모 주현 나루터의 우두머리 모인, 모 자호의 모보 모갑 선호 모인이 모 여객의 모 화물을 싣고서 모처로 운송하기로 하였습니다."라는 내용이 들어간다. 그 뒤에는 나루터에서 일하는 관아(官牙)의 성명과 서명을 써넣도록 하고, 이것을 그다음에 나루터의 우두머리가 나루터의 장부에 등록함으로써 보관과 조사에 편하도록 하는 것이다. 만약 이 선박이 다른 곳에서 나쁜 일을 저지르거나, 객상의 재물을 약탈하고 해를 끼쳤다가 혹은 그 곳에서 붙잡혔을 경우, 주변 사람이 자수하여 고발하였다면 나루터의 우두머리와 평소 감독을 제대로 하지 못한 보정 및 십장을 치죄하며, 아울러 해당 갑의 선호들 역시 연좌시킨다. 만약 다른 곳의 선호가 해당 나루터에 와서 여객의 화물을 싣고자 할 때에는 보장이 나루터의 우두머리에게 지시하여 평소에 알던 충량하고 믿음직한 사람임을 확인한 다음에야 비로소 화물을 싣는 것을 허용한다. 처음 나루터를 방문한 경우라서 전에 알던 사람이 아닌 경우, 그곳에서 알고 있는 선호를 찾아서 확인하고 바로 보증을 서게 한 다음에야 비로소 화물을 싣고 가게 한다. 만약 도중에 분실·약탈 사건 등이 발생하면 보증한 사람도 아울러 처벌을 받는다.

해당 나루터의 우두머리 및 보장과 보정 등은 매달 한 부의 『일일기록장부(日報簿)』를 비치한다. 【혹은 『순환기록장부(循環日報簿)』 두 부를 비치한다. 이 경우 보름마다 지현에게 보내어 교환과 점검을 받도록 하며, 아울러 "지난 보름 동안 본 나루터 강가에 오가거나 머물렀던 선박에서는 결코 분실 사건이 없었습니다."라는 「확인서」를 갖추어 제출한다. 이렇게 해서 항상 점검을 받는 것을 느끼게 함으로써, 나루터의 보장·보정 등이 감히 점검하고 써넣는 일을 게을리하지 못하게 한다.】 매일 저녁 객상이 와서 머물 때에는 반드시 선박마다 보갑 선박의 옆면에 문자 번호가 있는지, 선미에는 깃발이 달려 있는지를 엄격히 확인하여, 그것이 현지의 선박이라면 성명을 물어 확인한 다음 머무는 것을 허용한다. 깃발과 문자 번호가 없다면 어디에서 온 선박인지, 승선 인원은 몇 명이고, 어떤 화물을 싣고 있는지, 활과 화살 등의 무기는 없는지, 혹 상급 아문의 지시를 받고 파견된 경우라면 해당 관련 공문이 있는지 등등을 확인하여 『일일기록장부』에 등록한 다음에야 비로소 머무는 것을 허락한다. 만약 대답이 불확실하거나 행동거지가 의심스럽고, 승객은 있는데 화물이 없거나, 활과 화살 등의 무기가 있는 경우, 또한 지시를 받아 파견된 것도 아니고 관련 공문도 없는 경우라면, 엄격히 심문하고 즉각 지현에게 보고함으로써 붙잡아 처벌할 수 있도록 한다.

매일 초경에 꽹가리를 울려 야간 통행금지가 시작되면 물가에 있는 사람은 배를 탈 수 없으며, 배 위에 있는 사람은 물가로 내려올 수 없다. 아울러 경부(更夫)를 뽑아서 내보내 오가면서 순찰하도록 하고, 날이 밝아야 비로소 출행을 허용한다. 야간 통행금지가 시작된 다음 강 위에 어떤 배가 오가면 엄히 쫓아내 경내에서 나가도록 하고, 강가에 정박하지 못하게 한다. 만약 다른 데서 정박하러 온 객선이라면 따로 정박시켜 놓고, 선호와 객상 화물을 확인하고, 혹은 아행(牙行)에 화물을 기탁하려는 경우라면 어떤 아행에 기탁하는 것인지를 확인한 다음에야 비로소 다른 배의 무리에 끼어 정박할 수 있도록 한다. 만약 그냥 지나가는 경우라면, 비록 객상·화물이 있을지라도 어두운 밤에 구별하기 어려우니, 따로 정박시켜 다른 배들의 큰 무리에 끼어들지 못하게 한다.

나루터에 정박하고 있는데 위급한 일이 생기면 경부는 징을 울리고 고함을 치며, 해당 나루터의 우두머리와 보정도 꽹가리를 울려 해당 지역 보갑[에 소속된] 선박을 모두 불러 모아 [도적의 배를] 에워싸고 추격하도록 한다. 예를 들어 다른 나루터까지 추격하였으면 거기서도 꽹가리를 울리고 고함을 쳐서 그곳의 보갑 선박들도 경보를 듣고 달려와 협력하여 붙잡아서, 도적과 훔친 물건을 모두 확보한다. 보장과 보정·십갑장이 모두 추격하여 체포하는 데 있었다면 죄를 면하여 주고, 추격하여 체포하는 데 참가하지 않았다면 처벌한다. 확보한 도적의 선박과 그 물품은 모두 추격하여 체포하는 데 참여한 사람들에게 상으로 지급한다. 만약 객상이 이러한 구원을 받아 재물을 잃지 않았다면, 구원하러 온 사람들에게 객상의 명의로 후한 상을 지급하도록 한다. 지현 또한 공을 따져 화홍을 상으로 주어 공을 세운 사람을 장려한다. 만약 추격하여 다른 나루터에 이르렀는데, 그곳에서 도적을 붙잡는 데 협력하지 않았다면, 보고를 받아 지현이 엄히 붙잡아다 무겁게 처벌하도록 한다. 이렇게 하다면 본 주현의 경내 나루터에 있는 선박들은 모두 통제가 되어 감히 못된 짓을 저지르지 못할 것이며, 다른 곳의 범법자 선박도 심문하고 추격·나포할 것이니, 감히 우리 경내로 들어와 사악한 모의를 꾀할 수 없게 되어 상인들도 여행길이 평탄해지는 경사를 누리게 된다.

이상 보갑의 여러 조항들은 매우 번잡하고 세밀하다. 따라서 항목마다 응당 내걸어 고시해야 할 것은 미리 앞서 고시하여 사람들을 깨우치도록 하고, 응당 공문으로 통지해야 할 것은 마찬가지로 사전에 미리 공문을 보내 통지하도록 한다. 혹은 보갑사무에 관한 모든 것을 한 권의 책으로 만들어 평시에도 늘 볼 수 있게 해 놓는다면, 그때에 닥쳐 쉽게 따를 수 있고, 또한 잘못을 피할 수도 있을 것이다. 내가 담성현과 동광현에서 보갑을 시행하였을 때에는 모든 고시와 공문의 형식, 그리고 『보갑전서(保甲全書)』가 갖추어져 있었지만, 시일이 오래되어 유실된 채 지금은 남아 있지 않다. 지금 다시 그것을 다시 만드는 것도 또한 고명한 식견을 가진 다른 분들이 살펴보기에 반드시 적당한 것은 아닐 것 같다. 그래서 단지 그 개략적인 항목만을 대강 갖추어 바침으로써, 혹시 채택될 수 있을까 기다릴 따름이다.

凡江河、湖泊之地,[119] 多有漁舟, 盈千累百, 晝夜取魚. 倘遇商船風水不利, 野泊孤汀,[120] 或昏暮儹程,[121] 片帆獨往,[122] 漁人起意謀財, 聚艇蜂攢.[123] 因而戕命, 飽颺星散,[124] 匿跡葦葦

119 강하(江河)는 장강(長江)과 황하(黃河)를 가리키기도 하지만, 여지서는 큰 하류를 가리키는 것으로 보아야 할 것이다. 호박(湖泊)은 호수의 총칭이다. 박(泊)은 원래 나루터를 말한다.

120 야박(野泊)은 야외에 배를 정박시키는 뜻이고, 고정(孤汀)은 외딴 물가나 모래섬을 말한다.

121 찬(儹)은 모인다는 뜻이지만, 찬(趲)과 통해 가속하다, 독촉하다, 빨리 한다는 뜻도 있다. 따라서 찬정(儹程)은 길을 독촉한다는 뜻으로 보인다.

122 편범(片帆)은 고주(孤舟), 즉 한 척의 배를 가리킨다.

123 찬(攢)은 여기서는 몰려든다, 둘러싼다는 뜻이다.

124 포양(飽颺)은 기부포양(飢附飽颺)을 뜻한다. 기부포양(飢附飽颺)은 『후한서(後漢書)』 권75 「열전(列傳) 여포(呂布)」의 "매를 키우는 것에 비유한다면, 굶주리면 잘 쓰이지만 배부르면 날아가 버리는 것과 같다(譬如養鷹, 飢卽爲用, 飽則颺去)."라는 고사에서 나왔다. 결국 뜻을 얻지 못했을 때에는 찾아와 의탁하지만, 뜻을 얻으면 바로 멀리 떠나 버린다는 것을 비유한다. 성산(星散)은 사방으로 흩어진다는 뜻이다.

之中,[125] 分贓藪澤之內.[126] 明月蘆花,[127] 全無踪影, 以故特爲長技, 莫可伊何.[128] 更有奸寇之徒, 自充三老,[129] 攬載客商, 行至寥廓之處,[130] 遽興殺害之心, 魚腹埋屍, 豺兇踞貨, 高檣冐賈,[131] 大秤分金. 少婦凝粧,[132] 盻斷陌頭柳色,[133] 哀魂號月, 空爲夢裏歸人,[134] 似此淸平世界, 寧容魍魎之橫行若是耶?[135]

夫州縣取魚之地, 歲必有課, 課出于佃,[136] 佃出于取魚之人. 若無專佃, 必有魚戶. 鴻以爲有佃則責之佃人, 無佃則責之魚戶. 如某處漁船若干, 擇家道稍殷、老成服衆者, 爲之保長. 漁船稍大整者, 爲之甲長, 仍以十船編爲一甲, 以一十長統之. 仍以百船編爲一保, 以一保正統之. 其保正亦擇家道稍殷、精壯丁多者爲之. 其編甲悉聽親屬附近者挨編. 如有畸零船隻, 幷漂白鷹筏之類,[137] 各就便于某保某甲之後幷統之, 使時相稽察, 不許爲非. 其船後兩旁, 用油灰橫寫"某字號第某保某甲 漁戶某人." 船尾用白布置小方旗, 約廣一尺, 上寫字如前, 以爲標記. 不許取落此旗, 幷糊塗船傍油灰字號. 其字號如東湖卽東字號, 西湖卽西字號之類. 但各處字號不得相同, 以致混雜難査. 其保長船旗用土黃布, 保正船旗用紅布, 倶長二尺, 書字. 十長船旗用白布紅邊, 長尺五, 書字以別之.

一州縣有數處, 卽在各處編保, 仍分各保地界. 如某處行旅失事, 卽責本處船保長·正, 督率十長挨査. 査出眞盜【係漁戶】報官, 或卽行拿解審確, 保長·正等免失察之罪, 本甲十長船戶連坐. 如不行査出, 五日押比.[138] 失財則本保長·正、十甲長均賠, 殺人則本保長·正、十甲長跟緝務獲. 獲日, 將保正、十家長分別枷責. 如有他處賊船尾入本保行劫, 該保漁船不

125 추위(萑葦)에서 추(萑)는 익모초·모시풀, 위(葦)는 갈대를 말한다.
126 수택(藪澤)은 늪과 못을 가리킨다.
127 노화(蘆花)는 버들개지처럼 갈대 위에 핀 빽빽한 흰털을 가리킨다.
128 이하(伊何)는 무엇 때문에, 어떻게, 누구라는 뜻이고, 막가이하(莫可伊何)는 어떻게 해볼 도리가 없다는 뜻이다.
129 삼로(三老)는 원래 교화(敎化)를 담당하던 향촌의 관리를 가리켰지만, 나아가 성망이 있는 노인을 통칭하기도 한다.
130 요곽(寥廓)은 아주 넓고 멀다는 뜻이고, 탁 트인 곳이나 아주 넓게 펼쳐진 하늘을 가리키기도 한다.
131 고장(高檣)은 높은 돛대, 또는 돛대를 높이 올린다는 뜻이다.
132 소부(少婦)는 젊은 기혼여성을 가리킨다. 응장(凝粧)은 곱게 단장한다는 뜻이다.
133 혜(盻)는 한스럽게, 또는 분노하여 쳐다본다는 뜻이다. 맥두(陌頭)는 길가를 가리키고, 유색(柳色)은 버드나무 잎이 무성한 푸른색을 가리키는데, 대부분 봄날의 정사(情思)를 비유하는 데 쓰인다.
134 귀인(歸人)은 돌아온 사람, 또는 죽은 사람을 뜻한다.
135 망량(魍魎)은 귀신·도깨비를 말한다.
136 전(佃)은 토지를 경작하거나 개간한다, 또는 그런 사람, 또는 소작인이나 소작 계약을 가리킨다. 전(佃)은 전(畋)과 통해 수렵을 뜻하는 경우도 있다.
137 표백(漂白)은 아마 표박(漂泊)인 듯하다. 응벌(鷹筏)은 아마 뗏목의 일종을 가리키는 것 같다.
138 압비(押比)는 마감 시간을 주어 독촉한다는 뜻이다.

時巡哨, 如遇有此, 齊集吶喊,[139] 其時保正、十甲長, 俱在水中捕魚, 何難環擁圍擒及飛棹跟追.[140] 果能擒獲賊人, 救免客財者, 將賊人船物全給充賞于客人名下, 從厚給賞, 本官仍論功賞給花紅、旌獎. 其擇舉保長·正、十甲長等之時, 本官驗明果可充任者, 令各具"互相稽察, 不致非爲, 幷急公擒捕"認、甘連名互結存案. 保長各給金花二枝、細紅布二段共一丈. 保正各給銀花二枝、粗紅布五尺, 十甲長各給色花二枝、木紅布五尺, 皆本官捐俸備. 以先行賞而後施罰, 則彼知所責成, 而懲之亦無怨耳.

漁船各保編完, 造冊報縣存案. 其近水口岸, 或本處人民造船, 裝載糧物售賣, 或承攬往來客商者.[141] 更有他處之船, 攬載至此脫卸,[142] 再攬生意者. 鴻以爲本處船隻, 無論紳衿、富庶, 俱照式編保. 以十船爲一甲, 以一船爲十長, 擇殷實老成者充之, 以統一甲之船. 以百船編爲一保, 以一船爲保正, 擇殷實老成、素有體面者充之, 以統十甲之船, 幷十甲長. 如有畸零甲分船隻, 卽附末保統之, 有畸零船隻, 卽附末甲統之. 其編保甲有親屬、近鄰, 願編一甲一保者, 悉從其便. 總以有所統轄稽查爲主, 而不似陸保, 必以挨家爲次也.

各口岸船隻, 照口岸編某字號. 如"某字號第某保第某甲船戶某人," 用白油灰, 橫寫于後半兩傍. 保長·正、十甲長有船, 亦寫"某字號保長船戶某人," "某字號某保保正船戶某人," "某字號 某保某甲長船戶某人," 亦如之. 其船尾, 各保俱用濶布一幅, 長三尺, 上書字號、保甲姓名如前. 其旗色要各口岸不同, 免致混雜莫辨. 其保長, 卽于各口岸埠頭內,[143] 擇殷實老成、有才力者充之. 令各口岸居民、保長·正、鎭·集長等公保舉到官, 官驗實可用, 其編船保甲及舉保正之事, 卽以委之. 保正保舉到官, 驗實可用, 其舉十甲長等, 卽以委之. 十甲長保舉到官, 驗實可用, 其一甲船戶, 卽以統之.

其保舉保長、保正、十甲長等之人, 俱具連名保結存案. 其本甲船戶十名, 共具連名互結, 實結得"本甲船戶俱係良民, 如有匪類非爲, 互結人一體甘罪"「結狀」存案. 其寫載各埠頭俱聽保長約束. 如有不妥埠頭, 保長指實禀明, 查確更換. 平時保長稽查保正, 保正稽查十甲長, 十甲長稽查本甲十船戶, 不得犯法非爲. 如某口岸地方內有客商失事, 卽責該保長等, 逐船挨查, 查出眞盜報官. 或卽行拿解, 審實賍眞證確, 保長·正等免其失察之罪. 本甲互結之人連坐. 如

---

139 납함(吶喊)은 고함치다, 함성을 지른다는 뜻이다.
140 비도(飛棹)는 노를 날린다, 즉 노를 빨리 젓는다는 뜻이다.
141 승람(承攬)은 상대방이 위탁한 임무를 접수하다, 청부를 맡는다는 뜻이다.
142 탈사(脫卸)는 배에서 화물을 내린다, 부린다는 뜻이다.
143 여기서 부두(埠頭)는 전후 맥락으로 보면 나루터의 관리를 책임지는 우두머리로 보인다.

本甲某戶出首, 卽免本人之罪.

其攬載客人商貨, 俱要立刊印「文契」,[144] 係本埠之船, 寫明"某州縣埠頭某人, 有某字號某保某甲船戶某人, 承攬到某客人某貨物, 裝送到某處"云云. 後寫埠頭、官牙姓名花押, 仍本埠頭登明店簿, 以便存査. 如本船在別處非爲, 刦害客商, 或別處拿獲, 傍人首告, 將埠頭及平日失察之保正、十長治罪, 並本甲船戶連坐. 如別處船戶, 到本埠承攬客商, 保長責令埠頭, 査係平素認識、良實之人, 方許攬載. 如初到口岸, 不曾認識, 卽訊明同處, 認識船戶, 立契作保, 方許承攬. 如途中有失, 作保人並究.

其本口岸埠頭、保長·正等, 置『日報簿』, 每月一扇, 【或置『循環日報簿』貳扇. 每半月送官, 倒換査閱, 並具"'半月內本口岸河內往來住宿船隻, 並無失事'"「甘結」投遞, 更覺有所稽察, 埠、保等不敢怠忽査塡】 每晩客商住泊, 俱要挨船嚴査, 有保甲船傍字號及船尾有旗者, 卽係本處之船, 仍問姓名明確許住外, 如無旗號者, 査明何處來船、所載客幾人、係何貨物、有無弓箭、什物, 或係奉差, 有無批牌, 査驗明白, 登記『日報簿』, 方許住泊. 如應對含糊,[145] 形跡可疑, 有客無貨, 有弓箭、什物, 非奉差及無批牌, 嚴加盤詰, 立刻報官, 以憑拿究.

起更時, 鳴金定更, 崖上人不許上船, 船上人不許上崖. 撥派更夫, 往來巡邏, 天明方許開行. 如定更之後, 河內有船行走, 嚴驅出境, 不許攏岸.[146] 如係來泊客船另住,[147] 査明船戶、客商貨物, 或投牙, 問明投何牙人, 方許近幫住泊.[148] 如係經過, 雖有客商貨物, 昏夜莫辨, 著另起住泊, 不得近合大幫. 如在本口岸住泊有警, 更夫鳴鑼吶喊, 該埠頭、保正鳴鑼齊集本處保甲船隻, 圍擒跟追. 如追至他口岸, 鳴鑼吶喊, 他口岸保甲船聞警, 飛馳協力擒拿, 盜贓並獲. 保長·正、十甲長俱在追擒, 免罪, 未追擒者, 坐罪, 將所獲賊之船物, 全給在事人充賞. 如客係救免, 未經失財, 將救護之人, 于客名下從厚給賞, 本官仍論功給賞花紅, 以奬有功. 若追至別口岸, 不行協力擒追, 禀明嚴拿重究. 如此, 則本境之漁埠等船, 有所約束, 不敢爲非, 卽他處奸寇之舟, 盤詰追捕, 亦不敢入境邪謀, 而商旅有坦途之慶矣.

以上保甲諸條, 頗極繁細, 每項應懸示者, 先期張示曉諭,[149] 應票知者, 先事行票傳知. 或將保甲事宜, 彙成一書, 使平日看熟, 臨時易于遵守, 且免舛錯. 鴻郯、東所行, 俱有示、票成式

144 「문계(文契)」는 매매나 차용을 하는 쌍방이 쓰는 「계약서」를 말한다.
145 함호(含糊. 含胡)는 말이나 의사에 불명확한 점이 있다, 얼버무린다, 얼렁뚱땅 넘어간다는 뜻이다.
146 농안(攏岸)은 언덕에 배를 묶는다는 뜻이다.
147 영주(另住)는 바로 뒤에 나오는 영기주박(另起住泊)의 약어로 보인다. 즉 따로 머무르게 한다는 뜻 같다.
148 방(幇)은 여기서 선박의 무리를 가리킨다.
149 장시(張示)는 고시를 붙이거나 내걸어 모든 사람에게 보인다는 뜻이다.

及『保甲全書』, 因年久散失無存, 卽欲更擬, 又未必當于高明台覽. 惟謹疏其目而獻之, 以俟採擇耳.

참고문헌

1. 사료 및 공구서

姜聲尉 編著, 『漢文辭書한글音順索引』(學古房, 1992)

구범진, 『조선시대 외교문서: 명청과 주고받은 문서의 구조분석』(한국고전번역원, 2013)

南都泳 譯, 『마경언해』(한국마사회 마사박물관, 2004)

藍鼎元 지음(미야자키 이치사다 해석, 차혜원 옮김), 『녹주공안: 청조 지방관의 재판기록』(이산, 2010)

박원호 등, 『명사식화지역주』(소명출판, 2008)

法制處, 『古法典用語集』(법제처, 1979)

徐元瑞 原編, 鄭光 等譯, 『이학지남(吏學指南)』(태학사, 2002)

송철의 · 이현희 · 장윤희 · 황문환, 『역주 증수무원록언해(增修無寃錄諺解)』(서울大學校奎章閣韓國學硏究院 韓國學共同硏究叢書 4. 서울대학교출판부, 2004. 2006)

王與, 『新註無寃錄』(王與 지음, 최치운 외 주석, 김호 옮김, 『신주무원록(新註無寃錄): 억울함을 없게 하라』, 사계절 출판사, 2003)

李成珪 編譯, 『史記: 中國古代社會의 形成』(서울대학교출판부, 1987)

張養浩, 『三事忠告』(정애리시 역, 『삼사충고』, 푸른산, 1993. 새물결, 1999. 소림, 2005)

鄭光 等, 『이학지남(吏學指南)』(태학사, 2002)

葛洪, 『神仙傳』

葛洪, 『抱朴子』

高文達, 『近代漢語詞典』 上 · 下(知識出版社 1992)

顧炎武, 『日知錄』(顧炎武 著, 黃汝成 集釋, 『日知錄集釋』, 上海古籍出版社, 1988)

官箴書集成編纂委員會 編, 『官箴書集成』 全10冊(黃山書社, 1997)

邱遠猶 主編, 『中國近代官制詞典』(北京圖書館出版社, 1991)

邱濬, 『大學衍義補』(林冠群 等校點, 上 · 中 · 下, 京華出版社, 1999)

羅貫中, 『三國[志通俗]演義』(『중국기본고적고(中國基本古籍庫)』 데이터베이스. 이하 『중국기본고적고』로 약칭)

駱寶善, 『駱寶善評點袁世凱函牘』(岳麓書社, 2005)

內藤乾吉 原校, 程兆奇 點校, 程天權 審定, 『六部成語注解』(浙江古籍出版社, 1997)

雷夢麟 撰 , 『讀律瑣言』 30卷(中國史學叢書三編. 臺北: 臺灣學生書局, 1986影印)

雷榮廣 等, 『淸代文書綱要』(四川大學出版社, 1990)

唐浩明, 『唐浩明評點曾國藩家書』(岳麓書社, 2002?)

戴璐,『藤陰雜記』(『중국기본고적고』)

戴鞍鋼·黃葦 主編,『中國地方志經濟資料匯編』(漢語大詞典出版社, 1999)

董仲舒,『春秋繁露』

馬建石 等,『大淸律例通考校注』(中國政法大學出版社, 1992)

明淸檔案通覽委員會,『明淸檔案通覽』(中國檔案出版社, 1999)

武樹臣 主編,『中國傳統法律文化辭典』(北京大學出版社, 1999)

閔庚堯 編著,『中國古代公文簡史』(檔案出版社, 1988)

潘杓燦,『未信編』(官箴書集成編纂委員會 編. 全10冊. 黃山書社, 1999의 第3冊, 또는 國家圖書館影印室 編,『明淸法制史料輯刊』第1編 (全37冊). 國家圖書館出版社, 2008 所收)

裵燕生 等編著,『歷史文書』(第二版. 中國人民大學出版社, 2009)

司馬光,『溫國文正公文集』(四部叢刊景宋紹興本,『중국기본고적고』)

徐珂,『淸稗類鈔』(中華書局, 1984)

徐東 輯, 丁日昌 選評,『牧令書輯要』(同治七年 江蘇書局刊)

徐梓 編注,『官箴: 做官的門道』(中央民族大學出版社, 1996)

薛允升 撰,『讀例存疑』(光緖三十一年 京師刊本)

星斌夫 編,『中國社會經濟史語彙』(正·續·三篇. 山形: 光文堂書店, 1965, 1976, 1988)

邵之棠 輯,『皇朝經世文統編』(臺北: 文海出版社,1973, 1980. 淸光緖辛丑年[1901]秋月 上海寶善齋石印本)

宋慈,『洗寃[集]錄』(宋慈, 羅時潤·田一民 譯釋,『細寃集錄今譯』, 福建科學技術出版社, 2005)

睡虎地秦墓整理小組,『雲夢睡虎地秦墓竹簡』(文物出版社, 1978)

沈書城 輯,『則例便覽』(乾隆庚戌序.『四庫未收書輯刊』, 北京出版社, 2007의 第二集 第27冊 所收)

沈之奇 撰(懷效鋒·李俊 點校),『大淸律輯註』上·下(法律出版社, 2000)

楊廷福 等編,『淸人室名別稱字號索引增補本』上·下(上海古籍出版社, 2001)

梁淸海 等編著,『古今公文文種匯釋』(四川大學出版社, 1992)

呂本中,『官箴』

倪師孟 等纂,『(乾隆)吳江縣志』(中國方志叢書 華中地方 第163號. 成文出版社, 1975)

吳均,『續齊諧記』(『중국기본고적고』)

吳秀之 等修, 曹允源 等撰,『吳縣志』(中國方志叢書. 華中地方 第18號. 民國22年鉛字本. 成文出版社, 1970; 中國地方志集成. 江蘇府縣志輯 11, 江蘇古籍出版社, 1991)

王肯堂 原釋, [淸] 顧鼎 重輯.『王儀部先生箋釋』(30卷. 康熙三十年顧鼎刻本. 四庫未收書輯刊編纂委員會 編,『四庫未收書輯刊』, 北京出版社, 2000 所收. 史部 第01輯 第25冊)

王明德 撰, 何勤華 等點校,『讀律佩觿』(法律出版社, 2001)

王先謙,『思益堂集』(『중국기본고적고』)

王世貞,『鳴鳳記』(『중국기본고적고』)

王植,『崇德堂稿』(8卷)

王植,『崇德堂集』(『四庫全書總目提要』.『중국기본고적고』)

工樵·王肯堂 箋釋,『大明律附例箋釋)』(30卷. 附錄『點檢屍傷指南』,『醫救死傷法』)

牛平漢 主編, 『明代政區沿革表』(中國地圖出版社, 1997)

牛平漢 主編, 『清代政區沿革綜表』(中國地圖出版社, 1990)

劉向, 『說苑』(『중국기본고적고』)

陸贄, 『翰苑集』(『四庫全書』 集部 別集類. 『중국기본고적고』)

李桓 輯, 『國朝耆獻類徵初編』(共720卷. 臺北: 明文書局, 1985)

張我德 等編, 『清代文書』(中國人民大學出版社, 1996)

中國第一歷史檔案館 編著, 『清代文書檔案圖鑑』(岳麓書社, 2004)

陳榮華 等主編, 『江西歷代人物辭典』(江西人民出版社, 1990)

『現行則例』(康熙18年, 例文 290條)

黃六鴻 箸, 周保明 點校, 『福惠全書』(廣陵書社, 2018. 이 책은 원고를 출판에 넘긴 지 한참 후에 나와 교정에 참고 하지는 못하였다)

『皇朝文鑑』(四部叢刊景宋刊本. 『중국기본고적고』)

『淮南子』

『後漢書』

『欽定[嘉慶]大清會典事例)』(沈雲龍 主編, 『近代中國史料叢刊』 第3編 第68輯. 臺北: 文海出版社, 1992)

『欽定[光緒]大清會典)』(『續修四庫全書』 史部 政書類. 794. 上海古籍出版社, 2002)

『欽定[光緒]大清會典事例』(『續修四庫全書』 史部 政書類 798-814. 上海古籍出版社, 2002)

『欽定[重修]六部處分則例)』(上海: 圖書集成印書局, 光緒 16年)『現行則例』(康熙 18年, 例文 290條)

『皇朝文鑑』(四部叢刊景宋刊本. 『중국기본고적고』)

『淮南子』

『後漢書』

『欽定[嘉慶]大清會典事例)』(沈雲龍 主編, 『近代中國史料叢刊』 第3編 第68輯. 臺北: 文海出版社, 1992)

『欽定[光緒]大清會典)』(『續修四庫全書』 史部 政書類. 794. 上海古籍出版社, 2002)

『欽定[光緒]大清會典事例』(『續修四庫全書』 史部 政書類 798-814. 上海古籍出版社, 2002)

『欽定[重修]六部處分則例)』(上海: 圖書集成印書局, 光緒 16年)

寺田浩明 編, 『讀例存疑電子版』(http://www.terada.law.kyoto-u.ac.jp/dlcy/index.htm)

山腰敏寬 編, 『中國歷史文書讀解辭典』(汲古書院, 2004)

佐伯富 編, 『福惠全書語彙解』(京都: 同朋舍, 1975)

Djang, Chu(章楚), *A Complete Book Concerning Happiness and Benevolence*, The University of Arizona Press, 1984

Hirth, F., 『新關文件錄(*Textbook of Modern Documentary Chinese*)』(1911. 臺灣成文出版社影印, 1968)

Hucker, Charles O., *A Dictionary of Official Titles in Imperial China*, Stanford University Press, 1985

Jiang, Yonglin, *The Great Ming Code/Da Ming lü*(translated and introduced by Jiang Yonglin), University of Washington Press, 2005

Jones, William C.(translation with the assistance of TianQuan Cheng, Yonglin Jiang), *The Great Qing Code*, Oxford University Press, 1994

Kerby, William C., Lin Man-houn eds., *States and Economy in Republican China: A Handbook for Scholars*, Harvard University Press, 2000. 2 Vols.

Kuhn, Philip H. and J. K. Fairbank, *Introduction the Ch'ing Document, Part 1 Volume 1-2(Reading Document: the Rebellion of Chung Jen-Chieh)*, Revised Edition, 1993

Reed, Bradly W., *Talons and Teeth: Country Clerks and Runners in the Qing Dynasty*, Stanford University Press, 2000

Spence, Jonathan D., *The Death of Woman Wang*, Viking Penguin, 1978 → (조너선 스펜스 지음, 이재정 옮김, 왕여인의 죽음, 이산, 2002)

2. 저서

나까무라 시게오(임대희 등 옮김), 『판례를 통해서 본 청대 형법』(서경, 2004)

나퀸, 수잔 등 지음(정철웅 옮김), 『18세기 중국사회』(신서원, 1998)

남정원(藍鼎元) 지음(차혜원 옮김), 『녹주공안: 청조 지방관의 재판기록』(이산, 2010)

도미야 이타루 지음(손승회 옮김), 『동아시아의 사형』(영남대학교출판부, 2014)

閔斗基, 『中國近代史硏究: 紳士層의 思想과 行動』(일조각, 1973)

빌, P. E. 지음(정철웅 옮김), 『18세기 중국의 관료제도와 자연재해』(대우학술총서 81. 민음사, 1985)

스펜스, 조너선(설순봉 옮김), 『왕여인의 죽음』(이화여자대학교출판부, 1995)

스펜스, 조너선(이재정 옮김), 『왕여인의 죽음』(이산, 2002)

스펜스, 조너선(이준갑 옮김), 『강희제』(이산, 2001)

吳金成 외, 『명청시대사회경제사』(이산, 2007)

이스트만, 로이드 E.(이승휘 옮김), 『중국사회의 지속과 변화: 1550-1949』(돌베개, 1999)

정광 · 정혜승 · 양오진, 『이학지남(吏學指南)』(태학사, 2002)

조영헌, 『대운하와 중국 상인: 회양지역 휘주 상인 성장사 1415-1784』(민음사, 2011)

조지만, 『조선시대의 형사법: 대명률과 국전』(景仁文化社, 2007)

차혜원, 『저울 위의 목민관: 명대 지방관의 인사고과와 중국사회』(서강대학교출판부, 2010)

티모시 브룩 외 지음, 박소현 옮김, 『능지처참: 중국의 잔혹성과 서구의 시선』(너머북스, 2010)

狹間直樹 等(신일철 옮김), 『데이타로 보는 중국근대사』(신서원, 1999)

Ch'u Tong-tsu, *Local Goverment in China under the Ch'ing*, Stanford University Press, 1962 → (瞿同祖, 『淸代地方政府』, 法律出版社, 2003)

Jiang, Yonglin, *The Mandate of Heaven and the Great Ming Code*, University of Washington Press, 2011

Mungello, D. E., *Drowning Girls in China: Female Infanticide since 1650*, Rowman & Littlefield

Punlihshers, Inc, 2008
Rowe, Willam T., *Saving the World: Chen Hongmou and Elite Consciousness in Eighteenth-Century China*, Stanford University Press, 2001(陳乃宣 等譯, 『救世: 陳宏謀與十八世紀中國的精英意識』, 中國人民大學出版社, 2013)
Spence, Jonathan D., *The Death of Woman Wang*, The Wylie Agency Ltd, 1978(이재정 옮김, 『왕여인의 죽음』, 이산, 2002)

賈靜濤, 『中國古代法醫學史』(北京: 群衆出版社, 1984)
葛劍雄 主編, 劉海峰 等著, 『制度文明與中國社會: 學優則仕-敎育與科擧』(長春出版社, 2004)
葛劍雄 主編, 郭建 著, 『制度文明與中國社會: 五刑六典-刑罰與法制』(長春出版社, 2004)
高浣月, 『清代刑名幕友硏究』(中國政法大學出版社, 1999)
郭成偉 主編, 『官箴書點評與官箴文化硏究』(中國法制出版社, 2000)
郭成偉 · 關志國, 『清代官箴理念對州縣司法的影響』(中國人民大學出版社, 2009)
郭松義 主編, 『清朝全史』(遼寧人民出版社, 1995)
郭潤濤, 『官府 · 幕友與書生: "紹興師爺"硏究』(中國社會科學出版社, 1996)
管軍軍, 『中國古代的"皇杖"』(中國法制出版社, 2006)
瞿同祖, 『清代地方政府』(法律出版社, 2003 ← Ch'u Tong-tsu, *Local Goverment in China under the Ch'ing*, Stanford University Press, 1962)
那思陸, 『清代中央司法審判制度』(北京大學出版社, 2004)
那思陸, 『清代州縣衙門審判制度』(中國法政大學出版社, 2006)
段自成, 『清代北方官辦鄕約硏究』(中國社會科學出版社, 2009)
黨江舟, 『中國訟師文化: 古代法律現象解讀』(北京大學出版社, 2005)
樓祖詒, 『中國郵驛發達史』(中華書局, 1940)
毛建華, 『烏紗 · 龍袍 · 大堂: 中國古代官場風俗』(中華民俗文化叢書 四川人民出版社, 2003)
方行 等主編, 『中國經濟通史 清代經濟卷』(經濟日報出版社, 2000)
柏樺, 『明代州縣政治體制硏究』(中國社會科學出版社, 2003)
柏樺, 『明清州縣官群體』(天津人民出版社, 2003)
傅宗懋, 『清制論文集』 上 · 下(臺灣商務印書館, 1977)
謝成俠, 『中國養馬史』(科學出版社, 1959)
歲有生, 『清代州縣經費硏究』(鄭州: 大象出版社, 2013)
常越男, 『清代考課制度硏究』(北京大學出版社, 2010)
蘇亦工, 『明清律典與條例』(中國政法大學出版社, 2000)
孫家紅, 『清代的死刑監候』(社會科學文獻出版社, 2007)
楊樹藩, 『中國文官制度史』 上 · 下(黎明文化事業股份有限公司, 1982)
楊樹藩, 『清代中央政治制度』(臺灣商務印書館, 1978)
艾永明, 『清朝文官制度』(商務印書館, 2003)

倪玉平, 『清代漕糧海運與社會變遷』(上海書店出版社, 2005)
吳吉遠, 『清代地方政府的司法職能研究』(中國社會科學出版社, 1998)
吳愛明, 『淸督捕則例硏究』(南開大學 博士學位論文, 2009)
吳欣, 『清代民事訴訟與社會秩序』(中華書局, 2007)
魏光奇, 『有法與無法: 淸代的州縣制度及其運作』(商務印書館, 2010)
劉子揚 編著, 『淸代地方官制考』(紫禁城出版社, 1988)
李文治·江太新, 『淸代漕運』(中華書局, 1995)
李治亭, 『中國漕運史』(臺北: 文津出版社, 1997)
林乾, 『淸代衙門圖說』(中華書局, 2006)
張研, 『淸代縣級政權控制鄕村的具體考察: 以同治年間廣寧知縣杜鳳治日記爲中心』(大象出版社, 2011)
張小也, 『官·民與法: 明淸國家與基層社會』(中華書局, 2007)
臧嶸, 『中國古代驛站與郵傳』(商務印書館, 1997)
鄭秦, 『淸代法律制度硏究』(中國法政大學出版社, 2000)
鄭學檬 主編, 『中國賦役制度史』(廈門大學出版社, 1994)
曹强新, 『淸代監獄硏究』(湖北人民出版社, 2011)
趙世瑜, 『吏與中國傳統社會』(浙江人民出版社, 1994)
趙曉華, 『晚淸訟獄制度的社會考察』(中國人民大學出版社, 2001)
主客, 『臀部的尊嚴: 中國笞杖刑罰兒文化』(花城出版社, 2002)
周保明, 『淸代地方吏役制度硏究』(上海書店出版社, 2009)
陳丹, 「『福惠全書』硏究」(華東師範大學: 華東師范大學, 2014, 博士論文)
陳鋒, 『陳鋒自選集』(武漢: 華中理工大學出版社, 1999)
陳鋒, 『淸代鹽政與鹽稅』(第二版. 武漢大學出版社, 2013)
陳惠馨, 『淸代法制新探』(臺北: 五南圖書出版股份有限公司, 2012)
何平, 『淸代賦稅政策硏究 1644-1840』(中國社會科學出版社, 1998)
許潁, 『淸代文官行政處分程序硏究』(中國社會科學出版社, 2011)
斯普林克爾, S. 著(張守東 譯), 『淸代法制導論』(中國政法大學出版社, 2000)

梅原郁 編, 『中國近世の法制と社會』(同朋舍, 1993)
夫馬進 編, 『中國訴訟社會史の硏究』(京都大學學術出版會, 2011)
山本英史, 『淸代中國の地域支配』(慶應義塾大學出版會, 2007)
岩井茂樹, 『中國近世財政史の硏究)』(京都大學學術出版會, 2004)
入江啓四郎, 『支那新聞の讀み方(中國報紙硏究法)』(タイムス出版社, 1936)
滋賀秀三 編, 『中國法制史基礎資料の硏究』(東京大學出版會, 1993)
佐伯富 編, 『福惠全書語彙解』(京都: 同朋舍, 1975)

3. 논문

金暻綠,「明代 公文制度와 行移體系」,『明淸史硏究』 26, 2006
김형종,「淸代國家權力의 性格: 財政史的 觀點에서의 理解」,『東亞文化』(서울대 동아문화연구소) 45, 2007
김형종,「명·청대 중국의 관잠서: 황육홍(黃六鴻)과 『복혜전서(福惠全書)를 중심으로」,『다산과 현대』 제7호, 2014. 특집논문「동아시아의 지방통치와 공공성: 『목민심서』를 중심으로」
閔斗基,「淸代의 幕友에 대하여」,『中國近代史硏究: 紳士層의 思想과 行動』(일조각, 1973)
表敎烈,「淸代 前期 漕運의 弊端: 運軍의 存在樣態를 중심으로」,『省谷論叢』 26下, 1995

龔汝富,「略論中國古代官箴的政治智惠」,『中國人民大學學報』 2006-1
龔汝富·劉江華,「從黃六鴻『福惠全書』看淸代州縣吏治的經驗智慧」,『江西財經大學學報』 2011-2
郭潤濤,「試論淸代州縣衙門設置幕府的原因」,『學術硏究』 1990-4
杜金,「淸代高層官員推動下的'官箴書'傳播: 以陳宏謀·丁日昌爲例」,『華東政法大學報』 2011-6
杜金,「淸代皇權推動下'官箴書'的編纂與傳播: 以『欽頒州縣事宜』爲例」,『學術硏究』 2011-11
鄧建鵬,「淸代訟師的官方規則」,『法商硏究』 2005-3(第107期)
鄧建鵬,「淸代訴訟費用硏究」,『淸華大學學報』 2007-3(第22卷)
鄧建鵬,「淸代州縣訟案和基層的司法運作: 以黃岩訴訟檔案爲硏究中心」,『法治硏究』 2007-5
鄧建鵬,「淸代官代書制度硏究」,『政法論壇』 26-6, 2008
劉軍平·錢智剛,「淸代州縣司法官任用制度探析: 以『福惠全書』爲視角」,『湖南科技學院學報』 2014-12
劉秀生,「淸代縣政管理的百科全書: 評黃六鴻『福惠全書』及其爲官之道」, 方行 主編,『中國社會經濟史論叢』(北京: 中國社會科學出版社, 2005)
陸平舟,「官僚·幕友·胥吏: 淸代地方政府的三維體制」,『南開學報』 2005-5
孫嘉悅,「從黃六鴻『福惠全書』窺見淸代州縣司法制度」,『蘭台世界』 2013-33
時運生,「中國古代的爲官之道: 古代'官箴'述論」,『人文雜志』 1996-6
王雪華,「淸代官弱吏强論」,『武漢大學學報』 2008-3
王化平,「中國古代的官箴」,『文史知識』 2006-10
牛貫傑,「淸代馬政初探」,『燕山大學學報(哲學社會科學版)』 2006-2
劉秀生,「淸代縣政管理的百科全書: 評黃六鴻『福惠全書』及其爲官之道」, 方行 主編,『中國社會經濟史論叢: 吳承明交手九十華誕紀念文集』(北京: 中國社會科學出版社, 2006)
周保明,「明淸官箴文獻略論」,『圖書館情報論壇』 2010-2
陳小葵,「論明淸時期的'胥吏之害'」,『靑海師範大學學報』 2008-1
陳兆肆,「淸代法律: 實踐超越表達—以衙役群體運作班房爲視角—」,『安徽史學』 2008-4
陳曉敏,「淸代州縣衙門文書制度一瞥: 讀『福惠全書』札記」,『檔案与建設』 1986-4
彭酌祿,「中國歷代官箴文獻與傳統吏道思想」,『古籍整理硏究學刊』 1990-4
胡祥雨,「"逃人法"入"順治律"考: 兼談"逃人法"的應用」,『淸史硏究』 2012-8
胡元德,「一部堪做古代應用寫作敎材的官箴書: 『福惠全書』應用文体介紹」,『應用寫作』 2013-11

胡元德,「從『福惠全書』看清代衙門來往文書: 秦國經先生『清代文書簡介: 各衙門的來往文書』續貂」,『辦公室業務』2013-17
黃卓權,「'淡新檔案'的認識與運用: 清代衙門文書的遊戲規則」,『新竹文獻』34, 2008

夫馬進,「明清時代の訟師と訴訟制度)」(梅原郁 編,『中國近世の法制と社會』, 同朋舍, 1993 소수)
山根幸夫,「福惠全書 解題」, 小畑行簡 訓點,『福惠全書』(東京: 汲古書院, 1973 所收)
山本英史,「黃六鴻の編審論」, 同著,『淸代中國の地域支配』(慶應義塾大學出版會, 2007)

찾아보기

[사항]

ㅁ

ㅂ

ㅅ

ㅇ

ㅊ

[인명]

ㅈ

[지명]

[서명]

옮긴이 소개

김형종(金衡鍾, Kim, Hyoung-chong)

현 서울대학교 인문대학 동양사학과 교수(전공: 중국근대사)

1982.3. 서울대학교 인문대학 동양사학과 졸업
1984.8. 동 대학원 졸업(석사)「상해에서의 신해혁명의 전개과정: 혁명세력과 각 계층의 대응」
1997.8. 동 대학원 졸업(박사)「청말 강소성의 신정과 신사층」
1988-1990 서울대학교 인문대학 동양사학과 조교
1990-1994 서울대학교 인문대학 동양사학과 강사
1989-1994 한국외국어대학교 사학과 강사
1993-1994 성심여자대학교 국사학과 강사
1997 한림대학교 사학과 강사
1998.9. 서울대학교 인문대학 동양사학과 조교수
2002.10. 서울대학교 인문대학 동양사학과 부교수
2008.10. 서울대학교 인문대학 동양사학과 교수

저서

저서 『淸末新政期의 硏究: 江蘇省의 新政과 紳士層』(서울대학교출판부, 2002)
저서 『1880년대 조선-청 공동감계와 국경회담의 연구』(서울대학교출판문화원, 2018)
공저 朴漢濟 등, 『아틀라스 中國史』(사계절, 2007)
공저 兪長根 등, 『중국의 청사공정 연구』(동북아역사재단, 2008)
공저 정혜중 등, 『중국 역사학계의 청사 연구 동향』(동북아역사재단, 2009)
공저 김형종 등, 『중국의 청사 편찬과 청사 연구』(동북아역사재단, 2010)
공저 배경한 엮음, 『동아시아 역사 속의 신해혁명』(한울, 2013)
공저 유인선 엮음, 『사료로 보는 아시아사』(위더스북, 2014)
공편 근대한국외교문서편찬위원회, 『근대한국외교문서』 제3-11권(동북아역사재단, 2012. 서울대학교출판문화원, 2013-2015)

역서

편역 『1880년대 조선-청 국경회담 관련 자료 선역』(서울대학교출판문화원, 2014)
편역 『서문으로 보는 중국의 역사 사상』(위더스북, 2017)
역서 金衡鍾, 『中國現代思想史論』(한길사, 2005. ← 李澤厚, 『中國現代思想史論』)
공역 金衡鍾 等, 『新中國史』(까치, 2005. ← J.K. Fairbank, *China: A New History*)
공역 朴漢濟·金衡鍾, 『진인각의 최후 20년』(사계절, 2008 ← 陸建東, 『陳寅恪的最後二十年』)
공역 김형종·배우성 등, 『국역≪淸季中日韓關係史料≫』 1·2·3·4·5(동북아역사재단, 2012, 2013, 2016, 2018, 2020)

논문

「上海에서의 辛亥革命의 展開過程: 革命政權과 各政治勢力의 對應」, 『東洋史學研究』 20, 1984

「辛亥革命의 展開」, 서울대학교 東洋史學研究室 編, 『講座中國史』 6(知識產業社, 1989)

「辛亥革命에서의 反帝問題의 認識과 實踐: 革命瓜分論과 革命派의 對應」, 『東洋史學研究』 20, 1990

「江蘇教育總會小論」, 서강대학교 동양사연구실 편, 『東아시아歷史의 還流』(지식산업사, 2000)

「清末 革命派의 '反滿'革命論과 '五族共和'論」, 『中國現代史研究』 12, 2001

「近代中國에서의 傳統과 近代: 清末民初 西學受容 試論」, 『인문논총』(서울대학교) 50, 2003

「1990年代以來の韓國における清代政治史研究の動向」, 『中國史學』 14, 2004

「韓國의 學術研究 東洋史 第4章 明清-近現代」, 『韓國의 學術研究』(大韓民國學術院, 2006)

「清代國家權力의 性格: 財政史的 觀點에서의 理解」, 『東亞文化』 45, 2007

「清代後期 江北社會의 이해: 張謇과 江淮行省의 設置問題를 중심으로」, 『東亞文化』 47, 2009

「吳祿貞과 『延吉邊務報告』: 100년 전의 '東北工程'?」, 『역사문화연구』 35, 2010

「清末 革命派의 내셔널리즘: 吳祿貞과 『延吉邊務報告』」, 『中國近現代史研究』 第54輯, 2012

「吳大澂과 清·러 東部國境勘界」, 『中國近現代史研究』 第60輯, 2013

「명·청 시대 중국의 관잠서: 황육홍(黃六鴻)과 복혜전서(福惠全書)』를 중심으로」, 『다산과 현대』 7, 2014

「최근의 명청대 한·중관계사 연구와 '신청사': 연구동향의 분석과 전망」, 『동북아역사논총』 53, 2016